JN452242

상고한어형태도론 上

上古汉语形态导论 by 金理新 (Jin Li Xin)
published by Huang Shan Publishing House Copyright © 2021
All Rights Reserved.
Korean copyright © 2025 by Hakgobang Publisher
Korean language edition arranged with Huang Shan Publishing House
through Linking-Asia International Co.,Ltd

이 책의 한국어판 저작권은
Huang Shan Publishing House와 독점계약한 '학고방'에 있습니다.
저작권법에 의하여 한국 내에서 보호를 받는 저작물이므로
무단전재 및 복제를 금합니다.

상고한어 형태도론

上古汉语形态导论

上

저자 金理新
역자 박원기

學古房

序

我不会写书序，也不喜欢写自己的书序。一部书稿完成，原先的写作激情随之耗尽，再也没有了写书序的动力。自从事学术研究以来，我出版了好几部书，就没有给任何一部书写过序。朴元基先生告诉我，他将《上古汉语形态导论》翻译成了韩文准备出版，并请我给书补一个序。太厉害了！我的书连读懂都难，朴元基先生竟然还能翻译成韩文。我虽然从未写过书序，但感动于朴先生的盛情，当即就应下了这件难事。

在汉语学界，长期流传着一个谣言，汉语是一种缺乏形态的语言。其实汉语有词，有词就意味着有形态。之所以认为汉语缺乏形态，是因为人们把“形态”界定为印欧语所特有的词形变化。这种“形态观”显然是有问题的，因为形态的内容不止是变词，还包括构词。现代汉语一些方言，比如吴语，变词、构词都很丰富，只是其表现跟印欧语系语言不一样。在术语“形态”被引进之前，从汉儒到清儒，其实一直有人在研究汉语的形态，只不过古人没有使用“形态”一词。陆德明的《经典释文》就是古人形态研究的集大成者。陆德明看似只在给字注音，其实也在别义——以不同的意义配不同的语音形式，把不同的语音形式与不同的意义联系起来，而音与音、义与义之间又有内在的关联。大家熟知的一个事实是：近现代汉语以双语素词为主体，上古汉语以单语素词为主体。就语音形式看，上古汉语的一个语素只有一个音节，而这个音节又可以分解为声母、韵母。于是，改变声母、韵母就成了上古汉语主要的构词、变词手段。《左传·隐公十一年》：“息师大败而还。……大败宋师，以报其入郑也。”前一个“败”音“薄迈切”，后一个“败”音“补迈切”，新形式仅仅改变了旧形式声母辅音的发音方法，将清辅音*p-改成浊辅音*b-。因汉字不是表音文字，这种语音改变被掩盖了，为人所忽视。又如“重”，《广韵》有“直容切”“直陇切”“柱用切”三音。要是没有古人的注音，真不知道同一个“重”字竟然代表三种有内在联系的音义。古代经师注明读音，是想告诉人们不要读错音。为了避免读错音，古人创造新字记录异读。于是，一个字分裂为多个读音不同却相近、意义不同却相通的字，出现“音近义通”现象。一字多音是汉字读音的普遍现象。从上古到中古，只有一个读音的文字只占一小部分。为何一个字会有多个读音？比如“辟”，《集韵》共收录了十四个不同又相近读音。首先，是音变的结果，反映了时空的不同。其次，是变音的结果，文字所记录的语词如同细胞分裂已经由一个分裂为两个或两个以上。假若汉语是一种没有或缺乏形态的语言，就不会出现一字多音、音近义通现象。可以说，古人一直在从事形态研究，只是浮于表面，没有深入。随着西学东渐，越来越多的学者涉足形态研究，只是都没有系统地考察上古汉语形态，将其理论化。这就是我为什么要花精力去研究上古汉语形态的缘由。可以说，《上古汉语形态导论》是第一部系统讨论上古汉语形态的书，也是一部破除汉语缺乏形态这一成见的书。

关于汉语缺乏形态的传言，最先是谁散布的，其事已经不可考了。不过可以肯定，许多学者尚未研究上古汉语，就接受了这一违反语言常识的传言，而且把它写进了教科书。有人甚而至于受传言影响，不仅自己不去深入研究上古汉语形态，还攻击认为上古汉语有形态的人。这就造成一些很坏的影响，必须破除。语词以什么样的形式出现在句子中，是形态；语素怎么构成词，也是形态。我从上个世纪八十年代初学习音韵学，熟悉中古韵书、字书，依据韵书、字书提供的语言材料，确定上古汉语缺乏形态一说并不符合语言事实，是传言。刚好当时在读博士，我便决定以上古汉语形态作为研究对象来撰写博士学位论文。2005年毕业后，论文经过简单修改，交给了黄山书社出版。过了一些时间，再读这部《上古汉语形态研究》时，我发现书中错误甚多，遂决定重写，尽可能改正这些错误。2021年出版了《上古汉语形态导论》一书。取名“导论”，是希望有更多的学者去研究上古汉语形态。

我这部书，只是为上古汉语形态研究开了一个头。这项研究尚有许多方面无人涉及，比如词缀研究。词缀分音节词缀和音素词缀，基于以往的经验，这两种词缀都容易被注意。现代汉语音节词缀是实词词缀化的产物。现代汉语音节词缀数量有限，意义也比较单一，上古汉语就不一样了。就亲属语言看，上古汉语应以音素词缀为主。音素词缀，尤其是插入音节声母和韵母之间的音素中缀，与词根完全融合成音节的有机组成部分。这意味着，离析重构词缀是上古汉语形态研究的一个难点。上古汉语带/l/、/r/介音的音节演变成中古汉语的二等韵，但不能反推中古汉语的二等韵在上古汉语中带/l/、/r/介音。音素词缀不仅会跟词根声母辅音融合，也会随着语音演变而失落，甚至会越俎代庖替换词根辅音成为语词的声母辅音。比如“令”与“命”，后者的声母辅音m-就来自音素词缀m-。因而，上古汉语形态研究需要跟上古音研究同时推进，两者一损俱损，一荣俱荣。除音素词缀外，还有几个需要研究的方面：一是上古汉语衍音词，即研究一个单音节语素词如何通过衍音变成一个双音节语素词，如“贪”与“贪婪”。上古汉语衍音词包含哪些类型，原词与衍音词之间的意义差异如何？都需要研究。二是交替，除了附加词缀，上古汉语还通过交替来构词、变词，交替是上古汉语最主要的形态手段。利用谐声、通假、异读等材料，确定上古汉语的几种交替：声母辅音交替、元音交替、韵尾辅音交替以及后起的声调交替。《上古汉语形态导论》只讨论了声母辅音清浊交替、主元音松紧交替和声调交替，除了这三种交替，上古汉语是否还有其他交替？比如，不同部位的辅音、不同音色的元音之间是否也可以交替？曾有人建议我好好研究一下，因多方面的原因，我未曾涉及。就上古汉语给我们提供的语言事实看，上古汉语接近南岛语，辅音韵尾可以交替。《上古汉语形态导论》只讨论了*-n、*-t、*-k几个韵尾，而且将这几个韵尾纳入词缀。这样做，只是表明它们不是语音层面上的韵尾，可以跟其他韵尾交替。上古汉语哪些韵尾可以交替，以及交替的意义，我们至今一无所知。

上古汉语形态涉及到东西非常多，因时间以及个人能力、精力的限制，许多应该讨论的问题《上古汉语形态导论》尚未讨论，比如双声联绵词。犹豫、踌躇、首鼠，三者前后音节韵母格式相同，但通过声母交替构成了三个意义相近的语词。上古汉语形态没有研究的地方还很多，需要吸引更多人去关注、研究。只有更多的人参与，与上古汉语形态有关的问题才能最终解决，错误的观点才能得到纠正。朴元基先生将《上古汉语形态导论》翻译成韩文出版，不论对我，还是对上古汉语形态研究，都是一件大事、好事。这不仅扩大了《上古汉语形态导论》在中韩学术界的影响力，而且也会吸引更多的人去关注、研究上古汉语形态。再次感谢朴元基先生将《上古汉语形态导论》翻译成韩文出版!

是为序。

金理新

2025年6月11日

于中国浙江温州

저자 한국어판 서문 번역

나는 서문을 잘 쓸 줄도 모르고 또 서문 쓰는 것을 그다지 좋아하지 않는다. 책 한 권을 쓸 때, 거기에 모든 힘을 다 쏟아붓기에, 탈고 후엔 사실상 서문을 쓸 힘마저 남아 있지 않아서 인지도 모르겠다. 학술 연구를 시작한 이래로 나는 이미 여러 권의 책을 써 왔지만, 한 번도 그 책들의 서문을 써 본 적이 없다. 그런데 한국의 朴元基 선생이 연락을 해와, 나의 《상고한어형태도론》을 한국어로 번역하겠다고 하였다. 그리고 한국어판 저자 서문을 써달라고 요청하였다. 나는 그때 너무나도 놀랐다. "대단하네, 내 책은 그냥 한 번 읽는 것조차 쉽지 않을 텐데, 이것을 한국어로 번역까지 한다고 하다니!" 내 비록 지금껏 서문을 써본 적이 없지만 朴元基 선생의 盛情에 감동하여 곧바로 이 어려운 임무에 도전하겠노라 답을 하였다.

중국언어학계에서는 지난 오랜동안 소문이 하나 돌고 있었다. 그것은 바로 "漢語는 일종의 '형태'가 빈약한(또는 없는) 언어이다."라는 것이다. 사실 한어도 단어는 있다. 단어가 있다는 것은 곧 '형태'가 있음을 의미한다. 한어에 형태가 없다고 여기는 까닭은 사람들이 '형태'를 印歐語 특유의 어형변화로 정의하기 때문이다. 이러한 '형태관'은 분명 문제가 있다. 왜냐하면 형태의 내용은 비단 어형변화만 포함하는 것이 아니라 '조어(構詞)'도 포함하기 때문이다. 예컨대, 吳語와 같은 현대한어의 일부 방언은 어형변화와 조어 모두 매우 풍부한데, 다만 그 표현이 인구어 언어들과 다를 뿐이다. '형태'란 술어가 도입되기 이전에, 漢儒로부터 淸儒에 이르기까지, 사실 漢語의 형태를 연구해 온 이들이 꾸준히 존재해왔다. 다만 옛 중국인들이 '형태'라고 하는 단어를 사용하지 않았을 따름이다. 陸德明의 《經典釋文》은 바로 옛 중국인들 형태 연구의 集大成이라 할 수 있다. 陸德明은 겉으로 보기에는 단순히 글자에 注音을 한 정도로 보일 수 있다. 그러나 그는 그와 동시에 '別義'를 하고 있었다. 여기서 말하는 '別義'란 의미에 따라 다른 발음으로 표시하는 것으로, 쉽게 말해, 발음과 의미를 연결시키는 작업이다. 물론 이때 발음 상호간, 또 의미 상호간에는 내재적인 관련성이 존재한다. 주지하다시피, 근대·현대한어의 경우, 두 개의 형태소로 단어가 형성되는 것이 주류이다. 그런데 상고한어는 단일 형태소 단어가 주류이다.

발음으로 말한다면, 상고한어의 한 형태소는 단지 한 음절이며, 이 음절은 또 성모와 운모로 분석된다. 따라서 성모나 운모를 변화시키는 것이 바로 상고한어의 주요한 '조어' 및 '형태변화' 수단이 된다. 예컨대, 《左傳·隱公十一年》에, "息師大敗而還……大敗宋師, 以報其入鄭也(식나라 군대가 크게 패하고서 돌아갔다…… 송나라 군대를 大敗시켜 그들이 정나라에 쳐들어왔던 원한을 보복하였다)."란 문장이 있다. 여기서 앞의 '敗'는 음이 '薄邁切(탁자음: 패배하다)'이고, 뒤의 '敗'는 음이 '補邁切(청자음: 패배시키다)'이다. 새로운 형식은 종종 옛 형식의 성모 발음방법을 변화시켜 나타내므로, 淸자음 *p-를 濁자음 *b-로 변화시켜 나타낸 것이다. 한자는 표음문자가 아니기 때문에, 이러한 음운변화는 한자에 의해 가려지고 사람들은 이를 그냥 지나쳐왔다. 또 다른 예로, '重'은《廣韻》에, '直容切'과 '直隴切', '柱用切'의 세 음이 있다. 만약 옛사람들의 注音이 없었다면, 같은 '重'자가 놀랍게도 '내재적 관련이 있는 세 가지 音義'를 대표하고 있다는 것을 몰랐을 것이다. 고대의 經師들은 한자의 독음을 注音함으로써 잘못된 발음으로 읽지 않기를 요구하였다. 잘못된 음으로 읽지 않도록 하기 위해서, 그들은 새로운 한자를 만들어 그 異讀을 기록하였다. 이로써 하나의 한자는 '발음이 다른데 비슷한 글자' 또는 '음과 의미는 다른데 서로 통하는 글자' 등의 여러 한자로 분화되었고, 이른바 '音近義通' 현상이 출현하게 되었다. '一字多音'은 한자 독음의 보편적 현상이다. 상고에서 중고에 이르기까지 단지 하나의 독음만을 갖는 글자는 극히 일부에 지나지 않는다. 그렇다면 어째서 한자 하나가 이렇게 많은 독음을 가질 수 있는 것인가? 예를 들어, '辟'의 경우, 《集韻》에, 무려 14개의 서로 다르거나 비슷한 독음을 수록하고 있다. 그 이유로 가장 먼저 들 수 있는 것이 바로 '音變(통시적인 변화)'의 결과인데, 이는 시공의 차이를 반영한다. 그 다음은 '變音(공시적인 변화)'의 결과로, 문자가 기록한 말이 마치 세포분열처럼 하나에서 두 개 혹은 둘 이상으로 분열해 나가는 것이다. 만약 한어가 형태가 없거나 빈곤한 언어라고 한다면, '一字多音', '音近義通'과 같은 현상은 출현할 수가 없다. 그래서 어찌 보면, 옛 중국인들은 한어의 형태를 줄곧 연구해 왔으나 그저 표면적으로만 맴돌고 깊이 들어가지는 못한 것이라 말할 수 있다. 그 후, 점차 서양 학문이 유입됨에 따라, 점점 더 많은 학자들이 형태 연구에 뛰어들게 되었으나, 상고한어의 형태를 체계적으로 고찰하여 이를 이론화 시키지는 못하였다. 이것이 바로 우리가 온 힘을 다해 상고한어의 형태를 연구해야 하는 이유이기도 하다. 본서《상고한어형태도론》은 그야말로 최초로 상고한어형태를 체계적으로 논한 책이고, 또 한어가 형태가 부족한 언어라는 설을 정면으로 반박하는 책이라 할 수 있다.

한어의 형태가 빈곤하다는 설과 관련하여 도대체 누구에 의해 이 설이 퍼지게 되었는지 현재로서는 알 수 없다. 그러나 확실히 다수의 학자들이 상고한어를 제대로 연구하지 않은 상태에서 언어 상식을 위반한 이와 같은 설을 접수하고, 나아가 이를 교과서에까지 반영한 것은 사실이다. 심지어 어떤 이들은 이 설에 영향을 받아, 본인 스스로 상고한어의 형태를 깊이 있게 연구해보지도 않고, 상고한어에 형태가 있다고 주장하는 이들을 공격하기까지 한다. 이러한 행태야말로 매우 불합리한 영향을 끼치고 있기 때문에, 반드시 지양해야 한다. 단어가 어떠한 형태로 문장 속에 출현하는가의 문제가 바로 '형태'이다. 아울러 형태소가 어떻게 단어를 구성하는가에 대한 문제 역시 '형태'의 영역이다. 나는 지난 80년대 초부터 음운학을 공부하기 시작했고 중고시기의 韻書, 字書에 대해 매우 잘 알고 있다. 바로 이러한 운서나 자서가 제공하는 언어자료에 따르면, 상고한어가 형태가 부족하다고 보는 학설은 언어 사실에 결코 부합하지 않는다. 박사과정에 있었던 나는 상고한어형태를 연구대상으로 하여 박사학위논문을 쓰기로 결심하였다. 그리고 2005년 졸업한 이후, 박사 논문은 간단한 수정 과정을 거쳐 黃山書社에서 출판도 되었다. 그 후, 한동안의 시간이 흐른 뒤,《상고한어형태연구》라는 그 책을 다시 읽어봤을 때, 적잖은 오류를 발견하게 되었고, 최대한 이러한 오류를 바로잡아, 다시 책을 쓰기로 결심하였다. 그리하여 2021년 드디어《상고한어형태도론》이 출판되었다. 여기서 '導論'이란 이름을 취한 이유는 이후로 더 많은 학자들이 상고한어의 형태를 연구할 수 있기를 희망해서이다.

나의 이 책은 상고한어 형태연구를 위해 하나의 서막을 연 것에 불과하다. 이 연구 가운데 아직 많은 분야가 충분히 개척되지 않은 상태인데, 그중 하나가 바로 '접사 연구' 분야이다. 접사는 '음절접사'와 '음소접사'로 구분된다. 기존의 경험에 비추어 볼 때, 이 두 가지 접사는 모두 쉽게 이목을 끌었던 주제이다. 현대한어의 음절접사는 實詞접사화의 산물이며, 그 수량이 매우 제한적이고 의미 또한 비교적 단일하다. 그런데 상고한어의 상황은 이와 다르다. 親屬언어의 상황으로 보면, 상고한어는 음소접사가 주류를 이룬다. 음소접사 특히 음절의 성모와 운모 사이에 삽입되는 '음소접요사'는 어근과 완전히 융합이 되어 음절의 유기적인 구성성분이 되기도 한다. 그렇다고 할 때, 접사의 재구를 떠나서는 상고한어형태 연구를 논할 수가 없다. 대개 상고한어에서 /l/, /r/ 개음을 갖는 음절이 중고한어의 二等韻으로 변화하였다. 물론 그렇다고 중고한어의 二等韻들이 상고한어에 모두 /l/, /r/ 개음을 갖고 있었다고 역추적할 수는 없다. 음소접사는 어근 성모자음과 융합할 뿐 아니라, 또 음운변화에 따라 탈락되기도 하고, 심지어 어근의 자음을 대신하여 그 단어의 성모자음이 되기도 한다. 예컨대, '令'과 '命'의 경우, 후자의 성모자음 m-은 음소접사 m-에서 비롯한 것이다. 따라서 상고한어형태 연구는 상고음 연구와 동시에 진행되어야 하며, 양자는 번영과 손실을 함께하는 일종의 운명공동체인 셈이다. 음소접사 이외에도, 연구가 필요한 분야로 또 몇 가지가 있다. 그 첫 번째는 바로 상고한어 '衍音詞'이다. 즉, 하나의 단음절 형태소 단어가 衍音을 통해 어떻게 하나의 쌍음절 형태소 단어가 되었는지 연구하는 것이다. 예컨대, '貪'과 '貪婪'이 있다. 상고한어의 衍音詞에는 어떠한 유형이 있는지, 그리고 원형단어와 衍音詞 간의 의미 차이는 어떠한지 연구가 필요하다. 둘째는 '교체'이다. 접사를 첨가하는 것 외에, 상고한어는 또 '교체'를 통해 조어를 하거나 단어를 변화시킨다. 이러한 '교체'는 상고한어에서 가장 주요한 형태 수단이라 할 수 있다. 諧聲과 通假, 異讀 등의 자료를 이용하여 상고한어의 교체 현상을 확정지을 수 있는데, 여기에는 성모자음교체, 모음교체, 운미교체 및 나중에 나온 성조교체가 있다. 《상고한어형태도론》에서는 단지 성모자음 청탁교체와 주요모음 緊松교체, 성조교체만을 논의하였다. 그런데 이 세 가지 교체 외에도, 상고한어에는 다른 교체가 존재할 수 있다. 예컨대, 위치가 다른 자음이나 음색이 다른 모음 간에도 교체가 가능할 수 있다. 이와 관련해 일찍이 어떤 이는 나에게 이들 문제에 대한 연구를 제안하기도 했지만, 여러 이유로 인해 아직까지 손도 못 대고 있다. 상고한어가 우리에게 제공한 언어 사실로 볼 때, 상고한어는 南島語와 유사하여 자음운미 역시 교체가 가능하다. 《상고한어형태도론》에서는 단지 *-n, *-t, *-k 등 몇 가지 운미만을 토론한 바 있고, 이들 몇 가지 운미를 접사로 귀납시킨 바 있다. 이렇게 함으로써, 이들이 단순히 음운 층위의 운미에 그치는 것이 아니라, 기타 운미와 교체가 가능하다는 것까지 나타내고 있다. 상고한어에 도대체 어떠한 운미가 교체 가능하지, 그리고 교체의 의미는 무엇인지, 우리는 아직도 정확히 다 알지 못한다.

상고한어형태는 매우 많은 문제와 관련되어 있다. 그러나 시간과 개인의 능력 및 열정의 한계로 토론이 필요한 많은 문제들이《상고한어형태도론》에서는 아직 논의되지 못하였다. 그 대표적인 것이 바로 聯綿詞이다. '猶豫', '躊躇', '首鼠', 이 세 단어는 전후 음절의 운모 형식이 동일하나, 성모교체를 통해 세 가지 의미가 비슷한 단어를 구성해냈다. 이렇듯, 상고한어형태는 미개척 분야가 아직도 즐비하다. 이들 분야는 많은 이들의 관심과 연구를 기다리고 있다. 단지 더 많은 이들이 참여하기만 해도, 상고한어형태와 관련한 각종 문제들이 최종적으로 해결될 것이며, 잘못된 관점 역시 바로 잡힐 수 있을 것이다.

朴元基 선생이《상고한어형태도론》을 한국어로 번역하여 출판하는 이 작업은 나에게뿐만 아니라 상고한어형태 연구에 있어서도 大事이자 慶事가 아닐 수 없다. 이 작업을 통해,《상고한어형태도론》은 한중 학술계에서의 영향력이 확대될 뿐 아니라, 더 많은 이들이 상고한어형태에 관심을 갖고 연구할 수 있게 될 것이다. 이에 다시 한번 朴元基 선생이 본서를 한국어로 번역 출판하는 일에 감사를 표하는 바이다.

是爲序!

金理新

2025년 6월11일

중국 浙江 溫州에서

역자 서문

역자는 대학 때 한문을 전공하였고 학부 1학년 때부터 중국의 유명한 고전인《孟子》를 배우기 시작했다. 그러나 아무리 중고교 때 한문 교과목을 배웠다 해도《맹자》를 원문으로 읽는다는 것은 또 다른 차원의 문제였다. 사전을 아무리 뒤져도 또 한문문법 책을 아무리 살펴보아도 문장 어느 하나가 명쾌히 해석되는 게 없었다. 이 과정에서 머리에 맴도는 의문은, 바로 "중국어는 사전과 문법책에 의지해도 어느 정도 명쾌하게 해석되는데, 한문은 아무리 시간이 지나도 왜 그렇게 되지 않는 것일까?"라는 의문이었다. 이러한 의문을 더 복잡하게 만든 일이 있었으니, 그것은 바로 한문 주석에 있던 注音이었다. 이에 대해, 여차저차하여 선배들의 가르침으로 깨닫게 된 것은 문장에 출현한 한자 가운데 발음이 여러 개인 한자의 경우, 이 문장에 맞는 발음을 표시해 놓은 것이라는 정도였다. 그러나 역자는 그것만으로는 명확하게 이해가 안 되어 한문 텍스트에 있는 反切, 直音과 같은 注音 주석을 연구하여, 한문의 비밀을 풀어보고 싶었다. 그래서 대학원에 진학하게 되었다. 그렇게 석사과정에서 이른바 '음운학'을 전공한 역자는 중고음을 중심으로 상고음, 근대음 등 고대 중국어의 음운 체계를 공부하게 되었다. 그 시기 역자는 매우 흥미로운 이론서들을 접하게 되었는데, 바로 Baxter의《A Handbook of Old Chinese phonology》였다. 이 책에서 저자는 상고음 재구를 단순히 음운학적인 각도에서만 보지 않고, 접두사, 접미사 등의 형태론적 관점에서까지 살펴보고 있었다. 쉽게 말해, 상고음 복성모, 복운미 등의 존재를 접두사나 접미사의 차원에서 다루고 있었던 것이다. 이 시기 이와 함께 潘悟雲의《漢語歷史音韻學》이란 또 하나의 이론서가 역자를 사로잡았다. 이 책에서 필자는 Baxter와 비슷한 논조를 보여주었고, 더 나아가 이른바 '상고한어 굴절형태'라는 새로운 관점까지 제시하고 있었다. 그때 역자는 이러한 이론서들을 통해 학부 때 가졌던 '한문' 해석에 대한 의문점과 관련하여 모종의 근본적인 해결책을 찾게 되었다. 상고한어가 지금의 중국어와는 달리 문법 측면에서(주로 형태론적) 뭔가 독특한 체계를 갖고 있었고 한자가 이를 제대로 반영하지 못한 상태에서 한문의 표면적인 측면만으로 해석하려 했기에 그렇게도 순조로운 해석이 이루어지지 못했던 것이라는 점이다.

물론 한문 해석이 어려운 이유는 이것만은 아니겠지만 뭔가 나름의 돌파구를 찾은 듯하여 매우 기뻤다. 그리하여 음운학 전공을 넘어 고대한어의 어법으로 전공을 확장하며 궁극적으로 상고한어 형태 분야까지 관심을 갖게 되었다.

그러던 어느 날 역자는 또 하나의 대작을 만나게 되었는데, 그것은 바로 金理新이란 중국 상고음 학자가 쓴《上古漢語音係》라고 하는 책이었다. 여기서 저자는 역자가 상고한어에 대해 품고 있던 각종 의문에 대해 낱낱이 밝혀내고 있었고, 앞의 潘悟雲 등이 제시했던 이론을 보다 체계적이고 깊이 있게 발전시켜 제시하고 있었다. 무엇보다 "한자는 상고한어 심층의 정보를 가리고 있기 때문에 그 이면의 세계를 보아야 한다"는 대전제를 제시하였으며, 이를 중심으로 자신만의 상고음 체계를 구축했던 것이다. 특히 저자는 그간에 있었던 '諧聲'체계를 어근과 접사라는 개념을 이용하여 새롭게 해석하였고 그 나름의 원칙도 제시하였다. 金理新 선생은 또 여기에 그치지 않고 더 나아가 아예 '상고한어의 형태'를 주제로 다년간 본격적인 연구를 진행하여, 수십 편의 관련 논문을 발표하였다. 그리고 이를 바탕으로 박사논문을 서술, 출판하기에 이르렀는데, 이것이 바로《上古漢語形態研究》이다. 2005년에 이 책이 나왔을 때, 역자는 또 한 번 놀라움을 금치 못했다. 역자가 비록 한문 해석에 대한 의문으로 상고한어 연구를 출발했고, 그 과정에서 상고한어와 관련된 놀라운 비밀을 접하게 되었지만, 그 이후 사실상 이 책을 계기로 역자 역시 본격적인 상고한어형태 연구로 방향을 전환하게 되었다. 역자는 이 책을 기반으로 상고한어형태에 대한 주요 지식을 쌓았고 이 책에 대한 번역을 결심하게 되었다. 그리하여 출판사를 통해 번역을 위한 작업에 들어갔는데, 중국 측 출판사인 黃山書社가 새로운 소식을 알려왔다. 바로 저자가 이 책을 업그레이드한 개정판을 준비 중이란 것이었다. 역자가 2018년쯤부터 번역을 결심하였으나 이 소식을 접한 후 개정판이 나올 때까지 하염없이 기다려야했다. 조바심에 여러 차례 개정판 출판 소식을 타진해 보았으나 감감무소식이었다. 결국 金理新 선생에게 이메일을 써서 직접 문의까지 하였고, 당시 코로나로 인해 지연되고 있다는 소식을 들었다. 그렇게 하여 기다리고 기다려 2021년에서야《上古漢語形態導論》이란 개정판 출판 소식을 듣게 되었으며, 金理新 선생은 친필 서명을 하여 내게 책을 직접 우송해주기도 하였다. 이 책을 접하고 기존의 책과 비교를 해 가며 살펴보니 개정판 정도가 아니라 거의 새로 집필하다시피 한 수준이어서 저자에게 내용을 직접

확인해보았다. 그 결과, 그동안의 연구 성과를 반영하여 상당 부분을 다시 집필하고 재구음도 대대적으로 수정하였다고 한다. 여러 우여곡절 끝에 손에 넣은 본서를 역자는 신나게 탐독하였고 모르는 문제를 발견할 때마다, 이메일로 저자와 소통하며 몇 년에 걸쳐 정독을 하기에 이르렀다. 심지어 재구음가의 오류를 발견한 후 저자에게 문의하여 수정하기도 하였다. 역자가 귀찮게도 수시로 메일로 문의를 했음에도 그때마다 매번 흔쾌히 답변을 해준 저자에게 이 자리를 빌려 고마움을 전하고 싶다. 특히 자신의 책을 번역한다고 했을 때, 놀라움과 기쁨이 교차되어 역자에게 한국어판 서문까지 써준 저자에게 다시 한번 감사의 말씀을 전한다.

본서는 음운학적 베이스에서 시작하지만 궁극적으로 상고한어의 형태 연구와 어법 연구까지 아우르고 있어 그 스펙트럼이 매우 넓다. 본서의 기본 전제는 다음과 같다.

"상고한어에는 첨가 또는 교체식의 굴절 형태가 존재하였고 이것은 漢藏語族의 연구를 통해 입증되고 있으며, 특히 고대 藏文과의 비교를 통해 그 형태적 요소들을 재구할 수 있다. 이러한 굴절 시스템으로 각 품사 간의 품사 전환이 이루어지고, 형태적 변화로 동사의 유형이나 상을 표현하거나, 각종 새로운 단어가 파생되었는데, 이것은 모두 개별 한자로 반영되어 나타나고 있다. 상고 후기로 가면서 일부 형태적 요소는 성조굴절 시스템으로 변화하였고, 상당수의 접사들이 어근 성모자음과 결합하여 복성모를 이루다가 하나의 단성모로 융합되거나 개음화하기도 하였다. 이렇게 하여 중고시기 이후 상고한어 굴절형태는 소멸되었다."

저자의 한국어판 서문에서도 언급하고 있듯이 현재 고대한어 학계에서는 상고한어 굴절형태에 대한 의문을 품고 반대하는 분위기가 주류이다. 그러나 지난 수십년 간 漢藏언어학의 연구 성과와 음운학 연구 성과가 빛을 발하면서 기존의 분위기가 서서히 도전을 받고 있다. 무엇보다 이러한 연구에서 제시하고 있는 각종 증거들이 상고한어의 실체를 언급하는데 결정적인 기여를 하고 있다. 金理新 선생도 이러한 상황을 잘 이해하고 있어서 보다 확실하고 보다 체계적인 증거를 찾아 이를 증명하려고 지금도 이 연구에 매진하고 있다. 역자는 기본적으로 金理新 선생의 기본 전제와 이론에 동의하고 있다. 중고이후의 한어에 가서야 한자 하나가 하나의 형태소에 대응하는 것을 확인할 수 있고, 상고 시기엔 그렇지 않다고 본다. 일차적으로 한자에 대한 고정 관념을 깨야 비로소 상고한어의 진면목을 볼 수 있는 것이다. 金理新 선생은 특히 m-, s-, -t, -s, -l-, -r- 등의 요소, 또 1,2,4등과 3등의 관계, 淸音과 濁音의 관계 등과 같은 기존 음운학에서 다루던 각종 내용을 형태론적 차원에 연결을 시켜 이것을 반영하는 한자 쌍들을 체계적으로 찾아내어 제시하고 있는데, 이는 가히 타의 추종을 불허할 정도의 성과라 할 수 있다. 金理新 선생은 상호 관련이 없어 보이는 한자들 간의 음운학적 관계를 바탕으로 그들의 형태적 상관성까지 찾아내고 있고 이 부분을 특히 강조하고 있다. 선생의 이 이론에 근거해 보면, 우리가 알고 있는 한자들이 모종의 형태적 관계로 매우 체계적으로 상호간 연결되어 있음을 알 수 있다.

金理新 선생의 또 하나의 업적은 바로 상고한어 동사 체계를 깊이 있게 연구하였다는 점이다. 상고한어의 동사는 단순히 타동사, 자동사 등으로 분류하기 어려운 매우 독특한 시스템으로 되어 있어서, 많은 연구자들이 아직까지도 애를 먹고 있다. 그리하여 최근에는 비대격동사, 능격동사 등과 같은 이론을 도입하여 상고한어의 동사 체계를 분석하기도 한다. 그런데 저자는 행위주동사와 피동작주동사 등과 같은 독특한 이론체계를 제시하고 있다. 피동문의 존재가 불확실한 상고한어의 특성상 이와 같은 이론적 설정은 상고한어 동사 체계를 구축하기 위한 새로운 대안으로 떠오를 수 있다. 게다가 이것은 단지 상고한어의 고립적인 특징만이 아니고 藏語에도 존재하고 있어 저자는 모종의 공통분모로서 착안하여 제시한 것이다. 아직은 생소한 이론이라 보다 많은 증거의 수집과 설득력 있는 설명이 더 필요한 실정이지만, 저자의 이러한 시도는 상고한어를 완전히 새로운 차원에서 관찰하고 연구할 수 있는 참신한 관점을 제시해주고 있다.

기존의 상고한어 연구에서는 음운연구와 어법연구를 분리시켜 진행하고 있고, 이들 간의 접점을 찾기가 어려웠다. 그런데 음운과 어법 특히 통사연구를 연결해주는 중간 단계가 있으니 그것이 바로 '형태'분야이다. 다른 언어 연구를 보면, 형태연구는 반드시 음운연구와 연계되어 진행된다. 그리고 형태에서 그치지 않고 통사와 연계되어 확장된다.

고대한어의 연구 역시 반드시 이렇게 연구할 필요가 있다. 그런데 대다수의 어법 연구자들의 경우 음운학적 연구 내용을 그다지 신경 쓰지 않는다. 아마도 지금까지의 연구 전통이 그러해서일 수 있고, 또 양자 간의 이론적 공통분모가 없기 때문일 수도 있다. 그러나 어떤 언어를 막론하고 두 분야의 'interface'는 존재한다. 상고한어의 진면목을 밝히고 보다 정확한 분석, 그리고 사실에 입각한 논리 전개를 위해서도 상고한어 음운학과 통사론을 연결시키는 상고한어 형태론의 연구는 반드시 필요하다. 그러한 점에서 金理新 선생의 본서는 매우 중요한 연구의 방향을 제시하고 있고, 나아가 그동안 상고한어 어법 학계가 외면해왔던 이른바 '死胡同'의 해결책을 제시하고 있다고 본다.

본서를 정독하기 위해서는 많은 복합적인 지식이 필요한데, 일차적으로 음운학적 지식이 필요하다. 저자 자신이 음운학 연구자이기에 이 책을 정확히 이해하기 위해서는 무엇보다 음운학 지식이 필요하다. 중국의 고대 운서와 반절, 음운학 이론, 또는 이를 뒷받침하는《經典釋文》,《群經音辨》등과 같은 각종 주석서,《說文解字》등과 같은 字書 등에 대한 이해가 필요하다. 두 번째는 바로 한문, 즉 古文 해독 능력이다. 본서가 결국 상고한어의 문법과 관련된 내용을 다루기 때문에 완벽하지는 않더라도 상고한어를 어느 정도 읽고 해석할 수 있는 능력이 필요하다. 세 번째는 어법 이론 관련 지식이다. 저자는 책 안에서 각 한자의 형태론적 재구를 진행하면서 특히 상고한어 동사에 대한 이론적 설명에 상당 부분을 할애하고 있다. 여기서는 자주동사와 비자주동사, 타동성, 행위주동사와 피동작주동사, 동사의 相과 완료형 등과 같이 중국어 동사와 관련된 매우 깊이 있는 이론적 베이스를 요구하고 있다. 이렇게 본서는 크게 세 가지 차원에서 다소 전문적이며 복합적인 지식을 필요로 한다. 역자가 다행히도 한문학과에서 한문 실력을 다졌고, 석박사 과정에서 음운학 전공을 한 데다, 최근까지 고대한어의 어법 연구를 해온 터라 어느 정도는 감당이 되었지만, 많은 부분에서 여전히 실력이 일천하여 번역은 물론 일독을 하면서도 애로사항이 많았다. 역자의 지식으로 제대로 잘 이해하고 정확한 번역을 하였는지 항시 걱정이 앞섰고, 특히 방대한 분량은 지금까지의 번역 작업과는 비교가 안 되는 고통스러운 육체노동을 요구하였다. 역자 나름 완벽하게 번역한다고 하였지만 아직도 그에 못 미치는 미흡한 부분이 존재한다. 독자 여러분께서 본 역서를 읽는 과정에서 혹여 그러한 부분을 발견하게 된다면 아낌없는 叱正으로 본서의 번역을 함께 완성해주실 것을 바라마지 않는다.

상고한어형태의 연구는 앞으로 갈 길이 멀다. 마치 공룡을 발굴한 결과로 공룡 관련 책자와 영화가 유행하고 있으나 여전히 발굴을 기다리고 있는 또 다른 고생물이 더 많듯이, 상고한어의 형태는 무궁무진한 발굴을 기다리고 있다. 그러한 면에서 본서는 역자와 같은 '乖愎'한 연구자들이 새로운 길을 개척할 수 있도록 길을 밝혀주는 등대와 같은 역할을 할 것으로 보인다.

마지막으로 출판업계의 어려운 현실에도 불구하고 중국학 분야의 이론서 출판을 위해 한길만을 걷고 계신 도서출판 학고방 사장님과 직원분들께 다시 한번 감사의 말씀을 전하는 바이다. 아울러 상고한어의 진실을 밝히고자 끊임없이 고민하고 계신 金理新 선생께 경의를 표하는 바이다.

2025년 무더운 여름에
익산 원광대학교 인문대 연구실에서 역자 박원기 씀

차례

序 … 5　저자 한국어판 서문 번역 … 9　역자 서문 … 14　재구한자 음순 색인 … 571

제1장 —— 성모 淸濁의 교체

제1절 품사의 구별 …… 23
제2절 동사의 相 …… 100
제3절 自主性 …… 146
제4절 행위주성施事性 …… 182

제2장 —— 접두사 *s-

제1절 명사기원동사화名謂化 …… 225
제2절 사동화 …… 247
제3절 지속 …… 262
제4절 생명체 …… 288

제3장 —— 기타 접사

제1절 접두사 *k- …… 305
제2절 접두사 *m-(1) …… 329
제3절 접두사 *m-(2) …… 347
제4절 접두사 *p- …… 361
제5절 접요사中綴 */l/ …… 373
제6절 접요사 */r/(1) …… 398
제7절 접요사 */r/(2) …… 430

제4장 —— 모음의 緊松(긴장음과 이완음) 교체

제1절 표기 …… 457
제2절 파생 …… 480
제3절 동사의 相 …… 509
제4절 행위주성施事性 …… 549

일러두기

1. 본서는 金理新 교수의《上古漢語形態導論》을 번역한 것이다.
2. 본서의 모든 한자는 기본적으로 번체자를 원칙으로 한다(원서는 간체자로 되어 있음).
3. 본서의 각종 언어학 용어는 한국어로 순화함을 원칙으로 하나 특수한 경우, 원서의 표현을 그대로 사용하였다.
4. 본서의 한자 표기는 기본적으로 병기하지 않고 직접 표기한다. 다만, 일부 용어의 중국어와 한국어 한자 표기가 다를 경우, 괄호를 사용하여 '한국어(한자)' 식으로 병기하였다(예) 전환(類轉)).
5. 본서의 본문 및 예문을 번역하는 과정에서 독자의 이해를 도울 목적으로 필요한 경우 역자의 주로 [역주]를 첨가하였다.
6. 본서의 상고음 재구음가는 일부 수정을 하였다. 이들은 모두 저자와의 협의를 거쳐 이루어졌음을 밝힌다.
7. 본서의 인용 예문의 경우, 일부는 출전원문과의 대조 확인을 통해 수정되거나 조정이 되기도 하였음을 밝힌다.
8. 본서의 원서는 원래 한 권으로 출판된 것이나, 번역 후 분량을 감안하여 편의상 상·하 두 권으로 출판하였다.

제1장

성모 清濁의 교체

제1절 품사의 구별

一

현대한어 중 吳방언의 溫州話의 경우, 자음의 淸濁대립을 여전히 보존하고 있는데, 자음 청탁의 교체를 통해 명사, 동사 간의 품사를 변화시키는 실례가 아직도 있다고 한다. 그러나 품사 변화의 어법 수단으로서 자음 청탁 교체는 현대한어에서 이미 소멸되어 버렸다. 중국어에서 명사는 사용 과정상 의미의 파생(引伸)을 통해 동사로 품사가 변화하기도 하고, 동사가 명사로 변화하기도 한다. 즉, 명사와 동사 간에는 넘을 수 없는 큰 벽이 결코 존재하지 않는다.

賓載手仇, 室人入又.(詩經·賓之初筵)(손님이 손으로 술을 뜨거늘, 돕는 이들도 들어와 술을

올리니)[1]

從左右, 皆**肘**之.(左傳·成公二年)(수레 오른쪽 또는 왼쪽에 서려 했으나, 그때마다 팔꿈치로 밀었다)

叔孫**指**楹曰, 雖惡是, 其可去乎?(左傳·昭公元年)(叔孫은 기둥을 가리키며 말했다. "내 비록 이것을 싫어하지만, 그렇다고 어떻게 없앨 수 있겠는가?")

鳥飛反故鄉兮, 狐死必**首**丘.(楚辭·九章·哀郢)(새는 날아가 고향으로 돌아가고, 여우는 죽으면 머리를 언덕으로 향한다.)

卒中往往語, 皆**指目**陳勝.(史記·陳涉世家) (수졸들이 여기저기서 숙덕거리는데, 모두 진승을 가리키면서 주목하기 시작했다.)

寡人若朝于薛, 不敢與諸任**齒**.(左傳·隱公十一年)(과인이 만약 薛에 조견하러 간다면, 任姓의 제후들과 감히 서열을 다투려 하지 않을 것이다.)

朕不**肩**好貨.(尙書·盤庚下)(짐은 재물을 좋아하는 사람에게는 일을 맡기지 않을 것이다.)

顧我復我, 出入**腹**我.(詩經·蓼莪)(나를 돌보시며 또 돌보시며, 나고 들며 나를 품어주셨다.)

背而走, 比至其家, 失氣而死.(荀子·解蔽)(몸을 돌려 달아났으나, 집에 도착하자 숨이 끊어져 죽었다.)

舜使益**掌**火, 益烈山澤而焚之, 禽獸逃匿.(孟子·滕文公上)(이에 순이 익으로 하여금 불을 담당하게 하였고, 익이 산과 늪을 불로 태우자, 짐승들이 도망치며 숨었다.)

夫爲人子者, 出必告, 反必**面**.(禮記·曲禮上)(무릇 자식된 자는, 나갈 때 반드시 부모님께 알리고, 돌아와서는 반드시 부모님을 뵈어야 한다.)

한자는 표음문자가 아니라서 명사가 품사를 바꾸어 동사가 될 때, 그 음운형식 역시 따라서 변화하는지 우리는 알 수가 없다. 이는 위의 예를 통해서도 알 수 있다. 우선, 우리는 중국어에 '전환(類轉, conversion)'이란 조어법이 있다는 것을 인정해야 한다. 이 '전환'이란 '단어의 음운형식을 바꾸지 않으면서 명사, 동사 간의 품사 변화를 실현할 수 있는 방식'을 말한다. 이러한 전환 조어법은 영어처럼 형태가 풍부한 언어라 해도 자주 발

1 [역주] '仇'는 '斛(구)'로 '잔질하다, 뜨다'이다.

견되고 있다. 다만 음운변화 조어 기능이 점차 쇠퇴함에 따라 명사가 '動用(동사로 사용)' 되는 전환 조어법이 점점 더 활약하게 된다(溫中蘭, 1999). 현대한어의 경우, 이러한 전환 조어법은 특히 단음절 명사일수록 매우 자주 발견되고 있는데, 상고한어 역시 이와 마찬가지이다. 그러나 상고한어의 명사, 동사 간 품사 변화 어법 수단에는 단지 이러한 전환만이 있는 것은 아니다. 전환 외에도, 상고한어는 '屈折'을 널리 사용하였다. 이를 통해 단어의 성모나 운모, 성조를 변화시켜 명사, 동사 간의 품사 변화를 실현하였다. 중국의 일부 학자들은 극단으로 치달아, 전환 외에 기타 조어법은 없다고 단정하고 있다. 王力 主編의 《古代漢語》 등과 같은 교과서의 경우, 상고한어의 품사 변화 수단으로 단지 전환의 조어법만을 언급할 뿐이지, 명사와 동사 간의 품사 변화 시 그 음운형식도 함께 변화할 수 있다는 사실에 대해 아예 고려조차 하고 있지 않다.

'背(배)'는 '補妹切'이다. 《廣韻》: "脊背('등'이다)." '背'는 '蒲昧切'이다. 《廣韻》: "棄背, 又姓也('버리다'이며 또 성이다)." '背'는 《廣韻》에서 위처럼 두 개의 독음이 있으며, 동사 의미의 '背'의 음은 '蒲昧切'이다. 背, 《康熙字典》: "《廣韻》《集韻》蒲昧切, 《正韻》步昧切. 《廣韻》 '棄背', 《集韻》 '違也', 《正韻》 '棄也, 孤負也, 反面也'(《廣韻》《集韻》에서는 '蒲昧切'이고, 《正韻》에서는 '步昧切'이다. 《廣韻》에서는 '버리다'이고, 《集韻》에서는 '어기다, 어그러지다'이며, 《正韻》에서는 '버리다, 저버리다, 얼굴을 돌리다'의 의미이다)."

글자는 계속 '背'이지만, 품사의 변화에 따라 음운형식도 '補妹切'에서 '蒲昧切'로 변화한 것이다. 이를 통해 보건대, 상고한어에는 단지 전환만이 존재한 것은 아니다. 단어의 품사가 변화하여 명사에서 동사로 변화하였고, 그 의미 역시 원래와 달라졌다. 따라서 옛사람들은 문자 하나를 차용하거나 창조하여 그중의 한 단어를 기록하기도 하였다. 예컨대, 《禮記·坊記》에는 "先死者而後生者, 則民不偝((이록을) 죽은 자에게 먼저 하고 살아 있는 자에게 나중 한다면 백성이 저버리지 않는다)."라 했고, 《說苑·權謀》엔 "不棄美利而偝約爲難不可成之事(좋은 이익을 버리지 않고 맹약을 저버리는 것이 어려우면서 이루기 힘든 일이다)"라 하였다. 여기서 '偝'는 '蒲昧切'이며, 《廣韻》에는 "向偝(등을 향하게 하다, 등 쪽을 보이다)"라고 나온다. 명사인 '背'와 동사 '背'를 구별하기 위해, 옛사람들은 '偝(배, 등지다/

배반하다)'라는 글자를 만들어 동사 '背'를 기록한 것이다.

분명, 명사 '背'가 동사 '背'로 변화하면서, 그 음운형식은 이미 달라졌다. 따라서 우리는 문자에 의해 눈이 가려져 상고한어에 단지 전환만이 있었다고 여기면 안 된다. 문자 기록이 변하지 않았다 하여 음운형식이 변화하지 않은 것은 아니다. 이를 구별하기 위해 새로운 글자를 만들어 새로운 단어를 기록하였으니 이로써 '古今字'라는 관계가 탄생하였다. 한 마디로 원래 하나의 문자만을 가지고 있던 단어가 두 개 또는 그 이상의 문자를 가지게 된 것이다. 또 이미 있던 다른 문자를 차용하여 새로운 단어를 기록하기도 하는데 이로써 '假借字'가 탄생하였다.

旌(정: 기), 《說文》: "游車載旌, 析羽注旄首也, 所以精進士卒也(전차에 깃발을 꽂을 때, 흩어진 깃털로 깃대 끝을 장식하여 사졸들을 정진케 한다)." 旌, 《廣韻》: "旌旗('깃발'이다). 《周禮》云 '析羽爲旌', 《爾雅》注云 '旄首曰旌', 子盈切(《周禮》에선 '흩어진 깃털로 기를 만든다'라고 하고, 《爾雅》注에선 '깃대머리를 旌이라 한다, 子盈切이다'라 한다)." 《左傳·桓公十六年》: "壽子載其旌以先, 盜殺之(壽子가 急子의 깃발을 수레에 싣고서 먼저 가자, 자객이 그를 죽였다)." 段玉裁注: "引申爲凡表異之偁(의미가 파생하여, 모든 '특이한 것을 표시하다, 표창하다'를 나타낸다)." 《左傳·僖公二十四年》: "以志吾過, 且旌善人(이것으로 나의 잘못을 기억하고, 또 착한 이를 드러내고 표창한다)." 杜注: "旌, 表也(旌은 '표시하다, 표창한다'이다)." 이 뜻은 또한 '竫'자로도 쓴다. 《左傳·昭公元年》: "不竫其能, 其誰從之?(이 일들을 잘 한 사람을 표창하지 않으면, 누가 그대를 따르겠는가?)" 《呂氏春秋·愼大覽》: "封比干之墓, 竫箕子之宮, 表商容之閭(비간의 묘에 봉분을 쌓고, 기자의 궁에 정표를 세우고, 상용의 마을문 앞에도 정표를 세웠다)."

명사 의미의 '旌(깃발)'은 '竫'으로 쓸 수 없지만, 동사 의미의 '旌(표창하다)'은 '竫'으로 쓸 수 있다. 분명, 의미를 구별하기 위해 옛사람들은 '旌'을 '竫'으로 쓴 것이다. '竫'은 《廣韻》에서 '疾郢切'로 나온다. '旌'과 '竫'의 발음 차이는 바로 '자음 성모 청탁'의 차이이다. 위의 두 가지 예에 대한 고찰을 통해, 우리는 상고한어에 단어의 음운형식을 바꾸지 않는 '전환'만이 있는 것이 아니고, 자음의 청탁 교체를 이용, 명사와 동사 간의 변화를 실현시키는 방법도 있음을 알 수 있다.

二

朝(조: 아침) ***tlɯ̱**, 《廣韻》: "早也, 又旦至食時爲終朝, 陟遙切('이른 시간'이다, 또 아침부터 밥 먹는 시간까지 해서 아침으로 한다, '陟遙切'이다)." 朝, 《說文》: "旦也('아침'이다)." 《爾雅》: "朝, 旦也('朝'는 '아침'이다)." 《詩經·蝃蝀》: "朝隮于西, 崇朝其雨(아침 무지개가 서쪽에 뜨면 아침내 비가 온다네)." 《群經音辨》: "旦日曰朝, 陟遙切; 旦見曰朝, 直遙切('아침 시간'을 '朝'라 하고, '陟遙切'이다; '아침에 뵙다'를 '朝'라 하며 '直遙切'이다)." **朝(조: 보다, 뵙다)** ***dlɯ̱**, 直遙切. 《白虎通義·朝聘》: "朝者, 見也. …… 因用朝時見, 故謂之朝('朝'는 '뵙는 것'이다. … 아침 시간을 이용하여 뵙기 때문에 '朝'라고 한다)." 《左傳·成公十二年》: "朝而不夕(백관이 아침(낮)에만 임금을 뵙고, 저녁에는 뵙지 않았다)." 《釋文》: "朝, 直遙切(여기서 '朝'는 '直遙切'이다)." 《左傳·隱公六年》: "鄭伯如周, 始朝桓王也, 王不禮焉(鄭나라 임금이 주나라에 간 것은, 비로소 왕께 조견한 것일 테지만, 왕은 그를 예우하지 않았다)." 《論語·鄉黨》: "必朝服而朝((吉月에는) 반드시 조복을 입고 조견하셨다)."

背(배: 등) ***peks**, 《廣韻》: "脊背也, 補妹切('등'이다, 補妹切이다)." 背, 《說文》: "脊也('등'이다)." 《左傳·莊公八年》: "袒而示之背(옷을 벗은 다음 등을 보여주다)." **背(배: 저버리다, 배신하다)** ***beks**, 《廣韻》: "棄背, 補妹切('버리다'이다, 補妹切이다)." 《左傳·桓公七年》: "盟向求成于鄭, 既而背之(盟과 向이 鄭나라와의 화평을 구하였으나, 곧 鄭나라를 배반하였다)." 《釋文》: "背音佩(여기서 '背'의 음은 '佩'이다)[2]." 《左傳·文公七年》: "乃背先蔑而立靈公(이에 先蔑을 배신하고 영공을 세웠다)." 《釋文》: "背音佩(여기서 '背'의 음은 '佩'이다)." **偝(배: 등지다, 배반하다)** ***beks**, 《廣韻》: "向偝也, 蒲昧切('등지다, 등을 돌리다'이다, '蒲昧切'이다)." 《禮記·坊記》: "殷人吊于壙, 周人吊于家, 示民不偝也(은나라 사람은 광 위에서 조상하였고, 주나라 사람

---

2 [역주] 여기서 '佩'는 음이 '蒲昧切'로 탁음이다.

은 집에서 조상하였다. 백성에게 저버리지 않음을 보여 주는 것이다).” 이 의미는 또 ‘倍’로도 쓴다. **倍(배: 배반하다)** ***be^{B}*** (中古 上聲을 B로 표시함, 아래도 동일), 薄亥切, 《說文》: “反也(‘돌아서다, 엎다’이다).” 《孟子·滕文公上》: “子倍子之師而學之(그대는 그대의 스승을 저버리고 이것을 배운다).” 《史記·秦本紀》: “歸而秦倍盟, 與翟合謀擊晉(여공이 돌아오자 진이 회맹을 배신했고, 翟과 함께 晉의 정벌을 꾀하였다).” 《漢書·賈誼傳》: “無倍畔之心(배반의 마음을 갖지 않다).” 顏師古注: “倍, 讀曰偝(‘倍’는 ‘偝’로 읽는다).” 《荀子·大略》: “言而不稱師謂之畔, 教而不稱師謂之倍(말을 하면서 자기 스승을 일컫지 않는 것을 畔이라 이르고, 가르치면서 자기 스승을 일컫지 않는 것을 倍라고 한다).” 이로 보건대, ‘背叛’의미의 ‘倍’의 발음은 원래 ‘蒲昧切’이어야 한다.

背(배: 등) ***peks*** , 《廣韻》: “脊背也, 補妹切(‘등’이다, 補妹切이다).” 背, 《說文》: “脊也(‘등’이다).” 《莊子·逍遙遊》: “背負青天而莫之夭閼者((붕은) 푸른 하늘을 등에 지고, 앞을 막는 장애가 없어야 한다).” **負(부: 메다, 짐지다, 저버리다)** ***be̲^{B}*** , 房久切, 《廣韻》: “擔也, 荷也, 又受貸不償曰負, 背恩忘德曰負也(‘메다, 지다’이다, 또 빚을 지고 갚지 않는 것을 ‘負’라고 한다, 은혜와 덕을 저버리는 것을 ‘負’라고 한다).” 《釋名》: “負, 背也, 置項背也(‘負’는 ‘등으로 지다’로, ‘등에 놓는 것’이다).” 《左傳·成公十年》: “負晉侯出諸廁(晉侯를 업고 변소에서 나왔다).” 《論語·子路》: “夫如是, 則四方之民, 襁負其子而至矣, 焉用稼?(이와 같으면 사방의 백성들이 자기 자식을 포대기에 싸서 업고 올 것인데, 농사가 무슨 필요가 있겠는가?)” 《禮記·明堂位》: “天子負斧依南鄉而立(천자는 부의를 등지고 남면하여 서 있다).” 注: “負之言偝也(‘負’는 ‘偝’란 말이다).” 《釋文》: “偝, 本又作背, 音倍(여기서 ‘偝’는 본래 ‘背’로도 쓴다, 음은 ‘倍’이다).” 又爲“偝”(또 ‘偝’로 쓰기도 한다). 《戰國策·齊策》: “客果有能也, 吾負之(객은 과연 능력이 있는데, 내가 너무 그대를 저버렸다).” 《史記·魏君子列傳》: “以負于魏(위나라를 배신했다).” 索隱: “負音佩(‘負’의 음은 ‘佩’이다).”

腹(복: 배) ***pu̲k*** , 《廣韻》: “腹肚, 方六切(‘배’이며 ‘方六切’이다).” 《詩經·兎罝》: “赳赳武夫, 公侯腹心(씩씩한 무사여, 공후의 심복이로다).” 《左傳·宣公二年》: “睅其目, 皤其腹, 棄甲而復(튀어나온 눈에 불룩한 배를 한 놈이 갑옷을 버리고 도망쳐 왔다네).” 《莊子·逍遙遊》: “偃鼠飲河,

不過滿腹(두더지가 황하 물을 마실 때는, 단지 자기 배를 채우는 정도입니다).” 또 동사로 전환(類轉)되기도 한다. 《詩經·蓼莪》: “顧我復我, 出入腹我(나를 돌아보고 다시 나를 돌아보시니, 나고 들 때 나를 품어주시니).” 箋: “腹, 懷抱也(‘腹’은 ‘품다’이다).” ‘腹’은 ‘복부(腹部)’이며, 복부를 땅에 대는 것을 ‘伏(엎드리다)’이라 한다. **伏(복: 엎드리다, 숨다) *bu̲k**, 房六切, 《廣韻》: “匿藏也(‘숨다’이다).” 《禮記·曲禮上》: “坐毋箕, 寢毋伏(앉을 때에는 두 다리를 쭉 뻗고 앉지 말아야 하며, 잠잘 때에는 엎드려 자지 말아야 한다).” 《莊子·田子方》: “禦寇伏地, 汗流至踵(列禦寇는 땅에 엎드린 상태로 식은땀을 흘렸고, 발꿈치에까지 이르렀다).” 《史記·外戚世家》: “侍御左右皆伏地泣, 助皇后悲哀(좌우의 측근들도 모두 땅에 엎드려 울어서 황후의 비통함이 더해졌다).” **伏(부: 알품다) *bu̲ks**, 《廣韻》: “鳥菢子, 扶富切(‘새가 알을 품는 것’으로, ‘扶富切’이다).” 《淮南子·說林訓》: “乳狗之噬虎也, 伏鷄之搏狸也, 恩之所加, 不量其力(젖먹이는 어미 개가 범을 물어뜯고, 알을 품은 암탉이 삵을 치니, 정이 더 보태져 그 힘을 알 수가 없는 것이다).” 《史記·淮陰侯列傳》: “俛出袴下, 蒲伏(허리를 굽혀 가랑이 밑으로 기어서 지나갔다).” ‘蒲伏’은 항상 ‘匍匐’으로 쓴다. **匐(복: 포복하다, 기다) *bu̲k**, 房六切, 《廣韻》: “匍匐, 伏地貌(‘기다’로, 땅에 엎드려 기는 모양이다).” 《孟子·滕文公上》: “赤子匍匐將入井, 非赤子之罪也(어린아이가 기어서 우물로 들어가려 하는데, 이는 어린아이의 잘못이 아니다).”

複(복: 겹옷) *pu̲k, 方六切, 《廣韻》: “重衣(‘겹옷’이다).” 《說文》: “複, 重衣也(‘複’은 ‘겹옷’이다).” 《釋文》: “有裏曰複, 無裏曰襌(안이 있는 것을 겹옷이라 하고 안이 없는 것을 홑옷이라 한다).” 《鹽鐵論·輕重》: “夏不失複, 冬不離窟(여름에 겹옷을 벗지 않고, 겨울에 집을 떠나지 않는다).” 《禮記·喪大記》: “小斂, 君大夫士皆用複衣複衾(소렴에는 임금과 대부, 선비가 모두 솜옷과 솜이불을 쓴다).” 《釋文》: “複音福(여기서 ‘複’의 음은 ‘福’이다).” **复(복: 돌아가다) *bu̲k**, 房六切, 《廣韻》: “行故道也(‘옛길로 가다’이다).” **復(복: 돌아가다, 반복하다) *bu̲k**, 房六切, 《廣韻》: “返也, 重也(‘돌아가다, 반복하다’이다).” 《左傳·僖公四年》: “昭王南征而不復(昭王이 남방을 순행하다가 돌아오지 못하셨다).” 《論語·學而》: “信近於義, 言可復也(미더운 말이 義에 가까우면 그 말을 반복할 수 있다).” 《左傳·昭公十六年》: “弗敢復也(감히 다시 청하지 않았다).” 注: “復, 重求也(‘復’은 ‘거듭 요구하다’이다).” 《左傳·桓公五年》: “遂不復((淳于公이) 결국 돌아가지 않았다).” 《釋文》: “復, 音服(여기서 ‘復’의 음은 ‘服’이다).” 《史記·秦始皇

本紀》: "五帝不相復, 三代不相襲(오제는 정치를 서로 이어받지 않았으며, 삼대에 이르러서도 각기 답습하지 않았다)."《左傳·桓公十七年》: "復惡已甚矣(악행을 반복하는 것이 너무 심하였다)[3]." 注: "復, 重也('復'은 '거듭하다'이다)."《釋文》: "復, 扶又反, 一音服('復'은 '扶又反'으로 한편으로 음이 '服'이다)." 글자는 또한 '複'으로도 쓴다. **複(부: 겹치다)** ***buks**, 扶富切, 《廣韻》: "重複('겹치다'이다)."《史記·秦始皇本紀》: "殿屋複道周閣相屬(전각과 복도(겹길), 주각이 서로 이어져 있다)."《史記·孝武帝本紀》: "圜宮垣爲複道(궁궐 담을 둘러서 겹길(복도)를 만들었다)."

扶(부: 네손가락을 나란히 한 길이) ***pa**, 甫無切, 《廣韻》: "《公羊傳》云: 扶寸而合. 注云: 側手曰扶(〈공양전〉에 이르길, '손가락 네 개를 다 모으고 마디를 다 모아(즉, 조금씩 모아)'라 하고, 注에 이르길, '손을 옆으로 나란히 한 넓이를 扶라 한다'라고 한다)."《集韻》: "側手曰扶(손을 옆으로 나란히 한 넓이를 '扶'라 한다)."《韓非子·揚權》: "上失扶寸, 下得尋常(군주가 약간이라도 잃게 되면, 신하는 그 배를 얻게 된다)." 注: "四指爲扶(네 손가락을 나란히 한 넓이를 '扶'라 한다)."《禮記·投壺》: "堂上七扶((화살은)당상에서는 7부이고)." 鄭注: "鋪四指曰扶(네 손가락을 편 넓이를 '扶'라 한다).《春秋》傳曰: 肤寸而合(〈춘추〉전에 이르길, '손넓이나 마디 하나 만큼씩 모아서'라 한다)."《釋文》: "扶, 方于反(여기서 '扶'는 '方于反'이다)." '扶'는 또 '膚'로도 쓴다. **膚(부: 네손가락을 나란히 한 폭이나 길이)** ***pa**, 音同(음은 같다).《戰國策·秦策三》: "膚寸之地無得者(한 치의 땅도 얻지 못하였다)."《公羊傳·僖公三十一年》: "觸石而出膚寸而合(바위에 부딪쳐 구름이 생겨나 아주 조금씩 모여서)."《釋文》: "膚寸: 方于反, 側手爲膚, 按指爲寸('膚寸'의 것은 '方于反'로, 손을 옆으로 편 한 넓이가 '膚'이며, 손가락 하나는 '寸'이다)."《群經音辨》: "扶, 佐也, 防夫切. 扶, 則四指也, 音膚, 《禮記·投壺》: '堂上七扶'('扶'는 '돕다'이고, '防夫切'이다. '扶'는 '네 손가락 넓이'로 음은 '膚'이다. 〈예기·투호〉에, '당상에서는 7부이다'라 한다)." **扶(부: 돕다)** ***ba**, 防無切, 《廣韻》: "扶持也, 佐也, 防無切('잡고 지탱하는 것'이다. '돕다'이다. '防無切'이다)." 扶, 《說文》: "左也('돕다'이다)."《戰國策·宋衛策》: "若扶梁伐趙(위나라를 도와 조나라를 공격하다)." 注: "扶, 助也('扶'는 '돕다'이다)."《論語·季

---

3 [역주] 다른 해석 : 자기를 미워한 원한을 보복한 것이 너무 심하다.

氏》: "危而不持, 顚而不扶, 則將焉用彼相矣?(위태로우나 잡아주지 못하고, 넘어지나 부축해주지 못한다면, 장차 그런 相(도우미)을 어디에 쓰겠느냐?)."

半(반: 반) *pans , 博漫切, 《廣韻》: "物中分也(사물의 가운데를 나누다)." 《說文》: "半, 物中分也('半'은 사물의 가운데를 나누는 것이다)." 《左傳·哀公十四年》: "對曰: 陳恒弑其君, 民之不與者半, 以魯之衆, 加齊之半, 可克也(공자가 대답했다. '陳恒이 그 임금을 시해하였으니 백성 중에 그와 더불지 않는 자가 반은 됩니다. 노나라 무리를 제나라 백성의 반에 더하면 승리할 수 있습니다')." **叛(반: 나라를 반으로 나누다),** *bans , 薄半切, 《廣韻》: "奔他國(다른 나라로 도망가다)." 叛, 《說文》: "半也('나누다'이다)." 徐鍇繫傳(서개 계전에서 이르길): "離叛也. 《春秋》曰'欒盈入於曲沃以叛', 使其邑國分半也('배반하다'이다. 〈춘추〉에서 '欒盈이 돌아와 曲沃에 들어가서 배반하였다'라고 했는데, 이는 그 읍과 국을 반으로 나누는 것이다)." 段玉裁注(단옥재주에 이르길): "反者叛之全, 叛者反之半. 以半反釋叛, 如以是少釋尟. 从半反, 半亦聲('反'은 돌아감이 온전한 것이고, 叛은 돌아감이 반이다. 반돌아감으로 '叛'을 해석하니 마치 '是少'로 '尟'를 해석하는 것 같다. '半'과 '反'의 의미를 따르며, '半'은 또 성부도 된다)." 《左傳·襄公二十六年》: "入於戚以叛, 罪孫氏也(戚에 들어가 반란을 일으켰다하니, 이는 孫氏에게 죄를 물은 것이다)." 疏: "叛者, 判也. 欲分君之地以從他國, 故以叛名焉('叛'은 '나누는 것'이다, 임금의 땅을 나누어 다른 나라를 따르려고 하는 것이므로, '叛'이라 이름하였다)." 글자는 또 '畔'으로도 쓰고, 음은 동일하다. 《孟子·公孫丑下》: "周公使管叔監殷, 管叔以殷畔(주공은 형 管叔으로 하여금 은나라를 관리하게 했는데, 관숙이 은나라를 가지고 반란을 일으켰다)." 《莊子·徐無鬼》: "其爲人也, 上忘而下畔[4](그 사람됨은 위로는 군주를 잊고 아래로는 백성들과 함께 하였다)."

濱(빈: 물가) *pin̲ , 必鄰切, 《廣韻》: "水際('물가'이다)." 《詩經·采蘋》: "于以采蘋, 南澗之濱(어디에서 마름을 딸까요, 남쪽 계곡 물가에서 따지요)." 《孟子·離婁上》: "伯夷辟紂, 居北海之濱(백이가 주임금을 피하여 북쪽 바닷가에 살고 있었다)." '濱'은 《集韻》에서는 '瀕'으로도

4 [역주] 여기서의 '畔'은 '伴'으로 '함께 하다'란 의미로 해석하는 게 자연스럽다.

되어 있다. 《墨子·尙賢中》: "舜耕歷山, 陶河瀕, 漁雷澤(舜이 歷山에서 농사를 지었고, 물가에서 그릇을 굽고, 雷澤에서 고기를 잡았다)." **頻(빈: 늘어서다, ~에 가깝다)** ***bi̲n** , 符眞切, 《廣韻》: "數也, 急也, 比也. 《說文》作瀕, 水厓, 人所賓附, 頻蹙不前而止('자주'이다, '급하다'이다, '늘어서다'이다. 〈설문〉에 '瀕'으로 나오며 '물가'이다. 사람이 이 근처에 가면 눈살을 찡그리며 더 이상 나아가지 않고 멈춘다[5])." 《詩經·召旻》: "池之竭矣, 不云自頻(못이 마름을 물가로부터 한다 하지 않으니)." 이 의미의 글자는 대부분 '瀕'으로 쓰고, 음은 '頻'과 같이 符眞切이다. 《漢書·地理志》: "瀕洙泗之水, 其民涉度, 幼者扶老而代其任(洙수와 泗수 가에서 그 백성들은 물을 건넘에, 어린 아이는 노인을 부축하여 그 소임을 대신한다)."

風(풍: 바람) ***pru̲m** , 方戎切, 《廣韻》: "聲也, 《河圖》曰: 風者天地之使. 《元命包》曰: 陰陽怒而爲風('소리'이다. 〈하도〉에 이르길 '바람이란 천지의 심부름꾼이다', 〈원명포〉에 이르길 '음양이 노하여 바람이 되다')." 《說文》: "風, 八風也. 从虫凡聲('風'은 '팔방의 바람'으로, '虫'을 따르고 '凡'이 성부이다)." 《詩經·終風》: "終風且暴, 顧我則笑(하루 내내 비바람불고 또 빠르나 나를 돌아보고 비웃는다)." 《詩經·凱風》: "凱風自南, 吹彼棘心(따스한 바람 남쪽에서 불어와 저 대추나무 새싹에 불어온다)." **汎(범: 물에 뜨다)** ***bru̲m** , 房戎切, 《廣韻》: "浮也('물에 뜨다'이다)." 《詩經·邶風·柏舟》: "汎彼柏舟, 亦汎其流(두둥실 떠가는 저 잣나무배여, 또한 흐르는 물에 떠 있도다)." 《詩經·鄘風·柏舟》: "汎彼柏舟, 在彼中河(두둥실 떠 있는 잣나무 배 황하강 가운데 떠 있네)."

華(화: 꽃) ***χla** , 呼瓜切, 《說文》: "草木花也('초목의 꽃'이다)." 《群經音辨》: "華, 榮也, 戶瓜切; 華, 草木之花也, 呼瓜切('華'는 '성하다(榮)'이고, '戶瓜切'이다. '華'는 '초목의 꽃'이고, '呼瓜切'이다)." 《詩經·白華》 "白華(백화, 흰꽃)", 《釋文》: "華, 音花(여기서 '華'의 음은 '花'이다)." 《詩經·桃夭》: "桃之夭夭, 灼灼其華(복숭아나무 싱싱하고, 그 꽃 활짝 피었도다)." **華(화: 꽃이 피다, 무성하다, 영화롭다)** ***ʁla** , 戶花切, 《廣韻》: "草盛也('풀이 무성하다'이다)." 《說文》: "華,

---

5 [역주] '涉'과 '頁'이 합해져서 '瀕'이 되었는데, 사람들이 물가를 건널 때 물이 차올라 얼굴이 찡그려지고 더 이상 나아가지 못하는 상황이 된다. 그래서 '瀕'이라 한다.

榮也('華'는 '무성하다, 영화롭다'이다)." 朱駿聲: "開花之華與花朵之華微別('꽃이 피는 것'을 '華'라 했는데, 이는 '꽃잎'의 '華'와는 약간 다르다)."《詩經·出車》: "昔我往矣, 黍稷方華(옛날에 내가 출정갈 때는 기장과 피가 무성하더니)."《禮記·月令》: "桐始華((계춘월에) 오동나무꽃이 비로소 핀다)."

晶(정: 빛, 별) ***ȶi̱ŋ**, 子盈切,《廣韻》: "光也('빛'이다)."《說文》: "晶, 精光也, 从三日('晶'은 '정화의 빛'이다. 세 '日'의 회의이다)." 曐,《說文》: "萬物之精, 上爲列星, 从晶生聲(만물의 정화가 하늘에서 여러 별이 되었다. '晶'을 따르고 '生'이 성부이다)." 楊樹達은 孫詒讓의 말을 인용하여 다음과 같이 말했다. "'晶'은 곧 '星'의 본자로, 그 작으나 무리지어 있는 것을 본뜬 것이다." '晶'은 또 '精'자로도 쓴다.《呂氏春秋·圜道》: "精行四時, 一上一下各與遇, 圜道也(별이 네 계절에 걸쳐 운행하면서, 하나가 올라가면 다른 하나가 내려오고, 각기 짝을 이루는데, 이는 둥근 원리이다)." **晴(청: 맑다)** ***ȡi̱ŋ**, 疾盈切,《廣韻》: "天晴(하늘이 맑다)." 글자는 본래 '夝'이다. **夝(정: 맑다)** ***ȡi̱ŋ**,《廣韻》의 발음은 '疾盈切'이다.《說文》: "夝, 雨而夜除見星也('夝'은 비 오다가 밤에 멈추고 별이 보이는 것이다)."《韓非子·說林下》: "荊伐陳, 吳救之, 軍間三十里, 雨十日, 夜星(楚나라가 陳나라를 공격할 때 吳나라가 구하러 갔는데, 양 군 간의 거리가 30리였다. 비가 10일 동안 내렸고 밤에 갰다)."《說苑·指武》: "楚莊王伐陳, 吳救之, 雨十日十夜晴(초장왕이 진을 정벌할 때, 오나라가 구하러 갔는데, 10일 밤낮으로 비가 오다가 갰다)."

椶(종: 종려나무) ***ȶoŋ**, 子紅切,《廣韻》: "椶櫚, 一名蒲葵('종려나무'로, 일명 '蒲葵'라고 한다)."《山海經·西山經》: "其木多椶, 其草多竹(나무는 종려나무가 많고 풀은 조릿대도 많다)." **嵏(종: 산이름)** ***ȶoŋ**, 子紅切,《廣韻》: "九嵏, 山名('九嵏'은 산이름이다)."《史記·殷本紀》: "湯遂伐三嵏, 俘厥寶玉(탕이 마침내 삼종을 정벌하여 그곳의 보물을 노획했다)." **猣(종: 한배에 세 마리가 난 강아지)** ***ȶoŋ**, 子紅切,《廣韻》: "犬生三子(개가 세 마리를 한 번에 낳다)."《爾雅》: "犬生三, 猣(개가 한 번에 세 마리를 낳은 것을 '猣'이라 한다)." **豵(종: 한배에 세 마리가 난 돼지새끼)** ***ȶoŋ**, 子紅切,《廣韻》: "豕生三子(돼지가 한 번에 세 마리를 낳은 것이다)."《詩經·騶虞》: "彼茁者蓬, 一發五豵(저 무성한 쑥대에 한 번 화살에 다섯 마리 햇돼지를 잡으

니)."《釋文》: "豵, 子公反, 徐又在容反(여기서 '豵'은 발음이 '子公反'이고 徐씨 음은 또 '在容反'이다)."《廣雅》: "豕之大者謂之豣, 小者謂之豵(돼지 중 큰 놈을 '豣'라 하고, 작은 놈을 '豵'이라 한다)." **鬃(종: 상투, 갈기) *ʦoŋ** , 子紅切, 《廣韻》: "馬鬉('말갈기')." 이러한 명물들을 *ʦoŋ이라고 명명하는데, 그 근거는 바로 '聚'이다. **叢(총: 모이다) *ʥoŋ** , 徂紅切, 《廣韻》: "聚也('모이다'이다)."《史記·司馬相如列傳》: "采色澔汗, 叢積乎其中(찬란한 광채를 내며 서로 비치며, 물 가운데 무더기가 되어 쌓여있다)."《史記·龜策列傳》: "其叢生滿百莖(한 뿌리에서 백 개 이상의 줄기가 난다)."

從(종: 세로) *ʦo̱ŋ , 將容切, 《集韻》: "東西曰衡, 南北曰從(동서로 난 것을 횡이라 하고 남북으로 된 것을 종이라 한다)."《史記·蘇秦列傳》: "故從合則楚王, 衡成則秦帝(그러므로 합종이 성사되면 초나라가 왕이 되고, 연횡이 이루어지면 진나라가 제왕이 된다)." 글자는 '縱'으로도 많이 쓴다. **縱(종: 세로) *ʦo̱ŋ** , 卽容切, 《廣韻》: "縱橫也('가로와 세로'이다)."《過秦論》: "合從締交(합종(세로로 합하다)하여 교분을 맺다)." 注: "從, 與縱同('從'은 '縱'과 같다)." 사람의 눈은 앞으로 향한다. 따라서 시선의 방향을 따라 '곧다(直)'의 의미가 생겼다. '곧다'로부터 다시 '남북방향'의 의미가 파생되었다. **從(종: 나아가다, 따르다) *ʥo̱ŋ** , 疾容切, 《廣韻》: "就也, 從, 古文, 《說文》曰 '相聽也'('나아가다'이다, '從'은 고문이며, 〈설문〉에 이르길, '서로 듣고 따르다'라 한다)." 从, 《說文》: "相聽也('서로 듣고 따르다'이다)." 從, 《說文》: "隨行也('따라가다'이다)." '從'은 '从'의 번체자이나 許愼은 이를 억지로 둘로 나누었다. 《論語·微子》: "子路從而後(子路가 공자를 수행하다가 뒤처졌다)." 한 사람은 앞에, 한 사람은 뒤에 있는데, 앞사람은 뒷사람을 위해 쫓을 수 있는 종적을 남긴다. 《史記·刺客列傳》: "重自刑以絶從(그래서 스스로 자신의 몸을 훼손시켜 자취를 끊어버렸다)." 索隱: "從音踪('從'의 음은 '踪'이다)."《漢書·張湯傳》: "變事從迹安起?(긴급한 사건의 실마리는 어디서 발생한 것인가?)" 師古曰: "從讀曰蹤('從'은 '蹤'으로 읽는다)." **蹤(종: 자취, 종적) *ʦo̱ŋ** , 卽容切, 《廣韻》: "蹤迹('자취')." '蹤'은 다른 의미가 또 파생되어 '車痕'을 나타내는데, 글자를 '轗(종: 수레바퀴자국)'으로 쓴다. 轗, 《廣韻》: "車迹, 卽容切('바퀴자국'이고, '卽容切'이다)."

嫡(적: 정실, 본처, 적자) *tik , 都歷切, 《廣韻》: "正也, 君也('바른 것', '임금'이다)." 嫡, 《廣

雅》: "君也('임금'이다)."《說苑·建本》: "捨嫡嗣不立而外求君子(적장자를 버리고 이를 세우지 않으며, 바깥에서 군자를 찾았다)." '嫡'은 본래 '适(適)'으로 썼다. **適(적: 정실, 적자)** ***tik** , 都歷切, 《左傳·莊公八年》: "衣服禮秩如適(의복과 禮秩이 適子와 같다)." 杜注: "適, 大子也('適'은 '큰아들'이다)."《釋文》: "適, 丁歷反(여기서 '適'은 '丁歷反'이다)."《詩經·大明》: "天位殷適, 使不挾四方(천자 지위의 은의 적손은 사방을 갖지 못하게 하다)." 傳: "紂居天位而殷之正適也(주는 천자의 지위에 있었고, 은의 적손이다)."《釋文》: "適, 音的(여기서 '適'은 음이 '的'이다)."《釋名》: "嫡, 敵也, 與相匹敵也('嫡'은 '敵(상대, 맞서다)'이다, 서로 맞서는 것이다)." **敵(적: 맞서다)** ***dik** , 徒歷切, 《說文》: "仇也('원수'이다)." 段玉裁注: "相等爲敵, 因之相角曰敵(서로 대등한 것을 '敵'이라 하고, 이로써 서로 다투는 것을 '敵'이라 한다)."《左傳·桓公六年》: "臣聞小之能敵大也(신이 듣건대, 소국이 대국을 능히 대적할 수 있는 것은)." 또《文公二年》: "念德不怠, 其可敵乎?(덕을 닦는 것을 생각하고 게을리 하지 않으니, 그를 어찌 대적할 수 있겠는가?)" 글자를 또 '適'으로 쓰기도 한다.《集韻》의 음은 '亭歷切'이다.《說文》에서는 '仇也' 또는 '適'으로 되어 있다.《戰國策·趙策三》: "秦當時適其鋒(진나라는 그 당시 그 예봉을 피하였다)[6]."

帝(제: 황제) ***tiks** , 都計切, 《廣韻》: "《說文》曰'諦也, 王天下之號也', 《爾雅》云'君也'(〈설문〉에 이르길, '살피다이다, 천하에 왕노릇 하는 자의 칭호이다'. 〈이아〉에 이르길, '임금이다')." '帝'는 본래 '天帝(하느님)'였고 이후 '人王(임금)'으로 바뀌었다.《詩經·正月》: "有皇上帝, 伊誰云憎(위대하신 상제 계시는데, 누구를 미워하시리오)."《詩經·文王》: "有周不顯, 帝命不時(주 임금들이 밝으셨고, 천제의 명 또한 위대하고 옳도다)."《孟子·離婁下》: "可以祀上帝(상제께 제사를 지낼 수 있다)." **禘(체: 체제사하다)** ***diks** , 特計切, 《廣韻》: "大祭, 五年一禘(큰 제사로, 오년에 한 번씩 체제사를 한다)." 禘, 《說文》: "諦祭也('살피는 제사'이다)."《左傳·昭公十五年》: "將禘于武公(武公에게 禘祭를 지내려 하다)."《釋文》: "禘, 大計反(여기서 '禘'는 '大計反'이다)."《左傳·僖公三十三年》: "特祀於主, 烝嘗禘於廟(단지 그 신주에게만 제사 지내고, 烝, 嘗, 禘祭는 종묘에서 한다)."《釋文》: "禘, 大計反(여기서 '禘'는 '大計反'이다)."

---

6 [역주] 여기서의 '適'은 '대적하다'라기보다는 '피하다(避)'의 의미로 봐야 한다.

頸(경: 목, 목덜미) ***kiŋ**[B], 居郢切, 《廣韻》: "項也('목'이다)." 《說文》: "頸, 頭莖也. 从頁巠聲('頸'은 두부근처 줄기 같은 부위의 목이다, '頁'을 따르고 '巠'은 성부이다)." 《左傳·定公十四年》: "使罪人三行, 屬劍於頸(句踐은 죄인을 세 줄로 늘여 세우고, 검을 목에 대고서 吳나라 군대 앞으로 갔다)." 《莊子·馬蹄》: "喜則交頸相靡, 怒則分背相踶, 馬知已此矣(기쁘면 목을 교차하여 서로 비비고, 화가 나면 등을 대고 서로 걷어찬다. 말은 고작 이 정도만 알 뿐이다)." **剄(경: 목베다)** ***kiŋ**[B], 古挺切, 《廣韻》: "斷首也('목을 베는 것'이다)." 《史記·項羽本紀》 集解: "以刀割頸爲剄(칼로 목을 베는 것을 '剄'이라 한다)." 《左傳·哀公十三年》: "王惡其聞也, 自剄七人於幕下(吳나라 왕은 패전의 소문이 싫어, 장막 아래서 일곱 명을 직접 죽였다)." 《釋文》: "剄, 古項反(여기서 '剄'은 '古項反'이다)." 《左傳·定公三年》: "剄而裹之((吳句卑가) 司馬戌의 목을 베고는 쌌다)." 杜注: "司馬已死, 剄取其首(사마가 이미 죽자, 그 목을 베어 취했다)." 《釋文》: "剄, 古頂反(여기서 '剄'은 '古頂反'이다)." 《左傳·定公十四年》: "遂自剄也(드디어 스스로 목을 베었다)." 《釋文》: "剄, 古頂反(여기서 '剄'은 '古頂反'이다)." 頸, 《廣韻》: "項也, 頸在前, 項在後, 巨成切(項('목')이다, '頸'은 목의 앞이고, '項'은 목의 뒤이다, '巨成切'이다)." 音義 관계에 따르면, 이 발음의 '頸'은 마땅히 '剄'의 독음이어야 한다. **刑(형: 목치다)** ***giŋ**, 戶經切, 《說文》: "剄也('목베다'이다)." 《孟子·梁惠王上》: "及陷於罪, 然後從而刑之. 是罔民也(백성이 죄에 빠지기를 기다려 뒤쫓아 그들을 벌준다면, 이는 백성을 그물질하는 것이다)." 《論語·公冶長》: "邦無道, 免於刑戮(나라에 도가 없을 때에는 형벌을 면한다)."

甲(갑: 갑옷) ***krap**, 古狎切, 《廣韻》: "甲兵, 又狎也, 鎧也('갑옷과 무기', 또는 '가깝다', '갑옷'이다)." 《說文》: "鼈, 甲蟲也('鼈'은 '자라(甲魚)'이다)." '甲'은 원래 '龜甲(거북 등 껍데기)'의 '甲'이었으나 여기서 파생되어 '鎧甲(갑옷)'의 '甲'이 되었다. 갑옷이 몸에 딱 붙기 때문에 여기서 다시 파생되어 '가깝다'가 되었으니, 이것이 바로 '狎'이다. 甲, 《爾雅》: "狎也('가깝다'이다)." 《詩經·芄蘭》: "雖則佩韘, 能不我甲(비록 그렇게 상아깍지를 차고 있어도, 나를 가까이 하지 않네)." 傳: "甲, 狎也('甲'은 '친하다'이다)." 《釋文》: "甲, 胡甲反, 《韓詩》作'狎'. 狎, 戶甲反(여기서 '甲'은 '胡甲反'이다. 〈한시〉에는 '狎'으로 되어 있다. '狎'은 '戶甲反'이다)." **狎(압: 가깝다, 친압하다)** ***grap**, 胡甲切, 《玉篇》: "近也('가깝다'이다)." 《禮記·曲禮上》: "賢者狎而敬之(현자는 친밀하지만 그를 공경한다)." 鄭注: "狎, 習也, 近也, 謂附而近之. 習所行也('狎'은

'친압하다', '가깝다'이다. '옆에서 가까이 하는 것'을 말하니 이는 친압하여 그렇게 행동하는 것이다)."《釋文》: "狎, 戶甲反(여기서 '狎'은 '戶甲反'이다)."《左傳·襄公六年》: "宋華弱與樂轡少相狎(宋나라 華弱과 樂轡가 어렸을 땐 서로 친했다)." 杜注: "狎, 親習也('狎'은 친압한 것이다)."《釋文》: "狎, 戶甲反(여기서 '狎'은 '戶甲反'이다)."

則(칙: 법) ***ṭek**, 子德切,《廣韻》: "法則('법칙')."《爾雅》: "則, 常也(則은 '항상됨, 떳떳함'이다)." 郭注: "則, 謂常法也('則'은 '떳떳한(항상된)법'이다)."《周禮·天官·冢宰》: "以八則治都鄙(8가지 법으로 도읍과 시골을 다스리다)." 郭注: "則, 法也('則'은 '법'이다)."《尙書·盤庚中》: "女有戕則在乃心(너희들은 사람을 해칠 생각을 네 마음속에 품는구나)." 集解: "則, 當爲'賊', 古假借字('則'은 마땅히 '賊'이어야 하는데, 옛 가차자이다)." **賊(적: 법을 어기다, 해치다)** ***ḍek**, 昨則切,《廣韻》: "盜也.《說文》'敗也'('도적'이다, 〈설문〉에 이르길, '상해하는 것'이다)."《左傳·文公十八年》: "作《誓命》曰毁則爲賊(또 〈誓命〉을 지어 이르기를, '법을 파괴하는 이를 賊이라 한다'고 하였다)."《國語·魯語上》: "毁則者爲賊(법을 파괴하는 이가 바로 '賊'이다)."《周禮·夏官·司馬》: "賊賢害民, 則伐之(어진 이를 해치고 백성을 해하면 정벌한다)."《左傳·宣公二年》: "賊民之主, 不忠(백성의 주인을 해치는 것이 불충이다)."

亢(항: 목) ***kaŋ**, 古郎切,《說文》: "人頸也('사람의 목'이다)." 段玉裁注: "《張耳列傳》: '乃仰絕亢而死.' 韋昭曰: '亢, 咽也.' 蘇林云: '肮, 頸大脉也, 俗所謂胡脉.'《婁敬傳》: '搤其亢.' 張晏曰: '亢, 喉嚨也.' 按,《釋鳥》: '亢, 鳥嚨.' 此以人頸之偁, 爲鳥頸之偁也. 亢之引申爲高也, 擧也, 當也(《張耳列傳》에 이르길, '이에 고개를 들고 자신의 목을 찔러 죽었다'하고, 韋昭는 '亢은 목구멍이다'라고 하고, 蘇林은 '肮은 목의 큰맥이다, 이른바 호맥이다'라 한다. 또《婁敬傳》에 이르길, '그 목을 조르다'라 나오고, 張晏은 '亢은 목이다'라 한다. 내 보기에,《釋鳥》에 '亢은 새의 목'이라고 나오는데, 이는 사람 목의 지칭으로 새의 목을 지칭한 것이다. '亢'의 파생의미는 '높다, 들다, 당하다'이다)."《漢書·張耳陳餘傳》: "乃仰絕亢而死(이에 고개를 들고 자신의 목을 찔러 죽었다)." 顏注: "亢, 總謂頸也('亢'은 결국 목을 칭한다)."《史記·劉敬叔孫通列傳》: "不搤其亢(목을 조르지 않다)." 索隱: "亢, 頸大脉也, 俗所謂胡脉也('亢'은 목의 큰맥이다, 이른바 호맥이다)." **吭(항: 목구멍, 새목구멍)** ***gaŋ**, 胡郎切,《廣韻》: "鳥喉('새의 목'이다)." **吭(항:**

목구멍, 새목구멍) ***gaŋs** , 下浪切, 《廣韻》: "鳥咽('새목구멍'이다)." **頏(항: 새가 위아래로 날다)** ***gaŋ** , 胡郎切, 《廣韻》: "頡頏. 《詩》傳云: '飛而上曰頡, 飛而下曰頏.' 《說文》音剛, 與'亢'同('새가 위아래로 나는 것'이다. 〈시경〉傳에 이르길, '날아서 올라가는 것을 頡, 날아서 내려가는 것을 頏이라 한다', 〈설문〉에 이르길, '음은 剛이고, 亢과 같다')." 《詩經·燕燕》: "燕燕于飛, 頡之頏之(제비들 날아가니, 오르락 내리락 하네)." 《釋文》: "頏, 戶郎反(여기서 '頏'은 '戶郎反'이다)." '翃'은 '胡郎切'이다. 《廣韻》: "飛高下也."('위아래로 날다'이다) '頏'과 翃은 동일한 말의 두 가지 문자 형식에 불과하다. **抗(항: 들다)** ***gaŋ** , 胡郎切, 《廣韻》: "擧也('들다'이다)." 《荀子·修身》: "卑溼重遲貪利, 則抗之以高志(비속하고 더디며 이익을 탐하면, 높은 뜻으로 격려한다)." 《詩經·賓之初筵》: "大侯既抗, 弓矢斯張(대후를 이미 펼치고, 활과 화살을 이에 벌리니)." 傳: "抗, 擧也('抗'은 '들다'이다)."

朞(기: 돌) ***k<u>e</u>** , 居之切, 《廣韻》: "周年, 又復時也('1주년'으로 또 '때를 되풀이한 것'이다)." 글자는 단지 '期'로만 되어 있다. 《左傳·昭公二十三年》: "叔孫旦而立期焉(숙손이 아침부터 서서 하루 내내 기다렸다)." 杜注: "從旦至旦曰期(아침부터 다음날 아침까지를 '期'라 한다)[7]." 《釋文》: "期, 本又作朞, 同居其反(여기서 '期'는 본래 또 '朞'로도 쓰며, '居其反'과 같다)." 《國語·齊語》注: "期, 年也('期'는 1년이다)." 《管子·侈靡》注: "匝一月曰期(한 달을 두른 것을 '期'라 한다)." **期(기: 만나다, 약속하다)** ***g<u>e</u>** , 渠之切, 《廣韻》: "期信也, 會也, 限也, 要也('약속한 시간'이다, '만나다', '기한', '언약하다'이다)." 期, 《說文》: "會也('만나다'이다)." 段玉裁注: "期者, 要約之意. 所以爲會合也. 假借爲期年, 期月字. 其本字作稘. 期行而稘廢矣('期'라는 것은 '약속하다'의 의미로, 만날 약속을 하는 것이다. 이것이 가차되어 '1주년, 1주월'의 의미가 되었다. 그 본자는 '稘'이다, '期'가 쓰이고, '稘'는 버려졌다)." 《詩經·桑中》: "期我乎桑中, 要我乎上宮(나를 뽕나무속에서 만나기로 약속했으며, 나를 상궁에서 맞이하였네)." 《楚辭·九歌·湘夫人》: "與佳期兮夕張(해질녘에 임과 함께 만나기로 약속하였기에)." 注: "期, 約也('期'는 '약속하다'이다)."

7 [역주] 여기서의 '期'는 필자는 杜注에 근거하여 '하루꼬박'으로 봤으나, 일설에는 '기약하다'로 해석하기도 한다.

側(측: 옆) *ʈrek , 阻力切, 《廣韻》: "傍側('옆')." 側, 《說文》: "旁也('옆'이다)." 段玉裁注: "不正曰仄, 不中曰側. 二義有別, 而經傳多通用(바르지 않음을 '기울어짐'이라 말하고, 가운데가 아님을 '옆'이라 한다. 두 의미는 다른데, 경전에서는 통용이 많이 된다)." 《詩經·棉蠻》: "止于丘側(언덕 곁에 앉아있다)." 《詩經·殷其雷》: "殷其雷, 在南山之側(우르르 쾅 천둥소리, 남산 옆에서 울린다)." 《廣雅》: "側, 度也('側'은 '헤아리다'이다)." 이 의미의 글자는 '測'으로 쓴다. **測(측: 헤아리다) *ʈhrek** , 初力切, 《廣韻》: "度也('헤아리다'이다)." 《廣雅》: "測, 度也('測'은 '헤아리다'이다)." 《呂氏春秋·論人》: "不可測也(헤아릴 수 없다)." 《說文》"仞"字段注('仞'자의 단옥재주): "揚雄《方言》云'度廣曰尋', 杜預《左傳》'仞溝洫', 注'度深曰仞', 二書皆言人伸兩手以度物之名. …… 同一伸手度物, 而廣深用之, 其勢自不得不異. 人長八尺, 伸手亦八尺. 用以度廣. 其勢全伸而不屈. 而用之以度深, 則必上下其左右手而側其身焉. 《說文》'測'下云'深所所至也.' 《玉篇》云'度深曰測', 測之爲言側也(揚雄의 〈방언〉에 이르길 '넓이를 헤아리는 것을 尋이라 한다'했는데, 〈좌전〉의 '두께 및 水路의 깊이를 계산하고'라는 부분의 杜預의 注에 '깊이를 재는 것을 仞이라 한다'라고 했다. 이 두 책 모두 사람이 두 팔을 뻗어 사물을 재는 것의 이름을 말하고 있다… 마찬가지로 손을 뻗어 사물을 재는데 넓이와 깊이에서 이를 사용하니, 그 형세는 절로 다를 수 밖에 없다. 사람의 키는 8척인데, 손을 뻗으면 또 8척이라 이로써 넓이를 잰다. 그 형세는 팔을 쭉 다 펴고 굽히지 않는 것이다. 이를 깊이 재는데 쓴다면 좌우 팔을 상하로 하고 몸을 기울인다. 〈설문〉에서 '測'아래에 '깊이가 이르는 바'라고 말하고 있다. 〈옥편〉에서는 '깊이를 헤아리는 것을 測이라 한다'고 했는데, '測'이란 말은 곧 '側'이다)." **灦(재다) *ɖeks** , 昨代切, 《廣韻》: "測也('재다'이다)." **灦(재다) *ɖek** , 昨則切, 《廣韻》: "《博雅》云: '灦, 測也.'(〈박아〉에 이르길 '灦은 헤아리다이다')"

洎(계: 육즙) *ki̱s , 几利切, 《廣韻》: "肉汁也('육즙'이다)." 《左傳·襄公二十八年》: "則去其肉, 而以其洎饋((御者가) 고기는 건져 버리고 국물만으로 올렸다)." 洎, 《釋文》: "其器反, 肉汁也. 《說文》云: 洎, 灌釜也. 《字林》己莅反('其器反'이고 '육즙'이다. 〈설문〉에는 '洎'는 '솥에 물을 붙는 것'라 나온다. 〈자림〉에는 '己莅反'이다)." 《呂氏春秋·應言》: "市丘之鼎以烹鷄, 多洎之則淡而不可食, 少洎之則焦而不熟(市丘의 솥으로 닭을 삶아서, 국물을 많이 부으면 묽어서 맛이 없고, 국물을 적게 부으면 타고 익지 않았다)." 注: "肉汁曰洎. 淡者洎多無味, 故不可食之也(육즙

을 '洎'라 하는데, 묽은 것은 육수가 많아 맛이 없어서 먹을 수가 없는 것이다)." **洎(계: 솥에 물 붓다, 축이다)** *__gi̱s__ , 具冀切,《廣韻》: "潤也, 及也('축축하다', '미치다'이다)."《說文》: "灌釜也('솥에 물붓다'이다)."《周禮·秋官·司寇》: "祀五帝, 則沃尸及王盥, 洎鑊水(오제에게 제사 지낼 때는 시동이나 왕의 목욕물을 가마솥에 붓는 일을 돕는다)." 注: "洎謂增其沃汁('洎'는 그 물을 더하는 것이다)."《釋文》: "洎, 其器反, 或音冀('洎'는 '其器反'이고 또는 발음이 '冀'이다)."《管子·水地》: "越之水濁重而洎(월의 물은 탁하며 무거워 고여 있다)." 注: "洎, 浸也('洎'는 '잠기다'이다)."

它(사/타: 뱀) *__sar__ , 托何切,《廣韻》: "《說文》曰: 虫也. 从虫而長, 象冤曲垂尾形. 蛇,《說文》同上, 今市遮切(〈설문〉에 이르길, '뱀이다, 虫자에서 꼬리를 길게 늘인 것이다. 위는 둥글고 아래는 꼬리가 길게 늘어져 있는 모양이다.' '蛇'는 〈설문〉에서 위와 같으며 지금은 '市遮切'이다)."《說文》: "它, 虫也. 从虫而長, 象冤曲垂尾形. 上古草居患它, 故相問無它乎. 蛇, 它或从虫(뱀이다, 虫자에서 꼬리를 길게 늘인 것이다. 위는 둥글고 아래는 꼬리가 길게 늘어져 있는 모양이다. 상고시기 사람들이 종종 들판에 거주했는데, 항시 뱀을 두려워했다. 그래서 서로 뱀이 없냐고 물었다. '蛇'는 '它'의 혹체이고 '虫'을 따른다)." **蛇(사: 뱀)** *__za̱r__ , 食遮切,《廣韻》: "毒蟲(독짐승(뱀)이다)." '食遮切'은 '蛇'의 비교적 이른 시기의 독음이다. 음변 규칙에 따르면, 마땅히 支韻에 들어가야 한다.《左傳·成公二年》: "蛇出於其下, 以肱擊之(수레 밑에서 뱀이 올라오자 팔꿈치로 쳤다)."《左傳·襄公二十八年》: "蛇乘龍(蛇星이 龍星을 타고 있다)." **蛇(사: 꿈틀거리며(구불구불) 가다)** *__za̱r__ , 弋支切,《廣韻》: "逶蛇('구불구불가다')."《詩經·羔羊》: "退食自公, 委蛇委蛇(조정에서 물러나와 밥을 먹는데, 느긋느긋하구나)."《莊子·至樂》: "隨行列而止, 委蛇而處(같은 부류의 새들 행렬을 따라다니거나 함께 머물러 있게 하고, 있는 그대로 만족하면서 살게 해야 한다)."

陬(추: 모퉁이) *__ȶo̱__ , 子于切,《廣韻》: "陬隅('구석')." **掫(추: 산모퉁이)** *__ȶo̱__ , 子于切,《廣韻》: "掫嵎('산모퉁이')." '陬'와 '掫'는 사실상 동일한 말의 두 가지 문자 형식이다. **陬(추: 모퉁이)** *__ȶo__ , 子侯切,《廣韻》: "隅也, 又聚居('모퉁이' 또는 '모여 사는 것'이다)."《說文》: "陬, 阪隅也('陬'는 '산모퉁이'이다)."《呂氏春秋·分職》: "陬隅有竈, 是以不寒(모퉁이에 아궁이가 있어서

이것으로 인해 춥지 않다)." **聚(취: 모이다)** ***ḍo**^{B} , 慈庾切, 《廣韻》: "衆也, 共也, 斂也. 《說文》會也, 邑落云聚('모이다', '함께하다', '거두다'이다. 〈설문〉에 '모이다이다, 향읍중 촌락을 聚라 한다'라고 나온다)." 《左傳·文公十六年》: "群蠻聚焉(群蠻까지 거기에 합세했다)."

涕(체: 눈물) ***sirs** , 他計切, 《廣韻》: "涕淚('눈물')." 《詩經·燕燕》: "瞻望弗及, 泣涕如雨(멀리 보아도 미치지 못하여, 눈물이 비오듯 쏟아진다)" 《詩經·小明》: "念彼共人, 涕零如雨(저 공인을 생각하여 눈물을 비오듯 흘린다)." 《左傳·襄公二十三年》: "臧孫入哭, 甚哀多涕(臧孫이 들어가 곡을 하는데, 매우 슬퍼하였고 많은 눈물을 흘렸다)." 《莊子·齊物論》: "涕泣沾襟(눈물이 흘러 옷섶을 적시다)." **啼(제: 울다)** ***zir** , 杜奚切, 《廣韻》: "泣也('울다'이다)." 《說文》: "啼, 號也(啼는 '비통한 소리'이다)." 《莊子·騈拇》: "枝於手者, 齕之则啼(손에 곁가지로 나온 손가락을 물어뜯어 버리면 아파서 엉엉 운다)." 《左傳·文公七年》: "穆嬴日抱太子以啼于朝(穆嬴은 날마다 태자를 안고서 조정에서 울었다)."

泭(부: 뗏목) ***pho̱** , 芳無切, 《廣韻》: "小木筏也, 《說文》云: 編木以渡也('작은 뗏목'이다. 〈설문〉에 이르길, '나무를 묶어 물을 건너는 것이다')." 《說文》: "泭, 編木以渡也('泭'는 나무를 묶어 물을 건너는 것이다)." 《楚辭·九章·昔往日》: "乘氾泭以下流兮, 無舟楫而自備(뗏목을 타고 아래로 내려가는데, 노도 없이 자기 혼자 조종한다)." '泭'는 또 '桴'라고도 쓴다. 《論語·公冶長》: "乘桴浮於海(뗏목을 타고 바다를 건너가다)." 集解引馬注(집해에서 마융의 주를 인용하여): "桴, 編竹木也. 大者曰筏, 小者曰桴也('桴'는 대나무를 엮은 것이다. 큰 것은 '筏'이라 하고 작은 것은 '桴'라 한다)." 《釋文》: "桴, 芳符反(여기서 '桴'는 '芳符反'이다)." **泭(부: 뗏목)** ***bo̱** , 《廣韻》"防無切". **浮(부: 뜨다)** ***bo̱** , 縛某切, 《廣韻》: "泛也('뜨다'이다)." 《論語·公冶長》: "道不行, 乘桴浮於海, 從我者其由與(道를 행할 수 없어, 뗏목을 타고 바다를 건너려 하는데, 나를 따를 자는 아마도 由일 것이다)." 《莊子·逍遥游》; "何不慮以爲大樽而浮乎江湖?(어찌하여 큰 술통 모양의 배를 만들어 이것을 타고 강이나 호수에서 떠다닐 생각을 하지 않는 것인가?)" 《莊子·山木》: "君其涉於江而浮於海, 望之而不見其崖(임금께서 강을 건너 바다로 떠가시면, 멀리서 바라볼 때 그 끝이 보이지 않을 것입니다)."

瑱(전: 귀막이옥) *thins , 他甸切, 《廣韻》: "玉名. 《說文》曰: 以玉充耳也, 《詩》曰: 玉之瑱也(옥의 이름이다. 〈설문〉에 이르길, '옥으로 귀를 막다'라고 하고, 〈시경〉에 이르길, '옥으로 만든 귀막이여'라 한다)." 《詩經·君子偕老》: "玉之瑱也, 象之揥也(옥으로 만든 귀막이여, 상아로 만든 머리빗이여)." 傳: "瑱, 塞耳也('瑱'은 '귀를 막는 것'이다)." 《釋文》: "瑱, 吐殿反, 充耳也(여기서 '瑱'은 '吐殿反'으로, 귀를 막는 것이다)." 《詩經·淇奥》: "充耳琇瑩, 會弁如星(귀막이 아름다운 옥돌이여, 피변에 매단 구술이 별과 같도다)." 傳: "充耳謂之瑱(귀를 막는 것을 '瑱'이라 한다)." 《詩經·都人士》: "充耳琇實(귀를 막음에 아름다운 옥돌로 하였으니)." 箋: "言以美石爲瑱. 瑱, 塞耳(아름다운 돌로 귀를 막음을 말하는 것이다. '瑱'은 귀를 막는 것이다)." 《釋文》: "瑱, 他見反(여기서 '瑱'은 '他見反'이다)." **塡(전: 메우다) *din** , 徒年切, 《廣韻》: "塞也, 加也, 滿也('막다, 더하다, 가득차다'이다)." 글자는 또한 '寘'으로도 쓴다. 寘, 《廣韻》: "上同(塡)('塡'과 같다)." **塡(전: 메우다) *dins** , 堂練切, 《廣韻》: "塞塡. 寘, 上同(틀어막는 것이다, '寘'은 위와 같다)." 《韓非子·揚權》: "塡其洶淵, 毋使水清(못을 메워 물이 맑아지지 않게 한다)." 《呂氏春秋·禁塞》: "塡溝洫險阻(도랑이나 구덩이 등의 험한 곳을 메우다)." 《墨子·雜守》: "外宅溝井可塡塞, 不可, 置此其中(성외 지역 주택의 도랑과 우물은 메울 수 있으면 메우고, 메울 수 없으면 그 안에 독초를 넣는다)."

斨(장: 도끼) *ȶha̱ŋ , 七羊切, 《廣韻》: "斧斨('도끼')." 斨, 《說文》: "方銎斧也, 从斤爿聲, 《詩》曰'又缺我斨'('방형의 구멍이 있는 도끼'로, '斤'을 따르고 '爿'이 성부이다. 〈시경〉에 '내도끼를 망가뜨렸다'라고 나온다)." 《詩經·七月》: "取彼斧斨, 以伐遠揚(저 도끼와 네모진 도끼를 취하여, 멀리 뻗어난 가지를 베고)." 傳: "斨, 方銎也('斨'은 '방형구멍의 도끼'이다)." '斨'은 《釋文》에서 "七羊反('七羊反'이다)." 《詩經·破斧》: "旣破我斨, 又缺我斨(이미 내 도끼를 부수고 또 내 도끼를 망가뜨렸으니)." 傳: "斨, 方銎也('斨'은 '방형구멍 도끼'이다)." 斨, 《釋文》: "七羊反. 《說文》云: '方銎斧也.'('七羊反'이다, 〈설문〉에 이르길 '방형구멍 도끼이다'라 한다)" 《釋名》: "斨, 戕也, 所伐者皆戕毁也('斨'은 '戕(죽이다)'이다. 정벌되는 이들은 모두 죽인다)." **戕(장: 죽이다) *ȡa̱ŋ** , 在良切, 《廣韻》: "殺也, 又他國臣來殺君也('죽이는 것'이다. 또 '타국의 신하가 와서 임금을 죽이는 것'이다)." 《說文》: "戕, 槍也, 他國臣來弑君曰戕('戕'은 '살해하는 것'이다, 타국의 신하가 와서 임금을 죽이는 것을 '戕'이라 한다)." 《左傳·宣公十八年》: "邾

人戕鄫子於鄫, 凡自虐其君曰弑, 自外曰戕(邾人이 鄫나라로 가서 鄫子를 죽였다. 무릇 나라 안 사람이 그 임금을 죽이는 것을 '弑'라 하고, 나라 밖 사람이 그 나라 임금을 죽이는 것을 '戕'이라 한다)."《釋文》: "戕, 在良反; 徐又在精反(여기서 '戕'은 '在良反'이고, 徐씨의 음은 또 '在精反'이다)."《易·小過》: "從或戕之(따르면 혹 해칠 것이다)."《釋文》: "戕, 徐在良反(여기서 '戕'은 徐씨의 음이 '在良反'이다)."

土**(토: 흙, 땅)** ***thaB**, 他魯切,《廣韻》: "《釋名》: '土, 吐也, 吐萬物也.'(〈석명〉에선 '土는 吐(토하다)이니, 만물을 토해내는 것이다'라 한다)" 土,《說文》: "地之吐生萬物者(만물을 생산해내는 땅이다)."《詩經·日月》: "日居月諸, 照臨下土(해와 달이여, 아래 세상을 비추시니)." **杜(두: 막다)** ***daB**, 徒古切,《廣韻》: "塞也('막다'이다)."《管子·法法》: "非杜其門而守其户也(그 대문을 닫고 그 방문을 지켜서가 아니다)."《國語·晉語一》: "讒言益起, 狐突杜門不出(참언이 더욱 일어나자, 호돌이 문을 닫고 나가지 않았다)." **'土'는 '토지를 측량하다'**라는 의미로 파생되기도 하였다.《周禮·地官·司徒》: "凡建邦國, 以土圭土其地而制其域(무릇 큰 나라와 작은 나라를 세워 토규로써 토지를 측량해 경계를 정한다)." 注: "土其地猶言度其地('土其地'란 곧 '그 땅을 측량하는 것이다')." 俞樾按(유월이 말하길): "土當讀爲度('土'는 마땅히 '度'로 읽어야 한다)." 度**(탁: 측량하다, 헤아리다)** ***dak**, 徒落切,《廣韻》: "度量也('度'는 헤아리는 것이다)."《詩經·公劉》: "度其隰原, 徹田爲粮(습지와 언덕을 헤아려, 밭을 통해 양식을 만드네)." 徒**(도: 걷다)** ***da**, 同都切,《爾雅》: "步行也('걷다'이다)."《慧琳音義》引玄應《一切經音義》"徒跣"注(〈혜림음의〉에서 현응의 〈일체경음의〉중'徒跣'의 주를 인용하길): "徒跣, 以足踐土也('徒跣'은 '맨발로 땅을 밟는 것'이다)."《易·賁》: "舍車而徒(수레를 버리고 도보로 걷다)."《詩經·黍苗》: "我徒我御(우리는 걷고 수레도 몰며)" 鄭箋: "步行曰徒('步行'은 '걷다'이다)."《論語·陽貨》: "夫召我者而豈徒哉?(저 사람이 나를 부르는 게 어찌 괜히 부르는 것이겠는가?)"

蜂**(봉: 벌)** ***pho̱ŋ**, 敷容切,《廣韻》: "《說文》曰: 螫人飛虫也(〈설문〉에 이르길 '사람을 쏘는 나는 벌레이다'라고 한다)."《道德經》: "比於赤子, 蜂蠆虺蛇不螫((덕이 있는 사람은) 갓난아기에 견줄 수 있는데, 벌과 전갈, 도마뱀과 뱀도 쏘지 않는다)."《詩經·小毖》: "莫予荓蜂, 自求辛螫(벌을 부리다가 맵게 쏘임 구하지 말고)."《史記·項羽本紀》: "陳涉首難, 豪杰蜂起(진섭

이 가장 먼저 난을 일으키고, 호걸들이 벌떼처럼 일어났다).” 글자는 또 ‘鋒’으로 쓰기도 한다. 《漢書·谷永傳》: “今三年之間, 災異鋒起, 小大畢具(지금 삼년 동안 재이가 벌떼처럼 일어났으니 작은 것 큰 것 다 일어났다).” **鋒(봉: 칼끝, 예기) *phoŋ**, 敷容切, 《廣韻》: “劍刃鋒也(‘검의 칼날’이다).” 《莊子·說劍》: “天子之劍, 以石城爲鋒(천자의 검은 石城을 칼끝으로 삼는다).” 《荀子·議兵》: “兌(銳)則若莫邪之利鋒(모아서 뾰족하게 진을 치면 莫邪의 날카로운 끝과 같다).” 《淮南子·主術訓》: “夫權經重不差蚊首, 扶撥枉橈不失針鋒(무릇 가벼운지 무거운지 재보면 모기머리 만큼도 차이가 나지 않는다. 굽은 것과 휜 것을 바로 잡는데, 바늘끝 차이도 나지 않는다).” **峰(봉: 산봉우리) *phoŋ**, 敷容切, 《廣韻》: “山峰也(‘산봉우리’다).” **縫(봉: 꿰매다) *boŋ**, 符容切, 《廣韻》: “紩(‘깁다’).” 《史記·淮南衡山列傳》: “一尺布, 尙可縫; 一斗粟, 尙可舂(한 자의 천도 꿰매어 옷을 지을 수 있고, 한 말의 곡식도 찧으면 나누어 먹을 수 있다).” 《左傳·僖公二十六年》: “謀其不協, 彌縫其闕((桓公이) 제후 끼리 협조하지 않는 것을 위해 도모하고, 제후들의 문제들을 미봉하였다).” 《荀子·賦》: “旣以縫表, 又以連裡(그것으로 이미 겉을 꿰매고, 또 속도 이었다).”

倉(창: 창고, 곳집) *thaŋ, 七剛切, 《廣韻》: “倉庾也(‘식량 창고’이다).” 《說文》: “倉, 穀藏也. 蒼黃取之而藏之, 故謂之倉(‘倉’은 곡식을 저장하는 곳이다. 곡식이 창황하게 색이 변하면 이를 거두어 저장한다, 그래서 ‘倉’이라 한다).” 段玉裁注: “穀藏者, 謂穀所藏之所也(‘穀藏’이라 함은 곡식이 저장된 곳이다).” 《禮記·月令》: “農事備收, 擧五穀之要, 藏帝藉之收於神倉(농사일은 추수를 대비하게 하고, 오곡의 총수입 장부를 올리게 하고, 황제가 친히 경작하는 곳의 수확을 신창에 저장케 한다).” 《詩經·楚茨》: “我倉旣盈, 我庾維億(나의 창고가 이미 가득하며, 나이 노적이 이미 수없이 많거늘).” **藏(장: 숨기다, 숨다) *ḍaŋ**, 昨郎切, 《廣韻》: “隱也, 匿也(‘숨기다’이다).” 《禮記·樂記》: “秋斂冬藏, 義也(가을에 거두고 겨울에 저장하는 것이 의이다).” 《詩經·彤弓》: “彤弓弨兮, 受言藏之(줄이 느슨한 붉은활을, 고이 받아서 잘 간직하였네).”

跪(궤: 발) *khor[B], 去委切, 《廣韻》: “拜也(‘꿇고 절하다’이다).” ‘跪’자의 이 음이 대응하는 의미는 ‘발(足)’이다. 《韓非子·內儲說下》: “門者刖跪請曰: 足下無意賜之余瀝乎?(발을 刖刑을

받은 문지기가 요청하기를, '당신은 남은 술을 주시지 않으렵니까?')" 王先謙集解(왕선겸 집해): "跪, 足也('跪'는 '발'이다)." 《晏子春秋·內篇·雜上》: "刖跪擊其馬而反之(발을 잘린 자가 그 말을 두드려 행차를 되돌리다)." 孫星衍音義(손성연의 음의): "跪, 足也('跪'는 '발'이다)." 《荀子·勸學》: "蟹六跪而二螯(게는 발이 여섯 개에 집게발이 둘 있다)." 注: "跪, 足也, 《韓子》以刖足爲刖跪('跪'는 '발'이다. 〈한자〉는 '刖足'을 '刖跪'이라 한다)." **蛫(궤: 게)** *k̲o̲r^B, 過委切, 《廣韻》: "蟹也('게'이다)." 蛫, 古委切, 《集韻》: "《說文》蟹也, 一曰蟹六足者(〈설문〉에서는 '게이다'라 한다, 한편으로 발이 6개 달린 게이다)." 蛫, 苦委切, 《集韻》: "蟹屬(게 종류이다)." **跪(궤: 꿇어앉다)** *g̲o̲r^B, 渠委切, 《廣韻》: "跟跪, 亦作趍('무릎을 꿇다'로, 또는 '趍'라고도 쓴다)." 《禮記·曲禮上》: "授立不跪, 授坐不立(서있는 자에게 줄 때는 꿇고 주지 말고, 앉아 있는 자에게 줄 때는 서서 주지 않는다)." 《釋文》: "跪, 求委反, 本又作危(여기서 '跪'는 '求委反'이다, 본래는 '危'로도 쓴다)." 《禮記·投壺》: "當飲者皆跪奉觴(벌주를 마시는 자는 모두 꿇어앉아 술잔을 받는다)." 《釋文》: "跪, 其委反(여기서 '跪'는 '其委反'이다)." 《左專·襄公十八年》: "跪而戴之, 奉之以走(무릎 꿇고 앉아 머리를 집어 목 위에 얹고는, 두 손으로 붙들고서 달아났다)." 《釋文》: "跪, 其委反(여기서 '跪'는 '其委反'이다)."

贓(장: 장물) *t̬aŋ, 則郎切, 《廣韻》: "納賄曰贓(뇌물을 받는 것을 '贓'이라 한다)." 《史記·張丞相列傳》: "身及子男有姦贓, 免爲庶人(그 자신과 아들 男이 뇌물을 받은 죄로 벼슬에서 쫓겨나 평민이 되었다)." 글자는 본래 '藏'으로 썼다. 《國語·魯語上》: "毀則者爲賊, 掩賊者爲藏, 竊寶者爲宄, 用宄之財者爲姦(법을 허무는 자는 賊이고, 賊을 숨긴 자는 藏이고, 보물을 훔친 자는 宄이고, 宄의 재물을 사용하는 자는 간사한 자이다)." **藏(장: 숨기다)** *d̬aŋ, 昨郎切, 《廣韻》: "隱也, 匿也('숨다, 숨기다'이다)." '贓'은 '藏'으로부터 파생된 새로운 단어이다.

위에서 언급된 예들 중 다수는 이른바 '역조어법(逆構詞)'를 통해 동사에서 명사로 파생된 것이다. 그러나 음운 관계는 결코 변화가 없어서 명사는 清자음(즉, 무성자음), 동사는 濁자음(즉, 유성자음)이다. 이처럼 자음의 清濁교체를 통해 명사와 동사의 차이를 나타내는 예는 매우 많다. 다만 의미가 다중으로 파생되었기에, 본의와 파생의 간의 관계는 이미 매우 불명확해졌다. 이로써 우리는 그들 사이에 원래부터 '派生'과 '被派生'의 관계가 있는지 확신하기가 어렵다. 이로 보건대, 자음의 청탁교체에 의해 명사, 동사 간의 품사 변화 관계를 표현하는 것은 상고한어에서 상당히 광범위하면서도 중요한 어법 수단이었음을 알 수 있다. 물론 그중 일부는 역조어법에 의한 파생도 있었지만, 명사가 淸音으로 읽힌다는 사실은 여전히 변함이 없다. 淸音성모로 읽히는 명사는 또 '전환(類轉)'을 통해, 淸音성모로 읽히는 동사로 파생될 수 있다. 여기서 더 나아가, 이 淸音성모로 읽히는 동사는 자음의 청탁교체에 의해 濁音성모로 읽히는 동사로 파생될 수가 있다. 바로 이런 식으로 명사와 동사 간의 자음 청탁 경계를 어지럽게 할 수 있다. 우리는 아래에서 자음 淸濁교체가 '명사와 동사 간'에만 국한되지 않고, '동사와 동사 간'에도 적용될 수 있음을 토론할 것이다. 그러나 위의 예로부터 우리는 어근의 청탁교체와 단어 품사의 관계와 관련하여, **그 규칙이 기본적으로 "명사는 淸音성모이고 동사는 濁音성모"라는 것임을 분명하게 볼 수 있다**. 당연히 상고한어의 명사는 그 품사를 쉽게 변화시켜 동사가 되고, 또 동사 역시 그럴 수 있다. 따라서 상고한어 중, 淸音성모의 명사는 濁音으로 읽히는 동사형식이 존재할 가능성이 높고, 마찬가지로 濁音성모의 동사도 淸音으로 읽히는 명사형식이 존재할 가능성이 높다. 바로 이러한 이유로, 諧聲 계통에서, 자음 청탁은 광범위한 諧聲관계가 존재한다. 따라서 문자사용 과정에서도 자음 청탁의 차이가 있는 문자끼리 교체될 수 있는 현상이 항시 출현한다.

子**(자: 아들, 자식)** ***ʦe̱**^{B} , 卽里切, 《廣韻》: "子息('자식')." 《詩經·斯干》: "乃生男子, 載寢之床(이에 사내아이 낳으면 침상에 누이고)." 《論語·陽貨》: "唯女子與小人爲難養也, 近之則不孫, 遠之則怨(오직 여자와 소인은 기르기 어려운데, 가까이하면 공손하지 못하고, 멀리하면 원망한다)." 字**(자: 키우다, 사랑하다)** ***ʣe̱s** , 疾置切, 《廣韻》: "《說文》乳也, 又愛也(〈설문〉에 '생육하다, 또 사랑하다'라고 한다)." 《易·屯》: "女子貞不字, 十年乃字(여자가 정조를 지켜서 사랑하지 않다가, 10년이 되어서야 비로소 사랑한다)." 孳**(자: 낳다, 부화하다)** ***ʣe̱s** , 疾置切, 《廣韻》: "孳尾乳化曰孳, 交接曰尾(새끼 낳으려고 교미하는데, 새끼 치는 것을 '孳'라 하고, 교접하는 것을 '尾'라 한다)." 《尙書·堯典》: "厥民析, 鳥獸孳尾(그 백성들은 흩어지고, 새와 짐승은 새끼를 낳으려고 교미를 하였다)."

川(천: 냇물) ***thun**, 昌緣切, 《廣韻》: "山川也, 蔡邕《月令章句》曰: 衆流注海曰川. 《釋名》云: 川者, 穿也, 穿地而流也(산의 냇물이다, 채옹의〈월령장구〉에 이르길, '여럿 물길이 흘러 바다로 가는 것을 川이라 한다'. 〈석명〉에 이르길, '川은 穿(뚫다)이다, 땅을 뚫고 흘러가는 것이다')." 《說文》: "川, 貫穿通流水也('川'은 물을 뚫고 흐르게 하는 것이다)." 《論語·子罕》: "子在川上曰: 逝者如斯夫, 不舍晝夜(공자께서 냇가에서 말씀하셨다. '가는 것이 이와 같구나. 밤낮을 가리지 않고 그치지 않는구나')." **顺(순: 따르다)** ***duns**, 食閏切, 《廣韻》: "從也('따르다'이다)." 《左傳·襄公八年》: "鄭人皆喜, 唯子產不順(鄭人은 모두 기뻐하였으나, 유독 子產만은 따라서 기뻐하지 않았다)." 《左傳·隱公五年》: "明貴賤, 辨等列, 順少長(귀천을 밝히고, 等列을 가리고, 장유의 순서를 따라 정하다)."

鬼(귀: 귀신) ***kur**^{B}, 居偉切, 《廣韻》: "鬼之爲言歸也('鬼'는 '돌아가다'란 말이다)." 《左傳·隱公十一年》: "天禍許國, 鬼神實不逞於許君(하늘이 허나라에 재앙을 내리고, 귀신도 許의 임금을 만족하게 여기지 않았다)." 《論語·爲政》: "非其鬼而祭之, 諂也(그 제사할 신이 아닌데 제사하는 것은 아첨하는 것이다)." **饋(궤: 먹이다, 대접하다)** ***gurs**, 求位切, 《廣韻》: "餉也('대접하다'이다)." **餽(궤: 보내다)** ***gurs**, 求位切, 《廣韻》: "上同(饋)('饋'와 같다)." 《說文》: "吳人謂祭曰餽. 从食从鬼, 鬼亦聲(오나라 사람은 귀신에 제사하는 것을 '餽'라 한다. '食'을 따르고 '鬼'도 따른다. '鬼'가 또 성부이다)." 《戰國策·中山策》: "飮食餔餽(마실 것과 먹을 것을 주었다)." 高注(高誘주에 이르길): "吳謂食爲餽, 祭鬼亦爲餽. 古文通用, 讀與饋同(오에서 먹이는 것을 '餽'라 하고, 귀신에 제사하는 것을 또 '餽'라 한다. 고문에서는 통용되어 '饋'와 같이 읽는다)." 《禮記·檀弓上》: "顔淵之喪, 饋祥肉, 孔子出受之(안연의 상에, 대상을 지낸 고기를 나눠주니 공자가 나가서 그것을 받았다)."

干(간: 방패) ***kan**, 古寒切, 《方言》: "自關而東或謂之干, 關西謂之盾(관의 동쪽에서는 혹 '干'이라 하고, 관의 서쪽에서는 '盾'이라 한다)." 《詩經·公劉》: "弓矢斯張, 干戈戚揚(활과 화살을 준비하며 창과 방패와 도끼를 갖추고서)." 箋: "干, 盾也('干'은 곧 '盾(방패)'이다)." 《詩經·時邁》: "載戢干戈, 載橐弓矢(방패와 창을 거두고, 활과 화살을 집에 넣고)." 이 '干'자는 또 '戰'으로도 쓴다. 戰, 古寒切, 《廣韻》: "戰盾('방패')." 戰, 《說文》: "盾也. 从戈旱聲('방패'이다. '戈'를

따르고 '旱'이 성부이다)."《詩經·兔罝》: "赳赳武夫, 公侯干城(씩씩한 무사여, 공후를 지키는 간성이로다)." 傳: "干, 扞也('干'은 '막다'이다)."《釋文》: "干, 如字. 孫炎云: 干, 楯; 所以自蔽扞也. 舊户旦反, 沈音幹. 扞, 户旦反(여기서 '干'은 통상음으로 읽는다. 손염이 말하길, '干은 楯이다, 스스로를 막는 것이다.' 전에는 '户旦反'이었고, 沈씨의 음은 '幹'이다. '扞'은 '户旦反'이다)."《爾雅》: "干, 扞也('干'은 '막다'이다)." 注: "相扞衛(서로 막고 보호하는 것이다)."《釋文》: "扞, 户旦反(여기서 '扞'은 '户旦反'이다)." **扞(한: 막다) *gans** , 侯旰切,《廣韻》: "以手扞又衛也(손으로 막거나 보호하는 것이다)."《荀子·議兵》: "若手臂之扞頭目而覆胸腹也(마치 손과 팔로 머리와 눈을 보호하고 가슴과 배를 막아주는 것과 같다)." 이 글자는 또 '捍'으로도 쓴다. 捍,《廣韻》: "抵捍('막다, 저항하다')."《禮記·祭法》: "能捍大患則祀之(능히 큰 환란을 막은 자도 여기에 제사지내 준다)."《史記·五帝本紀》: "舜乃以兩笠自捍而下(순은 두 개의 삿갓으로 자신을 보호하며 내려왔다)."

臽(함: 함정) *khom^{B} , 苦感切,《廣韻》: "小穽名也(작은 함정을 이름한다)."《說文》: "臽, 小阱也('臽'은 '작은 함정'이다)." 글자는 또 '埳'으로도 쓰고, 음은 '苦感切'과 같다. **埳(감: 구덩이) *khom^{B}** , 苦感切,《廣韻》: "埳, 陷('埳'은 '陷(구덩이)'이다)."《墨子·節葬下》: "滿埳無封(구덩이를 흙으로 채우기만 하고 봉분을 만들지는 않았다)."《莊子·秋水》: "子獨不聞夫埳井之蛙乎?(그대는 저 우물 속의 개구리 이야기를 듣지 못하였는가?)" 또 '坎'으로도 쓴다. **坎(감: 구덩이) *khom^{B}** , 苦感切,《廣韻》: "險也, 陷也, 又小罍也, 形似壺('험하다, 구덩이'이다, 또 작은 술독으로 모양은 단지 같다)."《說文》: "坎, 陷也('坎'은 '구덩이'이다)."《易·坎》: "入于坎窞(구덩이 속으로 들어가다)."《儀禮·士喪禮》: "甸人掘坎於階間(전인이 계단 사이에 구덩이를 팠다)." **陷(함: 빠지다) *groms** , 户韽切,《廣韻》: "入地隤也(땅이 무너진 곳에 들어가다)."《左傳·成公十年》: "如厠, 陷而卒(변소에 갔는데, 변소에 빠져서 죽었다)."《左傳·成公十六年》: "欒范以其族夾公行, 陷於淖(欒書와 范文子가 그 족속을 거느리고 양옆에서 진여공의 수레를 호위하며 가다가, 그의 수레가 진창에 빠져버렸다)."《莊子·天下》: "問天地所以不墜不陷(하늘과 땅이 추락하지도 않고 꺼지지도 않는 이유를 물었다)."《韓非子·姦劫弑臣》: "陷於不測之淵而求生也(깊이를 헤아릴 수 없는 못에 빠져 살기를 구하다)."

명사가 동사로 변화하는 경우는, 聲母의 淸濁교체 외에도 성조가 非去聲에서 去聲으로 변화하는 것도 있다. 성모 청탁교체도 명사, 동사 간의 품사 변화를 실현시킬 수 있으며, 성조 역시 非去聲에서 去聲으로 변하여 품사 변화를 실현시킬 수 있다. 이 두 가지 어법 수단 가운데 성조의 변화는 중국어에서 자주 발견되는 방식인데, 현대한어의 방언에서도 이러한 어법 수단을 사용하고 있다. 따라서 우리는 성모의 청탁교체가 훨씬 더 오래된 어법 수단이며 去聲으로 읽는 것은 어법 유추의 결과라고 본다.

자음 청탁교체를 통해, 명사에서 동사가 파생될 수 있고, 또 형용사도 파생될 수 있다.

脊(척: 척추, 등뼈) ***ti̱k** , 資昔切, "背脊('등')." 脊, 《說文》: "背呂也('등'이다)." "脊은 등뼈, 척추(脊骨)로, 사람이 수척해지면 등뼈가 드러나기 때문에 '瘠(야위다)'이라고 한다."(劉均杰, 1999:55) **瘠(척: 파리하다, 여위다)** ***di̱k** , 秦昔切, 《廣韻》: "病也, 瘦也('병나다, 수척하다'이다)." 瘠, 《說文》: "瘦也('수척하다'이다)." 《左傳·襄公二十一年》: "楚子使醫視之, 復曰: 瘠則甚矣(楚子가 의원을 보내어 병을 보게 했고, 돌아와 보고하기를, '매우 심하게 야위었습니다')." "瘠, 瘦也('瘠'은 '야위다'이다). 《釋文》: "瘠, 在亦反(여기서 '瘠'은 '在亦反'이다)." 又《襄公二十九年》: "何必瘠魯以肥杞?(어찌하여 魯나라를 마르게 하고, 杞나라를 살찌게 할 필요가 있습니까?)" 《釋文》: "瘠, 在亦反(여기서 '瘠'은 '在亦反'이다)." **塉(척: 메마르다)** ***di̱k** , 秦昔切, 《廣韻》: "薄也('메마르다'이다)." 《管子·地員》: "離坼以臞塉[8](갈라지고 터져서 볼품이 없고 윤기가 없다)."

支(지: 가지) ***ki̱** , 章移切, 《說文》: "去竹之支也('대나무 줄기에서 뻗어나간 대나무 가지'이다)." 《詩經·芄蘭》: "芄蘭之支, 童子佩觿(새박덩굴의 가는 줄기, 어린아이가 뿔송곳을 차고 있네)." 《詩經·文王》: "文王孫子, 本支百世(문왕의 자손들이여, 본손과 지손이 백세에 이를 것이니)." 王筠句讀(왕균의 〈구두〉): "支, 卽古枝字('支'는 곧 '枝'의 옛 글자이다)." 《廣韻》: "枝: 枝柯, 章移切('枝'는 '가지'로, '章移切'이다)." '支'는 또 '肢'이기도 하다. 《墨子·修身》: "暢

8 [역주] 원래는 '以臞塉其種雁膳'란 예가 있었으나 구두점이 잘 맞질 않아 위와 같이 수정하였다.

之四支(팔다리 사지에 두루 펴지다).” 孫詒讓閒詁(손이양 간고): “支, 卽肢之省(여기서의 ‘支’는 ‘肢’의 생략이다).”《群經音辨》: “枝, 木別生條也, 章移切; 枝, 分也, 其宜切(‘枝’는 나무에 따로 나온 가지로 ‘章移切’이다. ‘枝’는 ‘나뉘다’로 ‘其宜切’이다).” **岐(기: 나뉘다, 갈라지다)** ***gi̱**, 巨支切,《集韻》: “分也(‘나뉘다’이다).”《山海經·海外南經》: “岐舌國在其東((사람의 혀가 갈라져 있는) 기설국은 그 동쪽에 있다).” 郭注(곽박의 주): “岐舌, 其人舌皆岐, 或云支舌也(‘岐舌’이란, 그 사람이 혀가 모두 갈라져 있어서인데 혹은 ‘支舌’이라고도 한다).”《呂氏春秋·疑似》: “故墨子見岐道而哭之(그러므로 묵자는 갈림길을 만났기에 울었던 것이다).” 글자는 또한 ‘歧’로도 쓴다. **歧(기: 갈림길, 육발이)** ***gi̱**, 巨支切,《廣韻》: “歧路(‘갈림길’).”《爾雅》: “歧, 道旁出也(‘歧’는 ‘길옆으로 길이 나온 것’이다).”《莊子·騈拇》: “騈拇枝指出乎性哉, 而侈於德(군더더기 살이 있는 발가락과 육손이는 본성에서 나왔지만, 보통 사람들이 타고나는 것보다 많다).”《釋文》: “枝指, 如字,《三蒼》云: 枝指, 手有六指也; 崔云: 音歧, 謂指有歧(‘枝指’의 ‘枝’는 통상음이다. 〈삼창〉에 이르길, ‘枝指는 손에 손가락이 여섯 개인 것이다’, 崔씨가 말하길 ‘음은 歧로 손가락에 또 다른 가지가 있는 것을 말한다’).”

冂(경: 들, 교외) ***qiŋ**, 古螢切, 글자는 또 ‘坰’으로도 쓴다.《廣韻》: “野外曰林, 林外曰坰(들 밖을 ‘林(숲)’이라 하고, 숲 밖을 ‘坰’이라 한다).”《說文》: “冂, 邑外謂之郊, 郊外謂之野, 野外謂之林, 林外謂之冂, 象遠界也. 坰, 冂或从土(국도 밖을 ‘郊’라 하고, 교외를 ‘野’라 하며, 들 밖을 ‘林’이라 한다. 숲 밖을 ‘冂’이라 하며, 이는 먼 곳의 경계를 그린 것이다. ‘坰’은 ‘冂’의 혹체이고 ‘土’를 따른다).”《爾雅》: “邑外謂之郊, 郊外謂之牧, 牧外謂之野, 野外謂之林, 林外謂之坰(국도 밖을 ‘郊’라 하고, 교외를 ‘牧’이라 하며, ‘牧’외를 ‘野’라 한다. ‘野’외를 ‘林’이라 하고, ‘林’외를 ‘坰’이라 한다).”《詩經·魯頌·駉》: “在坰之野(먼 들에 있다).” 傳: “坰, 遠野也(‘坰’은 ‘먼 들’이다).” **迥(형: 멀다)** ***Giŋ^B**, 户頂切,《廣韻》: “遠也(‘멀다’이다).” 迥,《說文》: “遠也(‘멀다’이다).”

奇(기: 홀수) ***ka̱r**, 居宜切,《廣韻》: “不偶也(‘짝이 아니다’이다).” 奇,《說文》: “一曰不耦也(일설에 ‘쌍수를 이루지 않는 것’을 말한다).”《周禮·春官·宗伯》: “七曰奇拜(일곱째는 기배이다).” 鄭注: “奇, 讀爲奇偶之奇(‘奇’는 ‘홀수짝수’의 ‘奇’로 읽는다).”《易·繫辭下》: “陽卦奇, 陰

卦耦(양괘는 홀수이고 음괘는 짝수이다)."《釋文》: "奇, 紀宜切(여기서 '奇'는 '紀宜切'이다)."《楚辭·招魂》: "麗而不奇兮(아름답고 희한하도다)." 注: "奇, 單也('奇'는 홀수이다)." '奇'가 '홀, 비대칭'이므로 여기서 '일정치 않다', '기형적'이란 의미가 파생되어 나왔다. **畸(기: 뙈기밭, 귀퉁이땅)** *ka̠r , 居宜切, 《廣韻》: "殘田(경작 불가능한 짜투리 땅이다)."《荀子·天論》: "中則可從, 畸則不可爲, 匿則大惑(부합하면 따를 만 하고, 한쪽으로 기울면 행할 수 없으며, 어긋나면 미혹이 커진다)."《莊子·大宗師》: "畸人者, 畸於人而侔於天(기인이란 세속의 사람들과는 다르나 하늘과는 비슷하다)." 대칭은 정상상태이나 비대칭은 비정상상태이다. 따라서 '奇'에서 '기이하다, 특이하다' 등의 의미가 파생되었다. **奇(기: 기이하다)** *ga̠r , 巨羈切, 《廣韻》: "異也('기이하다'이다).《禮記·王制》: "作淫聲, 異服, 奇技, 奇器以疑衆, 殺(음란한 음악과 기이한 의복을 짓거나, 기이한 방술, 기이한 도구로 사람들을 의혹시키는 자는 죽인다)."《史記·淮陰侯列傳》: "信數與蕭何語, 何奇之(한신은 자주 소하와 이야기했는데, 소하는 그를 기이하다고 여겼다)."

間(간: 사이, 틈) *kran , 古莧切, 《廣韻》: "隙也('틈'이다)."《說文》: "間, 隙也('間'은 '틈'이다)."《左傳·僖公四年》: "師出於陳鄭之間(군대가 陳나라와 鄭나라 사이로 행군해 나오다)."《詩經·十畝之間》: "十畝之間兮, 桑者閑閑兮(십무의 사이에, 뽕을 따는 자가 한가하고 한가하니)."《莊子·山木》: "周將處乎材不材之間(나는 장차 쓸모 있음과 쓸모없음의 사이에 머물 것이다)." **間(한/간: 한가하다)** *gran , 《集韻》: "何間切."《荀子·王霸》: "安重間静(편안하고 한가로운 것)." 注: "間, 或讀爲閑('間'은 혹 '閑'으로 읽는다)."《荀子·王霸》: "則雖幽間隱辟(비록 멀리 막혀 있고 궁벽한 지방의 백성이지만)." 注: "間, 讀爲閑('間'은 '閑'으로 읽는다)."《左傳·僖公三十三年》: "吾子取其麋鹿以間敝邑, 若何?(그대들이 그곳의 麋鹿을 직접 잡음으로써 우리나라 사람을 한가롭게 해주는 것이 어떠한가?)"《釋文》: "間, 音閑(여기서 '間'의 음은 '閑'이다)."《詩經·十畝之間》: "桑者閑閑(뽕따는 이들이 한가하게 지내는데)."《釋文》: "閑本亦作間, 音閑('閑'은 또 '間'으로도 썼고, 음은 '閑'이다)."《史記·司馬相如列傳》: "雍容閑雅, 甚都(풍채가 당당하고 우아하며, 매우 준수하였다)." 韋昭曰: "閒, 讀曰閑('閒'은 '閑'으로 읽는다)[9]." 글자

9 [역주] 기타 자료를 찾아보고 본서 원문의 "閑, 讀曰閑"을 위와 같이 수정하였다.

는 또 '嫺'으로도 쓴다. **嫺(한: 우아하다) *gran** , 户間切, 《廣韻》: "嫺雅('우아하다')." 嫺, 《說文》: "雅也('우아하다'이다)."

光(광: 빛) *qaŋ , 古黄切, 《楚辭·九章·悲回風》 王逸注(왕일주): "日光也('햇빛'이다)." 《孟子·盡心下》: "充實而有光輝之謂大('가득 차서 광채가 드러나는 것'을 '대인'이라 이른다)." 《禮記·鄉飮酒義》: "三賓, 象三光也('삼빈'은 '삼광(日月星)'을 본뜬 것이다)." 《荀子·天論》: "故日月不高, 則光輝不赫; 水火不積, 則輝潤不博(이에 해와 달이 높게 걸려 있지 않으면 광채가 빛나지 않고, 물과 불이 땅에 모여 있지 않으면 불의 광채와 물의 광택이 넓지 않다)." 《詩經·庭燎》: "夜未央, 庭燎之光(밤이 아직 한밤중인데, 큰촛불이 빛나는구나)." '光'은 '빛, 찬란하다'라는 의미로부터 '광명(光明)', '광채(영예롭다, 光彩)' 등의 의미로 파생되었다. 光, 《說文》: "明也, 从火在人上, 光明意也('광명'이다, '火'자가 '人'자 위에 있어 '광명'의미를 나타낸다)." 《詩經·南山有臺》: "樂只君子, 邦家之光(즐거워라 우리 임이여, 나라의 광명이다)." 《康熙字典》 引《正韻》(〈강희자전〉에서 〈정운〉을 인용하여): "輝光, 明耀華彩也(찬란한 빛으로, 밝고 눈부시며 화려한 것이다)." 《詩經·韓奕》: "百兩彭彭, 八鸞鏘鏘, 不顯其光(수레 백 대가 많기도 하여, 여덟 방울이 쟁쟁하게 울리는데, 그 빛이 드러나지 아니할까)." **黄(황: 누렇다) *ɢaŋ** , 胡光切, 《廣韻》: "中央色也('중앙의 색'이다)." 黄, 《說文》: "地之色也. 从天从炗, 炗亦聲. 炗, 古文光('땅의 색'이다. '天'과 '炗'을 따르고 '炗'이 성부이다, '炗'은 '光'의 고문이다)." '黄'은 빛의 색이지 땅의 색이 아니다. 《釋名》: "晃也, 猶晃晃, 象日光色也('晃(밝다)'이다. '晃晃'한 모양과 같고, 해의 빛깔 색을 본뜬 것이다)." 《風俗通·皇霸》: "黄, 光也('黄'은 '빛(빛남)'이다)." 《詩經·綠衣》: "綠兮衣兮, 綠衣黄裏(녹색 저고리여, 녹색 저고리에 황색 속옷이로다)." 《詩經·七月》: "載玄載黄, 我朱孔陽, 爲公子裳(검정색 물들이고 노랑색 물들여, 나의 붉은색이 매우 빛나거든, 공자의 치마를 만드니라)." **晃(황: 밝다, 빛나다) *ɢaŋ^{B}** , 胡廣切, "光也('빛나다'이다)". 光, 《釋名》: "光, 晃也, 晃晃然也('光'은 '晃(밝다, 빛나다)'이다, 밝게 빛나는 것이다)." 《廣雅》: "晃, 明也('晃'은 '밝다'이다)." 《慧琳音義》卷七十九引《文字典說》云(〈혜림음의〉권79에서 〈문자전설〉을 인용) : "晃, 日明也('晃'은 '해가 밝은 것'이다)." 《楚辭·九思·怨上》: "奔電兮光晃, 凉風兮愴凄(번개 치자 찬란한 빛 번쩍거리고, 찬 바람 불어대자 쓸쓸하고 슬프도다)."

將(장: 장수) ***ṯaŋs**, 子亮切, 《廣韻》: "將帥('장수')." 《周禮·夏官·司馬》: "軍將皆命卿(군의 장수는 모두 卿으로 임명한다)." 《呂氏春秋·執一》: "軍必有將, 所以一之也; 國必有君, 所以一之也(군대에 반드시 장수가 있는데, 이는 군대를 하나로 만들기 위함이다. 나라에 반드시 임금이 있는데, 이는 그 나라를 하나로 만들기 위함이다)." 《孫子兵法·謀攻》: "夫將者, 國之輔也(무릇 장수는 나라의 덧방나무이다)." 《爾雅》: "將, 大也('將'은 '큰 것'이다)." **奘(장: 크다, 성하다)** ***ḏaŋs**, 徂浪切, 《廣韻》: "《說文》曰: 駔大也(〈설문〉에 '거칠고 크다'라고 나온다)." 《方言》: "奘, 將, 大也. 秦晉之間, 凡人之大謂之奘, 或謂之壯('奘'과 '將'은 '크다'이다. 秦과 晉 사이에서는 사람이 큰 것을 '奘'이라 하고 또는 '壯'이라 한다)." 《爾雅》: "奘, 駔也('奘'은 '거칠고 크다'이다)."

甘(감: 단맛) ***kam**, 古三切, 《廣韻》: "美也('맛나다'이다)." 甘, 《說文》: "美也, 从口含一('맛있는 것'이다. '口'와 '一'로 구성된 회의자이다)." 段玉裁注: "甘爲五味之一, 而五味之可口皆曰甘('甘'은 다섯 맛 중 하나로, 다섯 맛 중 입에 맞는 것을 모두 '甘'이라 한다)." 《詩經·谷風》: "誰謂荼苦, 其甘如薺(누가 씀바귀가 쓰다고 했는가, 그 달기가 냉이와 같도다)." 《墨子·非攻上》: "少嘗苦曰苦, 多嘗苦曰甘, 則必以此人爲不知甘苦之辯矣(또 적은 사람이 쓴 것을 맛보고서 쓰다고 하고, 많은 사람이 쓴 것을 맛보고서 달다고 한다면 반드시 이 사람들을 두고 단맛과 쓴맛을 분별할 줄 모른다고 생각할 것이다)." 《孟子·梁惠王上》: "爲肥甘不足於口與?(기름지고 단 음식이 입에 부족해서 그러십니까?)" 이는 또 형용사나 동사로 '전환'되기도 한다. 《禮記·月令》: "其味甘, 其臭香(그 냄새가 향기롭고, 그 맛이 달다)." 《詩經·伯兮》: "甘心首疾(머리가 아픈 것도 맘속으로 달게 여긴다)." 傳: "甘, 厭也('甘'은 '만족하다'이다)." 《左傳·莊公十年》: "管召, 讎也. 請受而甘心焉(管仲과 召忽은 원수이니, 우리가 받아서 기꺼이 원수를 갚겠다)." 杜注: "甘心言欲快意戮殺之('甘心'은 흔쾌히 그를 죽이겠다는 것이다)." 《莊子·徐無鬼》: "孫叔敖甘寢秉羽而郢人投兵(孫叔敖 같은 이는 마음 편히 잠을 자거나 羽扇을 잡고 無爲를 실천하여, 초나라 郢땅의 사람들이 무기를 내던지게 했다)." '甘寢'은 곧 '숙면하다'이다. **酣(감: 즐기다, 성하다)** ***gam**, 胡甘切, 《廣韻》: "酣飮('실컷 마시다')." 酣, 《說文》: "酒樂也. 从酉从甘, 甘亦聲(술을 마셔 즐거운 것이다, '酉'와 '甘'을 따르고 '甘'은 또 성부이다)." 《管子·小稱》: "桓, 管仲, 鮑叔牙, 寧戚四人飮, 飮酣(桓, 管仲, 鮑叔牙, 寧戚 네 사람이 술을 마실 때 술을 실컷 마셨다(술자리가 한창이다))."《韓非子·十過》: "晉平公觴之於施夷之臺, 酒酣(晋나라 平公은 施夷의 臺에서 술을 마셨는데, 술이 무르익었다(술을 실컷 마셨다))."《呂氏春秋·樂成》: "魏襄王與群臣飮, 酒酣, 王爲群臣祝(위나라 양왕이 여러 신하들과 술을 마시면서 술자리가 무르익자, 왕은 여러 신하들을 위해 축배를 들었다)."

公(공: 아버지, 관리) ***koŋ**, 古紅切,《廣韻》: "父也, 正也, 共也, 官也('아버지, 바르다, 공동의, 관리'이다)."《白虎通義·爵》: "五等謂公侯伯子男, 此周制也(다섯 등급을 공, 후, 백, 자, 남이라 하는데, 이는 주의 제도이다)." 이후 의미가 점차 확대되었다.《通雅》: "列子曰'家公執席', 前《漢書·郊祀志》'天子爲天下父, 故曰巨公'. 古人稱父祖或曰公(열자는 '家公(主人)은 자리를 양보하고'라고 나오고, 〈한서·교사지〉에서는 '천자는 천하의 아비가 되므로 거공이라고 불렀다'라고 한다. 옛사람은 조상을 칭하여 '公'이라 하였다)." 또는 남편의 부친을 일컫기도 한다.《漢書·賈誼傳》: "抱哺其子, 與公并倨; 婦姑不相說, 則反脣而相稽(며느리가 자식을 안고 젖을 먹이면서 시아비와 함께 걸터앉고, 며느리와 시어미가 서로 좋아하지 않으면 며느리가 입술을 삐죽거리며 서로 잘잘못을 따져서)." 注: "乃與其舅并倨, 無禮之甚也(그 시아비와 함께 걸터앉아 있음은 매우 무례한 것이다)." '公'은 또 널리 존칭에 사용되기도 한다.《史記·項羽本紀》: "公爲我獻之(그대가 나를 위해 바쳐주시오)." **洪(홍: 넓다, 크다)** ***goŋ**, 户公切,《廣韻》: "大也('크다'이다)."《孟子·滕文公上》: "洪水橫流, 泛濫於天下(홍수가 멋대로 흘러 천하에 넘쳐나다)." **仜(홍)**, 户公切,《廣韻》: "身肥大也(몸이 비대한 것이다)." **谼(홍)**, 户公切,《廣韻》: "大壑, 又谼谷寺在相州(큰 골이다, 또 谼谷寺란 절이 상주에 있다)." **㖓(홍)**, 户公切,《廣韻》: "鳥肥大㖓㖓然('새가 살지고 큰 모양'이다)." **訌(홍)**, 户公切,《廣韻》: "大聲('큰 소리')." **颫(홍)**, 户公切,《廣韻》: "大風('큰바람')." **鴻(홍)**, 户公切,《廣韻》: "《詩》傳云: 大曰鴻, 小曰雁(〈시전〉에 이르길, '큰 것을 鴻이라 하며, 작은 것을 雁이라 한다')." 이와 같이 문자형식은 다르지만, 의미는 동일하다.《史記·夏本紀》: "當帝堯之時, 鴻水滔天(요임금 시대에 홍수가 하늘로 넘치고)."《韓非子·飾邪》: "昔者舜使吏決鴻水, 先令有功而舜殺之(예전에 舜이 관리를 시켜 범람한 물을 터서 내려 보내게 하려고 하였는데, 명령도 하기에 앞서 먼저 공을 세운 자가 있자 순이 그를 죽였다)."

根(근: 뿌리) ***kɯn** , 古痕切, 《廣韻》: "根柢也('뿌리'이다)." 《說文》: "根, 木株也. 从木艮聲('根'은 '나무의 밑동부분'으로, '木'을 따르고 '艮'이 성부이다)." 《左傳·隱公六年》: "絶其本根, 勿使能殖(뿌리를 잘라서 다시 번식할 수 없게 하다)." 《韓非子·解老》: "樹木有曼根, 有直根. 根者, 書之所謂柢也(나무에는 사방으로 퍼져가는 뿌리가 있고, 아래로 곧게 뻗는 뿌리가 있는데, 곧게 뻗는 뿌리는 《老子》에서 말한 '밑뿌리'이다)." **艮(간: 그치다, 견고하다)** ***kɯns** , 古恨切, 《廣韻》: "卦名也, 止也(괘명이다, '그치다'이다)." 《說文》: "艮, 很也('艮'은 말을 듣지 않는 것이다)." 段注(단옥재주): "很者, 不聽從也('很'이라 하니, 이는 말을 듣지 않는 것이다)." 《廣雅》: "艮, 堅也('艮'은 '견고하다'이다)." **很(흔: 패려궂다, 사납다)** ***gɯn^{B}** , 胡墾切, 《廣韻》: "很戾也, 俗作狠('很'은 '패려궂다'로 俗에서 '狠'으로도 쓴다)." 《說文》: "很, 不聽從也('很'은 말을 듣지 않는 것이다)." 《左傳·襄公二十六年》: "大子痤美而很, 合左師畏而惡之(太子痤는 외모는 아름다우나 마음이 모질어, 合左師가 두려워하고 미워했다)." 《史記·項羽本紀》: "猛如虎, 很如羊, 貪如狼, 强不可使者, 皆斬之(사납기가 호랑이 같으나 모질기가 양 같고, 탐욕스럽기가 승냥이 같으며, 고집이 세어 부릴 수 없는 자들은 모두 베어 버려라)."

專(전: 베짤 때 쓰는 돌, 벽돌) ***ton** , 職緣切, 《說文》: "紡專('베짤 때 쓰는 돌')." 段注: "今專之俗字作甎, 塼(지금 '專'의 속자는 '甎', '塼'이 있다)." 《詩經·斯干》: "載衣之裼, 載弄之瓦(포대기를 입히며, 손에 실감개를 쥐어주니)." 傳: "瓦, 紡磚也('瓦'는 '실감개'이다)." [**轉(전: 돌다, 돌리다)** ***tro̠n^{B}** , 陟兗切, 《廣韻》: "動也, 運也('움직이다, 돌다'이다)." 《詩經·邶風·柏舟》: "我心匪石, 不可轉也(나의 마음은 돌이 아니라서 구를 수가 없네)."] **團(단: 둥글다)** ***don** , 度官切, 《廣韻》: "團圓(둥근 모양)." 글자는 본래 '專'으로만 썼다. 《周禮·地官·司徒》: "其民專而長(그 백성은 둥글고 장대하다)." 注: "專, 圓也('專'은 '둥글다'이다)." 《釋文》: "專, 徒丸反(여기서 '專'은 '徒丸反'이다)." **摶(단: 둥글다)** ***don** , 度官切, 《廣韻》: "《說文》曰圜也. 《禮》云毋摶飯(〈설문〉에는 '둥글다'라 하고, 〈예〉에선 '밥을 둥글게 뭉쳐서 먹지 말라'고 나온다)." 《禮記·曲禮上》: "毋摶飯(밥을 둥글게 뭉쳐서 먹지 말라)." 《周禮·冬官·考工記》: "小首而長, 摶身而鴻(머리는 작지만 길고, 동그란 몸체는 균형이 잡혔다)." 注: "摶, 圜也('摶'은 '둥글다'이다)." 《釋文》: "摶, 徒丸反(여기서 '摶'은 '徒丸反'이다)."

霸(패: 처음달빛) *praks , 必駕切, 《說文》: "月始生, 霸然也('달이 막 생겨날 때 옆에 희미한 빛'이다)." 段玉裁注: "《漢志》所引《武成》《顧命》皆作霸, 後代魄行而霸廢矣(〈한지〉에서 인용한 〈무성〉〈고명〉은 모두 '霸'로 되어 있고, 후대 '魄'이 쓰이면서 '霸'는 폐해졌다)." 《漢書·律歷志下》: "死霸, 朔也. 生霸, 望也(사패는 초하루이고, 생패는 보름이다)." 글자는 대개 '魄'으로 쓴다. 《禮記·鄕飮酒禮》: "讓之三也, 象月之三日而成魄也(이것을 사양하기를 세 번하는 것은, 달이 '사흘만에 魄에 이름'을 본따는 것이다)." 《釋文》: "魄, 普百反, 《說文》作霸, 云月始生魄然也(여기서 '魄'은 '普百反'이다, 〈설문〉에 '霸'로 되어 있으며, '달이 막 생겨날 때 옆에 희미한 빛'을 말한다)." 《周書·康誥》: "惟三月哉生魄(3월 哉生魄(16일)에)." 注: "魄, 朏也, 謂月三日始生兆朏, 名曰魄('魄'은 '朏(초승달)'이다. '그달 3일에 비로소 眺朏가 생김을 이르니 그것을 魄이라 명명한다'고 나온다)." 《逸周書·謚法》: "維三月既生魄(3월 既生魄(16일)에)." **魄(백: 달빛, 넋) *phrak** , 普伯切, 《廣韻》: "魂魄('혼백')." 魄, 《說文》: "陰神也('음신'이다)." 《白虎通義·性情》: "魄者, 白也('魄'은 곧 '白(희다)'이다)." 《左傳·昭公七年》: "人生始化曰魄. 既生魄, 陽曰魂. 用物精多, 則魂魄强(사람이 태어나서 처음 변화한 것을 '魄'이라 하고, 이미 魄이 생기고 난 뒤 陽을 '魂'이라 한다. 사용한 물건이 정밀하고 많으면 魂魄이 강해진다)." 疏引《孝經說》(소에서 〈효경설〉을 인용하여): "魄, 白也('魄'은 '白'이다)." 《釋文》: "魄, 普白反(여기서 '魄'은 '普白反'이다)." 白**(백: 희다) *brak** , 傍陌切, 《廣韻》: "西方色(서쪽의 색이다)." 《詩經·揚之水》: "揚之水, 白石皓皓(느릿느릿 흘러가는 물이여, 흰돌이 매우 희도다)." 《詩經·蒹葭》: "蒹葭蒼蒼, 白露爲霜(갈대가 창창하니, 흰이슬이 서리가 되었도다)." 《禮記·曲禮上》: "前朱鳥而後玄武, 左青龍而右白虎(군의 행진에, 앞에는 주조기를 세우고, 뒤에는 현무기를 세우며, 왼쪽엔 청룡기를 세우고, 오른쪽엔 백호기를 세운다)."

曲(곡: 누에치는 도구, 잠박) *kho̱k , 丘玉切, 《廣韻》: "委曲('구불구불하다')." 曲, 《說文》: "象器曲受物之形, 或說: '曲, 蚕薄也.'(기물 중간에 둥글게 되어있어 물체를 담을 수 있는 모양이다. 혹은 '曲은 누에채반이다'라 한다)" 《莊子·大宗師》: "或編曲(어떤 사람은 노래를 부르고)[10]." 《釋文》: "李云: 蚕薄也(李씨는 '누에채반이다'라고 한다)." 《禮記·月令》: "具曲植籧筐

10 [역주] '누에채반을 엮다'로 보기도 한다.

(누에그릇과 선반과 둥글고 모난 바구니를 준비한다).” 注: “時所以養蚕器也. 曲, 薄也(당시에 누에를 기르던 도구이다. ‘曲’은 누에채반이다).”《史記·絳侯周勃世家》: “勃以織薄曲爲生, 常爲人吹簫給喪事, 材官引强(주발은 실을 잣고 누에를 쳐서 생계를 이어갔는데, 항상 남을 위해 피리를 불어 남의 상사를 처리해주었다. 나중에 강한 활을 당길 수 있는 용사가 되었다).” 이 ‘曲’은 이후 글자를 ‘笛’로 쓴다. **笛(곡)**, 《廣雅》: “薄也(‘누에채반’이다).” 王念孫疏證(왕념손 소증에): “曲, 笛并同(‘曲’과 ‘笛’은 동일하다).”《玉篇》: “曲, 或作笛(‘曲’은 혹 ‘笛’으로 쓴다).” **苗(곡: 누에치는 채반(잠박))** ***khok** , 丘玉切, 《廣韻》: “蚕薄. 《漢書》: 周勃織溥苗爲生. 亦作笛(‘누에채반’, 〈한서〉에 이르길, ‘주발은 실을 잣고 누에를 쳐서 생계를 이어갔는데’, 또한 ‘笛’이라고 한다).” 段玉裁注: “曲象圜其中受物之形, 正視之. 引申之爲凡委曲之稱, 不直曰曲. 《詩》曰: 予髮曲局. 又曰: 亂我心曲. 箋云: 心曲, 心之委曲也. 又樂章爲曲, 謂音宛曲而成章也(‘曲’은 그 가운데를 둥글게 하여 물건을 담을 수 있는 모양을 본뜬 것이고, 정면에서 본 것이다. 여기서 파생되어 ‘구불구불한 것’을 지칭하니, ‘곧지 않음’이 곧 ‘曲’이다. 〈시〉에 이르길 ‘내 머리가 굽고 말렸으니’라 하고, 또 ‘내마음 속 어지러워’라고 한다. 箋에 이르길 ‘心曲이란 마음이 구불구불한 것이다’라 한다. 또 ‘악장’을 ‘曲’이라 하는데, 음이 굽이져서 章을 이루는 것을 말한다).”《釋名》: “曲, 局也, 相近局也(‘曲’은 ‘局(말리다, 굽다)’이다, 서로 가까게 배치하는 것이다).” **局(국: 굽히다, 움츠리다)** ***gok** , 渠玉切, 《說文》: “促也(‘좁다’이다).”《詩經·正月》: “不敢不局(감히 굽히지 않을 수 없네).” 傳: “局, 曲也(‘局’은 ‘굽히다’이다).”《詩經·采綠》: “予髮曲局(내 머리가 굽고 말렸으니).” 傳: “局, 卷也(‘局’은 ‘말리다’이다).” 글자는 또 ‘跼’으로도 쓴다. **跼(국: 굽다)**, 渠玉切, 《廣韻》: “踡跼又曲也, 俛也, 促也(‘굽어 펴지지 않음’이다, ‘숙이다’이다, ‘좁다’이다).”《說苑·敬愼》引《詩經》(〈설원, 경신〉에서 〈시경〉을 인용): “天蓋高, 不敢不跼; 謂地蓋厚, 不敢不蹐(하늘이 높더라도 허리를 굽히지 않을 수 없고, 땅이 두텁더라도 조심해서 걷지 않을 수 없다).” 또 ‘侷’으로도 쓴다. ‘侷’은 ‘渠玉切’이다. 《廣韻》: “侷促短小(좁고(侷促) 짧고 작다)[11].”

粥(죽: 죽) ***tuk** , 之六切, 《廣韻》: “糜也(‘죽’이다).”《孟子·滕文公上》: “歠粥, 面深墨(세자가

11 [역주] ‘侷’은 특히 ‘侷促(좁다)’라는 단어를 구성할 때 쓰인다.

죽을 먹더니, 얼굴이 짙은 흑색으로 변했다).”《莊子·讓王》: “回有郭外之田五十畝, 足以給饘粥(저에겐 성곽 밖에 50무의 밭이 있는데, 죽 정도는 충분히 먹을 수 있습니다).” 또는 ‘鬻’으로도 쓴다. 《爾雅》: “鬻, 糜也(‘鬻’은 ‘죽’이다).”《左傳·昭公七年》: “饘於是, 鬻於是, 以餬余口(이 鼎에서 된죽을 끓이고 묽은 죽을 끓여, 내 입에 풀칠을 하리라).” 注: “饘鬻, 餬屬(‘饘鬻’은 죽의 일종이다).”《釋文》: “鬻, 之六反, 孫炎云淖糜也(‘鬻’은 ‘之六反’으로, 손염은 ‘묽은 죽’이라 한다).”《儀禮·士喪禮》: “夏祝鬻餘飯, 用二鬲於西墻下(〈의례, 사상례〉에 이르길, ‘하축이 반함하고 남은 쌀로 죽을 만드는데, 서쪽 담장 아래에서 솥 두 개를 이용한다’).” 注: “以飯尸餘米爲鬻也(반함을 하고 남은 쌀로 죽을 만든다).”《釋文》: “鬻本又作粥, 之六反(‘鬻’은 본래 ‘粥’으로 쓰며, ‘之六反’이다).” **熟(숙: 익다) *du̱k** , 殊六切, 《廣韻》: “成也(‘이루어지다, 익다’이다).”《論語·鄕黨》: “必熟而薦之(반드시 익힌 다음 올리셨다).”《左傳·宣公二年》: “宰夫胹熊蹯不熟(宰夫가 곰발바닥을 삶았는데 제대로 익지 않았다).” 글자는 본래 ‘孰’으로 되어 있다. [**享(𦎫)(팽, chún: 삶다) *dun** , 常倫切, 《廣韻》: “《說文》曰: 孰也(〈설문〉에 ‘삶다’로 나온다).”《說文》: “𦎫, 孰也. 讀若純. 一曰鬻也(‘𦎫’은 ‘익다’이다, ‘純’처럼 읽는다, 또는 ‘鬻’이라고도 한다).”] 《左傳·宣公二年》: “宰夫胹熊蹯不孰(宰夫가 곰발바닥을 삶았는데 제대로 익지 않았다).”《禮記·禮運》: “薦其血毛, 腥其俎, 孰其殽(피와 털이 있는 짐승을 바치되, 날것과 익은 것을 그릇에 담아 바쳤다).”《荀子·富國》: “寒暑和節, 而五穀以時孰(추위와 더위가 조화를 이루어 오곡이 제때에 여물게 하다).”

中(중: 안, 속, 가운데) *tru̱ŋ , 陟弓切, 《廣韻》: “半也(‘한가운데’이다).”《說文》: “中, 内也(‘中’은 ‘안’이다).”《左傳·隱公元年》: “公從之. 公入而賦: 大隧之中, 其樂也融融(공이 그 말을 따랐고, 장공이 굴속에 들어가 詩를 읊기를, ‘큰 굴속에 있자, 즐거운 마음 融融하네’).”《詩經·采蘩》: “于以采蘩, 于澗之中(어디서 다북쑥을 뜯을까요, 산골짜기 물가겠죠).”《莊子·養生主》: “不蘄畜乎樊中(새장 안에서 길러지는 것을 바라지는 않는다).” **仲(중: 가운데이다, 버금가다) *dru̱ŋs** , 直衆切, 《廣韻》: “中也(‘가운데 있다’).”《說文》: “仲, 中也. 从人从中, 中亦聲(‘仲’은 ‘가운데 있다’이다, ‘人’과 ‘中’을 따르고, ‘中’은 또 성부이다).”《詩經·大明》: “摯仲氏任, 自彼殷商(지나라의 둘째 따님인 태임이 저 은상으로부터 오니).” 傳: “摯國任姓之中女也(즉, 지나라 임성의 둘째 딸이다).”

위의 예 가운데, 일부는 역조어법을 이용하여 형용사에서 명사가 파생된 것도 있다. 상고한어에서 명사는 자음의 청탁교체로 형용사를 파생시키는 사례가 매우 많다. 즉, 자음 청탁교체를 통해, 명사가 동사나 형용사가 되는 것이다. 동사와 형용사는 어법 수단도 같을 뿐 아니라 어법 기능도 공통점이 많아 모두 서술어(謂語)가 될 수 있다. 따라서 형용사와 동사를 하나의 부류로 통합하여 '용언(謂詞)'이라 칭하기도 한다. 馬建忠(1983:111)은, "동사(動字)는 사물의 행위를 말하는 것이다(動字者, 所以言事物之行也)."라고 하였다. 의미상으로 볼 때, 동사는 동작동사(간단동작, 복잡동작 등), 사상동사, 변화동사, 방향동사 등으로 구분할 수 있다. 그리고 형용사에 대해 馬建忠(1983:21)은 '靜字'라고 명명하면서, "형용사(靜字)는 사물의 형상을 모방하여 표현한 말이다(靜者, 所以肖事物之形者)."라고 하였다. 여기서 사실 '肖'와 '不肖'는 주관적 판단에 속한다. 馬建忠(1983:21)은 또 "형용사는 이미 그러한 상황을 말하는 것이고, 동사는 그래야 하는 행동을 말하는 것이다(靜者言已然之情景, 動者言當然之行動)."라고 하였다. 이를 통해 보면, 형용사가 가리키는 내용은 사상활동의 결과인 것이 분명하다. 따라서 우리는 "肖事物之形"의 형용사를 이른바 '思想동사'로도 볼 수 있다. 즉, 이를 '靜態동사'의 일종으로 볼 수 있는데, 정태동사란 사물의 형상, 성질, 상태 등을 진술하거나 묘사하는 동사를 말한다. 그리하여 형용사와 동사는 각각 '움직임(動)'과 '고요함(靜)'이란 두 가지 상태에 있는 주체를 진술하거나 묘사하는 말이므로, 중국어에서는 결국 동일한 음운형식 즉 성모의 濁音이란 것을 채택하여 표현하고 있다.

三[12]

增(증: 더하다, 증가하다) *ʦeŋ, 作滕切, 《廣韻》: "益也, 加也, 重也('더하다, 겹치다'이다)." 《說文》: "增, 益也(增은 '더하다'이다)." 《左傳·昭公三十二年》: "世增其業, 不費舊績(대대로 가업을 늘리고, 조상의 공적을 폐기하지 않았다)." 《荀子·行法》: "鷹鳶猶以山爲卑而增巢其上(새매

12 [역주] 이 부분은 "동사(淸音) → 명사(濁音)"의 변화를 보여주는 예이다.

와 솔개는 오히려 산이 낮다고 생각해, 그 위에다 더 높게 둥지를 틀었다)." '增'은 본래 '曾'으로만 썼다. 《孟子·告子下》: "所以動心忍性, 曾益其所不能(그렇게 함으로써 마음을 움직이고 성질을 참게 하여, 그가 할 수 없는 일을 할 수 있도록 해주려는 것이다)." 集注: "曾與增同('曾'과 '增'은 같다)." 《爾雅》: "王父之考爲曾祖, 孫之子爲曾孫(할아버지의 아버지를 증조라 하고, 손자의 자식을 증손이라 한다)." 注: "曾, 猶重也('曾'은 '重(겹치다)'와 같다)." **層(층: 층)** *ɖeŋ, 昨棱切, 《廣韻》: "重屋也('두층으로 된 집'이다)." 《淮南子·墬形訓》: "掘崑崙墟以下地, 中有層城九重(우가 곤륜산 아래 부분 이하 땅을 파서, 가운데에 아홉층으로 된 여러 층의 성을 쌓았다)." 《山海經·海外西經》: "乘兩龍, 雲蓋三層(두 마리 용을 탔는데 오색구름이 삼층으로 머리 위를 덮었다)." 郭注: "層, 猶重也('層'은 '겹치다'이다)." 글자는 또 '增'으로도 쓴다. 《楚辭·天問》: "增城九重, 其高幾里?(아홉 층의 증성이 있는데 그 높이가 몇 리인가?)" 揚雄《甘泉賦》: "增宮參差(이궁이 들쭉날쭉하니)." 글자는 또 '曾'으로도 쓴다. 《後漢書·張衡傳》: "登閬風之曾城兮(낭풍산 증성에 올라)." 《文選》에서는 '層城'으로 되어 있다. 《楚辭·招魂》: "曾臺累榭(층층이 높은 누대는)."

腫(종: 붓다, 종기나다) *to̱ŋ[B], 之隴切, 《廣韻》: "疾也. 《說文》: 癰也('병나다'이다, 〈설문〉에 이르길, '등창, 종기'이다)." 《左傳·定公十年》: "公閉門而泣之, 目盡腫(景公은 도망가지 못하도록 문을 닫고 눈물을 흘리는 바람에 눈이 다 부었다)." 《莊子·逍遥游》: "其大本擁腫而不中繩墨, 其小枝卷曲而不中規矩(그런데 그 큰 줄기는 울퉁불퉁하여 직선을 그릴 수가 없고, 그 잔가지는 말리고 휘어져 동그라미나 네모꼴을 그릴 수가 없다)." **尰(종: 수중다리)** *do̱ŋ[B], 時宂切, 《廣韻》: "足腫病, 亦作瘇(발에 종기가 나는 병으로, 또는 '瘇'으로도 쓴다)." 《說文》: "瘇, 脛氣足腫('瘇'은 무좀이 발을 붓게 하는 것이다)." 《新書·大都》: "天下之勢, 方病大尰(천하의 형세는 바야흐로 크게 수중다리에 걸린 것과 같다)."

屏(병: 가리다) *pi̱ŋ, 必郢切, 《廣韻》: "蔽也('가리다'이다)." 屏, 《說文》: "蔽也('가리다'이다)." 玄應《一切經音義》卷二十五"屏氣"注(현응〈일체경음의〉권25'屏氣'주): "屏, 屏蔽也('屏'은 '가리다'이다)." 《詩經·桑扈》: "君子樂胥, 萬邦之屏(군자가 즐거우니, 만방의 울타리이니라)." 傳: "屏, 蔽也('屏'은 '가리다'이다)." 屏, 《釋文》: "卑郢反(여기서는 '卑郢反'이다)." 《呂氏春秋·愼

行》: "屛王之耳目(임금의 귀와 눈을 가리다)." 高注: "屛, 蔽也('屛'은 '가리다'이다)."《史記·魏公子列傳》: "侯生乃屛人間語(후생은 이에 다른 이들을 물리고 조용히 말했다)." **屛(병: 병풍) *biŋ** , 薄經切,《廣韻》: "《三禮圖》云: 扆, 從廣八尺, 畵斧文, 今之屛風, 則遺象也(〈삼례도〉에서 말하길, '扆는 세로가로가 여덟 척이고, 도끼 무늬가 있으며, 오늘날의 병풍은 옛모양을 본뜬 것이다')."《爾雅》: "門屛之間謂之宁, 屛謂之樹(문과 병풍의 사이를 '宁'라 한다, 가림막을 '樹'라고 한다)."《國語·晉語四》: "爾射予於屛內(네가 나를 병풍 안에서 겨냥하여 쏘았다)." 注: "樹謂之屛('樹(담장)'를 병풍이라 한다)."《詩經·板》"大邦維屛"集傳: "屛, 樹也, 所以爲蔽也('屛'은 담장, 가림막이다, 가리기 위한 것이다)."《釋名》: "屛, 自障屛也('屛'은 스스로 막아 가리는 것이다)."《禮記·月令》: "整設於屛外(울타리 밖에 늘어세워 정돈하다)." **軿(병: 부인이 타는 수레) *biŋ** , 薄經切, "四面屛蔽, 婦人車(사면이 가려져 있어 부인이 타는 수레이다)." 軿,《說文》: "輜車也('장막이 처져있는 수레'이다)."《釋名》: "軿, 屛也. 四面屛蔽, 婦人所乘牛車也('軿'은 '屛(가리다)'이다. 사면이 가려져 있어, 부인이 타는 수레이다)." **軿(변: 부인수레) *biŋ** , 部田切,《廣韻》: "四面屛蔽婦人車(사면이 가려진 부인의 수레이다)." 이것은 전고음 i의 영향을 받아, 연구개비음운미인 -ŋ이 약간 앞으로 이동하여 치경비음인 – n으로 변화한 것이다.

幾(기: 접근하다) *kɯ̱r , 居依切,《廣韻》: "庶幾(거의 가깝다)."《莊子·齊物論》: "三子之知幾乎!(그들 세 선생의 지혜가 거의 완성에 가까웠다)"《莊子·人間世》: "一宅而寓於不得已, 則幾矣(오로지 도를 거처로 삼아 부득이 할 때에만 말할 수 있다면, 거의 가까울 것이다)." **畿(기: 경기, 기내) *gɯ̱r** , 渠希切,《廣韻》: "王畿('천자 도성 근처의 땅')." 畿,《說文》: "天子千里地. 以遠近言之, 則言畿也(천자에 소속된 천리 땅이다, 왕성과의 원근으로 말하면 '畿'라 한다)."《詩經·谷風》: "不遠伊邇, 薄送我畿(멀리 전송하지 않고 가까이서 하여, 나를 문 안에서 전송하는구나)." 傳: "畿, 門內也('畿'는 '문 안'이다)."《釋文》: "畿音祈(여기서 '畿'의 음은 '祈'이다)."《詩經·玄鳥》: "邦畿千里, 維民所止(나라의 국경(도성) 천리요, 백성들이 거주하는 바이니)." 傳: "畿, 疆也('畿'는 '경계, 강역'이다)."《周禮·夏官·司馬》: "乃以九畿之籍, 施邦國之政職(이에 구기(아홉 개 지역)의 전적으로 나라의 직을 베풀었다)." 注: "故書畿爲近. 鄭司農云: 近當言畿(옛 책에는 '畿'가 '近'으로 되어 있다. 정사농(鄭衆)이 말하길, '近은 畿라고 해야 한다').”《禮記·大學》: “邦畿千里, 惟民所止(나라의 국경(도성) 천리요, 백성들이 거주하는 바이다).”《釋文》: “畿, 音祈, 又音幾(여기서 ‘畿’의 음은 ‘祈’이고, 또 ‘幾’이다).”

過(과: 지나가다) ***kor** , 古禾切,《廣韻》: “經也, 又過所也(‘지나가다’이다, 또 ‘지나간 곳’이다).”《詩經·江有汜》: “之子歸, 不我過; 不我過, 其嘯也歌(이 사람이 시집갈 적에, 나를 방문하지 않는구나. 나를 방문하지 않았으나, 휘파람 불다가 노래 부른다).”《釋文》: “過, 音戈(여기서 ‘過’의 음은 ‘戈’이다).”《左傳·莊公六年》: “楚文王伐申, 過鄧(楚文王이 申을 토벌할 때 鄧나라를 지나간다).”《論語·憲問》: “有荷蕢而過孔氏之門者(삼태기를 메고 孔氏의 문 앞을 지나는 자가 있는데).” **過(과: 잘못하다, 넘다)** ***kors** , 古卧切,《廣韻》: “誤也, 越也, 責也(‘잘못하다, 넘다, 꾸짖다’이다).”《左傳·隱公元年》: “都城過百雉, 國之害也(도성이 100雉를 넘으면 나라의 해가 된다).”《釋文》: “過, 古卧反, 後不音者皆同(여기서 ‘過’는 ‘古卧反’으로, 뒤에 음을 말하지 않은 것은 모두 같다).”《左傳·宣公二年》: “人誰無過, 過而能改, 善莫大焉(사람으로서 그 누가 잘못이 없겠냐만, 잘못을 하고도 능히 고친다면 이보다 큰 善이 없다).” **禍(화: 재앙, 해로움)** ***gorᴮ** , 胡火切,《廣韻》: “害也(‘해로움’이다).”《左傳·僖公二十四年》: “民未忘禍, 王又興之, 其若文武何?(백성이 아직도 환란을 잊지 못하고 있는데 왕께서 또 환난을 일으키려 하신다면 장차 문왕과 무왕의 공업을 어찌하시려 하십니까?)”《左傳·成公十三年》: “能者養之以福, 不能者敗以取禍(현명하고 능한 자는 이를 길러 福을 부르고, 현명하거나 능하지 못한 자는 이를 폐하여 禍를 취한다).”《道德經》: “禍兮福之所倚, 福兮禍之所伏(화속에 복이 깃들어 있고, 복 안에 화가 숨어 있다).”

剖(부: 쪼개다) ***phoᴮ** , 普后切,《廣韻》: “判也, 破也(‘쪼개다, 깨다’이다).” 剖,《說文》: “判也, 从刀咅聲(‘쪼개다’이다, ‘刀’를 따르고 ‘咅’가 성부이다).”《左傳·襄公十四年》: “與女剖分而食之(너희에게 나눠 주어서, 먹고 살게 하셨다).” 杜注: “注中分爲剖(가운데를 나누는 것을 ‘剖’라 한다).”《釋文》: “剖, 普口反, 中分也(여기서 ‘剖’는 ‘普口反’이다, 가운데를 나누는 것이다).”《戰國策·趙策二》: “願變心易慮, 剖地謝前過以事秦(이에 마음을 바꾸고 생각을 고쳐, 토지를 떼어 지난날의 잘못을 사과하고, 이로써 진나라 섬기기를 원하다).” **部(부: 부서)** ***boᴮ** , 蒲口切,《廣韻》: “署也(‘부서’이다).” [《康熙字典》:“《廣韻》署也, 六卿之署曰六部(〈광운〉에 ‘부서

이다'라고 했는데, 육경의 부서를 '육부'라 한다)."]《玉篇》: "部, 分判也('部'는 '나눈 것'이다)."《荀子·王霸》: "則夫名聲之部發於天地之間也(그의 명성이 천지 사이에 드러나다)." 注: "部當爲剖(여기서 '部'는 '剖'여야 한다)."《墨子·號令》: "因城中里爲八部(성 안의 마을을 여덟 부로 나누다)."《史記·曆書》: "分其天部(그 별자리(천부)를 구분하게 하다)."《集解》: "《漢書音義》曰: 謂分部二十八宿爲距度(〈한서음의〉에서 이르길, '부를 28수로 나누어 距度로 삼았다'라 한다)."

遭(조: 만나다) ***ʦu** , 作曹切,《廣韻》: "遭逢('만나다')."《詩經·還》: "子之還兮, 遭我乎猺之間兮(몸이 재빠른 그대가 나와 노산 사이에서 만난 지라)."《左傳·昭公十年》: "桓子授甲而如鮑氏, 遭子良醉而騁(陳桓子는 가병에게 무장하게 하고, 본인은 鮑氏의 집으로 가다가 도중에서 子良을 만났는데, 그는 술에 취해 말을 달리고 있었다)." 楊樹達(1983:36)이 다음과 같이 말했다. "대개 길을 가다가 偶('짝')을 만나는 것을 '遇'라 하고, 가다가 曹('무리')를 만나는 것을 '遭'라 한다." **曹(조: 무리)** ***ʣu** , 昨勞切,《廣韻》: "曹局也, 又輩也, 衆也, 群也('曹'는 '관청'이다, 또 '무리(輩, 衆, 群)'이다)." 曹,《說文》: "獄之兩曹也(소송의 두 당사자이다)." 段玉裁注: "曹之引申爲輩也, 群也('曹'의 파생의미는 '무리'이다)."《詩經·公劉》: "乃造其曹(이에 돼지우리로 가서)." 傳: "曹, 群也('曹'는 '무리'이다)."《楚辭·招魂》: "分曹竝進(두 패로 나누어 함께 나아가다)." 注: "曹, 偶也('曹'는 '짝'이다)."《史記·扁鵲倉公列傳》: "曹偶四人(그의 동년배 네 명과 함께)." 索隱: "曹偶, 猶等輩也('曹偶'는 '동년배'이다)."《管子·法法》: "曹黨起而亂賊作矣(패거리들이 일어나고 어지러운 도적들이 일어났다)."

勺(작: 잔질하다) ***tɯk** , 之若切,《廣韻》: "挹取也('잔질하다'이다)." 勺,《說文》: "挹取也('잔질하다'이다)."《漢書·禮樂志》: "勺椒漿, 靈已醉(초장주를 잔질하니, 영이 이미 취한다)." 注: "勺, 讀曰酌('勺'은 '酌'으로 읽는다)." 글자는 또 '酌'으로도 쓴다. **酌(작: 따르다)** ***tɯk** , 之若切,《廣韻》: "酌酒('술을 따르다')."《左傳·昭公九年》: "而遂酌以飮(그는 드디어 술을 따라 악공에게 마시게 했다)." **勺(작: 구기)** ***dɯk** , 市若切,《廣韻》: "《周禮》梓人: 爲飮器, 勺一升(〈주례〉에 이르길, '재인은 음료를 담는 그릇을 만든다, 勺은 한 되들이다')."《周禮·冬官·考工記》: "黃金勺, 青金外, 朱中(황금 勺은 푸른 쇠로 밖을 장식하고 붉은 쇠로 안을 장식한다)."《釋

文》: "勺, 上灼反(여기서 '勺'은 '上灼反'이다)."《周禮·冬官·考工記》: "勺一升, 爵一升, 觚三升(勺은 한 되들이다, 爵도 한 되들이다, 觚는 3되들이다)."《釋文》: "勺, 上灼反(여기서 '勺'은 '上灼反'이다)."

包(포: 싸다, 임신하다) ***pru** , 布交切,《廣韻》: "包裹('싸다'이다)." 包,《說文》: "妊也. 象人懷妊, 巳在中, 象子未成形也('임신하다'이다, 사람이 회임한 것을 본떴다. '巳'가 그 안에 있는데, 이것은 태아가 아직 형성되지 않은 모습을 본뜬 것이다)." **胞(포: 태보, 포의)** ***pru** , 布交切,《廣韻》: "胞胎('포의, 태의')." 胞,《說文》: "兒生裹也(태아가 생활할 때 싸는 胎衣이다)." 段玉裁注: "包謂母腹, 胞謂胎衣('包'는 어미의 배를 가리키고, '胞'는 태의를 말한다)." 문자사용으로 봤을 때, 동사는 '包'를 사용하고 명사는 '胞'를 사용한다.《慧琳音義》卷八十三引《說文》(〈혜림음의〉권83에서 〈설문〉을 인용): "包, 裹也, 有所包裹也('包'는 '싸다'이다, '싼 것이 있음'이다)."《左傳·昭公元年》: "而無乃包藏禍心以圖之(남을 해치고자 하는 마음을 품고서 우리를 도모하려는 것이 아닌가)." 글자는 또 '苞'로도 쓰며, 음은 '布交切'과 같다.《詩經·野有死麇》: "白茅苞之(하얀 띠풀로 싸주었어요)."《釋文》: "苞, 裹也(여기서 '苞'는 '싸다'이다)."《莊子·天運》"苞裹六極(六極을 감싸 안다)",《釋文》: "苞, 本或作包(여기서 '苞'는 본래 '包'로도 쓴다)." **匏(포: 박, 바가지)** ***bru** , 薄交切,《廣韻》: "瓠也, 可爲笙竽('표주박'이다, '笙竽'를 만들 수 있다)." 匏,《說文》: "瓠也, 从包, 从瓠省. 包, 取其可包藏物也('박'이다, '包'를 따르고 '瓠'의 생형으로 된 회의이다, '包'인 것은 그것으로 물체를 포장할 수 있기 때문이다)." 段玉裁注: "从包瓠者, 能包盛物之瓠也. 不入瓠部者, 重包也. 包亦聲('包'와 '瓠'를 따르는 것은 물건을 담을 수 있는 박이기 때문이다. 瓠部에 들어가지 않는 것은 '包'를 중시여긴 것이다. '包'가 또 성부이다)."《詩經·匏有苦葉》: "匏有苦葉, 濟有深涉(박에는 마른 잎사귀 있고, 나루터에는 깊은 곳 있으니)."《左傳·襄公十四年》: "穆子賦《匏有苦葉》(穆子가 '匏有苦葉' 詩를 읊었다)."

載(재: 싣다, 타다) ***ʦes** , 作代切,《廣韻》: "乘也('타다'이다)." 載,《說文》: "乘也('타다'이다)." 載,《集韻》: "以舟車運物也('배나 수레로 물건을 나르다'이다)."《易·大有》: "九二: 大車以載, 有攸往, 無咎(九二는 큰 수레에 짐을 싣는 것이니, 갈 바가 있어 허물이 없다)."《詩經·彤弓》: "彤弓弨兮, 受言載之(줄이 느슨한 붉은활을, 받아서 활틀에 올려놓았더니)." 傳: "載以歸

也(다시 자리에 올려놓는 것이다)."《禮記·檀弓上》: "南宮敬叔反, 必載寶而朝(남궁경숙이 일찍이 관직을 잃고 국외로 나갔다가 돌아와서, 보물을 싣고 뇌물을 뿌려 반드시 왕을 알현하려 했다)." **載(재: 짐)** ***dẹs** , 昨代切,《廣韻》: "運也('운반하는 것'이다)."《說文》"載", 段玉裁注: "引申之凡運物之稱. 如《詩》載輸爾載, 下載音才再反是也(파생하여 모든 '짐'을 말한다. 〈시경〉에 '네 짐을 떨어뜨리고'라 하는데, 여기서 두 번째 '載'는 '才再反'이다)."《群經音辨》: "載, 舟車以致物也, 作代切; 謂所致物曰載, 昨代切('載'는 '배나 수레로 물건을 나르다'로 '作代切'이다. 그 나르는 물건을 '載'라 하는데 '昨代切'이다)."《詩經·正月》: "載輸爾載, 將伯助予(네 짐을 떨어뜨리고 나서야 伯에게 청해 나를 돕게 하리라)."《釋文》: "爾載: 才再反, 注及下同(여기서 '爾載'의 '載'는 '才再反'이고 그 밑은 동일하다)."

藩(번: 울타리치다, 덮다) ***pa̱n** , 甫煩切,《廣韻》: "籬也, 亦藩屛也('울타리'이다, 또 '울타리나 담장, 보호하다'이다)." 藩,《說文》: "屛也('가리다'이다)."《左傳·哀公十二年》: "吳人藩衛侯之舍(吳人이 衛侯의 객사에 울타리를 치다)."《左傳·定公四年》: "選建明德, 以藩屛周(밝은 덕의 사람을 뽑아 제후로 세워, 주나라의 울타리가 되게 하였다)."《釋文》: "藩, 方元反(여기서 '藩'은 '方元反'이다)."《左傳·襄公二十三年》: "齊侯使析歸父媵之, 以藩載栾欒盈及其士(齊侯는 析歸父로 하여금 媵妾을 호송해 晉나라로 가게 했고, 휘장을 친 수레에 欒盈과 그 종자들을 태우고 가게 했다)." 杜注: "藩車之有障蔽者, 使若媵妾在其中(휘장을 친 수레에 가림막이 있어 마치 媵妾이 그 안에 있는 듯이 한 것이다)."《釋文》: "藩, 方元反(여기서 '藩'은 '方元反'이다)." '藩'은 고대엔 동사로도 사용되었고 또 명사로도 사용되었다. 글자는 또 '蕃'으로도 쓴다. **蕃(번: 울타리치다)** ***pa̱n** , 甫煩切,《廣韻》: "蕃屛('울타리, 보호하다'이다)."《左傳·僖公二十四年》: "故封建親戚, 以蕃屛周(이에 친척을 봉하여 주나라 왕실의 울타리로 삼았다)."《釋文》: "蕃, 方元反(여기서 '蕃'은 '方元反'이다)."《左傳·襄公二十九年》: "堅事晉楚, 以蕃王室也(晉나라와 楚나라를 굳게 섬기는 것도 왕실을 보호하기 위함이다)." 注: "言我固事晉楚, 乃所以蕃屛王室(내가 진과 초를 굳게 섬기는 것도 왕실을 보호하기 위함이라는 것이다)."《釋文》: "蕃, 芳元反(여기서 '蕃'은 '芳元反'이다)." **棥(번: 울타리)** ***ba̱n** , 附袁切,《廣韻》: "藩屛('울타리')." 棥,《說文》: "藩也. 从爻从林.《詩》曰:'營營靑蠅, 止于棥.'('울타리'이다, '爻'와 '林'을 따르는 회의이다. 〈시경〉에 이르길, '앵앵거리는 청승이여, 울타리에 앉도다'라 한다)." 글자는 '樊'으로 쓴다. **樊(번: 울타리)** ***ban**, 附袁切, 《廣韻》: "樊籠('울타리, 새장')." 《詩經·青蠅》: "營營青蠅, 止于樊(앵앵거리는 청승이여, 울타리에 앉도다)." 傳: "樊, 藩也('樊'은 '울타리'이다)." 《詩經·東方未明》: "折柳樊圃, 狂夫瞿瞿(버들가지 꺾어 밭에 울타리 친 것을, 광포한 사내도 두려워한다)." 傳: "樊, 藩也('樊'은 '울타리'이다)."

建(건: 세우다) ***kans**, 居萬切, 《廣韻》: "立也, 樹也('서다, 세우다'이다)." 《玉篇》: "建, 豎立也('建은 '세우다'이다)." 《詩經·出車》: "設此旐矣, 建彼旄矣(저 조를 꽂고, 저 모를 세우며)." 《詩經·車攻》: "建旐設旄, 搏獸于敖(조를 세우고 모를 꽂아 오땅에서 짐승을 잡도다)." 이것에서 발전하여 '건립하다, 창건하다'의 의미가 되었다. 《左傳·襄公三年》: "建一官而三物成, 能擧善也(관원 한 명을 임명하여 세 가지 일이 이루어졌으니, 이는 능히 훌륭한 인재를 천거하였기 때문이다)." **楗(건: 문빗장)** ***gan**^{B}, 其偃切, 《廣韻》: "關楗('문의 빗장')." 글자는 '鍵'으로도 쓴다. 《小爾雅》: "鍵, 謂之鑰('鍵'은 '열쇠'를 말한다)." 《字書》: "橫曰關, 豎曰鍵(횡으로 된 것을 '關'이라 하고, 세로로 된 것을 '鍵'이라 한다)." 《道德經》: "善閉, 無關鍵而不可開(잘 닫는 자는 빗장으로 잠근 것이 아니어도 열 수 없다)." 《周禮·地官·司徒》: "司門掌授管鍵, 以啓閉國門(사문은 자물쇠를 주고받으며 국문을 열고 닫는 일을 관장한다)." 《禮記·月令》: "修鍵閉, 愼管龠(열쇠(鍵)와 자물쇠(閉)를 신중히 간수한다)." 글자는 '建'으로 쓴다. 《禮記·樂記》: "名之曰建櫜(이를 일컬어 무기를 포대에 넣고 자물쇠를 채우는 '건고'라고 했다)." 注: "建, 讀爲鍵, 字之誤也('建'은 '鍵'으로 읽으며 오자이다)." 《史記·天官書》: "建星者, 旗也(건좌성은 하늘의 깃발이다)." 正義: "建六星在斗北, 臨黃道, 天之都關也(건성, 육성이 북두에 있으며, 황도에 임해 있는데, 하늘의 都關이다)."

分(분: 나누다) ***pun**, 府文切, 《廣韻》: "《說文》別也(〈설문〉에서 '나누다'라 한다)." 《說文》: "分, 別也. 从八从刀, 刀以分別物也('分'은 '나누다'이다, '八'과 '刀'를 따르고, '刀'는 물체를 가르는 것이다)." 《左傳·僖公二十八年》: "而分曹衛之田, 以賜宋人(曹나라와 衛나라의 땅을 나누어서 宋人에게 주다)." 《左傳·文公十六年》: "分爲二隊, 子越自石溪, 子貝自仞, 以伐庸(군대를 둘로 나누어, 子越은 石溪로부터 출발하고, 子貝는 仞으로부터 출발하여, 庸나라를 토벌하게 했다)." **分(분: 몫, 경계, 맡은 일)** ***buns**, 扶問切, 《廣韻》: "分劑('알맞은 한계')." 《禮記·曲

禮上》: "分毋求多(나눔에 많기를 구하지 말고)."《釋文》: "分, 扶問反(여기서 '分'은 '扶問反'이다)."《漢書·百官公卿表》: "各有徒屬職分, 用於百事(각각 소속과 직분이 있으며 각종 일에 쓰인다)." 顔注: "分音扶問反('分'의 음은 '扶問反'이다)."《禮記·禮運》: "禮達而分定(예가 위아래에 시행되어 사람마다 직분을 다해야 한다)."《釋文》: "分, 扶問反('分'은 '扶問反'이다)."

斷(단: 끊다, 자르다) *ton^B , 都管切,《廣韻》: "斷絶('끊다')."《左傳·襄公十八年》: "大子抽劍斷鞅, 乃止(태자가 칼을 뽑아 말 가슴걸이를 자르자 그때서야 멈추었다)."《釋文》: "斷音短(여기서 '斷'의 음은 '短'이다)."《左傳·昭公二十二年》: "見雄鷄自斷其尾, 問之侍者(수탉이 자기 꼬리를 스스로 자르는 것을 보고는, 시중드는 이에게 물었다)."《釋文》: "斷, 丁管反(여기서 '斷'은 '丁管反'이다)." **斷(단: 끊어지다) *don^B** , 徒管切,《廣韻》: "絶也('끊어지다'이다)."《荀子·强國》: "如是, 則齊必斷而爲四(그렇게 되면 齊나라는 반드시 끊어져서 네 조각이 될 것이다)."《墨子·尙賢上》: "政令不斷, 則民不畏(정령이 단호하지 않으면, 백성들이 두려워하지 않는다)."《群經音辨》: "斷, 絶也, 都管切; 旣絶曰斷, 徒管切('斷'은 '끊다'이고, '都管切'이다. '이미 끊어진 것'을 '斷'이라 하며 '徒管切'이다)." **段(단: 구분, 조각, 단락) *dons** , 徒玩切,《廣韻》: "分段也('구분, 단락'이다)." 段玉裁《說文》注: "後人以鍛爲段字. 以段爲分段字, 讀徒亂切. 分段字自應作斷(후인들은 '鍛'으로 '段'자를 삼았다. '段'으로는 '分段'의 글자로 삼았다. '分段'의 글자는 '斷'으로 해야 마땅하다)[13]."《釋名》: "斷, 段也, 分爲異段也('斷'은 '段(구분)'이다, '異段'으로 나누는 것이다)."

合(합/갑: 모으다) *kup , 古沓切,《廣韻》: "合集('모으다')."《周禮·冬官·考工記》: "合此四者, 然後可以爲良(네 가지가 합쳐진 후에야 좋은 기물이 될 수 있다)."《釋文》: "合, 如字, 劉音合(여기서 '合'은 통상음으로 읽으며, 劉씨의 음은 '合(합)'이다)."《周禮·冬官·考王記》: "合九而成規(아홉 개를 합쳐야 규가 된다)."《釋文》: "合九: 如字, 一音合('合九'의 '合'은 통상음인데, 한편 '合(합)'으로도 읽는다)." **㪉(갑/합: 모으다) *kup** , 古沓切,《廣韻》: "合會也('모으다'이

13 [역주]《說文解字》의 '段'부분, 단옥재 주의 내용이다. 여기서 '段'은 원래 망치로 물체를 때리는 것을 나타낸다. 그래서 위에서 '段'자를 나중에 '鍛'으로 교체했다는 것이다. 그리고 정작 '段'은 '分段'의미로 썼는데, 사실 이것도 문제가 있고 이때의 '段'자는 마땅히 '斷'이어야 한다는 주장이다.

다).”《說文》: “㪉, 合會也. 从攴从合, 合亦聲(‘㪉’은 ‘모으다’이다. ‘攴’와 ‘合’을 따르고 ‘合’이 또 성부이다).”《爾雅》: “㪉, 合也(‘㪉’은 ‘合(모으다)’이다).” 佮(**합: 합하다**) *__kup__ , 古沓切,《廣韻》: “幷佮聚(‘합하다’).” ‘㪉’, ‘佮’은 ‘合’의 後起 区别字이다. 合(**합: 합(盒), 놋그릇**) *__gup__ , 侯合切,《廣韻》: “合同, 亦器名, 亦六合(‘합함’, 또 ‘그릇의 이름’이다, 또 ‘六合’[14]이다).”《詩經·大明》: “文王初載, 天作之合(문왕의 초년에 하늘이 배필(합치는 것)을 내리시니).”《莊子·齊物論》: “六合之外, 聖人存而不論(六合 이외에 대해서는 성인은 그냥 두고 논하지 아니했다).”

妝(**장: 꾸미다**) *__traŋ__ , 側羊切,《廣韻》: “飾也(‘꾸미다’이다).” 妝,《說文》: “飾也(‘꾸미다’이다).” 粧(**장: 단장하다**), 側羊切,《廣韻》: “粉飾也(‘겉을 보기 좋게 꾸미다’이다).” 글자는 본래 ‘裝’으로만 썼다. 裝(**장: 싸다, 꾸리다**) *__traŋ__ , 側羊切,《廣韻》: “裝束(‘짐을 꾸리다’).” 裝,《說文》: “裹也(‘싸다’이다).”《慧琳音義》卷“裝治”注引《考聲》(〈혜림음의〉권‘裝治’주에서 〈성고〉를 인용): “飾也(‘꾸미다’이다).”《說文通訓定聲》: “裝, 假借爲妝(‘裝’은 ‘妝’으로 가차된다).”《韓非子·外儲說左上》: “昔秦伯嫁其女於晉公子, 令晉爲之飾裝(옛날에 秦伯이 딸을 晉나라 공자에게 시집보낼 때, 晉나라에게 시켜 딸을 꾸며주게 했다).”《史記·南越列傳》: “胡方日夜裝入見天子(저도 밤낮으로 행장을 준비하고 입조하여 천자를 뵙겠습니다).” 狀(**상: 모양**) *__draŋs__ , 鋤亮切,《廣韻》: “形狀也(‘모양’이다).”《左傳·宣公四年》: “熊虎之狀, 而豺狼之聲(이 아이는 熊虎의 모습에 豺狼이 음성을 가졌다).”《荀子·非相》: “仲尼之狀, 面如蒙倛. 周公之狀, 身如斷菑(仲尼의 모습은 얼굴이 마치 도깨비탈과 같고, 周公의 모습은 몸이 마치 죽은 나뭇등걸 같다).”

鳩(**구: 모이다, 모으다**) *__ku__ , 居求切,《廣韻》: “又聚也(‘모이다’이다).”《爾雅》: “鳩, 聚也(‘鳩’는 ‘모이다’이다).”《左傳·隱公八年》: “君釋三國之圖, 以鳩其民(임금께서 세 나라가 서로 도모하려는 마음을 버리게 하셨고, 그 백성들을 편히 모이게 하셨다).” 注: “鳩, 集也(‘鳩’는 ‘모으다’이다).”《左傳·定公四年》: “若鳩楚竟, 敢不聽命?(만약 楚나라 경내를 안정시킨다면, 감히 吳나라의 명을 따르지 않겠습니까?)” 杜注: “鳩, 安集也(‘鳩’는 ‘평안하고 화목케 하다’이다).” 이 의미는《說文》에서는 ‘勼’로 되어 있다.《說文》: “勼: 聚也. 讀若鳩(‘勼’는 ‘모이다, 모

14 [역주] ‘六合’이란 ‘天地’와 ‘四方’을 이른다.

으다'이고 '鳩'처럼 읽는다)." **逑(구: 모으다, 짝)** *__gu__ , 巨鳩切, 《說文》: "斂聚也('모으다, 모이다')." 《詩經·民勞》: "惠此中國, 以爲民逑(이 나라를 은혜롭게 하여 백성들이 모이게 할 것이다)." 傳: "逑, 合也('逑'는 '모이다'이다)." 逑, 《廣韻》: "匹也('짝'이다)." 《詩經·關雎》: "窈窕淑女, 君子好逑(요조숙녀는 군자의 좋은 짝이다)." 傳: "逑, 匹也('逑'는 '짝'이다)." 글자는 또 '仇'로도 쓴다. 鄭箋: "怨耦曰仇('원수'를 '仇'라 한다)." 《釋文》: "逑音求, 本亦作仇, 音同('逑'의 음은 '求'이고 본래는 '仇'인데 음은 같다)." **仇(구: 짝, 상대, 원수)** *__gu__ , 《廣韻》: "讎也('원수'이다)." 《詩經·兔罝》: "赳赳武夫, 公侯好仇(씩씩한 무사여 공후의 좋은 짝이로다)." 箋: "怨耦曰仇('원수'를 '仇'라 한다)."

障(장: 막다) *__ta__ŋ , 諸良切, 《廣韻》: "隔也('막다'이다)." 《墨子·親士》: "善議障塞, 則國危矣(좋은 의론이 가로막힌다면 나라는 위태롭게 될 것이다)." 《呂氏春秋·三月紀》: "開通道路, 無有障塞(도로를 개통시켜서 막히지 않게 하라)." 글자는 또 '墇'으로도 쓴다. '墇'은 '諸良切'이다. 《廣韻》: "壅也('막다'이다)." 《說文》: "墇, 擁也('墇'은 '막다'이다)." **裳(상: 치마)** *__da__ŋ , 市羊切, 《廣韻》: "上曰衣, 下曰裳(웃옷을 '衣'라 하고, 아래옷을 '裳'이라 한다)." 《詩經·東方未明》: "東方未明, 顚倒衣裳(동방이 아직 밝지 않았는데, 웃옷과 치마를 거꾸로 입었도다)." 《釋名》: "下曰裳, 裳, 障也, 所以自障蔽也(아래옷을 '裳'이라 하는데 이는 '障(막다)'이다, 즉, 스스로 막기 위한 것이다)." 《廣韻》: "上曰衣, 下曰裳. 《白虎通義》云: 衣者隱也, 裳者障也, 所以隱形自障蔽也(웃옷을 '衣'라 하고, 아래옷을 '裳'이라 한다. 〈백호통의〉에 이르길, '웃옷은 숨기다이고, 치마는 막다이다. 즉, 모양을 숨기고 스스로 막기 위한 것이다')."

章(장: 밝다, 나타내다) *__ta__ŋ , 諸良切, 《廣韻》: "明也('밝다(밝히다)'이다)." 《國語·周語中》: "章怨外利, 不義(원한을 밖으로 드러내고 바깥사람을 이롭게 하는 것은 의롭지 못하다)." 《荀子·正名》: "章之以論, 禁之以刑(이론으로 그들을 밝히고, 형법으로 그들을 금지시킨다)." 注: "章, 明也('章'은 '밝다(밝히다)'이다)." 글자는 '彰'으로 쓴다. **彰(창: 밝다)** *__ta__ŋ , 諸良切, 《廣韻》: "明也('밝다'이다)." 《莊子·齊物論》: "是非之彰也, 道之所以虧也(시비가 드러나는 것은 도가 무너지는 이유이다)." **常(상: 기(旗))** *__da__ŋ , 市羊切. 《周禮·春官·宗伯》: "司常掌九旗之物名, 各有屬, 以待國事. 日月爲常, 交龍爲旂(사상은 아홉 개의 깃발의 물명을 관장하고, 각각 소

속이 있게 하여 이로써 국사에 대기하게 한다. 해와 달을 常으로 삼고, 교룡을 기로 삼는다).”《釋名》: “九旗之名日月爲常, 畵日月於其端, 天子所建, 言常明也((太常은) 아홉 깃발의 이름으로, 일월을 常으로 삼고 해와 달을 그 끝에 그리니, 천자가 세우는 것이다. 太常은 곧 ‘常明(상이 밝다)’란 말이다).”《周禮·夏官·司馬》: “王載大常(왕은 전차에 왕의 깃발인 태상을 꽂는다).”

俌(보: 돕다) *$\mathbf{p\underline{a}^B}$, 方矩切, 《廣韻》: “俌輔也, 出《埤蒼》(‘俌’는 ‘돕다’이다, 《埤蒼》[15]에 나온다).”《說文》: “俌, 輔也(‘俌’는 ‘돕다’이다).” ‘俌’자는 현존 문헌에서 드물게 사용되고 있다. **傅(부: 돕다, 받들다)** *$\mathbf{p\underline{a}s}$, 方遇切, 《廣韻》: “相也(‘돕다’이다).”《說文》: “傅, 相也(‘傅’는 ‘돕다’이다).”《左傳·桓公二年》: “靖侯之孫欒賓傅之(靖侯의 손자 欒賓이 그를 보좌하였다).”《左傳·僖公九年》: “獻公使荀息傅奚齊(당초에 헌공은 荀息을 시켜 奚齊의 사부가 되어 보좌하게 했다).”《左傳·僖公二十八年》: “鄭伯傅王(鄭伯이 王의 傅가 되다).” 의미로 볼 때, ‘傅’자는 从寸从俌이므로 ‘俌’의 後起 区别字에 해당한다.《孟子·滕文公下》: “有楚大夫於此, 欲其子之齊語也, 則使齊人傅諸? 使楚人傅諸?(여기 초나라 대부가 있는데, 그 아들이 제나라 말을 하기를 원한다면, 제나라 사람을 시켜 아들을 가르치게 하겠소? 초나라 사람을 시켜 아들을 가르치게 하겠소?)”《左傳·成公十八年》: “使士渥濁爲大傅(士渥濁을 太傅로 삼다).”《左傳·襄公十九年》: “夙沙衛爲少傅(夙沙衛를 少傅로 삼았다).”《禮記·文王世子》: “立大傅, 少傅以養之, 欲其知父子, 君臣之道也(태부와 소부를 세워 세자를 교양하는 것은 세자로 하여금 부자, 군신의 도리를 알게 하고자 함이다).” **輔(보: 덧방나무)** *$\mathbf{b\underline{a}^B}$, 扶雨切, 《洪武正韻》: “兩旁夾車木也(양쪽에 끼워 넣은 수레의 나무이다).”《詩經·正月》: “其車旣載, 乃棄爾輔(그 수레에 짐을 싣고, 이에 덧방나무를 버리니).” 疏: “輔是可解脱之物, 若今人縛杖於輻, 以防輔車也(‘輔’는 뺄 수 있는 물건이다. 지금 사람들이 수레 바퀴살에 나무를 묶어서 수레를 보좌하는 것과 같다).”《呂氏春秋·權勳》: “若車之有輔也, 車依輔, 輔亦依車((우나라와 함께 괵나라는) 수레의 덧방나무와 같은데, 수레는 덧방나무에 의지하고, 덧방나무 또한 수레에 의지한다).”《左傳·僖公五年》: “諺所謂輔車相依, 唇亡齒寒者, 其虞虢之謂也(속담에 ‘덧방나무와 수레는 서로 의지하고 입술이 없어

15 [역주] 이것은 일종의 字典으로 魏나라 張揖이 지은 것이다. 宋代에 일실되었다.

지면 이가 시리다.'는 말이 있는데, 이는 虞나라와 虢나라를 두고 한 말이다)." 注: "輔, 頰輔(여기서 '輔'는 '광대뼈'이다)."《新書·保傅》: "輔者, 輔天子之意者也(보좌한다는 것은 곧 천자의 뜻을 보좌하는 것이다)."《左傳·僖公二十年》: "甯武子爲輔(甯武子가 輔가 되다)."《爾雅》: "輔, 俌也('輔'는 '돕다'이다)."《左傳·僖公四年》: "以夾輔周室(이로써 周나라 왕실을 보좌하라)."《左傳·僖公五年》: "吾撫女以從楚, 輔之以晉(내가 그대를 위무해 초나라를 따르게 할 것이고, 또 진나라가 그대를 돕게 할 것이다)."

判(판: 나누다, 쪼개다) *phans , 普半切,《廣韻》: "剖判, 又分也('쪼개다', 또는 '나누다'이다)."《說文》: "判, 分也('判'은 '나누다'이다)."《左傳·莊公三年》: "於是乎始判((紀나라가) 이때부터 비로소 갈라졌다)." 杜注: "判, 分也('判'은 '나누다'이다)."《詩經·訪落》: "將予就之, 繼猶判渙(장차 나를 나아가게 하지만, 이어짐이 오히려 나눠지고 흩어지네)." 傳: "判分; 渙散也('判'은 '나누다'이고, '渙'은 '흩어지다'이다)." **畔(반: 두둑) *bans** , 薄半切,《廣韻》: "田界也('밭의 경계'이다)."《說文》: "畔, 田界也('畔'은 '밭의 경계'이다)."《左傳·襄公二十五年》: "如農之有畔, 其過鮮矣(논밭에 두둑이 있는 것처럼 한다면 아마도 허물이 적게 될 것이다)."《國語·周語上》: "修其疆畔(농토의 경계를 잘 수정하다)." 韋注(韋昭주): "畔, 界也('畔'은 '경계'이다)."

雪(설: 씻다) *sqo̱t , 相絶切,《廣韻》: "拭也, 除也('씻다, 깨끗이하다'이다)."《廣雅》: "雪, 除也('雪'은 '깨끗이하다'이다)."《戰國策·燕策一》: "得賢士與共國, 以雪先王之恥, 孤之願也(어진 선비들을 모아 나라를 함께 일으켜, 선왕의 치욕을 씻는 것이 저의 소원입니다)."《呂氏春秋·觀表》: "吳起雪泣而應之(오기는 눈물을 닦으며 대답했다)."《呂氏春秋·不苟》: "繆公能令人臣時立其正義, 故雪殽之恥(목공은 신하로 하여금 항시 그 정의를 세우게 했고, 그로 인해 殽에서의 치욕을 씻었다)." 高注(高誘주): "雪, 除也('雪'은 '씻다'이다)." **篲(수: 비) *sɢo̱ts** , 祥歲切,《廣韻》: "埽帚('빗자루'이다)." **彗(수/혜: 살별, 비) *sɢo̱ts** , 祥歲切,《廣韻》: "星名('별이름')."《說文》: "彗, 掃竹也. 篲, 彗或从竹('彗'는 '빗자루'이다, '篲'는 '彗'의 혹체로 '竹'을 따른다)." **彗(수/혜: 비) *sɢo̱ts** , 徐醉切,《廣韻》: "帚也, 一曰妖星('빗자루'이다, 한편으로 '재앙의 별(妖星)'이다." 뒤의 독음은 앞 독음의 변이형이다.《左傳·昭公十七年》: "彗, 所以除舊布新也(살별

은 옛것을 없애고 새것을 퍼뜨리는 것이다)."《禮記·曲禮上》: "國中以策彗恤勿驅(도성 안에서는 대나무 빗자루를 사용하여 말등을 긁는다)."

申(신: 펴다) ***sin̠*** , 失人切, 《廣韻》: "伸也('펴다'이다)."《荀子·解蔽》: "形可劫而使詘申, 心不可劫而使易意(육체는 압박해서 굽거나 펴게 할 수가 있지만, 마음은 압박하여 뜻을 바꾸게 할 수가 없다)."《說苑·正諫》: "咎犯申其左臂而詘五指(구범이 그의 왼팔을 뻗었고 다섯 손가락을 굽혔다)." '申'은 이후 '伸'으로 繁化하였다. **伸(신: 펴다)** ***sin̠*** , 失人切, 《廣韻》: "舒也, 信也('펴다'이다)."《莊子·秋水》: "蹢躅而屈伸(머뭇거리면서 구부리기도 하고 펴기도 하다)."《禮記·樂記》: "習其俯仰詘伸(엎드리고 우러러보고 굽히고 펴는 武舞를 익히다)." '申'은 '電'의 본자였다. 電, 《說文》: "陰陽激燿也, 从雨从申(음기와 양기가 서로 충돌하여 날아오르는 빛이다, '雨'와 '申'을 따른다)." 段玉裁注: "雷自其回屈言, 電自其引申言. 申亦聲也(우레는 '굽어 돌아간다는 것'으로부터 나온 말이고, 번개는 '뻗어나가는 것'으로부터 나온 말이다. '申'은 또 성부이다)."《說文》: "虹, 螮蝀也. 籀文, 虹从申. 申, 電也('虹'은 '무지개'이다, 籀文에서 '虹'은 '申'을 따르고 있는데, '申'은 곧 '번개'이다)." **電(전: 번개)** ***zins*** , 堂練切, 《廣韻》: "陰陽激曜(음기와 양기가 충돌하여 번쩍 빛을 내다)."《左傳·隱公九年》: "大雨震電(비가 많이 내리며 천둥 번개가 쳤다)."《詩經·十月之交》: "爗爗震電, 不寧不令(번쩍번쩍 번갯불이 쳐서 불안하고 편안치 않다)." **神(신: 신)** ***zin̠*** , 食鄰切, 《廣韻》: "靈也('신령'이다)." 神, 《說文》: "天神, 引出萬物者也(천신으로, 만물을 만들어낸 신이다)."《左傳·僖公五年》: "吾享祀豐絜, 神必據我. 對曰: '臣聞之, 鬼神非人實親, 惟德是依.'((虞公이 말하였다.) '나는 풍성하고 깨끗한 제물로 제사를 지냈으니, 신이 반드시 우리를 지켜줄 것이다.' 宮之奇가 대답하였다. '臣이 듣건대 귀신은 실로 사람이 친히 여길 수 있는 것이 아니라, 단지 德 있는 사람에게 의지한다고 합니다.')"

列(렬: 찢다, 분해하다) ***tro̠*** , 陟輸切, 《廣韻》: "列殺('칼로 찢어 죽이다'이다)." 이를 '誅'로도 쓴다. **誅(주: 베다, 죽이다, 족살하다)** ***tro̠*** , 陟輸切, 《廣韻》: "責也. 《釋名》云: 罪及餘曰誅, 如誅大樹枝葉盡落('꾸짖다'이다, 〈석명〉에 이르길, '죄가 다른 이에게까지 미치는 것을 誅라 한다, 마치 큰 나무를 베어 가지와 잎이 다 떨어지는 것과 같다')."《左傳·襄公二十五

年》: "見不仁者誅之, 如鷹鸇之逐鳥雀也(不仁한 자를 보거든 새매가 참새를 채듯이 주살하라)."《孟子·梁惠王下》: "聞誅一夫紂矣, 未聞弑君也(紂라고 하는 한 남자를 죽였다는 말은 들었으나, 임금을 시해하였다는 말은 듣지 못했습니다)."《莊子·胠篋》: "彼竊鉤者誅, 竊國者爲諸侯(혁대 고리를 훔친 자는 죽임을 당하나, 나라를 훔친 자는 제후가 된다)." **殊(수: 죽이다)** ***do̱**, 市朱切,《廣韻》: "死也('죽이다'이다)."《說文》: "殊, 死也. 漢令曰: '蠻夷長有罪, 當殊之.'('殊'는 '죽이다'이다, 한왕조 법령에 이르길, '오랑캐의 수장에게 죄가 있으면 사형에 처한다')"《左傳·昭公二十三年》: "武城人塞其前, 斷其後之木而弗殊. 邾師過之, 乃推而蹷之(武城 사람들이 그 앞을 막고, 그 뒤에 나무들을 대충 잘라놓고 완전히 잘라내지는 않았는데, 邾軍이 지나갈 때 그 나무들을 밀어서 길을 막았다)."《釋文》: "殊, 如字.《說文》云: '死也, 一曰斷也.'(여기서 '殊'는 통상음이다. 〈설문〉에 이르길, '죽이다, 한편으로 끊다이다')" **殳(수: 병기, 창, 몽둥이)** ***do̱**, 市朱切,《廣韻》: "兵器('병기')."《釋名》: "殳, 殊也('殳'는 '殊(죽이다)'이다)." 殳,《說文》: "以杸殊人也('杸'라는 병기(몽둥이)로 사람을 격리하다)."《左傳·昭公二十三年》: "聞烏存執殳而立於道左(烏存이 몽둥이를 들고 길가에 서 있다는 말을 들었다)."《詩經·伯兮》: "伯也執殳, 爲王前驅(伯이 긴 창을 들고 임금을 위해 앞장선다)." 글자는 또 '杸'으로도 쓴다. 杸, 市朱切,《廣韻》: "《說文》曰:'軍中士所持殳也, 司馬法曰執羽從杸(군중의 사졸들이 들고 있는 창이다. 〈사마법〉에 이르길 '활을 든 군사가 창을 든 군사를 따른다')."

披(피: 나누다, 쪼개다, 열다) ***pha̱r**, 敷羈切,《廣韻》: "開也, 分也, 散也('열다', '나누다', '흩어지게 하다'이다)."《左傳·文公五年》: "今將崇諸侯之姦而披其地(지금 楚나라는 제후의 간신을 존중하여, 그들에게 우리의 땅을 나누어주려 한다)." 杜注: "披, 猶分也('披'는 '나누다'와 같다)."《釋文》: "披, 普皮反(여기서 '披'는 '普皮反'이다)."《左傳·昭公五年》: "殺適立庶, 又披其邑(적자를 죽이고는 서자를 세웠고, 또 우리의 봉읍도 쪼갰다)." 杜注: "披, 析也('披'는 '쪼개다'이다)."《釋文》: "披, 普皮反(여기서 '披'는 '普皮反'이다)." **皮(피: 피부, 가죽)** ***ba̱r**, 符羈切,《廣韻》: "皮肤也('살갗'이다)."《說文》: "剥取獸革者謂之皮(짐승의 가죽을 벗겨 취한 것을 '皮'이라 한다)." 段玉裁注: "析言則去毛曰革, 統言之則不別也. 取獸革者謂之皮. 皮, 柀; 柀, 析也. 取獸革者謂之皮, 因之所取謂之皮矣. 引申凡物之表皆曰皮, 凡去物之表亦皆曰皮(나누어 말하면 털을

제거한 것을 '革'이라 하나, 합쳐 말하면 구별하지 않는다.[16] 짐승의 가죽을 취하는 행위를 '皮'라 한다. '皮'는 '柀(쪼개다)'이다. '柀'는 곧 '쪼개다'이다. 짐승의 가죽을 취하는 행위를 '皮(벗기다)'라 하는데 그로 인해 취한 것을 '皮(가죽)'라 이른다. 여기서 발전하여 모든 사물의 겉을 '皮'라 이른다. 아울러 모든 사물의 겉을 벗기는 것도 '皮'라 한다)." 《戰國策·韓策二》: "因自皮面抉眼, 自屠出腸, 遂以死(그런 다음 섭정은 스스로 자신의 얼굴 가죽을 벗기고 눈알을 파내고, 배를 갈라 창자를 꺼내 결국 죽고 말았다)." 《左傳·僖公十四年》: "皮之不存, 毛將安傅?(가죽이 남아 있지 않는데, 털이 장차 어디에 붙겠습니까?)" 《詩經·羔羊》: "羔羊之皮, 素絲五紽(염소 가죽옷이여, 흰 명주실 다섯 타래로 만들었네)."

係(계: 잇다) *__kiks__, 古詣切, 《廣韻》: "連係('잇다')." 《說文》: "係, 絜束也. 从人从系, 系亦聲('係'는 '줄로 묶다'이다. '人'과 '系'를 따르며 '系'는 또 성부이다)." 《左傳·襄公十八年》: "將濟河, 獻子以朱絲係玉二穀而禱((晉侯가) 河水를 건너려 할 때, 獻子가 붉은 실로 옥 두 쌍을 묶어 기도하였다)." 《左傳·僖公二十五年》: "限入而係輿人, 以圍商密((秦人은) 물굽이로 들어가 많은 사람을 결박하여, 끌고 가서 商密을 에워쌌다)." 注: "係, 縛('係'는 '묶다'이다)." 《釋文》: "係, 音計(여기서 '係'의 음은 '計'이다)." **繫(계: 매다)** *__kiks__, 古詣切, 《廣韻》: "縛繫('매다')." 《荀子·勸學》: "編之以髮, 繫之葦苕((이 새는) 터럭으로 그것을 엮은 다음, 갈대줄기에 매단다)." 《左傳·成公二年》: "禽之, 而乘其車, 繫桑本焉(그를 붙잡아 그자의 병거에 태우고, 뽕나무 뿌리를 뽑아 자기 수레 뒤에 매달았다)." **系(계: 잇다, 실마리)** *__giks__, 胡計切, 《廣韻》: "緖也('실마리')." 《說文》: "系, 繫也('系'는 '매다'이다)." 段玉裁注: "系者, 垂統於上, 而承於下也. 系與繫可通用, 然經傳繫多謂束縛, 故繫下曰: '絜束也.' 其義不同系之義. 引申爲世系('系'는 '실마리(統)를 위에서 드리우고 아래에서 잇는 것'이다. '系'와 '繫'는 통용가능하나, 經傳에선 '繫'가 대부분 '동여매다'를 말한다. 그래서 '繫'아래에 '絜束(麻를 둘러 묶은 것)'이라고 한다. 그 뜻은 '系'와는 다르다. 여기서 발전하여 '世系(조상으로부터 대대로 내려오는 계통)'가 되었다)." 《史記·五帝本紀》: "孔子所傳宰子問五帝德及帝系姓, 儒者或不傳(공자가 전한 〈宰予問五帝德〉이나 〈帝系姓〉을 유생들이 전하지 않는 경우도 있다)." **繫(계: 周易의 繫辭)** *__giks__, 胡計切,

16 [역주] 바로 잡아 벗긴 껍질 자체를 '皮(생가죽)'라 하고, 잡아서 가공한 것을 '革'이라 한다.

《廣韻》: "易之繫辭('주역의 계사'이다)."

蓋(개: 덮다) ***kaps** , 古太切, 《廣韻》: "覆也, 掩也('덮다, 가리다'이다)." 《左傳·襄公十七年》: "大臣不順國之恥也, 不如蓋之(大臣이 서로 조화되지 못하는 것은 국가의 수치이니 덮어 두는 것이 좋겠습니다)." 疏: "蓋, 覆蓋之也('蓋'는 '덮다'이다)." 《左傳·昭公三十一年》: "或求名而不得, 或欲蓋而名章(《春秋》에서 혹 이름나기를 구하였으나 그 이름을 기록하지 않고, 혹 악행을 가리고자 하였으나 그 이름을 드러내기도 하였다)." [**蓋(갑)** ***kap** , 古盍切, 《廣韻》: "姓也('성'이다)."] **盍(합: 덮다)** ***gap**, 胡臘切, 《說文》: "覆也('덮다'이다)." 段玉裁注: "今則蓋行而盍廢矣(지금은 '蓋'가 쓰이고 '盍'은 쓰이지 않는다)." **蓋(개: 덮개)** ***gap** , 胡臘切, 《廣韻》: "苫蓋('덮개, 거적')." 《左傳·昭公二十年》: "乃祖吾離被苫蓋, 蒙荊棘(너희 조상 吾離가 거적을 몸에 덮고 가시 모자를 썼다)." 《釋文》: "蓋, 户獵反(여기서 '蓋'는 '户獵反'이다). 《爾雅》曰: 白蓋謂之苫(白茅로 짠 덮개(이엉)를 '苫'이라 한다)."

臼(구: 두 손으로 움켜쥐다) ***kuk** , 居六切, 《廣韻》: "兩手奉物(두 손으로 물건을 받드는 것이다)." '臼'는 象形字이다. 그 자형에 근거할 때, 그 의미는 두 손의 손가락을 굽혀 받드는 모습이라는 것을 알 수 있다. 글자는 또 '匊'으로도 쓴다. **匊(국: 두 손으로 움켜쥐다)** ***kuk** , 居六切, 《廣韻》: "物在手(사물이 손에 있는 것이다)." 《說文》: "在手日匊(손에 뭔가를 갖고 있는 것을 '匊'이라 한다)." 《詩經·采綠》: "終朝采綠, 不盈一匊(아침 내내 왕추를 땄지만 한 줌도 채우지 못했네)." 傳: "兩手日匊(두 손 한 움큼을 '匊'이라 한다)." 글자는 또 '掬', '鞠'으로도 쓴다. 鞠, 《廣韻》: "居六切, 《說文》'撮也'. 掬, 上同('居六切'이다, 《說文》에 '손으로 움켜쥐다'라고 나온다. '掬'은 위와 같다)." 《左傳·宣公十二年》: "舟中之指可掬也(배 안에 잘린 손가락이 두 손으로 움킬 정도였다)." 杜注: "兩手日掬(양손으로 움키는 것을 '掬'이라 한다)." 《釋文》: "掬, 九六反(여기서 '掬'은 '九六反'이다)." 《禮記·曲禮上》: "受珠玉者以掬(주옥을 받을 때는 두 손으로 움켜서 받아야 한다)." 《釋文》: "掬, 九六反, 兩手日掬(여기서 '掬'은 '九六反'이고, 두 손을 움켜쥐는 것을 '掬'이라 한다)." '두 손으로 받들다'란 의미로부터 '부양하다'라는 의미가 파생되었다. 글자는 '鞠'으로 쓴다. **鞠(국: 기르다)** ***kuk** , 居六切, 《廣韻》: "養也('기르다'이다)." 《方言》: "台, 鞠, 養也. 晉衛燕魏日台, 陳楚韓鄭之間日鞠('台, 鞠'은 '기르다'

이다. '晉, 衛, 燕, 魏'에서는 '台'라 하고, '陳, 楚, 韓, 鄭' 사이에서는 '鞠'이라 한다)."《詩經·節南山》: "父兮生我, 母兮鞠我(아버지여 나를 낳아주시고, 어머니여 나를 길러주시니)." 傳: "鞠, 養('鞠'은 '기르다'이다)." 두 손의 손가락을 굽혀 물건을 받드는 모양이 공의 모양이 되므로, 여기서 '공'의 의미가 파생되었다. **鞠(국: 공, 공놀이)** ***g<u>u</u>k**, 渠竹切, 《廣韻》: "蹋鞠, 以革爲之, 今通謂之毬子('답국'[17]으로, 가죽으로 만들며, 지금 통상 '毬子(공)'라 이른다)."《說文》: "鞠, 蹋鞠也('鞠'은 '공, 공놀이'이다)." 글자는 '毱'으로도 쓴다. **毱(국: 공)**, 渠竹切, 《廣韻》: "皮毛丸也('가죽공'이다)."《史記·蘇秦列傳》: "鬪鷄走狗, 六博蹋鞠者(투계, 개 경주, 육박, 답국을 하지 않는 자가 없다)." 여기서 다시 파생되어 '굽히다'가 되었다.《論語·鄉黨》: "入公門, 鞠躬如也, 如不容(公門을 들어가실 때는 몸을 굽혀, 마치 몸을 용납하지 못하는 것처럼 하셨다)."《史記·太史公自序》: "務在鞠躬, 君子長者(몸을 굽히고 겸손에 힘써서 군자나 장자의 풍모를 갖췄다)."

屬(속/촉: 잇다, 붙다) ***t<u>o</u>k**, 之欲切, 《說文》: "屬, 連也('屬'은 '잇다'이다)."《周禮·地官·司徒》: "正月之吉, 各屬其州之民而讀法(길일인 정월이 되면, 각기 그 주에 소속된 백성들에게 법조문을 읽도록 하고)." 注: "屬猶合也, 聚也('屬'은 '모이다'와 같다)."《釋文》: "屬, 音燭(여기서 '屬'의 음은 '燭'이다)."《左傳·僖公二十三年》: "其左執鞭弭, 右屬櫜鞬, 以與君周旋(왼손으론 채찍과 활을 잡고 오른쪽으론 활집과 화살통을 차고서, 임금님과 겨루어 보고자 한다)." 注: "屬, 着也('屬'은 '차다, 붙이다'이다)."《釋文》: "屬, 音燭(여기서 '屬'의 음은 '燭'이다)."《左傳·隱公三年》: "宋穆公疾, 召大司馬孔父, 而屬殤公焉(송목공이 병이 중해지자 大司馬孔父를 불러, 殤公을 부탁했다)."《釋文》: "屬, 章欲反(여기서 '屬'은 '章欲反'이다)." **屬(속: 무리)** ***d<u>o</u>k**, 市玉切, 《廣韻》: "附也, 類也('붙다, 무리'이다)."《左傳·莊公十年》: "忠之屬也(이는 충에 속하는 일이다)."《釋文》: "屬, 音蜀(여기서 '屬'의 음은 '蜀'이다)."《左傳·文公二年》: "以其屬馳秦師((狼瞫이) 자신의 부하를 거느리고 秦軍으로 달려가)."《左傳·文公六年》: "陽子成季之屬也(陽子는 成季의 부하였기 때문이다)."

---

17 [역주] '답국'이란 옛날, 무예를 익히던 놀이로 지금의 축구와 비슷하다.

揭(게/갈/걸: 들다, 지다, 세우다) *ka̲t , 居列切,《廣韻》: “揭起(‘들다’).” [‘揭’는 ‘居竭切’이다.《廣韻》:“揭起(‘들다’).《說文》曰: 高舉也(‘높이 들다’이다).”] 구어, 서면어 및 방언의 차이 등으로 인해, ‘揭’는《廣韻》에서 여러 개의 독음을 수록하고 있다. **揭(갈/걸: 세우다) *kha̲t** , 丘謁切,《廣韻》: “高舉也, 又擔也(‘높이 들다’이다, 또 ‘지다’이다).” **揭(갈/걸: 높이 들다, 세우다) *ga̲t** , 渠列切,《廣韻》: “高舉(‘높이 들다’).” [‘擖’는 ‘其謁切’이다.《廣韻》:“擔擖物也, 本亦作揭(‘물건을 지다, 메다’로, 본래 ‘揭’로 쓴다).”]《詩經·大東》: “維北有斗, 西柄之揭(북쪽에 두성이 있으니 서쪽으로 자루를 들고 있도다).”《釋文》: “揭, 居竭反, 徐起謁反(여기서 ‘揭’는 ‘居竭反’이고, 徐씨의 음은 ‘起謁反’이다).”《莊子·胠篋》: “然而巨盜至, 則負匱揭篋擔囊而趨(그러나 큰 도둑이 오면, 궤짝을 등에 지고, 상자를 손에 들고, 주머니를 어깨에 메고 달아났다).”《釋文》: “揭, 徐其謁反, 又音桀,《三蒼》云: 舉也, 擔也, 負也(여기서 ‘揭’는 徐씨의 음이 ‘其謁反’이고 또 음이 ‘桀’이다. 〈삼창〉에 이르길, ‘들다, 메다, 지다이다’).”《莊子·庚桑楚》: “若規規然若喪父母, 揭竿而求諸海也(자네의 정신없는 모습이 마치 부모를 여읜 듯하고, 장대를 잡고 바다의 깊이를 재려고 하는 듯하네).”《釋文》: “揭, 其列, 其謁二反(여기서 ‘揭’는 ‘其列’와 ‘其謁’ 두 반절이 있다).” **碣(갈: 선 돌) *ga̲t** , 渠列切,《廣韻》: “《說文》曰:特立之石也. 東海有碣石山(〈설문〉에 이르길 ‘높이 우뚝 솟은 돌이다. 동해군에 갈석산이 있다’).” **楬(갈: 푯말) *ga̲t** , 渠列切,《廣韻》: “有所表識.《說文》‘桀也’,《春秋》傳曰‘楬而書之’(‘표식이 있는 것’으로, 〈설문〉에서는 ‘푯말(桀)’이라고 한다. 〈춘추〉전에 이르길, ‘그것을 표지하고 쓴다’).”《周禮·秋官·司寇》: “若有死於道路者, 則令埋而置楬焉(만일 도로에 죽은 사람의 시체가 있으면, 땅에 묻도록 명령하고 이를 기록하여 푯말을 세운다).” **桀(걸: 횃대, 홰) *ga̲t** , 渠列切,《廣韻》: “磔也(‘팔다리를 찢다, 혹형’이다).”《詩經·君子于役》: “鷄栖于桀(닭은 횃대에 깃들고).”《詩經·伯兮》: “邦之桀兮(나라의 영걸이로다).” 뒤의 의미는 글자를 ‘傑’로도 쓴다. **傑(걸: 뛰어난 사람) *ga̲t** , 渠列切,《廣韻》: “英傑, 特立也, 又俊也(‘영걸’, ‘우뚝 솟다’이다, 또 ‘준걸, 뛰어나다’이다).”

鬄(체: 머리 깎다) *sik , 他歷切,《說文》: “鬀髮也(‘머리 깎다’이다).” **鬄(체: 머리 깎다) *si̲k** , 施隻切,《廣韻》: “鬀髮(‘머리 깎다’).” 이 글자는 또 ‘鬄’로도 쓴다.《漢書·司馬遷傳》: “其次鬄毛髮嬰金鐵受辱(그 다음은 삭발당하고 쇠고랑을 차는 치욕을 받는다).” 顔注: “鬄音吐計反(‘鬄’의 음은 ‘吐計反’이다).” 또 ‘剔(척)’로도 쓴다.《文選·〈報任少卿書〉》: “其次剔毛髮嬰金鐵受辱

(그 다음은 삭발당하고 쇠고랑을 차는 치욕을 받는다)." 注: "鬄, 他狄反('鬄'는 '他狄反(척)'이다)."《莊子·馬蹄》: "燒之鬄之, 刻之雒之(털을 태우고 깎고, 굽을 깎고 낙인을 찍는다)." 또 '鬀'로도 쓴다. **鬀(체: 머리깎다)** ***siks** , 他計切,《說文》: "鬄髮也('머리깎다'이다)." **髢(체: 가발)** ***ziks** , 特計切,《廣韻》: "髲也('가발'이다)."《詩經·君子偕老》: "鬒髮如雲, 不屑髢也(검은 머리가 구름과 같으니, 다리머리가 필요 없도다)." 箋: "髢, 髲也('髢'는 '가발'이다)."《釋文》: "髢, 徒帝反(여기서 '髢'는 '徒帝反'이다)." 疏: "髢, 一名髲.《說文》云: '髲, 益髮也.' 言人髮少聚他人髮益之('髢', 일명 '髲'이라고도 한다. 〈설문〉에 이르길, '髲는 덧댄 머리이다.' 즉, 사람이 머리카락이 적어 다른 이의 머리카락을 모아 더한 것이다)."《左傳·哀公十七年》: "公自城上見己氏之妻髮美, 使髡之, 以爲呂姜髢(莊公이 성 위에서 己氏 아내의 머리가 아름다운 것을 보더니, 사람을 시켜 그 머리를 깎아 대머리로 만들었으며, 그 자른 머리를 가지고 와서, 呂姜의 다리로 만들게 하였다)."《釋文》: "髢, 大計反, 又庭計反(여기서 '髢'는 '大計反'이나 또 '庭計反'이다)."《莊子·天地》: "禿而施髢, 病而求醫(이미 대머리가 된 후에 가발을 씌우고, 병이 깊어진 후에 의원을 찾는 것과 같다)."《釋文》: "髢, 大細反(여기서 '髢'는 '大細反'이다)." 글자는 또 '鬄'으로도 쓴다.《說文》: "髲也. 髢, 鬄或从也聲('가발'이다. '髢'는 '鬄'의 혹체로, '也'가 성부이다)."《儀禮·少牢饋食禮》: "主婦被錫(주부가 피석(즉, 가발)하다)." 注: "被錫, 讀爲髲鬄. 古者或剔賤者刑者之髮以被婦人之紒爲飾, 因名髲鬄焉('被錫'은 '髲鬄'으로 읽는다. 옛날에, 천한 자나 형을 받은 자의 머리를 잘라 부인의 쪽에 입혀 장식으로 삼았기에 '髲鬄'이라 이름한다)."《釋文》: "鬄, 大計反(여기서 '鬄'는 '大計反'이다)."

傷(상: 상처입히다, 해치다) ***sa̱ŋ** , 式羊切,《廣韻》: "傷損('상처내다')."《說文》: "傷, 創也('傷'은 '상처(입히다)'이다)."《左傳·莊公八年》: "隊於車, 傷足(齊侯는 수레에서 떨어져 발을 다쳤다)."《左傳·成公二年》: "郤克傷於矢(郤克이 화살을 맞아 상처가 났다)." **瘍(양: 상처, 종기)** ***za̱ŋ** , 與章切,《廣韻》: "瘍傷也.《說文》云: 瘍, 頭瘡也.《周禮》疗瘍以五毒攻之('瘍'은 상처이다. 〈설문〉에 이르길, '瘍은 두창이다.' 〈주례〉에 '종기를 치료하는 데는 다섯 가지 독으로 다스리고'라고 한다)."《禮記·曲禮上》: "身有瘍則浴(몸에 종기가 있으면 목욕을 한다)."《釋文》: "瘍音恙, 本或作痒(여기서 '瘍'의 음은 '恙'이다, 본래는 '痒'으로 쓴다)."《莊子·天地》: "有虞氏之藥瘍也, 禿而施髢, 病而求醫(유우씨가 종기를 치료하는 방식은 이미 대머리가 된 뒤에 가

발을 씌우고 병이 깊어진 뒤에 의원을 찾는 것과 같다).”

捶(추: 종아리 치다) ***t$\underline{o}$r^{B}**, 之累切, 《廣韻》: “擊也(‘치다’이다).” 《禮記·內則》: “欲乾肉則捶而食之(마른고기를 먹으려면 찧어서 먹는다).” 《荀子·富國》: “名聲足以暴炙之, 威强足以捶笞之(그의 명성이 충분히 천하를 뜨겁게 달구고, 그의 위력이 충분히 포악한 나라를 매질하여 다스릴 만 하다).” 《莊子·至樂》: “莊子之楚, 見空髑髏, 髐然有形, 撽以馬捶(莊子가 楚나라로 가다가 속이 빈 해골이 모양만 남아 있는 것을 보았고, 장자는 말채찍으로 그 해골을 쳤다).” 《韓非子·姦劫弑臣》: “無捶策之威, 銜橛之備, 雖造父不能以服馬(채찍질의 위협과 재갈의 구속이 없으면, 비록 造父라 하더라도 말을 복종시킬 수 없다).” 이때 글자는 ‘箠’로 쓴다. **箠(추: 채찍)** ***t$\underline{o}$r^{B}**, 之累切, 《廣韻》: “策也(‘채찍’이다).” ‘箠’는 ‘主縈切’이다. 《集韻》: “《說文》擊馬也, 一曰策也(〈설문〉에 ‘말을 때리는 것’이라 한다. 한편으로 ‘策’이라고도 한다).” 《說文》: “箠, 擊馬也(‘箠’는 ‘말을 때리는 것’이다).” 《韓詩外傳》卷五: “箠笞暴國, 一齊天下(포악한 나라를 쳐서 천하를 가지런히 하다).” 《漢書·司馬遷傳》: “其次關木索被箠楚受辱(그 다음은 형틀을 쓰고 밧줄에 묶여 매질을 당하는 치욕을 받는 것이다).” **棰(추: 매, 회초리)** ***d$\underline{o}$r**, 是棰切, 《集韻》: “馬策(‘말채찍’).” 《說文》段玉裁注: “擊馬者曰棰(말을 때리는 도구를 ‘棰’라 한다).” 《管子·樞言》: “天下不可改也, 而可以鞭箠使也(천하는 바꿀 수는 없지만, 채찍으로 시킬 수는 있다).” 《管子·形勢》: “弱子下瓦, 慈母操箠(어린아이가 기왓장이라도 떨어뜨리면 그 어미가 회초리로 꾸짖는다). 《韓非子·外儲說右下》: “令吏挈壺瓮而走火則一人之用也, 操鞭箠指麾而趣使人則制萬夫(가령 관리가 물동이를 들고 불난 곳으로 달려간다면 이는 한 사람이 힘을 쓰는 것이지만, 채찍을 잡고 지휘하여 사람들을 재촉하면 만 명을 부릴 수 있다).”

四

상술한 예 가운데, 일부는 명사로부터 거꾸로 동사가 된 예(이른바, 逆構詞)가 있는데, ‘遭’와 ‘曹’가 그 예이다. 명사는 동작 행위를 완성할 수 있는 도구가 될 수도 있고, 또 동작 행위 이후 발생한 결과가 될 수도 있다. 그 관계가 어떠하든 간에, 동사와 명사 간의 음운 관계는 清音성모와 濁音성모의 교체관계이다. 한편, 형용사는 성질상 思想動詞에 속하여 사물의 형상, 성질, 상태 등을 진술하거나 묘사한다. 따라서 형용사 역시 자음의 清濁교체를 통해 명사를 파생시킬 수 있다. 이때 형용사와 명사 간의 음운 관계는 동사와 명사 간 관계와 동일하여, **형용사는 清音성모, 명사는 濁音성모가 된다**.(아래는 형용사에서 명사로 파생된 예이다)

卑(비: 낮다) ***pi̱** , 府移切,《廣韻》: “下也, 賤也(‘아래’이다, ‘낮다, 천하다’이다).” 卑,《說文》: “賤也, 執事也(‘천하다’, ‘일을 처리하다’이다).”《左傳·隱公十一年》: “王室而旣卑矣, 周之子孫, 日失其序(周나라 왕실이 이미 미약해져서, 周나라 자손들이 날로 질서를 잃고 있다).”《左傳·僖公二十二年》: “公卑邾, 不設備而禦之(公은 邾나라를 얕보았기에, 방비를 설치하지 않은 채 방어하였다).” 注: “卑, 小也(‘卑’는 ‘작다’이다).” **陴(비: 성가퀴)** ***bi̱** , 符支切,《廣韻》: “城上女牆也(‘성 위에 있는 작은 담’이다).” 陴,《說文》: “城上女牆, 俾倪也(성 위에 있는 작은 담으로 ‘俾倪’라 한다).” 段玉裁注: “凡小者謂之女, 女牆卽女垣也(무릇 작은 것을 ‘女’라 하는데, ‘女牆’이란 곧 ‘작은 담’이다).”《左傳·宣公十二年》: “守陴者皆哭(성의 성가퀴를 지키는 군사도 모두 통곡했다).”《釋文》: “陴, 婢支反; 徐扶移反(여기서 ‘陴’는 ‘婢支反’이다. 徐씨의 음은 ‘扶移反’이다).”《左傳·成公六年》: “衛人登陴(衛나라 사람들은 성가퀴로 올라갔다).” 陴,《釋文》: “毗支反(여기서 ‘毗支反’이다).” **婢(비: 여종)** ***bi̱^{B}** , 便俾切,《廣韻》: “女之下也(‘여자 하인’이다).” 婢,《說文》: “女之卑者也. 从女从卑, 卑亦聲(여자 중 지위가 낮은 이이다. ‘女’와 ‘卑’를 따르고, ‘卑’가 또 성부이다).”《左傳·僖公十五年》: “若晉君朝以入, 則婢子夕以死(만약 晉나라 임금이 아침에 들어오면 나는 저녁에 죽을 것이다).”

皤(파: 머리가 희다) ***par** , 博禾切,《廣韻》: “老人白貌(노인 머리가 흰 모양).”《說文》: “老人白也, 从白番聲.《易》曰: 賁如皤如(노인의 머리가 흰 것이다. ‘白’을 따르고 ‘番’이 성부이다. 〈역〉에 이르길, ‘(말이) 꾸민 듯 하며, 또 하얗다’).”《周易·賁》: “賁如皤如, 白馬翰如(꾸민 듯하고 하얗고, 白馬가 깨끗하다).”《釋文》: “皤, 白波反(여기서 ‘皤’는 ‘白波反’이다).” 楊樹達은 다음과 같이 말했다. “番을 성부로 하여 발음이 비슷한 글자들이 다수가 ‘희다’란 의미를 함축하고 있다.《禮記·明堂位》에서 ‘하후씨는 낙수의 말에 검은 갈기를 갖고 있으며, 은나라 사람은 흰 말에 검은 머리를 갖고 있다. 주나라 사람은 붉은 말에 번득이는 갈기가 있다(夏后氏駱馬, 黑鬣. 殷人白馬, 黑首. 周人黃馬, 蕃鬣).'라고 말하는데, '蕃鬣'은 곧 '흰 갈기'이다. 이것이 첫 번째 예이다. 또《玉篇》에서도 '鷭는 흰 쥐이다(鷭, 白鼠也).'라고 했는데 이것이 두 번째 예이다. 그리고《爾雅·釋獸》에서 '푸른 말갈기가 무성하고 긴 흑색말(青驪繁鬣, 騥)[18]'라고 했는데, '繁鬣'는 '흰 말갈기(白鬣)'이다. 이것이 세 번째 예이다. 그리고《爾雅·釋草》에서 '蘩은 산흰쑥이다(蘩, 皤蒿).'라고 했고, 손염의 주(孫炎注)엔 '흰쑥이다(白蒿也).'라고 했다. 그리고《詩經·豳風·七月》傳에는 '蘩은 흰쑥이다(蘩, 白蒿也).'라고 했는데, 이것이 네 번째 예이다." 皤(**파: 머리가 희다**) ***bar** , 薄波切,《廣韻》: "老人白也(노인의 머리가 흰 것이다)." 婆(**파: 할미, 노파**) ***bar** , 薄波切,《廣韻》: "老母稱也(할미의 칭호이다)."《說文》: "婆, 一曰老母稱('婆'란 한편으로 할머니의 칭호이다)."

溼(**습: 습하다**) ***su̲p** , 失入切,《廣韻》: "水沾也. 濕, 上同, 見《經典》('물에 적셔진 것'이다. '濕'은 '溼'과 같고, 〈경전〉에 보인다)."《說文》: "溼, 幽溼也('溼'은 '침울하여 습한 것'이다)."《孟子·公孫丑上》: "是猶惡溼而居下也(이는 마치 축축한 것을 싫어하면서 낮은 곳에 처하는 것과 같다)."《莊子·齊物論》: "民溼寢則腰疾偏死(사람은 습한 데서 자면, 허리에 병이 생기고 반신불수가 되어 죽게 된다)."《莊子·應帝王》: "吾見怪焉, 見溼灰焉(나는 그에게서 괴이한 것을 보았는데, 젖은 재의 모습을 보았다)." 隰(**습: 진펄**) ***zu̲p** , 似入切,《廣韻》: "原隰('넓고 저습한 땅')."《說文》: "隰, 阪下溼也('隰'은 언덕 아래 저습한 곳이다)."《詩經·簡兮》: "山有榛, 隰有苓(산에는 개암나무가 있고 습지엔 감초가 있도다)." 傳: "下溼曰隰(낮고 습한 곳을 '隰'이라 한다)."《詩經·氓》: "淇則有岸, 隰則有泮(기수에 벼랑이 있고, 습지에는 물가가 있으니)."《詩經·車鄰》: "阪有漆, 隰有栗(산비탈에는 옻나무가 있으며 진펄에는 밤나무가 있도다)." 傳: "下溼曰隰(낮고 습한 곳을 '隰'이라 한다)."

京(**경: 크다**) ***kra̲ŋ** , 舉卿切,《廣韻》: "大也('크다'이다)."《說文》: "京, 人所爲絕高丘也('京'은 사람이 만든 가장 높은 언덕이다)."《詩經·定之方中》: "望楚與堂, 景山與京(초구와 당읍을 바

---

18 [역주] '鬣'는 말갈기가 무성하고 긴 모습이고, '騥'는 '말갈기가 긴 청흑색의 말'이다.

라보며, 큰 산과 언덕도 바라본다).” 傳: “景山, 大山. 京, 高丘也(‘景山’은 ‘큰 산’이고, ‘京’은 ‘높은 언덕’이다).”《詩經·文王有聲》: “鎬京辟廱(호경의 벽옹을 세우시니).”《爾雅》: “京, 大也(‘京’은 ‘크다’이다).” 段玉裁注: “其引申之義也(이는 파생된 의미이다).”《詩經·文王》: “殷士膚敏, 祼將于京(훤칠하고 민첩한 은나라 선비들이 주나라 서울에서 술을 부어 제사를 돕는다).” 傳: “京, 大也(‘京’은 ‘크다’이다)[19].”《公羊傳·桓公九年》: “京者何? 大也(‘京’은 무엇인가? ‘크다’는 의미이다).” 글자를 또 ‘景’으로도 쓴다. **景(경: 크다) *kraŋ^B^**, 居影切,《廣韻》: “大也(‘크다’이다).”《爾雅》: “景, 大也(景은 ‘크다’이다).”《詩經·定之方中》: “景山與京(큰 산과 언덕).” 傳: “景山, 大山(‘景山’은 ‘큰 산’이다).”《詩經·小明》: “介爾景福(너는 큰 복을 받으리라).” 傳: “介, 景, 皆大也(‘介’와 ‘景’은 모두 ‘크다’이다).”《漢書·揚雄傳下》: “騎京魚(큰 고기를 타다).” 글자를 통상 ‘鯨’으로도 쓴다. **鯨(경: 고래) *graŋ**, 渠京切,《廣韻》: “大魚, 雄曰鯨, 雌曰鯢(큰 물고기 중 수컷을 ‘鯨’이라 하고, 암컷을 ‘鯢’라 한다).”《左傳·宣公十二年》: “取其鯨鯢而封之(그 우두머리를 죽여 무덤을 높이 쌓다)[20].” 杜注: “鯨, 鯢, 大魚名(‘鯨, 鯢’는 큰 물고기 이름이다).”《釋文》: “鯨, 其京反(여기서 ‘鯨’은 ‘其京反’이다).”

黕(담: 더럽다, 시커멓다, 때) *tum^B^, 都感切,《廣韻》: “滓垢也, 黑也(‘때’이다, ‘검다’이다).”《楚辭·九辯》: “竊不自料而願忠兮, 或黕點而汚之(스스로 돌아보며 충성하지 않았으나, 때로는 더러운 먼지로 더러워졌도다).” **黮(담: 검다) *thum**, 他感切,《廣韻》: “黭黮, 黑也(‘黭黮’은 ‘검다’이다).” **黮(담: 흑황색, 오디색) *dum^B^**, 徒感切,《廣韻》: “黭黮, 雲黑(‘黭黮’은 ‘구름이 검은 모양’이다).” 黮,《說文》: “桑葚之黑也(‘뽕나무 과실의 흑색’이다).”《莊子·齊物論》: “人固受其黮闇(다른 사람들이 참으로 어둠 속에 빠지게 될 것이다).”《釋文》: “黮闇, 貪闇反(‘黮闇’의 ‘黮’은 ‘貪闇反’이다).”《淮南子·主術訓》: “曰: ‘黑何若?’ 曰: ‘黮然.’(‘검은 것이 무엇과 같은가?’라고 묻자 ‘어두운 것과 같다’라고 대답했다)” **葚(심: 오디) *dum^B^**, 食荏切,《廣韻》: “《說文》曰: 桑實也(〈설문〉에 이르길, ‘뽕나무 열매이다’).”《詩經·氓》: “于嗟鳩兮, 無食桑葚(아, 비둘기들이여, 뽕나무 열매 먹지 마라).”《釋文》: “葚, 本又作椹, 音甚, 桑實也(여기서 ‘葚’은

19 [역주] 위의《詩經》구절 ‘祼將于京’의 ‘京’은 보통 ‘경사, 서울’로 해석된다.

20 [역주] ‘鯨鯢’란 원래 ‘고래의 수컷과 암컷’이나 여기서는 ‘우두머리’이다.

본래 '椹'이라 쓰며 음은 '甚'이다, 뽕나무 열매이다)." 글자는 또 '黮'으로도 쓴다.《詩經·泮水》: "食我桑黮, 懷我好音(우리 뽕나무 오디 먹고, 좋은 소리로 날 회유하는구나)." 傳: "黮, 桑實也('黮'은 '뽕나무 열매, 오디'이다)."《釋文》: "黮,《說文》《字林》皆作葚, 時審反('黮'은《說文》《字林》에서 모두 '葚'으로 쓰며, '時審反'이다)."

邃(수: 깊다, 멀다) ***su̠ts** , 雖遂切,《廣韻》: "深也, 遠也('깊다, 멀다'이다)." 邃,《說文》: "深遠也, 从穴遂聲('깊고 멀다'이다. '穴'을 따르고 '遂'가 성부이다)."《墨子·非樂上》: "非以高臺厚榭邃野之居, 以爲不安也(높은 누각이나 큰 정자, 깊고 넓은 집에 사는 것이 편치 않다고 여기기 때문은 아니다)."《楚辭·離騷》: "閨中旣以邃遠兮, 哲王又不寤(아녀자 머무는 곳 깊고 머니, 현명한 왕 또한 알지 못하네)." **隧(수: 굴, 길, 묘도)** ***zu̠ts** , 徐醉切,《廣韻》: "埏隧, 墓道也, 俗作墜('埏隧'는 '묘도'이다. 俗에서 '墜'로 쓰기도 한다)."《左傳·隱公元年》: "若闕地及泉, 隧而相見, 其誰曰不然?(만약 물이 나오는 데까지 땅을 파고 들어가서, 굴속에서 서로 만나신다면, 누가 黃泉에서 만난 게 아니라 하겠습니까?)" 杜注: "隧若今延道('隧'는 지금의 '延道(묘도)'이다)."《釋文》: "隧, 音遂(여기서 '隧'의 음은 '遂'이다)."《莊子·天地》: "鑿隧而入井, 抱瓮而出灌(굴을 뚫고 우물에 들어가, 항아리를 안고 나와 밭에 물을 대고 있었다)." 또 '길'을 가리킨다.《左傳·襄公十八年》: "夙沙衛連大車以塞隧而殿(夙沙衛가 큰 수레를 연결하여 길을 막고는, 스스로 후미 방어를 맡았다)."《釋文》: "隧音遂, 道也(여기서 '隧'의 음은 '遂'이고, '길'이다)."《莊子·馬蹄》: "山無蹊隧, 澤無舟梁(산에는 지름길이나 굴이 없었고, 못에는 배나 다리가 없었다)." 또 '遂'로도 쓴다.《史記·蘇秦列傳》: "禽夫差於幹遂(구천은 부차를 간수에서 사로잡았다)." 索隱: "遂者, 道也, 於江幹有遂道, 因爲名也(遂는 '길'이다. 강줄기에 길이 있어서 그렇게 이름한 것이다)."《呂氏春秋·知分》: "荊有次非者, 得寶劍於幹遂(초나라에 차비라는 자가 있는데, 간수라는 고을에서 보검을 얻었다)." 또 '수로'를 가리키기도 한다.《周禮·冬官·考工記》: "廣二尺, 深二尺謂之遂(너비도 2자에 깊이도 2자인 수로를 '遂'라 한다)."《荀子·大略》: "迷者不問路, 溺者不問遂, 亡人好獨(길을 잃은 자는 길을 묻지 않아서이고, 물에 빠진 자는 물을 건널 방법을 묻지 않아서이며, 망한 나라의 군주는 독선을 좋아해서 그렇다)."

玆(자: 검다) ***te̠** , 子之切,《說文》: "黑也.《春秋》傳曰: '何故使吾水玆?'('검다'이다. 〈춘추〉전에

이르길, '어째서 나의 물을 탁하게 하였는가'라고 한다)" 지금은 '滋'로 쓴다.《左傳·哀公八年》: "何故使吾水滋?(무엇 때문에 나의 물을 혼탁하게 하느냐)" 注: "滋, 濁也('滋'는 '탁하다'이다)."《釋文》: "滋本又作茲, 子絲反,《字林》云黑也('滋'는 또 '茲'로도 쓰며, '子絲反'이다. 〈자림〉에선 '검다'라고 한다)." 이 글자는《廣韻》에서 또 '黳'로도 쓴다. '黳'는 '子之切'이다.《廣韻》: "染黑('검게 물들다')." **緇(치: 검은비단) *ṭle̲** , 側持切,《廣韻》: "黑色繒也('검은 비단'이다)."《詩經·緇衣》: "緇衣之宜兮, 敝予又改爲兮(검은 옷 너무 잘 어울려요, 해지면 내가 또 고쳐드리지요)." 傳: "緇, 黑色('緇'는 '검은색'이다)."《韓非子·說林下》: "天雨, 解素衣, 衣緇衣而反, 其狗不知而吠之(비가 와서 흰옷을 벗고는 검은 옷을 입고 돌아왔는데, 개가 그를 몰라보고 짖었다)."《禮記·郊特牲》: "緇布之冠也(치포(검은포)의 관을 쓰다)." **嵫(자: 산이름) *ṭe̲** , 子之切,《廣韻》: "崦嵫, 山名, 日所入處(崦嵫는 산의 이름으로, 해가 지는 곳이다)."《楚辭·離騷》: "吾令羲和弭節兮, 望崦嵫而勿迫(희화에게 명해 수레를 멈추게 하고, 엄자산을 바라보며 가까이 가지 못하게 하네)." [崦,《廣韻》: "崦嵫山, 日沒處(엄자산은 '해가 지는 곳'이다)."] **鷀(자: 가마우지) *ṭe̲** , 子之切,《廣韻》: "鸕鷀鳥('가마우지')." **鷀(자: 가마우지) *ḍe̲** , 疾之切,《廣韻》: "鸕鷀鳥('가마우지')." '鷀'자는《廣韻》에 清濁 두 음이 있다.《爾雅》: "鷀, 鷧('鷀'는 '가마우지'이다)." 郭注: "卽鸕鷀也(즉, '가마우지'이다)."《釋文》: "鷀, 音慈,《字林》云似鶂而黑('鷀'의 음은 '慈'로, 〈자림〉에서는 '거위 비슷하나 검다'라고 한다)."('鸕'의 어원 또한 '黑'이다.《荀子·性惡》注: "盧, 黑色也('盧'는 '검은 색'이다).")

句(구: 굽다) *ko , 古侯切,《廣韻》: "《說文》曲也(〈설문〉에 '굽다'라 한다)."《說文》: "句, 曲也('句'는 '굽다'이다)." 段玉裁注: "凡曲折之物, 侈爲倨, 斂爲句.《考工記》多言倨句(모든 구부러지는 물건을 펴면 '倨'라 하고, 구부리면 '句'라 한다. 〈고공기〉에선 '倨句'를 많이 언급한다)."[**軥(구: 멍에) *ko** , 古侯切,《廣韻》: "車軥心木('수레심대')."《說文》: "軥, 軛下曲者('軥'는 아래로 굽어 짐승 목에 메는 멍에이다)."《左傳·襄公十四年》: "射兩軥而還(멍에에 화살 두 대를 쏘고는 돌아오다)." **鉤(구: 갈고리) *ko** , 古侯切,《廣韻》: "曲也('굽은 것'이다)."《禮記·樂記》: "倨中矩, 句中鉤(급하게 구부러질 때는 '구'(곱자)에 맞고, 가볍게 구부러질 때는 '구'(갈고리)에 맞습니다)." **钩(낫) *ko** , 古侯切,《廣韻》: "《說文》云: 關西呼鐮爲钩也(〈설문〉에 이르길, '관서지역에선 낫을 钩라고 한다')." **笱(구: 통발) *ko**^B , 古厚切,《廣韻》: "魚笱, 取魚

竹器('통발'로, 물고기를 잡는 대나무 그릇이다)." 《說文》: "曲竹捕魚笱也(대나무를 굽혀 짠 물고기를 잡는 바구니이다)." 《詩經·敝笱》: "敝笱在梁, 其魚魴鰥(해진 통발이 어량에 있으니 잡은 고기는 방어와 환어로다)."] **枸(구: 호깨나무)** ***ko** , 古侯切, 《廣韻》: "曲木('굽은 나무')." 《荀子·性惡》: "枸木必將待檃栝烝矯然後直者, 以其性不直也(굽은 목재가 반드시 도지개에 묶여서 불에 쬐어 바로잡히는 과정을 거친 뒤에 곧아지는데, 이는 그 본성이 곧지 않기 때문이다)." **耇(구: 늙은이)** ***ko**[B] , 古厚切, 《廣韻》: "耇老, 壽也(耇老(늙은이)는 '장수'이다)." 《左傳·僖公二十二年》: "雖及胡耇, 獲則取之(비록 늙은이라 하더라도 잡을 수만 있다면 잡아야 한다)." **痀(구: 곱사등이)** ***ko̱** , 擧朱切, 《廣韻》: "曲脊('굽은 등')." 《莊子·達生》: "其痀僂丈人之謂乎(이 곱사등이 노인을 두고 한 말일 것이다)." **朐(구: 포, 건육)** ***go̱** , 其俱切, 《廣韻》: "朐脯也, 一曰屈也('朐'는 '포'이다, 한편으로 '굽다'라고도 한다)." 《說文》: "朐, 脯挺也('朐'는 건육(즉, 포)이다)." 《呂氏春秋·報更》: "宣孟與脯二朐, 拜受而弗敢食也(선맹이 포를 두 묶음 주었더니, 받기만 하고 감히 먹지 못했다)." 《禮記·曲禮上》: "以脯修置者, 左朐右末(포와 수를 놓는 자는 굽은 것을 왼쪽에 놓고 오른쪽에 곧은 것을 놓는다)." 注: "屈中曰朐(굽은 것을 '朐'라 한다)." **軥(구: 멍에)** ***go̱** ,其俱切, 《廣韻》: "車軛('멍에')."

高(고: 높다) ***ku** , 古勞切, 《廣韻》: "上也, 崇也, 遠也, 敬也('위, 숭고하다, 멀다, 공경하다'이다)." 《說文》: "高, 崇也('高'는 '숭고하다'이다)." 《詩經·卷耳》: "陟彼高岡, 我馬玄黃(저 높은 언덕에 오르니 내 말이 허덕이네)." **皋(고: 높다)** ***ku** , 古勞切, 《廣韻》: "高也('높다'이다)." 《禮記·明堂位》: "天子皋門(천자의 높은 문이다)." 注: "皋之言高也('皋'는 '높다'는 말이다)." 《左傳·襄公二十五年》: "牧隰皋[21], 井衍沃(습지에 방목을 하고, 비옥한 평야는 井으로 구획하다)." 疏: "《詩》云: 鶴鳴于九皋. 毛鄭皆以皋爲澤之坎, 是皋爲水岸也(〈시경〉에서 '학이 구고에서 우니'라고 나오는데, 毛公과 鄭玄은 모두 '皋'를 '못 가운데 물이 넘쳐 나와 생긴 구덩이'라고 본다. 즉, '皋'는 '물가언덕'이다)." **豪(호: 의협심있다, 호걸)** ***gɯ** , 胡刀切, 《廣韻》: "豪俠('의협심있다')." 《孟子·滕文公上》: "彼所謂豪傑之士也(그는 이른바 걸출한 선비이다)." 《管子·輕重甲》: "此吾國之豪也(이는 우리나라의 부호이다)." 《史記·酈生陸賈列傳》: "縣中賢豪不敢役(현중의

21 [역주] '皋'는 '물가의 흙이 쌓인 곳'이다.

현인이나 호걸들이 그를 쓰려하지 않았다)." **毫(호: 가는 털) *gɯ** , 胡刀切, 《廣韻》: "長毛('긴 털')." 《莊子·知北遊》: "秋毫爲小, 待之成體(가을 털이 작다 하지만 그것을 가지고 몸체를 이룬다)." 본래 '豪'로 쓰여 있다. 《莊子·齊物論》: "天下莫大於秋豪之末而大山爲小(천하에는 가을 털의 끝보다 큰 것이 없고 태산은 가장 작다)." 《荀子·王霸》: "有不理者如豪末, 則雖孤獨鰥寡必不加焉(불합리한 점이 털끝만큼이라도 있다면, 비록 아비 잃은 아이나 자식 없는 노인이나 홀아비나 홀어미 같은 힘없는 사람들이더라도, 반드시 그 법을 적용하지 않는다)."

蓁(진: 우거지다) *ʈrin , 側詵切, 《廣韻》: "草盛貌('풀이 무성한 모양')." 《詩經·桃夭》: "桃之夭夭, 其葉蓁蓁(복숭아나무 여리고 싱싱해라, 그 잎이 무성하고 또 무성하도다)." 傳: "蓁蓁, 至盛貌('蓁蓁'은 '매우 무성한 모양'이다)." 《釋文》: "蓁, 側巾反(여기서 '蓁'은 '側巾反'이다)." 《廣雅》: "蓁蓁, 茂也('蓁蓁'은 '우거지다'이다)." 王念孫疏證: "《文選·〈東都賦〉》注引《小雅》'蓁蓁者莪', 毛詩作菁菁, 聲近義同(〈문선, 〈동도부〉주에서 〈소아〉의 '蓁蓁者莪(무성하고 무성한 쑥밭이여)'를 인용하고 있는데, 모시에서는 '菁菁'으로 되어 있다. 이는 소리가 유사하고 의미가 같은 것이다)." 《詩經·杕杜》: "有杕之杜, 其葉菁菁(우뚝 선 아가위나무여, 그 잎이 무성하고 무성하도다)." 傳: "菁菁, 葉盛也('菁菁'은 '잎이 무성한 것'이다)." 《釋文》: "菁, 本又作靑, 同子零反('菁'은 본래 또 '靑'으로도 쓰며 같이 '子零反'이다)." 《詩經·菁菁者莪》: "菁菁者莪, 在彼中阿(무성하고 무성한 쑥밭이여, 저 언덕 가운데 있도다)." 傳: "菁菁, 盛貌('菁菁'은 '무성한 모양'이다)." 《釋文》: "菁, 子丁反(여기서 '菁'은 '子丁反'이다)." **榛(진: 덤불) *ɖrin** , 士臻切, 《廣韻》: "木叢生(나무가 무성한 것(덤불)이다)." [《廣韻》字从草, 从榛, 作蓁, 依《廣韻聲系》校(〈광운〉에 글자가 '草'와 '榛'을 의부로 하여 '蓁'으로 되어 있는데, 〈광운성계〉에 따라 교정함).] 《廣雅》: "木叢生曰榛(나무가 무성한 것(덤불)을 '榛'이라 한다)." 《詩經·鳲鳩》: "鳲鳩在桑, 其子在榛(뻐꾸기가 뽕나무에 있으니 그 새끼가 덤불 속[22]에 있도다)." 《釋文》: "榛, 側巾反, 木名也, 又仕巾反. 《字林》云: '木叢生也.'(여기서 '榛'은 '側巾反'이고 나무 이름이다. 또 '仕巾反'도 있다. 〈자림〉에는 '덤불'이라고도 한다)." [**榛(진: 개암나무) *ʈrin** , 側詵切, 《廣韻》: "榛栗('개암나무')." 《詩經·簡兮》: "山有榛, 隰有苓(산에는 개암나무 있으며, 습지에는 감초가 있도

22 [역주] '榛'이 '개암나무'란 뜻도 있어 '그 새끼가 개암나무에 있도다'로 해석되기도 한다.

다).”《釋文》: “榛, 本亦作蓁, 同側巾反(‘榛’은 본래 ‘蓁’으로도 쓰며 ‘側巾反’과 같다).”]《莊子·徐無鬼》: “衆狙見之, 恂然棄而走, 逃於深蓁(여러 원숭이들이 그것을 보고 깜짝 놀라서, 자기들 사는 곳을 버리고 달아났는데, 풀이 무성한 깊은 숲속으로 도망갔다).”《釋文》: “蓁, 徐仕巾反, 一音側巾反(‘蓁’은 徐씨의 음이 ‘仕巾反’이고 한편으로 또 ‘側巾反’이다).”

자음의 청탁교체를 통해, 형용사는 명사로 변화할 수 있고, 명사 역시 형용사로 변화할 수 있다. 상고한어의 자음 청탁음 교체는 ‘名物化(즉, 명사화)’와 ‘名謂化(즉, 동사화/형용사화)’ 두 가지 기능이 있는 것이다. 위의 예에서, 형용사의 성모는 청음이고, 명사의 성모는 탁음이다. 그런데 상고한어에는 또 일부 형용사가 자음 청탁교체 이후에도 여전히 형용사인 것이 있다.

大(대: 크다) ***zats**, 徒蓋切, 《廣韻》: “小大也(‘크다작다’의 ‘크다’이다).”《說文》: “大, 天大, 地大, 人亦大. 故大象人形(‘大’는 ‘하늘도 크고 땅도 크고 사람도 크다’ 그래서 ‘사람의 모습’을 본뜬 것이다).” ‘大’는 甲骨文에서 사람의 정면 모습을 본뜨고 있으며, 그 본의는 원래 ‘큰 사람’이다. 《詩經·楚茨》: “小大稽首(크고 작은 사람들이 머리를 조아리고 말한다).” 箋: “小大猶長幼也(‘小大’는 곧 ‘장유’와 같다).”《莊子·則陽》: “天地者, 形之大者也; 陰陽者, 氣之大者也(천지는 형체가 있는 것 중 가장 큰 것이고, 음양은 기 가운데 큰 것이다).”《莊子·逍遙遊》: “鯤之大, 不知其幾千里也(곤의 크기는 몇 천 리나 되는지 알 수 없다).”《道德經》: “故道大, 天大, 地大, 王亦大(그러므로 도가 크고, 하늘이 크고, 땅이 크고, 왕 또한 크다).”《論語·微子》: “大師摯適齊(태사 摯는 齊나라에 갔다).”《釋文》: “大音泰(여기서 ‘大’의 음은 ‘泰’이다).”《禮記·王制》: “天子社稷皆大牢, 諸侯社稷皆少牢(천자의 사직에는 모두 대뢰를 쓰고, 제후의 사직에는 모두 소뢰를 쓴다).”《釋文》: “大牢; 如字, 又音泰(‘大牢’는 통상음이며, 또 ‘泰’로도 읽는다).”《論語·鄉黨》: “子入大廟(공자께서 태묘에 들어갔다).”《釋文》: “大音泰(여기서 ‘大’의 음은 ‘泰’이다).” 글자는 나중에 ‘太’로 쓴다. **太(태: 크다, 심하다)** ***sats**, 他蓋切, 《廣韻》: “甚也, 大也, 通也(‘심하다, 크다, 통하다’이다).” 글자는 또 ‘泰’로도 쓴다. **泰(태: 크다, 통하다)** ***sats**, 他蓋切, 《廣韻》: “大也, 通也, 古作太(‘크다, 통하다’이고 전엔 ‘太’로 썼다).”《論語·八佾》: “季氏旅於泰山(季氏가 태산에 旅祭를 지내다).”《禮記·祭法》: “燔柴于泰壇, 祭天也; 瘞埋于泰折, 祭

地也(섶을 태단에 놓고 불을 질러 하늘에 제사 지낸다. 증생을 태절에 묻고 땅에 제사 지낸다)." **忕(태/세: 사치하다)** ***sats** , 他蓋切, 《廣韻》: "奢也('사치하다'이다)."《說苑·反質》: "此群臣之所奢汰也(이로 인해 여러 신하들이 사치스럽게 되었다)." 글자는 단지 본디 '泰'로만 썼다.《國語·晉語八》: "及桓子驕泰奢侈(桓子에 이르러, 교만 방자하고 사치스럽다)."

자음 청탁교체는 명사와 동사, 명사와 형용사 간의 품사 변화와 관련이 있다. 그런데 **형용사도 자음의 청탁교체를 통해 또 다른 형용사를 파생시킬 수 있다**. 예컨대, '大'와 '泰'가 그러하다. '大'와 '小'는 서로 상대적으로 '大山'과 같이 사물의 형체 등을 형용한다.《莊子·齊物論》에 "天下莫大於秋豪之末, 而大山爲小(天下에는 가을털의 끝보다 큰 것이 없고, 태산은 가장 작다.)"고 하는데,《释文》에선 "大音泰('大'의 발음이 '泰'이다)"라고 나온다. 여기서의 '大山'은 일반적인 '큰 산'을 의미하는 것이 아니라 '五岳'의 으뜸인 '東岳'을 의미한다. '大'는 영어의 'big' 또는 'bigger'에 가까우나, '太'는 'biggest'에 가까워 정관사 'the'를 붙여야 한다. 이러한 '太(泰)'의 사용상황을 고찰해 보면, 우리는 '太(泰)'가 '大'처럼 하나의 일반적인 명사를 형용하는 것이 아님을 알 수 있다. 그보다는 하나의 형태소로서 특정 의미를 갖는 명사를 구성하는 데 주로 사용됨을 알 수 있다. 즉, '太(泰)'는 명사의 유기적인 조성 성분이 되었다.

攸(유: 태연하다, 유유하다) ***zu̲** , 以周切, 《說文》: "行水也(물을 평온히 흐르게 하는 것이다)." 戴侗《六書故》(대동의 〈육서고〉에 이르길): "唐本作水行攸攸也(唐本에는 '水行攸攸也(물의 흐름이 태연하다)'로 되어 있다)."《漢書·敘傳下》: "攸攸外寓, 閩越, 東甌(멀리 밖에 붙어사는데 민월과 동구가 있다)." 顏師古注: "攸攸, 遠貌('攸攸'는 '먼'모양이다)." **悠(유: 멀다, 아득하다)** ***zu̲** , 以周切, 《廣韻》: "遠也, 遐也, 思也, 憂也('멀다, 생각하다, 근심하다'이다)."《國語·吳語》: "吾道路悠遠(우리는 돌아갈 길이 아주 멀다)." 注: "悠, 長也('悠'는 '길다'이다)."《詩經·漸漸之石》: "山川悠遠, 維其勞矣(산천은 멀고 아득한데, 고달프고 수고롭도다)."《詩經·終風》: "莫往莫來, 悠悠我思(오지도 가지도 않으니 내 생각만 아득해지도다)." **修(수: 길다)** ***su̲** , 息流切, 《廣韻》: "長也('길다'이다)."《詩經·六月》: "四牡修廣, 其大有顒(사모가 길고 크니, 그 키가 크기도 하도다)." 傳: "修, 長('修'는 '길다'이다)."《詩經·韓奕》: "四牡奕奕, 孔修且張(사모가 크

고 큰데, 심히 그 키가 크고 크도다)." 傳: "修, 長('修'는 '길다'이다)."《莊子·逍遙遊》: "其廣數千里, 未有知其修者(그 너비는 수천 리이고, 그 길이는 아무도 모른다)."《戰國策·齊策一》: "鄒忌修八尺有餘, 身體昳麗(추기의 키는 팔 척이 넘고 신체가 수려하다)."

顥(호: 크다, 희다) *gɯᴮ , 胡老切,《廣韻》: "《說文》曰:白貌.《楚詞》曰: 天白顥顥. 南山四顥, 白首人也. 今或作晧(〈설문〉에 이르길 '흰 모양'이라 하고, 〈초사〉에는 '하늘도 하얗게 번쩍이니'라고 나온다. 남산의 '네 가지 흰 것'이라 하는데, 모두가 머리가 하얀 사람들이다. 지금은 '晧'로도 쓴다)."(晧(호), 胡老切,《廣韻》: "光也, 明也, 日出貌也('빛나다, 밝다, 해가 나오는 모양'이다).")《呂氏春秋·有始》: "西方曰顥天, 其星胃, 昴, 畢. 西南曰朱天, 其星觜巂, 參, 東井(서방을 호천이라 부르는데, 그곳의 별은 胃, 昴, 畢이다. 서남을 주천이라 하며 그곳의 별은 觜巂, 參, 東井이다)." **杲(고: 밝다) *kɯᴮ** , 古老切,《廣韻》: "日出, 又明白也('해가 뜨다, 밝다'이다)."《詩經·伯兮》: "其雨其雨, 杲杲出日(비가 내릴 듯, 내릴 듯, 해가 나와 쨍쨍하도다)." **縞(호: 희다) *kɯᴮ** , 古老切,《廣韻》: "素也('희다'이다)."《漢書·地理志上》: "厥棐玄纖縞(광주리에 담아서 바치는 폐백은 검은색의 가는 비단과 가는 명주이다)." 注: "縞, 鮮支也, 即今所謂素者也('縞'는 '鮮支(흰 명주)'로 지금의 '명주'이다)."《詩經·出其東門》: "縞衣綦巾, 聊樂我員(흰옷에 쑥색 수건을 쓴 여인이여, 그런대로 나를 즐겁게 하도다)" 傳: "縞衣, 白色男服也('縞衣'는 '흰색의 남자 옷'이다)."

五

자음 청탁교체를 통해 품사의 변화를 실현시킬 수 있어, 명사가 동사로 변하고, 동사는 명사로 변할 수 있다. 자음의 清濁과 단어의 품사는 본래 필연적인 관계가 없다. 즉, 명사는 청음으로도 읽힐 수 있고, 탁음으로도 읽힐 수 있다. 하나의 명사 어근의 자음 성모가 濁音일 경우, 그것의 품사를 바꾸려면, '자음 청탁교체 원칙'에 입각할 때, 자연히 그와 대립적인 자음인 清音 자음으로 바뀌어야 한다. 동사 역시 그러하다. 따라서 우리는 상고한어 품사 변화의 규칙을 아래와 같이 말할 수 있다.

"하나의 명사가 품사가 바뀌어 동사가 되거나, 동사가 명사가 될 경우, 이 명사나 동사의 음운형식 가운데 '자음 성모'의 발음 방법을 바꿔야 한다. 즉, 청음으로부터 탁음으로 또는 탁음에서 청음으로 바꾼다."

그런데 "명사가 동사로 변화하면서 濁音에서 清音으로 변화"하는 조어 규칙은, 분명 "명사에서 동사로 변화 시 청음이 탁음으로 바뀐다"는 조어 규칙을 훼손하고 있다. 따라서 언어 시스템에서는 이러한 선택을 스스로 회피하여 또 다른 어법 수단을 선택할 수도 있다. 이때, 상고한어에서 상용하는 어법수단으로 명사 뒤에 *-s 접미사를 첨가하는 것이 있다. 이 접미사 *-s는 나중에 탈락되고 '去聲'이란 성조로 대체된다. 中古의 음운형식으로 볼 때, 이것은 단어의 '성조'를 바꾸어 '동사'에서 '명사'로 변화시키는 것이다(단, 중고중국어의 거성이 모두가 다 상고한어 *-s에서 기원한 것은 아니다). 이와 관련하여 우리는 *-s 접미사 장에서 다시 논의할 것이다.

夾(협: 가지다, 끼다) *krep, 古洽切, 《廣韻》: "持也('가지다'이다)." 《左傳·成公十六年》: "欒范以其族夾公行(欒書와 范文子가 그 족속을 거느리고 양쪽에서 晉厲公의 수레를 호위했다)." 《左傳·僖公三十三年》: "與晉師夾泜而軍(晉軍과 泜水를 사이에 두고 대치하였다)." 《詩經·公劉》: "夾其皇澗, 溯其過溯(황간을 사이에 두고 좌우로 늘어서 있으며 과간을 거슬러 올라가)." 좌우 양쪽에서 사물을 끼고 있어 이에 '좁다'라는 의미가 파생되었다. **狹(협: 좁다) *grep**, 侯夾切, 《廣韻》: "隘狹('좁다')." '狹'은 또 글자로 '陜'이나 '陿' 등으로도 쓴다. "陜", 《說文》: "隘也('좁다'이다)." 《荀子·修身》: "狹隘褊小, 則廓之以廣大(좁고 작은 마음은 넓고 큰 도량으로 확대한다)." 여기서 다시 파생되어 '협곡, 골짜기' 의미의 '峽'이 나왔다. **'峽(협, 골짜기)'**은 '侯夾切'이다. 《廣韻》: "巫峽, 山名('巫峽'은 산이름이다)." 《淮南子·原道訓》: "仿洋於山峽之旁(산골짜기 사이에서 노닐다)."

交(교: 엇갈리다, 섞이다) *krɯ, 古肴切, 《廣韻》: "戾也, 合也('어그러지다, 엇갈리다, 섞이다'이다)." 《說文》: "交, 交脛也('交'는 '다리를 교차하는 것'이다)." 段玉裁注: "交脛謂之交, 引申之爲凡交之稱. 《莊子·馬蹄》: "喜則交頸相靡, 怒則分背相踶('다리를 교차하는 것'을 '交'라 한다.

파생되어 모든 교차하는 것, 엇갈린 것을 말한다. 〈장자·마제〉에 이르길, '기쁘면 목을 교차하여 서로 비벼 대고, 성나면 등을 대고 서로 걷어찬다')." **迒(교: 만나다)**, 古肴切, 《廣韻》: "《說文》會也(〈설문〉에 '만나다'라 한다)." **佼(교: 엇갈리다, 예쁘다)**, 古肴切, 《廣韻》: "交也('교차하다'이다)." '迒'와 '佼'는 '交'의 두 가지 이체자 형식이다. 이것이 '전환'하여 명사가 되면 '郊'가 된다. **郊(교: 성밖)** *krɯ, 古肴切, 《廣韻》: "邑外曰郊(읍 밖을 '郊'라 한다)." 도시와 농촌이 만나는 지점을 '郊'라고 한다. 《禮記·曲禮上》: "四郊多壘, 此卿大夫之辱也(四郊에 보루가 많은 것, 이것은 경대부의 치욕이다)." **殽(효: 어지럽다)** *grɯ, 胡茅切, 《廣韻》: "溷殽雜也, 和也, 亂也('어지러이 섞인 것'이다, '섞이다', '어지럽다'이다)." 殽, 《說文》: "相雜錯也('서로 섞이고 어지럽다'이다)." 《莊子·齊物論》: "是非之塗, 樊然殽亂(是非의 길이 복잡하게 얽혀서 어지럽다)." 또 '淆'라고도 쓴다. **淆(효: 뒤섞이다)**, 胡茅切, 《廣韻》: "混淆, 濁水('뒤섞이다, 흐린 물')" 또 '肴'라고도 쓴다. 《漢書·五行志中之上》: "亂服共坐, 溷肴亡別(옷을 어지럽게 입고 함께 앉아, 뒤섞여 있어 구별이 없다)." 注: "溷肴, 謂雜亂也('溷肴'는 뒤섞여 어지러움을 말한다)." **肴(효: 안주, 절임)** *grɯ, 胡茅切, 《廣韻》: "骨體也, 又葅也. 凡非穀而食曰肴, 亦啖也('짐승의 뼈나 고기', 또 '절인 채소'이다. 모든 곡식류가 아닌 먹거리를 '肴'라 하는데 또한 먹는 것이다)." 《爾雅》: "宜, 肴也('宜'는 '안주'이다)." 郝懿行注: "肴, 雜肉也('肴'는 '잡고기'이다)." 《國語·晉語》: "飲而無肴(술을 마시나 안주가 없노라)."

명사는 자음의 청탁교체를 통해 동사로 변하고, 동사 역시 청탁교체를 통해 명사로 변할 수 있다. 이중 특히 후자의 경우는 그 기원으로 보면, 원래 상고한어 동사의 '완결형(既行體)'에서 온 것으로 볼 수 있다. 상고한어의 동사 '완결형'는 바로 자음 청탁교체를 통해 구성되며 이는 다음 절에서 살펴볼 것이다. 즉, 동일한 어법수단으로 상고한어는 명사를 동사로도 변화시키고, 동사를 명사로도 변화시킨다. **상고한어는 또 가끔씩 '명사'에서 '명사'로 변화하는데 자음의 청탁교체라는 수단을 사용하기도 한다**.

夫(부: 사내, 장부) *pa̠, 甫無切, 《廣韻》: "丈夫('사내, 성년남자')." 《說文》: "夫, 丈夫也('夫'는 '성년남자'이다)." 《詩經·東方未明》: "折柳樊圃, 狂夫瞿瞿(버들가지 꺾어 밭에 울타리 친 것을, 광포한 사내도 두려워한다)." 《詩經·兔罝》: "赳赳武夫, 公侯干城(씩씩한 무사여, 공후를

지키는 간성이로다[23])." 《詩經·黃鳥》: "維此奄息, 百夫之特(이 엄식이여, 백부 중 뛰어난 자로다)." 《左傳·隱公四年》: "老夫耄矣, 無能爲也(나는 이미 늙어서 아무 일도 할 수 없습니다)." **甫(보: 남자의 미칭)** ***pa̠^{B}**, 方矩切, 《說文》: "男子美稱也('남자의 미칭'이다)." 《詩經·六月》: "文武吉甫, 萬邦爲憲(문무에 뛰어난 길보여, 만방의 모범이로다)." 《詩經·烝民》: "吉甫作誦, 穆如淸風. 仲山甫永懷, 以慰其心(길보가 송시를 지으니, 의미심장함이 청풍과 같도다. 중산보가 길이 생각하는지라, 그 마음을 위로하노라)." 《國語·晉語八》: "問於孫林甫(이번에는 손림보에게 물었다)." 글자는 또 '父'로도 쓴다. **父(보: 남자의 미칭)** ***pa̠^{B}**, 方矩切, 《廣韻》: "尼父, 尙父, 皆男子之美稱(尼父, 尙父는 모두 남자의 미칭이다)[24]." 《漢書·律曆志下》: "燮父, 禽父並事康王((옛날 우리의 선왕 熊繹이) 呂伋 王孫牟 燮父, 禽父와 함께 주나라 康王을 섬겼을 때)." 師古注: "父讀曰甫. 甫者, 男子之美稱也('父'는 '甫'로 읽는다. '甫'는 남자의 미칭이다)." 《左傳·隱公元年》: "公及邾儀父盟於蔑(은공이 邾儀父와 蔑에서 결맹하였다)." 《左傳·隱公三年》: "召大司馬孔父而屬殤公焉(大司馬 孔父를 불러 殤公을 부탁하였다)." **父(부: 아버지)** ***ba̠^{B}**, 扶雨切, 《廣韻》: "《說文》曰: 父, 矩也, 家長率教者(〈설문〉에 이르길, '父는 규율을 잡는 이로, 집안의 어른이고, 자녀를 인도하고 가르치는 이이다')." 《詩經·日月》: "父兮母兮, 畜我不卒(아버지여, 어머니여, 끝내 나를 길러주심에 마치지 못하였도다)." 《論語·學而》: "父在, 觀其志; 父沒, 觀其行(부친이 살아있을 때는 그 아들의 뜻을 보고, 부친이 죽은 뒤에는 그 아들의 행위를 본다)." 《左傳·隱公三年》: "父慈, 子孝, 兄愛, 弟敬(아버지는 자애롭고, 자식은 효도하고, 형은 사랑하고 아우는 공경한다)."

酒(주: 술) ***ȶu̠^{B}**, 子酉切, 《廣韻》: "酒醴('술과 단술'이다)." 《詩經·叔于田》: "叔于狩, 巷無飮酒(숙님이 사냥 나가시니, 거리에는 술 마시는 사람이 하나 없네)." 《左傳·莊公十二年》: "陳人使婦人飮之酒(陳나라 사람이 부인을 시켜 남궁만에게 술을 마시게 했다)." **酋(추: 묵은술, 오래다)** ***ȡu̠**, 自秋切, 《廣韻》: "長也. 《說文》曰: 繹酒也, 禮有大酋, 掌酒官也('오래다'이다. 〈설문〉에 이르길, '오래 담근 술이다, 〈예〉에 大酋란 직책이 있는데 술을 담그는 것을 관장하는

23 [역주] '干城'이란 '방패와 성곽'을 말한다.

24 [역주] '尼父'는 공자의 미칭이고, '尙父'는 주나라 呂望의 미칭이다.

관직이다')." 《禮記·月令》: "乃命大酋, 秫稻必齊, 曲蘖必時, 湛熾必潔, 水泉必香, 陶器必良(이에 술을 관장하는 대추에게 명하여, 차조와 쌀을 반드시 가지런히 갖추고 누룩은 반드시 때에 맞추어 띄우고, 물에 담그고 불릴 때에는 반드시 깨끗하게 하고, 좋은 물을 떠다가 반드시 향기 나게 하며 도기는 반드시 좋은 것을 사용한다)." 注: "酒熟曰酋. 大酋者, 酒官之長也(술이 익는 것을 '酋'라 한다. '大酋'는 '술을 관장하는 관리'이다)." **酉(유: 물을 대다, 오래다)** ***ḍu^B**, 與久切, 《說文》: "就也. 八月黍成, 可爲酎酒. 象古文酉之形('익는 것'이다. 팔월에 기장이 익으니 술을 빚을 만하다. 고문의 '酉'자를 본뜬 것이다)." 酒, 《說文》: "就也, 所以就人性之善惡. 从水从酉, 酉亦聲('옮겨감'이다. 이로써 인성의 선악을 조장하는 음료이다. '水'와 '酉'를 따르고, '酉'가 또 성부이다)." '酒'는 金文字로는 단지 '酉'만이 있으며 이는 酒器의 모양을 본뜬 것이다. 《釋名》: "醳酒, 久釀酉澤也('진한 술'이란, 오래 담가 잘 익은 술이다)."

土(토: 흙, 땅) ***tha^B**, 他魯切, 《廣韻》: "《釋名》云: 土, 吐也, 吐萬物也(〈석명〉에 이르길, '土는 吐(토해내다)이다. 즉, 만물을 토해낸 것이다'라 한다)." 《詩經·北山》: "溥天之下, 莫非王土(넓은 하늘 아래에 왕의 땅이 아닌 것이 없으며)." 《孟子·梁惠王上》: "欲辟土地, 朝秦楚, 莅中國而撫四夷也(영토를 넓히고 진나라와 초나라에게 조회를 받으며, 중국에 임해 사방의 오랑캐를 제압하려고 하시는 것입니다)." 《莊子·德充符》: "視喪其足, 猶遺土也(자기 발 잃어버리는 것을 마치 흙덩어리 하나 버리는 것처럼 여긴다)." **杜(두: 뿌리)** ***da^B**, 徒古切, 《方言》: "根也('뿌리'이다)." 글자는 본래 '土'로 썼다. 《詩經·鴟鴞》: "迨天之未陰雨, 徹彼桑土(장맛비가 내리기 전에 뽕나무 뿌리 벗겨서 주워다가)." 傳: "桑土, 桑根也('桑土'는 '뽕나무뿌리'이다)." 《釋文》: "土, 音杜. 韓《詩》作杜, 義同. 《方言》云: 東齊謂根曰杜('土'의 음은 '杜'이다. 〈한시〉에서는 '杜'로 되어 있고 뜻을 같다. 〈방언〉에 이르길, '東齊에서는 뿌리를 杜라고 한다')." 식물의 뿌리가 땅속에 살기 때문에, 여기서 '뿌리'란 뜻이 나왔다.

胞(포: 태보, 태의) ***pru**, 布交切, 《廣韻》: "胞胎('태보, 태의')." **胞(포: 태보, 태의)** ***phru**, 匹交切, 《廣韻》: "胞胎('태보, 태의')." 이 두 의미 차이가 없는 '胞'는 분명 방언 변체로 봐야 한다. 마치 '姜'과 '羌'의 경우와 같다. 《說文》: "胞, 兒生裹也('태아가 살아 있을 때 싸는 것'이다)." 《莊子·外物》: "胞有重閬, 心有天遊(주방에는 여러 개의 문이 있고, 사람의 마음에

는 자연인 天이 노닐고 있다)[25]." **匏(포: 박)** ***bru** , 薄交切, 《廣韻》: "瓠也, 可爲笙竽('표주박'이다, 생황을 만들 수 있다)." 《說文》: "匏, 瓠也. 包, 取其可包藏物也('匏'는 '박'이다. '包'가 의부인 것은 이것으로 물체를 포장할 수 있기 때문이다)." 《論語·陽貨》: "吾豈匏瓜也哉?(내 어찌 뒤웅박이냐)" 《詩經·匏有苦葉》: "匏有苦葉, 濟有深涉(박에는 마른 잎사귀 있고, 나루터에는 깊은 곳 있으니)." '匏瓜(즉, 박)'로 '匏'을 만든다. 《詩經·公劉》: "酌之用匏(바가지로 잔질을 하니)." 글자는 또 '瓟'로도 쓴다. **瓟(포: 호로병박)**, 薄交切, 《廣韻》: "似瓠, 可爲飲器('박'과 닮았고, 바가지를 만들 수 있다)." 《楚辭·九懷·思忠》: "抽庫婁兮酌醴, 援瓟瓜兮接糧(고루를 가져다가 술을 따르고, 포과를 가져와 양식을 담도다)."

巠**(경: 지하수)** ***kiŋ** , 古靈切, 《廣韻》: "直波爲巠('곧게 이르는 물결'을 '巠'이라 한다)." 《說文》: "巠, 水脈也('巠'은 '수맥'이다)." **涇(경: 강이름)** ***kiŋ**, 古靈切, 《廣韻》: "水名(강이름)." 《釋名》: "水直波曰涇; 涇, 徑也, 言如道徑也(물이 곧게 이르는 것을 '涇'이라 한다. '涇'은 곧 '徑(지름길)'이다. 지름길과 같다는 말이다)." 《莊子·秋水》: "涇流之大, 兩涘渚崖之間, 不辯牛馬(출렁이는 물결이 광대하여, 양쪽 물가에서 건너편 물가에 있는 소와 말이 구별되지 않을 정도였다)." 《釋文》: "涇, 音經. 司馬云: 涇, 通也. 崔本作徑, 云直度曰徑; 又云字或作涇('涇'의 음은 '經'이다. 司馬씨가 말하길, '涇은 통하는 것이다'. 崔本에는 '徑'으로 되어 있다. '곧장 건너는 것'을 '徑'이라 말하고, 글자는 또 '涇'으로도 쓴다고 말한다)." **經(경: 세로, 길, 날실)** ***kiŋ** , 古靈切, 《廣韻》: "徑也, 亦經緯('길'이다. 또 '씨줄날줄'의 날줄이다)." 《玉篇》: "經, 經緯以成繒帛也('經'은 씨줄날줄로 비단을 만드는 것이다). 《周禮·冬官·考工記》: "國中九經九緯, 經塗九軌(궁성 안의 도로는 남북으로 아홉, 동서로 아홉을 두고, 각 도로 폭은 9궤로 한다)." **莖(경: 줄기)** ***gliŋ** , 戶耕切(二等으로 발음하는 것은 분명 구어 독음임), 《廣韻》: "草木干也('초목의 줄기'이다)." 《荀子·勸學》: "木莖非能長也, 所立者然也(이는 나무줄기가 그렇게 높게 자랐기 때문이 아니라, 그것이 서 있는 위치가 그러한 것이다)." 《管子·內業》: "無根無莖, 無葉無榮(뿌리도 없고 줄기도 없으며, 잎사귀도 없고 꽃도 없다)." **脛(경/형: 정강이)** ***giŋ**[B] , 胡頂切, 《廣韻》: "腳脛('정강이')." 又**脛(경/형: 정강이)** ***giŋs** , 胡定切, 《廣韻》: "腳脛. 《釋名》

---

25 [역주] 여기서의 '胞'를 '庖'의 가차자로 보아 해석한 것이다.

云: 脛, 莖也, 直而長似物莖也('정강이'이다. 〈석명〉에 이르길, '脛은 莖(줄기)이다. 곧고 긴 것이 마치 줄기 같다')."《論語·憲問》: "以杖叩其脛(지팡이로 그의 정강이를 가볍게 쳤다)."《釋文》: "脛, 戶定反(여기서 '脛'은 '戶定反'이다)."《莊子·駢拇》: "是故鳧脛雖短, 續之則憂; 鶴脛雖長, 斷之則悲(이 때문에 오리의 다리가 비록 짧지만 이어주면 슬퍼하고, 학의 다리가 길지만 자르면 슬퍼한다)."《釋文》: "脛, 形定反.《釋名》云: 莖也, 直而長如物莖也. 本又作踁('脛'은 '形定反'이다. 〈석명〉에 이르길, '줄기이다. 곧고 긴 것이 마치 줄기나 장대 같다. 본래는 또 踁으로도 쓴다')."

北(북: 북쪽, 등지다, 배반하다) *pek , 博墨切,《廣韻》: "南北, 亦奔也(남북의 '북'이다. 또 '달아나다'이다)."《說文》: "北, 乖也, 从二人相背('北'은 '등지다'이다. 두 사람이 서로 등을 맞대는 것이다)."《國語·吳語》: "不鼓不噪以襲攻之, 吳師大北(북도 안 치고 떠들지도 않으면서 기습 공격하자, 吳나라 군대가 크게 패배하였다)." 注: "軍敗奔走曰北. 北古之背字(군대가 패주하는 것을 '北'이라 한다. '北'은 '背'의 옛 글자이다)." 공격할 때는 얼굴을 적을 향하게 되고, 패주할 땐 등이 적을 향하게 된다. 이에 '北'에서 '戰敗'의미가 나왔다.《韓非子·五蠹》: "魯人從君戰, 三戰三北(노나라 사람이 임금을 따라 전쟁에 나가 세 번 전투에서 세 번 패주했다)." 옛사람들은 남쪽(陽)을 향해 거주하였으니, 등이 향하는 방향이 곧 북쪽이 되었다.《荀子·儒效》: "周公北面而朝之(周公은 신하로서 북면하여 成王을 알현하였다)." **邶(패: 나라이름) *beks** , 蒲昧切,《廣韻》: "紂之畿內國名. 東曰衛, 南曰墉, 北曰邶. 邶, 上同(紂의 경기내 국명이다. 東을 '衛', 南을 '墉', 北을 '邶'라 했다. '邶'는 위와 같다)."《說文》: "邶, 故商邑, 自河內朝歌以北是也(邶는 옛 상왕조의 도읍이다. 하내군 조가성 이북의 지역이다)."《詩經·柏舟》箋: "自紂城而北曰邶, 南曰鄘, 東曰衛(紂의 성 이북 지역을 邶, 남쪽을 鄘, 동쪽을 衛라 한다)."《釋文》: "邶, 蒲對反, 本又作邶,《字林》方代反('邶'는 '蒲對反'이다. 본래 '邶'라 썼다.《字林》에서는 '方代反'이다)."

井(정: 우물) *ʦi̠ŋᴮ , 子郢切,《玉篇》: "穿地取出水也(땅을 뚫어 물을 취하는 것이다)."《左傳·宣公二年》: "鄭人入於井, 倒戟而出之(鄭나라 사람이 우물 안으로 들어가자, 狂狡가 창을 거꾸로 하여 창자루를 우물 속으로 넣어 그를 꺼내주었다)."《左傳·襄公二十六年》: "塞井夷灶,

成陳以當之(우물을 메우고 아궁이를 헐고, 그 자리에 진을 쳐서 楚軍을 방비했다)."《莊子·天地》: "鑿隧而入井, 抱甕而出灌(굴을 파서 우물에 들어가 항아리를 안고 나와 밭에 물을 대다)." **穽(정: 함정)** ***d̥iŋ**^{B} , 疾郢切, 《廣韻》: "坑也('구덩이'이다)." **穽(정: 함정)** ***d̥iŋs** , 疾政切, 《廣韻》: "陷阱也('함정'이다)." 《焦氏易林》: "避穽入坑, 憂患日生(함정을 피해 구덩이로 들어가니 우환이 날로 생기네)." 문헌에서 대부분 '阱'으로 표기한다. 《說文》: "阱, 陷也. 从𨸏从井, 井亦聲('阱'은 '함정'이다. '𨸏'와 '井'을 따르고 '井'이 또 성부이다)." **阱(정: 함정)** ***d̥iŋ**^{B} , 疾郢切, 《廣韻》: "上同(穽)(위와 같다)." 《孟子·梁惠王下》: "則是方四十里, 爲阱於國中(정말 그렇다면 이는 나라 가운데에 사방 40리 되는 함정을 만들어놓은 것이다)." 《禮記·中庸》: "予知驅而納諸罟擭陷阱之中, 而莫之知辟也(사람들이 모두 '나는 지혜롭다.'라고 말하지만 다른 사람이 그 사람을 몰아 그물이나 함정 안으로 들어가게 하면 아무도 피할 줄 모른다)." 《釋文》: "陷阱, 才性反, 本或作穽('陷阱'에선 '才性反'이며, 본래 '穽'으로 썼다)." 《韓非子·姦劫弑臣》: "智慮不足以避阱井之陷, 又妄非有術之士(지혜와 사려가 함정에 떨어지는 것을 족히 피하지도 못하면서, 또 함부로 법술에 뛰어난 선비를 비난한다)."

梯(제: 사다리) ***sir** , 土鷄切, 《說文》: "木階也('나무 계단, 사다리'이다)." 《墨子·公輸》: "公輸盤爲楚造雲梯之械(공수반이 초나라를 위해 운제라는 기계를 만들었다)." 《呂氏春秋·愛類》: "公輸般爲高雲梯, 欲以攻宋(공수반이 높은 구름사다리 운제를 만들었는데, 장차 이것으로 송나라를 공격하려고 한다)." 《韓非子·外儲說左上》: "秦昭王令工施鉤梯而上華山(秦 昭王이 목수에게 명해 갈고리가 달린 사다리를 설치하여 華山에 오르게 했다)." **弟(제: 차례)** ***zir**^{B} , 徒禮切, 《說文》: "韋束之次弟也(소가죽으로 물건을 묶는 순서이다)." 《呂氏春秋·原亂》: "亂必有弟, 大亂五, 小亂三(난리는 반드시 차례를 따라 일어나는 법이니, 큰 난이 다섯 차례, 작은 난이 세 차례이다)." 이후엔 '第'로 표기한다. **第(제: 차례)** ***zirs** , 特計切, 《廣韻》: "次第('차례')." 《左傳·哀公十六年》: "勝如卵, 余翼而長之, 楚國第, 我死, 令尹司馬, 非勝而誰?(勝은 새의 알과 같아, 내가 그를 보호하고 기른 것이다. 楚나라에서 사람을 등용하는 순서로 볼 때, 내가 죽은 뒤에 令尹이나 司馬가 될 사람은 勝이 아니고 누구이겠는가?)" 注: "用士之次第(卿士

를 登用하는 차례).[26]"

이러한 자음 청탁교체의 조어법(構詞法)은 일종의 원시적인 조어법인가? Baxter(1993)는 '朝'의 청탁 두 발음이 접두사 *N-을 붙여 이루어진 것이라고 한다. 즉, 두 발음은 본래 모두 清音성모였는데, 그중 하나는 접두사 *N-을 붙여 濁音성모가 되었다는 것이다. Baxter의 가설은 藏語의 명사에 ɦ-접두사를 첨가해 동사가 되는 것과 일치한다. 藏語의 경우, 품사의 변화는 주로 접사를 붙여 실현하는 방식이다. 예를 들어, ɦ-접두사나 s-접두사를 첨가한다. 그러나 어근 자음의 청탁교체 시스템은 이미 전체 漢藏語의 보편적 형태 변화 형식이 되어 버렸다. Paul K. Benedict(1984:132)에 의하면, 접두사나 접미사 외에, 원시 藏緬語의 유일하면서도 일반적인 형태 수단이 바로 '어근의 성모 교체'라고 규정할 수 있다고 한다. **상고한어에 자음 청탁교체가 있다고 인정한다면, 자음의 청탁교체를 藏緬語의 형태 수단으로 보는 사실과 일맥상통하게 된다.**

字形을 가지고 독음을 확정할 수 없기에, 우리는 《廣韻》 등 중고시기 문헌에 수록된 문자 독음을 이용해 이 문자가 기록한 단어의 음운형식을 추론할 수밖에 없다. 문자 사용 과정 중의 清濁 자음 교체 현상을 발견했을 때, 이를 무시할 수도 있다. 그런데 한편으로 이것을 가지고 이후의 濁音清化 등을 생각해 볼 수 있다. 우리로서는 이러한 '탁음청화' 등의 방법 외에, 자음 성모 간의 청탁교체 현상을 해석할 수 있는 다른 방법이 이미 없는 상태이다. 《經典釋文》, 《廣韻》, 《集韻》 등의 문헌 기록은 문자의 자음 청탁 異讀 자료로, 우리가 상고한어의 자음 청탁교체를 연구할 수 있는 매우 유용한 자료들이다. 다만, 안타깝게도 이 방면의 연구가 불충분한데다가 연구자들의 주목도 잘 받지 못하는 상황이다. 예를 들어, '會'는 《廣韻》에서, '古外切', '黃外切' 두 발음이 있다. 이중 청음으로 읽히는 '古外切'은 사용 범위가 매우 좁다. 楊樹達의 연구에 따르면, 이렇게 '儈', '膾', '檜', '澮', '鄶', '旝' 등과 같이 '會'를 성부로 하면서 《廣韻》에서 '古外切'로 읽히는 명사는 그 어원이 모두 '會'라고 한다. 이 글자들은 '會'를 성부로 하면서 선택한 것은 '黃外切'이 아닌 '古外切'

26 [역주] 杜注에서는 이를 '卿士를 登用하는 차례'로 보았다. 즉, '第'를 '차례'로 본 것이다. 그러나 다른 설에는 이것을 가설접속사로 보아 뒷구로 붙인다. 그래서 "楚나라에 만약 내가 죽으면 令尹이나 司馬가 될 사람은 반드시 勝일 것이라는 말이다."로 해석하기도 한다.

이다. 만약 '古外切'이란 독음이 실전되었다면, 오늘날 사람들은 단지 유사음을 갖고 그들 간의 諧聲 관계를 해석할 수밖에 없을 것이다. 우리는 중고시기 韻書에 기록된 淸濁異讀, 문헌 중의 문자 淸濁通假, 그리고 淸濁諧聲 중 **상당 부분이 본래 '단어의 품사 차이를 표시'하는 것이었음**을 알 수 있다. 다만, 자음의 청탁교체로 단어의 품사 차이를 표시하던 기능이 점차 쇠퇴함에 따라, 우리는 이미 그들 간에 원래부터 단어의 품사 차이가 있었음을 확정할 방법이 없게 되었다. 자음 청탁은 단지 한 단어의 품사에 대한 선택과 관련된 것일 뿐이다. 그런데 형태가 소실되면서, 본래 자음 청탁 이독이 존재했던 단어이지만, 중고시기 韻書나 고대 주석가들 저작에서는 그 독음을 완벽하게 보존하지 못했다. 그러나 **우리는 諧聲계통에서 그것들이 본래 청탁의 이독이 있었다는 증거를 찾아내곤 한다**. 예컨대 '前'이 그러하다.

前(전: 앞, 먼저, 나아가다) ***dịn**, 昨先切, 《廣韻》: "先也('먼저'이다)." 《詩經·簡兮》: "日之方中, 在前上處(해가 바야흐로 중천에 떠 있거늘, 앞의 상처에 있노라)." 《莊子·齊物論》: "顔成子游立侍乎前(顔成子游가 앞에서 모시고 서 있었다)." '前'은 상고시기에 광범위하게 동사로 사용되었다. 《說文》: "不行而進謂之前('가지 아니하고도 나아가는 것'을 '歬'이라 한다[27])." 《廣雅》: "前, 進也('前'은 '나아가다'이다)." 《莊子·盜蹠》: "孔子下車而前(공자가 수레에서 내려 앞으로 나아갔다)." 《莊子·寓言》: "膝行而前(무릎으로 걸어 앞으로 나아가다)." 《左傳·成公二年》: "韓厥執縶馬前, 再拜稽首(韓厥이 馬絆을 잡고 齊侯의 앞으로 나아가, 두 번 절하고 머리를 조아렸다)." '前'과 '進'은 同源詞에 속한다. **進(진: 앞으로 가다)** ***tịns**, 卽刃切, 《廣韻》: "前也('나아가다'이다)." 《詩經·桑柔》: "人亦有言, 進退維谷(사람들이 또한 말하되, 나아가나 물러가나 오직 계곡뿐이다)." 《左傳·成公三年》: "將授玉, 郤克趨進(齊侯가 조견하러 晉나라로 가서 授玉하려 할 때, 郤克이 빠른 걸음으로 앞으로 나왔다)." **晉(진: 나아가다)** ***tịns**, 卽刃切, 《廣韻》: "前也('나아가다'이다)." 晉, 《說文》: "進也, 日出萬物進也('자라나오다'이다. 해가 나오자 만물이 자라나오는 것이다)." 楊樹達은 '晉'이 '箭'의 본자라고 본다. '箭'은 '前'을

27 [역주] '가지 않고도 나아가는 것'은 매우 모순적인데, 이것은 '歬'의 뜻으로 곧 '배 앞에 서 있기 때문'이다.

성부로 하고 있다. 《周禮·夏官·司馬》: "其利金錫竹箭(그곳의 이로운 산물은 금과 주석과 죽전이다)." 鄭注: "古書箭爲晉(고서의 '箭'은 곧 '晉'이다)." 前(剪), 《說文》: "齊斷也, 从刀歬聲('가지런히 자르다'이다. '刀'를 따르고, '歬'이 성부이다)." 《說文》에 따르면, '前'은 '剪'의 본자이다. **翦(전: 자르다, 깃을 붙인 화살)** *tin[B] , 卽淺切, 《廣韻》: "截也, 齊也, 殺也, 勤也, 俗作剪('자르다, 가지런하다, 죽이다, 다스리다'이다. 俗에서 '剪'으로 쓴다)." 《左傳·成公二年》: "余姑翦滅此而朝食(내 잠시 이 진나라를 쳐 없애고 와서 아침밥을 먹겠다)." 이 의미로는 《廣韻》에서 '揃'으로 되어 있다. **揃(전: 자르다)**, 卽淺切, 《廣韻》: "揃搣('잘라 없애다')." 《周禮·春官·宗伯》: "木路, 前樊鵠纓(목로는 옅은 흑색 번과 흰색 영을 하고)." 注: "前讀爲緇翦之翦. 翦, 淺黑也('前'은 '緇翦'의 '翦'으로 읽는다. '翦'은 옅은 검은색이다)."

이렇게 본다면, '前'은 본래 청음의 독음이 있었다. 동사, 명사 간의 음운 관계에 따라, 동사 '前'은 마땅히 '昨先切'과 상대되는 '則前切'로 읽어야 한다. 그러나 '則前切'이란 독음은 나중에 소실되었다. 이렇게 자음 청탁교체는 상고한어에서 광범위하게 운용되던, 명사/동사 품사 전환의 어법 수단이었다. 그러나 이러한 어법 수단은 이후 점차 쇠퇴하게 되었다. 그런데 이 어법 수단은 현대중국어에서도 완전히 소실되었다고 말할 수는 없다. 자음의 청탁 대립을 보존하고 있는 일부 방언(예컨대, 吳방언 등)은 아직도 적지 않은 남은 흔적들을 보존하고 있다. 요컨대, **현대중국어에 있어서, 자음의 청탁교체를 이용해 명사, 동사 간의 차이를 표시했던 어법 수단은 이미 그 생산성을 잃었으며 지금은 단지 잔흔적 현상이 되어 버렸다**.

제2절 동사의 相

一

일찍이 北宋시기에, 賈昌朝(998-1065)는 중국어 동사에 완결형(既行體)과 현재형(現行體)의 차이가 존재함을 이미 인식하였다. 賈昌朝는《群經音辨》에서 '既'자로 동사의 완결형(既行體)을 주석하였는데, 예를 들어, '折'이 그러하다.《群經音辨》卷六에 "折, 屈也, 之舌切; 既屈曰折, 市列切('折'은 '굽다, 꺾다'이며 '之舌切'이다. 이미 굽힌(꺾인) 것을 '折'이라 하는데 '市列切'이다)."이라 하였다. 먼저 이 두 '折'의《廣韻》에서의 해석과 注音 상황을 보자.《廣韻》: "折, 拗折, 旨熱切('折'은 '꺾다'이고 '旨熱切'이다)."《廣韻》: "折, 斷而猶連也, 常列切('折'은 '부러졌으나 아직 이어져 있는 것'이다, '常列切'이다)." 이 두 개의 '折' 중, 전자가 '원인'이고, 후자가 '결과'로, 먼저 '拗折'한 후에야 '斷而猶連'이 출현한 것이다. 이렇게 '既'를 갖고 해석을 하는 예는 賈昌朝의《群經音辨》에서 모두 10개 항목이나 된다. 賈昌朝가 든 이 10개의 예 중, 4개는 非去聲과 去聲의 교체이고, 6개는 자음성모 清濁의 교체이다.

折, 屈也, 之舌切; 既屈曰折, 市列切(위의 해석 참조).

折(절: 꺾다) *te̱t , 旨熱切,《廣韻》: "拗折('꺾다')."《左傳·成公二年》: "自始合, 而矢貫余手及肘, 余折以御(처음 교전할 때부터 화살이 나의 손과 팔꿈치에 박혔으나, 나는 화살을 꺾어 내고 수레를 몰았다)."《釋文》: "折, 之設反(여기서 '折'은 '之設反'이다)."《左傳·昭公二十一年》: "張匄抽殳而下, 射之, 折股, 扶伏而擊之, 折軫, 又射之, 死(張匄가 몽둥이를 뽑아 들고 수레에서 내려오자 城이 활을 쏴 그 화살이 張匄의 다리에 맞아서 다리가 부러졌다. 그런데도 張匄가 기어 와 城의 수레를 공격하여 수레 횡목을 부러뜨렸고, 城이 또 쏘자 죽었다)." 注: "折城車軫(성의 수레 뒤턱에 댄 횡목을 부러뜨리다)."《釋文》: "折, 之設反(여기서 '折'은 '之設反'이다)."《左傳·定公十三年》: "三折肱知爲良醫(팔이 세 번 부러지면 良醫의 치료법을 알 수 있다)."《釋文》: "折, 之設反(여기서 '折'은 '之設反'이다)." **折(절: 꺾어지다) *de̱t** , 常列切,《廣韻》: "斷而猶連也('끊어졌으나 아직 이어져있다')."《左傳·襄公三十一年》: "棟折榱崩, 僑將厭焉

(楝梁이 꺾이고 서까래가 무너지면 나도 장차 거기에 깔릴 것이다).”《釋文》엔 注가 없다. 《左傳·昭公十一年》: “末大必折, 尾大不掉, 君所知也(나무 가지가 크면 반드시 밑동이 부러지고, 짐승의 꼬리가 크면 흔들 수 없는데, 이는 임금님께서도 아시는 바입니다).”《釋文》엔 注가 없다.

別, 辨也, 披列切; 既辨曰別, 皮列切('別'은 '나누다, 구별하다'로, '披列切'이다; '이미 나눠진 것'을 '別'이라 하며 '皮列切'이다).

別(별: 나누다, 구별하다) *pra̲t , 方別切,《廣韻》: “分別('나누다').”《說文》: “別, 分也('別'은 '나누다'이다).”《左傳·僖公二十四年》: “目不別五色之章爲昧, 心不則德義之經爲頑(눈으로 五色의 무늬를 구별하지 못하는 것을 '昧'라 하고, 마음으로 덕의의 상도를 본받지 못하는 것을 '頑'이라 한다).”《釋文》: “別, 彼列反(여기서 '別'은 '彼列反'이다).”《禮記·曲禮上》: “別同異, 明是非也(같고 다름을 구분하고, 옳고 그름을 밝히다).”《釋文》: “別, 彼列反(여기서 '別'은 '彼列反'이다).”《論語·爲政》: “不敬, 何以別乎?(공경하지 않는다면, 짐승이 사람을 봉양하는 것과 무슨 차이가 있겠는가?)” 別,《釋文》: “彼列反(여기서 '別'은 '彼列反'이다).” **別(별: 이미 나눠지다, 헤어지다) *bra̲t**, 皮列切,《廣韻》: “異也, 離也, 解也('다르다, 헤어지다, 나누다'이다).”《詩經·谷風》: “行道遲遲, 中心有違(길을 가도 발길이 안 떨어지고 맘속에 깊은 한이 있거늘).” 箋: “行於道路之人至將離別, 尙舒行其心徘徊然(길을 나서는 사람이 장차 이별함에, 더디 감은 그 마음이 배회하는 듯한 것이다).”《詩經·谷風》: “不遠伊邇, 薄送我畿(멀리 전송하지 않고 가까이하여 잠시 나를 문 안에서 전송하는구나).” 箋: “言君子與己訣別, 不能遠, 維近耳(임이 자기와 이별할 때 멀리까지 전송하지 않고 가까이서 하는 것을 말하고 있다).”

斷, 絕也, 都管切; 既絕曰斷, 徒管切('斷'은 '끊다'이고, '都管切'이다; '이미 끊어진 것'이 '斷'인데 '徒管切'이다).

斷(단: 끊다, 자르다) *ton^{B} , 都管切,《廣韻》: “斷絕('끊다').” 斷,《說文》: “截也('자르다'이다).”《左傳·襄公十八年》: “大子抽劍斷鞅(태자가 칼을 뽑아 말 가슴걸이를 잘랐다).”《釋文》: “斷音短(여기서 '斷'의 음은 '短'이다).”《左傳·襄公二十三年》: “或以戟鉤之, 斷肘而死(어떤 병사가 가지가 달린 창으로 그를 걸어 당기자 팔뚝이 잘라져 죽었다).”《釋文》: “斷音短(여기서

'斷'의 음은 '短'이다)." 斷**(단: 끊어지다)** *don^B , 徒管切, 《廣韻》: "絕也('끊어지다'이다)."

盡, 極也, 卽忍切; 旣極曰盡, 慈忍切('盡'은 '다하다'이고, '卽忍切'이다; '이미 다 한 것'을 '盡'이라 하고 '慈忍切'이다).

盡(진: 다 없애다) *$\underline{t}in^B$, 卽忍切, 《廣韻》: "曲禮曰虛坐盡前(곡례에 이르길, '빈자리에 앉을 때는 앞으로 다가앉는다')." 《左傳·閔公二年》: "盡敵而反(적을 다 죽이고 돌아오다)." 《釋文》: "盡, 子忍反(여기서 '盡'은 '子忍反'이다)." 《左傳·僖公三十一年》: "東傅於濟, 盡曹地也(동쪽으로 濟水에 이르기까지, 모두 曹나라의 땅이었다)." 《釋文》: "盡, 津忍反(여기서 '盡'은 '津忍反'이다)." 《左傳·文公十四年》: "而多聚士, 盡其家, 貸於公有司以繼之(많은 인재를 모았으나, 이로 인해 가산이 바닥났고, 이에 公有司[28]에게 빌려 그 일을 계속하였다)." 《釋文》: "盡, 津忍反(여기서 '盡'은 '津忍反'이다)." **盡(진: 다하다, 없어지다)** *$\underline{d}in^B$, 慈忍切, 《廣韻》: "竭也, 終也('다하다, 끝나다'이다)." 《左傳·襄公十八年》: "楚師多凍, 役徒幾盡(楚나라 군에 얼어 죽은 이들이 많이 생겼고 役徒는 거의 다 죽었다)." 《釋文》엔 注가 없다. 《左傳·昭公十五年》: "鼓人告食竭力盡而後取之(鼓 사람들이 식량도 다 떨어지고 힘도 다 떨어졌다고 알린 뒤에, 鼓城을 취하였다)."

分, 別也, 方云切; 旣別曰分, 扶問切('分'은 '나누다'이고, '方云切'이다; '이미 나누어진 것'을 '分'이라 하며, '扶問切'이다).

分(분: 나누다) *$p\underline{u}n$, 府文切, 《廣韻》: "《說文》別也(〈설문〉에 '나누다'라 나온다)." 分, 《說文》: "別也. 从八从刀, 刀以分別物也('나누다'이다, '八'과 '刀'를 따른다. 칼로 사물을 나누는 것이다)." 《左傳·僖公二十八年》: "分曹衛之田, 以賜宋人(曹나라와 衛나라의 땅을 분할하여 송인에게 하사하다)." 《左傳·文公十八年》: "不分孤寡, 不恤窮匱(고아나 과부에게 나누어 주지도 않고 곤궁한 사람을 구휼하지도 않다)." **分(분: 나누어지다, 몫, 경계)** *$b\underline{u}ns$, 扶問切, 《廣韻》: "分劑(나누어진 부분, 몫, 경계)." 《禮記·曲禮上》: "很毋求勝, 分毋求多(다툼에 이기는 것을 추구하지 말고, 나눔에 많은 몫을 구하지 말라)." 《釋文》: "分, 扶問反(여기서 '分'은 '扶問

28 [역주] 公室의 財政을 담당한 官吏

反'이다)."《禮記·樂記》: "各歸其分(각각 그 분수로 돌아가다)."《釋文》: "分, 扶問反(여기서 '分'은 '扶問反'이다)."

解, 釋也, 古買切; 既釋曰解, 胡買切('解'는 '풀다, 가르다'이고 '古買切'이다; '이미 풀린 것'을 '解'라 하며 '胡買切'이다).

解(해: 풀다, 가르다) *kri^B^ , 佳買切, 《廣韻》: "講也, 說也, 脫也, 散也('설명하다, 말하다, 벗다, 흩다'이다)." 解, 《說文》: "判也('나누다, 가르다'이다)."《莊子·田子方》: "公使人視之, 則解衣般礴(공이 사람을 시켜 살펴보게 했더니, 옷을 벗어 벌거벗은 채로 앉아 있었다)."《易·解》注: "解之爲義, 解難而濟厄者也('解'의 뜻은 어려움을 풀고 困厄을 구제하는 것이다)."《釋文》: "解, 佳買反(여기서 '解'는 '佳買反'이다)." **解(해: 풀리다, 알다) *gri^B^** , 胡買切, 《廣韻》: "曉也('알다'이다)."《莊子·徐無鬼》: "市南宜僚弄丸而兩家之難解(市南宜僚는 구슬을 가지고 노는 모습을 보여주어 白公과 子西 두 집안의 화난이 해결되었다)."《釋文》: "解, 音蟹(여기서 '解'의 음은 '蟹'이다)."《易·解》孔疏: "解有兩音, 一音古買反, 一音胡買反. 解爲解難之初, 解爲既解之後('解'는 두 음이 있는데, 하나는 '古買反'이고, 다른 하나는 '胡買反'이다. '解'는 어려움을 해결하는 처음이기도 하고 이미 어려움이 해결된 후이기도 하다)."《易·蹇》注: "以難之平, 則難解(어려움으로 평이함에 가면 어려움이 풀린다)."《釋文》: "解音蟹(여기서 '解'의 음은 '蟹'이다)."

동사 현재형의 성모는 청음이고, 완결형의 성모는 탁음이다. 즉, 자음성모의 淸濁교체를 통해 동사의 현재형과 완결형 간 전환을 실현하는 것이다. 이 규칙은 위절에서 언급했던 동사가 명사를 파생시키는 규칙과 동일하다. 동사의 원형은 청음 성모이고, 여기서 파생된 명사는 탁음 성모이다. 의미상으로 볼 때, 명사가 가리키는 사물이란 사실 동사가 가리키는 동작행위가 완결된 후 이루어진 결과이다. 분명, 동사가 먼저이고 명사가 나중인 것이다. 이 외에도, **동사가 형용사를 파생시킬 수 있는데, 그 규칙 역시 자음의 청탁교체이며, 동사가 청음 성모, 형용사가 탁음 성모이다.** 馬建忠(1983:21)에 따르면, "靜字言已然之情景, 動字言當然之行動(형용사는 이미 이루어진 상황을 말하는 것이고, 동사는 지금 이루어지는 행동을 말하는 것이다)."이라 하였다. 이로 볼 때, 동사와 형용사 간의 선후 순서 역시 동작행위나 변화가 먼저이고 상태가 나중이 된다. 즉, 동작행위나 변화가 없다면 상태도 없는 것이며, 동작행위나 변화가 원인이 되고 상태가 결과가 되는 것이다. 동작행위가 이미 완결되었거나 변화가 이미 발생했다면 이는 사건이 이미 끝났음을 의미한다. 따라서 동사 완결형은 동사 원형이 표시하는 동작행위나 변화가 없다. '折旨熱切'은 동작행위를 나타내지만, '折常列切'은 일종의 상태가 된다. 따라서 **동사의 완결형은 형용사의 특징을 갖고 있다**.

釋(석: 풀다) *sa̱k, 施只切, 《說文》: "解也('풀다'이다)." 段注: "《廣韻》曰: 舍也, 解也, 散也, 消也, 廢也, 服也. 其實一解字足以包之(〈광운〉에 이르길, '버리다, 풀다, 흩다, 없애다, 폐하다, 따르다'라고 말하는데, 사실 '解'자 하나면 충분히 포괄할 수 있다)." 《左傳·僖公六年》: "武王親釋其縛(武王은 손수 그 결박을 풀어 주었다)." 《左傳·僖公三十三年》: "釋左驂, 以公命, 贈孟明(處父는 왼쪽 驂馬를 풀어서 公의 명이라 말하며 孟明에게 주었다)." 《左傳·襄公二十八年》: "士皆釋甲束馬而飲酒(甲士들은 모두 갑옷을 벗고 말을 묶어놓고서 술을 마셨다)." 《穀梁傳·昭公二十九年》: "昭公出奔, 民如釋重負(소공이 제나라로 도망가 버리자, 백성들은 마치 무거운 짐을 내려놓은 것과 같았다)." 피동작주(受事)가 '구체'에서 '추상'으로 확장될 수 있다. 《左傳·隱公五年》: "請君釋憾於宋(임금께서 송나라에 대한 원한을 풀겠다고 하시면 (저희가 嚮導가 되겠습니다))." 《莊子·在宥》: "解心釋神, 莫然無魂(마음을 풀고 정신을 놓아서, 고요히 혼이 없는 경지에 이르게 되다)" '풀다(解開)'로부터 '녹다(消融)' 등의 의미로 파생되기도 한다. 《禮記·月令》: "則水潦敗國, 時雪不降, 冰凍消釋(장마가 많이 들어 나라가 피폐해지고, 때에 맞는 눈이 내리지 않고, 얼었던 얼음도 녹아버린다)." 《莊子·庚桑楚》: "庚桑子聞之, 南面而不釋然(庚桑子가 그 이야기를 듣고 남쪽을 바라보며 기뻐하지 않았다)." 심신이 '부담'이 없어지는 것이므로, '釋'은 "釋然"으로부터 '기뻐하다(悅服)'의 의미가 파생될 수 있다. **懌(역: 기뻐하다)** *za̱k, 羊益切, 《廣韻》: "悅也, 樂也('기쁘다, 즐겁다'이다)." 《詩經·節南山》: "既夷既懌, 如相酬矣(이미 화평하고 이미 기뻐하자 서로 술잔을 기우는 듯하네)." 傳: "懌, 服也('懌'은 '따르다'이다)." 《詩經·頍弁》: "既見君子, 庶幾說懌(이미 군자를 만나보니 거의 기쁘도다)." 《釋文》: "懌音亦, 本又作繹(여기서 '懌'의 음은 '亦'이고 본래 '繹'으로 쓴다)." 《說文》: "懌, 說也('懌'은 '기쁘다'이다)." 段玉裁注: "經典通用釋(경전에서는 '釋'으로 통용된다)."

壞(괴: 무너뜨리다) ***krurs**, 古壞切, 《廣韻》: "毁也('무너뜨리다'이다)." 《左傳·成公十年》: "晉侯夢大厲, 壞大門及寢門而入. 公懼, 入於室, 又壞戶(晉侯의 꿈에 큰 厲鬼가 대문과 寢門을 부수고 들어오자, 景公은 겁이 나서 내실로 들어갔고, 그러자 내실의 문도 부수었다)." 《釋文》: "壞音怪(여기서 '壞'의 음은 '怪'이다)." 《左傳·襄公三十一年》: "子產使盡壞其館之垣, 而納車馬焉(子產이 사람을 시켜 그 객관의 담장을 다 허물고서 거마를 객관 안으로 들여놓게 했다)." 《釋文》: "壞音怪(여기서 '壞'의 음은 '怪'이다)." **壞(괴: 무너지다)** ***grurs**, 胡怪切, 《廣韻》: "自破也('스스로 파괴되다, 무너지다'이다)." 《左傳·文公十三年》: "大室之屋壞, 書不共也(太室의 지붕이 무너졌다. 經에 이를 기록한 것은 不共(恭)을 꾸짖은 것이다)." 《釋文》엔 注가 없다.

校(교: 조사하다, 비교하다) ***krɯs**, 古孝切, 《廣韻》: "檢校, 又考校('대조확인하다, 또 비교하다'이다)." 《國語·齊語》: "合群叟, 比校民之有道者(여러 원로들을 모아서 백성 가운데 도가 있는 사람을 살피셨다)." 《周禮·地官·司徒》: "以歲時莅校比(해마다 당의 백성 수가 많고 적음을 비교하다)." 《禮記·學記》: "比年入學, 中年考校(해마다 입학을 하고, 한 해 건너 점검을 했다)." **效(효: 드러나다, 효험이 있다)** ***grɯs**, 胡教切, 《廣韻》: "效力, 效驗也('효력, 효험이 있다'이다)." 《廣雅》: "效, 考也('效'는 '조사하다'이다)." 王念孫疏證: "效之言校也('效'란 '조사하다'이다)." 《韓非子·二柄》: "故人主好賢則群臣飾行以要君欲, 則是群臣之情不效(그러므로 임금이 현인을 좋아하면 신하들은 행실을 꾸며 임금이 요구하는 것에 영합하게 된다. 그렇게 되면 신하들의 실체는 드러나지 않는다)."

屬(속/촉: 잇다, 모으다) ***to̱k**, 之欲切, 《說文》: "連也('잇다'이다)."(屬자는 '从尾'이며, 楊樹達은 본의가 "꼬리 밑의 구멍(尾下竅)"이라고 한다. 《尚書·堯典》: "鳥獸孳尾(새와 짐승은 새끼를 낳고 교미한다)." 注: "乳化曰孳, 交接曰尾(새끼 치는 것을 '孳'라 하고, 교접하는 것을 '尾'라 한다)." 필자가 보기에 '屬'의 본의는 분명 '교접'이다.) 《國語·晉語四》: "齊秦不得其請, 必屬怨焉(제나라와 秦나라가 요청을 얻지 못하면 반드시 원망을 맺을 것이다)." 《左傳·襄公四年》: "公請屬鄫(襄公이 鄫나라를 魯나라에 귀속시켜주기를 청했다)." 杜注: "鄫, 小國也, 欲得使屬出貢賦(鄫은 소국이다. 그들을 귀속시켜 貢賦를 바치게 하려고 한다)." 《左傳·僖公十九

年》: "欲以屬東夷(東夷를 복속시키고자 하였다)."《釋文》: "屬, 朱欲反(여기서 '屬'은 '朱欲反'이다)."《左傳·僖公二十三年》: "左執鞭弭, 右屬櫜鞬, 以與君周旋(왼손으론 채찍과 활을 잡고 오른쪽으론 활집과 화살통을 차고서, 임금님과 겨루어 보고자 한다)." 杜注: "屬, 著也('屬'은 '부착하다'이다)."《釋文》: "屬, 音燭(여기서 '屬'의 음은 '燭'이다)." 글자는 뒤에 '钃'으로 쓴다. '钃'은 '之欲切'이다.《廣韻》: "綴帶('띠')."《左傳·隱公三年》: "召大司馬孔父而屬殤公焉(大司馬 孔父를 불러 殤公을 부탁했다)."《釋文》: "屬, 章欲反(여기서 '屬'은 '章欲反'이다)."《左傳·僖公十七年》: "公與管仲屬孝公於宋襄公, 以爲大子(환공은 관중과 함께, 효공을 태자로 세우도록 송양공에게 부탁하였다)."《釋文》: "屬, 音燭(여기서 '屬'의 음은 '燭'이다)." 뒤에 글자를 '囑'으로 쓴다. '囑'은 '之欲切'이다.《廣韻》: "托也('부탁하다'이다)." '屬'은 '연접하다(連屬)'의 의미로부터 '모이다(聚集)'의미로 파생되었다. 屬,《廣韻》: "會也('모이다'이다)."《孟子·梁惠王下》: "乃屬其耆老而告之(이에 태왕께서 원로들을 모아놓고 말씀하셨다)." 孫奭音義(孫奭의 〈맹자음의〉에): "屬音燭, 會聚也('屬'의 음은 '燭'이고, '모이다'이다)." 또 '눈빛을 모으는 것'을 가리키기도 한다.《左傳·定公十四年》: "師屬之目, 越子因而伐之(오군이 이를 괴상히 여겨 注目하자, 越나라 임금은 그 틈을 이용해 공격하였다)."《國語·晉語五》: "則恐國人之屬耳目於我也(나라 사람들의 이목이 저에게 집중될까 우려된다)." 뒤에 글자를 '矚'으로 쓴다. '矚'은 '之欲切'이다.《廣韻》: "視也('보다'이다)." **屬(속: 붙다, 잇다)** ***do̱k** , 市玉切,《廣韻》: "附也, 類也('붙다, 분류하다'이다)."《左傳·桓公五年》: "周公黑肩將左軍, 陳人屬焉(周公黑肩이 좌군을 거느리니 진인이 이에 예속되었다)."《左傳·成公七年》: "蠻夷屬於楚者吳盡取之(蠻夷가 楚나라에 속했다가, 오나라가 모두 취했다)." 이것이 명사로 전환하여 '種屬'의 '屬(종류)'이 되었다.《左傳·莊公十年》: "忠之屬也, 可以一戰(이는 忠에 속한 일이니, 한 번 싸워볼 만하다)." 또 '부하(部屬)'를 가리키기도 한다.《左傳·文公十二年》: "乃以其屬出(그런 다음, 그 부하들을 거느리고 나갔다)."

合(합: 모으다) ***kup** , 古沓切,《廣韻》: "合集('모으다')." '欱(갑)'은 '古沓切'이다.《廣韻》: "合會也('모으다'이다)." '佮(합)'은 '古沓切'이다.《廣韻》: "並佮聚('모으다')." 合,《說文》: "合口也('입이 다물어지다'이다)." 斂,《說文》: "合也('모으다'이다)." 佮,《說文》: "合也('모으다'이다)."《爾雅》: "欱, 合, 合也('欱, 合'은 '모으다'이다)." '合', '欱', '佮'은 같은 단어의 다른 문자

형식에 불과하다. 《尙書·益稷》: "下管鼗鼓, 合止柷敔(堂下에는 관악기와 鼗鼓를 두는데, 柷과 敔로써 음악을 합주하거나 그치게 한다)." 《釋文》: "合, 如字, 徐音閤(여기서 '合'은 통상음이며, 徐씨의 음은 '閤'이다)." 《周禮·天官·冢宰》鄭注: "其治合之齊則存乎神農(그 병을 다스리고 잘 조합한 처방(劑)은 신농에 근거한다)." 《釋文》: "合, 如字, 又音閤(여기서 '合'은 통상음이며 또 음이 '閤'이다)." 《禮記·文王世子》: "凡祭與養老乞言合語之禮(무릇 제사와 양로걸언과 합어[29]의 예는)." 《釋文》: "合, 如字, 徐音閤, 注同, 下大合樂放此(여기서 '合'은 통상음이며, 徐씨의 음은 '閤'이다. 아래 주는 동일하다. 아래의 '大合樂'도 이와 같다)." 《禮記·昏禮》鄭注: "昏禮者, 將合二姓之好, 上以事宗廟而下以繼後世也(혼례라 하는 것은 두 성의 좋은 것을 합하여, 위로는 종묘를 모시고, 아래로는 후세를 잇는 것이다)." 《釋文》: "合, 如字. 徐音閤(여기서 '合'은 통상음이며, 徐씨의 음은 '閤'이다)." **合(합: 合同, 和하다, 들어맞다, 모이다) *gup**, 侯閤切, 《廣韻》: "合同('함께하다')." 또 '詥(합: 화합하다)'은 '侯閤切'이다. 《廣韻》: "諧也, 亦作合('화합하다'이다, 또는 '合'으로 쓴다)." 《詩經·常棣》: "妻子好合, 如鼓瑟琴(처자간에 좋고 화합함이 금슬을 타는 듯하구나)." 箋: "好合, 志意合也('好合'이란 '뜻이 합해짐'을 말한다)." 《詩經·大明》: "文王初載, 天作之合(문왕의 초년에 하늘이 배필을 내리시니)." 《周禮·地官·司徒》注: "得耦爲合. 主合其半, 成夫婦也(짝을 만나 합을 이룬다. 그 반을 합하여 부부가 된다)."

脫(탈: 뼈에서 고기를 바르다, 벗기다, 벗다) *sot, 他括切, 《廣韻》: "骨去肉('뼈에서 고기를 바르다')." '骨去肉'이란 뼈에 있는 고기를 분리해 내는 것이다. 《禮記·內則》: "肉曰脫之, 魚曰作之(고기는 '벗기다'라고 하고, 물고기는 '깎다'라고 한다)." 《爾雅》: "肉曰脫之(고기는 '벗기다'라고 한다)." 여기서 파생하여 '분리, 이탈, 탈락(分離, 脫離, 脫落)' 등의 의미가 나왔다. 《莊子·胠篋》: "魚不可脫於淵, 國之利器不可以示人(물고기가 연못에서 나올 수 없듯이, 한 나라의 날카로운 무기 또한 사람들에게 보여서는 안 된다)." **脫(탈: 벗어나다) *zot**, 徒活切, 《廣韻》: "肉去骨('고기가 뼈에서 벗어나다')." '肉去骨'이란 곧 '뼈를 이미 제거한 고기'이다. 《莊子·天道》: "吾自以爲脫焉((그러한 경지를) 나는 스스로 벗어났다고 생각한다)."

---

29 [역주] '養老乞言'이란 '노인의 현자를 모셔다가 지혜의 말씀을 정하는 것'이고, '合語'는 '향사례 등의 연회가 끝날 즈음에, 술을 주고받으며 선왕의 법에 대해 진지하게 토론하는 예식'이다.

郭象注: "脫, 過去也('脫'은 '뛰어넘어 가다'이다)."《釋文》: "脫, 徒活反(여기서 '脫'은 '徒活反'이다)"《莊子·徐無畏》: "夫民死已脫矣(그러면 백성들은 이미 죽음에서 벗어났을 것이다)."《釋文》: "脫, 音奪(여기서 '脫'의 음은 '奪'이다)."《群經音辨》: "脫, 解也, 吐活切; 脫, 壞斷也, 音奪, 鄭康成說《禮》編簡爛脫('脫'은 '벗다, 벗기다'이고, '吐活切'이다; '脫'은 '해지고 망가지다'이고, 음은 '奪'이다. 정강성(정현)이 〈예기〉를 말함에 '죽간 묶음이 해지고 떨어지다'라고 한다."

失(실: 잃다, 실수하다) ***sit** , 式質切,《廣韻》: "錯也, 縱也('어그러지다, 벗어나다(놓다)'이다)."《說文》: "失, 縱也('失'은 '벗어나다(놓다)'이다)." 段玉裁注: "在手而逸去爲失('손에 있다가 놓여나는 것'을 '失'이라 한다)."《左傳·莊公十二年》: "得一夫而失一國, 與惡而棄好, 非謀也(한 사람을 얻고 한 나라를 잃는 것이며, 악한 이를 돕고 좋은 나라를 버리는 것이니 이는 좋은 계책이 아닙니다)."《左傳·僖公三十三年》: "奉不可失, 敵不可縱(하늘이 준 기회를 놓칠 수 없으며, 敵을 놓아주어서도 안 됩니다)." '잃음(失)'의 대상이 구체에서 추상으로 변화하였다.《禮記·表記》: "君子不失足於人, 不失色於人, 不失口於人(군자는 사람에 대해서 '실족'하지 않으며, 사람에 대하여 '실색'하지 않으며, 사람에 대하여 '실어'하지 않는다)." 注: "失謂失其容止之節也('失'이란 '용모와 행동거지의 절제를 잃는 것'을 말한다)."《論語·顏淵》: "君子敬而無失, 與人恭而有禮(君子는 행동함에 삼가고 과실이 없으며, 남과 사귈 때 공손하고 예가 있다)."《韓非子·說難》: "又非吾敢橫失, 而能盡之難也(또한 자신이 거침없이 언변을 구사하여 능히 다 말하는 것이 어렵다는 것이 아니다)."《漢書·五行志》: "魯夫人淫失於齊(노나라 부인은 제에 대해 淫佚(음란, 방탕)하였다)." 師古注: "失讀曰佚(여기서 '失'은 '佚'로 읽는다)."《漢書·地理志》: "漢中淫失(한중은 방탕하다)." 師古注: "失讀曰泆(여기서 '失'은 '泆(일: 방탕하다)'로 읽는다)." 글자는 '佚'로 쓰고 또 '泆'로도 쓴다. **佚(일: 편안하다, 느슨하다, 방탕하다)** ***zit** , 夷質切,《廣韻》: "佚樂('방탕하고 즐기다')." **泆(일: 음탕하다, 방탕하다)** ***zit** , 夷質切,《廣韻》: "淫泆('음탕하고 방탕하다')."《左傳·成公六年》: "國饒, 則民驕佚(국가가 풍요하면 백성이 방탕하고 안일해진다)."《左傳·哀公二年》: "蒯聵不敢自佚, 備持矛焉(저 蒯聵도 감히 스스로 편안히 있을 수 없어서 창을 들게 되었다)."《左傳·隱公三年》: "驕奢淫泆, 所自邪也(驕, 奢, 淫, 泆이 바로 사악함의 원인이다)." 글자는 또 '逸'로도 쓴다. **逸(일: 잘못하다, 제멋대**

로하다) *zit , 夷質切,《廣韻》: "過也, 縱也, 奔也('잘못하다, 제멋대로 하다, 달아나다'이다)."《左傳·襄公十八年》: "人其以不穀爲自逸而忘先君之業矣(사람들은 내가 스스로 편안함만을 탐하고 선군의 대업은 잊었다고 할 것이다)."

結(결: 묶다, 맺다) *kit , 古屑切,《廣韻》: "締也('맺다, 묶다'이다)."《莊子·胠篋》: "民結繩而用之(백성들이 새끼줄을 묶어서 뜻을 전달하는데 사용하다)."《左傳·成公十七年》: "抽戈結衽而僞訟者(두 사람은 창날을 뽑아 옷자락에 묶어 쟁송하는 것처럼 위장하였다)." 여기서 발전하여 '교제하다, 연결하다(結交, 聯結)' 등의 의미가 되었다.《左傳·文公十二年》: "所以藉寡君之命, 結二國之好(그러므로 저희 임금의 명으로 두 나라 사이에 우호를 맺으려고 합니다)."《左傳·昭公四年》: "寡人願結驩於二三君(과인은 몇몇 나라의 임금과 친분을 맺기를 원한다)." **絜(혈: 묶다, 에두르다)** *git , 胡結切,《廣雅》: "束也('묶다'이다)."《廣韻》字作"挈", 胡結切, "縛也(〈광운〉엔 '挈'로 되어 있으며, '胡結切'이고, '묶다'이다)".《禮記·大學》: "是以君子有絜矩之道也(그러므로 군자에게는 혈구의 도가 있다[30])." 注: "絜, 猶結也, 挈也('絜'은 '묶다, 끌다'와 같다)."《釋文》: "絜, 音結(여기서 '絜'의 음은 '結'이다)."《韓非子·五蠹》: "今之縣令一日身死, 子孫累世絜駕(지금은 현령이 하루아침에 죽어도, 그 자손들이 대대로 수레를 몰 수 있다)." 段玉裁《說文》注: "人部係下云: 絜束也. 是知絜爲束也. 束之必圍之, 故引申之圍度曰絜(人부의 '係' 아래에 이르길, '묶다'라 했는데, 이로써 '絜'이 '묶다'임을 알 수 있다. 묶을 땐 필히 둘러야 한다. 그래서 '에두르다'란 말이 나왔는데 이것이 '絜'이다)."《莊子·人間世》: "其大蔽數千牛, 絜之百圍(그 크기는 수천 마리의 소를 가릴 정도이고, 둘레는 백 아름이나 된다)."

頓(돈: 조아리다) *tuns , 都因切,《說文》: "下首也('머리를 조아리다'이다)."《左傳·文公七年》: "出朝則抱以適趙氏, 頓首於宣子(조정을 나온 후, 태자를 안고서 趙氏의 집으로 가서 宣子에게 머리를 조아렸다)."《左傳·定公四年》: "九頓首而坐(申包胥는 아홉 번 머리를 조아리고서 앉았다)." **頓(돈: 패하다, 무너지다)** *duns , 徒困切(《釋文》).《禮記·表記》: "鄉道而行, 中道而廢(道를 향해 가다가 중도에 쓰러질지언정)." 鄭注: "廢喻力極罷頓, 不能復行則止也('廢'는 힘

---

30 [역주] '絜矩之道'란 '곱자를 가지고 재는 듯한 도'로 위정자에게 있는 자신만의 곧은 원칙을 의미한다.

이 다하여 지치고 무너져 더이상 가지 못해 멈추는 것을 비유한다)."《釋文》: "頓, 如字, 又徒困反(여기서 '頓'은 통상음이며, 또 '徒困反'도 있다)."《群經音辯》: "頓, 下首也, 都困切; 頓, 困也, 徒困切, 鄭康成說《禮》中道而廢謂力極罷頓('頓'은 '머리숙이다'로, '都困切'이다; '頓'은 '피곤하다'로, '徒困切'이다. 정강성이 〈예기〉의 '中道而廢'에 대해 말하여 '힘이 다하고 지쳐 무너지는 것'이라 하였다)."《韓非子·初見秦》: "兵甲頓, 士民病(병기와 갑옷은 망가지고 군사와 백성들은 지쳤다)."

㔍(절: 끊다) *t̥o̠t , 子悅切, 《廣韻》: "斷物也('사물을 끊다'이다)." '㔍'은 '絶'자의 後起區別字이다. 《集韻》: "絶, 租悅切, 斷也, 或从刀('絶'은 '租悅切'로, '끊다'이다, 또는 '刀'를 따르기도 한다(즉 '㔍'))." 《龍龕手鑒》: "絶, 子悅反, 斷物也('絶'은 '子悅反'으로, '사물을 끊다'이다)." 絕, 《說文》: "斷絲也('실을 끊다'이다)." 段玉裁注: "斷之則爲二, 是曰絕. 引申之凡横越之曰絕, 如絕河而渡是也(끊으면 둘이 되는데, 이를 일컬어 '絶'이라 한다. 여기서 발전하여 모든 횡으로 넘는 것을 '絶'이라 한다. 마치 '강을 가로질러 넘는 것'이 그러하다)." 絕, 《釋名》: "截也, 如割截也('자르다'이다. 즉, '割截(자르다)'와 같다)." 《左傳·隱公六年》: "絕其本根, 勿使能殖(그 뿌리를 잘라버려 다시는 번식하지 못하게 하다)." 藏語에서 g-tɕod-pa란 단어는 "나무 베다, 자르다, 살육하다, 끊다, 넘다, 건너다"의 의미로, 바로 漢語 '絕'과 同源關系詞가 된다. **絕(절: 끊어지다) *d̥o̠t** , 情雪切, 《廣韻》: "斷也('끊어지다'이다)." 《左傳·文公十年》: "子西縊而縣絕(子西는 목을 매었으나 끈이 끊어졌다)." 《左傳·昭公十九年》: "子占使師夜縋而登, 登者六十人, 縋絕(子占이 군사들에게 밤에 밧줄로 성 위로 오르게 하였고, 60명이 올라간 뒤에 밧줄이 끊어졌다)." 《漢書·揚雄傳下》: "是以遐方疏俗殊鄰絕黨之域(이로써 '먼 지역의 풍속이 다른 곳'과 '이웃 나라 먼 족당'이라 하더라도)."

降(강: 내리다, 내려가다) *kruŋs , 古巷切, 《廣韻》: "下也, 歸也, 落也('내리다, 돌아가다, 떨어지다'이다)." 《說文》: "下也('내리다'이다)." 《左傳·僖公二十三年》: "公子降, 拜稽首; 公降一級而辭焉(公子가 뜰 아래로 내려가 절하고서 머리를 조아리자, 穆公은 계단 하나를 내려가서 사양하였다)." 杜注: "下階一級(계단 하나를 내려가는 것이다)." 《左傳·桓公二年》: "儉而有度, 登降有數(德은 검소하면서도 법도가 있고, 오르고 내림에 일정한 數가 있다)." 杜注: "登

降謂上下(登降은 곧 '오르고 내림'이다)."《詩經·節南山》: "昊天不傭, 降此鞠訩; 昊天不惠, 降此大戾(하늘이 균평하지 아니하여 이 극한 난을 내리며, 하늘이 순하지 아니하여 이 큰 괴려의 변을 내렸다)." **降(항: 항복하다) *gruŋ**, 下江切, 《廣韻》: "降伏('항복하다')." 夅, 下江切, 《廣韻》: "服也('항복하다'이다)."《說文》: "夅, 服也('夅'은 '항복하다'이다)." '降'과 '夅'은 한 단어의 두 가지 문자 형식이다.《詩經·草蟲》: "亦既覯止, 我心則降(또 그를 만나면, 나의 마음은 평온해진다)."《釋文》: "降, 下江反(여기서 '降'은 '下江反'이다)."《左傳·隱公三年》: "夫寵而不驕, 驕而能降, 降而不憾, 憾而能眕者, 鮮矣(대체로 총애를 받지만 교만하지 않고, 교만하면서도 자신을 낮추며, 억지로 자신을 낮추되 원한을 품지 않으며, 원한이 있으나 자중하는 자는 드뭅니다)." 疏: "亦既驕矜必不能自降其心, 強降其心未有不恨(이미 교만한 자는 자기 마음을 스스로 낮추기 힘들다, 억지로 그 마음을 낮추게 되면 원한이 없지 않다)."《左傳·隱公十一年》: "其能降以相從也(마음을 낮추어 따르다)." 杜注: "降, 降心也('降'은 '마음을 낮추는 것'이다)."

裨(비: 돕다) *pi̱, 府移切, 《廣韻》: "裨補也, 增也, 與也, 附也('돕다, 보태다, 더하다, 주다'이다)."《說文》: "裨, 接益也('裨'는 '이어보태다'이다)."《國語·晉語四》: "裨輔先君而成霸者也(선군을 도와서 패자를 이룬 것이다)." 注: "裨, 補也('裨'는 '돕다'이다)."《國語·鄭語》: "若以同裨同, 盡乃棄矣(만일 같은 것으로 같은 것에 보태면 이 모두를 다 버리게 됩니다)." 注: "裨, 益也('裨'는 '보태다'이다)."《國語·晉語八》: "而裨諸侯之闕(제후의 결점들을 보충시켜 주다)." 注: "裨, 補也('裨'는 '돕다'이다)." **埤(비: 늘다) *bi̱**, 符支切, 《廣韻》: "附也, 增也('더하다, 늘다'이다)."《說文》: "埤, 增也('埤'은 '늘다'이다)."《管子·度地》: "歲埤增之, 樹以荊棘, 以固其地(제방은 해마다 더 늘려야 하고, 가시나무를 심어서 제방을 더 견고하게 해야 한다)."《詩經·北門》: "王事適我, 政事一埤益我(왕사가 나에게 몰려들고, 정사가 모두 나에게 늘어나거늘)." 傳: "埤, 厚也('埤'는 '후함'이다)."

敗(패: 패배시키다) *prats, 補邁切, 《廣韻》: "破他曰敗('남을 깨뜨리는 것'을 '敗'라 한다)."《詩經·桑柔》: "大風有隧, 貪人敗類(대풍이 불어옴이 길이 있으니 탐욕스러운 이들이 일족을 망치도다[31])." 《釋文》: "敗, 伯邁反(여기서 '敗'는 '伯邁反'이다)." 《左傳·隱公元年》: "惠公之季年, 敗宋師於黃(惠公 말년에 宋의 군대를 黃에서 패배시켰다)." 《釋文》: "敗, 必邁反, 敗他也(여기서 '敗'는 '必邁反'으로 '남을 패배시키는 것'이다)." **敗(패: 패배하다)** ***brats**, 薄邁切, 《廣韻》: "自破曰敗('스스로 패하는 것'을 '敗'라 한다)." 《詩經·小旻》: "如彼泉流, 無淪胥以敗(저 넘치는 샘물과 같아, 빠져서 서로 패할 것이니)." 《釋文》엔 注가 없다. 《左傳·隱公十一年》: "息侯伐鄭, 鄭伯與戰於竟, 息師大敗而還(息侯가 정나라를 치니, 鄭伯이 식나라 군대와 국경에서 전투하였는데, 식나라 군대가 크게 패하고서 돌아갔다)." 《釋文》엔 注가 없다. 《左傳·桓公五年》: "鄭師合以攻之, 王卒大敗(정나라 군대가 합세하여 주왕의 군대를 공격하자, 주왕의 군대가 대패하였다)." 《釋文》엔 注가 없다.

'敗'는 《說文》에 "毀也. 从攴貝('훼손하다'이다. '攴'와 '貝' 두 의미를 따른다)."라고 되어 있다. '敗'는 회의자이다. 문자 자체로 볼 때, '敗'의 본의는 '補邁切' 발음의 '敗'이고, '薄邁切' 발음의 '敗'는 아니다. 앞의 '敗'는 확실히 《廣韻》처럼 "다른 것을 부수다(破他)"로 해석되나, 뒤의 '敗'는 "스스로 부수다(自破)"로 해석할 수는 없다. "息師敗"는 결과이지 원인이 아니다. 즉, 두 '敗' 사이에는 인과나 선후의 관계가 존재한다. 이에 대해 두 개의 '敗'를 비교해 보면 쉽게 알 수 있는데, 앞의 '敗'는 동사이고, 뒤의 '敗'는 형용사(靜詞)이다. 즉, '이미 그러하다(已然)'의 상태이다. 이러한 의미는 '敗'의 의미파생으로부터 관찰할 수 있다.

敗(패), 《詩經·民勞》傳: "壞也(**'부서지다'**이다)[32]." 《論語·鄕黨》: "魚餒而肉敗, 不食(생선이 썩은 것과 고기가 썩은 것은 드시지 않으셨다)." 《爾雅》: "肉謂之敗, 魚謂之餒(육류가 상한 것을 '敗'라 하고, 어류가 상한 것을 '餒'라 한다)." 注: "敗, 臭也('敗'는 곧 **'썩은 것'**이다)." 《韓詩外傳》卷八: "民無凍餒, 食無腐敗(백성 중 춥고 굶주린 자가 없고, 음식은 썩은 것이 없다)." 《春秋繁露·天地陰陽》: "因天地之化, 以成敗物(천지의 조화로 썩은 사물이 되게 하다)." 《國語·

---

31 [역주] 여기서 '敗類'의 '類'에 대해 여러 설이 있다. 그중 하나는 '선함'이란 것도 있어, '선함을 망치다'로 보기도 한다.

32 [역주] 《詩經·民勞》에 '無俾正敗' 구절이 나오고, 여기의 '正敗'에 대한 해석은 '바름이 패하다'이다.

晉語八》: "軍無敗政(군사와 관계된 일 중 **잘못된** 것이 없었다)." 이 '敗'는 이미 완전히 하나의 형용사이다. 《韓非子·主道》: "是以明君守始以知萬物之源, 治紀以知善敗之端(이 때문에 현명한 군주는 시원을 지켜서 만물의 근원을 알고, 실마리를 다스려서 선악을 판별하는 단서를 안다)." 《韓非子·難一》: "舜之救敗也, 則是堯有失也(舜이 폐단을 구제하였다면, 이는 堯가 **잘못**이 있는 것이다)." 이 '敗'는 이미 명사이다.

동사의 청자음 형식과 탁자음 형식은 분명한 시간 선후 관계나 인과 관계를 갖고 있다. 동작행위가 이미 '완결'되거나 '변화'가 이미 발생하게 되면, '결과'나 '상태'가 출현하게 된다. 이 두 형식의 동사를 비교해 보면, 우리는 탁자음 형식이 종종 명사나 형용사를 겸하는 것을 발견하게 된다. 의미로 볼 때, 청자음 형식의 동사는 종종 '현재상황(當然)'의 動態동사가 되는 반면, 탁자음 형식의 동사는 종종 '기발생상황(已然)'의 狀態동사가 되어 더 이상 동작성을 갖지 않는다.

解(해: 풀다, 가르다, 나누다, 벗다) ***kri^B^**, 佳買切, 《說文》: "判也('나누다'이다)." 《禮記·曲禮上》: "解屨不敢當階(신을 벗을 때에는 감히 섬돌에 바로 놓아두지 못한다)." 《莊子·田子方》: "公使人視之, 則解衣盤礴臝(公이 사람을 시켜 살펴보게 하였더니, 그는 옷을 벗고 벌거벗은 채 책상다리를 하고 있었다)." 《莊子·大宗師》: "故明己之無異於金, 則所係之情可解. 可解則無不可也(이에 자신이 쇠붙이와 다르지 않다는 것을 알게 될 것이고, 그 맺었던 정을 풀 수 있을 것이다. 풀게 된다면 불가함이 없게 된다)[33]." 《釋文》: "解, 如字, 下同(여기서 '解'는 통상음이고, 아래도 동일하다)." '解'의 피동작주(受事)는 구체적인 사물로부터 추상적인 일에까지 이른다. 《戰國策·燕策三》: "解燕國之患((지금 저의 한 마디로) 연나라의 근심을 풀

---

33 [역주] 이것은 晉의 郭象이 지은 《莊子注》 중 일부이다. 이 부분은 '莊子·大宗師'의 글 중, "今(之)大冶鑄, 金踊躍曰: 我且必爲鏌鋣, 大冶必以爲不祥之金, 今一犯人之形, 而曰: 人耳人耳, 夫造化者, 必以爲不祥之人(지금 대장장이가 쇠붙이를 녹여서 주물을 만드는데, 쇠붙이가 뛰어 올라와 '나는 장차 반드시 막야와 같은 名劍이 되겠다'고 말한다면, 대장장이는 반드시 상서롭지 못한 쇠붙이라고 여길 것이다. 이제 한 번 인간의 형체를 훔쳐서 세상에 태어나 "나는 언제까지나 오직 사람으로만 살겠다."고 말한다면, 저 造化者도 반드시 상서롭지 못한 사람이라고 생각할 것이니)."이란 부분에 대한 注이다.

수 있소).”《荀子·君道》: “其辯說足以解煩, 其知慮足以決疑(그들의 논변은 충분히 복잡한 사정을 풀 수 있고, 그들의 지혜는 충분히 어려운 사건을 해결할 수 있다).”《群經音辨》: “解, 判也, 工買切; 解, 散也, 戶買切(‘解’는 ‘나누다’로, ‘工買切’이다; 解는 ‘풀리다’로, ‘戶買切’이다).”
解(해: 풀리다, 알다) ***gri^B^**, 胡買切.[34] 《莊子·徐無鬼》: “市南宜僚弄丸而兩家之難解(市南宜僚는 구슬을 가지고 노는 모습을 보여주어 白公과 子西 두 집안의 화난이 해결되었다).”《釋文》: “解音蟹(여기서 ‘解’의 음은 ‘蟹’이다).”《莊子·秋水》: “奭然四解, 淪於不測(거침없이 사방팔방으로 자기를 해방하여, 헤아릴 수도 없는 깊은 경지에 침잠하다).”《釋文》: “解, 戶買反(여기서 ‘解’는 ‘戶買反’이다).”《莊子·庚桑楚》: “是乃所謂冰解凍釋者能乎?(이것은 바로 얼음을 녹이고 언 것을 풀 줄 아는 사람이라면 할 수 있을 것이다)” 두 의미의 전후나 인과 관계가 분명하다. ‘判’은 ‘散’의 원인이고, ‘散’은 ‘判’의 결과이다.《莊子·養生主》: “古者謂是帝之縣解(옛날에는 이것을 일러 ‘꼭지에 거꾸로 매달렸다가 풀려난 것’이라고 했다).”《釋文》: “解, 音蟹(여기서의 ‘解’의 음은 ‘蟹’이다).”《禮記·月令》: “鹿角解, 蟬始鳴(사슴은 뿔을 갈게 되고 매미는 울기 시작한다).”《釋文》: “解, 戶買反(여기서의 ‘解’는 ‘戶買反’이다).”

解(해: 설명하다) ***kri^B^**, 佳買切,《廣韻》: “講也, 說也(‘설명하다, 말하다’이다).”《禮記·檀弓上》鄭注: “解時人之惑(당시 사람들의 의혹을 설명하다(풀다)).”《釋文》: “解, 佳買反(여기서의 ‘解’는 ‘佳買反’이다).” **解(해: 알다)** ***gri^B^**, 胡買切,《廣韻》: “曉也(‘알다’이다).” 解 *kri^B^ 이것은 ‘해결’ 즉 답안을 찾는 과정이다. 解 *gri^B^ 이것은 이미 답안을 찾아 깨달은 것이다.《論語·八佾》集解: “孔安國曰: 孔子言繪事後素, 子夏聞而解(공안국이 말하길, ‘공자가 繪事後素에 대해 말하자 자하가 듣고 이해했다’).”《釋文》: “解, 音蟹(이때의 ‘解’의 음은 ‘蟹’이다).”《禮記·學記》鄭注: “師說之明則弟子好述之, 其言少而解(스승의 말이 분명하면 제자는 이를 잘 기술하고, 그 말이 적어도 이해가 된다)[35].”《釋文》: “解, 胡買反(여기서의 ‘解’는 ‘胡買反’이다).”《公羊傳·隱公五年》注: “弟子未解其言(제자가 그 말을 이해하지 못하다).”《釋文》: “解, 戶買反, 或佳買反(여기서의 ‘解’는 ‘戶買反’ 또는 ‘佳買反’이다).” 又《桓公二年》注: “弟子未解(제자가 이해하

---

34 [역주] 여기의 “**解(해: 풀리다, 알다)** *gri^B^, 胡買切” 부분은 원래 원서에서는 없는 것이나, 내용상 필요하기에 역자가 임의로 삽입한 것이다.

35 [역주] 이는《禮記·學記》중, “其言也約而達, 微而臧” 부분에 대한 주해이다.

지 못하다)." 《釋文》: "解, 音蟹(여기서의 '解'의 음은 '蟹'이다)."

黃坤堯(1992:125-127) 역시 '解'의 두 독음 간의 관계를 토론한 바 있다. 그는 "周法高가 'B音(胡買反)'을 완결형(既事式)으로 본 것은 옳다."라고 하였다. 동사 '解'에 관해 말하자면, '解胡買反'의 형식은 또 '解(懈)'라는 다른 형식과 서로 짝을 이룬다. '懈'는 《廣韻》에서 "懶也, 怠也, 古隘切('게으르다, 나태하다'이다, '古隘切')"이라고 나온다. '解'와 '懈'의 차이는 바로 非去聲과 去聲의 차이에 있다. 제7장에서 토론할 예정인데, 상고한어 접미사 *-s는 또 동사 완결형(既行體)의 음운 표기이기도 하다. 추측컨대, 상고한어 동사 완결형의 위의 두 가지 음운 표기는 아마도 동일한 층위에 속하지 않을 수도 있다. 이와 관련한 구체적인 상황은 보다 진일보한 연구가 필요한 실정이다.

二[36]

하나의 동작이 '완결'되거나 '변화'가 발생한 후, 자연적으로 '결과'나 '상태'가 출현하게 된다. 이때 '상태'란 물질적이든 행위적이든 간에 형용사나 부사의 특성이 된다. 예컨대, 변화동사 '長'은 작물이나 동물이 생장한 후 원래와 비교했을 때 더 자라 있게 된다. 《呂氏春秋·圜道》에 "物動則萌, 萌則生, 生則長, 長則大(사물이 움직여 싹이 트고, 싹이 터서 태어나고, 태어나면 자라고, 자라면 커진다)"라고 하였다. 이것은 바로 동사 '長'과 형용사 '長' 간의 선후 인과 관계를 잘 설명하고 있다. **동사에서 명사가 파생되고, 또 형용사도 파생된다**. 이러한 **동사와 형용사 간의 음운 관계는 바로 청성모와 탁성모 간의 교체**이다.

張(장: 펴다, 벌리다) ***traŋ** , 陟良切, 《廣韻》: "張施也('벌리다'이다)." 《廣雅》: "張, 大也('張'

36 [역주] 이 부분은 '동작의 완결, 변화'가 '결과의 생성, 상태의 형성'으로 바뀌는 예이다. 즉, '동사 → 형용사'이다.

은 '크다'이다)."《道德經》: "天之道, 其猶張弓與!(하늘의 道는 아마도 당겨진 활과 같을 것이다)"《戰國策·西周策》: "薛公必破秦以張韓魏(薛公은 틀림없이 진나라를 깨뜨려 한나라와 위나라를 강하게 할 것이다)." 鮑彪注: "張, 大之也('張'은 '크게 하다'이다)."《莊子·山木》: "有一人在其上, 則呼張歙之(그 위에 사람이 있으면 큰소리로 배를 밀어라 당겨라 하고 소리를 지른다)[37]."《釋文》: "張, 開也(여기서의 '張', '당겨 떨어지게 하는 것'이다)." '활'이 분명 잡아당겨 넓힐 수 있는 것지만, 잡아당겨 넓힐 수 있는 것이 활만은 아니다.《史記·陳涉世家》: "陳涉乃立爲王, 號爲張楚(이에 진섭이 왕이 되었고, 국호를 '초나라를 넓힌다'란 의미의 '장초'로 하였다)." 索隱: "李奇云: 欲張大楚國, 故稱張楚也(李奇에 따르면, 초나라를 넓히고자 하여 장초라 칭했다고 한다)." '張'은 본래 단지 '長'으로만 썼다.《左傳·哀公五年》: "范氏之臣王生惡張柳朔(范氏의 가신 王生이 張柳朔을 미워하였다)." 惠棟《左傳補注》(惠棟의 《左傳補注》에 이르길): "《墨子·所染》云范吉射染於長柳朔.……古張字省作長, 見楚相孫叔敖碑, 此古文也(《墨子·所染》에서 말한 '진나라 대부 범길사는 장류삭에게 물들었다'란 말이 있는데, …전에는 張자를 長으로 줄여 썼다. 초나라 재상 孫叔敖의 비를 보면 이 고문이 나온다)."《墨子·所染》: "知伯搖染於智國, 張武(지백요는 지국과 장무에게 물들었다)." 孫詒讓: "智國, 張武蓋卽知伯國, 長武子也. 長, 張字通(智國과 張武는 곧 知伯國과 長武子이다. '長'과 '張'은 서로 통한다)." **'漲(창: 넘치다)'**은 '陟良切'이다.《廣韻》: "水大貌('홍수난 모양'이다)." 漲, 知亮切[38],《廣韻》: "大水('홍수')." '漲'은 後起區別字이다.《水經注·河水》: "潭水斯漲, 溢而爲海(담수가 이에 불어나고, 넘쳐나면 바다가 된다)." **長(장: 자라다, 크다)** ***traŋ^B^*** , 知丈切,《廣韻》: "大也('크다'이다)."《孟子·公孫丑上》: "宋人有閔其苗之不長而揠之者(송나라 사람 중에 벼싹이 자라지 않는 것을 안타깝게 여겨 뽑아놓은 자가 있었네)."《莊子·馬蹄》: "禽獸成群, 草木遂長(금수들이 무리를 이루었고 초목이 마음껏 자랄 수 있었다)."《孟子·告子上》: "故苟得其養, 無物不長; 苟失其養, 無物不消(만일 잘 길러진다면 모든 물건이 다 잘 자라게 되고, 만일 잘 길러지지 못하면 모든 물건이 다 사라지게 된다)." '생장'의 의미로부터 '자라다, 조장하다, 증가하다' 등의 의미가 파생되었다.《左傳·隱公六年》: "善不可失, 惡不可長(善을 잃어서도 안 되고 惡을 키워

37 [역주]《淮南子》高誘 注에 "배의 노를 젓는 자는 배를 강가에 가까이 대는 것을 '歙'이라 하고 강가에서 멀어지게 하는 것을 '張'이라 한다."라고 풀이하였다.

38 [역주]《廣韻》에 '漲'은 '陟良切'과 '知亮切' 두 반절이 나온다.

서도 안 된다)." 《左傳·僖公三十三年》: "墮軍實而長寇讎, 亡無日矣(우리의 전과를 무너뜨려 원수인 秦의 기세를 키워주었으니, 나라가 망할 날이 머지않았다)." **長(장: 길다, 오래다) *dra̱ŋ**, 直良切, 《廣韻》: "久也, 遠也, 常也, 永也('오래다, 멀다, 항상되다, 길다'이다)." 《詩經·蒹葭》: "溯洄從之, 道阻且長(물결을 거슬러 올라가 따르려 하나, 길이 막히고 또 길다)." 《左傳·宣公十五年》: "古人有言曰, 雖鞭之長, 不及馬腹(옛사람의 말에 '채찍이 아무리 길어도 말의 배에는 미치지 못한다'고 하였습니다)." '長'은 '공간의 거리'뿐 아니라, '시간의 장단'도 의미할 수 있다. 《說文》: "長, 久遠也('長'은 '오래고 멀다'이다)." 《左傳·文公十三年》: "死之短長, 時也(수명(죽음)의 길이는 곧 운명이다)." 이렇게 시간의 장구함으로 파생되어, 글자로는 '常'으로 쓴다. 《廣雅》: "長, 常也('長'은 곧 '常'이다)." **常(상: 오래도록 안 변하다) *da̱ŋ**, 市羊切, 《集韻》: "久也('오래다'이다)." 《詩經·文王》: "侯服于周, 天命靡常(주나라에 복종하니 천명은 일정하지 않은지라)." 부사로 사용되어 '항상(常常, 經常)'의 의미를 나타내기도 한다. 《莊子·天下》: "未嘗先人而常隨人(일찍이 남보다 앞선 적이 없었고, 항상 남의 뒤를 따라갔다)."

比(비: 견주다, 나란하다) *pi̱r^B, 卑履切, 《廣韻》: "校也, 並也('견주다, 나란하다'이다)." 《詩經·谷風》: "既生既育, 比予于毒(이미 살게 되고 이미 길러지니, 나를 독에 비유하는구나)." 《左傳·桓公十五年》: "人盡夫也, 父一而已, 胡可比也?(출가하기 전에는 누구나 다 남편이 될 수 있지만, 아버지는 하나뿐이다. 그러니 어찌 남편이 아버지와 비교가 되겠는가?)" 俞敏(1984): "'比'는 '비교하다.'이다. '비교'하려면 서로 가까이 놓아야 하는데, '가까운 것'으로부터 '밀집되다'란 의미가 파생되어 나온다." **比(비: 가깝다, 친하다, 밀집되다, ~에 이르러) *bi̱rs**, 毗至切, 《廣韻》: "近也('가깝다'이다)." 《群經音辨》: "比, 密也, 毗至切; 比, 方也, 必以切('比'는 '가깝다'로, '毗至切'이다; '比'는 '나란히 하다'로 '必以切'이다)." 《詩經·正月》: "洽比其鄰, 昏姻孔云(이웃들과 사이좋게 지내고, 혼인을 위한 말도 오가네)." 《釋文》: "比, 毗志反(여기서 '比'는 '毗至反'이다)." 《論語·爲政》: "君子周而不比, 小人比而不周(군자는 두루 화합하고 편을 들지 않으며, 小人은 편을 들고 두루 화합하지 못한다)." 《釋文》: "比, 毗志反(여기서 '比'는 '毗志反'이다)." 《戰國策·秦策一》: "天下有比志而軍華下(천하가 뜻을 합하여 華山 아래에 주둔시켰다)." 鮑注: "比, 密也('比'는 '가깝다'이다)."

裨(비: 돕다, 보태다) *pi̲ , 府移切, 《廣韻》: "裨補也, 增也, 與也, 附也, 助也('보태다, 더하다, 주다, 붙다, 돕다'이다)." 《國語·晉語四》: "裨輔先君而成霸者也(선군을 도와서 패자를 이룬 것이다)." **裨(비: 버금, 부장)** *bi̲ , 府支切, 《廣韻》: "副將('부장')." 裨, 《說文》: "接益也('이어서 보태다'이다)." 《禮記·玉藻》: "諸侯玄端以祭, 裨冕[39]以朝(제후는 현단으로 제사를 지내고, 비면으로 조회하고)." 《釋文》: "裨, 婢支反(여기서 '裨'는 '婢支反'이다)." 《漢書·項籍傳》: "梁爲會稽將, 籍爲裨將(항량은 회계의 장군이 되고, 항우는 비장이 되었다)." 顏注: "裨, 助也, 相副助也. 裨音頻移反('裨'는 '돕다', '서로 돕다'이다. 여기서 '裨'의 음은 '頻移反'이다)."

尸(시: 진열하다, 벌여놓다, 펼치다) *si̲r , 式脂切, 《廣韻》: "陳也('진열하다'이다)." 《說文》: "尸, 陳也, 象臥之形('尸'는 '벌여놓다, 진열하다'로 '누워있는 모습'을 본뜬 것이다)." 《詩經·小雅·祈父》: "有母之尸饔(어머니가 음식을 진열하게 하다)." 傳: "尸, 陳也('尸'는 '진열하다'이다)." 《左傳·成公十七年》: "以戈殺之, 皆尸諸朝(창으로 찔러 죽이고서, 세 사람의 시체를 가져다가 조정에 벌여 놓았다)." 《左傳·昭公十四年》: "乃施邢侯, 而尸雍子與叔魚於市(이에 邢侯를 죽여 벌여 놓았고, 雍子와 叔魚의 시신도 저잣거리에 벌여 놓았다)." **夷(이: 평평하다, 평온하다)** *zi̲r , 以脂切, 《廣韻》: "《說文》平也(〈설문〉에는 '평평하다'라 나온다)." 《道德經》: "大道甚夷, 而人好徑(큰길은 매우 평탄하지만, 백성들은 지름길을 좋아한다)." 《詩經·桑柔》: "亂生不夷, 靡國不泯(난이 일어나도 평정되지 않으니 그 나라가 망하지 않을 수 없도다)." 또 '마음이 평온하다(心平)'라는 뜻도 된다. 《詩經·草蟲》: "亦既見止, 亦既覯止, 我心則夷(또한 이미 그를 보며, 또 그를 만나면, 나의 마음은 평온해진다)." 傳: "夷, 平也('夷'는 '평온하다'이다)."

舒(서: 펴다) *sa̲ , 傷魚切, 《廣韻》: "緩也, 伸也, 徐也, 敘也('느슨하다, 펴다, 느긋하다'이다)." 《說文》: "舒, 伸也('舒'는 '펴다'이다)." 《詩經·江漢》: "匪安匪舒, 淮夷來鋪(편안하며 느긋하게 하려는 것이 아니라 淮夷에 와서 정벌하려 함이다)." 《韓非子·十過》: "三奏之, 延頸而鳴, 舒翼而舞(세 번째 연주를 하자, 목을 길게 빼어 울었고, 날개를 펼쳐 춤을 췄다). 《管子·內業》: "凡道

39 [역주] '裨冕'이란 고대 중국의 제후, 경대부가 조회하거나 제사할 때 입는 冕服의 통칭이다.

必周必密, 必寬必舒, 必堅必固(무릇 도는 반드시 골고루 미치고 빽빽하게 차며, 반드시 관대하고 느슨하며, 반드시 굳고 한결같다)." 글자는 또 '紓'로도 쓴다. **紓(서: 느슨하다, 펴다)** *sa̱ , 傷魚切,《廣韻》: "緩也('느슨하다'이다)."《說文》: "紓, 緩也('紓'는 '느슨하다'이다)." 段玉裁注: "《左傳》多用'紓'字. 其義皆同(〈좌전〉에서는 '紓'자를 자주 쓰는데, 그 의미는 모두 같다)."《左傳·莊公三十年》: "自毁其家, 以紓楚國之難(스스로 자기 가산을 덜어 내어, 이로써 楚나라의 화난을 누그러뜨렸다)." 杜注: "紓, 緩也('紓'는 '느슨하다'이다)."《左傳·襄公八年》: "姑從楚以紓吾民(우선 楚나라에 복종하여 이로써 백성의 위급을 완화시킨다)."《釋文》: "紓, 音舒(여기서의 '紓'는 음이 '舒'이다)."《左傳·昭公三十二年》: "從王命以紓諸侯(왕명을 따르면 제후들의 부담을 덜게 될 것이다.)"《釋文》: "紓, 音舒(여기서의 '紓'는 음이 '舒'이다)." **徐(서: 천천하다)** *za̱ , 似魚切,《說文》: "緩也('느슨하다, 느리다'이다)." 글자는 또 '徐'로도 쓴다. **徐(서: 천천하다)** *za̱ , 似魚切,《廣韻》: "緩也('느리다'이다)."《莊子·天道》: "不徐不疾, 得之於手而應於心(느슨하지도 않고 빡빡하지도 않게 한 것은, 손에서 터득하여 마음으로 호응하는 것이다)."《戰國策·宋衛策》: "徐其攻而留其日(위나라의 공격을 늦추고 그 날짜를 지연시키겠습니다)."

釋(석: 풀다) *sa̱k , 施只切,《廣韻》: "舍也, 解也, 散也, 消也, 廢也, 服也('버리다, 풀다, 흩뜨리다, 없애다, 따르다'이다)."《說文》段玉裁注: "其實一解字足以包之(사실, '解'자 하나면 충분히 의미를 포괄한다)."《左傳·僖公六年》: "武王親釋其縛, 受其璧而祓之(武王은 손수 그 결박을 풀어 주고, 그 입에 물었던 구슬을 받아서 부정을 털어주는 祓를 했다)."《左傳·僖公三十三年》: "釋左驂, 以公命, 贈孟明(處父는 왼쪽 驂馬를 풀어서, 公의 명이라 말하며 孟明에게 주었다)." 여기서 발전하여 '석방하다, 포기하다, 내버리다' 등의 의미가 나왔다.《左傳·成公三年》: "兩釋纍囚, 以成其好(두 나라가 서로 포로를 석방하고 이로써 우호를 다지기로 하였다)." 다시 파생되어 '녹다, 없어지다(消釋, 消融)' 등의 의미가 되었다.《國語·晉語一》: "雖欲愛君, 惑不釋也(비록 임금을 사랑하고 싶었더라도, 미혹 속에서 헤어나지 못할 것입니다)."《道德經》: "渙兮若冰之將釋(흩어지는 모습이 마치 장차 얼음이 녹으려 하는 것과 같다)."《爾雅》: "悅, 懌, 釋, 服也('悅, 懌, 釋'은 '따르다'이다)." 疏: "釋者, 釋去恨怨而服也('釋'은 곧 원한을 풀고 따르는 것을 말한다)."《莊子·齊物論》: "南面而不釋然(임금 자리에 있으면서도 마음이

석연치 않았다).” 疏: “釋然, 怡悅貌也(‘釋然’은 ‘즐겁고 기쁜 모양’이다).” 글자를 ‘懌’으로 쓴다. 《尙書·顧命》: “惟四月哉生魄, 王不懌(4월 달그림자가 드리우기 시작할 때에, 왕께서는 기쁘지 않으셨다).” 《考異》: “古文乃改作不懌(고문에는 ‘不懌’으로 고쳐 쓰기도 한다).” **懌(역: 기뻐하다)** ***zak** , 羊益切, 《廣韻》: “悅也, 樂也(‘기쁘다, 즐겁다’이다).” 《詩經·節南山》: “旣夷旣懌, 如相酬矣(이미 화평하고 이미 기뻐하자, 서로 술잔을 권하듯이 하도다).” 傳: “懌, 服也(‘懌’은 ‘맘으로 따르다’이다). 《詩經·頍弁》: “旣見君子, 庶幾說懌(이미 군자를 만나보니 거의 기쁘도다).” 《釋文》: “懌音亦, 本又作繹(여기서 ‘懌’의 음은 ‘亦’이고, 본래 ‘繹’로도 쓴다).”

說(설: 말하다, 알리다, 진술하다) ***sot** , 失爇切, 《廣韻》: “告也(‘알리다’이다).” 《說文》: “說, 釋也(‘說’은 ‘풀어 밝히다’이다).” 《釋名》: “說, 述也, 序述之也(‘說’은 ‘진술하다’, ‘차례대로 풀어나가다’이다).” 《左傳·襄公二十八年》: “小適大有五惡, 說其罪戾(소국이 대국에 가는 경우, 다섯 가지 나쁜 점이 있다. 그 나라의 죄를 설명하고).” 注: “自解說也(‘스스로 해설하는 것’이다).” 《左傳·昭公七年》: “說也, 爲身無義而圖說, 從政有所反之以取媚也(說明하기 위함이었습니다. 그들은 몸소 불의를 행한 사람들이니, 설명하기 위해서였습니다. 정치는 정도를 위반하더라도 백성의 비위를 맞춰야 하는 경우도 있습니다).” 注: “後者以解說民心(후자는 백성들의 마음(의심하는 마음)에 대해 解說(解明)한 것이다).” 《釋文》: “說, 如字, 下及注同. 徐, 始銳反(‘說’은 통상음이고 아래 주도 동일하다. 徐씨의 음은 ‘始銳反’이다).” **說(세: 유세하다, 설득하다)** ***sots** , 舒芮切, 《廣韻》: “說誘(‘말하여 꼬드기다’).” ‘說’은 본래 ‘해설하다, 유세하다, 설득하다(解說, 遊說, 說服)’ 등의 의미가 있는데, 여기서 발전하여 ‘복종하다, 열복하다(爲服, 悅服)’ 등의 의미가 나왔다. **說(열: 기뻐하다)** ***zot** , 弋雪切. 《左傳·僖公四年》: “齊侯說, 與之虎牢, 執轅濤塗(齊侯는 기뻐하여 申侯에게 虎牢를 주고, 轅濤塗를 잡아 가두었다).” 《釋文》: “說, 音悅(여기서 ‘說’은 음이 ‘悅’이다).” 《左傳·僖公二十八年》: “公說, 乃拘宛春於衛, 且私許復曹衛(文公은 기뻐서 이에 宛春을 衛나라에 억류하였고, 또 曹나라와 衛나라의 회복을 몰래 허락하였다).” 《釋文》: “說, 音悅(여기서 ‘說’은 음이 ‘悅’이다).” ‘說’은 나중에 ‘悅’로 썼다. **悅(열: 기쁘다, 즐겁다, 심복하다)** ***zot** , 弋雪切, 《廣韻》: “喜也, 脫也, 樂也, 服也, 《經典》通用‘說’(‘기쁘다, 즐겁다, 심복하다’이고 〈경전〉에선 ‘說’과 통용한다).” 《韓非子·十過》: “使者還報韓君, 韓君大悅(한나라의 사신이 돌아와 韓나라 임금에게 보고하자, 임금은 크게 기뻐하였다).”《韓非子·喻老》: “扁鵲出, 桓侯又不悅(편작이 물러나자 환후는 또 불쾌히 여겼다).”

焦(초: 그을리다) *ƫɯ, 卽消切,《說文》: “火所傷也(‘불에 의해 태워져 상하다’).”《莊子·徐無鬼》: “而已與豕俱焦也((돼지를 구워먹으려고 불태우면) 곧 자기 자신도 돼지와 함께 모두 타버리게 되는 줄 모른다).”《莊子·逍遙遊》: “大旱金石流, 土山焦而不熱(큰 가뭄으로 金石이 녹아 흐르고 土山이 타버리더라도, 불에 타지 아니한다).” 불에 데면 사물이 오그라듦으로 여기서 파생하여 ‘오그리다(卷縮)’ 의미가 나왔다.《戰國策·魏策》: “中道而反, 衣焦不申(사신으로 가는 길에 중도에서 되돌아왔는데, 옷이 초췌하게 구겨졌다).” 注: “焦, 卷也(여기서 ‘焦’은 ‘구겨지다’이다).” **憔(초: 애태우다)** *ᶁɯ, 昨焦切,《廣韻》: “憔悴, 瘦也(‘초췌하다, 여위다’이다).”《國語·吳語》: “民人離落而日以憔悴(백성은 배반하고 흩어져서 국력이 날로 쇠약해지다).”《孟子·公孫丑上》: “民之憔悴於虐政(백성들이 학정으로 인해 초췌해졌다).”

卒(졸: 마치다) *ƫut, 子聿切,《廣韻》: “終也, 盡也(‘끝나다, 마치다’이다).”《詩經·七月》: “無衣無褐, 何以卒歲?(저고리 없고, 털옷도 없다면 어찌 한해를 끝내겠나)”《詩經·蓼莪》: “民莫不穀, 我獨不卒(사람들 다 잘 지내는데, 나만 홀로 부모님 봉양을 다하지 못하는구나).” 箋: “卒, 終也(‘卒’은 ‘다하다’이다).” ‘卒’은 나중에 ‘죽다(死)’의 완곡표현이 되었다.《公羊傳·隱公三年》: “大夫曰卒(대부의 죽음을 ‘卒’이라 한다).” **悴(췌: 파리하다)** *ᶁut, 秦醉切,《廣韻》: “憔悴, 憂愁(‘초췌하다, 근심하다’).”《左傳·昭公七年》: “或燕燕居息, 或憔悴事國(누구는 편안히 집에서 쉬고 있는데, 누구는 나랏일로 인해 초췌하구나).”

均(균: 고르게 하다, 균일하다) *qin, 居勻切,《廣韻》: “平(‘평평하다, 고르다’).”《周禮·天官·冢宰》: “掌邦治以佐王均邦國(나라 다스리는 것을 담당하여, 이로써 왕을 보좌하고 나라를 균등하게 한다).”《周禮·天官·冢宰》: “以正百官, 以均萬民(여러 나라를 평화롭게 하고 백성들을 균등히 하다).”《論語·季氏》: “不患寡而患不均, 不患貧而患不安((나라를 가진 자와 집을 가진 자는) 땅과 백성이 적은 것을 걱정하지 않고 정치가 고르지 못함을 걱정하며, 가난함을 걱정하지 않고 백성이 편안하지 못함을 걱정한다).”《說文》: “均, 平遍也. 从土从勻,

匀亦聲('均'은 '고르고 평평한 것'이다. '土'와 '匀'을 따르고, '匀'은 또 성부이다)." '均'은 後起區別字로 본래는 '匀'으로 썼다. '均'은 '規倫切'이다. 《集韻》: "《說文》平遍也, 《周禮》作旬, 或作匀, 通作均(〈설문〉에 이르길, '고르고 평평하다'라 하고, 〈주례〉에는 '旬'이나 '匀'으로도 쓰는데 통상 '均'으로 쓴다)." **匀(균: 고르다)** ***ɢi̱n**, 羊倫切, 《廣韻》: "遍也, 齊也('평평하다, 가지런하다'이다)." 《玉篇》: "匀, 齊也(匀은 '가지런하다'이다)." 《一切經音義》引《說文》: "匀, 調匀也('匀'은 '고르다'이다)." 《素問·調經論》: "陰陽匀平, 以充其形(음양이 고루 평하여 그 형체를 채운다)." 《素問·脈要精微論》: "絡脈調匀, 氣血未亂(낙맥이 균형을 이루고 있고, 기혈이 아직 어지럽지 않다)."

夾(협: 가지다, 끼다) ***krep**, 古洽切, 《廣韻》: "持也('가지다'이다)." 《說文》: "夾, 持也('夾'은 '가지다'이다)." 《左傳·成公十六年》: "欒范以其族夾公行(欒書와 范文子가 그 족속을 거느리고 양쪽에서 厲公의 수레를 호위하여 갔다)." 注: "在公左右(즉, '진려공의 좌우에서 호위'이다)." 《釋文》: "夾, 古洽反(여기서의 '夾'은 '古洽反'이다)." 《周禮·地官·司徒》: "王巡守, 則夾王車(왕이 순행하면, 왕의 수레를 옆에서 따르며 설명한다)." 좌우에서 끼이게 되면 좁다. **狹(협: 좁다)** ***grep**, 侯夾切, 《廣韻》: "隘狹('좁다')." 《荀子·王制》: "短而長, 狹而廣(짧으면서도 길며 좁으면서도 넓다)." 《戰國策·齊策五》: "地狹而好敵大, 事敗而好長詐(국토가 좁은 데도 큰 나라에 대적하고, 일이 실패했는데도 詐術을 재주로 여기고 좋아한다)."

并(병: 어우르다, 합하다) ***pi̱ŋ**, 府盈切, 《廣韻》: "合也('합하다'이다)." 《說文》: "并, 相從也('并'은 '서로 따르다'이다)." 또는 '併'으로도 쓴다. **併(병: 어우르다, 나란히하다)** ***pi̱ŋ^B**, 必郢切, 《廣韻》: "并合, 和也('합하다, 어울리다'이다)." 《說文》: "併, 並也('併'은 '나란히 늘어서다'이다)." 《韓非子·說疑》: "吳并於越(吳나라는 越나라에 병탄되었다)." 《史記·晉世家》: "於是盡併晉地而有之(이에 무공은 진나라 땅을 모두 병탄하여 그것을 차지하였다)." **并(병: 하나가되다)** ***pi̱ŋs**, 畀政切, 《廣韻》: "專也('오롯하다'이다)." **併(병: 아우르다, 겸하다)** ***pi̱ŋs**, 畀政切, 《廣韻》: "兼也, 并也, 皆也('겸하다, 합하다, 아우르다'이다)." 《左傳·成公二年》: "左并轡, 右援枹而鼓(왼손으로 고삐를 다 쥐고, 오른손으로 북채를 잡고 북을 쳤다)." 《釋文》: "并, 必政反(여기서 '并'은 '必政反'이다)." 《詩經·正月》: "民之無辜, 并其臣僕(죄 없는 백성들이 모두

신하가 되고 종이 되었구나).”《釋文》: “并, 必正反(여기서 ‘并’은 ‘必正反’이다).”《左傳·襄公十四年》: “并帑於戚, 而入見蘧伯玉(온 집안사람들을 모두 戚邑에 모아 놓고, 가병을 거느리고 도성으로 들어가다가 우연히 蘧伯玉을 만났다).”《釋文》: “并, 必政反(여기서 ‘并’은 ‘必政反’이다).” **并(병: 나란히하다, 함께하다)** ***biŋ^{B}** , 蒲迥切, 《廣韻》: “立并(‘나란히 서있다’).” 또는 ‘並’으로도 쓴다. **並(병: 나란히하다)** ***biŋ^{B}** , 蒲迥切, 《廣韻》: “比也(‘나란히하다’이다).” 《爾雅》: “並, 併也(‘並’은 ‘나란히하다’이다).”《詩經·還》: “並驅從兩肩兮(나란히 말을 달려 두 큰 짐승을 뒤쫓다).” 箋: “並, 併也(‘並’은 ‘나란히하다’이다).”《釋文》: “併, 步頂反(여기서 ‘併’은 ‘步頂反’이다).”《孟子·滕文公上》: “賢者與民並耕而食(현자는 백성들과 함께 농사지어서 먹는다).” **骿(변: 통갈비)** ***biŋ** , 部田切, 《廣韻》: “骿肋(‘통갈비’).” 骿, 《說文》: “并脅也(‘붙은 늑골, 통갈비’이다).”《國語·晉語四》: “聞其骿脅, 欲觀其狀((共公은) 公子 重耳가 통갈비뻐라는 소문을 듣고 그 모습을 보고자 했다).” 또 ‘駢’으로도 쓴다. 《左傳·僖公二十三年》: “曹共公聞其駢脅, 欲觀其裸(曹共公은 重耳가 통갈비뼈라는 말을 듣고, 그의 알몸을 보고 싶었다).”《釋文》: “駢, 薄賢反(여기서 ‘駢’은 ‘薄賢反’이다).” **駢(병: 나란히하다)** ***biŋ** , 部田切, 《廣韻》: “并駕二馬(말 두 마리를 나란히 몰다).” 駢, 《說文》: “駕二馬也(‘말 두 마리를 모는 것’이다).”《說苑·修文》: “然後得乘飭輿駢馬(그런 다음 장식한 수레에 말 두 마리가 나란히 모는 수레에 올라탔다).”《莊子·駢拇》: “駢拇枝指[40], 出乎性哉(군더더기 살이 있는 발가락과 육손이는 태어날 때부터의 본성에서 나왔다).”

丩(구: 얽히다) ***kru̲** , 居求切, 《說文》: “相糾繚也(‘서로 얽혀있는 것’이다).” 王筠句讀: “以糾說丩, 以見糾爲丩之分別文也(‘糾’로 ‘丩’를 설명하는데, 이로써 ‘糾’가 ‘丩’와는 구별되는 글자임을 보여준다).” **糾(규: 꼬다)** ***kru̲^{B}** , 居黝切, 《玉篇》: “繚也(‘꼬다, 두르다’이다).”《史記·孫子吳起列傳》: “夫解雜亂紛糾者不控卷(무릇 어지러이 엉킨 실을 푼답시고 주먹으로 치면 안된다).” 여기서 발전하여 ‘규합하다’의 의미가 되었다. 《左傳·喜公二十四年》: “糾合宗族于成周((召穆公은) 종족을 成周에 모아 놓았다).”《左傳·僖公二十六年》: “桓公是以糾合諸侯, 而謀其不

40 [역주] ‘駢拇枝指’란 발가락의 군더더기 살과 육손이를 말한다. 여기서 拇는 엄지발가락이고 駢은 붙어있다는 뜻이다. 따라서 駢拇는 엄지발가락과 둘째 발가락이 붙어 있는 것으로 개구리 따위의 물갈퀴 모양으로 발가락 사이에 붙어 있는 군살을 말한다.

協(桓公이 이 때문에 제후를 규합하여 그들의 불화를 해결하고자 하였다).” 서로 뒤엉키면 구불구불해지므로 여기서 ‘굽다(曲)’의미가 나왔다. 《文選·宋玉〈高唐賦〉》注: “糾枝, 枝曲下垂也(‘糾枝’란 ‘가지가 휘고 아래로 늘어진 것’이다).” **樛(규: 휘다, 구불구불하다)** ***kru̲***, 居虬切, 《廣韻》: “《說文》曰: 下句曰樛. 《詩》曰: 南有樛木. 傳云: 木下曲也(〈설문〉에 이르길, ‘아래로 굽어진 것을 樛라 이른다’고 한다. 〈시경〉에 이르길, ‘남쪽에 늘어진 나무가 있다’라 하는데, 傳에 의하면, ‘나무가 아래로 굽은 것’이다).” 《漢書·五行志中之下》: “葉相樛結, 大如彈丸(잎이 서로 얽히고 굽어서 마치 탄환처럼 크다).” 注: “樛, 繞也. 樛音居虯反(여기서 ‘樛’는 ‘휜 것’으로 ‘樛’의 음은 ‘居虯反’이다).” 글자는 또 ‘繆’로도 쓴다. 《禮記·檀弓下》: “衣衰而繆絰(재최복을 입고 머리엔 규질을 묶었다).” 鄭注: “繆讀爲木樛垂之樛(여기서의 ‘繆’는 ‘木樛垂’의 ‘樛’로 읽는다).” 《釋文》: “繆, 依注讀曰樛, 音居虯反(여기서의 ‘繆’는 주석대로 ‘樛’로 읽고 그 음은 ‘居虯反’이다).” **觓(구: 굽다)** ***gru̲***, 巨幽切, 《廣韻》: “角貌(뿔의 모양이다).” 《詩經·桑扈》: “兕觥其觩, 旨酒思柔(외뿔소 잔이 굽어있으니 맛있는 술이 부드럽도다).” 《釋文》: “觓, 音虯, 本又作觩(여기서 ‘觓’의 음은 ‘虯’이고, 본래 ‘觩’로 쓴다).”

青(청: 푸르다) ***ʦhiŋ***, 倉經切, 《廣韻》: “東方色也(‘동방색’이다).” 《左傳·僖公二十六年》: “室如縣罄, 野無青草(집은 경쇠를 달아 놓은 것처럼 안이 텅 비었고, 들에는 푸성귀 하나도 없다).” 《荀子·勸學》: “青取之於藍, 而青於藍(푸른 물감은 쪽에서 취했지만, 쪽보다 더 푸르다).” 모음교체를 통해 ‘清’을 파생시켰다. **清(청: 물맑다)** ***ʦhi̲ŋ***, 七情切, 《說文》: “澄水之貌(‘맑은 물의 모습’이다).” 《釋名》: “清, 青也, 去濁遠穢色如青也(‘清’은 ‘青(푸르다)’이다. 탁한 것을 없애고 더러움을 멀리하면 색이 푸른색과 같다).” 《詩經·伐檀》: “河水清且漣猗(하수가 맑고 또 물결이 일도다).” 《孟子·離婁上》: “滄浪之水清兮, 可以濯我纓(창랑의 물이 맑으면 나의 갓끈을 빨 것이다).” 《詩經·黍苗》: “原隰既平, 泉流既清(원습이 이미 평평하며 흐르는 샘물 이미 맑아져서).” 傳: “水治曰清(물이 다스려진 것을 ‘清’이라 한다).” 《周禮·冬官·考工記》: “清其灰(재를 맑게 하다).” 鄭注: “清, 澄也(‘清’은 ‘맑다’이다).” 《漢書·晁錯傳》: “請誅晁錯, 以清君側(청컨대 晁錯을 주살하여 이로써 임금의 옆을 맑게 하소서).” **清(청: 깨끗하다)** ***ʣi̲ŋ***, 疾郢切, 《集韻》: “潔也(‘깨끗하다’이다).” 글자는 ‘淨’으로 쓴다. **淨(정: 깨끗하다)** ***ʣi̲ŋs***, 疾政切, 《廣韻》: “無垢也(‘더러움이 없다’이다).” 《說文》: “淨, 無垢穢也(‘淨’이란 ‘더러운 때가 없는 것’이

다).”《墨子·節葬下》: “是粢盛酒醴不淨潔也(제물과 술과 단술이 정결하지 못할 것이다).”《史記·秦始皇本紀》: “昭隔內外, 靡不清淨, 施於後嗣(밝은 빛이 안팎을 비추니 깨끗하지 않은 곳이 없어 베풂이 후대에까지 미칠 것이다).”

貯(저: 쌓다) ***tra̲**^{B} , 丁呂切,《廣韻》: “居也, 積也. 宁者, 上同(‘두다, 쌓다’이다. ‘宁(저)’는 위와 같다).” 貯,《說文》: “積也(‘쌓다’이다).”《管子·大匡》: “毋貯粟, 毋禁材(양식을 곳간에 쌓지 않게 해야 하고, 산과 못에서 나는 것들을 금지하지 말아야 한다).”《呂氏春秋·樂成》: “我有衣冠而子產貯之(내게 의관이 있지만, 자산이 거두어버린다).” **儲(저: 세자[儲副], 버금, 예비로서 대기하고 있는 것)** ***dra** , 直魚切,《廣韻》: “儲副(‘세자’).”《一切經音義》: “儲, 貯也. 儲亦備也, 謂蓄物以爲備曰儲也(‘儲’는 ‘쌓다’이다. ‘儲’는 또 ‘갖추다’이다. ‘물건을 쌓아 이로써 갖추는 것’을 ‘儲’라 한다).”《韓非子·十過》: “倉無積粟, 府無儲錢, 庫無甲兵, 邑無守具(곡식창고에는 쌓아둔 곡식이 없으며, 돈 창고에는 저축된 돈이 없고, 무기고에는 갑옷과 무기가 없으며, 성읍에는 수비할 장비가 없었다).”《韓非子·右經》: “前有老主而不逾, 後有儲主而不屬(앞에는 늙은 임금인 내가 있어도 그는 법규를 어기지 않았고, 뒤에는 태자인 네가 있어도 너에게 빌붙지 않았다).” 또 명사로도 쓰인다.《管子·臣乘馬》: “國無儲, 在令(나라에 저축이 없는 이유는 정령에 있다).”

分(분: 베풀어주다, 나누어주다) ***pu̲n** , 府文切,《廣韻》: “賦也, 施也, 與也(‘베풀다, 펴다, 주다’이다).”《左傳·莊公十年》: “衣食所安, 弗敢專也, 必以分人(편안한 의복과 음식을 감히 혼자서 독차지 하지 않고, 반드시 사람들에게 나누어주겠다).”《莊子·天地》: “富而使人分之, 則何事之有?(부유하면 사람을 시켜 사람들에게 재물을 나누어 주면 될 것입니다. 그리하면 무슨 일이 있겠습니까?)” **貧(빈: 적다, 모자라다)** ***bu̲n** , 符巾切,《廣韻》: “乏也, 少也(‘부족하다, 적다’이다).”《說文》: “貧, 財分少也, 从貝从分, 分亦聲(‘貧’은 재물을 나누어서 적은 것이다. ‘貝’와 ‘分’을 따르고 ‘分’이 또 성부이다).” 段玉裁注: “合則見多, 分則見少(합하면 많아 보이고, 나누면 적어 보인다).”《左傳·成公六年》: “公室乃貧, 不可謂樂(公室이 이에 가난해지니, 가히 편안하다고 말할 수 없다).”《論語·學而》: “貧而無諂, 富而無驕, 何如?(가난하면서도 아첨함이 없고, 부유하면서도 교만함이 없다면 어떠합니까?)”

飄(표: 나부끼다, 바람이 부는 모양) ***phɯ**, 撫招切, 《廣韻》: "飄搖('나부끼다')." 《楚辭·九歌·山鬼》: "東風飄兮神靈雨(춘풍이 나부끼고, 신령이 비를 내리네)." 王逸注: "飄, 風貌('飄'는 바람의 모양이다)." 玄應《一切經音義》卷二十五"飄鼓"注(현응〈일체경음의〉권25의 '飄鼓'주에 이르길): "飄, 吹也('飄'는 '불다'이다)." **漂(표: 물에 뜨다)** ***phɯ**, 撫招切, 《廣韻》: "浮也('뜨다'이다)." 《詩經·鴟鴞》: "予室翹翹, 風雨所漂搖(내둥지가 위태로운데 비바람이 뒤흔든다)." 《釋文》: "漂, 匹遙反(여기서 '漂'는 '匹遙反'이다)." 물에 뜨거나(水漂) 바람에 나부끼는 것(風漂)은 사실 동일한 단어이다. 그 글자는 본래 '票'로 쓴다. **票(표: 불똥이 튀다)** ***phɯ**, 撫招切, 《說文》: "火飛也('불똥이 튀다'이다)." 《漢書·五行志中之上》: "崇聚票輕無誼之人以爲私客(경박하고 의롭지 않은 이들을 모아 私客으로 삼다)." 《漢書·禮樂志》: "票然逝, 旗逶蛇(가볍고 빠르게 가자 깃발이 구불거리며 펄럭인다)."

飆(표: 폭풍, 회오리바람), 甫遙切, 《廣韻》: "風也, 俗作飆('바람'이다, 俗에서 '飆'라고도 쓴다)"(《說文》: "飆, 扶搖風也('飆'는 '폭풍'이다).")

熛(표: 불똥, 불똥튀다), 甫遙切, 《廣韻》: "飛火('불똥')."(《說文》: "熛, 火飛也('熛'는 '불똥'이다."))

𧽐, 甫遙切, 《廣韻》: "輕行('가볍게 가다')."(《說文》: "𧽐, 輕行也('𧽐'는 '가볍게 가다'이다).")

𣄠, 甫遙切, 《廣韻》: "旌旗飛揚貌('깃발이 나부끼는 모양')."(《說文》: "𣄠, 旌旗飛揚貌('𣄠'는 '깃발이 나부끼는 모양'이다).")

驫, 甫遙切, 《廣韻》: "衆馬走貌('여러 말이 뛰는 모양')."(《說文》: "驫, 衆馬(走貌)('驫'는 '여러 말이 뛰는 모양'이다).")

猋(표: 개들이 달리는 모양), 甫遙切, 《廣韻》: "群犬走貌('개들이 달리는 모양')."(《說文》: "猋, 犬走貌('猋'는 '개가 달리는 모양'이다).")

飄, 撫招切, 《廣韻》: "飄颻, 風吹貌('飄颻'는 '바람이 부는 모양'이다)."(《說文》: "飄, 回風也('飄'은 '회오리바람'이다).")

嫖(표: 날래다), 撫招切, 《廣韻》: "身輕便貌('몸이 가벼운 모양')."(《說文》: "嫖, 輕也('嫖'는 '가볍다'이다)")

旚, 撫招切, 《廣韻》: "旌旗動貌('깃발이 나부끼는 모양')."(《說文》: "旚, 旌旗旚繇也('旚'는 '깃발이 나부끼는 모양'이다).")

僄(표: 가볍다), 撫招切, 《廣韻》: "輕也('가볍다')."(《說文》: "僄, 輕也('僄'는 '가볍다'이다).")

慓(표: 날래다), 撫招切, 《廣韻》: "急也('날래다, 재빠르다')."(《說文》: "慓, 疾也('慓'는 '빠르다'이다.")

鷅, 撫招切, 《廣韻》: "鳥飛('새가 날다')."

翲, 撫招切, 《廣韻》: "高飛('높이 날다')."

嘌(표: 빠르다), 撫招切, 《廣韻》: "疾吹之貌('빠르게 바람부는 모양')."

이상의 글자들은 모두 나중에 구체적인 의미에 근거하여 만들어진 區別字들이다. **飄(표: 매우 빠르다, 회오리바람)** *b<u>ɯ</u>, 符宵切, 《說文》: "回風也('회오리바람'이다)." 《道德經》: "飄風不終朝(회오리바람은 아침나절을 넘기지 않는다)." 注: "疾風也('회오리바람'이다). 《釋文》: "鼻遙反, 又符遙反(여기서는 '鼻遙反' 또는 '符遙反'이다)." 《詩經·何人斯》: "彼何人斯, 其爲飄風(저 어떤 사람인고, 그는 회오리바람이로다)." 《釋文》: "飄, 避遙反, 疾風也. 沈又方消反(여기서 '飄'는 '避遙反'으로, '회오리바람'이다. 沈씨의 음은 또 '方消反'이다)." 《詩經·蓼莪》: "南山烈烈, 飄風發發(남산은 높고 크거늘, 회오리바람은 빠르고 빠르도다)." 《釋文》: "飄, 避遙反(여기서 '飄'는 '避遙反'이다)."

交(교: 엇갈리다, 섞이다, 섞다) *krɯ, 古肴切, 《廣韻》: "戾也, 共也, 合也('어그러지다, 함께하다, 섞이다'이다)." 《莊子·馬蹄》: "喜則交頸相靡, 怒則分背相踶(기쁘면 목을 교차하여 서로 비벼 대고, 성나면 등을 대고 서로 걷어찬다)." 《莊子·秋水》: "白刃交於前, 視死若生者, 烈士之勇也(칼날이 눈앞에서 교차하는 전투에서도 죽음을 삶처럼 여겨 조금도 두려워하지 않는 것이 烈士의 용기이다)." 《左傳·昭公二十七年》: "鈹交於胸(甲士의 칼이 번갈아 鱄設諸의 가슴을 찔렀다)." **殽(효: 섞이다, 어지럽다)** *grɯ, 胡茅切, 《廣韻》: "溷殽, 雜也, 和也, 亂也('어지러이 섞이다, 섞이다, 어지럽다'이다)." 《說文》: "殽, 相雜錯也('殽'는 '서로 섞여 어지럽다'이다)." 《莊子·齊物論》: "是非之塗, 樊然殽亂(是非의 길이 복잡하게 얽혀서 어지럽다)." **淆(효: 뒤섞이다, 어지럽다, 흐리다)** *grɯ, 胡茅切, 《廣韻》: "混淆, 濁水('뒤섞여 흐리다, 흐린 물')." '淆'는 後起區別字이다. 《後漢書·楊震列傳》: "白黑溷淆, 淸濁同源(흰색과 검은색이 서로 섞이고, 맑음과 탁함이 같은 데서 나오다)."

繫(계: 매다, 연결하다) ***kiks**, 古詣切, 《廣韻》: "縛繫('매다')." 《周禮·天官·冢宰》: "以九兩繫邦國之民(태재가 구량으로 나라의 백성을 연결시키다)." 鄭注: "繫, 聯綴也('繫'는 '묶다, 연결하다'이다)." 《釋文》: "繫, 音計(여기서 '繫'의 음은 '計'이다)." 《左傳·春秋序》: "記事者以事繫日, 以日繫月, 以月繫時, 以時繫年(사건을 기록하는 자가 사건을 기록할 때, 그 사건이 일어난 날짜에 또 날짜를 그달에, 또 달을 그 철에, 또 철을 그해에 매어 기록하였다)." 《釋文》: "繫, 工帝反(여기서 '繫'는 '工帝反'이다)." **繫(계: 周易의 繫辭)** ***giks**, 胡計切, 《廣韻》: "易之繫辭('주역의 계사'이다)" 《易·繫辭上》《釋文》: "繫, 徐胡計反, 本系也(여기서 '繫'는 徐씨의 음이 '胡計反'이고 본래 '系'이다)." 《周禮·春官·宗伯》: "小史掌邦國之志, 奠繫世, 辨昭穆(소사는 나라의 기록을 관장한다. 대대로 이어지는 세계를 엮고, 소와 목을 판별해준다)." 鄭注: "繫世謂帝繫世本之屬是也('繫世'란 〈帝繫〉와 〈世本〉 따위를 말한다)." 《釋文》: "繫, 胡計反, 注同(여기서 '繫'는 '胡計反'이고 아래의 注는 같다)."

檢(검: 단속하다, 아우르다) ***kromB**, 居奄切, 《廣雅》: "束也('단속하다'이다)." 《說文通訓定聲》: "檢, 斂也('檢'은 '단속하다, 잡도리하다'이다)." 《孟子·梁惠王上》: "狗彘食人食而不知檢, 塗有餓莩而不知發(개와 돼지가 사람이 먹을 것을 먹어도 단속할 줄 모르며, 길에 굶어 죽은 시체가 뒹굴어도 창고를 열어 구제할 줄 모른다)." 《說苑·修文》: "修德束躬以自申飭, 所以檢其邪心, 守其正意也(德을 수양하고 자신의 몸을 단속하는 것은 그의 사특한 마음을 점검하고 바른 생각을 지키기 위한 것이다)." **儉(검: 적다, 검소하다)** ***gromB**, 巨險切, 《廣韻》: "約也, 少也('검약하다, 적다'이다)." 《左傳·僖公二十三年》: "晉公子廣而儉(晉公子는 뜻이 광대하면서도 검소하다)." 《左傳·襄公二十六年》: "子展儉而壹(子展은 검소하면서 마음이 專一하다)."

軍(군: 진치다) ***qu̱n**, 擧云切, 《說文》: "圜圍也('둘러싸다'이다)." 段玉裁注: "勹, 裹也. 勹車, 會意也('勹'는 '싸다'이다. '勹車'로 회의이다)." 《左傳·桓公六年》: "軍於瑕以待之(瑕에 주둔하고 그 결과를 기다리다)." 《左傳·桓公八年》: "楚子伐隨, 軍於漢淮之間(楚나라 임금은 군대를 거느리고 가서 隨나라를 토벌하기 위해 漢水와 淮水 사이에 주둔하였다)." '軍'은 본래 동사이다. 나중에 명사로 전환되었다. 軍, 《廣韻》: "軍旅('군대, 부대')." 《左傳·桓公五年》: "王爲中軍, 虢公林父將右軍, 蔡人, 衛人, 屬焉, 周公黑肩將左軍(周王이 中軍이 되고, 虢公林父가 右軍을 거

느리니 蔡人과 衛人이 이에 예속되었고, 周公黑肩이 左軍을 거느리다)." 軍, 《玉篇》: "衆也('무리'이다)." **員(원: 수효(數), 둥글다)** ***Gu̲n**, 王分切, 《說文》: "物數也('사물의 수'이다)." 《孟子·離婁上》: "不以規矩, 不能成方員(그림쇠와 곱자를 쓰지 않으면 네모와 원을 그릴 수 없다)." 《淮南子·原道訓》: "員不中規, 方不中矩(둥근데도 그림쇠에 맞출 수가 없고, 모난 것인데도 곱자에 맞지 않는다)." 《史記·禮書》: "規矩誠錯, 則不可欺以方員(그림쇠와 곱자가 정말로 놓이기만 하면 모나고 둥근 것을 속일 수 없다)." '員'은 '圓'의 본자로, 나중에는 '圓'으로 썼다. 《禮記·經解》: "規矩誠設, 不可欺以方圓(그림쇠와 곱자가 진실로 놓이기만 하면 모나고 둥근 것을 속일 수 없다)."

乾(건/간: 마르다, 말리다) ***kan**, 古寒切, 《廣韻》: "《字樣》云本音虔, 今借爲乾濕字(〈자양〉에 이르길, 본음은 '虔'이고, 지금은 '乾濕'의 글자로 차용되었다[41])." 《莊子·田子方》: "老聃新沐, 方將被髮而乾(老聃은 그때 새로 머리를 감았고, 바야흐로 머리를 풀어헤친 채 햇볕에 말리려 했다)." 《左傳·襄公九年》: "與大國盟, 口血未乾而背之, 可乎?(대국과 결맹하고서 입에 바른 피가 채 마르지도 않았는데, 배반하는 게 옳은 것인가?)" 《說苑·權謀》: "乾澤而漁, 得魚雖多(연못의 물을 마르게 하여 물고기를 잡으면, 많은 물고기를 잡긴 한다)." '乾'은 상고시기 대부분 형용사로 사용되었다. 《韓非子·十過》: "靈王餓而死乾溪之上(영왕이 건계 가에서 굶어 죽었다)." **旱(한: 가물다)** ***gan^B**, 胡笴切, 《廣韻》: "不雨('비가 안오다')." 《左傳·僖公十九年》: "於是衛大旱, 卜有事於山川, 不吉(이때 衛나라에 크게 가뭄이 들어, 산천의 신에 기우제 지낼 것을 점쳤더니 불길하였다)." 《莊子·秋水》: "湯之時, 八年七旱, 而崖不爲加損(또 殷의 湯임금 때에는, 8년간 일곱 번이나 가물었지만, 그래도 바닷물이 줄어드는 일은 없었다)."

僵(강: 쓰러지다, 넘어지다) ***ka̲ŋ**, 居良切, 《廣韻》: "仆也('넘어지다'이다)." 《說文》: "僵, 偃也('僵'은 '쓰러지다'이다)." 《呂氏春秋·貴卒》: "鮑叔御, 公子小白僵(포숙은 말을 몰았는데, 공자소백이 쓰러져 있었다)." 《越絕書·計倪內經》: "前頓後僵(앞이 넘어지니 뒤도 쓰러지고)."

---

41 [역주] '乾'자는 '건/간' 두 발음이 있다. 원래, '하늘'의 의미일 때는 '건', '마르다'의미일 때는 '간'이다. 중국어도 전자는 'qián', 후자는 'gān'이다. 즉, 원래는 '하늘'의 의미였는데, '마르다'의미로 차용되었다는 것이다.

殭(강: 굳어지다) ***ka̱ŋ**, 居良切, 《廣韻》: "死不朽也('죽었으나 썩지 않는 것'이다)." 《金匱要略·雜療方》: "若已殭, 但漸漸強屈之, 並按其腹(만약 이미 경직되었다면 점점 억지로 그것을 굽히고 또 그 배를 누른다)." **彊(강: 굳다, 굳세다)** ***ka̱ŋs**, 居亮切, 《廣韻》: "尸勁硬也('시체가 굳은 것'이다)." 《集韻》: "彊, 死不朽也('彊'은 '죽었으나 썩지 않은 것'이다)." **強(강: 강하다)** ***ga̱ŋ**, 巨良切, 《廣韻》: "健也, 暴也('굳세다, 사납다'이다)." 글자는 또 '彊'으로도 쓴다. **彊(강: 강하다)** ***ga̱ŋ**, 巨良切, 《廣韻》: "與強通用. 《說文》曰: 弓有力也('强'과 통용된다, 〈설문〉에 이르길, '활이 힘이 있는 것이다')." 《孟子·梁惠王上》: "然則小固不可以敵大, 寡固不可以敵衆, 弱固不可以敵強(그렇다면 작은 나라는 진실로 큰 나라를 대적할 수 없으며, 적은 사람으로는 많은 사람을 대적할 수 없으며, 약한 자는 강한 자를 대적할 수 없습니다)." 《韓非子·問田》: "楚不用吳起而削亂, 秦行商君而富強(楚나라는 吳起를 쓰지 않아 땅이 깎여 나가고 혼란해졌으며, 秦나라는 商君의 법을 시행하여 부유하고 강성해졌다)." 《荀子·不苟》: "堅強而不暴, 柔從而不流(강하더라도 사납지 않으며 부드럽고 순종하더라도 세파에 휩쓸리지 않는다)."

久(구: 오래다) ***qe̱**[B], 舉有切, 《廣韻》: "長久也('오래다'이다)." 《左傳·僖公三十三年》: "吾子淹久於敝邑, 唯是脯資, 餼牽竭矣(그대들이 우리나라에 오래 머물러 있는 바람에, 우리나라의 脯와 資, 犧, 牽이 모두 고갈되었다)."[《左傳·僖公三十三年》: "不腆敝邑, 爲從者之淹, 居則具一日之積, 行則備一夕之衛(우리나라가 넉넉하지는 못하지만, 따르는 이들을 위해 머문다면 날마다 하루치의 물자를 준비할 것이고, 떠난다면 마지막 날 밤까지 호위를 갖추겠습니다)." 注: "淹, 久也('淹'은 '오래다'이다)."] 《左傳·宣公十二年》: "二三子無淹久(여러분들도 이곳에 오래 머물지 마십시오)." 《左傳·襄公十年》: "諸侯之師, 久於偪陽(제후의 군대가 偪陽을 오랫동안 포위하였다)." 《左傳·昭公二十四年》: "寡君以爲盟主之故, 是以久子(우리 임금님께서 盟主가 되셨기 때문에, 그대를 이곳에 오랫동안 억류한 것입니다)." '久'는 '체류하다, 구류하다(滯留, 扣留)'의 의미가 있는데, 여기서 발전하여 시간이 긴(오랜) 것을 가리킨다. 《左傳·襄公二十六年》: "秦晉不和久矣(秦이 우리 晉과 사이가 나쁜 지 오래됐다)." 《左傳·襄公二十年》: "弗能久矣(오래 가지 못할 것이다)." **舊(구: 낡다, 오래다, 옛)** ***Ge̱s**, 巨救切, 《廣韻》: "故也('옛'이다)." 《左傳·桓公二年》: "公及戎盟於唐, 修舊好也(桓公이 戎과 唐에서 결맹한 것은, 옛 우호를 다시 닦은 것이다)." 여기서 파생하여 '오랜 친구(故舊)'가 되었다. 《左傳·隱公三年》: "遠間

親, 新間舊, 小加大(멀어진 자가 친근한 자를 이간하며, 새로운 이가 옛사람을 이간하며, 약한 자가 강한 자를 능욕하다).”

周(주: 돌다, 두루) *tu̲, 職流切, 《廣韻》: “周幣也, 至也, 備也, 遍也, 密也(‘둘레, 지극하다, 모두, 두루, 은밀하다’이다).” 《左傳·成公二年》: “逐之, 三周華不注(晉의 군대는 齊의 군대를 추격하여 華不注山을 세 바퀴 돌았다).” 《左傳·僖公十五年》: “進退不可, 周旋不能(진퇴도 안 되고, 周旋도 불가능하다).” 《莊子·庚桑楚》: “觀室者周於寢廟(집을 둘러볼 때, 침전과 사당을 두루 살펴본다).” 《淮南子·原道訓》: “與萬物回周旋轉(만물과 더불어 두루 돌아보고 빙빙돌다).” 《呂氏春秋·圜道》: “日夜一周, 圜道也(낮과 밤이 한 번씩 교대하는 것은 둥근 순환의 원리이다).” 또 명사로도 쓰인다. 《管子·八觀》: “郭周不可以外通, 里域不可以横通(성곽의 둘레는 밖으로 통하도록 해서는 안 된다. 마을의 지경은 제멋대로 통하게 해서는 안 된다).” 또 파생하여 ‘두루(遍)’의 의미가 된다. 《左傳·隱公十一年》: “瑕叔盈又以蝥弧登, 周麾而呼(瑕叔盈이 다시 무호를 가지고 성을 올라, 사방으로 깃발을 휘두르며 소리쳤다).” 注: “周, 遍也(‘周’는 ‘두루’이다).” 《說文》: “周, 密也(‘周’는 ‘은밀하다’이다).” 《左傳·襄公二十七年》: “具車徒以受地, 必周(병거와 보병을 거느리고 와서, 땅을 다시 돌려받게 하되, 반드시 은밀히 움직이게 한다).” 注: “周, 密也(‘周’는 ‘은밀하다’이다).” 《左傳·昭公四年》: “其藏之也周, 其用之也遍(얼음을 저장하기를 치밀하게 하고 사용하기를 두루 하다).” 注: “周, 密也(‘周’는 ‘은밀하다’이다).” **稠(조: 빽빽하다)** *dru̲, 直由切, 《廣韻》: “概也, 多也(‘빽빽하다, 많다’이다).” 《說文》: “稠, 多也(‘稠’는 ‘많다’이다).” 《戰國策·秦策一》: “書策稠濁, 百姓不足(문서가 많고 혼잡해져서, 백성은 풍족하지 못하게 되었다).” 注: “稠, 多(여기서 ‘稠’는 ‘많다’이다).” 《史記·魏其武安侯列傳》: “稠人廣衆, 薦寵下輩(많은 사람이 모인 곳에서는 지위가 낮은 사람을 추천하고 아꼈다).” 글자는 또 ‘綢’로도 쓴다. 발음은 ‘直由切’이다. 《詩經·都人士》: “彼君子女, 綢直如髮(저 군자의 따님은 머리의 숱이 많고도 곧도다).” 傳: “密直如髮也(머리가 숱이 많고 곧은 것이다).” 《釋文》: “綢, 直留反, 密也(여기서 ‘綢’는 ‘直留反’이고 ‘빽빽하다’이다).”

이렇게 자음의 청탁교체를 통해 동사에서 형용사로 변화하는 예는 매우 많다. 위의 예에서 알 수 있듯이, 상고한어의 동사와 형용사 간의 품사 변화는 기존에 생각했던 것 같이, 음운형식에는 변화가 없고 한자가 그 뒤에 숨겨진 본질을 가리는 결코 그러한 유형이 아니라는 것이다. 앞에서 이미 명사와 동사 간의 품사 변화 문제를 언급한 바 있는데, 성모가 청음인 명사는 성모가 탁음인 동사를 파생시킬 수 있고, 또 성모가 청음인 동사도 성모가 탁음인 명사를 파생시킬 수 있다. 이렇게 동사와 명사가 선택한 자음 성모는 일치하지 않는다. 동작행위가 이미 완결되었다면 필연적으로 하나의 결과나 상태가 출현할 수 있다. 이러한 동작행위와 결과/상태가 품사 상으로 표현될 때, 동사, 명사, 형용사의 차이로 나타나는 것이다. 동사가 문장상으로 투사될 때, 본래 형용사나 명사로 충당되던 성분으로는 충당될 수 없다. 동사의 파생형식은 형용사나 명사로 충당되던 문장성분으로 충당될 수 있다. 예를 들어, '繫'의 경우, 서술어로 사용될 때, 이것의 성모는 청음이나, 관형어가 될 때는 탁음이 된다. 분명, 이때 '繫'의 품사는 변화하여 동사에서 형용사가 된 것이다. 마찬가지로, 서술어로 쓰이는 동사가 청음이면 주어나 목적어로 사용되는 명사는 탁음이 된다. 다시 말해서, 성모가 청음인 동사는 그 파생형식이 형용사일 수도 있고 명사일 수도 있는 것이다. 이렇게 본다면, **성모가 탁음인 명사도 더 이른 시기의 동사 완결형(旣行體)에서 기원했을 가능성이 있다**. 동사는 자음의 청탁교체를 통해 형용사를 파생시킬 수 있고, 형용사도 동사를 파생시킬 수 있다. 동사에서 형용사가 파생되든, 형용사에서 동사가 파생되든, 그 수단은 결코 변화가 없으며, 모두가 자음성모의 청탁교체라 할 수 있다. 즉, **동사가 청음성모이고, 형용사는 탁음성모인 것**이다.

全(전: 완전하다, 온전히 하다) ***dọn**, 疾緣切, 《廣韻》: "完也, 具也('완전하다, 갖추다'이다)." 《莊子·德充符》: "人以其全足, 笑吾不全足者, 衆矣(사람들 중에는 자신의 온전한 발을 가지고 온전치 못한 내 발을 비웃는 자들이 많다)." 《莊子·養生主》: "三年之後未嘗見全牛也(3년 후에는 온전한 소는 보이지 않게 되었다)." 발전하여 '순수하다(純粹)' 등의 의미가 나왔다. 《荀子·勸學》: "君子知夫不全不粹之不足以爲美也(군자는 앎이 완전치 못하고 행동이 온전치 않음이 훌륭하다고 여길 수 없음을 안다)." '全'은 상고시기에 동사로도 쓰였다. 《莊子·養生主》: "可以保身, 可以全生, 可以養親(자기 몸을 보호할 수 있고, 자신의 생명을 온전히 할 수 있고, 어버이를 잘 봉양할 수 있다)." 《荀子·王制》: "慮以王命, 全其力, 凝其德(대체로 천자의 명을 바탕으로, 자기의 역량을 온전히 하고, 자기의 덕을 공고히 하고자 한다)." **痊(전:**

병이 낫다) ***tʰon**, 此緣切, 《廣韻》: "病瘳('병이 낫다')." 《莊子·徐無鬼》: "今予病少痊, 予又且復遊於六合之外(지금 제 병이 약간 좋아져서, 저는 다시 육합 밖에서 노닐고자 합니다)." 글자는 본래 '全'으로만 썼다. 《周禮·天宮·冢宰》: "十全爲上, 十失一次之(열 번 먹고 열 번 나았으면 최상의 봉록을 주고, 열 번에서 한 번의 실수가 있으면 그 다음 봉록을 준다)." 注: "全猶愈也(여기서 '全'은 '병이 낫다'와 같다)."

喬(교: 높다) ***gɯ**, 巨嬌切, 《廣韻》: "高也('높다'이다)." 《說文》: "喬, 高而曲也.…… 《詩》曰: '南有喬木.'('喬'는 '높으며 위가 굽은 것'으로, 〈시경〉에 이르길, '남쪽에 교목이 있다'라 한다)" 《詩經·伐木》: "出自幽谷, 遷于喬木(깊은 골짜기에서 나와, 높은 나무로 올라가도다)." 傳: "喬, 高也('喬'는 '높다'이다)." 《釋文》: "本亦作橋, 渠驕反, 徐又紀橋反, 木支上聳也(본래 '橋'로도 쓰고, '渠驕反'이다. 徐씨의 반절은 '紀橋反'이다. '나뭇가지가 위로 솟은 것'이다)." **僑(교: 높다)** ***gɯ**, 巨嬌切, 《說文》: "高也('높다'이다)." **撟(교: 들다)** ***kɯ**, 舉喬切, 《說文》: "舉手也('손을 들다'이다)." 《文選·揚雄〈甘泉賦〉》: "仰撟首以高視兮, 目冥眴而亡見(머리를 들고 높이 보나, 눈이 흐릿하여 보이지 않는다)." 注: "撟, 舉也. 撟與矯同(여기서 '撟'는 '들다'로, '撟'와 '矯'가 같다)." 《楚辭·九章·惜誦》: "矯茲媚以私處兮, 願曾思而遠身(내 자신의 미덕을 드높이려 홀로 은거하며, 거듭 생각해 멀리 떠나려 하네)." 注: "矯, 舉也(여기서 '矯'는 '들다'이다)." 《廣韻》矯音居夭切(〈광운〉의 '矯'의 음은 '居夭切'이다). **蹻(교: 발돋음하다)** ***kɯ**, 去遙切, 《廣韻》: "舉足高也('발을 높이 들다'이다)." 《漢書·高帝紀下》: "亡可蹻足待也(망하는 것은 발돋음하고 기다릴 수 있을 정도이다)." 注: "文穎[42]曰: 蹻, 猶翹也. 如淳[43]曰: 蹻音如今作樂蹻行之蹻. 晉灼[44]曰: 許慎云'蹻舉足小高也', 音僑. 師古曰, 晉說是也(문영이 이르길, '蹻는 翹(발돋음하다)와 같다.' 여순이 말하길, '蹻의 음은 지금 樂蹻行에서의 蹻와 같다.' 진작이 말하길, '허신은 발을 들어 살짝 높게 하다라고 했는데, 음은 僑이다.' 안사고가 이르길, '진작의 설이 맞다.')."

---

42 [역주] '文穎'는 중국 삼국시대 위나라 조조의 신하이다.

43 [역주] '如淳'은 중국 삼국시대 위나라의 유명한 학자이다.

44 [역주] '晉灼'은 西晉시기 사람으로 음운훈고에 능해, 《漢書集注》를 편찬했고, 《漢書音義》를 저술했다고 한다.

極(극: 지극하다, 멀다) *gre̱k, 渠力切, 《廣韻》: “窮也, 高也, 遠也(‘다하다, 높다, 멀다’이다).”《說文》: “極, 棟也(‘極’은 ‘용마루, 들보’이다).”《左傳·昭公三年》: “此其極也, 能無退乎?(이는 극에 달한 것이니 어찌 물러남이 없겠습니까?)”《左傳·僖公二十四年》: “女德無極, 婦怨無終(여인의 덕은 끝이 없고 부녀의 원망은 그침이 없다).” ‘極’은 명사도 될 수 있고 형용사로도 쓰일 수 있다.《楚辭·離騷》: “相觀民之計極(백성들의 계모의 궁극을 살펴보니).” 注: “極, 窮也(‘極’은 ‘다함’이다).”《呂氏春秋·大樂》: “極則復反(다하는가 하면 곧 다시 돌아간다).” 注: “極, 窮也(‘極’은 ‘다함’이다).” **殛(극: 죽이다)** *kre̱k, 《廣韻》: “誅也(‘죽이다’이다).”《說文》: “殛, 殊也(‘殛’은 ‘죽이다’이다).”《爾雅》: “殛, 誅也(‘殛’은 ‘죽이다’이다).”《左傳·襄公十一年》: “明神殛之(明神이 벌을 내리다).” 杜注: “殛, 誅也(‘殛’은 ‘죽이다’이다).”《釋文》: “殛, 紀力反, 本亦作極(여기서의 ‘殛’은 ‘紀力反’이고 본래 또 ‘極’로도 쓴다).” ‘殛’은 글자를 원래 ‘極’으로만 썼다.《左傳·昭公七年》: “昔堯殛鯀於羽山(옛날에 요가 鯀을 羽山으로 추방하여 죽였다).”《釋文》: “殛, 紀力切, 誅也, 本又作極, 音義同(여기서 ‘殛’은 ‘紀力切’로, ‘죽이다’이다. 본래는 ‘極’으로 썼고 음과 뜻은 같다).”《韓非子·用人》: “故至治之國, 有賞罰而無喜怒, 故聖人極; 有刑法而死, 無螫毒, 故姦人服(그러므로 지극히 잘 다스려진 나라에는 상벌은 있으나 기쁘거나 노하는 일이 없다. 고로 성인이 벌을 내릴 땐, 형법을 두어 사형에 처하더라도 참혹하게 죽이는 일이 없었기에, 간사한 이도 복종하였다).”

碩(석: 크다) *da̱k, 常只切, 《廣韻》: “大也(‘크다’이다).”《方言》: “碩, 大也, 齊宋之間曰巨, 曰碩(‘碩’은 ‘크다’이다. 齊와 宋 사이에서는 ‘巨’라 하는데, ‘碩’이라고도 한다).”《詩經·碩鼠》: “碩鼠碩鼠, 無食我黍(큰 쥐야, 큰 쥐야, 내 기장 먹지마라).”《左傳·桓公六年》: “故奉牲以告曰, 博碩肥腯, 謂民力之普存也, 謂其畜之碩大蕃滋也(그러므로 희생을 올리며 ‘가축이 비대함’이라고 고하는데, 이는 백성의 재력이 널리 존재함을 말하는 것이며, 또 가축이 살지고 번식이 잘됨을 말하는 것이다).” **斥(척: 물리치다, 넓히다, 개척하다)** *tha̱k, 昌石切, 《小爾雅》: “開也(‘열다’이다).”《漢書·武五子傳》: “斥地且倍(땅을 넓혀 배로 하다).” 注: “斥, 開也(여기서 ‘斥’은 ‘개척하다’이다).”《史記·司馬相如列傳》: “除邊關, 關益斥(변경의 관소를 철거하고, 변관을 더욱 넓혔다).” 索隱: “張揖曰: 斥, 廣也(張揖이 말하기, ‘斥’은 ‘넓히다’이다).” 글자는 나중에 ‘拓’으로도 썼다. **拓(탁/척: 넓히다)** *thak, 他各切, 《小爾雅》: “開也(‘열다, 넓히다’이

다).”《漢書·揚雄傳上》: “拓跡開統(자취를 넓히고 실마리를 열다).” 注: “拓, 廣也(‘拓’은 ‘넓히다’이다).”

齊(제: 가지런하다) ***dir**, 徂奚切, 《廣韻》: “整也(‘가지런하다’이다).” 《國語·周語上》: “其君齊明衷正(그 임금이 모든 것을 일제히 살피며, 중도를 행하고 바르다).” 注: “齊, 一也(‘齊’는 ‘하나’이다)” **齋(재: 재계하다, 삼가다, 공경하다)** ***trir**, 側皆切, 《廣韻》: “齋潔也, 亦莊也, 敬也(‘재개하다, 삼가다, 공경하다’이다).” 《墨子·天志中》: “必齋戒沐浴(반드시 목욕재계한다).” ‘齋’는 본래 ‘齊’로만 썼다. 《左傳·昭公十三年》: “使五人齊, 而長入拜(다섯 사람에게 재계하고서 나이순으로 들어와 절을 하게 하였다).” 《釋文》: “齊, 側皆反, 本又作齊(여기서 ‘齊’는 ‘側皆反’이고 본래 또 ‘齊’로도 쓴다).” 《禮記·月令》: “某日立春, 盛德在木, 天子乃齊(‘某日이 입춘입니다. 천지 생육의 성대한 덕이 木에 있습니다.’라고 말하면 천자는 곧 재계한다).” 《呂氏春秋》作“天子乃齋”(〈여씨춘추〉엔 ‘天子乃齋’로 되어있다). 《莊子·人間世》: “齋, 吾將語若(우선 재계하도록 하라. 내가 장차 너에게 말해주겠다).” 《釋文》: “齋, 本亦作齊, 同則皆反(여기서 ‘齋’는 본래 ‘齊’로도 쓰며 모두 ‘則皆反’이다).”

迢(초: 아득하다, 멀다) ***dɯ**, 徒聊切, 《廣韻》: “迢遰(‘아득하다, 멀다’).” **超(초: 넘다, 뛰어넘다)** ***thrɯ**, 敕宵切, 《說文》: “跳也(‘뛰다’이다).” 《孟子·梁惠王上》: “挾泰山以超北海(泰山을 옆에 끼고 北海를 뛰어넘다).” 여기서 ‘초월하다’의 의미가 나왔다. 《韓非子·五蠹》: “超五帝侔三王者, 必此法也(오제삼황의 업을 뛰어넘고자 하면, 반드시 이 법이라야 한다).” 《莊子·徐無鬼》: “超軼絕塵, 不知其所(다른 말들을 그냥 추월해서 먼지조차 따돌려 어디로 가는지도 알 수 없습니다).” 또다시 파생되어 ‘멀다’의 의미가 되었다. 《楚辭·九歌·國殤》: “平原忽兮路超遠(들은 끝없어, 고향 가는 길만 멀어졌다).” 《方言》: “超, 遠也(여기서 ‘超’는 ‘멀다’이다).” 《廣雅》: “超, 遠也(‘超’는 ‘멀다’이다).” 王念孫疏證: “超之言迢(‘超’의 뜻은 ‘멀다’이다).”

奘(장: 크다) ***daŋ**[B], 徂朗切, 《廣韻》: “大也(‘크다’이다).” **奘(장)** ***daŋs**, 又音徂浪切, 《廣韻》: “《說文》曰: 駔大也(〈설문〉에 이르길, ‘거칠고 크다’라 한다).” 《爾雅》: “奘, 駔也(‘奘’은 ‘거칠다’이다).” 《方言》: “奘, 將, 大也. 秦晉之間凡人之大謂之奘, 或謂之壯. 燕之北鄙齊楚之郊或曰京, 或曰

將('奘, 將'은 '크다'이다. 秦晉 사이에서 '무릇 사람이 큰 것'을 '奘' 또는 '壯'이라 한다. 燕의 북쪽 변방, 齊楚 교외에서는 '京'이라고도 하고, '將'이라고도 한다)." **壯(장: 건장하다, 크다)** *ƫra̱ŋs, 側亮切, 《廣韻》: "大也('크다'이다)." 《左傳·僖公二十八年》: "師直爲壯, 曲爲老, 豈在久乎?(군대는 명분이 바르면 씩씩해지고 명분이 바르지 못하면 사기가 꺾이는 것이니, 어찌 출정의 오래됨에 달렸겠습니까?)" 《左傳·宣公十二年》: "楚師方壯, 若萃於我, 吾師必盡(楚나라 군대의 사기가 바야흐로 왕성하니, 우리에게 공격을 집중한다면 우리 군대는 반드시 전멸할 것이다)." **獎(장: 권면하다)** *ƫa̱ŋ^{B}, 卽兩切, 《廣韻》: "勸也, 助也, 成也, 譽也, 厲也('권하다, 돕다, 이루다, 기리다, 드날리다'이다)." 《左傳·昭公二十二年》: "無亢不衷, 以獎亂人(불충한 자들을 보호하여 난을 일으킨 자들을 장려하지 마십시오)." 疏: "獎, 勸也('獎'은 '장려하다'이다)." 《左傳·僖公二十八年》: "皆獎王室, 無相害也(모두 왕실을 도와 서로 해치지 말라)." 注: "獎, 助也('獎'은 '돕다'이다)." 疏: "勸獎者, 佐助之意, 故爲助也('勸獎'이란 '佐助'란 뜻이다. 그러므로 돕는 것이다)."

동사는 형용사를 파생시킬 수 있고, 형용사도 동사를 파생시킬 수 있다. 동사에서 형용사가 파생되든, 형용사에서 동사가 파생되든, 조어 규칙은 변함이 없다. 그래서 동사는 성모가 청자음이고, 형용사는 성모가 탁자음이다. 동사에서 파생되는 명사는 앞에서 토론한 바와 같으므로 여기서는 언급하지 않는다.

三[45]

동사, 명사 모두 부사로 변화할 수 있다. 다만, 다수의 명사들이 부사로 변하려면, 먼저 동사나 형용사로 변화하는 제1단계를 거쳐야 한다. 즉, 명사가 동사나 형용사로 먼저 변화하고 나서 부사로 변화하게 된다. 한자가 표음문자가 아니므로, 사람들은 동사가 부사로 변화하는 과정에서 단지 단어 자체의 의미와 통사적 기능만이 변화한다고 생각한다.

---

45 [역주] 여기서는 "명사 → 동사/형용사 → 부사"의 과정이 소개된다.

그러나 실제로 동사와 부사의 음운형식이 다르게 되는데, **동사는 청음성모, 부사는 탁음성모가 된다**.

拱(공: 두손 맞잡다) ***koŋ**^{B} , 居悚切,《廣韻》: "手抱也, 又斂手也('손으로 싸다, 맞잡다, 또는 손을 모으다'이다)." 이 단어의 문자 형식은 여러 가지가 있다. 廾(공), 居悚切,《廣韻》: "《說文》曰: 竦手也(〈설문〉에 이르길, '손을 삼가다(손에 들다)이다')." 拲(공), 居悚切,《廣韻》: "抱持,《說文》: 擁也('안아 가지다', 〈설문〉에 '안다'이다)." 巩(공), 居悚切,《廣韻》: "抱也('안다'이다)."《左傳·僖公三十二年》: "中壽, 爾墓之木拱矣(네가 中壽만 살고 죽었더라도 네 무덤 위에 심은 나무가 이미 한 아름은 되었을 것이다)." 杜注: "合手曰拱(한 아름을 '拱'이라 한다)." 그 본래의 글자는 '共'이다.《論語·爲政》: "居其所而衆星共之(북극성이 제자리에 있고 뭇별들이 이를 에워싸고 돌다)." 劉寶楠[46]正義: "共是拱省('共'은 '拱'의 생략형이다)." 사실상, '拱'은 '共'의 繁化 형식이지만, '共'이 '拱'의 생략 형식은 아니다. 正義에서는 그 선후가 뒤바뀌었다.《釋文》: "共, 鄭作拱('共'은 鄭씨는 '拱'으로 쓴다)." '拱'은 두 손으로 포개는(合抱) 것이며, 또 옛사람들의 예절이기도 하다(두 손을 들어 가슴 앞에서 맞잡음).《論語·鄕黨》: "子路共之, 三嗅而作(子路가 그 꿩을 잡아서 올리니, 세 번 냄새 맡으시고 일어나셨다)." 여기서 발전하여 '공경하다(恭敬)'의미의 '恭'이 되었다.《左傳·昭公十一年》: "不道不共(다스리지 않으면 공경하지 않는다)." 杜注: "貌正曰共('용모가 바른 것'을 '共'이라 한다)." **共(공: 함께)** ***goŋs** , 渠用切,《廣韻》: "同也('같다'이다)."《禮記·曲禮上》: "共食不飽, 共飯不澤手(다른 사람과 함께 음식을 먹을 때는 배부르게 먹지 말아야 하며, 손을 적시지 말아야 한다)."《莊子·盜跖》: "與麋鹿共處(크고 작은 사슴 무리들과 함께 살면서)."

別(별: 나누다) ***prat** , 方別切,《廣韻》: "分別('나누다')."《孟子·滕文公上》: "公事畢, 然後敢治私事, 所以別野人也(공전의 일을 다 하고 한 뒤엔 사전의 일을 다스리게 하니, 이는 야인을 군자와 구별하기 위한 것이다)."《韓非子·解老》: "耳不聰則不能別淸濁之聲, 智識亂則不能審得失之地(귀가 분명히 듣지 못하면 맑은 소리와 탁한 소리를 구별하지 못하고, 지혜와 지식

46 [역주] '劉寶楠'은 청대 경학자로, 揚洲학파의 대표이다. 대표적으로《論語正義》를 저술했다.

이 혼란스러우면 성공과 실패의 배경을 살필 수가 없다).” 別**(별: 달리, 따로)** *bra̱t, 皮列切,《廣韻》: “異也(‘다르다’이다).”《荀子·正名》: “狀變而實無別而爲異者, 謂之化(형상은 변하더라도 실질은 구별이 없는데, 명칭이 다르면 이를 ‘化’라고 한다).”《楚辭·離騷》: “余既不難夫離別兮, 傷靈修之數化(나는 이별이 어렵지 않지만, 임금의 마음 자주 바뀌시니 속상하다).”《左傳·隱公十一年》杜注: “不欲復居魯朝, 故別營外邑(은공은 더이상 魯나라 조정에 거처하고 싶지 않았기 때문에, 바깥 邑에 따로 거처할 집을 지었다).”《左傳·閔公二年》杜注: “別立廟, 廟成而吉祭(따로 廟를 건립하고 廟가 완성되자 吉祭를 지낸 것이다).”

盡**(진: 다 없애다, 끝까지 가다)** *ṯi̱n[B], 即忍切,《廣韻》: “《曲禮》曰: 虛坐盡前(〈곡례〉에 이르길, ‘빈자리에 앉을 때는 앞으로 다가가 앉는다’).”《禮記·曲禮上》: “虛坐盡後, 食坐盡前(빈자리에 앉을 때는 뒤로 물러앉고, 식사 자리에 앉을 때는 앞으로 다가가 앉는다).”《釋文》: “盡, 津忍反(여기서 ‘盡’은 ‘津忍反’이다).”《左傳·成公十三年》: “君子勤禮, 小人盡力; 勤禮莫如致敬, 盡力莫如敦篤(군자는 예에 힘을 쓰고, 小人은 본업에 힘을 다해야 한다. 예에 힘을 씀에는 공경을 지극히 하는 것 만한 것이 없고, 본업에 힘을 다함에는 敦篤만 한 것이 없다).”《釋文》: “盡, 津忍反(여기서 ‘盡’은 ‘津忍反’이다).” ‘盡力’, ‘盡心’ 등은《釋文》에서의 注音이 모두 ‘津忍反’이다. 盡**(진: 다, 죄다)** *ḏi̱n[B], 慈忍切,《廣韻》: “竭也, 終也(‘다하다, 끝나다’이다).”《左傳·莊公四年》: “王祿盡矣(王의 복록이 다해서 그런 것입니다).”《左傳·莊公二十五年》: “晉侯圍聚, 盡殺群公子(晉侯가 聚邑을 포위하여 공자들을 모두 죽였다).” ‘盡’은 동사일 수도 있고, 또 부사일 수도 있다.

通**(통: 통하다, 이르다)** *soŋ, 他紅切,《說文》: “達也(‘이르다’이다).”《左傳·隱公元年》: “及宋人盟於宿, 始通也(宋人과 宿에서 결맹하였으니, 두 나라가 비로소 교류를 시작한 것이다).”《左傳·閔公二年》: “共仲通於哀姜, 哀姜欲立之(共仲이 哀姜과 사통하니 哀姜이 共仲을 임금으로 세우고자 하였다).” 同**(동: 함께, 같이하다)** *zoŋ, 徒紅切,《廣韻》: “共也(‘함께하다’이다).”《左傳·文公十五年》: “情雖不同, 毋絕其愛, 親之道也(비록 정이 화목하지 못하더라도 우애를 단절하지 않는 것이 친족의 도리이다).”《山海經·海內經》: “伯陵同吳權之妻(백릉이 오권의 아내와 정을 통하다).” 郭注: “同, 猶通也(여기서 ‘同’은 ‘통하다’이다).” 또 부사로도 많이 쓰인다.《左傳·僖公十一年》: "同伐京師, 入王城(함께 京師를 공격하여 왕성으로 들어가다)."《詩經·北風》: "惠而好我, 攜手同行(사랑이여, 나를 좋아하는 사람과 함께 손잡고 길 떠난다)."《孟子·梁惠王上》: "不與民同樂也(백성들과 즐거움을 함께하지 않기 때문입니다)."

媅(담: 즐겁다, 즐기다) ***tum**, 丁含切,《說文》: "樂也('즐겁다'이다)." 글자는 또 '耽'으로도 쓴다. **耽(탐: 즐기다)** ***tum**, 丁含切,《廣韻》: "又耽樂也,《詩》曰: 無與士耽('즐기는 것'이다, 〈시경〉에 이르길, '사내와 놀아나지 마라')."《詩經·氓》: "于嗟女兮, 無與士耽(아, 여자들이여, 사내와 놀아나지 마라)." 傳: "樂也('즐기다'이다)."《釋文》: "耽, 都南反(여기서 '耽'은 '都南反'이다)."《禮記·中庸》: "和樂且耽(和樂하고도 즐겁다)." 글자는 또 '湛'으로도 쓴다. **湛(담: 즐기다)** ***tum**, 丁含切,《廣韻》: "湛樂, 亦見《詩》('즐기다'이다, 또 〈시경〉에도 보인다)."《詩經·賓之初筵》: "錫爾純嘏, 子孫其湛(너에게 큰 복을 내려주노니, 자손들이 편안하도다)." 傳: "湛, 樂之久也(여기서 '湛'은 '즐거움이 오래됨'이다)." 글자는《爾雅》에서 '妉'으로도 썼다. '妉(담)'은 '丁含切'이다.《廣韻》: "妉樂('즐겁다')." 그 본래 글자는 '甚'으로 쓴다. **甚(심: 심히, 매우, 편안하다, 즐겁다)** ***du̱m**ᴮ, 常枕切,《廣韻》: "劇過也.《說文》曰: 尤安樂也('심히 지나치다'이다, 〈설문〉에 이르길, '심히 편안하고 즐겁다'이다)."《說文》: "甚, 尤安樂也, 从甘, 从匹('심히 편안하고 즐겁다'이다, '甘'과 '匹'을 따른다)." 段玉裁注: "引申凡殊尤皆曰甚(더 발전하여, 무릇 '기이함이 더하다(심하다)'를 모두 '甚'이라 한다)."《孟子·梁惠王下》: "王之好樂甚(왕께서 음악을 아주 좋아하시면)."《莊子·田子方》: "吾服女也甚忘(내가 과거에 너를 생각했던 것을 이미 다 잊어버린 것처럼)[47]."

哉(재: 처음하다, 시작하다) ***ʦe**, 祖才切,《爾雅》: "始也('처음'이다)."《詩經·大雅·文王》: "陳錫哉周(주나라에 복록을 베풀어주시되)." 鄭箋: "哉, 始也('哉'는 '처음, 시작'이다)." **菑(치: 묵정밭, 묵힌 밭)** ***ʦre**, 側持切,《說文》: "不耕田也('경작하지 않은 밭'이다)." 段玉裁注: "不, 當爲才. 才耕田, 謂始耕田也('不'는 '才'로 써야 한다. 즉, '막 경작한 밭'은 곧 '경작을 시작한 밭'을 말한다)."《爾雅》: "田, 一歲曰菑, 二歲曰新田, 三歲曰畬(밭은 1년 된 것을 '菑'라 하고 2

---

47 [역주] '服'은 '마음속으로 생각하다'이다.

년 된 것을 '新田'이라 하며, 3년 된 것을 '畬'라 한다)."《易·無妄》: "不菑畬(일구지 않고 새밭을 얻다)." 글자는 또 '甾'로도 쓴다.《廣雅》: "甾, 孽也('甾'는 '움트다, 재해'이다)." 王念孫疏證: "甾之言才生也('甾'란 말은 '처음 생기다'이다)." **才(재: 비로소)** ***d̥e** , 昨哉切,《說文》: "草木之初也('초목이 처음 자라는 모양'이다)." 段玉裁注: "《釋沽》曰: 初, 哉, 始也. 哉卽才. 故哉生明亦作才生明('初, 哉'는 '始(처음)'이다. '哉'는 곧 '才'이다. 그러므로 '哉生明'은 또 '才生明'으로 쓴다)." **才(재: 겨우)** ***d̥e** , 昨哉切,《廣韻》: "僅也('겨우'이다)." **才(재: 겨우)** ***d̥es** , 昨代切,《廣韻》: "僅也('겨우'이다)."《漢書·賈山傳》: "然身死才數月耳, 天下四面而攻之, 宗廟滅絕矣(그러나 그 몸이 죽은 지 겨우 몇 달 뿐이었는데, 천하가 사방에서 그를 공격하게 되어 종묘가 멸절되었다)."

幾(기: 접근하다, 다하다) ***kɯ̲r** , 居依切,《廣韻》: "庶幾('가깝다'이다)."《左傳·襄公十六年》: "引領西望曰庶幾(撫我)乎!(목을 빼고 서쪽을 바라보며 말하기를, '아마도 거의 우리를 위무할 것이다!')"《釋文》엔 注가 없으니 아마도 통상음(如字)일 것이다.《莊子·齊物論》: "適得而幾矣(자득하는 경지로 나아가면 도에 가까워진다)." 注: "幾, 盡也(여기서 '幾'는 '다하다'이다)."《釋文》: "幾, 音機, 盡也(여기서 '幾'는 음이 '機'이고 '다하다'이다)" 又《齊物論》: "三子之知幾乎(세 사람의 재지는 거의 완성에 가깝다)." 注: "幾, 盡也(여기서 '幾'는 '다하다'이다)." **幾(기: 거의)** ***gɯ̲r** , 渠希切,《廣韻》: "近也('가깝다, 거의'이다)."《莊子·養生主》: "且予求無所可用久矣! 幾死, 乃今得之(또한 나는 쓸 데가 없어지기를 구한 지 오래되었도다! 거의 죽을 뻔했다가 이제야 그것을 얻었다)."《釋文》: "幾, 音祈, 又音機, 下同(여기서 '幾'의 음은 '祈'이고 또 '機'이다. 아래는 같다)."《莊子·山木》: "子幾死乎?(당신은 거의 죽을 것 같습니다)"《釋文》: "幾, 音祈, 又音機(여기서 '幾'의 음은 '祈'이고 또 '機'이다)."《左傳·襄公二十六年》: "幾亡室矣(가산을 거의 탕진하다)."《釋文》: "幾, 其依切(여기서 '幾'는 '其依切'이다)."《左傳·僖公十四年》: "期年將有大咎, 幾亡國(일 년 안으로 큰 재난이 생겨, 나라가 거의 망하게 될 것이다)."《釋文》: "幾, 音祈, 又音機(여기서 '幾'의 음은 '祈'이고 또 '機'이다)." 又《左傳·襄公十八年》: "楚師多凍, 役徒幾盡(楚나라 군대에 얼어 죽는 이가 많아졌고, 役徒는 거의 다 죽었다)."《釋文》: "幾, 音祈(여기서 '幾'의 음은 '祈'이다)."《左傳·昭公二十七年》: "吾幾禍子(내가 거의 당신을 해칠 뻔하였습니다)."《釋文》: "幾, 音祈(여기서 '幾'의 음은 '祈'이다)."

并(병: 어우르다, 합하다) ***pi̱ŋ** , 府盈切,《廣韻》: “合也(‘합하다’이다).” **并(병: 하나가되다)** ***pi̱ŋs** , 畀政切,《廣韻》: “專也(‘하나로 되다’이다).” **併(병: 어우르다, 나란히하다)** ***pi̱ŋ**^{B} , 必郢切,《廣韻》: “併合也(‘어우르다’이다).” **併(병: 어우르다, 겸하다)** ***pi̱ŋ**^{C} , 畀政切,《廣韻》: “兼也, 並也, 皆也(‘겸하다, 아우르다, 모두’이다).”《左傳·成公二年》: “左并轡, 右援枹而鼓(왼손으로 고삐를 다 쥐고, 오른손으로 북채를 잡고 북을 쳤다).”《釋文》: “并, 必政切, 徐方聘切(여기서 ‘并’은 ‘必政切’이고, 徐씨의 음은 ‘方聘切’이다).” **並(병: 나란히하다, 함께, 모두)** ***biŋ**^{B} , 薄迥切,《廣韻》: “比也(‘나란히하다’이다).” **併(병: 나란히 서다)** ***biŋ**^{B} , 薄迥切,《廣韻》: “立並(‘나란히 서다’).”《說文》: “並, 併也(‘並’은 ‘어깨를 나란히 하고 서다’이다).”《左傳·襄公十三年》: “是以上下無禮, 亂虐並生(이로써 위아래로 예가 없어져 변란과 학정이 함께 생겨났다).”《廣雅》: “並, 具也(‘並’은 ‘함께’이다).”《詩經·車鄰》: “既見君子, 並坐鼓瑟(이미 군자님을 만났기에, 함께 앉아 비파를 타노라).”《詩經·賓之初筵》: “既醉而出, 並受其福(이미 취해 나가면, 함께 그 복을 받을 것이니).”《漢書·賈誼傳》: “天下殽亂, 高皇帝與諸公並起(천하가 혼란해졌을 때, 고황제께서 이들과 같이 함께 일어났다).” 注: “並音步鼎反(여기서 ‘並’의 음은 ‘步鼎反’이다).” **傡(병: 함께)** ***biŋ** , 蒲幸切,《廣韻》: “俱也, 或作并, 羅列也(‘함께’이다, 또는 ‘并’으로도 쓰며, ‘나란히 서는 것’이다).”

走(주: 달리다) ***ʦo**^{B} , 子苟切,《廣韻》: “趨也(‘달리다’이다).”《左傳·宣公十二年》: “王乘左廣以逐趙旃, 趙旃棄車而走(楚나라 임금이 左廣을 타고 趙旃을 추격하자, 趙旃은 수레를 버리고 숲속으로 달아났다).”《左傳·莊公八年》: “走出, 遇賊于門(費가 도망해 나오다가 궁문에서 반란군을 만났다).” **趨(추: 달리다)** ***ʦho̱** , 七逾切,《廣韻》: “走也(‘달리다’이다).”《論語·季氏》: “鯉趨而過庭(내가 종종걸음으로 뜰을 지나는데).” **趣(취: 달리다)** ***ʦho**^{B} , 倉苟切,《廣韻》: “趣馬.《書》傳云: ‘趣馬, 掌馬之官也.’(‘말을 달리다’, 〈서경〉전에 이르길, ‘趣馬’는 말을 관장하는 관리이다).” **趣(취: ~향해 달리다, 빠르다)** ***ʦho̱s** , 七句切,《廣韻》: “趣向(‘향해 달리다’).”《說文》: “趣, 疾也(‘향해 달리다’이다).”《詩經·棫朴》: “濟濟辟王, 左右趣之(아름다운 군왕이여, 제후들이 달려와 귀의하시네).”《釋文》: “趣, 七喻反(여기서 ‘趣’는 ‘七喻反’이다).” **驟(취: 말이 빨리 달리다, 자주, 종종)** ***ɖro̱s** , 鋤佑切,《廣韻》: “馬疾步也, 奔也(‘말이 빨리 달리다’, ‘달아나다’이다).”《莊子·齊物論》: “鳥見之高飛, 麋鹿見之決驟(새는 그들을 보고는 높이 날아가고,

사슴은 그들을 보고는 빠르게 달아난다)."《釋文》: "驟, 士救反, 又在遘反(여기서의 '驟'는 '士救反'이고, 또 '在遘反'이다)."《左傳·宣公二年》: "驟諫而不入, 故不競於楚(여러 차례 간하였으나 받아들이지 않았고, 이로써 楚나라와 경쟁하지 못한 것이다)."《釋文》: "驟, 仕救反(여기서의 '驟'는 '仕救反'이다)."

單(단: 홑, 다하다) ***tan** , 都寒切,《廣韻》: "單複也('홑겹'의 '홑'이다)." '單'은 '단일'이란 의미로부터 '단독', '외롭다'란 의미로 발전하였다.《荀子·正名》: "單足以喻則單, 單不足以喻則兼(단일한 명칭으로 충분히 사람들을 이해시킬 수 있다면 단일한 명칭으로 하고, 단일한 명칭으로 이해시킬 수 없다면 복합 명칭으로 한다)." 또 '다하다'란 의미가 파생되었다.《荀子·宥坐》: "若不可廢不能以單[48]之(그래도 만약 안 되면 무능한 사람을 폐하여 두려움에 떨게 하였다)." 注: "單, 盡也(여기서 '單'은 '다하다'이다)."《漢書·韓信傳》: "欲戰不拔, 曠日持久, 糧食單竭(싸우려 해도 함락되지 않고, 하는 일 없이 세월을 오래 끌면, 식량이 고갈될 것이다)." 師古注: "單亦盡(여기서 '單'은 또 '다하다'이다)."《禮記·祭義》: "歲既單矣(시일이 이미 다 되어)."《釋文》: "單, 音丹(여기서 '單'의 음은 '丹'이다)." **但(단: 語辭)** ***dan** , 徒干切,《廣韻》: "語辭也('허사'이다)." **但(단: 語辭, =空, 徒)** ***dan**^B^ , 徒旱切,《廣韻》: "語辭, 又空也, 徒也('허사'이다. '공연히, 단지'의 의미이다)." **但(단: 단지)** ***dans** , 徒案切,《廣韻》: "辭也('허사'이다)."《史記·秦始皇本紀》: "臣但恐諸侯合從, 翕而出不意(신은 다만 제후들이 합종하여 불시에 공격하지 않을까 걱정될 뿐입니다)."

氾(범: 넘치다) ***phrum** , 孚梵切,《廣韻》: "濫也('넘치다'이다)."《孟子·滕文公上》: "洪水橫流, 氾濫於天下(홍수가 멋대로 흘러 천하에 범람하다)." **汎(범: 물에 뜨다)** ***phrum** , 孚梵切,《廣韻》: "浮貌('물에 뜨는 모양')."《說文》: "浮貌('물에 뜨는 모양')."《詩經·邶風·柏舟》: "汎彼柏舟, 亦汎其流(두둥실 떠가는 저 잣나무배여, 또한 흐르는 물에 떠 있도다)."《國語·晉語三》: "汎舟於河(황하에 배를 띄워)."《左傳·僖公十三年》: "命之曰汎舟之役(이를 일컬어 '泛舟之役

48 [역주]《孔子家語》에 따라 '憚'으로 간주하여 번역한 것이다.
필자의 해석: "만약 그래도 잘되지 않으면, 무능한 자들을 남김없이 다 몰아내었다."

(배를 띄운 전역)'이라고 명명하였다)." 글자는 또 '泛'으로도 쓴다. 《漢書·武帝紀》: "河水決濮陽, 泛郡十六(황하를 濮陽에서 터서 열여섯 군이 범람했다)." **凡(범: 모두, 무릇)** ***brum**, 符咸切, 《廣韻》: "常也, 皆也, 輕也, 非一也('평상, 모두, 가볍다'이다, '하나만이 아니다'이다)." 《說文》: "凡, 最括也('凡'은 '쌓아 총괄하다'이다)." 段玉裁注: "凡之言氾也('凡'은 곧 '氾'이다)." '凡'은 또 '汎'으로도 쓴다. 《左傳·隱公七年》: "天王使凡伯來聘(천왕이 凡伯을 노나라에 보내어 빙문하였다)." 《釋文》: "凡字本作汎, 音凡(여기서 '凡'자는 본래 '汎'으로 쓰며 음은 '凡'이다)."

喘(천: 헐떡이다, 숨차다) ***thonB**, 昌兗切, 《廣韻》: "喘息('헐떡이다'). 《說文》曰: 疾息也('숨을 빠르게 쉬다'이다)." 《史記·扁鵲倉公列傳》: "竊聞文王病喘, 頭痛, 目不明(가만히 들어보니, 문왕은 천식이 있었고, 두통이 있었으며 눈이 잘 보이지 않았다 한다)." 《荀子·臣道》: "喘而言, 臑而動(순간적으로 짧은 말과 간단한 움직임이라도)." **遄(천: 빠르다, 빠르게)** ***don**, 市緣切, 《廣韻》: "速也, 疾也('빠르다, 빨리'이다)." 《詩經·相鼠》: "人而無禮, 胡不遄死(사람이 예의가 없으면 어찌 빨리 죽지 않는가)." 傳: "遄, 速也(여기서 '遄'은 '빨리'이다)." 《詩經·巧言》: "君子如怒, 亂庶遄沮(군자가 참언을 듣고 노한다면 난이 아마도 빨리 그칠 것이다)." 傳: "遄, 疾('遄'은 '빠르게'이다)." 《詩經·泉水》: "遄臻於衛, 不瑕有害(금방 위나라에 이르련만 이러면 어찌 해로움이 없겠는가)."

俱(구: 함께하다, 갖추다) ***ko**, 舉朱切, 《廣韻》: "皆也, 具也('함께하다, 갖추다'이다)." 《說文》: "俱, 偕也('俱'는 '함께하다'이다)." 《莊子·天運》: "道可載而與之俱也(道에 내 몸을 싣고 도와 함께할 수 있다)." 《莊子·則陽》: "方且與世違而心不屑與之俱(또한 세상과 멀리 떨어져 그의 마음은 세상과 함께하려 하지 않는다)." 《呂氏春秋·蕩兵》: "與始有民俱(백성들이 처음 존재할 때부터 함께 있었다)." **具(구: 갖추다, 함께)** ***gos**, 其遇切, 《廣韻》: "備也('갖추다'이다)." 《詩經·楚茨》: "神具醉止, 皇尸載起(신이 모두 취해서 황시가 일어나니)." 《詩經·大叔於田》: "叔在藪, 火烈具舉(숙님이 늪지에 이르시니, 불꽃이 일제히 타오르네)." 글자는 또 '俱'로도 쓴다. 《莊子·騈拇》: "二人相與牧羊, 而俱亡其羊(두 사람이 함께 양을 치다가 모두 양을 잃어버렸다)." 《左傳·定公八年》: "與一人俱斃(顏高는 다른 한 사람과 함께 쓰러졌다)." 王力(1982:185)

은 다음과 같이 말했다. "동사로 쓰일 때, 단지 '俱'을 사용하고, '具'를 쓸 수 없다. 부사로 쓰일 때, '俱'와 '具'가 通用된다. 나중에 와서, 부사로 쓰일 때, '俱'와 '具' 또한 구별이 되는데, '皆'로 해석될 때는 '俱'이고, '盡'이나 '全'으로 해석될 때는 '具'이다."《史記·項羽本紀》: "項伯乃夜馳之沛公軍, 私見張良, 具告以事. 欲呼張良與俱去, 曰: '毋從俱死也.'(항백이 이에 밤에 말을 달려 패공군에 왔는데, 사사로이 장량을 만나 이 일에 관하여 모두 알리고 장량에게 함께 가자며 소리치며 '함께 따라 죽지 말라'고 하였다)"

誅(주: 베다, 죽이다) ***tro̱** , 陟輸切, 《玉篇》: "殺也('죽이다'이다)." 이 의미는 《廣韻》에서 글자를 '列'로 쓴다. 《廣韻》: "列殺, 字从歹. 殺, 上同('칼로 찢어 죽이다'로, 글자는 '歹'를 따른다. '殺'는 이체자로 위와 같다)." 《戰國策·秦策五》: "乃可復使姚賈而誅韓非(그리고는 이에 姚賈의 지위를 회복시키게 하고, 韓非는 죽여 버렸다)." 注: "誅, 殺也(여기서 '誅'는 '죽이다'이다)." **殊(수: 죽이다, 매우)** ***do̱** , 市朱切, 《廣韻》: "死也('죽이다'이다)." 殊, 《說文》: "死也. 漢令曰: 蠻夷長有罪, 當殊之('죽이다'이다, 한조 법령에 따르면, '만이의 수장에 죄가 있으면 마땅히 죽인다'라고 한다)." 《左傳·昭公二十三年》: "斷其後之木而弗殊(나무들의 밑동을 대충 잘라놓고 완전히 자르지는 않는다)." 《釋文》: "殊, 如字, 《說文》云: 死也(여기서 '殊'는 통상음이며, 〈설문〉에 이르길 '죽이다'이다)." 《史記·蘇秦列傳》: "而使人刺蘇秦, 不死, 殊而走(사람을 시켜 소진을 죽이려 하였지만, 바로 죽이지는 못하고 상처를 입혀 죽게 하고는 달아났다)." 集解: "殊者, 死也, 與'誅'同指, 蘇秦雖不卽死, 然是死創, 故云殊('殊'는 '죽이다'이다, '誅'와 같은 뜻이다. 소진이 비록 바로 죽지는 않았으나 상처로 죽었으므로 '殊'라고 말한 것이다)." 《莊子·在宥》: "今世殊死者相枕也(지금의 세상에서는 참수되어 죽은 이들이 서로 베고 누워 있다)." 《釋文》: "殊死; 如字. 《廣雅》云: 殊, 斷也. 司馬云: 決也. 一云: 誅也. 《字林》云: 死也('殊死'의 '殊'는 통상음이다. 〈광아〉에 이르길, '殊'는 '베다'라 한다. 사마씨가 말하길, '끊다'라 하는데, 한편으로 '죽이다'이다. 〈자림〉에는 '죽이다'라 한다)." 《漢書·高帝紀下》: "其赦天下殊死以下(참형이하의 죄는 사면한다)." 注: "韋昭曰: '殊死, 斬刑也.' 師古曰: '殊, 絕也, 異也, 言其身首離絕而異處也.'(韋昭가 말하길, '殊死는 참형이다'. 안사고가 말하길, '殊는 끊다, 다르다란 말로, 그 몸과 머리가 끊어져 다른 곳에 있다는 말이다')" 《詩經·汾沮洳》: "美無度, 殊異乎公路(아름다움을 헤아릴 수 없으니 자못 공로와는 다르다)." 《史記·廉頗藺相如列傳》: "廉君宣惡

言而君畏匿之, 恐懼殊甚(염파가 당신에 대해 나쁜 말을 하고 다니는데도 당신은 그를 피하기만 하고, 또 너무 겁을 내십니다)."《戰國策·趙策四》: "老臣今者殊不欲食(늙은 저는 지금 너무도 먹고 싶지 않습니다)."

戡(감: 적을 쳐 이기다) *khum , 口含切, 《廣韻》: "勝也, 克也('이기다'이다)." 《爾雅》: "戡, 劉, 殺, 克也('戡, 劉, 殺'은 '이기다'이다)." 《逸周書·祭公解》: "維武王申大命, 戡厥敵(무왕께서 대명을 펴, 그 적을 쳐 이기셨다)." 《尙書·西伯戡黎》: "西伯旣戡黎, 祖伊恐(西伯이 이미 黎나라를 공격해 이기자, 祖伊가 두려워하였다)." 글자는 또 '㦰'로도 쓴다. '㦰'은 '口含切'이다. 《廣韻》: "殺也, 刺也('죽이다, 찔러죽이다'이다)." 《說文》: "㦰, 殺也. 从戈今聲. 《商書》曰: 西伯旣㦰黎('㦰'은 '죽이다'이다. '戈'를 따르고 '今'은 성부이다. 〈상서〉에 이르길, '서백이 이미 黎를 쳐 죽이다'라 나온다)." 《漢書·五行志下之上》: "王心弗㦰, 其能久乎?(王의 마음이 견디지 못할 것인데, 어찌 오래 사실 수 있겠는가?)" 注引孟康(주에서 맹강을 인용하여): "古堪字(옛 '堪'자이다)." 《左傳·昭公二十一年》: "王心弗堪, 其能久乎?(王의 마음이 견디지 못할 것인데 어찌 오래 사실 수 있겠는가?)" **堪(감: 견디다) *khum** , 口含切, 《廣韻》: "任也, 勝也, 克也('감당하다, 이기다'이다)." 《說文》段玉裁注: "凡勝任皆曰堪, 古假戡㦰爲之(무릇 '감당해내는 것'을 모두 '堪'이라 하는데, 옛날엔 '戡', '㦰'으로 '堪'을 대신하였다)." **咸(함: 다, 모두) *grum** , 胡讒切, 《廣韻》: "皆也, 同也, 悉也('모두, 다'이다)." 朱駿聲《說文通訓定聲》: "爲㦰. 《書·君奭》'咸劉厥敵', 《周書·世俘》'咸劉商王紂', 皆殺也('咸'은 '㦰(죽이다)'이다. 〈서경·군석〉에 '그 적들을 모두 죽였으니'라고 나온다, 〈주서·세부〉엔 '상왕 주를 죽이다'라고 나오는데, 모두 '죽이다'이다)." 부사로도 사용된다. 《詩經·崧高》: "周邦咸喜, 戎有良翰(주나라가 모두 기뻐하며 그대 훌륭한 정간을 두었다 한다)." 《詩經·玄鳥》: "殷受命咸宜, 百祿是何(은나라가 명을 받음이 모두 마땅한지라 온갖 복록을 이에 받도다)."

동작이 이미 완결되거나 변화가 발생하면 일종의 결과나 상태가 발생한다. 또한 부사의 가장 흔한 기능은 바로 동사의 행위 방식을 설명하는 것이다. 따라서 형태표지가 있는 언어에서 완결형(旣行體) 동사는 항상 부사가 되곤 한다. 그리고 자음이 대립하는 同族詞 중, 동사는 청성모를 선택하나 부사는 탁성모를 선택한다. 즉, 상고한어 부사의 분명한 경향이 탁자음을 성모로 선택하는 것임을 발견할 수 있다. 예컨대, 제한부사(限制副詞)인 '但', '特', '獨', '第' 등은 모두 탁음성모이다. 그리고 總括副詞 '盡', '咸', '具', '共', '凡', '并' 등 역시 탁음성모이다. 그 외에 '已, '尙', '曾', '極', '甚', '絕', '殊' 등 역시 탁음자음을 성모로 한다. 상고한어 부사의 음운형식은 두 가지 현저한 특징이 있다. (1) 탁자음성모; (2) 去聲, 즉 *-s 접미사. 뒤의 -s접미사 부분에서 또 논의하겠지만, -s접미사를 부가하는 것은 바로 상고한어 동사 완결형의 중요한 구성 형식임을 알 수 있다.

제3절 自主性

一

馬建忠(1983:144)은 다음과 같이 언급한 바 있다. "한 번 움직이되 여전히 그 내부에 그치게 되면 이를 '內動字'라고 한다. 한 번 움직이되 바깥으로 곧장 이어진다면 이를 '外動字'라고 한다. 그리고 무릇 그 행위가 베풀어지는 대상을 '止詞'라 하고, 그 스스로 발출하는 것을 '起詞'[49]라고 한다(一其動而仍止乎內也, 曰內動字. 一其動而直接乎外也, 曰外動字. 而凡受其行之所施者, 曰止詞, 言其之所自發者, 曰起詞)." 학계에서는 대체로 馬建忠의 구분을 존중하는 편이다. 다만, '外動詞', '內動詞'와 같은 술어를 각각 '及物動詞'와 '不及物動詞'로 바꾸어 칭하고 있다. 그러나 중국어의 '及物動詞'와 '不及物動詞'는 결코 확연히 구분되는 것이 아니어서, 많은 동사들이 '及物動詞'이면서 동시에 '不及物動詞'인 경우도 있다.

曰: 既庶矣, 又何加焉? 曰: 富之.(《論語·子路》)(염유가 말했다. "이미 비슷해졌다면, 또 그들에게 무엇을 더해야 합니까?" 그러자 공자가 말했다. "그들을 부유하게 해야 한다.")

---

49 [역주] '起詞'는 지금의 '주어'이다.

상고한어의 형용사는 명사(또는 代詞)를 묘사하거나 수식하며, 서술어로 쓰일 때는 목적어를 갖지 않는다. 그런데 위의 형용사 '富'는 목적어인 '之'를 갖고 있다. 이것은 일반적인 고대중국어 교과서에서 말하는 이른바 '형용사 또는 불급물동사의 使動用法'이다. 형용사 또는 불급물동사는 사동용법으로 인해 목적어를 가질 수 있고, 이로써 형식상의 급물동사가 된다. 이러한 것은 일부 使動의 범주가 있는 언어에도 존재하는 것이다. 그런데 '態'의 범주가 있는 언어에서는 종종 일정한 형식을 통해 '使動態'와 '自動態'를 구분하기도 한다.

敗(패: 패배시키다) ***prats**, 補邁切,《廣韻》: "破他曰敗(다른 것을 깨뜨리는 것을 '敗'라 한다)."《說文》: "敗, 毁也. 从攴貝('敗'는 '무너뜨리다, 깨뜨리다'이다. '攴'과 '貝'를 따른다)."《左傳·昭公十年》: "《書》曰: 欲敗度, 縱敗禮(〈서경〉에 이르길, '욕심을 부려 법도를 망가뜨리고, 방종하여 예를 무너뜨리다')."《釋文》: "敗, 必邁反(여기서 '敗'는 '必邁反'이다)."《左傳·隱公元年》: "惠公之季年, 敗宋師於黃(惠公 말년에 宋의 군대를 黃에서 패배시켰다)."《釋文》: "敗, 必邁反, 敗他也(여기서의 '敗'는 '必邁反'이고, '다른 이를 패배시키다'이다)."《左傳·僖公二十三年》: "懷與安實敗名(그리워함과 편안함은 실로 功名을 무너뜨리는 일입니다)."《釋文》: "敗, 必邁反(여기서의 '敗'는 '必邁反'이다)."《禮記·緇衣》: "毋以小謀敗大作, 毋以嬖禦人疾莊后(소신의 꾀를 가지고 대신의 일을 그르치지 말 것이며, 폐어의 사람으로서 莊后를 미워하지 말라)."《釋文》: "敗, 補邁反(여기서 '敗'는 '補邁反'이다)." **敗(패: 패배하다)** ***brats**, 薄邁切,《廣韻》: "自破曰敗('스스로 깨지는 것'을 '敗'라 한다)."《左傳·桓公五年》: "鄭師合以攻之, 王卒大敗(정나라 군대가 합세하여 공격하자 주왕의 군대가 대패하였다)."《左傳·僖公二十二年》: "我師敗績, 邾人獲公冑, 縣諸魚門(아군이 대패하였다. 邾나라 사람이 僖公의 투구를 노획하여 魚門에 달아놓았다)."《經典釋文》에서 '破他'의 '敗'는 注音을 한 반면, '自破'의 '敗'는 注音을 하지 않았다.

'敗'는《廣韻》에 '薄邁切'과 '補邁切' 두 음이 있다. 다수의 학자들은 이를 '自動'과 '使動'의 관계로 보았다. 그러나《左傳·隱公十一年》의 "息侯伐鄭, 鄭伯與戰於竟, 息師大敗而還(息侯가 정나라를 공격하자, 鄭伯이 식나라 군대와 국경에서 전투하였는데, 식나라 군대가 대패하고서 돌아갔다).”에서, ‘敗薄邁切’가 문장의 서술어로 충당될 때, 주어가 생물이라 해도 이러한 변화, 상태 속에서 주체는 그 변화를 제어할 수가 없고 또 自主的(자의지적)이지 못하다. 즉, 주체가 원한 것이 아니다(李佐豐, 2003:163). 주체(‘息師’)에 이러한 변화/상태가 발생한 것은, 문장 외부에 있는 객체(‘鄭伯’)가 유발한 것이다. 즉, 주체(‘息師’)는 피행위주이고, 객체(‘鄭伯’)는 행위주가 된다. “鄭伯以虢師伐宋. 壬戌, 大敗宋師(鄭伯이 虢나라 군대를 거느리고 宋나라를 공격하였다. 임술일에 宋나라 군대를 대패시켰다).”(《左傳·隱公十一年》), 이 예에서 객체(‘宋師’)에 이러한 변화/상태가 발생한 것은 주체인 ‘鄭伯’이 유발한 것이며, 自虐의 결과는 아니다. ‘敗薄邁切’가 대표하는 상태는, 비록 고대의 주석가들이 이 의미의 ‘敗’를 ‘自敗’라고 해석했다 해도, 주체가 제어할 수는 없다. “息師大敗”는 “鄭伯大敗息師”의 결과로, 양자 간에는 시간적 선후 관계가 있다. 즉, ‘敗薄邁切’는 동사 ‘敗補邁切’가 완결된 후의 상태이다. 확실히, 우리는 ‘敗補邁切’와 ‘敗薄邁切’의 관계를 사동사와 자동사 간의 ‘變音’으로 억지로 해석해서는 안 된다. ‘敗’에 대해, 《說文》에서 “敗, 毁也. 从攴貝.”라고 한 것은, 확실히 먼저 ‘敗補邁切’가 있고 그 후에 ‘敗薄邁切’이 있게 된 것이며, 그 반대는 아니라는 사실을 알려주고 있다.

公若曰, 爾欲**吳王**我乎?(《左傳·定公十年》)(公若이 말하기를 “너는 吳王을 죽인 것처럼 나를 죽이려고 하느냐?”고 하였다)

項羽背約而**王**君王於南鄭, 是遷也.(《漢書·高帝紀上》)(항우가 약속을 배반하고 군왕에게 남정에서 왕을 칭하게 했는데, 이는 좌천입니다.)

縱江東父兄憐而**王**我, 我何面目見之?(《史記·項羽本紀》)(설령 강동의 부형들이 나를 불쌍히 여겨 나를 왕으로 삼는다고 해도, 내가 무슨 면목으로 그들을 볼 수 있겠는가?)

欲以力**臣**天下之主, 臣恐有後患.(《戰國策·秦策四》)(천하의 제후를 힘으로써 臣服시키겠다고 하신다면, 저는 후환이 있을까 걱정됩니다.)

不敢復言**帝**秦.(《戰國策·趙策三》)(다시는 진왕을 제왕으로 삼는 것은 거론하지 않겠습니다.)

食之飮之, **君**之宗之.(《詩經·公劉》)(밥을 먹이고 술을 마시게 하며, 임금으로 받들고 종으로 높이도다.)

妻帝之二女, 而不足以解憂.(《孟子·萬章上》)(요임금의 두 딸을 아내로 삼았어도, 근심을 풀기에 부족하였다)

莊公令夫人齊女子之, 立爲大子.(《史記·衛康叔世家》)(장공은 부인인 제나라 여자에게 시켜 完을 아들로 삼게 하고 태자로 세웠다.)

명사가 문장 속에서 목적어를 갖고 있는 데다가, 使動의 의미도 갖고 있으니, 이러한 명사는 사동사로 보아야 할까? 우리는 이러한 명사를 사동사로 볼 수는 없다. 이는 마치 우리가 '富'와 같은 형용사를 사동사로 볼 수 없는 것과 마찬가지이다. 사동의 의미가 있다 하여 반드시 사동사인 것은 아니다. 사동사 여부는, 어휘 의미 및 어법 기능 외에도 단어의 음운형식 또한 매우 중요하다. 음운 관계가 없는 단어들은 설사 어휘 의미와 어법 기능상 자동과 사동으로 해석될 수 있다 해도, '死'와 '殺'처럼, 자동사와 사동사의 관계에 속하지는 않는다. 상고한어의 형용사는 항시 사동용법이 있다. 그러나 형용사가 사동 용법으로 쓰일 때, 마치 '富'의 경우에서 보듯이, 결코 음운형식에 변화가 있다는 것을 보여주는 증거가 없다.

二

사동 의미가 있는 것은 '사동 범주'가 있는 것과는 다르다. 학자들의 연구에 따르면, 藏緬語에 사동 범주가 있다고 한다. 孫宏開(1998)에 따르면, 원시 시기 使動詞의 구성형식은 *s-접두사를 첨가하는 것이었으나, 이후 다양한 접두사 형식이나 자음의 청탁교체 등 여러 가지 표현 형식으로 발전했다고 한다. 그러나 사동사가 *s-접두사를 갖는 것은 자동사가 '영형식'이라는 것을 의미하지는 않는다. 이 점은 특히 藏語에서 매우 분명하게 관찰되고 있다. 藏語의 사동사는 s-접두사를 붙이는 것인 반면, 자동사는 접두사 ɦ-를 붙이는 것이다. 즉, 사동사와 자동사 간의 전환은 상호 간 접두사의 교체를 통해 실현되고 있다. 이러한 접두사 간 대립은 이후 성모의 청탁 대립으로 변화하였다.

학자들은, 상고한어에 "음운대립 쌍이 있는데 성모가 마침 청탁의 차이로 나타나는 동사”가 있다면, 그것이 표현하는 어법 의미가 藏緬語의 사동/자동과 매우 유사하다고 보았다. 周法高(1962)는 자음의 청탁교체가 상고한어 사동사와 자동사 간 변환의 형식 표지라고 보았다. 王力(1965) 역시 상고한어 사동사와 자동사의 음운 관계에 대해 말할 때, 특별히 주목한 것이 바로 “자동사는 보통 탁음으로 읽고, 사동사는 청음으로 읽는다”라는 사실이다. 한편, 潘悟雲(1987)도 자음의 청탁교체는 사동사와 자동사 변환의 형식 표지라고 보았고, 이것을 기초로 상고한어 자음 청탁의 諧聲은 사실상 형태적 관계임을 증명하였다. 이후 潘悟雲(1991)은 더 나아가 상고한어 자음 청탁교체가 표현하는 어법 의미에 대해 상세히 토론하였는데, 그중 하나가 바로 사동사와 자동사의 변환이다. 梅祖麟(1988) 역시 자음의 청탁교체가 상고한어 사동사와 자동사의 구성 형식임에 동의하고 이 구성 형식을 근거로 내부 재구법을 이용하여, 중고한어의 匣母가 상고한어의 k-에 대응하는 濁音, 즉 舌根濁塞(설근유성파열음) 자음인 *g-임을 증명하였다.

敗, 薄邁切, 《廣韻》: “自破曰敗(스스로 깨지는 것을 ‘敗’라 한다).”

敗, 補邁切, 《廣韻》: “破他曰敗(남을 깨뜨리는 것을 ‘敗’라 한다).”

折, 常列切, 《廣韻》: “斷而猶連也(‘끊었지만 아직 연결되어 있는 것’이다).”

折, 旨熱切, 《廣韻》: “拗折(‘부러뜨리다’).”

別, 皮列切, 《廣韻》: “離也, 解也(‘떨어지다, 해지다’이다).”

別, 方別切, 《廣韻》: “分別(‘나누다’).”

盡, 慈忍切, 《廣韻》: “竭也, 終也(‘다하다, 끝나다’이다).”

盡, 卽忍切, 《廣韻》: “《曲禮》曰虛坐盡前(〈곡례〉에 이르길, ‘빈자리에 앉을 때는 앞으로 다가 앉는다’).”

屬, 市玉切, 《廣韻》: “附也, 類也(‘붙어 있다, 종류’이다).”

屬, 之欲切, 《廣韻》: “付也(‘붙이다’이다).”

斷, 徒管切, 《廣韻》: “絕也(‘끊어지다’이다).”

斷, 都管切, 《廣韻》: “斷絕(‘끊다’).”

壞, 胡怪切, 《廣韻》: “自破也(‘스스로 깨지다’이다).”

壞, 古壞切, 《廣韻》: “毁也(‘깨뜨리다’이다).”

著, 直略切, 《廣韻》: "附也('붙다'이다)."

著, 張略切, 《廣韻》: "服衣於身(몸에 옷을 입다)."

潘悟雲에 의해 추가된 몇몇을 제외하고, 위의 예는 대부분 周祖漠의 《四聲別義釋例》, 周法高의 《中國古代語法·構詞編》, 그리고 王力의 《古漢語自動詞和致使動詞的配對》에서 토론했던 대상들이다. 그 외에, '著'와 같이 宋代 賈昌朝의 《群經音辨》에서 언급한 것도 있다. 《群經音辨》에서, "著, 置也, 陟略切; 置定曰著, 直略切. 著, 置也, 陟略切; 箸, 附也, 直略切('著'는 '놓다' 의미로 음이 '陟略切'이다. '놓아서 확실히 정해진 것'을 '著'라고 하며 음은 '直略切'이다. '著'는 '놓다'로 음이 '陟略切'이고, '箸'는 '붙다'로 음은 '直略切'이다.)."과 같이 나온다. 이 외에, 周祖漠, 周法高, 梅祖麟 등도 '降', '會', '檢/儉', '偕/諧', '系', '合' 등을 언급하기도 하였다. 그런데 학자들이 든 예들 중에는, **'偕/諧'처럼, 아예 '自動'과 '使動'으로 해석할 수 없는 것들도 있다.**

偕(해: 함께, 함께 있다) ***krir**, 古階切, 《廣韻》: "俱也('함께하다'이다)." 《左傳·莊公七年》: "夜明也, 星隕如雨, 與雨偕也(밤이 밝았기 때문이다. 流星이 비처럼 떨어졌는데, 비와 함께 떨어진 것이다)." 注: "偕, 俱也(여기서 '偕'는 '함께하다'이다)." 《釋文》: "偕, 音皆(여기서 '偕'는 음이 '皆'이다)." 《詩經·陟岵》: "予弟行役, 夙夜必偕(내 아우야, 노역가서, 밤낮으로 친구들과 함께 하거라)." 毛傳: "偕, 俱也('偕'는 '함께하다'이다)." **諧(해: 화합하다, 조화되다)** ***grir**, 戶皆切, 《廣韻》: "和也, 合也, 調也, 偶也('화합하다, 조화되다, 짝하다'이다)." 《左傳·襄公十一年》: "如樂之和, 無所不諧(음악이 조화된 것 같이 화합하지 않음이 없었다)." 注: "諧亦和也('諧'는 또 '和'이다)." 《周禮·地官·司徒》: "調人掌司萬民之難而諧和之(조인은 백성들 가운데 서로 원수 관계의 사람들을 화해시키는 일을 관장한다)." 注: "難, 相與爲仇讎; 諧, 猶調也(여기서 '難'은 '서로 원수인 것'을 말하며, '諧'는 '조화시키다'와 같다)." 《周禮·春官·宗伯》: "以事鬼神, 以諧萬民, 以致百物(귀신을 섬김으로써 모든 백성을 조화시키고 모든 사물에 성취되게 한다)." 《漢書·律曆志上》: "所以作樂者, 諧八音, 蕩降人之邪意, 全其正性, 移風易俗也(음악을 만드는 까닭은 8음을 조화롭게 하여, 사람의 사악한 생각을 흔들어 무너뜨려서 씻어 내고, 바른 성질을 온전히 하여, 나쁜 풍속을 좋은 풍속으로 바꾸려고 함이다)." 글자는 또

'龤'로도 쓴다. '龤'는 '戶皆切'이다.《廣韻》: "《說文》曰: 樂和龤也('음악의 소리가 조화를 이루는 것'이다)."

확실히 '偕'가 '諧'의 사동형식이라고 보기는 어렵다. 마찬가지로 '諧'를 '偕'의 사동형식으로 보기도 어렵다. '偕'는 일종의 불급물동사이고, '諧'는 형용사(즉, '偕'의 완결형(旣行體)임)이다.《禮記·禮器》의 "君子有禮, 則外諧而內無怨(군자는 예가 있어, 바깥으로는 해협하고, 안으로는 원망하는 이가 없다)."의 예를 볼 수 있다. 또, 다른 형용사와 마찬가지로 '諧'도 상고한어에서는 항상 사동용법으로 쓰여 목적어를 가질 수 있다. 예를 들어,《漢書·律曆志上》에서 "所以作樂者, 諧八音(음악을 만드는 것은 팔음을 조화롭게 하는 것이다)."이 그것이다. 이러한 형용사의 사동용법은 상고한어에서 자주 볼 수 있는 언어 현상으로 아래의 예들이 있다.

以正君臣, 以篤父子, 以睦兄弟, 以和夫婦.(《禮記·禮運》)(이로써 임금과 신하의 분수를 바로잡으며, 부자 관계를 돈독히 하고, 형제를 화목하게 하며, 부부 사이를 화합시킨다.)

正顏色, 斯近信矣.(《論語·泰伯》)(얼굴색을 바르게 하면, 나를 진실과 믿음으로 대할 것이다.)

致反始, 以厚其本也; 致鬼神, 以尊上也.(《禮記·祭義》)(시작한 곳으로 돌아간다는 것은 그 근본을 두터이 하는 것이다. 귀신에 이르러 이로써 윗사람을 존중하는 것이다.)

君子信而後勞其民.(《論語·子張》)(君子는 백성에게 신임을 받은 뒤에 그 백성을 부린다)

上賢以崇德, 簡不肖以絀惡.(《禮記·王制》)(어진 이를 숭상하여 덕을 높이고, 불초한 이를 미워하여 악을 물리친다.)

封之有庳, 富貴之也.(《孟子·萬章上》)(상을 유비에 봉하신 것은 그를 부유하고 귀하게 해주신 것일세.)

君子貴人而賤己, 先人而後己, 則民作讓.(《禮記·坊記》)(군자가 남을 귀하게 여기고 자신을 천하게 여기며, 남을 먼저하고 자신을 뒤로하면 백성들이 사양하는 마음을 생긴다.)

高其閈閎, 厚其墻垣.(《左傳·襄公三十一年》)(그 대문을 높이고 그 담장을 두껍게 쌓아)

爲人臣者盡民力以美宮室臺池.(《韓非子·八姦》)(신하가 백성들의 힘을 다 동원하여 궁실과

대지를 아름답게 조성하고)

放鄭聲, 遠佞人.(《論語·衛靈公》)(정나라의 음란한 음악을 추방하고, 말재주 있는 사람을 멀리 해야 한다.)

若君欲奪之, 則近賢而遠不肖.(《韓非子·外儲說右上》)(만일 임금께서 그 나라를 빼앗고자 하신다면 賢人을 가까이하고 불초한 자를 멀리해야 한다.)

請輕之, 月攘一鷄, 以待來年, 然後已.(《孟子·滕文公下》)(그 수를 줄여서 달마다 한 마리씩 훔치다가 내년이 되기를 기다린 뒤에 그만두겠다.)

匠人斫而小之, 則王怒, 以爲不勝其任矣.(《孟子·梁惠王下》)(목수들이 깎아서 작게 만들면 왕께서 화를 내시니, 이에 자신의 임무를 감당하지 못했다고 여기실 것입니다.)

형용사가 목적어를 갖고 동사로 쓰일 때, 그중 일부 형용사에 대해 經師들이 그 變音을 주목할 수 있다. 그런데 **變音은 형용사가 동사로 변화하는 것과는 관련이 있으나, 사동용법과는 관련이 없다**. 예컨대, '重'이 그러하다. '重'이 '直容切(澄母/鍾韻/平聲)'일 땐, 《廣韻》에서 "復也, 迭也(반복하다)."이라 나오고, '重'이 '直隴切(澄母/腫韻/上聲)'일 땐, 《廣韻》에서 "多也, 厚也(많다, 두껍다)."라고 나온다. 그리고 '重'이 '柱用切(澄母/用韻/去聲)'이면 《廣韻》에서 "更爲也(다시 하다)."라고 나온다. 즉, 형용사일 땐 음이 '直隴切'이고, 동사일 땐 음이 '直容切'과 '柱用切'이다. 그러나 형용사가 사동용법으로 쓰일 때 성모가 변하여, 탁음에서 청음으로 변화하는 것을 발견하지는 못했다. **이것은 곧 상고한어에는 '사동용법'은 있지만 '사동 범주'가 반드시 있는 것은 아님을 설명하는 것이다**.

故遠人不服, 則修文德以來之.(《論語·季氏》)(그러므로 먼 곳의 사람이 복종하지 않으면 文德을 닦아 이로써 오게 한다.)

臣出晉君, 君納重耳, 蔑不濟矣.(《左傳·僖公十年》)(臣이 晉君을 쫓아낼 것이니, 그런 뒤에 君께서 重耳를 晉나라로 들여보내신다면, 반드시 성공할 것입니다.)

古公亶父, 來朝走馬.(《詩經·緜》)(고공단보가 아침에 말을 달려왔다.)

莊公寤生, 驚姜氏, 故名曰寤生.(《左傳·隱公元年》)(장공이 거꾸로 나와 강씨를 놀라게 하였다. 그러므로 이름을 '寤生'이라 하고서 그를 미워하였다.)

亡鄧國者, 必此人也.(《左傳·莊公六年》)(鄧나라를 망칠 자는 반드시 이 사람일 것이다.)

형용사도 사동용법이 가능하고 불급물동사도 가능하다. 불급물동사이든 형용사이든 사동용법은 모두 특수 용법이다. 만약 자음 清濁 대립의 두 형식이 각각 사동사와 자동사(원형)에 해당한다면, 성모가 탁자음인 동사 형식은 무표지의 동사 형식인 것이고, 성모가 청자음인 동사는 유표지의 동사 형식이 된다. 그런데 이것은 언어에서 **'청자음이 무표지 자음'이고 '탁자음이 유표지 자음'이라는 기본원칙**과 모순이 된다. 즉, '유표지의 사동사는 청성모'를 선택하게 되고, '무표지의 비사동사는 탁성모'를 선택하게 되는 것이다. 예를 들어, 동사 '斷'의 경우, 학자들은 대부분 清濁 양음이 사동과 자동의 관계일 거라 여긴다. 즉, '斷'의 음이 '都管切(청음)'이면,《廣韻》에서 "斷絕(끊다)."라고 나오고, '斷'의 음이 '徒管切(탁음)'이면《廣韻》에서 "絕也.(끊어지다)"라고 나온다. 동사 '斷'은 상고한어에서 일반적으로 직접목적어를 갖는 급물동사로 쓰인다. 그러나 직접목적어가 없는 불급물동사로 쓰이는 경우는 드물다. 우리가 상고문헌에서 非사동사로 쓰인 '斷'을 찾는 것은 매우 어렵다.

大子抽劍斷鞅, 乃止.《釋文》: "斷, 音短."(《左傳·襄公十八年》)(태자가 칼을 뽑아 말 가슴걸이를 자르자 그제야 멈추었다.)

或以戟鉤之, 斷肘而死.《釋文》: "斷, 音短."(《左傳·襄公二十三年》)(어떤 병사가 가지가 달린 창으로 그를 걸어서 당기자 팔뚝이 잘려 죽었다.)

賦詩斷章, 余取所求焉.《釋文》: "斷, 端緩反."(《左傳·襄公二十八年》)(시를 읊을 때 필요한 뜻만을 취하는 것이니, 나는 내가 원하는 것만을 취하는 것이다.)

馮簡子能斷大事.《釋文》: "斷, 丁亂反, 下同."(《左傳·襄公三十一年》)(馮簡子는 큰일을 잘 결단하였다.)

涖之以彊, 斷之以剛. (《左傳·昭公六年》)(힘을 다해 일을 처리하고, 과감하게 판결하였다.)

芋尹無宇斷之.《釋文》: "斷, 音短"(《左傳·昭公七年》)(芋尹인 無宇가 그 정기를 잘라냈다.)

請斷三尺焉而用之.《釋文》: "斷, 丁管反, 注同."(《左傳·昭公十年》)(王黑은 그 깃대를 석자만 잘라서 사용하기를 요청했다.)

韓宣子命斷舊獄.《釋文》: "斷, 丁亂反."(《左傳·昭公十四年》)(韓宣子가 叔魚에게 명하여 이전에 심리한 문안으로 판결하게 했다.)

宗魯以背蔽之, 斷肱.《釋文》: "斷, 丁管反."(《左傳·昭公二十年》)(宗魯가 등으로 그 창을 막자 창이 宗魯의 팔을 잘랐다.)

見雄雞自斷其尾.《釋文》: "斷, 丁管反."(《左傳·昭公二十二年》)(賓孟이 수탉이 자기 꼬리를 스스로 자르는 것을 보았다.)

斷其後之木而弗殊.《釋文》: "斷, 丁管反."(《左傳·昭公二十三年》)(그 뒤에 나무들의 밑동을 대충 잘라놓되 완전히 자르지는 않았다.)

苑子刜林雍, 斷其足.《釋文》: "斷, 丁管反."(《左傳·昭公二十六年》)(苑子는 林雍의 다리를 찍어 그 발을 잘랐다.)

梗陽人有獄, 魏戊不能斷.《釋文》: "斷, 丁亂反."(《左傳·昭公二十八年》)(梗陽 사람의 소송이 있었는데, 魏戊는 그 시비를 판단할 수 없었다.)

徐子章禹斷其髮, 攜其夫人, 以逆吳子.《釋文》: "斷, 丁管反."(《左傳·昭公三十年》)(徐子章禹가 머리카락을 짧게 자르고 부인을 대동하고는 吳子를 맞이하였다.)

斷髮文身, 贏以爲飾.《釋文》: "斷, 丁管反."(《左傳·哀公七年》)(머리카락을 자르고 문신을 하고, 벌거벗음으로써 꾸몄다.)

以戈擊之, 斷纓.《釋文》: "斷, 丁管反."(《左傳·哀公十五年》)(창으로 그를 쳐서 갓끈을 잘랐다.)

同盟于斷道.……會于斷道, 討貳也.《釋文》: "斷, 直管反, 一音短."(《左傳·宣公十七年》)(斷道에서 同盟하였다.……斷道에서 회맹하였으니, 이는 두 마음 품은 나라를 치기 위함이었다.)

帶其斷以徇於軍三日.《釋文》: "斷, 徒亂反."(《左傳·襄公十年》)(秦菫父는 끊어진 천을 허리에 두르고서 사흘 동안 각 군을 돌며 자랑했다.)

《左傳》에서, '斷'이 총19회 출현하는데, 그중 단지 3회만이 濁音이다. 게다가 이 세 개의 '斷'은 모두 동사가 아니다. 이를 통해, 동사 '斷'이 사동사로 사용되는 것이 일반적인 현상이고, 비사동사로 사용되는 것은 비일반적 상황이란 것을 알 수 있다. 즉, **청성모의 '斷'이 오히려 무표지 형식이고, 탁성모 '斷'은 유표지 형식인 것이다.** 이것은 "사동사가 언어에서 단지 소수의 동사만 해당되고 유표지인 동사 형식이다"라는 사실과 모순이 된다. 金理新(2002:46)은 이 양자 간의 관계를 '동작 행위'와 '동작 행위의 결과' 간의 관계로 보았으며, 결코 사동사와 자동사의 관계가 아니라고 하였다. 예컨대, 《群經音辨》에서 "斷, 截也, 音短; 斷, 絕也, 徒旱切.('斷'은 '자르다'이고, 음은 '短'이다. '斷'은 '끊어지다'이고, 음은 '徒旱切'이다.)"라고 나온다. 확실히, '斷都管切'(청음)이 '斷徒管切'(탁음)의 파생형식이라고 하는 것보다 '斷徒管切'(탁음)이 '斷都管切'(청음)의 파생형식이라고 하는 것이 더 언어 실제에 부합한다고 본다. 동사 '斷都管切'의 사동의미는 파생사인 '斷徒管切'과의 비교를 통해 획득된 것이다. 우리가 이러한 성모 청탁교체의 동사를 사동과 자동의 관계로 보는 것은 사실상 그들 간의 인과 관계를 거꾸로 보는 것이나 다름없다. 이는 또 '敗'의 예에서도 그러하다. "息侯伐鄭, 鄭伯與戰於竟, 息師大敗而還."(《左傳·隱公十一年》)과 "鄭伯以虢師伐宋. 壬戌, 大敗宋師."(《左傳·隱公十一年》) 두 문장에서, 사건 "大敗息師"가 먼저 발생한 후, 사건 "息師大敗"가 나중에 발생한 것이다. 양자 간에는 시간 선후가 존재하며 특히 인과 관계가 존재한다. 동사 '斷'의 淸濁 양음의 통사 기능과 관련하여, 확실한 것은, '斷徒管切'(탁음)은 직접목적어를 갖지 않고, '斷都管切'(청음)이 직접목적어를 갖는다는 사실이다.

召大司馬孔父而屬殤公焉. 《釋文》: "屬, 章欲反(청음)."(《左傳·隱公三年》)(大司馬 孔父를 불러 殤公을 부탁하였다.)

生急子, 屬諸右公子……生壽, 及朔, 屬壽于左公子. 《釋文》: "屬音燭(청음)."(《左傳·桓公十六年》)(急子를 낳고서 公은 이 急子를 右公子에게 부탁하였다. …… 壽와 朔을 낳았다. 선공은 壽를 左公子에게 부탁하였다.)

屬諸周公. 《釋文》: "屬音燭(청음)."(《左傳·桓公十八年》)(그를 주공에게 부탁하였다.)

成風聞成季之繇, 乃事之, 而屬僖公焉. 《釋文》: "屬, 章欲反(청음)."(《左傳·閔公二年》)(成風이 成季가 태어날 때의 점괘 풀이를 듣고, 成季와 교분을 맺었고, 僖公을 그에게 부탁하였다.)

秦穆姬屬賈君焉. 《釋文》: "屬音燭(청음)."(《左傳·僖公十五年》)(秦穆姬가 賈君을 부탁하였다.)

公與管仲屬孝公於宋襄公, 以爲大子. 《釋文》: "屬音燭(청음)."(《左傳·僖公十七年》)(桓公은 管仲과 함께 宋襄公에게 孝公을 태자로 세우도록 부탁하였다.)

欲以屬東夷. 《釋文》: "屬, 朱欲反(청음)."(《左傳·僖公十九年》)(東夷를 복속시키고자 하였다.)

其左執鞭弭, 右屬櫜鞬. 《釋文》: "屬音燭(청음)."(《左傳·僖公二十三年》)(왼손으론 채찍과 활을

잡고, 오른쪽에는 활집과 화살통을 차고서)

而屬諸子曰……《釋文》: "屬音燭(청음)."(《左傳·文公七年》)(그대에게 부탁하며 말씀하셨다.)

宣公長, 而屬諸襄仲.《釋文》: "屬音燭(청음)."(《左傳·文公十八年》)(宣公이 장성하자 敬嬴은 宣公을 襄仲에게 부탁하였다.)

先入, 必屬耳目焉.《釋文》: "屬, 章欲反(청음)."(《左傳·成公二年》)(먼저 들어오면 반드시 저에게 이목이 집중될 것입니다.)

且先君莊王屬之曰…… (《左傳·成公二年》)(그리고 또 先君 莊王께서 부탁하셨다.)

君以禮與信屬諸侯, 而以奸終之, 無乃不可乎?(《左傳·僖公七年》)(임금님께서 예와 신의로 제후를 회합하셨다가 간사함으로 끝마친다면 불가하지 않습니까?)

公請屬鄫, 晉侯不許.(《左傳·襄公四年》)(襄公이 鄫나라를 魯나라에 귀속시켜주기를 청하니, 晉侯가 허락하지 않았다.)

穆叔覿鄫大子于晉, 以成屬鄫.(《左傳·襄公五年》)(穆叔이 鄫나라 태자를 晉나라로 데리고 가서 晉侯를 뵙게 하여, 鄫나라를 魯나라에 귀속하는 일을 완성하였다.)

穆叔以屬鄫爲不利, 使鄫大夫聽命於會.(《左傳·襄公五年》)(穆叔은 鄫나라를 魯나라의 속국으로 삼는 것이 불리하다고 생각하여, 鄫나라 대부에게 회합에 참여하여 晉侯의 명을 듣게 하였다.)

奄征南海, 以屬諸夏.(《左傳·襄公十三年》)(南海를 정벌하여 중원 각국에 귀속시켰다.)

仲子生牙, 屬諸戎子.《釋文》: "屬, 之蜀反(청음)."(《左傳·襄公十九年》)(仲子는 아들 牙를 낳아 戎子에게 맡겼다.)

屬諸參而蕃育其子孫.《釋文》: "屬, 之玉反(청음)."(《左傳·昭公元年》)(參星分野의 땅을 귀속시켜 그 자손을 번창시키려 한다.)

屬有宗祧之事於武城.《釋文》: "屬, 章玉反(청음)."(《左傳·昭公四年》)(우리 임금님은 마침 종묘의 제사를 위해 武城에서 사냥하고 계시다.)

使罪人三行, 屬劍於頸.《釋文》: "屬, 之欲反(청음)."(《左傳·定公十四年》)(句踐은 또 죄인을 세 줄로 서게 하고, 검을 목에 대고서 吳나라 군대 앞으로 갔다.)

師屬之目, 越子因而伐之, 大敗之.(《左傳·定公十四年》)(吳나라 군대가 이를 주목하자, 越나라 임금은 그 틈을 이용해 공격하여 吳나라 군대를 대패시켰다.)

蔡人, 衛人屬焉, 周公黑肩將左軍, 陳人屬焉.(《左傳·桓公五年》)(蔡나라 사람과 衛나라 사람이 이에 속하게 되고, 周公黑肩이 좌군을 거느리니 陳나라 사람이 이에 예속되었다.)

弁糾御戎, 校正屬焉 …… 荀賓爲右, 司士屬焉.(《左傳·成公十八年》)(弁糾가 戎御가 되고, 校正을 그에 영속시켜 …… 荀賓을 車右로 삼고 司士를 그에 영속시켰다.)

蠻夷屬於楚者, 吳盡取之.(《左傳·成公七年》)(蠻夷가 楚나라에 속했다가, 吳나라가 이를 모두 취했다.)

城外屬焉.(《左傳·昭公十三年》)(方城 밖의 지역이 모두 그에게 귀속하였다.)

不屬者, 非魯人也.(《左傳·哀公十一年》)(따르지 않는 자가 있다면 이는 魯나라 사람이 아닙니다.)

則將半邾, 以屬於吳.(《左傳·哀公十三年》)(邾나라의 반을 吳나라에 바치다.)

중국의 다수 학자들은 동사 '屬$_{市玉切}$'(탁음)과 동사 '屬$_{之欲切}$'(청음)이 비사동/사동의 관계라고 여긴다. 《左傳》의 29개 예 중에서, 비사동 용례는 단지 8개이고, 사동의 용례가 놀랍게도 21예에 이른다. 확실히, 성모가 청음인 '屬'이 일반용법이고, 탁음인 '屬'이 非일반용법인 것이다. '屬'의 어떤 의항의 경우, 성모의 청탁 양음이 사동과 비사동의 관계로 해석될 수도 있다. 그러나 우리는 사동/비사동을 가지고 '屬'의 청탁 두 형식을 해석할 수는 없다. 더욱이 중요한 사실은 '屬$_{市玉切}$'(탁음)이 '屬$_{之欲切}$'(청음)의 파생형식이고 그 반대는 아니라는 것이다. 그래서 우리는 '屬$_{之欲切}$'(청음)이 '屬$_{市玉切}$'(탁음)의 사동사라고 볼 수는 없다. 그보다는 '屬$_{之欲切}$'(청음)이 급물동사이고 '屬$_{市玉切}$'(탁음)이 불급물동사(靜詞)라고 봐야 한다. 급물동사는 반드시 직접목적어를 가져야만 문장이 성립하고, 불급물동사는 직접목적어나 간접목적어를 갖지 않아도 성립한다. 따라서 **사동사는 분명 급물동사이고, 비사동사는 직접목적어를 갖지 않는 불급물동사이다**(陳承澤, 1982)

著(착: 몸에 입다(급물), 붙이다) *tra̱k , 張略切, 《廣韻》: "服衣於身(옷을 몸에 입다)."['著'는 《廣韻》에 총 5개의 음이 있다. **著(저: '著雍'에 사용됨) *dra̱** , 直魚切, 《廣韻》: "《爾雅》云太歲在戊曰著雍(〈이아〉에서 말하길, '태세가 무에 있으면 저옹이라 이르고')." **著(저: 조정의 지위) *tra̱^{B}** , 丁呂切, 《廣韻》: "著任(임명된 곳에 도착함)." **著(저: 밝히다, 이루다, 세우다) *tra̱s** , 陟慮切, 《廣韻》: "明也, 處也, 立也, 補也, 成也, 定也('밝히다, 처하다, 세우다, 보완

하다, 이루다, 정하다'이다)."《禮記·樂記》: "奮至德之光, 動四氣之和, 以著萬物之理(지극한 덕의 빛을 떨치고, 사기의 화기를 움직여서, 이로써 만물의 이치를 나타낸다)."《釋文》: "著, 張慮反(여기서 '著'는 '張慮反'이다)."]《周禮·夏官·司馬》注: "玄謂抉, 挾矢時所以持弦飾也, 著右手巨指('玄'은 '깍지'를 말하는데, 화살을 잡을 때 활시위를 잡는 장식이다. 오른손 엄지손가락에 착용한다)[50]."《釋文》: "著, 丁略切(여기서 '著'은 '丁略切'이다)."《左傳·定公十三年》注: "衛人懼, 貢五百家, 鞅置之邯鄲, 今欲徙著晉陽(衛나라 사람이 겁이 나서 5백 家를 바치니, 趙鞅은 그 5백 家를 데리고 와서 邯鄲에 두었었는데, 지금 그 5백 家를 晉陽으로 옮겨 정착시키고자 한 것이다)."《釋文》: "著, 丁略反(여기서 '著'은 '丁略反'이다)."《左傳·襄公二十八年》注: "崔氏弑莊公, 又葬不如禮, 故以莊公棺著崔杼尸邊, 以章其罪(崔氏가 齊莊公을 시해하고 또 장사도 禮대로 지내지 않았다. 그러므로 전에 齊莊公에게 썼던 관에 崔杼의 시체를 넣어 그 죄를 드러낸 것이다)."《釋文》: "著, 丁略切(여기서 '著'은 '丁略切'이다)." 著**(착: 붙다(불급물))** ***drak**, 直略切,《廣韻》: "附也('붙다'이다)."《群經音辨》: "著, 置也, 陟略切; 著, 附也, 直略切('著'는 '놓다' 의미로 음이 '陟略切'이다; '著'는 '붙다'로 음은 '直略切'이다)."《左傳·莊公二十二年》: "風行而著於土, 故曰其在異國乎(바람은 돌아다니다가 결국에는 땅 위에 붙기 때문에 '다른 나라에서 있을 것이다'라고 한 것이다)."《釋文》: "著, 直略反(여기서의 '著'은 '直略反'이다)."《左傳·宣公四年》: "著於丁寧(북걸이(鼓跗)를 뚫고 징(丁寧)을 맞혔다)."

동사 '著'는 우리가 앞에서 분석한 내용과 동일하여, 성모가 청음의 형식이면 상고시기에 일반적 용법이었고 탁음의 형식이면 비일반적(특수) 용법이었다. 사동/비사동으로 둘 간의 관계를 해석하다 보면, 비단 자음 청탁 兩讀 간의 '파생과 被파생'의 관계에도 부합하지 않을 뿐아니라, 의미면에서도 매우 억지스럽게 된다. 그런데 우리는 이를 급물동사와 불급물동사 간의 관계로 아주 간단히 처리할 수 있다. 예를 들어, '敗'의 청탁 兩讀의 경우, 많은 학자들은 이를 사동/비사동의 관계로 보았으나, 李左豐(2003:164)의 先秦 주요 典籍에 대한 통계를 보면, '敗'가 서술어로 사용되는 147예 가운데 사동의 용법은 111예나 되고 비사동의 용법은 단지 36예에 불과하다. 확실히 전자가 일반용법이고 후자가

---

50 [역주] 이 부분은《周禮·夏官·司馬》의 "繕人掌王之用弓, 弩, 矢, 箙, 矰, 弋, 抉, 拾"이란 부분에 있는 주이다.

특수용법임을 알 수 있다.

자음 청탁교체의 실제 상황으로 보면, **탁음 형식은 청음 형식으로부터 파생되어 나온 것이며 그 반대는 아님**을 알 수 있다. 탁자음 형식의 기원은 우리는 동사의 완결형(既行體)으로 본다. 예컨대, 동사 '盡'을 들 수 있다. 《群經音辨》에는 "盡, 極也, 卽忍切; 旣極曰盡, 慈忍切.('盡'은 '다하다'의 의미로 음은 '卽忍切'이다. '이미 다함'을 또 '盡'이라 하며 그 음은 '慈忍切'이다)"라고 나온다. 賈昌朝가 한 '盡'의 淸濁 兩讀에 대한 해석은 매우 타당하다고 본다. 이 점에 대해서는 이미 앞에서 토론한 바 있다. 동사가 가리키는 행위가 이미 끝이 나면 자연스레 어떤 결과나 상태가 출현하게 된다. 즉, 후자는 전자가 타고 남은 '재'에 해당한다. 이때 동사는 이미 그 동작성을 잃었고, 그 성질은 이미 형용사에 매우 근접해진다. 그리하여 서술어로 쓰일 수는 있으나 직접목적어를 가질 수는 없다. **지금까지 학자들이 자음 청탁교체가 사동사/자동사 간의 관계였다고 증명한 예들이 사실상 金理新(2002)이 토론한 동작 행위와 동작 행위의 결과 관계에 해당하는 것이었다.** 따라서 명사는 탁자음 형식을 채택하여 비동작성의 동사와 같은 형식이 되며 동작성 동사와는 대립하게 되는 것이다. 이것은 위의 '屬'의 예를 통해 알 수 있다.

三

일찍이 19세기 말 독일의 Conradi는 중국어의 동사가 급물/불급물(外動과 內動)의 두 가지 형태 구분이 있다고 보았다. 그 구분 조건은 바로 성모의 淸濁이다. 즉, 청음은 급물동사가 되는데, 청음 자체는 앞에 첨가하는 성분이 남긴 흔적이라고 한다. 그에 비해 탁음은 불급물동사가 되는데, 원래부터 첨가성분이 없었다고 한다. 이후, Maspero, Schuessler, Pulleyblank 등도 모두 급물동사와 불급물동사의 청탁교체가 바로 상고한어의 현저한 형태 현상이라고 보았다. 즉, 자음의 청탁교체와 급물동사/불급물동사 간의 관계는 일찍부터 사람들의 광범위한 흥미를 끌던 소재였다. 상고한어를 관찰해 보면, **"자음 청탁의 同根 동사" 한 쌍이 종종 하나는 피행위주 목적어를 갖고, 다른 하나는 목적어를 갖지 않는 것**을 쉽게 발견할 수 있다.

折(절: 꺾다) ***te̲t** , 旨熱切, 《廣韻》: "拗折('꺾다')." 《左傳·成公十六年》: "中車折軾, 晉師乃止(晉나라 군대의 兵車에 맞아 그 兵車의 軾을 부러뜨리니, 晉나라 군대가 이에 멈추었다)." 《釋文》: "折, 之設反(여기서의 '折'은 '之設反'이다)." 《左傳·成公二年》: "余折以御(나는 화살을 잘라내고 수레를 몰았다)." 《釋文》: "折, 之設反(여기서의 '折'은 '之設反'이다). 《左傳·哀公六年》: "而折其齒乎?((넘어져) 당신의 치아를 부러뜨린 일을 잊었는가?)" 《釋文》: "折, 之舌切(여기서의 '折'은 '之舌切'이다)." **折(절: 꺾어지다)** ***de̲t** , 常列切, 《廣韻》: "斷而猶連也(끊어졌으나 아직 이어져 있는 것이다)." 《群經音辨》: "旣屈曰折, 市列切(이미 꺾인 것을 '折'이라 하며 '市列切'이다)." 《左傳·襄公三十一年》: "棟折榱崩, 僑將厭焉(棟梁이 꺾여 서까래가 무너지면, 나도 장차 압사할 것이다)." 《左傳·昭公十一年》: "末大必折, 尾大不掉, 君所知也(나무의 가지가 크면 반드시 밑동이 부러지고, 짐승의 꼬리가 크면 흔들 수 없다는 것은 임금님께서도 아시는 바입니다)." 《莊子·人間世》: "大枝折, 小枝泄(큰 가지는 꺾이고 작은 가지는 찢겨진다)."

傅(부: 받들다, 돕다, 시중들다) ***pa̲s** , 方遇切, 《廣韻》: "相也('돕다'이다)." 《左傳·桓公二年》: "封桓叔于曲沃, 靖侯之孫欒賓傅之(桓叔을 曲沃에 봉하니 靖侯의 손자 欒賓이 그를 보좌하였다)." 注: "傅, 相(여기서 '傅'는 '돕다'이다)." 《左傳·僖公二十八年》: "鄭伯傅王(鄭伯이 王의 傅가 되다)." 注: "傅, 相也(여기서 '傅'는 '돕다'이다)." **傅(부: 붙다)** ***ba̲s** , 《釋文》의 음은 "附"이다. 《慧琳音義》卷二十五注(〈혜림음의〉권25의 주): "附也('붙다'이다)." 《左傳·僖公十四年》: "皮之不存, 毛將安傅?(가죽이 남아 있지 않은데, 털이 장차 어디에 붙겠습니까?)" 《釋文》: "傅音附(여기서 '傅'의 음은 '附'이다)." 《左傳·宣公十二年》: "遂傅於蕭(드디어 蕭國의 도성에 육박하였다)." 《釋文》: "傅音附(여기서 '傅'의 음은 '附'이다)." 《禮記·祭統》"酌之祭器(제기에 이것을 새기다)", 鄭注: "傅著於鍾鼎也(즉, 종정에 부착하는 것이다)." 《釋文》: "傅, 音附(여기서 '傅'의 음은 '附'이다)." 《左傳·僖公二十五年》: "昏而傅焉(날이 어두워지자 성의 해자로 가까이 다가갔다). 《釋文》: "傅, 音附(여기서 '傅'의 음은 '附'이다)." 《史記·袁盎鼂錯列傳》: "袁盎雖不好學, 亦善傅會(원앙이 비록 학문을 좋아하지는 않았지만, 황제의 뜻에 억지로 꿰맞추기를 잘했다)." 《漢書·高帝紀》: "從陳以東傅海(陳縣 동쪽으로 바다에 인접한 땅을)." 注: "傅讀曰附(여기서 '傅'는 '附'로 읽는다)."

吊(조: 조문하다) ***tɯks**, 多嘯切,《廣韻》: "吊生曰唁, 吊死曰吊(생존해 있는 이를 위문하는 것을 '唁'라 하고, 죽은 이를 조문하는 것을 '吊'라 한다)."《左傳·昭公二十年》: "琴張聞宗魯死, 將往吊之(琴張이 宗魯가 죽었다는 소식을 듣고 조문 가려 했다).《左傳·隱公元年》: "吊生不及哀(유족들을 조문할 때 슬퍼할 때에 미치지 못하다)."《左傳·文公八年》: "穆伯如周吊喪不至, 以幣奔莒從己氏焉(穆伯이 周나라에 문상하러 가다가 京師로 가지 않고, 예물을 갖고 莒나라로 도망가 己氏에게 갔다)." **悼(도: 슬퍼하다)** ***dɯks**, 徒到切,《廣韻》: "傷悼('마음 아프고 슬프다')."《詩經·氓》: "靜言思之, 躬自悼矣(고요히 생각해보니 몸소 스스로 서글퍼 하노라)." 傳: "悼, 傷也(여기서 '悼'는 '슬퍼하다'이다)."《史記·萬石張叔列傳》: "其執喪, 哀戚甚悼(상을 치르매 몹시 슬퍼하였다)."

覯(구: 우연히 만나다) ***kos**, 古侯切,《廣韻》: "見也('만나다'이다)."《說文》: "覯, 遇見也('覯'는 '우연히 만나다'이다)."《詩經·伐柯》: "我覯之子, 籩豆有踐(내 이 아가씨를 만나니, 변두가 질서정연하다)." 鄭箋: "覯, 見也('覯'은 '만나다'이다)."《詩經·召南·草蟲》: "亦既見止, 亦既覯止, 我心則降(또한 이미 그를 보고, 또 그를 만나면, 나의 마음은 평온해진다)."《釋文》: "覯, 古豆反, 遇也(여기서 '覯'는 '古豆反'이고 '만나다'이다)." **遘(구: 만나다)** ***kos**, 古侯切,《廣韻》: "遇也('만나다'이다)."《說文》: "遘:遇也('遘'는 '만나다'이다)."《漢書·敘傳下》: "遘閔既多, 是用廢黜(재해를 만남이 여러 번이라 이에 중용되지 못했다)." **逅(후: 기약없이 만나다)** ***gos**, 胡覯切,《廣韻》: "邂逅('뜻하지 않게 만나다')."《說文》新附: "逅, 邂逅也('逅'는 '해후하다'이다)." [《說文》: "邂, 邂逅, 不期而遇也('邂'는 '해후'로 '기약없이 만나는 것'이다)."]《詩經·綢繆》: "今夕何夕, 見此邂逅(오늘 밤은 어떤 밤인가, 이렇게 해후하게 되었도다)."《釋文》: "逅, 亦作覯, 同胡豆反, 一音戶溝反(여기서 '逅'는 또 '覯'로도 쓰며 같이 '胡豆反'이다. 한편으로 '戶溝反'이다)."《詩經·野有蔓草》: "邂逅相遇, 適我願兮(우연히 서로 만났으니, 나의 소원대로 이루었도다)." 傳: "邂逅, 不期而會(해후는 '기약없이 만나는 것'이다)."《釋文》: "逅, 本亦作遘, 胡豆反(여기서 '逅'는 본래 '遘'로도 쓰며, '胡豆反'이다)."

漸(점: 적시다) ***t̠am**, 子廉切,《廣韻》: "入也, 漬也('들다, 스며들다'이다)."《詩經·氓》: "淇水湯湯, 漸車帷裳(기수의 물결 넘실거려, 수레의 씌우개를 적시도다)."《釋文》: "漸, 子廉反,

注同, 漬也(여기서 '漸'은 '子廉反'으로, 注는 동일하다. '적시다'이다)."《荀子·勸學》: "蘭槐之根是爲芷, 其漸之滫, 君子不近, 庶人不服(蘭槐의 뿌리가 곧 白芷이다. 그러나 만약 그것을 뜨물에 적시면, 군자도 가까이하지 않고 일반인도 걸치지 않는다)." **漸(점: 차츰 나아가다)** ***ɖa̱m**^{B} , 慈染切,《廣韻》: "漸次也, 進也, 稍也, 事之端也('점차, 나아가다, 점점, 일의 조짐'이다)."《詩經·漸漸之石》: "漸漸之石, 維其高矣(우뚝 솟은 돌이여, 그 높기도 하도다)."《釋文》: "漸, 士銜反(여기서 '漸'은 '士銜反'이다)."《左傳·文公五年》: "《商書》曰: 沉漸剛克, 高明柔克(〈商書〉에 '성질이 가라앉고 유약한 자는 강함으로 그것을 극복하고, 성질이 강하고 쾌활한 자는 부드러움으로 그 강함을 극복한다'라 한다)."《釋文》: "漸, 似廉反, 注同(여기서 '漸'은 '似廉反'으로, 注는 동일하다)."

駐(주: (말을) 멈추다, 머무르다) ***tro̱s** , 中句切,《廣韻》: "止馬(말을 멈추다)."《史記·大史公自序》: "亞夫駐於昌邑(주아부가 창읍에 주둔하였다)."《漢書·朱買臣傳》: "買臣駐車, 呼令後車載其夫妻(매신이 수레를 멈추게 하고는, 뒷수레에 그들을 태우도록 명을 내렸다)."《漢書·諸葛豐傳》: "豐駐車, 擧節詔章(제갈풍이 수레를 멈추고, 부절을 들고 허장에게 명령하였다)."《漢書·朱博傳》: "博駐車決遣, 四五百人皆罷去, 如神(朱博가 수레를 멈추고 판결을 한후 보냈는데, 사오백 명이 모두 다 떠나가는 것이 마치 신과 같았다)." 글자는 또 '軴'로도 쓰고 음은 같다. 軴,《廣韻》: "車軴(수레가 멈추다)." **逗(두: 머무르다)** ***dos** , 田候切,《廣韻》: "逗遛, 又住也, 止也('머물다, 살다, 그치다'이다)."《史記·韓長儒列傳》: "廷尉當恢逗橈, 當斬(정위는 왕회에게 두요죄[51]를 적용하여 머리를 베야 한다고 판결했다)." 索隱: "如淳云: 軍法行而逗留畏橈者要斬. 逗音豆, 又音住, 逗留也(如淳이 말하길, '군법을 적용해 진을 이탈하고 적을 회피한 자를 마땅히 참해야 한다'고 말했다. '逗'의 음은 '豆'이고 또 '住'이다. '중간에 멈추는 것'이다)."《漢書·匈奴傳上》: "祁連知虜在前, 逗遛不進(祁連장군은 흉노가 앞에 있는 것을 알고는 부대를 멈추고 나아가지 않았다)." 顔注: "逗讀與住同, 又音豆('逗'는 '住'와 같게 읽는다. 또 음이 '豆'이다)." **住(주: 머물다, 살다)** ***dro̱s** , 持遇切,《廣韻》: "止也('그치다'이다)."《史記·田敬仲完世家》: "住建共者客耶?(건을 공읍에 살게 한 것이 객들인가?)"《漢書·溝血志》: "民居金隄

---

51 [역주] '두요죄'란 진을 떠나 적을 회피한 죄를 말한다.

東, 爲廬舍, 住十餘歲更起堤(백성들은 金隄의 동쪽에 살면서 집을 지었고, 십여 년 살다가 다시 제방을 쌓았다)."《漢書·高五王傳》: "發兵住其西界(군대를 보내 그 서쪽 경계에 주둔하게 하다)."

墮(타/휴: 무너뜨리다) *sor , 許規切,《廣韻》: "毁也('무너뜨리다'이다)." [中古에서는 본래 마땅히 '書母'에 넣어야 하나, '曉母'에 넣는 것은 예외이다.]《說文》: "敗城阜曰隓(무너진 성벽을 '隓'라 한다)."《左傳·僖公三十三年》: "墮軍實而長寇讎, 亡無日矣(우리의 전과를 무너뜨려 원수인 秦의 기세를 키워주었으니, 나라가 망할 날이 머지않았다)." 杜注: "墮, 毁也(여기서 '墮'는 '무너뜨리다'이다)."《釋文》: "墮, 許規反(여기서 '墮'는 '許規反'이다)."《左傳·定公十二年》: "叔孫州仇帥師墮郈(叔孫州仇가 군대를 거느리고 가서 郈邑의 성을 무너뜨렸다)." 杜注: "墮, 毁也(여기서 '墮'는 '무너뜨리다'이다)."《釋文》: "墮, 許規反(여기서 '墮'는 '許規反'이다)." **墮(타: 무너지다, 떨어지다)** *zor[B] , 徒果切,《廣韻》: "落也('떨어지다'이다).《廣雅》: "墜, 墮也('墜(추)'는 '떨어지다, 무너지다'이다)."《荀子·宥坐》: "其民迷惑而墮焉(백성들이 혼란스러워 법망에 빠지다)."《說苑·雜言》: "渡河而遽墮水中, 船人救之(河水를 건너다가 갑자기 물속에 빠지자, 뱃사람이 그를 구출하였다)."

挻(선/연: 늘리다) *san , 式連切,《廣韻》: "柔也('부드럽다'이다)."《說文》: "挻, 長也, 从手从延, 延亦聲('挻'은 '길게 하다'이다. '手'와 '延'을 따르고 '延'이 또 성부이다)."《說文通訓定聲》: "凡柔和之物, 引之使長, 摶之使短, 可析可合, 可方可圓, 謂之挻(무릇 부드러운 물건을 길게 늘이기도 하고 짧게 뭉치기도 하며, 쪼개기도 하고 합하기도 하고, 모나게 하기도하고 둥글게 하기도 하니, 이를 '挻'이라 한다)."《道德經》: "挻埴以爲器(진흙을 이겨서 그릇을 만들다)."《釋文》引《字林》: "挻, 長也('挻'은 '길게 하다'이다)."《淮南子·說山訓》: "譬猶陶人爲器也, 揲挻其土而不益厚, 破乃愈疾(비유컨대, 도예가가 토기를 만드는 것과 같은 것이다. 그 흙을 반죽해서 잡아 늘인다고 하여도, 두껍게 하지 않으면, 더 잘 파괴되어 버리는 것이다)." 글자는 '埏'으로도 쓴다. **埏(선/연: 흙을 이기다)** *san , 式連切,《廣韻》: "打瓦也, 老子注云和也('질그릇을 이겨 만들다'이다. 노자주에는 '섞다'라 한다)."《荀子·性惡》: "故陶人埏埴而爲器(그러므로 陶工이 진흙을 반죽하여 그릇을 만든다)."《管子·任法》: "昔者堯之治天下也, 猶埴之

在埏也(옛날 요임금이 천하를 다스릴 때는 마치 도공이 점토를 이기는 것과 같았다)." **延(연: 길다, 늘이다)** *zan, 以然切, 《廣韻》: "長也('길다'이다)." 《說文》: "延, 長行也('延'은 '먼 길을 떠나다'이다)." 《左傳·成公十三年》: "君亦悔禍之延(君 역시 전쟁의 재앙이 길어지는 것을 후회한다)." 注: "延, 長也(여기서 '延'은 '길다'이다)." 《呂氏春秋·知分》: "莫莫葛藟, 延於條枚(무성한 칡덩굴이여, 나뭇가지와 줄기를 따라 올라갔구나)." 《尙書·呂刑》: "蚩尤惟始作亂, 延及於平民(蚩尤가 처음으로 난을 일으키자 선량한 평민들에게까지 영향이 미친다)." 목적어를 갖기도 한다. 《莊子·胠篋》: "今遂至使民延頸擧踵(지금에 와서는 마침내 백성들로 하여금 목을 길게 빼고 발뒤꿈치를 들고서)." 《韓非子·十過》: "延頸而鳴, 舒翼而舞(목을 길게 빼어 울고, 날개를 펼쳐 춤을 추다)."

輸(수: 깨뜨리다, 떨어뜨리다) *so, 式朱切, 《廣韻》: "墮也('떨어뜨리다'이다)." 《廣雅》: "輸, 毁也('輸'는 '깨뜨리다'이다)." 《公羊傳·隱公六年》: "六年春, 鄭人來輸平. 輸平者何? 輸平, 猶墮成也(6년 봄에 정나라 사람이 와서 우리와 화해하려 했으나 이루지 못했다. '輸平'이란 무엇인가? 이것은 우호 관계가 무너졌다는 말이다)." 《穀梁傳·隱公六年》: "六年春, 鄭人來輸平. 輸者, 墮也(6년 봄에 정나라 사람이 와서 우리와 화해하려 했으나 이루지 못했다. '輸'는 '무너졌다'는 것이다)." 《釋文》: "輸平: 失朱反, 墮也, 左氏作渝平('輸平'의 '輸'는 '失朱反'이며, '무너지다'이다. 좌씨는 '渝平'이라 썼다)." 《左傳·隱公六年》: "鄭人來渝平(鄭나라 사람이 와서 원한 관계를 바꾸어 화평하기로 하였다[52])." 《釋文》: "渝, 羊朱反, 變也(여기서 '渝'는 '羊朱反'이고, '변하다'이다[53])." 《國語·周語上》: "弗震弗渝(이때 땅을 갈아엎지 않고 또 토양을 바꿔주지 않으면)." 注: "渝, 變也('渝'은 '바꾸다'이다)." 王引之: "渝, 讀爲輸('渝'는 '輸'로 읽는다)." **渝(투/유: 달라지다, 변하다)** *zo, 羊朱切, 《廣韻》: "渝變也('달라지다, 변하다'이다)." 《說文》: "渝, 變汙也('渝'는 '탁해지다'이다)." 《詩經·羔裘》: "彼其之子, 舍命不渝(저 그 사람이여, 명에 처하여 변하지 않도다)." 傳: "渝, 變也('渝'는 '변하다'이다)." 《墨子·非命中》: "武王治之, 此世不渝(무왕이 다스렸다, 이는 세상이 변하지 않은 것이다)." 《戰國策·楚策一》: "以財交者, 財

---

52 [역주] 즉, 和平條約만 맺고 結盟하지 않는 것을 平이라 한다.

53 [역주] 즉, 지난 원한을 우호로 '변경'한다는 것이다.

盡而交絶; 以色交者, 華落而愛渝(재물로 사귄 친구는 재물이 다하면 그 사귐은 끊어지는 법이요, 미모로 총애를 받으면 그 아름다움이 시들 때 사랑도 변하게 됩니다)."

施(시: 펴다, 베풀다, 설치하다) *__sar__ , 式支切, 《廣韻》: "施設('베풀다')." 《詩經·兔罝》: "肅肅兔罝, 施于中逵(정돈된 토끼그물이여, 길 가운데 쳤도다)." 《左傳·昭公二十年》: "殘則施之以寬(잔인해지면 관대한 정치를 베풀었다)." 《孟子·梁惠王上》: "今王發政施仁, 使天下仕者皆立於王之朝(지금 왕께서 훌륭한 정치를 펴고 仁政을 베푸시어, 천하의 벼슬하는 자들로 하여금 모두 왕의 조정에서 벼슬하고 싶게 하였다)." 《莊子·大宗師》: "利澤施乎萬世, 不爲愛人(이익과 혜택을 만세에 미칠 정도로 베풀어도, 백성들은 은혜를 입었다고 느끼지 않는다)." 《論語·顔淵》: "己所不欲, 勿施於人(자기가 원하지 않는 일을 남에게 강요하지 말라)." 《呂氏春秋·應同》: "均薪施火, 火就燥(고르게 쌓은 장작더미에 불을 붙이면, 불은 마른 장작으로 번진다)." **移(이: 옮다, 뻗다, 옮기다)** *__za__**r** , 弋支切, 《廣韻》: "延也('뻗다'이다)." 글자는 또 '施'로만 썼다. 《荀子·儒效》: "若夫充虛之相施易也(만약 그 가득 찬 것과 빈 것을 서로 바꾸어 놓고 주장한다면)." 注: "施讀曰移(여기서 '施'는 '移'로 읽는다)." 《讀書雜志》: "《荀子·儒效》'虛實之相施易也', 《漢書·衛綰傳》'劍人之所施易', 施字並讀爲移(《荀子·儒效》의 '虛實之相施易也'와 《漢書·衛綰傳》의 '劍人之所施易'에서의 '施'자는 모두 '移'로 읽는다)." 《莊子·人間世》: "哀樂不易施乎前(슬퍼하고 즐거워하는 감정이 닥친 처지나 해야 할 일 앞에서 바뀌거나 옮겨지지 않아서)." 集釋: "施, 讀曰移('施'는 '移'로 읽는다)." **施(이: 미치다)** *__za__**rs** , 以豉切, 《集韻》: "及也('미치다'이다)." 《詩經·葛覃》: "葛之覃兮, 施于中谷, 維葉萋萋(칡덩굴이 뻗어서 골짜기로 뻗어가네, 잎이 무성하기도 하네)." 傳: "施, 移也(여기서 '施'는 '옮기다'이다)." 《釋文》: "施, 毛以豉反, 鄭如字(여기서 '施'는 毛씨는 '以豉反'이고, 鄭씨는 통상음이다)." 《詩經·葛覃》: "葛之覃兮, 施于中谷(칡덩굴이 뻗어서 골짜기로 뻗어가네)." 傳: "施, 移也(여기서 '施'는 '옮기다'이다)." 《釋文》: "施, 毛以豉反(여기서 '施'는 毛씨는 '以豉反'이다)." 《詩經·頍弁》: "蔦與女蘿, 施于松柏(겨우살이와 여라가 송백에 뻗어 있도다)." 《釋文》: "施, 以豉反(여기서 '施'는 '以豉反'이다)." 《詩經·東山》: "果臝之實, 亦施于宇(하늘타리 열매 주렁주렁, 넝쿨 처마까지 뻗었네)." 《釋文》: "施, 羊豉反(여기서 '施'는 '羊豉反'이다)."

說(설: 말하다, 알리다, 진술하다) ****so̱t*** , 失絶切, 《廣韻》: “告也. 《釋名》曰: 說者, 述也, 宣述人意也(‘알리다’이다. 〈석명〉에 이르길, ‘說은 述이다. 사람의 뜻을 펴서 말하는 것이다’).” 《論語·八佾》: “成事不說, 遂事不諫, 旣往不咎(이루어진 일은 다시 말하지 않으며, 완수된 일은 다시 간하지 않으며, 이미 지난 일은 다시 탓할 수 없다).” 《左傳·襄公二十八年》: “說其罪戾(대국이 자기의 죄를 해명하다).” 注: “自解說也(‘스스로 해설하는 것’이다).” 《莊子·逍遙遊》: “客得之, 以說吳王(나그네가 그것을 얻어서 이것으로 오나라 임금을 설득했다).” 《釋文》: “說, 始銳反, 又如字(여기서 ‘說’은 ‘始銳反’으로 통상음이다).” 《莊子·徐無鬼》: “今先生何以說吾君, 使吾君說若此乎?(지금 선생께서는 우리 임금님께 무슨 말을 하셨기에, 우리 임금님이 이토록 기쁘게 만드신 겁니까?)” 《莊子·盜跖》: “丘之所以說我者, 若告我以鬼事, 則我不能知也(丘가 나를 설득하려고 하는 것이, 만일 귀신의 일을 내게 말하는 것이라면 나는 알지 못할 것이다).” 《釋文》: “說, 如字, 又始銳反(여기서 ‘說’은 통상음이고, 또 ‘始銳反’이다).” **悅(열: 기쁘다, 즐겁다, 심복하다)** ***zo̱t** , 弋雪切, “喜也, 脫也, 樂也, 服也, 經典通用‘說’(‘기쁘다, 벗다, 즐겁다, 심복하다’이다. 경전에선 ‘說’과 통용함)”. 《詩經·草蟲》: “亦旣見止, 亦旣覯止, 我心則說(또한 이미 그를 보고, 또 이미 그를 만나면 내 마음 기쁘리라).” 毛傳: “說, 服也(여기서 ‘說’은 ‘따르다’이다).” 《釋文》: “說, 音悅(여기서 ‘說’은 음이 ‘悅’이다).” 《詩經·頍弁》: “旣見君子, 庶幾說懌(이미 군자님을 만나보니 거의 기쁘도다).”

失(실: 잃다, 실수하다) ***si̱t** , 式質切, 《廣韻》: “錯也, 縱也(‘어그러지다, 손에서 놓다’이다).” 《說文》: “失, 縱也(‘失’은 ‘손에서 놓다’이다).” 《詩經·伐木》: “民之失德, 乾糇以愆(사람들이 덕을 잃은 것은, 마른밥 때문에 허물이 생기는 것이니).” 《論語·陽貨》: “好從事而亟失時(從事(벼슬)를 좋아하면서 자주 때를 놓치는 것이(지혜라 할 수 있소?)).” 《論語·衛靈公》: “可與言而不與之言, 失人; 不可與言而與之言, 失言. 知者不失人, 亦不失言(더불어 말할 만한데 함께 말하지 않으면, 사람을 잃게 되고, 더불어 말할 만하지 않은데 함께 말하면, 말을 잃게 되니, 지혜로운 자는 사람을 잃지 않고, 또 말을 잃지도 않는다).” 《荀子·哀公》: “是舜無失民, 造父無失馬也(이로써 舜은 도망가는 백성이 없고, 조보는 도망가는 말이 없다).” **逸(일: 달아나다, 없어지다)** ***zi̱t** , 夷質切, 《廣韻》: “縱也, 奔也(‘놓아주다, 달아나다’이다).” 《說文》: “逸, 失也(‘逸’은 ‘달아나다’이다).” 段玉裁注: “引申之爲逸遊, 爲暇逸(여기서 발전하여 ‘제멋대로 놀다, 한가하다'가 되었다)."《左傳·成公二年》: "馬逸不能止, 師從之(말이 놓여나면 멈추지 못하니, 군사들이 그 뒤를 쫓았다)." '逸'은 또 '失'로도 쓴다. 《荀子·哀公》: "其馬將失(그의 말이 장차 도망갈 것이다)." 注: "失讀爲逸(여기서 '失'은 '逸'로 읽는다)." **佚(일: 편안하다, 느슨하다, 빠져 달아나다, 방탕하다)** ***zit**, 夷質切, 《廣韻》: "佚樂('방탕하게 즐기다')."《孟子·公孫丑上》: "遺佚而不怨, 阨窮而不憫(벼슬길에서 버림을 받아도 원망하지 않고, 곤궁한 지경에 처해도 걱정하지 않다)." 又**泆(일: 끓어 넘치다, 방탕하다)** ***zit**, 夷質切, 《廣韻》: "淫泆('음탕하다')."《禮記·坊記》: "民猶淫泆而亂於族(백성은 오히려 음탕해져서 친족이 어지러워진다)." 글자를 본래 '失'로 썼다. 《國語·周語下》: "虞於湛樂, 淫失其身(편안한 즐거움에 빠져 그 몸을 지나치게 음란하게 하다)."

會(회: 모으다, 歲計) ***kops**, 《集韻》: "總合也('모으다'이다)."《周禮·天官·冢宰》 孫台讓云: "一歲之計多, 則總聚考較, 故謂之會也(한해의 계산거리가 많으면 모두 모아 비교하고 따져야 하므로 이를 '會'라 한다)."《周禮·天官·冢宰》: "歲終則各以其物會之(한해를 마치면 각 제품에 따라서 총결산을 하게 된다)."《釋文》: "會, 古外反, 又戶外反(여기서의 '會'는 '古外反' 또 '戶外反'이다)."《周禮·地官·司徒》: "歲終則令六鄕之吏皆會政致事(한해를 마치면 육향의 관리에게 총결산을 하게 하여 결산서를 받는다)." 注: "會, 計也(여기서 '會'는 '결산'이다)."《周禮·夏宮·司馬》: "王之皮弁會五采玉琪(왕의 피변은 다섯 가지 채색의 옥을 모아 꿰매서 장식한다)."《釋文》: "會, 古外反(여기서 '會'는 '古外反'이다)." **會(회: 모이다)** ***gops**, 黃外切, 《廣韻》: "合也('모이다, 회합하다'이다)."《左傳·桓公三年》: "會于嬴, 成昏于齊也(嬴에서 회합한 것은 齊나라와 성혼하기 위함이다)."《左傳·桓公元年》: "蔡侯, 鄭伯會于鄧(蔡侯와 鄭伯이 鄧에서 회합하였다)."《左傳·桓公元年》: "公會鄭伯於垂(환공이 鄭伯과 수에서 회합하였다)."《論語·顏淵》: "君子以文會友, 以友輔仁(君子는 학문(글)으로써 벗을 모으고, 벗으로 나의 仁을 돕는다)."《禮記·月令》: "以會天地之藏(천지의 수장에 맞추다)." 注: "會猶聚也(여기서 '會'는 '합치하다, 맞추다'이다)."

括(괄: 묶다) ***kot**, 古活切, 《廣韻》: "檢也, 結也('단속하다, 묶다'이다)."《禮記·喪服小記》: "斬衰, 括髮以麻; 爲母, 括髮以麻(상복은 머리를 매는 것도 삼으로 한다. 어머니를 위해서 머리

털을 묶는 것도 삼을 가지고 한다).”《釋文》: “括, 古活反(여기서 ‘括’은 ‘古活反’이다).”《莊子·寓言》: “若向也俯而今也仰, 向也括而今被髮(그대는 조금 전에는 숙여서 아래를 보다가 지금은 위로 우러러보고 있고, 조금 전에는 머리를 묶고 있더니 지금은 풀어 헤쳤다).” **髺(괄: 머리묶다)**, 古活切,《廣韻》: “結髺(‘머리를 묶다’).”《說文》: “髺, 絜髮也(‘髺’은 ‘머리를 묶는 것’이다).”《儀禮·士喪禮》: “主人髺髮, 袒(주인은 머리를 묶고, 웃옷의 소매를 걷으며).” 鄭注: “髺古文作括(‘髺’의 古文은 ‘括’이다).”《釋文》: “髺, 音括(여기서 ‘髺’은 음이 ‘括’이다).” ‘髺’은 ‘括’의 後起區別字이다.《史記·秦始皇本紀》: “囊括四海之意, 並呑八荒之心(모든 영토를 다 차지할 뜻을 품고 있고, 팔방의 모든 넓은 땅을 병탄할 마음도 있다).” **佸(괄/활: 모으다) *kot**, 古活切,《廣韻》: “會計日佸(‘모아 계산함’을 ‘佸’이라 한다).” **佸(괄/활: 모이다, 만나다) *got**, 戶括切,《廣韻》: “佸會(‘모이다’).”《說文》: “佸, 會也.《詩》曰: ‘曷其有佸?’(‘佸’은 ‘모이다’이다.[54] 〈시경〉에 이르길, ‘언제나 오실까?’)”《詩經·君子于役》: “不日不月, 曷其有括?(날도 달도 모르니, 언제나 다시 만날까?)” 傳: “佸, 會也(여기서 ‘佸’은 ‘만나다’이다).”《釋文》: “佸, 戶括反(여기서 ‘佸’은 ‘戶括反’이다).” 글자는 또 ‘括’로도 쓴다. **括(괄: 모이다) *got**, 戶栝切,《集韻》: “會也(‘모이다, 만나다’이다).”《詩經·車舝》: “匪饑匪渴, 德音來括(굶주려서가 아니고 목이 말라서가 아니다. 덕음으로 와서 모였으면 한다).” 傳: “括, 會也(‘括’은 ‘모이다’이다).”《釋文》: “括, 本又作佸, 音活, 徐古闊反(여기서 ‘括’은 본래 ‘佸’로도 쓰는데, 음은 ‘活’이고, 徐씨의 음은 ‘古闊反’이다).”

訓(훈: 훈계하다, 가르치다) *thuns, 許運切(원래는 ‘昌母’에 들어가야 하나 中古시기 曉母에 들어가는 것은 예외에 속한다),《廣韻》: “誡也, 男曰教, 女曰訓(‘훈계하다’이다, 남자는 ‘教’라 하고, 여자는 ‘訓’이라 부른다).”《左傳·成公十八年》: “使訓卿之子弟, 共儉孝弟(卿의 자제들을 共儉과 孝弟로 가르치다).”《左傳·文公十五年》: “訓民事君, 示有等威, 古之道也(백성에게 임금 섬기는 도리를 가르쳐서, 등급과 위계가 있음을 보이는 것이 옛 道이다).”《左傳·桓公十三年》: “君撫小民以信, 訓諸司以德, 而威莫敖以刑也(신의로 백성을 어루만지고 덕으로 백관을 훈계하고 형벌로 莫敖에게 위엄을 보이라는 뜻입니다).” **順(순: 따르다) *duns**, 食閏切,

54 [역주] 여기서 ‘佸’은 곧 ‘佸’과 같다.

《廣韻》: "從也('따르다'이다)." 《論語·爲政》: "五十而知天命, 六十而耳順, 七十而從心所欲(50세에 天命을 알았고, 60세에 말을 들으면 그 말의 미묘한 뜻을 알았고(귀가 순조롭다), 70세에 마음이 하고자 하는 대로 따라도 법도를 넘지 않았다)." 《論語·子路》: "名不正, 則言不順; 言不順, 則事不成(명칭이 바르지 않으면, 말이 사리에 맞지 않고, 말이 이치에 맞지 않으면 일이 이루어지지 않는다). 《孟子·公孫丑下》: "多助之至, 天下順之(도와주는 이가 많은 것이 지극하면 천하 사람들이 그를 따른다)." 《管子·牧民》: "順民之經, 在明鬼神祇山川(백성을 따르게 하는(순하게 하는) 법은 귀신을 공경하고 산천에 제를 올리는 데 있다)."

이러한 성모 청탁을 구분하는 동사에 대해 그중 일부를 억지로 사동/자동으로 해석할 수는 있다. 그러나 많은 예들이 사동/자동으로는 해석할 수가 없다. 일부 예를 제외하고, 자동사는 사동사로부터 기원했으나 반대는 아니다. '使動說'은 그들 간의 선후, 인과 관계를 뒤바꾸어 놓았다. 즉, **자음의 청탁교체는 사동/자동 간 교환과는 아무 관련이 없다고 확신할 수 있다.** 한편, 통사기능으로 볼 때, 위의 예에서 성모가 청음인 동사는 목적어를 갖는 급물동사이나 성모가 탁음인 동사는 목적어를 갖지 않는 불급물동사이다. 이것이 바로 국내외 일부 학자들이 자음의 청탁교체와 급불/불급물 동사 간 교환을 함께 연결시키는 근본적인 원인이기도 하다. 그러나 상고한어 자음 청탁교체가 포함하는 내용은 훨씬 넓다. 청자음이라 해서 반드시 급물동사는 아니며, 탁자음이라 해서 반드시 불급물동사도 아니다. 비록 청자음 성모의 동사가 상당 부분이 급물동사이긴 해도, 자음의 청탁교체와 동사의 급물/불급물은 결코 필연적인 관계가 있는 것이 아니다.

四

魯襄公二十二年而孔子生.(《史記·孔子世家》)(노나라 양공22년에 공자가 태어났다.)

紇與顏氏女野合而生孔子.(《史記·孔子世家》)(숙양흘은 안씨의 딸과 야합하여 공자를 낳았다.)

상고한어에서 다수의 동사들이 '이중신분'인 경우가 많다. 즉 급물동사이면서 불급물동사인 것이다. 이 동사들은 어떤 경우엔 불급물동사의 신분으로 출현하고 또 어떤 경우엔 급물동사의 신분으로 출현한다. 게다가 급물동사와 불급물동사 간에는 쉽게 전환이 가능하다. 다만 이러한 동사에는 보기에 "**급물동사 같으면서도 실제로는 급물동사가 아닌 불급물동사**"는 해당되지 않는다.

然而黃帝不能致德, 與蚩尤戰於涿鹿之野, 流血百里.(《莊子·盜跖》)(黃帝의 세상이 되어서는 至德을 시행하지 못하여, 蚩尤와 涿鹿의 들판에서 싸워 사상자의 피가 사방 백 리에 흘렀다.)

黃帝尙不能全德而戰涿鹿之野, 流血百里.(《莊子·盜跖》)(그 황제조차도 오히려 그 德을 온전히 할 수 없어서 涿鹿의 들판에서 蚩尤와 전쟁하여 피가 사방 백 리까지 흘렀다.)

이것은 바로 상고한어의 어법수단인 "전치사가 생략(缺省)이 됨으로써 나타난 현상(이른바 '介詞缺省'현상)"이다. 이것은 특히 李佐豐이 상세히 논술한 바 있어 여기서는 생략한다. 형식 측면에서 봤을 때, 급물동사인데 어떤 경우 목적어를 갖지 않고, 또 불급물동사인데 어떤 경우 오히려 목적어를 가질 수 있다. 이때 바로 생략된 성분을 다시 채워 넣음으로써 이것이 급물동사인지 불급물동사인지를 구분할 수 있다.

앞에서 서술했듯이, 자음의 청탁교체는 결코 사동/자동의 어법 수단이 아니라고 하였다. 마찬가지로 이것은 또 단순히 급물/불급물의 차이만을 표시하는 것도 아니다. 자음의 청탁교체가 포함하고 있는 내용은 급물/불급물의 개념보다 훨씬 크다. 우리는 제2절에서 이미 대량의 동사들이 자음 청탁교체를 통해 형용사로 변화하는 예를 본 적이 있다. 형용사가 여전히 목적어를 갖지 않는다면 그것의 원형인 단어도 반드시 목적어를 갖는 급물동사라고 볼 수 없을 것이다. 앞에서 보았던 '偕'와 '諧'가 바로 그러하다. 확실히, 우리는 이들의 관계를 급물동사와 불급물동사 간의 관계로 볼 수는 없다. '諧'가 '기발생상황(已然)'의 상태라고 한다면, 분명 '나'는 이미 컨트롤할 수 없다. 그에 비해, '偕'는 '나'가 컨트롤할 수 있는 동작 행위이다. 그들 간에는 이른바 **'自主'와 '非自主'**로 해석이 가능하다. 중국어에 있는 많은 清濁 兩音의 동사의 경우, **청자음이 꼭 급물동사인 것은 아니다. 어떤 경우에는 이를 '自主動詞'라고 볼 수 있다.**

降(강: 내리다, 내려가다) *kruŋs , 古巷切,《廣韻》: "下也, 歸也, 落也. 又音缸, 伏也('내리다, 돌아가다, 떨어지다'이다, 또 음이 '缸'인데, 이는 '항복하다'이다)."《左傳·莊公三十二年》: "有神降於莘(신이 莘 땅에 내려왔다)."《左傳·僖公二十三年》: "公子降拜稽首, 公降一級, 而辭焉(公子가 아래로 내려가 절하고서 머리를 조아리니, 穆公이 계단 하나를 내려가 사양하였다)."《左傳·僖公十五年》: "上天降災, 使我兩君匪以玉帛相見, 而以興戎(하늘이 재앙을 내려, 우리 두 나라 임금이 玉帛으로 서로 만나지 않고, 전쟁으로 만나게 하였다)." **降(항: 항복하다) *gruŋs** , 下江切,《廣韻》: "降伏('항복하다')."《詩經·出車》: "既見君子, 我心則降(군자님을 만나야 내 마음이 놓인다)."《釋文》: "降, 戶江反(여기서 '降'은 '戶江反'이다)."《左傳·莊公三十年》: "七月, 齊人降鄣(7월에 齊나라 사람이 鄣을 항복시켰다)."[55]《釋文》: "降, 戶江反(여기서 '降'은 '戶江反'이다)."《左傳·襄公二十六年》: "晉降彭城, 而歸諸宋(晉나라 군은 彭城을 항복시켜 宋나라에 돌려주었다)."《釋文》: "降, 戶江反(여기서 '降'은 '戶江反'이다)."《左傳·莊公八年》: "夏, 師及齊師圍郕, 郕降於齊師(여름에 魯나라 군대가 齊나라 군대와 함께 郕나라를 포위했는데, 성나라가 제나라 군대에 항복하였다)."《釋文》: "降, 戶江反(여기서 '降'은 '戶江反'이다)."《左傳·昭公十五年》: "鼓人或請降(鼓나라의 어떤 자가 와서 항복을 청하자)."《釋文》: "降, 戶江反(여기서 '降'은 '戶江反'이다)."《左傳·襄公元年》: "彭城降晉(彭城이 晉나라에 항복하니)."《釋文》: "降, 戶江反(여기서 '降'은 '戶江反'이다)."

'降'은《說文》에서 "下也('내려가다')."라고 나오고, 段玉裁注에는 "此下爲自上而下(이 '下'란 위에서 아래로 내려가는 것이다)."라고 나온다. '降'은 본래 높은 곳으로부터 아래로 내려가는 것으로, 내려가다 못해 아래에 도달하는 것이다.《詩經·草蟲》傳에 "降, 下也('降'은 '내려가서 아래에 있다'이다)."라고 나온다. 확실히 '降下江切'은 '降古巷切'의 動詞 완결형(既行體) 형식이다. 동작이 완결되거나 과정이 종결되면, 원래 있었던 동사는 이미 동작성을 잃게 되고 명사나 형용사로 변화하게 된다. 이것은 앞의 절에 상세히 소개되어 있다. "我心則降(내 마음이 놓인다)"의 '降'은 이미 동작동사가 아니다. 한편, 형용사도 사동용법이 있고, 동사의 완결형도 사동용법이 가능하다. 따라서 **동사의 완결형도 목적어를 가지를 수**

55 [역주] 여기서 '降'이 '戶江反'임에도, 이는 목적어를 갖는 사동의 용법이다.

있다. 분명, 우리는 '降古巷切'을 '降下江切'의 사동 형식이라 볼 수는 없다. 이 둘 모두 급물동사일 수도 있고, 불급물동사일 수도 있다. "무릇 행위가 동작발출자의 안에 머무는 것을 '내동자'라 한다. 내동자의 행위는 바깥으로 이르지 않기 때문에 그 행위를 받는 목적어(止詞)가 없다. 내동(자동사)이 수동으로 변환될 수 없는 것이 이 때문이다(凡行之留於施者之內者, 曰內動字. 內動者之行不及乎外, 故無止詞以受其所施, 內動之不得轉爲受動者此也)." 동사 '降古巷切'과 '降下江切'이 비록 목적어를 가질 수 있으나 이 둘은 모두 '受動(피동)'으로 변환될 수 없다. 즉, 수동으로 변환이 가능한 급물동사와는 다르다.《左傳·襄公元年》에 "彭城降晉(팽성이 진나라에 항복하다)."이라고 나온다. 이를 통해, '降古巷切'과 '降下江切'을 급물/불급물로 해석할 수 없음을 알 수 있다.

歇(헐: 쉬다, 다하다) ***khat**, 許竭切,《廣韻》: "氣泄也, 休息也, 又竭也('기가 빠지다. 쉬다, 다하다'이다)"《左傳·宣公十二年》: "得臣猶在, 憂未歇也(楚나라에 得臣이 아직 건재하니 근심이 아직 끝나지 않았다)." 注: "歇, 盡也(여기서 '歇'은 '다하다'이다)."《釋文》: "歇, 許竭反(여기서 '歇'은 '許竭反'이다)."《左傳·襄公二十九年》: "未獲所歸, 難未歇也(귀의할 곳을 찾지 못하면 어려움이 그치지 않을 것입니다)." 注: "歇, 盡也(여기서 '歇'은 '다하다'이다)." **愒(게: 쉬다)** ***khats**, 去例切,《廣韻》: "《說文》息也(〈설문〉엔 '쉬다'라 한다)."《詩經·菀柳》: "有菀者柳, 不尙愒焉(무성한 버드나무 아래에서 쉬어가려 하지 않겠는가)." 傳: "愒, 息也(여기서 '愒'는 '쉬다'이다)."《釋文》: "愒, 欺例反, 徐丘麗反('愒'는 '欺例反'이고 徐씨의 음은 '丘麗反'이다)."《詩經·民勞》: "民亦勞止, 汔可小愒(백성들이 무척 수고로우니 조금이라도 쉬게 했으면)." 傳: "愒, 息也(여기서 '愒'는 '쉬다'이다)."《釋文》: "愒, 起例反, 徐丘麗反(여기서 '愒'는 '起例反'이고 徐씨의 음은 '丘麗反'이다)." 글자는 통상 '憩'로 쓴다. **憩(게: 쉬다)** ***khats**, 去例切,《廣韻》: "息也('쉬다'이다)."《詩經·甘棠》: "蔽芾甘棠, 勿翦勿敗, 召伯所憩(무성한 팥배나무 자르지 말고 베지도 마라, 소백님이 쉬시던 곳)." 傳: "憩, 息也(여기서 '憩'는 '쉬다'이다)."《釋文》: "憩, 本又作愒, 起例反, 徐許罽反(여기서 '憩'는 본래 '愒'로 쓴다. '起例反'이고, 徐씨의 음은 '許罽反'이다)." **竭(갈: 다하다)** ***gat**, 渠列切,《廣韻》: "盡也('다하다'이다)."《左傳·莊公十年》: "一鼓作氣, 再而衰, 三而竭(북이 한 번 울리면 용기가 나고, 두 번 울리면 용기가 쇠하고, 세 번 울리면 용기가 없어진다)."《左傳·僖公三十二年》: "師勞力竭, 遠主備之, 無乃不可乎?(우리 군대는

지쳐 힘이 다할 것이고, 먼 나라 임금은 이를 대비할 것이니, 불가하지 않겠습니까?)"《論語·學而》: "事父母能竭其力, 事君能致其身(부모를 섬기되 그 힘을 다하며, 임금을 섬기되 그 몸을 바친다)."《禮記·月令》: "毋竭川澤(천택의 물을 말려 고기 잡는 것을 금하다)."《爾雅》: "涸, 竭也('涸'는 '마르다'이다)." 글자는 또 '渴'로도 쓴다. **渴(갈: 목마르다, 물이 마르다)** ***gat**, 渠列切,《廣韻》: "水盡也('물이 마르다'이다)."《說文》: "渴, 盡也('渴'은 '다하다'이다)." 段玉裁注: "渴竭古今字, 古水竭字多用渴('渴'과 '竭'은 古今字의 관계로, 옛날에 물이 마르는 것을 '渴'로 많이 썼다)."

趒(조: 뛰다) ***sɯ**, 吐彫切,《廣韻》: "雀行('참새처럼 뛰다')."《說文》: "趒, 雀行也('趒'는 '참새처럼 뛰다'이다)." 段玉裁注: "今人概用跳字(지금 사람들은 대개 '跳'자를 쓴다)." **趒(조: 넘다)** ***sɯs**, 他吊切,《廣韻》: "越也('넘다'이다)." 이것은 지금의 '跳'자이다. **趒(조: 뛰다)** ***zɯ**, 徒聊切,《廣韻》: "《說文》曰: 雀行也(〈설문〉에 이르길, '참새처럼 걷는 것'이다)." **跳(도: 뛰다)** ***zɯ**, 徒聊切,《廣韻》: "躍也('뛰다'이다)."《說文》: "跳, 一曰躍也('跳'는 한편으로 '躍(뛰다)'이라고 말한다)."《莊子·逍遙遊》: "東西跳梁, 不避高下(동으로 서로 이리 뛰고 저리 뛰면서, 높고 낮은 데를 가리지 않는다)."《釋文》: "跳, 音條('跳'의 음은 '條'이다)."《莊子·秋水》: "出跳梁乎井幹之上, 入休乎缺甃之崖(우물 난간 위로 튀어나와서는 깡충 뛰놀다가, 우물의 깨진 벽돌 끝으로 들어와 쉬곤 한다)."《釋文》: "跳, 音條('跳'의 음은 '條'이다)."《史記·高祖本紀》: "漢王跳, 獨與滕公共車出成皋玉門(한왕은 달아날 때, 등공 하후영과 수레를 같이 타고 성고의 옥문으로 탈출했다)." 集解: "徐廣曰音逃(徐廣이 말하길, '음은 逃라 한다')." 索隱: "如淳云: 跳, 走也(如淳이 말하길, '跳는 달아나다이다')."《史記·項羽本紀》作"漢王逃"(《史記·項羽本紀》에는"漢王逃"라 되어 있다). **逃(도: 도망가다)** ***zɯ**, 徒刀切,《廣韻》: "去也, 避也, 亡也('떠나다, 피하다, 도망가다'이다)."《左傳·莊公十七年》: "鄭詹自齊逃來(鄭詹이 齊나라에서 도망해 돌아갔다)."《左·僖公二十二年》: "晉大子圉爲質於秦, 將逃歸(晉나라 태자 圉가 秦에 인질이 되어있다가 장차 도망해 돌아오려 했다)."

'偕'와 '諧'처럼, 자음의 청탁 두 형식을 절대 사동과 자동으로 해석해서는 안 되는 경우가 있다. 이 경우, 청자음 형식이 목적어를 갖는 급물동사이거나 목적어를 갖지 않는 불급물동사일 수도 있고, 탁자음 형식이 대체로 목적어를 갖지 않는 불급물동사일 수 있다. 그렇다고 우리는 급물/불급물의 관점으로 그들 간의 차이를 해석해서도 안 된다. 앞에서 이미 논의했듯이, 동사가 자음 청탁교체를 통해 형용사를 파생시킬 수 있는데, 이러한 형용사는 사실상 동사의 완결형이다. 그런데 이러한 기발생상황(已然)이거나 이미 이루어진 결과는 변화할 수가 없다. 반면, 형용사와 상대적인 동사는 '自主的인 동작'이다. 앞에 든 예 가운데, 청자음의 동사는 自主的이고 컨트롤 가능한 동사이나, 탁자음의 동사는 非自主的, 컨트롤 불가능의 동사이다. 즉, 우리는 '自主/非自主'의 개념을 갖고 그들 간의 차이를 완전히 해석할 수 있다. 예컨대, '折旨熱切'과 '折常列切'이 그러하다. **청음 성모는 청자음에서 탁자음으로 변화할 때 동사의 행위주성(施事性)이 감소되는 작용이 있다**. 바로 이를 통해, 동사가 점차 '행위주성(施事性)'과 '自主性'을 잃게 되고 '非自主동사' 심지어 '형용사'로 변화한다. 반대로, 성모는 탁자음에서 청자음 성모로 변화할 때 동사의 행위주성이 강화되는 작용이 있는데, 이로써 형용사나 非自主동사를 동작동사나 自主동사로 변화하게 만든다.

展(전: 펴다) *tran^B , 知演切,《廣韻》: "舒也('펴다'이다)."《說文》段玉裁注: "展布四體之意(사체를 편다는 뜻이다)."《莊子·盜跖》: "盜跖大怒, 兩展其足, 案劍瞋目(도척은 크게 노하여 양다리를 쩍 벌리고 앉아, 칼을 손에 잡고 눈을 부릅뜨고 있다)."《儀禮·聘禮》: "有司展群幣以告(관리가 비단을 펼쳐서 고한다)."《左傳·成公十六年》: "繕甲兵, 展車馬(갑옷과 무기를 수선하고, 수레와 전마를 살핀다)." **袒(탄: 옷솔기가 터지다)** *drans , 丈莧切,《廣韻》: "衣縫解('옷솔기가 터지다')."《說文》: "袒, 衣縫解也('袒'은 '옷솔기가 터지다'이다)." 글자는 또 '綻'으로도 쓴다.《禮記·內則》: "衣裳綻裂(옷이 터졌거나 찢어졌으면)."《釋文》: "綻, 字或作䘺, 直莧反, 徐治見反(여기서의 '綻'은 '䘺'으로도 쓰며, '直莧反'이고, 徐씨의 음은 '治見反'이다)." **袒(단: 옷을 벗고 신체를 보이다)** *dan^B , 徒旱切,《廣韻》: "袒裼('웃통을 벗다')."《左傳·昭公二十年》: "使華寅肉袒執蓋(華寅에게 윗옷을 벗고 수레의 덮개를 들게 했다)."《釋文》: "袒, 徒旱反(여기서 '袒'은 '徒旱反'이다)."《左傳·莊公八年》: "袒而示之背(웃옷을 벗어 등을 보이다)."《釋文》: "袒, 音但(여기서 '袒'의 음은 '但'이다)."

貯(저: 쌓다) ***tra̲**B , 丁呂切, 《廣韻》: "居也, 積也('서다, 쌓다'이다)." 《管子·大匡》: "毋曲堤, 毋貯粟(제방을 맘대로 쌓지 못하게 하고, 양식을 곳집에 쌓지 못하게 하다)." 글자는 '著'로 쓴다. 《史記·貨殖列傳》: "積著之理, 務完物, 無息幣(물자를 쌓아 두는 이치는 물건을 온전하게 보전함에 힘을 쓰되 자금을 묵히지 말아야 한다)." 索隱: "著, 音張呂反(이 '著'는 음이 '張呂反'이다)." **著(저: 著任하다, 처하다, 드러나다)** ***tra̲**B , 丁呂切, 《廣韻》: "著任(著任하다). 《史記·貨殖列傳》: "子赣既學於仲尼, 退而仕於衛, 廢著鬻財於曹魯之間(자공은 공자에게서 배운 뒤, 물러나 위나라에서 벼슬하고, 조나라와 노나라 사이에 물자를 쌓아두기도 하고 팔기도 하며 재산을 모았다)." 集解: "徐廣曰: 子貢傳云'廢居'. 著, 猶居也. 著讀音如貯(徐廣이 말하길, '子貢傳에서는 廢居라고 했다. 著는 居와 같다. 著의 독음은 貯와 같다')." 《史記·樂書》: "樂著太始而禮居成物. 著不息者天也, 著不動者地也(악은 천지개벽에 있고, 예는 성물에 있다. 나타나서(처하여) 쉬지 않는 것이 하늘이요, 나타나서(처하여) 움직이지 않는 것이 땅이다)." 正義: "著, 猶處也(여기서 '著'는 '거하다, 처하다'와 같다)." 《詩經·著》: "俟我于著乎而(나를 문간에서 기다리니)." 傳: "門屏之間曰著(문간 사이를 '著'라 한다)." 疏: "孫炎曰: 門內屏外, 人君視朝所寧立處也. 著與宁音義同(손염이 말하길, '문안과 병풍 밖은 임금이 조회를 볼 때 편안히 서 있는 곳이다. 著와 宁는 음과 뜻이 같다')." **宁(저: 천자가 조회받는 자리)** ***dra̲**B , 直呂切, 《廣韻》: "門屏之間. 《禮》云天子當宁而立(문과 병풍 사이로, <예>에선 천자가 宁에 선다고 한다)." 《禮記·曲禮下》: "天子當宁而立(천자가 宁에 서다)." 《釋文》: "宁, 徐珍呂反, 又音儲, 門屏之間曰宁(여기서 '宁'는 徐씨의 음이 '珍呂反'이고 또 음이 '儲'이다. 문과 병풍 사이를 '宁'라 한다)." 동사 의미의 글자는 대개 '佇'나 '竚'로 쓴다. **佇(저: 우두커니 서다)** ***dra̲**B , 直呂切, 《廣韻》: "久立也('오래 서 있다'이다)." 《詩經·燕燕》: "瞻望弗及, 佇立以泣(멀리 보아도 미치지 못하여 우두커니 서서 눈물만 흘리네)." 《釋文》: "佇, 直呂反(여기서 '佇'는 '直呂反'이다)." 《楚辭·離騷》: "延佇乎吾將反(머뭇거리며 나는 돌아가리라)."

交(교: 엇갈리다, 섞이다, 섞다) ***krɯ** , 古肴切, 《廣韻》: "共也, 合也('서로, 함께, 섞다'이다)." 《易·泰》: "是天地交而萬物通也, 上下交而其志同也(이는 천지가 사귀어 만물이 통하고, 상하가 사귀어 그 뜻이 같은 것이다)." 《莊子·馬蹄》: "喜則交頸相靡, 怒則分背相踶(기쁘면 목을 교차하여 서로 비벼 대고, 성나면 등을 대고 서로 걷어찬다)." 《莊子·山木》: "君子之交淡若

水, 小人之交甘若醴(군자의 사귐은 맑기가 마치 물과 같고, 소인의 사귐은 달기가 마치 단술과 같다)." **殽(효: 섞이다)** ***grɯ**, 胡茅切,《廣韻》: "溷殽('섞이다')."《國語·周語下》: "如是而加之以無私, 重之以不殽(이처럼 하고서도 개인적으로 사귀는 일이 추가로 없었고, 뭇 사람과 섞이는 일이 거듭되지 않았다)."《莊子·齊物論》: "仁義之端, 是非之塗, 樊然殽亂. 吾惡能知其辯?(仁義의 단서와 是非의 길이 복잡하게 얽혀서 어지러우니, 내가 어찌 그 구별을 알 수 있겠는가?)" **淆(효: 뒤섞이다, 어지럽다, 흐리다)** ***grɯ**, 胡茅切,《廣韻》: "混淆, 濁水('뒤섞이다, 탁한 물')."《爾雅》: "河出昆侖虛, 色白; 所渠並千七百一川, 色黃(황하가 곤륜산 아래에서 나올 때는 색이 희다. 도랑된 바가 하나로 이어져 천칠백 개가 하나의 시내가 되면 색이 누렇다)." 郭注: "所受渠多, 衆水溷淆, 宜其濁黃(받은 도랑이 많아 여러 물이 섞여 흐리니 마땅히 누렇게 된다)."《釋文》: "淆, 胡交反(여기서 '淆'는 '胡交反'이다)."

攻(공: 공격하다) ***koŋ**, 古紅切,《廣韻》: "攻擊('공격하다')."《說文》: "攻, 擊也('攻'은 '공격하다'이다)."《左傳·桓公二年》: "宋督攻孔氏, 殺孔父而取其妻(宋督이 孔氏를 공격하여 孔父를 죽이고 그 아내를 취하였다)."《左傳·桓公五年》: "王卒亂, 鄭師合以攻之, 王卒大敗(주왕의 군대가 혼란하였다. 정나라 군대가 합세하여 그들을 공격하니 주왕의 군대가 크게 패하였다)."《左傳·宣公二年》: "攻靈公於桃園((趙穿이) 桃園에서 靈公을 공격하여 시해했다)." **訌(홍: 무너지다)** ***goŋ**, 戶公切,《廣韻》: "潰也('무너지다'이다)."《詩經·召旻》: "天降罪罟, 蟊賊內訌(하늘이 죄의 그물을 내리자, 해충들이 안으로 무너지다)." 傳: "訌, 潰也(여기서 '訌'은 '무너지다'이다)." 箋云: "訌, 爭訟相陷入之言也('訌'은 쟁송하여 서로 불리한 상황에 빠지는 것을 말한다)." 글자는 또 '鬨'으로도 쓴다.《說文》: "鬥也. 从鬥共聲.《孟子》曰: '鄒與魯鬨'('싸우다'이다, '鬥'를 따르고 '共'이 성부이다. 〈맹자〉에 이르길, '추나라가 노나라와 싸웠는데'라 한다)." 音義: "鬨, 胡弄反(여기서 '鬨'은 '胡弄反'이다)." 글자는 또 '鬨'으로도 쓴다.《呂氏春秋·愼行》: "崔杼之子相與私鬨(최저의 아들들이 서로 사병을 거느리고 싸우다)." 高注: "鬨讀近鴻, 緩氣言之('鬨'은 '鴻'과 비슷하게 읽는데, 호흡을 천천히 하면서 말하는 것이다)."

일반적으로, 自主動詞(volitional verbs)는 급물동사로 목적어를 갖고, 非自主動詞(non volitional verbs)는 불급물동사로 목적어를 갖지 않는다. 그러나 자주동사도 불급물동사일 수 있고, 비자주동사도 급물동사일 수 있다. 동사의 자주/비자주와 급물/불급물의 구분 기준은 다르다. 따라서 자음 청탁교체와 급물/불급물은 결코 완전하게 짝을 이루지는 못한다. 국외 학자들이 자음의 청탁교체를 급물동사와 불급물동사 간의 교체로만 보곤 하는데, 이는 자음의 청탁교체 중 단지 하나의 추세만을 봤을 뿐이지 결코 청탁교체의 실질에 접근한 것은 아니다. 자음 청탁교체의 실질적 내용은 결코 급물동사와 불급물동사 간 차이를 나타내는 것이 아니라 자주동사와 비자주동사를 구분한다고 볼 수 있다.

掛(괘: 걸다) *__qris__ , 古賣切, 《廣韻》: "懸掛('걸다')." 《六書故》引唐本《說文》(〈육서고〉에서 당본 〈설문〉을 인용하길: "掛, 縣也('掛'는 '매달다'이다)." 《吳越春秋·夫差內傳》: "掛吾目於門, 以觀吳國之喪(내 눈을 문에 걸어둬라, 오나라가 망하는 것을 직접 보겠다)." 《楚辭·招魂》: "掛曲瓊些(옥으로 다듬은 갈고리에 걸어놓고)." 注: "掛, 縣也(여기서 '掛'는 '걸다'이다)." 《莊子·漁父》: "變更易常, 以掛功名(자주 변경하여 원칙까지 바꾸어서 공명을 높이 세우려 하다)."
絓(괘: 걸리다) *__Gris__ , 胡卦切, 《廣雅》: "懸也('매달리다'이다)." 《左傳·桓公三年》: "逐翼侯於汾隰, 驂絓而止(汾水가 습지에서 翼侯를 쫓는 도중, 익후의 수레 끄는 말이 나무에 걸려 멈추었다)." 《釋文》: "絓, 戶卦反(여기서 '絓'는 '戶卦反'이다)." 《左傳·成公二年》: "將及華泉, 絓於木而止(거의 華泉에 이르렀을 때, 수레 끄는 말이 나무에 걸려 멈추었다)." 《釋文》: "絓, 戶卦切(여기서 '絓'는 '戶卦反'이다)." 《史記·齊太公世家》: "車絓於木而止(수레가 나무에 걸려 멈추었다)."

확실히 전자는 자주적이며 컨트롤 가능한 동사이고, 후자는 비자주적이고 컨트롤이 불가능한 동사이다. 그리고 양자 간의 음운 차이는 단지 자음 성모의 청탁 차이일 뿐이다. 또한 '敗補邁切'와 '敗薄邁切' 간의 관계는 바로 '掛'와 '絓' 간의 관계와 동일하다. 청자음이 탁자음으로 변하여 동사의 자주성이 약화되면서, 자주동사가 비자주동사로 변화하는 것이다. 그리고 탁자음이 청자음으로 변하여 동사의 자주성이 강화되면서, 비자주동사에서 자주동사로 변화하게 된다. 한편, 자주동사가 종종 급물동사로 나타나고 비자주동사가 불급물동사로 나타나서, 원래 자주동사와 비자주동사 차이를 나타내는 청탁교체가 급물동사와 불급물동사의 구별로 오해되곤 한다.

被(피: 입다, 쓰다) ***pha̱r** , 攀糜切(《集韻》). 《左傳·襄公十四年》: "乃祖吾離被苫蓋, 蒙荊棘, 以來歸我先君(너희 조상 吾離가 거적을 몸에 걸치고 가시로 엮은 모자를 쓰고서 우리 선군께 귀의했다)." 《釋文》: "被, 普皮反(여기서 '被'는 '普皮反'이다)." 《國語·周語下》: "被羽先升, 遂克之(깃발을 등에 지고 앞장서 올라가 드디어 승리하였다)." 《漢書·揚雄傳上》: "衿芰茄之綠衣兮, 被夫容之朱裳(새발마름과 연으로 된 녹의를 두르고, 부용의 주상을 입고서)." 顏師古注: "被音披, 又音皮義反(여기서 '被'의 음은 '披'이고, 또 '皮義反'이다)." 《莊子·知北遊》: "齧缺問道乎被衣(齧缺이 被衣에게 도에 관해 물었다)." 《釋文》: "被, 音披, 本亦作披(여기서 '被'는 음이 '披'이고, 본래는 또 '披'로도 쓴다)." **被(피: 잠옷, 머리를 풀어헤치다(被髮), 받다)** ***ba̱rs** , 平義切, 《廣韻》: "被服也, 覆也. 《書》曰 '光被四表'. 又平彼切, 寢衣也('피복'이다, '덮다'이다. 〈서〉에 이르길, '그 공덕의 빛이 사방 너머까지 뒤덮었으며'라고 나온다. 또 '平彼切'로 '잠옷'이다)." 被, 《集韻》: "部靡切, 寢衣, 一曰及也('部靡切'로 '잠옷'이다. 한편으로 '미치다'의 의미이다)." [《說文》: "被, 寢衣('被'는 '잠옷'이다)." 이 의미는 상고 조기엔 보이지 않는다. 《論語·鄉黨》: "必有寢衣, 長一身有半(반드시 寢衣(이불)가 있었는데, 길이가 한 길 반이었다)." 孔安國曰: 今被也(지금의 '被(이불)'이다.)] 《左傳·成公十年》: "晉侯夢大厲, 被髮及地(晉侯의 꿈에 큰 여귀가 나왔는데, 머리는 풀어헤쳐 땅에 끌렸다)." 《釋文》: "被, 皮寄反(여기서 '被'는 '皮寄反'이다)." 《莊子·田子方》: "老聃新沐, 方將被髮而乾(老聃은 그때 새로 머리를 감았고, 바야흐로 머리를 풀어헤친 채 햇볕에 말리려 했다)." 《釋文》: "被, 皮寄反(여기서 '被'는 '皮寄反'이다)." "被髮"이란 말은 《左傳》 등 경전에서 자주 보인다. 《釋文》에서 일률적으로 "皮寄反"으로 주음하고 있다. 《管子·形勢解》: "故身貴顯, 而子孫被其澤(그러므로 자신은 고귀함과 명성을 날리고 자손은 그 혜택을 입었다)."

烝(증: 김이 오르다/ 올리다) ***te̱ŋ** , 煮仍切, 《廣韻》: "《說文》曰: 火氣上行也(〈설문〉에 이르길, '화기가 위로 오르다'이다)." 《國語·周語上》: "陽伏而不能出, 陰迫而不能烝(陽이 숨어서 밖으로 나오지 못하고, 陰이 압박하여 陽이 위로 오르지 못하다)." 《韓非子·難一》: "易牙烝其子首而進之(易牙는 제 자식의 머리를 삶아서 바쳤습니다)." 나중에 글자를 '蒸'으로 썼는데 음은 같다. 《墨子·辭過》: "蒸炙魚鱉(물고기와 자라를 삶고 굽다)." 《管子·輕重丁》: "獵漁取薪, 蒸而爲食(물고기를 잡고 땔감을 구해, 고기를 쪄서 먹는다)." **爯(칭: 둘을 한꺼번에 들**

다) ***thẹŋ** , 處陵切, 《廣韻》: "並舉也('한꺼번에 들다'이다)." 《說文》: "爯, 並舉也('爯'은 '한꺼번에 들다'이다)." 글자는 보통 '稱'으로 쓴다. **稱(칭: 들어 올리다, 저울질하다)** ***thẹŋ** , 處陵切, 《廣韻》: "知輕重也. 《說文》曰: 銓也('무게를 알다'이다, 〈설문〉에 이르길, '저울질하다'이다)." 《詩經·七月》: "稱彼兕觥, 萬壽無疆(저 뿔잔을 드니 만수무강하리로다)." 《左傳·襄公八年》: "女何故稱兵于蔡?(너희는 무엇 때문에 蔡나라에 군사를 일으켰느냐?)" **偁(칭: 들다)** *thẹŋ , 處陵切, 《廣韻》: "宣揚美事, 又言也('아름다운 일을 선양하다', 또 '말하다, 일컫다'이다)." 글자는 또 '稱'으로도 쓴다. 《左傳·宣公十六年》: "禹稱善人, 不善人遠(禹王이 선한 이를 등용하자 선하지 않은 이들이 멀리 피해 갔다)." 《論語·子路》: "宗族稱孝焉, 鄉黨稱弟焉(宗族이 효성스럽다고 칭찬하고, 鄉黨이 잘 공경한다고 칭찬한다)." 《左傳·隱公元年》: "稱鄭伯, 譏失教也(鄭伯이라고 칭한 것은 잘못 가르친 것을 질책한 것이다)." **承(승: 받들다, 바치다)** ***dẹŋ** , 署陵切, 《廣韻》: "奉也, 受也('받들다, 받다'이다)." 《左傳·僖公十五年》: "女承筐, 亦無貺也(여자가 광주리를 들고 있어도 줄 물건이 없다)." 《左傳·襄公二十五年》: "再拜稽首, 承飮而進獻(두 번 절하고 머리를 조아리고는 술잔을 받들어 陳侯에게 올렸다)." 두 손으로 높이 들어 물건을 받치는 것으로부터 '접수하다, 모시다(承受, 侍奉)' 등의 의미가 발전해 나왔다. 《左傳·隱公八年》: "敢不承受君之明德(어찌 감히 임금님의 밝으신 덕을 받들지 않겠습니까?)." 《左傳·文公十五年》: "臣承其祀, 其敢辱君(신이 그 제사를 받드는데, 어찌 감히 임금님을 욕보일 수 있겠습니까?)." **丞(승: 돕다)** ***dẹŋ** , 署陵切, 《廣韻》: "佐也('돕다'이다)." 《漢書·百官公卿表上》: "相國, 丞相, 皆秦官, 金印紫綬, 掌丞天子助理萬機(상국, 승상은 모두 진나라의 관직으로, 금으로 만든 관인에다 보라색 술을 달아 놓았다. 천자를 받들어 만사를 다스리는 것을 보좌하는 직책이다)." 應劭[56]曰: "丞者, 承也. 相者, 助也(여기서 '丞'은 '받들다'이고, '相'은 '돕다'이다)." 《漢書·佞幸傳》: "晨夜扶丞左右, 甚有甥舅之恩(새벽부터 밤까지 옆에서 도우며, 정말로 숙질 간의 은혜가 있었다)." '丞'자는 또 '承'으로도 쓴다. 《左傳·哀公十八年》: "使帥師而行, 請承(子國을 시켜 군대를 거느리고 가게 했는데, 子國이 承(보좌)의 임명을 청했다)." 注: "承, 佐(여기서 '承'은 '보좌하다'이다)."

---

56 [역주] 應劭는 후한 말기 관료이다. 《風俗通義》를 저술하였다. 《漢書》의 집해를 저술하여 이후 顔師古 주석에 다수 인용되기도 하였다.

捧(봉: 받들다, 들어올리다) *pho̱ŋ^{B} , 敷奉切,《廣韻》: "兩手承也('두 손으로 받들다'이다)."《莊子·天運》: "歸亦捧心而矉其里(집에 돌아가 또한 가슴을 감싸 안고, 얼굴을 찡그리며 마을을 돌아다녔다)."《史記·日者列傳》: "司馬季主捧腹大笑(사마계주는 배를 움켜잡고 큰 소리로 웃었다)." 본래 글자를 '奉'으로 썼다.《說文》: "奉, 承也('奉'은 '받들다'이다)."《史記·項羽本紀》: "沛公奉卮酒爲壽, 約爲婚姻(패공은 술잔을 들어 장수를 기원하고, 혼인을 약조했다)." **奉(봉: 받들다, 바치다) *bo̱ŋ^{B}** , 扶隴切,《廣韻》: "與也, 獻也('드리다, 바치다'이다)." '두 손으로 받들다'에서 '받들어 지키다, 모시다(遵奉, 擁戴, 侍奉)' 등의 의미가 파생되었다.《左傳·隱公十一年》: "鄭伯使許大夫百里, 奉許叔以居許東偏(정백이 許나라 대부 百里를 시켜 許叔을 모시고 許나라의 東偏에 거주하게 했다)."《左傳·莊公八年》: "管夷吾召忽奉公子糾來奔(管夷吾와 召忽은 公子糾를 모시고 달아났다)."

'비자주동사'란 '내'가 주관적으로 컨트롤(중지)할 수 없는 동작행위를 말한다. 즉, '너', '나', '그'로 구성되는 세계 속에서, '타자'의 행위를 '내'가 주관적으로 컨트롤할 수 없는 것이다. 그런데, 이 외에도 동작행위가 컨트롤 가능한가 여부는 '내'가 처한 시대적 환경 및 사회적 풍습 등을 고려해야 한다. 예컨대, '혼사'의 경우, 봉건시대에는 종종 '내'가 컨트롤할 수 없는 동작행위였다. 따라서 아랫사람이 윗사람에 대해, 또는 상대방에 대한 존경의 마음에서 우러나와서 '내'가 비자주적 동사의 형식을 선택할 수도 있는 것이다. '稱'은 일반적으로 '들어 올리다'의 행위이다. 그러나 '承'은 '두 손으로 높이 받들어 윗사람에게 받치거나 높이 두 손으로 받드는 것'으로, 윗사람에 대해 '받들어 모시는' 동작행위를 나타낸다. 그래서 그 직접목적어는 종종 '天(하늘)'이거나 '君(임금)'인 경우가 많다. 한편, '捧'과 '奉'은 둘 다 급물동사이나 자음의 청탁교체가 이루어진다. 이것으로 볼 때, 확실히 자음 청탁교체가 나타내는 것은 급물/불급물의 관계가 아니라 '자주/비자주'의 관계임을 알 수 있다.

제4절 행위주성施事性

一

見, 視也, 古電切.(《廣韻》) ('보다'이다, 見母임)

見, 露也, 胡甸切.(《廣韻》) ('나타나다'이다, 匣母임)

周法高(1962), 王力(1965), 俞敏(1984), 梅祖麟(1988) 등은 모두 동사 '見'의 淸濁異讀을 자동사와 사동사 간의 변음 관계로 보았다. 동사 '見'이 '알현'의 의미일 경우, '胡甸切'이다.《左傳·桓公十三年》에 "遂見楚子((鬪伯比가) 드디어 楚子를 뵙고)."라고 나오고,《釋文》에는 "見, 賢遍反(여기서 '見'은 '賢遍反'이다)."이라고 나온다. 이와 관련하여 俞敏은 다음과 같이 말한 바 있다.

"'見'의 사동용법이 g-형 발음을 사용하는데, '孟子見梁惠王(맹자가 양혜왕 앞에 나타나다, 또는 맹자가 양혜왕으로 하여금 자기를 보게 하다)'이 그것이다. '見(g-)於王'은 '왕의 앞에 출현하는 것'을 말하는데, 다시 말하면 '使王見(왕으로 하여금 보게 하다)'이다. 이 역시 사동사이다."

사동의 의미는 "객체가 어떤 동작행위를 실시하거나 어떤 상태가 출현하게 하며, 주체가 그 원인인 것"이다. 따라서 사동문 중 동작행위의 실시자는 반드시 객체이지 주체는 아니다. 게다가 주체가 객체에 대해 실시하는 어떤 동작행위는 지배나 결정의 작용을 한다. 확실히 '孟子使梁惠王見古電切'은 성립하지 못한다. 여기서 '見'의 행위자는 梁惠王이 아니라 '孟子'이다. 설사 '孟子見梁惠王'의 '見'을 사동사라고 우긴다 해도, '孟子使梁惠王被見古電切' 정도로 이해할 수 밖에 없다. 梁惠王은 魏나라 군주이고 孟子의 요구를 거절할 수 있는 이

유가 충분히 있다. 따라서 '孟子使梁惠王被見古電切' 역시 성립하지 못한다.[57]

見龍在田, 利見大人(見龍이 밭에 있으니, 大人을 만나봄이 이롭다).《釋文》: "見龍, 賢遍反; 利見, 如字.('見龍'은 '賢遍反'이고 '利見'은 통상음이다)"(《易·乾》)

앞의 '見'의 성모는 탁음이고, 뒤의 것은 청음이다. 만약 '見胡甸切'이 '見古電切'의 사동사라면 '見胡甸切龍'은 '使龍見胡甸切'(용으로 하여금 나타나게 하다)이 될 것이다. 자동사가 반드시 불급물동사인 것은 아니나, 사동사는 반드시 직접목적어를 갖는 급물동사이다. 객체 '龍'은 '見'의 행위주도 아니고 또 주체가 지배할 수 있는 피동작주 대상도 아니다. 즉, **우리는 사동/자동을 갖고 동사 '見'의 청탁변음을 해석할 수 없다. '사동'이란 개념은 상고한어 연구에서 너무 넓게 적용되고 있다(黃坤堯, 1997:142).** 즉, 본래 비사동(자동)과 사동의 쌍에 속하지 않는 동사도 비사동(자동)과 사동의 쌍으로 인식되는 현상이 지배적이었다. 동사 '見'에 대한 학자들의 처리와 관련하여, 사실 黃坤堯의 견해가 타당하다고 본다. 《論語·季氏》에 "季路見於孔子(季路가 孔子를 뵈었다)."가 나오고, 《釋文》에 "見, 賢遍反." 이라고 나온다. '賢遍反'이란 발음의 '見'은 목적어조차 없다. 따라서 동사 '見胡甸切'은 분명 '見古電切'의 사동사로 처리되어서는 안 된다. 우리는 이래와 같이 《左傳》에서 '賢遍反'으로 읽히는 '見'의 예를 살펴보자.

凡祀, 啟蟄而郊, 龍見而雩. 《釋文》: "見, 賢遍反."(《桓公五年》)(무릇 제사는 경칩에는 郊祭를 지내고 창룡성이 나타나면 雩祭를 지낸다.)

夜, 恒星不見. 《釋文》: "見, 賢遍反."(《莊公七年》)(밤에 恒星이 보이지 않다.)

公怒曰, 彭生敢見. 《釋文》: "見, 賢遍反."(《莊公八年》)(襄公은 화를 내며 "팽생이 감히 나타나다니."라고 했다.)

比及宋, 手足皆見. 《釋文》: "見, 賢遍反."(《莊公十二年》)(宋나라에 도착할 때에 미쳐서는 손발

57 [역주] '孟子使梁惠王見古電切'은 '맹자가 왕으로 하여금 보게 하는 것'이고, '孟子使梁惠王被見古電切'은 '맹자가 왕으로 하여금 보여지게 하는 것'으로, 둘 다 감히 맹자가 왕에게 어떤 행위를 하게 시키는 꼴이 된다. 즉, 상식적으로 불가능하다는 것이다.

이 모두 밖으로 드러났다.)

凡土功, 龍見而畢務.《釋文》: "見, 賢遍反."(《莊公二十九年》)(모든 토목공사는 용성이 동방에 나타나면 농사일이 끝나게 된다.)

卜, 桑林見.《釋文》: "見, 賢遍反."(《襄公十年》)(점을 치자, 桑林神이 나타났다.)

鼓人或請降, 使其民見.《釋文》: "見, 賢遍反."(《昭公十五年》)(鼓나라의 어떤 자가 와서 항복하기를 청하자, 穆子는 그 백성들에게 와서 자기를 알현하게 했다.)

五月, 火始昏見.《釋文》: "見, 賢遍反."(《昭公十八年》)(5월에 火星이 비로소 황혼에 나타났다.)

以其良馬見.《釋文》: "見, 賢遍反."(《昭公二十年》)(靑은 마지못해 자기의 良馬를 가지고 그를 알현했다(예물을 갖고 나타나다).)

請使重見.《釋文》: "見, 賢遍反."(《昭公二十七年》)(重에게 청해 公을 뵙게 하겠다.)

秋, 龍見于絳郊.《釋文》: "見, 賢遍反."(《昭公二十九年》)(가을에 晉나라 絳都의 교외에 용이 출현하였다.)

見於嘗酎, 與執燔焉.《釋文》: "見, 賢遍反."(《襄公二十二年》)(嘗祭를 거행할 때 귀국의 군주를 알현했고, 祭祀에 참여해 燔肉을 받았습니다.)

乃遍以壁見於群望.《釋文》: "見, 賢遍反."(《昭公十三年》)(이에 玉璧을 群望에 두루 보였다.)

寡君將承質幣而見於蜀.《釋文》: "見, 賢遍反."(《昭公七年》)(우리 임금께서는 장차 폐백을 가지고 가서 蜀의 임금님을 만나려 한다.)

이러한 '賢遍反'으로 읽히는 '見'은 모두 불급물동사이거나 비자주동사이다('나타나다' 의미). 동사 '見胡甸切'은 특히 목적어도 없으니 어떻게 사동이 되겠는가? 王力(1965)은《古漢語自動和使動詞的配對》란 글에서 "'見'의 성모 淸濁 兩讀은 자동과 사동의 관계이다."라고 하였다가, 王力(1980)《漢語滋生詞的語法分析》이란 글에서는 主動과 被動의 관계로 보았다. 王力이 이렇게 나중에 생각을 바꾼 이유는, 확실히 '見'의 淸濁 두 형식이 자동사와 사동사의 관계로 해석할 수 없음을 발견했기 때문이다. 潘悟雲(1991)은 이에 대해 회의적인 태도를 취하였는데, 그는 "여기서의 탁성모가 사동을 나타내는 것은 '청성모가 사동을 나타는 것'과 오히려 정반대로 나타나고 있고, 게다가 의미 또한 문제가 있다."라고 문제를 제기하였다.

宋公請先, 見于齊侯.《釋文》: "見, 賢遍反, 又如字."(《莊公三十二年》)(宋公이 齊侯에게 會期 이전에 먼저 만나기를 청하다.)

而再見于君.《釋文》: "見, 賢遍反."(《文公十七年》)(임금께 재차 조견하였다.)

仲見於齊侯而請之.《釋文》: "見, 賢遍反."(《文公十八年》)(襄仲은 齊侯를 뵙고는 그에게 청했다.)

寡君將帥諸侯以見于城下.《釋文》: "見, 賢遍反, 或如字."(《襄公八年》)(우리 임금께서는 장차 제후를 거느리고서 성 아래에서 뵙고자 합니다.)

公使代之, 見於左師.《釋文》: "見, 賢遍反, 又如字."(《昭公六年》)(宋平公은 그에게 대신하게 하였고, 華亥가 左師를 찾아가 뵈었다.)

仲尼聞之, 見於郯子而學之.《釋文》: "見, 賢遍反."(《昭公十七年》)(仲尼께서 이 말을 들으시고 郯子를 찾아가 뵙고는, 그에게 배우셨다.)

皆受縣而後見於魏子.《釋文》: "見, 賢遍反."(《昭公二十八年》)(이 네 사람은 모두 현을 받은 뒤에 魏獻子를 알현하였다.)

賈辛將適其縣, 見於魏子.《釋文》: "見, 賢遍反."(《昭公二十八年》)(賈辛이 장차 그 현으로 가려할 때, 魏子를 뵈었다.)

王合諸侯, 則伯帥侯牧以見於王.《釋文》: "見, 賢遍反."(《哀公十三年》)(王이 제후를 회합하면 侯伯이 侯牧을 거느리고 가서 왕을 뵈었다.)

伯合諸侯, 則侯帥子男以見於伯.《釋文》: "見, 賢遍反."(《哀公十三年》)(伯이 제후를 회합하면 侯가 자작과 남작을 거느리고 가서 伯을 알현한다.)

이상《左傳》에 나온 '見'의《釋文》의 注音은 모두 "賢遍反"이다. 이들 "賢遍反" 발음의 '見'은 심지어 직접목적어도 갖지 아니하며 전치사 '於'가 필요하기까지 하다. 반면, "古甸切" 발음의 '見'은 오히려 직접목적어를 가지는 급물동사이다. 예컨대,《桓公元年》"宋華父督見孔父之妻於路(宋나라 華父督이 孔父의 아내를 길에서 만났다)."에 있는 '見'이 그러하다. 확실히, "胡甸切" 발음의 '見'은 "古電切" 발음 '見'의 사동형식이라 볼 수 없다.

그렇다면, 동사 '見'의 성모 청탁 兩讀은 어떤 관계인가? 黃坤堯(1997:142)는 이를 '尊卑' 관계로 보았다. 黃坤堯의 이러한 관점은 陸德明으로부터 기원한 것이다.《儀禮·士相見禮》에

"某也願見, 無由達. 某子以命命某見(아무개가 뵙기를 원했으나 오랫동안 무엇을 통할 수가 없었습니다. 아무개께서 명령하셨으니 아무개가 뵐 수 있도록 명령하여주십시오)."이라 나오며, 《釋文》에 "願見: 賢遍反. 凡卑於尊曰見, 敵而曰見, 謙敬之辭也. 下以意求之, 他皆放此('願見'에서는 '賢遍反'이다. 무릇 낮은 자가 존귀한 자에 대해서 '見'이라 하며 대등해도 '見'이라 하는데 겸양과 공손의 말이다. 아랫부분은 이 뜻으로 해석이 가능하고, 기타 부분도 이를 본뜬다)."라고 하고 있다. '보다'의 '見'은 성모가 분명 청음이나, '뵙다(謁見)'의 '見'은 성모가 탁음이다. 그런데 성모가 탁음인 '見'이 반드시 '卑者見尊者'는 아니다. 게다가 卑者가 尊者를 '見'할 때 반드시 그 성모가 탁음인 것도 아니다. 위에서 나열한 '見'은 《釋文》에서 모두 발음이 "賢遍反"이다. "恒星不見"에서의 '見'은 나중에 '現'으로 썼다. '現'으로 해석되는 '見'이 어찌 '尊卑'와 관련이 있겠는가? 그런데 黃坤堯의 이른바 '尊卑說'은 한편으로 봤을 때, 분명 주체가 동작행위 '見'을 행하는 난이도의 차이를 보여주고 있긴 하다. 즉, 尊者가 卑者를 '見'하는 것은 쉬우나, 卑者가 尊者를 '見'하는 것은 쉽지 않다. 다시 말하면, 주체가 동작행위 "見古電切"을 행하는 것은 쉬우나 동작행위 "見胡甸切"을 행하는 것은 쉽지 않은 것이다.

중국어의 많은 동사들이 하나의 한정된 행위주와 피동작주를 함축하고 있다. 동사 '見'도 바로 그중 하나이다. 동사 "見古電切"의 행위 주체는 이미 이러한 행위 능력이 있는 생명체로 한정되며, 그 피동작주는 반드시 볼 수 있는 사물이어야 한다. 예를 들어, "吾未見好德如好色者也(나는 덕을 좋아하는 것을 색을 좋아하듯 하는 이를 보지 못했다)."(《論語·衛靈公》)이 그러하다. 동사 "見古電切"의 피동작주는 문장의 주어 위치이든 목적어 위치이든 모두 피동작주이다. 예컨대, "手足皆見(손발이 모두 드러났다(볼 수 있다))."에서의 "手足"이 바로 그러하다. 그리고 피동작주가 주어로 충당될 때, 동사 '見'의 독음은 '古電切'에서 '胡甸切'로 변화한다. 이때 뒤의 글자는 "夜恒星不見(밤에 항성이 보이지 않는다)."과 같이 '現'의 의미가 된다. 王力(1980)이 淸濁 兩讀의 '見'을 기존의 '비사동/사동' 쌍에서 '주동/피동' 쌍으로 수정한 것도 확실히 피동으로 쓰일 때 동사 '見'의 독음이 탁음이기 때문이다. 白一平(1992:218)도 '見'의 淸濁 독음을 주동/피동의 관계로 보았다. 馬建忠(1983:160)에 따르면 "外動字之行, 有施有受. 受者居賓次常也. 如受者居主次, 則爲受動字, 明其以受者爲主也(외동자의 행위는 행위주도 있고 피동작주도 있다. 피동작주는 목적어 자리에 위치하는 것이 보통이다. 만약 피동작주가 주어 자리에 위치하면 이는 수동의 동사가 되는데, 이로써 피동작주가 주어가 됨을 분명히 한다).”라고 한다. 피동작주가 주어 자리에 위치할 때, 주동/피동으로 ‘見’의 清濁 兩讀을 해석할 수 있다. 《廣韻》은 ‘露’로 ‘見’을 해석하는데, “다른 사람에게 보이다”일 수도 있고, “다른 사람에게 보게 하다”일 수도 있다(즉, 모두 ‘주어’가 누군가에게 보여지는 것이다). 의미상, 주어와 동사 ‘見’은 피동 관계가 있게 된다. 그러나 주동/피동으로도 “주체가 행위주일 때 동사‘見’도 清濁 兩讀이 있을 수 있음”을 해석할 수 없다.

遂見楚子曰, 必濟師. 《釋文》: “見, 賢遍反.”(《桓公十三年》)(드디어 楚나라 임금을 뵙고 말하길, “반드시 군대를 더 보내 주십시오.”라고 했다.)

周史有以周易見陳侯者, 陳侯使筮之. 《釋文》: “見, 賢遍反.”(《莊公二十二年》)(周史가 《周易》을 가지고 와서 陳侯를 뵙자, 진후는 그에게 시초점을 치게 하였다.)

蔡穆侯將許僖公以見楚子於武城. 《釋文》: “見, 賢遍反.”(《僖公六年》)(蔡穆侯가 許僖公을 데리고 武城에 가서 楚나라 임금을 알현케 했다.)

公孫敖聞其能相人也, 見其二子焉. 《釋文》: “見, 賢遍反.”(《文公元年》)(公孫敖는 叔服이 사람의 관상을 잘 본다는 말을 듣고, 자기의 두 아들을 그에게 보였다.)

衛侯如晉, 晉侯強見孫林父焉. 《釋文》: “見, 賢遍反.”(《成公十四年》)(衛侯가 晉나라에 가자 晉侯가 강제로 孫林父를 알현시키려 했다.)

臧孫聞之, 見齊侯, 與之言伐晉. 《釋文》: “見, 賢遍反.”(《襄公二十三年》)(臧孫이 이를 듣고 齊侯를 알현하자, 齊侯가 그에게 晉나라를 토벌한 일을 말했다.)

王儋季卒, 其子括將見王而歎. 《釋文》: “見, 賢遍反.”(《襄公三十年》)(周靈王의 아우 儋季가 죽자, 그 아들 括이 장차 王을 알현하려 하며 탄식하였다.)

見諸王而命之以蔡. 《釋文》: “見, 賢遍反.”(《定公四年》)(그가 왕을 뵙게 하고 그를 임명하여, 蔡侯로 삼게 하였다.)

주체는 동사 ‘見’의 행위주이지 피동작주는 아니다. 그러나 위의 문장 속 동사‘見’과 “恒星不見”속 ‘見’의 음운형식은 동일하다. 《釋文》에서 모두 “賢遍反”으로 注音하고 있다. 예컨대, "秋, 龍見于絳郊(가을에 晉나라 絳都의 교외에 용이 출현하니)."(《左傳·昭公二十九年》)의 경우, 《釋文》에서 "見, 賢遍反."으로 주음한다. 그리고 "見龍在田(나타난 龍이 밭에 있으니)."(《易·乾》)의 경우도, 《釋文》에서 "見, 賢遍反."으로 주음한다. 이렇게 두 '見'의 독음이 같다. 앞 문장의 '龍見'은 피동으로 해석될 수도 있으나 뒤 문장의 '見龍'은 분명 피동은 아니다. 즉, 우리는 역시 주동/피동으로 동사 '見'의 淸濁 兩讀을 해석할 수 없음을 알 수 있다. 王力이나 白一平 등의 학자들이 주동/피동으로 '見'의 淸濁 두 형식을 해석한 것은, 분명 주어가 행위주이거나 피동작주일 때 동사 '見'이 각각 淸濁의 兩讀으로 읽힌다는 사실만 주의하였지, **주어가 행위주가 될 때에도 동사 '見'이 淸濁兩音이 다 가능하다는 사실은 주의하지 않았기 때문이다.**

二

자음성모의 淸濁이 대립하는 동사는 청자음 형식일 땐 동사의 현재형(現行體)이고, 탁자음 형식일 땐 동사의 완결형(旣行體)이다. 그리고 동사 완결형은 동사와 형용사의 이중 특성을 겸한다. 따라서 동사 완결형이 서술어로 쓰일 때, 일반적으로 직접목적어를 취하지 않는다. 동사의 현재형이 급물동사인 경우, 동사 완결형이 서술어가 될 때는 항시 '피동'을 나타낸다. 반면, 동사 현재형이 불급물동사인 경우, 동사 완결형이 서술어가 될 때는 항시 주어의 '상태'를 나타낸다. "見古電切"은 급물동사이다. 따라서 "見胡甸切"이 서술어가 될 때, 주어는 '見'의 피동작주가 된다. 이 때문에 王力, 白一平 등이 淸濁 兩讀의 '見'을 주동/피동의 관계로 해석하게 된 것이다. 그런데 **동사 완결형이 서술어로 쓰일 때에도 항시 직접목적어를 취할 수 있다**.

天子降心以逆公, 不亦可乎?(《左傳·僖公二十五年》)(천자가 마음을 낮추고서 公을 맞이하는 상이니, 이 또한 좋지 않습니까?)

穎考叔挾輈以走, 子都拔棘以逐之.(《左傳·隱公十一年》)(영고숙이 수레의 끌채를 옆에 끼고 달아나자, 子都가 창을 빼들고 그를 뒤쫓았다.)

楚子合諸侯于沈鹿, 黃隨不會.(《左傳·桓公八年》)(楚나라 임금이 沈鹿에서 제후를 회합하였는데, 黃國과 隨國이 회합에 오지 않았다.)

宰夫將解黿, 相視而笑.《釋文》: "解, 如字, 一音蟹."(《左傳·宣公四年》)(요리사가 자라를 해체하자, 두 사람은 서로 바라보며 웃었다.)

此車一人殿之, 可以集事.(《左傳·成公二年》)(이 전차를 한 사람이 지키더라도 成事할 수 있다.)

爲之調諧八音以蕩其心.(《史記·禮書》)(그를 위해 팔음을 조화시켜 사람의 마음을 넓고 편하게 만드는 것이다.)

鄭伯使許大夫百里奉許叔以居許東偏.(《左傳·隱公十一年》)(정백이 許나라 대부 百里를 시켜 許叔을 모시고서 許나라의 東偏에 거주하게 했다.)

寡君無適與也, 而傳諸君.(《左傳·昭公七年》)(우리 임금님께서는 줄 곳이 없었다가 지금 임금님(昭公)께 전하셨습니다.)

吳人將以公見晉侯.(《左傳·哀公十三年》)(吳나라 사람이 哀公을 데리고 가서 晉侯에게 알현시키고자 하자)

상고한어에서 동사 완결형이 술어동사로 쓰일 때 목적어를 취하는 것은 자주 발견된다. 그리고 그중 많은 동사 완결형들이 이미 급물동사로 취급된다. 이 점은 형용사와 비슷하다. 형용사가 서술어로 쓰일 때 본래 목적어를 취하지 않으나, 상고한어의 형용사는 종종 목적어를 취할 수 있다. 따라서 일부 학자들은 이렇게 목적어를 취하는 동사 완결형을 동사 현재형의 사동형식으로 본다. 그런데 앞에서 우리가 설명했듯이, 다수의 상황이 사실상 사동으로 해석할 수가 없다. **동사 완결형은 원래 직접목적어를 취하지 않지만, 지금은 목적어를 취하기도 한다. 이것은 바로 주체가 진술대상을 객체에게 넘겼기 때문이다.** 객체는 피동작주에서 '행위주'로 변하거나 '경험주(當事)' 또는 '피동작주'로 변화하게 된다.

(a) 秋, **龍見**於絳郊.《釋文》: "見, 賢遍反."(《左傳·昭公二十九年》)(가을에 晉나라 絳都의 교외에 용이 출현하다.)

(b) 其同人曰, **見龍**在田.《釋文》: "見, 賢遍反."(《左傳·昭公二十九年》)(그 九二(즉, 同人卦)에 이르길, 출현한 용이 지상(田)에 있음'이라 한다.)

앞 문장(a)의 '龍'은 동사 "見古電切"의 피동작주이고, 뒤 문장(b)의 '龍'도 동사 "見古電切"의 피동작주이다. 그런데 마치 "風吹草低見牛羊(바람이 불어 풀이 누우니 소와 양떼가 나타난다)"의 '見'처럼, 뒤 문장(b)의 '見'은 여전히 "見古電切"으로 읽을 수는 없고, "胡甸切"로 읽어야 한다. **화자가 진술대상을 객체에게 넘기는데, 다만 '龍'이 동사 "見古電切"의 피동작주임을 표현하면 된다**. 누가 동사 "見古電切"의 행위주인가에 대해서는 화자의 발화 초점이 되지 않는다.

金鵬(1986)에 의하면, 藏語 중에 학자들에 의해 드물게 언급되는 어법현상이 존재한다고 하는데, 그것은 바로 '主方동사'와 '賓方동사'의 대립 현상이다. 이후 金鵬(1988)은 藏語에 존재하는 이러한 '主方동사'와 '賓方동사'에 대해 상세한 분석을 하였다. 그리하여 다음과 같은 결론을 내렸다.

"작자(主動者)와 관련이 있는 동작, 즉 작자에 의해 발출되는 동작에 대해, 藏文문법에서는 'bdag'으로 표현하며 이를 '主方'으로 번역한다. 그리고 동작대상과 관련이 있는 동작, 즉 동작대상이 받는 동작에 대해서는 藏文문법으로 'gzhan'이라 하며 '賓方'이라 번역한다."

예를 들어, 'gtɕod'와 'gtɕad'는 각각 '砍'과 '斷'으로, 전자는 벨 수 있는 자와 관련된 동작이고, 후자는 베어지는 대상과 관련된 동작이다. 만약 "砍木者"라고 한다면, 전자를 이용해 "shing(나무) gtɕod pa(벨 수 있는) po(者)"라고 말해야 한다. 그런데 만약 "所砍的木"라고 하고자 하면, 후자를 이용해 "gtɕad pahi(베어지는) shing(나무)."라고 말해야 한다. 이러한 어법현상에 대해서는 적당한 용어가 없어 단지 '態'라고 칭할 수 밖에 없다. 그렇다고 간단히 화자와 연관된 것을 '주동태'라 하고, 동작대상과 관련된 것을 '피동태'라고 하는 것도 적합하지가 않다. 이렇게 하면 古藏文문법《sum rtags》에서 말하는 'bdag(主方)'과 'gzhan(賓方)'의 어법적 본질과 완전하게 부합하지를 않게 되므로 차라리 그냥 '主

方/賓方'의 용어가 더 적합하다. 主方과 賓方은 항시 명사와 관련이 되므로 우리는 金鵬이 말한 '主方動詞'와 '賓方動詞'를 **'행위주동사(施事動詞, agentive verbs)'와 '피동작주동사(受事動詞, accusative verbs)'**로 고쳐 부르고자 한다. 이렇게 본다면, **상고한어의 동사 '見'의 淸濁 兩讀은 바로 金鵬이 말한 '主方動詞'와 '賓方動詞' 간의 차이로도 볼 수 있다**.

爲國家者**見**惡如農夫之務去草焉, 芟夷蘊崇之.(《左傳·隱公六年》)(위정자가 악을 보기를 마치 농부가 힘써 잡초를 제거하듯이 하는데, 잡초를 베어서 한곳에 모아 놓는다.)

宋華父督**見**孔父之妻于路, 目逆而送之.(《左傳·桓公元年》)(宋나라 華父督이 孔父의 아내를 길에서 만나고는 눈으로 맞이하여 보냈다.)

齊侯遊于姑棼, 遂田于貝丘, **見**大豕.(《左傳·莊公八年》)(齊侯가 姑棼에서 유람하고 나서, 드디어 貝丘에서 사냥하였는데, 큰 돼지 한 마리를 보았다.)

見公之足于戶下, 遂弑之.(《左傳·莊公八年》)(襄公의 발이 문 밑으로 나와 있는 것을 보고, 드디어 襄公을 시해했다.)

辛有適伊川, **見**被髮而祭于野者.(《左傳·僖公二十二年》)(辛有가 伊川에 갔는데, 머리를 풀어헤치고 들에서 제사 지내는 자를 보았다.)

"古電切"발음의 '見'은 급물동사이다. 피동작주가 주어의 신분일 경우, '見'의 음운형식은 "古電切"에서 "賢遍切"로 변화하는데 즉, 동사 완결형 형식을 취하게 된다. 이로써 주어와 동사 간에는 의미상의 피동 관계가 이루어진다. 그러나 주어가 행위주일 때, 동사 '見'은 "古電切"도 되고, "賢遍切"도 된다. 즉, "古電切"의 '見'은 피동문에서는 나타날 수 없으며 "賢遍反"의 '見'만이 피동문에 출현할 수 있다. 피동문에서의 주체는 동작행위의 피동작주이고, 행위주는 완전히 밖에 둘 수 있다. 설령 어떤 경우 동작의 행위주를 명확히 하기 위해, 문장에서 행위주를 들일 수가 있고 이렇게 하여 '행위주 피동형식(agentive passive)'이란 걸 구성할 수 있긴 해도, 이때, 동작과 관련된 것은 단지 피동작주 뿐이다. **"古電切"이 발음인 '見'이 서술어가 될 때, 주체는 행위주가 되며 피동작주와는 무관하다. 그러나 "賢遍反" 발음의 '見'이 서술어가 될 경우엔, 주체는 반드시 동작 '見'의 행위주일 필요는 없으나 피동작주와는 관련이 있다.** 예를 들어,《論語·顔淵》에 "樊遲退, 見子夏

(樊遲가 물러나와 子夏를 보고 (말하였다)).”란 문장이 있는데, 《釋文》에서 “見, 賢遍反.”이라 나온다. 여기서 동사 ‘見’이 “古電切”이든 “胡甸切”이든 간에 ‘子夏’는 모두 ‘見’의 피동작주이다. 다만 발음이 “胡甸切”이라면, 결국 ‘見’할 수 있냐 없냐는 ‘子夏’에 의해 결정되는 것이다. 《論語·泰伯》에 “天下有道則見, 無道則隱(天下에 道가 있으면 나타나 출사하고, 道가 없으면 은둔한다).”이란 구절이 있다. 이에 대해 《釋文》에 “見, 賢遍反, 又音現.”이라고 나온다. 이 글자는 나중에 ‘現’으로 바뀌어 ‘見’과는 구별된다. 또 《論語·陽貨》에 “陽貨欲見孔子, 孔子不見, 歸孔子豚(陽貨가 孔子를 만나고자 하였으나, 孔子께서 만나주지 않으시자 공자에게 삶은 돼지를 보냈다).”이란 구절이 있다. 여기서 주체인 陽貨는 진술대상을 객체인 孔子에게 넘겼다. 앞에서 이미 언급했듯이, 주체가 피동작주라면 ‘見’의 발음은 “賢遍切”이다. **따라서 동사의 피동작주가 객체 위치에 출현하고, 동작행위의 행위주가 주체가 아닌 바깥의 제3자라면, 동사 ‘見’은 “賢遍反”으로 읽는다.** 아래의 몇 가지 예가 있다.

公孫敖聞其能相人也, **見**其二子焉.(《左傳·文公元年》)(公孫敖는 叔服이 사람의 관상을 잘 본다는 말을 듣고서, 자기의 두 아들을 그에게 보였다.)

止子路宿, 殺鷄爲黍而食之, **見**其二子焉.(《論語·微子》)(子路를 만류하여 하룻밤 묵어가게 했는데, 닭을 잡고 기장밥을 지어 대접하고, 자신의 두 아들을 자로에게 보였다.)

令相兩子, **見**孝惠.(《史記·高祖本紀》)(이에 여후가 그에게 시켜 두 아이의 관상을 보게 했고, 여후는 효혜제의 상을 (노인에게) 보였다.)

初, 齊豹**見**宗魯于公孟, 爲驂乘焉(당초에 齊豹가 宗魯를 公孟에게 보여서, 驂乘으로 삼게 하였다).(《左傳·昭公二十年》)

위의 네 가지 문장 속에서 동작행위 “見古電切”의 진정한 행위주는 주어도 아니고 목적어도 아니다. 이것은 밖에 있는 제3자이다. “齊豹見宗魯于公孟(齊豹가 宗魯를 公孟에게 보이다)”란 문장에서 동작행위 ‘見’의 진정한 행위주는 ‘公孟’이다. 즉, 齊豹가 宗魯를 公孟에게 추천하였고 “公孟이 宗魯를 본 것”이다. 피동작주 ‘宗魯’와 제3자인 公孟 간에는 피동의 관계가 이루어진다(즉, '宗魯'가 '公孟'에게 보여진다).[58] 한편, 앞에서도 언급했듯이, **불급물동사도 상고한어에서는 항시 직접목적어를 가질 수 있다.**

故遠人不服, 則修文德以來之.(《論語·季氏》)(그러므로 멀리 있는 사람이 복종하지 않으면 문덕을 닦아서 그들을 오게 한다.)

盜跖從卒九千人, 橫行天下.(《莊子·盜跖》)(도척은 졸개 9천 명을 거느리고 천하를 횡행했다.)

入其社稷之臣於秦, 卽韓, 魏從.(《戰國策·秦策四》)(社稷之臣이 모두 진나라로 몰려올 것이므로, 진나라는 한나라, 위나라와 합하게 되는 것입니다.)

死吾父而專於國, 有死而已.(《左傳·襄公二十一年》)(이는 저들이 우리 아버지를 죽이고서 國權을 독점한 것이다. 나는 죽음이 있을지언정 저들을 따르지는 않을 것이다.)

期年將有大咎, 幾亡國.(《左傳·僖公十四年》)(1년 안에 장차 큰 재난이 생겨 나라가 거의 망할 것이다.)

齊人以爲討而止公.(《左傳·僖公十七年》)(齊나라 사람은 이것이 僖公이 명한 것이라 하여, 僖公을 억류하였다.)

項王卽日因留沛公與飮.(《史記·項羽本紀》)(항왕은 그날 패공을 머물게 하고, 함께 술을 마셨다.)

宋武公生仲子, 仲子生而有文在其手.(《左傳·隱公元年》)(宋武公이 仲子를 낳으니, 중자가 태어날 때부터 손바닥에 "魯夫人이 된다."는 글자 모양이 있었다.)

晉侯飮趙盾酒, 伏甲將攻之.(《左傳·宣公二年》)(晉侯가 술자리를 마련해 趙盾에게 술을 대접할 때, 甲士를 매복시켜 놓고서 趙盾을 치려했다.)

전통적으로 이렇게 불급물동사가 목적어를 취하는 것을 불급물동사의 사동용법이라 칭하였다. 그런데 우리는 "王冕死了父親(王冕은 부친이 죽었다)"에서의 '死'를 동사 '死'의

58 [역주] 즉, 이것은 'A見BC'로, 'A가 B를 C에게 보이다'가 된다. 여기서 A는 '연계자'가 되고, B가 '피동작주'가 되며, C는 見의 '행위주'가 된다.

사동용법으로 볼 수는 없다. **불급물동사가 목적어를 취하는 경우는 단지 주어의 행위자를 목적어에게 넘기는 것이다.** 다시 말해, **목적어를 취하지 않을 경우, 주어는 동작행위의 직접 행위자가 되지만, 목적어를 취할 경우, 목적어가 동작행위의 행위자가 되는 것이다.** 이때 주어는 목적어와 서술어를 연결해주는 존재가 된다. 불급물동사와 마찬가지로 동사 완결형이 서술어가 될 때 목적어를 가질 수 있는데, 이때 목적어는 의미상의 주어가 된다. 그리고 동사 현재형이 급물동사일 경우, 목적어와 서술어 동사 간에는 의미상 피동관계가 성립된다. 또 동사 현재형이 불급물동사라면 목적어는 바로 서술어 동사가 진술하는 대상이 된다.

王力(1980:377)은 '外動詞'가 표시하는 행위가 주어도 아니고 목적어도 아니며, '제3자가 발출한 것'일 수 있다는 것에 주목하였다. 그러나 그도 역시 이렇게 제3자에 의해 발출된 동작을 '사동'에 귀속시켰다. 한편, 謝質彬(1996)도 이를 주목하고 이를 '使動性述語'라고 명명한 바 있다. 예컨대,《韓非子·人主》에서 "昔關龍逢說桀而傷其四肢, 王子比干諫紂而剖其心, 子胥忠直夫差而誅於屬鏤(옛날 관용봉은 걸왕을 설득하려다가 그 사지가 찢어졌고, 왕자 비간은 주왕에게 간언했다가 가슴이 찢어졌으며, 자서는 부차에게 진언했다가 자살을 강요당하였다)."라고 나온다. 謝質彬은 "傷其四肢"은 "**使**其四肢**被**傷"과 같고, "剖其心"은 "**使**其心**被**剖"와 같다고 하였다. 여기서 '傷'과 '剖'는 모두 피동용법인 것이다. 謝質彬의 말처럼 목적어를 취하는가의 여부가 외동사의 주동용법과 피동용법을 구분하는 주요 표지라고 볼 수 있다. 謝質彬는 "使……被"를 이용해 복잡한 사동/피동의 문제를 해석하였다. 그런데 동작이 어차피 제3자에 의해 발출된 것이라면 어째서 사동인 것인가? 예컨대,《論語·微子》에서 "(丈人)止子路宿, 殺鷄爲黍而食之, 見其二子焉(子路를 만류하여 하룻밤 묵어가게 하고서, 닭을 잡고 기장밥을 지어 대접하고, 그 두 아들을 (자로에게) 보였다)."라고 나오는데, 여기서 동사 '見'의 행위주는 '丈人'도 아니고, '丈人의 두 아들'도 아니며 바깥에 있는 제3자인 子路이다. 이 사건에서 '子路'는 바로 동작행위 '見'의 행위주이며, (丈人의) 두 아들은 곧 피동작주가 된다. 또《左傳·文公元年》에서 "公孫敖聞其能相人也, 見其二子焉(公孫敖는 叔服이 사람의 관상을 잘 본다는 말을 듣고서, 자기의 두 아들을 그에게 보였다)."라고 나오고,《釋文》엔 "見, 賢遍反."으로 나온다. 여기서도 叔服이 公孫敖의 두 아들을 본 것이지, 公孫敖가 본 것은 아니다. 즉, 叔服은 동사 '見'의 행위주이고 두 아들이 피동작주가 된다. 동사 '見'이 급물동사일 때, 주체는 행위주이고 객체는 피동작주라는 것을 함축하고 있다. **주체가 행위주가 아니거나 행위주가 외부에 있는 제3자라면[59], 동사 '見'은 완결형 형식으로 변환되는데, 이것이 바로 '피동작주(受事) 동사'이다.**

"古電切"발음의 '見'은 행위주가 발출하는 행위주동사이다. 그런데 "賢遍切"발음의 '見'은 피동작주가 받는 피동작주동사이다. '見'은 하나의 급물동사이다. 그러나 피동작주는 주체에 대해서 완전히 외부존재인 것이다. 피동작주의 의지와 관계없이, 주체는 가능한 상황에서 항시 '見'이란 이 동작행위를 실시할 수 있다. "孟子見梁惠王" 속의 '見'을 "古電切"로 읽을 때, 그 의미는 "맹자가 양혜왕을 만났다."라는 것이 된다. 그런데 '梁惠王'은 자신이 이미 孟子에 의해 만나졌는지를 반드시 아는 것은 아니다. 객체 '梁惠王'은 孟子에 대해서 완전히 외부적 존재인 것이며, **화자는 우리에게 "孟子가 (梁惠王을) 만났다."라는 단지 한 가지 사실을 말할 뿐이다.** 그런데 '見'을 "賢遍反"으로 읽게 되면, 의미는 "梁惠王이 (孟子에 의해) 만나졌다."가 된다. 이때, 피동작주 '梁惠王'은 더 이상 외부적 존재가 아니다. **주체(孟子)가 이 동작행위를 실행할 수 있는가의 여부에서 피동작주가 관건이 된다. 즉 피동작주가 바로 주체에게 있어서 일종의 내부적 존재가 되는 것이다.**

寺人披請見, 公使讓之, 且辭焉.《釋文》: "見, 賢遍反."(《左傳·僖公二十四年》)(寺人披가 뵙기를 청하자, 公이 사람을 시켜 꾸짖고 또 접견을 거절하였다.)

주체인 寺人披가 晉侯를 '見'하고자 하나 객체인 晉侯가 원하지 않자 결국 '見'이 이루어지지 않았다. 객체가 '見'되는 것을 원하는가의 여부는 그 결정권이 객체에게 있다. 따라서 상고의 典籍에는 '請見'이란 형식이 많이 출현한다. 동사 "見$_{古電切}$"이 가리키는 것은 '誰見(누가 보다)'이고, "見$_{賢遍反}$"이 가리키는 것은 '見誰(누구를 보다)'이다. 예컨대, "見惡, 如農夫之務去草焉(위정자가 악을 보기를 마치 농부가 힘써 잡초를 제거하듯이 하는데)."(《左傳·隱公六年》)에서 '見'은 주체가 발출하는 동작 행위로 일종의 '행위주동사'이다. 반면, "見楚子於武城(겨울에 蔡穆侯가 許僖公을 데리고 武城으로 가서 楚나라 임금께 알현시켰다)."(《左

59 [역주] 즉, 이것은 바로 'A見BC'의 상황으로, 행위주는 외부에 있는 제3자인 'C'이다.

傳·僖公六年》)에서, '見'은 피동작주가 받는 동작행위로 이는 일종의 '피동작주동사'이다. 예컨대, "風吹草低見牛羊(바람이 불어 풀이 눕자 소와 양이 보이네)."에서의 '見'이 관련된 것은 단지 피동작주이며 동작행위의 행위주는 외재적 존재가 된다. **행위주동사는 행위주와 연계되고, 피동작주동사는 피동작주와 연계되기 때문에, 주체가 동작 행위의 행위주가 아니라 피동작주인 경우, 행위주동사는 피동작주동사로 전환된다.**

三

解(해: 풀다, 나누다) ****kri**^{B}*, 佳買切, 《玉篇》: "釋也('풀다'이다)." 《禮記·曲禮上》: "解屨不敢當階(신을 벗어서 감히 섬돌에 놓아두지 않는다)." 《淮南子·原道訓》: "故禹之裸國, 解衣而入, 衣帶而出(그래서 우임금이 벌거벗고 사는 나라에 갈 때는, 옷을 벗고 그 나라에 들어갔고, 나올 때는 의복을 갖추어 입고 나왔다)." 《群經音辨》: "解, 判也, 工買切; 解, 散也, 戶買切('解'는 '나누다'로, '工買切'이다; '解'는 '풀리다'이다, '戶買切'이다)." 俞敏(1999:310)이 다음과 같이 말했다. "《戰國策·齊策六》에 '齊多知, 而解此環不?(제나라에 지혜로운 사람이 많다던데, 이 팔지를 풀 수 있을지 모르겠소.)'라고 하고 있는데, 이것은 이른바 'k－型'의 동사이다. 현재까지 아직도 통용되고 있다. 중고한어의 '衣不解帶'부터 근대한어의 '解鈴'에 이르기까지 모두 계속 변함없이 유지하고 있다.…… 나중에 또 '분해하다(拆散)'의미의 동사가 파생되는데, 이때는 'g－'음을 사용한다. 《左傳·宣公四年》說: '宰夫將解黿(요리사가 자라를 해체하고 있다).'이 있고, 또 《莊子·養生主》의 '庖丁解牛(포정이 소를 잡다(해체하다))'가 있는데 모두 이 발음을 사용한다." **解(해: 풀리다)** ***gri**^{B}, 胡買切, 《廣雅》: "散也('풀리다'이다)."

古者謂是帝之縣<u>解</u>. 《釋文》: "解, 音蟹, 注同."(《莊子·養生主》)(옛날에는 이것을 일러 '꼭지에 거꾸로 매달렸다가 풀려난 것'이라고 했다.)

吾形<u>解</u>而不欲動, 口鉗而不欲言. 《釋文》: "解, 戶買反."(《莊子·田子方》)(내 몸은 해체되어 움직이려 하지 않고, 입은 재갈 물린 듯이 말하지 않으려 하네.)

是乃所謂冰解凍釋者.《釋文》: "解, 音蟹."(《莊子·庚桑楚》)(이것은 바로 얼음이 녹고 언 것이 풀리는 것을 말하는 것이다.)

麋角解, 水泉動.《釋文》: "解, 音蟹."(《禮記·月令》)(사슴의 뿔이 떨어지며, 샘물이 움직인다.)

無南無北, 奭然四解.《釋文》: "解, 戶買反."(《莊子·秋水》)(남쪽도 북쪽도 없이 거침없이 사방팔방으로 자기를 해방하여)

謋然已解, 如土委地.《釋文》: "解音蟹, 下皆同."(《莊子·養生主》)(스르륵 하고 고기가 이미 뼈에서 해체되는 것이, 마치 흙이 땅에 떨어져 쌓이는 듯하다.)

大惑者, 終身不解.《釋文》: "解音蟹, 又佳買反."(《莊子·天地》)(크게 미혹된 자는 종신토록 깨닫지 못한다.)

이 독음은 나중에 점차 "佳買切" 하나로 통일된다. '解'는 동작 행위이고, '散'은 동작 행위가 완성된 후 형성된 상태이다. 淸濁 양음은 동사 '解'의 두 가지 형식이다. 즉, 청자음은 동사 현재형이고, 탁자음은 동사 완결형이다. 완결형이 서술어가 되어 목적어를 취하지 않을 경우, 주체는 의미상 피동작주가 되어, 주로 주어의 변화를 나타낸다. 완결형이 서술어가 되어 목적어를 취할 경우, 주체는 행위주이고 객체와 '解' 사이에는 피동의 관계가 존재한다. 즉, 주체가 진술대상을 객체에게 넘긴 것이다.[60]

(탁음)庖丁爲文惠君解牛.《釋文》: "解, 音蟹"(《莊子·養生主》)(庖丁이 文惠君을 위해서 소를 잡는데)

(탁음)故君子苟能無解其五藏, 無擢其聰明.《釋文》: "解, 如字. 一音蟹, 散也."(《莊子·在宥》)(그 때문에 군자가 진실로 자신의 五藏을 해부하지 않고 자기의 총명을 꺼내지 않을 수 있다면)

(탁음)宰夫將解黿.《釋文》: "解, 如字, 一音蟹."(《左傳·宣公四年》)(요리사가 자라를 해체하고 있다.)

---

60 [역주] 즉, ① 'A+解(완결형)'; ② 'A+解(완결형)+B', 이렇게 두 가지 형식이 가능한데, 전자의 A는 피동작주이고, 후자의 A는 행위주가 된다.

(청음)未<u>解</u>裙襦, 口中有珠. (《莊子·外物》)(아직 시신의 치마와 저고리를 다 벗기지 못하였고, 입안에는 주옥을 여전히 물고 있다.)

(청음)推而強之, <u>解</u>朝服而幕之.(《莊子·則陽》)(밀어서 그 시체를 쓰러뜨리고는, 자신의 조복을 벗어 시체를 덮었다.)

(청음)使子路去其危冠, <u>解</u>其長劍, 而受教於子.(《莊子·盜跖》)(자로로 하여금 높은 관을 벗어 버리고 그의 긴 칼을 풀어낸 후, 그대에게서 가르침을 받게 하였다.)

앞의 세 예의 '解' 발음은 "胡買切"이고, 뒤의 세 예의 '解'의 발음은 "佳買切"이다. 음운형식을 배제하면 이 두 가지 모두 술목 관계를 형성한다. 그러나 이 둘의 의미 차이는 다소 크다. "$解_{佳買切}$" 뒤의 객체는 그 상태 그대로이나('벗다'), "$解_{戶買切}$" 뒤의 객체는 완전히 달라진다('해체하다'). 즉, 의미로 볼 때, 동사 "$解_{佳買切}$"가 서술어가 되면, 주체와 객체는 행위주와 피동작주의 관계를 형성한다. 그런데 동사 "$解_{戶買切}$"가 서술어가 되면, 주체는 행위주/피동작주 관계를 객체에게 넘겨주게 된다. 즉, **객체는 동사 "$解_{戶買切}$"의 의미상 주어이면서 동시에 피동작주가 된다.** "$解_{佳買切}$"는 동사의 원형이나 "$解_{戶買切}$"는 동사 완결형에서 기원한 것이다. 그래서 목적어를 취한 후, 당사자는 주체에서 객체로 변화한다. 즉, 전자의 의미는 두 사물을 나누는 것이고, 후자의 의미는 한 사물을 분해하는 것이다.[61]

閘(갑: 문닫다) ***kap** , 古盍切, 《廣韻》: "閉門('문닫다')." 《說文》: "閘, 開閉門也('閘'은 '문을 여닫다'이다)." 馬王堆出土《道德經》 甲本(마왕퇴 출토본〈도덕경〉 갑본): "毋閘其所居, 毋猒其所生(거처함을 방해하지 말고, 그 삶을 억누르지 마라)." **闔(합: 문닫다)** ***gap** , 胡臘切, 《說文》: "一曰閉也(한편 '닫다'라 말한다)." 《禮記·曲禮上》: "戶開亦開, 戶闔亦闔; 有後入者, 闔而勿遂(문이 열려 있으면 열어두고 문이 닫혀있으면 닫아둔다. 뒤따라 들어오는 자가 있으면 닫되 완전히 닫지는 않는다)." 《荀子·儒效》: "故外闔不閉, 跨天下而無蘄(이 때문에 모든 이들이 집 밖의 문을 닫지 않아, 천하에 걸쳐 아무런 제한 없었다)." 또 명사로 쓰인다. 《禮

---

61 [역주] 즉,

① 'A+解(현재형)+B': 행위주(A)+피동작주(B)

② 'A+解(완결형)+B': 주체(A)+행위주/피동주(B)

記·月令》: "乃修闔扇, 寢廟畢備(이에 덧문과 창문도 수리하고 사당 침묘의 앞뒤를 모두 끝낸다)."

夾(협: 가지다, 끼다) ***krep**, 古洽切, 《說文》: "持也('가지다'이다)." 段玉裁注: "俾持, 謂俾夾而持之也('俾持'이란 '옆에 부축해서 끼는 것'이다)." 《周禮·夏官·司馬》: "夾王車而趨, 左八人, 右八人(왕의 수레를 에워싸고 종종걸음으로 가는데, 왼쪽에 8명, 오른쪽에 8명이다)." 《釋文》: "夾, 古洽反, 劉古協反, 後仿此(여기서 '夾'은 '古洽反'이고 劉씨의 음은 '古協反'이다, 그 뒤는 이를 따른다)." 《周禮·秋官·司寇》: "帥其屬夾道而蹕(소속 관리들을 거느리고 도로를 지키고 통행을 막는다)." 《釋文》: "夾, 古洽反, 劉古協反(여기서 '夾'은 '古洽反'이고 劉씨의 음은 '古協反'이다)." 《左傳·哀公六年》: "有雲如衆赤鳥夾日以飛三日(붉은 새떼 모양의 구름이 사흘 동안이나 해를 끼고 날고 있었다)." 《釋文》: "夾, 古洽反, 劉古協反(여기서 '夾'은 '古洽反'이고 劉씨의 음은 '古協反'이다)." '夾'은 劉昌宗은 '古協反'으로 읽는다. 중고한어에서 洽韻의 발음은 -ɛp이고, 怗韻의 발음은 ep으로 매우 가깝다. 《左傳·僖公三十三年》: "與晉師夾泜而軍((楚나라 子上이) 晉의 군대와 泜水를 끼고 대치하였다)." 《釋文》: "夾, 古洽切, 一音古協切(여기서 '夾'은 '古洽反'이고 한편으로 '古協切'이다)." **挾(협: 가지다, 끼다)** ***gep**, 胡頰切, 《廣韻》: "持也('가지다'이다)." 《說文》: "挾, 俾持也('挾'은 '부축하여 끼다'이다)." 段玉裁注: "俾持, 謂俾夾, 而持之也('俾持'란 '부축해서 끼는 것'을 말한다)." 《釋名》: "挾, 夾也, 在旁也('挾'은 곧 '夾(끼다)'이고 '옆에 두는 것'이다)." 《國語·齊語》: "時雨旣至, 挾其槍刈耨鎛, 以旦暮從事於田野(때에 맞는 비가 내린 후, 몽둥이, 낫, 괭이, 호미를 옆에 끼고서, 아침저녁으로 들에서 일한다)." 注: "在掖曰挾('겨드랑이에 끼는 것'을 '挾'이라 한다)." 《左傳·隱公十一年》: "穎考叔挾輈以走(영고숙이 수레의 끌채를 옆에 끼고 달아나다)." 《釋文》: "挾, 音協(여기서 '挾'의 음은 '協'이다)." 《左傳·襄公二十四年》: "搏人以投, 收禽挾囚(초나라 군사와 싸워 잡은 다음 다른 楚軍에 던지고, 또 楚軍을 잡아 겨드랑이에 끼었다)." 《釋文》: "挾, 音協(여기서 '挾'의 음은 '協'이다)."

擘(벽: 쪼개다) ***pik**, 博厄切, 《廣韻》: "分擘('쪼개다')." 《說文》: "擘, 撝也. 从手辟聲('擘'은 '찢다'이다, '手'를 따르고 '辟'이 성부이다)." '擘'자는 麥韻에 속하며, 口語讀音이다. 《禮記·內

則》: "涂皆乾, 擘之(진흙이 모두 마르면 진흙을 모두 떼어낸다)."《釋文》: "擘, 必麥反(여기서 '擘'은 '必麥反'이다)." 글자는 또 '捭(벽: 가르다)'로도 쓴다.《禮記·禮運》: "其燔黍捭豚(기장을 굽고 돼지고기를 썰어)."《釋文》: "捭, 卜麥反, 注作擗, 又作擘(여기서 '捭'은 '卜麥反'이다, 注엔 '擗'로 되거나 또 '擘'로도 되어 있다)." 글자는 또 '辟'으로도 쓴다.《禮記·喪大記》: "絞一幅爲三, 不辟(묶은 끈은 한 폭을 셋으로 쪼개고 가운데는 쪼개지 않는다)." 疏: "辟, 擘也('辟'은 '쪼개다'이다)." **劈(벽: 쪼개다)** ***phik** , 普擊切,《廣韻》: "剖也, 裂也, 破也('가르다, 찢다, 쪼개다'이다)." **闢(벽: 열다, 열리다)** ***bi̠k** , 房益切,《廣韻》: "啟也, 開也('열다, 열리다'이다)."《左傳·宣公二年》: "晨往, 寢門闢矣(새벽에 그의 집으로 갔더니, 寢門이 열려 있었다)."《釋文》: "闢, 婢亦反(여기서 '闢'은 '婢亦反'이다)."《漢書·王莽傳中》: "虞帝闢四門, 通四聰(우제는 사방의 문을 열어놓고 사방의 귀를 통하게 하였다)." 또 '辟'으로도 쓴다.《孟子·梁惠王上》: "欲辟土地, 朝秦楚, 在中國而撫四夷也(영토를 넓히고 진나라와 초나라에게 조회를 받으며, 중국에 임해 사방의 오랑캐를 제압하려고 하시는 것입니다)."

加(가: 더하다) ***krar** , 古牙切,《廣韻》: "增也, 上也, 陵也('더하다, 보태다, 업신여기다'이다)."《孟子·梁惠王上》: "鄰國之民不加少, 寡人之民不加多, 何也?(이웃 나라의 백성들이 더 줄지 않고, 과인의 백성들이 더 많아지지 않으니, 이는 어째서입니까?)"《說文》: "加, 語相增加也('加'는 '말이 서로 더해지는 것'이다)." 段玉裁注: "引申之, 凡據其上曰加(이로부터 발전하여 모든 그 위에서 거하여 누르는 것을 '加'라 한다(즉, '업신여기다'))."《論語·公冶長》: "我不欲人之加諸我也, 吾亦欲無加諸人(저는 남이 저를 업신여기지 않기를 바라며, 저 또한 남을 업신여기지 않으려 합니다)."《莊子·馬蹄》: "加之以衡扼, 齊之以月題(말에게 가로나무와 멍에를 매달고, 달 모양의 장식으로 가지런히 정돈하다)." **嘉(가: 기뻐하다, 기리다)** ***krar** , 古牙切,《廣韻》: "善也('예쁘다, 좋다'이다)."《左傳·桓公十七年》: "蔡人嘉之也(이는 蔡나라 사람이 그를 예쁘게 본 것이다)."《論語·子張》: "君子尊賢而容衆, 嘉善而矜不能(군자는 賢者를 존경하고 뭇 사람들을 포용하며, 착한 이를 아름답게 여기고 무능한 자를 가엽게 여긴다)."《莊子·天道》: "嘉孺子而哀婦人(어린아이들을 사랑하고 과부 여인들을 애처롭게 본다)."《儀禮·覲禮》: "予一人嘉之(나 한 사람이 아름답게 여기다)." 鄭注: "今文嘉作賀(지금은 여기의 '嘉'가 '賀'로 되어 있다)." **賀(하: 보태다, 하례하다)** ***gars** , 胡個切,《廣韻》: "加也('보태다'

이다)." 《說文》: "賀, 以禮相奉慶也('賀'는 예물을 드려서 경축하는 것이다)." 段玉裁注: "賀之言加也, 猶贈之言增也('賀'란 말은 '보태다'이다. 즉, '贈'의 뜻이 '增'인 것과 같다)." 《儀禮·士喪禮》: "賀之((띠는 대나무 껍질을 사용하여) 올려놓는다)." 注: "賀, 加也(이때 '賀'는 '加'이다)." 楊樹達(1983:3)는 "'加'는 뜻은 '曾加'이며, '賀'는 '加' 성부를 따르고 또 '增加'의 의미가 있다."라고 하였다. 《左傳·僖公二十七年》: "國老皆賀子文(나라 원로들이 모두 子文에게 축하했다)."

揭(게/갈/걸: 들다) ***ka̱t** , 居竭切, 《廣韻》: "揭起. 《說文》曰: 揭, 高擧也('들다'이다, 〈설문〉에 이르길, '揭'는 '높이 들다'이다)." 《詩經·大東》: "維北有斗, 西柄之揭(북쪽에 북두성 있는데, 서쪽으로 자루 들고 있네)." 《釋文》: "揭, 居竭反, 徐起謁反(여기서 '揭'는 '居竭反'이고, 徐씨의 음은 '起謁反'이다)." 《詩經·蕩》: "人亦有言, 顚沛之揭(사람들이 또한 말하네, 넘어져 자빠져 들릴 때)." 傳: "揭, 見根貌(여기서 '揭'는 뿌리가 드러나는 모양이다)." 《釋文》: "揭, 紀竭反(여기서 '揭'는 '紀竭反'이다)." 《戰國策·韓策二》: "脣揭者其齒寒(입술이 드러나면 이가 시린 법이다)." 여기서 발전하여 '들추어내다, 폭로하다(揭露)' 등의 의미가 되었다. 《尉繚子·伍制令》: "伍有干令犯禁者, 揭之免於罪, 知而弗揭, 全伍有誅(伍의 성원 중에 법령, 금령을 어긴 자가 있으나 이를 스스로 드러내어 죄를 밝히면 죄를 면해준다. 그러나 알고 있으면서도 이를 밝히지 않을 경우, 伍 전체가 벌을 받는다)." **訐(알/갈/계: 들추어내다)** ***ka̱t** , 居竭切, 《廣韻》: "面斥人以言. 《論語》注云: 訐謂攻發人陰私也('면전에서 말로 나무라다'이다. 〈논어〉주에 이르길, '訐은 남의 사사로움을 공격하고 밝히는 것이다')." 《論語·陽貨》: "惡訐以爲直者(남의 비밀을 들추어내는 것이 곧음이라고 여기는 자를 미워한다)." 《漢書·刑法志》: "化行天下, 告訐之俗易(교화가 천하에 행해져 고자질하는 풍속이 변하여)." 顔師古注: "訐, 面相斥罪也, 音居謁反('訐'은 '대면하고 죄를 들추는 것'으로 음은 '居謁反'이다)." '訐'은 '揭'의 訓讀字이다. **揭(게: 옷을 걷다)** ***kha̱t** , 去例切, 《廣韻》: "褰衣渡水, 由膝已下曰揭(옷을 걷고 물을 건너는데, 무릎 이하를 '揭'라 한다)." 《爾雅》: "揭者, 揭衣也('揭'는 '옷을 걷다'이다)." 《釋文》: "揭, 起例反, 褰衣渡水也. 下揭者爲揭同, 或丘竭反, 《說文》云高擧也(여기서 '揭'는 '起例反'으로, '옷을 걷고 물을 건너는 것'이다. 아래의 '揭'자는 이 '揭'와 같고 혹은 '丘竭反'이다. 〈설문〉에 이르길, '높이 들다'라고 한다)." 《詩經·匏有苦葉》: "深則厲, 淺則揭(물이 깊으면 옷을 많이 걷고 건너고, 얕으면 살짝 걷고 건넌다)." 傳: "揭, 褰衣也(여기서 '揭'는 '옷을 걷다'이다)."《釋文》: "揭, 苦例反(여기서 '揭'는 '苦例反'이다)." **揭(갈/걸: 높이 들다, 세우다)** *g̱at, 其竭切,《廣韻》: "擔揭物也('물건을 들어 올리다'이다)."《莊子·胠篋》: "巨盜至, 則負匱揭篋擔囊而趨(큰 도둑이 오면, 궤짝을 등에 지고, 상자를 손에 들고, 주머니를 어깨에 메고 달아났다)."《釋文》: "揭, 徐其謁反, 又音桀,《三蒼》[62]云: 擧也, 檐也, 負也('揭'는 徐씨의 음이 '其謁反'이고 또 음이 '桀'이다. 〈三蒼〉에 이르길, '들다, 메다, 지다'라 한다)."《莊子·庚桑楚》: "揭竿而求諸海也(장대를 잡고 바다의 깊이를 재려고 하는 듯하네)."《釋文》: "揭, 其列, 其謁二反(여기서 '揭'는 '其列' '其謁' 두 반절이다)."

說(설: 말하다, 알리다, 진술하다) *s̱ot, 失雪切,《廣韻》: "告也.《釋名》云: 說者, 述也, 宣述人意也('알리다'이다. 〈석명〉에 이르길, '說이란 述(진술하다)이다, 사람의 뜻을 펴서 진술하는 것이다'라 한다)."《孟子·萬章上》: "故說《詩》者, 不以文害辭, 不以辭害志(그러므로 시를 해설하는 자는 글자 하나로 인해 한 구절의 말을 해치지 말고, 구절 하나로 인해 시 본래의 뜻을 해하지 말라)."《大戴禮記·曾子立事》: "弗知而不問焉, 固也; 說而不能, 窮也(알지 못하면서도 묻지 않는 것은 고집이다. 말을 하면서도 논리적이지 못하는 것은 막힘이다)." 王聘珍 解詁[63]: "說, 謂分別解說事理也('說'이란 '사리를 분별하여 해설하는 것'이다)." **閱(열: 세어 확인하다, 살피다)** *ẕot, 弋雪切,《廣韻》: "簡閱也('검열하다, 조사하다'이다)."《說文》: "閱, 具數於門中也('閱'이란 '문안에서 하나씩 따지며 계산하는 것'이다)." 陸宗達(1981:57)은 "'述說' 의미의 '說'이란 바로 하나하나씩 진술하는 것이며, 상세히 수를 따져가며 진술한다는 의미이다. 또 '述說'의 '說'과 '閱讀'의 '閱'은 '동일 어원의 파생어'에 속한다고 본다."라고 했다.《左傳·桓公六年》: "大閱, 簡車馬也(성대하게 閱兵式을 거행하였는데, 이는 車馬를 검열하는 것이다)."《穀梁傳·桓公六年》: "大閱者何? 閱兵車也('열병식을 성대하게 한다'는 것은 무엇인가? 바로 거마를 검열하는 것이다)."《左傳·襄公九年》: "商人閱其禍敗之衅, 必始於火(商나라 사람들은 화란과 실패의 조짐을 살피니, 반드시 불에서 시작한다는 것을 알게 되었다)."

---

62 [역주]《三蒼》이란 "중국의 字書인 李斯의《蒼頡篇》과 揚雄의《訓纂篇》, 賈訪의《滂喜篇》을 아울러 이르는 말"이다.

63 [역주] 王聘珍은 淸代의 乾隆시기 저명한 학자로,《大戴禮記解詁》十三卷이 유명하다.

注: "閱猶數也(여기서 '閱'은 '세다, 살피다'이다)."《管子·度地》: "常以秋歲末之時閱其民(해마다 늦가을에 백성들을 살펴보고)."《荀子·王制》: "案謹募選閱材伎之士(재능과 기예가 뛰어난 선비들을 삼가 모집하여 잘 뽑아서 쓴다)."

施(시: 형집행하다, 효시하다) ***sa̱r**, 式支切,《楚辭·天問》朱熹注: "謂刑殺之也(이는 형을 집행하여 죽이는 것이다)."《左傳·昭公十四年》: "三人同罪, 施生戮死, 可也(세 사람의 죄가 같으니, 산 자는 사형에 처하여 시신을 늘어놓고, 죽은 자는 육시하는 것이 옳습니다)." 注: "施, 行罪也(여기서 '施'는 '형을 집행하는 것'이다)."《左傳·昭公十四年》: "乃施刑侯而尸雍子與叔魚於市(이에 邢侯를 사형에 처하고, 죽은 雍子와 叔魚를 저잣거리에 시신을 늘어놓았다)."《釋文》: "施, 如字, 服云: 施罪於邢侯也(여기서 '施'는 통상음인데, 服씨가 말하길, '형후에 대해 형을 집행하다'라고 한다)."《國語·晉語三》: "及文公入, 秦人殺冀芮而施之(文公이 입국하자, 秦나라 사람이 冀芮를 죽여서 시체를 저잣거리에 진열하였다)." **胣(이: 찢다)** ***za̱r^B^**, 移爾切,《廣韻》: "《莊子》云: 萇弘胣. 崔云: 胣, 裂也(〈장자〉에 이르길, '萇弘은 靈王에게 간하다가 창자가 찢겨 죽었다'라고 한다. 崔씨가 말하길, '胣는 찢는 것이다'라 한다)."《莊子·胠篋》: "萇弘胣, 子胥靡(萇弘은 靈王에게 간하다가 창자가 찢겨 죽었고, 伍子胥는 夫差에게 간하다가 시신이 물속에서 썩어 버렸다)."《釋文》: "胣, 本又作胣, 徐敕紙反, 郭詩氏反, 崔云讀若施, 或作施字. 胣, 裂也.《淮南子》曰: 萇弘鈹裂而死. 司馬云: 胣, 剔也. 一云刳腸曰胣(여기서 '胣'는 본래 '胣'라고 쓴다. 徐씨의 음은 '敕紙反'이고 郭씨의 음은 '詩氏反'이다. 崔씨가 말하길, '施처럼 읽는데 혹은 施자로도 쓴다'고 한다. '胣'는 '찢다'이다.《淮南子》에서 말하길, '萇弘이 칼로 찢겨 죽었다'라고 한다. 司馬가 말하길, '胣는 剔(뼈를 바르다)이다. 또 한편으로는 내장을 잘라 내는 것을 胣라고도 한다')."

轉(전: 돌다, 돌리다, 운반하다) ***tro̱n^B^**, 陟兗切,《說文》: "運也('수레로 운반하다'이다)."《詩經·邶風·柏舟》: "我心匪石, 不可轉也(내 마음 돌이 아니니 굴릴 수 없으며)."《詩經·關雎》: "悠哉悠哉, 輾轉反側(생각하고 생각하느라 이리저리 뒤척이네)." 朱熹注: "輾者轉之半, 轉者輾之周('輾'은 '轉'의 반이고, '轉'은 '輾'을 다 한 것이다)."《管子·法法》: "引而使之, 民不敢轉其力(끌어다 부리면 백성은 감히 자기의 일을 회피하지 않는다)." **傳(전: 전하다, 돌다)** ***dro̱n**

, 直攣切, 《廣韻》: "轉也('돌다'이다)." 《左傳·僖公二十七年》: "子之傳政於子玉(당신이 子玉에게 국정을 전하다)." 《釋文》: "傳, 直專反(여기서 '傳'은 '直專反'이다)." 《左傳·襄公十四年》: "大夫規誨, 士傳言, 庶人謗(대부는 규간하여 임금을 가르치고, 선비는 과실을 전하며 서인들은 모여서 비방한다)." 《釋文》: "傳, 直專反(여기서 '傳'은 '直專反'이다)." 《左傳·昭公四年》: "山人取之, 縣人傳之, 輿人納之, 隸人藏之(얼음은 山人이 채취하고 縣人이 나르고 輿人이 납부하고 隸人이 저장한다)." 《釋文》: "傳, 直專反(여기서 '傳'은 '直專反'이다)." 《左傳·定公八年》: "顏高之弓六鈞, 皆取而傳觀之('顏高의 활은 180근의 무게를 드는 힘이 있어야 시위를 당길 수 있다고 하는데'라고 하면서, 모두 그 활을 가져다가 돌려가며 구경하였다)." 《釋文》: "傳, 直專反(여기서 '傳'은 '直專反'이다)." '轉'은 주체가 '轉'하는 것이고, '傳'은 객체가 '轉'하는 것이다.

比(비: 견주다, 나란하다) ***pi̱r^B^** , 卑履切, 《廣韻》: "校也, 並也('견주다, 나란히 하다'이다)." 《左傳·桓公十五年》: "人盡夫也, 父一而已, 胡可比也?(출가하기 전에는 누구나 다 남편이 될 수 있지만, 아버지는 하나뿐이다. 그러니 어찌 남편이 아버지와 비교가 되겠는가?)" 《孟子·公孫丑上》: "爾何曾比予於管仲?(그대는 어찌 나를 관중에게 비교하는가?)" 《孟子·滕文公上》: "子比而同之, 是亂天下也(자네는 차이를 무시하고 같은 기준을 적용하여 값을 같게 하려 하는데, 이는 천하를 어지럽히는 짓이다)." 《史記·天官書》: "魁下六星, 兩兩相比者, 名曰三能(두 괴의 아래에 있는 여섯 개 별들은 두 개씩 나란히 늘어서 있는데 이를 '삼능'이라 부른다)." **比(비: 가깝다, 빽빽하다, 친하다)** ***bi̱rs** , 毗至切, 《廣韻》: "近也, 又阿黨也('가깝다, 친하다'이다)." 《說文》: "比, 密也('比'는 '친밀하다'이다)." 《爾雅》: "比, 俌也('比'는 '俌(돕다)'이다)." 《史記·汲鄭列傳》: "家人失火, 屋比延燒(백성의 부주의로 불이 났으며 집들이 이어져 불길이 번졌다)." 索隱: "比音鼻(여기서의 '比'는 음이 '鼻'이다)." 《漢書·公孫弘傳》: "氣同則從, 聲比則應(기운이 같으면 따르고, 소리가 같으면 응한다)." 顏師古注: "比亦和也, 音頻寐反(여기서의 '比'는 또한 '和(같다)'이다, 음은 '頻寐反'이다)." 《左傳·昭公元年》: "吾兄弟比以安, 尨也可使無吠(우리 형제 나라들이 친밀하고 편안하게 지내면, 삽살개도 짖지 않게 할 수 있을 것입니다). 《釋文》: "比, 毗志反(여기서의 '比'는 '毗志反'이다)." 《左傳·昭公十四年》: "楚令尹子旗有德於王, 不知度與養氏比, 而求無厭(楚나라 令尹子旗는 楚平王에게 공덕이 있었으나, 법도를 알지 못하여 養氏와 붕당을 만들고는 수탈에 만족할 줄 모른다).”《釋文》: “比, 毗志反(여기서의 ‘比’는 ‘毗志反’이다).”《詩經·正月》: “洽比其鄰, 昏姻孔云(이웃들과 사이좋게 지내고, 혼인을 위한 말도 오가네).《釋文》: “比, 毗志反(여기서의 ‘比’는 ‘毗志反’이다).” [《左傳·僖公二十二年》: “協比其鄰, 昏姻孔云(이웃과 화목하면 인척들도 매우 우애한다).”《釋文》: “比, 毗志反.”]《周禮·夏官·司馬》: “使小國事大國, 大國比小國(작은 나라는 큰 나라를 섬기게 하고 큰 나라로 하여금 작은 나라와 친하게 한다).” 注: “比猶親也(‘比’는 ‘親’과 같다).”

脫(탈: 뼈에서 고기를 바르다, 벗기다, 벗다) ***sot**, 他括切,《廣韻》: “骨去肉(‘뼈에서 고기를 바르다’).”《禮記·內則》: “肉曰脫之, 魚曰作之(고기는 ‘벗기다’라고 하고, 물고기는 ‘깎다’라고 한다).”《莊子·胠篋》: “故曰魚不可脫於淵, 國之利器不可以示人(이에 말하길, ‘물고기가 연못에서 나올 수 없듯이, 한 나라의 날카로운 무기 또한 사람들에게 보여서는 안 된다’라고 한다).” **挩(탈/세: 벗다, 씻다)** ***sot**, 他括切,《廣韻》: “除也, 誤也, 遺也, 又解挩, 或作脫(‘없애다, 잘못, 빠뜨리다’이다. 또는 ‘벗다’로 ‘脫’로도 쓴다).”《說文》: “挩, 解挩也(‘挩’은 ‘벗다’이다).” 段玉裁注: “今人多用脫, 古則用挩, 則古今之異也(지금 사람들은 ‘脫’을 많이 사용하고, 옛날엔 ‘挩’을 썼다. 즉, 고금의 차이이다).” **挩(탈/세: 벗다, 씻다)** ***zot**, 徒活切,《廣韻》: “解挩(‘벗다’).” **敓(탈: 빼앗다)** ***zot**, 徒活切,《廣韻》: “強取也, 古奪字(‘강제로 취하다’이다. 옛 ‘奪’자이다).”《說文》: “敓, 強取(‘敓’은 ‘강제로 취하는 것’이다).” **奪(탈: 빼앗다)** ***zot**, 徒活切,《廣韻》: “《左傳》曰: 一與一奪(〈좌전〉에 이르길, ‘한 번 주었다가 한 번 빼앗으니’라고 한다).”《說文》: “奪, 手持隹, 失之也(‘奪’은 ‘손에 쥔 새를 잃는 것’이다).” 段玉裁注: “今乃用脫爲之, 而用奪爲爭敓字(지금은 ‘脫’로 이를 나타내며, ‘奪’로 ‘敓’자와 다투고 있다).”《左傳·宣公十一年》: “牽牛以蹊人之田, 而奪之牛(소를 끌고 남의 논밭으로 지나간다면 논밭 주인은 그 소를 빼앗는다).”《左傳·成公十一年》: “聲伯奪施氏婦以與之(聲伯은 施氏에게 주었던 부인을 빼앗아 郤犨에게 주었다).”《左傳·宣公十五年》: “棄仲章而奪黎氏地(仲章을 버리고 黎氏의 땅을 빼앗다).” ‘奪’은《左傳》에서 목적어를 취한다. ‘脫’은 주체가 어떤 사물과 분리되는 것이고(‘내가 무엇을 벗다’), ‘奪’은 객체(피동작주)가 어떤 사물과 분리되는 것이다(‘내가 그에게서 빼앗다’).

위의 동사 중, 피동작주동사는 종종 *-s접미사를 취하기도 한다. 상고한어의 *-s접미사는 제6장에서 논의할 것이다. 동사 '夾'의 의미는 "在……旁(좌우에서 부축하다, 둘 사이에 있다)"으로, '夾'이 취하는 목적어는 종종 처소명사이거나 개념상 처소명사로 볼 수 있는 것이다. 여기서 파생하여 '끼다(夾住)' 등의 의미가 되었다. 그리고 동사 '挾'은 '옆에서 잡다, 부축하다(旁持)'이고, 여기서 파생하여 '양옆에서 끼어 잡다, 협박하다(挾持)'가 되었다. 확실히, 동사 '挾'은 피동작주의 '피동성'에 주안을 두고 있어, 마치 동사 '見'과 같다. '挾'이나 '見' 모두 행위주동사와 피동작주동사 모두에 속하고 있다. 피동작주동사는 피동작주와 연관이 깊은 동사인데, 동사의 행위주가 반드시 주체는 아니다. 피동작주도 주체가 될 수 있고, 외부에 있는 제3자도 주체가 될 수 있다. 金鵬(2002:326)은 "主方과 賓方의 態는 동작의 시간과 밀접한 관계가 있다(金鵬이 가리키는 시간은 사실상 '體'(즉, 상)이다)"라고 하였다. 동사의 '시간을 나타내(表時間)'는 굴절형태는 단지 하나의 지정된 態의 동작을 위해 존재하는 것으로 제한된다. 따라서 시간을 나타내는 굴절성분은 항시 態를 나타내는 굴절성분과 일치한다. 이로써 동일 형태 성분이지만 동시에 두 가지 어법 범주를 표현하는 현상이 출현하기도 한다. 예를 들어, 前置자음 b- 및 이와 서로 호응하는 後置자음 s 또는 d (즉, b ~ s/ b ~ d)는 賓方의 동작을 표시함과 아울러 '과거'를 표시한다. 이처럼 **피동작주동사와 완결형(旣行體)의 형식이 동일하여, 우리가 상고한어의 피동작주동사를 이해하는데 있어서 매우 중요한 참고적 가치가 있다.** 周法高는 《中國古代語法·構詞編》에서 '見' 등 자음 성모가 탁음인 단어와 去聲단어를 동사의 완결형(旣事式)으로 보았다. 그리고 그 외의 학자들은 이러한 동사를 사동사로 보았다. 去聲은 상고한어의 자음운미 -s가 탈락되면서 생겨났는데, 이것은 藏語의 피동작주동사와 완결형 형식이 동일한 상황과 일치하고 있다.

盥(관: 씻다) *kon^{B} , 古滿切, 《廣韻》: "洗也('씻다'이다)." **盥(관: 씻다) *kons** , 古玩切, 《廣韻》: "《說文》曰: '澡手也, 从臼水臨皿也, 《春秋傳》曰"奉匜沃盥".'(〈설문〉에 이르길, '손을 씻다이다, 양손(臼)으로 물(水)을 받들고 그릇(皿)에 임하고 있는 것을 나타낸다'. 〈춘추전〉에 이르길, '그릇을 들고 물을 부어 세수하게 하다'라고 한다)" 段玉裁注: "凡灑手曰澡, 曰盥, 灑面曰頮, 濯髮曰沐, 灑身曰浴, 灑足曰洗(모든 손 씻는 것을 '澡', '盥'이라 하고, 얼굴을 씻는 것

을 '頮', 머리 감는 것을 '沐', 몸을 씻는 것을 '浴', 발씻는 것을 '洗'라 한다)."《左傳·僖公二十三年》: "奉匜沃盥, 旣而揮之(懷嬴이 주전자(匜)를 들고 그의 손에 물을 부어 세수하게 했고, 세수를 마치자 젖은 손을 회영에게 뿌렸다)." 疏: "盥謂洗手也(여기서 '盥'는 '손을 씻는 것'이다)."《釋文》: "盥, 古緩切(여기서 '盥'은 '古緩切'이다)."《禮記·內則》: "鷄初鳴, 咸盥漱(닭이 처음 울거든 모두 세수하고 양치질한다)."《釋文》: "盥, 音管(여기서 '盥'은 음이 '管'이다)."《左傳·襄公十九年》: "宣子盥而撫之(宣子가 손을 씻고 나서, 荀偃의 시체를 쓰다듬었다)."《釋文》: "盥, 音管(여기서 '盥'은 음이 '管'이다)."《論衡·死僞》: "范宣子浣而撫之(범선자가 손을 씻고 어루만지다)." **浣(완: 빨다, 씻다)** ***gon**[B] , 胡管切,《廣韻》: "濯也('씻다'이다)."《說文》: "浣, 濯衣垢也('浣'은 '옷의 때를 씻다, 빨다'이다)."《公羊傳·莊公三十一年》: "臨民之所漱浣也(백성들이 빨고 씻는 곳에 지어서이다)." 注: "去垢曰浣, 齊人語也('때를 벗기는 것'을 '浣'이라 하며, 제나라 말이다)." '浣'은 또 '澣(한: 빨다)'로도 쓴다.《詩經·葛覃》: "薄汚我私, 薄澣我衣. 害澣害否, 歸寧父母(내 평복도 빨고 내 예복도 빠니, 무엇인들 빨지 않겠는가, 돌아가 부모님께 안부 전하리)."《詩經·邶風·柏舟》: "如匪澣衣(빨지 않은 옷을 입은 듯하다)."《禮記·禮器》: "澣衣濯冠以朝, 君子以爲隘矣(빨아 입은 옷과 세탁한 갓으로 조견하니, 군자가 그를 隘하다고 여겼다)."《釋文》: "澣, 又作浣, 戶管切(여기서 '澣'은 또 '浣'으로도 쓰며, '戶管切'이다)."

王力(1982:553)은 '盥'과 '浣'이 同源詞라고 한다. '盥'은 특히 '손을 씻는 것'을 가리키며, 이미 피동작주대상을 함축하고 있어 외현적 피동작주를 갖지 않는 '준불급물동사'이다. '浣'은 손으로 '씻는 것'으로, 피동작주를 취하는 급물동사이다. '때를 씻어내다(去汚)'의 관점에서 보면, 동사 '盥'과 '浣'은 동일하다. 따라서 王充은《論衡》에서 동사 '浣'으로 동사 '盥'을 대체하기도 하였다.《說文》에서는 "浣, 濯衣垢也('浣'는 옷의 때를 씻는 것이다)."라고 하는데, 즉 세탁을 통해 옷의 때가 제거되는 것이다. '盥'은 준불급물동사로 단지 행위주와만 관계가 있다. 이에 비해 '浣'은 급물동사로 행위주, 피동작주 모두와 관련이 있으나 초점이 피동작주에 있다. 예컨대,《周禮·冬官·考工記》에 "革欲其荼白而疾澣之(가죽을 희게 하기 위해 재빨리 씻는다)."라고 나온다.《釋文》에 "澣, 戶管反(여기서 '澣'은 '戶管反'이다)."이라고 나온다. 주체가 진술대상을 객체에게 넘긴 것이다. 즉, 누가 '浣'하느냐는 관심이 없고 단지 관심 있는 것은 '浣'의 대상인 것이다. 다시 말해, '옷이 때가 없어진 것'이다.

四

피동작주동사(受事動詞, accusative verbs)는 피동작주가 행위를 받는 동사이다. 金鵬의 말처럼, 藏語의 피동작주동사는 피동태로 쉽게 오해된다. 潘悟雲(1991)은, 《論語·微子》"見胡甸切其二子焉"은 결코 "使其二子見古電切"과 같을 수 없으며, 오히려 "使其二子被見古甸切"와 같은데, 이는 마치 '賣酒'가 '使酒買'와 같은 게 아니라 '使酒被買'와 같은 이치라고 하였다. 潘悟雲은 '見' 등의 의미 해석과 관련하여 피동작주동사가 보여주는 어법의미를 매우 적절하게 설명하고 있는 것이다. 즉, "객체는 동사의 피동작주이나, 그 作者가 꼭 주체인 것은 아니다."이다. 앞에서 우리가 이미 언급했듯이, 王力은 동사 '見'의 淸濁 兩讀이 주동과 피동의 관계라고 보았는데, 이를테면 "手足皆見"같은 것이다. 그런데 이것이 어째서 피동인가? 馬建忠(1983:160)은, "外動字之行, 有施有受. 受者居賓次常也. 如受者居主次, 則爲受動字, 明其以受者爲主也(외동자의 행위는 행위주도 있고 피동작주도 있다. 피동작주는 목적어 자리에 위치하는 것이 보통이다. 만약 피동작주가 주어 자리에 위치하면 이는 수동의 동사가 되는데, 이로써 피동작주가 주어가 됨을 분명히 한다)."라고 하였다. "見胡甸切其二子焉" 속의 피동작주는 결코 '丈人'이 아니라 '其二子'이다. 이처럼 주동/피동을 가지고 동사 '見'의 淸濁 兩讀을 해석하는 것은 분명한 문제가 있어 보인다. 이는 또한 사동과 비사동의 관계도 그러하다. 사동사가 문장의 술어동사가 될 때, 주체는 객체의 동작이나 상태를 지배한다. 즉, 주체는 객체가 이 동작을 실행하는 외재적 동력 기원이 된다. 동사 '見'이 관련된 것은 피사동주(causee, 使事) 객체가 아니다.

宋華父督見孔父之妻于路, 目逆而送之.(《左傳·桓公元年》)(宋나라 華父督이 孔父의 아내를 길에서 만나고는, 눈으로 맞이해 눈으로 보냈다.)(청음)

凡土功, 龍見而畢務, 戒事也.(《左傳·莊公二十九年》)(모든 토목공사는 용성이 동방에 나타나면 농사일이 끝나니, 공사를 준비하도록 경계한다.)(탁음)

王使內史叔服來會葬, 公孫敖聞其能相人也, 見其二子焉.(《左傳·文公元年》)(周王이 內史叔服을 보내어 와서 會葬하였다. 公孫敖는 叔服이 사람의 관상을 잘 본다는 말을 듣고서, 자기의 두 아들을 그에게 보였다.)(탁음)

위의 세 '見' 중, 뒤의 두 개는《經典釋文》의 발음이 "賢遍反"이다. 따라서 완결형(旣行體)이 서술어로 쓰일 때, 주어와 서술어 '見' 사이에는 의미상의 피동 관계가 존재하는데, 이를테면, "手足皆見"과 같다. 마지막 예문 속 "其二子"는 피동작주이다. 그리고 '見古電切'의 행위주는 '公孫敖'가 아닌 '內史叔服'이다. '公孫敖'는 그저 '其二子'와 '內史叔服'을 연결해주는 사람일 뿐이다. **다시 말해서, 주체(公孫敖)는 동사 '見古電切'의 피동작주 주어를 객체(其二子)에게 넘긴 것이다. 즉, '其二子'와 '見古電切'의 완결형 '見賢遍反'은 주술구조를 구성하게 된다('두 아들이 나타나다'와 같이).** 이와 같이, **피동작주동사는 사실상 동사 완결형의 급물화라 할 수 있다. 따라서 피동작주동사와 동사 완결형은 동일 형태가 된다.**

緁(집: 합하다) ***tup**, 子入切,《廣韻》: "合也('합하다'이다)." 緁,《說文》: "合也. 从糸从集. 讀若捷('합하다'이다, '糸'와 '集'을 따른다. '捷'처럼 읽는다)." 段玉裁注: "會意亦形聲也(회의이자 형성자이다)." '緁'은 분명 '集'의 後起區別字이다. **戢(집: 그치다, 거두다)** ***trup**, 阻立切,《廣韻》: "止也, 斂也('그치다, 거두다'이다)."《說文》: "戢, 藏兵也('戢'은 '병기를 거두어 보관하다'이다)."《爾雅》: "戢, 聚也('戢'은 '모으다'이다)."《詩經· 時邁》: "載戢干戈, 載櫜弓矢(창과 방패를 거두고 활과 화살을 집에 넣고)." 傳: "戢, 聚(여기서 '戢'은 '聚(모으다, 거두다)'이다)."《釋文》: "戢, 側立反(여기서 '戢'은 '側立反'이다)."《詩經·鴛鴦》: "鴛鴦在梁, 戢其左翼(원앙새가 어량에 있는데, 왼쪽 날개를 접고 있도다)." 鄭箋: "戢, 斂也('戢'은 '거두다'이다)."《釋文》: "戢, 側立反(여기서 '戢'은 '側立反'이다)."《左傳·襄公二十四年》: "夫兵猶火也, 弗戢, 將自焚也(병력은 불과 같으니, 제어하지 않으면 장차 자신을 태우게 될 것이다)."《釋文》: "戢, 莊立切(여기서 '戢'은 '莊立切'이다)." **緝(집: 길쌈하다, 모으다)** ***thup**, 七入切,《廣韻》: "績也('실을 잣다'이다)."《管子·事語》: "女勤於緝績徽織(부녀들에게 길쌈에 힘쓰게 하다)." **集(집: 모이다, 모으다)** ***dup**, 秦入切,《廣韻》: "聚也, 會也, 同也('모이다, 모으다, 같다'이다)."《說文》: "集, 群鳥在木上也, 从雥, 从木('集'은 '뭇 새들이 나무위에 있는 것'이다, '雥'와 '木'을 따른다)."《爾雅》: "集, 會也('集'은 '모이다'이다)."《詩經·葛覃》: "黃鳥于飛, 集于灌木(노란 꾀꼬리 날아, 떨기나무에 모여든다)."《國語·晉語二》: "人皆集於菀, 己獨集於枯(사람들은 울창한 숲에 모여 드는데, 자기는 홀로 마른 가지에 앉아 있도다)." [又**雜(잡: 섞다)** ***dup**, 徂合切,《廣韻》: "集也('모으다'이다)."《國語·鄭語》: "先王以土與金木水火雜, 以成百物(先王은 흙을 金, 木,

水, 火와 섞어서 각종 사물을 만들어 냈다)."《禮記·曲禮上》: "男女不雜坐(남자와 여자가 섞여 앉지 않다)."]《孟子·梁惠王上》: "海內之地方千里者九, 齊集有其一(海內의 땅이 사방 천리 되는 것이 아홉인데, 齊나라의 땅을 다 모으면 그중 하나를 가진 셈이다)."《史記·十二諸侯年表》: "集六國時事(육국의 사적을 모으다)."

割(할: 베다, 자르다, 나누다) ***kat** , 古達切,《廣韻》: "剝也, 害也, 斷也('벗기다, 해하다, 자르다'이다)."《爾雅》: "割, 裂也('割'은 '찢다'이다)."《左傳·定公四年》: "王割子期之心, 以與隨人盟(楚王은 子期의 가슴을 베어 그의 피로 隨人과 맹약하였다)."《左傳·莊公三十二年》: "而以夫人言, 許之, 割臂盟公, 生子般焉(莊公이 "夫人으로 삼겠다."라고 하자, 孟任은 허락했고, 칼로 팔뚝을 벤 후, 莊公과 그 피로 맹세하고는 子般을 낳았다)." **害(해: 해치다, 다치게 하다, 해하다)** ***gats** , 胡蓋切, "傷也('다치게 하다'이다)."《廣雅》: "害, 割也('害'는 '해치다'이다)."《釋名》: "害, 割也, 如割削物也('害'는 '割(베다, 해치다)'이다, 마치 물건을 깎고 베는 것과 같다)."《說文》段注: "《尙書》多假借割爲害, 古二字音同也(〈상서〉에는 '割'을 '害'로 가차하는 경우가 많은데 옛날엔 두 글자의 음이 같았다)." [《詩經·葛覃》:"害澣害否, 歸寧父母(무엇인들 안 빨겠소, 돌아가 부모 안부 물으리)." 傳: "害, 何也(여기서 '害'는 '무엇'이다)."《釋文》: "害, 戶葛反, 與曷同(여기서 '害'는 '戶葛反'이고 '曷'와 같다)."]《孟子·滕文公上》: "害於耕(농사일에 방해가 되다)."《左傳·僖公五年》: "晉吾宗也, 豈害我哉!(진나라가 우리와 동족인데 어찌 우리를 해칠 수 있겠는가?)"《左傳·襄公九年》: "不靖國家, 不可謂亨, 作而害身, 不可謂利(나라를 안정시키지 못하였으니 '亨'이라고 할 수 없고, 난을 일으켜 자신을 해쳤으니 '利'라고 할 수 없다)."《左傳·哀公十五年》: "莊公害故政, 欲盡去之(莊公은 기존의 경들이 자기에게 害가 된다고 여겨, 모두 제거하고자 했다)."

歇(헐: 쉬다, 다하다) ***khat** , 許竭切,《廣韻》: "氣泄也, 休息也, 又竭也('기가 나가다, 쉬다, 다하다'이다)."《左傳·宣公十二年》: "得臣猶在, 憂未歇也(楚나라에 得臣이 아직 건재하니 근심이 아직 끝나지 않았다)." 注: "歇, 盡也(여기서 '歇'은 '다하다'이다)."《釋文》: "歇, 許竭反(여기서 '歇'은 '許竭反'이다)."《左傳·襄公二十九年》: "未獲所歸, 難未歇也(돌아갈 곳을 찾지 못하면 화가 끝나지 않을 것입니다)." 注: "歇, 盡也(여기서 '歇'은 '다하다'이다)."《釋文》: "歇, 許

謁反(여기서 '歇'은 '許謁反'이다)." '歇息'의 '歇'는 또 '愒'로도 쓴다.《說文》: "愒: 息也('愒'는 '쉬다'이다)." **愒(게: 쉬다)** ***khat** , 丘謁切,《廣韻》: "息也('쉬다'이다)."《詩經·民勞》: "民亦勞止, 汔可小愒(백성들은 몹시 수고로우니 조금이나마 쉬게 했으면)." 傳: "愒, 息(여기서 '愒'는 '쉬다'이다)."《釋文》: "愒, 起例反, 徐丘麗反(여기서 '愒'는 '起例反'이고, 徐씨의 음은 '丘麗反'이다)." **憩(게: 쉬다)** ***khats** , 去例切,《廣韻》: "息也('쉬다'이다)."《詩經·甘棠》: "蔽芾甘棠, 勿翦勿敗, 召伯所憩(무성한 팥배나무 자르지 말고 베지도 마라, 소백님이 쉬시던 곳이니)." 傳: "憩, 息也(여기서 '憩'는 '쉬다'이다)."《釋文》: "憩本又作揭, 起例反, 徐許罽反, 息也('憩'는 본래 '揭'로도 쓰며 '起例反'이고, 徐씨의 음은 '許罽反'이다, '쉬다'이다)." **竭(갈: 다하다)** ***gat** , 其謁切,《廣韻》: "盡也('다하다'이다)." [韻母 iat 은 연속음에 영향을 받아 - iɛt으로 변했는데,《切韻》에서 억지로 月韻(iat)과 薛韻(iɛt)으로 나누었다. '竭'은 '渠列切'이고《廣韻》에서 "盡也('다하다'이다)라 한다."]《左傳·莊公十年》: "一鼓作氣, 再而衰, 三而竭(북이 한 번 울리면 용기가 나고, 두 번 울리면 용기가 쇠하고, 세 번 울리면 용기가 없어진다)."《左傳·昭公十五年》: "鼓人告食竭力盡, 而後取之(鼓 사람들이 식량도 다 떨어지고 힘도 다 떨어졌다고 알린 뒤에, 鼓城을 취하였다)."《莊子·齊物論》: "酌焉而不竭(아무리 퍼내도 마르지 않을 것이다)."《左傳·僖公九年》: "臣竭其股肱之力(신은 온몸의 힘을 다하고)."《論語·學而》: "事父母能竭其力(부모를 섬길 때는 그 힘을 다한다)."《禮記·月令》: "毋竭川澤, 毋漉陂池, 毋焚山林(천택의 물을 말려 물고기 잡는 것을 금하고, 저수지를 파헤치는 공사를 못하게 하며, 산을 태워서 사냥하는 것을 못하게 하다)."

降(강: 내리다, 내려가다) ***kruŋs** , 古巷切,《廣韻》: "下也('내려가다'이다)." ['降'은《詩經》에서 4차례 入韻되었고 모든 운이 다 平聲이었다.《楚辭》에서도 네 차례 入韻이며 역시 다 平聲이다. 顧炎武는《唐韻正》에서 "凡降下之降, 與降服之降, 俱讀爲平聲. 故自漢以上之文無讀爲去聲者(무릇 '내려가다'의 '降'과 '항복하다'의 '降'은 모두 평성으로 읽는다. 그러므로 漢이전의 글에서는 거성으로 읽는 것이 없었다)."라고 하였다. 去聲은 분명 급물동사 용법에서 파생되어 나온 독음이다.]《管子·心術上》: "登降揖讓, 貴賤有等, 親疏之體, 謂之禮(오르고 내림, 읍과 양, 귀천의 등급, 친소의 체제를 예라 한다)."《管子·度地》: "雨下降, 山水出(장맛비가 내리고 산등성이에 물이 터져 나오고)."《管子·輕重乙》: "千人之長, 必拜而送之, 降兩級(천

인장에게는 반드시 절하며 배웅하고 두 계단 아래 내려서라)." 《孟子·告子下》: "天將降大任於是人也, 必先苦其心志(그러므로 하늘이 장차 어떤 사람에게 큰 임무를 내리려 할 때 반드시 먼저 그의 마음을 괴롭게 한다)." **降(항: 항복하다)** ***gruŋ** , 下江切, 《廣韻》: "降伏('항복하다')." 《玉篇》: "降, 伏也('降'은 '엎드리다'이다)." 《詩經·出車》: "旣見君子, 我心則降(군자님을 만나보아야 내 마음이 놓인다)." 傳: "降, 下也(여기서 '降'은 '내려가다'이다)." 《釋文》: "降, 戶江反(여기서 '降'은 '戶江反'이다)." 《左傳·莊公八年》: "師及齊師圍郕, 郕降於齊師(군대가 齊나라 군대와 함께 郕나라를 포위하자, 성나라가 제나라 군대에 항복하였다)." 《釋文》: "降, 戶江反(여기서 '降'은 '戶江反'이다)." 《左傳·襄公二十六年》: "晉降彭城, 而歸諸宋(晉나라 군은 彭城을 항복시켜 宋나라에 돌려주었다)." 《釋文》: "降, 戶江反(여기서 '降'은 '戶江反'이다)." 《史記·高祖本紀》: "破秦將王離軍, 降章邯, 諸侯皆附(진나라 장수 왕리의 군을 격파하고 장한을 항복시키니 제후들이 모두 항우에게 귀의했다)."

取(취: 받다, 가지다) ***ȶho̱**^{B} , 七庾切, 《廣韻》: "收也, 受也('거두다, 받다'이다)." 《左傳·隱公三年》: "四月, 鄭祭足帥師取溫之麥; 秋, 又取成周之禾(4월에 鄭나라 祭足이 군대를 이끌고 가서 溫의 보리를 취하고, 가을에 또 成周 벼를 취했다)." 《左傳·莊公二十年》: "遂入成周, 取其寶器而還(결국 成周로 가서, 周나라의 寶器를 가지고 돌아왔다)." 《左傳·僖公十五年》: "我落其實, 而取其材(우리가 그 열매를 떨어뜨리고, 그 재목을 취하니)." **聚(취: 거두다, 모으다)** ***ȡo**^{B} , 慈庾切, 《廣韻》: "衆也, 共也, 斂也('모여들다, 함께하다, 거두다'이다)." 《左傳·文公十六年》: "庸師衆, 群蠻聚焉(庸나라는 군대가 많은데다가 여러 오랑캐들이 모여사니)." 《左傳·成公十六年》: "皆聚於中軍矣(晉나라의 軍吏가 모두 중군으로 모였다)." 《左傳·襄公二十年》: "夫諸侯之賄, 聚於公室, 則諸侯貳(제후의 재물이 公室에 모이면 제후가 晉나라를 배반할 것이다)." 《左傳·襄公二十年》: "予之朱方, 聚其族焉而居之(吳王이 慶封에게 朱方을 주어, 그 무리를 모아 그곳에 살게 했다)." 《左傳·僖公二十年》: "鄭子華之弟子臧出奔宋, 好聚鷸冠(鄭나라 子華의 아우 子臧이 宋나라로 도망가더니, 도요새 깃털 모자 모으기를 좋아했다)."

感(감: 느끼다) ***kum**^{B} , 古禫切, 《廣韻》: "動也('움직이다'이다)." 《說文》: "感, 動人心也('感'은 사람의 마음을 움직이는 것이다)." 《易·系辭上》: "感而遂通天下之故(감동하면, 마침내 천

하의 일에 통한다).” 虞注: “感, 動也(여기서 ‘感’은 ‘움직이다’이다).”《荀子·解蔽》: “必以其感忽之間疑玄之時正之(반드시 그가 문득 느끼게 되거나 의심스럽고 혼란스러울 때에 그렇게 판단하게 된다).” 注: “感, 驚動也(여기서 ‘感’은 ‘놀라서 마음이 움직인다’는 것이다).” ‘感’은 불급물동사이다.《禮記·學記》: “感於物而動, 故形於聲(인간의 마음은 사물에 감동되어 소리로 나타난다).”《左傳·昭公二十一年》: “槬[64]則不容, 心是以感(소리가 너무 크면 사람들이 수용할 수 없어서 마음이 이로 인해 불안해진다).”《詩經·野有死麕》: “無感我帨兮, 無使尨也吠(내 수건 건들지 마라, 삽살개가 짖지 않게 하라).” 傳: “感, 動也(여기서 ‘感’은 ‘움직이다’이다).”《釋文》: “感, 如字, 又胡坎反(여기서 ‘感’은 통상음이며 또 ‘胡坎反’이다).” 글자는 뒤에 ‘撼’으로 쓴다. **撼(감: 흔들다)** ***gum^B** , 胡感切,《廣韻》: “撼動也(‘흔들어 움직이다’이다).”《說文》: “撼, 搖也(‘撼’은 ‘흔들다’이다).”《焦氏易林》: “雨驚我心, 風撼我肌(비는 내 마음을 놀라게 하고, 바람이 내 피부를 흔드네).”

覆(부: 덮다) ***phu̱ks** , 敷救切,《廣韻》: “蓋也(‘덮다’이다).”《說文》: “覆, 一曰蓋也(‘覆’는 한편으로 ‘蓋’라고도 한다).”《詩經·生民》: “誕寘之寒冰, 鳥覆翼之(찬 얼음 위에 버려두자, 새가 날개로 덮는다).”《禮記·檀弓上》: “見若覆夏屋者矣, 見若斧者矣(하옥의 지붕처럼 만든 것도 보았고, 도끼날처럼 쌓은 것을 보았다).” 注: “覆謂茨瓦也(여기서 ‘覆’란 ‘기와를 덮는 것’이다).”《莊子·德充符》: “夫天無不覆, 地無不載(무릇 하늘은 덮어주지 않는 것이 없고, 땅은 실어주지 않는 것이 없다).”《荀子·王制》: “故天之所覆, 地之所載, 莫不盡其美(하늘이 덮고 있는 것과 땅이 싣고 있는 것들에 대해, 그 좋은 것을 다 하지 않음이 없다).” **覆(부: 복병을 숨기다)** ***bu̱ks** , 扶富切,《廣韻》: “伏兵曰覆(‘복병 숨기다’를 ‘覆’라 한다).”《左傳·桓公十二年》: “楚人坐其北門, 而覆諸山下, 大敗之(楚나라 사람은 북쪽 문을 지키고, 산 밑에 군대를 매복시켜 絞軍을 대패시켰다).” 注: “覆, 設伏兵而待之(여기서 ‘覆’는 ‘복병을 숨겨 기다리는 것’이다).”《釋文》: “覆, 扶又反(여기서 ‘覆’는 ‘扶又反’이다).”《左傳·成公三年》: “使東鄙覆諸鄤, 敗諸丘輿(동쪽 변경의 군대를 鄤에 매복시켜서, 제후의 군대를 丘輿에서 패배시켰다).” 注: “覆, 伏兵也(여기서 ‘覆’는 ‘복병’이다).”《釋文》: “覆, 扶又反(여기서 ‘覆’는 ‘扶又反’이다).”

---

64 [역주] 원서에 ‘總’으로 되어 있으나 ‘槬’으로 고친다. ‘槬’는 ‘寬大’의 의미이다.

矢(시: 벌여놓다) ***sir**[B] , 式視切,《廣韻》: "陳也('벌이다'이다)."《左傳·隱公五年》: "公矢魚於棠(은공이 棠에다 물고기 장비를 벌여 놓았다)." 注: "書陳魚以示非禮也(고기 잡는 장비를 벌여 놓았다고 기록하여 禮가 아님을 드러냈다)."《詩經·江漢》: "矢其文德, 洽此四國(그 문덕을 펴시어 온 세상을 평화롭게 하네)." 傳: "矢, 施也(여기서 '矢'는 '베풀다'이다)." 이 의미의 글자는 본래 '尸'로 썼다. **尸(시: 진열하다, 벌여놓다, 펼치다)** ***sir** , 式脂切,《廣韻》: "陳也('벌이다'이다)."《說文》: "尸, 陳也('尸'는 '벌이다'이다)."《左傳·桓公十五年》: "祭仲殺雍糾, 尸諸周氏之汪(채중은 옹규를 죽여, 그 시체를 周氏 연못가에 버려두었다)."《左傳·成公十七年》: "以戈殺之, 皆尸諸朝(창으로 찔러 죽이고서, 그들의 시신을 조정에 벌여 놓았다)."《白虎通義·崩薨》: "尸之爲言失也, 陳也, 失氣亡神, 形體獨陳('尸'라는 말의 뜻은 '失'이요, '진열하다'이다. 기를 잃고 정신이 사라져 오로지 형체만을 진열한다)." **夷(이: 평평하다)** ***zir** , 以脂切,《說文》: "平也('평평하다'이다)."《道德經》: "大道甚夷而人好徑(큰 길은 매우 평탄하나, 백성들은 지름길을 좋아한다)."《莊子·胠篋》: "丘夷而淵實(언덕이 무너지면 연못이 메워진다)."《左傳·成公十六年》: "將塞井夷竈而爲行也(장차 우물을 메우고 부뚜막을 헐어서, 평지로 만든 다음 행렬을 펼치려 한다)." '평평하다'의미에서 '평평하게 깎다(鏟平, 鏟除)' 등의 의미가 파생했다.《國語·周語下》: "是以人夷其宗廟(그러므로 백성들이 그들의 종묘를 허물었다)."

憒(궤: 심란하다) ***kuts** , 古對切,《廣韻》: "心亂也('심란하다'이다)."《說文》: "憒, 亂也('憒'는 '어지럽다'이다)."《戰國策·齊策四》: "文倦於事, 憒於憂, 而性懦愚(저는 일로 인해 피곤하고, 근심으로 마음이 혼란하고, 성격도 우매합니다)."《莊子·大宗師》: "彼又惡能憒憒然爲世俗之禮(저들이 또 어찌 어수선하고 번거롭게 세속의 예를 갖추겠는가)."《漢書·食貨志下》: "百姓憒亂, 其貨不行(백성들이 무너지고 혼란스러우니 상품이 유통되지 않는다)." 글자는 또 '潰'로도 쓴다.《詩經·召旻》: "潰潰回遹(혼란하고 혼란하여 간사하거늘)." 傳: "潰潰, 亂也(여기서 '潰潰'이란 '혼란하다'이다)."《釋文》: "潰, 戶對反(여기서 '潰'는 '戶對反'이다)." **潰(궤: 무너지다, 흩어지다, 어지럽다)** ***guts** , 胡對切,《廣韻》: "逃散, 又亂也('흩어지다, 어지럽다'이다)."《左傳·文公三年》: "凡民逃其上曰潰, 在上曰逃(무릇 백성이 임금을 버리고 도망가는 것을 '潰'라 하고, 임금이 도망가는 것을 '逃'라 한다)."《左傳·閔公二年》: "師潰而歸, 高克奔陳(군대가 흩어져서 돌아갔고, 高克도 陳나라로 도망갔다)."《國語·周語上》: "川壅而潰, 傷人必多(냇물이 막혔다가 터지면, 필시 많은 사람이 다치게 된다)."《史記·項羽本紀》: "直夜潰圍南出, 馳走(밤이 새도록, 줄곧 포위를 뚫고 남쪽으로 달려 달아났다)."《墨子·非攻下》: "燔潰其祖廟, 勁殺其萬民(그들의 종묘를 불살라 버리고, 그들의 백성들을 찔러 죽였다)."《史記·河渠書》: "河決酸棗, 東潰金堤(황하의 물이 酸棗에서 터지니, 동쪽으로 金堤가 무너졌다)."

동사의 현재형은 목적어를 가질 수도 있고 갖지 않을 수도 있다. 반면, 동사 완결형(既行體)이 서술어가 되면 통상적으로 목적어를 갖지 않으며, 이는 마치 형용사와 같다. 그러나 동사 완결형도 목적어를 가질 수 있는데, 이는 주체가 경험주(當事)나 행위주를 피동작주에게 넘기는 것이다. 반면, 목적어를 갖지 않는 것은 동사 완결형이 서술어가 될 때 항시 있는 것으로 '集'과 같은 예가 바로 그러하다. 피동작주동사와 동사 완결형은 형태가 같다. 다만, 피동작주동사는 급물동사로 목적어를 취하는데, 이 점이 바로 피동작주동사와 동사 완결형이 다른 부분이다. '夾'은 급물동사이고, '挾'도 급물동사이다. 그러나 전자는 행위주동사인 반면 후자는 피동작주동사이다. 피동작주동사는 행위주동사와 대립하는 동사 형식이다. 행위주동사가 있다고 반드시 피동작주동사가 있는 것도 아니며, 피동작주동사가 있다고 해서 반드시 그와 상응하는 행위주동사가 있는 것도 아니다.

教(교: 가르치다) ***kruus***, 古孝切, 《廣韻》: "教訓也('가르치다'이다)."《說文》: "教, 上所施下所效也('教'란 '위에서 가르침을 베풀고 아래에서 이를 본받는 것'이다)."《釋名》: "教, 效也, 下所法效也('教'란 '效'로 아래가 법받는 것이다)."《元命苞》[65]: "教之言效也, 上行之下效之('教'란 말은 '본받다'이며, 위가 행하고 아래가 본받는 것이다)."《詩經·小雅·角弓》: "爾之教矣, 民胥效矣(네가 가르치면 백성들이 서로 본받으리라)."《左傳·隱公三年》: "臣聞愛子, 教之以義方, 弗納於邪(신이 듣건대 '자식을 사랑하되 의로운 방법으로 가르쳐 사특한 길로 가지 않게 한다'하였습니다)."《左傳·僖公二十七年》: "晉侯始入而教其民(晉侯가 처음 귀국했을 때부터 백성들을 교도하였다)." **效(효: 본받다, 배우다)** ***gruus***, 胡教切, 《廣韻》: "具也, 學也, 象也('조사

65 [역주] '元命苞'는 원명이 《春秋緯元命苞》이다. 漢代의 緯書인 《春秋緯》 중의 한 종류로 작자는 미상이다. 시대는 대략 서한 말기에서 동한 초로 보이며, 魏나라 宋均注가 있다. 그 내용은 천문, 지리, 역사, 신화 전설 등 다방면에 걸쳐 있다.

하다, 세다, 배우다, 본뜨다'이다)."《說文》: "像也('본뜨다'이다)."《左傳·隱公三年》: "去順效逆, 所以速禍也(순리를 버리고 거스름을 본받는 것이 화를 부르는 바입니다)."《左傳·莊公二十年》: "鄭伯效尤, 其亦將有咎(鄭伯이 잘못을 그대로 본받으니, 그에게도 장차 화가 닥칠 것이다)."《左傳·昭公二十五年》: "以效天之生殖(하늘이 만물을 낳고 기르는 것을 본받다)."

동사 '教'는 급물동사이다. 비록 '教' 뒤에 직접목적어가 출현하지 않더라도 그것은 단지 '假불급물동사'일 뿐이다. 예를 들어, 《左傳·文公十八年》에 "子不可教訓, 不知話言(그 아들을 가르칠 수도 없고 좋은 말을 할 줄을 모른다)."이라고 나온다. 마찬가지로, '效' 역시 직접목적어를 갖는 급물동사이다. 분명 우리는 '教'를 '效'의 사동형식이라 보지는 않는다. '教'는 일종의 '시범'이다. 즉, 어떤 이가 '教'하면 어떤 이가 '效'하는 것이다. '教'는 가르치는 자(행위주)의 동작이고, '效'는 배우는 자(피동작주)의 동작이다.

覺(각: 깨닫다, 깨우치다) ***kruk**, 古岳切, 《廣韻》: "曉也, 寤也, 知也('깨닫다, 알다'이다)."《論語·憲問》: "抑亦先覺者, 是賢乎!(그러나 역시 먼저 깨닫는 사람이 현명한 것이다!)"《左傳·哀公二十一年》: "數年不覺, 使我高蹈(몇 년이 되도록 깨닫지 못하여, 우리로 하여금 높이 뛰게 하네)."《釋文》: "覺, 音角, 又古孝反(여기서 '覺'은 음이 '角'이고, 또 '古孝反'이다)."《荀子·富國》: "君人者亦可以覺矣(군주는 또한 이 것을 깨달아야 한다)." **覺(교: 깨다)** ***kruks**, 古孝切, 《廣韻》: "睡覺('잠에서 깨다'이다)." 入聲은 '깨닫다(醒悟)'이고, 去聲은 '잠에서 깨다(睡醒)'이다. 《莊子·齊物論》: "其寐也魂交, 其覺也形開(잠들어도 꿈을 꾸어 혼이 쉴 새가 없고, 깨어나서는 신체가 열려 외계의 욕망을 받아들인다)." **學(학: 깨닫다, 배우다)** ***gruk**, 胡覺切, 《廣韻》: "覺悟也('깨닫다'이다)."《說文》: "學, 覺悟也('學'은 '깨닫다'이다)."《白虎通義·辟雍》: "學之爲言覺也, 悟所不知也('學'이란 말은 '覺(깨닫다)'이다. 내가 모르는 것을 깨닫는 것이다)."《論語·陽貨》: "君子學道則愛人, 小人學道則易使也(군자가 도를 배우면 사람을 사랑하고, 소인이 도를 배우면 부리기가 쉽다)." 邢昺疏[66]: "學者, 覺也, 所以覺悟未知也('學'이란 '깨

66 [역주] 邢昺은 북송시대의 경학자이자 훈고학자이다. 《孝經注疏》, 《論語注疏》, 《爾雅注疏》, 《孝經注疏》 등이 있으며, 그의 이러한 저서들은 경학사상 매우 중요한 지위를 점하고 있다.

닫다'이다. 아직 모르는 것을 깨닫는 것이다)."《左傳·襄公十四年》: "尹公佗學射於庾公差, 庾公差學射於公孫丁(尹公佗는 庾公差에게서 활쏘기를 배웠고, 庾公差는 公孫丁에게서 활쏘기를 배웠다)."《左傳·昭公二十九年》: "其後有劉累學擾龍于豢龍氏(그 후손으로 劉累란 자가 있었는데, 豢龍氏에게서 용을 길들이는 법을 배웠다)."

통사 기능으로 볼 때, 동사 '覺'은 보통 목적어를 취하지 않는 불급물동사이고 피동작주대상이 없다. 그러나 사동목적어를 가질 수 있다. 예컨대,《孟子·萬章上》에 "使先知覺後知, 使先覺覺後覺也(먼저 아는 사람으로 하여금 나중에 아는 사람을 깨우치게 하고, 먼저 깨달은 자로 하여금 나중에 깨닫는 자를 깨우치게 하였다)."라고 나온다. 동사 '學'은 이와 달라서 대개 목적어를 취하는 급물동사로, 피동작주 대상이 있다. **이것은 우리가 앞에서 토론한 '급물동사와 불급물동사의 음운 관계'하고 완전 반대의 상황이다. 이로써 우리는 그들 피차간의 관계를 급물동사와 불급물동사 간의 관계로 처리할 수 없음을 알 수 있다.**《禮記·曲禮上》에 "禮聞來學, 不聞往敎(예에 있어 와서 배운다는 것은 들었어도, 가서 가르친다는 것은 못 들었다)."라고 나온다. '學'과 '敎'는 이처럼 상대적이다. 또《禮記·學記》에 "《兌命》曰: 學學半(〈兌命〉에서 말하길 '가르침은 배움의 반이다(가르친다는 것은 배우는 것이 반이다)'라고 한다)."이라 하고,《釋文》에는 "學學, 上胡孝反, 下如字('學學' 중 앞의 것은 '胡孝反'으로 읽고 뒤의 것은 통상음으로 읽는다)."라고 나온다. 이후 앞의 '學'은 '斅(효: 가르치다, 깨우치다)'로 繁化된다. '斅'는 '胡教切'으로,《廣韻》에서는 "學也,《書》曰惟斅學半('배우는 것'이다. 〈서경〉에서 이르길 '가르침의 효과는 배움의 반이다')."이라고 나온다. 즉, 성조 교체를 통해 '學'과 '斅'를 구별한다. 예컨대,《孟子·離婁下》에서 "逢蒙學射於羿, 盡羿之道(방몽이 예에게서 활쏘기를 배웠는데, 예의 기술을 다 익혔다)."라고 나온다. '覺'은 주체(행위주)가 이해하는 것이라 '先覺'인 셈이고, 이에 비해 '學'은 피동작주를 이해하는 것이라 '後覺'이다. '敎'/'效'의 관계와 마찬가지로, '覺'은 행위주동사이고, '學'은 피동작주동사이다.

逋(포: 달아나다, 도주하다) *pa , 博孤切,《說文》: "亡也('도망가다'이다)."《左傳·僖公十五年》: "六年其逋, 逃歸其國, 棄其家(6년 만에 달아나 자기 나라로 돌아와서는, 그 아내를 버렸

다).” 注: “逋, 亡也(여기서 ‘逋’는 ‘도망가다’이다).”《左傳·哀公十六年》: “逋竄於晉(晉나라로 도망가다).”《周易·訟》: “不克訟, 歸而逋(쟁송을 이기지 못하고, 돌아가 자기 고을에 숨는 것이다).” **捕(포: 사로잡다)** *bas , 薄故切,《廣韻》: “捉也(‘잡다’이다).”《說文》: “捕, 取也(‘捕’는 ‘손으로 잡다’이다).”《康熙字典》: “其人在而直追取之曰逮, 其人亡而討捕之曰捕(그 사람이 있을 때 바로 쫓아가 잡는 것을 ‘逮’라 하고, 그 사람이 도망가서 쳐서 잡는 것을 ‘捕’라 한다).”《左傳·襄公十四年》: “譬如捕鹿, 晉人角之, 諸戎掎之(비유하면 사슴을 잡는 것과 같은데, 晉나라 사람은 뿔을 잡고 여러 융족은 다리를 잡는다).”《莊子·秋水》: “騏驥驊騮, 一日而馳千里, 捕鼠不如狸狌(騏驥, 驊騮와 같은 말은 하루에 천리를 달리지만, 쥐 잡는 일은 살쾡이만도 못하다).”

保(보: 지키다) *puB , 博抱切,《廣韻》: “任也, 安也, 守也(‘책임지다, 편안하다, 지키다’이다).”《說文》: “保, 養也(‘保’는 ‘기르다’이다).”《孟子·滕文公上》: “若保赤子(갓난아이를 보호하듯이 하다).”《禮記·大學》: “《康誥》曰: 如保赤子(〈康誥〉에 “갓난아이를 보호하는 것처럼 하라.”라고 하였다).”《荀子·王霸》: “上之於下, 如保赤子(임금은 백성에 대해 갓난아기를 보호하듯이 한다).” 여기서 파생되어 ‘보호하다’ 등의 의미가 되었다.《孟子·梁惠王上》: “保民而王, 莫之能禦也(백성을 보호하며 왕노릇 한다면, 이를 막을 자가 없을 것이다).” 또 명사로 전환되었다.《禮記·檀弓下》: “公叔禺人遇負杖入保者息(공숙 우인이 지팡이를 지고 보루에서 쉬는 자를 보았다).” 注: “保, 縣邑小城(여기서 ‘保’는 현읍의 작은 성이다).” 글자는 나중에 ‘堡’로도 쓴다. **堡(堡, 보: 작은성, 보루)** *puB , 博抱切,《廣韻》: “堡障小城. 堡, 上同(堡障, 즉 ‘작은 성’이다. ‘堡’는 위와 같다).” **褓(보: 포대기)** *puB , 博抱切,《廣韻》: “襁褓(‘강보, 포대기’).”《呂氏春秋·直諫》: “不穀免衣襁褓而齒於諸侯, 願請變更而無咎(어리석은 제가 포대기에서 벗어나 제후의 반열에 들었으니, 원컨대 바꾸어 태형이 없게 하기를 바랍니다).”《史記·外戚世家》: “青三子在襁褓中, 皆封爲列侯(위청의 세 아들은 포대기에 쌓인 채 모두 열후에 봉해졌다).” **緥(보: 포대기)** *puB , 博抱切,《廣韻》: “《說文》曰: 小兒衣(〈설문〉에 이르길, ‘아이의 포대기’이다).”《史記·三王世家》: “皇子或在襁褓而立爲諸侯王(황자중에서 어떤 이는 포대기에 있으면서 제후왕으로 봉해졌다).” **抱(포: 안다, 품다)** *buB , 薄浩切,《廣韻》: “持也(‘안다, 가지다’이다).”《禮記·曲禮上》: “君子抱孫不抱子(군자는 손자를 안아도 자식을 안지는 않는다).”《禮記·內則》: “妻抱子出自房, 當楣立東面(아내가 아들을 안고 방에서 나와서 처마를 바라보고 동쪽을 향하여 선다)."《詩經·抑》: "借曰未知, 亦旣抱子(설령 아는 것이 없다 하나 이미 자식을 안고 있다)."《韓非子·和氏》: "和乃抱其璞而哭於楚山之下(화씨는 그 옥돌을 안고 荊山 아래에 가서 통곡하였다)."

包(포: 싸다, 회임하다) ***pru** , 布交切, 《廣韻》: "包裹('싸다')."《詩經·野有死麕》: "野有死麕, 白茅包之(들에 죽은 노루가 있거늘, 흰 띠풀로 싸도다)."《禮記·樂記》: "倒載干戈, 包之以虎皮(창과 방패를 뒤집어 싣고 이를 호피로 쌌다)." **炮(포: 통째로 굽다)** ***bru** , 薄交切, 《廣韻》: "合毛炙物也, 一曰裹物燒(털채로 사물을 굽는 것이다. 또는 싸서 굽는 것을 말한다)."《說文》: "炮, 毛炙肉也('炮'는 털채로 고기를 굽는 것이다)."《詩經·瓠葉》: "有兔斯首, 炮之燔之(토끼 한 마리를 그슬리며 싸서 굽는다)." 傳: "毛曰炮(털이 있는 채로 굽는 것을 '炮'라 한다)."《釋文》: "炮, 本作炰, 白交反(여기서 '炮'는 본래 '炰'로 쓰며 '白交反'이다)."《禮記·禮運》: "以炮以燔, 以亨以炙(싸서 굽고 그냥도 굽고, 삶고 구우며)." 注: "炮, 裹燒之也('炮'는 싸서 굽는 것이다)."《釋文》: "炮, 薄交反, 徐扶交反(여기서 '炮'는 '薄交反'이고 徐씨의 음은 '扶交反'이다)."

輸(수: 실어나르다) ***so̲** , 式朱切, 《說文》: "委輸也('수레로 나르다'이다)." 段玉裁注: "以車遷賄曰委輸. 亦單言曰輸. 引申之, 凡傾寫皆曰輸. 輸於彼, 則彼贏而此不足, 故勝負曰贏輸(수레로 재물을 옮기는 것을 '委輸'라 하고 또 간단히 말해 '輸'라고 한다. 여기서 발전하여 모든 '높은 데서 낮은 곳으로 기울어 흐르는 것'을 다 '輸'라 한다. '저쪽으로 기울다'라고 한다면 저쪽이 남고 이쪽은 부족한데, 이에 승부를 '贏輸'라고도 한다)."《左傳·僖公十三年》: "秦於是乎輸粟于晉(秦나라는 이에 晉나라로 곡물을 수송하였다)."《左傳·襄公二十年》: "昔陪臣書能輸力於王室(예전에 陪臣 欒書(欒盈의 祖父)가 왕실을 위해 능히 힘을 다하였다)."《韓非子·十過》: "輸之宮官以爲食器(궁중에 싣고 들여와서 식기로 쓰다)." **逾(유: 넘다)** ***zo̲** , 羊朱切, 《廣韻》: "越也. 踰, 上同('넘다'이다. '踰(넘다)'가 위와 같다)."《詩經·正月》: "終踰絶險, 曾是不意(마침내 험한 길을 넘어가니 생각지도 못하게 수월하도다)."《左傳·僖公二十二年》: "婦人送迎不出門, 見兄弟不踰閾(夫人은 남을 마중하거나 배웅할 때 방문을 나가지 않고, 형제를 만날 때에도 문지방을 넘지 않는다)."

輸(수: 깨뜨리다, 떨어뜨리다, 다하다, 지다) *so̱ , 式朱切, 《廣韻》: "盡也, 寫也, 墮也('다하다, 기울다(쏟다), 떨어지다'이다)." 《詩經·正月》: "載輸爾載, 將伯助予(네 짐을 떨어뜨리고 서야 백을 청해 나를 돕게 한다)." 箋: "輸, 墮也('輸'는 '떨어뜨리다'이다)." 《公羊傳·隱公五年》: "鄭人來輸平(鄭나라 사람이 와서 우호관계를 깨뜨렸다)." 注: "輸平, 猶墮成也(여기서 '輸平'은 '講和를 취소한다는 것'이다)." 《釋文》: "輸, 式朱反, 墮也, 《左氏》作渝平(여기서 '輸'는 '式朱反'이고, '떨어뜨리다'이다, 〈좌씨〉에선 '渝平'이라 되어 있다)." **渝(투/유: 달라지다, 변하다) *zo̱** , 羊朱切, 《廣韻》: "渝變也('변하다, 달라지다'이다)." 《莊子·天運》: "是以道不渝(이로써 도는 변하지 않는다)." 《管子·侈靡》: "犯詛渝盟傷言(맹세를 범하는 것은 '맹세를 어겨서 말을 상하게 하는 것'이다)." 《左傳·成公十二年》: "有渝此盟, 明神殛之(이 맹약을 어기는 자가 있으면 明神이 벌을 내릴 것이다)." 注: "渝, 變也(여기서 '渝'는 '바꾸다'이다)." 《左傳·隱公六年》: "鄭人來渝平(鄭人이 와서 우호로 바꾸고[67])."

餔(포: 먹다) *pa , 博孤切, 《說文》: "申時食也('해가 신시일 때(즉, 저녁에) 먹는 것'이다)." 《莊子·盜跖》: "盜跖乃方休卒徒太山之陽, 膾人肝而餔之(도척은 이때 마침 졸개들을 太山의 남쪽 기슭에서 쉬게 하고, 사람의 간을 회를 쳐서 먹고 있었다)." 《釋文》: "餔, 布吳反, 徐甫吳反, 《字林》云: 日申時食也(여기서 '餔'는 '布吳反'이고 徐씨의 음은 '甫吳反'이다. 〈자림〉에 이르길, '해가 신시일 때 먹는 것이다')." 《呂氏春秋·介立》: "爰旌目三餔之而後能視(원정목은 세 입 정도 먹고 나서야 겨우 사람을 알아볼 수 있었다)." **哺(포: 먹이다, 먹다) *bas** , 薄故切, 《廣韻》: "食在口也('음식을 입안에 머금어 있는 것'이다)." 《說文》: "哺, 哺咀也('哺'는 '입 안에서 음식물을 씹는 것'이다)." 段玉裁注: "凡含物以飼曰哺(무릇 '음식물을 입에 머금다가 먹이는 것'을 '哺'라 한다)." 《爾雅》: "生哺, 鷇('새끼를 낳아서 먹이는 것'이다)." 《釋文》: "哺, 蒲路反, 《說文》云口中嚼食也(여기서 '哺'는 '蒲路反'이고, 〈설문〉에 이르길, '입속에서 음식을 씹는 것'이라 한다)." 《莊子·馬蹄》: "含哺而熙, 鼓腹而遊(먹을 것을 입에 물고 즐거워하고, 배를 두드리며 놀다)." 《釋文》: "哺, 音步(여기서 '哺'는 음이 '步'이다)." 《淮南子·俶真訓》: "含哺而遊, 鼓腹而熙(먹을거리를 입에 물고 놀고, 배를 두드리며 즐기다)." 《呂氏春秋·諭大》: "燕雀爭善處

---

67 [역주] '渝'는 '變更'이다. 즉, '지난 원한을 버리고 우호로 변경한다'는 말이다.

於一屋之下, 子母相哺也(제비와 참새 같은 작은 새들이 한 지붕 밑에 살면서 서로 편안함을 다투어, 어미와 새끼가 서로 먹인다)."《國語·越語上》: "國之孺子之游者, 無不哺之也(나라 안의 遊學하는 젊은이를 만나면, 먹여 주지 않은 사람이 없다)."

闕(궐: 부족하다, 줄이다, 뚫다) *kho̲t, 去月切, 《國語·周語下》注: "缺也('부족하다'이다)." 《國語·晉語一》: "闕從補之, 成而不知, 是以寡敗(한쪽이 부족해지면 따라 다른 곳에서 보충시켰는데 적군은 이것도 모르고 있었으니, 이리하여 패배하는 일이 적었다)." 注: "闕, 缺也(여기서 '闕'은 '부족하다'이다)."《左傳·昭公三年》: "謀闕而已, 無加命矣(부족한 것을 상의하기에 충분할 따름이니, 이밖에 더 명한 것이 없다)." 여기서 파생하여 '부수다, 헐다(損)'의 의미가 되었다.《左傳·僖公三十年》: "若不闕秦, 將焉取之?(秦나라의 땅을 침탈하지 않는다면, 장차 어디에서 취하겠습니까?)" **觼(궐: 뿔로 받다, 뚫다) *go̲t**, 其月切, 《廣韻》: "以角發物('뿔로 받다, 뚫다')." **掘(굴: 파다) *go̲t**, 其月切, 《廣韻》: "穿也('뚫다'이다)." **撅(궐/궤: 파다) *go̲t**, 其月切, 《廣韻》: "采撅('파다')." **撅(궐/궤: 파다) *ko̲t**, 居月切, 《廣韻》: "撅撥物也('사물을 파다'이다)."《逸周書·周祝解》: "貆有爪而不敢以撅(돼지가 발톱이 있으나 이로써 감히 파지는 못한다)." '撅', '觼', '掘'은 동일 단어의 여러 문자 형식이다. 글자는 본래 단지 '闕'로만 쓴다.《左傳·隱公元年》: "若闕地及泉, 隧而相見, 其誰曰不然?(만약 물이 나는 데까지 땅을 파고 들어가서 굴속에서 서로 만나신다면 누가 黃泉에서 만났다고 하지 않겠습니까?)"《釋文》: "闕, 其月反(여기서 '闕'은 '其月反'이다)."《左傳·襄公二十一年》: "方暑, 闕地下冰而床焉(한창 무더운 날씨여서, 땅을 판 후, 얼음을 넣고 그 위에 침상을 놓았다)."《釋文》: "闕, 求月反(여기서 '闕'은 '求月反'이다)."《國語·吳語》: "闕爲深溝, 通於商魯之間(깊은 수로를 파서 옛 商丘인 宋나라와 魯나라 사이를 바로 통하게 하였다)." 注: "闕, 穿也(여기서 '闕'은 '뚫다, 파다'이다)." 글자는 또 '厥'로도 쓴다.《山海經·海外北經》: "相柳之所抵, 厥爲澤溪(相柳가 가는 곳은 뚫고 파서 못이나 시내가 된다)." 注: "厥, 掘也, 音撅(여기서 '厥'은 '뚫다, 파다'로 음은 '撅'이다)."

餐(찬: 먹다) *than, 七安切, 《說文》: "呑也('삼키다'이다)."《詩經·狡童》: "維子之故, 使我不能餐兮(그대 때문에, 내가 밥을 먹지 못하랴)."《釋文》: "餐, 七丹反(여기서 '餐'은 '七丹反'이

다).”《詩經·伐檀》: “彼君子兮, 不素餐兮(저 군자여, 공밥을 먹지 않는구나).”《釋文》: “餐, 七丹反,《字林》云吞食也(여기서 ‘餐’은 ‘七丹反’이다. 〈자림〉에 이르길, ‘음식을 먹는 것’이라 한다).” **餞(전: 전별하다) *ḍan^B** , 慈演切,《廣韻》: “酒食送人(‘음식을 남에게 보내다’).” **餞 (전: 전별하다) *ḍans** , 才綫切,《廣韻》: “酒食送人(‘음식을 남에게 보내다’).”《說文》: “餞, 送去食也.《詩》曰: 顯父餞之(‘餞’은 ‘음식으로 사람을 보내는 것’이다. 〈시경〉에 이르길, ‘현부가 전송하니’라 한다).”《詩經·泉水》: “出宿於泲, 飮餞于禰(泲땅에 나가 유숙하고, 禰땅에 나가 전별주를 마신다).”《釋文》: “餞, 音踐, 徐又在箭反(여기서 ‘餞’은 음이 ‘踐’이고, 徐씨의 음은 ‘在箭反’이다).”《左傳·成公八年》: “季文子餞之(季文子가 韓穿을 전송했다).” 注: “餞, 送行飮酒也(여기서 ‘餞’이란 술과 음식으로 배웅하는 것이다).”《釋文》: “餞, 錢淺反,《說文》云: 送去食也.《字林》子扇反(여기서 ‘餞’은 ‘錢淺反’이다. 〈설문〉에 이르길, ‘음식으로 사람을 보내는 것’이다. 〈자림〉에는 ‘子扇反’이다).”

招(초: 손으로 부르다) *tɯ̱ , 止遙切,《廣韻》: “招呼也, 來也(‘손으로 부르다, 오게 하다’이다).”《說文》: “招, 手呼也(‘招’는 ‘손으로 부르다’이다).”《勸學》: “登高而招, 臂非加長也, 而見者遠(높은 곳에 올라가서 손을 흔들어 부르면, 팔이 더 길어진 것이 아닌데도 멀리 있는 사람이 그 모습을 볼 수 있다).”《詩經·君子陽陽》: “左執簧, 右招我由房(왼쪽에 생황을 들고, 오른쪽으로 방으로부터 나를 부르니).《左傳·昭公二十年》: “旃以招大夫, 弓以招士, 皮冠以招虞人(旃을 흔들어 大夫를 부르고, 활을 흔들어 士를 부르고, 皮冠을 흔들어 虞人을 불렀다).”《荀子·勸學》: “言有召禍也, 行有招辱也, 君子愼其所立乎(말이 재앙을 부를 수 있고, 행동이 치욕을 부를 수 있으니, 군자는 자기가 서는 자리를 신중히 해야 한다).” **召(소: 부르다, 초대하다) *drɯ̱s** , 直照切,《廣韻》: “呼也(‘부르다’이다).” [‘招’와 ‘召’는 同族의 파생단어로 ‘召’의 음이 또 ‘寔照切’이다.《廣韻》: “邵, 邑名, 又姓, 寔照切. 召, 上同(‘邵’는 邑名이고 또 姓이며, ‘寔照切’이다. ‘召’는 이와 같다).” ‘邵’는 조기문헌에서 단지 ‘召’로만 나온다.《釋文》: “召, 本亦作邵, 同上照反, 後召南, 召公皆同(‘召’는 본래 ‘邵’로도 쓰며, 음이 ‘上照反’과 같다. 뒤의 召南, 召公이 모두 이와 같다).”《詩經·甘棠》: “勿翦勿伐, 召伯所茇(자르지도 말고 베지도 마라, 소백님이 계시던 곳이니).” 이로 볼 때, ‘直照切’은 분명 ‘召’의 옛독음을 유지한 것(滯古讀音)이다.]《詩經·出車》: “召彼僕夫, 謂之載矣(저 수레끄는 이를 불러, 짐을 실으라 이르고).”《左傳·隱公

三年》: "宋穆公疾, 召大司馬孔父而屬殤公焉(宋穆公이 병이 심해지자, 大司馬 孔父를 불러 殤公을 부탁하였다)." 《左傳·桓公十七年》: "蔡桓侯卒, 蔡人召蔡季於陳(蔡桓侯가 죽자 蔡人이 陳나라에서 蔡季를 불렀다)."

顫(전: 떨리다) *ta̠ns, 之膳切, 《廣韻》: "四支寒動('사지가 추워 떨리다')." 《淮南子·說山訓》: "故寒顫, 懼者亦顫, 此同名而異實(그러므로 추워도 떨리고 두려워도 떨리는데, 이는 이름은 같으나 실체만 다른 것이다)." 《呂氏春秋·愼大》: "桀爲無道, 暴戾頑貪, 天下顫恐而患之(걸이 무도하여 포악하고 비뚤어지고 완고하고 탐욕스러워, 천하가 그를 두려워하고 걱정하였다)." **戰(전: 두려워하다, 떨다)** *ta̠ns, 之膳切, 《廣韻》: "懼也, 恐也('두려워하다, 무서워하다'이다)." 《詩經·小宛》: "戰戰兢兢, 如履薄冰(안절부절못하고 떨면서, 마치 얇은 얼음을 밟은 듯이 하다)." 《論語·八佾》: "周人以栗, 曰使民戰栗(周나라 사람은 밤나무를 사용하였는데, 이는 백성으로 하여금 두려워 떨게 하기 위한 것이다)." **憚(탄: 꺼리다)** *dans, 徒案切, 《廣韻》: "難也, 又忌惡也('어려워하다, 또 꺼리고 싫어하다'이다)." 《說文》: "憚, 忌難也('憚'은 '꺼리고 어려워하다'이다)." 段玉裁注: "凡畏難曰憚, 以難相恐嚇亦曰憚(무릇 '두려워하고 어려워하는 것'을 '憚'이라 하고, '두려운 것으로 놀라게 하는 것'도 '憚'이다)." 《禮記·表記》: "色足憚也, 言足信也(얼굴빛은 족히 두려우며 말은 족히 미덥다)." 《論語·學而》: "過則勿憚改(잘못이 있으면 고치기를 꺼리지 않는다)." 《左傳·昭公二十年》: "不思謗讟[68], 不憚鬼神(비방과 원망을 생각지 않고, 귀신을 두려워하지 않다)." 《左傳·昭公十三年》: "若憚之以威, 懼之以怒, 民疾而叛(만약 위력으로써 그들을 떨게 하고, 노여움으로써 그들을 두렵게 한다면, 백성들은 미워하여 반란을 일으킬 것이다)."

동사 "餔博孤切"는 행위주(주어)의 동작행위이나, "餔薄故切"는 피동작주(목적어)의 동작행위이다. 즉, 주체가 진술대상을 객체에게 넘긴 것이다. 이 둘 간의 음운 차이는 자음의 清濁 교체 외에도, 去聲/非去聲의 차이도 있다. '招'와 '召'의 음운 관계 역시 그러하다. 뒤의 5장에서 토론할 예정인데, 去聲 역시 상고한어 피동작주동사의 표지 중 하나이다. 《說文》에

68 [역주] '讟(독)'은 '원망하다'이다.

서 "招, 手呼也, 从手召.('招'는 손으로 부르는 것으로 '手'와 '召'의 의미를 따른다)"라고 나오고, 《楚辭·招魂》의 王逸注에는 "以手曰招, 以口曰召也(손으로 부르는 것을 '招'라 하고, 입으로 부르는 것을 '召'라 한다)."라고 나온다. 동사 '招'와 '召'의 의미 차이는 매우 분명하다. 예를 들어, 《荀子·勸學》에 "言有召禍, 行有招辱, 君子愼其所立焉(말이 재앙을 부를 수 있고, 행동이 치욕을 부를 수 있으니, 군자는 자기가 서는 자리를 신중히 해야 한다)."이라고 나온다. 여기서 '召禍'는 피동작주인 '禍'가 '불려지는 것(被召)'이고, '招辱'은 행위주가 '욕되는 것(被辱)'이다. 즉, 동사 '召'의 피동작주는 강렬한 피동의미를 갖는다. 예를 들어, 《左傳·僖公二十八年》에서 "以臣召君, 不可以訓(신하가 임금을 부르는 것은 가르침이 될 수 없다)."라고 나온다. '招'는 행위주의 동작으로 급물이 될 수도 있고 불급물이 될 수도 있다. 반면, '召'는 피동작주의 동작으로 반드시 급물이어야 한다. 불급물동사의 형식으로 출현할 경우, 주어는 피동작주이다. 예컨대, '闢'과 같다.

행위주동사는 행위주가 발출하는 동사로 '餐'같은 것이 있다. 반면, 피동작주동사는 피동작주가 받는 동사로 '餞' 같은 것이 있다. "鄭六卿餞宣子於郊(정나라 여섯 경이 교외에서 선자를 전별하였다)."(《左傳·昭公十六年》)에서 '宣子'는 '餞'의 피동작주이면서 또 근원어(根詞) '餐'의 행위주이기도 하다. 즉, '鄭六卿'은 '餐'의 행위주를 '宣子'에게 넘긴 것이다. 피동작주동사는 목적어를 취하는데 단지 진술자가 진술대상을 목적어(피동작주)에게 넘길 뿐이다. 행위주가 주어와 목적어 사이에서 전환이 되기 때문에, 이들 간의 관계를 쉽사리 급물동사와 불급물동사의 관계로 볼 수 있다. 그러나 행위주동사가 반드시 불급물동사인 것은 아니고, 또 피동작주동사가 반드시 급물동사인 것도 아니다. 이것은 '賢遍反' 발음의 '見'에서 알 수 있다. 淸濁이 교체되는 한 쌍의 동사 중, 청성모의 동사는 대부분 급물동사이고 탁성모의 동사는 대부분이 불급물동사이다. 다만 상고한어의 자음 청탁교체와 동사의 급물/불급물은 필연적인 관계가 없다.

제2장

접두사 *s-

제1절 명사기원동사화名謂化

一

藏語의 접두사 s-는 명사기원동사화(名謂化, denominative)의 기능이 있다. 이것은 명사의 어근에 부가되어 명사의 품사를 바꾸어 動態動詞나 狀態動詞로 전환시키며 아울러 문장에서 서술어가 되게 한다. 상고한어의 *s-접두사도 이러한 기능이 있는가? 李方桂(1971)가 비록 분명히 말하지는 않았으나, 이후에 梅祖麟(1988)은 그의 말을 인용하여, **상고한어 *s-접두사가 '명사기원동사화'의 기능이 있음**을 증명하였다. 舒志武(1988) 역시 "상고한어의 *s-접두사가 명사를 동사로 변화시키는 기능이 있다"라고 주장하였다. 梅祖麟(1988)는 Conrady 연구에 기초 위에, 내부재구법(內部擬構法)을 이용하여, 舒志武와 비슷한 결론을 얻어 냈는데, 그는 상고한어 *s-접두사가 '명사기원동사화' 기능이 있다고 보았다. 이후 1989년, 梅祖麟은 기존 연구의 기초 하에 상고한어 *s-접두사에 대한 토론을 더 심화시켰고 증빙자료도 더 보강하였다.

梅祖麟(1988)이 제시한 예는 총 14개이다. 그중 7가지는 '명사가 동사로 변화하는 것'이고, 나머지 7가지는 '명사가 형용사로 변화하는 것'이다. 梅祖麟이 든 예들은 명사와 동사 간의 음운적 차이에 있어서 단지 *s-접두사의 유무에만 국한된 것이 아니라, 다른 방면의 차이도 존재한다. 이에 대해 梅祖麟은 추가적인 해석을 하지 않았다. 따라서 이 때문에 사람들은 *s-접두사가 과연 작용을 하는 것인지에 대해 의문을 품기도 했다. 명사가 동사로 변화하는 7가지 예에 대해서 보자면, 단지 '途'와 '徐' 한 쌍만이 성모와 等의 문제와 관련이 있었고, 다른 쌍들은 거성/비거성의 문제와 관련이 있었다. 거성/비거성의 교체는 상고한어의 중요한 조어법 수단으로 비거성이 거성으로 바뀌며 품사가 명사에서 동사나 형용사로 변화된다. 이처럼 상고한어의 형태 연구에서 성조는 매우 중요하다. 그러나 우리는 원래부터 *s-접두사에 의한 명사기원동사화에 속하지 않은 동사를 억지로 *s-접두사를 붙일 수는 없다. 예컨대, 梅祖麟이 든 '術'과 '遂'의 경우, 우리는 이 둘의 차이가 상고한어 *-s접미사에 의해 이루어졌다고 본다. 중고한어의 神母와 邪母는 본래 동일한 자음성모였으나 이후 운모의 차이에 의해 분화된 것이다. 術韻은 단지 神母만 있고, 至韻合口는 단지 邪母만 있다. 이처럼 상고한어에 *-s 접미사로 구성된 동사는 적지 않으며 결코 몇몇 특수한 사례로 국한되지 않는다.

二

墨(묵: 먹) *mek, 莫北切, 《廣韻》: "筆墨('먹')." 《孟子·盡心上》: "大匠不爲拙工改廢繩墨, 羿不爲拙射變其彀率(큰 목수는 못하는 목공 때문에 먹줄과 먹통을 고치거나 폐하지 않으며, (활 잘 쏘는) 羿는 못 쏘는 사수 때문에 활시위를 당기는 기준을 변경하지 않는다)." 《莊子·田子方》: "舐筆和墨, 在外者半(붓에 침을 바르고 먹을 갈고, 밖에 있는 자가 절반이다)." 《左傳·昭公十五年》: "其有咎乎, 吾見赤墨之祲(禘祭 지내는 날에 아마도 재앙이 있을 것 같다. 내가 보기에 하늘에 붉고 검은 기운이 있다)." **黑(흑: 검다) *s-mek**, 呼北切, 《廣韻》: "北方色(북방의 색이다)." 《左傳·昭公四年》: "顧而見人, 黑而上僂, 深目而豭喙(고개를 돌리자 어떤 사람이 보이는데, 검을 얼굴 두 어깨는 앞으로 굽었고, 깊은 눈에 돼지주둥이 입 같았다).”《禮記·檀弓上》: “夏后氏尙黑; 大事斂用昏, 戎事乘驪, 牲用玄(하후씨는 검은색을 숭상한다. 장사 지낼 때 염은 저녁쯤에 하고, 전쟁은 검은 말을 타고, 희생은 검은색을 사용한다).”《莊子·天運》: “夫鵠不日浴而白, 烏不日黔而黑(무릇 백조는 매일 목욕하지 않아도 희고, 까마귀는 매일 검게 칠하지 않아도 검다).”

茻(망: 많은 풀, 우거지다) ***maŋ^{B}**, 模朗切, 《廣韻》: “《說文》曰: 衆草也(‘많은 풀’이다).” **莽(망: 풀, 우거지다)** ***maŋ^{B}**, 模朗切, 《廣韻》: “草莽(‘풀이 우거지다’).” 玄應《一切經音義》卷十一引《說文》(현응의 〈일체경음의〉권11에서 〈설문〉을 인용하여 말하길): “木叢生曰榛, 草叢生曰莽也(나무가 무더기로 자라나는 것을 ‘榛’이라 하고, 풀이 무더기로 자라나는 것을 ‘莽’이라 한다).”《孟子·萬章下》: “在野曰草莽(재야에 있는 사람을 초야에 사는 신하라 한다).” 注: “莽, 草也(여기서 ‘莽’은 ‘풀’이다).”《方言》: “莽, 草也(‘莽’은 ‘풀’이다).”《左傳·昭公元年》: “是委君貺於草莽也(이는 임금님이 주신 것을 풀밭에 버리는 것이다).”《左傳·哀公元年》: “吳日敝於兵, 暴骨如莽(吳나라는 날마다 전쟁 때문에 피폐해져서, 병사들의 시체가 들에 풀처럼 널부러져 있다).”《左傳·哀公十五年》: “是我寡君之命委於草莽也(이는 우리 임금님의 명을 풀밭에 버리는 것이다).” **荒(황: 풀이 땅을 덮다, 거칠다, 덮다, 다스리다)** ***s-maŋ**, 呼光切, 《廣韻》: “荒蕪(‘황폐하다’).”《周禮·夏官·司馬》: “野荒民散則削之(들판이 황폐되고 백성들이 뿔뿔이 흩어지면, 해당 군주의 작위를 깎는다).”《禮記·曲禮上》: “地廣大荒而不治(땅은 넓은데 황폐하나 다스리지 않는다).” 鄭注: “荒, 穢也(여기서 ‘荒’은 ‘거칠다’이다).”《莊子·漁父》: “田荒室露, 衣食不足, 征賦不屬, 妻妾不和, 長少無序, 庶人之憂也(밭이 황폐해지고 집이 무너져, 옷과 먹을 것이 부족하고, 세금을 계속 내지 못하고, 처첩이 화목하지 못하고, 위아래 질서가 없게 되는 것은 서민들의 근심거리이다).”《孟子·告子下》: “入其疆, 土地荒蕪(그 경계 안에 들어갔을 때 토지는 황폐하다).”《左傳·桓公十三年》: “莫敖縊於荒谷(막오는 荒谷에서 목매 죽었다).”《說文》: “荒, 蕪也, 一曰草掩地也(‘荒’은 ‘거칠다’이다, 한편으로 ‘풀이 땅을 뒤덮은 것’이다).”《詩經·閟宮》: “奄有龜蒙, 遂荒大東(곧 구산과 몽산을 소유하여, 마침내 동쪽끝까지 다스리니).” 傳: “荒, 有也(여기서 ‘荒’은 ‘소유하다’이다).” 箋: “荒, 奄也(여기서 ‘荒’은 ‘奄(덮다)’이다).”《詩經·樛木》: “南有樛木, 葛藟荒之(남쪽에 늘어진 나무 있는데, 칡과 등나무 덤불로 덮여있다).” 傳: “荒, 奄(여기서 ‘荒’은 ‘奄(덮다)’이다).”《詩經·天作》: “天作高山, 大王荒之(하늘이 높은 산을 만들고 대왕이 다스리도다).”

姥(모: 할미) ***maᴮ** , 莫補切,《廣韻》: “老母, 或作姆, 女師也(‘노모’이며 또는 ‘姆’로도 쓴다. ‘女師[69]’이다).” **媽(마: 어머니)** ***maᴮ** , 莫補切,《廣韻》: “母也(‘어머니’이다).” **峔(모: 할머니)**, 莫補切,《廣韻》: “慈母, 山名, 在丹陽, 亦作姥, 俗从山(‘자모’이다. 산의 이름도 되는데 ‘丹陽’에 있다. 이는 또 ‘姥’로도 쓴다. 俗에선 ‘山’을 따른다).” ‘母’는 상고한어에서 ‘之部’와 ‘魚部’ 두 가지 음운 형식이 존재한다. 之部는 중고에 ‘厚韻’에 들어가고, 魚部는 ‘姥韻’운에 들어간다. 그런데 구어는 줄곧 ‘魚部’의 독음을 보존하고 있다. 여기서 ‘大’의 의미가 파생하여 접사(詞頭)로 사용되며 ‘馬’로 쓴다.《爾雅》: “蝒, 馬蜩(蝒(면)은 ‘큰 매미’이다).” 郭注: “蜩中最大者爲馬蟬(매미 가운데 큰 놈을 ‘馬蟬’이라 한다).”《說文》: “蝒, 馬蜩也(蝒(면)은 ‘큰 매미’이다).” 段玉裁注: “凡言馬者謂大. 馬蜩者, 蜩之大者也(무릇 ‘馬’란 표현은 ‘크다’를 말한다. 이에 ‘馬蜩’란 매미 중 큰 것을 말한다).” 桂馥《札樸》卷九: “馬蟻, 蟻蛘, 皆蟻之大者(마의, 의양 등의 개미는 모두 개미 중 큰 놈이다).” **幠(무: 크다)** ***s-ma** , 荒烏切,《廣韻》: “大也(‘크다’이다).”《爾雅》: “幠, 大也(‘幠’는 ‘크다’이다).”《詩經·巧言》: “無罪無辜, 亂如此幠(나는 죄도 잘못도 없거늘, 난이 이다지도 크단 말인가).” 傳: “幠, 大也(‘幠’는 ‘크다’이다).”

夢(몽: 흐리다, 어둡다) ***me̱ŋ** , 莫中切,《廣韻》: “《說文》曰: 不明也(〈설문〉에 이르길, ‘분명치 않다’라 한다).” **夢(몽: 꿈)** ***me̱ŋs** , 莫鳳切,《廣韻》: “寐中神遊.《說文》云: 寐而有覺(‘자는 동안 정신이 나가 노니는 것’이다. 〈설문〉에 이르길, ‘자고 있으나 지각이 있는 것’이다).”《莊子·齊物論》: “方其夢也, 不知其夢也. 夢之中又占其夢焉, 覺而後知其夢也(막 꿈을 꿀 때는 그것이 꿈인지를 알지 못하고, 꿈속에서 꿈을 점치다가 깨어난 뒤에 그것이 꿈인지를 알게 된다).”《莊子·人間世》: “匠石覺而診其夢(工人인 石이 꿈에서 깨어나 그 꿈에 대해 점을 쳤다).” **薨(훙: 제후가 죽다)** ***s-meŋ** , 呼肱切,《廣韻》: “《說文》云: 公侯卒也(〈설문〉에 이르길,

69 [역주] ‘女師’란 ‘고대 귀족여자들을 교육하는 일을 담당하는 여자’를 가리키기도 하고, ‘여자의 모범’이란 의미, 또 ‘여승, 비구니’란 뜻도 있다.

'공후가 죽는 것'을 말한다)."《禮記·曲禮下》: "天子死曰崩, 諸侯曰薨, 大夫曰卒, 士曰不祿, 庶人曰死(천자의 죽음을 '崩'이라 하고, 제후의 죽음을 '薨', 대부의 죽음을 '卒', 사의 죽음을 '不祿', 그리고 일반 백성의 죽음을 '死'라 한다)"《禮記·曾子問》: "君薨而世子生, 如之何?(군주가 돌아가신 후 세자가 태어나면 어찌해야 합니까?)"

午(오: 공이) ***ŋa**^{B} , 疑古切, 《說文》: "啎也('거스르다'이다)." 林義光[70]: "午像杵形, 實杵之古文('午'의 모양은 '杵'의 모양과 닮았는데, 사실 '杵'의 고문이다)." **杵(저: 공이)** ***t-ŋa̱**^{B} , 昌與切, 《廣韻》: "《世本》曰: 雍父[71]作杵臼(〈세본〉에 이르길, '雍父가 절구와 절굿공이를 만들었다고 한다')."《說文》: "杵, 舂杵也, 从木午聲('杵'는 '공이로 찧는 것'이다. '木'을 따르고 '午'가 성부이다)"《孟子·盡心下》: "何其血之流杵也?(어찌 그들의 피가 흘러 넘쳐 절굿공이가 떠내려가는 일이 있었겠는가?)"《周易·系辭下》: "斷木爲杵, 掘地爲臼, 臼杵之利, 萬民以濟(나무를 깎아서 공이를 만들고, 땅을 파서 절구를 만들어, 절구와 절굿공이의 이로움으로 만민이 구제되었다)."《鹽鐵論·散不足》: "鄰有喪, 舂不相杵, 巷不歌謠(옛날 이웃에 상이 나면, 절구질을 하지 않았으며 거리에는 노래 소리가 없었다)." **許(허/호: 허락하다, 들어주다, 이영차)** ***s-ŋa̱**^{B} , 虛呂切, 《廣韻》: "許可也, 與也, 聽也('허락하다, 주다, 들어주다'이다)." 楊樹達(1983:23)은 다음과 같이 말했다. "'許'는 '午'의 의미를 따르고 '午'가 성부이다. '午'는 곧 '杵'의 象形字이다. 글자는 '言'과 '午'의 의미를 따른다. 그리고 이는 절구질 할 때 입으로 내는 소리이다."《淮南子·道應訓》: "今夫舉大木者, 前呼邪許, 後亦應之. 此舉重勸力之歌也, 豈無鄭, 衛激楚之音哉?(큰 나무를 들어 올리는 자는 앞에서 '이영차'하고 지르면 뒤에서 이에 응한다. 이는 무거운 것을 들고 힘을 내게 하는 노래이다. 어찌 정나라, 위나라가 초나라를 감동시키는 음악이 없겠습니까?)"《詩經·伐木》: "伐木許許(어영차 소리에 맞춰 나무를 베고)." 集傳: "衆人共力之聲(여러 사람이 힘을 합하는 소리이다)."《說文》: "許, 聽也('許'는 '듣고 따르다'이다)."《左傳·隱公元年》: "亟請於武公, 公弗許(자주 무공에게 청했으나 무공은 허락하지 않았다)."《左傳·僖公二十一年》: "以求諸侯於楚, 楚人許之(제후들로 하여금 그를 옹호

70 [역주] 林義光은 福建省, 閩侯사람이다. 古文字研究에 탁월했다. 清華學校, 北平中國大學, 師範大學 등에서 재직하였다.

71 [역주] '雍父'란 전설상 黃帝의 신료 중 하나로, 절구공이를 발명하였다고 한다.

해 줄 것을 楚에게 요구하자, 초나라 사람이 허락하였다)."

兒(아: 아이) ***ŋi̯**, 汝移切,《廣韻》: "嬰兒('어린아이')."《說文》: "兒, 孺子也('兒'는 '어린아이'이다)."《左傳·宣公十五年》: "晉師滅赤狄潞氏, 以潞子嬰兒歸(진의 군대가 赤狄潞氏를 멸하고 潞子嬰兒를 데리고 돌아갔다)."《莊子·人間世》: "彼且爲嬰兒, 亦與之爲嬰兒(그가 갓난아이처럼 놀면, 그대 역시 그와 함께 갓난아이 같이 행동해라)."《禮記·雜記下》: "中路嬰兒失其母焉, 何常聲之有?(길 한가운데에서 어린 아이가 어미를 잃었다면 무슨 정해진 소리가 있겠는가)" **鬩(혁: 다투다, 원망하다)** ***s-ŋik**, 許激切,《廣韻》: "鬩鬥也, 很也, 戾也, 又相怨也('鬩'은 '다투다, 미워하다, 어그러지다, 서로 원망하다'이다)."《說文》: "鬩, 恒訟也.《詩》云: 兄弟鬩于牆. 从鬥从兒. 兒, 善訟者也('鬩'은 '항시 쟁송하다'이다. 〈시경〉에 이르길, '형제가 같은 담장 안에서 다투더라도'라고 나온다. '鬥'와 '兒'를 따른다. '兒'는 싸움을 좋아하는 사람이다)."《詩經·常棣》: "兄弟鬩于牆, 外禦其務(형제는 같은 담장 안에서 다투더라도, 외부에서 그들을 욕되게 하면 이를 막느라 힘쓴다)."《左傳·僖公二十四年》: "兄弟鬩于牆, 外禦其侮(형제가 담장 안에서 싸우더라도 바깥의 모욕은 힘써 막는다)." 注: "鬩, 訟爭貌('鬩'은 '싸우는 모양'이다)."《新書·修政語下》: "民不私相鬥, 鬩不私相煞也(백성들은 사사로이 서로 싸우지 아니하며, 다투어도 사사로이 서로 죽이지 않는다)."

內(내: 안) ***nups**, 奴對切,《廣韻》: "入也('들다'이다)."《左傳·僖公二十七年》: "靖諸內而敗諸外, 所獲幾何?(나라 안에서는 안정된다 하더라도 나라 밖에서 실패한다면 소득이 얼마나 되겠는가?)"《左傳·文公七年》: "兵作於內爲亂, 於外爲寇(난이 안에서 일어나는 것을 '亂'이라 하고 밖에서 일어나는 것을 '寇'라고 한다)."《左傳·僖公二十四年》: "惠懷無親, 外內棄之(惠公과 懷公은 친한 사람이 없어서 나라 안팎이 모두 그들을 버렸다)."《易·比》: "六二, 比之自內, 貞, 吉(六二는 친함을 안으로부터 하니, 貞하고 吉하다)."《象》曰: "比之自內, 不自失也(친함을 안으로부터 하면 스스로 잃지 않는다)." **退(퇴: 물러나다)** ***s-nups**, 他內切,《廣韻》: "卻也('물러나다'이다)."《說文》: "退, 卻也. 退, 或从內('退'는 '물러나다'이다. '退'는 혹은 '內'를 따른다)."《詩經·桑柔》: "人亦有言, 進退維谷(사람들이 또한 말하되, 나아가나 물러가나 오직 계곡뿐이다)."《左傳·宣公二年》: "問其名居, 不告而退(그의 이름과 거처를 묻자 말하지 않고

물러났다)."

壤(양: 흙) ***naŋ**^B , 如兩切,《廣韻》: "土也('흙'이다)."《說文》: "壤, 柔土也('壤'은 '부드러운 흙'이다)."《左傳·成公五年》: "山有朽壤而崩(산에 썩은 흙이 있어서 무너졌다)."《呂氏春秋·高義》: "敗王師, 辱王名, 虧壤土, 忠臣不忍爲也(왕의 군대가 패하면, 왕의 명예를 욕되게 하고, 나라를 잃게 될 것이니, 이것은 충신으로서 차마 할 수 없는 일이다)."《淮南子·兵略訓》: "攻者非以禁暴除害也, 欲以侵地廣壤也(공격하는 자는 포악함을 금지하고 해악을 제거하려는 것이 아니다. 땅을 침략하여 넓히고자 하는 것이다)." **襄(양/상: 옷벗고 밭갈다, 청소하다)** ***s-naŋ** , 息良切,《說文》: "解衣而耕謂之襄(옷을 벗고 밭을 가는 것을 '襄'이라 한다)."《逸周書·謚法解》: "辟地爲襄(토지를 개척하면 '襄'이 된다)."《廣韻》: "襄, 除也('襄'은 '없애다'이다)."《詩經·牆有茨》: "牆有茨, 不可襄也(담장에 납가새가 있으니 제거할 수가 없구나)." 傳: "襄, 除也('襄'은 '없애다'이다)."《詩經·出車》: "玁狁于襄(험윤을 제거하다)." 傳: "襄, 除也('襄'은 '없애다'이다)."

林(림: 숲) ***rim** , 力尋切,《廣韻》: "林木.《爾雅》云: 野外謂之林.《說文》曰: 平土有叢木曰林('숲'이다. 〈이아〉에 이르길, '들의 밖을 林이라 한다', 〈설문〉에 이르길, '평평한 땅에 우거져 있는 나무를 林이라 한다')."《釋名》: "山中叢木曰林. 林, 森也, 森森然(산속에 우거져 있는 나무를 '林'이라 한다. '林'은 '森(숲)'이다. '빽빽한 것'이다)."《詩經·擊鼓》: "于以求之, 于林之下(이에 찾기를 숲 아래에서 한다)." 傳: "山木曰林('산의 나무, 즉 숲'을 '林'이라 한다)."《詩經·野有死麕》: "林有樸樕, 野有死鹿(숲에 떡갈나무가 있고, 들에 죽은 사슴이 있네)." **森(삼: 나무가 빽빽하다)** ***s-rim** , 所今切,《廣韻》: "長木貌('긴 나무의 모습'이다)."《說文》: "森, 多木貌('森'은 많은 나무의 모습이다)."《玉篇》: "森, 長木貌('긴 나무의 모습'이다)."

龍(룡: 용) ***roŋ** , 力鍾切,《廣韻》: "鱗蟲之長也(비늘짐승(인충)의 우두머리이다)."《說文》: "龍, 鱗蟲之長('龍'은 비늘짐승의 우두머리이다)."《大戴禮記·曾子天圓》: "鱗蟲之精者曰龍(비늘짐승의 정수를 '龍'이라 한다)."《禮記·曲禮上》: "前朱鳥而後玄武, 左靑龍而右白虎(군의 행진때 앞에는 주조기를 세우고, 뒤에는 현무기를 세우며, 왼쪽에는 청룡기를 세우고 오른쪽에는 백호기를 세운다)." 《詩經·商頌·長發》: "何天之龍(하늘의 은총을 누리셨구나)." 箋: "龍, 當作寵(여기서 '龍'은 '寵'으로 써야 한다)." 龍, 《廣雅》: "寵也('은혜'이다)." 王念孫: "昭十二年左傳引蓼蕭詩龍光作寵光(소공12년 〈좌전〉에서 〈시경〉의 蓼蕭를 인용할 땐 '龍光'을 '寵光'으로 썼다)[72]." **寵(총: 높이다, 우러르다) *s-ro̲ŋ^B**, 丑隴切, 《說文》: "尊居也('숭고한 위치'이다)." 《詩經·商頌·長發》: "何天之寵(하늘의 은총을 누리셨구나)." 箋: "龍當作寵, 寵, 榮名之謂(여기서 '龍'은 '寵'으로 써야 한다. '寵'은 '영예'를 말한다)." 《國語·晉語八》: "使至於生疾, 又不自退而寵其政(병이 나는 데에 이르게 하였고, 또 스스로 벼슬에서 물러나지 않고, 그 정치를 영화롭게 여기고 있다)." 注: "寵, 榮也('寵'은 '영화롭다'이다)." 《國語·晉語四》: "尊貴寵, 賞功勞(귀하고 아끼는 신하를 존중하고, 공로 있는 이에게 상을 준다)."

力(력: 힘, 힘줄) *re̲k, 林直切, 《廣韻》: "筋也('힘줄'이다)." 《詩經·簡兮》: "有力如虎, 執轡如組(힘은 호랑이 같고, 말고삐는 실 다루는 듯하다)." 《左傳·隱公十一年》: "度德而處之, 量力而行之(덕을 헤아려 처리하고, 힘을 헤아려 행동하다)." 《左傳·桓公六年》: "是以聖王先成民, 而後致力於神(따라서 聖王은 먼저 백성을 풍족하게 하고 나서, 신을 섬기는 데 힘을 다한다)." 《史記·外戚世家》: "上之得爲嗣, 大長公主有力焉(무제가 선왕의 후사를 이을 수 있었던 것은, 대장공주의 힘이 작용했기 때문이다)." 《周禮·夏官·司馬》: "事功曰勞, 治功曰力(사업에 공로가 있는 것을 '勞'라 하고, 다스림에 공로가 있는 것을 '力'이라 한다)." **勑(래/칙: 위로하다) *s-re̲k**, 恥力切, 《廣韻》: "勞也('위로하다'이다)." 《爾雅》: "敕, 勞也('敕'은 '위로하다'이다)." 注: "敕者, 相約敕也, 亦爲勞苦('敕'이란 '서로 약속하고 타이르는 것'이다. 또 '수고로움을 위로하는 것'이다)." 《史記·樂書》: "余每讀虞書, 至於君臣相敕(내가 매번 〈서경〉의 虞書를 읽을 때마다, 임금과 신하가 서로 경계하고 격려하는 대목에 이른다)."

士(사: 남자, 사내) *g-re̲^{B}, 鉏里切, 《說文》: "事也('일하는 사람'이다)." '士'의 본의는 남

---

72 [역주] 원문은 "享之, 為賦蓼蕭, 弗知, 又不荅賦, 昭子曰, 必亡, 宴語之不懷, **寵光**之不宣, 令德之不知."이다. (연회를 열어 華定을 접대할 때 그를 위해 〈蓼蕭〉 詩를 읊었으나, 그는 그 시의 뜻을 이해하지 못하고 또 시로 화답하지도 않았다……宴語를 생각하지도 않고, 寵光을 선양하지도 않고, 아름다운 덕을 알지도 못하고…)

성의 성기였고, 여기서 '남자'가 파생되었다. 《詩經·摽有梅》: "求我庶士, 迨其吉兮(나를 찾는 그 사내들은 그 길함에 미칠 것이니)." 《詩經·野有死麕》: "有女懷春, 吉士誘之(아가씨가 봄을 그리워하는데, 멋진 남자가 그녀를 유혹한다)." 《詩經·匏有苦葉》: "士如歸妻, 迨冰未泮(남자가 만약 장가가려면 얼음이 풀리기 전에 오시오)." 또 '군왕을 도와 일을 하는 남자'를 가리키기도 하는데 이를 '仕'라고도 쓴다. **仕(사: 벼슬, 벼슬아치)** *g-re̱^{B} , 鉏里切, 《廣韻》: "仕官('벼슬아치')." 《孟子·公孫丑下》: "有仕於此, 而子悅之(여기에 벼슬하는 사람이 있는데, 당신이 그를 좋아합니다)." 《韓非子·說難》: "此非能仕之所恥也(이는 유능한 선비가 부끄러워할 것은 아니다)." 《詩經·文王有聲》: "武王豈不仕?(무왕께서 어찌 일하지 않으셨겠는가?)" 傳: "仕, 事(여기서 '仕'는 '일하다'이다)." 先秦 문헌 중 '仕'는 대부분 군왕을 도와 일을 하는 것을 가리킨다. 《孟子·滕文公下》: "士之仕也, 猶農夫之耕也(선비가 벼슬하는 것은 농부가 밭을 가는 것과 같다)." 《論語·公冶長》: "子使漆雕開仕(공자가 漆雕開로 하여금 벼슬하게 하시다)." 《論語·子張》: "仕而優則學, 學而優則仕(벼슬하고서 여력이 있으면 글을 배우고, 배우고도 여력이 있으면 벼슬을 한다)." 글자는 또 '士'로도 썼다. 《荀子·大略》: "古者匹夫五十而士(옛날에 평민은 50세가 되어야 벼슬하였다)." 또 '형옥을 관리하는 관원'을 가리키기도 했다. 《周禮·地官·司徒》: "其附於刑者歸於士(그 형벌이 적용되는 자는 관리에게 인계한다)." 注: "士謂主斷刑之官. 《春秋傳》曰: 士榮爲大士('士'는 판결을 주관하는 관리이다. 〈춘추전〉에 이르길, '士榮이 大士가 되었다'라고 한다)." 《左傳·僖公二十八年》: "鍼莊子爲坐, 士榮爲大士(鍼莊子가 坐가 되고 士榮이 大士가 되었다)." 注: "大士, 治獄官也('大士'는 옥사를 다스리는 관리이다)." 글자는 또 '李'로도 쓴다. **李(리: 벼슬아치, 사자)** *re̱^{B} , 良里切, 《廣韻》: "亦行李(또한 '사신'이다)." 《管子·法法》: "契爲司徒, 皋陶爲李(설은 사도가 되었고 皋陶는 李가 되었다)."(《孟子·盡心上》: "皋陶爲士(皋陶가 사가 되었다).) 注: "古治獄之官, 作此李官(옛날 옥사를 다스리던 관리를 李官이라 하였다)." 《管子·五行》: "后土辨乎北方, 故使爲李, 是故春者土師也, 夏者司徒也, 秋者司馬也, 冬者李也(后土는 북방을 밝게 살폈기 때문에, 형옥(李)으로 삼았다. 이 때문에 봄이란 土師이고, 여름이란 司徒이며 가을이란 司馬이고, 겨울은 형옥인 李官인 것이다)." 注: "李, 獄官也(여기서 '李'는 옥관이다)." '李'는 또 '使者'를 가리킨다. 《左傳·僖公三十年》: "行李之往來, 共其乏困(사신이 왕래할 때, 부족한 것을 공급하게 하다)." 注: "行李, 使人(여기서 '行李'는 사신이다)." 《左傳·襄公八年》: "亦不使一个行李, 告於寡君(사신 한 사람을 보내어 우리 임금께 고하지 않고).” 注: “行李, 行人也(여기서 ‘行李’는 사신이다).” **使(사: 부리다, 시키다)** *s-re̱ᴮ , 疏士切, 《廣韻》: “役也, 令也(‘부리다, 시키다’이다).” 《說文》: “使, 令也(‘使’는 ‘시키다’이다).” 《論語·八佾》: “君使臣, 臣事君, 如之何?(임금이 신하를 부리고, 신하가 임금을 섬기는 것에 어찌해야 합니까)” 《論語·八佾》: “君使臣以禮, 臣事君以忠(임금이 신하를 禮로써 부리면 신하는 임금을 충성으로써 섬긴다).”

幟(치: 깃발) *te̱ks , 職吏切, 《集韻》: “旗也, 或从志, 通作織(‘깃발’이다, 혹은 ‘志’를 의부로 한다. ‘織’와 통한다).” 《說文》: “幟, 旌旗之屬(‘幟’는 ‘깃발’의 일종이다).” 《史記·高祖本紀》: “祭蚩尤於沛庭, 而衅鼓旗, 幟皆赤(패현의 뜰에서 황제와 치우에게 제사 지내고, 짐승의 피를 북과 깃발에 바르는 의식을 행하고 깃발은 모두 붉은색으로 했다).” 索隱: “《字詁》云: 幟, 標也. 幟, 或作識, 或作志(〈자고〉에 이르길, ‘幟는 標이다’라고 했다. ‘幟’는 ‘識’으로도 쓰고 또 ‘志’로도 쓴다).” 《史記·淮陰侯列傳》: “拔趙幟, 立漢赤幟(조나라의 깃발을 뽑아버리고 한나라의 붉은 깃발을 세우다).” 《漢書·高帝紀上》: “幟皆赤(깃발은 모두 붉은색으로 했다).” 顔師古注: “幟, 幖也(‘幟’는 ‘幖’이다).” 《史記·張丞相列傳》: “沛公以周昌爲職志(패공은 주창을 직지로 삼았다).” 集解: “徐廣曰: 主旗幟之屬(서광이 이르길, ‘깃발을 관장하는 관리’이다).” 索隱; “官名也. 職, 主也; 志, 旗幟也, 謂掌旗幟之官也(관명이다. ‘職’은 ‘담당하다’이다. ‘志’는 ‘깃발’이다. 즉, 깃발을 담당하는 관리를 말한다).” 《史記·劉敬叔孫通列傳》: “設兵張旗志(무기를 갖추고 깃발을 세우다).” 集解: “一作幟(‘幟’로 되어 있기도 하다).” 글자는 또 ‘織’로도 쓴다. 《詩經·六月》: “織文鳥章, 白旆央央(깃발 무늬는 새를 그렸으며 흰 깃발이 선명하니).” 箋: “織, 徽織也(‘織’은 휘장이다).” 《釋文》: “織, 音志, 又尺志反(‘織’의 음은 ‘志’이고 또 ‘尺志反’이다).” 《漢書·陳湯傳》: “望見單于城上立五采幡織(선우의 성을 바라다보니 다섯 빛깔의 기치가 있었다).” 顔師古注: “織讀曰幟(‘織’는 ‘幟’로 읽는다).” **識(지: 표지, 기록하다)** *te̱ks , 職吏切, 《廣韻》: “標識, 見禮, 本音式(표지이다. 〈예〉에 보인다. 본음은 ‘式’이다).” **識(식: 알다, 나타내다)** *s-te̱k , 賞職切, 《說文》: “常也, 一曰知也(‘깃발(常)’이다. 한편으로 ‘알다’이다).” 《釋名》: “識, 幟也, 有章幟可按視也(‘識’은 ‘깃발(幟)’이다. 무늬가 있는 깃발로 잘 보여주어(알 수 있다)).” 《禮記·檀弓下》: “以死者爲不可別已, 故以其旗識之(죽은 자를 구별할 수 없기 때문에, 그 깃발로 표시한다).” 《釋文》: “識, 式至反, 皇如字(여기서 ‘識’은 ‘式至反’이고 ‘皇’은 통상음이다).”

《周禮·冬官·考工記》: "爲規, 識日出之景, 與日入之景(규를 가지고 태양이 뜰 때의 그림자와 태양이 질 때의 그림자를 표시한다)."《漢書·王莽傳下》: "訖無文號旌旗表識(줄곧 문서나 관호, 기치, 표지 등이 없어서)." [幟(치: 깃발) *s-teks , 式吏切,《廣韻》: "旗幟('깃발')."]

嫡(적: 정실, 맏아들) *tik , 都歷切,《廣韻》: "正也, 君也('정통'이다)."《釋名》: "嫡, 敵也, 與匹相敵也('嫡'은 '敵'이다. 짝과 서로 대등한 것이다)."《左傳·桓公十八年》: "竝后匹嫡, 兩政耦國, 亂之本也(첩이 왕후와 대등하고, 서자가 적자와 대등하고, 정령이 둘로 나뉘고, 대도가 국도와 대등하다면, 이는 바로 화근이다)." 본래 단지 '適'으로만 썼다.《左傳·莊公八年》: "衣服禮秩如適(의복과 대우 등급이 適子와 같았다)." 注: "適, 太子(여기서 '適'은 '태자'이다)."《釋文》: "適, 丁歷反(여기서 '適'은 '丁歷反'이다)."《左傳·文公十八年》: "仲爲不道, 殺適, 立庶(襄仲이 무도하여 적자를 죽이고 서자를 임금으로 세웠다)."《釋文》: "適, 丁歷反(여기서 '適'은 '丁歷反'이다)."《左傳·襄公二十三年》: "不聽公命, 殺適立庶(임금의 명을 따르지 않고, 적자를 죽이고 서자를 세우다)."《釋文》: "適, 丁歷反(여기서 '適'은 '丁歷反'이다)." **適(적: 좋다, 알맞다) *s-ti̱k** , 施只切,《廣韻》: "樂也, 善也('즐겁다, 좋다'이다)."《呂氏春秋·大樂》: "寒暑適, 風雨時(추위와 더위를 알맞게 하며, 바람과 비를 때에 맞게 하다)."《呂氏春秋·明理》: "其風雨則不適(그 바람과 비가 알맞지 않으며)."《莊子·大宗師》: "適人之適, 而不自適其適者也(다른 사람의 즐거움을 즐거워하여, 스스로 자기의 즐거움을 즐거워하지 못한 자들이다)."《詩經·伯兮》: "豈無膏沐, 誰適爲容?(어찌 기름 바르고 머리 감지 못하겠냐마는 누구를 위해 모양을 내는가?)"

頌(송: 얼굴) *Go̱ŋ , 余封切,《廣韻》: "形頌('용모, 생김새'이다)."《說文》: "頌, 貌也('頌'은 '용모'이다)."《漢書·儒林傳》: "摳衣登堂, 頌禮甚嚴(옷깃을 들고 당에 오르고, 용모 예의를 매우 엄히 하다)." 顏師古注: "頌讀曰容('頌'은 '容'으로 읽는다)." 글자는 대개 '容'으로 썼다. **容(용: 얼굴) *Go̱ŋ** , 余封切,《廣韻》: "儀也('외모, 용모'이다)."《左傳·宣公十四年》: "於是有容貌, 采章, 嘉淑(이때 용모와 車服의 문장, 아름다운 예물을 바치고)."《左傳·襄公三十一年》: "居喪而不哀, 在戚而有嘉容, 是謂不度(喪中에 있으나 슬퍼하지 않고, 슬픈 상태인데도 기뻐하는 낯빛이 있으니, 이런 사람을 일컬어 법도에 맞지 않는 자라고 한다)." '容'은 '용모' 의미로

부터 점차 '儀容'의 의미로 변하였다.《禮記·冠義》: "禮義之始, 在於正容體(예의의 시작은 태도를 바르게 하는 데 있다)." **頌(송: 기리다, 칭송하다)** *s-Go̲ŋs , 似用切,《廣韻》: "歌也('노래하다'이다)."《禮記·少儀》: "頌而無諂, 諫而無驕(칭송하되 아첨하지 않으며, 간하되 거만하지 않다)."《孟子·萬章下》: "頌其詩, 讀其書, 不知其人, 可乎?(옛사람의 시를 읊고, 옛사람의 글을 읽으면서도, 그의 사람됨을 알지 못한다면 되겠는가?)" 또 명사도 된다.《釋名》: "頌, 容也, 序說其成功之形容也('頌'은 '容(얼굴)'이다. 즉, 그 공을 이룬 모습을 풀어 말하는 것이다)."《左傳·宣公十二年》: "武王克商, 作頌曰…… (무왕이 상을 정벌하시고 頌을 지어 말하길)"《禮記·樂記》: "故聽其雅, 頌之聲, 志意得廣焉(그러므로 雅와 頌의 소리로 들으면 마음이 광대해진다)."

帚(추: 비) *tu̲^{B} , 之九切,《廣韻》: "少康作箕帚('少康이 키와 비를 만들었다')."《儀禮·既夕禮》: "朔月, 童子執帚.…… 卒奠, 掃者執帚(초하루에는 동자가 비를 갖고……전을 마치면 청소하는 자가 비를 들고)."《管子·弟子職》: "執帚下箕, 倚於戶側(빗자루를 잡고 쓰레받기를 내려 문 옆에다 기대어 놓는다)."《呂氏春秋·順民》: "執箕帚而臣事之(키와 비를 잡고 노비처럼 섬기다가)." **掃(소: 쓸다)** *s-ʈu^{B} , 蘇老切,《廣韻》: "掃除('쓸다')."《禮記·曾子問》: "父沒而冠, 則已冠掃地而祭於禰(아버지가 죽은 뒤에 관례를 행하는 자는 관을 쓴 다음 땅을 쓸고 사당에서 제사를 한다)."《禮記·禮器》: "至敬不壇, 掃地而祭(지극히 공경할 대상은 壇을 만들지 않고, 땅만 쓸고서 제사 지낸다)."《禮記·郊特牲》: "掃地而祭.…… 祭天, 掃地而祭焉(땅을 쓸고 제사 지낸다 ……천제를 올릴 때는 땅만 쓸고 제사를 지낸다)." **掃(소: 버리다)** *s-ʈus , 蘇到切,《廣韻》: "掃灑('쓸고 물뿌리다')."《說文》: "掃, 棄也('掃'는 '버리다'이다)."《禮記·內則》: "斂枕簟, 灑掃室堂及庭(베개와 대자리를 걷고, 방과 당 마당에 물을 뿌리고 쓴다)."《釋文》:"掃, 蘇報反(여기서 '掃'는 '蘇報反'이다)."《詩經·東山》: "灑掃穹窒, 我征聿至(물 뿌리고 쓸고 구멍을 막으니, 내 가는 길이 마침내 이르도다)."《釋文》: "掃, 蘇報反(여기서 '掃'는 '蘇報反'이다)."《禮記·喪大記》: "疾病, 外內皆掃(병이 들면 안팎을 모두 청소한다)."《釋文》: "掃, 悉報反(여기서 '掃'는 '悉報反'이다)."《禮記·少儀》: "氾掃曰掃, 掃席前曰拚(넓게 쓰는 것을 '掃'라 한다. 자리 앞을 쓰는 것을 拚이라 한다)."《釋文》: "掃, 索報反(여기서 '掃'는 '索報反'이다)."

州(주: 구멍, 항문) *tu̱ , 職流切,《爾雅》注: "竅也('구멍'이다)." 《爾雅》: "白州, 驠(엉덩이가 흰 말을 '驠'이라 한다)." 《山海經·北山經》: "有獸焉, 其狀如麋, 其州在尾上(거기에 짐승이 있으니, 생김새는 고라니 같은데 항문이 꼬리 위에 있다)." 注: "州, 竅也(여기서 '州'는 '항문'이다)." **醜(추: 동물의 항문)** *thu̱ᴮ , 昌九切,《廣韻》: "竅也('구멍, 항문'이다)." 《禮記·內則》: "魚去乙, 鱉去醜(물고기는 乙자 모양 뼈를 버리고, 자라는 항문를 버린다)." 注: "醜, 謂鱉竅也(여기서 '醜'란 자라의 항문이다)." **𩴂(수: 미워하다, 버리다, 추악하다)** *thu̱ᴮ , 昌九切,《廣韻》: "棄也, 惡也('버리다, 미워하다'이다)." **𩴂(수: 미워하다, 버리다, 추악하다)** *du̱ , 市流切,《廣韻》: "惡也, 棄也('미워하다, 버리다'이다)." 《詩經·遵大路》: "無我𩴂兮, 不寁好也(나를 미워하지 말고, 좋은 사이 급히 끊지 마시오)." 傳: "𩴂, 棄也(여기서 '𩴂'는 '버리다'이다)." 箋: "𩴂, 亦惡也('𩴂'는 또 '미워하다'이다)." 《釋文》: "𩴂, 市由反, 或云鄭音爲丑('𩴂'는 '市由反'이고 또는 鄭씨의 음이 '丑'라고 한다)." 《說文》: "醜, 可惡也('醜'는 '추악하다'이다)." 《詩經·牆有茨》: "所可道也, 言之醜也(만일 말한다면 말이 추악해진다)." 《莊子·天運》: "其里之醜人見而美之(마을의 추녀가 그것을 보고 아름답게 여겼다)." 《莊子·則陽》: "華子聞而醜之(화자가 이 이야기를 듣고 추하다고 여겼다)." **羞(수: 부끄러워하다)** *s-tu̱ , 息流切,《廣韻》: "恥也('부끄러워하다'이다)." 《左傳·定公十四年》: "大子羞之(태자가 이를 부끄럽게 여겼다)." 《莊子·天地》: "吾非不知, 羞而不爲也(내가 그것을 모르지 않으나 부끄러워 쓰지 않는 것이다)." 《莊子·漁父》: "先生不羞而比之服役, 而身教之(선생께서 저를 부끄럽게 여기지 않으시고, 저를 심부름꾼으로 취급하여 직접 가르쳐 주셨습니다)." 《呂氏春秋·離俗》: "欲以其辱行漫我, 我羞之(그 오욕으로 나까지 더럽히고자 하니, 나는 당신을 만나는 것도 부끄럽다)."

爪(조: 손톱) *ʈluᴮ , 側絞切,《說文》: "丮也, 覆手曰爪('손톱으로 쥐다'이다, 또는 '손으로 덮는 것'을 '爪'라 한다)." 《六書故》: "爪, 人之指叉, 或亦通作爪('爪'는 '사람의 손톱'인데, '叉(조: 손톱)'는 혹 '爪'와 통하기도 한다)." '叉(조)'는 '側絞切'이다. 《廣韻》: "古文(爪). 《說文》曰: 手足甲也('爪'의 고문이다. 〈설문〉에 이르길, '손발톱이다'라고 한다)." 《莊子·德充符》: "爲天子之諸御, 不爪翦, 不穿耳(천자의 후궁이 된 사람들은 손톱을 깎지 않고 귀를 뚫지 않는다)." 《詩經·祈父》: "祈父, 予王之爪牙(기부야, 나는 왕의 발톱과 이빨이다)." 글자는 또 '蚤'로도 쓴다. 《荀子·大略》: "爭利如蚤甲, 而喪其掌(이익을 다투는 것은 마치 손톱 정도이나 그 손바닥

만큼을 잃게 될 것이다).” 注: “蚤與爪同(여기서 ‘蚤’는 ‘爪’와 같다).”《禮記·曲禮下》: “不蚤鬋(손톱을 깎지 않는다).” 注: “蚤讀爲爪(여기서 ‘蚤’는 ‘爪’로 읽는다).”《墨子·天志下》: “是以差論蚤牙之士, 比列其舟車之卒, 以攻罰無罪之國(이로써 용감한 병사를 고르고 그들의 배와 수레 부대를 배열하여, 죄 없는 나라를 공격하고 벌한다).” [《墨子·非攻中》: “故差論其爪牙之士, 皆列其舟車之衆, 以攻中行氏而有之(이에 용맹한 병사를 뽑고 그 수레와 배를 배열하여 이로써 中行氏를 공격하여 점령하였다).”]《周禮·冬官·考工記》: “去一以爲蚤圍(3분의1을 제거하고 蚤圍로 삼는다).” 注: “蚤當爲爪(여기서 ‘蚤’는 ‘爪’가 되어야 한다).”《周禮·冬官·考工記》: “欲其蚤之正也(바퀴살이 덧바퀴 속으로 들어간 蚤 부분이 바른가를 살펴본다).” 注: “蚤當爲爪(여기서 ‘蚤’는 ‘爪’가 되어야 한다).”《管子·地數》: “吾謹逃其蚤牙(우리가 삼가 병기를 제조하다).”《莊子·秋水》: “鴟鵂夜撮蚤(올빼미는 어두운 밤에도 벼룩을 잡을 수 있다).”《釋文》: “崔本作爪(崔本에는 ‘爪’로 되어 있다).” **搔(소: 긁다)** *s-ʨu , 蘇遭切,《說文》: “刮也. 从手蚤聲(‘긁다’이다, ‘手’를 따르고 ‘蚤’가 성부이다).”《詩經·靜女》: “愛而不見, 搔首踟躕(사랑하나 만나지 못하여 머리를 긁적이며 서성댄다).”《韓非子·姦劫弑臣》: “是猶以足搔頂也(이는 발로 정수리를 긁는 것과 같다).”《禮記·內則》: “寒不敢襲, 癢不敢搔(추워도 감히 껴입지 못하고 가려워도 감히 긁지 못하다).”

宰(재: 벼슬아치, 재상) *ʨeᴮ , 作亥切,《廣韻》: “冢宰(육경의 우두머리).”《說文》: “宰, 辠人在屋下執事者(‘宰’란 ‘집 아래에서 일을 하던 죄인’을 말한다).”《論語·公冶長》: “求也, 千室之邑, 百乘之家, 可使爲之宰也(求는 千室의 邑이나 百乘의 집에서 宰를 시킬만 하다).”《論語·雍也》: “游爲武城宰(子游가 武城의 邑宰가 되었다).”《左傳·桓公二年》: “孔父嘉爲司馬, 督爲大宰(이때 孔父嘉가 司馬였고, 督이 太宰였다).”《左傳·襄公十七年》: “使賊殺其宰華吳(賊을 시켜 그 家宰 華吳를 죽였다).”《莊子·德充符》: “國無宰, 寡人傳國焉(나라에 재상이 없어, 과인이 그에게 국정을 맡기려고 하였더니).” **司(사: 담당하다, 맡다)** *s-ʨe̱ , 息茲切,《廣韻》: “主也(‘담당하다’이다).”《禮記·曲禮上》: “進退有度, 左右有局, 各司其局(나아가고 물러남에 절도가 있고, 좌우 局이 있어서, 각기 자기 부서 일을 담당한다).” 疏: “凡言司者, 總其領也(무릇 ‘司’라는 말은 그 다스림을 총괄하는 것이다).”《左傳·僖公二十一年》: “實司大皞與有濟之祀, 以服事諸夏(사실 太皞와 有濟의 제사를 맡았고, 중원의 여러 나라에 복종하여 섬겼다).”《莊子·齊物論》: “其司是非

之謂也(그 시비의 판단을 담당하는 것을 말한다)."

禮(례: 예) *lir^B , 盧啟切,《說文》: "履也, 所以事神致福也('이행하다'이다, 즉, 이로써 귀신을 섬기고 복을 구하는 것이다)."《論語·學而》: "禮之用, 和爲貴(禮의 쓰임은 和가 귀하니)."《論語·爲政》: "生事之以禮; 死葬之以禮, 祭之以禮(살아 계실 때는 禮로써 섬기고, 돌아가신 뒤에는 禮로써 장사 지내고, 禮로써 제사 지낸다)."《禮記·禮器》: "禮也者, 猶體也(예라는 것은 사람의 몸과 같다)."《釋名》: "禮, 體也, 得事體也('禮'는 곧 '體(몸)'이다. 즉, 일의 大體를 알 수 있다)." **體(체: 의거하다, 가까이하다)** *$s\text{-}lir^B$, 他禮切,《說文》: "總十二屬也(온몸 열두 부분을 총괄하는 명칭이다)."《論語·微子》: "四體不勤, 五穀不分(사지에 힘쓰지 않고, 오곡을 구분하지도 못하다)." '體'가 대부분 동사로 사용되면 바로 '禮'가 된다.《管子·君臣上》: "則君體法而立矣(그러면 군주가 법에 의거하여 정사에 임한다)."《禮記·學記》: "就賢體遠, 足以動衆, 未足以化民(어진 사람에게 나아가고 멀리 있는 이를 가까이하는 것은 군중을 움직일 수 있지만, 백성을 충분히 교화시키지는 못한다)." 注: "體, 猶親也('體'는 '친하다, 가까이하다'이다)."《禮記·文王世子》: "外朝以官, 體異姓也(외조에서 이성의 신하들과 섞여 조현하다)."《禮記·中庸》: "敬大臣也, 體群臣也, 子庶民也, 來百工也, 柔遠人也, 懷諸侯也(대신을 공경하는 것, 신하들을 자기 몸처럼 아끼는 것, 백성을 자식처럼 사랑하는 것, 백공을 오게 하는 것, 먼 지역 사람을 편안케 하는 것, 제후들을 품는 것이다)."《左傳·隱公六年》: "鄭伯如周, 王不禮焉(鄭伯이 周나라에 갔으나, 왕은 그에게 예우하지 않았다)."

蕘(요: 땔나무) *$n\underline{\text{ɯ}}$, 如招切,《廣韻》: "芻蕘('꼴과 땔나무')."《說文》: "蕘, 薪也. 从草堯聲('蕘'는 '땔나무'이다. '草'를 따르고 '堯'가 성부이다)."《詩經·板》: "先民有言, 詢于芻蕘(선현들이 말씀하셨으니, 나무꾼에게도 물어야 한다고)." 傳: "芻蕘, 薪采者(여기서 '芻蕘'란 나무꾼이다)."《釋文》: "蕘, 如謠反,《說文》云: 蕘, 草薪也(여기서 '蕘'는 '如謠反'이고 〈설문〉에 이르길, '蕘는 땔나무이다'라 한다)."《左傳·昭公十三年》: "叔鮒求貨於衛, 淫芻蕘者(叔鮒가 衛나라에 재물을 요구하고, 땔나무꾼을 시켜 초목을 남벌하게 하여)."《釋文》: "蕘, 如遙反, 飼牲曰芻, 草薪曰蕘(여기서 '蕘'는 '如遙反'이다. 가축을 먹이는 것을 '芻'라 하고, 땔나무를 '蕘'라 한다)." 疏: "蕘者, 共燃火之草也('蕘'는 불을 때는데 쓰는 풀이다)."《管子·輕重甲》: "今北澤燒, 則

是農夫得居裝而賣其薪蕘(지금 북쪽에 있는 연못에 불이 나자 농민은 땔나무를 모아서 이를 팔았다)." 注: "大曰薪, 小曰蕘(큰 것을 '薪'이라 하고 작은 것을 '蕘'라 한다)." **燒(소: 태우다)** *__s-nɯ̱__ , 式招切, 《廣韻》: "火也, 然也('불, 태우다'이다)." 《禮記·月令》: "令民毋艾藍以染, 毋燒灰, 毋暴布(백성들로 하여금 쪽을 베어다 염료로 쓰는 일이 없게 하고, 재를 태우지 못하게 하고 옷감을 바라게 하지 않았다)." 《荀子·富國》: "不時焚燒, 無所臧之(불시에 태워져 없어지더라도, 그것을 다 저장할 곳이 없을 것이다)." 《韓非子·內儲說上》: "魯人燒積澤, 天北風, 火南倚, 恐燒國, 哀公懼(魯나라 사람이 積澤에 불을 놓았는데 하늘에서 북풍이 불어서, 불이 남쪽으로 번졌고 도성을 불태울 수 있어 애공이 놀랐다)."

子(자: 자식, 아들) ***ƫe̱**^{B} , 卽里切, 《廣韻》: "子息('자식')." 《詩經·何彼襛矣》: "平王之孫, 齊侯之子(평왕의 손녀와 제후의 아들이로다)." 《詩經·生民》: "不康禋祀, 居然生子(정결한 마음으로 제사 받들더니 무탈하게 아들 낳았네)." **嗣(사: 잇다)** ***s-ᶁe̱s** , 祥吏切, 《廣韻》: "繼也. 孠, 古文('잇다'이다. '孠'은 고문이다)." 《說文》: "嗣, 諸侯嗣國也('嗣'는 제후가 나라를 이어받는 것이다)." 段玉裁注: "引申爲凡繼嗣之稱(여기서 발전하여 모든 '잇는 것, 계승하는 것'을 칭한다)." 《爾雅》: "嗣, 繼也('嗣'는 '잇다'이다)." 王引之: "嗣與息, 皆謂子也. 嗣, 繼也. 故子繼父者謂之嗣('嗣'와 '息'은 모두 '아들(자식)'을 말한다. '嗣'는 '잇다'이다. 그러므로 아들(자식)이 아비를 잇는 것을 '嗣'라 한다)." 《左傳·僖公五年》: "大伯不從, 是以不嗣(태백이 아버지의 명을 따르지 않았다. 이로써 왕위를 계승하지 못했다)." 《左傳·襄公三十年》: "子產而死, 誰其嗣之(子產이 죽으면 누가 그 뒤를 잇겠는가)." 또 명사로도 쓰인다. 《左傳·隱公十一年》: "序民人, 利後嗣者也(백성들을 질서 있게 하고, 후사를 이롭게 하는 것이다)." 《國語·周語上》: "夫晉侯非嗣也(저 晉侯는 후계자가 아니다)." 注: "嗣, 適嗣也(여기서 '嗣'는 '적장자'이다)."

鑯(첨: 쇠로된 날카로운 도구) ***ƫo̱m** , 子廉切, 《廣韻》引《說文》: "鑯器也, 一曰鐫也('쇠로된 도구'이다. 또는 '끌'이다)." 《說文》段玉裁注: "蓋銳利之器(대체로 날카로운 도구이다)." **櫼(첨: 쐐기)** ***ƫo̱m** , 子廉切, 《廣韻》: "《說文》音尖, 楔也(〈설문〉에 이르길, 발음은 '尖'이고, '쐐기'이다)." [《說文》: "楔, 櫼也('楔'은 '櫼(쐐기)'이다."] **籤(첨: 제비)** ***ƫho̱m** , 七廉切, 《廣韻》: "《說文》: 驗也, 一曰銳也, 貫也(〈설문〉에 이르길, '표지이다. 한편으로 날카롭다이다. 찌르다

이다')" 《玉篇》: "竹籤, 用以卜者(죽첨은 점칠 때 사용한다)." 《廣雅》: "籤, 利也('籤'은 '날카롭다'이다)." 王念孫疏證: "籤之言鑯也('籤'이란 말은 '鑯(날카로운 도구, 날카롭다)'이다)." **幓(첨: 표지) *tʰom**, 七廉切, 《廣韻》: "幖幓, 出《字林》('표지'이다, 〈자림〉에 나온다)." **韱(섬: 가늘다) *s-tom**, 息廉切, 《廣韻》: "韱細('가늘다')." **纖(섬: 가늘다) *s-tom**, 息廉切, 《廣韻》: "細也, 微也('가늘다, 작다'이다)." 《呂氏春秋·本味》: "鼎中之變, 精妙微纖(솥 안에서의 변화는 정밀하고 미묘하며 섬세하다)." 《周禮·冬官·考工記》: "欲其掣爾而纖也(그 바퀴살이 작고 섬세한지 살핀다)." **孅(섬: 가늘다) *s-tom**, 息廉切, 《廣韻》: "銳也, 細也('날카롭다, 가늘다'이다)." 《說文》: "孅, 銳細也('孅'은 '날카롭다, 가늘다'이다)." 《漢書·食貨志上》: "古之治天下, 至孅至悉也, 故其畜積足恃(옛날에 천하를 다스릴 때는 지극히 섬세하고 지극히 다하였다. 그리하여 그 쌓인 것이 충분히 믿을만 했다)." '韱', '纖', '孅'은 동일 단어이다.

三

이렇게 명사에 접두사 *s-를 부가하여 파생된 동사(형용사)는 분명 그 수가 많을 것이다. 그런데 상고한어에서 접두사 *s-를 부가한 단어는 이미 많지 않다고 본다. 舒志武(1988), 梅祖麟(1989)은 상고한어의 *s-접두사 중 명사기원동사화 기능이 있는 단어를 증명하였는데, 그중 절대다수가 *s-접두사를 갖는 것이 아니었다. 잘못된 재구로 인해 이러한 단어가 *s-접두사를 갖게 되었는데, 그 대표적으로 중고한어의 마찰음(擦音)이 있다. 이것이 塞音, 塞擦音과 諧聲이 된다 하여 상고한어에서 꼭 *s-접두사를 갖고 있었다고는 할 수 없다. 諧聲 관계에 근거해 볼 때, 우리는 次濁音과 齒齦塞音[73] 앞에 부가되는 *s-접두사만 확정할 수 있다. 이 외의 다른 음운 조건 하에서는 중고의 음운 형식에 근거해 상고 시기 *s-접두사를 갖고 있었다고 추론할 수가 없다.

郭(곽: 외성) *qak, 古博切, 《廣韻》: "城郭也. 《釋名》云: 郭, 廓也, 廓落在城外也('성곽'이다. 〈

73 [역주] 次濁音은 'n-, l-' 등이고, 齒齦塞音은 't-' 등이다.

석명〉에 이르길, '郭은 廓(크다, 외성, 둘레)이다. 廓落(넓고 고요함)은 성밖에 해당한다'라 한다)."《左傳·成公九年》: "莒恃其陋, 而不修城郭(莒나라는 멀리 있는 비루한 나라임을 믿고 성곽을 고치지 않았다)."《孟子·公孫丑下》: "三里之城, 七里之郭, 環而攻之而不勝(내성의 둘레가 3리이고, 곽의 둘레가 7리인 작은 성을, 포위하여 공격해도 이기지 못할 수 있다)." **槨(곽: 덧널) *qak** , 古博切,《廣韻》: "《禮》曰殷人棺槨. 椁, 上同(〈예〉에 이르길, '은나라에서는 겉널과 속널을 썼다'라 한다. 椁은 위와 같다)."《禮記·檀弓上》: "殷人棺椁(은나라에서는 겉널과 속널을 썼다)." 注: "槨, 大也, 以木爲之, 言槨大於棺也('槨'은 '크다'이다. 나무로 만들고, 곽이 관보다 크다는 것을 말한다)."《釋名》: "槨, 廓也('槨'은 '廓'이다)."《左傳·定公元年》: "范獻子去其柏槨(范獻子가 그의 측백나무 외곽을 제거하였다)."《論語·先進》: "顏淵死, 顏路請子之車以爲之槨(顏淵이 죽자, 顏路가 孔子의 수레를 청하여 그것으로 顏回의 외곽을 마련하려고 했다)."《孟子·公孫丑下》: "古者棺槨無度, 中古棺七寸, 槨稱之(옛날에는 관과 곽에 일정한 한계가 없었다가, 중고에 관은 칠촌, 곽도 이에 걸맞게 하였다)." **廓(확: 넓다, 크다) *qhak** , 苦郭切,《廣韻》: "空也, 大也, 虛也('텅비다, 크다'이다))."《爾雅》: "廓, 大也('廓'은 '크다'이다)."《方言》: "張小使大謂之廓, 陳楚之間謂之摸(작은 것을 크게 벌리는 것을 '廓'이라 한다. 진초 사이에선 '摸'라 부른다)."《禮記·檀弓上》: "練而慨然, 祥而廓然(소상에 이르러서는 세상이 빠른 것을 개탄하고, 대상에 이르러서는 마음이 텅빈 것 같다)."《荀子·修身》: "狹隘褊小, 則廓之以廣大(마음이 좁고 작으면 이를 넓고 크게 확대한다)."

弓(궁: 활) *kuŋ , 居戎切,《廣韻》: "弓矢('활, 화살')."《說文》: "弓, 窮也, 以近窮遠('弓'은 '다하다, 이르다'로, '가까운 것으로 먼 곳에 이르게 하다'이다)."《釋名》: "弓, 穹也, 張之穹穹然也('弓'은 '穹(깊다)'이다. 크고 깊게 벌리는 것이다)." 許愼은 '窮'으로 '弓'을 聲訓하였고, 劉熙는 '穹'으로 '弓'을 聲訓한 것이다.《周禮·冬官·考工記》: "弓人爲弓, 取六材必以其時(궁인은 활을 만든다. 이를 위해 6가지 재료를 취하는데 반드시 그 때에 맞게 한다)." **躳(궁: 몸) *kuŋ** , 居戎切,《廣韻》: "身也. 躬, 上同('몸'이다. '躬'은 위와 같다)."《說文》: "躳, 身也. 从身从呂. 躬, 躳或从弓('躳'은 '몸'이다. '身'과 '呂'를 따른다. '躬'은 '躳'의 혹체로 '弓'을 의부로 하기도 한다)." 段玉裁注: "弓身者, 曲之會意也('弓'과 '身'을 의부로 하는 것은 '曲'의 회의이다)."《論語·鄉黨》: "入公門, 鞠躬如也, 如不容(궁문에 들어가실 때에는 몸을 굽히셔서, 마치 몸을 용납하

지 못하는 것처럼 하셨다).” 여기서 ‘自身’의 의미가 파생되었다. 《論語·衛靈公》: “躬自厚而薄責於人, 則遠怨矣(자신을 책망하기를 많이 하고, 남을 책망하기를 적게 하면, 원망이 멀어질 것이다).” 사람의 신체는 마치 ‘활’의 모습과 같아 ‘躬’이라 이름하였다. [《論語·子路》: “吾黨有直躬者, 其父攘羊, 而子證之(우리 마을에 몸가짐을 바르게 하는 자가 있는데, 그 아비가 양을 훔치자, 아들이 이를 고발했습니다).” 《釋文》: “鄭本作弓, 云直人名弓(鄭本에는 ‘弓’으로 되어 있다. 즉, 直人의 이름이 弓인 것이다).” 《左傳·昭公十三年》: “使枝如子躬聘於鄭(枝如子躬을 鄭나라에 사신으로 보내어 빙문케 하였다).” 《廣韻》: “枝, 枝柯, 又漢復姓, 《左傳》楚大夫枝如子弓(‘枝’는 ‘枝柯’이다. 또한 한의 복성이다. 〈좌전〉에선 초나라 대부 이름이 枝如子弓이다).”] **穹(궁: 높다, 하늘) *khu̱ŋ** , 去宮切, 《廣韻》: “高也(‘높다’이다).” 《說文》: “穹, 窮也, 从穴弓聲(‘穹’은 ‘窮(다하다)’이다. ‘穴’을 따르고, ‘弓’이 성부이다).” 옛사람들 눈에는 하늘이 중간에서부터 양옆을 향해 굽은 모습이 마치 활과 같아 이름을 ‘穹’으로 지은 듯하다. 《爾雅》: “穹蒼, 蒼天也(‘穹蒼’이란 ‘푸른 하늘’이다).” 《詩經·桑柔》: “靡有旅力, 以念穹蒼(어려움을 막을 힘이 없어 푸른 하늘만 쳐다보네).” 傳: “穹蒼, 蒼天(여기서 ‘穹蒼’은 ‘푸른 하늘’이다).” 여기서 ‘窮’이 파생되었다. 《詩經·七月》: “穹窒熏鼠, 塞向墐戶(막고 메우고, 쥐구멍에 불을 놓으며, 북쪽 창을 막고 창을 바르네).” 傳: “穹, 窮(‘穹’은 ‘막다’이다).” 《詩經·東山》: “灑掃穹窒, 我征聿至(물 뿌리고 쓸고 구멍을 막으니, 나는 원정에서 돌아왔네).” 箋: “穹, 窮(여기서 ‘穹’은 ‘막다’이다).” **窮(궁: 다하다) *gu̱ŋ** , 渠弓切, 《廣韻》: “窮極也(‘窮’은 ‘다하다’이다).” 《說文》: “窮, 極也(‘窮’은 ‘끝까지 다하다’이다).” 段玉裁注: “鞠躬古作鞠窮(‘鞠躬’은 옛날에 ‘鞠窮’으로도 썼다).” 《孟子·盡心上》: “窮則獨善其身, 達則兼善天下(곤궁하면 혼자서 자기 몸을 선하게 하고, 출세하면 천하 사람들을 다 선하게 하였다).” 《莊子·養生主》: “指窮於爲薪, 火傳也, 不知其盡也(그 가리키는 뜻은, 땔나무의 불이 다 타버려도 불은 다른 땔나무로 옮겨가므로, 절대 꺼질 줄 모른다는 것이다).” 《韓非子·主道》: “君因以斷事, 故君不窮於智(군주는 경우에 따라 일을 결정하기 때문에, 군주는 지혜에 있어 끝이 없다).”

奇(기: 홀수) *ka̱r , 居宜切, 《廣韻》: “不偶也(‘짝이 아니다’이다).” 《說文》: “奇, 一日不耦(‘奇’는 한편으로 ‘쌍수를 이루지 않는 것’을 말한다).” 《禮記·投壺》: “一算爲奇(‘一算(산까치 하나)’을 ‘奇’라 한다).” 《釋文》: “奇, 紀宜反(여기서 ‘奇’는 ‘紀宜反’이다).” 여기서 ‘비대칭’의 의

미가 파생되었다. **觭(기: 천지각(하나는 위로, 하나는 아래로 향한 쇠뿔))** ***khar*** , 去奇切,《廣韻》: "角一俯一仰也(뿔이 하나는 아래로 하나는 위를 향한다)."《說文》: "觭, 角一俯一仰也('觭'란 뿔이 하나는 아래로 하나는 위를 향하는 것이다)." 또 '홀수짝수(奇偶)'의 '홀수(奇)'도 되었다.《莊子·天下》: "以觭偶不仵之辭相應(짝이 맞지 않고 어긋나는 말로 서로 응하다)." **崎(기: 험하다)** ***khar*** , 去奇切,《廣韻》: "崎嶇('평탄치 않다')."《史記·酈生陸賈列傳》: "崎嶇山海間, 譬若漢一郡(험한 산과 바다 사이에 끼어서, 비유하자면 한나라의 한 군과 같다)." 글자는 또 '攲'로도 쓴다. **攲(기: 기울다)** ***khar*** , 去奇切,《廣韻》: "不正也('바르지 않다'이다)."《說文》: "攲, 攲嘔也('攲'는 '울퉁불퉁하다'이다)." 또 '踦'로도 쓴다. **踦(기: 절뚝발이)** ***khar*** , 去奇切,《廣韻》: "腳跛('절뚝발이')."《說文》: "踦, 一足也('踦'는 '한쪽 발'이다)."《方言》: "倚, 踦, 奇也. 自關而西秦晉之間凡全物而體不具謂之倚, 梁楚之間謂之踦. 雍梁之西郊凡獸支體不具者謂之踦('倚, 踦'는 '奇'이다. 관 서쪽의 秦晉 사이는, 무릇 온전한 사물이지만 몸이 다 갖추어지지 않은 것을 '倚'라 이르고, 梁楚 사이에선 '踦'라 이른다. 그리고 雍梁의 西郊에선 모든 짐승의 사지가 온전하지 않은 것을 일러 '踦'라 한다)."《說苑·奉使》: "踦嶇山海之間, 譬若漢一郡(험준한 산과 바닷가에 끼인 곳인데, 이를 비유하면 漢나라의 郡 하나와 같습니다)."

亢(항: 목) ***kaŋ*** , 古郎切,《廣韻》: "《說文》人頸也(〈설문〉에 이르길, '사람의 목이다')."《說文》: "亢, 人頸也('亢'은 '사람의 목'이다)." 段玉裁注: "亢之引申爲高也('亢'으로부터 '높다'가 파생되었다)." **亢(항: 높다)** ***khaŋs*** , 苦浪切,《廣韻》: "高也('높다'이다)."《莊子·人間世》: "解之以牛之白顙者, 與豚之亢鼻者, 與人有痔病者(解祀를 지낼 때에, 이마가 흰 소와 들창코인 돼지, 그리고 치질이 있는 사람은)."《左傳·僖公二十八年》: "背惠食言, 以亢其讎(은혜를 저버리고 약속한 말을 어기고, 楚나라의 원수를 비호해 준다면)."《左傳·宣公十五年》: "顆見老人, 結草以亢杜回(魏顆는 어떤 한 노인이 풀을 묶어서 杜回의 길을 막는 것을 보았다)." 나중에는 '抗'으로 썼다. **抗(항: 막다, 들다)** ***khaŋs*** , 苦浪切,《廣韻》: "以手抗擧也('손을 높이 들다'이다)."《說文》: "抗, 扞也('抗'은 '막다'이다)."《禮記·文王世子》: "周公抗世子法於伯禽(주공은 세자가 지켜야할 도리를 들어서 백금을 가르쳤다)."《墨子·非攻中》: "欲以抗諸侯, 以爲英名(제후에게 맞서는 것으로 英名을 삼으려 하다)."《國語·晉語四》: "未報楚惠而抗宋(아직 초나라의 은혜를 갚지 않고서 송나라를 구원해 주다)."

管(관: 악기) *kon^B , 古滿切,《廣韻》: "樂器也. 筦, 上同(악기이다. '筦(관: 피리)'은 위와 같다)."《說文》: "管, 如篪, 六孔('管'은 '篪(지: 관악기)'처럼 생겼고 구멍이 여섯이다)." '管'은 본래 '竹管'의 '管'이고, 여기서 '管樂'의 '管'으로 파생되었다.《莊子·秋水》: "是直用管窺天, 用錐指地也(이것은 그저 가느다란 관의 구멍으로 하늘을 엿보고, 송곳으로 땅에 꽂아 땅의 깊이를 재려는 것이다)."《莊子·則陽》: "夫吹筦也, 猶有嗃也(피리를 불면 피리소리가 나지만)."《詩經·有瞽》: "旣備乃奏, 簫管備舉(갖추어 연주를 하니, 퉁소와 피리를 갖추어 같이 연주하도다)." **窾(관: 비다, 공허하다) *khon^B** , 苦管切,《廣韻》: "空也('비다'이다)."《莊子·養生主》: "依乎天理, 批大郤, 導大窾, 因其固然(자연의 무늬를 따라 큰 틈새를 치고, 커다란 허공에서 칼을 움직이나, 본래 그러한 바를 따른다)."《淮南子·說山訓》: "見窾木浮而知爲舟, 見飛蓬轉而知爲車(속이 빈 나무가 뜨는 것을 보고 배를 만드는 법을 알았고, 쑥이 날아 굴러다니는 것을 보고는 수레 만드는 법을 알았다)."《漢書·楊王孫傳》: "昔帝堯之葬也, 窾木爲櫝(옛날 요임금의 장례식은 나무를 파서 관통을 만들었다)."《新書·匈奴》: "賞均則國窾, 而賞薄不足以動人(상이 고르면 나라 곳간이 텅 비게 되고, 상이 박하면 민심을 격려하기에 충분치 않다)."

半(반: 반) *pans , 博慢切,《廣韻》: "物中分也('사물의 가운데를 나눈 것'이다)."《左傳·宣公二年》: "食之, 舍其半(趙盾이 그에게 음식을 먹였는데, 그 반을 남겼다)."《左傳·襄公二十七年》: "受其半以爲少師(그 반만 받았고, 衛侯는 그를 少師로 삼았다)."《論語·鄉黨》: "必有寢衣, 長一身有半(반드시 寢衣(이불)가 있었는데, 길이가 한 길 반이었다)."《孟子·公孫丑上》: "事半古之人, 功必倍之(일은 옛사람의 반만 하고 공은 반드시 옛사람의 배가 된다)." **判(판: 나누다, 쪼개다) *phans** , 普半切,《廣韻》: "剖判, 又分也('갈라지다, 나누다'이다)."《韓非子·解老》: "自天地之剖判以至於今(천지가 개벽한(갈라진) 이래로, 지금까지 죽 있어 왔다)."《墨子·備穴》: "長二尺五寸六圍, 中判之(길이는 두자 오치에 폭은 여섯 아름이다. 그 가운데를 쪼갠다)."

膏(고: 기름) *kɯ , 古勞切,《廣韻》: "脂也, 又澤也, 肥也('기름, 윤택, 비계'이다)."《說文》: "脂, 戴角者脂, 無角者膏('脂'는 뿔이 있는 짐승의 것은 '脂'라 하고, 뿔이 없는 짐승의 것은

'膏'라 한다)."《詩經·羔裘》: "羔裘如膏, 日出有曜(염소 갖옷이 기름칠한 듯하니, 해가 나오자 빛나도다)."《管子·度地》: "民得其饒, 是謂流膏(이에 백성들의 삶이 넉넉해지는데, 이를 일컬어 '기름이 절절 흐른다'고 한다)." 또 동사로도 쓰인다. **膏(古: 기름칠하다, 기름지다) *kɯs**, 古到切,《廣韻》: "膏車(수레 축에 기름칠하다)."《禮記·內則》: "脂膏以膏之(지방과 기름으로 기름지게 하다)."《釋文》: "膏之, 古報反(여기서 '膏之'는 '古報反'이다)."《詩經·下泉》: "芃芃黍苗, 陰雨膏之(무성히 자라는 기장 싹이여, 음우가 적셔주도다)."《釋文》: "膏, 古報反(여기서 '膏'는 '古報反'이다)." **槁(古: 마르다, 위로하다) *khɯ^B**, 苦浩切,《廣韻》: "木枯也('나무가 마른 것'이다)."《說文》: "槁, 木枯也('槁'는 '나무가 마른 것'이다)." 段玉裁注: "凡潤其枯槁曰槁, 如慰其勞苦曰勞, 以膏潤物曰膏.《尚書》'槁飫',《周禮》'槁人',《小行人》'若國師役則令槁禬之', 義皆如是(무릇 마른 나무를 윤택하게 하는 것을 '槁'라 하는데, 이는 수고로움을 위로하는 것을 '勞'라고 하고, 사물을 기름지고 윤택하게 하는 것을 '膏'라 하는 것과 같다. 〈상서〉에서의 '槁飫', 〈주례〉에서의 '槁人', 〈소행인〉에서의 '만일 나라에 군사를 일으키는 일이 있으면 재물을 보조하도록 명령한다' 등에서의 의미가 모두 이와 같다)."《周禮·地官·司徒》鄭注: "鄭司農云: 稾讀爲犒師之犒, 主冗食者故謂之犒(정사농이 말하길, '稾를 犒師의 犒(호: 호궤하다)로 읽는다고 했는데, 冗食을 주관하는 것이므로 이를 일러 犒라 한 것이다')."《釋文》: "槁注音犒, 同苦報反('槁'를 '犒'로 주음하며, '苦報反'과 같다)."《周禮·秋官·司寇》: "若國師役, 則令槁禬之(만일 나라에 군사를 일으키는 일이 있으면 재물을 보조하도록 명령한다)." 注: "槁當爲犒, 謂犒師也(여기서 '槁'는 '犒'이며, '犒師[74]'를 이른다)."《釋文》: "槁, 苦報反(여기서의 '槁'는 '苦報反'이다)." **犒(호: 호궤하다, 음식보내다) *khɯs**, 苦到切,《廣韻》: "餉軍(군에 음식 보내다)."《春秋左傳要義·釋犒勞》: "以師枯槁勞之. 犒者以酒食餉饋軍師之名也. 服虔云: 以師枯槁故饋之飮食, 勞苦謂之勞也(군대가 초췌하므로 그들을 위로하는 것이다. '犒'라는 것은 음식을 군사들에게 보내는 것을 말한다. 服虔이 말하길, '군대가 초췌하므로 음식을 보내는 것이며, 수고로움을 위로하기 때문에 勞라고 한 것이다')."《國語·魯語上》: "展禽使乙喜以膏沐犒師(展禽이 乙喜를 보내 머릿기름으로 제나라 군사를 위로하게 했다)."《左傳·成公二年》: "以犒從者, 畏君之震(우리 군대로 그대의 군대(종자)를 호궤하였으나, 임금의 위세에 겁을

---

74 [역주] '犒師'란 군사에게 음식을 나눠주고 위로하는 것이다. '호궤하다'와 같다.

먹었습니다).”《左傳·昭公五年》: “吳子使其弟蹶由犒師(吳子가 그 아우 蹶由를 보내 楚軍을 호궤하게 했다).”

상고한어는 어떤 경우엔 청음의 유기/무기(送氣/不送氣) 교체도 명사기원동사화 기능을 갖고 있어 *s-접두사와 같은 기능을 보여주기도 한다. 이와 관련하여 우리는 *s-접두사를 이용해 유기/무기 구별의 기원을 해석할 수도 있다. 그런데 상고한어는 단지 *s-접두사만이 명사기원동사화 기능이 있는 것은 아니다. 예컨대, *m-접두사 같은 것도 이와 동일한 어법기능이 있다. 따라서 *s-접두사가 이러한 청음의 유기/무기의 교체를 유발했는지에 대해서는 진일보한 연구가 더 필요하다. 다만 우리는 이러한 자료들을 여기에 소개함으로써 상고한어에도 이러한 가능성이 있음을 나타낼 뿐이다.

제2절 사동화

一

藏語 使動詞의 전형적인 구성 형식은 동사 어근에 *s-접두사를 첨가하는 것이다.

ɦ-gag-pa	가로막히다, 지체하다 (阻滞, 不通)		s-gag-pa	묶다, 꽉 쥐어짜다 (勒, 绞紧)
ɦ-gul-ba	움직이다, 흔들거리다 (动, 摇摆)		s-gul-ba	흔들다(摇撼, 撼动)
ɦ-go-ba	옮다, 전염되다 (传染, 沾染, 感染)		s-go-ba	오염시키다, 몸에 배게 하다 (沾染上, 使习染, 污染)
ɦ-gjur-ba	변이하다 (更动, 变异)		s-gjur-ba	바꾸다, 옮기다 (更改, 变动, 移动)

ɦ-gjel-ba	쓰러지다, 넘어지다 (跌到, 倒下)		s-gjel-ba	넘어뜨리다, 전복시키다 (推倒, 推翻, 颠覆)
ɦ-gril-ba	모이다, 단결하다 (合一, 团拢, 卷拢)		s-gril-ba	연결하다, 규합하다 (连接, 纠集, 绞合)
ɦ-grub-pa	이루다, 성공하다 (完成, 成功, 成就)		s-grub-pa	처리하다, 완성하다 (办理, 完成)
ɦ-greŋ-ba	일어서다(立起, 站起)		s-greŋ-ba	세우다, 들다 (竖起, 举起, 升起)
ɦ-grol-ba	늦추다, 풀어주다 (放松, 解开, 释放)		s-grol-ba	제도하다, 구하다 (救度, 拯救, 释放, 放脱)
ɦ-khum-ba	오므라들다(蜷缩, 皱缩)		s-kum-ba	줄이다, 웅크리다 (收缩, 蜷曲)
ɦ-khur-ba	휴대하다(携带, 负荷)		s-kur-ba	사람을 시켜 부치다 (托人投送)
ɦ-khor-ba	돌다, 운행하다 (运转, 回旋, 周旋)		s-kor-ba	가동시키다, 돌리다 (开动, 旋转, 扭转)
ɦ-khol-ba	물이 끓다(水沸)		s-kol-ba	삶다, 끓이다(煮, 煮沸)
ɦ-khjil-ba	고이다, 모이다 (潴聚, 汇聚)		s-kjil-ba	모으다, 수장하다 (汇集, 收藏)
ɦ-khjog-pa	굽다(弯, 不直)		s-kjog-pa	돌게 하다(勒转, 扭转)
ɦ-khjom-ba	흔들리다, 요동치다 (颤簸, 摇动, 动荡)		s-kjom-ba	뒤흔들다(摇荡, 震荡)

상대적으로 자동사이면 어근에 ɦ-접두사를 첨가한다(접두사의 차이에 따라 藏語의 清塞音과 清塞擦音은 유기와 무기로 나뉜다). 즉, 자동사와 사동사는 ɦ-접두사와 s-접두사의 교체로 그 전환이 이루어진다. 藏語의 사동 의미를 나타내는 s-접두사는 藏緬語에서 기원했다. 그렇다면 상고한어도 사동 의미를 나타내는 *s-접두사가 있을까?

Laurent Sagart(沙加爾, 1999)은 "비록 안전하고 확실한 예가 많지는 않지만, *s-접두사의 사동 기능은 충분히 증명이 가능하다."라고 말한다. 그리고 藏緬語族의 다수의 언어들은 종종 *s-접두사를 부가하여 사동의 의미를 나타내곤 한다(孫宏開,1998:6). 비록 서면 藏

語가 *s-접두사 이외에 기타 표현 방식이 있다 하더라도, *s-접두사는 특히 서면 藏語에서 매우 분명하게 나타나고 있다(黃布凡, 1981; 孫宏開, 1998). 藏緬語 제어의 사동 범주 표현 방식의 비교를 통해, 孫宏開(1998)는 "原始藏緬語가 *s-접두사를 사동 어법 범주의 유일한 표현 방식으로 삼았으며 기타 사동 의미가 있는 표현 형식은 이후 발전의 결과이다"라고 본다. 이러한 藏緬語 *s-접두사는 바로 상고한어를 연상케 한다. Bodman(包擬古, 1973)은 상고한어의 *s-를 갖는 복자음 성모를 토론할 때 든 일부 상고한어 단어가 많은데, 이는 곧 후대 학자들이 논술한 사동사였으며, 그는 "藏文의 *s-형 致使동사가 상고한어 속에서 반영된 형식이라는 점"에 주목하였다. 다만, Bodman은 "藏文에서 자동식과 *s-접두사를 갖는 치사식의 쌍을 이루는 동사를 쉽게 발견할 수 있지만, 이러한 쌍은 중국어에서의 반영형식이 확실히 드물다"라고 보았다.

Bodman 이 외에, 舒志武가 바로 국내에서 비교적 이른 시기에 상고한어 *s-접두사가 사동 의미를 갖고 있다는 사실을 발견한 학자이다. 舒志武(1988)는 상고한어 *s-접두사에 대해 상세히 분석을 하였고, 아울러 '사동화'는 상고한어 *s-접두사의 중요한 형태적 기능 중 하나임을 밝혀냈다. 舒志武의 지도교수인 嚴學窘에 따르면, 舒志武의 이 글은 1987년에 완성되었다고 한다. 당시 嚴學窘의 평가는 "증거가 확실하고 분명 설득력이 있다(證據確切, 令人信服)"이었다. 梅祖麟(1988) 역시 상고한어의 *s-접두사가 일종의 사동화 접두사라고 주장하였으며, 1989년에는 글을 써서 상고한어 *s-접두사의 의미, 그중의 하나가 사동화임을 주장하였다. 그리고 鄭張尚芳(1990)도 상고한어의 *s-가 "사동식을 나타내는 접사"라고 보았다. 또한 潘悟雲(1991)은 상고한어 사동사의 굴절형식에 대해 전문적으로 논술하면서 사동사의 구성형식 중 하나가 바로 *s-접두사 첨가라고 주장하였다. 이로 보건대, "상고한어의 *s-접두사가 사동화 의미가 있다"라는 사실은 沙加爾이 말한 대로 충분히 증명된 셈이다.

그러나 상고한어의 *s-접두사가 사동화 기능이 있다는 것에 대한 증명 자료는 충분치가 않다. 인용한 예들이 상당 부분이 서로 동일한 것이었고, 또 많은 예가 지금 보면 잘못된 것이기도 했다. 梅祖麟이 상고한어 *s-접두사의 사동화 기능을 증명하면서 든 예는 총 8예로, '順/馴', '食/飼', '滅/威', '訛/化', '麗/灑', '吏/使', '隕/損', '桓/宣'이 있다. 그 가운데 '隕'과 '損'의 관계는 舒志武(1987)가 일찍이 토론한 것이었다. 이 8예 가운데, 일부 사동사의 구성은 결코 *s-접두사의 부가로 이루어지지 않은 것이었고 기타 음운 형식에 의한 것이었는데, 여기에는 '食'과 '飼'가 있다. 沙加爾(1999)은 "'飼'의 사동 의미가 *s-접두사에 의한 것인지 아직은 확실치 않으며 그보다 *-s접미사도 사동 기능이 있을 것이다."라고 하였다. 梅祖麟이 든 8개의 예 중에서, 둘 간의 성조(즉, 접미사)가 완전히 같은 것은 단지 1예 뿐이다.

食(식: 먹다) ***jek** , 乘力切, 《廣韻》: "飮食('먹다')." 《詩經·氓》: "于嗟鳩兮, 無食桑葚(아, 비둘기들이여, 오디를 따먹지 마라)." 《左傳·莊公六年》: "人將不食吾餘(사람들은 내가 먹다 남긴 음식도 먹지 않을 것이다)." **飤(사: 먹이다)** ***jeks** , 祥吏切, 《廣韻》: "食也('먹이다'이다)." 글자는 단지 '食'으로만 썼다. 《左傳·桓公六年》: "卜士負之, 士妻食之(점을 쳐 길한 士人을 골라 그에게 태자를 업게 하고, 그의 아내가 젖을 먹였다)." 《釋文》: "食音嗣(여기서 '食'의 음은 '嗣'이다)." 《左傳·宣公二年》: "將戰, 華元殺羊食士(전쟁을 앞두고, 華元은 양을 잡아 군사들을 먹였다)." 《釋文》: "食音嗣(여기서 '食'의 음은 '嗣'이다)." 《左傳·宣公二年》: "曰: 不食三日矣, 食之(靈輒이 "사흘간 못 먹었다."라고 답하자, 趙盾이 그를 먹였다)." 《釋文》: "食音嗣(여기서 '食'의 음은 '嗣'이다)." '食'은 또 명사도 된다. 《左傳·桓公二年》: "大羹不致, 粢食不鑿[75], 昭其儉也(大羹에 조미하지 않고, 粢食을 도정하지 않는 것은 검소를 드러내기 위함이다)." 《釋文》: "食音嗣(여기서 '食'의 음은 '嗣'이다)."

이것을 '飮'과 비교할 수 있다. 《詩經·有杕之杜》에 "中心好之, 曷飮食之(마음속으로 그를 좋아하니, 어찌 마시고 먹게 할까)."라고 나온다. 《釋文》에는 "'飮'은 '於鴆反'이고, '食'는 음이 '嗣'이다."라고 나온다. 그리고 《廣韻》에는 "於錦切"과 "於禁切" 두 음이 나온다(去聲음은 《廣韻》에 해석이 없음). '飮'의 두 음은 바로 '食'의 두 음과 같은 것이다. 중고한어의 齒齦濁擦音 z-와 舌面濁擦音 ʑ-는 진정한 대립이 아니고 상고의 기원이 같다. 분명, 성조의 차이로 '食'과 '飤'의 차이를 해석하는 것은 실제에 부합한다. 상고한어의 *-s접미사는 매우 풍부한 의미를 갖고 있다. 그중 하나가 바로 이른바 '사동'이다. 따라서 상고한어의 이러한 풍

75 [역주] '粢食'이란 黍稷을 '粢'라 하며, 기장으로 만든 음식을 '粢食'이라 한다.

부한 어법 의미를 갖는 *-s접미사에 대해 매우 주의 깊게 살펴보아야 한다. 요컨대, 우리는 梅祖麟이 증명하고자 든 예들이 결코 완전하게 믿을 만하지는 못하며, 그 결과 沙加爾이 말한 것이 오히려 긍정할만하다고 생각한다.

二

慴(접/습: 두렵다, 떨다) *dep , 徒協切《廣韻》: "懾也. 《說文》懼也('두려워하다'이다, 〈설문〉에 '두려워하다'라고 한다)." 《說文》: "慴, 懼也. 从心習聲, 讀若疊('慴'은 '두려워하다'이다. '心'을 따르고 '習'은 성부이다. '疊'처럼 읽는다)." 글자는 '疊'으로 쓴다. 《詩經·時邁》: "薄言震之, 莫不震疊(잠시 진동하니 놀라 두려워하지 않는 이가 없다)." 毛傳: "疊, 懼('疊'은 '두려워하다'이다)." 《釋文》: "疊, 徒協反(여기서 '疊'은 '徒協反'이다)." **慴(접: 두려워하다) *tep** , 之涉切, 《廣韻》: "伏也, 懼也, 怯也('굴복하다, 두려워하다, 겁내다'이다)." 《莊子·達生》: "死生驚懼不入乎其胸中, 是故遻物而不慴(죽거나 사는 데 놀라거나 두려워하는 감정이 마음속에 들어오지 않는다. 이에 그는 어떤 사물을 만나더라도 두려워하지 않는다)." 《釋文》: "慴, 之涉反, 懼也; 李, 郭音習('慴'은 '之涉反'이고, '두려워하다'이다; 李씨, 郭씨의 음은 '習'이다)." 《史記·項羽本紀》: "一府中皆慴伏, 莫敢起(군부의 사람들은 모두 두려워 엎드리고는 감히 일어나지 못했다)." 索隱: "《說文》云: 讋, 失氣也. 慴, 音之涉反(〈설문〉에 이르길, '讋은 용기를 잃다 이다'라 한다. '慴'은 음이 '之涉反'이다)." 《史記·刺客列傳》: "未嘗見天子, 故振慴(아직까지 천자를 뵌 적이 없어서 그래서 두려워 떠는 것이다)." **讋(섭: 두려워하다) *tep** , 之涉切, 《說文》: "失氣言(용기를 잃는 것이다)." 《漢書·項籍傳》: "府中皆讋伏, 莫敢復起(군부의 사람들은 모두 두려워 엎드리고는 감히 일어나지 못했다)." 顔師古注: "讋, 失氣也, 音章涉反('讋'은 '용기를 잃는 것'이며, 음은 '章涉反'이다)." 《漢書·項籍傳》: "諸將讋服(여러 장수들은 모두 기세에 눌려 두려워 복종하고는)." **懾(섭: 두려워하다) *tep** , 之涉切, 《廣韻》: "怖也, 心伏也, 失常也, 失氣也, 亦作慴('두려워하다, 맘으로 복종하다, 정상적이지 않다. 용기를 잃다'이다. '慴'으로도 쓴다)." 《禮記·曲禮上》: "貧賤而知好禮, 則志不懾(가난하고 천해도 예를 좋아할 줄 알면 마음에 겁낼 것이 없다)." 注: "懾猶怯('懾'은 '怯'과 같다)." 《釋文》: "懾, 之涉反(여기서 '懾'

은 '之涉反'이다)." 慴(섭: 협박하다) *s-tep , 書涉切,《集韻》: "慴, 慴, 恐懼也('慴', '慴'은 '두려워하다'이다)."《淮南子·泛論訓》: "威動天地, 聲慴四海, 可謂能武矣(위엄이 하늘과 땅을 진동시키고 명성은 천하를 두렵게 하니, 무용이라 할 만하다)."《呂氏春秋·論威》: "威, 所以慴之也(위협이란 적을 두렵게 하기 위한 것이다)." 글자는 또 '攝'으로도 쓰고, 발음은 '書涉切'과 같다.《左傳·襄公十一年》: "則武震以攝威之(그렇게 할 수 없다면 군대의 위력으로 晉나라를 두렵게 하면 됩니다)."《墨子·親士》: "越王勾踐遇吳王之醜, 而尙攝中國之賢君(월왕 구천은 吳왕 부차에게 치욕을 당했으나, 오히려 중원의 현군들을 두렵게 했다)."

敦(돈: 도탑다) *tun , 都昆切,《廣韻》: "亦厚也('두텁다'이다)."《禮記·經解》: "溫柔敦厚,《詩》敎也(그 사람들이 溫柔하고 敦厚한 것은《詩》를 가르친 효과이다)."《禮記·中庸》: "溫故而知新, 敦厚以崇禮(옛것을 익히되 새로운 것을 알며, 후함을 돈독하게 하면서 禮를 높인다)." 글자를 '惇'으로 쓴다. **惇(돈: 도탑다)** *tun , 都昆切,《廣韻》: "厚也('두텁다'이다)." '惇'은 발음이 또 '章倫切'이기도 하다. **惇(돈: 참된 마음, 도탑다)** *tun , 章倫切,《廣韻》: "心實也('마음이 충실하다'이다)."《國語·晉語四》: "郤穀可, 行年五十矣, 守學彌惇(郤穀이 좋습니다. 그는 나이가 50인데도, 학문 지키기를 매우 두텁게 합니다)." 注: "惇, 厚也(여기서 '惇'은 '두텁다'이다)."《國語·楚語上》: "務愼惇篤以固之(돈독함에 힘쓰고 삼가게 하여 그 마음을 굳게 만든다)." **諄(순: 매우 정성스럽다)** *tun , 章倫切,《廣韻》: "至也, 誠懇貌也('지극하다'이다, 정성스러운 모양이다)." **諄(순: 곡진하다, 타이르다)** *tuns , 之閏切,《廣韻》: "告之丁寧('진실로 알려주다')."《詩經·抑》: "誨爾諄諄, 聽我藐藐(그대들에게 간절히 타일러도, 내 말을 건성으로 듣는구나)."《釋文》: "諄, 字又作訰, 之純反, 又之閏反(여기서 '諄'은 글자를 또 '訰'로도 쓴다. '之純反'이고 또 '之閏反'이다)."《孟子·萬章上》: "天與之者, 諄諄然命之乎?(하늘이 주었다는 것은 곡진하게(자세하게) 명하는 것입니까?)" **醇(순: 진하다)** *dun , 常倫切,《廣韻》: "厚也, 醲也('진하다(순수하다), 진한 술'이다)."《史記·宋微子世家》: "陳人使婦人飮之醇酒(진나라 사람은 여자를 시켜 단술로 그에게 마시게 하고)."《道德經》: "其政悶悶, 其民醇醇(그 정치를 어리석은 듯이 하면, 그 백성들이 순수해진다)." 又**淳(순: 순박하다)** *dun , 常倫切,《廣韻》: "樸也('순박하다'이다)."《三蒼》: "淳, 濃也('淳'은 '짙다, 두텁다'이다)."《墨子·所染》: "其友皆好仁義, 淳謹畏令(그 친구들이 모두 인의를 좋아하고, 순박하고 삼가고 법령을 두려워하다).”《潛夫論·本訓》: “以淳粹之氣, 生敦龐之民(순수한 기로 순박하고 도타운 백성들을 생육한다).” **純(순: 순수하다) *dun**, 常倫切,《廣韻》: “篤也(‘도탑다’이다).”《左傳·隱公元年》: “穎考叔純孝也, 愛其母, 施及莊公(영고숙은 효가 도탑다. 그 어머니를 사랑하여 장공에게도 미치게 하였다).” **鈍(둔: 무디다) *duns**, 徒困切,《廣韻》: “不利也(‘날카롭지 않다’이다).”《荀子·性惡》: “鈍金必將待礱厲然後利(무딘 쇠는 반드시 숫돌에 갈리고 나서야 날카로워진다).”《國語·吳語》: “使吾甲兵鈍弊, 民人離落(우리의 군대는 지쳐서 무뎌지고, 백성은 배반하여 흩어지게 하다).” **馴(순: 길들이다) *s-dun**, 食倫切, 玄應《一切經音義》引《說文》: “養鳥獸使服謂之馴(새나 짐승을 길러 복종하게 만드는 것을 ‘馴’이라 한다).”《詩經·巧言》箋: “犬之馴者謂田犬也(개 중에 길들여진 것을 일컬어 ‘田犬(사냥개)’이라 한다).”《釋文》: “馴音旬, 又音脣(여기서 ‘馴’의 음은 ‘旬’이고 또 ‘脣’도 있다).”《墨子·兼愛中》: “昔越王句踐好士之勇, 教馴其臣(옛날 월왕 구천은 관리들의 용맹함을 좋아하여 그 신하들을 가르치고 길들였다).”《韓非子·外儲說右上》: “夫馴烏者斷其下翎則必恃人而食, 焉得不馴乎?(까마귀를 길들이는 이가 까마귀 날개의 끝을 잘라버리면, 까마귀는 반드시 사람에게 의지하여 먹고 자라게 되니, 어찌 길들여지지 않겠는가?)”

章(장: 밝다, 나타내다) *taŋ, 諸良切,《廣韻》: “又明也(‘밝다’이다).”《左傳·桓公二年》: “官之失德, 寵賂章也(관리가 덕을 상실하는 것은 총애함과 뇌물 받는 것이 드러나서 그렇게 된다).”《左傳·昭公十七年》: “今茲火出而章, 必火入而伏(금년에 大火星이 출현할 때는 그 빛이 매우 밝다. 반드시 대화성이 들어갈 때가 되어야 혜성이 잠복할 것이다).”《韓非子·問辯》: “堅白無厚之詞章, 而憲令之法息(‘堅白’이나 ‘無厚’ 등의 말이 성행함으로써 법령의 규범이 사라진다).”《荀子·子道》: “出而名不章, 友之過也(밖으로 나가 이름이 드러나지 않는 것은 친구의 잘못이다).” 글자는 후에 ‘彰’으로 썼다. **彰(창: 밝다) *taŋ**, 諸良切,《廣韻》: “明也(‘밝다’이다).”《荀子·勸學》: “順風而呼, 聲非加疾也, 而聞者彰(바람의 방향을 따라 소리를 지르면, 소리가 더 커진 것이 아니나 듣는 사람이 더욱 분명하게 듣는다).”《莊子·齊物論》: “是非之彰也, 道之所以虧也(시비가 드러나는 것은 도가 무너지는 까닭이다).”《韓非子·有度》: “威制共則衆邪彰矣, 法不信則君行危矣, 刑不斷則邪不勝矣(권위와 명령을 신하와 공유하면 여러 사악함이 드러나고, 법을 믿지 않으면 군주의 지위와 어긋나게 되며, 형벌에 결단이 없으면 사악한 자를 이길 수 없다)." **賞(상: 기리다, 상주다, 하사하다)** *s-taŋ^{B} , 書兩切, 《廣韻》: "賜也('하사하다'이다)." 《說文》: "賜有功也('공이 있는 이에게 하사하다'이다)." 徐鍇: "賞之言尙也, 尙其功也('賞'이란 말은 '尙'이다. 즉 그 공을 높이는 것이다)." 《左傳·僖公二十四年》: "下義其罪, 上賞其姦(아래 사람은 그 죄를 의롭게 여기고, 윗사람은 그 간악한 행위에 상을 주다)." 《左傳·襄公十四年》: "善則賞之, 過則匡之, 患則救之, 失則革之(선행이 있으면 선양을 하고, 잘못이 있으면 바로잡으며, 환란이 있으면 구제하고, 실패하면 고친다)." 注: "賞謂宣揚('賞'은 곧 선양하는 것이다)."

離(리: 떠나다, 나누다, 헤어지다) *rar , 呂支切, 《廣韻》: "近曰離, 遠曰分(가까우면 '離'라 하고, 멀면 '分'이라 한다)." 《左傳·桓公十一年》: "若敗鄖師, 四邑必離(만약 隕나라의 군대를 패배시킨다면, 네 나라의 군대도 반드시 흩어질 것이다)." 《論語·季氏》: "邦分崩離析而不能守也(나라가 분열되고 무너져 흩어지는데도 지키지도 못하다)." 《孟子·梁惠王上》: "父母凍餓, 兄弟妻子離散(부모는 추위에 떨고 굶주리며, 형제와 처자식은 흩어질 것이다)." **灑(쇄: 물뿌려 청소하다, 물을 흩어지게하다)** *s-rar^{B} , 所綺切, 《廣韻》: "灑掃('물 뿌려 청소하다')." [**灑(쇄)** *s-rar^{B} , 所蟹切, 《廣韻》: "灑水('물뿌리다')."] 《慧林音義》卷十一引《聲考》(〈혜림음의〉권11에서 〈성고〉를 인용함): "灑, 散水也('灑'는 '물을 흩어지게 하다'이다)." 《禮記·內則》: "屑桂與薑以灑諸上而鹽之, 乾而食之(계피와 생강을 가루로 만들어 그 고기 위에 뿌리고, 또 그 위에 소금을 뿌린 다음에, 불로 말려서 먹는다)." 《墨子·兼愛中》: "灑爲九澮(아홉 개의 하천으로 나누어 흐르게 하다)." 孫詒讓間詁: "灑, 釃同, 分也('灑'와 '釃'는 같다. '나누다'이다)." **釃(시: 나누다, 술을 거르다)** *s-rar^{B} , 所綺切, 《廣韻》: "分也, 見《漢書·溝洫志》('나누다'이다 〈한서·구혁지〉참고)." 《漢書·溝洫志》: "乃釃二渠以引其河(두 수로로 나누어 그 강을 인도하다)." 글자는 원래 '灑'였다. 《史記·河渠書》: "九川既疏, 九澤既灑, 諸夏艾安(9주의 하천들이 모두 소통되고, 9주의 水澤이 이미 나뉘어, 온 중국이 편안하게 되었다)."

離(리: 떠나다, 나누다, 헤어지다) *rar , 呂支切, 《廣韻》: "近曰離, 遠曰分(가까우면 '離'라 하고, 멀면 '分'이라 한다)." 《莊子·山木》: "合則離, 成則毁(합하면 분열하고, 완성되면 파괴된다)." 《呂氏春秋·愼大》: "身體離散, 爲天下戮(걸왕은 마침내 죽어서 신체는 흩어졌고, 천

하에게 욕을 당했다)." **釃(시: 나누다, 술을 거르다)** ***s-ra̱r**^{B} , 所宜切, 《廣韻》: "下酒也('술을 내리다, 거르다'이다)." 釃, 《說文》: "下酒也('술을 거르다'이다)." 《詩經·伐木》: "伐木許許, 釃酒有藇(어영차 소리에 맞춰 나무를 베고, 걸러온 술이 맛이 좋네)." 傳: "以筐曰釃, 以藪曰湑(작은 광주리로 하는 것을 '釃'라하고, 똬리로 하는 것을 '湑(서:거르다)'라 한다)." 《釋文》: "釃, 徐所宜反, 又所餘反, 葛洪所寄反, 謂以筐蓏酒('釃'는 徐씨의 음은 '所宜反'이고 또 '所餘反'이다. 葛洪은 '所寄反'인데, '광주리로 술을 거르는 것'을 말한다)."(발음 "所余切"은 "酾"의 訓讀임)

隕(운: 떨어지다) ***Gu̱n**^{B} , 于敏切, 《廣韻》: "墜也, 落也('떨어지다'이다)." 《說文》: "隕, 從高下也('隕'은 '높은 곳에서 떨어지다'이다)." 《詩經·氓》: "桑之落矣, 其黃而隕(뽕잎이 떨어질 때면, 그 잎이 누렇게 되어 떨어진다)." 《詩經·小弁》: "心之憂矣, 涕既隕之(마음이 근심하는지라, 눈물을 이미 떨어뜨린다)." 《左傳·莊公七年》: "星隕如雨(별이 비처럼 떨어지다)." 《左傳·昭公三年》: "早世隕命(일찍 죽었다)." 《韓非子·說疑》: "四擬不破, 則隕身滅國矣(네 가지 비슷한 것들을 혁파하지 않으면, 군주 자신은 죽게 될 것이고 나라는 멸망하게 된다)." 후에 글자는 '殞'으로 썼다. **殞(운: 죽다)** ***Gu̱n**^{B} , 于敏切, 《廣韻》: "歿也('죽다'이다)." 《荀子·賦》: "列星殞墜, 旦暮晦盲(하늘에 있는 별들 모두 떨어져 밤낮으로 어두웠다)." 《鹽鐵論·論誹》: "此秦所以失天下而殞社稷也(이것이 바로 진이 천하를 잃고 사직이 망한 이유이다)." **損(손: 덜다, 해치다)** ***s-qun** , 蘇本切, 《廣韻》: "減也, 傷也('덜다, 해치다'이다)." 《說文》: "損, 減也('損'은 '덜다'이다)." 《莊子·駢拇》: "若其殘生損性, 則盜跖亦伯夷已(생명을 해치고 본성을 손상시키는 점에서는 도척 역시 백이와 같을 뿐이다)." 《韓非子·喻老》: "君見賞, 臣則損之以爲德; 君見罰, 臣則益之以爲威(군주가 상을 주려는 의도를 보이면 신하는 그것을 깎아 자신의 덕으로 여기고, 군주가 벌을 내리려는 의도를 보이면 신하는 그것에 더하여 자신의 위력으로 여긴다)." 《管子·乘馬》: "重而後損之, 是不知任也; 輕而後益之, 是不知器也(국방비 부담을 가중시키고 나서 다시 줄이는 것은 곧 백성의 능력을 잘 알지 못한 것이고, 부담을 줄이고 나서 나중에 늘리면 이는 군비 수요를 정확히 알지 못한 것이다)." 《呂氏春秋·情欲》: "又損其生以資天下之人, 而終不自知(자신의 생명을 덜어내어 천하의 사람들을 도우면서도 끝내 스스로 깨닫지 못하다)."

怯(겁: 겁내다) ***khrap** , 去劫切, 《廣韻》: "畏也('두려워하다'이다)." 《左傳·襄公二十四年》: "曩者志入而已, 今則怯也(처음에는 적진으로 진입하는데 뜻이 있었을 뿐이고, 이번에는 겁이 나서 그랬다)." 《管子·樞言》: "勇勝怯, 智勝愚, 善勝惡(용기가 비겁함을 이기고, 지혜로움이 우매함을 이기고, 선이 악을 이긴다)." 《荀子·不苟》: "與時屈伸, 柔從若蒲葦, 非懾怯也; 剛強猛毅, 靡所不信, 非驕暴也(때에 맞춰 굽혔다 폈다 하여 부드럽게 따르기를 마치 부들이나 갈대처럼 하는데, 이는 무섭고 겁나서 그런 것이 아니다. 굳세고 강하고 용감하여 곧게 펴지 않는 것이 없는데, 이는 거만하고 난폭해서가 아니다)." **劫(겁: 빼앗다, 위협하다)** ***krap** , 居怯切, 《廣韻》: "強取也('억지로 취하다'이다). 《說文》曰: 人欲去, 以力脅止曰劫(사람이 떠나려 하는데, 힘으로 협박해 머물게 하는 것이 '劫'이다)." 《左傳·昭公十四年》: "請朝衆而盟, 遂劫南蒯(사람들을 모아 놓고서 맹약하기를 청하고서, 그 자리에서 드디어 南蒯를 협박하였다)." 《左傳·昭公二十一年》: "殺多僚, 劫司馬以叛(多僚를 죽이고는 司馬를 협박하여 반란을 일으켰다)." 《左傳·定公十年》: "若使萊人以兵劫魯侯, 必得志焉(만약 萊人들을 시켜 무기로 魯侯를 겁박하면, 반드시 우리의 뜻을 이룰 것이다)." 《禮記·儒行》: "劫之以衆, 沮之以兵(무리로써 협박을 하고 군사로써 저지하다)." **愶(협: 으르다, 협박하다)** ***s-khrap** , 虛業切, 《廣韻》: "以威力相恐也('위력으로 두렵게 하다'이다)." 글자는 본래 '脇'으로만 되어 있다. 《左傳·昭公三十一年》: "衆從者脇公, 不得歸(여러 따르는 이들이 昭公을 협박하니, 돌아가지 못하였다)." 《管子·君臣下》: "訛言於外者, 脇其君者也(밖으로는 유언비어를 퍼뜨려 이로써 임금을 협박하다)." 《史記·樂書》: "是故強者脇弱, 衆者暴寡, 知者詐愚(이 때문에 강자가 약자를 위협하고 여러 사람이 소수를 업신여기고 지혜로운 자가 우매한 이를 속인다)."

耄(모: 늙다, 혼몽하다) ***mɯs** , 莫報切, 《廣韻》: "老耄, 亦作"耂", 見經典('늙다'로 또는 "耂"로도 쓴다, 經典에 보인다)." 《左傳·隱公四年》: "老夫耄矣, 無能爲也(나는 이미 늙어서 아무 일도 할 수 없다)." 注: "八十曰耄(80을 '耄'라 한다)." 《釋文》: "耄, 毛報反(여기서 '耄'는 '毛報反'이다)." 《禮記·曲禮上》: "八十九十曰耄(80세, 90세를 '耄'라 한다)." 注: "耄, 惛忘也('耄'는 '정신이 가물가물한 것'이다)." 《釋文》: "耄, 本又作旄, 同忘報反('耄'는 본래 또 '旄'로도 쓴다. '忘報反'와 같다)." 《國語·周語下》: "爾老耄矣!(너는 늙어 혼미하다!)" 注: "八十曰耄. 耄, 昏惑也(여기서 80세를 '耄'라 한다. '耄'는 혼미한 것이다)." 또는 '旄'로도 쓴다. 《孟子·梁惠王下》: "王速出

令, 反其旄倪(왕께서 속히 명령을 내려, 연나라의 노약자들을 돌려보내셨다).”《周禮·秋官·司寇》: “壹赦曰幼弱, 再赦曰老旄, 三赦曰蠢愚(첫째, 어린아이를 석방한다. 둘째, 70~80세 노인은 방면한다. 셋째, 우매한 이를 방면한다).”《釋文》: “耄本又作旄, 同亡報反(여기서 ‘耄’는 본래 ‘旄’로도 쓰며 ‘亡報反’과 같다).” **眊(모: 눈이 어둡다)** ***mɯs**, 莫報切, 《廣韻》: “目少睛(‘눈이 어둡다, 흐리다’).”《釋文》: “眊, 目少精也. 从目毛聲.《虞書》耄字從此(‘眊’는 ‘눈이 어둡다’이다, ‘目’을 따르고 ‘毛’는 성부이다. 〈虞書〉의 ‘耄’자는 이를 따른다).”《孟子·離婁上》: “胸中不正, 則眸子眊焉(마음이 바르지 않으면 눈동자가 흐리다).”《漢書·刑法志》: “周道旣衰, 穆王眊荒(주의 도가 이미 쇠하였고, 목왕은 혼미해졌다).”《漢書·刑法志》: “一曰幼弱, 二曰老眊, 三曰惷愚(첫째는 어린아이이고, 둘째는 늙은 사람이고, 셋째는 우매한 이이다).” **秏(모: 덜다)** ***s-mɯs**, 呼到切, 《廣韻》: “減也(‘덜다’이다).”《莊子·達生》: “未嘗敢以耗氣也, 必齊以靜心(일찍이 몸속의 氣를 소모한 적이 없으며, 반드시 齋戒하여 마음을 고요하게 하였다).”《韓非子·外儲說左下》: “夫美下而耗上, 妨義之本也(무릇 아래를 화려하게 해서 위를 소비하는 것은 義를 해치는 근본이다).”《韓非子·孤憤》: “虧法以利私, 耗國以便家(법을 무너뜨려 자기를 이롭게 하고, 국가의 재정을 소모하여 자기 집안을 이롭게 하다).”

柳(류: 모이다) ***r<u>u</u>^{B}**, 力久切, 《集韻》: “聚也(‘모이다’이다).”《爾雅》: “罶謂之柳(罶음을 ‘柳’라 한다).”《釋文》: “柳, 聚也(‘柳’는 ‘모이다’이다).”《周禮·天官·冢宰》: “衣翣柳之材(운불삽의 재료를 갖춘다)[76].” 注: “柳之言聚, 諸飾之所聚(여기서 ‘柳’의 의미는 ‘모으다’로, ‘여러 장식의 모음’이다).”《漢書·季布傳》: “置廣柳車中(광류거에 싣고).” 注引晉灼: “柳, 聚也, 衆飾之所聚也(여기서 ‘柳’는 ‘모이다’로, 각종 장식이 모인 것이다).” **蒐(수: 모으다, 수를 세다, 숨기다)** ***s-r<u>u</u>**, 所鳩切, 《爾雅》: “聚也(‘모으다’이다).” 郭注: “春獵爲蒐. 蒐者, 以其聚人衆也(‘봄사냥’을 ‘蒐’라 한다. ‘蒐’라 한 것은, 이로써 사람들을 모으기 때문이다).”《左傳·成公十六年》: “蒐乘補卒, 秣馬利兵(전차를 모아 수를 세고 병사를 보충하고, 말을 배불리 먹이고 병기를 날카롭게 간다).”《左傳·襄公二十四年》: “齊社蒐軍實, 使客觀之(齊人이 社에 제사를 지내고, 군대의 장비를 모아 수를 세면서, 薳啓彊에게 보게 했다).”《左傳·文公十八年》: “服讒蒐慝, 以誣盛

76 [역주] ‘翣(삽)’이란 운불삽으로, 발인할 때 영구의 앞뒤에 세우고 가는 기구를 말한다.

德(참언을 행하는 이를 신용하고, 간특한 이들을 숨겨서, 盛德이 있는 사람을 무고하다).”《穀梁傳·桓公四年》: “春日田, 夏日苗, 秋日蒐, 冬日狩(봄 사냥을 ‘田’, 여름 사냥을 ‘苗’, 가을 사냥을 ‘蒐’, 겨울 사냥을 ‘狩’라 한다).”

三

상고한어 가운데 *s-접두사를 갖고 있다고 확정할 수 있는 단어는 매우 제한적이다. 이러한 제한적인 단어 속에서 상고한어 *s-접두사의 사동화 기능의 예를 찾을 수는 있다. **아마도 상고한어 시기에 이렇게 *s-접두사를 갖는 단어는 매우 많았을 터인데, 음운 변화에 따라 *s-접두사가 탈락이 된 것이다.** 특정한 조건하에서, ***s-접두사는 어근 자음에 영향을 미칠 수 있는데, 예컨대 次濁音과 諧聲되는 擦音들이 그러하다.** 이러한 상황은 藏緬語와 매우 유사하다. 緬語, 阿昌語 등은 非清化次濁音은 자동을 나타내고, 清化次濁音은 사동을 나타낸다. 이중 후자는 바로 *s-접두사의 탈락으로부터 유래한 것이다. ***s-접두사는 次濁音을 清化할 수도 있고, 자연히 또 全濁音을 清化시킬 수도 있다.** 따라서 緬語, 阿昌語 등은 유기/무기의 성모 교체를 통해 자동/사동을 나타낸다. 아마도 藏緬語의 계발을 받은 것 같은데, 龔煌城(2001)은 상고한어 자동/사동은 *N-접두사와 *s-접두사의 대립이라고 보았다. 즉, 자동은 *N-접두사를 부가하고, 사동은 *s-접두사를 부가하는 것이며, 그 어근의 자음은 濁자음 성모이다. 龔煌城의 이러한 가설은 藏緬語 특히, 藏語의 자동사/사동사 구성과 완전히 일치한다. 앞의 내용을 참고하기 바란다.

駭(해: 놀라다) *gre^B , 侯楷切,《廣韻》: “驚也(‘놀라다’이다).”《左傳·昭公十三年》: “國每夜駭曰: 王入矣(도성 안에 매일 밤 사람들은 놀라서 말했다. “王이 들어왔다.”).”《左傳·定公十年》: “郈人大駭(郈人이 크게 놀랐다).”《莊子·天運》: “是以天下大駭, 儒墨皆起(이로써 천하가 크게 놀라, 儒와 墨이 모두 함께 일어나게 되었다).”《韓非子·內儲說上》: “人見蛇則驚駭, 見蠋則毛起(사람이 뱀을 보면 깜짝 놀라고, 애벌레를 보면 털이 곤두선다).” **戒(계: 경계하다, 삼가다, 조심하다) *kres** , 古拜切,《廣韻》: “備也, 警也(‘대비하다, 경계하다’이다).”《易·系辭上》

注: "防患曰戒(근심을 대비하는 것을 '戒'라 한다)." 《左傳·桓公二年》: "百官於是乎戒懼, 而不敢易紀律(백관은 이에 경계하고 두려워하여, 감히 紀律을 바꾸지 않는다)." 《左傳·成公十五年》: "伯宗每朝, 其妻必戒之曰: 盜憎主人, 民惡其上, 子好直言, 必及於難(伯宗이 매번 조정에 나아갈 때마다 그 아내는 반드시 경계하여 말했다. '도적은 주인을 미워하고 백성은 윗사람을 싫어합니다. 그런데 당신은 직언하기를 좋아하니 반드시 어려움에 이를 것입니다')." 《左傳·文公十二年》: "秦行人夜戒晉師曰…… (秦나라의 사자가 밤에 晉나라군에 가서 경계하여 알렸다)" 《左傳·襄公十四年》: "衛獻公戒孫文子甯惠子食(衛獻公이 孫文子와 甯惠子에게 함께 식사를 하자고 戒하였다)." 글자는 또 '誡'로도 쓰고 발음은 '古拜切'과 같다. 《廣韻》: "誡, 言警也('誡'는 '말로 훈계하다'이다)." 《墨子·號令》: "必時素誡之(반드시 평소에 그들을 훈계해야 한다)." 《韓非子·內儲說下》: "袖因先誡御者曰: 王適有言, 必亟聽從(정수가 먼저 시종에게 타일러 말했다. '대왕께서 만일 분부하는 말씀이 있다면, 반드시 명령대로 바로 따르거라')."

狂(광: 미치다, 경솔하다, 조급하다) *G̱aŋ, 巨王切, 《廣韻》: "病也. 《韓子》曰: 心不能審得失之地則謂之狂也('병'이다. 〈한비자〉에서 이르길, '마음의 득실의 배경을 살필 수 없다면 미치광이라고 한다')" 《詩經·載馳》: "許人尤之, 衆稚且狂(허나라 사람들은 나를 탓하니, 모두가 어리석고 참 광망하도다)." 《左傳·文公十二年》: "好勇而狂(용맹을 좋아하여 함부로 날뛰다)." 《左傳·昭公二十三年》: "胡沈之君幼而狂, 陳大夫齧壯而頑(胡나라와 沈나라의 임금은 나이가 어려 조급해하고, 陳나라 대부 齧은 壯年이지만 완고하다)." 注: "狂, 無常(여기서 '狂'은 '상규를 벗어나다'이다)." 《莊子·人間世》: "嗅之, 則使人狂醒三日而不已(냄새를 맡으면 사람으로 하여금 미친 것처럼 취하게 하여 사흘이 지나도록 취기가 가시지 않았다)." **誑(광: 속이다)** *qa̱ŋs, 居況切, 《廣韻》: "欺也('속이다'이다)." 《禮記·曲禮上》: "幼子常視毋誑(어린 자식에게는 항상 속임이 없는 행위를 보여준다)." 《釋文》: "誑, 九況反, 欺也(여기서 '誑'은 '九況反'이고 '속이다'이다)." 글자는 본래 '狂'으로만 썼다. 《韓非子·顯學》: "使子必智而壽, 則世必以爲狂(당신을 반드시 지혜롭고 오래 살게 해주겠다고 한다면, 세상 사람들은 분명 그것을 미친 소리라고 할 것이다)." 《莊子·逍遙遊》: "吾以是狂而不信也(나는 이 때문에 그의 이야기가 속이는 이야기라 여겨 믿을 수가 없다)." 集解: "音讀如誑, 言以爲誑(여기서 발음은 '誑'으로 읽으며, '속이는 것으로 여기다'란 말이다)." 글자는 또 '迋'로도 쓴다. 《左傳·定公十年》:

"是我迂吾兄也(이는 곧 내가 내 형님을 속인 것이다)." 注: "迂, 欺也(여기서 '迂'은 '속이다' 이다)."《釋文》: "迂, 求往反, 又古況反('迂'은 '求往反' 또는 '古況反'이다)."《詩經·揚之水》: "無信人之言, 人實迂女(남의 말을 믿지 말라, 사람들은 정말로 너를 속이고 있다)." 傳: "迂, 誑也('迂'은 '속이다'이다)."《釋文》: "迂, 求往反, 徐又居望反(여기서 '迂'은 '求往反'이고, 徐씨의 음은 '居望反'이다)."

藏(장: 숨기다, 숨다, 간직하다) ***ḍaŋ**, 昨郎切,《廣韻》: "隱也, 匿也('숨다, 숨기다'이다)."《左傳·襄公十一年》: "國之典也, 藏在盟府(나라의 典章이며, 盟府에 보관되어 있다)."《左傳·僖公五年》: "勳在王室, 藏於盟府(周나라 왕실에 공을 세워, 그때의 맹약문서가 盟府에 보관되어 있다)."《左傳·昭公四年》: "古者日在北陸, 而藏冰西陸(옛날에는 태양이 北陸에 떠 있을 때 얼음을 서릉에 저장했다)."[77]《左傳·昭公二十一年》: "故和聲入於耳, 而藏於心(그러므로 조화로운 소리가 귀로 들어와 마음에 간직된다)." **葬(장: 매장하다, 장례지내다)** ***ʦaŋs**, 則浪切,《廣韻》: "藏也('숨기다, 저장하다'이다)."《說文》: "葬, 藏也('葬'은 '수장하다'이다)."《禮記·檀弓上》: "葬也者, 藏也; 藏也者, 欲人之弗得見也('장례'라는 것은 '감춘다'는 것이다. '감춘다'는 것은 남이 볼 수 없게 하는 것이다)."《左傳·隱公元年》: "庚申, 改葬惠公(경신일에 혜공을 改葬하였다)."《左傳·隱公五年》: "葬之加一等(한 등급을 더 올려 장사지내다)."

龔煌城의 *s-접두사 가설을 이용해 위의 단어들을 해석할 수도 있다. *s-접두사는 濁音성모 앞에만 출현하는 것이 아니고 *sp-처럼 淸音성모 앞에도 출현할 수 있다. 그러나 중고한어의 脣塞音들은 대개 脣塞音과만 諧聲이 되지 非脣塞音과는 諧聲되지 않는다. 즉, 脣塞音들끼리만 諧聲그룹을 형성한다는 것이다. 따라서 비록 상고한어에 *sp-가 있을 수는 있으나, 우리는 이미 중고한어의 음운형식을 통해 그 증거를 찾아낸 바 있고, 淸塞音 앞의 *s-접두사가 소실된 후에는 어떤 흔적도 남기지 않은 것으로 볼 수 있다.

---

77 [역주] 일반적으로 이 문장의 구두를 위처럼 끊는 것보다는 아래처럼 끊어 해석하고 있다. 古者, 日在北陸而藏冰注, 西陸朝覿而出之(옛날에는 해가 北陸에 있을 때에 얼음을 취해 저장하고, 해가 西陸에 있고 새벽에 東方에 奎星이 나타날 시에 얼음을 꺼내었다.)

貣(특: 빌리다, 구하다) *zek, 徒得切, 《廣韻》: "假貣謂從官借本賈也, 亦從人求物也('假貣'이란 관으로부터 돈을 빌리거나 남으로부터 물건을 구하는 것을 말한다)."《說文》: "貣, 從人求物也('貣'이란 남에게서 물건을 구하는 것이다)." **貣(특: 빌리다, 구하다) *sek**, 他德切, 《廣韻》: "從人求物也(남으로부터 물건을 구하는 것이다)."《荀子·儒效》: "雖行貣而食, 人謂之富矣(그가 비록 거리에서 구걸하여 먹더라도 사람들은 그를 부자라고 말할 것이다)." 注: "行貣, 行乞也. 貣, 土得反('行貣'이란 '거리에서 구걸하는 것'이다. '貣'은 '土得反'이다)."《漢書·韓王信傳》: "今僕亡匿山谷間, 旦暮乞貣蠻夷(지금 저 골짜기로 숨어 도망 다니며 아침저녁으로 오랑캐들에게 구걸하고 있다)." 顏師古注: "貣, 音吐得反('貣'의 음은 '吐得反'이다)." 글자는 또 '貸'로도 쓴다. 《莊子·外物》: "莊周家貧, 故往貸粟於監河侯(莊周는 집이 가난해서, 監河侯에게 곡식을 빌리러 갔다)."《釋文》: "貸, 音特, 或一音他得反(여기서 '貸'의 음은 '特'이다. 또는 다른 음으로 '他得反'이 있다)."《左傳·文公十四年》: "而多聚士, 盡其家, 貸於公有司以繼之(公子商人은 많은 인재를 모았다. 이로써 집안의 재산을 다 소비하자, 公有司에게 빌려 그 일을 계속하였다)."《釋文》: "貸, 音待, 又音忒(여기서 '貸'의 음은 '待'이고 또는 '忒'이다)." **貸(대: 빌려주다, 베풀다) *seks**, 他代切, 《廣韻》: "借也, 施也, 假也('빌려주다, 베풀다'이다)."《左傳·文公十六年》: "宋饑, 竭其粟而貸之(宋나라에 기근이 들자, 자신의 곡식을 다 써서 백성들에게 빌려주었다)."《左傳·襄公二十九年》: "出公粟以貸(公室의 곡식을 내어 백성들에게 빌려주었다)"《釋文》: "貸, 他代反(여기서 '貸'는 '他代反'이다)."《莊子·天運》: "食於苟簡之田, 立於不貸之圃(소박한 밭에서 곡식을 얻었고, 먹고 남에게 빌려주지 않을 정도의 밭을 경작하다)."《釋文》: "貸, 敕代反, 司馬云: 施與也(여기서 '貸'는 '敕代反'이다. 사마가 말하길, '베풀어주다'이다)."

糴(적: 쌀을 사다) *zɯk, 徒歷切, 《廣韻》: "市穀米('곡식을 사다')."《說文》: "籴, 市穀也('籴'은 '곡식을 사다'이다)."《左傳·隱公六年》: "京師來告饑, 公爲之請糴於宋(京師에서 사람이 와서 기근을 고하자, 은공이 周나라를 위하여 宋에게 곡식 판매를 요청했다)."《釋文》: "糴, 直歷反(여기서 '糴'은 '直歷反'이다)."《左傳·僖公十三年》: "晉荐饑, 使乞糴於秦(晉나라에 계속 흉년이 들자 秦나라에 사신을 보내어 곡식 구매를 청했다)."《釋文》: "糴, 直歷反(여기서 '糴'은 '直歷反'이다)." **糶(조: 쌀을 내어 팔다) *sɯks**, 他吊切, 《廣韻》: "賣米也('쌀을 팔다'이다)."

《韓非子·內儲說下》: "吏果竊黍種而糶之甚多(창고 관리가 과연 기장 씨앗을 훔쳐서 팔아먹은 양이 매우 많았다)."《管子·治國》: "秋糴以五, 春糶以束, 是又倍貸也(가을에 5를 빌리고 봄에 갑절로 갚는데 이 또한 고리대를 빌리는 것이다)."

성조는 非去聲에서 去聲으로 변화하였고, 성모 자음도 濁音에서 淸音으로 변화하였다. 성조의 교체와 자음 청탁교체는 동일 시대에 속하지 않는 것일 수 있다. 위의 두 단어의 어근 자음은 본래 擦音이라 상대적으로 볼 때, *s-접두사를 붙이지 않는 게 음절구조에 보다 더 합리적이다. 즉, 상고한어의 자음 청탁교체를 해석할 목적으로 *s-접두사를 꼭 재구할 필요는 없다는 것이다. 요컨대, 현재까지 입수한 자료에 근거하면 우리는 이미 **脣塞音 앞에 출현하는 *s-접두사를 증명할 방법이 없다.**

제3절 지속

一

藏語의 s-는 사동동사의 접두사이면서 또 기동동사(啟動動詞, inchoative verbs)의 접두사이기도 하다. 기동동사는 동작행위나 상태 혹은 과정의 시작을 나타낸다. Wolfenden(沃爾芬登, 1929)에 따르면, 藏語의 s-접두사의 가장 원시적인 의미는 단지 간단한 지향성 진술(directive indicating)이었고, 이후 s-접두사가 몇 가지로 확장되었다고 한다. 그것은 아래와 같다.

(a) 동사 어근 자체가 가리키는 조건이나 상태(condition or state)의 일반적 방향
(b) 어떤 비직접적 목적어를 지향하는 동작이나 행위
(c) 급물동사나 사동동사 (최후의 발전 결과)

Wolfenden에 따르면, (a)의 의미와 관련해 말하자면, 동사 접두사는, 동사 어근이 주어로부터 동사 어근 자신이 가리키는 상태 또는 조건으로 진입하도록 돕거나, 비직접적 목적어를 지향하도록 돕는 어떤 종결성 작용을 하는 요소로 볼 수 있다고 한다. 이런 유형에 속하는 동사로 Wolfenden은 藏語의 skraŋ-ba('腫'), sŋo-ba('變青'), stor-ba('遺失, 迷失'), sbrid-pa('痲痹, 痲木') 등을 들고 있다. 이러한 동사는 藏語에서 종종 직접목적어를 갖지 않는 불급물동사이거나 비자주동사이다.

二

梅祖麟(1989)은 상고한어 *s-접두사에 '方向化(directive)' 기능이 있다고 보았다. 그가 *s-접두사에 '방향화'기능이 있다고 보는 관점은 Wolfenden의 藏語 *s-접두사 관점과 모종의 내재적 관련이 있다. 그렇다면 '方向化(directive)'란 무엇인가? 梅祖麟의 해석은 "더 깊이 들어갈수록 더 방향성이 있다."로서, *s-접두사를 첨가해 파생된 동사는 기본 동사보다 '방향성'이 더 있다고 주장한다. 우리는 梅祖麟이 말하는 '방향화'가 도대체 무엇인지 선뜻 이해가 가질 않는다. 여기서 '방향성'이 있는 예에 대해 그는 11개의 예를 들었다. 그런데 梅祖麟이 상고한어 *s-접두사가 방향화 의미가 있다고 든 예를 살펴보면, 그가 말한 이른바 '방향화'의 기능이 잘 보이지 않는다는 점이 아쉬운 점이라 할 수 있다. 그가 든 예를 살펴보면, 그의 '방향화' 기능이란 사실상 舒志武(1988)의 의미구별과 거의 유사한 것을 볼 수 있다. 梅祖麟은 모든 동원사 중 해석할 수 없는 *s-접두사를 거의 모두 '방향화'란 이 기능으로 귀속시켰다. 예를 들어, '二'와 '次'가 그러하다. 그런데 이 '방향화'란 것은 사실 梅祖麟 본인에게도 매우 모호한 개념이다. 沙加爾(Sagart, 1999) 또한 상고한어에 '指向性(directives)'의미가 있다고 언급하였다. 그러나 이것은 사실 기본적으로 梅祖麟의 견해를 받아들인 것이고, 사용한 예들 역시 梅祖麟이 언급한 것들이라 그 역시 이에 대한 추가적인 논증은 하지 못했다.

동사 특히 직접 목적어를 갖는 급물동사는 종종 '지향'이 있다. 그런데 그것이 지향하는 방향은 곧 피동작주 목적어이다. 따라서 일부 어법저작에서는 종종 급물동사를 동작

행위가 주어 이외의 어떤 사람이나 사물을 '지배'하거나 '지향'한다고 해석한다. 우리는 梅祖麟이 든 예들을 통해, 그가 말한 소위 '방향성'이 절대 급물동사의 동작 지향과 같은 것도 아니며, 또 일부 藏緬族 언어의 戎語 계파 언어의 방향 범주와 같은 것도 아니라고 본다. **우리는 아래에서 상고한어에서는 결코 어떤 방향 범주란 것이 없었을 것이라고 토론할 것이다.** Wolfenden이 말한 藏語 s-접두사의 지향은 "하나의 외재적인 간접적 목적어를 지향하는 것"을 가리키는 것이지 하나의 직접목적어를 지향하는 것이 아니다. 다만, 우리는 Wolfenden이 말한 동사의 '指向(directives)'개념은 의미가 광범위하며 또 모호한 개념이란 점을 분명히 알아야 한다. 많은 藏語의 동사 접두사들의 경우, Wolfenden은 모두가 '지향'의미가 있다고 주장한다. 따라서 우리는 Wolfenden의 '지향'개념을 이용해서는 상고한어의 *s-접두사 의미를 절대 해석할 수 없다고 본다.

登(등: 오르다) *teŋ, 都滕切, 《廣韻》: "升也('오르다'이다)." 《說文》: "登, 上車也('登'은 '수레에 오르다'이다)." 《左傳·僖公五年》: "公旣視朔, 遂登觀臺以望(僖公이 視朔[78]하고서 드디어 관대에 올라 바라보았다)." 《左傳·僖公十六年》: "有夜登丘而呼曰: 齊有亂(어떤 자가 밤중에 언덕에 올라가 '齊나라에 난리가 났다'고 고함질렀다)." 《左傳·襄公二十五年》: "吳師奔, 登山以望, 見楚師不繼, 復逐之(吳나라군이 도망가다가 산으로 올라가서 바라보니, 楚나라 군대가 이어지지 않는 것을 보고는 다시 그들을 추격하였다)." 《左傳·成公十六年》: "楚子登巢車以望晉軍(楚子가 巢車에 올라가 晉軍을 바라보았다)." **升(승: 오르다) *s-t̠eŋ**, 識蒸切, 《廣韻》: "登也, 躋也('오르다, 높은 곳에 오르다'이다)." 《詩經·定之方中》: "升彼虛矣, 以望楚矣(저 큰 언덕에 올라 초구를 바라본다)." 《詩經·吉日》: "升彼大阜, 從其群醜(저 큰 언덕에 올라 짐승떼가 많은 곳을 찾도다)." 《論語·先進》: "由也, 升堂矣, 未入於室也(由는 堂에는 올랐으나, 內室에는 들어오지 못하였다)." 《詩經·天保》: "如月之恒, 如日之升(달이 차오르는 것과 같으며, 해가 떠오르는 것과 같도다)." '升'은 또 후에 '昇'으로도 썼다. 昇, 《廣韻》: "日上, 本亦作升, 《詩》曰'如日之升'('해가 떠오르는 것'이다. 본래는 '升'으로도 쓴다. 〈시경〉에 이르길, '해가 떠오르는 것과 같다')." 《說文》: "昇, 日上也('昇'은 해가 떠오르는 것이다)."

---

78 [역주] '視朔'이란 천자가 친히 告朔(매년 초하루를 알리는 제사)을 하는 것이다.

동사 '升'과 '登'의 동작 행위는 모두 방향이 있고 그 지향하는 방향은 '위로'이다. 이것은 동사 '降'과 비교해 볼 수 있다. 《左傳·襄公二十九年》에 "其以[79]宋升降乎?(송나라와 성쇠를 함께할 것인가?)"가 있고, 《左傳·桓公二年》에 "夫德儉而有度, 登降有數(德은 검소하면서도 법도가 있고, 오르고 내림(즉, 上下尊卑)에 일정한 정도가 있다)."가 있다. 동사 '降'은 '아래로'이나 동사 '升', '登'은 '위로'이다. 한 마디로, 우리는 '방향'만 갖고는 동사 '登'과 '升'의 차이를 해석하기 어렵다. '升車'와 '登車'에서 보듯이, 동사 '升'은 '登'과 매우 유사하다. 따라서 이 둘은 어떤 경우엔 심지어 互用되기도 하여, 고대 주석가들은 항시 '升'으로 '登'을 해석하거나 '登'으로 '升'을 해석하곤 했다. 《荀子·勸學》에 "故不登高山不知天之高也(높은 산을 오르지 않으면 하늘이 높음을 알지 못한다)."라 나온다. 그런데 이것은 《大戴禮記·勸學》에는 "故不升高山不知天之高也"라 되어 있다. 또 《漢書·五行志中之下》에는 "有飛雉集於庭, 歷階登堂而雊(날아가던 꿩이 뜰에 모여 당에 올라 울었다)."라 나오는데, 《禮記·雜記上》에는 "弔者入, 主人升堂, 西面(조문하는 자가 들어가면, 주인은 당에 올라 서쪽을 향했다)."이라고 나온다. '升'과 '登'은 '작물의 성숙'이란 의미에서도 호환이 된다. 《孟子·滕文公下》에 "五穀不登(오곡이 여물지 못하다)."라 나오고, 《論語·陽貨》엔 "舊穀旣沒, 新穀旣升(묵은곡식이 이미 없어지고 햇곡식이 이미 익으며)."이라고 나온다. 《儀禮·喪服》鄭注에는 "升, 字當爲登. 登, 成也('升'은 글자를 '登'이라고도 쓴다. '登'은 '이루다'이다)."라고 나온다. 또 《呂氏春秋·七月紀》에는 "是月也, 農乃升穀(이달에는 농민이 햅쌀을 임금에게 올린다)."이라 나오고, 《呂氏春秋·四月紀》에는 "農乃升麥(농민이 햇보리를 바치다)."이라 나온다. 畢沅이 말하길 "《月令》作'農乃登麥', 升猶登也.(〈월령〉에는 '農乃登麥'이라 되어 있는데, 升과 登은 같다)"라고 한다. 《禮記·月令》에 "農乃登麥, 天子乃以彘嘗麥, 先薦寢廟(농부는 일찍 여무는 햇보리를 수확하여 진상한다. 천자는 돼지고기를 부식으로 삼아 이 보리를 맛보는데, 먼저 침묘에 바치고 난 뒤에 먹는다)."라고 나온다. 注에 "登, 進也.('登'은 '진상하다'이다)"라고 되어 있다. 그리고 《說文》段注에는 "升, 登之假借.(升은 登의 가차이다)"라고 되어 있다. 동사 '升'과 '登'이 연관되어 있는 주체는 모두 행위주 주어이고, 그 연관된 객체는 모두 처소목적어일 수 있다. 동사 '登'과 '升'의 의미가 분명 유사하나 그렇다고 우리는 양자가 동일한 단어의 다른 문

79 [역주] 여기서의 '以'는 '與'와 같다.

자 형식이라고 말할 수는 없다. 段玉裁는 심지어 '升'이 '登'의 가차자라고 하나 이는 타당치 않다. 그런데 우리는 고대 주석가들의 주석을 통해 동사 '登'과 '升'이 다르다는 것을 알 수 있다. '升'과 '登'의 분명한 차이는 다음과 같다. **'登'은 구체적인 동작에 관련된 '동작성' 동사인 반면, '升'은 구체적인 동작에 관련되지 않은 '운동성' 동사이다. 동사 '登'은 바닥으로부터 한걸음 씩 위쪽으로 올라가는 것으로 핵심이 '동작'에 있다. 그러나 동사 '升'은 주로 동사 '降'과 상대적으로, 의미는 '위로(向上)'를 가리키고, 핵심은 '지속과정'에 있다.** 《荀子·勸學》에 "登高而招, 臂非加長也而見者遠(높은 곳에 올라가 손을 흔들어 부르면, 팔이 더 길어진 것이 아닌데도 멀리 있는 사람이 그 모습을 볼 수 있고)."이라고 나온다. 그리고 《荀子·儒效》에는 "是猶傴身而好升高也(이는 마치 곱사등이의 몸으로 높은 데 오르기를 좋아하는 것과 같다)."라고 나온다. '登'이 나타내는 것은 "하나하나의 '분산적' 동작"인 반면, '升'은 하나의 "연속되고 끊임이 없는 운동과정"이다. 다시 말하면, 동사 '登'이 표시하는 것은 분산적 동작이나 동사 '升'이 표시하는 것은 연속의 과정인데, 즉 전자는 하나하나의 분산적 동작으로 분해가 가능하고, 후자는 그렇지 못하다라고 말할 수 있다. 그래서 우리는 또 '登'을 **'분산(離散)동사'**로, '升'을 **'연속동사'**로 볼 수 있다. 따라서 '해'나 '달'은 '升'할 수 있어도 '登'하지는 못한다. 《詩經·天保》에 "如月之恒, 如日之升(달이 점차 차오르는 것과 같고, 해가 떠오르는 것과 같다)."라고 나온다. 그래서 옛사람들은 이로써 '昇'이라는 글자를 만들기도 했다. 《說文》新附에 "昇, 日上也(昇은 해가 떠오르는 것이다)."라고 나온다. 해와 달이 동쪽으로부터 서쪽으로 이동하는 것은 확실히, 하나의 연속적인 과정이다. 이러한 "연속부단하게 위로 이동"이란 의미는 나중에 더 부각되어 여기서 '영전하다(升遷)'라는 의미로 파생되기도 하였다. 이렇게 **동사 '升'은 '위로 이동하는 지속성'이 강조되고 있고, '登'은 '위로 이동하는 분산성(즉, 불연속성)'이 강조된다**. 이러한 면은 또 '升'과 '稱'의 비교를 통해서도 볼 수 있다.

拯(증: 건지다, 구조하다, 돕다) ***teŋ**[B] , 無韻切. 音蒸, 上聲(반절이 없음, 음은 蒸이고 상성이다), 《廣韻》: "救也, 助也('구하다, 돕다'이다)." 글자는 또 '抍'으로도 쓴다. 《說文》: "抍, 上擧也('위로 들다'이다)." 《左傳·宣公十二年》: "目於眢井而拯之(물없는 우물 속을 잘 들여다보고, 나를 구출하라)." 《莊子·達生》: "使弟子並流而拯之(제자들에게 시켜 물의 흐름을 따라가면서 그를 건지게 하였다)."《呂氏春秋·察微》: "子路拯溺者, 其人拜之以牛, 子路受之(자로가 물에 빠진 자를 건져줬는데, 그 사람이 소로써 사례를 하자 자로가 받았다)."《孟子·梁惠王下》: "民以爲將拯己於水火之中也, 簞食壺漿, 以迎王師(연나라 백성들은 자신들을 도탄에서 구해줄 거라고 믿어, 대바구니에 밥을 담고 병에 물을 담아 왕의 군대를 환영하였다)."《淮南子·齊俗訓》: "游者不能拯溺, 手足有所急也(헤엄치는 자가 물에 빠진 자를 구하지 못하는 것은 손발이 급하기 때문이다)."

爯(칭: 둘을 한꺼번에 들다) *the̱ŋ, 處陵切, 《廣韻》: "並擧也('함께 들다'이다)."《說文》: "爯, 並擧也('爯'은 '함께 들다'이다)." 글자는 '稱'으로 쓰며 발음은 같다.《廣韻》: "稱, 知輕重也('爯'은 경중을 헤아리는 것이다)."《詩經·七月》: "躋彼公堂, 稱彼兕觥(저 공당에 올라, 저 뿔잔을 든다)."《呂氏春秋·正月紀》: "是月也, 不可以稱兵, 稱兵必有天殃(이달에 군대를 동원하지 않는다. 군대를 동원하면 반드시 하늘의 재앙이 있을 것이다)."《管子·樞言》: "量之不以少多, 稱之不以輕重, 度之不以短長(많고 적음만으로 계산하지 말고, 경중으로만 저울질하지 말며, 길고 짧은 것만으로 재지 말라)." **偁(칭: 들다, 칭찬하다, 알맞다, 이르다) *the̱ŋ**, 處陵切, 《廣韻》: "宣揚美事, 又言也, 揚也, 擧也, 足也('아름다운 일을 선양하다, 이르다, 들다, 알맞다'이다)." 글자는 본래 '稱'으로만 썼다.《論語·子路》: "宗族稱孝焉, 鄕黨稱弟焉(宗族이 효성스럽다고 칭찬하고 鄕黨이 잘 공경한다고 칭찬한 것이다)."

承(승: 받들다, 받치다) *de̱ŋ, 署陵切, 《廣韻》: "奉也, 受也('받들다, 받다'이다)."《說文》: "承, 奉也. 受也('承'은 '받들다, 받다'이다)." '承'은 두 손으로 받쳐 들고 있는 것이다.《易·歸妹》: "女承筐無實, 士刲羊無血(여자가 광주리를 받드나 안에 든 게 없다. 남자가 양을 베나 피가 없다)." 虞注: "自下受上稱承(아래에서 위로 받쳐 드는 것이 '承'이다)."《左傳·成公十六年》: "使行人執榼承飮(使者에게 시켜 술통을 들고 가서 받쳐 마시게 하다)." 注: "承, 奉也('承'은 '받들다'이다)."《禮記·喪大記》: "凡哭尸於室者, 主人二手承衾而哭(무릇 방에서 시체에 곡을 할 때는 주인이 두 손으로 이불을 받들고 곡을 한다)."《論語·子路》: "不恒其德, 或承之羞(그 德을 영원히 지키지 않으면 혹 수치스러움을 받는다)."

升(승: 오르다) ***s-teŋ** , 識蒸切,《廣韻》: "登也, 躋也('오르다, 높은 곳에 오르다'이다)."《詩經·吉日》: "升彼大阜(저 큰 언덕에 올라)."《尚書·高宗肜日》: "有飛雉升鼎耳而雊(날아가던 꿩이 오더니 솥귀에 올라가서 울었다)."《禮記·曲禮上》: "升降不由阼階, 出入不當門隧(동쪽 계단으로 오르내리지 않으며, 드나들 때 문의 중앙으로 하지 않는다)."《易·同人》: "伏戎於莽, 升其高陵, 三歲不興(군대를 풀 속에 매복시키고, 높은 언덕에 올라가서 보지만, 3년이 지나도 일어나지 못한다)."《論語·先進》: "由也升堂矣, 未入於室也(由는 堂에는 올랐으나, 內室에는 들어오지 못하였다)."

乘(승: 타다) ***s-deŋ** , 食陵切,《廣韻》: "駕也, 登也('타다, 오르다'이다)."《釋名》: "乘, 升也, 登亦如之也('乘'은 '升(오르다)'이다, '登' 또한 이와 같다)." '乘'은 위로 붙잡고 기어오르는 것을 가리킨다.《國語·晉語一》: "郄叔虎將乘城(극숙호가 성에 오르려 하였다)." 注: "乘, 升也(여기서 '乘'은 '오르다'이다)."《詩經·七月》: "亟其乘屋, 其始播百穀(어서 빨리 지붕에 올라 지붕을 올려야, 내년에 다시 백곡을 파종하리라)." 傳: "乘, 升也(여기서 '乘'은 '오르다'이다)." '乘'의 대상은 점차 '舟車'를 가리키게 되었다.《詩經·二子乘舟》: "二子乘舟, 泛泛其景(두 사람이 배를 타고 가는데, 둥둥 그 모습이로다)."《左傳·僖公三年》: "齊侯與蔡姬乘舟於囿(齊侯가 蔡姬와 囿에서 배를 타다)."《左傳·成公十七年》: "齊慶克通於聲孟子, 與婦人蒙衣乘輦, 而入於閎(齊나라 慶克이 聲孟子와 정을 통하고 나서, 여장을 하고 어떤 부인과 함께 수레를 타고, 巷門으로 들어갔다)."《左傳·襄公二十年》: "乘馹而見宣子(역마를 타고 달려가 范宣子를 만나 말하다)."

이것은 하나의 同族詞로서, 그들 간의 의미 차이는 매우 분명하다. 예를 들어, '稱'과 '升'의 경우, 동사가 관련된 주체로 말한다면, 양자의 주체는 모두 행위주 주어이나, 관련된 객체가 확연히 다르다. 동사 '升'과 '乘'의 객체는 운동방향의 목표(즉, 처소)인 반면, 동사 '稱'와 '承'의 객체는 동작행위의 피동작주이다. 따라서 비록 문장 속에서 모두가 목적어를 취하지만, '升'과 '乘'은 처소목적어를 취하고, '稱'과 '承'은 피동작주 목적어를 취한다.

登(등: 오르다) ***teŋ** , 都滕切,《廣韻》: "升也('오르다'이다)."《說文》: "登, 上車也('登'은 '수레에 오르다'이다)."《爾雅》: "登, 升也('登'은 '오르다'이다)."《左傳·莊公十年》: "登軾而望之(수레

앞의 軾에 올라 바라보다)."《莊子·讓王》: "王子搜援綏登車, 仰天而呼(王子 搜는 수레의 끈을 잡고 수레에 올라, 하늘을 우러러 소리쳤다)."《左傳·僖公五年》: "公旣視朔, 遂登觀臺以望(僖公이 視朔하고 나서 드디어 觀臺에 올라 바라보았다)."《左傳·僖公十六年》: "有夜登丘而呼(밤중에 언덕에 올라가 고함쳤다)."《孟子·盡心上》: "孔子登東山而小魯, 登大山而小天下(공자께서 노나라 동산에 올라 노나라를 작다고 여기셨고, 태산에 올라서는 천하를 작다고 여기셨다)."《禮記·玉藻》: "登席不由前(자리에 오를 때는 앞으로 해서 가지 않는다)."

동사 '登'은 '升', '乘'과 마찬가지로 모두 自主動詞이고 처소목적어를 취한다. 그러나 그들 간의 의미 차이는 확연히 크다. **'登'은 하나의 구체적인 '발' 동작이나, '升'과 '乘'은 '지속적으로 위로 가는 과정'이다.** 다만, 동사 '乘'은 핵심이 '위로 잡고 기어 올라가는 것'에 있다면, '升'은 단지 '위로 가는 것'이라는 차이가 있다. 의미 파생으로 인해, '乘'은 '위로 잡고 기어오르다'로부터 '기어 오르다(攀上)'란 의미가 나왔고, 결국 '위에 타다(乘坐)' 의미로 변화하였다. '升'과 '乘'은 *s-접두사를 부가하는 동사 형식이다. 이로 본다면, ***s-접두사는 "동작행위의 지속, 반복 의미"를 표시한다**.

乘(승: 타다) *s-deŋ, 食陵切,《廣韻》: "登也('오르다'이다)."《詩經·氓》: "乘彼垝垣, 以望復關(저 높은 담장을 타고 올라, 그대 있는 복관을 바라보노라)."《詩經·七月》: "亟其乘屋(어서 빨리 지붕에 올라 지붕을 올려야)." 傳: "乘, 升也(여기서 '乘'은 '오르다'이다)."《國語·晉語一》: "郄叔虎將乘城(극숙호가 성에 오르려 하였다)." 나중에 점차 '舟車'에 타는 것을 가리키게 되어 '타다(乘坐)'로 파생되었다.《左傳·莊公十年》: "公與之乘, 戰於長勺(莊公이 그와 한 수레를 타고, 長勺에서 전투하였다)."《左傳·昭公十七年》: "喪先王之乘舟, 豈唯光之罪, 衆亦有焉(先王의 타던 배를 잃은 것이 어찌 나만의 죄이겠는가? 모두에게 죄가 있다)." **拯(증: 건지다, 구조하다, 돕다) *teŋ^B**, 無韻切. 音蒸, 上聲(반절이 없음, 음은 蒸이고 상성이다),《廣韻》: "救也, 助也('구하다, 돕다'이다)." '拯'은 後起區別字인데, 본래는 '丞'으로만 썼다. 글자는 또 '抍', '撜'으로도 쓴다.《說文》: "抍, 上舉也('抍'은 '위로 들다'이다)."《左傳·宣公十二年》: "目於眢井而拯之(물없는 우물 속을 잘 들여다보고, 나를 구출하라)."《釋文》: "拯, 拯救之拯(여기서 '拯'은 '拯救(구출하다)'의 '拯'이다)."《史記·司馬相如列傳》: "拯民於沈溺(백성들을 어려움에서 구하다)." 글자는 또 '承'으로도 쓴다.《列子·黃帝篇》: "使弟子並流而承之(제자에게 물길을 따라가면서 그를 구하게 했다)." 注: "音拯(여기서 음은 '拯'이다).《方言》: 出溺爲承. 諸家直作拯, 又作撜(물에 빠진 것을 건져 주는 것을 '承'이라 한다. 제가는 '拯'이라 쓰기도 하고 또는 '撜'으로도 쓴다)."《莊子·達生》: "使弟子並流而拯之(제자에게 물길을 따라가면서 그를 구하게 했다)."《釋文》: "拯救之拯(즉, '拯救(구출하다)'의 '拯'이다)."

環(환: 고리, 돌다) ***Glon** , 戶關切,《廣韻》: "玉環('옥고리, 옥가락지')."《詩經·盧令》: "盧重環, 其人美且鬈(사냥개의 방울이 겹이니, 그 사람 아름답고 수염이 멋지도다)."《左傳·昭公四年》: "公與之環而佩之矣(공께서 그에게 옥가락지를 주어, 이미 그것을 차고 있다)."《左傳·昭公十六年》: "吾子何愛於一環?(그대는 어째서 옥가락지 하나를 아끼는 겁니까?)" '環'은 또 동사로도 전환(類轉)되었다.《左傳·襄公二十八年》: "慶氏以其甲環公宮(慶氏는 甲士로 公宮을 둘러쌌다)."《釋文》: "環, 如字, 徐音患(여기서 '環'은 통상음이고, 徐씨의 음은 '患'이다)."

寰(환: 畿內) ***Glon** , 戶關切,《廣韻》: "王者封畿內縣(왕이 직할하는 경기 내의 고을)."

圜(환: 두르다, 둥글다) ***Glon** , 戶關切,《廣動》: "圜圍('두르다')."

鐶(환: 고리, 가락지) ***Glon** , 戶關切,《廣韻》: "指鐶('가락지')."

闤(환: 거리, 담) ***Glon** , 戶關切,《說文》: "市垣也('시가를 둘러싼 담'이다)."

圜(원: 하늘) ***glon** , 王權切,《廣韻》: "天體('하늘')."

還(환: 돌아오다) ***Glon** , 戶關切,《廣韻》: "反也, 退也, 顧也, 復也('돌아오다, 물러나다, 뒤돌아보다, 갚다'이다)."《左傳·隱公四年》: "敗鄭徒兵, 取其禾而還(鄭나라 군사를 패퇴시키고, 정나라의 벼를 베어 가지고 돌아왔다)."《左傳·隱公十一年》: "息師大敗而還(息나라 군대가 大敗하고 돌아갔다)."《左傳·莊公四年》: "盟隨侯且請爲會於漢汭而還(막오가 隨侯와 맹약하고, 漢汭에서 회합하기를 요청한 후 돌아왔다)." '還'은 '가서 돌아오는 것'으로 기점에서 시작해서 다시 기점으로 돌아와 빙 도는 것이다. 이에 동사 '還'은 종종 '歸'와 合用되기도 한다.《詩經·采蘩》: "被之祁祁, 薄言還歸(머리 꾸밈 아름답게 하고, 잠깐 돌아가도다)."《左傳·哀公三年》: "於是乎去表之槀, 道還公宮(이에 표시한 곳의 나무를 다 제거하고, 公宮 둘레의 길을 깨끗이 치웠다)."《釋文》: "還, 本又作環, 戶關反, 又音患(여기서 '還'은 본래 '環'으로 쓰며, '戶關反' 또는 '患'이다)."《左傳·襄公十年》: "諸侯之師還鄭, 而南至於陽陵(제후의 군대가 鄭나라를 돌아 남쪽으로 가서 陽陵에 이르렀다).” 注: “還, 繞也(여기서 ‘還’은 ‘에돌다’이다).” 《釋文》: “還, 本又作環, 戶關切, 徐一音患, 注同, 繞也(‘還’은 본래 ‘環’으로도 쓰며, ‘戶關切’이다. 徐씨의 음은 ‘患’으로, 주는 동일하다. ‘에돌다’이다).” 段玉裁《說文》注: “今人還繞字用環, 古經傳只用還(지금 사람은 ‘에돌다’에 대해 ‘環’을 쓰나, 옛 경전에서는 단지 ‘還’만을 썼다).” **還(선: 돌다)** ***s-Gon** , 似宣切, “旋也(‘돌다’이다)”. 《禮記·玉藻》: “周還中規, 折還中矩(둥글게 돌아가는 모양은 규에 맞고, 꺾어서 돌아가는 것은 구에 맞다).” 《釋文》: “還, 音旋, 本亦作旋(여기서 ‘還’은 음이 ‘旋’이고, 본래는 또 ‘旋’으로도 썼다).” 《禮記·內則》: “遂左還授師(드디어 왼편으로 돌아 자사에게 아기를 준다).” 《釋文》: “還, 音旋, 轉也(여기서 ‘還’은 음이 ‘旋’이고, ‘돌다’이다).” 《莊子·庚桑楚》: “夫尋常之溝, 巨魚無所還其體(무릇 보통의 작은 도랑에는 큰 물고기가 그 몸뚱이를 돌릴 곳이 없다).” 《釋文》: “還, 音旋, 回也(여기서 ‘還’은 음이 ‘旋’이고 ‘돌다’이다).” 《國語·吳語》: “將還玩吳國於股掌之上(장차 吳나라를 장단지와 손바닥 위에 놓고 돌리며 가지고 놀 것이다).” 注: “還, 轉也(여기서 ‘還’은 ‘돌리다’이다).” 글자는 ‘旋’으로 쓴다. **旋(선: 돌다)** ***s-Gon** , 似宣切, 《廣韻》: “還也, 疾也(‘돌다, 빠르다’이다).” 《莊子·秋水》: “於是焉, 河伯始旋其面目, 望洋向若而歎(이때, 河伯이 비로소 그 얼굴을 돌려, 北海의 신인 若을 멍하니 바라보고 탄식하였다).” 《莊子·達生》: “進退中繩, 左右旋中規(나아가고 물러남이 먹줄에 꼭 들어맞고, 左右로 도는 것이 規에 들어맞다).”

梅祖麟(1989) 등의 학자들은 “還似宣切”이 “還戶關切”의 사동사라고 보는데, 이러한 견해는 분명 타당치 않다. “還似宣切”이 상고 시기 대부분 불급물동사로 쓰였지만, “還戶關切” 역시 ‘직접적인 목적어를 갖지 않는 불급물동사’는 아니다. 《左傳·隱公二年》에 “夏莒人入向以姜氏還(여름에 莒人이 向으로 들어가서 姜氏를 데리고 돌아왔다).”이란 것에 대해 《釋文》에선 “‘還’은 음이 ‘旋’이고 뒤엔 모두 같다.”라고 한다. 또 《僖公十六年》의 “不果城而還(축성을 완료하지 않고 돌아갔다).”에 대해 《釋文》은 “‘還’의 음은 ‘旋’이다.”라 하고, 《文公十三年》의 “旣濟, 魏人譟而還(士會가 黃河를 건너가자 魏邑사람들은 환호하며 士會를 맞이해 돌아갔다).”에 대해 《釋文》에 “‘還’은 음이 ‘旋’이다.”라 하고 있다. 이를 보면(還의 旋음 용법이 목적어가 없는 현상) 확실히, 이 “還音旋”은 “還戶關切”의 사동사일 수는 없다. 《左傳》에서의 ‘還’은 《釋文》에서 注音하거나 주음하지 않곤 하는데 이것이 결코 자동/사동의 관계는 아니다. 오히려, 동사

'還'이 목적어를 취하면 《釋文》은 注音하지 않았다. 《左傳·僖公十五年》의 "晉戎馬還濘而止(晉侯의 군마가 진흙에 빠져 빙빙 돌기만 하고 나오지 못하였다)."라고 나오는데, 이때의 '還'은 사실상 '環'이다. 마찬가지로 "還似宣切吳國"은 "使吳國還戶關切"으로 해석할 수 없다. "還戶關切"이 서술어가 될 때, 주체는 행위주 주어일 수도 있고, 경험주(當事) 주어일 수도 있는데, 예컨대, "道還公宮(公宮 둘레의 길을 깨끗이 치웠다)[80]"이 그러하다. 그러나 동사 "還似宣切"이 문장의 서술어가 될 때, 주체는 반드시 행위주 주어이다. 《莊子·山木》: "顏回端拱, 還目而窺之(顏回가 단정히 손을 맞잡고 조심스럽게 눈길을 돌려 살펴보다)."에 대해 《釋文》은 "'還'은 음이 '旋'이다."라고 한다. 즉, "還目"은 "使目還似宣切"이지 "使目還戶關切"과 같지는 않다. 이 둘의 비교를 통해, 우리는 동사 "還似宣切"이 부각시키는 것은 **동사의 어근 '還'의 "環形運動"의 특징으로, 주체가 '環形'으로 도는 것이다. '환형운동'은 일종의 '지속적이고 중복되는 운동 과정'으로**, 즉, "旋轉"은 '還'의 발음이 '旋'이 되는 관건이다. 그리고 "旋轉"으로부터 '빠르게 돌아오다'가 파생되었다.

疊(첩: 겹치다) ***dep**, 徒協切, 《廣韻》: "重也, 累也, 積也('겹치다, 포개지다, 쌓이다'이다)." 《漢書·翟方進傳》: "觀者重疊(구경하는 자들이 겹겹이였다)." 《漢書·王莽傳上》: "嘉瑞疊累(상서로움이 겹치다)." 《鹽鐵論·散不足》: "今民間酒食, 殽旅重疊(지금 백성들 사이엔 술과 음식, 그리고 잔치 음식이 넘쳐난다)." **折(절: 꺾어지다, 접히다)** ***te̲p**, 之涉切, 《廣韻》: "折疊也('접다'이다)." **襲(습: 잇다, 겹치다)** ***s-de̲p**, 似入切, 《廣韻》: "因也, 及也, 重也, 合也, 入也, 又掩襲('잇다, 미치다, 겹치다, 화합하다, 들어가다, 엄습하다'이다)." 《左傳·哀公十年》: "事不再令, 卜不襲吉(이 일로 더이상 거북점을 명하지 않을 것이니, 점은 거듭 길하지 않다)." 注: "襲, 重也(여기서 '襲'은 '거듭'이다)." 여기서 발전하여 '그대로 좇다, 계승하다(因襲, 繼承)' 등의 의미가 파생되었다. 《莊子·大宗師》: "伏犧氏得之, 以襲氣母(복희씨가 그것을 얻어서, 氣의 근원을 취했다)." 《韓非子·孤憤》: "今襲跡於齊, 晉, 欲國安存, 不可得也(지금 齊나라와 晉나라의 길을 계승하면서, 나라가 편안하고 존속되길 바라니, 그럴 수는 없다)." **習(습: 포개지다, 되풀이하다)** ***s-de̲p**, 似入切, 《廣韻》: "學也, 因也('배우다, 잇다'이다)." 《易·坎》象: "習坎, 重險

80 [역주] 여기서는 필자가 '길이 공궁 주변을 돌다'로 해석하고 있다.

也(習坎은 거듭된 험함이니)." 《釋文》: "習, 重也('習'은 '거듭'이다)." 《說文》: "習, 數飛也('習'은 '여러 번 나는 것'이다)." '習'이란 그냥 나는 것이 아니라 반복해서 나는 것이다. 《呂氏春秋·六月紀》: "鷹乃學習(매가 날개짓을 배우다)." 《禮記·月令》: "是月也, 命樂正入學習舞.…… 命樂正入學習吹(이달에는 악정에게 명하여 학관에 들어가 춤을 배우고 익히게 한다. … 악정에게 명령하여 학관에 들어가 취악을 익히게 한다)." 《論語·學而》: "學而時習之, 不亦說乎?(배우고서 항시 익히면 또한 기쁘지 않겠는가?)" 《論語·陽貨》: "性相近也, 習相遠也(사람의 성품은 서로 가깝지만, 습관에 따라 서로 멀어진다)." 《呂氏春秋·審己》: "退而習之三年(물러나 삼 년간 연습한 후에)." 《詩經·谷風》: "習習谷風, 以陰以雨(살랑살랑 봄바람 불어와, 날이 흐려지며 비가 내리네)."

摸(모: 만지다) ***ma** , 莫胡切, 《廣韻》: "以手摸也, 亦作摹. 又音莫('손으로 만지다'이다. '摹'로도 쓰며, 발음은 또 '莫'이다)." 《釋名》: "門, 捫也, 在外爲人所捫摸也('門'은 '捫(만지다, 잡다)'이다, 밖에 있는 사람에 의해 잡혀지는 것이다)." '摸'은 後起字이다. **摩(마: 연마하다)** ***mar** , 莫婆切, 《廣韻》: "硏摩('연마하다')." 《莊子·外物》: "木與木相摩則然, 金與火相守則流(나무와 나무가 서로 마찰하면 불이 나고, 쇠붙이와 불을 계속 함께 두면 쇠붙이도 녹아 흐른다)." 《周禮·冬官·考工記》: "刮摩之工五, 搏埴之工二.…… 已上則摩其旁, 已下則摩其端(갈아서 윤이 나게 하는 공에는 다섯 가지가 있는데, 찰흙을 짓이겨 만드는 공에는 두 가지가 있다. … 너무 높으면 그 방을 갈아내고, 너무 낮으면 그 단을 갈아낸다)." 《禮記·內則》: "濯手以摩之(손을 씻고 만지다)." 글자는 또 '磨'로도 쓴다. **磨(마: 갈다)** ***mar** , 莫婆切, 《廣韻》: "磨礪. 《爾雅》云: 石謂之磨('갈다', 〈이아〉에 이르길, '돌은 磨라고 한다')." 《詩經·淇奧》: "有匪君子, 如切如磋, 如琢如磨(빛이 나는 군자는 깎은 듯 다듬은 듯하고, 쪼아놓은 듯 간 듯하다)." 《詩經·抑》: "白圭之玷, 尙可磨也(흰 구슬의 흠집은 오히려 갈아 없앨 수 있다)." **撫(무: 어루만지다, 쓰다듬다)** ***s-ma̱ᴮ** , 芳武切, 《廣韻》: "安存也, 又持也, 循也('편안히 있게 하다, 쥐다, 따르다'이다)." 《釋名》: "撫, 敷也, 敷手以拍之也('撫'는 '敷(펴다)'이다. 손을 펴서 치는 것이다)" 《國語·晉語八》: "叔向見司馬侯之子, 撫而泣之(叔向이 司馬侯의 아들을 보고, 쓰다듬으며 눈물을 흘렸다)." 注: "撫, 拊也(여기서 '撫'는 '어루만지다'이다)." 《呂氏春秋·擧難》: "桓公聞之, 撫其仆之手曰: 異哉! 歌者非常人也(환공이 그 말을 듣고, 말을 모는 종자의 손을 어루만지며 말했다,

'괴이하도다! 저 노래를 부르는 자는 보통 사람이 아니다')."《儀禮·鄕射禮》: "左右撫矢而乘之(왼손과 오른손으로 화살을 정돈하여 올린다)." 注: "撫, 拊之也('撫'는 '어루만지다'이다)."

屢(루: 여러, 자주) ***ro̱s**, 良遇切, 《廣韻》: "數也, 疾也('자주, 빠르다'이다)." 《論語·先進》: "回也其庶乎, 屢空. 賜不受命, 而貨殖焉, 億則屢中(回는 道에 거의 근접하였다. 뒤주가 자주 비었다. 賜는 선생님의 명을 잘 받아들이지 않고 재산을 모았으나, 헤아리면 자주 맞았다)." 《論語·公冶長》: "禦人以口給, 屢憎於人((말 잘하는 이는) 민첩한 말재주로 남을 반박하다가 자주 남들의 미움을 받는다)." 글자는 또 '婁'로도 쓴다. 《左傳·桓公十二年》: "君子屢盟, 亂是用長(군자가 자주 새로운 맹약 맺으니, 혼란이 이로써 늘어난다)." 《釋文》: "屢, 力具反, 本又作婁, 音同(여기서 '屢'는 '力具反'이고 본래는 또 '婁'로도 쓰나 발음은 같다)." 《集韻》: "屢, 龍遇切, 數也, 或作婁('屢'는 '龍遇切'이고 '자주'이다. 또는 '婁'로 쓴다)." 《漢書·公孫弘傳》: "時上方興功業, 婁擧賢良(이때 환제가 바야흐로 공업을 일으켜 여러 차례 현량을 등용했다)." 顏注: "婁, 古屢字('婁'는 옛 '屢'字이다)." **數(수: 세다, 꾸짖다)** ***s-ro̱**^{B}, 所矩切, 《說文》: "計也('헤아리다'이다)." 《道德經》: "善數不用籌策(수를 잘 헤아리는 자는 계산기를 쓰지 않는다)." 《左傳·僖公十五年》: "先君之敗德, 及可數乎?(선군의 敗德을 어찌 이루다 셀 수 있겠습니까?)" 《釋文》: "數, 色主反(여기서 '數'는 '色主反'이다)." 《禮記·儒行》: "其過失可微辨而不可面數也(과실이 있다면 이를 논리로 조금씩 분석할 수 있겠으나, 면전에서 질책할 수는 없다)." 《釋文》: "數, 所具反(여기서 '數'는 '所具反'이다)." 여기서 '꾸짖다, 책망하다(數落)'의 의미가 파생되었다. 《左傳·昭公二年》: "使吏數之(관리를 시켜 그 죄를 열거하게 하다)." 注: "責數其罪(그 죄를 질책하며 열거하는 것이다)." 《左傳·襄公十四年》: "范宣子數吳之不德也(范宣子가 吳나라의 부덕을 꾸짖었다)."

喧(훤: 떠들썩하다) ***χa̱n**, 況袁切, 《廣韻》: "大語也('크게 말하다'이다)." 《漢書·外戚傳上》: "悲愁於邑, 喧不可止兮(슬픔과 근심이 가득하고, 시끄럽게 우는 소리가 끊이지 않습니다)." 글자는 또 '諠'으로도 쓰며 발음은 같다. 諠, 《廣韻》: "諠嘩, 亦作喧, 讙('떠들썩하다'이다. 또는 '喧, 讙'으로도 쓴다)." 《呂氏春秋·樂成》: "衆雖諠嘩而弗爲變(아무리 뭇사람들이 떠들어댄다 해도 변해서는 안 된다)." 《史記·淮陰侯列傳》: "燕已從, 使諠言者東告齊, 齊必從風而服(연나

라가 복종해오면, 변사에게 동쪽 제나라로 가서 그 사실을 알리게 하십시오. 그러면 제나라는 반드시 바람을 따르듯 복종할 것입니다)." 宣**(선: 펴다, 널리 알리다)** ***s-χ̲an** , 須緣切, 《廣韻》: "布也, 明也, 遍也, 通也, 緩也, 散也('펴다, 밝히다, 퍼뜨리다, 통하다'이다)." 《說文》: "宣, 天子宣室也('宣'은 '천자의 넓은 정실'이다)." 段玉裁注: "蓋謂大室, 如璧大謂之瑄也(대체로 '큰방(大室)'을 말하며, 옥 중에 큰 것을 '瑄'이라 말하는 것과 같다)." 《左傳·宣公九年》: "公卿宣淫, 民無效焉(임금과 卿의 음란한 짓이 드러나면 백성들은 본받을 곳이 없다)." 《左傳·襄公二十六年》: "晉君宣其明德於諸侯(晉君께서 밝은 덕행을 제후들에게 선양하였다)." 《國語·周語上》: "夫民慮之於心而宣之於口, 成而行之, 胡可壅也?(백성들이 마음속에 충분히 생각하고 입으로 드러내 놓고 말하여, 성숙해진 후에 이를 행동으로 옮기는 것인데, 이를 어찌 막을 수 있겠습니까?)" 《左傳·昭公元年》: "於是乎節宣其氣, 勿使有所壅閉(이에 기를 제약하거나 펴서, 기가 막히지 않게 한다)."

順**(순: 따르다)** ***du̲ns** , 食閏切, 《廣韻》: "從也('따르다'이다)." 《論語·子路》: "名不正, 則言不順; 言不順, 則事不成(이름이 바르지 않으면 말이 이치에 맞지 않고, 말이 이치에 맞지 않으면 일이 이루어지지 않는다)." 《孟子·離婁上》: "順天者存, 逆天者亡(자연의 이치를 따르는 자는 살고, 자연의 이치를 거스르는 자는 망한다)." 《左傳·文公六年》: "置善則固, 事長則順(선한 사람을 임금으로 세우면 나라가 굳건해지고, 나이 많은 사람을 임금으로 섬기면 이치를 따르게 된다)." 巡**(순: 널리 돌아다니다)** ***s-du̲n** , 詳遵切, 《說文》: "視行也('살피면서 다니다'이다)." 《左傳·僖公二十四年》: "臣負羈紲, 從君巡於天下(臣이 굴레와 고삐를 메고 임금님을 따라 天下를 돌아다니는데)." 《禮記·月令》: "命司徒巡行縣鄙, 命農勉作, 毋休於都(사도에 명해 도시와 시골을 돌아다니며, 농사에 힘쓸 것을 명하여 도읍에서 한가로이 쉬지 않게 하다)." 《韓非子·外儲說右下》: "齊桓公微服以巡民家(齊桓公이 미복 차림으로 민가를 돌아보았다)." 循**(순: 따라 행하다, 돌다)** ***s-du̲n** , 詳遵切, 《廣韻》: "善也('착하다, 진실하다'이다)." 《禮記·月令》: "循行國邑, 周視原野(나라 안을 순행하며, 들판을 두루 살핀다)." 《說文》: "循, 行順也('循'은 '순서대로 다니다'이다)." 《左傳·昭公元年》: "循而行之(그것을 따라 행한다)." 《左傳·昭公七年》: "循牆而走, 亦莫余敢侮(담장을 따라가므로, 감히 나를 업신여기는 사람이 없었다)." 《莊子·天道》: "夫子亦放德而行, 循道而趨, 已至矣(선생도 또한 자연의 덕을 본받아 행동하고 도를 따라 나아간다면, 그것으로 이미 충분할 것이다)." 又揗**(순: 만지다, 쓰다듬다)** ***s-dun**, 詳遵切, 《廣韻》: "手相安慰(손으로 서로 위로하고 안심시키다)." 《說文》: "揗, 摩也('揗'는 '쓰다듬다'이다)." 글자는 단지 '循'으로만 쓴다. 《漢書·李陵傳》: "數數自循其刀環(자주 자기 칼의 고리를 만지작거렸다)." 注: "循謂摩順也(여기서 '循'은 '만지작거리다'이다)." 《荀子·王制》: "我將脩飾之, 拊循之(우리는 지금 이를 정비하고 쓰다듬고 있다)."

衝**(충: 찌르다, 맞부딪치다, 향하다)** ***thoŋ**, 尺容切, 《廣韻》: "突也('찌르다, 부딪치다'이다)." 《墨子·備穴》: "命有力者三人用頡皋衝之(힘센 병사 세 명에게 길고를 이용하여 적 땅굴에 부딪치라고 명하다)." 《墨子·號令》: "皆以衝衝之(모두 충거로 그들을 충격한다)." 《莊子·秋水》: "梁麗可以衝城, 而不可以窒穴, 言殊器也(대들보와 마룻대 같은 큰 나무로는 성벽을 들이받을 수는 있지만, 작은 구멍은 틀어막을 수는 없는데, 이는 도구의 용도가 다름을 말한 것이다)." 《孫子兵法·虛實》: "進而不可禦者, 衝其虛也(진격하면 적이 막지 못하는 것은 적의 빈 곳을 공격하기 때문이다)." 《呂氏春秋·貴卒》: "所擊無不碎, 所衝無不陷(때리는 것마다 부서지지 않는 것이 없고, 충격하는 것마다 무너지지 않는 것이 없다)." 《戰國策·齊策一》: "使輕車銳騎衝雍門(가벼운 수레와 날쌘 기병으로 雍門을 공격하게 하십시오)." 舂**(용/송: 찧다, 공격하다)** ***s-toŋ**, 書容切, 《說文》: "擣粟也('곡식을 찧다'이다)." 《釋名》: "舂, 撞也, 以舂築地爲節也('舂'은 '撞(부딪치다)'이다. 공이로 땅을 다지는 것을 節로 삼는다)." 《詩經·生民》: "或舂或揄, 或簸或蹂(혹은 방아를 찧고 혹은 절구를 퍼내고, 혹은 까불고 혹은 벼를 밟는다)." 《釋文》: "舂, 傷容反(여기서 '舂'은 '傷容反'이다)." 《荀子·勸學》: "譬之, 猶以指測河也, 以戈舂黍也(비유하자면, 마치 손가락으로 강물의 깊이를 헤아리고, 창으로 수수를 방아 찧는 것과 같다)." 《呂氏春秋·審時》: "摶米而薄糠, 舂之易而食之香(알갱이는 동그랗게 되고 껍질은 얇아져서 방아 찧기가 좋고 먹기에 향기가 난다)." 《國語·楚語下》: "王后必自舂其粢(王后는 반드시 바칠 곡식을 직접 찧는다)." 또한 널리 '부딪치다(撞)'를 가리킨다. 《史記·魯周公世家》: "富父終甥舂其喉以戈, 殺之(富父終甥이 그의 목을 창으로 찔러 죽였다)." 글자는 또 '摏'으로 쓰기도 한다. 摏**(용: 찌르다, 치다)** ***s-toŋ**, 書容切, 《廣韻》: "撞也('공격하다, 찌르다'이다)." 《左傳·文公十一年》: "富父終甥摏其喉以戈, 殺之(富父終甥이 그의 목을 창으로 찔러 죽였다)." 注: "摏猶衝也('摏'는 '衝(찌르다)'와 같다)." 《釋文》: "摏, 舒容反(여기서 '摏'은 '舒容反'이다)."

著(저: 분명하게 드러나다) ***tras** , 陟慮切,《廣韻》: "明也, 處也, 立也('밝히다, 거처하다, 세우다'이다)."《管子·立政》: "三月一復, 六月一計, 十二月一著(삼 개월에 한 번 보고하고, 육 개월에 한 번 계산하여 보고하고, 12개월에 한 번 드러낸다)." 注: "著, 標著也(여기서 '著'는 '드러내다'이다)."《韓非子·守道》: "書不著子胥, 不明夫差(문헌에 伍子胥도 기록되지 않았을 것이고, 夫差도 밝히지 않았을 것이다)."《韓非子·大體》: "豪傑不著名於圖書(호걸들은 圖書에 이름을 밝히지 않았다)." 又《韓非子·八說》: "是以聖人之書必著論, 明主之法必詳事(이 때문에 성인의 글은 반드시 논설을 분명히 밝히고, 현명한 군주의 법은 반드시 사례를 자세하게 제시한다)."《管子·宙合》: "是故聖人著之簡筴, 傳以告後進(이 때문에 성인은 책에다 드러내어 후진에게 전한다)." 司馬遷《報任安書》: "僕誠已著此書, 藏之名山(내가 이미 정성스럽게 이 책을 지어 명산에 숨겨 놓았다)."《莊子·田子方》: "女殆著乎吾所以著也(너는 아마도 내가 드러낸 것만을 보는 듯하다)." 표시(表著)를 해두면 자연히 눈에 띄게 되므로, '밝다(明)'란 의미가 파생되었다.《孟子·滕文公下》: "楊墨之道不息, 孔子之道不著(양주와 묵적의 도가 그치지 않으면 공자의 도가 드러나지 않을 것이다)."《禮記·中庸》: "誠則形, 形則著(성실해지면 겉으로 나타나고, 나타나면 분명히 드러난다)."《韓非子·功名》: "故太山之功長立於國家, 而日月之名久著於天地(그러므로 태산같이 높은 공을 국가를 위해 오랫동안 세우고, 해와 달 같은 명성을 천지에 오랫동안 밝힌다)."《禮記·大傳》: "名著, 而男女有別(이름이 드러나면 남녀의 분별이 있다)." **署(서: 서명하다, 표기하다, 쓰다)** ***das** , 常恕切,《廣韻》: "書也, 又部署也('쓰다'이다, 또 '부서'이다)."《墨子·雜守》: "守節出入, 使主節必疏書, 署其情(태수의 부절로 출입하여 부절 관리로 하여금 반드시 그 신상을 기록하고 그 임무에 대해 적게 한다)."《漢書·禮樂志》: "孝道隨世, 我署文章(우리 왕의 효도는 대대로 이어질 것이고, 나는 이를 글로 써서 밝게 드러낼 것이다)." 注: "署猶分部也, 一曰表也(여기서 '署'는 '부분'이고 또 '나타내다'이다)." [《國語·魯語上》: "夫位, 政之建也; 署, 位之表也(무릇 작위는 정치가 확립되는 바탕이고, 官署는 작위의 표지이다)."]《漢書·蘇建傳》: "法其形貌, 署其官爵姓名(그 초상화를 걸고는 그의 관작과 이름을 써놓았다)." **書(서: 쓰다)** ***s-ta** , 傷魚切,《廣韻》: "《釋名》云: 書, 庶也, 紀庶物也, 亦言著也, 著之簡紙求不滅也(〈석명〉에 이르길, '書는 庶(여럿)이다, 여러 사물을 기록하는 것이다. 또 밝히다로, 간지에 적어 없어지지 않게 하는 것이다')."《說文》: "書, 箸也('書'는 '竹帛에 쓰다'이다)."《論語·衛靈公》: "子張書諸紳(子張이 이 말씀을 큰 띠에 기록하였다)."

《左傳·隱公元年》: "不書卽位, 攝也(즉위를 쓰지 않은 것은 攝位하였기 때문이다)."《左傳·隱公十一年》: "勝不告克, 不書於策(승리한 나라가 승전을 고하지 않으면 策에 기록하지 않는다)."《禮記·玉藻》: "動則左史書之, 言則右史書之(천자의 거동은 좌사가 기록하고, 말씀은 우사가 기록한다)."

屬(속: 붙다, 잇다) *dok, 市玉切,《廣韻》: "附也('붙다'이다)."《左傳·桓公五年》: "虢公林父將右軍, 蔡人衛人屬焉(虢公林父가 우군을 거느리니 蔡人, 衛人이 이에 예속되었다)."《左傳·成公七年》: "蠻夷屬於楚者, 吳盡取之(蠻夷가 楚나라에 속했다가, 오나라가 모두 취했다)."《荀子·王制》: "不能屬於禮義, 則歸之庶人(禮義를 따를 수 없다면, 그들을 평민으로 귀속시키킨다)." **續(속: 이어지다, 연계하다)** ***s-dok**, 似足切,《廣韻》: "繼也, 連也('잇다, 연결하다'이다)." '續'은 後起字로 본래는 '賡'이었다.《說文》: "續, 連也. 从糸, 賣聲. 賡, 古文續從庚貝('續'은 '연결하다'이다. '糸'를 따르고 '賣'가 성부이다. '賡'은 고문의 '續'자로, '庚'과 '貝'를 따른다)." 段玉裁注: "賡,《唐韻》以下皆謂形聲字, 从貝, 庚聲.……其誤起於孔傳以續釋賡.…… 庚有續義. 故古文續字, 取以會意也('賡'은 〈당운〉이하에서 모두 형성자라 하면서 '貝'를 따르고, '庚'이 성부라고 한다. … 이 오류는 孔傳에서 '續'으로 '賡'을 해석하면서 비롯됐다. … '庚'은 '續'의 의미가 있다. 이에 고문의 續자는 회의자이다)."《荀子·禮論》: "禮者, 斷長續短, 損有餘, 益不足(禮란 것은 긴 것은 자르고 짧은 것은 이으며, 남은 것은 덜고 부족한 것은 보태는 것이다)."《莊子·駢拇》: "是故鳧脛雖短, 續之則憂; 鶴脛雖長, 斷之則悲(이 때문에 오리의 다리가 비록 짧지만, 이것을 이어 주면 근심하고, 학의 다리가 길지만 이를 자르면 슬퍼한다)."《韓非子·觀行》: "故以有餘補不足, 以長續短之謂明主(그러므로 남는 것으로써 부족함을 보충하고, 긴 것으로 짧은 것을 이어주는 것을 일러 현명한 군주라고 한다)."

職(직: 표하다, 기록하다) ***tek**, 之翼切,《說文》: "記微也('작은 사물을 기록하다'이다)."《大戴禮·哀公問》: "若天之司, 莫之能職; 百姓淡然, 不知其善(성인은 마치 자연의 주재와 같아 이를 표현할 수 있는 이가 없을 정도이니, 백성들은 무심한 듯 그 좋은 것을 미처 알지 못한다)."《史記·屈原賈生列傳》: "章畫職墨兮, 前度未改(먹줄을 따라 바르게 긋는 것은 옛 법도와 다를 게 없다)." 이 의미의 '職'은 '識'으로 쓴다.《論語·子張》: "賢者識其大者, 不賢者識其

小者, 莫不有文武之道焉(현명한 자들은 그 큰 것을 기억하고, 현명하지 못한 자들은 그 작은 것을 기억하니, 文武의 道가 있지 않은 곳이 없다)." 글자는 또 '志'로도 쓴다. **志(지: 기록하다, 기억하다)** ***teks** , 職吏切, 《說文》: "意也('생각'이다)." 《周禮·春官·宗伯》: "保章氏掌天星, 以志星辰日月之變動, 以觀天下之遷, 辨其吉凶(보장씨가 하늘의 별을 관장하여 일월성신의 변동을 기록하고, 천하가 바뀌는 것을 보고 그 길흉을 판단하였다)." 注: "志, 古文識. 識, 記也(여기서 '識'는 '志'의 고문이다. '識'는 '기록하다'이다)." 《左傳·僖公二十四年》: "以志吾過, 且旌善人(이것으로 나의 잘못을 기록하고, 또 훌륭한 사람을 표창한다)." 뒤에 글자는 또 '誌'로도 쓴다. '誌'는 '職吏切'이다. 《說文》: "記誌('기억해두다')." 《列子·楊朱》: "太古之事滅矣, 孰誌之哉?(태고의 일은 없어졌으니, 누가 그것을 알겠는가?)" **識(식: 알다, 나타내다)** ***s-tek** , 賞職切, 《說文》: "常也, 一曰知也('旗幟'이다. 한편으로 '알다'이다)." 《論語·陽貨》: "多識於鳥獸草木之名(새와 짐승, 풀과 나무의 이름을 많이 알 수 있다)." 《禮記·王制》: "關執禁以譏, 禁異服, 識異言(관소에서는 금령을 집행하여 기찰하고, 이상한 의복을 금하고, 이상한 언어를 가려낸다)."

懋(무: 힘쓰다) ***muks** , 莫候切, 《廣韻》: "美也, 勉也('아름답다, 힘쓰다'이다)." 《說文》: "懋, 勉也. 《虞書》曰: '時惟懋哉'('懋'는 '힘쓰다'이다. 〈우서〉에 이르길, '이 일은 마땅히 열심히 해야 한다')" 《國語·周語上》: "先王之於民也, 懋正其德而厚其性(선왕이 백성에 대해 그 덕을 바르게 하여 그 性을 후하게 하는데 힘쓴다)." 《國語·周語中》: "叔父其懋昭明德, 物將自至(숙부께서 밝은 덕을 밝히는데 힘쓰신다면, 그런 제도가 장차 스스로 이르게 될 것이다)." 《荀子·富國》: "《書》曰: 乃大明服, 惟民其敕懋和, 而有疾(〈서〉에 이르길, '다스림이 크게 밝아져서 백성들이 복종할 것이고, 백성들이 스스로 경계하여 힘써 조화될 것이다. 그렇지 않으면 병이 있는 것처럼 할 것이다')." 또는 '茂'로도 쓴다. 《爾雅》: "茂, 勉也('茂'는 '힘쓰다'이다)." 《國語·周語上》: "先王之於民也, 茂正其德而厚其性(선왕이 백성에 대해 그 덕을 바르게 하여 그 性을 후하게 하는데 힘쓴다)" 群昭注: "茂, 勉也('茂'는 '힘쓰다'이다)." **勖(욱: 힘쓰다)** ***s-muk** , 許玉切, 《廣韻》: "勉也('힘쓰다'이다)." 《說文》: "勖, 勉也('勖'은 '힘쓰다'이다). 《周書》曰: 勖哉, 夫子(힘쓰거라, 장사들이여!)." 《詩經·燕燕》: "先君之思, 以勖寡人(선군을 생각하는 말로써 과인을 권면하도다)." 傳: "勖, 勉也('勖'은 '힘쓰다'이다)."

挼(뇌: 비비다) ***nur** , 乃回切,《廣韻》: "手摩物也('손으로 사물을 문지르다'이다)."《說文》: "挼, 一日兩手相切摩也('挼'는 한편으로 '두 손으로 서로 비비는 것'이다)." 段注: "从手, 妥聲. 各本作委聲. 今正('手'를 따르고 '妥'가 성부이다. 각본에는 委가 성부로 되어 있는데 지금 바로 잡는다)." '妥'와 '委'는 글자 모양이 비슷해서 혼동이 된다. **捼(뇌: 주무르다)** ***nu̲r** , 儒隹切,《集韻》: "兩手相切摩, 或作挼(두 손으로 서로 비비는 것이며, 혹은 '挼'로 쓴다)." **捼(뇌: 주무르다)** ***nu̲r** , 儒隹切,《廣韻》: "摧也, 俗作挼('꺾다, 누르다'이다, 俗에선 '挼'로 쓴다)." '挼'는 '妥'의 後起字이다. **妥(타: 편히 앉다)** ***s-nur^B** , 他果切(果韻에 들어가는 것은 예외음변이다),《廣韻》: "安也('편안하다'이다)."《爾雅》: "妥, 安坐也('妥'는 '편히 앉다'이다)."《詩經·楚茨》: "以妥以侑, 以介景福(편안히 모시고 권하여, 큰복 내리기를 바라노라)." 傳: "妥, 安坐也('妥'는 '편히 앉다'이다)."《儀禮·士虞禮》: "主人及祝拜妥尸(주인과 축이 절하여 시동을 편안하게 하다)." 注: "妥, 安坐也('妥'는 '편히 앉다'이다)."《釋文》: "妥, 他果反, 劉湯回切(여기서 '妥'는 '他果反'이고 劉씨의 음은 '湯回切'이다)." 又《儀禮·士相見禮》: "凡言, 非對也, 妥而後傳言(임금과 말을 할 때는 대답하는 게 아니라면, 임금이 편히 앉은 후에야 말을 전한다)." 注: "妥, 安坐也('妥'는 '편히 앉다'이다)."《漢書·武五子傳》: "北州以妥(북주가 안정되었다)."

*s-접두사는 확실히 동작의 지속과 중복의 의미를 나타낸다. 그러나 의미의 파생 및 재파생에 따라, 이러한 지속/중복 의미는 '旋'과 같이 점차 옅어질 수 있다. 藏語의 s-접두사는 동사어근 자체가 가리키는 조건이나 상태(condition or state)의 일반적 방향을 나타낸다. 상고한어의 *s-접두사는 이러한 藏語의 s-접두사와 매우 유사하며 양자가 발생학적인 관계가 있을 것으로 보인다. 동작의 지속/중복이란 어떤 상태에 가까운데, 형용사가 바로 사물의 기발생상황(已然)적 형상이나 성질, 상태를 표시한다. 따라서 **s-접두사도 동사(형용사) 어근 앞에 부가하여 '상태를 나타내는 형용사'나 '비동작성의 상태동사'를 구성하게 된다**.

三

煮(자: 삶다) *ta̠ᴮ, 章與切,《說文》: "亨也('삶다'이다)."《管子·地數》: "君伐菹薪, 煮泲水爲鹽(군주께서 풀과 땔나무를 베어, 소금물을 끓어 소금을 만들게 하다)."《禮記·喪大記》: "管人受沐, 乃煮之(관인이 목욕물을 받아서 이를 끓인다)." **暑(서: 덥다) *s-ta̠ᴮ**, 舒呂切,《廣韻》: "熱也('덥다, 뜨겁다'이다)."《釋名》: "暑, 煮也, 熱如煮物也('暑'는 '煮(삶다)'이다. '사물을 삶듯이 덥다'이다)."《左傳·襄公十七年》: "吾儕小人, 皆有闔廬, 以辟燥濕寒暑(우리 같은 소인들도 모두 집이 있어, 가뭄과 습함, 추위와 더위를 피한다)."《左傳·襄公二十年》: "方暑, 闕地下冰而床焉(한창 무더운 날씨여서, 땅을 판 후, 얼음을 넣고 그 위에 침상을 놓았다)."《禮記·曲禮上》: "勞毋袒, 暑毋褰裳(피곤해도 웃옷을 걷어 어깨를 드러내지 말아야 하며, 더워도 바지를 걷어 올리지 말아야 한다)."

諸(제: 모든, 여러) *ta̠, 章魚切,《廣韻》: "非一也('하나가 아니다'이다)."《詩經·泉水》: "孌彼諸姬, 聊與之謀(예쁜 여러 여인들이여, 오직 그들과만 논의하도다)."《論語·八佾》: "夷狄之有君, 不如諸夏之亡也(夷狄에 임금이 있는 것이 諸夏에 없는 것만도 못하다)."《莊子·胠篋》: "彼竊鉤者誅, 竊國者爲諸侯, 諸侯之門, 而仁義存焉(혁대 고리를 훔친 자는 죽임을 당하지만 나라를 훔친 자는 제후가 되는데, 제후들의 문에는 인의가 있다)." **奢(사: 사치하다) *s-ta̠**, 式車切,《廣韻》: "張也, 侈也, 勝也('자랑하다, 사치하다, 지나치다'이다)."('奢'는 상고한어 魚部의 독음을 보존하고 있다)《論語·八佾》: "禮, 與其奢也, 寧儉(禮는 사치하기보다는 차라리 검소해야 한다)."《左傳·隱公三年》: "驕奢淫泆, 所自邪也(驕, 奢, 淫, 泆이 바로 사악함의 원인이다)."《管子·形勢解》: "故貴而不驕, 富而不奢, 行理而不惰(그러므로 고귀하나 교만하지 않고, 부유하나 사치스럽지 않고, 이치에 따라 행하되 게으르지 않다)."

如(여: 따르다, 같다) *na̠, 人諸切,《說文》: "從隨也('따르다'이다)."《左傳·宣公十二年》: "衆散爲弱, 川壅爲澤, 有律以如己也(무리가 흩어지면 약해지고, 천이 막히면 연못이 되니 律을 두는 것은 자기를 따르게 하기 위함이다)." 注: "如, 從也(여기서 '如'는 '따르다'이다)."《史記·酈生陸賈列傳》: "令比諸侯, 皆如意旨(제후와 동등하게 함으로써 모두 황제의 뜻에 따르게 했다)."《左傳·僖公十五年》: "唯所納之, 無不如志(무엇이든 받아들여 뜻대로 되지 않음이 없었다)."《左傳·襄公二十八年》: "從之如志, 禮也(진나라의 뜻을 따라 조견하는 것이 禮이다)."《墨子·號令》: "不如令, 及後縛者, 皆斷(명령대로 하지 않거나, 늦게 묶는 이들은, 모두 처형한다)." **恕(서: 용서하다)** ***s-nas** , 商署切,《廣韻》: "仁恕('사랑하고 관용하다')."《說文》: "恕, 仁也('恕'는 '仁(사랑함)'이다)."《韓非子·顯學》: "今寬廉恕暴俱在二子, 人主兼而禮之(지금 너그러움과 모짐, 관용과 사나움이 모두 두 사람에게 있는데도, 임금들은 그들을 동등하게 예우한다)."《孟子·盡心上》: "強恕而行, 求仁莫近焉(恕를 힘써서 행하면, 仁을 구하는데 이보다 더 가까운 것은 없다)."《左傳·隱公十一年》: "恕而行之, 德之則也(恕(관용)로써 행동하는 것이 덕의 준칙이다)."

匿(닉: 숨다, 숨기다) ***nek** , 女力切,《廣韻》: "藏也, 微也, 亡也, 隱也, 陰姦也('숨다, 도피하다, 숨기다, 음험하다'이다)."《論語·公冶長》: "匿怨而友其人, 左丘明恥之, 丘亦恥之(원망을 숨기고서 그 사람을 사귀는 것을 左丘明이 수치스러워하였고, 나도 이를 수치로 여긴다)."《左傳·襄公十八年》: "吾知子敢匿情乎(나는 그대와 서로 아는 사이인데, 감히 사실을 숨기겠는가?)."《左傳·成公二年》: "蛇出於其下, 以肱擊之, 傷而匿之(뱀이 수레 밑에서 나오자, 팔꿈치로 그것을 치다가 다쳐서 이를 숨겼다)."《荀子·修身》: "竊貨曰盜, 匿行曰詐, 易言曰誕(재물을 훔치는 것을 도둑이라 하고, 자신의 행위를 숨기는 것을 속인다고 하며, 말을 함부로 쉽게 하는 것을 허풍떤다고 한다)." **慝(특: 사특하다, 간사하다)** ***s-nek** , 他德切,《廣韻》: "惡也('악하다'이다)."《禮記·樂記》: "氣衰則生物不遂, 世亂則禮慝而樂淫(기가 쇠하면 생물이 생성하지 못하고, 세상이 어지러우면 예가 사특해지고 악이 음란해진다)."《孟子·盡心下》: "庶民興, 斯無邪慝矣(여러 백성들이 선한 마음이 일어나면 이에 사특함이 없어질 것이다)."

涼(량: 시원하다, 엷다) ***raŋ** , 呂張切,《廣韻》: "薄也, 亦寒涼也('엷다, 시원하다'이다)."《詩經·北風》: "北風其涼, 雨雪其雱(북풍이 싸늘하고, 눈비가 펑펑 쏟아지네)."《呂氏春秋·七月紀》: "涼風至, 白露降, 寒蟬鳴, 鷹乃祭鳥(시원한 바람이 불어오고, 흰 이슬이 내리고, 쓰르라미가 울며, 매가 새로 제사지낸다)."《管子·五行》: "涼風至, 白露下(시원한 바람이 불어오고, 흰 이슬이 내리고)."《說文》: "涼, 薄也('涼'은 '엷다'이다)."《詩經·桑柔》: "民之罔極, 職涼善背(백성들

이 법도가 없고, 단지 얄팍하여 배신을 잘하네)." 傳: "涼, 薄也('涼'은 '엷다'이다)."《左傳·莊公三十年》: "虢多涼德, 其何土之能得(虢나라의 덕이 얇으니, 어찌 땅을 얻을 수 있겠는가?)." 注: "涼, 薄也('涼'은 '엷다'이다)." **爽(상: 어긋나다, 잘못되다)** ***s-ra̲ŋ^B**, 疏兩切,《廣韻》: "差也('잘못되다'이다)."《詩經·氓》: "女也不爽, 士貳其行(여자인 나는 잘못 없는데, 남자인 그대는 행동이 같지 않네)." 傳: "爽, 差也(여기서 '爽'은 '잘못되다'이다)."《左傳·昭公十五年》: "率義不爽, 好惡不愆(의를 따라 행하여 어긋남이 없고, 호오에 어그러짐이 없다)." 注: "爽, 差也(여기서 '爽'은 '잘못되다'이다)."《國語·周語下》: "言爽, 日反其信; 聽淫, 日離其名(말을 잘못하면 날마다 신용을 어기게 되고, 참람된 말을 들으면 날마다 명성을 잃게 된다)."《莊子·天地》: "五味濁口, 使口厲爽(五味는 사람의 입맛을 흐리게 하여 입을 병들고 어긋나게 한다)."

朗(랑: 밝다) ***raŋ^B**, 盧黨切,《廣韻》: "明也('밝다'이다)."《詩經·既醉》: "昭明有融, 高朗令終(밝고 밝음이 그토록 성대하니, 높고 밝아서 마침내 좋은 결과 이루리라)."《國語·楚語下》: "其聖能光遠宣朗, 其明能光照之(聖哲함은 그 밝음이 멀리 밝게 비추게끔 하며, 밝은 눈은 사물을 밝게 비춘다)."《呂氏春秋·盡數》: "集於珠玉與爲精朗, 集於樹木與爲茂長(구슬이나 옥에 모이면, 청명하게 빛나게 되고, 나무에 모이면 무성하게 자라나게 된다)." **明(명: 밝다, 비추다)** ***m-ra̲ŋ**, 武兵切,《廣韻》: "光也, 昭也('밝다, 비추다'이다)."《左傳·莊公七年》: "夏, 恒星不見, 夜明也, 星隕如雨, 與雨偕也(여름에 恒星이 보이지 않은 것은 밤이 밝아서이고, 流星이 비처럼 내린 것은 비와 함께 떨어진 것이다)."《詩經·鷄鳴》: "東方明矣, 朝既昌矣. 匪東方則明, 月出之光(동방이 밝아졌기에, 조정에 신하들이 많아서라 했더니, 동방이 밝은 것이 아니라 달이 떠서 밝은 것이로다)." **爽(상: 밝다, 날이 새다)** ***s-ra̲ŋ^B**, 疏兩切,《廣韻》: "明也('밝다'이다)."《說文》: "爽, 明也('爽'은 '밝다'이다)."《左傳·昭公三年》: "二惠競爽猶可(惠公의 두 손자가 강하고 총명할 때까지는 오히려 좋았다)." 注: "爽, 明也('爽'은 '밝다'이다)."《左傳·昭公元年》: "茲心不爽, 而昏亂百度(마음이 밝지 않아, 모든 일에 혼란이 있으면 안 된다)." 注: "爽, 明也('爽'은 '밝다'이다)."《禮記·內則》: "昧爽而朝, 問何食飮矣(동이 틀 무렵 아침에, 무엇을 드실 것인지 묻는다)."

欲(욕: 바라다) ***Go̲k**, 余蜀切,《廣韻》: "貪欲也('욕심내다'이다)."《論語·爲政》: "七十而從心

所欲, 不逾矩(일흔 살에 마음이 하고자 하는 대로 따랐어도 법도를 넘지 않았다)."《論語·公冶長》: "我不欲人之加諸我也, 吾亦欲無加諸人(저는 남이 저를 업신여기지 않기를 바라며, 저 또한 남을 업신여기지 않으려 합니다)."《莊子·天地》: "壽富多男子, 人之所欲也. 女獨不欲, 何邪?(장수하고 부유하고 아들을 많이 두는 것은, 사람이면 누구나 바라는 것인데, 당신은 유독 바라지 않으시니, 어째서입니까?)" 글자는 또 '俗'으로도 쓴다.《荀子·解蔽》: "由俗謂之道, 盡嗛矣(하고자 하는 것으로 말미암는 것을 道라 한다면, 모든 것을 만족할 것이다)." 注: "俗當爲欲(여기서 '俗'은 '欲'이다)."(《荀子》: "由欲謂之道, 盡嗛矣(원하는 바를 좇는 것을 도라 한다면, 마음에 다하는 것만 하게 된다).") **俗(속: 범속하다)** ***s-go̱k**, 似足切,《廣韻》: "風俗('풍속')."《釋名》: "俗, 欲也, 俗人所欲也('俗'은 '欲(하고자 함)'이다. 俗은 사람이 바라는 바이다)."《禮記·樂記》: "移風易俗, 天下皆寧(풍속을 바꾸게 되면 천하가 모두 편안해진다)." 疏: "俗謂君上之情欲, 謂好惡趣舍(여기서 '俗'이란 임금의 情欲으로, 좋아함과 싫어함, 취사선택을 말한다)."《荀子·性惡》: "上不循於亂世之君, 下不俗於亂世之民(위로는 난세의 군주를 따르지 않고, 아래로는 난세의 백성을 따르지[81] 않는다)."《荀子·儒效》: "故有俗人者, 有俗儒者, 有雅儒者, 有大儒者(그러므로 俗人이란 것이 있고 俗儒란 것이 있으며, 雅儒란 것이 있고 大儒라는 것이 있다)." '俗'은 명사로 많이 쓰인다.《曲禮上》: "入竟而問禁, 入國而問俗, 入門而問諱(국경에 들어가서는 禁令을 물어보고, 도성에 들어가서는 풍속을 물어보며, 남의 집에 들어가서는 휘를 물어본다)."《孟子·盡心下》: "同乎流俗, 合乎汚世(세속에 동화되고 더러운 세상에 영합하다)."

沒(몰: 빠지다) ***mut**, 莫勃切,《廣韻》: "沈也('빠지다'이다)."《莊子·大宗師》: "汝夢爲鳥而厲乎天, 夢爲魚而沒于淵(너는 꿈에 새가 되어 하늘에 이르며, 꿈에 물고기가 되어 연못에 잠긴다)."《莊子·列禦寇》: "其子沒於淵, 得千金之珠(그 아들이 깊은 못 속에 들어가, 千金의 구슬을 얻었다)." 여기서 발전하여 '사라지다, 없어지다' 등의 의미로 파생하였다.《禮記·坊記》: "故君子不以菲廢禮, 不以美沒禮(군자는 박하다 하여 예를 폐하지 않고, 아름답다고 해서 예를 없애지 않는다)." [《釋文》: "菲, 芳鬼反, 薄也(여기서 '菲'는 '芳鬼反'이고, '얇다'이다)."] 또

81 [역주] '下不俗'의 '俗'을 '鉛' 또는 '沿'으로 보는 주석이 있어 '따르다'로 해석하였다.

완곡히 '죽다'를 의미한다. 《論語·學而》: "父在, 觀其志; 父沒, 觀其行(그 아비가 살아있을 때는 그 아들의 뜻을 보고, 그 아비가 죽은 뒤에는 그 아들의 행위를 본다)." 뒤에 이를 '歿'로 쓴다. '歿'은 '莫勃切'이다. 《廣韻》: "死也('죽다'이다)." **忽(홀: 갑자기, 소홀히 하다, 다하다) *s-mut** , 呼骨切, 《廣韻》: "倏忽, 又滅也, 忘也, 輕也('갑자기, 다하다, 잊다, 가벼이하다'이다)." 《說文》: "忽, 忘也('忽'은 '잊다'이다)." 《詩經·皇矣》: "是伐是肆, 是絕是忽(이에 정벌하고 이에 군대를 풀며, 이에 끊어버리고 이에 멸망시킨다)." 傳: "忽, 滅也(여기서 '忽'은 '멸망시키다, 다하다'이다)." 《莊子·天下》: "芒乎何之? 忽乎何適?(아득한데 어디로 가며, 황홀한데 어디로 가는 것인가)" 《莊子·達生》: "不厭其天, 不忽於人, 民幾乎以其眞(그러니 天을 억압하지 아니하고 사람에게 소홀히 하지 아니하면, 백성들은 참다운 삶에 가까워 질 것이다)." 《道德經》: "忽兮恍兮, 其中有象; 恍兮忽兮, 其中有物(홀하고 황하도다. 그 가운데 형상이 있으며, 황하고 홀하도다. 그 가운데 사물이 있도다)[82]." 《左傳·莊公十一年》: "禹湯罪己, 其興也悖焉; 桀紂罪人, 其亡也忽焉(禹와 湯은 죄를 자신에게 돌렸으므로 그 흥함이 성했고, 傑과 紂는 죄를 남에게 돌렸으므로 그 망하는 것이 빨랐다)."

崇(숭: 높다) *ḍrun̠ŋ , 鋤弓切, 《廣韻》: "高也('높다'이다)." 《說文》: "崇, 山大而高也, 从山, 宗聲('崇'은 산이 크고 높은 것이다. '山'을 따르고 '宗'은 성부이다)." 段玉裁注: "《大雅》: '崧高維嶽.' 《釋山》, 毛傳皆曰: '山大而高曰崧.' 《孔子閑居》引《詩》, 崧作'嵩', 《釋名》作'山大而高曰嵩'. 崧, 嵩二形, 皆卽崇之異體(〈대아〉에 이르길, '높디높은 산이여'라 한다. 〈석산〉과 毛傳에서는 모두 '산이 크고 높은 것을 崧이라 한다'고 한다. 〈공자한거〉에서는 〈시경〉을 인용할 때 '崧'을 '嵩'으로 쓴다. 〈석명〉에서는 '산이 크고 높은 것을 嵩이라 한다'고 한다. '崧'과 '嵩' 두 형식은 모두 '崇'의 이체자이다)." 《國語·周語上》: "昔夏之興也, 融降於崇山(옛날 夏나라가 흥성할 적에는 祝融이 崇山에 내려왔다)." 注: "崇, 崇高山也('崇'은 '崇高山'이다)." 여기서 발전하여 '숭배하다, 존숭하다' 등의 동사의미가 파생하였다. 《荀子·修身》: "君子崇人之德, 揚人之美, 非諂諛也(군자가 다른 사람의 덕을 높이고, 다른 사람의 아름다움을 칭찬하는 것은 아첨하기 위한 것이 아니다)." 《左傳·僖公二十四年》: "棄德崇姦, 禍之大者也(德行을 버리고 간악

82 [역주] '恍惚'이란 '구체적인 형체가 없는 것'을 말한다.

을 숭상하는 것은 禍 가운데 아주 큰 것이다)." **嵩(숭: 산이 높다)** ***ɕu̱ŋ** 〈 ***s-ȶu̱ŋ** , 息弓切, 《廣韻》: "山高也('산이 높다'이다)." 《說文》: "嵩, 中嶽, 嵩高山也. 从山从高. 崧, 亦从松('嵩'은 中嶽으로, 嵩高山이다. '山'과 '高'를 따른다. 또 崧은 '松'을 따른다)." 《爾雅》: "山大而高曰崧(산이 크고 높은 것을 '崧'이라 한다)." 《釋名》: "山大而高曰嵩. 嵩, 竦也, 亦高稱也(산이 크고 높은 것을 '嵩'이라 한다. '嵩'은 '竦(두려워하다)'이다. 또한 '높다'를 일컫는다)." 《詩經·崧高》: "崧高維嶽, 駿極于天(높디높은 산이여, 높아서 하늘에 이르도다)." 傳: "崧, 高貌, 山大而高曰崧(여기서 '崧'은 '높은 모양'이다. 산이 크고 높음을 '崧'이라 한다)." 《風俗通義》: "中央曰嵩高. 嵩者, 高也(가운데 있는 것을 '嵩高'라 하는데, '嵩'은 '높다'이다)." 《史記·封禪書》: "中嶽, 嵩高也, 五載一巡狩(중악은 '嵩高'을 말하는데, 오년에 한 번씩 순시했다)." 《說文》"崇", 段玉裁注: "淺人以崇爲泛辭, 嵩爲中嶽, 強生分別(〈설문〉의 '崇'에 대해, 단옥재주에서 이르길, '천박한 이들은 崇을 일반적인 단어로 여기고 嵩을 중악으로 삼는데, 이는 억지로 나눈 것이다')." **聳(송/용: 솟다, 공경하다)** ***s-ȶo̱ŋ** , 息拱切, 《廣韻》: "高也. 《說文》曰: 生而聾曰聳('높다'이다. 〈설문〉에 이르길, '태어나면서부터 귀가 먹은 것을 聳이라 한다')." [《說文》: "生而聾曰聳. 从耳, 從省聲(〈설문〉: '태어나면서부터 귀가 먹은 것을 聳이라 한다. 耳를 따르고 從이 생성이다')."] 《國語·楚語上》: "昔殷武丁能聳其德(옛날 殷나라 武丁은 능히 자신의 덕을 공경히 하였다)." 注: "聳, 敬也(여기서 '聳'은 '공경하다'이다)." 《國語·楚語上》: "爲之聳善而抑惡(착함을 북돋우고 악함을 억제하다)." 注: "聳, 獎也('聳'은 '권장하다'이다)." 이 두 예 속의 '聳'은 사실상 '崇'이다. 《說文通訓定聲》: "聳假借爲崇('聳'은 '崇'으로 가차된다)."

懆(조: 근심하다) ***ȶhɯ^{B}** , 采老切, 《廣韻》: "憂心('근심하다')." 《說文》: "懆, 愁不安也('懆'는 '근심하여 불안함'이다)." 《詩經·白華》: "念子懆懆, 視我邁邁(그대 생각에 간절한데, 나를 보기를 건성건성하네)." 段玉裁注: "懆訓愁, 慘訓毒, 音義皆殊, 而寫者多亂之('懆'는 그 뜻이 '愁(근심)'이고, '慘'은 그 뜻이 '毒(참혹)'으로, 음과 의가 모두 다른데도 쓰는 이가 혼란케 한다)." 《詩經·月出》: "舒夭紹兮, 勞心懆(慘)兮(어이하면 맺힌 시름을 펼꼬, 마음 애태우기를 애처롭게 한다)." 《詩經·正月》: "憂心懆懆(慘慘), 念國之爲虐(마음에 근심이 심하여, 나라의 포악함을 걱정하노라)." 《詩經·抑》: "視爾夢夢, 我心懆懆(慘慘)(그대의 흐릿함을 보니 내 마음이 애처롭네)." **悄(초: 근심하다)** ***ȶhu^{B}** , 親小切, 《廣韻》: "憂貌('걱정하는 모양')." 《說文》:

"悄, 憂也('悄'는 '근심하다'이다)." 《詩經·月出》: "舒窈糾兮, 勞心悄兮(그윽한 시름을 어찌 펼까, 내 마음 안타까워라)." 傳: "悄, 憂也(여기서'悄'는 '근심하다'이다)." 《釋文》: "悄, 七小反(여기서 '悄'는 '七小反'이다)." 《詩經·柏舟》: "憂心悄悄(마음에 근심하기를 매우 심히 하도다)." 《釋文》: "悄, 七小反(여기서 '悄'는 '七小反'이다)." **慅(초: 심란하다) *ʦhuᴮ** , 采老切, 《廣韻》: "慅恅, 心亂('慅恅(맘이 쓸쓸하고 어지럽다)'는 맘이 심란한 것이다)." 글자는 '草'로만 썼다. 《詩經·巷伯》: "驕人好好, 勞人草草(교만한 이는 즐거울 따름이나, 수고로운 이는 근심만 가득하도다)." 傳: "草草, 勞心也('草草'는 맘에 근심 가득한 것이다)." **慅(소: 흔들리다) *ʦhuᴮ** , 采老切, 《廣韻》: "上同(懆)('懆'와 같다)." 《詩經·月出》: "舒憂受兮, 勞心慅兮(어이하면 우울한 시름 떨치리요, 내 마음만 고달프구나)." 《釋文》: "慅, 七老反, 憂也(여기서 '慅'는 '七老反'이다. '근심하다'이다)." **騷(소: 근심하다) *s-ʦu** , 蘇遭切, 《廣韻》: "愁也('근심하다'이다)." 《國語·楚語上》: "德義不行, 則邇子騷離而遠者距違(덕과 의리가 나라에 행해지지 아니하면 가까이 있는 사람들은 걱정하다 마음이 떠나고, 멀리 있는 나라들은 거절하고 어길 것이다)." 注: "騷, 愁也('騷'는 '근심하다'이다)." 《史記·屈原賈生列傳》: "離騷者, 猶離憂也('離騷'란 근심스러운 일을 만났다는 것이다)."

근원어(根詞)가 동사일 수도 있고 형용사일 수도 있으나, *s-접두사를 첨가하여 파생된 새로운 단어는 또한 형용사이다. 양자를 비교해 보면, 심지어 의미도 비슷하다. 이러한 *s-접두사를 붙인 형용사들을 살펴보면, 우리는 이러한 형용사들이 대다수가 "사람이나 사물의 상태"를 표시하며, "사람이나 사물의 성질, 특징, 속성"을 표시하는 게 아님을 쉽게 알 수 있다. 예컨대, '騷'가 그러하다. 이는 *s-접두사의 반복, 지속 의미를 나타내는 것과 일치한다. 동사접두사 *s-가 형용사 앞에 출현하는 것은, 분명 사용 범위의 확장으로 볼 수 있다.

제4절 생명체

一

우리의 조상들은 동물을 '깃털동물(羽蟲), 털가죽동물(毛蟲), 갑각동물(甲蟲), 비늘동물(鱗蟲), 벌거숭이동물(倮蟲)'의 다섯 종류로 나누었는데, 사람은 그중 '벌거숭이동물(倮蟲)'에 속한다. 《孔子家語》에 "倮蟲, 三百又六十, 而人爲之長(벌거숭이 동물이 삼백육십 종인데, 그중 인간이 우두머리이다)."라고 나온다. 사물의 유생명/무생명에 대한 견해, 그리고 생명 자체에 대한 이해와 관련하여, 민족에 따라 혹은 시대에 따라 다양한 견해가 있을 수 있다. 생물학의 관점과 본서의 생명명사 견해 간에 모종의 관련도 있긴 하겠지만, 우리는 단순히 생물학적 각도에서 본서에서 토론할 생명명사를 정의할 수는 없다. **우리가 말하는 생명명사의 범위는 생물학에서의 생명 범위보다 넓어서 '자연현상'과 같이 생물학상 무생명으로 간주할 수 있는 사물도 포함될 수 있다.** 예컨대, '별'과 같은 많은 자연현상에 대해 다수의 민족이 유생명적이라 보고 있다. '별'은 藏語로 'skar'이라고 하며 이때 생명체 접두사인 s-를 갖고 있다. 이것은 동식물명사가 갖고 있는 접두사와 동일하다. 확실히, 고대 藏人들의 눈에 '별'은 유생명의 명사였던 것이다.

접두사 s-는 명사기원동사화의 기능이 있어서 명사 앞에 첨가되면 동사나 형용사를 파생시킨다. 또 동사 어근에 첨가되면 사동의미를 갖거나 지속/중복 의미를 갖는 동사를 파생시킨다. 그리고 또 어떤 상태를 나타내는 형용사도 파생시킬 수 있다. 그러나 접두사 s-를 갖는 것은 단지 동사나 형용사만이 아니다. **우리는 명사 중 s-접두사를 갖는 명사의 경우 절대다수가 생명체라는 사실을 발견하게 되었다.** Benedict(本尼迪克特, 1984)는 藏緬語에 존재하는 '사지(肢體)와 동식물 명사 앞에 붙이는 접두사 *s-에 대해 토론한 바 있고, 藏緬語의 접두사 *s-가 原始藏緬語의 *sja(고기, 동물: 吃的肉, 動物)에서 기원했다고 가정하였다. Benedict는 상고한어에도 藏緬語와 의미가 완전히 같은 사지나 동식물 명사 앞에 붙이는 *s-접두사가 있다는 사실을 미처 생각지 못했다. 이러한 *s-접두사가 藏緬語의 생명체 접두사라는 사실에 기초하여, 潘悟雲(1990,4)은 상고한어의 *s-접두사가 사지명사를 구성하는 조어 기능이 있다고 언급하긴 하였으나 이 가설에 대해 진일보한 논증을 하지는 않았다. 金理新(1998,4)은 상고한어 생명체 명사 *s-접두사에 대해 비교적 상세히 논의하였다. 우리는 여기서 단지 기존 연구의 기초 위에 그 논술과 관련하여 적당한 수정이나 보충을 하고자 한다.

二[83]

體(체: 몸, 나누다) ***s-lir^B^**, 他禮切, 《廣韻》: "身也('몸'이다)." 《說文》: "體, 總十二屬也. 从骨豊聲('體'는 온몸 12부분을 총괄하는 명칭. '骨'을 따르고 '豊'이 성부이다)." 《孟子·告子下》: "勞其筋骨, 餓其體膚, 空乏其身(그 근골을 수고롭게 하고, 그 몸을 주리게 하고, 그 몸을 궁핍하게 하다)." 《莊子·大宗師》: "墮肢體, 黜聰明(사지와 몸을 다 잊고, 듣고 보는 능력을 떨쳐버리다)." 《禮記·禮器》: "禮也者, 猶體也. 體不備, 君子謂之不成人(예라는 것은 사람의 몸과 같다. (예가 갖추어지지 않음은 마치) 신체가 구비되지 않음과 같으니, 군자는 이를 사람이 되지 않았다고 이른다)." '禮'와 '體'는 한쌍의 同族詞이다. '體'는 동사로 많이 사용된다. 《禮記·中庸》: "體群臣則士之報禮重, 子庶民則百姓勸(여러 신하를 禮로써 대하면 士들의 보답하는 禮가 중해지고, 서민을 자식처럼 사랑하면 백성들이 권면하게 된다)." '體'는 곧 '禮'이다. 《禮記·禮運》: "然後退而合亨, 體其犬豕牛羊(그런 다음 물리고 고기들을 합하여 삶는다. 그렇게 익힌 개, 돼지, 소, 양고기를 분류한다)." 注: "謂分別骨肉之貴賤以爲衆俎也(즉, '뼈와 살의 귀천을 분별하여 여러 제사고기로 삼는다'는 말이다)." 《周禮·天官·冢宰》: "惟王建國, 辨方正位, 體國經野(단지 왕이 나라를 세워 방을 분별하고 위를 바르게 한다. 國(도시)을 구분확정하고 들을 구획한다)." 注: "體, 猶分也(여기서 '體'는 '나누다'이다)." **劙(리: 가르다, 쪼개다)** ***lir^B^**, 盧啟切, 《廣韻》: "刀剌('칼로 자르다'이다)." 《方言》: "劙, 解也('劙'는 '나누다'이다)." 《荀子·強國》: "則劙盤盂, 刎牛馬, 忽然耳((숫돌에 간다면) 쟁반과 대야를 쪼개거나 소와 말을 베는 일은 쉽다)."

---

83 [역주] 이 부분은 '신체부위' 명사들이다.

手(수: 손) ***s-n$\underline{u}^{B}$** , 書九切,《廣韻》: "手足('손발')."《詩經·擊鼓》: "執子之手, 與子偕老(그대의 손을 잡고, 그대와 함께 늙으리라)."《詩經·碩人》: "手如柔荑(손은 부드러운 띠싹과 같다)."《詩經·葛屨》: "摻摻女手, 可以縫裳(곱고 가녀린 새댁이 손이여, 바지를 잘도 꿰매도다)." **杻(뉴: 쇠고랑)** ***s-nu^{B}** , 敕久切,《廣韻》: "杻械. 杽, 古文('쇠고랑, 형틀'이고 '杽'는 고문이다)."《說文》: "杽, 械也. 从木从手, 手亦聲('杽'는 '쇠고랑'이다. '木'과 '手'를 따르고, '手'는 또한 성부이다)." 朱駿聲: "杽卽丑之或體, 因丑爲借義所專, 乃制此字('杽'는 곧 '丑'의 혹체이다. '丑'의 가차의미만 사용되므로 이에 이 글자를 만들었다)."《說文》: "羞, 進獻也, 从羊从丑('羞'는 '진헌하다'이다. '羊'과 '丑'를 따른다)." '从丑'는 바로 '从手'이다. **鈕(뉴: 도장의 손잡이 부분)** ***n$\underline{u}^{B}$** , 女久切,《廣韻》: "印鼻('도장손잡이')."《說文》: "鈕, 印鼻也('鈕'는 '도장손잡이'이다)." '鈕'는 손으로 잡는 곳으로 '手'와 기원이 같다. **紐(뉴: 매다, 묶다, 끈)** ***n$\underline{u}^{B}$** , 女久切,《廣韻》: "結也.('매다'이다)"《廣雅》: "紐謂之鼻('紐'은 '끈, 손잡이'를 말한다)." 王念孫疏證: "凡器之鼻謂之紐(무릇 기물의 손잡이를 '紐'라 한다)."《周禮·夏官·司馬》: "皆玄冕朱裏, 延紐(모두 현면으로 속이 붉다, 덮개에 줄을 묶어 매는 작은 코가 있다)." 注: "紐, 小鼻在武上, 笄所貫也(작은 코(손잡이)가 武(冠卷: 모자테두리)위에 있는데, 비녀가 관통하는 곳이다)." '紐' 역시 同族詞이다.

須(수: 수염) ***s-n$\underline{o}$** , 相俞切,《說文》: "面毛也('얼굴털, 즉, 수염'이다)."《荀子·非相》: "伊尹之狀, 面無須麋(伊尹의 모습은 얼굴에 수염과 눈썹이 없다)."《禮記·喪大記》: "小臣爪手翦須, 濡濯棄於坎(소신은 손톱, 발톱을 깎고, 머리털을 씻은 물은 구덩이에 버린다)."《莊子·天道》: "水靜則明燭須眉, 平中准, 大匠取法焉(물이 고요하면 그 사람의 수염이나 눈썹까지도 밝게 비추고, 그 평평함이 水準器에 딱 맞아서 목수가 기준으로 취한다)." **需(수: 수염)** ***s-n$\underline{o}$** , 相俞切,《廣韻》: "卦名('괘명')."《易·需》象: "需, 須也('需'는 '기다림'이다)."《說文》: "需, 須也. 从雨而聲('需'는 '기다림'이다. '雨'를 따르고 '而'는 성부이다)." '而'는 '須'의 訓讀이다.《說文》: "而, 頰毛也('而'는 '빰의 털, 수염'이다)." '需'는 곧 '濡'이다. 뒤에 '水'를 첨가하여 '濡'가 되었다. **濡(유: 젖다, 지체하다)** ***n$\underline{o}$** , 人朱切,《廣韻》: "沾濡('젖다')."《孟子·公孫丑下》: "三宿而後出晝, 是何濡滯也?(사흘이나 묵은 뒤에 晝를 나갔으니, 어찌 이렇게 지체한단 말인가?)" '濡'는 곧 '需'이다.《左傳·哀公十四年》: "需, 事之賊也(망설이는 것은 일을 망치는 賊이다)."《釋

文》: “需音須(여기서 ‘需’의 음은 ‘須’이다).”《易·需》彖: “需, 須也(‘需’는 ‘기다림’이다).”《易·歸妹》: “歸妹以須(歸妹(여동생을 시집보냄)가 기다림이다).” 注: “須, 需也(여기서 ‘須’는 ‘需(기다림)’이다).”

㯃(슬: 무릎) ***s-ƫi̱t** , 息七切,《廣韻》: “《說文》曰: 脛節也(〈설문〉에 이르길, ‘정강이 위의 뼈마디’이다).”《說文》: “㯃, 脛頭也(‘㯃’는 ‘정강이 머리 부분’이다).” 글자는 ‘膝’로 쓴다. **膝(슬: 무릎)** ***s-ƫi̱t** , 息七切,《廣韻》: “上同(㯃)(위와 같다).”《莊子·養生主》: “庖丁爲文惠君解牛, 手之所觸, 肩之所倚, 足之所履, 膝之所踦, 砉然向然(庖丁이 文惠君을 위해서 소를 잡는데, 손으로 쇠뿔을 잡고, 어깨로 소를 기대고, 발로 소를 밟고, 무릎으로 소를 누르면, 가죽뼈 떨어져 나가는 소리가 획획하고 울린다).”《莊子·在宥》: “黃帝順下風膝行而進, 再拜稽首而問(황제가 아래 방향을 따라 무릎으로 기어 나아가, 두 번 절하고 머리를 조아리면서 물었다).” ‘㯃’은 後起形聲字이고, 글자는 본래 ‘卩’로 쓴다. **卩(절: 병부)** ***ƫit** , 子結切,《說文》: “事之節也(일 처리의 마디이다).” [《說文》: “卷, 㯃曲也. 从卩弄聲.(‘卷’은 ‘무릎을 굽히다’이다. ‘卩’을 따르고 ‘弄’가 성부이다)”《說文》: “卻, 節欲也. 从卩谷聲(‘卻’은 ‘절제하여 물러서게 하다’이다. ‘卩’을 따르고 ‘谷’이 성부이다).”] 글자는 또 ‘即’으로도 쓴다. **即(즉: 나아가다)** ***ƫi̱t** , 子力切,《廣韻》: “就也(‘나아가다’이다).”《說文》: “即, 即食也. 从皀卩聲(‘即’은 ‘음식 앞으로 나아가다’이다. ‘皀’을 따르고 ‘卩’이 성부이다).”《詩經·東方之日》: “在我室兮, 履我即兮.…… 在我闥兮, 履我發兮(내 방에 와서는 내 가는 데만 따라다니네 ……내 뜰에 와서는 내가 가는 데만 따라다니네).” **節(절: 마디)** ***ƫit** , 子結切,《說文》: “竹約也(‘대나무마디’이다).”《莊子·養生主》: “彼節者有間, 而刀刃者無厚(저 뼈마디엔 틈이 있기 마련이고, 칼날이란 두께가 없는 것이다).”《莊子·達生》: “骨節與人同, 而犯害與人異(뼈와 마디는 다른 사람과 같으나, 해를 당한 정도가 다른 사람과 다르다).” 여기서 발전하여 ‘符節’이 파생되었다.《左傳·文公八年》: “司馬握節以死(司馬가 부절을 쥐고 죽었다).” ‘節’과 “膝”은 同族이다.

脣(순: 입술) ***s-dɯ̱n** , 食倫切,《廣韻》: “口脣(‘입술’).”《說文》: “脣, 口端也, 口之厓也(‘脣’은 ‘입의 가장자리’이다. 즉, ‘입의 가’이다).”《左傳·僖公五年》: “脣亡齒寒者, 其虞虢之謂也(‘입술이 없어지면 이가 시리다.’라는 말은 虞와 虢을 이르는 말이다).”《墨子·非攻中》: “古者有語,

脣亡則齒寒(옛날에 속담이 있으니 '입술이 없어지면 이가 시리다'고 했다)."《莊子·胠篋》: "脣竭則齒寒, 魯酒薄而邯鄲圍(입술이 없어지면 이가 시리듯이 魯나라의 술이 별로이자, 趙나라 邯鄲이 포위되었다)."《莊子·盜跖》: "搖脣鼓舌, 擅生是非(입술을 놀리고 혀를 움직여, 멋대로 시비를 만들어내다)." 여기서 파생되어 '가, 언저리(邊緣)'의 의미가 되었다. **漘(순: 물가)** ***s-dɯn** , 食倫切, 《廣韻》: "水際('물가')."《詩經·伐檀》: "坎坎伐輪兮, 置之河之漘兮, 河水清且淪猗(쾅쾅 박달나무 베어서 황하의 물가에 두었더니, 황하가 맑고 또 물결이 일도다)." 傳: "漘, 厓也('漘'은 '물가'이다)."《釋文》: "漘, 順倫反, 本亦作脣("'漘'은 '順倫反'이다. 본래는 또 '脣'으로도 쓴다)."《詩經·葛藟》: "綿綿葛藟, 在河之漘(칡덩굴이 치렁치렁, 황하 가에서 자란다)." 傳: "漘, 水隒也('漘'은 '물가'이다)."

心(심: 마음) ***s-num** , 息林切, 《廣韻》: "火藏('심장')."《說文》: "心, 人心, 土藏, 在身之中('心'은 사람의 심장으로 土에 속한 장기이며, 몸의 가운데 있다)."《詩經·兔罝》: "赳赳武夫, 公侯腹心(씩씩한 무사여, 공후의 복심이로다)."《韓非子·難言》: "比干剖心, 梅伯醢, 夷吾束縛(比干은 심장이 갈라졌고 梅伯은 소금에 절여졌으며, 管夷吾는 결박을 당하였다)."《呂氏春秋·精通》: "若樹木之有根心也, 雖異處而相通(나무에 뿌리와 심이 있는 것처럼, 비록 다른 처지에 있더라도 서로 통한다)."《白虎通義·性情》: "心之爲言任也, 任於恩也(心이란 말은 '任(맡김)'으로, 은혜를 맡기는 것이다)."《廣雅》: "心, 任也('心'은 '任(맡기다)'이다)." **恁(임: 생각하다)** ***nim** , 如林切, 《廣韻》: "信也('믿다'이다)."《後漢書·班固傳》: "宜亦勤恁旅力, 以充厥道(마땅히 또한 힘써 생각하고 그 힘을 다하여, 이로써 그 도를 채운다)." 注引《说文》: "恁, 念也('恁'은 '생각하다'이다)."《廣雅》: "恁, 思也('恁'은 '생각하다'이다)." **念(념: 생각하다)** ***nims** , 奴店切, 《廣韻》: "思也('생각하다'이다)."《說文》: "念, 常思也('念'은 '오래 생각하다'이다)." '念' 글자는 마땅히 '从亼从心'이고, '心'이 亦聲이다.《詩經·小戎》: "言念君子, 溫其如玉(군자를 생각하니, 온화함이 옥과 같도다)."《詩經·小宛》: "我心憂傷, 念昔先人(내 마음이 근심스럽고 슬퍼져 옛 선인을 생각하노라)."

態(태: 모양) ***s-ne^c** , 他代切, 《廣韻》: "意態('마음과 태도')."《說文》: "態, 意態也('態'란 '마음과 태도'이다)." 段注: "意態者, 有是意因有是狀, 故曰意態. 从心能, 會意. 心所能必見於外也('意態'

란 이러한 마음이 있기에 이러한 태도가 있다는 것이다. 이에 '意態'라 한다. '心'과 '能'으로 구성된 회의자이다. 마음이 할 수 있는 바는 반드시 밖으로 드러난다)."《荀子·非相》: "血氣態度擬於女子(기색과 태도는 여자를 흉내내다)."《荀子·成相》: "讒夫多進, 反復言語生詐態(참소하는 이들이 많이 나아가서, 말들을 이랬다저랬다 하여 사악한 현상이 발생한다)."《莊子·齊物論》: "慮歎變慹, 姚佚啟態(억측, 탄식, 변심, 집착, 그리고 경망스러움, 방일, 욕심, 교태의 행위)." **能(내: 견디다)** *ne[c] , 奴代切,《廣韻》: "技能('재주와 능력')."《漢書·晁錯傳》: "胡貉之地……其人密理……其性能寒. 楊粵之地少陰多陽, 其人疏理…… 其性能暑(호맥의 땅은…… 그 사람들은 피부와 털이 촘촘하여……그 본성이 추위를 잘 견딘다. 양월의 지역은……그 사람들이 음이 적고 양이 많아 피부와 털이 성기다……그 본성이 더위를 잘 견딘다)." 注: "能讀曰耐(여기서 '能'은 '耐'로 읽는다)."《荀子·勸學》: "假舟楫者, 非能水也, 而絕江河(배나 노의 도움을 빌리는 사람은 평소에 물을 잘 견디지(수영을) 못하더라도 강물을 건널 수 있다)." **耐(내: 견디다)** *ne[c] , 奴代切,《廣韻》: "忍也('견디다'이다)."《禮記·樂記》: "故人不耐無樂, 樂不耐無形. 形而不爲道, 不耐無亂(고로 사람은 즐거움이 없을 수 없고, 즐거움은 드러나지 않을 수 없다. 이것이 드러나면서도 도를 행하지 않는다면 어지럽지 않을 수 없다)." 注: "耐古書能字也('耐'자는 고서에서 '能'자로 쓴다)."

三[84]

師(사: 많은 사람) ***s-rir** , 疏夷切,《廣韻》: "師范也, 衆也, 亦官名('스승, 모범이 되는 사람', '많은 사람', 또는 관명이다)."《說文》: "二千五百人爲師(이천오백 명은 '師'라 한다)." 段玉裁注: "師, 衆也. 京師者, 大衆之稱. 衆則必有主之者,《周禮·師氏》注曰: '師敎人以道者之稱也.'('師'는 '무리'이다. '京師(수도)'라는 것은 '큰 무리'를 일컫는 말로, 무리가 많으면 반드시 주재하는 이가 존재한다. 〈주례·사씨〉주에 이르길, '師는 도로써 남을 가르치는 자'라 한다)"《詩經·韓奕》: "溥彼韓城, 燕師所完(저 한나라 성을 넓히는데 연나라 사람들이 이루어주

---

84 [역주] 이 부분은 '~하는 사람'을 나타낸다.

었도다).” 傳: “師, 衆也(여기서 ‘師’는 ‘무리’이다).”《周禮·地官·司徒》: “五人爲伍, 五伍爲兩, 四兩爲卒, 五卒爲旅, 五旅爲師(다섯 사람을 伍로 삼고, 다섯 伍를 兩으로 삼고, 네 兩을 卒로 삼고, 다섯 卒을 旅로 삼으며, 다섯 旅를 師로 삼는다).” 널리 ‘군대’를 지칭한다.《左傳·隱公五年》: “衛人以燕師伐鄭(衛나라 사람들이 燕나라 군대를 거느리고 鄭나라를 공격하였다).” **黎(려: 많다)** ***rir**, 郞奚切,《廣韻》: “衆也(‘무리’이다).”《爾雅》: “黎, 師, 衆也(‘黎’, ‘師’는 ‘많은 사람’이다).”《詩經·雲漢》: “周餘黎民, 靡有子遺(주나라의 남은 사람들이 반쪽도 남은 이가 없는데).” 箋: “黎, 衆也(여기서 ‘黎’는 ‘많은 사람’이다).”《禮記·大學》: “實能容之, 以能保我子孫黎民(진실로 남을 포용할 수 있어, 이로써 우리 자손과 백성들을 보전할 수 있을 것이다).” 注: “黎, 衆也(여기서 ‘黎’는 ‘많은 사람’이다).”《孟子·梁惠王上》: “黎民不饑不寒(많은 백성들이 굶주리지 않고 추위에 떨지 않게 되다).”

史(사: 사관) ***s-re̠**^{B}, 疏士切,《說文》: “記事者也(‘일을 기록하는 사람’이다).”《左傳·莊公三十二年》: “有神降於莘, 惠王問諸內史過(신이 莘땅에 내려오자, 혜왕이 內史인 過에게 물었다).”《左傳·宣公二年》: “董狐, 古之良史也(董狐는 옛날의 훌륭한 사관이다).”《禮記·曲禮上》: “史載筆, 士載言(史는 기록하고 士는 말을 한다).” **李(리: 벼슬아치, 사자)** ***re̠**^{B}, 良士切,《廣韻》: “亦行李(또한 사신이다).”《左傳·僖公三十年》: “若舍鄭以爲東道主, 行李之往來, 共其乏困, 君亦無所害(만약 鄭나라를 그대로 두어 東道의 주인으로 삼으면, 사신이 왕래할 때, 부족한 것을 공급하게 하니, 君께도 해될 것이 없을 것입니다).” 注: “行李, 使人(‘行李’은 ‘사자’이다).”《管子·法法》: “禹爲司空, 契爲司徒, 皋陶爲李(우를 사공으로 삼고, 계를 사도로 삼으며, 고요를 사리로 삼았다).” 注: “古治獄之官作此李官(옛날 옥을 다스리던 관리를 ‘李官’이라 한다).” ‘李’는 곧 ‘吏’이다. **吏(리: 관리, 벼슬아치)** ***re̠s**, 力置切,《說文》: “治人者也. 从一从史, 史亦聲(사람을 다스리는 자이다. ‘一’과 ‘史’의 회의자이고, ‘史’는 또 성부이다).”《左傳·僖公十七年》: “與寺人貂因內寵以殺群吏((易牙가) 寺人貂와 함께 內寵의 도움을 받아 여러 관리들을 죽였다).”

寺(시: 내시, 관청) ***s-de̠s**, 祥吏切,《說文》: “廷也, 有法度者也(‘조정’이다, ‘법제도가 있는 곳’이다).”《詩經·車鄰》: “未見君子, 寺人之令(군자를 만나지 못하니, 시인을 명령하도다).”

傳: "寺人, 內小臣也('寺人'이란 '궁내의 작은 신하'이다)."《釋文》: "寺, 如字, 又音侍, 本或作侍('寺'는 통상음이다. 또는 음이 '侍'이다. 본래 '侍'로도 쓴다)."《詩經·小雅·巷伯》: "寺人孟子, 作爲此詩(시인인 맹자가 이 시를 짓는다)."《左傳·僖公五年》: "公使寺人披伐蒲(獻公은 시인 披를 시켜 蒲를 공격하게 했다)."《左傳·僖公二十四年》: "寺人披請見, 公使讓之, 且辭焉(시인 披가 뵙기를 청하자 公이 사람을 시켜 꾸짖고 또 거절하였다)."《釋文》: "寺, 本又作侍('寺'는 본래 또 '侍'로도 쓴다)." **侍(시: 모시다, 따르다) *des**, 時吏切,《廣韻》: "近也, 從也, 承也('곁에서 모시다, 따르다, 받들다'이다)."《說文》: "侍, 承也('侍'는 '받들다'이다)."《左傳·昭公四年》: "王使椒擧侍於後以規過(楚王이 椒擧에게 시켜 뒤에 侍立하면서 자기의 잘못을 바로 잡게 했다)."《左傳·襄公十四年》: "師曠侍於晉侯(師曠이 晉侯를 모시고 있었다)."《論語·公冶長》: "顏淵季路侍(안연과 계로가 모시고 있었는데)."

商(상: 상인) *s-taŋ, 式羊切,《說文》: "行賈也('화물을 통행하여 팔다'이다)."《左傳·桓公二年》: "庶人工商, 各有分親, 皆有等衰(庶人, 工, 商은 각각 친소가 있고, 모두 친소의 등급이 있다)."《左傳·僖公三十三年》: "鄭商人弦高, 將市於周(鄭나라 상인 弦高가 周나라로 장사하러 갔다)."《左傳·宣公十二年》: "商農工賈, 不敗其業(商, 農, 工, 賈가 자신의 생업을 폐하지 않았다)."《孟子·公孫丑上》: "天下之商皆悅而願藏於其市矣(천하의 상인들이 모두 기뻐하여 그 저자에 물건을 보관하기를 원할 것이다)."《白虎通義·商賈》: "商賈何謂也? 商之爲言章也. 章其遠近, 度其有亡, 通四方之物, 故謂之商也('商賈'란 무엇인가? '商'이란 말은 '章'이다. 그 멀고 가까운 것을 구분하고 그 유무를 헤아려, 사방의 물건을 통행시키므로 '商'이라 한다)."《漢書·食貨志上》: "學以居位曰士, 辟土殖穀曰農, 作巧成器曰工, 通財鬻貨曰商(배워서 자리에 거하면 선비라 하고, 땅을 개척해 곡식을 재배하면 농민이라 하고, 정교한 것을 만들어 물건을 이루면 장인이라 하고, 재물을 통하게 하고 재물을 팔면 상인이라 한다)." **當(당: 맞서다, 주관하다, 상당하다, 필적하다) *taŋ**, 都郎切,《廣韻》: "敵也, 直也, 主也, 值也('맞서다, 주관하다, 상당하다'이다)."《說文》: "當, 田相值也('當'은 '밭과 밭이 서로 마주함'이다)." 段玉裁注: "引申之, 凡相持相抵皆曰當(여기서 파생하여, '서로 상대하고 서로 상당한 것'을 모두 '當'이라 한다)."《呂氏春秋·四月紀》: "行爵出祿, 必當其位(그들에게 작을 주고 녹을 주는 행위는 반드시 그 지위에 합당해야 한다)." 注: "當, 直也(여기서 '當'은 '필적하다'이다)."《呂氏春秋·審分》:

"夫名多不當其實而事多不當其用者, 故人主不可以不審名分也(무릇 이름이 자주 그 실체에 부합하지 않거나 또 일이 자주 그 쓰임에 부합하지 않을 수 있기 때문에, 군주는 명분을 살피지 않을 수 없다)."

庶(서: 많은 사람) *s-tas, 商署切, 《廣韻》: "衆也('많은 사람'이다)." 《說文》: "庶, 屋下衆也('庶'란 '지붕 아래 불빛이 많음'이다)." 《爾雅》: "黎, 庶, 荼, 多, 醜, 師, 旅, 衆也('黎, 庶, 烝, 多, 醜, 師, 旅'는 '많다'이다)." 《左傳·文公十八年》: "仲爲不道, 殺適, 立庶(襄仲이 도리를 어기고서 嫡子를 죽이고 庶子를 임금으로 세웠다)." 《左傳·宣公十八年》: "使我殺適立庶, 以失大援者, 仲也夫(우리를 시켜 適子를 죽이고 庶子를 세워 이로써 대국의 지원을 잃게 한 것은 襄仲이로다)." 널리 '일반 민중'을 가리킨다. 《左傳·襄公十八年》: "負其衆庶, 棄好背盟(많은 사람들을 배신하고, 우호와 맹약을 저버리다)." 《左傳·昭公三十二年》: "三后之姓, 於今爲庶, 王所知也(三后의 자손이 지금 일반 백성이 된 것은 왕께서도 알고 계십니다)." 《左傳·定公九年》: "上下猶和, 衆庶猶睦(위아래가 오히려 화합하고 여러 사람들이 화목하다)." 《詩經·靈臺》: "庶民攻之, 不日成之. 經始勿亟, 庶民子來(백성들이 짓기 시작해서, 하루도 안 되어 완성되었다. 집 짓기를 빠르게 하지 말라고 했지만, 백성들이 자식처럼 왔도다)." 《左傳·桓公二年》: "庶人工商, 各有分親(庶人과 工과 商은 각각 친소가 있다)." 또 형용사로 쓰여 '많다'를 나타낸다. 《詩經·小明》: "念我獨兮, 我事孔庶(내가 혼자인 것을 생각하면, 내 일이 너무 많도다)." 《詩經·卷阿》: "君子之車, 旣庶且多(군자의 수레가 많고 또 많도다)." **都(도: 모이다, 많다) *ta**, 當孤切, 《廣韻》: "猶總也('總(모이다)'와 같다)." 《左傳·莊公二十八年》: "凡邑, 有宗廟先君之主曰都, 無曰邑(무릇 邑에서 종묘와 선군의 신주가 있는 곳을 '都'라 하고, 없는 곳을 '邑'이라 한다)." 《釋名》: "國都曰都. 都者, 國君所居, 人所都會也('국도'를 '都'라 한다. '都'라는 것은 임금이 거처하는 곳이고 사람이 모이는 곳이다)." 《左傳·昭公三十三年》: "城成周, 以爲東都(成周에 성을 쌓고 東都로 삼았다)." **諸(제: 모든, 여러) *ta̱**, 章魚切, 《廣韻》: "非一也('하나가 아니다')." 《左傳·隱公四年》: "將修先君之怨於鄭, 而求寵於諸侯(장차 정나라에 대한 先君의 원한을 갚아서, 제후들의 지지를 구하고자 한다)." 《左傳·閔公元年》: "諸夏親暱, 不可棄也(모든 중국은 친근하게 해야 할 대상이니 내칠 수 없다)." 《詩經·泉水》: "孌彼諸姬, 聊與之謀(예쁜 여러 여인들이여, 오직 그들과만 논의하도다)."

娀(융/숭: 성씨, 나라이름) *s-nu̱ŋ , 息弓切, 《廣韻》: "娀氏女簡狄, 帝嚳次妃, 呑鳦卵生契(융씨의 딸인 간적은 제곡의 차비인데, 제비 알을 삼키고 契를 낳았다)."《說文》: "娀, 帝高辛之妃, 偰母號也. 从女戎聲.《詩》曰: 有娀方將('娀'은 제곡 고신씨의 비이고 偰 모친의 이름이다. '女'를 따르고 '戎'은 성부이다. 〈시경〉에 이르길, '유융씨의 나라가 바야흐로 커지려하는데')."《詩經·長發》: "有娀方將, 帝立子生商(유융씨의 나라가 바야흐로 커지려하는데, 상제께서 아들을 세워 商을 탄생시키니)." 傳: "有娀, 契母也('有娀'은 契의 어미이다)."《呂氏春秋·音初》: "有娀氏有二佚女, 爲之九成之臺, 飮食必以鼓(유융씨에게 두 미녀가 있었는데, 아홉 층의 대를 만들고는, 먹고 마실 때 반드시 북을 두드렸다)."

四[85]

螭(리/치: 교룡) *s-ra̱r , 丑知切, 《廣韻》: "螭無角, 如龍而黃, 北方謂之地螻('螭'는 뿔이 없고 용과 같은데 황색이다. 북방에서는 그것을 '地螻'라 부른다)."《說文》: "螭, 若龍而黃也('螭'는 용을 닮았는데 황색이다)."《荀子·賦》: "螭龍爲蝘蜓, 鴟梟爲鳳凰(이무기와 용을 도마뱀으로 여기고, 솔개나 올빼미를 봉황새로 여기다)."《呂氏春秋·擧難》: "龍食乎淸而遊乎淸, 螭食乎淸而遊乎濁, 魚食乎濁而遊乎濁(용은 맑은 물에서 먹고 맑은 물에서 놀며, 교룡은 맑은 물에서 먹되 탁한 물에서 놀고, 물고기는 탁한 물에서 먹고 탁한 물에서 논다)."《漢書·司馬相如傳上》: "蛟龍赤螭(교룡과 적리 등등)."

离(리: 짐승모양의 산신, 맹수) *s-ra̱r , 丑知切, 《廣韻》: "猛獸('맹수')."《說文》: "离, 山神獸也('离'는 산신이요, 짐승을 닮았다)." 글자는 또 '螭'로도 쓴다.《左傳·文公十八年》: "投諸四裔, 以禦螭魅(사방의 아주 먼 지방에 던져두어 도깨비 같은 괴물을 막게 했다)."《釋文》: "螭, 敕之反, 山神獸形(여기서 '螭'는 '敕之反'이고, 산신으로 짐승의 모양이다)."《左傳·宣公三年》: "螭魅罔兩, 莫能逢之(짐승모양의 산신, 괴물, 물귀신을 만나지 않았다)."《左傳·昭公九

85 [역주] 이 부분은 주로 '동물이름'과 관련이 있다.

年》: "先王居檮杌於四裔, 以禦螭魅(先王이 檮杌 등 네 사람을 사방 먼 곳으로 보내 살게 하여, 螭魅를 막았다)." 注: "螭, 山神, 獸形('螭'는 산신인데 짐승 모양이다)."

蠆(채: 전갈) ***s-rats** , 丑犗切, 《廣韻》: "毒蟲也('독벌레'이다)." 《莊子·天運》: "其知憯於蠣蠆之尾(그 지혜가 전갈의 꼬리보다 참담하다)." 《左傳·僖公二十二年》: "蜂蠆有毒, 而況國乎?(벌과 전갈도 독이 있는데 하물며 나라는 어떠하겠는가?)" **萬(만: 전갈)** ***m-ra̱ns** 〈 ****m-ra̱ts** , 《廣韻》: "《字林》云: '萬, 蟲名也.'(〈자림〉에 이르길, '萬은 벌레 이름이다')" 《說文》: "萬, 蟲也('萬'은 '벌레'이다)." '萬'은 전갈의 모양을 본뜬 것이다. **厲(려: 사납다)** ***ra̱ts** , 力制切, 《廣韻》: "惡也('사납다'이다)." 《左傳·襄公三十一年》: "盜賊公行, 而天厲不戒(도적은 공공연히 날뛰고, 재해에 대해 방비하지 못하다)." 《左傳·昭公七年》: "鬼有所歸, 乃不爲厲(鬼神은 귀의할 곳이 있어야 사나운 악귀가 되지 않는다)." 《莊子·人間世》: "獸死不擇音, 氣息茀然[86], 於是並生心厲(짐승이 죽을 때는 마구 짖어대서 숨소리가 거칠어지고, 이때에 아울러 사나운 마음이 생긴다)."

獺(달: 수달) ***s-lat** , 他達切, 《廣韻》: "水狗('수달')." 《說文》: "獺, 如小狗, 水居食魚. 从犬賴聲('獺'은 '小狗'와 같은데 물에 살며 물고기를 먹는다. '犬'을 따르고 '賴'가 성부이다)." 《孟子·離婁上》: "爲淵驅魚者, 獺也(연못을 위하여 고기를 몰아주는 것은 수달이다)." 《禮記·月令》: "東風解凍, 蟄蟲始振, 魚上冰, 獺祭魚, 鴻雁來(동풍이 불어 얼음이 풀리고, 숨어있던 벌레가 비로소 움직이고, 물고기가 얼음 위로 올라오고, 수달은 물고기로 제사지내며, 기러기가 돌아온다)." 《呂氏春秋·正月紀》: "魚上冰, 獺祭魚, 候雁北(물고기가 얼음 위로 올라오고, 수달은 물고기로 제사지내며, 기러기가 북쪽으로 날아간다)."

蝨(虱, 슬: 이) ***s-ri̱t** , 所節切, 《廣韻》: "蟣虱('서캐와 이')." [《說文》: "蟣: 虱子也('蟣'는 이의 새끼이다.")] 《說文》: "虱, 嚙人蟲也('虱'은 사람을 무는 벌레이다)." 《莊子·徐無鬼》: "濡需者, 豕虱是也('안일함을 탐내는 것'은 돼지 몸에 붙은 이가 바로 이것에 해당한다)." 《韓非子·說林

86 [역주] '茀'은 '숨소리가 거칠다'이다.

上》: "君已見孔子, 亦將視子猶蚤虱也(임금께서 공자를 만나시고 나면, 임금께서도 장차 당신을 벼룩이나 이처럼 보실 것입니다)."《韓非子·喩老》: "甲冑生蟣虱, 燕雀處帷幄, 而兵不歸(갑옷과 투구에 서캐와 이가 생기고, 제비와 참새가 막사에 둥지를 틀더라도, 병사들은 돌아가지 못한다)."

虫(훼/충: 비늘동물, 뱀 등) *s-ŋu̲r^{B} , 許偉切, 《廣韻》: "鱗介總名(물고기나 조개류의 총칭)."《說文》: "虫, 一名蝮, 博三寸, 首大如擘指('虫'은 또는 '蝮'이라고도 하며, 너비가 세 촌이다. 머리는 크기가 엄지만 하다)." 나중에 글자를 '虺'로 썼다. **虺(훼: 살무사, 어린 뱀) *s-ŋu̲r^{B}** , 許偉切, 《廣韻》: "蛇虺('살무사')."《爾雅》: "蝮虺, 博三寸, 首大如擘('살무사'는 너비가 세 촌에 머리 크기가 엄지만 하다)."《詩經·斯干》: "古夢維何? 維熊維羆, 維虺維蛇(길몽이란 무엇인가? 곰과 큰 곰, 어린 뱀과 큰 뱀이로다)."《釋文》: "虺, 許鬼反(여기서 '虺'는 '許鬼反'이다)."《國語·吳語》: "爲虺弗摧, 爲蛇將若何?(상대가 어린 뱀과 같을 때 죽이지 않다가 장차 큰 뱀이 되면 어찌하겠는가?)"《道德經》: "蜂蠆虺蛇不螫, 猛獸不據, 攫鳥不搏(벌과 전갈, 도마뱀과 뱀도 쏘지 않고, 맹수도 덤비지 않고, 날짐승도 낚아채지 않는다)."

五

앞에서 이미 언급했듯이, 상고한어의 *s-접두사는 대부분 이미 소실되었다. 단지 일부 단어에 한해 우리는 諧聲, 通假 등을 통해 일찍이 *s-접두사가 있었다는 것을 알 수 있을 뿐이다. 龔煌城, 白一平(Baxter) 등의 학자들은 藏緬語의 음운변화 규칙을 참조하고 내부 재구법을 이용하여 *s-접두사가 濁塞音을 淸塞音으로 변화시킨다고 가정하였다. 이 가설은 나름 일리가 있으나 현재까지 증명할 방법이 없다(아래 예는 청탁교체임).

妻(처: 아내) *ƫhir , 七稽切, 《廣韻》: "齊也('가지런함'이다)."《說文》: "妻, 婦, 與夫齊者也('妻'는 또 '婦(아내)'이다. 夫(남편)과 동급인(가지런한) 사람이다)."《釋名》: "士庶人曰妻; 妻, 齊也, 夫賤不足以尊稱故齊等言也(사와 서인은 '妻'라 한다. '妻'는 '가지런함'이다. 남편이 천하

면 족히 존칭으로 칭할 수 없는 까닭에 동등하게 말하는 것이다)."《左傳·桓公二年》: "宋督攻孔氏, 殺孔父而取其妻(宋督이 孔氏를 공격하여 孔父를 죽이고 그 아내를 취하였다)."《孟子·離婁下》: "齊人有一妻一妾而處室者(제나라 사람 중에 아내 한 명과 첩 한 명을 데리고 함께 사는 자가 있었다)." **齊(제: 가지런하다)** ***dir**, 徂奚切, 《廣韻》: "等也('같다, 가지런하다'이다)."《禮記·學記》: "大信不約, 大時不齊(큰 믿음은 약속이 필요 없고, 큰 시간은 서로 같지 않다)."《莊子·德充符》: "子齊執政乎?(그대가 집정자와 동등한가?)"

妾(첩: 첩) ***thep**, 七接切, 《廣韻》: "不娉(聘을 않은 것이다)."《說文》: "妾, 有辠女子給事之得接於君者. 《春秋》云: 女爲人妾. 妾, 不娉也('妾'은 죄가 있는 여자로, 직무를 맡은 자 중 임금을 접촉하는 여자이다. 〈춘추〉에 이르길, '딸은 남의 첩이 된다. 妾은 聘을 하지 않은 것이다')."《釋名》: "妾, 接也, 以賤見接幸也('妾'은 '接(이어받다)'이다. 천함으로 총애를 받은 것이다)."《左傳·僖公十七年》: "男爲人臣, 女爲人妾, 故名男曰圉, 女曰妾('아들은 남의 신하가 될 것이고 딸은 남의 妾이 될 것이다.'라고 하였다. 그러므로 아들의 이름을 '圉'로 짓고 딸의 이름을 '妾'으로 지었다)."《左傳·宣公三年》: "初, 鄭文公有賤妾, 曰燕姞(당초 鄭文公에게 천첩이 있었는데 이름이 燕姞이다)."《莊子·德充符》: "與爲人妻, 寧爲夫子妾(다른 사람의 아내가 되느니 차라리 그의 첩이 되겠다)." '妾'은 노예인데 노예 가운데 가장 주요한 출처는 특히 전쟁이다. 그 어원은 許愼과 劉熙는 '接'으로 보고 있으나, 필자는 '捷'으로 본다. **捷(첩: 이기다, 전리품)** ***dep**, 疾葉切, 《廣韻》: "獲也, 勝也('얻다, 이기다'이다)."《說文》: "捷, 獵也, 軍獲得也, 从手疌聲. 《春秋傳》曰: 齊人來獻戎捷('捷'은 '수렵'이다. 군사 행위로 획득하는 것이다. '手'를 따르고 '疌'이 성부이다. 〈춘추전〉에 이르길, '제인이 와서 융의 포로(전리품)를 바쳤다')."《詩經·采薇》: "豈敢定居? 一月三捷(어찌 감히 편히 거처하겠는가? 한 달에 세 번 승리하리다)." 傳: "捷, 勝也('捷'은 '승리하다'이다)."《左傳·莊公三十一年》: "齊侯來獻戎捷(齊侯가 와서 戎의 전리품을 바쳤다)." 注: "捷, 獲也('捷'은 '획득한 것'이다)."《穀梁傳·莊公三十一年》: "軍得曰捷(군대가 획득한 것을 '捷'이라 한다)."《左傳·襄公二十五年》: "鄭子產獻捷於晉(鄭나라 子產이 晉나라에 가서 전리품을 바쳤다)." 注: "獻入陳之功而不獻其俘(진에 들어갈 때 얻은 전리품은 바쳤으나, 포로는 바치지 않았다)."《左傳·襄公八年》: "鄭伯獻捷於會(鄭伯은 회합에서 전쟁에서 얻은 전리품을 바쳤다)."

상고한어는 자음의 청탁교체를 통해 동사와 명사 간의 품사 전환을 실현한다. 여기서 청자음은 '倉'과 '藏'의 관계처럼 유기/무기음을 포함한다. 우리는 위의 '妻'와 '妾'이 상고한어에서 생명체 명사 접두사 *s-를 갖고 있음을 증명할 증거가 없다. 앞에서 이미 토론했듯이, 상고한어의 *s-접두사는 명사 앞에 부가되어 동사를 파생시키기도 하고 또 동사 앞에 부가되어 致動, 지속, 반복 등의 의미를 갖는 동사를 파생시키기도 한다. 한편, 생명체 명사에도 *s-접두사가 부가되는데, 이러한 명사가 가리키는 '실체'는 '動(움직일 수 있는)'의 동물이다. 따라서 일부 움직일 수 있거나 변화할 수 있는 名物, 그러한 말의 음운 형식 또한 *s-접두사를 가질 수 있다. 즉, ***s-접두사는 명사를 파생시키는 기능이 있다.**

歲(세: 목성) *s-qats , 相銳切,《說文》: "木星也, 越曆二十八宿, 宣遍陰陽, 十二月一次('목성'이다. 28수를 지나 음양을 두루 거쳐 12개월이 한 차례 완주한다)."《左傳·襄公二十八年》: "歲在星紀, 而淫於玄枵(목성이 星紀에 있어야 하는데 이미 玄枵에 가 있다)."《左傳·襄公三十年》: "於是歲在降婁, 降婁中而旦(이때 歲星이 降婁에 있었는데, 降婁가 중천에 있을 때 아침이 되었다)"《釋名》: "歲, 越也, 越故限也('歲'는 '越(넘다)'이다. '목성이 28수의 별자리 순서를 지나다'이다)."《經義述聞·禮記下》: "越四時謂之歲, 越一時亦可謂歲(사시를 넘기 때문에 '歲'라 한다. 일시를 넘는 것 또한 '歲'라 한다)."《左傳·昭公三年》: "令諸侯三歲而聘, 五歲而朝(제후들에게 3년마다 빙문하고, 5년마다 조견하게 했다)."《左傳·昭公七年》: "歲時日月星辰是謂也((六物이란) 歲(歲星), 時(四時), 日, 月, 星, 辰을 이른다)." **越(월: 넘다) *ɢat** , 王伐切,《說文》: "度也('넘다'이다)."《左傳·莊公二十七年》: "卿非君命不越竟(卿은 임금의 명령이 없으면 국경을 넘을 수 없다)."《左傳·僖公三十年》: "越國以鄙遠, 君知其難也(한 나라를 넘어 먼 곳을 변경으로 삼는 것이 어렵다는 것은 君께서도 알고 계실 것입니다)."

彗(혜/수: 혜성, 살별) *s-ɢots , 祥歲切,《廣韻》: "星名('별이름')."《釋名》: "彗星, 光梢似彗也(혜성은 빛의 꼬리가 마치 빗자루 같다)."《左傳·昭公二十年》: "齊有彗星, 齊侯使禳之(齊나라에 彗星이 출현하자 齊侯가 사람을 시켜 혜성이 없어지기를 빌었다)."《釋文》: "彗, 似銳反, 又息遂反(여기서 '彗'는 '似銳反' 또는 '息遂反'이다)."《左傳·昭公十七年》: "彗, 所以除舊布新也('彗'란 옛것을 없애고 새것을 펴는 것이다)."《釋文》: "彗, 似銳反, 又音息遂反(여기서 '彗'는

'似銳反'이고 또 음이 '息遂反'이다)." **彗(혜: 밝다) *Gots** , 于歲切, 《廣韻》: "日中必彗(한낮엔 반드시 밝으니 빨래를 말려야 한다)." 《六韜·守土》: "日中必彗, 操刀必割, 執斧必伐(한낮엔 반드시 빨래를 말려야 하고, 칼을 잡으면 반드시 베어야 하고, 도끼를 잡으면 반드시 베어야 한다)."

星(성: 별) *s-tiŋ , 桑經切, 《廣韻》: "星宿. 《說文》曰: 萬物之精上爲列星. 《淮南子》云: 日月之淫氣精者爲星辰也('별'이다. 〈설문〉에 이르길, '만물의 정기가 올라 별이 된다'. 〈회남자〉에 이르길, '해와 달에서 흘러넘친 정기가 별이 된다')." 《左傳·莊公七年》: "夜, 恒星不見; 夜中, 星隕如雨(밤에 항성이 보이지 않고, 밤중에 별동별이 비처럼 쏟아졌다)." 《左傳·文公十四年》: "有星孛入於北斗(살별이 北斗星으로 들어갔다)." 그 글자는 본래 '晶'이다. **晶(정: 밝다, 빛) *tiŋ** , 子盈切, 《廣韻》: "光也('빛'이다)." 晶, 《說文》: "精光也('정화의 빛'이다)." 徐灝: "晶卽星之象形文. 因其形略, 又从生聲('晶'은 '星'의 상형문이다. 그 형태가 생략이 되어 있고, 또 '生'이 성부이다)." 글자는 또 '精'로도 쓴다. **精(정: 밝다) *tiŋ** , 子盈切, 《廣韻》: "明也('밝다'이다)." 宋蔡卞《毛詩名物解》: "星, 精也('星'은 '精(밝다)'이다)." 《呂氏春秋·圜道》: "日夜一周, 圜道也. 月躔二十八宿, 軫與角屬, 圜道也. 精行四時, 一上一下各與遇, 圜道也(밤과 낮이 한 번씩 순환하는 것은 둥근 순환의 도이다. 달이 이십팔수 자리를 지나가면서 軫자리와 角자리가 서로 인접해 있는 것은 둥근 도이다. 정기가 사시에 걸쳐 운행하면서 하나는 올라갔다가 하나는 내려오면서 각각 짝을 이루는데 이는 둥근 도이다)."

旬(순: 열흘, 두루미치다) *s-Gin , 祥遵切, 《廣韻》: "十日曰旬(열흘을 '旬'이라 한다)." 《說文》: "旬, 遍也, 十日爲旬('旬'은 '두루'이다. 열흘이 '旬'이다)." 《詩經·大雅·桑柔》: "菀彼桑柔, 其下侯旬(부드러운 저 뽕나무여, 그 아래 그늘이 두루 덮인다)." 傳: "旬言陰均也('旬'이란 '그늘이 균일함'이다)." 《詩經·江漢》: "王命召虎, 來旬來宣(왕께서 소호에 명하여 와서 두루두루 베풀게 했다)." 傳: "旬, 遍也(여기서 '旬'은 '두루'이다)." 《易·豐》: "雖旬無咎(비록 대등하나 허물이 없다)." 《釋文》: "荀作均, 劉昞作鈞('荀'은 '均'으로 쓴다. 劉昞은 '鈞'으로 쓴다)." 《禮記·內則》: "由命士以上及大夫之子, 旬而見(명사이상 대부까지의 자식은 모두 균일하게 아버지를 뵙는다)." 注: "旬當爲均聲之誤也('旬'은 마땅히 '均'이며, 발음의 오류이다)." **均(균: 균일**

하다, 고르다) *$\underline{q}$**in** , 居匀切, 《廣韻》: "平也('평평하다'이다)." 《論語·季氏》: "不患寡而患不均, 不患貧而患不安(적은 것을 걱정하지 않되 고루 미치지 못함을 걱정하며, 가난함을 걱정하지 않고 편안하지 못함을 걱정한다)."

우리가 앞에서 이미 언급했지만, 시대에 따라, 또 사회에 따라 생명에 대한 이해는 모두 다양하다. 중국어와 藏緬語는 생명과 동사를 동일 유형의 말이라 보고, *s-접두사를 붙이면 '움직일 수 있는' 말이라고 보는 듯하다. 따라서 움직일 수 있거나 변화할 수 있는 名物은 그 말에 *s-접두사를 부가하게 되었다. Benedict(白保羅)는 일찍이 藏緬語의 접두사 *s-가 *sja('야수, 고기')에서 기원한 것이라 추측했다. 이러한 추측은 藏緬語 생명체 명사가 왜 동사와 함께 접두사 *s-를 공유하고 있는지 해석할 수 없으며, 상고한어의 *s-접두사도 해석할 수 없다. 漢藏語 접두사 *s-의 기원 문제는 현재로서는 확정이 불가능하며 좀 더 심화된 연구가 필요하다.

제3장

기타 접사

제1절 접두사 *k-

一

상고한어의 접두사 *k-는 유음이나 반모음 앞에 부가되어 유음, 반모음과 하나의 성모로 융합된 후 계속 유지되어 왔다. 물론 기타 음운 조건 하에서 접두사 *k-는 탈락한다. 우리는 중고한어의 음운형식을 통해 접두사 *k-를 거슬러 추적하는 수밖에 없었다. 이 절에서 우리는 잔존 형식을 통해 상고한어 접두사 *k-의 의미에 대해 논의하고자 한다.

蘆(로: 패지 않은 갈대) *ra, 落胡切, 《廣韻》: "蘆葦之未秀者('갈대 중 패지 않은 것')." 《荀子·正名》: "局室, 蘆簾, 稿蓐, 敝機筵, 而可以養形(좁은 방, 갈대발, 볏짚 깔개, 낡은 탁자와 대자리라도 충분히 몸을 보살필 수 있다)." 《說苑·佚文》: "冬月以蘆花衣之, 其所生二子則衣之以綿(겨울철엔 갈대꽃으로 옷을 입었으나, 그 계모의 두 아들은 솜으로 옷을 해 입었다)." 《淮

南子·覽冥訓》: "殺黑龍以濟冀州, 積蘆灰以止淫水(흑룡을 죽여 기주땅을 구하고, 갈대재를 쌓아 홍수를 멈추었다)." **葭(가: 갈대) *k-ra** , 古牙切, 《廣韻》: "(葭)蘆也('갈대'이다). 《說文》曰: 葦之未秀者(갈대 중 패지 않은 것)." 《爾雅》: "葭華, 蒹, 蘼, 葭, 蘆, 菼, 薍, 其萌虇('葭華, 蒹, 蘼, 葭'는 '蘆(갈대)'이고, '菼'은 '薍(물억새)'이고, 그 싹은 '虇'이다)." 《詩經·蒹葭》: "蒹葭蒼蒼, 白露爲霜(갈대가 창창하니 흰 이슬이 서리가 되었도다)." 傳: "葭, 蘆也('葭'는 '갈대'이다)." 《詩經·騶虞》: "彼茁者葭, 壹發五豝(저 무성한 갈대에 화살 한 대를 쏘아 암퇘지 다섯 마리를 잡는다)." 傳: "葭, 蘆也('葭'는 '갈대'이다)." 《詩經·碩人》: "鱣鮪發發, 葭菼揭揭(잉어와 붕어가 파닥거리고 갈대와 물억새가 길게 자란다)." 傳: "葭, 蘆; 菼, 薍也('葭'는 '갈대'이고, '菼'은 '물억새'이다)."

蘼(렴: 물억새) *ra̱m , 力鹽切, 《廣韻》: "蒹也. 《說文》蒹也('갈대'이다, 〈설문〉에서는 '갈대'라고 한다)." 《說文》: "蘼, 蒹也('蘼'은 갈대이다)." 《爾雅》: "葭華, 蒹, 蘼, 葭, 蘆, 菼, 薍, 其萌虇('葭華, 蒹, 蘼, 葭'는 '蘆(갈대)'이고, '菼'은 '薍(물억새)'이고, 그 싹은 '虇'이다)." **蒹(겸: 갈대) *k-ra̱m** , 古甜切, 《廣韻》: "荻未秀(물억새가 아직 패지 않은 것이다)." 蒹, 《說文》: "雚之未秀者(아직 패지 않은 물억새이다)." 蒹从兼聲, 蘼从廉聲, 同廉从兼聲('蒹'은 '兼'이 성부이다, '蘼'은 '廉'이 성부이다, 마찬가지로 '廉'은 '兼'이 성부이다). 《詩經·蒹葭》: "蒹葭淒淒, 白露未晞(갈대는 무성한데 흰 이슬이 마르지 않네)." 傳: "蒹, 蘼('蒹'은 '물억새'이다)." 《莊子·則陽》: "蒹葭始萌, 以扶吾形(갈대가 처음 싹이 틀 때는 나의 몸을 이루는 데 도움을 준다)." 注: "蒹, 古恬反, 廉也(여기서 '蒹'은 '古恬反'이고 '廉'이다)."

접두사 *k-의 유무는 사실상 동일 단어의 두 가지 형식이다. 양자 간의 음운 관계는 마치 中古 운서 속 의미 차이가 없는 異讀의 관계와 같다. 이것은 또 C-L-형식의 連綿詞는 아니다. C-L-형식의 連綿詞는 분리가 불가능한데, 그 기원으로 볼 때, 한 단어의 衍音에서 온 것이기 때문에 그러하다. 예를 들어, '穹'과 '穹隆', '強'과 '強梁' 등이 있으며, 여기서 앞뒤 두 음절이 疊韻이다. 그러나 접두사 *k-를 갖는 단어는 그렇지가 않다. 이들 단어는 한 단어의 두 가지 형식이며, 이 두 형식은 각각 독립적으로 사용된다. 단지 그중 하나만이 접두사 *k-를 갖고 있을 뿐이다.

二

蘭(란: 난) *ran , 落干切,《廣韻》: "香草('향초')."《說文》: "蘭, 香草也('蘭'은 '향초'이다)."《詩經·芄蘭》: "芄蘭之葉, 童子佩韘(박주가리 덩굴이여, 어린아이가 뿔송곳을 찼다네)."《左傳·宣公三年》: "夢天使與己蘭(꿈에 天使가 자기에게 난을 주었다)."《易·繫辭上》: "同心之言, 其臭如蘭(마음을 함께 한 말은 그 향기가 난초와 같다)."《荀子·勸學》: "蘭槐之根是爲芷, 其漸之滫, 君子不近, 庶人不服(蘭槐의 뿌리가 바로 白芷이다. 만약 그것을 뜨물에 담그면 군자는 더이상 가까이하지 않고 일반인도 차지 않는다)." **蕑(간: 난초) *k-ran** , 古閑切, 《廣韻》: "蘭也('난초'이다)."《詩經·溱洧》: "士與女, 方秉蕑兮(총각과 처녀들이 지금 난초를 들고 있네)." 傳: "蕑, 蘭也('蕑'은 곧 '蘭(난초)'이다)." 글자는 또 '菅'으로도 쓴다. **菅(간: 향초) *k-ran** , 古顏切,《廣韻》: "香草('향초')."《山海經·中山經》: "吳林之山, 其中多菅草(오림의 산이라 하는데, 그 곳엔 향초가 많이 자란다)."

蓮(련: 연, 연밥) *ra̱n , 落賢切,《廣韻》: "《爾雅》云: 荷, 芙蕖, 其實蓮('荷'는 연꽃이고, 그 열매는 '蓮'이다)."《說文》: "蓮, 芙蕖之實也('蓮'이란 연꽃의 열매이다)."《管子·地員》: "五臭疇生, 蓮與蘪蕪, 藁本白芷(다섯 가지 향료식물은 구획을 나누어 기르는데, 추란, 게지, 궁궁이, 고본, 구릿대 등이다)."《史記·龜策列傳》: "乃遊蓮葉之上, 蓍百莖共一根(연꽃 잎 위에서 놀고, 시초는 한 뿌리에 백 개의 줄기가 난다)."《詩經·澤陂》: "彼澤之陂, 有蒲與蕑(저 못의 둑에, 부들과 연꽃이 있도다)." 傳: "蕑, 蘭也('蕑'은 연꽃이다)." 箋: "蕑當作蓮. 蓮, 芙蕖實也(여기서 '蕑'은 마땅히 '蓮'으로 써야 한다. '蓮'은 연꽃의 열매이다)."《釋文》: "蕑, 毛古顏反, 鄭改作蓮, 練田反(여기서 '蕑'은 毛씨는 '古顏反'이고, 鄭씨는 이를 '蓮'으로 고쳤는데, '練田反'이다)."

良(량: 처음, 머리, 좋다, 뛰어나다) *ra̱ŋ , 呂張切,《廣韻》: "首也, 長也('머리, 처음, 길다' 등)."《爾雅》: "元, 良, 首也('元', '良'은 '머리'이다)."《左傳·桓公八年》: "右無良焉, 必敗(우군에는 良將이 없으니 반드시 패할 것이다)."《孟子·盡心上》: "人之所不學而能者, 其良能也; 所以不慮而知者, 其良知也(사람들이 배우지 않아도 할 수 있는 것은 양능이요, 생각하지 않아도 알 수 있는 것은 양지이다)." **京(경: 크다) *k-ra̱ŋ** , 擧卿切,《廣韻》: "大也('크다'이다)."《說文》: "京,

人所爲絕高丘也('京'은 사람이 쌓아 올릴 수 있는 가장 높은 언덕이다)." 段玉裁注: "《釋詁》云: 京, 大也. 其引申之義也, 凡高者必大(〈석고〉에 이르길, '京은 크다이다'라 한다. 이는 파생 의미이다. 무릇 높은 것은 반드시 크다)."《公羊傳·桓公九年》, "京者何? 大也('京'이란 것은 무엇인가? '크다'이다)."《左傳·桓公九年》: "紀季姜歸於京師(紀나라 季姜이 京師로 시집갔다)."

勒(륵: 굴레) ***rek** , 盧則切, 《廣韻》: "《鄴中記》曰: 石虎諱勒, 呼馬勒爲轡(〈업중기〉에 이르길, '石虎가 勒를 피휘하여 말의 勒(굴레)을 轡라 불렀다')."《說文》: "勒, 馬頭落銜也('勒'은 '말머리에 씌우는 그물재갈'이다)."《周禮·春官·宗伯》: "革路, 龍勒('혁로'는 가죽으로 팽팽히 동여 맨 것이다)."《淮南子·原道訓》: "人不馳弓, 馬不解勒(사람들은 활을 놓지 않으며, 말은 굴레를 풀지 않는다)[87]." **革(혁: 가죽장식)** ***k-rek** , 古核切, 《爾雅》: "轡首謂之革('고삐머리'를 '革'이라 한다)."《韓非子·外儲說右下》: "然而使王良操左革而叱咤之, 使造父操右革而鞭笞之, 馬不能行十里, 共故也(그러나 王良은 왼쪽 고삐를 쥐고 꾸짖게 하고, 造父는 오른쪽 고삐를 쥐고 채찍질하게 하면, 말은 십 리도 나아갈 수 없는데 이는 함께 몰기 때문이다)."《詩經·蓼蕭》: "旣見君子, 鞗革沖沖(이미 군자님을 만나보니, 가죽고삐가 늘어져 있도다)." 傳: "革, 轡首也(여기서 '革'은 '고삐머리'이다)."《詩經·采芑》: "簟笰魚服, 鉤膺鞗革(대자리로 만든 휘장과 물고기로 만든 화살통, 갈고리와 가슴걸이에 가죽고삐 있도다)."

落(락: 마을) ***lak** , 盧各切, 《廣韻》: "聚落也('취락, 마을'이다)."《廣雅》: "落, 居也('落'은 '거주지'이다)."《鹽鐵論·散不足》: "田野不辟, 而飾亭落, 邑居丘墟, 而高其郭(들의 밭은 개간되지 않았는데 촌락을 꾸미고 있고, 도읍에선 폐허 땅에 거처하면서 그 성곽만 높이고 있다)."《漢書·溝洫志》: "或久無害, 稍築室宅, 遂成聚落(오랫동안 해가 없어 집을 조금 지어 드디어 마을을 형성하였다)."《漢書·酷吏傳》: "置伯落長以收司姦(伯落長(감독관)을 설치하여 간악한 자를 잡는 일을 하게 했다)." **格(격: 촌락)** ***k-lak** , 古伯切, 《集韻》: "籬格[88]也('촌락'이다)."《史記·酷吏列傳》: "置伯格長以牧司姦盜賊(伯落長(감독관)을 설치하여 간악한 자나 도둑 잡는 일

87 [역주] '馳'는 다른 판본에는 '弛'로 나온다. 즉, '느슨하게 하다. 활시위를 벗기다'이다.

88 [역주] 《集韻》에 의하면, 여기서 '格'대신 '簬'이나 '箈'으로 되어 있다고 한다.

을 하게 했다).” 集解: “徐廣曰: 一作落, 古村落字亦作格. 街陌, 屯落皆設督長也(서광이 이르길, ‘한편으로 落으로 쓰기도 한다. 옛 村落의 글자를 또 格으로 쓰기도 한다. 街陌(거리)과 屯落(촌락)에는 감독관을 설치하였다’).” 索隱: “伯音阡陌, 格音村落, 言阡陌村落皆置長也(‘伯’의 음은 ‘阡陌’이고, ‘格’의 음은 ‘村落’이다. 즉, 阡陌(거리) 村落(마을) 모두 장을 설치했다).” 《墨子·備城門》: “塞外塹, 去格七尺, 爲縣梁(성밖에 참호를 파는데, 杜格에서 칠 척 떨어진 곳에 하고 현량을 만든다).” 孫貽讓: “格與落通(이때 ‘格’은 ‘落’과 통한다).”

綸(륜: 실) ***run**, 力迍切, 《廣韻》: “絲綸(‘실’).” 《說文》: “綸, 靑絲綬也(‘綸’은 푸른 실로 만든 인끈이다).” 《禮記·緇衣》: “王言如絲, 其出如綸; 王言如綸, 其出如綍(왕의 말은 실과 같아도 밖으로 나오면 굵은 명주실 같다. 또 왕의 말이 굵은 명주실 같아도 밖으로 나오면 밧줄같다).” 《釋文》: “綸音倫, 又古頑反, 緩也(여기서 ‘綸’의 음은 ‘倫’이고 또 ‘古頑反’이다. ‘늘어지다(緩)’이다).” 《詩經·采綠》: “之子于釣, 言綸之繩(그대가 낚시를 가신다면 낚싯줄을 만들어드리겠다).” 《釋文》: “綸音倫(여기서 ‘綸’의 음은 ‘倫’이다).” **綸(관: 허리끈)** ***k-run**, 古頑切, 《廣韻》: “《爾雅·釋草》曰: 綸似綸, 東海有之(‘관’은 허리띠 비슷하며 동해에서 난다). 《說文》曰: 靑絲綬也(푸른 실로 만든 인끈이다).” 《爾雅》: “綸似綸, 組似組, 東海有之(‘관’이란 해초는 허리띠 비슷하고, ‘조’란 풀은 끈과 비슷하며, 동해에서 난다).” 注: “綸, 今有秩嗇夫所帶糾靑絲綸組綬也(‘綸’은 지금 有秩嗇夫(진한시기 마을 관리)가 찬 푸른 실로 짠 허리 인끈(靑絲綸組綬)이다).” 《釋文》: “綸, 古頑反(여기서 ‘綸’은 ‘古頑反’이다).”

龣(록: 오음의 하나, 동방음) ***rok**, 盧谷切, 《廣韻》: “東方音(‘동방음’).” 龣, 觮, 盧谷切(‘龣, 觮’은 ‘盧谷切’이다), 《集韻》: “東方音也. 或从鹿从角(‘동방음’이다. 또는 ‘鹿’과 ‘角’을 따른다).” **龣(각/록: 고대 군대 악기이름)** ***k-rok**, 古岳切, 《廣韻》: “樂器(‘악기’).” 龣, 訖岳切, 《集韻》: “東方之音, 一曰樂器, 通作角(동방의 음이다. 한편으로 ‘악기’라 하는데, ‘角’과 통한다).” 《禮記·月令》: “其音角, 律中大蔟(그 음은 角이며 律은 大蔟에 맞춘다).” 注: “謂樂器之聲也(즉, 악기의 소리를 말한다).” 《禮記·玉藻》: “古之君子必佩玉, 右徵角, 左宮羽(옛날 군자는 반드시 옥을 찼다. 오른쪽에서는 徵角소리가 났고 왼쪽에선 宮羽소리가 났다).” 《禮記·樂記》: “宮爲君, 商爲臣, 角爲民, 徵爲事, 羽爲物(宮은 임금이 되고, 商은 신하가 되며, 角은 백성이 되고, 徵는 일

이 되며, 羽는 사물이 된다)."《呂氏春秋·正月紀》: "其音角, 律中太族(그 음은 角이며 律은 大簇에 맞춘다)." 注: "角, 木也, 位在東方(여기서 '角'은 '나무'이다. 동쪽에 위치한다)."

角(甪, 록: 사람이름) *__rok__ , 盧谷切, 《廣韻》: "角里先生, 漢時四皓名('角里先生'은 한나라 때 四皓[89] 중 한 이름이다)." '角'은 '盧谷切'이다. 《集韻》: "獸不童也, 漢四皓有角里先生(짐승이 어리지 않은 것이다(뿔이 자람). 한나라 四皓에 角里先生이 있다)."《史記·留侯世家》: "四人前對, 各言名姓, 曰東園公, 角里先生, 綺里季, 夏黃公(네 사람이 앞으로 나아가 대접하며 각자 이름을 말했다. 그것은 '東園公, 角里先生, 綺里季, 夏黃公'이다)." 구별을 위해 글자를 '甪'으로 쓴다. 《漢書·王貢傳》: "漢興有甪里先生(漢이 일어나자 甪里先生이 있었다)." **角(각: 뿔)** ***k-rok*** , 古岳切, 《說文》: "獸角也('짐승의 뿔'이다)."《詩經·無羊》: "爾羊來思, 其角濈濈(그 양이 오는데 뿔이 참 가지런하구나)."《詩經·麟之趾》: "麟之角, 振振公族(기린의 어진 뿔이여, 인자하고 후덕한 공후의 일족이로다)."

旅(려: 무리, 지명) ***ra̱^{B}*** , 力舉切, 《廣韻》: "師旅('군단위인 사와 려이다'). 《說文》曰: 軍五百人也(군에서 오백인 단위를 말한다)."《周禮·地官·司徒》: "五人爲伍, 五伍爲兩, 四兩爲卒, 五卒爲旅, 五旅爲師, 五師爲軍(다섯 사람을 伍로 삼고, 다섯 伍를 兩으로 삼고, 네 兩을 卒로 삼고, 다섯 卒을 旅로 삼으며, 다섯 旅를 師로 삼고, 다섯 師를 軍으로 삼는다)."《詩經·黍苗》: "我徒我御, 我師我旅(우리는 걷고 수레도 몰며, 우리는 師가 되기도 하고 旅가 되기도 하네)."《詩經·大明》: "殷商之旅, 其會如林(은상의 군대가 그 모인 것이 숲과 같도다)."《詩經·皇矣》: "王赫斯怒, 爰整其旅, 以按徂旅, 以篤于周祜, 以對于天下(왕께서는 크게 노하시어, 이에 그 군대를 정돈하여, 침략하는 군대를(또는 旅에서) 막으셨으니, 주나라 복을 돈독히 하셨고 이로써 천하에 상대하리라)." 傳: "旅, 地名也(여기서 '旅'는 지명이다)."《孟子·梁惠王下》: "《詩》云: 王赫斯怒, 爰整其旅, 以遏徂莒, 以篤于周祜, 以對于天下(왕께서는 크게 노하시어, 이에 그 군대를 정돈하여, 침략하는 군대를(또는 莒에서) 막으셨으니, 주나라 복을 돈독히 하셨고 이로

89 [역주] '四皓'란, 진나라 말기 네 명의 박사로, 즉, 東園公 唐秉, 夏黃公 崔廣, 綺裏季 吳實, 甪(lù)里先生 周術이다.

써 천하에 상대하리라)." 莒**(거: 감자, 주나라 때 제후이름)** ***k-ra**^{B} , 居許切, 《廣韻》: "草名, 亦國名('풀의 이름이자 나라 이름')." 《說文》: "齊人謂芋爲莒, 从艸呂聲(제나라 사람은 '芋'를 '莒'라 이르며, '艸'와 '呂' 모두를 따른다)." 《左傳·隱公二年》: "五月, 莒人入向(5월에 莒人이 向으로 들어갔다)." 《管子·大匡》: "鮑叔牙奉公子小白奔莒(포숙아가 공자 소백을 모시고 莒나라로 도망갔다)." 《呂氏春秋·重言》: "齊桓公與管仲謀伐莒, 謀未發而聞於國(제환공이 관중과 莒나라 칠 계획을 도모하고 있는데, 계획이 발표되기도 전에 국내에 알려졌다)."

鬲**(력: 솥)** ***lik** , 郎擊切, 《廣韻》: "《爾雅》云: 鼎款足者謂之鬲. 《說文》: 鼎屬, 實五觳, 斗二升曰觳, 象腹交文, 三足(〈이아〉에 이르길, '솥 중 다리가 굽은 것을 鬲이라 한다'. 〈설문〉에 이르길, '鬲은 솥의 일종이다. 한 말 두 되가 觳이다. 솥의 배 부분의 교차된 무늬와 세 발을 상형하였다')." 《禮記·喪大記》: "陶人出重鬲, 管人受沐, 乃煮之(도인은 겹으로 된 그릇을 내온다. 관인이 목욕물을 받아서 이를 끓인다)." 《史記·范雎蔡澤》: "遇奪釜鬲於塗(가마솥과 굽은 다리 솥을 길에서 도둑 당했다)." 《儀禮·士喪禮》: "煮於垼, 用重鬲(부뚜막에 삶는데 겹으로 된 솥을 사용한다)." 鬲**(격: 고유명사)** ***k-lik** , 古核切, 《廣韻》: "縣名, 在太原; 又鬲津, 九河名; 又姓, 殷末賢人膠鬲之後(현의 명칭이다. 太原에 있다. 또 '鬲津'이 있는데 이는 九河의 이름이다. 또 姓도 있다. 殷末 賢人인 膠鬲의 후예이다)." 고유명사가 k-접두사의 음운형식을 보존하고 있다. 《左傳·襄公四年》: "靡奔有鬲氏(靡는 有鬲氏한테 도망갔다)." 注: "有鬲, 國名, 今平原鬲縣(여기서 '有鬲'은 국명이다. 지금 平原의 鬲縣이다)." 《釋文》: "鬲音革(여기서 '鬲'의 음은 '革'이다)." 《爾雅》: "鬲津(격진)." 《釋文》: "鬲音革, 施力的反, 與今注不同(여기서 '鬲'의 음은 '革'이다. 施씨는 '力的反'인데 今注와 다르다)"

姬**(희: 첩, 측실)** ***je** , 與之切, 《廣韻》: "王妻別名(임금 처의 별칭이다)." '姬'는 '盈之切'이다. 《集韻》: "衆妾總稱(여러 첩들의 총칭이다)." 《左傳·隱公二年》: "伯姬歸于紀(伯姬가 紀로 시집갔다)." 《左傳·莊公二十年》: "莒慶來逆叔姬(莒慶이 와서 叔姬를 맞이해 갔다)." 《左傳·僖公四年》: "晉獻公欲以驪姬爲夫人(晉獻公이 驪姬를 夫人으로 삼고자 하였다)." 《漢書·文帝紀》: "母曰薄姬(그의 어머니는 '薄姬'이다)." 注: "如淳曰: '姬音怡, 衆妾之總稱.' 姬者, 本周之姓, 貴於衆國之女, 所以婦人美號皆稱姬焉(여순이 말하길, '姬의 음은 怡이다. 여러 첩의 총칭이다.' 姬라는 것은

본래 周의 성이다. 여러 나라의 여자들보다 귀하므로 부인의 아름다운 호칭은 모두 姬라 한다)." **姬(희: 주나라 성씨)** ***k-je**, 居之切, 《廣韻》: "周姓也(周의 성이다)." '姬'는 '居之切'이다. 《集韻》: "《說文》: 黃帝居姬水以爲姓, 一曰妾稱(〈설문〉에 이르길, '黃帝가 姬水에 살아서 이를 성으로 삼았다. 또는 첩의 칭호이다')." 《左傳·宣公三年》: "吾聞姬姞耦, 其子孫必蕃(내가 듣건대, 姬氏와 姞氏가 결혼을 하면 그 자손이 반드시 번성한다고 한다)." 《左傳·僖公二十年》: "吾聞姬姓, 唐叔之後, 其後衰者也(내가 듣건대, 姬姓 제후 중에 唐叔의 후손이 최후로 쇠망할 것이라고 한다)." 《呂氏春秋·愼小》: "我, 姬姓也, 戎人安敢居國?(나도 姬姓이다. 戎人이 어찌 감히 이 나라 안에 살 수 있단 말인가?)"

羊(양: 양) ***jaŋ**, 與章切, 《廣韻》: "牛羊('소양의 양')." 《詩經·君子于役》: "日之夕矣, 羊牛下來(날이 저물어서 양과 소가 내려왔다)." 《詩經·無羊》: "誰謂爾無羊? 三百維群(누가 너에게 양이 없다더냐? 삼백 마리가 한 무리인데)." 《論語·子路》: "吾黨有直躬者, 其父攘羊, 而子證之(우리 마을에 몸가짐이 바른 자가 있는데, 그 아비가 양을 훔치자, 아들이 이를 고발하였다)." **姜(강: 제나라 성씨)** ***k-jaŋ**, 居良切, 《廣韻》: "姓也, 出天水, 齊姓, 本自炎帝居於姜水因爲氏(성씨이다. 성씨는 天水에서 많이 기원하는데, 齊의 姓은 본래 炎帝가 姜水에서 기거한 후부터 시작되었다)." 《廣韻》: "姜, 神農居姜水, 以爲姓('姜'은 神農씨가 姜水에 거주하면서 성으로 삼았다)" **羌(강: 강족)** ***kh-jaŋ**, 去羊切, 《說文》: "西戎牧羊人也. 从人, 从羊, 羊亦聲(西戎의 양을 기르는 사람들이다. '人'과 '羊'을 따르고 '羊'은 또한 성부이다)." '姜'과 '羌'은 동일 단어의 두 가지 방언 형식이다. 이 점에 대해 학자들이 이미 많은 토론을 하였기에 여기서는 언급하지 않는다.

螺(라: 소라) ***lor**, 落戈切, 《廣韻》: "蚌屬(방합의 일종이다)." 《易林》: "蝸螺生子, 深目黑醜(소라와 같은 여자가 자식을 낳으니 눈은 깊고, 피부는 검고 추하다)." 글자는 본래 '嬴(라)'로 쓴다. 《韓非子·外儲說右上》: "澤之魚鹽龜鱉嬴蚌不加貴於海(못가에서 파는 물고기, 소금, 거북, 자라, 소라, 펄조개가 바닷가보다 더 비싸지 않다)." 《易·說卦》: "爲鱉, 爲蟹, 爲嬴, 爲蚌, 爲龜(자라가 되고, 게가 되고, 소라가 되고, 큰 조개가 되고, 거북이 된다)." 《史記·貨殖列傳》: "果隋嬴蛤, 不待賈而足(열매와 소라, 조개 등이 장사치를 기다릴 필요가 없을 정도로 충분하다).” **蝸(와: 달팽이)** ***k-lor**, 古華切,《廣韻》: “蝸牛, 小螺(‘와우, 소라’).”《說文》: “蝸, 蠃也(‘蝸’는 ‘소라’이다).” 段玉裁注: “蠃者, 今人所用螺字. 此物亦名蝸. 故《周禮》《儀禮》‘蠃醢’,《內則》作‘蝸醢’. …… 薛綜《東京賦》注曰: ‘蝸者, 螺也.’…… 蝸本咼聲, 故蝸牛或作瓜牛.……今人謂水中可食者爲螺, 陸生不可食者曰蝸牛, 想周漢無此分別(‘蠃(소라)’는 지금 사람들이 螺字로 쓴다. 이 사물은 이름이 또 ‘蝸’이다. 그래서 〈주례〉,〈의례〉의 ‘蠃醢’을《內則》에선 ‘蝸醢’으로 쓴다. …… 薛綜《東京賦》注에 이르길, ‘蝸는 곧 螺(소라)이다. ……蝸는 본래 咼가 성부이다. 따라서 蝸牛를 간혹 瓜牛로 쓰기도 한다. …… 지금 사람들은 물속에서 먹을 수 있는 것을 螺라고 하고, 육지 동물 중 먹을 수 없는 것을 蝸牛라 한다. 아마도 周漢 시대엔 이러한 구분이 없었을 것이다’).”《莊子·則陽》: “有國於蝸之左角者曰觸氏, 有國於蝸之右角者曰蠻氏(달팽이의 왼쪽 뿔에 있는 나라를 觸씨라 하고, 달팽이의 오른쪽 뿔에 있는 나라를 蠻씨라 한다).”《釋文》: “蝸音瓜, 郭音戈. 李云: 蝸蟲有兩角, 俗謂之蝸牛.《三蒼》云: 小牛螺也, 一云俗名黃犢(여기서 ‘蝸’의 음은 ‘瓜’이고, 郭씨의 음은 ‘戈’이다. 李씨가 말하길, ‘달팽이는 두 개의 뿔이 있어서 세속에서 蝸牛라 한다’.《三蒼》에 이르길, ‘小牛螺라 하는데 또 한편으로는 俗名이 黃犢이다’).”

醇(량: 맑은술) ***ra̠ŋ**, 呂張切,《廣韻》: “漿水(‘좁쌀로 끓인 미음’).”《說文》: “醇, 雜味也(‘醇’이란 ‘건량에 물을 섞어 만든 맑은 죽, 미음’이다).” 段玉裁注: “醇, 卽《周官》《內則》之涼字也(‘醇’은 곧《周官》《內則》의 ‘涼’字이다).”《周禮·天官·冢宰》: “掌共王之六飮, 水, 漿, 醴, 涼, 醫, 酏, 入於酒府(왕의 여섯 음료를 관장하는데, 물, 미음, 단술, 맑은 술, 단술, 묽은 죽으로, 이를 주부에 납품한다).”《禮記·內則》: “漿水醷濫(漿水와 醷와 濫이 있다).” 注: “濫, 涼也(여기서 ‘濫’은 涼(단술)이다).” **犆(량: 얼룩소)** ***ra̠ŋ**, 呂張切,《廣韻》: “牻牛, 駁色(얼룩소이고, 얼룩의 무늬가 있다).”《說文》: “犆, 牻牛也.《春秋傳》曰: 牻犆(‘犆’은 ‘얼룩소’이다, 〈춘추전〉에 이르길, ‘얼룩소이다’).” 段玉裁注: “《閔二年傳》, 本作尨涼(〈민공이년전〉에, ‘尨涼’으로 쓰여 있다).”《左傳·閔公二年》: “尨涼冬殺, 金寒玦離, 胡可恃也?(잡색의 옷은 차갑고, 겨울은 만물을 죽이며, 금은 차고 결은 떨어진다는 뜻이니, 어찌 임금을 믿을 수 있겠는가?)” **羹(갱: 국)** ***k-raŋ**, 古行切,《廣韻》: “羹臛.《爾雅》云: 肉, 謂之羹(‘국’이다. 〈이아〉에서 이르길, ‘고기의 경우는 羹(국)이라 이른다’).”《說文》: “羹, 五味和羹也(‘羹’은 다섯 가지 맛이 조화를 이룬 국이다).”《左傳·隱公元年》: “未嘗君之羹(임금의 국은 맛보지 못하였다).”《左傳·昭公十三年》: “衛人使屠伯

饋叔向羹(衛人이 屠伯을 시켜서 叔向에게 국 한 그릇을 주게 했다)."《左傳·昭公十一年》: "楚子城陳蔡不羹(楚子가 陳나라, 蔡나라, 不羹에 성을 쌓았다)."《釋文》: "羹舊音郎,《漢書·地理志》作更字('羹'의 구음은 '郎'이다.《漢書·地理志》에는 '更'字로 되어 있다)."

두 형식의 의미가 대개 같은데, 약간 차이가 있거나 혹은 보통명사와 고유명사의 차이 정도이다. 이 외에도 '屨' *k-ros처럼, k-접두사를 확정할 수는 있으나 어근을 찾기 어려운 단어도 있다. 품사로 볼 때, 이러한 k-접두사를 갖는 단어는 모두 명사이다. 이렇게 본다면, **상고한어의 접두사 *k-는 적어도 명사 접두사인 것은 확실하다**.

闌(란: 막다) *ran, 落干切,《廣韻》: "牢也, 遮也('에워싸다, 막다'이다)."《說文》: "闌, 門遮也('闌'은 '문의 울타리'이다)."《楚世家》: "雖儀之所甚願爲門闌之廝者, 亦無先大王(비록 이 장의가 바라는 것이 문지기가 되는 것이라 해도 대왕이 가장 먼저일 겁니다)."《戰國策·楚策一》: "夫牛闌之事, 馬陵之難, 親王之所見也(무릇 지난번 牛闌의 전쟁과 馬陵의 전투는 귀국 대왕께서 직접 보셨습니다)." 나중에 글자를 '攔'이나 '欄'으로 썼다.《廣韻》: "攔, 階際木句攔, 亦作闌('攔'은 층계 사이의 나무 난간으로, 또는 '闌'으로도 쓴다)."《玉篇》: "欄, 木欄也, 謂階際木句欄('欄'은 '나무 난간'이다. 즉, '층계 사이의 나무 난간'이다)." **閑(한: 마굿간, 막다) *g-ran**, 戶閑切,《廣韻》: "闌也('나무 난간'이다)."《說文》: "閑, 闌也('閑'은 '나무 난간'이다)."《周禮·夏官·司馬》: "舍則守王閑(왕이 막사에 있으면 왕을 울타리처럼 수비한다)." 注: "閑, 梐枑('閑'은 '나무울타리'이다)" 疏: "閑與梐枑皆禁衛之物('閑'과 '梐枑' 모두 금하고 지키기 위한 물건이다)."《說文》: "牢: 閑, 養牛馬圈也('牢'는 '울타리'로, 마소를 기르기 위한 울타리이다)."《韻會》: "閑, 馬闌也('閑'은 '말 우리'이다)."《周禮·夏官·司馬》: "天子十有二閑, 馬六種; 邦國六閑, 馬四種; 家四閑, 馬二種(천자는 열두 개의 마구간에 말이 여섯 종이고, 큰 나라와 작은 나라에는 여섯 개의 마구간에 말이 네 종이다. 대부의 가에는 네 개의 마구간에 말이 2종이다)." 注: "每廐爲一閑(매 마구간마다 하나의 울타리(閑)이다)."《漢書·百官公卿表》: "又龍馬, 閑駒(또 龍馬와 閑駒가 있다)." 注: "閑, 闌, 養馬之所也(여기서 '閑'은 '闌'으로, 말을 기르던 곳이다)." 발전하여 '한계, 경계'로 파생되었다.《論語·子張》: "大德不逾閑, 小德出入可也(大德의 사람은 법을 넘지 않지만, 小德의 사람은 넘나들어도 된다)." '閑'은 동사로 전환(類

轉)되었다.《廣韻》: "防也, 禦也('막다'이다)."《易·乾》文言: "閑邪存其誠(邪를 막아 성실함을 보존한다)."《左傳·昭公六年》: "是故閑之以義, 糾之以政, 行之以禮(이렇기 때문에, 義로써 범죄를 막고, 정령으로 범죄를 단속하고, 이것을 예에 맞게 해야한다)." 注: "閑, 防也(여기서 '閑'은 '막다'이다)." **間(간: 사이, 틈)** ***k-ran**, 古閑切,《廣韻》: "隙也('틈'이다)."《說文》: "間, 隙也('間'은 '틈'이다)." 段玉裁注: "凡罅縫皆曰間(무릇 '갈라진 틈'을 모두 '間'이라 한다)."

상고한어 자음 청탁은 교체가 가능하다. 즉, 연구개 淸塞音*k-는 연구개 濁塞音*g-로 변할 수 있다. 이로써 상고한어는 가끔 *g-가 *k-를 대체하는 예가 존재한다. 이것은 諧聲의 상황도 마찬가지이다. 邊音으로 구성된 諧聲그룹은 가끔 연구개 濁塞音g-를 갖기도 한다. 예컨대, '位'가 그러하다.《說文》에 "位, 中庭之左右謂之位. 从人立.('位', 중정의 좌우를 '位'라 한다. '人'과 '立'을 따른다)"라고 나오며, 段玉裁注에는 "古者立位同字.(옛날엔 '立'과 '位'가 같은 글자였다)"라고 한다.《廣韻》에는 "位, 于愧切, 中庭之左右謂之位."라고 나오는데, 여기서 '位'가 갖는 접두사는 분명 *g-이다.

三

虛(허: 비다) ***xa̲**, 朽居切,《廣韻》: "空虛也('공허하다, 비다')."《論語·述而》: "亡而爲有, 虛而爲盈(없으면서 있는 체하고, 비었으면서 가득한 체하다)."《左傳·襄公二十年》: "土虛而民秏, 不饑何爲?(토지는 비고 백성들은 소모되니, 굶주리지 않고 어찌 하겠는가?)"《孟子·盡心下》: "不信仁賢, 則國空虛(어질고 현명한 사람을 믿지 않으면 나라가 텅 비게 된다)."《韓非子·初見秦》: "今天下之府庫不盈, 囷倉空虛(지금 천하의 창고는 채워지지 않았고, 곳간은 텅 비어 있다)." **虛(허: 옛터, 언덕)** ***k-xa̲**, 去魚切,《說文》: "大丘也. 昆侖丘謂之昆侖虛('큰언덕'이다. '昆侖丘'를 '昆侖虛'라고 한다)."《左傳·僖公十五年》: "其死於高梁之虛(高梁의 언덕에서 죽을 것이다)."《釋文》: "虛, 去魚反(여기서 '虛'는 '去魚反'이다)."《左傳·僖公二十八年》: "晉侯登有莘之虛以觀師(晉侯가 有莘의 언덕에 올라 군대를 살폈다)."《釋文》: "虛, 丘魚反(여기서 '虛'는 '丘魚反'이다)."《左傳·昭公十七年》: "宋, 大辰之虛也; 陳, 大皞之虛也; 鄭, 祝融之虛也(宋은 大辰의

分野이고, 陳은 太皡가 거주했던 땅이고, 鄭은 祝融이 거주했던 땅이다)."《釋文》: "虛, 起居反(여기서 '虛'는 '起居反'이다)." 글자는 나중에 '墟'로 썼다. '墟'는 '去魚切'이다.《廣韻》: "上同(虛)(위와 동일하다)."《禮記·檀弓下》: "墟墓之間, 未施哀於民而民哀(쓸쓸한 묘지 사이에는 백성들에게 슬프게 시키지 않아도 백성은 슬퍼한다)."《管子·八觀》: "衆散而不收, 則國爲丘墟(백성들이 흩어지고 수확을 하지 못하면 나라는 폐허가 된다)."《國語·晉語四》: "實沈之墟, 晉人是居, 所以興也(실침의 별자리는 晉나라 사람들이 거처하는 곳이니, 그래서 흥기하게 된다)."《呂氏春秋·重言》: "太宰嚭之說, 聽乎夫差, 而吳國爲墟(태재 비의 감언이설을 부차에게 말해줘서 오나라는 폐허가 됐다)."

'虛'는《說文》에서 "从丘虍聲('丘'를 따르고 '虍'가 성부이다)"으로 나온다. 이 諧聲그룹 가운데는 '不送氣塞音' k－와 '濁塞音' g-가 없고, 단지 '送氣塞音' kh-와 '擦音' x-만이 있다. 送氣塞音 kh-는 쉽게 擦音 x-으로 변화한다. 그러나 '虛'의 성모가 매우 이른 시기에 *kh-였다고 볼 수 없으며, 더군다나 접두사 *s-를 갖는 송기색음 *kh-로 볼 수도 없다. '噓'는 '朽居切'로《廣韻》에서 "吹噓(숨을 내쉬다)."라고 나온다. '噓'는《說文》에서 "吹也(천천히 숨을 내쉬다)."라고 나온다.《莊子·齊物論》에서 "南郭子綦隱几而坐, 仰天而噓(南郭子綦가 안석에 기대고 앉아서, 하늘을 우러러 길게 한숨을 쉬는데)."라고 나온다.《莊子·天運》에 "孰噓吸是? 孰居無事而披拂是?(누군가 이 바람을 호흡하며, 누군가 無爲의 일에 머물러 이 바람을 부채질하는 것인가?)"라고 나온다.《史記·留侯世家》에 "歌數闋, 戚夫人噓唏流涕(연이어 몇 차례 노래 부르다가, 척부인은 한숨을 내쉬며 눈물을 흘렸다)."라고 나온다.《漢書·嚴安傳》에 "喣噓呼吸如僑松(왕교와 적송자와 호흡을 하다)."이라고 나온다. 글자는 또 '歔'라고도 쓴다. '歔'는 '朽居切'로《廣韻》에 "歔欷('탄식하다')."라고 나온다.《漢書·王莽傳中》에 "流涕歔欷(눈물을 흘리며 탄식하다)."이라고 나온다.《洪武正韻》에 "蹙唇吐氣曰吹, 虛口出氣曰噓(입술을 오므리고 숨을 내쉬는 것을 '吹'라 하고, 입을 벌리고 숨을 내뱉는 것을 '噓'라 한다)."라고 나온다. '噓'는 의성어이고 *xa̠로 재구되는데, *kha̠보다 더 실제에 부합한다. 송기색음 kh-는 분명 접두사 k-와 어근자음 x-의 융합이다.

鄕(향: 행정구역 단위) *xra̠ŋ, 許良切,《廣韻》: "鄕黨(향과 당)."《漢書·食貨志上》: "五家爲鄰,

五鄰爲里, 四里爲族, 五族爲黨, 五黨爲州, 五州爲鄕. 鄕, 萬二千五百戶也. 鄰長位下士, 自此以上, 稍登一級, 至鄕而爲卿也(다섯 집을 鄰이라 하고, 다섯 鄰을 里라 하고, 사 리를 族으로 삼고, 다섯 족을 黨으로 삼으며, 다섯 당을 州로 삼고, 다섯 주를 鄕으로 삼았다. 鄕은 만이천오백호이다. 鄰長의 지위는 下士이며, 이로부터 위로, 한 등급씩 오르는데, 鄕에 이르러서는 卿이 된다)." 《儀禮·鄕飮酒禮》: "鄕朝服而謀賓介(향대부는 조복을 입고 빈과 개를 선발하는 일을 논의한다)." 鄭注: "鄕, 鄕人, 謂鄕大夫也('鄕'은 '향인'으로 즉 '향대부'이다)." 《國語·齊語》: "臣立三宰, 工立三族, 市立三鄕, 澤立三虞, 山立三衡(신하는 3宰를 세우고, 工에는 3族을 세우고, 商에는 3鄕을 세우고, 택지에는 3虞를 세우고, 산림에는 3衡을 세웠다)." 王引之按: "鄕亦官名(여기서 '鄕'은 또한 관명이다)." **卿(경: 벼슬, 대신)** ***k-xraŋ** , 去京切, 《廣雅》: "君也('영지의 소유자'이다)." 《說文》: "卿, 章也, 六卿('卿'은 '선행을 표창하고 사리를 판단하는 사람'이다. 六卿이 있다)." 段玉裁注: "鄕大夫每鄕卿一人, 卽此六卿也('鄕'의 大夫는 매 鄕마다 卿이 한 명씩이다, 이것이 바로 六卿이다)." 《左傳·文公十三年》: "六卿相見於諸浮(여름에 六卿이 諸浮에서 서로 만났다)." 《論語·子罕》: "出則事公卿, 入則事父兄(밖에 나가면 公卿을 섬기고, 집에 들어와서는 부모와 어른을 섬긴다)." 《孟子·公孫丑下》: "孟子爲卿於齊(맹자가 제나라에서 客卿이 되었다)."

熹(희: 성하다, 불이 타다) ***xe̱** , 許其切, 《廣韻》: "熱也, 熾也('불타다, 성하다'이다)." 《說文》: "熹, 炙也('熹'는 '불로 굽다'이다)." **饎(희: 찌다, 익히다, 술과음식)** ***k-xe̱s** , 昌志切, 《廣韻》: "《方言》云熟食也. 《說文》云酒食也(〈방언〉에 이르길, '익힌 음식'이라 하고, 〈설문〉에 이르길, '술과 음식'이라 한다)." 《詩經·天保》: "吉蠲為饎, 是用孝享(길일을 택해 정결히 술과 밥을 지어, 이를 효로써 제향한다)." 毛傳: "饎, 酒食也('饎'는 '술과 음식'이다)." 《釋文》: "饎, 尺志反(여기서 '饎'는 '尺志反'이다)." 《詩經·泂酌》: "泂酌彼行潦, 挹彼注茲, 可以餴饎(멀리 저 길바닥에 고인 물을 떠서, 저것을 떠서 여기에 넣어, 선밥과 술밥을 만들 수 있다)." 글자는 또 '糦'로도 쓴다. 《方言》: "胹, 飪, 亨, 爛, 糦, 酋, 酷, 熟也. 自河以北趙魏之間火熟曰爛, 氣熟曰糦, 久熟曰酋, 穀熟曰酷('胹, 飪, 亨, 爛, 糦, 酋, 酷'는 '익히다'이다. 황하 이북의 趙魏 사이에서 '불로 익히는 것'을 '爛'이라 하고, '증기로 익히는 것'을 '糦', '오래 찌는 것'을 '酋', '곡식이 익는 것'을 '酷'라 한다)." '饎'는 '昌志切'이다. 《集韻》: "《說文》酒食也, 一說炊黍稷曰饎, 或作糦(〈설문〉에서는 '술과 음식'이라 한다. 한설에 의하면, 기장과 피를 불로 익히는 것을 '饎'라 하며

또는 '糦'로도 쓴다)." 글자는 단지 '喜'로만 쓴다.《詩經·七月》: "饁彼南畝, 田畯至喜(저 남쪽 이랑으로 밥을 내가니, 전준이 술과 음식을 더 보태는구나[90])." 箋: "喜讀爲饎. 饎, 酒食也(여기서 '喜'는 '饎'로 읽는다. '饎'는 '술과 음식'이다)."《詩經·甫田》: "饁彼南畝, 田畯至喜(저남쪽 이랑으로 밥을 내가니, 전준이 술과 음식을 더 보태는구나." 箋: "喜讀爲饎, 饎, 酒食也(여기서 '喜'는 '饎'로 읽는다. '饎'는 '술과 음식'이다)."《釋文》: "喜, 毛如字, 鄭爲饎, 尺志反(여기서 '喜'는 毛씨는 통상음으로 보나, 鄭씨는 '饎'로 보아 '尺志反'이다)."

齅(嗅, 臭, 후: 냄새를 맡다) ***xu̱s** , 許救切,《廣韻》: "以鼻取氣('코로 냄새 맡다')."《說文》: "齅, 以鼻就臭也. 从鼻从臭, 臭亦聲. 讀若畜牲之畜('齅'는 '코로 냄새를 맡는 것'이다. '鼻'와 '臭'를 따르고 '臭'는 또 성부이다. '畜牲'의 '畜'처럼 읽는다)." 글자는 '嗅'와 통한다. '齅'는 '許救切'이다.《集韻》: "以鼻取氣也, 亦作嗅('코로 냄새를 맡다'이다. 또 '嗅'로 쓰기도 한다)."《莊子·人間世》: "嗅之, 則使人狂酲三日而不已(냄새를 맡으면 사람으로 하여금 미친 듯이 취하게 하여 사흘이 지나도록 그치지 않았다)."《釋文》: "嗅, 崔作齅, 許救反(여기서 '嗅'는 崔씨는 '齅'로 쓰며, '許救反'이다)."《韓非子·外儲說左下》: "夫樹橘柚者, 食之則甘, 嗅之則香(무릇 귤, 유자를 심은 경우, 그 열매를 먹으면 달고, 냄새를 맡으면 향긋하다)."《呂氏春秋·適音》: "鼻之情欲芬香, 心弗樂, 芬香在前弗嗅(코의 본성은 향기를 원하지만, 마음이 즐겁지 않으면, 향기가 앞에 있어도 맡아지지 않는다)." 글자는 본래 '臭'로만 썼다. 臭(후: 냄새 맡다),《說文》: "禽走, 臭而知其跡者, 犬也(짐승이 도망가면 냄새를 맡아 그 종적을 알 수 있는데, 개가 그러하다)." 徐鍇: "以鼻知臭, 故从自(코로 냄새를 알 수 있어서 '自'를 따른다)." '臭(후)'는 '許救切'이다.《集韻》: "逐氣也, 禽走臭而知其跡者犬也, 故从犬(냄새를 따라가는 것이다. 짐승이 도망가면 냄새를 맡아 그 자취를 알게 되는 것이 개다. 그러므로 '犬'을 따른다)."《荀子·榮辱》: "臭之而嗛於鼻, 嘗之而甘於口(그 냄새를 맡았을 때 코가 만족스럽고. 그것을 맛보았을 때 입이 달다)." 注: "臭, 許又反(여기서 '臭'는 '許又反'이다)."《荀子·禮論》: "三臭之不食也(세 번 냄새 맡으라고 권하고 자기는 먹지 않다)." **臭(취: 냄새)** ***k-xu̱s** , 尺救切,《廣韻》: "凡氣之

---

90 [역주] '田畯至喜' 이 부분에 대해, 보통은 '전준이 와서 기뻐하다'로 해석하나, 본문의 취지대로 한다면, '전준(즉, 전농관)이 술과 음식을 더 보탰다'로도 해석이 가능하다.

總名(무릇 '기(냄새)'의 총칭이다)."《禮記·大學》: "所謂誠其意者, 毋自欺也, 如惡惡臭, 如好好色(이른바 그 뜻을 정성스럽게 한다는 것은 자기를 속이지 않는 것이다. 나쁜 냄새를 싫어하는 것처럼 하며, 아름다운 색을 좋아하는 것처럼 하는 것이다)."《釋文》: "臭, 昌救反(여기서 '臭'는 '昌救反'이다)."《易·繫辭上》: "同心之言, 其臭如蘭(마음이 같은 말은 그 향기가 난초와 같다)."《釋文》: "臭, 昌又反(여기서 '臭'는 '昌又反'이다)."《論語·鄉黨》: "色惡, 不食. 臭惡, 不食(색이 나쁘면 드시지 않았고, 냄새가 나쁘면 드시지 않았다)."《周禮·天官·冢宰》: "除其不蠲, 去其惡臭(깨끗하지 못하는 것을 제거하고, 그 악취를 씻어낸다)." 글자는 또 '殠'로도 쓴다. '殠'는 '尺救切'이다.《廣韻》: "腐臭('썩은 고약한 냄새')."

赫(혁: 붉다, 빛나다) [*]**xrak**, 呼格切,《廣韻》: "赤也('붉다'이다)."《說文》: "赫, 火赤貌('赫'은 '불이 빨간 모양'이다)."《詩經·簡兮》: "赫如渥赭, 公言錫爵(얼굴색이 깊은 물든 적색과 같으니, 공께서 술잔을 주신다)." 傳: "赫, 赤貌(여기서 '赫'은 '붉은 모양'이다)."《釋文》: "赫, 虛格反(여기서 '赫'은 '虛格反'이다)."《詩經·淇奧》: "瑟兮僩兮, 赫兮咺兮(장중하고 위엄있고, 빛이 나고 훤하도다)."《釋文》: "赫, 呼白反(여기서 '赫'은 '呼白反'이다)."《詩經·雲漢》: "赫赫炎炎, 云我無所(열기가 있고 뜨거워 나를 용납할 곳이 없도다)."《詩經·節南山》: "赫赫師尹, 民具爾瞻(빛나는 태사 윤씨여, 백성들이 그대만 보도다)." **嚇(혁: 노하다, 꾸짖다, 위협하다)** [*]**xrak**, 呼格切,《廣韻》: "怒也('노하다'이다)."《戰國策·趙策二》: "是故橫人日夜務以秦權恐嚇諸侯, 以求割地(이런 까닭으로 연횡을 주장하는 자들은 밤낮으로 진나라의 위세를 가지고 제후를 협박하여 토지를 빼앗고자 합니다)." 글자는 본래 '赫'으로만 쓴다.《詩經·桑柔》: "旣之陰女, 反予來赫(가서 그대를 보호하려 했는데, 도리어 나에게 와서 노여워하네)." 傳: "赫, 炙也(여기서 '赫'은 '노여워하다'이다)." 鄭箋: "口距人謂之赫(입으로 남과 거리를 두고 겨루는 것을 '赫'이라 한다)."《釋文》: "赫, 毛許白反, 與王赫斯怒同義, 本亦作嚇; 鄭許嫁反,《莊子》云以梁國嚇我, 是也(여기서 '赫'은 毛씨는 '許白反'이다. '王赫斯怒(왕께서 크게 노하시다)'와 같은 의미이다. 본래는 또 '嚇'으로도 쓴다. 鄭씨는 '許嫁反'이다. 〈장자〉에 이르길, '그대는 양나라의 재상자리로 나에게 소리지르는가!'[91]가 바로 이것이다.)"《素問·風論》: "心風之狀, 多汗,

91 [역주] 이것은 원래 '今子欲以子之梁國, 而嚇我邪!'란 문장을 말한다.

惡風, 焦絕, 善怒嚇, 赤色, 病甚則言不可快, 診在口, 其色赤(심풍의 증상은 땀이 많이 나고 바람을 싫어하며, 진액이 바싹 마르고, 화를 잘 내어 붉은색이 되고, 병이 심하면 말을 또렷하게 하지 못하는 것인데, 진단의 중점은 입에 있는데, 빛깔이 붉다는 것이다)." **赤(적: 붉다, 붉은색) *k-xrak**, 昌石切, 《廣韻》: "南方色('남방색')." 《說文》: "赤, 南方色也('赤'은 남방색이다)." 段玉裁注: "火者, 南方之行. 故赤爲南方之色('불'이란 남방의 물질이다. 그러므로 '붉은색'은 남방의 색이다)." 《詩經·北風》: "莫赤匪狐, 莫黑匪烏(붉지 않다고 여우가 아니며, 검지 않다고 까마귀가 아니겠는가)." 《禮記·檀弓上》: "周人尙赤; 大事斂用日出, 戎事乘騵, 牲用騂(주나라 사람은 붉은색을 숭상하여, 장사지낼 때 염하는 것은, 해가 떠 있을 때 하고, 전쟁할 땐 붉은 말을 타고 희생은 붉은 소를 쓴다)[92]." 《禮記·明堂位》: "殷之大白, 周之大赤(은나라는 대백이 있고, 주나라는 대적이 있다)."

喙(훼: 부리) *xots, 許穢切, 《廣韻》: "口喙('주둥이, 부리')." 《說文》: "喙, 口也('喙'는 '입'이다)." 《左傳·昭公四年》: "深目而豭喙(눈은 깊고 입은 돼지주둥이 같았다)." 注: "口象猪(입이 돼지 같다)." 《釋文》: "喙, 許穢反(여기서 '喙'는 '許穢反'이다)." 《莊子·天地》: "合喙鳴, 喙鳴合, 與天地爲合(부리를 지저귀다가 닫을 것이다. 부리를 지저귀다 닫으면 천지와 합하게 된다)." 《周禮·冬官·考工記》: "銳喙決吻, 數目顧脰, 小體騫腹((종거의 소리가) 예리한 부리와 터진 입술로 눈을 자주 움직이며 목이 길고, 몸이 작고 배가 처져 있다)[93]." 《釋文》: "喙, 況廢反, 一音昌銳反(여기서 '喙'는 '況廢反'이고 한편으로 또 '昌銳反'이다)." **喙(훼: 입, 괴롭다) *k-xots**, 《廣韻》又昌芮切(〈광운〉에서는 또 '昌芮切'이 있다). '喙'는 '充芮切'이다. 《集韻》: "口也('입'이다)." 《莊子·秋水》: "今吾無所開吾喙, 敢問其方(지금 나는 나의 입을 열 수가 없을 정도이니 그대에게 감히 묻겠소)." 《釋文》: "喙, 許穢反, 又昌銳反(여기서 '喙'는 '許穢反'이고, 또 '昌銳反'이다)." 《詩經·綿》: "混夷駾矣, 維其喙矣(오랑캐들이 도망하여 어찌할 바를 모른다)[94]." 《釋文》: "喙, 許穢反, 困也, 徐又音尺銳反(여기서 '喙'는 '許穢反'이고, '곤경에 처하다'이

92 [역주] 騵(원): 붉은 말 / 騂(성): 붉은 소

93 [역주] 顧(간): 긴 모양 / 脰(두): 목.

94 [역주] 여기서 '維其喙矣'의 '喙'를 '숨이 차다'로 보기도 하고, 위처럼 '괴로워하다'로 보기도 한다.

다. 徐씨의 음은 '尺銳反'이다)."

"不可"를 "叵(파)"로 융합하듯이, 접두사 k-는 일찍이 어근자음 x-와 융합하여 送氣塞音 kh-가 되었다. 개음의 출현에 따라 송기색음 kh-는 보다 더 변화하여 舌面送氣塞擦音 tɕh-가 되었다. 그 어근자음이 擦音 x-이기 때문에, 諧聲그룹에는 不送氣清塞音 k-도 없으며 또 濁塞音 g-도 없다. 한편, 상고한어의 접두사 k-는 流音 등 사이에서만 출현하는 것은 아니나, 기타 자음 앞에 출현하는 접두사 k-는 이미 소실되었다.

景(경: 크다, 밝다, 빛, 그림자) *kra̱ŋ^{B}, 居影切, 《廣韻》: "明也, 像也, 光也, 照也('밝다, 그림자, 빛, 비추다'이다)." 《說文》: "景, 日光也('景'은 '햇빛'이다)." 《詩經·二子乘舟》: "二子乘舟, 泛泛其景(두 사람이 배를 타고 가니, 둥둥 떠 있는 그림자로다)." 《釋文》: "景, 如字, 或音影(여기서 '景'은 통상음이고 또는 음이 '影'이다)." 《周禮·地官·司徒》: "以土圭之法測土深, 正日景, 以求地中. 日南則景短多暑, 日北則景長多寒, 日東則景夕多風, 日西則景朝多陰(토규의 법으로 흙의 깊이를 측량하고, 해의 그림자를 바르게 하여, 땅의 중앙을 구한다. 해가 남쪽으로 향하면 그림자가 짧아져 더위가 많고, 해가 북쪽으로 향하면 그림자가 길어져 추위가 많아지며 해가 동쪽으로 향하면 그림자가 쏠려 바람이 많아지고, 해가 서쪽으로 향하면 그림자가 길게 뻗어서 음지가 많아진다)." 注: "土圭所以致四時日月之景也(토규는 네 계절과 해와 달의 그림자를 측정하는 것이다)." 《釋文》: "景, 如字, 或音影(여기서 '景'은 통상음이고 또는 음이 '影'이다)." 《莊子·達生》: "猶應嚮景(여전히 다른 닭의 소리나 그림자에 반응한다)." 《釋文》: "景, 於領反, 又如字(여기서 '景'은 '於領反'이고 또 통상음이기도 하다)." 《莊子·寓言》: "衆罔兩問於景曰(여러 곁 그림자들이 그림자에게 물어 말했다)." 《釋文》: "景音影, 又如字, 本或作影(여기서 '景'의 음은 '影'이고 또는 통상음이다. 본래 혹체는 '影'이다)." **影(영: 그림자) *ʔra̱ŋ^{B}**, 於丙切, 《廣韻》: "形影(형체와 그림자)." 《荀子·王霸》: "辟之是猶立直木而求其影之枉也(비유하자면, 마치 곧은 나무를 세워놓고 그 그림자가 굽어지기를 바라는 것과 같다)." 《莊子·在宥》: "大人之教, 若形之於影, 聲之於響(대인의 가르침은 마치 그림자에 대한 형체, 메아리에 대한 소리의 관계와 같다)." '影'으로 쓰는 것은 후인들이 고쳐 쓴 결과이다. 원래는 '景'으로만 썼다. 《荀子·王霸》: "天下之人應之如景嚮(천하 사람들이 그림자나 메아리처럼 호응하다).”《荀子·君道》: “君者儀也, 民者景也, 儀正而景正(군주는 儀表이고 백성은 그림자이므로, 儀表가 똑바르며 그림자도 똑바르다).”

關(관: 빗장, 문, 잠그다(닫다), 당기다) ***qlon**, 古還切,《說文》: “以木橫持門戶也(‘나무를 이용해 문을 가로로 지탱하다’이다).”《左傳·襄公二十三年》: “臧紇斬鹿門之關, 以出奔邾(臧紇이 鹿門의 빗장을 자르고 나가더니 邾나라로 도망갔다).”《道德經》: “善閉無關楗而不可開, 善結無繩約而不可解(잘 닫는 자는 빗장으로 잠그지 않아도 열 수 없고, 잘 묶는 자는 밧줄로 묶지 않아도 풀 수 없다).”《呂氏春秋·愼大》: “孔子之勁, 擧國門之關, 而不肯以力聞(공자의 힘은 국문의 빗장을 들어 올릴 만하지만, 힘으로 소문나기를 원치 않았다).” 또 ‘門’을 가리킨다.《周禮·春官·宗伯》: “及墓, 呼啟關(묘에 이르러서는 호령하여 묘문을 열게 한다).” 鄭注: “關, 墓門也(여기서 ‘關’은 ‘묘문’이다).”《呂氏春秋·當務》: “夫妄意關內, 中藏, 聖也(잠긴 문을 간파해서 안에 감춘 것을 맞추는 것은 聖이다).”《周禮·地官·司徒》: “司關: 掌國貨之節, 以聯門市(司關은 나라 재물의 출입을 관장하는데, 사문의 관청과 사시의 관청을 연결한다).” 注: “關, 界上之門(‘關’이란 경계상의 문이다).” 후엔 ‘界上之門’을 지칭한다.《左傳·成公二年》: “遂自徐關入(마침내 徐關을 통해 齊나라로 들어갔다).”《左傳·襄公十七年》: “師自陽關逆臧孫(우리 군대가 陽關으로 나가 臧孫을 영접하였다).”《孟子·盡心下》: “古之爲關也, 將以御暴. 今之爲關也, 將以爲暴(옛날 국경에 관문을 만든 것은 포악한 자를 막으려고 한 것이고, 지금 관문을 만드는 것은 포악한 짓을 하기 위함이다).” 후엔 동사로 전환(類轉)되었다.《方言》: “關, 閉也(‘關’은 ‘닫다’이다).”《淮南子·覽冥訓》: “城郭不關, 邑無盜賊(성곽문을 닫지 않았으며, 마을에는 도적이 없었다).” 注: “關, 閉也(‘關’은 ‘닫다’이다).” 그 대상 또한 ‘弩弓’을 가리키기도 한다.《韓非子·說林下》: “羿執鞅持扞, 操弓關機, 越人爭爲持的(羿가 가슴걸이를 집고 덮개를 쥐어, 활을 힘껏 당기면 越나라 사람이라도 다투어 과녁을 잡을 것이다).”《左傳·昭公二十一年》: “將注, 豹則關矣(활에 화살을 메기려 하니 華豹는 이미 시위를 당겼다).”《釋文》: “關, 烏環反, 本或作彎(여기서 ‘關’은 ‘烏環反’이고 본래 혹은 ‘彎’으로 쓴다).”《孟子·告子下》: “越人關弓而射之(월나라 사람이 활을 당겨 사람을 쏘려 하다).”《呂氏春秋·壅塞》: “左右皆試引之, 中關而止(측근들이 모두 시험 삼아 당겨보았는데, 중간까지만 당기다가 그만두었다).” 注: “關謂關弓弦(‘關’은 활시위를 당기는 것이다).” **彎(완/만: 당기다)** ***ʔron**, 烏關切,《說文》: “持弓

關矢也(활을 잡고 활시위를 당기는 것이다)."《史記·秦始皇本紀》: "士不敢彎弓而報怨(군사들은 감히 활을 당겨 원수를 갚으려 하지 않았다)."《漢書·匈奴傳》: "士力能彎弓, 盡爲甲騎(병사들이 활을 당기는 능력이 있으면 모두가 갑기가 된다)." '彎'은 '關'의 後起字이다.

접두사 *k-가 약화하여 성문음 *ʔ-가 되었다. 이러한 약화는 단지 접사에만 한정된 것이 아니라 어근자음(성모와 운미 자음 포함)도 역시 이러한 약화가 발생할 수 있는데, '公'과 '翁'이 그러하다. 상고한어의 접두사 *k-는 먼저 성문음 *ʔ-로 약화된 후 소실되었다. 다만, 어근자음이 유음인 경우에만 성문음이 보존되었다. 접두사 *k-와 어근자음(유음)은 복자음으로 융합되었는데, 書面藏語에서는 대부분 이러한 음변에 속하고 나중에 단자음 성모로 간화되었다. 그러나 이러한 간화가 발생한 시간이 결코 동일하지는 않다. 따라서 동일 聲符의 중고한어 '等'의 경우, 다르게 나타나고 있다. 다른 예로 '各'성부의 예를 보면 다음과 같다.

胳(각: 겨드랑이) *k-lak, 古落切, 《廣韻》: "胳腋('겨드랑이')." 《說文》: "胳, 腋下也('胳'은 '겨드랑이'이다)." '胳'과 藏語 lag, 緬語 lak, 原始藏緬語 * lak은 모두 '手(손)' 의미의 同源詞이다. **袼(각: 소매, 옷겨드랑이의 솔기) *k-lak**, 古落切, 《廣韻》: "袼袖也, 又袂也('袼'은 '옷겨드랑이의 솔기' 또는 '소매'이다)." 《禮記·深衣》: "袼之高下, 可以運肘; 袂之長短, 反詘之及肘(소매의 높고 낮은 정도는 팔꿈치를 움직일 만큼하고, 소매의 길고 짧은 정도는 소매를 돌려 구부려 팔꿈치에 닿도록 한다)." 注: "肘不能不出入袼, 衣袂當掖之縫也(팔꿈치가 소매를 출입해야 하므로 옷의 소매는 겨드랑이의 솔기만큼 한다)." 《釋文》: "袼, 亦本作胳, 音各, 腋也(여기서 '袼'은 또 본래 '胳'으로 썼고 음은 '各'이다, '소매, 겨드랑이(腋)'이다)." **格(격: 가지) *k-lak**, 古落切, 《廣韻》: "樹枝('나뭇가지')." 《史記·司馬相如列傳》: "夭蟜枝格[95], 偃蹇杪顚(나뭇가지에서 놀거나, 나뭇가지에 거꾸로 매달려 있다)." 《史記·律書》: "角者, 言萬物皆有枝格如角也(角이란 것은, 만물이 마치 뿔처럼 가지가 뻗는 것을 말한다)." '胳', '袼', '格'은 사

95 [역주] '夭蟜'란 어떤 자세가 뻗었다가 굽었다가 하는 모양을 형용한 말이다. 여기서는 나무에 매달리는 자세를 말한다.

실 한 단어의 의미로부터 파생된 것이다.《史記·酷吏列傳》: "置伯格長以牧司姦盜賊(伯落長(감독관)을 설치하여 간악한 자나 도둑 잡는 일을 하게 했다)." 集解引徐廣(집해에서 徐廣을 인용하길): "一作落, 古村落字亦作格(한편으로 '落'으로 쓰기도 한다. 古村落의 글자를 '格'으로 쓰기도 한다)." 索隱: "伯音阡陌, 格音村落('伯'의 음은 '阡陌'의 '陌'이고, '格'의 음은 '村落'의 '落'이다)."

聲符 '各'은 '洛'의 본자이다. '洛'은 *k-lak으로 '古伯切'이고,《廣韻》에서 "至也, 亦作假('이르다'이다. 또 '假'로도 쓴다)."라고 나오고,《方言》에는 "假, 洛, 至也. 邠唐冀兗之間曰假, 或曰洛('假, 洛'는 '이르다'이다. 邠唐冀兗 사이에선 '假'라 하고, 또는 '洛'이라고도 한다)."라고 나온다. 이 글자는《詩經》에서 '格'으로 쓴다.《詩經·楚茨》에 "神保是格(신보가 이에 강림한다)."라고 나온다. 또한 이는 '落'의 본자이다.《粹》1278에 "各日, 王受又(해가 진 후, 왕이 도움을 받을 것이다)."라 한다. 그러나 '各'의《廣韻》발음은 '古落切'로 一等 鐸韻이다. '各' 등의 글자들은 이른 시기에 이미 유음 /l/을 소실하였다. 그 후 음운변화 속도 차이로 인해, '格'은《廣韻》에 '古落切'과 '古伯切' 두 발음이 존재한다.

四

상고한어의 *k-는 명사접두사이다. 명사나 동사 어근 앞에 붙어 명사를 만든다. 일부 단어의 경우, 비록 일시적으로 *k-접두사가 붙은 어근을 찾기 어렵긴 하지만 諧聲 관계에 근거하면 이러한 단어들이 상고한어 시기에 *k-접두사를 갖고 있었음을 확정할 수 있다. 예컨대, *k-rɯ '膠'가 그러하다. 諧聲 시리즈에서, 연구개 k-와 邊音 l-은 비교적 넓은 諧聲 관계를 갖고 있다. 이 외에, ***k-접두사를 갖는 동사도 발견할 수 있다.**

擧(거: 들다) *k-ja̱ᴮ , 居呂切,《廣韻》: "擎也('들다'이다)."《左傳·桓公十三年》: "莫敖必敗, 擧趾高, 心不固矣(莫敖는 반드시 패배할 것이다. 그가 발을 높이 들고 걷는 것을 보니 마음이 견고하지 못한 듯하다)."《莊子·漁父》: "擧足愈數而跡愈多, 走愈疾而影不離身(발을 많이 들

어 올릴수록 발자국도 더욱 많아졌고, 빨리 달릴수록 그림자가 몸에서 떨어지지 않았다).” ‘擧’의 대상은 ‘구체’에서 서서히 ‘추상’으로 발전하였다. 《莊子·庚桑楚》: “擧賢則民相軋(어진 사람을 등용하면 백성들이 서로 다툰다).” 《論語·衛靈公》: “君子不以言擧人, 不以人廢言(君子는 말로써 사람을 등용하지 않으며, 사람 때문에 그 말을 버리지도 않는다).” 《說文》: “擧, 對擧也, 从手與聲(‘擧’는 ‘두 손으로 서로 마주 잡는 것’이다. ‘手’를 따르고 ‘與’는 성부이다).” 글자는 또 ‘與’로도 쓴다. 《周禮·地官·司徒》: “王擧則從, 聽治亦如之(왕이 거동하면 수행하고, 왕의 다스림을 청취할 때에도 나쁜 점을 간한다).” 鄭注: “故書擧爲與. 杜子春云當爲與(고서에서 ‘擧’를 ‘與’로 쓴다. 杜子春이 말하길, ‘마땅히 與로 해야 한다’).” **與(여: 참여하다, 함께하다)** ***ja̱**[B] , 余呂切, 《說文》: “黨與也, 从舁从与(‘같은 당의 무리’이다. ‘舁’와 ‘与’를 따른다).” 段玉裁注: “共擧而與之也, 舁, 与皆亦聲(함께 들어 그것에 참여하는 것이다. ‘舁’와 ‘与’ 모두 성부이다).” 《墨子·備穴》: “可提而與投(흙을 들어 던질 수 있게 한다).” 孫貽讓: “與, 當作擧(‘與’는 ‘擧’여야 한다).” 《禮記·禮運》: “選賢與能, 講信修睦(어진 이를 가려 뽑고 능력 있는 이를 천거하고, 믿음을 강구하고 친목을 두텁게 한다).” 王引之按: “與, 當讀爲擧(여기서의 ‘與’는 마땅히 ‘擧’로 읽어야 한다).” **擧(거: 함께 들다)** ***ja̱** , 以諸切, 《廣韻》: “對擧(‘마주 함께 들다’).” 《說文》: “擧, 對擧也(‘擧’는 ‘마주 보고 들다’이다).” 《說文》: “舁, 共擧也(‘舁’는 ‘함께 들다’이다).” ‘擧’, ‘舁’는 분명 ‘擧’의 異形字이며, 자주 사용되지는 않는다. **輿(여: 수레)** ***ja̱** , 以諸切, 《廣韻》: “車輿(‘수레’).” **輿(여: 수레)** ***ja̱**[c] , 羊洳切, 《廣韻》: “車輿(‘수레’).” 《釋車》: “輿, 擧也(‘輿’는 ‘擧(들다)’이다).” 《周禮·冬官·考工記》: “殷人上梓, 周人上輿(은나라 사람은 梓人을 높이 여겼고, 주나라 사람은 輿人을 높이 여겼다).” ‘輿’는 ‘擧’의 파생명사이다. **譽(예: 칭찬하다)** ***ja̱** , 以諸切, 《廣韻》: “稱也(‘칭찬하다’).” **譽(예: 칭찬하다)** ***ja̱**[c] , 羊洳切, 《廣韻》: “稱美也(‘칭찬하다’).” 《左傳·昭公二年》: “宣子譽之(韓宣子가 그 나무를 칭찬하였다).” 《釋文》: “譽, 音余(여기서 ‘譽’는 음이 ‘余’이다).” 《莊子·大宗師》: “與其譽堯而非桀, 不如兩忘而化其道(堯임금을 찬양하고 桀王을 비난하는 것은 둘 다 잊고 도와 일체가 되는 것만 못하다).” 《釋文》: “譽, 音余(여기서 ‘譽’는 음이 ‘余’이다).” 《論語·衛靈公》: “吾之於人也. 誰毁誰譽? 如有可譽者, 其有所試矣(내가 사람들에 대해서 누구를 욕하고 누구를 칭찬하겠는가? 만약 칭찬한 사람이 있다면 이는 분명 그를 시험하는 것이다).” 《釋文》: “譽, 音余, 下及注同(여기서 ‘譽’는 음이 ‘余’이다. 아래의 주는 동일하다).”

監(감: 살피다) *__k-ram__ , 古銜切,《廣韻》: "領也, 察也.《說文》云: 臨下也('우두머리, 살피다'이다. 〈설문〉에 이르길, '위에서 아래를 내려 보다'이다)."《說文》: "監, 臨下也('위에서 아래를 내려 보다'이다)."《詩經·節南山》: "國既卒斬, 何用不監?(나라의 기운이 마침내 끊기거늘, 어찌하여 살피지 않는가?)" 傳: "監, 視也(여기서 '監'은 '살피다, 보다'이다)."《詩經·烝民》: "天監有周, 昭假于下(하늘이 주나라를 살펴보고, 신에게 기도하고 내려오네)." 箋: "監, 視也(여기서 '監'은 '살피다, 보다'이다)."《詩經·皇矣》: "監觀四方, 求民之莫(사방을 관찰하시어, 백성의 안정됨을 구하시다)."《左傳·閔公二年》: "從曰撫軍, 守曰監國(수행하는 것을 군사를 위로하는 것이라 하고, 지키는 것을 국정을 감독하는 것이라 한다)."《釋文》: "監, 古銜反(여기서 '監'은 '古銜反'이다)." **監(감: 감찰하다, 다스리다)** *__k-rams__ , 格懺切,《廣韻》: "領也('다스리다'이다)."《左傳·莊公三十二年》: "國之將興, 明神降之, 監其德也(나라가 장차 흥하려 할 때에는 신명이 내려와 그 나라의 德을 살핀다)."《釋文》: "監, 本又作鑒, 古暫反(여기서 '監'은 본래 또 '鑒'으로 쓰며, '古暫反'이다)." **覽(람: 보다)** *__ram__^{B} , 盧敢切,《廣韻》: "視也('보다'이다)."《說文》: "覽, 觀也('覽'은 '보다'이다)."《韓非子·外儲說左上》: "人主覽其文而忘有用(군주는 그 화려한 것만 보고 실제 쓰임은 잊는다)."《呂氏春秋·重言》: "其不鳴, 將以覽民則也(그 새가 울지 않는 것은 장차 백성들의 규범을 살피려고 그런 것이다)."

揀(간: 가리다, 선택하다) *__k-ran__^{B} , 古限切,《廣韻》: "揀擇('가려뽑다')." **揀(간: 가리다)** *__rans__ , 郎甸切,《廣韻》: "揀擇('가려뽑다')."《逸周書·酆保解》: "比黨不揀(사사로운 당을 만들되 선택지를 모르다)."《吳越春秋·勾踐十三年》: "揀擇精粟而蒸還於吳(잘 도정한 쌀을 골라 살짝 쪄서 오나라에 보냈다)." 글자는 본래 '柬'으로 썼다. **柬(간: 분간하다, 가리다, 선택하다)** *__k-ran__^{B} , 古限切,《廣韻》: "分別也('분별하다'이다)."《說文》: "柬, 分別簡之也('柬'은 '묶인 것을 나누어 내어 선택하다'이다)."《荀子·修身》: "安燕而血氣不衰, 柬理也(편하고 한가로우나 혈기가 시들지 않는 것은, 이치에 맞는 것을 선택했기 때문이다)." 注: "柬與簡同, 言柬擇事理所宜而不務驕逸(여기서 '柬'과 '簡'은 같다. 즉, 이치상 마땅한 것을 선택하여 방자한 것에 힘쓰지 않음을 말한다)." 글자는 '簡'으로 쓴다.《左傳·襄公二十六年》: "簡兵搜乘, 秣馬蓐食(군사를 훈련시키고 무기를 손질하게 하고, 전마를 배불리 먹이고 병사들에게 잠자리에서 밥을 먹인다)[96]." 注: "簡, 擇也('簡'은 '선택하다'이다)."《禮記·王制》: "上賢以崇德, 簡不肖以絀惡(어진 이를 높여 덕을 숭상하고, 불초한 자를 가려서 악을 내친다)." 注: "簡, 擇也('簡'은 '선택하다'이다)." **諫(간: 분간하여 간하다)** ***k-rans**, 古晏切,《說文》: "證也('직언으로 권하다'이다)." 徐鍇: "柬爲諫. 柬者, 分別也, 能分別善惡以陳於君('柬'은 곧 '諫'이다. '柬'이란 '분별함'이다. 선악을 분별하여 이로써 임금께 진언하는 것이다)."《論語·微子》: "往者不可諫, 來者猶可追(지난 일은 간할 수 없으나, 앞으로 올 일은 오히려 쫓을 수 있다)." [《漢書·梅福傳》: "往者不可及, 來者猶可追(지난 일은 미칠 수 없으나, 앞으로 올 일은 오히려 쫓을 수 있다)."《漢書·李尋傳》同.]

屆(계: 이르다) ***k-rits**, 古拜切,《廣韻》: "至也('이르다'이다)."《詩經·節南山》: "君子如屆, 俾民心闋(군자가 다다른 듯하여, 백성의 마음을 쉬게 하다)." 箋: "屆, 至也('屆'는 '이르다'이다)."《詩經·小弁》: "譬彼舟流, 不知所屆(비유컨대 저 배가 흘러 이를 곳이 어디인지 모르는 것과 같다)." 箋: "屆, 至也('屆'는 '이르다'이다)." **戾(려: 이르다)** ***rits**, 郎計切,《廣韻》: "來也, 至也('오다, 이르다'이다)."《詩經·小宛》: "宛彼鳴鳩, 翰飛戾天(작은 저 산비둘기가, 날아서 하늘에 이르는구나)." 傳: "戾, 至也('戾'는 '이르다'이다)."《詩經·泮水》: "魯侯戾止, 言觀其旂(노나라 제후가 이르러 그 깃발을 보는구나)." 傳: "戾, 來也('戾'는 '오다'이다)."《國語·魯語上》: "天災流行, 戾于敝邑(하늘의 재앙이 유행해서 우리나라에 이르고)."

狢(격: 이르다, 오다) ***k-lak**, 古伯切,《廣韻》: "至也, 亦作假('이르다'이다, 또 '假'로도 쓴다)."《方言》: "假, 狢, 至也. 邠唐冀兗之間曰假, 或曰狢('假, 狢'는 '이르다'이다. 邠唐冀兗 사이에선 '假'라 하고, 또는 '狢'이라고도 한다)."《方言》: "狢, 來也. 自關而東周鄭之郊齊魯之間或謂狢('狢'은 '오다'이다. 관의 동쪽, 周鄭의 郊와 齊魯 사이에서는 '狢'이라고도 말한다)." 글자는 '格'과 통한다. **格(격: 오다)** ***k-lak**, 古伯切,《廣韻》: "《書》傳云: 來也.《爾雅》云: 至也(〈서경〉전에 이르길, '오다이다'. 〈이아〉에 이르길, '이르다이다')."《詩經·抑》: "神之格思, 不可度思

---

96 [역주] 이 부분에 대해 대부분의 판본에서 "**訓**卒利兵, 秣馬蓐食"으로 나온다. 즉, '簡'이 아니라 '訓'으로 나오고 있다.

(신의 이름은 헤아릴 수가 없으니).” 傳: “格, 至也(여기서 ‘格’은 ‘이르다’이다).” ‘格’과 ‘出’은 방향이 반대이다. 옛사람들이 半穴式에 거주하였기에 ‘向下(아래로)’의 의미가 파생되었다. **落(락: 떨어지다)** ***lak** , 盧各切, 《廣韻》: “零落, 草曰零, 木曰落(‘零落(시들어 떨어지다)’, 풀의 경우는 ‘零’이라 하고, 나무의 경우는 ‘落’이라 한다).” 《詩經·氓》: “桑之未落, 其葉沃若(뽕잎이 떨어지지 않았으니 그 잎이 검고 윤택하도다).” 《禮記·王制》: “草木零落, 然後入山林(초목이 다 떨어지고 난 후에 산림에 들어간다).”

革(혁: 고치다) ***k-rek** , 古核切, 《廣韻》: “改也(‘고치다’이다).” 《左傳·襄公十四年》: “過則匡之, 患則救之, 失則革之(잘못이 있으면 바로잡고, 어려움이 있으면 구제하고, 실수가 있으면 고친다).” 《國語·周語下》: “厲始革典, 十四王矣(厲王 때에 처음으로 선왕의 법도를 고쳐서 지금까지 열네 왕을 지났습니다).” 《管子·法法》: “行邪者久而不革, 則群臣比周(사악한 것을 행하는 사람이 오랫동안 고치지 않으면, 여러 신하들이 결탁하게 된다).” **勒(륵: 굴레, 다스리다)** ***rek** , 盧則切, 《說文》: “馬頭落銜也(‘말 머리에 씌우는 말굴레’이다).” 段玉裁注: “落銜者, 謂落其頭而銜其口, 可控制也. 引申之爲抑勒之義(‘굴레’란, 말 머리에 씌워 그 입에 머금게 해 통제할 수 있는 것이다. 여기서 발전하여 ‘억제하다(抑勒)’란 의미가 나왔다).” 《楚辭·九章·思美人》: “勒騏驥而更駕兮, 造父爲我操之(천리마에 재갈 물려 다시금 수레 끌게 하니, 조보가 나를 위해 고삐를 쥐네).” 《墨子·旗幟》: “勒卒, 中教解前後左右, 卒勞者更休之(병사들을 잘 통제하여, 군중에서 전후좌우 방향을 잘 가르쳐 깨우치고, 피로한 자는 번갈아 쉬게 한다).”

降(강: 내리다, 내려가다) ***k-ruŋs** , 古巷切, 《廣韻》: “下也, 歸也, 落也(‘내려가다, 돌아가다, 떨어지다’이다).” 《說文》: “降, 下也(‘降’은 ‘내려가다’이다).” 《左傳·莊公三十二年》: “有神降於莘(신이 莘 땅에 내려왔다).” 《孟子·滕文公下》: “誅其君, 吊其民, 如時雨降(탕왕께서 포악한 군주를 주살하고 백성들을 위로하니, 마치 단비가 내린 것 같다).” 《莊子·逍遙遊》: “時雨降矣, 而猶浸灌(때에 맞는 비가 내리는데도 여전히 물 대는 일을 계속하다).” 글자는 또 ‘隆’으로도 쓴다. 《墨子·非攻下》: “天命融隆火(하늘은 축융에게 불을 내리라고 명했다).” 《管子·輕重己》: “毋犯天之隆(하늘의 존엄(하늘이 내리는 바)을 범하지 말라).” 《莊子·天運》: “雲者爲雨乎? 雨者爲雲乎? 孰隆施是?(구름이 비가 되는 것인가? 비가 구름이 되는 것인가? 아니면 누군가 이것을 일으키고 베푸는 것인가?)" **隆(륭: 성하다, 크다) *ru̱ŋ** , 力中切, 《廣韻》: "盛也, 大也('성하다, 크다'이다)." 《玉篇》: "隆, 中央高也('隆'은 '가운데가 높이 솟은 것'이다)." 《爾雅》: "宛中隆(한 가운데가 완연한 것이 '隆'이다)." 郭注: "山中央高(산의 가운데가 높은 것이다)." 《釋名》: "陵, 隆也, 體高隆也('陵'은 '隆(솟다)'이다. 몸체가 높이 솟은 것이다)" 《史記·高祖本紀》: "高祖爲人, 隆准而龍顔(고조(유방)는 생김새가 코가 높고 얼굴은 용을 닮았다)." 集解引應劭(집해에서 應劭를 인용하여 말하길): "隆, 高也('隆'이란 '높다'이다)." 《戰國策·齊策一》: "雖隆薛之城到於天, 猶之無益也((무릇 齊나라를 잃는다면) 薛城이 높아져 하늘에 닿는다 해도 아무 이익이 없습니다)."

상고한어의 *k-는 명사 접두사 뿐 아니라 동사 접두사이기도 하다. 그러나 상고한어 중 *k-접두사를 갖는 동사는 이미 그 수가 많지 않다. 이 몇 개의 잔존하는 예로부터 *k-접두사의 어법 의미를 귀납하기는 이미 어려움이 있다. 위에 언급한 예가 이러한 잔존의 예들인데, 이후 학자들이 상고한어 접두사 *k-의 기능에 대해 보다 진일보한 연구를 더 진행하기를 희망한다. 書面藏語에는 사용 범위가 매우 넓고 또 의미가 상당히 풍부한 접두사 *g-가 존재한다. 이 접두사 *g-는 현대 藏語의 '衛方言'과 '康方言'에서 이미 모두 종적을 감추었다. 書面藏語와 마찬가지로, 상고한어의 접두사 *k- 역시 분명 그 기능이 풍부할 것으로 생각한다.

제2절 접두사 *m-(1)

一

王之藎臣, 無念爾祖. 傳: "無念, 念也."(《詩經·文王》)(왕의 훌륭한 신하들이 너의 할아버지를 생각할 것이니)('無念'은 곧 '念'이다)

無田甫田, 維莠驕驕. 陳奐傳疏: "無, 發聲也."(《詩經·甫田》) (큰 밭을 경작하면, 잡초가 무성하고 무성하리라.)('無'는 발어사이다)

如彼泉流, 無淪胥以亡. 陳奐傳疏: "無, 發聲也."(《詩經·抑》) (저 넘치는 샘물과 같아, 빠져서 서로 말할 것이니)('無'는 발어사이다)

如彼泉流, 無淪胥以敗. 陳奐傳疏: "無, 亦發聲也."(《詩經·小旻》) (저 넘치는 샘물과 같아, 빠져서 서로 패할 것이니)('無'는 발어사이다)

式相好矣, 無相猶矣. 陳奐傳疏: "無爲助詞, 無意義."(《詩經·斯干》) (서로 좋아하고 서로 닮아가네.)('無'는 어조사이고, 의미가 없다.)

不顯亦臨, 無射亦保. 馬瑞辰: "無爲助詞."(《詩經·思齊》) (밝지 않은 곳에도 임하시어, 싫증나더라도 지켜주네)('無'는 어조사이다)

無競維人, 四方其訓之. 馬瑞辰: "無, 發聲語助."(《詩經·抑》) (백성 위해 애쓰신 이 분, 사방에서 교훈으로 삼는다)('無'는 '發聲語助'이다)

執競武王, 無競維烈. 傳: "無競, 競也."(《詩經·執競》) (용맹한 무왕은 몹시 애쓰시고 대단한 공덕을 쌓으셨으니)('無競'은 곧 '競'이다)

雖無造爲樂器, 以爲事乎國家. 王念孫按: "無, 語詞也."(《墨子·非樂》) ((임금과 귀족들이) 악기를 만들어서 나라를 위해 연주를 일삼게 하다)('無'는 '語詞'이다)[97]

접두사 *m-은《詩經》에서 한 음절의 형식으로 출현할 수 있다. 그러나 어떤 단어의 구성 형태소로 쓰이는 경우(문자형식은 '無'나 '武'일 수 있음)를 제외하고, 음절을 이룬 *ma-접두사는 문헌에서 거의 보이지 않는다. 단지 어떤 특정한 조건 하에서, 접두사 *m-이 어근자음과 융합하여 어음형식을 분할할 수 없는 구성성분이 되기도 한다.

상고한어의 접두사 *m-은 먼저 생명명사 접두사로 쓰였다. 생명명사에 접두사 m-을 부가하는 것은 藏緬語에서 매우 보편화된 언어현상으로, 특히 藏語가 그러하다. 藏語의 생명명사 특히 신체명사(肢體名詞)는 접두사 m-을 부가하는 것이 가장 보편적인데, 그 수

97 [역주] 이상의 예문 중 다수는 '無'의 의미를 살려서 해석하곤 한다. 그러나 여기서는 필자의 의도에 맞춰 고의로 '無'의 의미가 없는 것으로 간주하여 해석하였다.

량이 s-접두사를 부가하는 신체명사를 초과하기까지 한다. 그리고 Wolfenden(沃爾芬登, 1929), Benedict(本尼迪克特, 1972), Matisoff(馬提索夫, 2003) 등도 이것을 논의한 바 있다. 상고한어의 생명명사, 특히 신체명사 역시 *m-접두사를 부가한 형식의 수량이 매우 많다. 이에 대해 金理新(1998)이 이미 추가적으로 논술을 했고 또 접두사 *m-이 漢藏語 공동의 신체명사 접두사라고 보았다. 즉, **상고한어와 藏語의 신체명사 접두사 *m-은 모두 原始漢藏語 신체명사 접두사 *m-을 계승한 것이다.**

二

𠂢(맥: 혈맥) *m-prik , 莫獲切,《說文》: "血理分, 衺行體中者(피가 무늬를 이루어 각각 나뉘어 몸 전체로 가는 것이다)." 글자는 '脈(脉)'과 통한다.《左傳·僖公十五年》: "亂氣狡憤, 陰血周作, 張脈僨興(어지러운 기운이 사납게 움직이고, 피가 온몸에서 발작하고, 팽창한 혈맥이 일어난다)."《釋文》: "脈音麥(여기서 '脈'은 음이 '麥'이다)."《管子·水地》: "水者, 地之血氣, 如筋脈之通流者也(물이란 땅의 혈기인데, 마치 사람에게 혈맥이 흐르는 것과 같다)." **脈(맥: 훔쳐보다) *m-prik** , 莫獲切,《說文》: "目邪視也('눈을 흘겨서 보다'이다)."《楚辭·九思·逢尤》: "魂煢煢兮不遑寐, 目脈脈兮寤終朝(영혼이 고단하여 잠을 잘 틈도 없어, 두 눈을 뜨고는 밤새 아침까지 깨어 있었네)." 글자는 또 '覛'로도 쓰고 발음은 같다. **覛(맥/멱: 몰래 보다) *m-prik** , 莫獲切,《說文》: "衺視也('눈을 흘겨 보다'이다)."《爾雅》: "覛, 相也('覛'은 '보다'이다)."《國語·周語上》: "古者, 太史順時覛土(옛날 태사가 시기에 따라 땅을 살폈다)." 注: "覛, 視也('覛'은 '살피다'이다)." **𠂢(파: 물이 갈라져 흐르다) *phriks** , 匹卦切,《說文》: "水之衺流別也(물의 삐져나온 지류, 즉 分流이다)." 통상 '派'로 쓰고 발음은 같다. **派(파: 물갈래, 갈라져 흐르다) *phriks** , 匹卦切,《廣韻》: "分流也('분류'이다)."《說苑·君道》: "故疏河以導之, 鑿江通於九派, 灑五湖而定東海(이 때문에 황하의 물을 소통시키고 장강을 파서 아홉 지류와 통하게 하며, 오호의 물을 나누어 동해로 들어가게 하다)."

眉(미: 눈썹, 노인) *m-rir̠ , 武悲切,《說文》: "目上毛也('눈 위의 터럭')."《詩經·碩人》: "齒

如瓠犀, 螓首蛾眉(치아는 박씨처럼 가지런하고, 매미이마에 나방 눈썹이로다)." 《左傳·昭公二十六年》: "有君子白晳, 鬒須眉, 甚口(君子를 만났는데, 피부가 희고, 수염과 눈썹에 숱이 많고 입담이 좋았다)." 글자는 또 '麋'로도 쓴다. 《荀子·非相》: "伊尹之狀, 面無須麋(伊尹의 모습은 얼굴에 수염과 눈썹이 없었다)." 《方言》: "眉, 梨, 老也. 東齊曰眉, 燕代之北鄙曰梨('眉, 梨'는 '老(늙다)'이다. 東齊에서는 '眉'라 하고, 燕代의 北鄙에선 '梨'라 한다)." 又: "麋, 梨, 老也(또 '麋, 梨'는 '늙다'이다)." 郭璞注: "麋, 猶眉也('麋'는 '눈썹(眉)'과 같다)." 사람이 늙으면 눈썹이 길어지므로, 눈썹이 긴 것은 노인의 매우 중요한 특징이 된다. 《詩經·七月》: "爲此春酒, 以介眉壽(이듬해 봄에 술을 빚어, 노인께 드리리라)." 傳: "眉, 壽豪眉也('眉'는 '노인의 긴 눈썹'이다)." 따라서 '眉'에서 '늙다'의 의미가 파생되었다. 《詩經》에서 '眉壽'라는 말이 7차례 출현했는데 그 의미는 모두 '長壽'이다.

皃(貌, 모: 얼굴) *m-rɯks , 莫教切, 《廣韻》: "儀皃('외모')." 글자는 또 '貇'나 '貌'로 쓴다. 《說文》: "皃, 頌儀也. 籒文皃从豹省('皃'는 '용모'이다. 籒文의 '皃'자는 豹의 省聲이다)." 《論語·泰伯》: "動容貌, 斯遠暴慢矣; 正顏色, 斯近信矣(용모를 엄숙하게 움직이면 남들이 나를 사납거나 오만하게 대하지 않을 것이고, 안색을 바르게 하면, 남들이 나에게 믿음으로 다가올 것이다)." 《禮記·玉藻》: "凡祭, 容貌顏色, 如見所祭者(무릇 제사는 용모와 얼굴빛이 제사 받는 이를 보는 듯이 해야 한다)." 《禮記·樂記》: "望其容貌, 而民不生易慢焉(그 얼굴 모양을 바라보면 백성은 경박함과 태만함이 생기지 않는다)." 朱駿聲: "面之神氣曰容, 面之形狀曰貌(얼굴의 '표정'이 '容'이고, 얼굴의 형상이 '貌'이다)." 《國語·晉語五》: "夫貌, 情之華也(무릇 용모는 마음의 꽃이 피어남이다)." 邈, 《說文》新附: "遠也, 从辵貌聲('邈'은 〈설문〉新附에서 이르길, '멀다, 辵를 따르고 貌가 성부이다')." **邈(막: 멀다) *m-rɯk** , 莫角切, 《廣韻》: "遠也('멀다'이다)." 《廣雅》: "邈, 遠也('邈'은 '멀다'이다)." **遼(료: 멀다) *rɯ** , 落蕭切, 《說文》: "遠也('멀다'이다)." 《墨子·非攻下》: "道路遼遠(도로가 멀다)." '邈'과 '遼'는 同族詞이다.

額(액: 이마) *m-klak , 五陌切, 《說文》: "顙也('이마'이다)." 《方言》: "額, 顏, 顙也. 中夏之謂額, 東齊謂之顙, 汝潁淮泗之間謂之顏('額, 顏'은 '이마'이다. 中夏에서는 '額'이라 하고, 東齊에서는 '顙', 汝潁淮泗 사이에서는 '顏'이라 한다)." 이는 '額'과 통하고 발음이 같다. 《史記·滑稽

列傳》: "皆叩頭, 叩頭且破, 額血流地, 色如死灰(모두 머리를 조아려 이마를 땅에다 치자 이마가 깨져서 이마에서 피가 나와 땅으로 흐르니 얼굴색은 잿빛으로 변하였다)."《漢書·外戚傳下》: "我兒男也, 額上有壯發, 類孝元皇帝(내 아이는 사내이며, 이마에 드리워진 머리카락이 있는데, 효원황제와 같습니다)."《韓非子·說疑》: ……吳王孫額, 晋陽成泄, 齊豎刁, 易牙, 此十二人者之爲其臣也(吳나라 王孫額, 晉나라 陽成泄, 齊나라 豎刁와 易牙 등 이 열두 사람이 신하 노릇을 할 적에)." 王先慎引顧廣圻(王先愼이 顧廣圻의 말을 인용하길): "額,《國語》作額. 額, 額同('額'은《國語》에서는 '額'으로 되어 있다. '額, 額'은 서로 같다)."《國語·吳語》: "乃命王孫額先與勇獲帥徒師(王孫雒에게 명하여 먼저 勇獲과 함께 보병을 거느려)."《國語·越語下》: "使王孫額行成於越(王孫雒을 시켜 越나라에 화친을 요구했다)." **額(락: 수리부엉이)** ***lak** , 盧各切,《說文》: "鵅鵋也('수리부엉이'이다)."

眼(안: 눈) ***m-glɯn**[B] , 五限切,《廣韻》: "眼目也('눈'이다)."《說文》: "眼, 目也. 从目艮聲('眼'은 '눈'이다. '目'을 따르고 '艮'은 성부이다)."《莊子·盜跖》: "比干剖心, 子胥抉眼, 忠之禍也(왕자 比干은 심장이 갈라졌으며 吳의 伍子胥는 눈알이 파졌으니, 이것은 忠이 초래한 재앙이다)."《韓非子·外儲說右下》: "趙王遊於圃中, 左右以菟與虎而輟, 盼然環其眼(趙나라 왕이 동산 안에서 노닐고 있었는데, 신하가 토끼를 범에게 주려다가 멈추자, 범이 사납게 노려보며 눈을 부라렸다)."《釋名》: "眼, 限也('眼'은 '限(한계)'이다)."《周禮·冬官·考工記》: "望其轂, 欲其眼也(바퀴통을 관찰하는데 그것이 튀어나왔는가를 본다)." 注: "鄭司農云: 眼讀如限切之限(鄭司農이 말하길, '眼은 限切의 限처럼 읽는다')." **限(한: 경계)** ***glɯn**[B] , 胡簡切,《廣韻》: "界也('경계'이다)."《韓非子·解老》: "嗜欲無限, 動靜不節, 則痤疽之爪角害之(즐기고자 하는 욕심에 한도가 없고, 행동이 절제가 없으면, 부스럼과 종기라는 발톱과 뿔이 해할 것이다)."《戰國策·秦策一》: "南有巫山, 黔中之限(남쪽으로는 巫山과 黔中 등 요새가 있다)."

牙(아: 치아) ***m-gla** , 五加切,《廣韻》: "牙齒('치아')."《說文》: "牙, 壯齒也('牙'는 '큰 이빨'이다)."《詩經·祈父》: "予王之爪牙(나는 왕의 발톱과 이빨이다)."《左傳·隱公五年》: "皮革, 齒牙, 骨角, 毛, 羽, 不登於器, 則公不射, 古之制也(가죽, 이빨, 뼈, 뿔, 털, 깃털 등은 기물을 만드는 재료로 쓰이지 않으므로, 이러한 짐승은 임금이 쏘아 잡지 않는 것이 옛 제도이다)."《呂氏

春秋·本味》: "鍾子期死, 伯牙破琴絕弦, 終身不復鼓琴(종자기가 죽자, 백아는 거문고를 부수고 현을 끊고는 죽을 때까지 다시는 거문고를 타지 않았다)." 注: "伯姓牙名, 牙或作雅('伯'이 姓이고 '牙'가 이름이다. '牙'는 또 '雅'로도 쓴다)." **雅(아: 떼까마귀) *m-gla**[B], 五加切,《說文》: "楚烏也. 一名鸒. 一名卑居. 秦謂之雅('초나라 까마귀'로, 일명 '鸒' 또는 '卑居'라고 한다. 秦에서는 '雅'라 한다)."《荀子·榮辱》: "譬之越人安越, 楚人安楚, 君子安雅(비유하자면 越나라 사람은 越나라에 안주하고 楚나라 사람은 楚나라에 안주하며 군자는 夏에 안주하는 것과 같다)."《荀子·儒效》: "居楚而楚, 居越而越, 居夏而夏, 是非天性也, 積靡使然也(楚나라에 살면 楚나라 습속을 따르고, 越나라에 살면 越나라의 습속을 따르며, 中原에 살면 中原의 습속을 따르는 것이니, 이는 타고난 천성이 아니라 쌓인 습관과 연마한 것이 그렇게 만든 것이다)." 지금 上海博物館에 소장되어 있는《詩經》의 '雅'는 '夏'로 되어 있다. **夏(하: 크다) *gla**[B], 胡雅切,《廣韻》: "大也('크다'이다)."《方言》: "凡物之壯大或曰夏(무릇 사물이 큰 것을 '夏'라고 한다)."《禮記·檀弓上》: "見若坊者矣, 見若覆夏屋者矣(내가 보니 무덤의 봉분을 제방처럼 만든 것도 있고, 하옥의 지붕처럼 만든 것도 있었다)." 注: "夏屋, 今之門廡也, 其形旁廣而卑(여기서 '夏屋'이란 지금의 '문옆의 회랑'이다. 그 모양은 옆이 넓으며 낮다)."《楚辭·九章·哀郢》: "曾不知夏之爲邱兮(대전이 폐허의 언덕이 되리라고는 생각지 못했다)." 注: "夏, 大殿也(여기서 '夏'는 '대전'이다)." 글자는 나중에 '廈'로 쓴다. '廈'는 '胡雅切'이다.《廣韻》: "廈屋('큰집')." **庌(아: 집, 대청) *m-gla**[B], 五加切,《廣韻》: "廳也('대청'이다)."《說文》: "庌, 廡也. 从廣牙聲('庌'는 '廡(堂아래 주변 집들)'이다. '廣'을 따르고, '牙'는 성부이다)."《釋名》: "大屋曰廡; 廡, 幠也; 幠, 覆也. 並, 冀人謂之庌. 庌, 正也, 屋之正大者也('큰집'을 '廡'라 한다; '廡'는 '幠(덮다, 크다)'이다; '幠'는 '覆(덮다)'이다. 並, 冀人은 '庌'라고 한다. '庌'는 '正(바르다)'이다, 집이 바르고 큰 것이다)." '夏'와 '庌'는 同族詞이다.

齗(은: 잇몸) *m-kɯn, 語斤切,《廣韻》: "齒根肉也. 齦, 上同('잇몸'이다. '齦'은 위와 같다)."《說文》: "齗, 齒本也, 从齒斤聲('齗'은 '치아의 뿌리'이다. '齒'를 따르고 '斤'이 성부이다)." **斤(근: 도끼, 밝히다) *kɯn**, 舉欣切,《廣韻》: "十六兩也(16兩이다)."《說文》: "斤, 斫木斧也('斤'은 '나무 찍을 때 쓰는 횡날 도끼'이다)."《周禮·冬官·考工記》: "鄭之刀, 宋之斤, 魯之削, 吳粵之劍(정나라의 칼, 송나라의 도끼, 노나라의 창칼, 오월의 검)." '斤'과 '釿'은 '舉欣切'이다.《集

韻》: "《說文》'斫木也', 或从金; 一曰斤權輕重之數, 一曰明也(〈설문〉에 이르길 '나무 베다'라고 한다. 혹은 '金'을 따르기도 한다. 또 한편으로 '斤'은 '무게를 재는 수'이기도 하고 '밝히다'란 의미도 있다)."《漢書·律曆志上》: "斤者, 明也, 三百八十四銖, 《易》二篇之爻, 陰陽變動之象也. 十六兩成斤者, 四時乘四方之象也('斤'은 '밝히다'이다. 384의 수는 〈역〉의 2편의 효이다. 음양 변동의 모양이다. 16양이 한 근인 것은 4시에 사방을 곱한 모양이다)."《爾雅》: "明明, 斤斤, 察也('明明'과 '斤斤'은 '밝게 살피다'이다)." '斤斤'은 곧 '齗齗(말이 많거나 말싸움하는 모양)'이다. 《漢書·地理志下》: "魯道衰, 洙泗之間齗齗如也(노나라의 도가 쇠하였네, 洙水와 泗水 사이에서 티격태격하네)." 注: "齗齗, 分辨之意, 音牛斤反('齗齗'은 '분별함'의 의미이며 음은 '牛斤反'이다)."《漢書·公孫賀傳》: "辯者騁其辭, 齗齗焉(말하는 사람은 그 말재주를 놀려 티격태격한다)." 注: "齗齗, 辯爭之貌, 齗音牛斤反('齗齗'은 '말싸움하는 모양'으로 '齗'의 음은 '牛斤反'이다)."《史記·魯周公世家》: "魯道之衰也, 洙泗之間齗齗如也(노나라의 도가 쇠약해지는구나! 洙水와 泗水 사이 사람들은 언쟁을 그치지 않는구나!)." 集解: "齗, 魚斤反, 東州語也('齗'은 '魚斤反'이고 東州語이다)."

元(원: 머리) ***m-gon**, 愚袁切, 《爾雅》: "首也('머리'이다)."《左傳·襄公九年》: "元, 體之長也('元'은 신체의 으뜸이다)."《左傳·僖公三十三年》: "狄人歸其元, 面如生(狄人이 그의 머리를 돌려보냈는데, 얼굴이 살아 있는 것 같았다)." 注: "元, 首(여기서 '元'은 '머리'이다)."《左傳·哀公十一年》: "公使大史固, 歸國子之元(哀公이 太史固를 시켜 國子의 머리를 돌려보냈다)." 注: "元, 頭也('元'은 '머리'이다)." 의부와 성부가 동시에 '元'인 글자와 藏語와의 同源 대응 관계는 아래 표와 같다.

元, 《說文》: "始也."	藏語 ɦ-go "처음, 시작하다"
元, 《廣雅》: "君也."	藏語 ɦ-go-pa "수령, 두목"
元, 《爾雅》: "首也."	藏語 m-go-bo "머리"
刓, 《廣雅》: "斷也."	藏語 b-go-pa "나누다, 분할하다"
忨, 《說文》: "貪也."	藏語 m-go-ba "요구하다, 욕구"

完,《後漢書》注: "野羊也."	藏語 d-go-ba "高山羚羊, 黃羊"
玩,《說文》: "習厭也."	藏語 ɦ-go-ba "물들다, 몸에 배다"

冠(관: 머리장식, 모자) ***kon**, 古丸切,《廣韻》: "首飾('머리장식')."《左傳·僖公二十四年》: "好聚鷸冠(물총새 깃털 冠을 모으기를 좋아하다)."《左傳·閔公二年》: "衛文公大布之衣, 大帛之冠(衛文公이 거친 베옷을 입고, 거친 명주 모자를 쓰고)."《說文》: "冠, 絭也. 所以絭髮, 弁冕之總名也. 从冂从元, 元亦聲('冠'은 '絭束'이다. 이는 머리를 묶는 것이다. 모자의 총칭이다. '冂'과 '元'을 따르고 '元'이 성부이다)."《說文》에 따르면 '冠'과 '元'은 同族詞이다.《史記·楚世家》: "太子熊元代立(태자 웅원이 뒤를 이었다)." 索隱: "元, 系本作完('元'은 系本엔 '完'으로 되어 있다)." **完(완: 완전하다)** ***Gon**, 胡官切,《廣韻》: "全也('완전하다'이다)."《說文》: "完, 全也. 从宀元聲('完'은 '온전하다'이다. '宀'을 따르고 '元'이 성부이다)." '完'의 어원은 '丸'이다. **丸(환: 알)** ***Gon**, 胡官切,《廣韻》: "彈丸('탄환')." '彈丸'은 '丸'의 파생 의미이다. 본의는 '알[卵]'이다.《說文》: "丸, 圜, 傾側而轉者('丸'은 '둥근 것'으로, 옆으로 기울이면 빙빙 도는 것이다)."《呂氏春秋·本味》: "丹山之南, 有鳳之丸, 沃民所食(단산의 남쪽엔 봉황의 알이 나는데 沃의 백성이 먹는다)." 高注: "丸古卵字也('丸'은 옛 '卵'자이다)."《莊子·達生》: "五六月累丸, 二而不墜, 則失者錙銖[98]; 累三而不墜, 則失者十一; 累五而不墜, 猶掇之也(대여섯 달 동안 손바닥 위에 구슬을 포개놓아도 둘인데도 떨어뜨리지 않으면, 매미를 잡을 때 잡는 경우보다 놓치는 경우가 적다. 구슬 세 개를 포개놓아도 떨어뜨리지 않으면, 매미를 잡을 때 놓치는 경우가 열 번에 한 번 정도이고, 구슬 다섯 개를 포개놓아도 떨어뜨리지 않으면, 마치 떨어진 물건을 줍는 것처럼 매미를 잡을 수 있다)." [《韓非子·十過》: "其君之危猶累卵也(그 임금의 위험함이 마치 계란을 쌓아놓은 것과 같다)."] '丸'의 특징은 '圜'이다. 이에 '完整'의 의미가 생겼다.《廣雅》: "丸, 完也('丸'은 '완전하다'이다)." 글자는 '完'과 통한다.《孟子·離婁上》: "城郭不完, 兵甲不多, 非國之災也(성곽이 완전하지 못하고 병사가 적은 것은 나라의 재앙이 아니다)."《荀子·勸學》: "巢非不完也, 所系者然也(이는 그 둥지가 불완전한 것이 아니라, 그것이 매달린 장소가 그러한 것이다)."

---

98 [역주] '錙銖(치수)'는 '아주 가벼운 무게'이다.

三

貊(맥: 부여국, 북방인) *m-lak , 莫白切, 《廣韻》: "蠻貊('남쪽, 북쪽 오랑캐')." 《論語·衛靈公》: "言忠信, 行篤敬, 雖蠻貊之邦行矣(말이 忠信하고 행실이 篤敬하면, 비록 南蠻이나 北貊의 나라에서라도 행할 수 있다)." 《釋文》: "貊, 亡白反, 《說文》作貉, 云北方人也('貊'은 '亡白反'으로, 《說文》에서는 '貉'으로 되어 있다. 北方人을 말한다)." 《禮記·中庸》: "是以聲名洋溢乎中國, 施及蠻貊(이로써 명성이 중원 땅에 흘러넘쳐, 남만과 북적에까지 미치도다)." 《釋文》: "貊, 本又作貉, 武伯反. 《說文》云: 北方人也('貊'은 본래 또 '貉'으로도 쓰고, '武伯反'이다. 《說文》에 이르길, '北方人이다')." 《詩經·閟宮》: "至于海邦, 淮夷蠻貊(바닷가 나라에 이르니 淮夷와 蠻貊이로다)." 《釋文》: "貊, 字又作貉, 武伯反(여기서 '貊'은 글자를 또 '貉'로도 쓰고, '武伯反'이다)." **貉(맥: 담비)** *m-lak , 莫白切, 《廣韻》: "北方獸('북방의 동물')." 貉, 《說文》: "北方豸種, 从豸各聲('貉'은 북방의 '豸' 동물과 함께 거처하는 종족이다. '豸'를 따르고 '各'이 성부이다)." 《周禮·夏官·司馬》: "職方氏辨其邦國, 都鄙, 四夷, 八蠻, 七閩, 九貉, 五戎, 六狄之人民(직방씨는 큰 나라와 작은 나라, 都와 鄙, 四夷와 八蠻, 七閩과 九貉, 五戎과 六狄의 백성을 구분한다)." 《釋文》: "貉, 孟白反(여기서 '貉'은 '孟白反'이다)." 《周禮·秋官·司寇》: "貉隸, 百有二十人(맥예는 총120명이다)." 注: "征東北夷所獲(동북쪽 오랑캐를 정벌하여 잡은 포로)." 《釋文》: "貉, 孟百反(여기서 '貉'은 '孟白反'이다)."

蠻(만: 남쪽오랑캐) *m-ron , 莫還切, 《廣韻》: "南夷名, 亦姓('남쪽 오랑캐의 이름'이자 또 '성'이다)." 《說文》: "蠻, 南蠻, 蛇種, 从蟲䜌聲('蠻'은 '남만족'으로 뱀 등과 거주하는 종족이다. '蟲'를 따르고 '䜌'이 성부이다)." 《詩經·采芑》: "蠢爾蠻荊, 大邦爲讎(어리석은 저 만형이여, 대국을 원수로 삼도다)." 傳: "蠻荊, 荊州之蠻也(여기서 '蠻荊'은 荊州의 오랑캐이다)." 《詩經·韓奕》: "以先祖受命, 因時百蠻(선조가 명을 받았기에, 온갖 오랑캐를 관장하네)." 《禮記·王制》: "南方曰蠻, 雕題交趾, 有不火食者矣(남쪽 지역을 蠻이라 하는데, 이마에 문신을 새기고 다리를 엇갈리게 하고 다니며, 불로 익혀 먹지 않는 자가 있다)."

麋(미: 큰사슴, 눈썹) *m-ri̱r , 武悲切, 《說文》: "鹿屬(사슴의 일종)." 《周禮·天官·冢宰》: "冬

獻狼, 夏獻麋, 春秋獻獸物(겨울엔 이리를 드리고, 여름엔 큰사슴을 드리고, 봄가을엔 여러 짐승을 드린다).” ‘麋’는 ‘眉’대신 쓰이기도 한다.《荀子·非相》: “伊尹之狀, 面無須麋(伊尹의 모습은 얼굴에 수염과 눈썹이 없었다).” 또는 ‘湄(미: 물가)’ 대신 쓰이기도 한다.《詩經·巧言》: “彼何人斯, 居河之麋(저 어떤 사람인가, 河水가에 살도다).” 傳: “水草之交謂之麋(물과 풀이 교차하는 곳을 ‘麋’라 한다).”《釋文》: “麋, 本又作湄(‘麋’는 본래 또 ‘湄’로도 쓴다).”《左傳·僖公二十八年》: “余賜女孟諸之麋(나는 너에게 孟諸의 麋를 주겠다).” 注: “水草之交曰麋(물과 풀이 교차하는 곳을 ‘麋’라 한다).” 글자는 ‘湄’와 통한다. **湄(미: 물가) *m-ri̱r** , 武悲切,《廣韻》: “《釋名》云: 湄, 眉也, 臨水如眉也.《爾雅》云: 水草交爲湄(〈석명〉에 이르길, ‘湄는 眉이다. 물가에 임한 것이 마치 눈썹같은 것이다’. 〈이아〉에 이르길, ‘물과 풀이 교차하는 곳을 湄라 한다’).”《詩經·蒹葭》: “所謂伊人, 在水之湄(내가 말하는 그분 강가에 살고 있는데).” 傳: “湄, 水隒也(여기서 ‘湄’은 ‘물가’이다).”《廣雅》: “湄, 涯也(‘湄’은 ‘물가’이다).” 王念孫: “麋並與湄同(‘麋’와 ‘湄’는 같다).”《方言》: “麋, 老也(‘麋’는 ‘늙다’이다).” 又: “眉, 梨, 老也. 東齊曰眉, 燕代之北鄙曰梨(‘眉, 梨’는 ‘늙다’이다. 東齊에서는 ‘眉’라 하고, 燕代의 北鄙에서는 ‘梨’라 한다).”

萬(만: 전갈) *m-ra̱ns < **m-ra̱ts , 無販切,《廣韻》: “《字林》云: 萬, 蟲名也(〈자림〉에 이르길, ‘萬은 벌레 이름이다’).”《說文》: “萬, 蟲也, 象形(‘萬’은 ‘벌레’이다. 상형이다).” ‘蠆(채: 전갈)’가 바로 ‘萬’으로 ‘전갈’에 대한 상형문자이다. **蠆(채: 전갈) *s-rats** , 丑犗切,《廣韻》: “毒蟲(‘독충’).” 蠆,《說文》: “毒蟲也, 象形(‘독충’이다, 상형이다).”《詩經·都人士》: “彼君子女, 卷髮如蠆(저 군자님의 따님들, 전갈처럼 머리를 틀어 올렸네).” 箋: “蠆, 螫蟲也(여기서 ‘蠆’는 ‘독을 쏘는 벌레’이다).”《釋文》: “蠆, 敕邁反, 又敕界反, 螫蟲也.《通俗文》云: 長尾爲蠆, 短尾爲蝎(여기서 ‘蠆’는 ‘敕邁反’이고 또 ‘敕界反’이다. 독충이다. 〈통속문〉에 이르길, ‘꼬리가 길면 蠆, 꼬리가 짧으면 蝎이다’).”《左傳·昭公四年》: “其父死於路, 已爲蠆尾(그 아비는 길에서 죽었고 자식은 전갈의 꼬리가 되었다).” 杜注: “謂子產重賦毒害百姓(子產이 부세를 무겁게 하여 백성을 해하는 것을 말한다).” **厲(려: 사납다, 가혹하다) *ra̱ts** , 力制切,《廣韻》: “惡也, 亦嚴整也, 烈也, 猛也(‘악하다, 엄정하다, 세차다, 맹렬하다’이다).”《論語·陽貨》: “色厲而內荏(얼굴빛은 엄숙하나 마음속이 유약하다).”

尨(방: 삽살개, 잡색) *m-roŋ , 莫江切,《說文》: "犬之多毛者.《詩》曰: 無使尨也吠(개 가운데 털이 많은 것이다. 〈시경〉에 이르길, '삽살개가 짖게 하지 마라')."《爾雅》: "尨, 狗也('尨'은 '개'이다)."《詩經·野有死麕》: "無使尨也吠(삽살개가 짖게 하지 마라)." 傳: "尨, 狗也('尨'은 '개'이다)." 孔穎達疏引李巡曰: "尨, 一名狗('尨'은 개의 일종이다)."《釋文》: "尨, 美邦反('尨'은 '美邦反'이다)." 후에 글자는 '狵'으로 변화하였으나 발음은 같다. '狵'은 '莫江切'이다.《廣韻》: "犬多毛, 亦作尨('개 가운데 털이 많은 것'을 또한 '尨'이라 한다)." '尨'은 항상 '龍'과 通假된다.《左傳·文公十八年》: "昔高陽氏有才子八人, 蒼舒·隤敳·檮戭·大臨·尨降·庭堅·仲容·叔達(옛날 高陽氏에게 재주와 덕을 가진 아들 8명이 있었으니, 곧 蒼舒·隤敳·檮戭·大臨·尨降·庭堅·仲容·叔達이었다)."《潛夫論·五德志》《潛夫論·志氏姓》《易林》의 '尨'이 '龍'으로 되어 있다[99].《周禮·地官·司徒》: "凡外祭毀事, 用尨可也(무릇 외제나 훼사에는 털이 얼룩얼룩한 것을 쓰는 것이 좋다)." 注: "尨, 一作'龍'('尨'은 '龍'으로 되어 있기도 하다)."《周禮·冬官·考工記》: "天子用全, 上公用龍(천자는 순색을 사용하고 상공은 얼룩얼룩한 것을 사용한다)." 注: "龍當爲尨, 尨謂雜色(여기서 '龍'은 마땅히 '尨'이고, 이것은 '잡색'을 말한다)."

黽(민: 맹꽁이) *m-riŋ , 武幸切,《廣韻》: "蛙屬('개구리 종류이다')."《說文》: "黽, 鼃黽也, 象形('黽'은 '개구리나 맹꽁이'로, 상형이다)."《周禮·秋官·司寇》: "蟈氏, 掌去蛙黽, 焚牡蘜(괵씨는 개구리와 맹꽁이를 제거하는 일을 관장한다. 모국을 불태운다)." 注: "黽, 耿黽也('黽'은 '맹꽁이'이다)."《國語·越語下》: "故濱於東海之陂, 黿鼉魚鼈之與處, 而蛙黽之與同渚(그러므로 동쪽 바닷가에 살면서, 자라, 악어, 물고기들과 함께 살고, 개구리, 맹꽁이 등과 물가에서 함께 지냈다)."《爾雅》: "鼁鱦, 蟾諸, 在水者黽('鼁鱦'는 '두꺼비'인데, 물에 있는 것을 '맹꽁이'라 한다)."

豻(한/간: 들개) *m-kan , 俄寒切,《廣韻》: "胡地野狗, 似狐而小(오랑캐 지역의 들개는 흡사 여우 비슷하며 작다)."《說文》: "豻, 胡地野狗, 从豸干聲('豻'은 '오랑캐 지역 들개'이다. '豸'을

---

99 [역주] 여기에 '尨圉'가 '龍圉'로 되어 있다.

따르고 '干'이 성부이다)."《史記·司馬相如列傳》: "其下則有白虎玄豹, 蟃蜒貙豻[100], 兕象野犀(그 밑에는 백호, 현표, 만연, 추, 한, 시상, 야서 등이 있다)."《周禮·夏官·司馬》: "射豻侯, 一獲一容((삼우로써 쏘는데) 豻侯와 一獲과 一容으로 한다)." 鄭注: "豻者, 獸名也. 獸有貙豻熊虎.…… 《大射禮》豻作干, 讀如宜豻宜獄之豻. 豻, 胡犬也(여기서 '豻'이란 짐승의 이름이다. 짐승에는 추, 들개, 곰, 범이 있다…… 〈대사례〉에 '豻'은 '干'으로 되어 있다. 이를 '宜豻宜獄'의 '豻'으로 읽는다. '豻'은 오랑캐 개다)."《釋文》: "豻, 五旦反(여기서 '豻'은 '五旦反'이다)."《周禮·夏官·司馬》: "夾弓, 庾弓以授, 射豻侯鳥獸者(협궁과 수궁은 안후를 쏘거나 새나 짐승 쏘는 이에게 준다)[101]." 孫治讓正義: "《說文》引'豻侯'作'干侯', 亦古文省(〈설문〉에서는 '豻侯'를 '干侯'로 쓰는데 또한 고문의 省形이다)."

麥(맥: 보리) ***m-lek**, 莫獲切,《說文》: "芒穀('까끄라기 곡식')."《詩經·桑中》: "爰采麥矣, 沫之北矣(보리싹을 뜯으러 沫의 북쪽으로 가도다)."《詩經·七月》: "黍稷重穋, 禾麻菽麥(찰기장, 메기장, 벼, 삼, 콩, 보리)."《周禮·夏官·司馬》: "其畜宜鷄狗, 其穀宜稻麥(가축은 닭과 개가 적당하고 곡식은 벼나 보리가 적당하다)."《左傳·隱公三年》: "鄭祭足帥師取溫之麥(鄭나라 祭足이 군대를 이끌고 溫의 보리를 취했다)."《左傳·文公十七年》: "臣聞齊人將食魯之麥(臣이 듣건대, 齊나라 사람이 장차 魯나라의 보리를 먹으려 한답니다)."《管子·地員》: "黑埴, 宜稻麥(검은 점토는 벼와 보리 심는데 적합하다)." '麥(보리)'는 고대에 지위가 매우 높았다.《管子·輕重己》: "麥者, 穀之始也(보리는 오곡 중 가장 빨리 익는다)."《素問·金匱眞言論》注: "五穀之長者麥(오곡의 으뜸은 보리이다)." 甲骨文에서, '麥'과 '來'는 상형자이다. **來(래: 보리, 밀)** ***le**, 落哀切,《說文》: "周所受瑞麥來麰(周지역에서 받은 우량한 보리인 來와 麰)."《詩經·思文》: "貽我來牟, 帝命率育(우리에게 밀과 보리를 주시니, 상제께서 두루 기르라 하시고)."《詩經·臣工》: "于皇來牟, 將受厥明(아! 밀과 보리가 장차 햇살을 받아 잘 익을 터이니)." '來'는 나중에 변화하여 '倈'가 되었다. 倈, 落哀切,《廣韻》: "小麥('밀')."

100 [역주] 蟃蜒貙豻: 蟃(만: 뽕나무벌레), 蜒(연: 그리마 등의 벌레), 貙(추: 맹수), 豻(한: 들개)

101 [역주] '豻侯'란 들개 가죽으로 장식한 과녁을 말한다.

四

Wolfenden(沃爾芬登, 1929)에 의하면, 藏緬語의 접두사 m-은 생명명사 접두사이기도 하고 또 '동사기원명사화(動轉化, 즉, 동사→명사)' 접두사이기도 하다. 동사나 형용사 앞에 첨가되어 품사를 바꾸어 명사가 되게 한다. 그의 이러한 관점은 自保羅(1972)나 謝飛(1974) 등의 지지를 얻었다. 그렇다면, 상고한어의 접두사 *m-도 역시 동일한 의미가 있을 수 있다. 俞敏 선생(1984)은 **상고한어의 접두사 *m-도 역시 동사기원명사화 기능이 있음**을 발견하였다. 이렇게 동사에 *m-접사를 부가하여 명사를 만드는 예로, 俞敏은 총 4예를 들었다. 그중 하나가 '令'과 '命'이다. 우리는 먼저 '命'과 '令'의 관계를 살펴보자.

命(명: 시키다, 명령) *m-liŋs , 眉病切, 《廣韻》: "使也, 教也, 道也, 信也, 計也, 召也('시키다, 道, 신표, 부르다'이다)." 《說文》: "命, 使也, 从口, 从令('命'은 '시키다'이다. '口'와 '令'을 따른다)." 朱駿聲云: "令亦聲('令'이 또 성부이다)." 《左傳·隱公九年》: "鄭伯爲王左卿士, 以王命討之(鄭伯이 왕의 左卿士가 되어, 왕의 명으로 송나라를 토벌하였다)." 《左傳·隱公元年》: "費伯帥師城郎, 不書, 非公命也(費伯이 군대를 거느리고 郎에 성을 쌓았다. 이를 기록하지 않은 것은 은공의 명이 아니었기 때문이다)." 《孟子·公孫丑上》: "德之流行, 速于置郵而傳命(덕이 유행되는 것은 역참을 두어 역마로 명을 전달하는 것보다 빠르다)." 《論語·子路》: "使於四方, 不辱君命, 可謂士矣(사방에 사신으로 가서 임금의 명을 욕되게 하지 않으면 선비라고 말할 만하다)." **令(령: 시키다) *liŋ** , 呂貞切, 《廣韻》: "使也('시키다'이다)." **令(령: 법령, 명령) *liŋs** , 力政切, 《廣韻》: "善也, 命也, 律也, 法也('착하다, 명령, 규칙, 법'이다)." '令'은 《廣韻》에 5가지 발음이 있는데, 그 나머지 3개는 모두 고유명사이다. 《群經音辨》: "令, 使也, 力丁切; 所使之言謂之令, 力政切('令'은 '시키다'로 '力丁切'이다; '시키는 말'을 '令'이라 하며, '力政切'이다)." 두 음은 구별이 분명하다. 동사는 平聲으로 읽고, 명사나 형용사는 去聲으로 읽는다. '令'과 '命'은 갑골문에서 본래 동일한 글자였다. 다만, '命'은 '令'의 後起區別字일 뿐이다. 先秦의 '令'과 '命'은 아직 철저하게 분리되지가 않았기 때문에, '命'을 사용한 곳이 아마도 '令'일 수 있고, '令'을 사용한 곳이 '命'일 수 있다. 《書·說命上》: "臣下罔攸稟令(신하들이 명령을 받을 데가 없다)." 傳: "令亦命也(여기서는 '令'이 곧 '命'이다)." 《周禮·夏官·司馬》: "犯令陵政則

杜之(명령을 어기고 정사를 무너뜨린 자는 길을 막아 고립시킨다)." 鄭注: "令, 猶命也(여기서 '令'은 '命'과 같다)." 《國語·魯語下》: "諸侯朝修天子之業命(諸侯는 아침에 천자의 업무명령을 청취하고)." 注: "命, 令也(여기서 '命'은 '令'이다)." 《呂氏春秋·正月紀》: "命田舍東郊(전준에게 명령하여 동쪽에 기거하면서 농경준비를 하게 한다)." 注: "命, 令也(여기서 '命'은 '令'이다)." 王力(1982: 329)은 "《孟子·離婁上》에 '旣不能令, 又不受命(이미 남에게 명령하지도 못하면서 또 남의 명령을 받지도 않는다).'이라고 나온다. **'令'자는 대개 동사로 쓰이며, '命'자는 명사로 쓰인다.** 주석가들은 특수한 상황에서 주를 다는데, 《書·說命》의 '稟令'에서의 '令'은 명사로 쓰였고, 《呂氏春秋》'命田舍東郊'에서의 '命'은 동사로 쓰여서 주를 단 것이다. 기타 주해 역시 종종 이와 유사하다."라고 하였다. '命'과 '令'은 본래 명사와 동사의 관계에 속한 것이다. 나중에 의미가 재차 파생이 되면서 '命'도 동사의미가 나왔고, '令'도 명사 의미가 나오게 된 것이다.

그러나 俞敏이 제시한 예는 너무 적어 겨우 4예에 불과하고, 게다가 이 네 개 중 개별 예가 同根詞에 속하는지도 논의의 여지가 있다. 예컨대, 동사 '來'와 명사 '麥'이 그러하다. 俞敏의 관점은 중국내 학자들의 광범위한 주의를 끌지 못했는데, 이는 그가 든 예가 너무 적은 것과 관련이 있다. 사실 상고한어에서 俞敏이 든 4건의 예 외에도, 동사기원명사화 기능의 접두사 *m-을 부가한 명사는 드물지 않다. 아래는 필자가 발견한 예이다.

昴(묘: 별자리 이름) *m-ru^{B}, 莫飽切, 《廣韻》: "星名('별이름')." 《說文》: "白虎宿星, 从日卯聲(白虎七宿의 中星이다. '日'을 따르고 '卯'는 성부이다)." 朱駿聲云: "西方宿六星, 其形促聚, 吾蘇農人謂之七簇星(西方宿(즉, 昴宿) 6성은 그 형체가 둥글게 뭉쳐있는데, 우리 소주지역 농인들은 이를 일컬어 '七簇星'이라 한다)." 《詩經·小星》: "嘒彼小星, 維參與昴(반짝이는 저 작은 별이여, 삼성과 묘성이로다)." 毛傳: "昴, 留也('昴'는 '留'이다)." 正義引《元命苞》: "昴六星, 昴之言留也('昴六星'에서 '昴'란 말은 '留'의 의미이다)." 《釋文》: "一名留(일명 '留'라 한다)." 《史記·律書》: "北至於留(북쪽으로 留宿에 이른다)." 司馬貞索隱: "留卽昴('留'는 곧 '昴'이다)." '昴'는 '留'로도 쓴다. '留'는 '力九切'이다. 《集韻》: "昴星別名('留'는 昴星의 別名이다)." **柳(류: 모이다) *ru̲^{B}**, 力久切, 《集韻》: "一曰聚也(한편으로 '모이다'이다)." 《周禮·天官·冢宰》: "衣翣柳之

材(운불삽의 재료를 갖추다).” 注: “柳之言聚, 諸飾之所聚(여기서 ‘柳’란 말은 ‘聚(모이다)’로, 여러 장식을 모으는 것이다).”《尙書大傳》鄭注: “柳, 聚也, 齊人語(‘柳’는 ‘聚’이다. 齊나라 사람 말이다).”

茆(묘: 순채, 부규) ***m-ruᴮ** , 莫飽切,《說文》: “鳧葵也, 从草卯聲(‘부규’이다. ‘草’를 따르고 ‘卯’가 성부이다).”《詩經·泮水》: “思樂泮水, 薄采其茆(즐거운 반수에서 순채를 캐네).”《釋文》: “茆, 音卯, 徐音柳(‘茆’는 음이 ‘卯’이고 徐씨의 음은 ‘柳’이다).”《周禮·天官·冢宰》: “茆菹, 麋臡(순채김치, 순록장조림).”《釋文》: “茆音卯, 北人音柳(‘茆’의 음은 ‘卯’이다, 北人의 음은 ‘柳’이다).” **茆(묘: 순채, 부규)** ***ruᴮ** , 力九切,《集韻》: “艸名,《說文》鳧葵也, 引《詩》言采其茆(‘풀이름’이다. 〈설문〉엔 ‘부규’라 나온다. 〈시경〉의 ‘言采其茆(순채를 캐네)[102]’를 인용하고 있다).” ‘茆’의 어근 ‘柳’이다.《漢書·律曆志上》: “冒茆于卯(卯時에 위를 덮어 쓰고 나온다).” 注: “茆謂叢生也, 音莫保反(여기서 ‘茆’는 ‘모여서 자라남’이다. 음은 ‘莫保反’이다).”

繆(무: 삼(麻) 열 묶음) ***m-ru̲** , 武彪切,《廣韻》: “《詩》傳云: 綢繆, 猶纏綿也.《說文》曰: 枲十絜也(〈시전〉에 이르길, ‘綢繆(꽉 묶다)는 纏綿(단단히 동여매다)과 같다.’ 〈설문〉에 이르길, ‘麻의 열 묶음이다’).”《說文》: “繆, 枲之十絜也. 一曰綢繆. 从系翏聲(‘繆’는 ‘麻의 열 묶음’이다. 일명 ‘綢繆’라고 한다. ‘系’를 따르고 ‘翏’가 성부이다).”《廣雅》: “繆, 纏也(‘繆’는 ‘묶다, 얽다’이다).”《禮記·檀弓下》: “衣衰而繆絰(재최복을 입고 머리에 질을 묶었다).” 注云: “繆當爲木樛垂之樛(여기서 ‘繆’는 ‘나무가 휘어 늘어지다’의 ‘樛’이다).”《釋文》: “繆, 依注讀曰樛, 音居虯反(‘繆’는 주에 따르면 ‘樛’로 읽는다. 음은 ‘居虯反’이다).” 疏: “樛, 謂兩股兩交也(‘樛’는 ‘두 다리를 서로 교차하는 것’을 말한다).” ‘繆’와 ‘摎’은 同根詞이다. **摎(규/료: 매다, 묶다)** ***ru̲** , 力求切,《廣韻》: “絞縛殺也”(‘묶어서 죽이다’). **摎(규/료: 매다, 묶다)** ***k-ru** , 古肴切, “束也, 撓也, 又音留(‘묶다, 휘감기다’이다. 또 음이 留이다).”《廣雅》: “摎, 束也(‘摎’는 ‘묶다’이다).”《管子·大匡》: “朋友不得相合摎而國乃可圖也(친구들끼리도 서로 유대를 맺지 못하기 때문에 이러한 때에는 국가를 도모할 수 있다).” 注: “摎, 交入也, 朋友不能相交合則黨與弱, 故乃可圖(‘摎’는 ‘사

---

102 [역주] 여기의 ‘言’이 다른 곳에선 ‘薄’으로 되어 있기도 하다.

귀는 것'이다. 친구들끼리 서로 유대를 맺지 못하면 당여가 약해지므로 도모가 가능하다)."《漢書·五行志中之下》: "天雨草, 而葉相摎(하늘이 풀에 비를 내렸으나 나뭇잎이 서로 얽혀있다)." 注: "摎, 繞也('摎'는 '얽히다'이다)." 摎, 《說文》"縛殺也('摎'는 〈설문〉에 '묶어 죽이다'라 한다)." 또는 '繆'로도 쓴다. 《漢書·外戚傳下》: "卽自繆死(바로 스스로 목매 죽었다)." 注: "繆, 絞也('繆'는 '졸라 매다'이다)."

帞(맥: 두건) *m-lak, 莫白切, 《廣韻》: "頭巾('두건')." 《廣雅》: "絡頭, 帞頭也('絡頭'는 '두건'이다)." 《方言》: "絡頭, 帞頭也('絡頭'는 '두건'이다)." 錢繹注: "《史記·絳侯周勃世家》: '太后以冒絮提文帝.' 集解引應劭曰: '陌頭, 絮也.' 晉灼曰: 巴蜀異物志謂頭上巾曰冒絮.'(《史記·絳侯周勃世家》에 이르길, '태후가 두건을 문제에게 던지며'라 한다. 集解에서는 應劭를 인용하길, '陌頭는 두건이다'. 晉灼이 말하길, '巴蜀異物志에서는 머리에 매는 수건을 冒絮라고 한다')" '冒絮'라고 불리는 것은 그 어원이 '冒'이다. 《爾雅》: "冒, 覆也('冒'는 '덮다'이다)." 이것과 현대 '帽子'의 '帽'와 기원이 같다. 그리고 '帞頭'라 불리는 것은 그 어원이 바로 '絡'이다. **絡(락: 잇다, 묶다, 에두르다) *lak**, 盧各切, 《廣韻》: "絡絲('묶다, 두르다')." 《山海經·海內經》: "有九丘以水絡之(9개의 언덕이 있는데, 물이 범람하여 그물처럼 둘렀다)." 注: "絡, 猶繞也('絡'은 '에두르다'와 같다)." 《楚辭·招魂》: "鄭綿絡些(정나라에서 만든 대바구니 덮개도 있다네)[103]." 注: "絡, 縛也('絡'은 '묶다'이다)." '帞頭'는 그 글자도 '絡頭'라 쓴다. 《方言》: "絡頭, 帞頭也. 自關以西秦晉之郊曰絡頭, 南楚江湘之間曰帞頭('絡頭'은 '두건'이다. 관서의 秦晉의 郊에서는 '絡頭'라 하고, 남초 江湘 사이에서는 '帞頭'라 한다)."

樂(악: 음악) *m-grɯk, 五角切, 《廣韻》: "音樂('음악')." 《說文》: "樂, 五聲八音總名('樂'은 오성과 팔음의 총칭이다)." 《左傳·僖公二十七年》: "禮樂, 德之則也(예악은 도덕의 준칙이다)." 《論語·子罕》: "吾自衛反魯, 然後樂正, 雅頌各得其所(내가 衛나라에서 魯나라로 돌아온 후, 음악이 바로잡혀 雅와 頌이 각각 제자리를 찾았다)." 《論語·泰伯》: "興於詩, 立於禮, 成於樂(〈시경〉에서 시작하여, 예에서 서며, 악에서 이룬다)." 《禮記·檀弓上》: "樂, 樂其所自生('樂'은 즐거

---

103 [역주] '鄭綿絡'이란 정나라에서 만든 면직물로 대그릇 덮개로 쓴다.

움이 생겨나는 바이다)." 《禮記·樂記》: "樂, 樂也('樂'이란 즐거운 것이다)." 《禮記·樂記》: "夫樂者, 先王之所以飾喜也(음악이란 선왕이 기쁨을 드러내는 방법이었다)." 《釋名》: "樂, 樂也, 使人好樂之也('樂'은 '樂(즐거움)'이다. 사람으로 하여금 좋아하고 즐겁게 하는 것이다)." **樂(락: 즐겁다)** *rɯk, 盧各切, 《廣韻》: "喜樂('즐겁다')." 《論語·學而》: "有朋自遠方來, 不亦樂乎?(벗이 있어 먼 곳에서 오면 또한 즐겁지 아니한가?)" 《孟子·梁惠王下》: "獨樂樂, 與人樂樂, 孰樂?(혼자서 음악을 즐기는 것과 다른 사람과 함께 음악을 즐기는 것 중, 어느 것이 더 즐겁습니까?)"

僞(위: 허위, 거짓) *m-ɢa̲rs, 危睡切, 《說文》: "僞, 詐也('僞'는 '거짓'이다)." 徐鍇曰: "僞者, 人爲之, 非天眞也(거짓은 사람이 하는 것이요, 하늘의 진실은 아니다)." 《周禮·地官·司徒》: "以五禮防萬民之僞而敎之中(다섯 가지 예로써 백성들의 허위를 막고 중용을 가르친다)." 《周禮·地官·司徒》: "以賈民禁僞而除詐(사고파는 일에 거짓을 금하고 속임을 없앤다)." 《荀子·性惡》: "人之性惡, 其善者僞也(사람의 본성은 악하니, 그것이 선해지는 것은 作爲 때문이다)." '僞'의 어근은 '爲'이다. 《廣雅》: "僞, 爲也('僞'는 곧 爲('하는 것')이다." **爲(위: 하다, 만들다)** *ɢa̲r, 薳支切, 《廣韻》: "《爾雅》: '作, 造, 爲也.'(〈이아〉에 이르길, '作, 造는 爲(하다, 만들다)이다')" 王力(1982)은, "'人爲(사람이 하는 것, 만드는 것)'가 곧 '僞'이다('거짓'으로 파생됨). 따라서 '爲'와 '僞'는 同源관계이다."라고 말했다. '僞'의 어근이 '爲'이기 때문에, "經傳多假爲爲僞(經傳에서 대부분 '爲'로 '僞'를 대신하곤 한다)."이다. 《禮記·月令》: "毋或作爲淫巧以蕩上心(혹은 지나치게 기교를 부려 임금의 마음을 그르치지 않게 하라)." 注: "爲, 詐僞('爲'는 '허위, 거짓'이다)." 《詩經·采苓》: "人之爲言, 苟亦無信(사람들이 하는 말들, 진실이라 믿지 마오)." 《釋文》: "爲, 本或作僞('爲'는 본래 '僞'로 쓴다)." 《荀子·非十二子》: "爲詐而巧(거짓을 행하되 교묘하다)." 俞樾: "當讀作僞(마땅히 '僞'로 읽는다)."

垠(은: 끝, 낭떠러지) *m-gɯ̲n, 語巾切, 《廣韻》 "垠岸也('낭떠러지'이다)." 《說文》: "垠, 地垠也, 一曰岸也. 圻, 垠或从斤('垠'은 '땅의 경계'이다. 한편으로 '岸'이라 한다. '圻(은)'은 '垠'의 혹체로 '斤'을 따른다)." 朱駿聲按: "《楚辭·七發》注引《說文》: 地垠, 堮也, 四邊有棱角界限之貌(땅의 경계, 변계이다. 네 변이 모서리 경계가 있는 모양이다)." 《廣雅》: "垠, 岸, 涯也('垠'은

'언덕', '물가'이다)."《史記·孟子荀卿列傳》: "推而大之, 至於無垠(미루어 확대하고, 경계가 없는 곳에 이르렀다)."《尙書大傳》: "圻者, 天子之境也. 諸侯曰境. 天子遊不出封圻, 諸侯非朝傳不出境('圻'이란 천자의 경계이다. 제후는 '境'이라 한다. 천자가 노닐되 封圻을 넘지 않으며, 제후는 조회가 아니면 境을 넘지 않는다)."《漢書·敘傳上》: "龢, 鵲發精於針石, 研桑心計於無垠(의화와 편작은 침석에 정통하였고, 계연과 상홍양은 암산에 있어 끝이 없었다)." 注: "垠, 限也(여기서 '垠'은 '한계'이다)." **限(한: 경계, 제한하다)** *glɯn^B , 胡簡切,《廣韻》: "度也, 齊也, 界也('규정, 가지런하다, 경계'이다)."《小爾雅》: "限, 界也('限'은 '경계'이다)."《韓非子·初見秦》: "齊之淸濟濁河足以爲限, 長城巨防足以爲塞(제나라의 맑은 濟水와 탁한 黃河가 충분히 경계가 되어 주고, 장성과 巨防이 충분히 요새가 되어준다)."《商君書·弱民》: "江漢以爲池, 汝潁以爲限(강수와 한수로 해자를 만들었고, 여수와 영수로 경계를 삼았다)." 또한 '문지방'도 된다.《說文》: "限, 一曰門榍('限'은 또 '문지방'이다)." 글자는 또 '閬'으로도 쓴다. '閬(랑: 솟을대문)'은 '胡簡切'이다.《廣韻》: "門閬, 本只作限('門閬(문지방)'은 본래 '限'으로만 쓴다)." 또 동사로 전환(類轉)되기도 한다.《荀子·議兵》: "汝潁以爲險, 江漢以爲池, 限之以鄧林, 緣之以方城(汝水와 潁水로 천연의 요새를 삼고, 長江과 漢水로 해자를 이루며, 鄧林으로 병풍을 삼고, 方城山으로 에워쌌다)."

岸(안: 언덕) ***m-gans** , 五旰切,《廣韻》: "水涯高者('물가 높은 곳')."《說文》: "岸, 水厓而高者. 从屵干聲('岸'는 물가의 높은 곳이다. '屵'을 따르고 '干'이 성부이다)."《詩經·十月之交》: "高岸爲谷, 深谷爲陵(높은 언덕이 골짜기가 되고 깊은 골짜기가 구릉이 되니)."《詩經·氓》: "淇則有岸, 隰則有泮(기수에는 벼랑이 있고, 습지에는 물가가 있거늘)." 글자는 또 '干'으로도 쓴다.《易·漸》: "初六, 鴻漸於干(初六은 기러기가 강언덕으로 점점 나아가니)."《釋文》: "鄭云: 干, 水傍, 故停水處. 陸云: 水畔稱干. 毛詩傳曰: 涯也(鄭씨가 이르길, '干은 물가이므로 물이 멈춘 곳이다.' 陸씨가 말하길, '물가를 干이라 한다.' 모시전에 이르길, '물가이다')."《詩經·伐檀》: "坎坎伐檀兮, 寘之河之干兮, 河水淸且漣猗(꿍꿍 박달나무 베어 왔네, 하수 물가에 버려두니, 하수가 맑고 또 물결이 일도다)." 毛傳: "干, 厓也('干'은 '물가'이다)."《詩經·斯干》: "秩秩斯干, 幽幽南山(질서정연한 이 물가요, 그윽한 남산이로다)." 集注: "干, 水涯也('干'은 '물가'

이다).”《管子·小問》: “昔者吳干戰(옛날에 오나라가 干과 전쟁을 했다)[104].” 注: “干, 江邊地也('干'은 강변 지역이다).”《詩經·兔罝》: “赳赳武夫, 公侯干城(씩씩한 무사여, 공후를 지키는 간성이로다).” 傳: “干, 扞也('干'은 '막다'이다).”《釋文》: “干, 如字, 孫炎云干楯所以自蔽扞也, 舊戶旦反, 沈音干. 扞, 戶旦反('干'은 통상음이다. 孫炎이 말하길, '방패는 스스로를 막기 위한 것이다.' 전에는 '戶旦反'이고, 沈씨의 音은 '干'이다. '扞'은 '戶旦反'이다).” **扞(한: 막다) *gans**, 侯旰切,《廣韻》: “以手扞, 又衛也('손으로 막는 것'이며, '보호하는 것'이다).” 글자는 도 '捍'으로도 쓰며 발음은 같다. 捍,《廣韻》: “抵捍('막다, 지키다').”《禮記·祭法》: “能捍大患則祀之(능히 큰 환난을 막은 자도 여기에 제사지내 준다).”

동사의 어근에 *m-접두사를 첨가한 후 품사가 바뀌어 명사가 된다. 예컨대, '干'과 '岸'이 그러하다. 이와 관련하여 상고한어는 우리에게 풍부한 증거를 제공하고 있다. 藏緬語로 볼 때, *m-접두사는 광범위한 분포를 갖고 있으나, 다만 음운 변화로 인해 상고한어의 많은 접두사 *m-이 소실되었다. 우리는 특정한 음운조건 하에서만 *m-접두사를 확정할 수 있는데, 그것은 이를테면 유음 앞에 출현하는 것 등이다.

제3절 접두사 *m-(2)

一

藏語의 접두사 m-은 먼저 생명체 명사를 구성했으며, 이 점은 상고한어와 완전히 동일하다. 이 외에, 藏語의 접두사 m-은 동사 앞에도 부가될 수 있다. Wolfenden(沃爾芬登)은 **藏語의 이 접두사 m-이 '중성(비동작성 불급물, inactive intransitive) 동사 접두사'**

104 [역주] 이 문장에서 '干'은 대개 '干國'으로 해석되며, 뒷부분에 '遂入, 爲干國多'란 문장이 이어지고 있다.

라고 한다. 그리고 白保羅(1972)도 Wolfenden의 이 관점을 접수했다. 藏語의 접두사 m-은 종종 접두사 g-와 함께 한 쌍의 同根동사를 구성하기도 한다. 예컨대, 'm-thol(솔직히 털어놓다)'와 'g-tol(까발리다)'의 대립이 그러하다. 접두사 m-에 비하여, 藏語 접두사 g-는 일반적으로 '행위주의 주체적 동작성(active)'을 나타내는 동사 접두사이다.

二

明(명: 밝다, 비추다) *m-raŋ, 武兵切, 《廣韻》: "光也, 昭也, 通也, 發也('밝다, 밝히다' 등이다)." 《說文》: "明, 照也('明'은 '밝히다'이다)." 《詩經·女曰鷄鳴》: "東方明矣, 朝旣昌矣. 匪東方則明, 月出之光(동방이 밝아 조정에 이미 신하들이 가득하다 했더니, 동방이 밝은 것이 아니라 달이 떠서 빛남이로다)." 《詩經·東方未明》: "東方未明, 顚倒衣裳(동방이 아직 밝지 않았는데, 웃옷과 치마를 거꾸로 입었도다)." 《左傳·莊公七年》: "夜明也, 星隕如雨, 與雨偕也(밤이 밝았기 때문인데, 流星이 비처럼 떨어진 것은 비와 함께 떨어진 것이다)." **朗(랑: 밝다) *raŋ[B]**, 盧黨切, 《廣韻》: "明也. 朖, 誏, 並上同('밝다'이다. '朖, 誏'은 모두 위와 같다)." 《說文》: "朗, 明也('朗'은 '밝다'이다)." 《爾雅》: "朗, 明也('朗'은 '밝다'이다)." 《詩經·旣醉》: "昭明有融, 高朗令終(밝고 밝음이 그토록 성대하니, 높고 밝아서 마침내 좋은 결과 이루리라)." 傳: "朗, 明也('朗'은 '밝다'이다)." 《呂氏春秋·盡數》: "集於珠玉與爲精朗, 集於樹木與爲茂長, 集於聖人與爲敻明(주옥들이 모이면 함께 빛을 내고, 수목들이 모이면 함께 무성히 자라고, 성인들이 모이면 함께 밝아진다)." 《國語·楚語下》: "其聖能光遠宣朗(聖哲함은 능히 밝아, 멀리까지 밝게 비추게 한다)." 高注: "朗, 亮也('朗'은 '밝다'이다)." **亮(량: 밝다) *raŋs**, 力讓切, 《廣韻》: "朗也('밝다'이다)." 亮, 《說文》: "明也('밝다'이다)." 段玉裁注: "古人名亮者字明(옛사람들은 名이 '亮'인 경우 字가 '明'이다)." 先秦문헌에서 "明亮"의미의 '亮'은 보이지 않는다(《爾雅》: "亮, 信也('亮'은 '미쁘다'이다.")). **炳(병: 밝다) *p-raŋ[B]**, 兵永切, 《廣韻》: "炳煥明也('炳','煥'은 '밝다'이다)." 《說文》: "炳, 明也, 从火丙聲. 《易·革》: 其文炳('炳'은 '밝다'이다. '火'를 따르고 '丙'이 성부이다. 《易·革》에 이르길, '그 文章이 빛나는 것이다')." 글자는 또 '昞'이나 '昺'으로도 쓴다. **昞(병: 밝다) *p-raŋ[B]**, 兵永切, 《廣韻》: "亮也, 亦作昺('밝다'이다. 또는 '昺'으로도 쓴다)."

《廣雅》: "眪, 明也('眪'은 '밝다'이다)."

盟(맹: 맹약하다) ***m-ra̱ŋ** , 武兵切,《廣韻》: "盟約, 殺牲歃血也('맹약하다', '희생을 죽여 삽혈하다'이다)."《左傳·襄公十一年》注: "盟, 以辭告神殺牲歃血明著其信也('盟'이란, 말로써 신께 고하고 희생을 죽여 삽혈하여 그 믿음을 밝히는 것이다)."《國語·魯語下》: "盟, 信之要也(맹약은 신의를 맺는 것입니다)."《左傳·隱公元年》: "公及邾儀父盟于蔑(은공이 邾儀父와 蔑에서 맹약을 맺었다)."《左傳·隱公元年》: "及宋人盟于宿(隱公이 宋人과 宿에서 結盟하였다)." 글자는 본래 '明'으로만 썼다.《詩經·黃鳥》: "此邦之人, 不可與明(이 나라 사람들이 더불어 믿을 수가 없으니)." 箋: "明當爲盟. 盟, 信也('明'은 마땅히 '盟'이어야 하고, '盟'은 '믿다'이다)."《侯馬盟書》: "我君其明(우리 임금께서 명확히 잘 살피실 것이니)[105]." **諒(량: 믿다)** ***ra̱ŋs** , 力讓切,《廣韻》: "信也('믿다'이다)."《說文》: "諒, 信也('諒'은 '믿다'이다)."《方言》: "衆信曰諒('여러 사람이 믿는 것'을 '諒'이라 한다)."《詩經·鄘風·柏舟》: "母也天只, 不諒人只(어머님은 하늘이신데, 어찌 마음을 몰라 주시나요)." 傳: "諒, 信也('諒'은 '믿다'이다)."《釋文》: "諒, 力尙反(여기서 '諒'은 '力尙反'이다)."《論語·憲問》: "豈若匹夫匹婦之爲諒也?(어찌 匹夫匹婦가 작은 신의를 지키기 위해 하는 것처럼 하겠는가?)" 諒,《爾雅》作"亮", "信也"('諒'은 〈이아〉에서 '亮'으로 쓰는데, '믿다'이다).《孟子·告子下》: "君子不亮, 惡乎執?(군자가 미덥지 못하다면 어떻게 일을 할 수 있겠는가?)" 注: "亮, 信也(여기서 '亮'은 '믿다'이다)."

孟(맹: 처음의, 맏이) ***m-raŋs** , 莫更切,《廣韻》: "長也, 勉也, 始也('맏이, 힘쓰다, 처음'이다)."《說文》: "孟, 長也('孟'은 '맏이'이다)."《詩經·桑中》: "云誰之思, 美孟姜矣(그 누구를 그리워하는가, 강씨네 큰아씨로다)." 箋: "孟姜, 列國之長女('孟姜'은 열국의 장녀이다)."《左傳·隱公元年》: "惠公元妃孟子, 孟子卒, 繼室以聲子, 生隱公(惠公의 元妃가 孟子이다. 孟子가 죽자, 聲子를 繼室로 삼아 隱公을 낳았다)." 또한 계절 시간 순서를 가리키기도 한다.《周禮·夏官·司馬》: "孟春, 焚牧; 中春, 通淫(초봄에는 목지에 불을 놓고, 중춘에는 말을 교접시킨다)."《呂氏

105 [역주] 이 부분의 해석과 관련하여 여러 가지가 있는데, 만약 필자의 의도대로 한다면, '우리 임금께서 믿음이 있으시니', 또는 '우리 임금께서 맹약컨대' 등으로 해석이 가능하다.

春秋·四月紀》: "孟夏行秋令, 則苦雨數來(맹하에 가을에 행할 시령을 행하면, 해로운 비가 수시로 내린다)." **良(량: 처음, 머리, 좋다, 뛰어나다) *ra̠ŋ** , 呂張切, 《廣韻》: "首也, 長也('머리, 처음, 수장'이다)." 《爾雅》: "元, 良, 首也('元, 良'은 '머리'이다)." [《廣雅》: "良, 長也('良'은 '수장'이다."] 《左傳·桓公八年》: "楚人上左, 君必左, 無與王遇, 且攻其右, 右無良焉, 必敗(楚나라 사람은 왼쪽을 높이니 楚나라 임금이 반드시 左軍에 있을 것입니다. 楚나라 임금과 마주치지 마시고, 우선 그 右軍을 공격하십시오. 우군에는 良將이 없으니 반드시 패할 겁니다)." 《孟子·盡心上》: "人之所不學而能者, 其良能也; 所不慮而知者, 其良知也(사람이 배우지 않아도 할 수 있는 것은 良能이고, 생각하지 않아도 아는 것은 良知이다)." 趙岐注: "良, 甚也('良'은 '잘, 매우'이다)."

猛(맹: 사납다) *m-raŋ^B , 莫杏切, 《廣韻》: "勇猛, 又嚴也, 害也, 惡也('용맹하다, 또 엄하다, 잔혹하다, 악하다'이다)." 《周禮·夏宮·司馬》: "掌養猛獸而教擾之(맹수를 길들이고 기르는 일을 관장한다)." 注: "猛獸, 虎豹熊羆之屬('猛獸'는 '호랑이, 표범, 곰' 등이다)." 《說文》: "猛, 健犬也, 从犬孟聲('猛'은 '건장한 개'이다. '犬'을 따르고 '孟'이 성부이다)." 段玉裁注: "猛, 假借爲凡健之稱('猛'은 가차되어 모든 건장한 것을 칭하는 것으로 쓰인다)." '猛'은 문헌에서 '사나운 개(健犬)'의 의미는 없으며, 형용사이다. 《道德經》: "蜂蠆虺蛇不螫, 猛獸不據, 攫鳥不搏(벌과 전갈, 도마뱀과 뱀도 쏘지 않고, 맹수도 덤비지 않고, 날짐승도 낚아채지 않는다)." 《荀子·政理》: "夫國亦有猛狗, 用事者也(나라에도 사나운 개가 있으니, 바로 권력을 가진 자이다)." 글자는 또 '孟'으로만 쓴다. 《管子·任法》: "莫敢高言孟行, 以過其情, 以遇其主矣(감히 허황된 말이나 사나운 행동으로 그 참된 정황을 왜곡하여, 어리석은 군주에게 영합하지 않는다)." **狼(랑: 이리) *raŋ** , 魯當切, 《廣韻》: "豺狼('이리')." 《左傳·閔公元年》: "戎狄豺狼, 不可厭也(戎狄은 승냥이와 같으니 만족할 줄 모른다)." 《詩經·還》: "子之昌兮, 遭我乎猺之陽兮. 並驅從兩狼兮, 揖我謂我臧兮(참으로 대단한 그대요, 猺의 언덕에서 우연히 만났도다. 두 이리를 쫓아 말을 나란히 달려 나에게 인사하며 잘한다고 했도다)." 傳: "狼, 獸名('狼'은 '짐승이름'이다)." 《孟子·離婁上》: "嫂溺不援, 是豺狼也(형수가 물에 빠졌는데 구해주지 않는다면, 이는 승냥이나 다름없다)." 《荀子·修身》: "心如虎狼, 行如禽獸, 而又惡人之賊己也(마음씨는 범과 이리 같고 행위는 금수 같지만, 또 남이 자기를 공격하는 것은 싫어한다)." 여기서 '흉포하다, 흉악하다' 등의 의미가 파생되었다.《淮南子·要略》: "秦國之俗, 貪狼強力(진나라의 풍속이 탐욕스러운 이리처럼 강력하다)."

확실히 상고한어의 *m-접두사는 명사 접두사이면서 동시에 동사 접두사였다. 이 점에 대해 기존 학자들은 잘 의식하지 못했다. 새로운 단어를 구성하는 어근은 동사(형용사)일 수도 있고, 명사일 수도 있는데, **접두사 *m-을 부가한 새 단어는 동사(형용사)가 된다**. 藏語의 m- 접두사와 매우 비슷하여, **접두사 *m-을 부가해 구성된 새 단어는 종종 비동작성동사(형용사)가 되기도 한다**. 이렇게 상고한어에서 접두사 *m-을 부가하여 구성된 동사(형용사)는 적지 않다.

睦(목: 화목하다) *m-ru̠k, 莫六切,《廣韻》: "親也, 敬也, 又和睦也('가깝다, 공손하다, 화목하다'이다)."《說文》: "睦, 目順也, 从目坴聲, 一曰敬和也('睦'은 '눈이 온순하다'이다. '目'을 따르고 '坴'가 성부이다. 또는 '공손하고 화목하다'이다)."《左傳·隱公元年》: "陳蔡方睦於衛(陳과 蔡가 바야흐로 衛와 화목하였다)."《左傳·僖公十二年》: "人恃諸侯之睦於齊也, 不共楚職(黃나라 사람이 제후가 齊나라와 화목한 것을 믿고는, 楚나라에 직공을 바치지 않았다)."《管子·五輔》: "和協輯睦, 以備寇戎(협력하고 화목함으로써 도적에 대비하다)."《孟子·滕文公上》: "疾病相扶持, 則百姓親睦(질병이 있을 때 서로 부축해준다면, 백성들이 화목해진다)."《禮記·禮運》: "以睦兄弟, 以和夫婦(형제를 화목하게 하고, 부부 사이를 조화시키다)." **勠(륙: 협력하다) *ru̠k**, 力竹切,《廣韻》: "勠力, 並力也('힘을 합하다'이다)."《說文》: "勠, 勠力, 並力也('勠'이란 '힘을 합하다, 힘을 함께 하다'이다)."《漢書·高帝紀上》: "臣與將軍戮力攻秦(신이 장군과 함께 힘을 합쳐 진을 공격할 때)." 注: "戮力, 並力也, 音力竹反, 又力周反('戮力'은 '힘을 함께 하다'이다. 음은 '力竹反'이고 또 '力周反'이다)." 글자는 대부분 '戮'으로 쓴다.《左傳·成公十三年》: "戮力同心(힘을 합하고 마음을 함께 하다)."《左傳·昭公二十五年》: "戮力壹心, 好惡同之(힘을 합쳐 마음을 하나로 하고, 좋고 나쁜 것을 함께 하다)."《國語·齊語》: "以約誓於上下庶神, 與諸侯戮力同心(하늘과 땅의 여러 신들에게 맹세하여, 제후들과 힘을 합하고 마음을 함께하기로 하다)."《國語·晉語四》: "吾先君武公與晉文侯戮力一心(우리의 先君 武公께서 晉文侯와 힘을 합하고, 마음을 하나로 하다)."

邁(매: 가다, 멀다) *m-rats , 莫話切,《廣韻》: "行也, 遠也('가다, 멀다'이다)."《說文》: "邁, 遠行也, 从辵萬聲('邁'는 '멀리 가다'이다. '辵'를 따르고 '萬'이 성부이다)."《爾雅》: "邁, 行也('邁'는 '가다'이다)."《詩經·蟋蟀》: "今我不樂, 日月其邁(지금 내가 즐기지 않으면 세월은 그저 멀어져 간다)." 傳: "邁, 行也('邁'는 '가다'이다)."《詩經·雨無正》: "如彼行邁, 則靡所臻(저들처럼 멀리 가면, 이를 곳이 없는 것과 같다)." **厲(려: 옷자락 걷고 건너다) *rats** , 力制切,《爾雅》: "以衣涉水爲厲('옷을 걷고 건너는 것'을 '厲'라 한다)."《詩經·匏有苦葉》: "深則厲, 淺則揭(물이 깊으면 옷을 많이 걷고 건너고, 얕으면 살짝 걷고 건넌다)." 傳: "以衣涉水爲厲('옷을 걷고 건너는 것'을 '厲'라 한다)."《史記·司馬相如列傳》: "徑陵赴險, 越壑厲水(가파른 길을 곧장 달려서 험준한 곳을 달려가고, 골짜기를 넘고 옷을 입은 채 물을 건넙니다)." 나중에 '濿'로 변화하였고 발음은 동일하다. '濿(려: 징검다리 건너다)'는 '力制切'이다.《廣韻》: "以衣渡水, 由膝已上爲濿. 亦作厲.《詩》曰: '深則厲, 淺則揭.'《說文》又作砅, '履石渡水也'(옷을 걷고 물을 건너는데, 무릎 위로 걷으면 '濿'이다. 또한 '厲'로도 쓴다. 〈시경〉에 이르길, '물이 깊으면 옷을 많이 걷고 건너고, 얕으면 살짝 걷고 건넌다'. 〈설문〉에 또 '砅'로 되어 있는데, '돌을 밟고 물을 건너는 것이다')."《莊子·大宗師》: "且汝夢爲鳥而厲乎天, 夢爲魚而沒于淵(또 너는 꿈에 새가 되어 하늘에 이르며, 꿈에 물고기가 되어 연못에 잠겼다)." 成玄英[106]疏: "厲, 至也('厲'는 '이르다'이다)."

埋(매: 묻다) *m-re , 莫皆切,《廣韻》: "瘞也, 藏也. 薶, 上同('묻다, 저장하다'이다. '薶'는 위와 같다)."《廣雅》: "薶, 藏也('薶'는 '저장하다'이다)."《左傳·文公十一年》: "埋其首於子駒之門(그 머리를 子駒門 밑에 묻었다)."《左傳·文公十八年》: "殺而埋之馬矢之中(그를 죽여 말똥 속에 묻었다)."《左傳·昭公十四年》: "埋璧於大室之庭(太室의 廟庭에 玉璧을 묻었다)."《國語·吳語》: "狐埋之而狐搰之(여우가 물건을 묻어 두었다가 여우가 다시 파내다)." 朱駿聲《說文通訓定聲》: "(薶),《周禮》狸沉, 狸物, 狸蟲, 字以狸爲之('薶'는 〈주례〉에서 '狸沉, 狸物, 狸蟲'와 같이 글자를 '狸'자로 한다)."《周禮·春官·宋伯》: "以狸沈祭山林川澤(狸沈(묻어서 가라앉히다)으로써 산림과 천택에 제사 지낸다)." 글자는 또 '裏'로도 쓴다.《莊子·則陽》: "靈公奪而裏之(영공이 자

106 [역주] 成玄英은 당나라 때의 걸출한 도가학자로,《道德經注》,《莊子疏》등의 저술이 있다.

리를 빼앗고 여기에 묻힐 것이다)[107]." 《釋文》: "本作埋(본래는 '埋'로 되어 있다)." **裏(리: 옷 안, 속)** ***reᴮ** , 良士切, 《廣韻》: "中裏('속, 안')." 《說文》: "裏, 衣內也, 从衣里聲('裏'는 '옷 안'이다. '衣'를 따르고 '里'는 성부이다)." 《詩經·綠衣》: "綠兮衣兮, 綠衣黃裏(녹색 저고리여! 녹색 저고리에 황색 속옷이로다)." 《尙書大傳》: "見其表, 未見其裏(겉은 보아도, 그 속은 보지 못하다)." 글자는 또 '里'로도 쓴다. 《素問·刺腰痛訓》: "肉里之脉(살 속의 맥)." 注: "里, 裏也(여기서 '里'는 '裏(속)'이다)."

霾(매: 흙비오다) ***m-re** , 莫皆切, 《爾雅》: "風而雨土爲霾('바람이 불고 흙비가 내리는 것'을 '霾'라 한다)." 《說文》: "霾, 風雨土也, 从雨狸聲('霾'는 '바람에 흙비가 내리는 것'이다. '雨'를 따르고 '狸'가 성부이다)." 《詩經·終風》: "終風且霾(온종일 바람 불고 흙비 내리네)." 傳: "霾, 雨土也('霾'는 '흙비내리다'이다)." 《呂氏春秋·正月紀》: "揜骼霾髊(드러난 해골과 아직 남은 뼈를 덮어준다)." 注: "霾者, 覆藏之也(여기서 '霾'란 '덮어서 묻다'이다)." '霾'는 곧 '埋'이다. 《楚辭·九歌·國殤》: "霾兩輪兮縶四馬(수레 두 바퀴는 처박히고, 네 마리 말은 한데 얽히니)." 補注: "霾, 讀若埋(여기서 '霾'는 '埋'로 읽는다)."

謬(류/무: 그릇되다) ***m-r<u>u</u>s** , 靡幼切, 《廣韻》: "謬, 誤也, 詐也, 差也, 欺也('謬'는 '잘못하다, 속이다, 어긋나다'이다)." 《說文》: "謬, 狂者之妄言也, 从言翏聲('謬'는 분별없는 자의 망언이다. '言'을 따르고 '翏'이 성부이다)." 《廣雅》: "謬, 誤也('謬'는 '잘못'이다)." 《荀子·儒效》: "聞之而不見, 雖博必謬; 見之而不知, 雖識必妄; 知之而不行, 雖敦必困(듣기만 하고 보지 못하면 들은 것이 넓다 해도 반드시 잘못이 있고, 보기만 하고 알지 못하면 본 것을 기억하더라도 반드시 거짓일 수 있고, 알기만 하고 행하지 않으면 지식이 풍부해도 반드시 곤궁해진다)." 《莊子·繕性》: "非藏其知而不發也, 時命大謬也(지혜를 감추고 밖으로 드러내지 않은 것이 아니다. 이는 時運이 크게 잘못되었기 때문이다)." 《說文通訓定聲》云: "經傳多以繆爲之(經傳에서는 대부분 '繆'자로 쓴다)." 《荀子·強國》: "若是其悖繆也, 而求湯武之功名, 可乎?(그들이 이처럼 어

107 [역주] '靈公奪而裏之' 이 부분에 대해 필자는 '裏'로 하고 있으나, 중국과 한국의 대부분의 판본에서 '里' 또는 '埋'로 나온다.

그러졌는데도, 湯王이나 武王과 같은 공명을 구한다면 가하겠습니까?)" 《莊子·盜跖》: "多辭繆說(수다스럽게 잘못된 말을 지껄이다)" **僇(륙/류: 욕보이다, 죽이다)** ***ru̲s**, 力救切, 《廣韻》: "癡行貌(아주 못나고 어리석은 모양)." 《荀子·非相》: "然而身死國亡, 爲天下大僇(그런데도 몸이 죽고 나라가 망하여 천하에 크게 욕보임을 당하게 되다)." 注: "僇與戮同('僇'과 '戮'은 같다)." 《韓非子·說林下》: "曾子不僇命也(증자는 죽임을 당하지 않는 운명이다)." 《史記·殷本紀》: "天神不勝, 乃僇辱之(천신이 지면 바로 그를 모욕하였다)."

翺(고: 날다) ***m-ku**, 五勞切, 《廣韻》: "翺翔('빙빙 돌아 날다')." 《說文》: "翺, 翺翔也, 从羽皋聲('翺'는 '빙빙 돌아 날다'이다. '羽'를 따르고 '皋'가 성부이다)." 《詩經·女曰鷄鳴》: "將翺將翔, 弋鳧與雁(제발 여기저기 돌아다니며 들오리와 기러기 잡아다오)." 《詩經·淸人》: "二矛重英, 河上乎翺翔(두 창에 붉은 깃을 겹쳐 매달아, 하수 강변을 돌아다니는구나)." 《詩經·有女同車》: "將翺將翔, 佩玉將將(이리저리 돌아다니며, 허리에 찬 패옥 소리 찰랑거리네)." 《淮南子·俶眞訓》: "雖欲翺翔, 其勢焉得?(비록 빙빙 날아돌고자 하나 그 형세를 어떻게 얻었겠는가?)" 注: "翺翔, 鳥之高飛也('翺翔'은 새가 높이 나는 것이다)." **皋(고: 높다)** ***ku**, 古勞切, 《廣韻》: "高也('높다')." 《爾雅》: "五月爲皋(五月은 '皋(높다)'라고 한다)." 《釋文》: "皋, 或作高('皋'은 혹은 '高'로 되어있다)." 《禮記·明堂位》: "庫門, 天子皋門(庫門은 천자의 皋門(높은 문)이다)." 《詩經·綿》: "乃立皋門, 皋門有伉(이에 성문을 세우니 성문이 높고 크도다)."

詣(예: 이르다) ***m-kirs**, 五計切, 《廣韻》: "至也('이르다'이다)." 《說文》: "詣, 候至也, 从言旨聲('詣'는 '문후로 이르다'이다. '言'을 따르고 '旨'가 성부이다)." 《墨子·號令》: "若無符, 皆詣縣廷言(만약 부절을 갖고 있지 않으면 현의 관청에 데리고 간다)." 《史記·秦始皇本紀》: "乃益發卒詣王翦軍(군사를 더 출동시켜 왕전의 군에 보냈다)." 《晏子春秋·雜篇》: "吏二縛一人詣王(관리 두 명이 한 사람을 포박하여 왕에게 데리고 갔다)." 《戰國策·燕策三》: "益發兵詣趙, 詔王翦軍以伐燕(더욱 많은 군사를 내어 조나라로 보내, 조칙을 내려 王翦으로 하여금 연나라를 공격하게 했다)." **䭫(계: 머리숙이다, 조아리다)** ***khir**^{B}, 康禮切, 《廣韻》: "首至地也. 稽, 上同('머리를 땅까지 조아리다'이다. '稽'는 위와 같다)." 《說文》: "䭫, 下首也. 从首旨聲('䭫'는 '머리를 숙이다'이다. '首'를 따르고 '旨'가 성부이다)." 《左傳·僖公五年》: "公使讓之, 士蔿稽首而對

(獻公이 사람을 보내어 士蔿를 책망하니 士蔿가 머리를 조아리며 대답하였다)." 疏: "稽首, 頭至地, 頭下緩至地也('稽首'는 '머리를 땅까지 숙이는 것'으로, 머리를 천천히 아래로 땅에 이르게 한다)."《左傳·僖公十五年》: "晉大夫三拜稽首(晉나라 大夫들이 세 번 절하고 머리를 조아리면서)."《莊子·逍遙遊》: "大浸稽天而不溺, 大旱金石流, 土山焦而不熱(홍수가 나서 하늘에 이를 정도가 되어도 물에 빠지지 아니하며, 크게 가물어 金石이 녹아 흐르고 土山이 타버리더라도 불에 타지 아니한다)."《釋文》: "稽, 音鷄; 徐, 李音啟. 司馬云: 至也('稽'는 음이 '鷄'이다; 徐씨, 李씨의 음은 '啟'이다. 司馬가 이르길, '이르다'이다)."

驗(험: 증험하다, 시험하다) *m-kroms , 魚窆切,《廣韻》: "證也, 徵也, 效也('증명하다, 증거, 효험'이다)."《呂氏春秋·察傳》: "其於人必驗之以理(사람에 대한 경우는 반드시 이치로서 검증해야 한다)."《韓非子·八經》: "驗之以物, 參之以人(그 토지의 물자를 확인하고 사람으로 참고한다)."《荀子·大略》: "驗之以近物, 參之以平心, 流言止焉, 惡言死焉(가까운 사물로 검증하고 차분한 마음으로 살펴본다면, 근거 없이 떠도는 말도 멈추고 사악한 말도 사라질 것이다)."《戰國策·齊策一》: "亦驗其辭於王前(왕 앞에서 그 말을 증명하였다)." **檢(검: 조사하다)** *krom^B , 居奄切,《廣韻》: "又檢校('검사하고 대조하다')."《墨子·雜守》: "須其還報以檢驗之(반드시 그 임무에서 되돌아와 보고하면 이를 검증한다)."《漢書·何武傳》: "問文吏必於儒者, 問儒者必於文吏, 以相參檢(선비에게는 문관에 대해 묻고 살폈으며, 문관에게는 선비에 대해 묻고 살폈으니, 이로써 상호간 검증하였다)."《漢書·食貨志下》: "均官有以考檢厥實(균관들이 그 실제 가격을 검토한다)."

吟(음: 신음하다) *m-kum , 魚金切,《廣韻》: "歎也('신음하다'이다)."《說文》: "吟, 呻也, 从口今聲('吟'은 '신음하다, 끙끙거리다'이다. '口'를 따르고 '今'이 성부이다)."《藝文類聚》引《說文》: "吟, 歎也('吟'은 '신음하다'이다)."《廣雅》: "吟, 歌也('吟'은 '읊조리다'이다)."《莊子·德充符》: "今子外乎子之神, 勞乎子之精, 倚樹而吟, 據槁梧而瞑(지금 그대는 그대의 마음을 밖으로 향하게 하며, 그대의 정신을 수고롭게 하여, 나무에 기대 신음소리나 내고, 말라버린 오동나무로 만든 안석에 기대 졸고 있다)."《管子·侈靡》: "謳吟稱號者皆誅(노래를 흥얼거리며 여론을 선동하는 자는 주살하였다)."《楚辭·漁父》: "屈原既放, 遊于江潭, 行吟澤畔(굴원이 쫓겨난 후, 강가와 못에서 놀았는데 강변을 거닐며 시를 읊조렸다)."《史記·淮陰侯列傳》: "雖有舜禹之智, 吟而不言, 不如瘖聾之指麾也(비록 우임금과 순임금의 지혜가 있다 해도, 우물거리며 말을 하지 않으면, 벙어리 귀머거리가 손짓발짓하느니만 못하다)." 索隱: "吟音巨蔭反, 又音琴('吟'은 음이 '巨蔭反'이고 또는 '琴'이다)." 글자는 '唫'으로 쓴다. '唫'은 '魚金切'이다. 《廣韻》: "亦古吟字. 《說文》又巨錦切(또한 옛 '吟'자이다. 〈설문〉에는 또 '巨錦切'이다)." **唫(금: 입다물다, 말더듬다) *gumᴮ** , 渠飮切, 《廣韻》: "《說文》云: 口急也(〈설문〉에 이르길, '말을 더듬다'이다)."《墨子·親士》: "近臣則喑, 遠臣則唫(가까운 신하도 침묵하고 먼 신하도 입을 다문다면)."《淮南子·泰族訓》: "是以天心呿唫者也(이는 하늘의 뜻에 의해 입을 열고 닫은 것이다)."

상고한어에는 *s-접두사도 있고, *m-접두사도 있다. 이로써 **동일한 어근에 *s-접두사를 부가하거나 *m-접두사를 부가하여 同族詞를 구성할 수 있다.** 예컨대, '明', '亮'과 '爽'이 그러하다. **爽(상) *s-raŋᴮ** 은《說文》에 "明也('밝다'이다).……《書·牧誓》엔 '時甲子昧爽(때는 甲子日 이른 새벽)'."이라고 나온다. 또《禮記·內則》엔 "昧爽而朝(동틀 무렵 아침)."라고 나온다. '明'과 '爽'은 결국 그들 앞에 붙인 접두사의 차이가 있을 뿐이다. 따라서 동일한 諧聲 그룹 가운데에 明母도 있을 수 있고, 山母(徹母)도 있을 수 있는 것이다.

爽(상: 용맹하다) *s-raŋᴮ , 疏兩切, 《廣韻》: "猛也('용맹하다'이다)."《左傳·昭公十七年》: "爽鳩氏, 司寇也; 鶻鳩氏, 司事也(爽鳩氏는 司寇이고, 鶻鳩氏는 司事이니)." 注: "爽鳩, 鷹也. 鷙, 故爲司寇, 主盜賊(여기서 '爽鳩'는 '매'이다. 사납다, 이에 이를 司寇의 관명으로 삼아 도적을 다스리는 일을 주관하게 했다)." '爽鳩'는 맹수에 비교할 수 있다.《墨子·節用中》: "古者聖人爲猛禽狡獸暴人害民, 於是敎民以兵行(옛날 성인은 사나운 맹수가 사람들을 해쳤기 때문에, 사람들에게 병기를 가지고 다니게 했다)."《方言》: "梗, 爽, 猛也. 韓趙之間曰梗, 齊晉曰爽('梗, 爽'은 '사납다'이다. 韓趙 사이에선 '梗'이라 하고, 齊晉에선 '爽'이라 한다)." **猛(맹: 사납다) *m-raŋᴮ** , 莫幸切, 《廣韻》: "勇猛('용맹하다')."

그러나 접두사 *s-와 접두사 *m-의 의미는 완전히 같지는 않다. ***m-접두사를 갖는 동**

사들을 관찰해보면, 개별 동사를 제외하고, 대부분이 '非致動性動詞'이다. Benedict(本尼迪克特, 1972)에 따르면, 藏緬語에서 접두사 *m-을 부가한 동사는 항시 불급물동사였다고 한다. 이러한 특징은 藏語에서 매우 분명히 나타난다. 그런데 상고한어에서 *m-접두사를 부가한 동사가 반드시 목적어가 없는 불급물동사인 것은 아니다. 예컨대, '詣'가 그러하다. 다만 모두 '非致動性動詞'이다. 이들이 서술어가 될 때, 주체는 행위주이거나 경험주(當事)이며, 일반적으로 피동작주(受事)가 되지는 않는다. 바로 '埋'가 이와 같다. 예를 들어, "是自埋於民, 自藏於畔."(《莊子·則陽》)(이들은 스스로 민중 사이에 파묻히고 스스로 밭두둑 사이에 은둔하여)에서, 동사 '埋'의 행위주와 피동작주는 동일인일 수 있다. 그러나 그렇다고 행위주/피동작주 관계가 변하지는 않았다. 즉, 주체가 행위주이긴 하나 피동작주는 아닌 것이다. **상고한어에서, 이렇게 *m-접두사를 부가한 동사는 피동문에서 문장의 서술어로 쓰일 수는 없고, 단지 능동문에서 서술어로만 쓰인다.**

三

危(위: 위험하다, 위태롭다) *m-kor , 魚爲切,《廣韻》: "不正也, 不安也('위태롭다, 위험하다'이다)."《說文》: "危, 在高而懼也('危'는 높은 곳에 있어서 마음이 두려운 것이다)."《莊子·田子方》: "嘗與汝登高山, 履危石, 臨百仞之淵, 若能射乎?(시험 삼아 너와 함께 높은 산에 올라가, 위태로운 바위를 밟고, 백 길이나 되는 깊은 연못가에 서서, 너는 활을 잘 쏠 수 있는가?)" 이것은 '危'의 본의이다.《國語·晉語八》: "拱木不生危, 松柏不生埤(아름드리 나무는 험준한 곳에서 자라지 아니하고, 소나무와 잣나무는 습한 땅에서 자라지 않는다)." 注: "危, 高險也('危'는 높고 위험한 것이다)." 또는 '높이 솟다(高聳)'를 가리키기도 한다.《莊子·盜跖》: "去其危冠(자로로 하여금 높은 관을 벗게 했다)." 注: "危, 高也('危'는 '높다'이다)." 또 '용마루(屋脊)'를 가리키기도 한다.《禮記·喪大記》: "皆升自東榮, 中屋履危(모두 동영으로 올라가서 중옥에서 용마루를 밟고)." 注: "危, 棟上也('危'은 '용마루'이다)."《史記·魏世家》: "痤因上屋騎危, 謂使者曰(범좌가 이에 지붕에 올라 용마루에 매달려 사자에게 말했다)." 集解: "危, 棟上也('危'은 '용마루'이다)." 나중에는 '위험하다'의 의미로 파생되었다.《莊子·則陽》: "安

危相易, 禍福相生(편안함과 위험이 서로 바뀌며 화와 복이 번갈아 생겨난다)."《論語·泰伯》: "危邦不入, 亂邦不居(위태로운 나라에는 들어가지 않으며, 혼란한 나라에는 살지 않는다)." '危'를 성부로 하는 글자는 대부분 연구개파열음(軟腭塞音)인데 '詭'가 그러하다.《禮記·緇衣》: "則民言不危行, 而行不危言矣(백성의 말은 행실보다 높지 않으며 행실은 말보다 높지 않다)." 王引之按: "危讀爲詭(여기서 '危'는 '詭'로 읽는다)."《管子·禁藏》: "吏不敢以長官威嚴危其命(관리들은 감히 높은 벼슬의 위엄으로 백성들의 목숨을 위협하지 않는다)." 俞樾按: "危當讀爲詭(여기서 '危'는 '詭'로 읽는다)." [**詭(궤: 속이다, 꾸짖다)** ***koɾ***^{B} , 過委切,《廣韻》: "詐也('속이다'이다)."《說文》: "詭, 責也. 从言危聲('詭'는 '꾸짖다'이다. '言'을 따르고 '危'가 성부이다).] 이 외에, '恑', '垝', '跪' 등의 글자는 본래 '危'로만 썼었다.

嵬(외: 높다) ***m-kur** , 五灰切,《廣韻》: "崔嵬('높고 크다')."《說文》: "嵬, 高不平也, 从山鬼聲('嵬'는 높고 평탄치 않은 것이다. '山'을 따르고 '鬼'가 성부이다)."《詩經·卷耳》: "陟彼崔嵬, 我馬虺隤(저 높은 산에 오르려니 내 말이 지쳤네)." 傳: "崔嵬, 土山之戴石者('崔嵬'란 흙산이 바위가 많은 것이다)."《釋文》: "嵬, 五回反(여기서 '嵬'는 '五回反'이다)."《詩經·谷風》: "習習谷風, 維山崔嵬(살랑살랑 봄바람 불어와, 오직 산은 높고 험하도다)." 또 '隗'로도 쓴다. **隗(외: 험하다)** ***m-kur**^{B} , 五罪切,《廣韻》: "陮隗, 高也('높고 험하다, 높다'이다)."《說文》: "隗, 崔隗也. 从阜鬼聲('隗'는 '높고 험하다'이다. '阜'를 따르고 '鬼'가 성부이다)." 朱駿聲: "卽嵬之或體(즉, '嵬'의 혹체이다)." **巋(규/귀: 가파르다)** ***khur**^{B} , 丘軌切,《廣韻》: "巋然, 高峻貌(홀로 우뚝 서서, 높고 험준한 모양이다)."

崟(음: 험준하다) ***m-kum** , 魚金切,《說文》: "山之岑崟也, 从山金聲(산의 높고 가파른 봉우리이다. '山'을 따르고 '金'이 성부이다)."

岌(급: 높다) ***m-kup** , 魚及切,《說文》新附: "山高貌, 从山及聲(산이 높은 모양이다. '山'을 따르고 '及'이 성부이다)."

圪(을: 우뚝하다) ***m-kɯt** , 魚迄切,《說文》: "牆高貌, 从土乞聲(담장이 높은 모양이다. '土'를 따르고 '乞'이 성부이다)."《廣韻》: "圪, 高貌('圪'은 높은 모양이다)."

姸(연: 예쁘다, 곱다) ***m-ken** , 五堅切,《廣韻》: "淨也, 美也, 好也('깨끗하다, 아름답다, 예

뻐다'이다)."

皚(애: 희다) *m-kɯr , 五來切,《說文》: "霜雪之白也. 从白豈聲('서리나 눈처럼 희다', '白'을 따르고 '豈'가 성부이다)."

密(밀: 조용하다) *m-pi̱t , 美畢切,《廣韻》: "又靜也('조용하다'이다)."《爾雅》: "密, 靜也('密'은 '조용하다'이다)."《詩經·昊天有成》: "成王不敢康, 夙夜基命宥密(성왕은 감히 편안함을 누리지 못하고, 밤낮으로 백성들을 편안케 하고자 도모하셨다)." 傳: "密, 寧也('密'은 '안녕함'이다)."《管子·大匡》: "詐密而後動者勝(무릇 속이는 일을 그친 후 병사를 동원해야 승리한다)."《莊子·達生》: "公密而不應(장공이 조용히 하고, 대답을 안 하고 있었다)." 謐(밀: 고요하다) *m-pi̱t , 弭筆切,《廣韻》: "靜也, 愼也, 安也('고요하다, 삼가다, 편안하다'이다)."《說文》: "謐, 靜語也('조용한 말'이다)."《爾雅》: "謐, 靜也('謐'은 '고요하다'이다)."《新書·禮容語下》: "成王不敢康, 夙夜基命宥謐(성왕은 감히 편안함을 누리지 못하고, 밤낮으로 백성들을 편안케 하고자 도모하셨다)." '謐'은 단지 서면어에만 사용된다. 宓(밀: 편안하다) *m-pi̱t , 弭筆切,《廣韻》: "安也, 默也, 寧也, 止也('편안하다, 몰래, 안녕하다'이다)."《說文》: "宓, 安也('宓'은 '편안하다'이다)." 段玉裁注: "此字《經典》作密, 密行而宓廢矣(이 글자는 〈경전〉에서 '密'로 나오며, '密'이 쓰이고 '宓'은 안 쓰게 되었다)." 秘(비: 숨기다) *pi̱ts , 兵媚切,《廣韻》: "密也('은밀하다'이다)."《說文》: "秘, 神也, 从示必聲('秘'는 '신비로움'이다. '示'을 따르고 '必'이 성부이다)."《管子·樞言》: "愛惡天下可秘, 愛惡重閉必固(아낌과 미워함이 적당하면 천하는 안정시킬 수 있으나, 아낌과 미워함이 너무 심하면 천하가 반드시 막힌다)."《史記·秦始皇本紀》: "恐諸公子及天下有變, 乃秘之(여러 公子와 천하에 변란이 있을까 두려워하여, 마침내 이를 숨겼다)." 閟(비: 문닫다) *pi̱ts , 兵媚切,《廣韻》: "(閟)閉('문닫다')."《說文》: "閟, 閉門也('閟'는 '문닫다'이다)."《左傳·莊公三十二年》: "見孟任, 從之, 閟(孟任을 보고는 그를 찾아가니, 문을 닫아 버렸다)." 閉(폐: 닫다) *pits , 博計切,《廣韻》: "掩閉.《說文》曰: 闔門也('닫다', 〈설문〉에 이르길, '문을 닫다이다')."《左傳·成公十五年》: "閉門登陴矣(성문을 닫고 성가퀴로 올라갔다)."

鞕(경: 단단하다) *m-kraŋs , 五爭切,《廣韻》: "堅牢. 硬, 上同('단단하다'. '硬'이 위와 같다)." 藏語의 "m-khraŋ-po('堅硬'의 의미)"는 '硬'과 정확히 대응한다. 그러나 '硬'자는 상

고 문헌에는 보이지 않는다. **梗(경: 강하다) *kraŋᴮ** , 古杏切,《廣雅》: "強也('강하다'이다)." 王念孫: "梗之言剛也('梗'이란 말은 '剛(굳다)'이다)."《商君書·賞刑》: "強梗者, 有常刑而不赦(강경하고 완고한 자는 법의 처벌을 받게 되면 사면하지 않는다)." Wolfenden은 藏語의 "m-khraŋ-po('硬'의미)"와 "skraŋ-ba('腫'의미)", "ɦ-graŋ('飽'의미)"이 同族詞라고 한다. 필자가 보기에, 藏語의 "m-khraŋ"의 어원은 분명 "graŋ-ba('寒冷, 寒凍'의미)"이다. 이는 藏語의 "reŋ-ba('凝固, 凍結'의미)"와 "reŋs-po('僵硬'의미)"(拉薩의 reŋ[13] po[55]('硬')가 여기서 유래함) 간의 관계를 통해 알 수가 있다. 중국어 '硬'의 어원 역시 '涼'이다. **涼(량: 시원하다, 엷다) *ra̱ŋ** , 呂張切,《廣韻》: "亦寒涼也('서늘하고 시원하다'이다)."《說文》: "涼, 薄寒也, 从水京聲('涼'은 '엷은 추위'이다[108], '水'를 따르고 '京'이 성부이다)."《詩經·北風》: "北風其涼, 雨雪其雱(북풍은 싸늘하고, 눈비는 펑펑 쏟아지네)." 毛傳: "北風, 寒涼之風('北風'은 '춥고 싸늘한 바람'이다)."《爾雅》: "北風謂之涼風('北風'은 곧 '싸늘한 바람'이다)."《釋名》: "涼州, 西方所在寒涼也(양주는 서쪽에 있어서 항시 춥고 싸늘하다)." '冷'하면 곧 '硬'하다. 이는 일반적인 자연현상이다.《傷寒論·平脈法》: "身冷膚硬(몸이 냉하면 살갗이 딱딱해진다)." 우리는 상고한어에 '硬'이란 단어가 있었는지 확정할 수는 없지만, 기원상으로 볼 때, 중국어와 藏語는 동일하다.

접두사 *m-을 첨가한 단어는 동사일 수도 있고 형용사일 수도 있다. Wolfenden은 藏緬語의 동사 앞에 부가된 *m-접두사와 형용사 앞에 부가된 *m-접두사를 '中間態'동사접두사라고 정의한다. **어법 기능면에서 볼 때, 상고한어의 *m-접두사는 藏緬語의 접두사 *m-과 완전히 동일하다**. 즉, 양자는 공동의 기원이 있는 것이다. 다만 형태의 변화에 따라, 상고한어의 *m-접두사도 점차 소실되게 되었다. 우리는 현재 단지 상고한어의 접두사 *m-의 잔흔만을 찾을 수 있을 뿐이다.

---

108 [역주]《說文解字》엔 '涼, 薄也(담박한 술)'로만 되어 있다. 여기서는 본문을 따랐다.

제4절 접두사 *p-

一

維鵜在梁, 不濡其翼. 陳奐傳疏: "不, 語詞."(《詩經·候人》)(어살에 있는 도요새, 날개도 적시지 않는구나.)[109]

彼醉不臧, 不醉反恥. 馬瑞辰傳箋通釋: "不, 語詞."(《詩經·賓之初筵》)(저 취한 이는 추태스러워 취하지 않은 이가 도리어 부끄럽네.)

公孫碩膚, 德音不瑕. 俞樾: "不乃語詞."(《詩經·狼跋》)(공은 겸양이 크고 넓으니 훌륭한 말씀 흠하나 없도다.)

不戢不難, 受福不那. 馬瑞辰傳箋通釋: "不爲語詞."(《詩經·桑扈》)(세금 많이 걷지 않고 법이 어렵지 않으면, 복을 많이 받을 것이네.)

凡周之士, 不顯亦世. 陳奐傳疏: "不爲語詞."(《詩經·文王》)(주나라의 신하들은 대대로 밝도다.)

有周不顯, 帝命不時. 馬瑞辰傳箋通釋: "不爲語詞."(《詩經·文王》)(주 임금들이 밝으셨고, 상제의 명이 때맞추어 내리시니.)

不顯亦臨, 無射亦保. 馬瑞辰傳箋通釋: "不爲語詞."(《詩經·思齊》)(밝지 않은 곳에도 임하시어, 싫증나더라도 지켜주네.)

無曰不顯, 莫予云覯. 馬瑞辰傳箋通釋: "不爲語詞."(《詩經·抑》)(밝지 않은지라, 나를 보는 이가 없다고 말하지 마라.)

不顯不承, 無射于人斯. 陳奐傳疏: "不爲發聲."(《詩經·清廟》)(밝고 아름다워 계승할만한 덕이 있어, 사람들이 이를 싫어하지 않다네.)

접두사 *p-는 '不'자라는 문자형식으로 《詩經》 등 문헌 속에 출현하고 있다. 이 *p-접두

---

109 [역주] 여기 제시된 '不'관련 예문 중, 일부는 '不'의 의미를 부정의미로 살려 해석한 것도 있으며, 그렇지 않은 것도 있는데, 이는 일반적인 해석 방법에 근거한 것이다.

사는 단지 어떤 특수한 음운조건 하에서만 보존이 되었다. 예를 들어, **流音과 융합되어 복자음이 되는 것**이 바로 그러하다. 그 외의 다른 음운 조건 하에서 상고한어의 *p-접두사는 소실되었다. 그러나 일부 단어의 경우, 어원에 대한 분석을 통해, 그 시기 *p-접두사가 있었을 것으로 확정할 수 있다.

變(변: 변하다) *p-rons , 彼眷切, 《廣韻》: "化也, 易也('변하다, 바뀌다'이다)." 《說文》: "變, 更也. 从攴, 䜌聲('變'은 '변하다'이다. '攴'를 따르고 '䜌'이 성부이다)." 《左傳·僖公三年》: "公懼, 變色(桓公은 두려워 얼굴빛이 변했다)." 《論語·鄉黨》: "齊, 必變食, 居必遷坐(재계할 때는 반드시 드시던 음식을 바꾸셨고, 거처함에는 반드시 평소 거처를 옮기셨다)." 《孟子·滕文公上》: "吾聞用夏變夷者, 未聞變於夷者也(나는 중원의 것으로 오랑캐를 변화시켰다는 말은 들었지만, 오랑캐에게 변화당했다는 말은 듣지 못했다)." 《莊子·大宗師》: "臨尸而歌, 顏色不變(시신 옆에서 노래를 부르면서도, 얼굴빛이 조금도 변하지 않았다)."

'變'은 중고한어에서 聲母가 唇塞音 p-(幫母)이다. 그러나 '變'은 '來母'諧聲그룹에 소속되어 있다. 그런데 이 諧聲의 경우, 中古에서 唇塞音으로 읽히는 것은 단지 '變'자 하나뿐이다. 확실히, '變'의 성모 p는 접두사 *p-에서 기원한 것으로 볼 수 있다. 즉, 접두사와 어근 성모가 융합이 되어 *pr-이 된 것이며, 다시 중고한어의 p-가 된 것이다. 이러한 음변은 漢藏語系 언어에서 광범위하게 목격된다.

二

剝(박: 벗기다, 떨어져나가다) *p-lok , 北角切, 《廣韻》: "削也, 割也, 傷害也('벗기다, 가르다, 해치다'이다)." 《說文》: "剝, 裂也. 从刀从彔. 彔, 刻割也. 彔亦聲('剝'는 '찢다'이다. '刀'와 '彔'을 따른다. '彔'은 '새기다'이다. '彔'이 또 성부이다)." 《詩經·信南山》: "是剝是菹, 獻之皇祖(껍질을 벗기고 이를 절여서 조상님께 바치네)." 《詩經·楚茨》: "或剝或亨, 或肆或將(어떤 이는 벗기고 어떤 이는 삶고, 어떤 이는 차리고 어떤 이는 받드네)." 《周禮·秋官·司寇》: "令剝陰

木而水之(음목을 베어 물이 나오지 않게 한다)."《呂氏春秋·蕩兵》: "民固剝林木以戰矣(백성들은 숲의 나무를 깎아 싸웠다)." **彔(록: 나무에 새기다) *lok** , 盧谷切, 《廣韻》: "本也, 亦刻木也('나무에 새기다'이다)."《說文》: "彔, 刻木彔彔也('彔'은 '하나하나 셀 수 있는 새긴 나무'이다)." 朱駿聲《說文通訓定聲》: "彔, 實卽剝之古文('彔'은 '剝'의 고문이다)."

剝(박: 벗기다, 떨어져나가다) *p-lok , 北角切, 《廣韻》: "落也('떨어져 나가다'이다)."《詩經·七月》: "八月剝棗, 十月穫稻(팔월에는 대추 따고, 시월에는 벼를 수확하고)."《大戴禮記·夏小正》: "八月, 剝棗. 剝也者, 取也. 栗零. 零也者, 降也. 零而後取之, 故不言剝也('팔월에는 대추를 딴다.' '剝'이라는 것은 '취하다'이다. '밤이 떨어진다.' '零'이란 '떨어지다'이다. 떨어지면 줍는 것이다. 그러므로 '剝'이란 말을 쓰지 않는다)." [毛傳이래 모두 '剝'을 '攴'의 假借라고 보는데 이는 옳지 않다.] **錄(록: 기록하다) *lo̱k** , 力玉切, 《廣韻》: "采錄('채록하다')."《集韻》: "錄, 龍玉切, 一曰采也('錄'은 '龍玉切'이다, 한편으로 '采'라고 한다)."《韓非子·外儲說左下》: "因能而受祿, 錄功而與官(능력에 따라 녹봉을 주고, 공적을 기록하여 벼슬을 내린다)."《史記·太史公自序》: "略推三代, 錄秦漢, 上記軒轅, 下至於茲(삼대 이상은 간략하게 추정하고, 진나라와 한나라는 상세하게 기록하되, 위로는 軒轅으로부터 아래로는 지금에 이르기까지이다)."

秉(병: 잡다) *p-ra̱ŋ^{B} , 兵永切, 《廣韻》: "執持('잡다')."《詩經·簡兮》: "左手執籥, 右手秉翟(왼손에 피리 쥐고, 오른손에 꿩 깃을 쥐었네)."《尙書·牧誓》: "王左丈黃鉞, 右秉白旄以麾(武王이 왼손에는 黃鉞을 잡고, 오른손에는 白旄를 잡고 지휘했다)." 또 명사로도 쓰인다.《小爾雅》: "二鍾謂之秉; 秉, 十六斛也(2鍾을 秉이라 한다. 秉은 16斛이다)."《論語·雍也》: "冉子與之粟五秉(冉子가 곡식 5秉을 주었다)." **秉(병: 자루) *p-ra̱ŋs** , 陂秉切, 《集韻》: "《說文》柯也(〈설문〉에는 '柯(자루)'라고 나온다)."《史記·天官書》: "二十八舍主十二州, 斗秉兼之(28수가 주재하는 12주이고 북두칠성이 그들을 통괄한다)."《管子·小匡》: "治國不失秉, 臣不如也(나라를 다스리면서 權柄을 잃지 않는 점은 제가 관이오만 못합니다)." 글자는 또 '棅, 柄'으로도 쓰고 둘은 음이 같다. '柄'은 '陂病切'이다.《廣韻》: "權也, 柯也. 棅, 《說文》同上(柄)('權柄'이다, '자루'이다. '棅'은 《說文》에서 위와 같다)."《說文》: "柄, 柯也. 棅, 或从秉('柄'은 '자루'이다. '棅'은 혹 '秉'을 따른다)."《左傳·襄公二十三年》: "旣有利權, 又執民柄, 將何懼焉?(이미 이로움과 권력을 가

졌고 또 백성에 대한 權柄까지 가졌는데 무엇이 두렵겠는가?)"

別(별: 나누다) ***p-rat**, 方別切, 《廣韻》: "分別('나누다')." 《說文》: "別, 分解也('칼로 나누고 해체하다')." 《管子·問》: "有別劵者幾何家?(따로 계약서를 갖고 있는 이가 몇 가구가 되겠는가?)" 《左傳·僖公二十四年》: "耳不聽五聲之和爲聾, 目不別五色之章爲昧(귀로 五聲의 조화로움을 듣지 못하는 것을 '聾'이라 하고, 눈으로 五色의 문채를 구별하지 못하는 것을 '昧'라 한다)." 《呂氏春秋·六月紀》: "以別貴賤等級之度(이로써 귀천의 등급 차이를 구별하게 하다)." 《韓非子·解老》: "目不能決黑白之色則謂之盲. 耳不能別淸濁之聲則謂之聾(눈으로 검은색과 흰색을 구별할 수 없으면 '장님'이라 하고, 귀로 맑은 소리와 탁한 소리를 구별할 수 없으면 '귀머거리'라 한다)." **列(렬: 나누다)** ***rat**, 良薛切, 《說文》: "分解也('나누고 해체하다')." 《管子·五輔》: "大袂列, 文繡染, 刻鏤削, 雕琢采(큰 소매 옷은 가르고, 수놓은 옷을 물들이고, 조각한 것을 깎아내고, 새긴 것을 펀펀히 해야 한다)." 《管子·樞言》: "先王不貨交, 不列地(선왕들은 재화를 주고받지 않으며, 땅을 쪼개지 않는다)." 《荀子·大略》: "古者列地建國, 非以貴諸侯而已(옛날에 토지를 나누고 국가를 세웠는데, 이로써 제후들을 귀하게 만들기 위한 것만은 아니다)." 글자는 나중에 '裂'로 썼다. **裂(렬: 찢다)** ***rat**, 良薛切, 《廣韻》: "擘, 裂, 破也. 《左傳》云: 裂裳帛而與之('擘, 裂'은 '깨다, 쪼개다'이다. 〈좌전〉에 이르길, '치마를 찢어서 주다')." 《左傳·哀公四年》: "將裂田以與蠻子而城之(토지를 쪼개서 蠻子에게 주고, 거기에 성을 쌓을 것이다)." 《莊子·逍遙遊》: "與越人水戰, 大敗越人, 裂地而封之(월나라와 수중전을 펼쳐 월나라 군사를 대파시켰다. 그리고는 땅을 나누어 그를 봉하였다)." 《韓非子·十過》: "裂帷幕, 破俎豆(장막을 찢고 그릇을 부수다)."

拜(배: 절하다) ***p-rots**, 博怪切, 《廣韻》: "《周禮》云: 大祝辨九拜, 一曰稽首, 二曰頓首, 三曰空首, 四曰振動, 五曰吉拜, 六曰凶拜, 七曰奇拜, 八曰褒拜, 九曰肅拜(〈주례〉에 이르길, '大祝은 九拜를 구분한다. 첫째는 계수이고, 둘째는 돈수, 셋째는 공수, 넷째는 진동, 다섯째는 길배, 여섯째는 흉배, 일곱째는 기배, 여덟째는 포배, 아홉째는 숙배이다')." 《說文》: "拜, 首至手也('拜'는 머리가 손에 닿게 하는 것이다)."(段玉裁注에 근거하여 수정함) 《孟子·公孫丑上》: "禹聞善言則拜(우임금은 좋은 말을 들으면 절을 했다)." '拜'는 '扒'의 가차자로 쓰인다. 《詩經·甘

棠》: "蔽芾甘棠, 勿剪勿拜, 召伯所說(무성한 팥배나무, 자르지도 말고 뽑지도 마라. 소백님이 즐기던 곳이니)." 《廣韻》에선 《詩》를 인용하여 "勿剪勿扒"로 되어 있다. **扒(배: 빼다, 깨뜨리다)** *__p-rot__ , 布拔切, 《集韻》: "破也, 擊也, 或作捌('깨다, 치다'이다, 혹체로 '捌'로도 쓴다)." **扒(捌, 배: 깨뜨리다)** *__p-ro̱t__ , 筆別切, 《集韻》: "剖分也, 或作捌('나누다'이다. 혹체로 '捌'로 쓴다)."

稟(품: 받다, 주다) *__p-ri̱m__^{B} , 筆錦切, 《廣韻》: "供穀, 又與也('녹미', 또 '주다'이다)." 《說文》: "稟, 賜穀也.('稟'은 '하사하는 곡물'이다)" 《左傳·閔公二年》: "稟命則不威, 專命則不孝(명을 받아 행하면 위엄이 없고, 또 마음대로 명령을 내리면 불효가 된다)." 《國語·楚語上》: "若不言, 是無所稟令也(임금님이 말씀을 하지 않으면 명령을 받을 곳이 없다)." 《漢書·西域傳上》: "共稟漢使者(함께 한나라 사신을 받들었다)." '稟'은 '주다(施)'와 '받다(受)' 두 의미가 다 있어서, 받는 것을 가리킬 수도 있고, 주는 것을 가리킬 수도 있다. 《史記·田敬仲完世家》: "其收賦稅於民以小斗受之, 其稟予民以大斗(그가 백성들에게서 세금을 거둘 때는 작은 됫박으로 받고, 백성들에게 양식을 나눠줄 때는 큰 됫박으로 줬다)." **稟(름: 녹, 곳집)** *__ri̱m__^{B} , 《集韻》 力錦切, 글자는 또 '廩'으로도 쓴다. 《漢書·文帝紀》: "吏稟當受鬻者, 或以陳粟(어떤 곳집 관리가 죽을 나눠줄 때, 혹은 묵은 쌀로 준다)." 注: "稟, 給也('稟'은 '녹봉'이다)." 《禮記·中庸》: "旣廩稱事, 所以勸百工也(녹봉이 일에 걸맞는 것은 백공을 권면하는 것이다)." 《釋文》: "廩, 彼錦反, 一本又力錦反(여기서 '廩'은 '彼錦反'이다. 어떤 판본엔 또 '力錦反'이다)."

亨(팽: 삶다) *__p-xraŋ__ , 撫庚切, 《廣韻》: "煮也, 俗作烹('삶다'이다. 俗으로 '烹'으로도 쓴다)." 《詩經·七月》: "七月亨葵及菽(칠월에는 아욱국에 콩 삶아 먹는데)." 《詩經·匪風》: "誰能亨魚? 漑之釜鬵(누가 생선을 삶으면 크고 작은 가마솥을 씻으리)." 《左傳·襄公四年》: "家衆殺而亨之, 以食其子(집안사람들이 그를 죽여 삶아서 그 아들에게 먹이다)." 《釋文》: "亨, 普彭反, 煮也(여기서 '亨'은 '普彭反'이다. '삶다'이다)." 《左傳·襄公二十六年》: "乃亨伊戾(이에 伊戾를 삶아 죽였다)." 《釋文》: "亨, 普彭反(여기서 '亨'은 '普彭反'이다)." **亨(형: 통하다)** *__xraŋ__ , 許庚切, 《廣韻》: "通也, 或作亯('통하다'이다. 혹체로 '亯'으로도 쓴다)." 《左傳·昭公四年》: "是以先王務修德音, 以亨神人(이에 선왕은 덕을 닦는데 힘써 이로써 덕이 신과 사람에게 통하게 했다)."

注: "亨, 通也(여기서 '亨'은 '통하다'이다)."《釋文》: "亨, 許庚反(여기서 '亨'은 '許庚反'이다)."《國語·晉語四》: "元亨利貞, 勿用有攸往, 利建侯(크게 형통하고 곧음이 이로우니, 가는 바를 두지 말고 제후를 세움이 이롭다)." **亯(향: 누리다, 드리다) *xraŋᴮ** , 許兩切,《廣韻》: "獻也, 祭也, 臨也, 向也, 歆也. 亨, 上同, 亦作享('드리다, 제사하다, 임하다, 향하다, 대접하다'이다. '亨'은 위와 같고, 또 '享'으로도 쓴다)."《說文》: "享, 獻也('享'은 '드리다'이다)."《左傳·莊公四年》: "夫人姜氏享齊侯於祝丘(夫人 姜氏가 祝丘에서 齊나라 임금을 접대하였다)."《左傳·僖公五年》: "如是, 則非德, 民不和, 神不享矣(이와 같다면 德이 아니면 백성이 화목하지 않고, 神이 흠향하지 않을 것이다)." **饗(향: 잔치하다) *xraŋᴮ** , 許兩切,《廣韻》: "歆饗('흠향하다')."《左傳·僖公十二年》: "王以上卿之禮饗管仲(왕이 上卿의 예로 管仲을 대접하였다)."《左傳·僖公二十年》: "楚子饗之(楚나라 임금이 잔치를 베풀어 重耳을 접대했다)."

자음은 清濁이 교체 가능하므로, 상고한어에는 가끔 *b-로 *p-를 대신하는 현상이 출현하는데, '憑'이 그러하다.

凭(빙: 기대다, 의지하다) *b-reŋ , 扶冰切,《廣韻》: "依几也('탁자에 기대다'이다)."《說文》: "凭, 依几也. 从几从任.《周書》: 凭玉几. 讀若馮('凭'은 '탁자에 기대다'이다. '几'와 '任'을 따른다. 〈주서〉에 이르길, '옥궤에 기대다'라고 한다. '馮'처럼 읽는다)." 또는 '憑'으로도 쓴다. **憑(빙: 의지하다) *b-reŋ** , 扶冰切,《廣韻》: "憑托('의지하다')."《小爾雅》: "憑, 依也('憑'은 '의지하다'이다)."《國語·周語下》: "我皇妣大姜之侄伯陵之後逄公之所憑神也(우리 皇妣太姜의 조카이며 伯陵의 후예인 逄公이 의지한 신이다)."《左傳·襄公二十五年》: "介恃楚衆, 以憑陵我(楚나라의 많은 수를 믿고, 이에 의지하여 우리나라를 침범하다)." 글자는 본래 '馮'으로 썼다. **馮(풍: 의지하다) *b-reŋ** , 扶冰切,《廣韻》: "《周禮》'馮相氏', 鄭玄云: 馮, 乘也(〈주례〉엔 '馮相氏'라고 나온다. 鄭玄이 이르길, '馮은 타다이다')."《玉篇》: "馮, 乘也, 陵也('馮'은 '타다, 능멸하다'이다)."《詩經·小旻》: "不敢暴虎, 不敢馮河(감히 호랑이와 맞서 싸우지 말고, 감히 황하를 능멸하지 말라)."《左傳·僖公五年》: "神所馮依, 將在德矣(神이 의지하는 것은 아마 德에 있을 것이다)."《左傳·襄公八年》: "焚我郊保, 馮陵我城郭(우리의 교외 작은 성들을 불태우고, 우리의 城郭을 능멸하다)."《左傳·襄公十三年》: "小人伐其技以馮君子(小人은 자기의 재주를 자랑하여

君子를 능멸한다)." 《周禮·夏官·司馬》: "馮弱犯寡, 則眚之; 賊賢害民, 則伐之(약한 자를 능멸하고 적은 수를 침범하는 자는 축소시킨다. 어진 이를 해치고 백성을 해하는 자는 정벌한다)." **夌(릉: 언덕, 이기다)** ***reŋ**, 力膺切, 《廣韻》: "《說文》越也(〈설문〉에는 '넘다, 초월하다'이다)." 《說文》: "夌, 越也('夌'은 '넘다, 초월하다'이다)." 글자는 나중에 '陵'으로 쓴다. **陵(릉: 범하다, 업신여기다)** ***reŋ**, 力膺切, 《廣韻》: "又犯也, 侮也, 侵也('범하다, 업신여기다, 침범하다'이다)." 《史記·秦始皇本紀》: "匡飭異俗, 陵水經地(서로 다른 풍속을 바로잡기 위해 물을 건너고 산을 넘었다)." 《禮記·中庸》: "在上位不陵下, 在下位不援上, 正己而不求於人, 則無怨(위자리에 있으면서 아랫사람을 업신여기지 않고, 아랫자리에 있으면서 윗사람을 끌어내리지 않으며, 자신을 바르게 하고 남에게 요구하지 않으면 원망이 없을 것이다)." 《莊子·盜跖》: "自是之後, 以強陵弱, 以衆暴寡(이 이후로, 강자가 약자를 업신여기고, 다수가 소수를 억압한다)." 또 '凌'으로 쓰기도 한다. 《墨子·天志下》: "今天下之諸侯, 將猶皆侵凌攻伐兼並(지금 천하의 제후들은 장차 다른 나라를 침공하고 겸병하려고 한다)." 《韓非子·初見秦》: "東以弱齊燕, 中以凌三晉(동쪽으로 齊나라와 燕나라를 약화시키고, 중앙으로는 삼진을 침범할 것이다)." 또는 '淩'으로 쓰기도 한다. '淩(릉)'은 '力膺切'이다, 《廣韻》: "歷也('견디어 헤쳐나가다'이다)."

三

일종의 접사로서, 상고한어의 *p-접두사는 다양한 유형의 자음 성모 앞에 출현할 수 있는 접두사이다. 그러나 기타 유형의 성모 앞에 출현하는 *p-접두사는 이미 소실되었다. 이와 관련하여 우리는 중고한어의 음운형식만을 기반으로 상고에 *p-접두사가 있었다고 추론할 수는 없다. 다만, 잔여 형식으로부터 우리는 **상고한어의 *p-접두사가 일종의 동사 접두사이고 특히 外動詞의 접두사임**을 여전히 알 수가 있다. 그런데 일부 현상을 통해 보면, **상고한어의 *p-접두사는 또 명사 접두사도 된다.**

筆(필: 붓) ***p-rut**, 鄙密切, 《廣韻》: "秦蒙恬所造. 《爾雅》云: 不律謂之筆(秦의 蒙恬이 만들었다, 《爾雅》에 이르길, '不律을 筆이라 한다')." 注: "蜀人呼筆爲不律也(蜀人은 '筆(붓)'을 '不律'이라

한다)."《說文》: "筆, 秦謂之筆. 从聿从竹('筆'은 秦에서는 '筆'이라 한다. '聿'과 '竹'을 따른다)." '筆'은 後起繁化字이며, 본래는 '聿'로 썼다. **聿(율: 펴다, 짓다, 기록하다)** ***g-ru̱t** , 余律切, 《廣韻》: "遂也, 述也. 《說文》曰: 所以書也, 楚謂之聿, 吳謂之不律, 燕謂之弗, 秦謂之筆('드디어, 짓다'이다. 〈설문〉에 이르길, '글을 쓰는 붓이다. 楚에선 聿, 吳에선 不律, 燕에선 弗, 秦에선 筆이라 한다')." [《釋名》: "筆, 述也, 述事而書之也('筆'을 '述(짓다)'이다. 일을 기술하여 쓰는 것이다.)"]

방언마다 접두사 *p-에 대한 처리가 다르다. 楚方言은 접두사가 탈락하였고, 燕方言은 어근성모를 대신하였고, 秦方言에서는 어근성모와 융합하여 복자음성모가 되었으며, 단지 吳方言만이 접두사를 보존하였다. 접두사 *p-는 어근자음과 더불어 융합하지 못하면 탈락하게 된다.

《爾雅》: "夷上灑下, 不漘(평탄한 위에서 아래로 흘러내리는 것이 '不漘'이다)." 注: "厓上平坦而下水深者爲漘. 不, 發聲(절벽 위는 평탄하지만 아래의 물이 깊은 것을 '漘'이라 한다. '不'은 소리만 있다)."《說文》: "漘, 水厓也. 从水脣聲. 《詩》曰: 寘河之漘('漘'은 '물가'이다. '水'를 따르고 '脣'이 성부이다. 〈시경〉에 '황하 물가에 두다'라 한다)."《詩經·葛藟》: "綿綿葛藟, 在河之漘(치렁치렁 칡덩굴이 황하 물가에 널려있네)." 傳: "漘, 水隒也('漘'은 물가이다)."《釋文》: "漘, 順春反(여기서 '漘'은 '順春反'이다)."《詩經·伐檀》: "坎坎伐輪兮, 寘之河之漘兮(쾅쾅 박달나무 베어서 황하의 물가에 두네)." 傳: "漘, 厓也('漘'은 물가이다)."《釋文》: "漘, 順倫反, 本亦作脣(여기서 '漘'은 '順倫反'이고, 본래는 또 '脣'로도 쓴다)."

확실히 '漘'은 '脣'의 파생어이다. 이것은 '筆'이 어근자음과 융합하여 복자음성모가 되는 것과는 다르다. 즉, '漘'에 부가되었던 접두사 *p-가 탈락한 것이다.

狸(리: 삵) ***re̱** , 里之切, 《廣韻》: "野貓('야묘, 삵')."《說文》: "狸, 伏獸, 似貙('狸'은 '엎드려 숨는 것을 잘하는 짐승'으로 '貙(추)'를 닮았다)."《儀禮·大射》: "奏狸首('狸首'를 연주하다)." 注: "狸之言不來也('狸'란 말은 '不來'이다)."《史記·封禪書》: "狸首者, 諸侯之不來者('狸首'란 조현

에 참석하지 않은 제후이다).” 集解引徐廣: “狸一名不來(‘狸’는 일명 ‘不來’라 한다).” 《方言》: “貔, 陳楚江淮之間謂之猍, 北燕朝鮮之間謂之貊, 關西謂之狸(‘貔’는 陳楚江淮 사이에선 ‘猍’라고 하고, 北燕朝鮮 사이에선 ‘貊’라고 하고, 關西에선 ‘狸’라고 한다).”

凌(릉: 얼음) ***re̱ŋ** , 力膺切, 《廣韻》: “冰凌(‘얼음’).” 《詩經·七月》: “二之日, 鑿冰沖沖; 三之日, 納于凌陰(선달은 얼음을 탕탕 깨고, 정월엔 얼음 창고에 들인다네).” 毛傳: “凌陰, 冰室也(‘凌陰’은 ‘얼음창고’이다).” 《周禮·天官·冢宰》: “凌人, 掌冰政. 歲十有二月, 令斬冰, 三其凌(凌人은 얼음을 관장한다. 12월에 얼음을 잘라 저장하도록 명령하고 세 번 얼음 창고를 살핀다).” 《漢書·惠帝紀》: “未央宮凌室災(미앙궁의 능실에 불이 났다).” 注: “凌室, 藏冰之室也(‘凌室’은 얼음을 저장하는 곳이다).” **冰(빙: 얼음)** ***p-re̱ŋ** , 筆陵切, 《廣韻》: “水凍也(‘물이 언 것’이다).” 《詩經·匏有苦葉》: “士如歸妻, 迨冰未泮(남자가 장가가려면 얼음 얼기 전에 와야 하네).”

兩(량: 둘, 짝) ***ra̱ŋ^B** , 良獎切, 《廣韻》: “《說文》曰: 再也. 《易》云: 參天兩地(〈설문〉에 이르길, ‘두 번’이다. 〈易〉에 이르길, ‘三類로 天數를 삼고, 兩類로 地數를 삼는다’).” 《詩經·大叔于田》: “執轡如組, 兩驂如舞(말고삐 잡은 것이 실끈 잡은 듯 하고, 양쪽 참마는 춤추듯 달리도다).” 《詩經·鄘風·柏舟》: “髧彼兩髦, 實維我儀(늘어진 저 다발머리 사내요, 실로 나의 짝이로다).” 여기서 발전하여, 쌍을 이루는 名物을 ‘兩’이라 칭한다. 《玉篇》: “兩, 匹耦也(‘兩’은 ‘짝’이다).” 《詩經·鵲巢》: “之子于歸, 百兩御之(이 아가씨 시집가는데, 수레 백대로 영접하네).” 《詩經·南山》: “葛屨五兩, 冠緌雙止(칡신도 다섯 짝이요, 갓끈도 두 가닥이 한 쌍이다).” **丙(병: 남녘)** ***p-ra̱ŋ^B** , 兵永切, 《廣韻》: “辰名(‘辰(12지)의 이름’).” 《說文》: “丙, 位南方(‘丙’은 남쪽에 위치한다).” ‘丙’은 天干의 第三位로 홀수이다. 《廣雅》: “丙剛丁柔(丙은 剛이고, 丁은 柔이다).” ‘丙’은 ‘一丙’이고 ‘兩’은 ‘兩丙’이다.

犖(락: 얼룩소) ***rɯk** , 呂角切, 《廣韻》: “駁犖, 牛雜色, 又卓犖也(‘얼룩소, 소의 섞인 색’, 또 ‘훌륭하다’이다).” [‘犖’는 ‘力角切’이다. 《集韻》: “《說文》: 駁牛也(〈설문〉에 ‘얼룩소’라 한다).” ‘犖’은 ‘歷各切’이다. 《集韻》: “牛駁色(소의 얼룩한 색).”] 《說文》: “犖, 駁牛也(‘犖’는 ‘얼룩소’이다).” 段玉裁注: “馬色不純曰駁, 駁犖同部疊韻(‘말의 색이 순수하지 못한 것’을 ‘駁(박)’이라 한

다. '駁犖(박락)'은 같은 운부의 첩운이다)."《史記·司馬相如列傳》: "赤瑕駁犖, 雜臿其間(적옥은 아롱진 무늬이며 그 사이에 섞여 있다)." **駁(박: 얼룩말) *p-rɯk** , 北角切, 《廣韻》: "馬色不純(말의 색이 순수하지 않다)."《說文》: "駁, 馬色不純('駁'은 '말의 색이 순수하지 않은 것'이다)." 段玉裁注: "引申之爲凡色不純之稱(여기서 발전하여 '모든 불순한 색'을 칭한다)."《爾雅》: "騮白, 駁('털이 붉고 흰 것'이 '駁'이다)."《詩經·東山》: "之子于歸, 皇駁其馬(그녀가 시집갈 때, 그 말은 황백색과 적백색의 말이었네)." 傳: "黃白曰皇, 駵白曰駁(황백색을 '皇'이라 하고, 적백색을 '駁'이라 한다)."《莊子·田子方》: "見良人黑色而髯, 乘駁馬而偏朱蹄(꿈에 훌륭한 사람을 보았는데, 얼굴은 검고 구레나룻이 있으며, 한쪽 발굽만 붉은 얼룩말을 타고 왔다)." **豹(표: 표범) *p-rɯks** , 北教切, 《廣韻》: "獸名('짐승이름')."《詩經·羔裘》: "羔裘豹飾, 孔武有力(표범 소매에 염소 갖옷, 늠름하고 씩씩하도다)." 傳: "豹飾, 緣以豹皮也('豹飾'란 표범 가죽으로 장식한 것이다)."

風(풍: 바람) *p-ru̱m , 方戎切, 《說文》: "八風也(팔방의 바람이다)."《詩經·北風》: "北風其涼, 雨雪其雱(북풍은 싸늘하고 눈비가 펑펑 오네)."《詩經·風雨》: "風雨凄凄, 鷄鳴喈喈(비바람에 싸늘한데, 닭 우는 소리 들려오네)."《論語·顏淵》: "草上之風, 必偃(풀 위에 바람이 더해지면 풀은 반드시 쓰러진다)."《左傳·僖公三十二年》: "其北陵, 文王之所辟風雨也(북쪽 언덕은 文王이 비바람을 피했던 곳이다)." '風神'을 '飛廉'이라고도 한다.《楚辭·離騷》: "前望舒使先驅兮, 後飛廉使奔屬(앞에서 망서에게 말을 몰게 하고, 뒤에 비렴에게 따라오게 하네)." 注: "飛廉, 風伯也('飛廉'은 곧 '風伯'이다)."《風俗通義》: "《楚辭》說: 後飛廉使奔屬. 飛廉, 風伯也(〈초사〉에서 '後飛廉使奔屬'이라 하는데, '飛廉'은 곧 '風伯'이다)." 또는 '蜚廉'이라고도 쓴다.《史記·秦本紀》: "惡來有力, 蜚廉善走, 父子俱以材力事殷紂(惡來는 힘이 셌고, 蜚廉은 달리기를 잘해서, 부자 둘은 함께 재주와 힘으로 은의 주왕을 섬겼다)."

상고한어에서 접두사 *p-를 가진 단어를 확정한 것이 매우 적은데, 단지 흔적을 계산할 수밖에 없다. 이러한 흔적으로 볼 때, 상고한어의 *p-접두사는 동사의 접두사이기도 하고, 명사의 접두사이기도 하다. 예컨대, *p-ru̱t의 '筆'이 그러하다. 한편, 접사는 어근의 유기적인 구성성분이 아니기 때문에, 하나의 단어가 종종 두 가지 형식이 있는 경우가 있다. 이러한 현상은 書面藏語에서 자주 나타난다. 예컨대, ris~bris('畵'의미)가 있다.

	書面藏語	拉薩	巴塘	夏河	阿力克
一	gi-tɕig	$tɕi^{52}$	$tɕiʔ^{53}$	htɕək	ɣcçək
二	g-ȵis	$ȵi^{55}$	$ȵi^{55}$	hȵi	ɣȵi
三	g-sum	sum^{55}	$sã^{55}$	hsəm	ɣsəm
六	d-rug	$tʂhu^{132}$	$tʂuʔ^{231}$	tʂəχ	tʂuk
九	d-gu	ku^{13}	gu^{53}	gə	rgə
四	b-ʑi	$ɕi^{13}$	$ɣi^{53}$	zə	wzə
七	b-dun	ty^{13}	dy^{53}	dən	wdən
八	b-rgjad	$cɛ^{132}$	$dʑɛʔ^{53}$	dʑal	wdʑat
十	b-tɕu	$tɕu^{55}$	$tɕu^{55}$	tɕə	ptɕə
百	b-rgja	ca^{13}	$dʑa^{53}$	dʑa	wɟjæ

書面藏語의 수사는 대개 b-접두사를 갖거나 g-접두사를 갖는다(d-는 g-의 변체임). 그러나 이 두 접두사는 현대의 藏語 拉薩話에서는 이미 소실되었다. 소실된 경로는 安多方言과 같이, 먼저 약화된 후 탈락으로 볼 수 있다. 우리는 이미 현대의 藏語 拉薩話를 근거로 書面藏語의 b-또는 g-접두사를 복원할 수 없는 상태이다. 한편, 중국어의 수사 계통은 書面藏語의 수사 계통과 그 기원이 같은데, 단지, 몇 개의 수사에서 중국어와 藏語가 다를 뿐이다. 중국어는 두 개의 수사에서 조기 *p-접두사를 반영하고 있다.

八**(팔: 팔, 나누다)** ***p-rot**, 博拔切,《廣韻》: "數也('수'이다)."《說文》: "八, 別也, 象分別相背之形('八'은 '나누다'이다. 나뉘어 서로 등을 지고 있는 모습을 본떴다)." 許慎은 '別'로 '八'을 聲訓하고 있다.《詩經·七月》: "七月在野, 八月在宇, 九月在戶, 十月蟋蟀, 入我牀下(칠월에는 들판에 있고, 팔월에는 처마에 들었다가 구월에는 문간에 있다네, 시월에는 귀뚜라미가 내 침상 아래로 들어온다네)."《論語·八佾》: "八佾舞於庭, 是可忍也, 孰不可忍也?(家廟의 뜰에서 八佾舞를 추는데, 이것을 용납한다면 누군들 용납하지 못하겠는가?)"《左傳·隱公五年》: "天子

用八, 諸侯用六, 大夫四, 士二. 夫舞所以節八音, 而行八風, 故自八以下(천자는 八佾을 사용하고, 제후는 六佾을 사용하고, 대부는 四佾을 사용하고, 士는 二佾을 사용한다. 춤은 八音을 조절하여 팔방의 바람을 표현하는 것이다. 그러므로 8에서부터 내려오는 것이다)."

百(백: 백) ***p-rak**, 博陌切, 《廣韻》: "數名('수명')." 《詩經·鵲巢》: "之子于歸, 百兩御之(이 아가씨 시집가네, 수레 백 대로 영접하네)." 《左傳·隱公元年》: "都城過百雉, 國之害也(도성이 100雉를 넘으면 나라의 해가 된다)." 《左傳·閔公二年》: "男女七百有三十人, 益之以共滕之民爲五千人(유민은 남녀 합해 7백 30명이었고, 共과 滕의 백성까지 합해 모두 5천 명이었다)." **佰(맥: 일백)** ***m-rak**, 莫白切, 《廣韻》: "一百爲一佰也(일백이 곧 '一佰'이다)." 《說文》: "佰, 相什佰也('佰'은 '백인이나 백호를 단위로 서로 담보하다'이다)." 段玉裁注: "佰連什言者, 猶伍連參言也, 佰之言百也('佰'에 '什'을 이어 말한 것은 伍에 參을 이어 말한 것과 같다. '佰'이란 말은 곧 '百'이다)." 《史記·陳涉世家》: "躡足行伍之間, 俛仰阡陌之中(병사들 행렬 사이에서 계시면서 많은 군중들을 굽어보다)." 索隱: "仟佰謂千人百人之長也. 陌音貊('仟佰'은 천명 백명의 수많은 사람이다. '陌'의 음은 '貊'이다)." **陌(맥: 두렁)** ***m-rak**, 莫白切, 《廣韻》: "阡陌. 南北爲阡, 東西爲陌('阡陌(밭두둑)'이다. 남북으로 난 것을 '阡', 동서로 난 것을 '陌'이라 한다)." 《漢書·五行志下之上》: "京師郡國民聚會里巷阡陌(경사와 군국의 백성들이 마을거리와 밭두렁에 모이다)." 《漢書·韓延壽傳》: "閭里仟佰有非常, 吏輒聞知(백성들 사는 곳에 사고가 발생하면 관리는 즉시 소식을 접하고)." '阡陌'은 곧 '千百'으로 글자는 본래 '佰'로도 썼다. 《漢書·食貨志上》: "亡農夫之苦, 有仟佰之得(농부의 노고도 없이 천백금의 수확을 얻게 된다)." 注: "仟謂千錢, 佰謂百錢也. 佰, 音莫白反('仟'은 '천금', '佰'은 '백금'을 말한다. '佰'은 음이 '莫白反'이다)."

이 두 수사는 *p-접두사가 어근 자음과 융합하여 *pr-/pl-복자음을 형성해 보존될 수 있었다. 그러나 기타 수사들은 중고시기 음운형식을 근거로 상고에 p-나 k-접두사가 있었다고 추론할 방법이 없다. 이는 마치 현대 藏語 拉薩話와 마찬가지이다. 분명, 일종의 접두사로서 상고한어의 접두사 *p-는 단지 유음성모 앞에만 출현할 수는 없었을 것이다. 그러나 우리는 현재 기타 자음 성모 앞의 *p-접두사를 알 길이 없다. 어찌 되었든, 이러한 잔흔으로부터 우리는 상고한어의 접두사 *p-가 동사(外動詞)의 접두사이기도 하고 또 명사의 접두사이기도 했다는 사실을 알 수 있는데, 이 점은 藏語와 동일하다. 藏語의 b-접두사는 완결형(旣行體) 동사의 어근에도 출현하고 또 명사(수사) 어근에도 출현하고 있다. 다만 그 기능을 확정하기 어려울 뿐이다(Benedict, 1984 : 116-118).

제5절 접요사中綴 */l/

一

巷(항: 거리) *g/l/oŋs , 胡絳切, 《廣韻》: "衖巷('거리')." 《說文》: "巷, 里中道. 从邑, 从共, 皆在邑中所共也('마을 속 거리'이다. '邑'과 '共'을 따른다. 모두 성읍에서 사람들이 함께 지나다니는 곳이다)." 《詩經·叔于田》: "叔于田, 巷無居人(숙님이 사냥 나가네, 거리엔 사람이 없다네)." 傳: "巷, 里塗也('巷'은 '마을 거리'이다)." 글자는 또 '衖'으로도 쓰며 발음을 '胡絳切'로 같다. 衖, 《廣韻》: "上同, 亦作鄉('衖'은 위와 같으며, 또는 '鄉'으로도 쓴다)." 《爾雅》: "宮中衖, 謂之壼('궁중의 도로'를 '壼'라 한다)." **共(공: 같다, 공유하다, 함께하다) *goŋs** , 渠用切, 《廣韻》: "同也('같다'이다)." 《論語·公冶長》: "願車馬衣輕裘, 與朋友共(車馬와 가벼운 갖옷 입는 것을 벗들과 함께하길 원한다)." 《孟子·滕文公上》: "自天子達於庶人, 三代共之(天子로부터 庶人에 이르기까지 삼대가 공유했다)." 《禮記·曲禮上》: "父之讎, 弗與共戴天(아버지의 원수는 함께 하늘을 이고 살 수 없다)."

필자는 2001년에 상고한어에 /l/접요사가 있었다고 제기한 바 있다. 아울러 /l/은 명사 접요사임을 증명했는데, **동사나 형용사 어근에 /l/접요사를 삽입해 품사를 명사로 전환시키는 것이다.** 위의 '巷'이 바로 동사 어근에 /l/접요사를 넣어 파생된 것이다. 상고한어에서 이렇게 /l/접요사를 넣어 파생시킨 명사는 본래 매우 많았을 것이다. 다만 어근자음 C-가 접요사 /l/과 융합되었기 때문에, 중고한어의 음운형식으로는 상고한어에 /l/접요사가 있었음을 알아내기 어렵다. 이로 인해, 우리는 '巷'의 경우처럼, 이러한 단어와 이를 파생시킨 어근을 연계시키기가 쉽지 않다. 즉, 許愼의 해석이 없었다면, 우리는 그것의 어근이 본래 '共'이었음을 생각조차 하기 어려웠을 것이다.

二

江(강: 강) *k/l/oŋ, 古雙切, 《廣韻》: "江海('강과 바다')." 《說文》: "江, 江水('江'은 '강물'이다)." 《詩經·漢廣》: "江之永矣, 不可方思(강물이 너무 길어, 뗏목을 타고 갈 수 없구나)." '江'은 본래 '長江'을 가리킨다. 후에 파생되어 '江湖'의 '강'을 가리키게 되었다. 《詩經·常武》: "如江如漢, 如山之苞(장강과 한수처럼 많고, 산의 밑동처럼 모였네)." 《釋名》: "江, 公也, 小水流入其中, 公共也('江'은 '公(여럿의, 공변된)'이다. 작은 물이 가운데로 흘러 두루 함께하는 것이다)." 《釋名》은 '公'으로 '江'을 풀이하고 있다. 《風俗通義·四瀆》: "江者, 貢也, 珍物可貢獻也('江'이란 '貢(바치다, 공물)'이다. 진귀한 물건을 바칠 만하다)." 《風俗通義》는 '貢'으로 '江'을 풀이하고 있다. 확실히 《釋名》의 해석이 《風俗通義》보다는 일리가 있다. '江'은 '水'을 따르고 '工'이 성부이다. 楊樹達(1983:29)은 다음과 같이 말했다. "모든 '从工聲'의 글자는 모두 '가로로 길다'의 의미를 갖고 있다. 《說文》에 이르길, '杠, 床前橫木也, 从木, 工聲(杠이란 침상 앞의 횡목이다. 木을 따르고 工이 성부이다).'이라고 나온다. 그리고 《孟子·離婁下》에 이르길, '十一月徒杠成, 十二月輿梁成(11월에 도보 다리를 완성하고, 12월에 수레 다리를 완성하다).'라고 나온다. 여기서 '徒杠'은 橫木으로 걸어 건널 수 있게 한 다리를 말한다. 《說文》에 이르길, '扛, 橫木對擧也, 从手, 工聲(扛은 두손으로 橫木같은 나무를 마주 들어 올리는 것이다. 手를 따르고 工이 성부이다).'이라 한다. 또 《漢書·外戚傳下》에 이르길 '壁帶往往爲黃金釭(벽의 횡목은 종종 황금색의 가시새로다)'이라 하고 注에는 '釭, 壁中之橫帶也(釭은 벽 중의 횡목이다)[110].'이라 한다. 이로 추론하건대, **'江'의 '从工聲'이란 아마도 '몸이 가로로 길어' 마치 지금 우리가 장강이라고 부르는 것과 같은 것**을 말하는 것이다." '矼(강: 징

110 [역주] '釭(강/공)'은 일명 '가시새'로 '흙벽의 속을 얽을 때, 중깃에 가로로 대는 가는 나무'라 한다.

검다리)'은 '古雙切'이다. 《廣韻》: "矼, 石橋也. 《爾雅》云: 石杠謂之徛. 字俗从石."(釭, 《廣韻》又音古紅切.)('矼'은 '돌로 만든 징검다리'이다. 〈이아〉에 이르길, '돌다리를 일컬어 徛라 한다.' 글자는 俗에서 '石'을 의부로 한다.)('釭'은 《廣韻》에서 또 다른 음이 '古紅切'이다.)

關(관: 빗장) ***q/l/on** , 古還切, 《廣韻》: "《說文》曰: 以木橫持門戶也; 《聲類》曰: 關, 所以閉也(〈설문〉에 이르길, '나무로 가로로 문을 지르는 것이다.' 〈성류〉에 이르길, '關은 문을 잠그는 것이다')." 《左傳·襄公二十三年》: "干國之紀, 犯門斬關(나라의 기강을 범하여 성문을 범하고 빗장을 자르다)." 《墨子·備城門》: "門植關必環錮. 以錮金若鐵鍱之. 門關再重, 鍱之以鐵, 必堅(문, 버팀목, 빗장 등은 반드시 견고하게 둘러야 하는데, 구리쇠나 혹은 쇠로 만든 금속 조각을 붙여 견고하게 해야 한다. 문빗장은 이중으로 두르고, 쇠로 된 것으로 그것을 이어 붙여야, 반드시 견고해진다)." 《禮記·雜記下》: "見輪人以其杖關轂而輠輪者(윤인이 자기 지팡이로 바퀴를 뚫고 바퀴를 돌리는 것을 보았다)." 疏: "關, 穿也(여기서 '關'은 '뚫다'이다)." **貫(관: 뚫다)** ***kon** , 古丸切, 《廣韻》: "穿也('뚫다'이다)." 《左傳·僖公二十七年》: "鞭七人, 貫三人耳(일곱 사람에게 매질을 하고, 화살로 세 사람의 귀를 뚫었다)." 《釋文》: "貫音官, 又古亂反(여기서 '貫'은 음이 '官'이고 또 '古亂反'이다)." 《左傳·成公二年》: "矢貫余手及肘, 余折以御(화살이 나의 손과 팔꿈치를 뚫었으나, 나는 화살을 잘라내고 수레를 몰았다)." 《釋文》: "貫, 古亂反(여기서 '貫'은 '古亂反'이다)." 글자는 본래 '毌'으로 썼다. **毌(관: 꿰뚫다)** ***kon** , 古丸切, 《廣韻》: "穿物持也('물체를 뚫고 그것을 쥐다'이다)."

瓜(과: 외) ***q/l/a** , 古華切, 《說文》: "蓏也('열매'이다)." [《說文》: "蓏, 在木曰果, 在地曰蓏('蓏'는 나무에 열리는 것을 '果'라 하고, 땅에 열리는 것을 '蓏'라 한다)."] '瓜'와 '果'은 매우 다르다. '果'는 항상 여러 개가 다발로 열리고, '瓜'는 대개 하나씩 열린다. 《詩經·七月》: "七月食瓜, 八月斷壺, 九月叔苴, 采荼薪樗(칠월에 오이 먹고, 팔월에 박을 따네, 구월에 삼씨를 줍고, 씀바귀 캐고 땔감을 벤다)." 《詩經·信南山》: "中田有廬, 疆埸有瓜(밭 가운데는 움막이 있고, 밭두둑에는 외가 열렸네)." **柧(고: 쥐참외)** ***qa** , 古胡切, 《廣韻》: "瓜也('외'이다)." '柧'는 곧 '瓜'이다. **孤(고: 외롭다)** ***qa** , 古胡切, 《廣韻》: "孤子('고아')." 《左傳·成公十一年》: "不能字人之孤而殺之(남의 고아를 사랑하지 못하고 그들을 죽였다)." 《禮記·曲禮上》: "孤子當室, 冠衣不

純采(고아가 된 사람이 집을 맡으면 관과 옷은 채색이 아니다)."《論語·里仁》: "德不孤, 必有鄰(덕이 있는 이는 외롭지 않으니 반드시 이웃이 있다)."

橫(횡: 가로) ***G/l/aŋ** , 戶盲切,《廣韻》: "縱橫也('가로세로'이다)."《韓非子·說林上》: "夫楊橫樹之卽生, 倒樹之卽生, 折而樹之又生(버들은 가로눕혀 심어도 살고, 거꾸로 심어도 살며, 꺾어서 심어도 산다)." 又《忠孝》: "世人多不言國法而言從橫(세상 사람들은 모두 국법에 대해 말하지는 않고 종횡에 대해서만 말한다)." 사람은 본래 곧게 서서 걷는데, 어떤 이는 굳이 가로로 하여 걷는다. 이에 '橫行'이란 말이 나왔다.《呂氏春秋·簡選》: "橫行海內, 天下莫之能禁(중원을 헤매고 다녔지만 천하엔 이를 금지시킬 이가 없다)."《莊子·盜跖》: "盜跖從卒九千人, 橫行天下(도척은 졸개 9천 명을 거느리고 천하에 횡행하였다)." **廣(광: 넓다)** ***qaŋ**^{B} , 古晃切,《廣韻》: "大也, 闊也('크다, 넓다'이다)."《墨子·備城門》: "長二丈, 廣八尺(길이는 두 장에 너비가 팔 척이다)."《墨子·備梯》: "殺有兩門, 門廣五尺(쇄에는 두 개의 문을 두는데, 문의 폭이 다섯 척이다)."《禮記·玉藻》: "下廣二尺, 上廣一尺, 長三尺, 其頸五寸, 肩革帶博二寸(아래의 너비는 두 척이고, 위는 너비가 한 척, 길이는 세 척, 그 목 부분은 오 촌이고 어깨와 혁대는 너비가 이 촌이다)."

犗(개: 불깐소) ***k/l/ats** , 古喝切,《廣韻》: "犍牛('불깐소')."《說文》: "犗, 騬牛也('犗'는 거세한 소이다)."《莊子·外物》: "任公子爲大鉤巨緇, 五十犗以爲餌, 蹲乎會稽, 投竿東海, 旦旦而釣(任나라의 公子가 커다란 낚싯바늘과 굵은 흑색 밧줄의 낚싯줄을 만들고, 50마리의 불깐 소로 미끼를 삼아, 회계산에 올라가 앉아서, 동해에 낚싯대를 던져놓고 아침마다 물고기를 낚았다)."《釋文》: "犗, 郭古邁反, 云犍牛也; 徐音界;《說文》云: 騬牛也; 司馬云: 犧牛也. 騬, 音繩; 犍, 紀言反('犗'는 郭씨의 음은 '古邁反'이고, '불깐소'를 말한다; 徐씨의 음은 '界'이다;《說文》에 이르길, '불깐소이다'; 司馬가 말하길, '불깐소이다'. '騬'은 음이 '繩'이다; '犍'은 '紀言反'이다)." [《說文》: "騬, 犗馬也('騬'은 '불깐말이다']."《說文》: "犍, 犗牛也('犍'은 '불깐소이다').") **羯(갈: 불깐 흑양)** ***ka̱t** , 居竭切,《廣韻》: "犗羯('불깐 흑양')." 羯,《說文》: "羊羖犗也('羯'은 '양 가운데 불깐 흑양이다')." **割(할: 베다, 자르다, 나누다)** ***kat** , 古達切,《廣韻》: "剝也, 害也, 斷也, 截也('베다, 해하다, 끊다, 자르다'이다)."《左傳·定公四年》: "王割子期之心, 以與隨人盟

(楚王은 子期의 가슴을 베고(피를 받아) 隨人과 맹약하였다).”《論語·陽貨》: “割鷄焉用牛刀?(닭을 잡는 데에 어찌하여 소 잡는 칼을 사용하는가?)”《莊子·盜跖》: “介子推至忠也, 自割其股以食文公(介子推는 매우 충성스러운데, 스스로 다리 살을 베어 문공에게 먹였다).”《呂氏春秋·誠廉》: “割牲而盟以爲信(희생을 죽여 그 피로 맹약을 하여 이로써 믿음으로 삼았다).”

話(화: 말) ***g/l/ots** , 下快切,《廣韻》: “語話(‘말’).”《說文》: “話, 會合善言也(‘話’는 ‘모여서 말을 잘하다’이다).”《詩經·板》: “愼爾出話, 敬爾威儀, 無不柔嘉(네 말을 삼가고, 네 위의를 공경히 하여 유순하고 아름답게 하라).” 傳: “話, 善言也(‘話’는 ‘말을 잘하다’이다).”《左傳·文公六年》: “分之采物, 著之話言, 爲之律度(채색한 복색을 나누어 주고 좋은 말을 기록하고 律度를 만들다).” 注: “話, 善也, 爲作善言遺戒(‘話’는 ‘잘하다, 좋다’이다. 즉, 좋은 말을 지어서 경계로 남기다).” **佸(괄/활: 모이다)** ***got** , 戶括切,《廣韻》: “佸會(‘모이다’).”《詩經·君子于役》: “君子于役, 不日不月, 曷其有佸(군역 나가신 님이여, 날도 달도 모르는데, 언제 다시 만나려나).” 傳: “佸, 會也(‘佸’는 ‘모이다, 만나다’이다).”

價(가: 값) ***k/l/as** , 古訝切,《廣韻》: “價數(‘값’).”《韓非子·外儲說左下》: “鄭縣人賣豚, 人問其價(鄭縣 사람이 돼지를 팔고 있었는데, 어떤 이가 그 가격을 물었다).”《韓非子·外儲說右下》: “市木之價不加貴於山(시장에서 파는 나무의 값이 산보다 더 비싸지 않다).” 그 글자는 본래 ‘賈’로만 썼다.《小爾雅》: “賈, 價也(‘賈’는 ‘값’이다).”《孟子·滕文公上》: “布帛長短同, 則賈相若; 麻縷絲絮輕重同, 則賈相若; 五穀多寡同, 則賈相若; 屨大小同, 則賈相若(베나 비단의 길이가 같으면 값이 서로 같으며, 삼과 실과 생사와 솜의 무게가 같으면 값이 서로 같으며, 오곡의 양이 같으면 값이 서로 같으며, 신의 크기가 같으면 값이 서로 같다).” **賈(가/고: 장사하다, 팔다)** ***ka**^{B} , 公戶切,《廣韻》: “商賈(‘장사하다’).”《說文》: “賈, 市也. 一曰坐賣售也(‘賈’는 ‘장사하다’이다. 한편으로 ‘앉아서 팔다’이다).”《左傳·成公二年》: “欲勇者, 賈余餘勇(용기를 원하는 자는 나의 남은 용기를 사기 바란다).” 注: “賈, 賣也(‘賈’는 ‘팔다’이다).”《釋文》: “賈音古, 注同(‘賈’의 음은 ‘古’이고 주는 같다).”《左傳·昭公二十年》: “平子每歲賈馬(季平子가 매년 말을 샀다).” 注: “賈, 買也(여기서 ‘賈’는 ‘사다’이다).”《韓非子·五蠹》: “長袖善舞, 多財善賈(긴 소매

로 춤을 잘 추고, 많은 재산으로 장사를 잘한다)."

邦(방: 나라) *p/l/oŋ , 博江切, 《廣韻》: "國也('나라'이다)." 《說文》: "邦, 國也('邦'은 '나라'이다)." 段注: "邦之言封也. 古邦封通用. 書序云'邦康叔''邦諸侯'[111], 《論語》云'在邦域之中', 皆封字也('邦'이란 말은 '封(경계)'이다. 옛날에 '邦'과 '封'은 通用됐다. 〈서경〉序에선, '邦康叔', '邦諸侯'라고도 하고, 〈논어〉에서는 '在邦域之中(우리나라 疆域 안에 있으니)'라고도 하는데, 모두 '封'자의 의미이다)." 惠氏《春秋左傳補注》에 이르길, "《書·序》云: '武王既勝殷, 邦諸侯.' 又《康誥·序》云: '以殷餘民邦康叔.' 孔氏云: '國康叔爲衛侯.' 此傳依《史記》當云'邦太叔'. 古字邦封同. 漢諱邦, 改爲國, 故云國太叔也(《書·序》에서 '武王이 이미 殷나라를 쳐서 승리한 뒤에 邦國을 세워 諸侯들을 봉하고'라고 나오고, 또 《康誥·序》에선 '殷나라의 남은 백성으로 康叔을 봉하셨다'라고 나온다. 孔氏가 말하길, '康叔을 봉하여 衛侯로 삼았다'라고 나온다. 이 전은 《史記》에서 마땅히 '邦太叔'으로 나온다. 옛날 글자로 '邦'과 '封'은 같다. 漢에선 '邦'을 諱하여, '國'으로 고쳤기에 '國太叔'이라 한 것이다)." 《論語·季氏》: "且在邦域之中矣(또한 우리나라 疆域 안에 있다)." **封(봉: 봉하다) *po̱ŋ** , 府容切, 《廣韻》: "大也, 國也, 厚也, 爵也('크다, 나라, 후하게 하다, 봉하다'이다)." 《說文》: "封, 爵諸侯之土也('封'은 제후에게 작위를 주는 땅이다)." 《孟子·萬章上》: "象至不仁, 封之有庳(상은 지극히 어질지 못한데도 그를 有庳 땅에 봉해주셨다)." 《禮記·檀弓上》: "大公封於營丘, 比及五世, 皆反葬於周(태공은 영구에 봉해졌는데, 오세에 이르기까지 모두 주나라에 돌아와 장사지냈다)."

版(판: 널빤지) *p/l/an^{B} , 布綰切, 《說文》: "判也('쪼개진 목판')." 段玉裁注: "今字作板(지금은 '板'으로 쓴다)." 《詩經·綿》: "其繩則直, 縮版以載(그 먹줄 곧기도 하거늘, 판자를 묶어 이으니)." 箋: "以索縮其築版(새끼줄로 그 축판을 묶다)." 《孟子·告子下》: "傅說舉於版築之閑(傅說은 성벽 쌓는 일을 하다가 등용되었다)." 《左傳·僖公三十年》: "朝濟而夕設版焉(아침에 河水를 건너 들어가서 저녁에 성을 쌓다)." 注: "設版築以距秦(판축을 설치하여 진에 대항하다)." 또 '牘'을 가리키기도 한다. 《管子·宙合》: "退身不合端, 修業不息版, 以待清明(몸은 물러나도 올

111 [역주] '邦康叔', '邦諸侯'를 '封康叔', '封諸侯'라고도 한다.

바름은 버리지 않으며, 업을 닦아 끊임없이 연구하여 맑고 깨끗해지기를 기다린다)." 注: "版, 牘也(여기서 '版'은 '책'이다)." **判(판: 나누다, 쪼개다)** ***phans**, 普半切, 《廣韻》: "剖判, 又分也('쪼개다', 또는 '나누다'이다)." 《墨子·備穴》: "令陶者爲月明, 長二尺五寸六圍, 中判之(도공으로 하여금 기와 독을 만들게 하는데, 길이는 2자 5치에 폭은 여섯 아름으로 기와 독의 가운데를 쪼갠다)."

家(가: 집) ***k/l/a**, 古牙切, 《廣韻》: "居也('사는 곳'이다)." 《說文》: "家, 居也('家'는 '사는 곳'이다)." 段玉裁注: "引申之, 天子諸侯回國, 大夫回家(여기서 발전하여, '천자, 제후는 國으로 돌아가고, 대부는 家로 돌아간다'라고 한다)." 《論語·顔淵》: "在邦無怨, 在家無怨(나라에 대해서도 원망함이 없고, 집에 대해서도 원망함이 없다)." 《詩經·桃夭》: "之子于歸, 宜其室家(이 아가씨 시집가네, 집안이 화목하리라)." 나중에 동사로 전환되었다. 《史記·樂毅列傳》: "其後子孫家焉(그후 자손이 그곳에서 집안을 이루었다)." 《漢書·高帝紀》: "呂公從之客, 固家焉(여공이 현령의 빈객이 되어 거기에 정착하게 되었다)." **居(거: 살다)** ***ka̱**, 九魚切, 《廣韻》: "處也, 安也('살다, 있다, 앉다'이다)." 《說文》字作"凥", "處也(〈설문〉에 글자는 '凥'로 되어 있고 '살다'라고 한다)." 《論語·爲政》: "居其所而衆星共之(북극성이 제자리에 있고 뭇별들이 이를 에워싸고 돈다)." 《詩經·鵲巢》: "維鵲有巢, 維鳩居之(까치가 둥지를 만들면, 비둘기가 거기 산다)." 王力의 《同源字典》(1982:127)에서는 '家'와 '居'를 同族詞로 보았다.

氓(맹: 백성) ***m/l/aŋ**, 莫耕切, 《廣韻》: "民也('백성'이다)." 《說文》: "氓, 民也. 从民亡聲, 讀若盲('氓'은 '백성'이다. '民'을 따르고, '亡'이 성부이다. '盲'처럼 읽는다)." 《義府·氓》: "氓謂來自他國者('氓'이란 타국에서 온 자들을 말한다)." 《詩經·氓》: "氓之蚩蚩, 抱布貿絲(타지에서 온 사람이 희죽거리며, 베를 안고 실을 사러 왔네)." 傳: "氓, 民也(여기서 '氓'은 '백성'이다)." 《孟子·滕文公上》: "遠方之人聞君行仁政, 願受一廛而爲氓(먼 곳 사람이 임금께서 어진 정치를 행하신다는 말을 듣고, 살 곳을 받아서 여기 백성이 되기를 원합니다)." 趙歧注: "氓, 野人也(여기서 '氓'은 '야인'이다)." 《戰國策·秦策一》: "彼固亡國之形也, 而不憂其民氓(저러한 것은 확실히 망국의 형세입니다. 그런데도 그 백성들을 걱정하지 않습니다)." 注: "野民曰氓('野

民'[112]을 '氓'이라 한다)." 글자는 또 '甿'으로도 썼고 발음은 동일하다.《周禮·地官·司徒》: "凡新甿之治皆聽之(새로 이사 온 백성을 다스리는데 소원을 다 들어준다)." 注: "新甿, 新徙來者也('新甿'이란 새로 이사 온 사람이다)."《六家詩名物疏》: "氓之爲字从民从亡, 流亡之民也('氓'이란 글자는 '民'과 '亡'을 따른다, 떠도는 백성이다)." **亡(망: 없다)** ***maŋ**, 武方切,《廣韻》: "無也('없다'이다)."《說文》: "亡, 逃也('亡'은 '도망'이다)." 段玉裁注: "引申之則謂失爲亡, 亦謂死爲亡(여기서 발전하여, '잃은 것'도 '亡'이라 하고 '죽는 것'도 '亡'이라 한다)."《左傳·宣公二年》: "亡不越竟, 反不討賊(도망가되 국경을 넘지 않았고, 돌아와서는 역적을 토벌하지 않았다)."《國語·晉語四》: "晉公子生十七年而亡(晉의 공자가 태어나서 17년 동안이나 도망다니고 있다)."《左傳·莊公六年》: "亡鄧國者, 必此人也(鄧나라를 망칠 자는 분명 이 사람일 것이다)." 글자는 또 '氓'으로도 쓴다.《韓非子·有度》: "莊王之氓社稷也, 而荊以亡(장왕의 백성과 사직은 초나라와 더불어 망했다)[113]."

絺(치: 칡베) ***x/l/ɯr**, 丑饑切,《廣韻》: "細葛也('고운 갈포'이다)."《詩經·葛覃》: "爲絺爲綌, 服之無斁(가는 베 굵은 베 만드니, 옷을 입고 좋아하네)."《詩經·綠衣》: "絺兮綌兮, 凄其以風(고운 베 굵은 베 옷이여, 바람이 차갑기만 하여라)." 楊樹達《釋希》에서 다음과 같이 말했다. "'希'는 아마도 '絺'의 初文일 것이다. '絺'가 '細葛(고운 갈포)'임을 알기에, '希'字는 '巾'을 의부로 한다." 글자는 본래 '希'로 썼다.《周禮·春官·宗伯》: "祭社稷, 五祀, 則希冕(사직과 오사에 제사 지낼 때는 희면(천자의 면류관과 의복)을 한다)." 注: "希讀爲絺(여기서 '希'는 '絺'로 읽는다)."《釋文》: "希本作絺(여기서 '希'는 본래 '絺'로 쓴다)." **希(희: 드물다)** ***xɯr**, 香衣切,《爾雅》: "罕也('드물다'이다)." 楊樹達은 다음과 같이 말했다. "'絺綌(갈포옷)'은 더울 때 입는 것으로, 그 布를 자세히 보면 성긴데, 이 때문에 '希'로부터 '稀疏, 稀少'의 의미가 파생되었다."《孟子·盡心上》: "其所以異於深山之野人者幾希(깊은 산속의 野人과 다른 점이 거의 없었다)."《論語·公冶長》: "伯夷, 叔齊不念舊惡, 怨是用希(伯夷와 叔齊는 남의 옛 악행을 염

---

112 [역주] '野民'이란 고대에 "六遂"에 사는 백성을 일컫는다.
'六遂'란 周代에 王城 백 리에서 이백리 사이의 행정구역을 말한다.

113 [역주] 이 문장을 '장왕이 사직이 망하자', 또는 '장왕이 세상을 떠나자' 등으로 '氓'을 동사로 번역하기도 한다.

두에 두지 않았기에 원망하는 이가 이에 드물었다).” 나중에 ‘稀’로 썼다. **稀(희: 성기다)** *__xɯr__ , 香衣切, 《廣韻》“稀疏(‘성기다’).” 《漢書·外戚傳下》: “班婕妤及許皇后皆失寵, 稀復進見(반첩여와 허황후는 모두 황제의 총애를 잃었고, 다시 가서 뵙는 일이 드물었다).”

畜(축: 가축) ***x/l/uks** , 丑救切, 《廣韻》: “六畜(‘여섯 가지 가축’).” 《左傳·昭公二十五年》: “是故爲禮以奉之, 爲六畜, 五牲, 三犧(이에 예를 만들어 본성을 받들게 하고, 六畜과 五牲, 三犧를 제정하였다).[114]” 注: “馬牛羊鷄犬豕(말, 소, 양, 닭, 개, 돼지).” 孔疏: “家養謂之畜, 野生謂之獸(집에서 기르는 것을 畜이라 하고, 야생의 것을 獸라 한다).” 《左傳·僖公十九年》: “古者六畜不相爲用, 小事不用大牲, 而況敢用人乎?(옛날에는 六畜을 서로 쓰지 않았고, 작은 제사에는 큰 희생을 쓰지 않았는데, 하물며 감히 사람을 쓰겠는가?)” **畜(휵: 기르다)** ***xuk** , 許竹切, 《廣韻》: “養也(‘기르다’이다).” 《詩經·蓼莪》: “拊我畜我, 長我育我(나를 어루만지고 살펴주시고, 나를 길러주셨네).” 《詩經·日月》: “父兮母兮, 畜我不卒(아버지여, 어머니여, 끝내 나를 길러주심에 마치지 못하였도다).” 《左傳·哀公二十六年》: “天下誰畜之?(천하에 누가 우리를 용인하겠습니까?)” 《論語·鄕黨》: “君賜生, 必畜之(임금이 산 짐승을 주시면 반드시 기르셨다).”

蓄(축: 푸성귀) ***x/l/uk** , 丑六切, 《廣韻》: “蓄冬菜. 《詩》曰: 我有旨蓄. 鄭玄云: 蓄聚美菜以御冬月乏無時也. 本亦作畜(‘蓄’은 ‘겨울나기 채소’이다. 〈시경〉에 이르길, ‘나에게 맛있는 겨울나기 채소가 있으니’라고 한다. 정현이 이르길, ‘蓄은 맛있는 채소를 취하여 먹을 것이 없을 겨울철을 대비하는 것이다. 본래는 畜으로도 썼다’).” 《詩經·谷風》: “我有旨蓄, 亦以御冬(나에게 맛있는 겨울나기 채소가 있으니 이로써 겨울을 맞이하네).” 《釋文》: “蓄, 本亦作畜, 敕六反(여기서 ‘蓄’은 본래 ‘畜’으로도 쓰며, ‘敕六反’이다).” 《禮記·內則》: “子婦無私貨, 無私畜, 無私器(자부는 사사로운 재화나 사사로운 저축, 사사로운 기물도 없다).” **畜(축: 쌓다)** ***xuk** , 許竹切, 《說文》: “田畜也(‘밭에서 일해 수확하여 쌓은 것’).” 段玉裁注: “田畜謂力田之蓄積也(‘田畜’이란 ‘힘써 밭에서 일해 쌓아 놓은 것’이다).” 《禮記·月令》: “聚畜百藥(온갖 약초를 채집하

---

114 [역주] 六畜: 소, 말, 양, 개, 돼지, 닭
五牲: 소, 양, 개, 돼지, 닭
三犧: 소, 양, 돼지

여).” 나중에 글자는 ‘蓄’으로 쓴다. **蓄(휵: 푸성귀)** ***xu̲k** , 許竹切, 《廣韻》: “蓄冬菜也. 稸, 上同(‘蓄’은 ‘겨울나기 채소’이다. ‘稸(축)’은 위와 같다).” 《左傳·昭公二十五年》: “衆怒不可蓄也(사람들의 분노가 쌓이게 해서는 안 된다).” 《呂氏春秋·四月紀》: “是月也, 聚蓄百藥(이 달에는 온갖 약초를 채집한다).” 《國語·楚語下》: “蓄怨滋厚, 不亡何待?(원망이 쌓여 더욱 많이 늘어날 것이니, 망하지 않으면 무엇을 기대하겠는가?)” ‘稸’은 ‘許六切’이다, 《集韻》: “積也(‘쌓다’이다).” 《戰國策·齊策》: “稸積朽腐而不用(쌓아둔 재화가 썩어도 쓰지 못할 정도이다).” 《史記·蔡澤列傳》: “力田稸積, 習戰陳之事(농업에 힘써서 식량을 비축하고, 군사 훈련을 시행하였다).”

三

囱(창: 천장) ***ʦh/l/oŋ** , 楚江切, 《廣韻》: “《說文》曰: 在墻曰牖, 在屋曰囱(〈설문〉에 이르길, ‘벽에 있는 것을 牖이라 하고, 지붕에 있는 것을 囱이라 한다’).” 또는 ‘窗’으로도 쓰며 발음은 ‘楚江切’로 같다. 窗, 《廣韻》: “《說文》作窻, 通孔也. 《釋名》云: 窗, 聰也, 於內見外之聰明也(〈설문〉에서 ‘窻’으로 되어 있고, 바람이 통하는 구멍이다. 〈석명〉에 이르길, ‘窗은 聰(귀밝다)이다, 안에서 밖을 볼 수 있는 총명함이다’).” 《墨子·備城門》: “樓囱居坫, 出城十二尺(망루의 창은 성벽 가까이 두는데 성에서 12자 떨어지게 둔다).” 《周禮·冬官·考工記》: “四旁兩夾窻(네 개의 방과 양쪽의 협창).” 注: “窻助戶爲明, 每室四戶八窻(‘窻’은 문을 도와 밝게 해주는 것이니, 방마다 네 개의 문과 여덟 개의 창이 있다).” **囱(총: 굴뚝)** ***ʦhoŋ** , 倉紅切, 《廣韻》: “竈突(‘굴뚝’).” ‘窗’은 ‘麤叢切’이다. 《集韻》: “通孔也. 鄭康成曰: 窗, 助戶爲明. 古作囱, 或作牎, 窻(‘바람이 통하는 구멍’이다. 정강성이 말하길, ‘窗은 문을 도와 밝게 해주는 것이다. 옛날엔 囱으로 썼고, 혹체로 牎, 窻이 있다’).” **聰(총: 귀가 밝다, 듣다)** ***ʦhoŋ** , 倉紅切, 《廣韻》: “聞也, 明也, 察也, 聽也(‘듣다, 밝다, 살피다, 듣다’이다).” 《論語·季氏》: “視思明, 聽思聰(볼 때는 밝게 미세한 것 보기를 생각하고, 들을 때는 밝게 먼 것 듣기를 생각한다).” 《禮記·雜記下》: “視不明, 聽不聰, 行不正, 不知哀, 君子病之(보는 것이 밝지 못하고, 듣는 것이 맑지 못하며, 행동이 바르지 못하고, 감각이 무뎌져 슬픔을 알지 못하는 것을, 군자는 병으로 여긴다).” 《莊子·天地》: “五聲亂耳, 使耳不聰(五聲은 사람의 귀를 어지럽히는데, 귀로 하여금 밝게 듣지 못하게 만든다)."

柴(시: 섶, 땔감) *ȡ/l/i , 士佳切,《廣韻》: "薪也('땔감'이다)."《說文》: "柴, 小木散材('柴'는 '작은 나무, 쓸모없는 목재'이다)."《禮記·月令》: "乃命四監收秩薪柴, 以共郊廟及百祀之薪燎(사감에게 명하여 땔나무를 거두어 쌓아서, 종묘나 모든 사당에서 필요한 땔감을 제공하게 했다)." 注: "大者可析謂之薪, 小者合束謂之柴('커서 쪼갤 수 있는 것'을 '薪'이라 하고, '작아서 같이 묶어 놓는 것'을 '柴'라고 한다)." 이것이 전환(類轉)되어 동사 '祡'가 되었다. **祡(시: 시제사)** *ȡ/l/i , 士佳切,《廣韻》: "祭天燔柴('하늘에 제사 지낼 때 나무를 태운다')."《史記·五帝本紀》: "至於岱宗, 祡, 望秩於山川(태산에서는 하늘에 祡제사를 지내고, 산이나 강에서는 순서대로 望제사를 지냈다)." 본래는 '柴'로 되어 있다.《禮記·大傳》: "柴於上帝, 祈於社, 設奠於牧室(상제에게 祡제사를 올리고, 사직에 빌고 목실에 전을 베풀었다)."《禮記·郊特牲》: "天子適四方, 先柴(천자가 사방을 방문할 때는 먼저 柴제사를 한다)." 楊樹達(1983:30)은 "'此'를 성부로 하는 글자는 대부분이 '小義(작다는 뜻)'을 함축하고 있음"을 발견하고는 아울러 '柴' 등 8개 글자를 증거로 들었다. **疵(자: 흠, 흉)** *ȡi , 疾移切,《廣韻》: "黑病('검은 흠, 흉')."《莊子·人間世》: "人亦無疵焉(남도 헐뜯지 않는다)."《韓非子·主道》: "虛靜無事, 以闇見疵(마음을 비우고 조용히 하며 아무 일 하지 않으면서, 어둑한 곳에서 신하의 허물을 살핀다)."《韓非子·大體》: "不吹毛而求小疵(터럭을 불어 작은 흠을 찾는 일을 하지 않다)." **玼(자: 흉)** *ȡi , 疾移切,《廣韻》: "玉病('옥의 티')."《鹽鐵論·晁錯》: "夫以璵璠之玼, 而棄其璞(무릇 옥의 티를 갖고 그 옥돌을 버린다면)." '玼'는 곧 '疵'로, 동일한 단어이다. **眥(자/제: 눈 흘기다/눈초리)** ***ȡis** , 疾智切,《廣韻》: "目眥('눈흘기다')."《史記·項羽本紀》: "頭髮上指, 目眥盡裂(머리카락은 위로 곤두섰고, 눈은 찢어질 듯이 노려보았다)."《史記·司馬相如列傳》: "弓不虛發, 中必決眥(활은 헛되이 발사되지 않으며 명중하면 반드시 눈초리를 찢는다)." 韋昭曰: "在目所指中, 必決於眼眥也(눈에 적중하게 되면 반드시 그 눈을 찢는다)." [《漢書》作"中必決眦"(〈한서〉에서 '中必決眦'으로 되어 있다. 師古曰: "眦卽決獸之目眦, 言射審也. 眦卽眥字('眦'란 '짐승의 눈초리를 찢다'란 것으로 '정확히 쏘다'란 말이다. '眦'는 곧 '眥'자이다)."]《史記·范雎蔡澤列傳》: "一飯之德必償, 睚眥之怨必報(밥 한 그릇의 은혜도 반드시 갚으며, 눈 한번 흘긴 원수도 반드시 갚는다)."《史記·遊俠列傳》: "以睚眥殺人(눈을 부릅뜨는 것으로 사람을 죽이다)."

華(화: 꽃) ***χ/l/a** , 呼瓜切,《廣韻》: "《爾雅》云: 華, 荂也. 花, 俗今通用(〈이아〉에 이르길, '華는 荂(꽃)이다'. '花'자가 지금 俗에서 통용되고 있다)."《詩經·桃夭》: "桃之夭夭, 灼灼其華(복숭아 나무 싱싱하고, 그 꽃이 활짝 피었네)."《論語·子罕》: "唐棣之華, 偏其反而(당체 꽃이여! 바람에 흔들리는구나)." **荂(과: 꽃)** ***χa** , 況于切,《廣韻》: "草木華也('초목의 꽃'이다)."《爾雅》: "華, 荂也; 華, 荂, 榮也('華는 荂(꽃)이다'; '華'와 '荂'는 '榮(꽃)'이다)." 郭注: "今江東呼華爲荂(지금의 강동에서는 '華'를 '荂'라고 한다)."《釋文》: "荂音香于反,《說文》云草木華也('荂'의 음은 '香于反'이다. 〈설문〉에 이르길, '초목의 꽃이다')."《方言》: "齊楚之間或謂之華, 或謂之荂(齊楚사이에선 간혹 '華'라고 하거나 '荂'라고 한다)."

簀(책: 살평상, 대자리) ***ʨ/l/ik** , 側革切,《廣韻》: "床簀('살평상')."《說文》: "簀, 床棧也('簀'은 '대로 짠 침대용 널판'이다)."《詩經·淇奧》: "瞻彼淇奧, 綠竹如簀(기수의 물굽이를 바라보니, 대나무로 짠 판처럼 푸르구나)." 傳: "簀, 積也('簀'은 '포개놓은 것'이다)."《史記·范雎蔡澤列傳》: "卽卷以簀, 置廁中(대나무 발로 둘둘 말아서 측간에 버려두었다)."《禮記·檀弓上》: "大夫之簀與?(대부가 사용하는 돗자리여)" **幘(책: 건(巾), 머리싸개)** ***ʨ/l/ik** , 側革切,《廣韻》: "冠幘.《漢書》曰: 幘古卑賤執事不冠者之所服.《說文》曰: 髮有巾曰幘('건'이다. 〈한서〉에 이르길, '幘이란 옛날 낮은 직위의 관을 쓰지 않고 일을 하는 자의 의복이다'. 〈설문〉에 이르길, '머리를 두건으로 싸매는 것을 幘이라 한다')."《左傳·定公九年》: "皙幘而衣狸製(그는 흰 두건을 쓰고 이리 가죽의 갖옷을 입었다)."《漢書·五行志中之上》: "皆白衣袒幘, 帶持刀劍(모두 흰 옷에 건으로 싸매고, 검을 손에 들었다)." **績(적: 실을 잣다, 길쌈하다)** ***ʨik** , 則歷切,《廣韻》: "緝也('길쌈하다'이다)."《詩經·七月》: "七月鳴鵙, 八月載績(칠월에 때까치 울고, 팔월에 길쌈을 하네)."《詩經·東門之枌》: "不績其麻, 市也婆娑(삼베길쌈은 하지 않고, 저자에서 춤만 춘다네)."

櫛(즐: 빗) ***ʨ/l/it** , 阻瑟切,《廣韻》: "梳也('빗')."《說文》: "櫛, 梳比之總名也('櫛'은 '빗의 총칭'이다)."《左傳·僖公二十二年》: "寡君之使婢子侍執巾櫛(우리 임금께서 婢子에게 수건과 빗을 잡고 公子를 모시게 했다)."《左傳·襄公十四年》: "余以巾櫛事先君(나는 수건과 빗으로 선군을 모신 몸이다)."《儀禮·士冠禮》: "贊者奠纚, 笄, 櫛于筵南端(빈을 돕는 자가 머리를 싸는 헝겊과

비녀와 빗 등을 자리의 남쪽 끝에 벌려 놓는다)." 鄭注: "古文櫛爲節(고문에서 '櫛'을 '節'로 쓴다)."《廣雅》: "梳, 櫛也('梳'는 '빗'이다)." 王念孫疏證: "櫛之言節也, 其齒相節次也('櫛'이란 말은 곧 '節'이다. 그 이빨이 서로 순서대로 나열되어 있다)." **節(절: 알맞다, 마디)** ***tit** , 子結切,《廣韻》: "操也, 制也, 止也('절개, 알맞게 하다, 억제하다'이다)."《說文》: "節, 竹約也('節'은 '대나무 마디'이다)."《韓非子·解老》: "人之身三百六十節, 四肢, 九竅, 其大具也(사람의 몸이 360개의 마디가 있는데, 사지와 아홉 개 구멍이 그 가운데 가장 중요하다)."《莊子·養生主》: "彼節者有間, 而刀刃者無厚(저 뼈마디엔 틈이 있기 마련이고, 칼날이란 두께가 없는 것이다)."《論語·微子》: "長幼之節, 不可廢也(장유 간의 예절은 없앨 수가 없다)."

策(책: 채찍) ***th/l/ik** , 楚革切,《廣韻》: "又馬棰也('말의 회초리'이다)."《說文》: "策, 馬棰也('策'은 '말의 채찍'이다)."《左傳·文公十三年》: "繞朝贈之以策(이때 繞朝가 士會에게 채찍을 주다)." 注: "策, 馬檛('策'은 '말의 채찍'이다)."《韓非子·姦劫弑臣》: "無捶策之威, 銜橛之備, 雖造父不能以服馬(채찍질의 위협과 재갈 같은 장비가 없으면 비록 造父라 하더라도 말을 복종시킬 수 없다)."《禮記·曲禮上》: "僕執策立於馬前(말몰이꾼이 채찍을 잡고 말 앞에 선다)." 항시 동사로 전환된다.《左傳·哀公十一年》: "抽矢策其馬(화살을 뽑아 그 말에 채찍을 갈기다)."《論語·雍也》: "將入門, 策其馬(성문을 들어가려 할 때, 그 말에 채찍질을 하다)." **刺(척: 찌르다)** ***thi̱k** , 七跡切,《廣韻》: "穿也('찌르다, 뚫다'이다)."《左傳·昭公二十七年》: "抽劍刺王(칼을 뽑아 왕을 찌르다)."《釋文》: "刺, 七亦反(여기서 '刺'는 '七亦反'이다)." **刺(자: 침, 자묵하다)** ***thi̱ks** , 七賜切,《廣韻》: "針刺('침놓다, 침')." 글자는 본래 '朿'로만 썼고 발음은 같다. **朿(자: 가시)** ***thi̱ks** , 七賜切,《廣韻》: "木芒(나무의 까끄라기, 가시)."

儕(제: 무리) ***d̠/l/ir** , 士皆切,《廣韻》: "等也, 輩也, 類也('대등하다, 무리'이다)."《左傳·僖公二十三年》: "晉鄭同儕, 其過子弟, 固將禮焉(晉과 鄭은 대등한 나라이므로, 晉의 자제가 우리나라를 지날 때 진실로 그들에게 예우해야 한다)." 注 "儕, 等也('儕'는 '대등하다'이다)."《左傳·宣公十一年》: "吾儕小人, 所謂取諸其懷而與之也(우리 소인들은 이른바 '그 사람 품에서 취한 물건은 그에게 되돌려준다'는 것이다)."《釋文》: "儕, 仕皆切, 輩也(여기서 '儕'는 '仕皆切'로 '무리'이다)."《禮記·樂記》: "故先王之喜怒, 皆得其儕焉(그러므로 선왕들의 즐거움과 노여

움은 모두 상응하는 표현을 얻는다).” 注: “儕, 猶輩類(여기서 ‘儕’는 ‘동등함, 무리’와 같다).” **齊(제: 가지런하다) *dʑir** , 徂奚切, 《廣韻》: “整也, 中也, 莊也, 好也, 疾也, 等也(‘가지런하다, 가운데, 삼가다, 조화하다, 빠르다, 같다’이다).” 《論語·里仁》: “見賢思齊焉, 見不賢而內自省也(賢한 이를 보면 그와 같아지기를 생각하고, 賢하지 않은 이를 보면 안으로 스스로 살펴야 한다).”

緇(치: 검은 비단) *ʈ/l/e̱ , 側持切, 《廣韻》: “黑色繒也(‘검은색 비단’이다).” 《說文》: “緇, 帛黑色也(‘緇’는 ‘검은색 비단’이다).” 《釋名》: “緇, 滓也. 泥之黑者曰滓, 此色然也(‘緇’는 ‘滓(찌끼, 때)’이다. 진흙 중 검은 것이 ‘滓’이고, 이것의 색이 그러하다).” 《周禮·冬宮·考工記》: “三入爲纁, 五入爲主緅, 七入爲緇(3번 담그면 훈이 되고, 5번 담그면 추가 되고 7번 담그면 치가 된다).” 注: “染纁者三入而成. 又再染以黑則爲緅, 又復再染以黑乃成緇矣(분홍빛으로 염색할 때는 세 번 담그면 되고, 다시 검은색으로 염색하면 보라색이 되고, 다시 검은색으로 또 염색하면 검은색이 된다)[115].” 《詩經·緇衣》: “緇衣之宜兮, 敝, 予又改爲兮(검은 옷 너무 잘 어울려요, 해지면 내가 또 고쳐드리지요).” **滓(재: 찌꺼기, 앙금) *ʈ/l/e̱ᴮ** , 阻史切, 《廣韻》: “淀也(‘앙금’이다).” 《說文》: “滓, 淀也(‘滓’는 ‘앙금’이다).” 楊樹達은 “글자 중 ‘宰’의 省聲으로 된 것이 있는데, 이때 ‘宰’는 곧 ‘兹(검다)’의 뜻이다.”라 하였다. **兹(자: 검다) *ʈe̱** , 子之切, 《說文》: “黑也(‘검다’이다).” 《左傳·哀公七年》: “拘鄫人之漚菅者. 曰: 何故使吾水滋?(鄫人이 菅草를 물에 담가두었는데, 그를 잡아 가두고서 말하기를, ‘어찌하여 나의 물을 혼탁하게 하느냐?’)” 注: “滋, 濁也(여기서 ‘滋’는 ‘탁하다’이다).” 《釋文》: “滋, 本亦作兹. 兹, 子絲反, 《字林》云: 黑也(‘滋’는 본래 또 ‘兹’로도 쓴다. ‘兹’는 ‘子絲反’이다. 《字林》에 이르길, ‘검다이다’).”(‘黳’는 ‘子之切’이다, 《廣韻》: “染黑(‘검게 염색하다’).”)

騅(학: 이마에 흰털 박힌 말) *k/l/ɯk , 古岳切, 《廣韻》: “馬白額(‘말 이마가 하얀 것’).” ‘騅’은 또 발음이 ‘下各切’이다, 《廣韻》: “《說文》一曰馬白額(〈설문〉에 이르길, ‘한편으로 말의 이마가 하얗다’라고 한다).” 段玉裁注: “馬之白曰騅, 白牛曰犨(말이 흰 것을 ‘騅’이라 하고, 흰

115 [역주] 纁(훈): 분홍빛, 緅(추): 검붉다.

소를 '犨'이라 한다)." **犨(악: 흰 소)** ***g/l/ɯk** , 五角切, 《廣韻》: "《說文》曰白牛也(〈설문〉에 이르길, '흰 소이다')." [《廣韻》에서는 연구개비음으로 들어가는데, 이는 예외 음변이다.] 《說文》: "犨, 白牛也('犨'은 '흰 소'이다)." 段玉裁注: "確, 鳥之白也, 此同聲同義('確'은 새가 하얀 것이다. 이것과 발음과 뜻도 같다)." **犨(악: 소가 하얗다)** ***gɯk** , 胡沃切, 《集韻》: "牛白色('소가 하얗다')." **確(학: 새가 하얗다)** ***gɯk** , 胡沃切, 《廣韻》: "鳥白也('새가 하얗다')." 《說文》: "確, 鳥之白也('確'은 '새가 하얀 것'이다)." **鵠(곡: 고니)** ***guk** , 胡沃切, 《廣韻》: "鳥名('새의 이름')." 《詩經·揚之水》: "素衣朱繡, 從子于鵠(붉은 깃에 흰옷 입고, 그대를 따라 곡으로 가리라)."

棧(잔: 누각, 선반, 마판, 잔거) ***ɖ/l/a̱n^B** , 士免切, 《廣韻》: "棚也('누각, 선반')." [《廣韻》: "棚, 棧也, 閣也('棚'은 '선반', '누각'이다)."] **棧(잔: 누각)** ***ɖ/l/an^B** , 士限切, 《廣韻》: "閣也('누각'이다)." 《莊子·馬蹄》: "連之以羈馽, 編之以皁棧(연이어 굴레를 씌우고 다리를 묶으며, 말구유와 마판에 줄줄이 묶어놓는다)." 《釋文》: "棧, 士板反, 徐在簡反, 又士諫反, 崔云木棚也(여기서 '棧'는 '士板反'이다. 徐씨의 음은 '在簡反'인데 또 '士諫反'이 있다. 崔씨가 말하길, '木棚'이라 한다)." 《戰國策·齊策一》: "殺之而埋馬棧之下(그를 죽여서, 마구간 밑에 묻었다)." 《管子·小問》: "夷吾嘗爲圉人矣, 傅馬棧甚難(저는 일찍이 말을 길러 본 적이 있는데, 마구간을 엮는 것이 가장 어렵다)." 《說文》: "棧, 棚也. 竹木之車曰棧('棧'은 '오두막집, 누각'이다. '대나무나 나무로 만든 수레(棧車)'를 '棧'이라 한다)." 段注: "不言一曰者, 其義同也(여기서 '一曰'이라 말하지 않은 것은 그 의미가 같아서이다)." 《詩經·何草不黃》: "有棧之車, 行彼周道(사다리 달린 저 수레는 저 큰길로 간다네)." 傳: "棧車, 役車也(여기서 '棧車'란 '役車'이다)." 疏: "庶人乘役車(庶人이 역거를 탄다)." 《周禮·冬官·考工記》: "棧車欲弇, 飾車多侈(잔거로 안을 가리고, 꾸밈이 많은 식거는 치장이 요란하다)." 《韓非子·外儲說左下》: "孫叔敖相楚, 棧車牝馬, 糲餠菜羹(孫叔敖가 楚나라에서 재상을 할 때, 암말이 끄는 나무로 만든 잔거를 타고 거친 밥과 나물국을 먹었다)." 王先愼集解: "棧車, 柴車('棧車'란 '나무로 만든 수레'이다)." [《公羊傳·哀公四年》: "亡國之社, 掩其上而柴其下(망국의 사직은 위로는 햇빛이 들지 않게 덮고, 아래로는 나무로 목책을 설치한다)." 《周禮·地官·司徒》: "凡男女之陰訟, 聽之於勝國之社(무릇 남녀간 음란한 일로 인한 송사는 勝國의 사직에서 다스린다)." 注: "亡國之社奄其上而棧其下(위와 동일

함)."《釋文》: "棧, 士板反, 劉才產反或士諫反('棧'은 '士板反'이다. 劉씨는 '才產反' 또는 '士諫反'이다)."] 여기서 발전하여 '棧道'의 '棧'을 가리키기도 한다. **棧(잔: 잔도) *d̥/l/ans**, 士諫切, 《廣韻》: "木棧道('나무 잔도')."《戰國策·秦策三》: "棧道千里於蜀(棧道로 蜀까지 천 리나 뻗어 있다)." 注: "棧, 棚也, 施於險絕以濟不通(여기서 '棧'는 '잔도'이다. 험한 절벽에 놓아서 통하지 못하는 곳을 구제하는 것이다)."《漢書·張良傳上》: "燒絕棧道(잔도를 불태워 끊다)." 注: "棧道閣道也('棧道'란 '閣道(복도)'[116]이다)."《漢書·高帝紀上》: "燒絕棧道(잔도를 불태워 끊다)." 注: "棧卽閣也, 謂之閣道('棧'은 즉 '閣'으로, '閣道'를 말한다)." **賤(천: 천하다) *d̥ans**, 才線切, 《廣韻》: "輕賤('가볍고 천하다')."《論語·里仁》: "貧與賤是人之所惡也, 不以其道得之, 不去也(가난함과 천함은 사람들이 싫어하는 바이지만, 정당한 방법으로 얻은 것이 아니라도 버리지 않는다)."《莊子·秋水》: "以道觀之, 物無貴賤(道로써 본다면, 만물에는 귀천이 없다)."《禮記·曲禮上》: "長者賜, 少者, 賤者不敢辭(어른이 주실 때는 젊은이와 천한 자는 감히 사양하지 않는다)."

鯫(추: 뱅어) *d̥/l/o^{B}, 仕垢切, 《廣韻》: "魚名('물고기 이름')."《集韻》: "鯫, 小魚也('鯫'은 '작은 생선'이다)."《說文》: "鯫, 白魚也('鯫'는 '흰 물고기(뱅어)'이다)." 段玉裁注: "白而小之魚也. 鯫是小魚之名. 故小人謂之鯫生(희고 작은 물고기이다. '鯫'는 작은 물고기의 이름이다. 그러므로 '小人'을 '鯫生'이라 한다)."《史記·貨殖列傳》: "鯫千石(말린 생선 천 섬)." 索隱: "鯫者, 小雜魚也('鯫'란 '작은 잡어'이다)."《史記·留侯世家》: "鯫生教我距關無內諸侯(천박하고 무지한 것들이 나에게 함곡관을 막고 제후를 들이지 말라 한다)." **雛(추: 병아리) *d̥/l/o̲**, 仕于切, 《說文》: "鷄子也('닭의 새끼'이다)."《爾雅》: "生噣, 雛(막 알을 쪼고 태어난 것으로, 병아리이다)."《孟子·告子下》: "力不能勝一匹雛則爲無力人矣(힘이 병아리 한 마리도 이길 수 없다면 힘이 없는 사람이 된다)." **豵(추: 새끼돼지) *d̥/l/o̲^{B}**, 雛禹切, 《廣韻》: "小母猪也(작은 암컷 돼지)." 물고기 새끼나 병아리, 돼지새끼 등 어린 동물들의 가장 큰 특징은 무리를 이룬다는 것이다. 즉, 위의 세 단어의 어원은 바로 '聚'이다. **聚(취: 모이다) *d̥o^{B}**, 慈庾切, 《廣韻》: "衆也, 共也, 斂也('무리, 함께, 모이다'이다)."《莊子·知北遊》: "人之生, 氣之聚也, 聚則爲生, 散則

116 [역주] '閣道'란 비를 피할 수 있도록 지붕을 씌워 만든 집 사이의 통로로, 또는 複道나 棧道라 한다.

爲死(사람의 삶이란 곧 기가 모인 것이니, 모이면 태어나고 흩어지면 죽게 되는 것이다).”

創(창: 상처) *ȶh/l/a̱ŋ , 初良切,《廣韻》: “《說文》曰: 傷也,《禮》曰: 頭有創則沐. 今作瘡(〈설문〉에 이르길, ‘상처, 상처입히다’이다. 〈예〉에 이르길, ‘상주 머리에 상처가 있으면 머리를 감는다’고 했는데, 지금은 ‘瘡’으로 되어 있다).”《禮記·三年問》: “創巨者其日久, 痛甚者其愈遲(마음의 상처가 크면 오랜 시일이 지나야 하고, 통증이 심하면 치유도 더디다).”《呂氏春秋·七月紀》: “瞻傷察創, 視折審斷(부상이나 창상을 잘 살펴보고, 골절이나 절단을 잘 살펴본다).”《史記·項羽本紀》: “項王身亦被十餘創(항왕의 몸 역시 십여 군데 상처를 입었다).” **戕(장: 죽이다) *ȡaŋ** , 在良切,《廣韻》: “殺也(‘죽이다’이다).”《左傳·宣公十八年》: “邾人戕鄫子於鄫(邾나라 사람이 鄫國에서 鄫子를 죽였다).”《左傳·定公十四年》: “余不許, 將戕於余(내가 허락하지 않았다면, 태자는 나를 잔혹하게 죽였을 것이다).”《詩經·十月之交》: “曰予不戕, 禮則然矣(내가 해친 것이 아니라 법이 그렇다 하도다).” 箋: “戕, 殘也(‘戕’은 ‘해하다’이다).”《釋文》: “戕, 在良反(여기서 ‘戕’은 ‘在良反’이다).”

梢(초: 선미, 나뭇가지끝) *ɕ/l/ɯ , 所交切,《廣韻》: “船舵尾也, 又枝梢也(‘배의 선미’ 또는 ‘나무가지끝’이다).”《黃帝內徑·素問》: “如揭長竿末梢(긴 대나무 장대의 끝을 들어 올리는 것과 같다).”《淮南子·兵略訓》: “曳梢肆柴, 揚塵起堨, 所以營其目者, 此善爲詐佯者也(나뭇가지를 끌고 땔나무를 깔아, 먼지를 날리고 티끌이 일게 하여, 적군의 눈을 어지럽힌다. 이것이 거짓을 잘 꾸미는 것이다).”《方言》: “尾, 梢也(‘尾’란 ‘끝’이다).” ‘梢’는 본래 ‘끝, 말단(末梢)’ 의미였고 여기서 발전하여 ‘船尾’ 등을 가리키게 되었다. ‘髾(소: 상투, 깃털, 옷장식 등)’는 ‘所交切’이다.《廣韻》: “髮尾(‘머리의 끝. 즉 상투’).”《史記·司馬相如列傳》: “蜚纖垂髾(웃옷의 긴 끈은 늘이고, 상투 뒤 머리털은 드리워졌다).” 集解: “髾, 髻髾也(‘髾’는 ‘상투 뒤 머리털’이다).” 又《史記·司馬相如列傳》: “掉彗星而爲髾(혜성을 잡아당겨 깃발의 드리운 깃털로 삼았다).” 集解: “髾, 燕尾也(‘髾’는 ‘제비꼬리, 깃발 털’이다).” ‘鞘(초: 칼집)’는 ‘所交切’이다,《廣韻》: “鞭鞘(‘칼집’).” ‘弰(소: 활고자)’는 ‘所交切’이다,《廣韻》: “弓弰也(‘활고자’이다).” ‘髾, 鞘, 弰’ 등은 모두 ‘梢’의 後起區別字들이다. **小(소: 작다) *ɕɯ^B** , 私兆切,《廣韻》: “微也(‘작다’이다).”《詩經·小星》: “嘒彼小星, 三五在東(반짝이는 저 작은 별, 서넛이 동쪽에 있도다).”《莊子

·逍遙遊》: "其小枝卷曲而不中規矩(그 잔가지는 꼬이고 구부러져 동그라미나 네모꼴에 맞지 않다)."

朝(조: 아침) ***t/l/ɯ̱**, 陟遙切, 《廣韻》: "早也, 又旦至食時爲終朝('아침'이다. 또 이른 아침부터 아침 먹을 때까지가 아침시간이다)." 《詩經·蝃蝀》: "朝隮于西, 崇朝其雨(아침 무지개가 서쪽에 뜨면 아침내 비가 온다네)." 傳: "從旦至食時爲終朝(이른 아침부터 아침 먹을 때까지가 아침시간이다)." 《詩經·北山》: "偕偕士子, 朝夕從事(굳센 관리는 아침저녁으로 일을 하네)." 《論語·里仁》: "朝聞道, 夕死可矣(아침에 道에 대해 들으면 저녁에 죽어도 좋다)." **昭(소: 밝다, 빛나다)** ***tɯ̱**, 止遙切, 《廣韻》: "明也, 光也('밝다, 빛나다'이다)." 《說文》: "昭, 日明也('昭'는 '해가 밝다'이다)." 《詩經·文王》: "文王在上, 於昭于天(문왕이 위에 계시니, 아! 하늘에서 밝게 빛나도다)." 《莊子·山木》: "昭昭乎若揭日月而行, 故不免也(마치 해와 달을 내건 듯이 훤하게 자신을 내세우니, 그로 인해 환난을 면치 못한다)." 《韓非子·解老》: "以爲暗乎, 其光昭昭; 以爲明乎, 其物冥冥(어두운 듯하면 그 빛이 환하게 비치고, 밝은 듯하면 그 모습이 어렴풋하다)."

儔(주: 짝) ***d/l/u**, 直由切, 《廣韻》: "儔侶也('짝'이다)." 《說文》段玉裁注: "自唐以前用儔侶皆作疇(당이전부터 '반려, 짝'으로는 '疇'를 썼다)." **疇(주: 밭두둑)** ***d/l/u**, 直由切, 《廣韻》: "等也, 田疇也('동등하다, 무리', '밭두둑'이다)." 《說文》: "疇, 耕治之田也('疇'는 '갈고 다스려진 밭'이다)." 《左傳·襄公三十年》: "取我田疇而伍之(우리들 밭을 빼앗아 가서 다섯 집씩 묶어 하나로 만들었다)." 注: "並畔爲疇('나란히 이웃한 밭'을 '疇'라 한다)." 여기서 발전해 '종류(類)'를 가리키게 되었다. 《戰國策·齊策三》: "夫物各有疇, 今髡賢者之疇也(무릇 세상 사물은 각기 종류가 있는데, 지금 나(淳于髡) 같은 사람은 현자의 종류이다)." 注: "疇, 類(여기서 '疇'는 '종류'이다)." 《漢書·韓信傳》: "其疇十三人皆已斬, 至信, 信乃仰視(그 연루된 자들 13명이 목이 잘린 후, 한신의 차례가 되자, 한신은 고개를 들었다)." 注: "疇, 類也(여기서 '疇'는 '종류, 무리'이다)." '疇'는 또 동사로 전환(類轉)되었다. 《國語·齊語》: "人與人相疇, 家與家相疇(사람과 사람이 함께 짝하고, 집과 집이 함께 짝하다)." 注: "疇, 匹也('疇'는 '짝하다'이다)." 《漢書·霍光傳》: "疇其爵邑(그 작읍을 동등하게 하다)." 注引張晏: "疇者, 等也('疇'라는 것은 '동등

하다'이다)." '疇'는 곧 '讎'이다.《漢書·霍光傳》: "卒不得遂其謀, 皆讎有功(마침내 霍씨의 음모가 성공을 하지 못했고, 그들은 모두 같이 공이 있었다)." 注: "晉灼曰: 讎, 等也. 師古曰: 言其功相等類也(晉灼가 말하길, '讎는 같다, 동등하다이다'. 師古가 말하길, '그 공이 서로 동등하다라는 말이다')." **雔(수: 새 한쌍) *du̲** , 市流切,《說文》: "雙鳥也('새 한쌍'이다)." 段玉裁注: "今則讎行而雔廢矣(지금은 '讎'를 사용하고 '雔'자는 안 쓴다)." **讎(수: 짝) *du̲** , 市流切,《廣韻》: "匹也, 仇也('짝, 원수'이다)."《說文》: "讎, 猶應也('讎'는 '대답'과 같다)." 段玉裁注: "應, 當也. 讎者, 以言對之.《詩》云'無言不讎', 是也('應'은 '상대하다'이다. '讎'는 말로 대하는 것이다. 〈시경〉에 이르길, '말은 대답이 없을 수 없다'가 바로 이것이다)."《詩經·抑》: "無言不讎, 無德不報(말은 대답이 없을 수 없고, 덕은 보답이 없을 수 없다)." [《列女傳·節義》에서는 "無言不酬, 無德不報"로 되어 있다.]《爾雅》: "讎, 敵, 匹也('讎'는 '대적하다, 짝하다'이다)."《漢書·灌夫傳》: "上使御史簿責嬰所言灌夫頗不讎(황제는 어사대부를 시켜 문서에 기록된 灌夫의 죄상을 위기후에게 문책하도록 했는데, 竇嬰이 말한 부분과 관부의 말이 상당부분이 일치하지 않았다)." 晉灼曰: "讎, 當也('讎'은 '상당하다, 부합하다'이다)." **詶(수: 대답하다) *du̲** , 市流切,《廣韻》: "以言荅之('말로 화답하다')." 글자는 본래 '酬'로 썼다. **酬(수: 응대하다, 갚다) *du̲** , 市流切,《廣韻》: "周也, 報也, 以財貨曰酬('잔을 돌리다', '갚다', '재물로 하는 것을 酬라 한다')."《儀禮·士冠禮》: "主人酬賓, 束帛, 儷皮(주인이 빈에게 답례하고, 속백과 여피로 한다)." 注: "以財貨曰酬(재물로 하는 것을 '酬'라 한다)."《國語·吳語》: "自剄於客前以酬客((董褐의 앞에서) 스스로 목을 찔러 죽음으로써 그들이 돌아가 답하게 하였다)."

柱(주: 기둥) *d/l/o̲ᴮ , 直主切,《廣韻》: "《廣雅》曰楹謂之柱(〈광아〉에 이르길, '기둥'을 '柱'라 한다)."《莊子·人間世》: "以爲門戶則液樠, 以爲柱則蠹(이것으로 대문이나 방문을 만들면 나무 진액이 흘러나오게 되고, 기둥을 만들면 좀벌레가 생기게 된다)."《莊子·盜跖》: "水至不去, 抱梁柱而死(물이 차오르는데도 거기를 떠나지 않고, 다리 기둥을 끌어안고 죽었다)."《呂氏春秋·節喪》: "譬之若瞽師之避柱也, 避柱而疾觸杙也(비유컨대 눈먼 악사가 기둥을 피하는 것과 같은데, 기둥을 피하지만 바로 말뚝에 부딪칠 것이다)." **樹(수: 나무, 심다, 세우다) *do̲ᴮ** , 臣庚切,《廣韻》: "扶樹('도와서 세우다')."《說文》: "樹, 木生植之總名也('樹'은 살아 있는 서있는 것의 총칭이다)." [段玉裁注: "植, 立也('植'은 '서다'이다)."]《韓非子·說林上》: "夫楊橫樹之即

生, 倒樹之卽生, 折而樹之又生(무릇 버들은 가로로 심어도 살고, 거꾸로 심어도 살고, 꺾어서 심어도 역시 산다)." 又竪**(수: 서다)** ***d$\underline{\text{o}}^{B}$**, 臣庾切, 《廣韻》: "立也('서다'이다)." 《說文》: "豎, 立也('豎'는 '서다'이다)."

宅(택: 집) ***d/l/ak**, 場伯切, 《廣韻》: "居也('살다'이다)." 《左傳·昭公三年》: "景公欲更晏子之宅(齊景公이 晏子의 집을 바꾸어 주고자 했다)." 《孟子·公孫丑上》: "夫仁, 天之尊爵也, 人之安宅也(무릇 仁은 하늘이 준 높은 벼슬이고, 사람이 사는 편안한 집이다)." 《韓非子·說林下》: "有與悍者鄰, 欲賣宅而避之(포악한 사람과 이웃을 하고 있어, 집을 팔고 피하려고 하였다)." 《詩經·崧高》: "王命召伯, 定申伯之宅(왕이 소백에 명하여 신백의 거처를 정하라 했다)." 《說文》: "宅, 所托也('宅'은 '의탁하는 바'이다)." **托(탁: 의지하다)** ***thak**, 他各切, 《廣韻》: "寄也('기대다'이다)." 《說文》: "托, 寄也('托'은 '기대다'이다)." 《左傳·襄公二十七年》: "止使者而盟於河, 托於木門((子鮮은) 그 사자를 세워놓고 河水에 맹서하고는, 晉나라 木門에 의탁하였다)." 《管子·山權數》: "托舍於若(그대에게 집을 의탁하고 있구나)." 注: "托舍, 猶寄居也('托舍'란 '기거하다'와 같다)."

場(장: 제터, 마당) ***z/l/$\underline{\text{a}}$ŋ**, 直良切, 《廣韻》: "祭神道處, 又治穀地也('신께 제사지내는 곳', 또 '곡식을 다스리는 곳'이다)." 《說文》: "場, 祭神道也('場'은 '신께 제사지내는 평지'이다)." 《孟子·滕文公上》: "子貢反, 築室於場, 獨居三年, 然後歸(자공은 돌아와 무덤 옆에 여막을 짓고 거기서 혼자 3년을 더 지낸 뒤에 돌아갔다)." 正義引《說文》: "場, 祭神道也('場'은 '신께 제사지내는 평지'이다)." 《國語·楚語下》: "屛攝之位, 壇場之所(병풍과 절부채의 위치, 祭壇의 장소)." 注: "除地曰場('정리하고 청소한 곳'을 '場'이라 한다)." 《漢書·高帝紀上》: "於是漢王齊戒設壇場, 拜信爲大將軍(이에 한왕은 재계를 하고 단장을 설치한 후, 한신에게 절을 하고 그를 대장군으로 임명했다)." 注: "築土而高曰壇, 除地爲場('흙을 쌓아 높게 한 것'을 '壇'이라 하고, '땅을 청소한 것'을 '場'이라 한다)." 여기서 발전하여 '채마밭(場圃)'의 '場'이 되었다. 《詩經·七月》: "九月築場圃, 十月納禾稼(구월엔 마당과 텃밭 만들고, 시월엔 곡식 거둔다네)." **禓(양: 길제사(하다))** ***z$\underline{\text{a}}$ŋ**, 與章切, 《廣韻》: "道上祭, 一曰道神('길에서 하는 제사' 일명 '道神'이라 한다)." **禓(양: 길제사(하다))** ***saŋ**, 式羊切, 《廣韻》: "道上祭也('길제사'이다)." 《說

文》: "禓, 道上祭也('禓'은 '길제사'이다)."《禮記·郊特牲》: "鄕人禓, 孔子朝服立於阼, 存室神也(마을 사람들이 禓제사를 할 때, 공자가 조복을 입고 동쪽 섬돌에 서 계셨는데, 이는 묘실의 신을 편안케 하기 위함이다)."《釋文》: "禓音傷(여기서 '禓'의 음은 '傷'이다)."

棹(도: 노) *d/l/ɯks , 直教切, 《廣韻》: "楫也. 櫂, 上同('노'이다. '櫂'는 위와 같다)."《說文》: "櫂, 所以進船也. 从木翟聲, 或从卓('櫂'는 배를 나가게 하는 것이다. '木'을 따르고 '翟'이 성부이다. 혹은 '卓'을 따르기도 한다)."《方言》: "楫謂之橈, 或謂之櫂. 所以隱櫂謂之篣, 所以縣櫂謂之緝('노'를 '橈'라 하거나 '櫂'라 한다. 櫂을 고정시키는 것을 '篣'이라 하고, 櫂을 묶어놓는 것을 '緝'이라 한다)." '棹'가 물과 관련이 있기 때문에 글자는 또 '濯'으로도 쓴다.《史記·佞幸列傳》: "以濯船爲黃頭郎(노를 가지고 배를 잘 저어 황두랑이 되었다)." 索隱: "濯音棹, 遲教反(여기서 '濯'의 음은 '棹'이고, '遲教反'이다)."《漢書·元后傳》: "立羽蓋, 張周帷, 輯濯越歌(깃털 덮개 세우고, 周帷을 펼치고, 노 젓는 이는 越歌를 부르고)." 注: "輯與楫同, 濯與櫂同, 皆所以行船也. 令執楫櫂人爲越歌也('輯'와 '楫'가 같고, '濯'와 '櫂'가 같다. 모두 배를 움직이는 도구이다. 노를 젓는 사람에게 월가를 부르게 한 것이다)" **掉(도: 흔들다) *dɯks** , 徒吊切, 《廣韻》: "振也, 搖也('흔들다, 요동하다'이다)."《左傳·昭公十一年》: "末大必折, 尾大不掉(나무의 가지가 크면 반드시 부러지고, 짐승의 꼬리가 크면 흔들리지 않는다)."《釋文》: "掉, 徒吊反(여기서 '掉'는 '徒吊反'이다)."《莊子·在宥》: "鴻蒙拊髀雀躍掉頭(홍몽이 넓적다리를 두드리고 껑충껑충 뛰면서 고개를 저었다)."《釋文》: "掉, 徒吊反(여기서 '掉'는 '徒吊反'이다)."《史記·淮陰侯列傳》: "伏軾掉三寸之舌(수레 밑에 엎드려 세 치의 혀를 내둘러)."

四

어근에 /l/접요사를 첨가해 만든 명사도 많이 존재하다. 이렇게 구성된 명사의 어근은 거의 대부분이 동사이거나 형용사이다. 그런데 이 중엔 위 예의 '櫛', '節'과 같은 명사도 있다. 명사는 항상 동사로 전환(類轉)될 수 있고, 또 내부 굴절을 통해 동사로 파생될 수도 있다. 예컨대, '節'이 바로 그러하다. "不以禮節之, 亦不可行也(禮로써 절제하지 않으면 또한 행할 수 없다)."(《論語·學而》)의 예에서, '節'은 적어도 이미 동사로 사용되고 있다. 따라서 보기에 명사 같은 어근도 반드시 명사가 아닐 수도 있다.

夏(하: 중원, 크다) ***g/l/aᴮ** , 胡雅切, 《廣韻》: "大也, 又諸夏('크다'이다. 또 '諸夏'이다)." 《說文》: "夏, 中國之人也('夏'는 '중원지역의 사람'이다)." 《論語·八佾》: "夷狄之有君, 不如諸夏之亡也(夷狄에 임금이 있는 것이 諸夏에 없는 것만도 못하다)." 《孟子·滕文公上》: "吾聞用夏變夷者, 未聞變於夷者也(나는 중원의 것으로 오랑캐를 변화시켰다는 말은 들었지만, 오랑캐에게 변화당했다는 말은 듣지 못했다)." **夏(하: 여름)** ***g/l/as** , 胡駕切, 《廣韻》: "春夏('봄여름')." 《周禮·天官·冢宰》: "夏纁玄, 秋染夏, 冬獻功(여름에는 분홍색이나 검은색을 물들이고, 가을에는 5가지 색으로 물들이고, 겨울에는 완성된 것을 바친다)." 注: "夏, 大也(여기서 '夏'는 '크다'이다)." 《白虎通義·五行》: "時爲夏, 夏之言大也(때는 여름인데, '夏'란 말은 '크다'이다)." 《群經音辨》: "四方廣大曰夏, 胡買切, 中夏也; 萬物盛大曰夏, 胡嫁切, 冬夏也(사방이 넓고 큰 것을 '夏'라 하고, '胡買切'이다. '중원지역'이다; 만물이 성하고 자라는 시기를 '夏'라 하고 '胡嫁切'이다. '계절'이다)." 巨**(거: 크다)** ***ga̱ᴮ** , 其呂切, 《廣韻》: "大也('크다'이다)." 《莊子·庚桑楚》: "夫尋常之溝, 巨魚無所還其體(무릇 작은 도랑에는 큰 물고기가 그 몸을 돌릴 곳이 없다)[117]." 《韓非子·初見秦》: "長城巨防, 足以爲塞(長城과 巨防이 족히 요새가 될만하다)." 《呂氏春秋·壹行》: "陵上巨木, 人以爲期, 易知故也(언덕 위의 거목을 사람들이 기대하는 것은 쉽게 알아보기 때문이다)."

夬(쾌: 괘명) ***q/l/ets** , 古賣切, 《廣韻》: "決也, 亦卦名('결단함'이다. 괘명이다)." 《說文》: "夬, 分決也('夬'는 '터지고 결단하다'이다)." 《漢書·藝文志》: "夬, 揚于王庭(夬는 王庭에서 드날리는 것이다)." 《易·夬》: "夬, 揚于王庭(夬는 王庭에서 드날리는 것이다)." 《彖》傳: "夬, 決也, 剛決柔也. 健而說, 決而和, 揚于王庭('夬'는 결단함이다. 剛이 柔를 결단하는 것이니, 굳세면서 기뻐하면 결단하여 和하다. 王庭에서 드날리는 것이다)." **決(결: 터지다, 트다)** ***qet** , 古穴切, 《廣韻》: "斷也, 破也('끊다, 터지다'이다)." 《左傳·襄公三十一年》: "大決所犯, 傷人必多, 吾不克救也,

---

117 [역주] 尋常: 尋은 8척, 常은 16척이다.

不如小決使道(둑이 크게 터져 물이 범람하면 다치는 사람이 반드시 많을 것인데, 나는 구할 수가 없다. 그러니 차라리 조금 터놓아 물을 흐르게 하는 것이 낫다)."《孟子·告子上》: "性猶湍水也, 決諸東方則東流, 決諸西方則西流(사람의 性은 소용돌이치는 물과 같아서, 동쪽으로 터놓으면 동쪽으로 흐르고, 서쪽으로 터놓으면 서쪽으로 흐른다)."《禮記·曲禮上》: "濡肉齒決, 乾肉不齒決(젖은 고기는 이빨로 끊고, 마른 고기는 이빨로 끊지 않는다)."

參(삼: 별이름) *ɕ/l/u̲m , 所今切,《廣韻》: "參星('삼성, 별이름')."《史記·天官書》: "參爲白虎. 三星直者, 是爲衡石. 下有三星, 兌, 曰罰, 爲斬艾事(삼수는 백호의 주재이다. 세 별이 직선으로 늘어 서 있는데, 이 별들이 큰 저울이다. 그 아래에 세 별은 뾰족하며 '벌성'이라 불리며, 참형을 관장한다)." 集解引孟康曰: "參, 三星者, 白虎宿中西直似稱衡(參은 세 별인데, 백호자리 중 직선으로 늘어서서 마치 저울같다)."《詩經·小星》: "嘒彼小星, 維參與昴(반짝이는 저 작은 별이여, 삼성과 묘성이로다)." 傳: "參, 伐也('參'은 '伐'이다)." 孔疏: "《天文志》云: 參白虎宿三星, 直下有三星. 銳曰伐, 其外四星左右肩股也. 則參實三星. 故《綢繆》傳曰: 三星, 參也(《天文志》에 이르길, '參은 백호자리의 세 별이다. 직선으로 아래에 세 별이 있다. 뾰족하여 伐이라 부른다. 그 바깥의 네 별은 좌우로 어깨와 다리이다.' 그러므로 삼수는 실로 세 개씩 이루어졌다. 그러므로《綢繆》傳에 이르길 '三星은 參宿이다'라고 한다)."《詩經·綢繆》: "綢繆束薪, 三星在天(땔나무를 얽고 묶었더니 삼성이 하늘에 떴도다)." 傳: "三星, 參也(三星이란 곧 參宿이다)."《詩經·苕之華》: "牂羊墳首, 三星在罶(암양의 머리만 크고, 세 별은 통발에 있구나)." 三**(삼: 셋) *ɕum** , 蘇甘切,《廣韻》: "數名. 參, 上同, 俗作叄('수의 이름', '參'이 위와 같으며, 俗에서 '叄'으로 쓴다)."《左傳·隱公元年》: "先王之制, 大都不過參國之一, 中五之一, 小九之一(선왕의 제도에 大都의 성은 국도의 3분의 1, 中都는 5분의 1, 小都는 9분의 1을 넘지 못한다)."

豭(가: 수퇘지) *k/l/a , 古牙切,《廣韻》: "豕也, 子路佩豭.《說文》曰: 牡豕也('돼지'이다, 자로가 수퇘지 가죽장식을 허리에 찼다. 〈설문〉에 이르길, '수퇘지'라 한다)."《左傳·定公四年》: "既定爾婁猪, 盍歸吾艾豭(너의 암퇘지 이미 안정되었는데, 어찌 우리 늙은 수퇘지 돌려보내지 않느냐?)."《釋文》: "豭, 音加, 牡豕也(여기서 '豭'는 음이 '加'이고, '수퇘지'이다)." **麚(가: 숫사슴) *k/l/a** , 古牙切,《廣韻》: "牡鹿('숫사슴')."《說文》: "麚, 牡鹿, 以夏至解角('麚'는 '숫사

사슴'이다. 하지 전후에 뿔이 빠진다)." **犌(가: 힘있는 소) *k/l/a** , 古牙切, 《廣韻》: "牛絕有力(소가 힘이 있다)." 楊樹達(1983:31)은 "'麚'와 '豭'란 이름은 크기 때문에 붙였다", "'叚' 성부의 글자 역시 '크다'란 의미를 갖는다."라고 하였다. **鰕(하: 새우) *g/l/a** , 胡加切, 《廣韻》: "大鯢('큰 물고기')." 《爾雅》: "鯢, 大者, 謂之鰕('鯢' 중 큰 것을 '鰕'라 부른다)." **遐(하: 멀다) *g/l/a** , 胡加切, 《廣韻》: "遠也('멀다'이다)." 《詩經·鴛鴦》: "君子萬年, 宜其遐福(군자께서 만년 동안 오랜 복이 마땅하리다)." **牯(고: 암소) *ka^B** , 公戶切, 《廣韻》: "牯牛('암소')." **羖(고: 숫양) *ka^B** , 公戶切, 《廣韻》: "《說文》曰: 夏羊牡曰羖(〈설문〉에 이르길, '검은 색의 숫양을 羖라 한다')." 《史記·秦本紀》: "請以五羖羊皮贖之(검정 숫양의 가죽 다섯 장을 몸값으로 치르고자 한다)."

褚(저: 붉은 옷, 솜옷, 주머니) *t/l/a^B , 丁呂切, 《廣韻》: "制衣('옷에 솜을 넣다')." 褚, 《說文》: "卒也. 一曰制衣('사졸'이다. 한편으로는 '옷에 솜을 넣다'이다)." 《方言》: "卒謂之弩父, 或謂之褚('卒'은 '弩父'라 이르거나 '褚'라 하였다)." 郭注: "言衣赤也(즉, 붉은색 옷을 입는 자이다)." 《左傳·昭公二年》: "請以印爲褚師((公孫黑이) 아들 印을 褚師로 삼아 주기를 청하다)." 注: "褚師, 市官('褚師'는 '市官(시장 관리인)'이다)." 《釋文》: "褚, 張呂反(여기서 '褚'는 '張呂反'이다)." 《左傳·成公三年》: "荀罃之在楚也, 鄭賈人有將置諸褚中以出(荀罃이 楚나라에 잡혀 있을 때, 鄭나라 상인이 그를 자루 속에 넣어 탈출시키려고 하였다)." 《釋文》: "褚, 中呂反(여기서 '褚'는 '中呂反'이다)." 《莊子·至樂》: "褚小者不可以懷大, 綆短者不可以汲深(주머니가 작으면 큰 것을 담을 수 없고, 두레박줄이 짧으면 깊은 물을 퍼 올릴 수 없다)." **赭(자: 붉은 흙) *ta̱^B** , 章也切, 《廣韻》: "赤土('붉은 흙')." 《說文》: "赭, 赤土也('赭'는 '붉은 흙'이다)." 《詩經·簡兮》: "赫如渥赭, 公言錫爵(얼굴색이 깊은 물든 적색과 같으니, 공이 술잔을 주시도다)." 《釋文》: "赭音者, 丹也(여기서 '赭'의 음은 '者'이고 '붉다'이다)." 《管子·地數》: "上有赭者, 下有鐵(산 표면에 붉은색이 있으면 그 아래엔 철이 있다)." 《史記·樂書》: "太一貢兮天馬下, 沾赤汗兮沫流赭(태일신이 천마를 내려주니, 붉은 피와 같은 땀을 흘리고 내뿜는 입김은 붉은 거품이 된다)." 《漢書·刑法志》: "赭衣塞路, 囹圄成市(죄수가 길을 막을 정도이고 감옥이 저자를 이룰 정도이

다)[118]."

祭(제: 성씨, 국명) ***t/l/ats**, 側界切, 《廣韻》: "周大夫邑名, 又姓, 周公第五子祭伯其後以爲氏(周나라 대부의 읍명이고 또 姓이다. 周公의 다섯째 아들이 祭伯이고, 그 후손을 祭씨라 함)." 《左傳·隱公元年》: "十有二月, 祭伯來(겨울 12월에 祭伯이 왔다)." 《釋文》: "祭, 側界反, 國名, 傳祭仲同(여기서 '祭'는 '側界反'이고, 國名이다. '祭仲'으로 전해지는 것과 같다)." 《左傳·隱公三年》: "鄭祭足帥師取溫之麥(鄭나라 祭足이 군대를 이끌고 가서 溫의 보리를 취했다)." 《釋文》: "祭, 側界反(여기서 '祭'는 '側界反'이다)." **祭(제: 제사하다)** ***tats**, 子例切, 《廣韻》: "享也, 祀也, 薦也('올리다, 제사하다, 드리다'이다)." 《說文》: "祭, 祀也('祭'는 '제사하다'이다)." 《左傳·僖公四年》: "君夢齊姜, 必速祭之(임금께서 齊姜의 꿈을 꾸셨으니, 반드시 속히 제사를 지내거라)."

沮(저: 성씨) ***t/l/a**, 側魚切, 《廣韻》: "人姓. 《世本》云'沮誦蒼頡作書', 並黃帝時史官('사람의 성씨'이다. 〈세본〉에 이르길, '沮誦, 蒼頡이 글자를 만들었다'라 하는데, 모두 황제 시기의 사관이다)." 《集韻》: "沮, 臻魚切, 姓也, 沮誦, 黃帝時史官, 通作狙, 苴('沮'는 '臻魚切'로 姓이다. '沮誦'은 黃帝 때의 史官이다. '狙, 苴'와 통한다)." 《韓非子·說林下》: "荊王伐吳, 吳使沮衛蹷融犒於荊師(楚왕이 吳나라를 공격하였는데, 오나라에서 沮衛와 蹷融을 보내와서 초나라 군사를 위로하였다)." [《太平御覽》卷三百三十八: "吳使沮衛獻蟲蠹於荊師, 荊師將殺之(오나라에서 沮衛를 시켜 초나라 군사에게 蟲蠹를 바치려 하자, 초나라 군대가 그들을 죽이려 했다)."] 《呂氏春秋·過理》: "公惡之, 乃使沮麛. 沮麛見之, 不忍賊(영공은 그를 미워하여 저미를 시켜 죽이도록 했다. 그런데 저미가 그를 보고는 차마 죽일 수 없었다)." [《左傳·宣公二年》: "公患之, 使鉏麑賊之(영공이 그를 미워해서 組麑를 시켜 죽이게 했다)." 《釋文》: "鉏, 仕俱反(여기서 '鉏'는 '仕俱反'이다)."] **沮(저: 그치다, 막다)** ***tha**, 七余切, 《廣韻》: "止也('그치다'이다)." **沮(저: 그치다, 막다)** ***da^B**, 慈呂切, 《廣韻》: "止也('그치다'이다)." 《詩經·巧言》: "君子如怒, 亂庶遄沮(군자가 참언을 듣고 노한다면 난이 아마도 빨리 그칠 것이다)."

---

118 [역주] '赭衣'란 고대 죄수들이 붉은색 옷을 입었기에 이는 죄수를 말한다.

鄭(정: 현이름) *d/l/iŋs , 直正切,《說文》: "京兆縣, 周厲王子友所封(京兆군의 현이다. 周厲王의 아들의 封地이다)."《左傳·隱公元年》: "鄭伯克段于鄢(鄭伯이 언읍에서 태숙단을 이겼다)." 글자는 본래 '奠'으로만 썼다. **奠(전: 두다, 제사지내다) *diŋs** , 堂練切,《廣韻》: "設奠.《禮》注云: 薦也, 陳也.《書》傳云: 定也('제물을 차리다'. 〈禮〉注에 이르길, '올리다, 벌이다이다.'《書》傳에 이르길, '定하다')."《詩經·采蘋》: "于以奠之(이에 올리다)." 傳: "奠, 置也(여기서 '奠'은 '놓다, 올리다'이다)."《禮記·檀弓下》: "奠以素器, 以生者有哀素之心也(奠에는 장식 없는 그릇을 사용한다. 이는 산 사람이 애통하여 꾸밈이 없는 마음이 있기 때문이다)."

보통명사 외에, 상고한어의 고유명사도 동사나 형용사에 /l/접요사를 넣어 구성할 수 있다. 예컨대, 卦名인 '夬'가 그러하다. 그러나 이렇게 /l/접요사를 넣어 만든 고유명사는 그다지 많지 않다. 게다가 시간이 오래되어, 우리는 이미 일부 고유명사의 어근을 알 도리가 없게 되었다. 예컨대, '鄭'이 그렇다. 劉熙의《釋名》에 "鄭, 町也, 其地多平, 町町然也('鄭'은 '町(밭두둑경계)'이다. 그 땅이 많이 평평하여 평탄(町町然)하다)."라고 나온다. 劉熙의 설명방식에 대해 우리는 사실상 그 진위를 증명할 수가 없다. 名物의 명명 근거와 관련하여, 지금의 논리를 근거로 함부로 추론할 수 없기 때문이다. 다만, 음운형식을 통해, 우리는 이러한 고유명사들이 /l/접요사에 의해 구성되었음을 알 수가 있다.

제6절 접요사 */r/(1)

一

상고한어이 *s-는 명사기원동사화(名謂化, denominative) 기능을 가진 조어 접두사이다. 이 *s-접두사는 명사 어근 앞에 직접 첨가될 수도 있고, 혹은 *k-접두사 등의 교체와 같이, 원명사 접두사와 함께 문장에서 서술어로 쓰이는 동사나 형용사를 구성할 수 있다. 이러한 교체는 書面藏語에서 널리 발견되고 있다. **상고한어의 */r/은 여러 측면에서 *s-접두사와 유사하다.**

都(도: 도읍) *ta, 當孤切,《廣韻》: "都猶總也('都'는 '總(모이다)'과 같다)."《說文》: "有先君之舊宗廟曰都(선군의 옛 종묘가 있는 곳을 '都'라고 한다)."《釋名》: "都者, 國君所居, 人所都會也('都'란 임금이 사는 곳이고, 사람들이 모이는 곳이다)."《左傳·莊公二十八年》: "凡邑, 有宗廟先君之主曰都, 無曰邑. 邑曰築, 都曰城(무릇 邑인데, 종묘와 선군의 신주가 있는 있으면 '都'라 하고, 없으면 '邑'이라 한다. 邑에 성을 쌓는 것을 '築', 都에 쌓는 것을 '城'이라 한다)."《穀梁傳·僖公十六年》: "民所聚曰都(백성들이 모이는 곳을 '都'라 한다)."《周禮·春官·宗伯》: "師都建旗, 州里建旟(師都는 旗를 세우고, 州里는 旟를 세운다)" 注: "都, 民所聚也('都'는 백성이 모이는 곳이다)."《史記·夏本紀》: "大野既都, 東原底平(大野 못에 이미 물이 모이니, 東原이 낮고 평평해졌다)." 集解引孔安國: "水所停曰都(물이 머무는 곳을 '都'라 한다)."《廣雅》: "都, 聚也('都'는 '모이다'이다)." 王念孫疏證: "都之言豬也('都'란 말은 '豬'이다)."《周禮·夏官·司馬》注: "《禹貢》曰: 滎播既都(《禹貢》에 이르길, '滎播는 이미 못이었다')."《釋文》: "都, 張魚反(여기서 '都'는 '張魚反'이다)." **瀦(저: 웅덩이, 물이 괴다) *t/r/a̱**, 陟魚切,《廣韻》: "水所停也('물이 모이는 곳'이다)."《前漢紀·孝平皇帝》: "則瀦其宮以爲汚池(그 궁실을 파서 웅덩이로 만든다)." 글자는 본래 '豬'로 썼고, 발음은 같다.《禮記·檀弓下》: "殺其人, 壞其室, 洿其宮而豬焉(그들을 죽이고, 집을 헐고 그 궁을 파서 웅덩이를 만들다)." 疏: "豬是水聚之名也('豬'는 물이 모이는 곳의 이름이다)."《漢書·地理志上》: "大野既豬, 東原底平(大野 못에 이미 물이 모이니, 東原이 낮고 평평해졌다)." 注: "豬, 停水也('豬'는 물이 모이는 것이다)."《漢書·王莽傳上》: "豬其宮室以爲汚池(그 궁실을 파서 웅덩이로 만든다)."

품사로 볼 때, '都'는 명사이고, '豬'는 동사이다. (동사의미의 '豬'는 명사의미 '豬'의 문자형식을 차용한 것이다.) 이로 볼 때, **상고한어의 */r/접요사는 s-접두사와 유사한 기능이 있어서, 명사의 품사를 바꿔 동사(형용사)가 되게 하였다.** 즉, 이른바 '명사기원 동사화(名謂化)' 기능이 있다. 그러나 이러한 기능은 지금까지 학자들의 주목을 잘 받지 못했다. 사실상, 이렇게 */r/접요사로 구성된 동사는 상고한어 시기 적지 않았다.

二

種(종: 종류) ***to̱ŋ**^{B} , 之隴切,《廣韻》: “種類也(‘종류’이다).”《詩經·生民》: “誕降嘉種, 維秬維秠, 維糜維芑(하늘이 좋은 씨를 내리니, 검은 기장이요, 붉은 기장, 흰 차조라네).”《禮記·月令》: “令告民, 出五種(백성들에게 명하여 오곡의 종자를 내오게 하다).” **重(중: 거듭하다, 반복하다)** ***d/r/o̱ŋ** , 直容切,《廣韻》: “複也, 疊也(‘반복하다, 거듭하다’이다).”《左傳·僖公二十一年》: “傷未及死, 如何勿重(적이 상처를 입고도 아직 죽지 않았다면, 어째서 재차 상처입히지 않는 것인가?).”《左傳·成公二年》: “重器備(여러 기물을 다 갖추어 많이 넣으며).” 注: “重猶多也(‘重’은 ‘많다’와 같다).”《釋文》: “重, 直恭反(여기서 ‘重’은 ‘直恭反’이다).”《左傳·襄公五年》: “無藏金玉, 無重器備(숨겨둔 金玉이 없고 더 준비해둔 물건이 없으니).”《禮記·檀弓上》: “天子之棺四重(천자의 관은 네 겹으로 한다).” 注: “諸公三重, 諸侯再重, 大夫一重, 士不重(제공은 세 겹으로 하고 제후는 두 겹, 대부는 한 겹, 사는 겹으로 하지 않는다).”《釋文》: “重, 直龍反(여기서 ‘重’은 ‘直龍反’이다).”《禮記·郊特牲》: “君三重席而酢焉(임금은 삼중의 자리에 앉아서 답배를 받는다).”《釋文》: “重, 直龍反(여기서 ‘重’은 ‘直龍反’이다).”《禮記·月令》: “謹房室, 必重閉(방과 방안을 삼가며 반드시 거듭 문을 닫는다).”《釋文》: “重, 直龍反(여기서 ‘重’은 ‘直龍反’이다).” **褈(중: 거듭하다, 더하다)** ***d/r/o̱ŋ** , 直容切,《廣韻》: “複也(‘거듭하다’).”

鐘(종: 악기) ***to̱ŋ** , 職容切,《廣韻》: “樂器也(‘악기’이다).”《說文》: “鐘, 樂鐘也(‘鐘’은 ‘악기 종’이다)” 楊樹達이 다음과 같이 말했다. “내 보기에, ‘鐘’이란 말은 곧 ‘撞(때리다)’이다. ‘鐘’은 때릴 수 있는 물건이라서 그 이름을 ‘鐘’이라 한 것이다.” 楊樹達의 이러한 관점은 王力이 접수하였고, ‘鐘’과 ‘撞’을 同源詞로 보아《同源字典》에 수록하였다. 張希峰(2000:197) 역시 楊樹達의 관점을 계승하였다. ‘鐘’과 ‘撞’은 語源 관계가 있다. 그러나 ‘鐘’이 ‘撞’에서 기원한 것이 아니고 ‘撞’이 ‘鐘’에서 기원한 것이다. ‘鐘’을 ‘鐘’이라 칭하는 이유는 바로 ‘鐘’의 소리 때문이다.《左傳·昭公二十一年》: “夫音, 樂之輿也, 而鐘, 音之器也(무릇 소리는 음악을 싣는 수레이고, 鍾은 소리의 기구이다).” **鍾(종: 酒器)** ***to̱ŋ** , 職容切,《廣韻》: “酒器也, 又量名(‘술그릇’이다. 또 ‘용량명칭’이다).” ‘鍾’은 외형이 ‘鐘’과 흡사하여 이름 지어졌다.《左傳·襄公二十九年》: “子皮以子展之命, 餼國人粟, 戶一鍾(子皮는 子展의 명으로, 國人에게 한 집마다 곡식 1鍾 씩을 나누어 주게 했다)[119]." **撞(당: 치다, 부딪치다) *d/r/oŋ** , 宅江切,《廣韻》: "撞突也.《學記》曰: 善待問者如撞鐘. 撞, 擊也('부딪치다'이다.《學記》에 이르길, '물음에 잘 대답하는 것은 종을 치는 것과 같다.' '撞'은 '치다'이다)."《禮記·學記》: "善待問者如撞鐘, 叩之以小者則小鳴, 叩之以大者則大鳴(물음에 잘 대답하는 것은 마치 종을 치는 것과 같아서, 작은 것으로 치면 소리가 작게 나고, 큰 것으로 치면 소리가 크게 난다)."《左傳·昭公二十年》: "高台深池, 撞鐘舞女, 斬刈民力, 輸掠其聚(누대를 높이 짓고 연못을 깊이 파고, 종을 치며 무녀들의 가무를 즐기며, 백성들의 수고로움을 착취하고 또 그들의 재물을 약탈하다)."《墨子·非樂上》: "然卽當爲之撞巨鐘, 擊鳴鼓, 彈琴瑟, 吹竽笙, 而揚干戚(그렇다면 마땅히 큰 종을 두드리고 북을 치며, 거문고를 뜯고, 우와 생을 불고, 그리고 방패와 도끼를 휘두르며 춤을 추어야 하는데)."

掌(장: 손바닥) *taŋ^B , 諸兩切,《廣韻》: "手掌('손바닥')."《孟子·梁惠王上》: "天下可運於掌(천하를 손바닥에 놓고 움직일 수 있다)."《國語·吳語》: "將還玩吳國於股掌之上(장차 吳나라를 허벅지와 손바닥 위에 놓고 돌리며 놀고자 한다)." 또 동사로 전환되기도 한다.《左傳·僖公三十三年》: "鄭人使我掌其北門之管(鄭나라 사람이 우리에게 北門의 관리를 담당하게 했다)."《莊子·盜跖》: "掌天下之辯(천하의 언론을 장악하다)." **仗(장: 가지다, 지탱하다, 기대다) *d/r/aŋ^B** , 直兩切,《廣韻》: "憑仗('의지하다, 기대다')."《史記·淮陰侯列傳》: "及項梁渡淮, 信仗劍從之, 居戲下(항량이 회수를 건널 때쯤 되자, 한신이 검을 차고 따라가서 그의 휘하에 있었다)."《史記·刺客列傳》: "聶政乃辭獨行, 杖劍至韓(섭정은 작별 인사를 하고 홀로 떠났고, 칼을 차고 한나라에 이르렀다)." 글자는 또 '杖'으로도 쓰며 발음은 동일하다. **杖(장: 잡다, 의지하다) *d/r/aŋ^B** , 直兩切,《廣韻》引《說文》: "持也('가지다'이다)."《左傳·哀公十五年》: "孔伯姬杖戈而先, 大子與五人介, 輿豭從之(孔伯姬는 창을 들고 앞장서자, 태자와 다섯 사람은 갑옷을 입고 수퇘지를 수레에 싣고는 따라갔다)."《莊子·漁父》: "方將杖拏而引其船, 顧見孔子, 還鄉而立((노인은) 바야흐로 노를 잡고 배를 끌어 물에 띄우려 했는데, 공자를 돌아보고는 몸을 틀어 공자를 향해 섰다)." 또 명사도 된다.《論語·憲問》: "以杖叩其脛(지팡이로 그의

---

119 [역주] 餼(희): 보내다.

정강이를 가볍게 치다).”

鼎(정: 솥) *$tiŋ^B$, 都挺切, 《說文》: “鼎三足兩耳, 和五味之寶器. 昔禹收九牧之金, 鑄鼎荊山之下, 入山林川澤, 螭魅蝄蜽, 莫能逢之, 以協承天休(발이 세 개이고 귀가 두 개다. 각종 맛을 조화시키는 보기이다. 옛날 禹가 구주의 금속을 수거하여 형산 아래에서 鼎을 주조했다. 산림과 천택에 넣어도 도깨비와 귀신들이 이를 가까이할 수 없었는데, 이는 하늘의 덕을 이었기 때문이다).”《左傳·宣公三年》: “定王使王孫滿勞楚子, 楚子問鼎之大小輕重焉(定王이 王孫滿을 보내 楚나라 임금을 위로하였다. 그런데 楚 임금이 鼎의 크기와 무게를 물었다).”《左傳·桓公二年》: “武王克商, 遷九鼎於雒邑(옛날 武王이 商나라를 이기고, 九鼎을 雒邑으로 옮겼다).”《漢書·五行志中之上》: “鼎者, 宗廟之寶器也(‘鼎’은 종묘의 보배스러운 기물이다).” **貞(정: 바르다, 곧다)** ***t/r/i̱ŋ**, 陟盈切, 《廣韻》: “正也(‘바르다’이다).”《論語·衛靈公》: “子曰: 君子貞而不諒(공자가 말했다. ‘君子는 도를 바르게 행하고, 작은 신의를 기필하지 않는다’).”《左傳·昭公七年》: “傳言子產貞而不諒(傳은 子產이 도를 바르게 행하고 작은 신의에 구속되지 않았음을 말한 것이다).”

將(장: 장수) ***ta̱ŋs**, 子亮切, 《廣韻》: “將帥(‘장수’).”《孫子兵法·始計》: “將不聽吾計, 用之必敗, 去之(장수가 나의 계책을 듣고도 이를 쓰면 분명 패할 것인데, 그러면 나는 떠날 것이다).”《韓非子·存韓》: “起兵發將以報天下之怨而先攻荊(군대를 일으키고 장수를 파견하여 이로써 천하에 원수를 갚기 위해, 먼저 초나라를 공격하였다).”《呂氏春秋·七月紀》: “天子乃命將帥, 選士厲兵, 簡練桀俊(천자는 장수에게 명하여, 병사를 선발하고 병기를 손질하며, 호걸을 뽑아 단련시키게 한다).” ‘將’은 ‘사령관(主帥)’으로부터 ‘크다’의 의미가 파생되었다. 《爾雅》: “將, 大也(‘將’은 ‘크다’이다).”《詩經·破斧》: “哀我人斯, 亦孔之將(우리 백성 아끼는 마음이 매우 크도다).” 傳: “將, 大也(‘將’은 ‘크다’이다).”《詩經·正月》: “民之訛言, 亦孔之將(백성들의 뜬소문이 매우 크도다).” 傳: “將, 大也(‘將’은 ‘크다’이다).” **壯(장: 건장하다, 크다)** ***t/r/a̱ŋs**, 側亮切, 《廣韻》: “大也(‘크다’이다).”《說文》: “壯, 大也(‘壯’은 ‘크다’이다).”《方言》: “凡人之大謂之奘, 或謂之壯(무릇 사람이 큰 것을 ‘奘’이라 하는데 또는 ‘壯’이라고도 한다).”《左傳

·昭公三十二年》: "大壯, 天之道也(大壯이라 하는데, 이것이 하늘의 도이다)[120]." 《孟子·萬章下》: "牛羊茁壯, 長而已矣(소와 양을 잘 길러 자라게 할 뿐이다)." 《荀子·大略》: "少不諷誦, 壯不論議, 雖可, 未成也(젊어서는 글을 읽지 않고 장년이 되어서는 의론하지 않는다면, 비록 가하긴 하나 완전해지지 않는다)."

噣(주: 새부리) ***toks** , 都豆切, 《廣韻》: "鳥口也('새부리'이다)." 《說文》: "噣, 喙也('噣'는 '부리'이다)." 《廣雅》: "噣, 口也('噣'는 '입'이다)." 《史記·趙世家》: "中衍人面鳥噣, 降佐殷帝大戊(중연은 사람의 얼굴에 새부리 입을 갖고 있었는데, 그 후손은 은나라의 태무를 보좌하였다)." 《說苑·辨物》: "夫鳳, 龍文龜身, 燕喙鷄噣(무릇 봉황은 무늬가 용이며 몸은 거북이고, 턱은 제비 같고, 부리는 닭 같다)." **噣(탁: 쪼다)** ***t/r/ok** , 竹角切, 《廣韻》: "鳥生子能自食(새가 새끼를 낳으면 새끼 혼자 쪼아 먹을 수 있다)." 《戰國策·楚策四》: "俯噣白粒(아래로는 흰 쌀알을 쪼아먹다)." 鮑彪注: "噣, 啄也('噣'는 '쪼다'이다)." 글자는 또 '啄'으로도 쓴다. **啄(탁: 쪼다)** ***t/r/ok** , 竹角切, 《廣韻》: "鳥啄也('새가 쪼다'이다)." 《說文》: "啄, 鳥食也('啄'는 '새가 쪼아 먹는 것'이다)." '啄, 噣'는 '竹角切'이다. 《集韻》: "《說文》鳥食也, 或作噣(《說文》에는 '새가 쪼아먹다, 혹체로 噣을 쓴다'라 나온다)." 《詩經·黃鳥》: "黃鳥黃鳥, 無集于穀, 無啄我粟(꾀꼬리여, 꾀꼬리여, 닥나무에 앉지 마라, 우리 조를 쪼아먹지 마라)." 《詩經·小宛》: "交交桑扈, 率場啄粟(짹짹거리는 콩새, 마당을 돌며 곡식을 쪼는구나)." 《莊子·養生主》: "澤雉十步一啄, 百步一飲, 不蘄畜乎樊中(못가에 있는 꿩은 열 걸음 만에 한 입 쪼아먹고, 백 걸음 만에 한 모금 물을 마시지만, 새장 속에서 길러지는 것을 바라지 않는다)." 《戰國策·燕策二》: "蚌方出曝, 而鷸啄其肉, 蚌合而鉗其喙(큰 조개가 마침 나와서 입을 열고 햇볕을 쬐고 있었는데, 도요새가 부리로 조개의 살을 쪼았고, 조개는 껍질을 닫아 새의 부리를 물었다)." **琢(탁: 쪼다, 옥을 다듬다)** ***t/r/ok** , 竹角切, 《廣韻》: "治玉('옥을 다듬다')." 《說文》: "琢, 治玉也('琢'은 '옥을 다듬다'이다)." 《詩經·淇奧》: "如切如磋, 如琢如磨(자른 듯, 다듬는 듯, 쪼은 듯, 간 듯하니)." **諑(착: 참소하다)** ***t/r/ok** , 竹角切, 《廣韻》: "訴也('참소하다'이다)." 《方言》: "諑, 愬也. 楚以南謂之諑('諑'은 '하소연하다'이다. 楚 이남에서는 '諑'이라 한다)." 《楚辭·離騷》: "衆女嫉余之蛾

120 [역주] 易掛에 '우레가 하늘 위에 있는 것이 大壯卦이다'라고 한다.

眉兮, 謠諑謂余以善淫(뭇 여인들이 내 아름다움을 질투하여, 내가 음란한 짓 잘한다고 헐뜯는구나)." 글자는 또 '椓'으로도 쓴다.《左傳·哀公十七年》: "大子又使椓之(太子는 또 사람을 시켜 衛侯를 참소하였다)." 注: "椓, 訴('椓'은 '참소하다'이다)."《釋文》: "椓, 中角切(여기서 '椓'은 '中角切'이다)."

㹍(豵, 방: 삽살개(꼬리)) ***toks** , 都豆切,《廣韻》: "㹍尾. 張衡《東京賦》云: 日月會於龍㹍('삽살개 꼬리'이다. 張衡《東京賦》에 이르길, '해와 달이 龍尾星에서 만나고')."《國語·楚語下》: "日月會於龍豵(해와 달이 龍尾星에서 만나고)." 注: "㹍, 龍尾也('㹍'은 '용의 꼬리'이다)." 또는 '豚'으로도 쓴다. **豚(독: 볼기, 엉덩이)** ***tok** , 丁木切,《廣韻》: "尾下竅也('꼬리 아래 구멍'이다)." 글자는 또 '燭'으로도 쓰고, 발음은 *to̱k이다.《淮南子·精神訓》: "兩髀在上, 燭營指天(두 넓적다리는 위로 향하고, 항문(燭營)은 하늘로 향했는데)" 注: "燭, 陰華也, 營, 其竅也('燭'은 '음화'이고, '營'은 '구멍'이다)."《山海經·海外北經》: "鍾山之神, 名曰燭陰(종산의 신은 이름이 촉음이라 한다)." **斀(탁: 불까는 형벌을 하다)** ***t/r/ok** , 竹角切,《廣韻》: "《說文》云: 去陰刑也(《說文》에 이르길, '불알을 까는 형벌'이다)."《說文》: "斀, 去陰刑也, 从攴蜀聲.《周書》曰: 刖劓斀黥('斀'은 불알을 까는 형벌이다. '攴'를 따르고 '蜀'이 성부이다.《周書》에 이르길, '刖형, 劓형, 斀형, 黥형')." 글자는 또 '椓'으로도 쓴다. '斀, 椓, 斸'은 '竹角切'이다.《集韻》: "《說文》'去陰之刑也', 引《周書》'刖劓斀黥.' 或作椓, 古作斸(《說文》에서는 '불알을 까는 형벌'이라 하고 또《周書》를 인용하여 '刖형, 劓형, 斀형, 黥형'이라 하고 있다. 혹체로 '椓'라 쓰며 옛 형식은 '斸'였다)."《尙書·呂刑》: "爰始淫爲劓, 刵, 椓, 黥(이에 비로소 코를 베고, 귀를 베고, 불알을 까고, 얼굴에 刺字하는 형법을 크게 만들어서)."《詩經·召旻》: "天降罪罟, 蟊賊內訌, 昏椓靡共(하늘이 죄의 그물을 내리니, 해충들이 안으로 무너지고, 어지러운 자들이 공손치 아니하니)." 箋: "昏, 椓皆奄人也. 椓, 椓毁陰者也('昏, 椓'은 모두 '내시'들이다. '椓'이란 '거시기를 제거한 자'이다)."《呂氏春秋·愼行》: "慶封又欲殺崔杼而代之相, 於是椓崔杼之子(경봉은 또 최저를 죽이고 그를 대신해 재상이 되고자 하는데, 이에 최저의 아들을 꼬드겼다)." 여기서 '傷害'의 의미로 발전하였다.《詩經·正月》: "民今之無祿, 天夭是椓(백성이 지금 녹이 없음은 하늘이 재앙을 내려 해하는 것이니)." 箋: "又復椓破之, 言遇害甚也(반복하여 해하고 깨뜨린다 했는데, 이는 해를 당함이 심함을 말한다)."《釋文》: "椓, 陟角反(여기서 '椓'은 '陟角反'이다)."

專(전: 베짤 때 쓰는 돌, 벽돌) *ton , 職緣切,《說文》: "一日紡專也(한편으로 '방추(紡錘)'이다)." 徐鍇: "專, 今絡絲之磚也('專'은 지금 '실을 얽는 돌(실패)'이다)." 나중에 글자를 '磚'으로 썼고 발음은 동일하다.《詩經·斯干》: "載弄之瓦(손에는 실감개를 들려주네)." 傳: "瓦, 紡磚也('瓦'는 '실감개'이다)."《說苑·雜言》: "子獨不聞和氏之璧乎? 價重千金, 然以之間紡, 曾不如瓦磚(그대는 화씨 구슬에 대해 듣지 못했는가? 그 가치가 천금은 되지만 그것으로 방추를 만들면 진흙으로 만든 瓦磚만 못하니)." **轉(전: 돌다, 돌리다, 운반하다) *tron^{B}** , 陟兗切,《說文》: "運也('운반하다'이다)."《詩經·邶風·柏舟》: "我心匪石, 不可轉也; 我心匪席, 不可卷也(내 마음은 돌이 아니니 굴릴 수가 없네, 내 마음은 돗자리가 아니라 말 수도 없네)."《禮記·禮運》: "轉而爲陰陽, 變而爲四時, 列而爲鬼神(굴러 음양이 되고 변화하여 사시가 되며 벌려져 귀신이 된다)."《莊子·天運》: "意者其運轉而不能自止邪?(혹시 저절로 굴러가기 때문에 스스로 그칠 수 없는 것인가?)"

圈(권: 우리) *gon^{B} , 渠篆切,《廣韻》: "《說文》曰: 養畜閑也(《說文》에 이르길, '가축을 기르는 우리'이다)." [**圈(권) *gons** , 臼萬切,《廣韻》: "邑名(읍의 명칭)."《公羊傳·文公十一年》: "春, 楚子伐圈(봄에 楚나라 임금이 圈을 정벌했다)."《釋文》: "圈, 求阮反, 一音卷,《說文》作圈,《字林》臼萬反('圈'은 '求阮反'이고 또 음이 '卷'이다.《說文》에는 '圈'으로 되어 있고,《字林》은 '臼萬反'이다).]《史記·孝武本紀》: "其西則唐中, 數十里虎圈(그 서쪽은 당중대인데, 수십 리 범의 우리가 있다)." **豢(환: (곡식으로) 기르다) *g/r/ons** , 胡慣切,《廣韻》: "穀養畜('곡식으로 가축을 기르다')."《說文》: "豢, 以穀圈養豕也('豢'은 '곡식으로 우리에서 가축을 기르는 것'이다)." 段注: "圈者, 養獸之閑. 圈養者, 圈而養之('圈'이란 짐승을 기르는 우리이다. '圈養'이란 우리에서 기르는 것이다)."《墨子·天志下》: "天子必且犓豢其牛羊犬彘(천자는 반드시 꼴로 소와 양을 기르고 곡식으로 개와 돼지를 기른다)."《左傳·哀公十一年》: "是豢吳也夫(이는 吳나라를 희생으로 기르는 것이다)." 注: "豢, 養也('豢'은 '기르다'이다)."《莊子·達生》: "吾將三月豢汝(내 앞으로 석 달 동안 너를 잘 기를 것이다)."

止(지: 발) *te^{B} , 諸市切,《廣韻》: "足也('발'이다)."《說文》: "止, 下基也('止'는 '아래의 기초'이다)." 段注: "止卽趾也('止'는 곧 '발'이다)."《漢書·食貨志上》: "四之日舉止, 同我婦子, 饁彼南畝

(이월에는 밭 갈러 간다네, 내 아내와 아이들과 같이 저 남쪽 밭으로 밥 가지고 가네)." 지금의 《詩》에서는 "四之日擧趾"로 되어 있다. 《漢書·五行志中之上》: "莫囂必敗, 擧止高, 心不固矣(莫敖는 반드시 패할 것이다. 그가 발을 높이 들어 걷는 걸 보니 마음이 견고하지 못한 듯하다)." 《左傳·桓公十三年》: "莫敖必敗, 擧趾高, 心不固矣(莫敖는 반드시 패할 것이다. 그가 발을 높이 들어 걷는 걸 보니 마음이 견고하지 못한 듯하다)." 《漢書·刑法志》: "當斬左止者, 笞五百(斬左止(왼발을 벰)에 해당되는 자는 笞刑 500대를 치고)." **趾(지: 발)** *te̱ᴮ , 諸市切, 《廣韻》: "足也('발'이다)." 《詩經·麟之趾》: "麟之趾, 振振公子(기린의 어린 발굽이여, 번창한 공후의 자제들이다)." **址(지: 터)** *te̱ᴮ , 諸市切, 《廣韻》: "基址('터')." 《說文》字作"阯"(〈설문〉에서는 글자를 '阯'로 쓴다). **阯(지: 터)** *te̱ᴮ , 諸市切, 《說文》: "基也. 从土止聲('터'이다. '土'를 따르고 '止'가 성부이다)." 《史記·封禪書》: "泰山東北址古時有明堂處, 處險不敞(태산 동북쪽 산기슭에 옛날의 명당터가 있었는데, 그곳의 지세가 험준하고 좁았다)." **畤(치: 재터)** *te̱ᴮ , 諸市切, 《廣韻》: "《說文》云: 天地五帝所基止, 祭(地)也, 右扶風有五畤(〈설문〉에 이르길, '천지 오제에 제사하기 위해 만든 제단, 즉 제사 장소이다. 右扶風군에 다섯 개의 제단이 있다')." 《史記·秦本紀》: "祠上帝西畤(서치에서 상제께 제사하다)." 索隱: "畤, 止也(여기서 '畤'는 '제사터'이다)." 《左傳·襄公三十年》: "成愆奔平畤(成愆이 平畤로 도망갔다)." **峙(치: 머무르다, 우뚝 솟다)** *d/r/e̱ᴮ , 直里切, 《廣韻》: "《說文》䠠也, 峙䠠不前也(〈설문〉에는 '망설이다' '주저하고 나아가지 못하다'라고 나온다)." 《詩經·崧高》: "以峙其粻, 式遄其行(양식을 쌓아 놓고 급히 가게 하셨다)." 《釋文》: "峙, 直紀反(여기서 '峙'는 '直紀反'이다)." 글자는 또 '跱'로도 쓰며, 발음은 동일하다. 《淮南子·修務訓》: "鶴跱而不食, 晝吟宵哭, 面若死灰(지쳐서 학처럼 서서 음식도 먹지 않고, 낮에는 신음을 하고 밤에는 곡을 하는데, 얼굴은 마치 죽은 재빛과 같았다)." 《易林》: "灌鴮東從, 道頓跌跱(자고새는 동쪽으로 나는데, 길이 울퉁불퉁하여 머뭇거리네)."

秋(추: 가을) *tʰu̱ , 七由切, 《廣韻》: "春秋('계절')." 《說文》: "秋, 禾穀熟也('秋'는 '백곡이 익는다')." 《詩經·采葛》: "一日不見, 如三秋兮(임을 하루만 못 봐도 석 달이나 된 듯하네)." 《詩經·四月》: "秋日凄凄, 百卉具腓(가을날 서늘하여 온갖 초목이 모두 시들어졌네)." 《白虎通義·五行》: "秋之爲言愁亡也('秋'라는 말은 '愁亡(없어지는 것을 걱정하다)'이다)." 《禮記·鄕飮酒義》: "西方者秋, 秋之爲言愁也(서방은 곧 가을이고, 가을이란 말은 바로 '슬퍼하고 근심하는 것'

이다).” **愁(수: 근심하다) *d̦/r/u̲** , 士尤切, 《廣韻》: “憂也, 悲也, 苦也(‘걱정하다, 슬퍼하다’이다).” 《左傳·襄公二十九年》: “哀而不愁, 樂而不荒(슬퍼하되 근심하지 않았고, 즐거워하되 거칠지 않았다).” 《墨子·所染》: “不能爲君者, 傷形費神, 愁心勞意, 然國逾危, 身逾辱(군주 노릇을 잘 못하는 사람은 몸을 상하게 하고 정신을 소모하며, 마음을 근심스럽게 하고 의지를 수고롭게 하는데, 그러면 국가는 더욱더 위험해지고, 몸은 더 치욕스럽게 된다).” 《呂氏春秋·審爲》: “君固愁身傷生以憂之臧不得也?(임금께서 실로 몸을 근심스럽게 하고 삶을 상하게 하면서까지 그것을 걱정하여도, 거의 얻지 못할 것이다).” 《莊子·徐無鬼》: “唯種也不知身之所以愁(그 大夫 種도 월나라가 다시 일어난 것이 자신의 근심하는 바가 되는지 몰랐다).”

芒(망: 까끄라기, 털끝) *ma̲ŋ , 武方切, 《廣韻》: “草端也(‘풀의 끄트머리, 가장자리’이다).” **芒(망: 까끄라기) *maŋ** , 莫郞切, 《廣韻》: “草端(‘풀의 끄트머리, 가장자리’이다).” 《周禮·地官·司徒》: “澤草所生, 種之芒種(물풀이 자라는 곳에 까끄라기 곡식을 파종한다).” 《莊子·知北遊》: “大馬之捶鉤者年八十矣, 而不失豪芒(大司馬 아래에서 창 등을 두드려 만드는 대장장이가 나이 80이 되었는데도, 그 솜씨를 조금도 잃지 않았다).” 여기서 ‘칼끝, 서슬(鋒芒)’의미로 발전하였고, 글자는 또 ‘鋩’로도 쓴다. ‘鋩(망: 칼끝)’은 ‘武方切’이다. 《廣韻》: “刃端(‘칼끝’).” **萌(맹: 싹트다) *m/r/aŋ** , 莫耕切, 《廣韻》: “萌牙(‘싹트다’).” 《白虎通義·五行》: “芒之爲言萌也(‘芒’이란 말은 곧 ‘萌(싹트다)’이다).” 《禮記·月令》: “草木萌動(초목이 싹을 틔우다).” 《管子·五行》: “冰解而凍釋, 草木區萌(얼음이 녹고 언 땅이 풀리면서 초목이 싹이 돋게 된다).” 여기서 ‘발생, 시작하다(發端, 開始)’의미로 발전하였다. 《莊子·齊物論》: “日夜相代乎前, 而莫知其所萌(이런 감정의 변화가 밤낮으로 서로 번갈아 앞에 나타나는데도, 그 감정이 싹트는 바를 알지 못한다).” 《韓非子·心度》: “勸功則公事不犯, 親法則奸無所萌(백성이 공을 세우기 위해 애를 쓰면 공사가 침범되지 아니하고, 국법을 충실히 따르면 간사함이 싹틔울 수가 없다).”

把(파: 잡다, 쥐다) *p/r/a^{B} , 博下切, 《廣韻》: “持也, 執也(‘잡다, 쥐다’이다).” 《說文》: “把, 握也(‘把’는 ‘잡다’이다).” 《孟子·告子上》: “拱把之桐梓, 人苟欲生之(아름드리나 한 손으로 움킬만한 굵기의 오동나무와 가래나무를 사람들이 진실로 기르고자 한다).” 注: “拱, 合兩手也. 把,

以一手把之也('拱'은 두 손으로 쥐는 굵기이고, '把'는 한 손을 쥐는 굵기이다)."《墨子·非攻》: "禹親把天之瑞令以征有苗(禹는 친히 하늘의 상서로운 명으로, 묘를 정벌하였다)." **扶(부: 네 손가락을 나란히 한 길이) *pa̲** , 甫天切, 《廣韻》: "《公羊傳》云: 扶寸而合. 注云: 側手曰扶(《公羊傳》에서 이르길, '조금씩 모여서'라 하는데, 注에 이르길, '손을 옆으로 했을 때 이 길이를 扶라 한다')."《禮記·投壺》: "室中五扶, 堂上七扶, 庭中九扶(화살은 방안에서는 5부, 당상에서는 7부, 뜰 가운데서는 9부이다)." 注: "鋪四指曰扶(네 손가락을 모은 것을 '扶'라 한다)." 글자는 또 '膚'로도 쓰고 발음은 동일하다.《公羊傳·羲公三十一年》: "膚寸而合(조금씩 모아서)."《釋文》: "膚, 方于切, 側手爲膚(여기서 '膚'는 '方于切'이고, 손을 옆으로 했을 때 크기가 '膚'이다)."

根(근: 뿌리) *kɯn , 古痕切, 《廣韻》: "根柢也('뿌리'이다)."《左傳·文公七年》: "公族, 公室之枝葉也. 若去之, 則本根無所庇陰矣(公族은 公室의 가지와 잎사귀이니 만약 이것을 제거한다면 뿌리는 그늘이 없어진다)."《韓非子·揚權》: "掘其根本, 木乃不神(뿌리를 파내면 나무는 더 이상 뻗어나가지 못한다)."《莊子·則陽》: "萬物有乎生而莫見其根(만물은 생성함은 있으나, 그 근원의 도는 볼 수 없다)." **艱(간: 어렵다) *k/r/ɯn** , 古閑切, 《廣韻》: "艱難('어려움')."《說文》: "艱, 土難治也. 从堇艮聲('艱'은 '땅이 경작이 어려움'이다. '堇'를 따르고 '艮'이 성부이다)."《釋名》: "艱, 根也, 如物根也('艱'은 '根(뿌리)'이다. 마치 사물의 근본과 같다)."《詩經·北門》: "終窶且貧, 莫知我艱(늘 살림이 가난하여 내 어려움을 아는 이가 없다)."《易·大壯》: "艱則吉(어려우면 길하게 된다)."《左傳·僖公二十八年》: "險阻艱難, 備嘗之矣(세상의 각종 험하고 어려운 일들을 모두 경험하였다)."

熲(경: 불빛) *qiŋ^{B} , 古迥切, 《廣韻》: "光也, 又輝也('빛, 빛나다'이다)."《說文》: "熲, 火光也('熲'은 '불빛'이다)."《詩經·無將大車》: "無思百憂, 不出於熲(온갖 근심 걱정마오, 근심에서 밝은 곳으로 나오지 못하리니)." 傳: "熲, 光也('熲'은 '불빛'이다)."《釋文》: "熲, 古迥反, 沈又古頃反(여기서 '熲'은 '古迥反'이고 沈씨는 또 '古頃反'이다)."《爾雅》: "熲, 光也('熲'은 '불빛'이다)." **炯(형: 빛나다, 빛나는 모양) *qiŋ^{B}** , 古迥切, 《廣韻》: "火明貌('붉이 밝은 모양')."《說文》: "炯, 光也('炯'은 '빛나다'이다)."《楚辭·哀時命》: "夜炯炯而不寐兮, 懷隱憂而歷兹(밤이면 뜬

눈으로 잠도 못자고, 숨은 근심 불안한 마음으로 여기까지 왔구나)[121]." [《楚辭·九思·哀歲》: "神光兮熲熲, 鬼火兮熒熒(신의 불빛이 번쩍번쩍하고, 귀신의 불이 훤하도다)."] 《集韻》: "炯, 耿, 古迥切, 火明貌('炯, 耿'는 '古迥切'이고 '불이 밝은 모양'이다)." **耿(경: 빛나다, 비추다)** *$q/r/iŋ^B$, 古幸切, 《說文》引杜林說: "光也('빛나다'이다)." 《國語·晉語三》: "其光耿於民矣(그 빛은 백성에게 밝게 비춰질 것이다)." 注: "耿, 猶照也(여기서 '耿'는 '비추다'와 같다)." 《楚辭·遠遊》: "夜耿耿而不寐兮, 魂營營而至曙(밤에도 불안하여 잠을 못 이루고, 영혼은 뜬 눈으로 날을 샜다)." 《詩經·邶風·柏舟》: "耿耿不寐, 如有隱憂(근심하여 잠 못이루니, 숨은 근심이 있는 듯하구나)."

途(도: 길) ***za** , 同都切, 《廣韻》: "道也('길'이다)." 《爾雅》: "路, 途也('路'는 '途(길)'이다)." 《爾雅》: "宮中衖謂之壼, 廟中路謂之唐, 堂途謂之陳('궁중의 도로'를 '壼'라 하고, 廟 가운데 길을 '唐'이라 하고, 堂의 길을 '陳'이라 한다)." 《呂氏春秋·精諭》: "弊邑寡君使下臣願藉途而祈福焉(저희나라 군주께서는 신하를 보내 길을 빌려 복을 빌러 가도록 시켰습니다)." 《戰國策·趙策三》: "將之薛, 假途於鄒(장차 薛邑을 가려고 鄒나라 땅을 빌리게 되었다)." 《管子·中匡》: "鮑叔隰朋趨而出, 及管仲於途(포숙과 습붕이 급히 뛰어나가 길에서 관중을 쫓아갔다)." 글자는 또 '塗'라고도 쓴다. **塗(도: 길, 도랑, 개천)** ***za** , 同都切, 《廣韻》: "路也('길'이다)." 《詩經·出車》: "今我來思, 雨雪載塗(지금 내가 돌아가려는데 눈비가 길에 쌓였도다)." 《論語·陽貨》: "孔子時其亡也, 而往拜之, 遇諸塗(孔子께서 그가 없는 때를 틈타, 가서 인사를 하고 길에서 그를 만났다)." 《孟子·梁惠王上》: "塗有餓莩而不知發(길에 굶어 죽은 시체가 구르고 있어도 창고를 열 줄 모른다)." 《莊子·徐無鬼》: "七聖皆迷, 無所問塗(일곱 명의 성인이 다 길을 잃었는데, 길을 물어볼 사람이 없었다)." **除(제: 계단, 섬돌, 없애다)** *$z/r/\underline{a}$, 直魚切, 《廣韻》: "階也, 又去也('계단', '없애다'이다)." 《說文》: "除, 殿陛也('除'는 '궁전의 계단'이다)." 이는 漢代의 의미로 先秦 시기엔 보이지 않았다. 그 본의는 분명 '길을 열다(除道)'이다. 《玉篇》: "除, 開也('除'는 '열다'이다)." 《左傳·莊公四年》: "除道梁溠, 營軍臨隨(길을 닦고 溠水에 다리를 놓은 후, 군대를 거느리고 가서 隨國 근처에 다가갔다)." 注: "更開直道('직선 도로를 내다')." 《周

---

121 [역주] '炯炯'이란 두 눈을 감지 못하는 모양이다.

禮·地官·司徒》: "若祭山林, 則爲主而修除, 且蹕(만약 산림에 제사 지내게 되면, 군주를 위해 길을 닦고 사람의 왕래를 막는다)." 注: "修除, 治道路場壇('修除'는 도로와 제사터를 닦는 것이다)."《韓非子·說林下》: "乃鑄大鍾遺仇由之君, 仇由之君大說, 除道將內之(이에 큰 종을 주조하여 仇由의 군주에게 보내니, 구유의 군주는 크게 기뻐하여 큰 종을 들일 수 있게 길을 정비시켰다)."《呂氏春秋·去宥》: "數怒人主, 以爲姦人除路; 姦路已除而惡壅卻, 豈不難哉?(또한 수차례 군주를 충동질 함으로써 간악한 이들을 위해 길을 열어주었는데, 간악한 이들의 길이 이미 열렸다면 악행이 차단되는 것이 어찌 어렵지 않겠는가?)" 또 '건설하다(修建)'의 의미도 나타낸다.《左傳·昭公十三年》: "聞諸吏將爲子除館於西河(내가 관리에게 듣건대, 장차 그대를 위해 西河에 관사를 만들거라고 하네)." 여기서 '청소하다, 없애다(淸除)'의미가 나왔다.《左傳·昭公二十六年》: "天之有彗也, 以除穢也(하늘에 彗星이 나타난 것은 더러운 것들을 청소하기 위함이다)."《左傳·襄公十四年》: "我諸戎除翦其荊棘, 驅其狐狸豺狼(우리 諸戎은 가시덤불을 제거하고 여우나 승냥이를 몰아냈다)."《韓非子·難三》: "使宗廟不掃除, 社稷不血食者, 必是三臣也(종묘를 청소하지 못하게 하고, 사직에는 희생을 못 올리게 하는데, 분명 이 세 명의 대신들 때문이다)."《史記·呂太后本紀》: "誅呂氏吾無功, 請得除宮(여씨들을 주살하는 데는 공이 없으니, 청컨대 궁궐 청소를 맡길 원합니다)."

상고한어의 */r/접요사는 *s-접두사와 마찬가지로 명사기원동사화(名謂化)의 기능이 있다. 이 */r/접요사가 어근 자음과 모음 사이에 삽입되어 새로운 단어를 구성한다. 또 역조어법(逆構詞)도 가능하여, 자음과 모음 사이의 /r/을 제거하면 명사가 파생되기도 한다. 품사상으로 볼 때, 구성되는 새로운 단어는 동사이거나 형용사이다. 예를 들어, '啄'는 '丁木切'이고《廣韻》에서 "啄木鳥('나무를 쪼는 새')."라 나오는데, '啄'는 '竹角切'로《廣韻》에서 "鳥啄也('새가 쪼다')."로 나온다. 전자는 명사이고 후자는 동사이다. 이처럼 상고한어에서 /r/접요사가 들어간 동사(형용사)는 매우 많다.

三

貝(패: 조개) ***pats** , 博蓋切, 《說文》: "海介蟲也. 象形. 古者貨貝而寶龜, 周而有泉, 至秦廢貝行錢(바다의 껍데기가 있는 동물. 상형이다. 옛날엔 조개껍질로 화폐를 삼고 거북껍질로 보물을 삼았다. 周대엔 화폐로 쓰였다가 秦에 이르러 패각을 폐하고 錢이 유행하였다)." 《禮記·少儀》: "臣如致金玉貨貝於君(신하가 金玉貨貝를 임금에게 드린다면)." 《荀子·大略》: "貨財曰賻, 輿馬曰賵, 衣服曰襚, 玩好曰贈, 玉貝曰唅(돈과 재물을 賻라 하고, 수레와 말을 賵이라 하고, 의복을 襚라 하고, 노리개를 贈이라 하고, 옥과 조개껍질을 唅이라 한다)." **敗(패: 패배시키다)** ***p/r/ats** , 補邁切, 《廣韻》: "破他曰敗('남을 깨뜨리는 것'을 敗라 한다)." 《說文》: "敗, 毁也. 从攴貝, 會意, 貝亦聲('敗'는 '무너뜨리다'이다 '攴'와 '貝'를 따르는 會意이다. '貝'는 또 성부이다)." 《詩經·甘棠》: "蔽芾甘棠, 勿翦勿敗, 召伯所憩(무성한 팥배나무, 자르지 말고 꺾지도 마라. 소백님이 쉬시던 곳이라네)." 《左傳·宣公二年》: "以其私憾, 敗國殄民(사사로운 원한 때문에 국가는 전쟁에 패하고 백성이 피해를 입었다)." 《左傳·僖公三十三年》: "晉人及姜戎敗秦師於殽(晉나라 사람이 姜戎과 함께 秦나라를 殽 지방에서 싸워 이기다)."

犮(발: 풀뿌리) ***bot** , 蒲撥切, 《廣韻》: "草木根也('초목의 뿌리'이다)." 《說文》: "犮, 草根也('犮'은 '풀뿌리'이다)." 《方言》: "荄, 杜, 根也. 東齊曰杜, 或曰犮('荄, 杜'은 '뿌리'이다. 東齊에서는 '杜'라 하는데 혹은 '犮'이라고도 한다)." 《淮南子·墬形訓》: "凡浮生不根犮者生於萍藻(무릇 뿌리가 없이 물에 떠서 사는 모든 것은 다 萍藻에서 생겨났다)." 《周禮·夏官·司馬》: "中夏教犮舍(중하에는 밖에서 자는 일을 교육한다)." 注: "犮舍, 草止之也('犮舍'은 '풀밭에서 묵다'이다)." **髮(발: 털, 머리카락)** ***pot** , 方伐切, 《廣韻》: "頭毛也. 《說文》根也('머리카락'이다. 〈설문〉에 '뿌리'라 한다)." 《莊子·逍遙遊》: "窮髮之北, 有冥海者, 天池也(불모지의 북쪽에 어두운 바다가 있는데, 그것은 天池이다)." 《釋文》: "李云: 髮, 猶毛也. 司馬云: 北極之下, 無毛之地也. 崔云: 北方無毛地. 案: 毛, 草也. 《地理書》云: 山以草木爲髮(李씨가 말하길, '髮은 毛(털)와 같다.' 司馬씨가 말하길, '北極이하 풀이 없는 땅이다.' 崔씨가 말하길, '北方의 풀 없는 땅'이라 한다. 내가 보기에 '毛'는 '草(풀)'이다. 《地理書》에 이르길, '山은 초목을 머리털로 삼는다.')." 사람의 터럭(髮)은 마치 초목의 뿌리(根) 같아서 이름을 '髮'이라 하였다. 《莊子·逍遙遊》:

"宋人資章甫而適諸越, 越人斷髮文身, 無所用之(宋나라 사람이 갓(章甫)을 장사 밑천으로 삼아 越나라로 갔는데, 월나라 사람들이 머리를 짧게 깎고 몸에 文身을 하고 있어서, 갓이 필요 없었다)." **拔(발: 뽑다, 빼다)** ***b/r/ot** , 蒲八切, 《廣韻》: "拔擢('뽑다')." 《韓非子·說林上》: "然使十人樹之而一人拔之, 則毋生楊至(그러나 열 사람을 시켜 그것을 심게 해도 한 사람이 뽑아버리면, 살아나는 버들이 없다)." 글자는 또 '芨'로도 쓴다. 《齊民要術》: "區中草生, 芨之(區내에 풀이 자라면 뽑아버린다)."

鬼(귀: 귀신) ***ku̠r**^{B} , 居偉切, 《廣韻》: "鬼之爲言歸也('鬼'란 말은 '歸(돌아가다)'이다)." 《論衡·訂鬼》: "鬼者, 老物之精也(鬼는 오래된 물건의 정령이다)." 《論語·雍也》: "敬鬼神而遠之, 可謂知矣(귀신을 공경하되 멀리하면 지혜롭다고 할 수 있다)." **怪(괴: 괴이하다)** ***k/r/urs** , 古壞切, 《廣韻》: "怪異也('괴이하다'이다)." 《說文》: "怪, 異也('怪'는 '이상하다'이다)." 《白虎通義》: "異之言怪也('異'란 말은 '怪(괴이함)'이다)." 《論衡·自絕》: "詭於衆而突出曰怪(여러 사람들에게 이상히 여겨져 갑자기 튀어나오는 것을 '怪'라 한다)." 《荀子·天論》: "怪之, 可也; 而畏之, 非也(괴이하게 여기는 것은 괜찮지만 두려워하는 것은 옳지 않다)." 《史記·秦本紀》: "戎王怪之, 必疑由余(융왕이 괴이하게 여겨 틀림없이 유여를 의심한다)." 글자는 또 '傀'로도 쓴다. 《周禮·春官·宗伯》: "大傀異災, 諸侯薨, 令去樂(큰 괴이함, 기이한 재앙, 제후가 죽는 것은 악을 멈추게 한다)." 注: "傀猶怪也(여기서 '傀'는 '怪'와 같다)." 《釋文》: "傀, 舊音怪(여기서 '傀'는 옛 음이 '怪'이다)."

方(방: 四方, 방향, 방위) ***pa̠ŋ** , 府良切, 《廣韻》: "四方也('사방'이다)." 《莊子·馬蹄》: "圓者中規, 方者中矩(둥근 것은 그림쇠에 들어맞고, 네모진 것은 곱자에 맞고)." 《論語·子路》: "使於四方, 不能專對(사방에 使臣으로 갔으나 능동적으로 상대하지 못하다)." 《韓非子·解老》: "方而不割, 廉而不劌, 直而不肆, 光而不耀(반듯하되 남을 해치지 않으며, 청렴하되 남을 다치게 하지 않으며, 곧으나 남을 함부로 대하지 않고, 빛이 나되 드러내지 않는다)." **傍(방: 곁)** ***baŋ** , 步光切, 《廣韻》: "亦作旁, 側也(또 '旁'으로도 쓴다. '옆'이다)." 《淮南子·說山訓》: "倚牆之傍, 不可以立(기울어진 담장 옆에서는 서있을 수 없다)." 글자는 본래 '旁'이었고 발음은 동일하다. 《莊子·山木》: "伐木者止其旁而不取也(나무 베는 이들이 그 옆에 있으면서도, 그 나무를 베지 않았다).” 祊**(팽: 제사이름, 팽제사지내다) *p/r/aŋ** , 甫盲切, 《廣韻》: “廟門傍祭(‘묘문 옆에서 제사하다’).” 《禮記·郊特牲》: “祊之於東方, 朝市之於西方, 失之矣(팽제는 묘문 밖 동쪽에서 하며, 조시는 시내의 서쪽에서 여니, 이는 다 잘못된 것이다).”

肱**(굉: 팔) *qeŋ** , 古弘切, 《廣韻》: “臂也(‘팔’이다).” 肱, 《說文》: “臂上也(‘팔의 윗부분’이다).” 《詩經·無羊》: “麾之以肱, 畢來既升(팔을 들어 손짓하자, 모두가 다 우리로 올라가도다).” 傳: “肱, 臂也(‘肱’은 ‘팔’이다).” 《釋文》: “肱, 古弘反(여기서 ‘肱’은 ‘古弘反’이다).” 《左傳·成公十二年》: “略其武夫以爲己腹心股肱爪牙(그 武夫들을 갖다가 자기의 腹心, 股肱, 爪牙로 삼았다).” 弘**(홍: 크다, 넓다) *ɢeŋ** , 戶肱切, 《廣韻》: “大也(‘크다’이다).” 《左傳·襄公十三年》: “以辱社稷爲大夫憂其弘多矣(社稷을 욕되게 함으로써 大夫들의 근심이 된 것이 크다).” 杜注: “弘, 大也(‘弘’은 ‘크다’이다).” 又《昭公八年》: “康叔所以服弘大也(이것이 바로 康叔이 도량이 큰 원인이다).” 《論語·泰伯》: “士不可以不弘毅(선비는 마음이 크고 굳세지 않으면 안 된다).” 又宏**(굉: 크다) *ɢ/r/eŋ** , 戶萌切, 《廣韻》: “大也(‘크다’이다).” 《說文》: “宏, 屋深響也(‘宏’은 방 깊숙한 곳에서 소리가 돌아오는 것이다).” 《周禮·冬官·考工記》: “其聲大而宏(그 소리는 크고 우렁차다).” 또 ‘鈜’으로 쓰기도 하며 발음은 戶萌切과 동일하다. 《史記·司馬相如列傳》: “必將崇論鈜議, 創業垂統, 爲萬世規(반드시 숭고하고 원대하게 의론하고, 사업을 열어 법통을 세워, 만세의 모범이 되려 할 것이다).” 또 ‘閎’으로도 쓴다. 《集韻》: “閎, 一曰大也(‘閎’은 한편으로 ‘크다’이다).” 《漢書·揚雄傳下》: “若夫閎言崇議, 幽微之塗, 蓋難與覽者同也(만약 크고 넓은 의론과 은미한 길이라면 아마도 보는 이와 똑같이 어려울 것이다).” 글자는 또 ‘浤’으로도 쓴다. ‘浤(굉: 용솟음치다)’은 ‘戶萌切’이다. 《廣韻》: “浤浤淚淚水波之勢(넘실넘실 출렁대는 물결의 형세이다).” ‘宏, 鈜, 閎’ 등은 동일한 단어의 다른 문자기록일 뿐이다.

坎**(감: 구덩이) *khom^B** , 苦感切, 《廣韻》: “險也, 陷也, 又小罍也, 形似壺(‘험하다, 구덩이’이다, ‘작은 술독’으로 壺 비슷하다).” 《易·坎》: “入於坎窞, 凶(坎의 구덩이로 들어가니, 그 道가 흉하다).” 《荀子·正論》: “坎井之蛙, 不可與語東海之樂(허물어진 우물 속 개구리는 동해의 즐거움을 더불어 논할 수 없다).” 글자는 또 ‘臽’으로도 쓴다. 臽**(함: 함정) *khom^B** , 苦感切, 《廣韻》: “小穽名也(‘작은 함정 이름’이다).” 《說文》: “臽, 小阱也(‘臽’은 ‘작은 함정’이다).” 글자는

또 '埳'으로도 쓴다. **埳(감: 구덩이)** ***khom^{B}**, 苦感切, 《廣韻》: "埳陷('구덩이, 함정')." 埳, 《說文》: "陷也('구덩이, 함정'이다)." 《莊子·秋水》: "子獨不聞夫埳井之蛙乎?(그대는 저 우물 안 개구리 이야기를 들어보지 못했는가?)" 《墨子·節葬下》: "旣窆而後哭, 滿埳無封(하관한 이후에야 곡을 하였고, 무덤은 구덩이만 채우고 봉분이 없다)." **陷(함: 빠지다)** ***g/r/oms**, 戶韽切, 《廣韻》: "入地隤也('빠지다'이다)." 《說文》: "陷, 高下也, 从𨸏从臽, 臽亦聲('陷'은 '높은 데서 아래로 내려가다, 빠지다'이다. '𨸏'와 '臽'을 따르고, '臽'은 또 성부이다)." 《左傳·成公十年》: "張, 如廁, 陷而卒(배가 불러와 측간에 갔는데 측간에 빠져 죽었다)." 《左傳·成公十六年》: "欒范以其族夾公行, 陷於淖(欒書와 范文子가 그 족속을 거느리고 양옆에서 진여공의 수레를 호위하며 가다가, 그의 수레가 진창에 빠져버렸다)." 《莊子·天下》: "問天地所以不墜不陷(하늘이 떨어지지 않고 땅이 아래로 꺼지지 않는 이유를 물었다)." 《論語·雍也》: "君子可逝也, 不可陷也(君子는 가게 할 수는 있으나 빠지게 할 수는 없다)."

頰(협: 뺨, 끼다) ***kep**, 古協切, 《廣韻》: "頰面也('뺨')." 《說文》: "頰, 面旁也. 从頁夾聲('頰'은 '얼굴의 양측'이다. '頁'을 따르고, '夾'이 성부이다)." 《釋名》: "頰, 夾也, 兩旁稱也, 亦取挾斂食物也('頰'은 '夾(끼다)'이다. 양옆을 칭한다. 또한 음식물을 취하여 끼는 곳이다)." 《左傳·定公八年》: "偃且射子鉏, 中頰(뒤로 누워서 子鉏를 향해 활을 쏘았고 그의 얼굴을 맞았다)." 《莊子·外物》: "儒以金椎控其頤, 徐別其頰, 無傷口中珠(다른 유자가 망치로 주검의 턱을 쳐서 천천히 그 뺨을 연 다음, 입안의 구슬을 상처내지 않고 꺼냈다)." **筴(협: 젓가락, 끼다)** ***kep**, 古協切, 《廣韻》: "箸筴('젓가락')." 글자는 또 '梜'으로도 쓴다. **梜(협: 젓가락)** ***kep**, 古協切, 《廣韻》: "上同(筴), 見《禮》('筴'과 같고, 〈예〉에 보인다)." 《禮記·曲禮上》: "羹之有菜者用梜, 其無菜者不用梜(국에 채소가 있으면 젓가락을 사용하고, 채소가 없으면 젓가락을 사용하지 않는다)." 注: "梜, 猶箸也, 今人或謂箸爲梜提('梜'은 '箸'와 같다. 지금 사람들은 '箸'를 '梜提'라고 한다)." 《釋文》: "梜, 古協反, 沈又音甲, 《字林》作筴, 云, 箸也, 公洽反('梜'은 '古協反'이고, 沈씨 음은 또 '甲'이다. 《字林》에는 '筴'이라 되어 있고, '젓가락이다, 公洽反이다'라고 한다)." **筴(협: 젓가락, 並夾)** ***k/r/ep**, 古洽切, 《廣韻》: "箸也, 針箭具('젓가락'이다. '화살을 취하는 도구(일명 並夾)'이다)." 글자는 '夾'으로만 썼다. 《禮記·夏官·司馬》: "矢在侯高, 則以並夾取之(화살이 과녁 높이에 있으면, 並夾으로 취한다)." 鄭注: "並夾, 針箭具. 夾讀爲甲('並夾'이란 '화살

을 취하는 도구'이다. '夾'은 '甲'으로 읽는다)."《說文》: "梜, 檢柙也('梜'은 '물품을 수장하는 기구'이다)." 段玉裁注: "檢柙皆函物之偁, 然則梜亦謂函物之器也('檢柙'이란 물건을 수장하는 것을 말한다. 그러므로 '梜' 역시 물건을 넣는(끼는) 도구이다)." **鋏(협: 집게, 칼자루, 장검)** ***kep** , 古協切,《廣韻》: "長鋏, 劍名('長鋏'은 '장검'의 명칭이다)."《說文》: "鋏, 可以持冶器鑄鎔者('鋏'은 막 제련하고 있는 기물이나 녹이고 있는 것을 잡는 도구이다)." 段注: "冶器者鑄於鎔中, 則以此物夾而出之(제련하는 기물은 거푸집에서 주조하므로, 이 물건을 가지고 그것을 잡아 뺀다)."《戰國策·齊策四》: "居有頃, 復彈其鋏(조금 이따가 자신의 칼을 두드리며 노래했다)." '鋏'은 검이 아니고 '칼자루(劍夾)'이다.《莊子·說劍》: "周, 宋爲鐔, 韓, 魏爲夾(周와 宋을 칼자루의 테로 삼고, 韓과 魏를 칼자루로 삼는다)."《釋文》: "夾, 古協反, 司馬云, 把也. 一本作鋏('夾'은 '古協反'이다. 司馬씨가 말하길, '把(자루)이다.' 어떤 책엔 '鋏'으로 되어있다)." **夾(협: 가지다, 끼다)** ***k/r/ep** , 古洽切,《廣韻》: "持也('가지다'이다)."《左傳·僖公三十三年》: "與晉師夾泜而軍(晉軍과 泜水를 끼고 대치하다)."《呂氏春秋·知分》: "至於中流, 有兩蛟夾繞其船(강 한가운데 이르렀을 때, 두 마리 교룡이 그 배를 둘러싸 끼고 있었다)."

祖(조: 조상, 시작, 처음) ***ʦaᴮ** , 則古切,《廣韻》: "祖禰('조상')."《說文》: "祖, 始廟也('祖'는 '처음, 종묘'이다)."《詩經·信南山》: "先祖是皇, 報以介福, 萬壽無疆(선조들 강림하시어, 큰 복으로 보답하시니 만수무강하리다)."《左傳·定公元年》: "薛之皇祖奚仲居薛, 以爲夏車正(薛나라의 皇祖 奚仲이 薛에 살면서, 夏나라 車正이 되었다)."《左傳·昭公十五年》: "數典而忘其祖(전고를 거론하면서 그 조상을 잊다)."《爾雅》: "祖, 始也('祖'는 '처음'이다)."《呂氏春秋·重己》: "而浮遊乎萬物之祖(만물의 시초에 자유롭게 노닐다)." 注: "祖, 始也('祖'는 '처음'이다)." **初(초: 시작하다)** ***ʦh/r/a** , 楚魚切,《廣韻》: "始也('시작'이다)."《說文》: "初, 始也. 从刀从衣, 裁衣之始也('初'는 '시작'이다. '刀'와 '衣'를 따른다. '옷을 재단하는 시작'이다)."《左傳·隱公元年》: "初, 鄭武公娶于申(당초에 鄭武公이 申에서 아내를 취하였다)."《詩經·小明》: "二月初吉, 載離寒暑(이월 초하루에 떠나, 더위와 추위를 다 겪었다)."《詩經·蕩》: "靡不有初, 鮮克有終(시작은 있었어도 끝이 좋지 못했으니)."

烖(재: 재앙) ***ʦe** , 祖才切,《廣韻》: "天火曰烖. 災, 上同('자연적으로 난 불'을 '烖'라 한다.

'災'는 위와 같다)."《說文》: "天火曰災('자연적으로 난 불'을 '災'라 한다)."《左傳·宣公十六年》: "凡火, 人火曰火, 天火曰災(모든 화재에서 사람이 놓은 것을 '火'라 하고, 자연적으로 발생한 불을 '災'라 한다)."《左傳·僖公十三年》: "天災流行, 國家代有, 救災恤鄰, 道也(하늘의 재앙이 유행하는 것은 나라마다 번갈아 있는 일이므로, 재난을 구제하고 이웃을 구휼하는 것은 도리이다)." **菑(치: 묵정밭, 묵힌 밭, 초목을 죽이다) *t̠/r/e** , 側持切, 《說文》: "不耕田也('경작하지 않은 밭'이다)." 徐顥: "《爾雅》曰: 田一歲曰菑, 二歲曰新田, 三歲曰畬. 菑者, 初墾辟之謂也. 田久污萊, 必就除其草木, 然後可耕. 因之, 災殺草木謂之菑(〈이아〉에 이르길, '밭은 1년 된 것을 '菑'라 하고 2년 된 것을 '新田'이라 하며, 3년 된 것을 '畬'라 한다.' '菑'란 처음 개간한 것을 말한다. 밭이 오래 묵으면 잡초로 더러워져서 반드시 초목을 제거한 후에야 경작할 수 있다. 따라서 초목을 태워 죽이는 것을 '菑'라 한다)." 王力(1982:96)은 다음과 같이 말했다. "원시 사회엔 '刀耕火種(풀을 벤 후 불을 놓고 그리고 파종함)'을 했는데, '菑'는 곧 '火種'의 의미이다."《詩經·采芑》: "于彼新田, 于此菑畝(나물 뜯기를 저기 새 밭에서도 여기 묵은 밭에서도 하노라)." 傳: "田一歲曰菑(일년 묵을 밭을 '菑'라 한다)."《釋文》: "菑, 側其反, 郭云反草曰菑(여기서 '菑'는 '側其反'이고, 郭씨가 말하길, '풀을 뒤집어엎는 것'를 '菑'라 한다)[122]." 疏: "菑, 殺草之名('菑'는 '풀을 죽인다는 것'이다)."《爾雅》: "田一歲曰菑(일년 묵힌 밭을 '菑'라 한다)." 邢昺疏引孫炎(邢昺疏의 소가 孫炎을 인용한 말)曰: "菑, 始災殺其草木也('菑'는 처음에 그 초목을 태우는 것이다)."《尙書·大誥》: "厥父菑, 厥子乃弗肯播, 矧肯獲?(그 아버지가 밭을 일구었지만 그 아들은 씨를 뿌리려 하지 않으니, 하물며 곡식을 수확하겠는가?)"

睫(첩: 속눈썹) *t̠ep , 卽葉切, 《廣韻》: "目睫. 《釋名》云: 捷, 插也, 插於眶也. 《說文》作睞, 目旁毛也('눈과 속눈썹'. 〈석명〉에 이르길, '捷은 插(꽂다)이다. 눈자위에 꽂힌 것이다.' 〈설문〉에는 '睞'로 되어 있는데, 이는 '눈옆의 털'이다)."《莊子·庚桑楚》: "向吾見若眉睫之間, 吾因以得汝矣(좀전에 나는 당신의 두 눈썹 사이를 보고, 자네가 어떤 사람인지 알아보았다)."《韓非子·喻老》: "智如目也, 能見百步之外而不能自見其睫(지혜는 눈과 같으니, 능히 백 보 밖은 볼 수

---

122 [역주]《方言》에 "入地曰熾, 反草曰菑"라 나온다. '入地'란 '밭을 갈아엎어 땅이 깊어지게 하는 것'이고, '反草'는 '풀을 갈아엎어 제거하는 것'을 말한다.

있어도, 자기 눈썹은 스스로 보지 못한다).”《史記·袁盎晁錯列傳》: “陛下不交睫, 不解衣(폐하께서는 제대로 잠도 안 주무시고, 옷도 벗지 아니하셨다).”《前漢紀·孝文皇帝紀》: “陛下目不交睫, 睡不解衣冠(폐하께서는 제대로 잠도 안 주무시고, 의관도 벗지 아니하셨다).” **眨(잡: 눈깜빡이다) *ȶ/r/ep** , 側洽切,《廣韻》: “目動(‘눈을 깜빡이다’).”

蹢(척: 발굽) *tik , 都歷切,《廣韻》: “蹄也.《詩》云: 有豕白蹢(‘발굽’이다. 〈시경〉에 이르길, ‘발굽이 흰 멧돼지’).”《詩經·漸漸之石》: “有豕白蹢, 烝涉波矣(발굽 흰 멧돼지가 물살 헤치며 강을 건너네).” 傳: “蹢, 蹄也(‘蹢’은 ‘발굽’이다).”《釋文》: “蹢, 音的, 都歷反(여기서 ‘蹢’의 음은 ‘的’이고 ‘都歷反’이다).” **蹄(제: 발, 굽) *di** , 杜奚切,《廣韻》: “足也(‘발’이다).”《孟子·滕文公上》: “獸蹄鳥跡之道, 交於中國(짐승과 새의 발자국이 나라 안에 어지러이 나 있었다).”《莊子·馬蹄》: “馬, 蹄可以踐霜雪, 毛可以御風寒(말은 발굽으로 서리나 눈을 밟을 수 있고, 털로는 바람과 추위를 막을 수 있다).” **踶(제: 발굽, 차다) *dis**, 特計切,《廣韻》: “蹋(‘차다’).”《莊子·馬蹄》: “喜則交頸相靡, 怒則分背相踶(기쁘면 목을 교차하여 서로 비벼 대고, 성나면 등을 대고 서로 걷어찬다).”《釋文》: “踶, 大計反, 又徒兮反, 又徒祁反. 李云: 踶, 蹋也.《廣雅》《字韻》《聲類》並同.《通俗文》云: 小蹋謂之踶(여기서 ‘踶’는 ‘大計反’이고 또 음이 ‘徒兮反’, ‘徒祁反’이다. 李씨가 말하길, ‘踶’는 ‘蹋(차다)’이다.《廣雅》《字韻》《聲類》는 모두 같다.《通俗文》에서 이르길, ‘작게 차는 것을 踶라 한다’).”《正字通》: “踢, 以足蹴物(‘踢’는 ‘발로 사물을 차는 것이다’).” ‘踢’는 後起의 새 단어로, 조기 문헌에 보이지 않는데, 그 어원은 ‘蹢’이다. **謫(적: 책하다, 벌하다) *t/r/ik** , 陟革切,《廣韻》: “責也(‘책하다’이다).”《說文》: “謫, 罰也(‘謫’은 ‘벌하다’이다).”《史記·張丞相列傳》: “議以謫罰侵削諸侯(잘못을 찾아 처벌하는 방법으로 제후의 권력을 삭감할 것을 건의했다).”《史記·滑稽列傳》: “罰謫譖之者(참소한 자를 벌주다).”《左傳·桓公十八年》: “公謫之(桓公이 文姜을 꾸짖었다).” 注: “謫, 譴也(‘謫’은 ‘꾸짖다’이다).”《左傳·成公十七年》: “國子謫我(國子가 나를 꾸짖다).” 注: “謫, 譴責也(‘謫’은 ‘꾸짖다’이다).”《方言》: “謫, 怒也(‘謫’은 ‘노하다’이다).” 郭注: “相責怒也(서로 책하고 노여워하는 것이다).”

宗(종: 조묘(종묘), 높이다) *ȶuŋ , 作冬切,《說文》: “尊祖廟也(‘존중하다’, ‘조묘’이다).”《白虎通義·宗族》: “宗者何謂也? 宗尊也, 爲先祖主也, 宗人之所尊也(‘宗’이란 무엇을 말하는가? ‘宗’은

'높이 숭상하는 것'으로, 先祖가 主가 된다. '宗'은 사람이 존중하는 바이다)."《周禮·春官·宗伯》: "用牲於社宗((군사훈련이나 사냥에서) 군중의 사직이나 옮긴 신주(종묘)에 희생을 사용할 위치를 만든다)." 注: "宗謂宗廟('宗'은 곧 '종묘'이다)."《左傳·桓公二年》: "凡公行, 告於宗廟(公이 出行할 때엔 종묘에 고한다)." 宗,《廣雅》: "聚也('모으다'이다)." 王念孫疏證: "宗者, 衆之所主, 故爲聚也('宗'이란 뭇사람들이 주인으로 여기는 바이기 때문에 '모임'이 된다)." **崇(숭: 모으다) *ɖ/r/u̲ŋ** , 鋤弓切,《廣韻》: "聚也('모으다'이다)."《左傳·隱公六年》: "如農夫之務去草焉, 芟荑蘊崇之(마치 농부가 힘써 잡초를 제거한 후, 잡초를 베어서 한곳에 모아 쌓아놓는 듯하다)." 杜注: "崇, 聚也('崇'은 '모으다'이다)."《左傳·僖公二十四年》: "棄德崇姦(德있는 이를 버리고 간악한 자를 모으다)." 杜注: "崇, 聚也('崇'은 '모으다'이다)."《廣雅》: "崇, 聚也('崇'은 '모으다'이다)." 王念孫疏證: "崇, 宗聲相近, 故皆訓爲聚也('崇, 宗'의 발음이 비슷하여 모두가 '聚'로 訓되곤 한다)."

索(삭: 줄, 실마리, 구하다) *ɕak , 蘇各切,《廣韻》: "又繩索('밧줄')."《說文》: "索, 草有莖葉, 可作繩索('索'이란 풀에 줄기와 잎이 있어, 줄로 쓰이기 좋은 것이다)."《莊子·駢拇》: "附離不以膠漆, 約束不以纆索(붙어 있는 것은 아교칠을 해서 그런 것이 아니며, 묶여진 것은 끈으로 묶어서 그런 것이 아니다)."《小爾雅》: "大者謂之索, 小者謂之繩('큰 것'을 '索'이라 하고, '작은 것'을 '繩'이라 한다)." 司馬遷《報任安書》: "其次關木索, 被捶楚受辱(그다음은 죄인이 되어 형틀을 쓰고 밧줄로 묶여 곤장을 맞으며 욕을 당하는 것이다)." '索'은 '실마리(線索)'로, 물건을 찾을 땐 실마리를 따라 찾아야 한다. 즉, 일을 생각할 땐 실마리를 따라 생각해야 한다. 이에 '탐색하다, 찾다(探索)' 등의 의미가 나왔다. '摉'은 '蘇各切'이다.《廣韻》: "摸摉('모색하다')." 글자는 본래 '索'으로만 썼다.《管子·心術上》: "人皆欲知而莫索之, 其所以知彼也, 其所以知此也(사람은 모두 지혜롭고자 하지만 그 방법을 찾지 못한다. 그것은 저것을 아는 바에 있으며, 또 그것은 이것을 아는 바에 있다)."《管子·心術上》: "人皆欲智, 而莫索其所以智(사람은 누구나 지혜롭기를 원하지만, 아무도 지혜로워지는 방법을 찾지 못한다)." **索(색: 구하다, 찾다) *ɕ/r/ak** , 山戟切,《廣韻》: "求也('구하다'이다)."《說文》: "索, 入家搜也('집에 들어가 찾다'이다)."《荀子·修身》: "合之以禮樂, 通之以思索(禮樂으로 화합하고, 思索으로 소통시킨다)."《管子·白心》: "知其象, 則索其形, 緣其理, 則知其情. 索其端, 則知其名(그 형상을 알면 그 모양을 찾게 되고, 그 이치를 따르면 그 실정을 알게 되며, 그 실마리를 찾게 되면, 그 이름을 알 수있다)."《韓非子·喻老》: "使人索扁鵲, 已逃秦矣(사람을 시켜 편작을 찾았으나, 그는 이미 秦나라로 도망가 버렸다)."《禮記·曲禮下》: "大夫以索牛, 士以羊豕(대부는 좋은 소를 구해 제사지내고, 사는 양이나 돼지로 제사한다)."《釋文》: "索, 所百反, 求也(여기서 '索'은 '所百反'이고 '구하다'이다)." 여기서 더 발전하여 '강압적으로 요구하다(強行索取)'의미가 나왔다.

圭(규: 홀) *__qi__ , 古攜切,《廣韻》: "圭璧.《說文》曰: 瑞玉也, 上圓下方, 公執桓圭, 九寸, 侯執信圭, 伯執躬圭, 皆七寸; 子執穀璧, 男執蒲璧, 皆五寸. 珪, 古文圭从玉('조회시 사용하던 옥기'. 〈설문〉에 이르길, '증빙용 옥이다. 위가 둥글고 아래가 네모졌다. 공작은 桓圭를 들었는데, 구촌이다. 후작은 信圭, 백작은 躬圭를 들었는데 모두 칠촌이다. 자작은 穀璧, 남작은 蒲璧를 들었는데 모두 오촌이다. 珪는 고문의 圭로 玉을 따른다')."《周禮·春官·宗伯》: "王執鎮圭, 公執桓圭, 侯執信圭, 伯執躬圭(왕은 鎮圭를, 공작은 桓圭를, 후작은 信圭를, 백작은 躬圭를 든다)."

佳(가: 좋다) *__q/r/i__ , 古膎切,《廣韻》: "善也, 大也, 好也('좋다, 크다, 아름답다'이다)."《說文》: "佳, 善也('佳'는 '좋다'이다)."《韓非子·解老》: "所謂徑大也者, 佳麗也(이른바 기울어져 바르지 않은 것은 좋고 화려한 것이다)[123]."《史記·平原君列傳》: "平原君, 翩翩濁世之佳公子也(평원군은 새가 하늘을 날 듯 혼탁한 세상을 벗어난 훌륭한 공자이다)."

衰(사: 도롱이, 비옷) *__ɕur__ , 素回切,《說文》: "草雨衣, 秦謂之萆('풀로 만든 비옷'이다. 秦에선 '萆(벽: 도롱이)'이라 한다)."《集韻》: "衰,《說文》草雨衣, 秦謂之萆. 或从艸古作蓑('衰'는 〈설문〉에서 '풀로 만든 비옷이고 秦에서 萆라 한다. 혹은 艸를 따르고 옛날엔 蓑로 썼다'라고 한다)."《詩經·無羊》: "爾牧來思, 何蓑何笠(그대의 목동들이 돌아올 때, 도롱이에 삿갓을 쓰네)." 傳: "蓑, 所以備雨('蓑는 비를 막는 옷'이다)."《釋文》: "蓑, 素戈反, 草衣也(여기서 '蓑'는 '素戈反'이고 풀로 만든 옷이다)."《國語·越語上》: "譬如蓑笠, 時雨既至, 必求之(비유하자면 도롱이 삿갓과 같은데, 비가 이미 내릴 때, 반드시 이것을 찾는 것과 같다)." '衰'는 본래 '우

---

123 [역주] 이 문장에서 '大'는 衍文이라 한다.

의(衰衣)'였으나 또 상복을 지칭하기도 한다.《論語·子罕》: "子見齊衰者(공자께서 齊衰를 입은 자를 보시면)." 疏: "齊衰, 周親之喪服也('齊衰'는 지극히 가까운 친척의 상에 입는 상복이다)."《禮記·曲禮上》: "七十唯衰麻在身, 飮酒食肉, 處於內(칠십 세인 자는 다만 최마복을 입을 뿐, 술과 고기를 먹으며 집안에 거처한다)." 글자는 나중에 '縗'로도 쓴다. '縗'는 '倉回切'이다.《廣韻》: "喪衣, 長六寸, 傳四寸. 亦作衰('상복'이다. 길이가 육촌이고 너비가 사촌이다. 또 '衰'로도 쓴다)." 발음이 '倉回切'이면 분명 塞擦音이 출현한 뒤의 음변이다. '衰'와 동음으로 헷갈리는 것을 피하기 위함이니 이 역시 '避諱'이다. **衰(쇠: 쇠하다) *ɕ/r/ur** , 所追切,《廣韻》: "微也('쇠하다')."《左傳·襄公四年》: "昔有夏之方衰也, 后羿自鉏遷於窮石(옛날 夏나라가 쇠퇴할 때, 后羿가 鉏에서 窮石으로 옮겨 왔다)."《左傳·莊公十年》: "一鼓作氣, 再而衰, 三而竭(북이 한 번 울리면 용기가 나고, 두 번 울리면 용기가 쇠하고, 세 번 울리면 용기가 없어진다)."《論語·季氏》: "及其老也, 血氣旣衰, 戒之在得(늙어서는 혈기가 이미 쇠하였으므로 경계할 것은 탐욕에 있다)."《孟子·滕文公下》: "聖人之道衰(성인의 도가 쇠약해졌다)."

半(반: 반) *pans , 博慢切,《廣韻》: "物中分也(사물 가운데를 나누는 것이다)."《左傳·宣公二年》: "舍其半(그 반을 남기다)."《左傳·襄公十一年》: "晉侯以樂之半賜魏絳(晉侯가 樂人 등의 절반을 魏絳에게 주었다)."《論語·鄕黨》: "必有寢衣, 長一身有半(반드시 寢衣(이불)가 있었는데, 길이가 한 길 반이었다)."《莊子·大宗師》: "夜半有力者負之而走(한밤중에 힘이 센 자가 그것을 등에 지고 도망쳤다)." **斑(반: 얼룩무늬, 나누다, 아롱지다) *p/r/an** , 布還切,《廣韻》: "駁也, 文也. 辬, 上同, 見《說文》('얼룩무늬, 무늬'이다. '辬'은 위와 같다. 〈설문〉에 보인다)."《說文》: "辬, 駁文也('辬'은 '얼룩하게 섞인 무늬'이다)."《禮記·王制》: "斑白者不提挈(머리가 희끗희끗한 노인이 물건을 들고 다니지 않는다)." 注: "雜色曰斑('여러 색이 섞인 것'을 '斑'이라 한다)."《禮記·祭義》: "斑白者不以其任行乎道路(머리가 허연 노인이 길에서 짐을 지고 가지 않는다)." 注: "斑白者髮雜色也('斑白者'란 머리가 허연색의 노인이다)." '斑白'은 반은 검고 반은 희다는 뜻이다.《韓非子·外儲說左下》: "班白者多以徒行, 故不二輿(머리가 희끗한 노인들 대부분이 걸어 다니므로, 여분의 수레를 두지 않는다)." '鬜'은 '布還切'이다.《廣韻》: "髮半白('머리가 반만 하얗다')." 글자는 '般'으로만 썼다.《周禮·天官·冢宰》: "馬黑脊而般臂(말이 등허리가 검고 앞정강이 털이 얼룩지다)." 注: "般臂, 臂毛有文('般臂'은 '앞정강이 쪽 털이 무늬가 있다는 것'이다)." 《釋文》: "般音班(여기서 '般'의 음은 '班'이다)." 《禮記·內則》: "馬黑脊而般臂(말이 등허리가 검고 앞정강이 털이 얼룩지다)." 注: "般臂, 前脛般般然也('般臂'은 '앞정강이 쭉 털이 무늬가 있다는 것'이다)." 《史記·司馬相如列傳》: "般般之獸, 樂我君囿; 白質黑章, 其儀可喜(얼룩무늬 짐승이 우리 군주의 동산에서 즐거워하네. 흰 바탕 검은 무늬 그 모습이 기뻐할만 하네)." 索隱: "般般文彩之貌也, 般音班('般般'은 '무늬가 있는 모양'이다. '般'의 음은 '班'이다)."

星(성: 별, 작은 물건) ***ɕiŋ < *s-ȶiŋ** , 桑經切, 《廣韻》: "星宿('별자리')." 《詩經·小星》: "嘒彼小星, 三五在東(반짝이는 저 작은 별, 서넛이 동쪽에 있도다)." 여기서 발전하여 별처럼 작은 물건을 가리키기도 한다. 《禮記·內則》: "豕望視而交睫, 腥(돼지가 눈을 높이 들어 바라보며 눈썹을 마주 붙이는 놈은, 고기 속에 쌀알 같은 망울이 있다)." 注: "腥當爲星, 聲之誤也. 星, 肉中如米者('腥'은 '星'이어야 한다. 발음에 의한 오류이다. '星'은 고기 속에 있는 쌀알 같은 것이다)." 《漢書·天文志》: "其旁有一小星, 曰長沙, 星星不欲明(그 옆에 있는 하나의 작은 별은 '장사'라고 하는데 이 별은 그다지 밝지 않다)." **媘(省, 성: 덜다)** ***ɕ/r/i̠ŋ**^{B} , 所景切, 《廣韻》: "減也('덜다'이다)." 글자는 '省'으로만 쓰고 발음은 '所景切'로 동일하다. 《左傳·僖公二十一年》: "修城郭, 貶食省用, 務穡勸分, 此其務也(성곽을 수리하고 먹는 것과 비용을 줄이며, 농사에 힘쓰고 나누기를 권하는 것이 급히 힘써야 할 일이다)." 《釋文》: "省, 所景反(여기서 '省'은 '所景反'이다)." 《禮記·月令》: "命有司省囹圄, 去桎梏(관리에게 명해 옥사에 갇힌 자를 살피고, 질곡에 묶인 자를 풀어주다)." 注: "省, 減也('省'은 '덜어주다'이다)." 《釋文》: "省, 所景反(여기서 '省'은 '所景反'이다)." 《戰國策·秦策四》: "省攻伐之心而肥仁義之誡(攻伐의 마음을 줄이고 仁義의 도리를 넓혀야 한다)." 注: "省, 減. 肥, 猶厚也(여기서 '省'은 '덜다'이고, '肥'는 '厚'와 같다)." 《孟子·梁惠王上》: "省刑罰, 薄稅斂, 深耕易耨(형벌을 줄이시고 세금을 적게 거두신다면, 백성들이 밭을 깊이 갈고 김을 잘 맬 것입니다)."

鍼(침: 침) ***ku̠m** , 職深切, 《廣韻》: "上同(針), 《說文》曰: 所以縫也('針'과 같다. 〈설문〉에 이르길, '꿰매는 도구이다')." 《莊子·人間世》: "挫鍼治繲, 足以糊口(바느질과 빨래일로 충분히 입에 풀칠할 수 있다)." 글자는 또 '箴'으로도 쓰며 발음은 동일하다. 《說文》: "箴, 綴衣箴也

('箴'은 옷을 꿰매는 데 쓰는 바늘이다)."《禮記·內則》: "紉箴請補綴(바늘에 실을 꿰어 깁기를 청하다)." **緘(함: 봉하다) *k/r/um** , 古咸切, 《廣韻》: "緘封('봉하다')."《莊子·齊物論》: "其厭也如緘, 以言其老洫也(봉하듯이 마음을 덮어버리는 것은 오래된 봇도랑처럼 넘쳐나는 것을 말하는 것이다)."《釋文》: "緘, 徐古咸反(여기서 '緘'은 徐씨 음은 '古咸反'이다)."《墨子·節葬下》: "葛以緘之(칡덩굴로 묶어 봉했다)." 글자는 또 '咸'으로도 쓴다. 《禮記·喪大記》: "君封以衡, 士大夫以咸(임금의 봉에는 衡을 가지고 하고, 사대부의 봉에는 咸을 가지고 한다)." 注: "咸讀爲緘(여기서 '咸'은 '緘'으로 읽는다)."《釋文》: "依注讀爲緘, 古咸反(주에 따르면 '緘'으로 읽으며, '古咸反'이다)."

行(항: 줄, 길) *gaŋ , 胡郎切, 《廣韻》: "伍也, 列也('줄, 열'이다)."《詩經·行露》: "厭浥行露, 豈不夙夜? 謂行多露(축축이 이슬에 젖은 길을, 어찌 새벽과 밤에는 가지 않겠냐마는, 길에 이슬이 많아서입니다)." 傳: "行, 道也(여기서 '行'은 '길'이다)."《詩經·七月》: "女執懿筐, 遵彼微行, 爰求柔桑(아가씨들이 대광주리 가지고, 저 좁은 길 따라 연한 뽕잎 따러 가네)." 傳: "微行, 墻下徑也('微行'이란 '벽 아래 길'이다)."《詩經·小弁》: "行有死人, 尙或墐之(길가에 죽은 이 있으면 오히려 묻어준다)." 箋: "行, 道也(여기서 '行'은 '길'이다)." 여기서 발전하여, '行列'의 '行'이 되었다. 《詩經·常武》: "左右陳行, 戒我師旅(좌우로 열을 벌여서 우리 사려를 경계하네)."《釋文》: "行, 戶剛反, 列也(여기서 '行'은 '戶剛反'이고 곧 '列'이다)."《國語·晉語五》: "趙孟使人以其乘車干行(趙孟이 사람을 시켜 자신의 수레로 군대의 열을 범하게 했다)." 注: "行, 軍列也(여기서 '行'은 군대의 항렬이다)." 여기서 더 발전하여 '行伍'의 '行'이 되었다. 《左傳·隱公十一年》: "鄭伯使卒出豭, 行出犬鷄(鄭伯은 卒에게 돼지를 내게 하고, 行에게 개나 닭을 내게 했다)." 注: "百人爲卒, 二十五人爲行. 行亦卒之行列(100명이 '卒'이고 25명이 '行'인데, 行 또한 卒의 항렬이다)."《史記·陳涉世家》: "陳勝, 吳廣皆次當行, 爲屯長(진승과 오광은 이 행렬에 편제되어 둔장이 되었다)." **行(행: 가다) *g/r/aŋ** , 戶庚切, 《廣韻》: "行步也, 適也, 往也, 去也('걸어가다, 가다, 떠나다'이다)."《說文》: "行, 人之步趨也('行'은 '사람의 걸음걸이'이다)."《莊子·天地》: "行三十里而後愈(삼십 리나 간 뒤에야 겨우 정신을 차렸다)."《詩經·擊鼓》: "土國城漕, 我獨南行(도성과 漕읍엔 토목과 성 쌓는 일뿐인데, 나만 홀로 남쪽을 간다)."

田(전: 밭) *zin , 徒年切, 《說文》: "陳也, 樹穀曰田, 象形('벌여져 있는 것'이다. 곡식을 심는 데를 '田'이라 한다. 상형이다)." 《詩經·采芑》: "薄言采芑, 于彼新田(씀바귀를 뜯노라, 저기 새 밭에서도)." 《詩經·定之方中》: "星言夙駕, 說于桑田(별보고 새벽에 수레 타고는 뽕밭에 머문다네)." 동사로 전환(類轉)되기도 한다. 《詩經·甫田》: "無田甫田, 維莠驕驕(큰 밭을 경작하면, 잡초가 무성하고 무성하리라)." 《釋文》: "無田: 音佃('無田'에서의 '田'은 음이 '佃'이다)." 글자는 나중에 '佃'으로 썼다. **佃(전: 밭 갈다)** *zin , 徒年切, 《廣韻》: "作田也('밭을 갈다'이다)." 《史記·蘇秦列傳》: "民雖不佃作而足於棗栗矣(백성이 비록 밭 갈고 농사짓지 않더라도 대추와 곡식이 풍족하다)." 옛사람들은 '화전경작(刀耕火種)'을 많이 하였기에 여기서 '田獵'의 의미가 파생되었다. 《左傳·莊公八年》: "齊侯遊於姑棼, 遂田於貝丘(齊侯가 姑棼에서 노닐고는 드디어 貝丘에서 사냥하였다)." 글자는 나중에 '畋'으로 썼다. **畋(전: 사냥하다)** *zin , 徒年切, 《廣韻》: "取禽獸也('새나 짐승을 잡는 것'이다)." 《呂氏春秋·直諫》: "荊文王得茹黃之狗, 宛路之矰, 以畋於雲夢(초나라 문왕이 茹땅의 누런 개와 宛땅의 주살을 얻고는 雲夢에서 사냥을 하였다)." **陳(진: 진열하다)** *z/r/i̱n , 直珍切, 《廣韻》: "陳列也('진열하다'이다)." 《詩經·伐木》: "于粲灑掃, 陳饋八簋(아, 말끔히 쓸고 닦고는 여덟 그릇의 음식 진열하노라)." 《詩經·采芑》: "方叔率止, 鉦人伐鼓, 陳師鞠旅(방숙님이 통솔하니, 정인은 북을 울려, 군사를 훈계하고 진열하시네)." 《莊子·徐無鬼》: "子綦有八子, 陳諸前(南伯子綦에게 여덟 명의 아들이 있었는데, 그들을 앞에 늘어놓았다)."

'陷'은 《說文》에서 "高下也. 从𨸏从臽, 臽亦聲('아래로 빠지다'이다. '𨸏'와 '臽'을 따르고, '臽'이 또 성부이다)."라고 나오며, 段玉裁注에서는 "高下者, 高與下有懸絕之勢也. 高下之形曰陷, 故自高入於下亦曰陷. …… 凡深沒其中曰陷('高下'란 것은 '高'와 '下' 사이에 그 격차가 심한 형세가 있다. 이렇게 '높은 데서 아래로'의 모양이 '陷'이다. 이에 '높은 곳에서 낮은 곳으로 들어감' 역시 '陷'이다…… 무릇 '그 가운데로 깊이 빠지는 것'을 '陷'이라 한다)."라고 나온다. '陷'은 '臽'의 後起區別字이다. '臽'과 '陷'은 中古시기 聲母의 淸濁이 다르고, 韻母는 一等과 二等의 차이가 있으며, 성조는 '非去聲'과 '去聲'의 차이가 있다. 이 세 가지 차이 가운데 어떤 한 가지라도 모두 명사, 동사 간의 품사 변화를 실현할 수 있다. 위의 예 중, 다수가 '臽'과 '陷'처럼 성모가 청탁으로 다른 경우가 있는데, '宗'과 '崇'이 그러하다. 다만, 상고한어 자음성모 청탁교체는 완결형(旣行體) 같은 여러 가지 기능이 있고, 품사를 변화시키는 것은 단지 그런 기능 중 하나일 뿐이다. **한자의 한계로 인해, 현재로서는 현존 서면언어로부터 '陷'자의 이 세 가지 차이가 층차 상의 차이임을 확정할 방법이 없다**. 게다가, 상고한어에서는 단지 非二等을 二等(知, 莊組字 포함)으로 바꾸어 '行'과 같이 품사를 전환시키는 예가 다수 존재한다. 상고한어의 */r/접요사에 명사기원동사화(名謂化) 기능이 있는 것은 분명하다. 다만, 주의할 점은 상고한어에는 /r/을 삽입하는 것뿐 아니라 **/r/을 제거하는 역조어법(逆構詞)도 존재한다**는 사실이다.

四

張(장: 펴다, 벌리다) *t/r/a̱ŋ , 陟良切, 《廣韻》: "張施也('벌리다'이다)." 《詩經·吉日》: "旣張我弓, 旣挾我矢(이미 내 활을 당겨 내 화살을 끼워놓았네)." 《詩經·公劉》: "弓矢斯張, 干戈戚揚, 爰方啟行(활과 화살을 준비하고, 방패와 창, 그리고 도끼를 준비하고 비로소 길을 떠난다네)." 《左傳·桓公六年》: "我張吾三軍而被吾甲兵, 以武臨之(우리가 우리의 三軍을 펼쳐 보여주고, 우리의 갑옷과 무기를 갖추어서, 무력으로 저들을 대하니)." 《左傳·宣公十八年》: "欲去三桓, 以張公室(三桓을 제거하고 公室의 권위를 확장하고자 하였다)." 《莊子·天運》: "予口張而不能嗋(나는 입을 벌리고는 다시 다물 수 없었다)." 《道德經》: "將欲歙之, 必固張之(장차 움츠러들게 하려면 반드시 먼저 벌리게 한다)." **掌(장: 손바닥) *ta̱ŋᴮ** , 諸兩切, 《廣韻》: "手掌('손바닥')." 掌, 《說文》: "手中也('손바닥'이다)." 朱駿聲: "張之爲掌, 卷之爲拳('벌리기' 때문에 '掌'인 것이고, '말기' 때문에 '拳'인 것이다)." 《孟子·公孫丑上》: "武丁朝諸侯有天下, 猶運之掌也(무정이 제후들에게 조회 받고 천하를 소유하는 것은, 마치 손바닥에 천하를 놓고 움직이는 것과 같다)." 《孟子·梁惠王上》: "天下可運於掌(천하를 손바닥에 놓고 움직일 수 있다)."

生(생: 나다, 자라다) *ɕ/r/i̱ŋ , 所庚切, 《廣韻》: "生長也('나고 자라다'이다)." 《說文》: "生, 進也. 象草木生出土上('生'은 '자라나다'이다. 초목이 땅 위로 나오는 모습이다)." 《呂氏春秋·三月紀》: "虹始見, 萍始生(무지개가 처음 보이고 부평초가 나오기 시작하다)." 《詩經·有杕之杜》:

"有杕之杜, 生于道左(우뚝한 아가위여, 길 동쪽에 자라는구나)."《韓非子·主道》: "不掩其情, 賊乃將生(속마음을 숨기지 않으면, 역적이 생겨난다)." 여기서 발전하여 '살아있다(活着)'를 가리킨다.《論語·顔淵》: "愛之欲其生, 惡之欲其死(누군가를 사랑하면 그가 오래 살기를 바라고, 그를 미워하면 그가 일찍 죽기를 바란다)."《論語·爲政》: "生, 事之以禮; 死, 葬之以禮, 祭之以禮(살아 계실 때는 禮로써 섬기고, 돌아가신 뒤에는 禮로써 장사 지내고, 禮로써 제사 지낸다)." 또 항시 경험주 주어(當事主語)를 객체에 전이시키기도 한다.《詩經·信南山》: "旣霑旣足, 生我百穀(젖어들어 이미 흡족하니 우리 곡식 자라게 한다)."《左傳·隱公元年》: "生莊公及共叔段. 莊公寤生, 驚姜氏, 故名曰寤生, 遂惡之(무강이 莊公과 共叔段을 낳았다. 장공이 거꾸로 나와 姜氏를 놀라게 하였고 이에 이름을 寤生이라 짓고는 미워하였다)."《左傳·文公十三年》: "天生民而樹之君, 以利之也(하늘이 백성을 낳고 임금을 세워 이로써 백성을 이롭게 하려 한다)."《呂氏春秋·愼勢》: "疑生爭, 爭生亂(역할의 혼동은 분쟁을 낳고, 분쟁은 혼란을 낳는다)." **性(성: 본성)** ***ɕi̠ŋs** , 息正切,《廣韻》: "性行也('본성행위'이다)."《荀子·正名》: "生之所以然者謂之性(태어날 때부터 그렇게 되어 있는 것을 본성이라 이른다)."《春秋繁露》: "性之名非生與? 如其生之自然之資謂之性(본성의 이름은 '生(삶)'이 아니겠는가? 삶의 자연적인 바탕을 일러 性이라 한다)." 글자는 '生'으로만 쓴다.《荀子·勸學》: "君子生非異也, 善假於物也(군자는 타고난 본성이 남과 다른 것이 아니다. 외물에게서 도움을 잘 빌린 것이다)."《周禮·地官·司徒》: "以土會之法, 辨五地之物生(토회의 법으로 다섯 가지 땅에서 나는 토산물을 구분한다)." 鄭注: "杜子春讀生爲性(杜子春은 '生'을 '性'으로 읽는다)." **姓(성: 성씨)** ***ɕi̠ŋs** , 息正切,《廣韻》: "姓氏('성씨')."《說文》: "姓, 人所生也('姓'은 '사람이 태어날 때의 그 성씨'이다)."《左傳·隱公八年》: "天子建德, 因生以賜姓(천자가 德이 있는 자를 제후로 세우고, 그가 태어난 곳의 지명으로 그의 姓을 내려주었다)."《左傳·僖公二十三年》: "男女同姓, 其生不蕃(남녀가 同姓이면, 그들에게서 난 자식은 번창하지 않는다)."《論語·顔淵》: "百姓足, 君孰與不足?(百姓이 풍족하면 임금이 누구와 함께 부족하겠는가?)"

直(직: 바르다, 곧다) ***d/r/e̠k** , 除力切,《廣韻》: "正也('바르다'이다)."《說文》: "直, 正見也('直'은 '똑바로 보는 것'이다)."《詩經·大東》: "周道如砥, 其直如矢(주나라의 길 숫돌처럼 평탄하고 화살처럼 곧도다)."《莊子·馬蹄》: "我善治木, 曲者中鉤, 直者應繩(나는 나무를 잘 다루

는데, 굽은 것은 鉤에 딱 맞고 되고, 곧은 것 繩에 딱 맞게 된다)."《荀子·勸學》: "蓬生麻中, 不扶而直; 白沙在涅, 與之俱黑(쑥이 삼밭 속에서 자라면 잡아주지 않아도 곧게 되고, 흰 모래가 진흙 속에 있으면 그와 더불어 모두 검게 된다)."《論語·爲政》: "擧直錯諸枉, 則民服; 擧枉錯諸直, 則民不服(곧은 사람을 쓰고 굽은 사람들을 내치면 백성들은 복종하고, 굽은 사람을 쓰고 곧은 사람들을 내치면 백성들은 복종하지 않는다)[124]."《詩經·小明》: "靖共爾位, 好是正直(그대의 직분을 삼가고 정직한 이를 좋아하면)." **德(덕: 덕행) *tek** , 多則切, 《廣韻》: "德行. 悳, 古文('덕행', '悳'은 고문이다)." 옛사람들은 '直'을 '德'으로 보아서 이렇게 '德'으로 발전하였다. 《左傳·襄公二十九年》: "異哉, 吾聞之也, 辯而不德, 必加於戮(괴이하도다! 내 듣건대 '싸움을 일으키고도 덕을 행하지 않으면 반드시 죽임을 당한다'고 한다)." 俞樾按: "德當讀爲直. 德字古文作悳, 本从直聲, 故與直通('德'은 마땅히 '直'으로 읽어야 한다. '德'字는 古文에 '悳'으로 썼는데, 본래 '直'이 성부이다, 그러므로 '直'과 통한다)."《逸周書·謚法解》: "柔德考衆曰靜(넓은 덕으로 백성을 안정시키는 것을 '靜'이라 한다)." 朱右曾校釋: "柔德考衆, 當依《魏書·源懷傳》作'柔直考終'. 直作德, 終作衆, 並古文假借('柔德考衆'는 《魏書·源懷傳》에 따라 마땅히 '柔直考終'으로 해야 한다. '直'은 '德'이고, '終'은 '衆'이니, 모두 古文의 假借이다)."《論語·爲政》: "爲政以德, 譬如北辰, 居其所而衆星共之(정치를 德으로 하는 것을 비유하면, 북극성이 제자리에 있고 뭇별들이 이를 에워싸고 도는 것과 같다)."《論語·子罕》: "吾未見好德如好色者也(나는 德을 좋아하는 것을 女色을 좋아하는 것처럼 하는 자를 보지 못하였다)."

直(직: 바르다, 곧다) *d/r/e̱k , 除力切, 《廣韻》: "正也('바르다'이다)."《說文》: "直, 正見也('直'은 '똑바로 보는 것'이다)."《墨子·親士》: "其直如矢, 其平如砥(그 바름이 화살 같고, 그 평탄함이 숫돌 같도다)."《荀子·君道》: "是猶立枉木而求其景之直也(이는 마치 휘어진 나무를 세워놓고 그 그림자가 곧기를 바라는 것과 같다)." **植(식: 문가운데를 잠그는데 쓰는 세우는 나무, 버팀목) *de̱k** , 常職切, 《說文》: "戶植也(문을 잠글 때 쓰는 버팀목)." 段玉裁注: "植當爲直立之木(여기서 '植'은 곧게 세운 나무이다)."《爾雅》: "植, 謂之傳('植'은 '傳'이라고

124 [역주] 다음과 같이 해석하기도 한다: "곧은 사람을 굽은 사람들 틈에 놓으면 백성들은 복종하고, 굽은 사람을 곧은 사람들 틈에 놓으면 백성들은 복종하지 않는다."

도 말한다)[125]."《釋文》: "植, 音殖(여기서 '植'은 음이 '殖'이다)."《墨子·非儒下》: "季孫與邑人爭門關, 決植(계손이 읍인과 문을 여닫는 문제로 다투었는데, 공자가 그 버팀목을 들어 올렸다)." 孫詒讓: "植, 戶植也('植'은 '버팀목'이다)."《墨子·備城門》: "門植關必環錮, 以錮金若鐵鍱之(문, 버팀목, 빗장은 반드시 견고하게 둘러야 하는데, 구리나 쇠 같은 금속조각을 붙여 견고하게 한다)." 孫詒讓: "植, 持門直木('植'은 문을 지탱하는 버팀목이다)." 또 '기둥'을 가리키기도 한다.《墨子·備城門》: "城上百步一樓, 樓四植(성 위에는 백보 마다 누각이 하나 있는데 누각은 기둥이 네 개이다)."《管子·版法解》: "凡將立事, 正彼天植(무릇 군주가 국사에 임해서는 그 마음을 바르게 해야 한다)[126]."《淮南子·覽冥訓》: "夫井植生梓而不容甕, 溝植生條而不容舟(우물가에 가래나무를 심어 놓았는데 자라면 물동이를 용납하지 못하게 되고, 개울가에 유자나무를 심어 놓았는데 자라면 배를 용납하지 못한다)."

斬(참: 자르다) ***t/r/am^B**, 側減切,《廣韻》: "《周禮》云: 秋官掌戮掌斬(〈주례〉에서 이르길, '秋官의 掌戮은 베어 죽이는 것을 관장한다')."《說文》: "斬, 截也('斬'은 '베어 죽이는 것'이다)."《莊子·人間世》: "其拱把而上者, 求狙猴之杙者斬之; 三圍四圍, 求高名之麗者斬之(그중에서 둘레가 한두 줌 이상 되는 것은 원숭이 말뚝감을 구하는 이가 베어가고, 서너 아름 정도 된 것은 높고 큰 집의 대들봇감을 구하는 이가 베어간다)."《莊子·說劍》: "相擊於前, 上斬頸領, 下決肝肺(서로 앞에서 칼을 휘두르는데, 위로는 상대의 목을 베고 아래로는 상대의 간과 폐를 칼로 도려낸다)."《左傳·襄公二十三年》: "臧紇斬鹿門之關, 以出奔邾(臧紇이 鹿門의 빗장을 자르고 나가더니 邾나라로 달아났다)." **槧(참: 나무판, 판목)** ***tha̠ms**, 七豔切,《廣韻》: "插也,《論衡》曰: 斷木爲槧('끼우는 것'이다, 〈논형〉에 이르길, '자른 나무를 槧이라 한다')."《釋名》: "槧, 木反之長三尺者也('槧'은 목판의 길이가 세 척 되는 것이다)." **塹(참: 구덩이)** ***tha̠ms**, 七豔切,《廣韻》: "坑也('구덩이'이다)."《說文》: "塹, 坑也('塹'은 '구덩이'이다)."《墨子·備城門》: "塹中深丈五, 廣比扇, 塹長以力爲度, 塹之末爲之縣, 可容一人所(참호의 깊이는 한 장 다섯으로 하되 폭은 문짝과 같고, 참호의 길이는 병력의 숫자를 기준으로 한다. 참호의 끝에는 현

---

125 [역주]《爾雅》에 "植, 謂之傳. 傳, 謂之突."이라고 나온다. 여기서 '植, 傳, 突' 모두 버팀목을 말한다.

126 [역주] '天植'이란 '하늘이 심은 것' 즉, 군주의 마음을 말한다.

문을 다는데 한 사람이 들어갈 수 있게 한다)."《六韜·發啟》: "無衝機而攻, 無溝塹而守(공성 장비가 없어도 공격할 수 있고, 참호가 없어도 수비할 수 있다)."

명사에 /r/접요사를 넣으면 동사로 품사를 전환시킬 수 있다. 동사 역시 /r/접요사를 삭제하여 명사로 전환시킬 수 있다. **위의 4가지 예는 바로 역조어법(逆構詞)으로서 /r/접요사를 삭제하여 구성한 것이다.** 다만 우리가 주의할 점은,《廣韻》에서 二等으로 들어가는 글자들(知組, 莊組포함)이 반드시 상고한어에서 /r/을 갖는 것은 아니라는 점이다. 이들이 一等(三等)과 다른 것이 꼭 /r/에 의해 이루어지는 것만은 아니다. 방언 상의 차이나 雅俗의 차이 등도 있기 때문에,《廣韻》의 일부 글자들의 발음 차이는 모두 다 상고에서 내려오는 것은 아니라 할 수 있다. 다수의 발음 차이는 변화 과정에서 방언이나 雅俗 차이로 인해 분화되기도 한다. 예컨대, 齒齦塞音 t-/th-/d- 등이 그러하다. 개음-i-의 출현에 따라, 개음-i- 앞에 출현하는 齒齦塞音 t-/th-/d-는 舌面塞擦音 tɕ-/tɕh-/dʑ- 등으로 변화한다. 그러나 상당수의 齒齦塞音들이 여전히 齒齦塞音을 보존하고 舌面塞擦音으로 변화하지 않았다. 따라서《廣韻》에는 의미 차이가 없는 異讀 현상도 출현한다. 일부가 비록 의미 차이가 있긴 하나, 이는 여전히 음운 변화의 결과일 뿐이지, 음운형식이 원래부터 달랐기 때문은 아니다. 예를 들면 아래의 두 예가 그러하다.

質(질: 질박하다, 순진하다, 볼모, 보증) *ti̲t, 之日切,《廣韻》: "朴也, 主也, 信也('순박하다, 주인, 볼모, 보증'이다)."《左傳·宣公四年》: "王以三王之子爲質焉(楚王은 이 세 왕의 아들을 인질로 보냈다)."《左傳·昭公二十三年》: "以三公子爲質, 必免(세 公子를 볼모로 삼는다면 반드시 처벌을 면할 수 있을 것이다)." 注: "質, 信也('質'은 '볼모'이다)."《釋文》: "質, 如字, 注同(여기서 '質'은 통상음이고 注는 같다)."《左傳·哀公二十年》: "黃池之役, 先主與吳王有質(黃池의 會盟에서 先主와 吳王이 맹약을 하였다)." 注: "質, 盟信也('質'은 '보증, 맹약'이다)."《釋文》: "質, 如字('質'은 통상음이다)." **質(지: 볼모, 폐백) *t/r/i̲ts**, 陟利切,《廣韻》: "交質, 又物相贅('볼모' 또는 '물건으로 서로 저당잡다')."《說文》: "質, 以物相贅('質'은 '물건으로 서로 저당잡다'이다)."《左傳·僖公十五年》: "歸之而質其大子, 必得大成(그를 돌려보내고 그 태자를 인질로 삼으면 반드시 크게 이룰 수 있다)."《釋文》: "質, 音置, 下注質秦同(여기서 '質'의 음은

'置'이고, 아래 注의 '質秦'과 같다)."《左傳·昭公二十年》: "唯不信, 故質其子(신의가 없어서 그 아들을 人質로 삼은 것이다)."《釋文》: "質, 音致(여기서 '質'은 음이 '致'이다)."

桎(질: 차꼬, 질곡, 속박) *ti̱t , 之日切,《廣韻》: "桎梏, 在足曰桎('질곡'이다. 발에 차는 것을 '桎'이라 한다)."《說文》: "桎, 足械也('桎'은 '발에 차는 형구'이다)."《莊子·德充符》: "不知至人之以是爲己桎梏邪?(지인은 이를 자신의 桎梏으로 여긴다는 것을 모르고 있다)"《孟子·盡心上》: "桎梏死者非正命也(형벌로 죽는 것은 바른 명이 아니다)."《禮記·月令》: "命有司省囹圄, 去桎梏(유사에게 명해 옥에 갇힌 자를 살펴 가벼운 자는 수갑과 족쇄를 풀어주게 하다)." **礩(질/지: 주춧돌) *ti̱ts** , 脂利切,《廣韻》: "柱下石('주춧돌')."《說文》: "礩, 柱下石('礩'은 '주춧돌'이다)." **躓(질/지: 넘어지다) *t/r/i̱ts** , 陟利切,《廣韻》: "礙也, 頓也.《說文》跲也('방해, 넘어지다'이다. 〈설문〉에 '넘어지다'라 한다)."《左傳·宣公十五年》: "杜回躓而顚, 故獲之(두회가 그 묶어놓은 풀에 걸려 넘어졌기 때문에 그를 사로잡았다)."《釋文》: "躓, 陟吏反, 徐又丁四反(여기서 '躓'은 '陟吏反'이고, 徐씨의 음은 '丁四反'이다)."《韓非子·六反》: "不躓於山, 而躓於垤(높은 산에서는 안 넘어지고 낮은 언덕에서 넘어진다)." **疐(치/체: 넘어지다, 꼭지) *t/r/i̱ts** , 陟利切,《廣韻》: "礙不行也, 又頓也('방해받아 가지 못하다, 넘어지다'이다)."《爾雅》: "疐, 仆也('疐'는 '엎어지다'이다)."《詩經·狼跋》: "狼疐其尾, 載跋其胡(늙은 이리 꼬리에 넘어지고, 앞으로는 그 턱살이 밟힌다네)." 글자는 또 '懫'로도 쓰며 발음은 같다. 懫(치),《廣韻》: "止也('멈추다'이다)."

상고한어의 -s 접미사는 명사기원동사화(名謂化)의 기능이 있는데, 명사 어근 뒤에 붙어 품사를 바꿔 동사로 만든다. 상고한어의 -s 접미사는 상술한 단어들 간의 관계를 충분히 설명할 수 있다. 그러나 위의 단어의 경우, 성조뿐 아니라 성모도 다르다. 이 두 예의 去聲字는 어근이 같은 명사로 파열음 자음 운미인 -t로 끝난다. **즉, 상고한어의 -s 접미사로부터 기원했으며 去聲 생산 이후의 어법적 유추에 의한 것이 아님을 알 수 있다.** 양자 간의 음운 관계에 근거할 때, 우리는 후자가 상고한어 성모의 고유 형식을 보존하고 있다고 말할 수 있다. **音變(통시적)과 變音(공시적)**을 헷갈려서, 우리는 종종 통시적인 음변을 공시적인 변음으로 보기도 하고 또 변음을 음변으로 착각하기도 한다.

제7절 접요사 **/r/(2)

一

至(지: 이르다) ***ti̱ts**, 脂利切, 《廣韻》: "到也('이르다'이다)." 《詩經·載馳》: "驅馬悠悠, 言至于漕(멀리 내 말을 몰아 조읍에 가려고 하네)." 《左傳·僖公二十四年》: "蒲城之役, 君命一宿, 女卽至.…… 命女三宿, 女中宿至(蒲城의 전쟁에서 임금께서는 하룻밤을 묵고 가라고 명하셨는데 너는 바로 달려왔고,…… 너에게 사흘을 묵고 가라고 명하였는데, 너는 이틀 만에 달려왔다)." 《左傳·僖公四年》: "東至於海, 西至於河, 南至於穆陵, 北至於無棣(그 범위가 東으로는 바다까지, 西로는 黃河까지, 南으로는 穆陵까지, 北으로는 無棣까지 이릅니다)." 《論語·子罕》: "鳳鳥不至, 河不出圖, 吾已矣夫!(鳳凰이 오지도 않고 黃河에서 河圖가 나오지 않으니, 내 그만 두어야겠구나)" **致(치: 이르다, 이루다, 부르다)** ***t/r/i̱ts**, 陟利切, 《廣韻》: "至也. 《說文》曰: 送詣也('이르다'이다. 〈설문〉에 이르기, '보내서 이르다'이다)." 段玉裁注: "送詣者, 送而至其處也. 引申爲召致之致('送詣'란 것은 '보내서 그곳에 이르다'이다. 여기서 발전하여 '召致(부르다)'이 '致'가 되었다)." 《左傳·桓公十四年》: "曹人致餼, 禮也(曹나라 사람이 음식물을 보냈으니 예에 맞는다)[127]." 《左傳·成公十三年》: "乃反而致其邑(돌아와서 자기의 采邑을 돌려주었다)." 《左傳·文公十五年》: "齊人許單伯請而赦之, 使來致命(齊人이 單伯의 요청을 허락하고 그를 사면하고서, 그를 보내 명을 전하게 했다)." 《論語·學而》: "事君能致其身, 與朋友交言而有信(임금을 섬기되 그 몸을 바치고, 벗과 사귀되 말에 믿음이 있다면)." 《莊子·逍遙遊》: "吾自視缺然, 請致天下(나 스스로 돌이켜보아도 만족할 수가 없어, 청컨대 천하를 바치고자 합니다)." 《荀子·非相》: "文而致實(조리가 있으면서도 지극히 진실하다)."

龔煌城(2000)에 따르면, '致'는 '至'의 사동형식이라고 한다. 그러나 '사동' 개념으로는 동일한 음운 관계에 있는 '出'과 '黜'의 관계를 해석할 수가 없다. 동사 '至'의 주체는 행위

---

127 [역주] 여기서 '餼'란 '익히지 않은 음식물'이다.

주로, 즉 "행위주가 어떤 방향을 향해 이동"하는 것이다. 그런데 **주체가 '행위주'를 '객체'에 전이시키게 되면, 동사를 '致'로 바꾸어야 한다.** 즉, "피동작주가 어떤 방향으로 이동"하는 것이다. '밖으로(向外)'는 '주다', '바치다' 등의 의미가 있고, '안으로(向內)'는 '초래하다(招致)' 등의 의미가 있다. 이렇게 행위주나 경험주를 전이시키는 것은, 상고한어에서 음운형식을 바꾸지 않고 할 수도 있지만 바꿔서 할 수도 있다.

出(출: 나가다) ***thut***, 尺律切, 《集韻》: "自內而外也('안에서 밖으로 가다'이다)." 《詩經·北門》: "出自北門, 憂心殷殷(북문으로 나가려니 걱정스러운 마음 한이 없도다)." 《詩經·賓之初筵》: "既醉而出, 並受其福(이미 취해 나가면, 함께 그 복을 받을 것이니)." 《論語·雍也》: "誰能出不由戶?(누군들 밖으로 나아갈 때 방문으로 나가지 않겠는가?)" 《呂氏春秋·知分》: "夏后啟辭而出(夏后啟는 작별 인사하고 물러갔다)." 동사 '出' 역시 목적어, 즉 '出'의 행위주를 가질 수 있다. 《詩經·伯兮》: "其雨其雨, 杲杲出日(비가 내릴 듯, 내릴 듯, 해가 나와 쨍쨍하다)." 《左傳·隱公十一年》: "鄭伯使卒出豭, 行出犬鷄, 以詛射潁考叔者(鄭伯은 卒에게 돼지를 내게 하고, 行에게 개나 닭을 내게 하여, 영고숙을 쏘아 죽인 자를 저주하게 하였다)." 《左傳·僖公十年》: "臣出晉君, 君納重耳, 蔑不濟矣(臣이 晉나라 임금을 쫓아낼 것이니, 그 후에, 君께서 重耳를 晉나라로 들여보낸다면 반드시 성공할 것입니다)." 《左傳·僖公三十二年》: "使出師於東門之外(군대를 東門 밖에서 출발하게 하였다)." **黜(출: 낮추다, 내치다)** ***th/r/ut***, 丑律切, 《說文》: "貶下也('낮추다'이다)." 《左傳·昭公二十九年》: "乃黜之而以公衍爲大子(이에 公爲를 내쫓고 公衍을 태자로 삼았다)." 《左傳·文公元年》: "既又欲立王子職, 而黜大子商臣(얼마 지나지 않아, 왕은 또 王子 職을 태자로 세우고, 태자 商臣을 폐출하려고 하였다)." 《國語·周語中》: "王黜翟后(왕이 翟后를 폐출하자)." 注: "廢也('폐하다'이다)." 또는 '絀'로도 쓴다. 《禮記·王制》: "不孝者, 君絀以爵(불효한 자는 임금이 그 작위를 삭감한다)." 《釋文》: "絀, 丑律反, 退也(여기서 '絀'은 '丑律反'이고 '줄이다, 감하다'이다)." 《史記·楚世家》: "又欲立子職而絀太子商臣(또 태자 직을 세우려고 태자 商臣을 폐출하였다)."

王力(1965)은 非致使動詞를 致使動詞와 한 쌍으로 보았고, 龔煌城(2000)은 王力과 같은 관점을 견지하여 이로써 상고한어의 *r-이 使動詞 접두사임을 증명하였다. 이러한 설은 매우 유행하여 하나의 通論이 되었다. 그런데 黃坤堯(1992, 1997)는 이러한 견해를 비판하였고, 이들 간의 관계를 自動/使動의 관계로 해석할 수 없다고 보았다. 黃坤堯(1997:150-151)는 다음과 같이 언급하였다. "황후의 폐위는 일종의 '폄적(貶退)'이지, 서인들의 出妻하여 재가가 가능한 상황과는 동일시할 수 없다. '黜'과 '出' 두 글자는 '黜×'의 '×'는 사람이어야 하고, '出×'의 '×'는 사물이라는 어법상의 큰 차이가 존재한다. 王力은 '黜后 = 使后出', '楚女黜 = 使楚女黜'이라 보았는데 사실상 성립하기 어렵다."

臣出晉君, 君納重耳, 蔑不濟矣.(《左傳·僖公十年》)(臣이 晉君을 쫓아낼 것이니, 그 후에, 君께서 重耳를 晉나라로 들여보낸다면 반드시 성공할 것입니다.)

衛侯欲與楚, 國人不欲, 故出其君, 以說於晉.(《左傳·僖公二十八年》)(衛侯는 楚나라와 함께 하려하니 國人이 이를 원치 않았다. 이에 그 임금을 축출하여 晉나라를 기쁘게 했다.)

遂出武穆之族, 使公孫師爲司城.(《左傳·文公十八年》)(드디어 武公과 穆公의 종족을 축출하고 公孫師를 司城으로 삼았다.)

鄭人入於井, 倒戟而出之.(《左傳·宣公二年》)(鄭나라 사람이 우물 안으로 피해 들어가자, 狂狡가 창을 거꾸로 하여 우물 속으로 넣어 그를 건져주었다.)

薛公入魏而出齊女.(《戰國策·秦策四》)(薛公이 魏나라로 들어가서 齊女를 내쫓았다.)

出妻屛子, 終身不養焉.(《孟子·離婁下》)(아내를 내보내고 자식들을 물리쳐서 종신토록 봉양을 받지 않았다.)

仲尼將爲司寇, 沈猶氏不敢朝飮其羊, 公愼氏出其妻.(《荀子·儒效》)(仲尼가 장차 司寇가 되려고 할 때, 沈猶氏는 감히 아침에 그의 양에게 물을 먹이지 못하였고, 公愼氏는 그의 아내를 내쫓았다.)

확실히 黃坤堯의 비판이 정확하다. '致'를 '使至'로 볼 수도 있다. 그러나 '黜'을 '使出'로 볼 수는 없다. 양자를 "齊女出"과 "翟后黜"로 변환시켜 보면 양자 간의 차이를 쉽게 볼 수 있다. 즉, '齊女'는 '出'의 행위주이나, '翟后'는 '黜'의 피동작주이다. '出'은 일종의 불급물동사이나 '黜'은 급물동사이다. 다시 말해, "齊女出"의 '出'은 "翟后黜"의 '黜'과 같을 수 없으며, **'黜'은 '使……出'이 아니다. 즉, '黜'은 '出'의 사동형식이 아닌 것이다.**

동사 '出'은 일종의 방향동사이다. 예컨대, "駕言出遊, 以寫我憂(수레타고 나가 놀며 나의 시름 덜고자 한다)."(《詩經·泉水》), "婦人送迎不出門, 見兄弟不逾閾(夫人은 남을 배웅하거나 맞이할 때 문을 나가지 않고, 형제를 만날 때에도 문지방을 넘지 않는다)."(《左傳·僖公二十二年》)가 있다. 따라서 **'出'은 처소목적어를 가질지라도, 일반적으로 직접목적어를 갖지 않는 불급물동사이다. '黜'은 방향동사가 아니고 직접목적어를 갖는 급물동사이다.** "將禦諸侯之師而黜其車(제후의 군대를 막으려 할 때, 子駟는 병거의 수를 줄였다)."(《左傳·襄公十年》) 杜注: "黜, 減損也(여기서 '黜'을 '줄이다'이다)." 이 '黜'이 어째서 사동의 의미가 있는가? '出'과 '黜'은 한 쌍의 同根動詞이다. 그리고 '黜'은 또 '出'로도 쓴다. 《莊子·徐無鬼》: "君將黜嗜欲(임금님께서 욕망을 물리치고)." 《釋文》: "黜, 敕律反, 退也. 本又作出, 音同(여기서 '黜'은 '敕律反'으로 '물리치다'이다. 본래는 또 '出'로도 쓰며 음은 같다)." 《群經音辨》: "出, 進也, 尺律切; 出, 去也, 音黜, 《春秋傳》: 何故出君('出'은 '나다, 나가다'이고 '尺律切'이다. '出'은 '내치다, 쫓아내다'이고, 음은 '黜'이다. 《春秋傳》에 이르길, '어찌하여 임금을 축출하였는가'라고 한다)." 《左傳·昭公三十一年》: "何故出君?(어찌하여 임금을 축출하였는가?)" 《釋文》: "出, 如字, 又敕律反(여기서 '出'은 통상음이고 또는 '敕律反'이다)." **'黜'이 비록 '出'의 使動형식은 아니나 양자는 확실히 어원관계가 존재한다.** "鳳鳥不至, 河不出圖(鳳凰이 오지도 않고 黃河에서 河圖가 나오지 않으니)."(《論語·子罕》), 이 문장에 대해 《釋文》에선 "出, 如字, 舊尺遂反(여기서 '出'은 통상음이고, 옛음은 '尺遂反'이다)."이라 한다. 《洪武正韻》: "凡物自出, 則入聲. 非自出而出之, 則去聲(무릇 사물이 스스로 나오면 入聲이다. 스스로 나오지 않아 나오게 하는 것은 去聲이다)." "遂出武穆之族, 使公孫師爲司城(드디어 武公과 穆公의 종족을 축출하고, 公孫師를 司城으로 삼았다)."(《左傳·文公十八年》), 이 문장에 대해, 《經典釋文》은 이 '出'에 注音을 하지 않았다. '黜'은 분명 '出' 의미의 재파생이다. '出'은 '受力體'가 없는 행위주의 행위이다. 그러나 주체는 행위주를 객체에게 전이시킬 수 있다. 반면 '黜'은 受力體가 있는 행위주의 행위이다. 동사'黜' 뒤에 受力體가 없을 때엔 주체가 바로 '黜'의 受力體인데 즉, 주체가 피동작주이다. "柳下惠爲士師, 三黜(柳下惠가 士師가 되어 세 번 쫓겨났다)."(《論語·微子》), 이 문장에서 '柳下惠'는 형식상 문장의 주어이다. 즉, '黜'의 피동작주이다. 상고한어에는 많은 방향동사들이 있는데, 이러한 방향동사의 중요한 어법상의 특징은 바로 受動者로 바뀔 수 없다는 것이다. 구체적인 상황에 대해서는 여기서 토론하지는 않겠다.

상고한어 방향동사의 하나의 공통된 음운특징은 바로 /r/접요사를 갖지 않는다는 것이다.

擿(적: 들추다, 때리다, 던지다) *d/r/i̠k , 直炙切, 《廣韻》: "投也('던지다'이다)." 《說文》: "擿, 一日投也('投'은 한편으로 '던지다'이다)." 《莊子·胠篋》: "擿玉毁珠, 小盜不起(보옥을 던져 버리고 구슬을 깨뜨려 버려야, 작은 도둑들이 일어나지 않는다)." 《釋文》: "擿, 持赤反, 義與擲字同. 崔云: 猶投棄之也(여기서 '擿'은 '持赤反'이고, 뜻은 '擲'字와 같다. 崔씨가 말하길, '버리다와 같다')." 《史記·刺客列傳》: "乃引其匕首以擿秦王(이에 비수를 뽑아서 진왕에게 던졌다)." 索隱: "擿, 與擲同, 古字耳, 音持益反(여기서 '擿'은 '擲'와 같은데 古字일 뿐이다. 음은 '持益反'이다)." 《前漢紀·孝景皇帝紀》: "上以博局擲之而死(임금이 바둑판을 던져 죽이다)." **適(적: 가다) *ti̠k** , 之石切, 《廣韻》: "往也('가다'이다)." 《說文》: "適, 之也('適'은 '가다'이다)." 《論語·子路》: "子適衛, 冉有仆(공자께서 衛나라에 가실 때 冉有가 수레를 몰았다)." 《論語·微子》: "大師摯適齊, 亞飯干適楚, 三飯繚適蔡, 四飯缺適秦(太師 摯는 齊나라로 가고, 亞飯 干은 楚나라로 가고, 三飯 繚는 蔡나라로 가고, 四飯 缺은 秦나라로 갔다)." 《孟子·滕文公上》: "雖使五尺之童適市, 莫之或欺(비록 5척의 동자를 시장에 보내더라도, 혹시라도 속이는 이가 없을 것이다)."

追(추: 뒤쫓아가다, 갈다) *t/r/ur , 陟隹切, 《廣韻》: "逐也('뒤쫓다'이다)." 《說文》: "追, 逐也('追'는 '뒤쫓다'이다)." [《詩經·棫樸》: "追琢其章, 金玉其相(갈고 닦아 만든 그 문장, 금옥과도 같은 바탕이로다)." 傳: "追, 雕也. 金曰雕, 玉曰琢(여기서 '追'는 '새기다'이다. '金'은 '雕'라 하고, '玉'은 '琢'이라 한다)." 《釋文》: "追, 對回反(여기서 '追'는 '對回反'이다)." 《廣韻》: "鎚, 都回切, 治玉也, 《周禮》作追('鎚'는 '都回切'로 '옥을 다듬는 것'이다. 〈주례〉에는 '追'로 되어 있다)." 《周禮·天官·冢宰》: "追師, 下士二人(追師에는 下士 2인…)." 注: "追, 治玉石之名(여기서 '追'는 '옥석을 다듬는 것'을 말한다)." 《釋文》: "追, 丁回反, 一曰雕(여기서 '追'는 '丁回反'이고 한편으로 '雕'라고 한다)."] 《左傳·桓公六年》: "少師歸, 請追楚師(소사가 돌아가서 楚軍을 추격하기를 청하였다)." 《左傳·僖公三十三年》: "公使陽處父追之, 及諸河, 則在舟中矣(公은 陽處父를 보내어 孟明 등을 쫓게 하였고, 陽處父가 河水에 이르러 보니, 孟明 등은 이미 배 위에 있었다)." 《左傳·襄公十年》: "子西聞盜, 不儆而出, 尸而追盜(子西는 반란이 일어났다는 소식을 듣고,

경계도 하지 않고 즉시 출동해, 아비의 시신을 수습한 후, 반란군을 추격하였다)."《左傳·哀公十六年》: "方天之休, 弗敬弗休, 悔其可追(그래야 하늘이 너에게 복록(休)을 줄 것이다. 공경하지 않으면 하늘의 복록도 없을 것이니, 후회해봤자 어찌 미칠 수 있겠는가?)."

逐(축: 쫓다, 내쫓다) *d/r/uk, 直六切,《廣韻》: "追也, 驅也('쫓다, 몰다'이다)."《說文》: "逐, 追也('逐'은 '쫓다'이다)." [《廣韻》: "篴(적), 徒歷切, 出《周禮》('篴'은 '徒歷切'로 《周禮》에 나온다)."《釋名》: "篴, 滌也, 其聲滌滌然也('篴(적: 피리)'은 '滌(씻다)'이다. 그 소리가 사악한 것을 씻어내는 듯하다"]《左傳·隱公十一年》: "子都拔棘以逐之, 及大逵, 弗及(子都가 창을 빼들고 영고숙을 쫓아서 큰길까지 갔으나, 미치지 못했다)."《左傳·莊公十年》: "吾視其轍亂, 望其旗靡, 故逐之(제가 그들의 수레바퀴 자국을 보니 혼란했고, 그들의 旗를 바라보니 누워 있어서 이에 추격한 것입니다)."《莊子·山木》: "吾再逐於魯, 伐樹於宋(나는 魯나라에서 두 번이나 쫓겨났고, 宋나라에서는 나무를 베어서 나를 죽이려 했었다)."《韓非子·外儲說左下》: "逐於魯, 疑於齊(魯나라에서 쫓겨났고, 齊나라에서 의심을 받았다)."

동사 '追'와 '逐'은 모두 직접목적어를 갖는 外動詞들이나 방향동사는 아니다. 동사 '追', '逐'은 모두 피동문에서 서술어가 될 수 있다. 예컨대, "往者不可諫, 來者猶可追(지난 일은 간할 수 없지만, 앞으로 올 일은 오히려 쫓을 수 있다)."(《論語·微子》) '來者'는 '追'의 피동작주이며, '之', '如', '適' 등의 방향동사와는 다르다. 동사 '追', '逐'의 공통적인 음운특징은 바로 /r/접요사를 갖는다는 것이다. 한편, 동사 '適'은 단지 "어디를 행해 가다"만을 나타낸다. 그런데 동사 '擿'은 "어떤 물건을 어디로 던지다"를 나타낸다. 방향동사는 피동작주 목적어를 갖지 않는 內動詞이고, /r/접요사를 갖는 동사는 피동작주 목적어를 갖는 外動詞이다. 이로 볼 때, **상고한어의 접요사 */r/은 타동사화(及物化) 기능이 있어, 내동사로 하여금 受力體를 갖는 외동사로 변화시킨다.**

二

躍(약: 뛰다, 뛰어오르다) ***zɯk** , 以灼切, 《廣韻》: "跳躍也, 上也, 進也('도약하다, 오르다, 위로 올리다'이다)." 《詩經·旱麓》: "鳶飛戾天, 魚躍于淵(솔개는 하늘로 날아오르고, 물고기는 연못에서 뛴다)." 《易·乾》: "或躍在淵, 無咎(혹 뛰어올라 연못에 있으면 허물이 없으리라)." 《荀子·勸學》: "騏驥一躍, 不能十步(준마가 한 번 뛰면 10보를 넘지 못한다)." 《孟子·告子上》: "今夫水, 搏而躍之, 可使過顙(지금 물을 쳐서 튀어 오르게 한다면, 사람의 이마를 넘게 할 수 있다)." **擢(탁: 뽑다)** ***z/r/ɯk** , 直角切, 《廣韻》: "拔也, 抽也, 出也('뽑다, 뽑아버리다'이다)." 《戰國策·燕策二》: "先王過擧, 擢之乎賓客之中, 而離之乎群臣之上(선왕께서 과분하게 저를 기용하여 빈객들 중에서 발탁하시여, 여러 신하들보다 위에 세우셨다)." 《史記·司馬穰苴列傳》: "臣素卑賤, 君擢之閭伍之中, 加之大夫之上(신은 본래 비천한 몸이나 임금께서 저를 군사들 가운데서 발탁하시어 대부 위에 놓으셨다)." 《史記·范雎蔡澤列傳》: "擢賈之髮以續賈之罪, 尙未足(저의 머리털을 다 뽑아 이어도 저의 죄에 비하면 모자랄 것입니다)." 《說苑·正諫》: "夫十圍之木, 始生於蘖, 可引而絕, 可擢而拔(무릇 둘레가 열 길이나 되는 나무도 처음에는 싹에서 시작했으니, 당기면 끊어지고, 뽑으면 뽑힌다)."

般(반: 돌다, 옮기다) ***pan** , 北潘切, 《廣韻》: "般運('운반하다')." '般'은 '逋潘切'이다. 《集韻》: "《說文》: 辟也. 象舟之旋, 从舟从殳, 所以旋也. 一曰移也(〈설문〉에 '돌다'이다. '배가 도는 것'과 같다. '舟'와 '殳'을 따른다. '殳'은 배를 돌게 하는 도구이다. 한편으로 '옮기다'이다)." **般(반: 배회하다)** ***ban** , 薄官切, 《廣韻》: "樂也('즐기다'이다)[128]." 《禮記·投壺》: "賓再拜受, 主人般還(손님이 두 번 절하고 받으려 하면, 주인은 옆으로 비켜 돌아서며)." 《釋文》: "般, 步干反, 下同; 還, 音旋, 下同(여기서 '般'은 '步干反'이고 아래는 같다; '還'은 음이 '旋'이고 아래는 같다)." 글자는 또 '般桓' 등으로도 쓴다. 《廣雅》: "般桓, 不進也('般桓'은 '배회하다, 머물다'이다)." 《別雅》: "洀桓, 槃桓, 般桓, 磐桓, 畔桓, 盤桓也('洀桓, 槃桓, 般桓, 磐桓, 畔桓'은

---

128 [역주] '般'의 여러 의미 가운데, 지금 필자가 이 뒤로 든 예문들과 어울리는 의미는 '즐기다'라기 보다는 '배회하다'라는 의미이다. 《廣韻》에는 기타 의미로 '樂' 이 외에 더 보이지 않지만, 필자의 정확한 의도는 알 수 없다.

'盤桓(배회하다)'이다)." **般(반: 돌리다)** ***p/r/an** ,布還切,《廣韻》: "還師, 亦作班師('還師(군대를 돌리다)'를 또 '班師'라고도 쓴다)."《爾雅》: "般, 還也('般'은 '돌리다'이다)."《釋文》: "郭音班,《左傳》云役將般[129]矣, 是也. 一音蒲安反,《周易》云般桓, 是也.《說文》云般辟也(郭씨의 음은 '班'이다.《左傳》에 이르길, '晉軍이 머지않아 돌아갈 것이다'가 바로 이것이다. 한편으로 음이 '蒲安反'이다.《周易》에 이르길, '般桓'이라 했는데 바로 이것이다.《說文》에는 '般辟'이라 이른다)."《左傳·哀公十七年》: "般師而還[130]."《釋文》: "般音班(여기서의 '般'은 음이 '班'이다)."《漢書·趙充國傳》: "明主般師罷兵(明主는 군사를 돌리고 전쟁을 멈춘다)." 注引鄧展曰: "般音班. 班, 還也(여기서 '般'은 음이 '班'이다. '班'은 '돌리다'이다)."《左傳·襄公十年》: "水潦將降, 懼不能歸, 請班師(장맛비가 내리면 돌아가지 못할까 두려우니, 회군하기를 청합니다)." 注: "班, 還也(여기서 '班'은 '돌리다'이다)."

薄(박: 얇다) ***bak** , 傍各切,《廣韻》: "厚薄('두껍거나 얇은 것'을 말함)."《詩經·小旻》: "如臨深淵, 如履薄冰(깊은 못에 임하듯 하고, 얇은 얼음을 밟듯 하다)."《左傳·成公六年》: "郇瑕氏土薄水淺, 其惡易覯(郇瑕氏는 땅이 척박하고 물이 얕아, 오물이 쉽게 쌓인다)."《左傳·昭公五年》: "叔孫氏厚, 則季氏薄(叔孫氏가 강해지면 季氏가 약해집니다)."《左傳·襄公二十七年》: "崔之薄, 慶之厚也(崔氏가 약해지면 慶氏가 강해진다)." 또 경험주를 목적어로 전이시킬 수 있다.《左傳·僖公三十年》: "甯俞貨醫, 使薄其酖(甯俞가 의원에게 뇌물을 주어 독을 조금만 넣게 했다)."《左傳·成公十八年》: "禁淫慝, 薄賦斂(사특한 행위를 금지하고, 부세를 감하다)."《釋名》: "薄, 迫也, 單薄相逼迫也('薄'은 '迫(다그치다)'이다. 단출하고 야박하게 서로 핍박하는 것이다)."《左傳·成公十六年》: "楚師薄於險(楚나라 군이 險한 곳으로 바싹 다가갔다)." 注: "薄, 迫也('薄'은 '다그치다, 다급하다'이다)."《左傳·莊公十一年》: "宋師未陳而薄之(宋나라 군이 진을 치기 전에 공격하여 몰아붙였다)."《左傳·文公十二年》: "薄諸河, 必敗之(저들을 黃河로 몰아붙이면 반드시 패배시킬 수 있다)." **迫(박: 다가오다, 다그치다, 몰아붙이다, 다급하다)**

129 [역주] 여기서의 '般'은 다른 판본에서는 '班'으로도 되어 있다.

130 [역주] 이 예는 다소 부적절하다. 일반적으로 이 문장은 "晉立襄公之孫般師而還"이 한 문장으로, "진이 양공의 손자인 般師를 세우고 돌아갔다"로 해석한다. 물론 '군대를 되돌려 돌아가다'로 볼 수도 있 있겠으나 다시 살펴봐야 한다.

*p/r/ak , 博陌切,《廣韻》: "逼也, 近也, 急也, 附也('다그치다, 다가오다, 급박하다'이다)."《說文》: "迫, 近也('迫'은 '다가오다'이다)."《左傳·襄公十四年》: "昔秦人迫逐乃祖吾離於瓜州(예전에 秦나라 사람이 너희 조상 吾離를 瓜州에서 몰아 쫓아냈다)."《釋文》: "迫音百(여기서 '迫'은 음이 '百'이다)."《左傳·哀公十五年》: "迫孔悝於廁強盟之(孔悝를 담장 모퉁이로 몰아붙여 맹약을 강요했다)."《韓非子·外儲說左上》: "不推人於險, 不迫人於阨, 不鼓不成列(상대를 위험한 곳까지 밀어붙이지 않고, 상대를 막다른 곳까지 몰아붙이지 않으며, 전열을 갖추기 전에 공격하지 않는다)."

分(분: 베풀어주다, 나누어주다) *pu̲n , 府文切,《廣韻》: "賦也, 施也, 與也('베풀다, 나누어주다'이다)."《說文》: "分, 別也. 从八刀('分'은 '나누다'이다. '八'과 '刀'를 따른다)."《左傳·文公十六年》: "分爲二隊(군대를 둘로 나누다)."《左傳·宣公十二年》: "其君之戎, 分爲二廣(그 임금의 군대를 左右 두 廣으로 나누었다)."《左傳·僖公二十八年》: "我執曹君而分曹衛之田以賜宋人(우리는 曹나라 임금을 잡고, 曹와 衛의 땅을 나누어서 宋人에게 주면)." 여기서 발전하여 '나누다, 분배하다(分配, 分享)' 등의 의미가 되었다.《左傳·莊公十年》: "衣食所安, 弗敢專也, 必以分人(옷과 음식의 편안함을 감히 독차지 하지 않고, 반드시 사람들에게 나누어주겠다)."《孟子·滕文公上》: "分人以財謂之惠, 教人以善謂之忠(사람들에게 재물을 나누어주는 것을 '惠'라고 하고, 선함을 가르치는 것을 忠이라 한다)."《韓非子·三守》: "事敗與主分其禍, 而功成則臣獨專之(일이 실패하면 임금과 함께 그 禍를 나누고, 성공하면 신하가 그 功을 독차지한다)."
頒(반: 반포하다, 하사하다) *p/r/un , 布還切,《廣韻》: "布也, 賜也('반포하다, 하사하다'이다)."《周禮·天官·冢宰》: "以時頒其衣裘, 掌其誅賞(때에 따라 옷을 고루 입히고, 견책과 포상의 일을 관장한다)." 注: "頒讀爲班. 班, 布也(여기서 '頒'은 '班'으로 읽는다. '班'은 '반포하다'이다)."《釋文》: "頒音班(여기서 '頒'의 음은 '班'이다)."《周禮·春官·宗伯》: "帥有司而饁獸於郊, 遂頒禽(유사를 인솔하고 짐승을 교의 사방 신에게 바치고, 새는 신하들에게 고루 분배한다)." 注: "頒禽謂以予群臣('頒禽'은 곧 여러 신하들에게 나누어주는 것이다)."《禮記·禮運》: "頒爵位, 必當年德(작위를 나눠주는 일은 반드시 그 만한 덕이 있는 자에게 한다)."《釋文》: "頒音班(여기서 '頒'의 음은 '班'이다)."《禮記·祭義》: "頒禽隆諸長者(새를 나눌 때는 어른한테 많이 준다)." 注: "頒之言分也(여기서 '頒'이란 말은 곧 '分'이다)."《呂氏春秋·制樂》: "頒其爵列等

級田疇, 以賞群臣(작위와 서열을 반포하고, 토지의 등급을 정해, 여러 신하들에게 상을 내렸다)."

合(합: 合同, 和하다, 들어맞다, 모이다) ***gup** , 侯合切, 《廣韻》: "合同('합하다')." 《莊子·秋水》: "公孫龍口呿而不合(公孫龍은 입을 벌렸으나 닫혀지지 않고)." 《莊子·天運》: "龍合而成體, 散而成章(용은 氣가 모이면 형체를 이루고, 氣가 흩어지면 문채를 이룬다)." 《孟子·盡心下》: "合而言之, 道也(합하여 말하면 道이다)." 《莊子·天道》: "通乎道, 合乎德(道에 통하고 德에 맞다)." 《論語·憲問》: "桓公九合諸侯, 不以兵車, 管仲之力也(桓公이 제후를 아홉 번이나 회합했으나 무력을 사용하지 않은 것은 管仲의 힘이다)." **洽(흡: 윤택하게 하다, 두루 미치다)** ***g/r/up** , 侯夾切, 《廣韻》: "和也, 合也, 霑也('화합하다, 두루 미치다'이다)." [《說文》: "洽, 霑也('洽'은 '적시다, 두루미치다'이다)." 《荀子·大略》: "德至者色澤洽(덕이 지극한 사람은 그 혜택이 두루 미친다)." 《孟子·公孫丑上》: "以文王之德, 百年而後崩, 猶未洽於天下; 武王, 周公繼之, 然後大行(文王께서는 훌륭한 덕을 가지고 교화를 펴시다가 백 년 뒤에 돌아가셨는데도 여전히 천하에 교화가 두루 미치지 못하여, 武王과 周公께서 이를 계승한 뒤에야 교화가 크게 행해졌다)."] 《詩經·正月》: "洽比其鄰, 昏姻孔云(이웃들과 사이좋게 지내고, 혼인을 위한 말도 오가네)." 傳: "洽, 合(여기서 '洽'은 '화합하다'이다)." 《詩經·賓之初筵》: "烝衎烈祖, 以洽百禮(나아가 여러 조상을 즐겁게 하여, 온갖 예절에 부합하네)." 箋: "洽, 合也(여기서 '洽'은 '부합하다'이다)." 《詩經·江漢》: "矢其文德, 洽此四國(그 문덕을 펴시어 온 세상을 평화롭게 하네)."

達(달: 이르다) ***zat** , 唐割切, 《廣韻》: "通達('통달하다')." 《說文》: "達, 行不相遇也('達'은 길 가는 자가 서로 만나지 못할 정도로 갈래가 많고 큰 길의 상황을 말한다)." 《論語·憲問》: "君子上達, 小人下達(군자는 德義 같은 위의 것에 통달하고, 소인은 이익 같은 아래 것에 통달한다)." 《左傳·襄公十四年》: "贄幣不通, 言語不達(예물도 통하지 않고, 언어도 통하지 않다)." 《莊子·在宥》: "我聞吾子達於至道(나는 그대가 지극한 도에 이르렀다고 들었다)." 《莊子·天運》: "聖也者, 達於情而遂於命也(聖人이란 자신의 情에 다 이르게 하고, 명을 완수하는 존재이다)." 《呂氏春秋·重己》: "理塞而氣不達(이가 막히면 기가 통하지 않는다)." **徹(철: 통달하**

다, 전달하다) ***z/r/at** , 直列切, 《廣韻》: "通也, 明也, 達也('통하다, 밝다, 달하다'이다)." 《說文》: "徹, 通也('徹'은 '통하다'이다)." 《左傳·昭公二年》: "徹命於執事(임금님의 命을 집사에게 전달하다)." 注: "徹, 達也(여기서 '徹'은 '전달하다'이다)." 《國語·楚語下》: "其明能光照之, 其聽能聽徹之(그 눈이 밝아 사물을 밝게 비추고, 그 귀는 밝아 사방의 일을 들어 꿰뚫다)." 注: "徹, 通也('徹'은 '통하다'이다)." 《國語·越語上》: "不敢徹聲聞於天王(감히 天王에게 직접 말씀을 드릴(말이 이르게 할) 수 없어서)." 注: "徹, 達也('徹'은 '이르다'이다)."

已(이: 그치다) ***ze̱[B]** , 羊己切, 《廣韻》: "止也('그치다'이다)." 《詩經·風雨》: "風雨如晦, 鷄鳴不已(비바람이 몰아쳐 칠흑 같은데, 닭울음소리 그치질 않네)." 《詩經·陟岵》: "予子行役, 夙夜無已(내 아들 부역 나가서, 밤낮으로 끊임없이 일을 하니)." 《左傳·襄公三十年》: "君子是以知鄭難之不已也(君子는 이로 인해 鄭나라에 어려움이 그치지 않을 것을 알았다)." 또 '질병'을 가리키기도 한다. 《廣雅》: "已, 瘳也('已'는 '병이 낫다'이다)." 《呂氏春秋·至忠》: "王之疾必可已(왕의 병은 반드시 고칠 수 있다)." 《呂氏春秋·至忠》: "疾乃遂已(왕의 병은 이미 치료가 되었다)." **治(치: 치료하다, 다스리다)** ***z/r/e̱** , 直之切, 《廣韻》: "理也('다스리다'이다)." 《莊子·逍遙遊》: "子治天下, 天下旣已治也(그대가 천하를 다스려, 천하가 이미 잘 다스려졌다)." 《左傳·隱公四年》: "猶治絲而棼之也(마치 실을 정리하다가 엉키게 하는 것과 같다)." 또 '질병'을 가리키기도 한다. 《韓非子·喩老》: "故良醫之治病也, 攻之於腠理(그러므로 훌륭한 의사는 병을 치료할 때, 살가죽에서 먼저 다스린다)." 《韓非子·倒言七右經》: "因爲襄王之后治病(襄王의 왕후를 위해 병을 치료하다)."

團(단: 둥글다) ***don** , 度官切, 《廣韻》: "團圓('둥글다')." 《說文》: "團, 圜也('團'은 '둥글다'이다)." 글자는 본래 '專'으로만 썼다. 《周禮·地官·司徒》: "其民專而長(그 백성은 둥글고 장대하다)." 注: "專, 圜也(여기서 '專'은 '둥글다'이다)." 《釋文》: "專, 徒丸反(여기서 '專'은 '徒丸反'이다)." 글자는 또 '敦'으로도 쓴다. 《詩經·東山》: "有敦瓜苦, 烝在栗薪(주렁주렁 여주 열매가 밤나무 더미에 걸렸네)." 傳: "敦, 猶專專也('敦'은 '둥글둥글, 대롱대롱'이다)." 《釋文》: "敦, 徒端反(여기서 '敦'은 '徒端反'이다)." **摶(단: 둥글다)** ***don** , 度官切, 《廣韻》: "《說文》曰: 圜也. 《禮》云: 無摶飯(〈설문〉에 이르길, '둥글다'이다. 〈예〉에 이르길, '밥을 뭉쳐 먹지 말고'라 한

다).”《禮記·曲禮上》: “毋轉飯(밥을 뭉쳐 먹지 말고).”《釋文》: “摶, 徒端反(여기서 ‘摶’은 ‘徒端反’이다).”《周禮·冬官·考工記》: “摶身而鴻(동그란 몸체는 균형이 잡혔다).” 注: “摶, 圜也(‘摶’는 ‘둥글다’이다).”《釋文》: “摶, 徒丸反(여기서 ‘摶’은 ‘徒丸反’이다).” **摶(단: 뭉치다, 둥글게 하다) *d/r/on** , 持兗切, 《廣韻》: “《周禮》百羽爲摶(〈주례〉에 이르길, ‘백 개의 깃촉을 摶이라 한다’).”《周禮·冬官·考工記》: “卷而摶之, 欲其無迤也(말아서 둥글게 하면 비스듬히 세워지지 않아야 한다).”《釋文》: “摶, 直轉反, 或除面反, 下同(여기서 ‘摶’은 ‘直轉反’이고 혹은 ‘除面反’이다. 아래는 동일하다).” 又《周禮·冬官·考工記》: “則是摶以行石也(이는 흙을 뭉쳐 돌이 돌아다니게 할 것이다).” 注: “摶, 圜厚也(‘摶’은 ‘둥글게 뭉치다’이다).”《釋文》: “摶, 徒丸反, 李又丈轉反(여기서 ‘摶’은 ‘徒丸反’이고, 李씨의 음은 또 ‘丈轉反’이다).”《莊子·逍遙遊》: “摶扶搖而上九萬里(회오리바람을 타고서 9만 리까지 올라간다)[131].” 集釋引《說文》: “摶, 以手圜之也(‘摶’은 손으로 원을 그리는 것(회오리치는 것)이다).”

哿(가: 좋다) *kar^B , 古我切, 《廣韻》: “嘉也(‘좋다’이다).”《說文》: “哿, 可也(‘哿’는 ‘可(옳다, 좋다)’이다.”《詩經·正同》: “哿矣富人(가한 것은 부자들이니).” 傳: “哿, 可也(여기서 ‘哿’는 ‘가하다’이다).”《釋文》: “哿, 哥我反(여기서 ‘哿’는 ‘哥我反’이다).” **可(가: 허가하다) *khar^B** , 枯我切, 《廣韻》: “許可也(‘허가하다’이다).”《論語·公冶長》: “再, 斯可矣(두 번만 생각해도 괜찮았을 것이다).”《左傳·僖公二十二年》: “阻而鼓之, 不亦可乎?(적이 험한 곳에서 전열을 갖추지 못할 때 공격하는 것이 또한 옳지 않습니까?)” **嘉(가: 기뻐하다, 칭찬하다) *k/r/ar** , 古牙切, 《廣韻》: “善也, 美也(‘훌륭하다, 예쁘다’이다).”《說文》: “嘉, 美也(‘嘉’는 ‘예쁘다’이다).”《論語·子張》: “嘉善而矜不能(善한 자를 아름답게 여기고 무능한 자를 가엽게 여긴다).”《詩經·載馳》: “既不我嘉, 不能旋反(나를 옳게 여기지 않아 바로 돌아갈 수가 없네).”

集(집: 모으다, 모이다) *dup , 秦入切, 《廣韻》: “聚也(‘모이다’이다).”《詩經·葛覃》: “黃鳥于飛, 集于灌木(노란 꾀꼬리 날아 떨기나무에 모여드네).”《詩經·鴻雁》: “鴻雁于飛, 集于中澤(큰

131 [역주] 여기서 ‘摶扶搖’란 ‘회오리바람과 함께 빙 돌며 오르다’란 의미인데, 일각에선 ‘摶’과 ‘搏’의 글자 모양을 헷갈려 잘못 쓴 거란 얘기도 있다. ‘搏’은 ‘拍(날개로 치다)’로, ‘회오리바람을 날개로 치며 오르는 것’이 된다.

기러기 날아서 못 가운데 모여드네).”《禮記·月令》: “四方來集, 遠鄕皆至(사방에서도 모여들고 먼 타향에서도 이르다).”《國語·晉語二》: “人皆集於菀(사람들은 울창한 숲에 모여든다).” 글자는 또 ‘輯’으로도 쓴다.《漢書·賈誼傳》: “百姓黎民化輯於下矣(백성들이 아래에 교화되어 모이게 된다).” 注: “輯與集同(여기서 ‘輯’과 ‘集’은 같다).”《韓非子·說林下》: “甲輯而兵聚, 吳人必至(갑옷을 모우고 무기도 모아두는데 전쟁 준비를 하지 않으면, 오나라 군사가 반드시 쳐들어올 것이다).” **輯(집: 화목하다)** *dʑup, 秦入切,《廣韻》: “和也(‘화목하다’이다).”《左傳·僖公十五年》: “群臣輯睦(신하들이 화목하다).”《左傳·襄公十九年》: “若常膏之, 其天下輯睦(만약 항상 은택을 내려주신다면 천하가 화목해질 것이다).”《韓非子·外儲說左上》: “耕戰不輯睦, 亦子之罪(농사와 전쟁에서 화목하지 못하는 것 또한 그대의 잘못이다).”《莊子·天地》: “無阿私, 民孰敢不輯?(사사로운 편애함이 없으니, 백성들이 누가 감히 화합하지 않겠는가?)”《史記·司馬相如列傳》: “陛下卽位, 存撫天下, 輯安中國(폐하가 새로이 즉위하시어 천하를 위로하시고 중국을 화목하게 안정시켰다).” **戢(집: 그치다, 거두다)** *ʈ/r/up, 阻立切,《廣韻》: “止也, 斂也(‘그치다, 거두다’이다).”《爾雅》: “戢, 聚也(‘戢’은 ‘거두다’이다).”《詩經·時邁》: “載戢干戈, 載櫜弓矢(방패와 창을 거두고 활과 화살을 활집에 넣고).” 傳: “戢, 聚(‘戢’은 ‘거두다’이다).”《釋文》: “戢, 側立反(여기서 ‘戢’은 ‘側立反’이다).”《左傳·襄公二十四年》: “兵不戢, 必取其族(무기를 거두어 두지 않으면 반드시 슷한 일을 당하게 된다).”《左傳·隱公四年》: “夫兵, 猶火也. 弗戢, 將自焚也(병력은 불과 같아서, 잘 거두지 않으면 장차 스스로를 태우게 된다).”《詩經·鴛鴦》: “鴛鴦在梁, 戢其左翼(원앙새 어량에 있는데, 왼쪽 날개를 접었도다).” 箋: “戢, 斂也(여기서 ‘戢’은 ‘거두다’이다).”

沮(저: 그치다, 막다) *dʑa^B, 慈呂切,《廣韻》: “止也(‘그치다’이다).” [**沮(저: 그치다, 막다)** *ʈha, 七余切,《廣韻》: “止也, 非也(‘그치다, 헐뜯다’이다.”)]《詩經·巧言》: “君子如怒, 亂庶遄沮(군자가 참언을 듣고 노한다면 난이 아마도 빨리 그칠 것이다).” 傳: “沮, 止也(여기서 ‘沮’는 ‘그치다’이다).”《釋文》: “沮, 辭呂反(여기서 ‘沮’는 ‘辭呂反’이다).”《詩經·雲漢》: “旱旣大甚, 則不可沮(가뭄이 너무 심해 막을 수가 없네).” 傳: “沮, 止也(여기서 ‘沮’는 ‘저지하다’이다).”《釋文》: “沮, 在呂反(여기서 ‘沮’는 ‘在呂反’이다).”《左傳·襄公二十七年》: “賞罰無章, 何以沮勸(상벌에 법이 없으니, 어떻게 악을 막고, 선을 권하겠는가?).”《釋文》: “沮, 在呂反(여기서

'沮'는 '在呂反'이다)." 《左傳·宣公十七年》: "左右或沮之(左右의 어떤 이가 말렸다)." 注: "沮, 止也(여기서 '沮'는 '저지하다'이다)." 《釋文》: "沮, 在呂反(여기서 '沮'는 '在呂反'이다)." **阻(조: 꺾다, 저지하다)** *t/r/a[B] , 側呂切, 《廣韻》: "隔也('막히다'이다)." 《詩經·谷風》: "旣阻我德, 賈用不售(이미 내 은덕을 저버리니, 팔려고 해도 팔리지 않네)." 傳: "阻, 難也('阻'는 '물리치다'이다)." 《左傳·閔公二年》: "是服也, 狂夫阻之(이 옷은 미친 사람도 거절할 것이다)." 疏引服虔: "阻, 止也('阻'은 '거절하다, 물리치다'이다)." 《釋文》: "阻, 莊呂反(여기서 '阻'는 '莊呂反'이다)." 《管子·宙合》: "是以古之人, 阻其路, 塞其遂(이 때문에 옛사람들은 폐단의 길을 차단하고, 폐단의 통로를 막는다)." 《說文》: "阻, 險也('阻'은 '험준하다'이다)." 《周禮·夏官·司馬》: "司險, 掌九州島之圖, 以周知其山林川澤之阻, 而達其道路(사험은 구주의 지도를 맡으며, 산림이나 천택의 막힌 곳을 두루 알아 그 막힌 곳을 뚫는다)." 《左傳·僖公二十二年》: "古之爲軍也, 不以阻隘也(옛날의 전쟁에서는, 험한 지형을 이용하여 적을 공격하지 않았다)."

肅(숙: 고요하다, 오그라지다) *ɕuk , 息逐切, 《廣韻》: "恭也, 敬也, 戒也('공경하다, 엄숙하다'이다)." [《爾雅》: "肅肅, 敬也('肅肅'은 '공경하는 모양'이다)." 《莊子·田子方》: "至陰肅肅, 至陽赫赫; 肅肅出乎天, 赫赫發乎地(지극한 음기는 고요하고 차갑고, 지극한 양기는 밝게 빛나고 뜨거우니, 고요하고 찬 음기는 하늘에서 나오고, 뜨거운 양기는 땅에서 나온다)." 《史記·刺客列傳》: "風蕭蕭兮易水寒, 壯士一去兮不復還?(바람은 쓸쓸하고 역수 물은 차구나. 장사 한 번 가면 돌아오지 못하리)" 《水經注·漯水》: "南崖下有風穴, 闕大容人, 其深不測, 而穴中肅肅, 常有微風, 雖三伏盛暑, 猶須襲裘, 寒吹陵人, 不可暫停(남쪽 절벽 아래엔 바람 동굴이 있는데, 구멍이 커서 사람이 들어간다. 그 깊이는 헤아리기 어려울 정도이며, 동굴 안은 고요하다. 항시 미풍이 있는데, 비록 삼복의 여름이라 해도 갖옷을 입어야 하며, 찬바람이 불어 사람 몸속이 서늘하여 잠시도 서 있을 수 없다)."] 《詩經·七月》: "九月肅霜, 十月滌場(구월엔 된서리 내리고 시월엔 타작마당을 치우네)." 傳: "肅, 縮也, 霜降而收縮萬物('肅'은 '움츠리다'인데, 서리가 내려 만물이 움츠리게 한다)." 《禮記·月令》: "寒氣時發, 草木皆肅, 國有大恐(한기가 때때로 생겨나고, 초목이 모두 시들고, 나라에 놀랄만한 큰일이 있게 된다)." 注: "肅謂枝葉縮栗('肅'는 가지와 잎이 모두 시드는 것이다)." **縮(축: 움츠리다, 물러나다)** *ɕ/r/uk , 所六切, 《廣韻》: "斂也, 退也('오그라들다, 물러나다'이다)." 《呂氏春秋·古樂》: "民氣鬱閼而滯者, 筋

骨瑟縮不達, 故作爲舞以倡導之(백성의 기가 답답하고 막혀서, 근골이 위축되어 신체가 발달하지 못했다. 그래서 춤을 만들어 백성을 인도하고 가르쳤다).”《史記·屈原賈生列傳》: “夫固自縮而遠去(스스로 물러나 멀리 떠나버리는구나).”《史記·龜策列傳》: “延頸而前, 三步而止, 縮頸而卻(목을 길게 늘어뜨리고 앞으로 세 걸음 나아가 멈추고는 다시 목을 움츠리고 물러났다).”

秀(수: 꽃이 피다, 빼어나다) *s<u>u</u>s , 息救切,《廣韻》: “出也, 榮也(‘빼어나다, 꽃이 피다’이다).”《廣雅》: “秀, 出也(‘빼어나다’이다).”《詩經·七月》: “四月秀葽, 五月鳴蜩(사월에는 강아지풀 피고, 오월에는 매미 우네).”《詩經·生民》: “實種實褎, 實發實秀(쑥쑥 자라 오르고, 이삭이 패어 여물고).”《論語·子罕》: “苗而不秀者有矣夫!(싹은 틔웠으나 꽃을 피우지 못하는 것도 있고)”《禮記·月令》: “王瓜生, 苦菜秀(하눌타리가 나오고 씀바귀가 돋는다).” ‘秀’는 곡물이 ‘이삭이 패고 꽃가루가 날리는 것(抽穗揚花)’을 가리킨다. **抽(추: 뽑다) *s/r/<u>u</u>** , 丑鳩切,《廣韻》: “拔也, 引也. 㨨, 上同. 擂, 上同, 見《說文》(‘뽑다, 당기다’이다. ‘㨨’는 위와 같다. ‘擂’는 위와 같으며 〈설문〉에 보인다).”《廣雅》: “抽, 拔也(‘抽’는 ‘뽑다’이다).”《詩經·清人》: “左旋右抽, 中軍作好(좌측으로 말을 몰고 우측으로 활을 뽑으며, 중군 모습 씩씩하도다).” 傳: “抽, 抽矢以射(여기서 ‘抽’는 화살을 뽑아 쏘는 것이다).”《詩經·楚茨》: “楚楚者茨, 言抽其棘(무성한 가시밭에 그 가시 뽑아내어).”《左傳·襄公二十四年》: “抽弓而射(활을 꺼내어 쏘았다).”《左傳·襄公二十六年》: “戌怒, 抽戈逐王子圍, 弗及(穿封戌이 노하여 창을 뽑아 들고, 王子圍를 추격했으나 따라잡지 못했다).”《韓非子·外儲說右下》: “因下抽刀而刎其腳(수레에서 내려 칼을 뽑아 말의 다리를 베어버렸다).”

夷(이: 평평하다) *z<u>i</u>r , 以脂切,《廣韻》: “平也(‘평평하다’이다).”《詩經·草蟲》: “亦既覯止, 我心則夷(또 그를 만나면, 나의 마음은 평온해진다).” 傳: “夷, 平也(‘夷’는 ‘평온하다’이다).”《詩經·桑柔》: “亂生不夷, 靡國不泯(난이 일어나도 평정되지 않으니 그 나라가 망하지 않을 수 없도다).” 傳: “夷, 平也(‘夷’는 ‘평온하다’이다).”《莊子·胠篋》: “夫川竭而谷虛, 丘夷而淵實(무릇 냇물이 마르면 골짜기가 비게 되고, 언덕이 허물어지면 연못이 메워진다).” 또 경험주를 객체에게 전이시킬 수 있다.《韓非子·內儲說下》: “吾一朝而夷三卿, 予不忍盡也(내가 하루아침에 三卿을 멸하였는데, 나는 차마 모두 다 죽이지는 못하겠다).”《左傳·隱公六年》: “如農夫之務去草焉, 芟夷蘊崇之(마치 농부가 힘써 잡초를 제거한 후, 잡초를 베어서 한곳에 모아 쌓아놓는 듯하다).” 注: “夷, 殺也(‘夷’는 ‘죽이다’이다).” **薙(치: 풀 깎다)** ***d/r/i̱r**^{B} , 直幾切, 《廣韻》: “芟草(‘풀을 베다’).”《說文》: “薙, 除草也(‘薙’는 ‘풀을 제거하다’이다).”《呂氏春秋·六月紀》: “燒薙行水, 利以殺草(풀을 베어 태우고 난 뒤 물을 대면, 그 풀을 제거하는데 이롭다).” 《周禮·秋官·司寇》: “薙氏掌殺草(치씨는 잡초 제거 일을 관장한다).” 注: “書或作夷(글자를 혹은 ‘夷’로도 쓴다).” [《左傳·昭公十七年》: “五雉爲五工正, 夷民者也(五雉는 다섯 가지 工藝를 맡은 장관으로, 백성들의 분배를 공평하게 하는 관직이다).” 注: “雉, 夷也(여기서 ‘雉’는 ‘평평하게 하다’이다.”)]

侏(주: 난장이) ***to̱** , 章俱切,《廣韻》: “侏儒, 短人(‘난장이’).”(‘侏儒’는 同義聯合詞이다.)《韓非子·內儲說上》: “侏儒有見公者(靈公을 뵌 어떤 난쟁이가 있어).” 글자는 본래 ‘朱’로 썼고 발음은 동일하다.《左傳·襄公四年》: “我君小子, 朱儒是使; 朱儒朱儒, 使我敗於邾(우리 임금 너무 어려 난쟁이를 장수로 보내셨네. 난쟁이여 난쟁이여! 아군을 邾의 군대에 패하게 시켰네).” 注: “臧紇短小, 故曰朱儒(여기서 臧紇이 키가 작아서 ‘난장이’라 한 것이다).”《釋文》: “朱或作侏, 亦音朱(여기서 ‘朱’의 혹체는 ‘侏’이고, 또한 음이 ‘朱’이다).” 나중엔 ‘㑏’로도 썼다. **㑏(주: 난장이)** ***to̱** , 章俱切,《廣韻》: “㑏儒(‘난장이’).” **豎(수: 더벅머리, 심부름하는 아이)** ***do̱**^{B} , 臣庾切,《廣韻》: “童仆之未冠者(‘더벅머리’).”《左傳·成公十年》: “公夢疾爲二豎子(景公이 꿈을 꾸니, 病이 두 더벅머리 아이가 되었는데).”《荀子·仲尼》: “仲尼之門, 五尺之豎子, 言羞稱乎五伯(仲尼의 문하에 오척의 동자조차도 오패를 거론하기를 부끄럽게 생각하였다).” **列(렬: 찢다, 분해하다)** ***tro̱** , 陟輸切,《廣韻》: “列殺(‘찢어 죽이다’).” 이는 ‘誅’와 통한다. **誅(주: 꾸짖다, 주살하다)** ***t/r/o̱** , 陟輸切,《廣韻》: “責也.《釋名》云: 罪及餘曰誅, 如誅大樹枝葉盡落(‘꾸짖다’이다. 〈석명〉에 이르길, ‘죄가 다른 이에게 미치면 誅라 하는데, 마치 큰 나무를 베어 가지와 잎이 다 떨어지는 것과 같다’).”《左傳·襄公二十五年》: “見不仁者誅之, 如鷹鸇之逐鳥雀也(不仁한 자를 보거든 주살하는데, 마치 새매가 참새를 채듯이 하라).”《莊子·至樂》: “將子有亡國之事, 斧鉞之誅, 而爲此乎?(아니면 그대는 나라가 멸망을 했거나 도끼로 주살당하는 형벌에

처해져 이렇게 된 것인가?)[132]" 《韓非子·姦劫弑臣》: "哀憐百姓不忍誅罰者, 此世之所謂惠愛也(백성을 가엾게 여겨 차마 주벌하지 못하는데, 이를 일컬어 세상에서는 은혜와 사랑이라고 부른다)." **株(주: 그루터기)** ***t/r/o̲**, 陟輸切, 《廣韻》: "木根也('나무 그루터기'이다)." 株, 《說文》: "株, 根也. 从木朱聲('株'는 '나무의 뿌리 부분'이다. '木'를 따르고 '朱'가 성부이다)." 《慧琳音義》卷六: "殺樹之餘曰株('나무를 베고 난 나머지 부분'을 '株'라 한다)." 卷三: "株, 殺樹之餘也('株'는 '나무를 베고 난 나머지 부분'이다)." 《韓非子·五蠹》: "田中有株, 兔走, 觸株折頸而死(밭 가운데에 그루터기가 있는데, 토끼가 달려와 그루터기를 들이받고는 목이 부러져 죽었다)."

三

內動詞(形容詞)에 /r/접요사를 첨가하면 外動詞로 변할 수 있다. 그러나 /r/접요사를 첨가한 外動詞를 內動詞(形容詞)의 '使動形式'이라고 해석할 수는 없다. 예컨대, '薄'과 '迫'의 관계와 같다. 따라서 이러한 형용사는 使動 용법이 있을 수 있다. 예컨대, "省刑罰, 薄稅斂, 深耕易耨(형벌을 줄이시고 세금을 적게 거두신다면, 백성들이 밭을 깊이 갈고 김을 잘 맬 것입니다)."(《孟子·梁惠王上》) 여기서 "薄稅斂"의 '薄'은 '薄'의 使動 용법이다. 중간의 간격이 '薄(엷다)'해지면 쌍방이 함께 기댈 수 있는데, 이로써 '薄'은 '가까이하다, 접근하다(靠近, 接近)'의 의미가 생겼다. 예를 들어, "薄而觀之(가까이 가서 보다)."(《左傳·僖公二十三年》)가 그러하다. 여기서 더 발전하여, '다그치다, 핍박하다(迫近, 逼迫)' 등의 의미가 파생되었다. '薄'은 형용사로서 묘사하거나 명사를 수식하는 데 사용되며, 동작의 지향은 없다. 필자가 보기에, **상고한어 /r/접요사의 의미는 "동사나 형용사에 대해 특정 객체를 향한 동작 지향을 확정"하는 것이다.** 예를 들어, "儒有可親而不可劫也; 可近, 不可迫也; 可殺而不可辱也(선비는 친할 수 있어도 겁을 줄 수는 없으며, 가까이할 수는 있어도 다그칠 수는 없다. 또 죽일 수는 있어도 욕보일 수는 없다)."(《禮記·儒行》), "迫孔悝於廁強盟之(孔悝를 담장

132 [역주] 여기서 '將'은 '아니면'의 의미이다.

모퉁이로 몰아붙여 맹약을 강요했다)."(《左傳·哀公十五年》)가 있다. '迫'은 한 걸음씩 객체를 향해 접근하여 객체의 공포를 유발해 주체의 요구에 답하게 하는 것이다. 이렇게 그것은 '특정 개체'를 향한 '동작지향'을 확정하고 있는데 **이러한 /r/접요사를 첨가한 동사는 모두 '受力體'가 있는 外動詞들이다.**

烝(증: 김이 오르다, 김을 올려 찌다, 바치다) *teŋ, 煮仍切, 《說文》: "火氣上行也('불기운이 위로 올라가는 것'이다)." 《國語·周語上》: "陽伏而不能出, 陰迫而不能烝, 於是有地震(陽이 잠복하여 밖으로 나오지 못하고 陰이 압박하여 陽이 위로 오르지 못하니, 이로써 지진이 일어나게 된다)." 《墨子·節用中》: "逮夏, 下潤濕, 上熏烝(여름이 되면, 아래에선 습기가 차고 위에서는 열기가 오른다)." 또한 피동작주를 가질 수 있는데, 이는 즉, '施力者'의 '受力體'이다. 《詩經·生民》: "釋之叟叟, 烝之浮浮(쌀을 싹싹 씻어, 김이 뭉게뭉게 오른다)." 《韓非子·難一》: "易牙烝其子首而進之(易牙는 제 자식의 머리를 삶아서 바쳤다)." 나중에 글자는 '蒸'으로 쓰며 발음은 같은 '煮仍切'이다. 《國語·周語上》: "陽氣俱蒸, 土膏其動(양기가 모두 위로 오르고, 흙의 윤기가 움직이게 된다)." 《墨子·辭過》: "蒸炙魚鱉(물고기와 자라를 찌고 구워)." 《管子·輕重丁》: "獵漁取薪, 蒸而爲食(고기를 잡고 땔감을 구해, 쪄서 먹고 산다)." 《韓非子·二柄》: "易牙蒸其子首而進之(易牙는 제 자식의 머리를 삶아서 바쳤다)." '烝'은 '위로'의 의미로부터 '진상하다(進)'의 의미로 발전하였다. 《爾雅》: "烝, 進也('烝'은 '바치다'이다)." 《詩經·豐年》: "爲酒爲醴, 烝畀祖妣(술도 만들고 단술도 만들어, 조상님께 나아가 바치니)." 鄭箋: "烝, 進('烝'은 '바치다'이다)." 《廣韻》: "蒸, 進也('蒸'은 '바치다'이다). 《爾雅》云: 冬祭曰蒸. 《經典》亦作烝('겨울 제사'를 '蒸'이라 말한다. 〈경전〉에선 '烝'으로도 쓴다)." 《爾雅》: "冬祭曰蒸('겨울 제사'를 '蒸'이라 한다)." 注: "進品物也(즉, 물품을 바치는 것이다)." 《國語·魯語下》: "社而賦事, 蒸而獻功(봄에 社祭를 지내고 나서 일을 부여하고, 겨울에 烝祭를 지내고 나서 일한 결과를 바치게 한다)." **徵(징: 부르다, 거두다) *t/r/eŋ**, 陟陵切, 《廣韻》: "召也('부르다'이다)." 《說文》: "徵, 召也. 行於微而文達者, 卽徵之('徵'은 '부르다'이다. 행동이 감추어져 있으나 명성이 알려져 있는 이를 부르는 것이다)." 《戰國策·楚策四》: "徵莊辛於趙(趙나라에 있는 장신을 부르게 하다)." 《莊子·人間世》: "上徵武士, 則支離攘臂而遊於其間(나라에서 군인을 징집하면, 지리소는 팔뚝을 걷고는 그 사이를 유유히 돌아다녔다)." '徵'의 대상은 사람일 수도 있고 사물일 수도 있다.《周禮·地官·司徒》: "以時徵其賦(때에 따라 세금을 징수하다)."《呂氏春秋·達鬱》: "日暮矣, 桓公樂之而徵燭(해가 저물자, 환공은 즐거이 여겨 촛불을 밝히자고 했다)."

章(장: 밝다, 나타나다) *taŋ, 諸良切,《廣韻》: "又明也('밝다'이다)."《左傳·莊公二十四年》: "男贄, 大者玉帛, 小者禽鳥, 以章物也(男子의 폐백은 존귀한 이는 玉帛으로 알현하고, 낮은 자는 날짐승과 들짐승으로 알현하여서 이렇게 각각의 물건을 드러낸다)."《國語·魯語上》: "男則玉帛禽鳥, 以章物也(남자는 옥, 비단, 짐승, 새를 사용하는데, 이로써 尊卑의 물건을 밝힌 것이다)." 注: "章, 明也('章'은 '밝히다'이다)."《國語·周語中》: "章怨外利, 不義(원한을 밖으로 드러내고 이로움이 밖으로 나가게 하는 것은 의롭지 못하다)." 注: "章, 明也('章'은 '밝히다'이다)." '章'은 밝기가 어두움에서 밝음으로 점점 변화한다. 글자는 나중에 또 '彰'으로도 썼다. '彰(창)'은 '諸良切'이다.《廣韻》: "明也('밝히다'이다)."《孟子·告子下》: "尊賢育才, 以彰有德(현자를 높이고 인재를 길러서, 덕이 있는 이를 표창하라)."《禮記·表記》: "彰人之善而美人之功, 以求下賢(사람의 착한 것을 밝히고, 사람의 공을 찬양하여, 아래의 현명한 자를 구한다)." **張(장: 펴다, 벌리다) *t/r/aŋ**, 陟良切,《廣韻》: "張施也('張'은 '펴다'이다)."《道德經》: "將欲歙之, 必固張之; 將欲弱之, 必固強之(장차 움츠러들게 하려면 반드시 먼저 벌어지게 하고, 장차 약하게 하려면 반드시 먼저 강하게 하여)."《禮記·曲禮上》: "張弓尚筋, 弛弓尚角(메운 활은 줄이 위로 가도록 하고, 풀어진 활은 활등이 위로 가게 하여)."《韓非子·外儲說右下》: "善張網者引其綱(그물을 잘 치는 자는 그물의 벼리를 잡아당긴다)." '張'은 물체를 점차 크게 벌리는 것이다.

瀹(약: 데치다, 삶다, 담그다) *zɯk, 以灼切,《廣韻》: "又漬也('담그다'이다)."《說文》: "瀹, 漬也('瀹'은 '담그다'이다)."《儀禮·既夕禮》: "菅筲三, 其實皆瀹(거적과 대그릇은 3개이며, 그곳을 채울 것은 데친다)." 注: "米麥皆湛之湯(쌀과 보리는 모두 탕에 담근다)." 疏: "黍稷皆淹而漬之(기장은 모두 담가 데친다)."《玉篇》: "瀹, 煮也, 內菜湯中而出也('瀹'은 '삶다, 데치다'이다. 즉, 채소를 탕 속에 넣었다가 꺼낸다)."《管子·侈靡》: "雕卵然後瀹之, 雕橑然後爨之(알을 치장한 뒤 삶아 먹고, 땔감에 조각한 뒤 불을 땐다)." 글자는 또 '鬻'로도 쓴다. **鬻(약:**

데치다, 삶다)** *zɯ̱k , 以灼切, 《廣韻》: "內肉及菜湯中薄出之(고기와 채소를 탕 속에 넣었다가 뺀다)." 《說文》: "鬻, 內肉及菜湯中薄出之('鬻'은 '고기와 채소를 탕 속에 넣었다가 살짝 빼는 것이다)." 또 일종의 祭名으로 쓰여서 글자를 '禴'으로 쓰기도 한다. **禴(약: 제사이름)** *zɯ̱k , 以灼切, 《廣韻》: "祭名('제사이름')." 《漢書·郊祀志下》: "東鄰殺牛, 不如西鄰之禴祭(동쪽 이웃이 소를 잡아 성대하게 제사 지내는 것은, 서쪽 이웃이 간소한 禴제사를 지내는 것만 못하다)[133]." 注: "禴祭, 謂禴煮新菜以祭(여기서 '禴祭'는 '새로운 채소를 삶아 제사를 지내는 것'이다)." **濯(탁: 씻다)** *z/r/ɯk , 直角切, 《廣韻》: "澣濯('씻다')." 《詩經·泂酌》: "泂酌彼行潦, 挹彼注茲, 可以濯罍(멀리 저 길바닥에 고인 물을 떠서 이곳에 붓더라도, 술독을 깨끗이 씻을 수 있다네)." 《楚辭·漁父》: "滄浪之水清兮, 可以濯吾纓. 滄浪之水濁兮, 可以濯吾足(창랑의 물이 맑으면 갓끈을 씻을 수 있고, 창랑의 물이 탁하면 발을 씻을 수 있다네)." 《左傳·襄公二十一年》: "在上位者灑濯其心(윗자리에 있는 사람은 그 마음을 깨끗이 씻는다)."

恃(시: 믿다) *de̱^{B} , 時止切, 《廣韻》: "依也, 賴也('믿다, 의지하다'이다)." 《說文》: "恃, 賴也('恃'는 '의지하다'이다)." 《詩經·蓼莪》: "無父何怙, 無母何恃(아비 없이 누구를 믿고, 어미 없이 누구를 믿을꼬)." 《釋文》: "恃, 負也(여기서 '恃'는 '믿다'이다)." 《左傳·成公三年》: "許恃楚而不事鄭, 鄭子良伐許(許나라가 楚나라를 믿고 鄭나라를 섬기지 않아, 鄭나라 子良이 許나라를 토벌하였다)." 《左傳·宣公十年》: "滕人恃晉而不事宋(滕人이 晉나라를 믿고 宋나라를 섬기지 않았다)." 《莊子·徐無鬼》: "恃源而往者也(하수는 근원에 의지해서 흘러가는 것이다)." 《釋文》: "本亦作持(본래는 '持'로 되어 있다)." **持(지: 가지다)** *d/r/e̱ , 直之切, 《廣韻》: "執持('가지다')." 《說文》: "持, 握也('持'는 '잡다'이다)." 《左傳·哀公二年》: "蒯聵不敢自佚, 備持矛焉(저 蒯聵도 감히 스스로 편안히 있을 수 없어서 창을 드는 車右가 되었다)." 《禮記·射義》: "持弓矢審固, 則射中矣(활과 화살을 굳게 쥐고, 과녁을 주시해야 명중할 수 있다)." 《莊子·秋水》: "莊子持竿不顧(장자는 낚싯대를 쥔 채 돌아보지도 않았다)." 《墨子·備梯》: "持衝十人, 執劍五人, 皆以有力者(충거에는 10명, 검을 가진 병사는 다섯을 배치하는데, 모두 힘 있는 자를 배치한다)."

133 [역주] '禴'제사는 四時의 제사 중 가장 박한 제사이다.

동사 '恃'가 가지는 것은 무형의 가질 수 없는 물건이다. 반면, 동사 '持'가 가지는 것은 유형의 가질 수 있는 물건이다. 둘을 비교해보면, 후자가 훨씬 더 강한 동작성이 있다. 위에서 언급했듯이, 접요사/r/은 '동사가 객체를 지향'하는 '동작지향'을 확정한다. 따라서 동사 '持'의 주체는 그 동작이 직접적으로 객체를 지향한다. 그러나 객체는 주체가 제어 가능한 피동작주이며 施力者의 '受力體'가 된다. "滕人恃晉"에서 '晉'은 '滕人'이 제어 가능한 대상이 아니다. 반면, "莊子持竿"에서의 '竿'은 '莊子'가 제어할 수 있는 대상이다. **접요사 /r/을 갖는 동사는 그 가리키는 동작이 보다 구체적일 뿐 아니라 객체의 피동성을 더욱 부각시킨다.**

斫(작: 베다, 자르다) *__tak__ , 之若切, 《廣韻》: "刀斫('칼로 베다')." 《韓非子·姦劫弒臣》: "公墜, 崔子之徒以戈斫公而死之, 而立其弟景公(공은 담장에서 떨어졌고, 최저의 무리가 창으로 장공을 베어 죽이고는 장공의 아우 景公을 세웠다)." 《呂氏春秋·音初》: "斧斫斬其足, 遂爲守門者(도끼로 그 발을 찍어내었고, 마침내 그는 문지기가 되었다)." 《史記·孫子吳起列傳》: "乃斫大樹白而書之(큰 나무를 도끼질하여 하얗게 벗겨내고 거기에 글을 썼다)." **磔(책: 찢다, 가르다)** ***t/r/ak** , 陟革切, 《廣韻》: "張也, 開也, 《爾雅》曰祭風曰磔('벌리다, 열다'이다. 〈이아〉에 이르길, '祭風'을 '磔'이라 한다)." 《說文》: "磔, 辜也('磔'는 '사지를 찢어 말리다'이다)." 《莊子·盜跖》: "無異於磔犬, 流豕, 操瓢而乞者((이 여섯 선생들은) 제사에 쓰려 찢어발긴 개나, 제물로 강물에 던져진 돼지, 아니면 바가지를 들고 걸식하는 거지와 다를 것이 없다)." 《禮記·月令》: "磔攘以畢春氣(희생을 찢어서 걸어 놓아 봄의 사기를 끝낸다)." 注: "磔牲以攘於四方之神(즉, 희생을 찢어 사방의 신에게 걸어 놓는 것이다)." 《釋文》: "磔, 竹伯反(여기서 '磔'은 '竹伯反'이다)." 《韓非子·內儲說上》: "夫罪莫重辜磔於市, 猶不止者, 不必得也(죄 중에 시장에서 찢겨 죽는 형벌보다 심한 것이 없는데, 그런데도 그치지 않는 것은 반드시 붙잡히는 것은 아니기 때문이다)." 《荀子·宥坐》: "吳子胥不磔姑蘇東門外乎?(吳나라의 伍子胥가 姑蘇城의 동문 밖에서 그 시체가 버려지지 않았는가?)" 注: "磔, 車裂也('磔'은 '거열형'이다)." 《史記·酷吏列傳》: "廣漢李貞擅磔人(광한군의 이정은 제멋대로 사람을 찢었다)."

穫(확: 벼베다) ***ʁak** , 胡郭切, 《廣韻》: "刈也('베다'이다)." 《說文》: "穫, 刈穀也('穫'은 '곡식

을 베다'이다)."《詩經·七月》: "八月剝棗, 十月穫稻(팔월에는 대추 따고, 시월에는 벼를 벤다)."《詩經·小明》: "歲聿云莫, 采蕭穫菽(올해도 저물어 가려는데, 쑥을 베고 콩을 거두네)."《呂氏春秋·貴因》: "適令武王不耕而穫(꼭 무왕으로 하여금 밭을 갈지 않고도 수확하게 한 꼴이다)."《呂氏春秋·審時》: "稼就而不穫, 必遇天菑(농사일이 완결되었는데도 수확을 하지 않으면 반드시 천재를 만난다)."《管子·權修》: "一樹一穫者, 穀也; 一樹十穫者, 木也; 一樹百穫者, 人也(한번 심어 한번 거두는 것이 곡식이며, 한번 심어 열 번 거두는 것이 나무이다. 한번 심어 백번 거두는 것이 바로 사람이다)." **獲(획: 얻다) *ʁ/r/ak**, 胡麥切,《廣韻》: "得也('얻다'이다)."《詩經·巧言》: "躍躍毚兔, 遇犬獲之(교활한 토끼 뛰어대지만, 사냥개 만나 잡히도다)."《詩經·出車》: "執訊獲醜, 薄言還歸(심문할 괴수와 그 부하를 잡아 잠깐 돌아오네)."《左傳·僖公二十二年》: "邾人獲公冑, 縣諸魚門(邾나라 사람이 公의 투구를 노획하여 魚門에 달아 놓았다)."《孟子·滕文公下》: "終日而不獲一禽(종일토록 한 마리의 짐승도 못 잡았네)."

따라서 /r/접요사를 첨가한 동사는 피동문에서 서술어가 될 수 있는데, 위의 '磔'이 그러하다. 이에 반해, 동사 원형은 단지 능동문에서만 서술어가 된다. 이것이 바로 /r/을 첨가한 파생어와 원형 간의 현저한 차이점이다. '穫'은 '(곡물을) 수확하다'로 사용범위가 비교적 좁다. 그 수확의 대상이 이미 확정이 되었기 때문이라 '穫' 또한 피동작주 목적어를 갖지 않는다. '獲'은 사용범위가 매우 넓고, 수확의 대상이 다양하다. 그래서 구체적인 사물도 되고 추상적인 일도 가능하다. 예컨대, "獲罪於天, 無所禱也(하늘에 죄를 얻으면 빌 곳이 없다)."(《論語·八佾》)가 있다. 그 대상이 정해지지 않아, '獲'이 서술어가 될 때, 항시 피동작주 목적어를 갖는다. **'穫'과 '獲'의 비교를 통해 알 수 있는 분명한 차이점은 전자는 '수동(피동)'으로 전환이 불가능하나, 후자는 '수동(피동)'으로 전환이 가능하다는 것이다.** 예컨대, "將爲三軍獲((그대가 정지한다면) 그대는 우리 三軍의 포로가 될 것이다)."(《左傳·襄公十八年》)이 있다. 이는 곧 */r/이 타동화(及物化) 기능을 갖춘 동작성 동사의 접요사라는 것을 설명한다.

四

우리는 중고한어의 二等자(知莊組포함)가 상고한어에서 반드시 개음/r/을 갖는 것은 아니라는 사실을 알아야 한다. 예컨대, 우리가 익히 알고 있는 '怕'자가 그러하다. '怕'은 '普駕切'로《廣韻》에서 "怕懼('두려워하다')."라고 나온다. '怖'는 '普故切'로《廣韻》에서 "惶懼也('두려워하다')."로 나온다. '怕'는《廣韻》에서 二等 禡韻에 속하고 단지 '怖'의 상고한어 독음만 보존하고 있을 뿐이다. 상고한어의 한 어음형식이《廣韻》에서 반드시 단지 하나의 어음형식과만 대응하는 것은 아니다. 항시 두 개 심지어 둘 이상의 어음형식과 대응한다. 이러한 **'多對一' 현상은 형태적 원인도 있겠고 또 방언이나 雅俗 차이의 원인도 있다.** '怖'는 雅言에서 음운 변화 규칙에 따라 '普故切'로 변화하였고 俗語에서는 조기 중국어의 독음을 보존하여 '普駕切'로 되었다.《廣韻》에서는 '怕'와 같은 이러한 독음을 많이 수록하고 있다.

垂(수: 드리우다) *do̱r , 是爲切,《廣韻》: "草木葉懸(초목의 잎사귀가 드리워있는 것이다)."《詩經·芄蘭》: "容兮遂兮, 垂帶悸兮(늘어진 듯 처진 듯, 드리운 띠가 흔들거리네)."《詩經·都人士》: "彼都人士, 垂帶而厲(저 왕도 사람이여. 큰띠를 길게 드리웠네)."《易·繫辭上》: "天垂象, 見吉凶, 聖人象之(하늘이 象을 드리워 吉凶을 보이자, 성인이 이것을 본떴다)."《左傳·昭公元年》: "伍擧知其有備也, 請垂櫜而入(伍擧는 鄭나라에 방비가 있음을 알고서, 빈 활집만을 메고 들어가기를 청하였다)." **縋(추: 매어달다) *d/r/o̱rs** , 馳僞切,《廣韻》: "繩懸也('매어달다'이다)."《說文》: "縋, 以繩有所縣也('縋'는 밧줄로 물건을 매달고 있는 것이다)." 段玉裁注: " 以繩系物垂之是爲縋. 縋之言垂也('줄로 물건을 묶어 매달고 있는 것'을 '縋'라 한다. '縋'란 말은 곧 '垂'이다)."《左傳·僖公三十年》: "夜縋而出, 見秦伯(밤에 밧줄에 매달려 성밖으로 나가서, 秦伯을 만났다)."《釋文》: "縋, 丈僞反(여기서 '縋'는 '丈僞反'이다)."《左傳·襄公十九年》: "夜縋納師, 醢衛於軍(밤에 성 밖으로 밧줄을 늘어뜨려 齊나라 군사를 城으로 들이고는, 夙沙衛를 잡아서 軍中에서 젓을 담갔다)."《釋文》: "縋, 直僞反(여기서 '縋'는 '直僞反'이다)."《左傳·昭公十九年》: "子占使師夜縋而登(子占은 군사들에게 밤에 밧줄을 타고서 성 위로 올라가게 했다)."《釋文》: "縋, 直僞反(여기서 '縋'는 '直僞反'이다)." **錘(추: 저울추) *d/r/o̱rs** , 馳僞切,《廣韻》:

"稱錘, 或作鎚('저울추'로, 혹체로 '鎚'로도 쓴다)."《韓非子·外儲說左上》: "晉國之辭仕托者國之錘[134](晉나라 백성들 중에 벼슬이나 의탁을 그만두는 자가 나라의 절반이나 되었다)." 또한 '垂'의 異體字이다.《揚子·太玄經》: "帶其鉤鞶, 錘以玉鐶(허리띠를 두르고 옥을 드리우다)."《鄧析子·無厚》: "譬如拯溺錘之以石, 救火投之以薪(마치 물에 빠진 사람에게 돌을 던져 구하는 것과 같고, 땔나무를 던져 불을 끄려고 하는 것과 같다)." **硾(추: 눌러짜다, 가라앉히다)** ***d/r/o̲rs**, 馳僞切,《廣韻》: "鎭也.《呂氏春秋》云: 硾之以石('누르다'이다. 〈여씨춘추〉에 이르길, '돌로 누르다'라고 한다)."《呂氏春秋·勸學》: "是拯溺而硾之以石也(이는 물에 빠진 자를 구하고자 도리어 돌로 누르는 것이다)." 역시 '垂'의 異體字이다.《孔叢子·嘉言》: "上懸之於無極之高, 下垂之於不測之深(위로는 끝없이 높은 곳에 매달고, 아래로는 헤아릴 수 없이 깊은 곳까지 드리우다)."

植(식: 가운데를 잠그는데 쓰는 세우는 나무) ***de̲k**, 常職切,《說文》: "戶植也('문가운데를 잠그는데 쓰는 세우는 나무'이다)."《左傳·定公十年》: "左右皆至而立如植(문의 좌우로 걸어가서 모두 성문 앞에 이른 후, 나무처럼 꼿꼿이 섰다)." 段玉裁注: "植之引申爲凡植物, 植立之植('植'에서 파생되어 모든 '植物', '植立(직립하다)'의 '植'이 나왔다)." **植(식: 심다)** ***de̲k**, 常職切,《廣韻》: "種植也('심다'이다)." [植, 丞職切,《集韻》: "《說文》: 戶植也, 一曰樹立也('문가운데를 잠그는데 쓰는 세우는 나무'이다, 한편으로 '세우다'도 된다)."]《周禮·地官·司徒》: "植虞旗於中, 致禽而珥焉(산우의 깃발을 중앙에 꽂고, 사냥에서 잡은 새의 귀를 바친다)." 注: "植猶樹也('植'은 '樹'와 같다)."《釋文》: "植, 時力反, 又音值(여기서 '植'은 '時力反'이고, 또 음이 '值'이다)."《周禮·夏官·司馬》: "令獲者植旌(사냥에 포획한 자에게는 깃발을 꽂아준다)." 鄭注: "植, 樹也('植'은 '樹'와 같다)."《釋文》: "植, 直吏反, 又時力反(여기서 '植'은 '直吏反'이고 또 '時力反'이다)."《莊子·外物》: "草木之到植者過半而不知其然(초목이 거꾸로 선 것이 반이 넘게 되어도, 그렇게 된 줄 모른다)."《釋文》: "植, 時力反, 又音值, 立也, 本亦作置(여기서 '植'은 '時力反'이고 또 음이 '值'이다. '서다'이다. 본래는 또 '置'로도 쓴다)."《論語·微子》: "植其杖而芸(그 지팡이를 땅에 꽂아놓고 김을 맸다)."《釋文》: "植, 音值, 又市力反(여기서 '植'은 음이

134 [역주] 여기서 '錘'는 '垂'와 같은 의미로, '거의 가깝다'란 의미이다.

‘值’이다. 또 ‘市力反’이다).” **植(치: 꽂다)** ***d/r/e̲ks** , 直吏切, 《廣韻》: “種也(‘심다’이다).” [植, 直吏切, 《集韻》: “種也(‘심다’이다).”] ‘심다(種植)’의미에서 ‘번식하다(繁殖)’로 파생되었다. **殖(식: 번성하다, 붙다)** ***de̲k** , 常職切, 《廣韻》: “多也, 生也(‘많다, 생기다’이다).” 《左傳·隱公六年》: “絕其本根, 勿使能殖(남은 뿌리를 잘라서 다시 번식할 수 없게 하다).” 《左傳·襄公二十九年》: “松柏之下, 其草不殖(松柏 밑에는 풀이 번식하지 못한다).” 《左傳·襄公三十年》: “我有子弟, 子產誨之, 我有田疇, 子產殖之, 子產而死, 誰其嗣之(우리의 子弟를 子產이 가르치고, 우리의 밭을 子產이 붙게 하였네. 子產이 죽으면 누가 그 뒤를 이으리).” 《釋文》: “殖, 時力反, 徐是吏反, 此協下韻(여기서 ‘殖’은 ‘時力反’이고, 徐씨의 음은 ‘是吏反’이다. 이는 아래 운과 협운한다).” 이 ‘殖’은 사실상 ‘植’이다. **值(치: 두다, 가지다, 만나다, 당하다)** ***d/r/e̲ks** , 直吏切, 《廣韻》: “持也, 措也(‘가지다, 두다’이다).” 《說文》: “值, 措也(‘值’는 ‘두다’이다).” 《詩經·宛丘》: “無冬無夏, 值其鷺羽(겨울도 없고 여름도 없이, 백로 깃일산 들고 춤을 추네).”(《太平御覽·冬上》: “無冬無夏, 植其鷺羽.”)

注(주: 물대다) ***to̲s** , 之戍切, 《廣韻》: “灌注也, 又注記也(‘물대다’, ‘주해하다’이다).” 《詩經·泂酌》: “挹彼注茲, 可以濯罍(이곳에 갖다 부어서 술잔을 씻는다).” 《孟子·滕文公上》: “禹疏九河, 瀹濟漯, 而注諸海(우임금이 구하를 소통시키고, 제수와 탑수를 터서 바다로 물을 댔다).” 여기서 발전하여 ‘주석하다(注釋)’의 의미가 되었고, 글자는 또 ‘註’로도 쓴다. **註(주: 주해, 뜻을 풀어 밝히다)** ***t/r/o̲s** , 中句切, 《廣韻》: “解也, 又音注(‘풀이하다’이다. 또 음은 ‘注’이다).” **鉒(주: 두다)** ***t/r/o̲s** , 中句切, 《廣韻》: “置也, 又送死人物也(‘두다’이다. 또 ‘장례 때 쓰는 물건’이다).” 이 ‘鉒’자는 또 ‘노름돈(賭注)’의 ‘注’가 되기도 한다.[135] 《淮南子·說林訓》: “以瓦鉒者全, 以金鉒者跋, 以玉鉒者發, 是故所重者在外, 則內爲之掘(기왓장을 걸고 내기하면 완전하게 이기고, 황금을 걸고 내기하면 비틀거리고, 보옥을 걸고 내기하면 발걸음이 흐트러진다. 이런 까닭에 중요한 것이 밖에 있게 되면 안의 것이 위축된다).” 글자는 단지 ‘注’로만 쓴다. 《莊子·達生》: “以瓦注者巧, 以鉤注者憚, 以黃金注者殙(기왓장을 걸고 던지는 경우에는 아주 잘 던지고, (은이나 동으로 만든) 혁대 고리를 걸고 던지는 경우에는 마음이 약간 떨

135 [역주] ‘鉒’는 유희의 일종으로, 둥근 구슬 따위를 던져 승부를 겨루는 놀이이다.

려 두려워하고, 황금을 걸고 던지는 경우에는 완전히 마음이 어두워져 혼란에 빠진다)." 《釋文》: "注, 之樹反(여기서 '注'는 '之樹反'이다)."

招(초: (손으로)부르다, 과녁) ***tɯ̱**, 止遙切, 《廣韻》: "招呼也, 來也('손으로 부르다, 오게 하다'이다)." 《說文》: "招, 手呼也('招'는 '손으로 부르다'이다)." 《詩經·匏有苦葉》: "招招舟子, 人涉卬否(사공은 오라고 손짓하고, 남들은 건너가도 나는 안 가네)." 《釋文》: "招, 照遙反. 王逸云: 以手曰招, 以言曰召(여기서 '招'는 '照遙反'이다. 王逸이 이르길, '손으로 부르는 것을 招라 하고, 말로 부르는 것을 召라 한다')." 《詩經·君子陽陽》: "左執簧, 右招我由房(왼손에 생황 들고, 오른손으로 나를 불러 방으로 인도하네)." 《荀子·勸學》: "登高而招, 臂非加長也, 而見者遠(높은 곳에 올라가 손을 흔들어 부르면, 팔이 더 길어진 것이 아닌데도 멀리 있는 사람이 그 모습을 볼 수 있다)." 《左傳·昭公二十年》: "齊侯田於沛, 招虞人以弓(12월에 齊侯가 沛에서 사냥할 때, 활을 흔들어 虞人을 불렀다)." **召(소: 부르다)** ***d/r/ɯ̱s**, 直照切, 《廣韻》: "呼也('부르다'이다)." 《說文》: "召, 呼也('召'는 '부르다'이다)." 《左傳·隱公三年》: "宋穆公疾, 召大司馬孔父, 而屬殤公焉(宋穆公이 병이 심해지자, 大司馬 孔父를 불러 殤公을 부탁했다)." 《詩經·東方未明》: "顚之倒之, 自公召之(옷을 거꾸로 입은 것은 군주께서 불러서이네)." 《詩經·出車》: "召彼仆夫, 謂之載矣(저 수레 끄는 이 불러서 수레에 타라고 일렀도다)."

'招'와 '召'의 경우, 성조도 다르고, 어근 자음의 청탁도 다르고 또 개음의 차이도 있다. 성조를 통해 이미 그들 간의 차이를 해석할 수 있는 데다가 '召'는 《廣韻》에서 '寔照切'이라는 異讀이 있다. 이는 뒤의 형식이 조기 중국어의 음운형식을 보존하고 있다는 것을 설명한다. 즉, 개음 -i-앞에 출현하는 齒齦塞音은 결코 규칙에 따라 중고한어의 舌面塞擦音으로 변화하지는 않았다. 이로 인해 《釋文》이 注音상에서 혼란이 발생하게 되었다(이러한 현상은 '植'과 유사함). 상술한 예 가운데 知組字는 상고한어에서 모두 章組字와 같다. 그들 간의 어법, 의미 차이는 -s 접미사를 통해 실현된다. 이 점에 대해 우리는 -s 접미사 부분에서 상세히 토론할 것이다. **요컨대, 중고한어의 二等자(知莊組)는 상고시기에 반드시 개음 /r/이 있었다는 것은 아니다.**

제4장

모음의 緊松(긴장음과 이완음) 교체

제1절 표기

一

《廣韻》같은 중고시기의 운서는 三等과 非三等의 異讀字를 대량으로 수록하고 있다. 그리고 諧聲 계통에서도 三等과 非三等이 諧聲되고 있다. 이것은 三等과 非三等 간에 '音變'관계도 존재하고 또 '變音'관계도 존재한다는 것을 의미한다. **'음변'관계는 시간과 공간의 차이를 반영하고, '변음'관계는 의미의 차이를 반영한다.** 따라서 三等과 非三等 간의 異讀은 순수하게 의미 차이가 없는 음변일 수도 있고, 의미의 변화와 관련될 수도 있다. 중고한어에서, 三等과 非三等의 차이는 다음과 같다. 三等의 주요모음은 前高모음 i 또는 i 개음을 갖는 것인 반면, 非三等의 주요모음은 非前高모음이거나 i 개음을 갖지 않는 것이다. 따라서 학자들은 직관적으로 三等韻母는 '유표지' 운모일 것이라고 본다. 그런데 사실 학자들의 직관과는 반대로, **非三等韻母가 유표지 운모이다.** 이렇게 착각을 일으키게 되는 원인은 바로 중고한어의 개음 i 가 나중에 생긴 개음이기 때문이다.

반모음-j-라는 기원 외에, **중고한어의 개음 i 는 주로 상고한어의 '긴장(緊)모음'에서 발전해 나온 것**으로 볼 수 있다. 구체적인 상황은 金理新의 《上古音略》(2013: 8-19)을 참고하기 바란다. 긴장모음의 경우, 학자들이 표기할 때, 습관적으로 아래에 작은 선을 긋기 때문에 겉으로 보기엔 표지 하나를 첨가한 것처럼 보인다. 그러나 사실상 이것은 '무표지' 모음이다. 이점은 佤語와 같이 모음 긴장/이완 대립이 있는 언어에서 매우 분명히 나타나고 있다. **즉, 핵심어휘나 기초어휘들이 대개 긴장모음을 선택한다. 상고한어 역시 이러하여, 긴장모음(三等)은 무표지의 음운형식이다**.

頌(송: 얼굴) *Go̱ŋ , 余封切, 《廣韻》: "形頌('얼굴 모습')." 《說文》: "頌, 貌也('頌'은 '얼굴'이다.)."

胸(흉: 가슴) *xo̱ŋ , 許容切, 《廣韻》: "膺也('가슴'이다)." 《說文》字作"匈", "膺也."(〈설문〉에서는 '匈'으로 되어 있으며 '가슴'이다.)

肢(지: 사지, 팔다리) *ki̱ , 章移切, 《廣韻》: "肢體('사지')." 《說文》字作"胑", "體四胑也."(〈설문〉에선 '胑'로 되어 있으며, '몸의 사지'이다.)

頿(자: 윗수염) *ti̱ , 即移切, 《廣韻》: "《說文》云: 口上須. 俗作髭."(〈설문〉에 이르길, '입 윗부분 수염이다. 俗에선 髭라고 쓴다.')

脾(비: 지라) *bi̱ , 符支切, 《廣韻》: "《說文》曰: 土藏也."(〈설문〉에 이르길, '土에 속한 장기이다.')

毗(비: 배꼽) *bi̱r , 房脂切, 《廣韻》: "《說文》曰: 人齊也."(〈설문〉에 이르길, '배꼽이다.')

眉(미: 눈썹, 노인) *mri̱r , 武悲切, 《廣韻》: "《說文》作𥄉, 目上毛也(〈설문〉에는 '𥄉'으로 되어 있다. '눈 위의 털'이다.)."

而(이: 구레나룻, 턱수염) *ne̱ , 如之切, 《廣韻》: "《說文》曰: 頰毛也(〈설문〉에 이르길, '구레나룻이다')."

膚(부: 살갗) *pa̱ , 甫無切, 《廣韻》: "皮膚('피부')." 《說文》字作"臚", "皮也."(〈설문〉에서는 '臚'로 되어 있고, '피부이다'라 한다)

脣(순: 입술) *s-dɯ̱n , 食倫切, 《廣韻》: "口唇('입술')." 《說文》: "唇, 口端也('脣'은 '입의 가장

자리'이다)."

筋(근: 힘줄) *kɯ̱n , 擧欣切, 《廣韻》: "筋骨也. 《說文》曰: 肉之力也('힘줄'이다. 〈설문〉에 이르길, '근육의 힘이다')."

元(원: 머리) *m-go̱n , 愚袁切, 《爾雅》: "首也('머리'이다)." 《左傳·僖公三十三年》: "狄人歸其元, 面如生(狄人이 그의 머리를 돌려보냈는데, 얼굴이 살아 있는 것 같았다)."

要(요: 허리) *ʔɯ̱ , 於霄切, 《廣韻》: "俗言要勒. 《說文》曰: 身中也(俗으로는 '약속하다, 요구하다'를 말한다. 〈설문〉에 이르길, '몸의 한 가운데'이다)."

腸(장: 창자) *z/l/a̱ŋ , 直良切, 《廣韻》: "腸胃('창자')." 《說文》: "腸, 大小腸也('腸'은 '크고 작은 창자'이다)."

睛(정: 눈동자) *ʦi̱ŋ , 子盈切, 《廣韻》: "目珠子也('눈동자'이다)."

頸(경: 목의 앞부분) *gi̱ŋ^{B} , 巨成切, 《廣韻》: "項也, 頸在前, 項在後('목'이다. 다만 '頸'은 앞이고, '項'은 뒤이다)."

膺(응: 가슴) *ʔe̱ŋ , 於陵切, 《廣韻》: "胸也('가슴'이다)." 《說文》: "膺, 胸也('膺'은 '가슴'이다)."

心(심: 마음) *snu̱m , 息林切, 《廣韻》: "火藏('火'에 속한 장기이다)."

髥(염: 구레나룻) *na̱m , 汝鹽切, 《廣韻》: "《說文》曰: 頰須也(〈설문〉에 이르길, '구레나룻'이다)."

首(수: 머리) *su̱^{B} , 書九切, 《廣韻》: "頭也('머리'이다)." 《說文》: "首, 頭也, 象形('首'는 '머리'이다. 상형이다)."

手(수: 손) *snu̱^{B} , 書九切, 《廣韻》: "手足('손발의 손')." 《說文》: "手, 拳也, 象形('手'은 '주먹 쥐는 부분'이다. 상형이다)."

醜(추: 동물의 항문) *thu̱^{B} , 昌九切, 《廣韻》: "竅也('구멍, 항문'이다)." 《禮·內則》: "狼去腸, 狗去腎, 狸去正脊, 兔去尻, 狐去首, 豚去腦, 魚去乙, 鱉去醜(이리는 창자를 버리고, 개는 콩팥을 버리고, 삵은 정척을 버리고, 토끼는 꽁무니를 버리고, 여우는 머리를 버리고, 돼지는 뇌를 버리고, 물고기는 乙자뼈를 버리고, 자라는 항문을 버린다)." 注: "醜, 謂鱉竅也('醜'는 '자라의 항문'이다)." 글자는 또 '州'로도 쓴다. 《爾雅》: "白州, 驠('항문이 흰 말'을 '驠'이라 한다)." 注: "州, 竅(여기서 '州'는 항문이다)." 《說文》: "驠, 馬白州也('驠'은 '항문이 흰 말'이다)."《山海經·北山經》: "有獸焉, 其狀如麋, 其州在尾上(거기에 짐승이 있는데 그 모습이 마치 고라니 닮았고 그 항문은 꼬리 위에 있다)." 注: "州, 竅也(여기서 '州'는 항문이다)."《經義述聞》: "醜與州聲近而義同('醜'와 '州'는 소리가 비슷하고 뜻도 같다)."

齨(구: 어금니) *gu̲^{B}, 其九切,《廣韻》: "齒齨('어금니')."《說文》: "齨, 老人齒如臼也('齨'는 노인들 치아가 마치 절구 같아서이다)."

右(우: 손, 오른쪽) *ʁe̲^{B}, 云久切,《廣韻》: "左右也('좌우의 우'이다)."《說文》字作又(〈설문〉에선 '又'로 되어 있다), "手也, 象形('손'이다. 상형이다)."

肘(주: 팔꿈치) *tlu̲^{B}, 陟柳切,《廣韻》: "臂肘('팔꿈치')."《說文》: "肘, 臂節也('肘'는 '팔의 관절'이다)."

踵(종: 발꿈치) *to̲ŋ^{B}, 之隴切,《廣韻》: "《說文》跟也(〈설문〉에 이르길, '跟(발꿈치)이다')."《說文》: "踵, 跟也('踵'은 '발꿈치'이다)."

指(지: 손가락) *ki̲r^{B}, 職雉切,《廣韻》: "手指也('손가락'이다)."《說文》: "指, 手指也('指'는 '손가락'이다)."

趾(지: 발) *te̲^{B}, 諸市切,《廣韻》: "足也('발'이다)."《爾雅》: "趾, 足也('趾'는 '발'이다)."

耳(이: 귀) *ne̲^{B}, 而止切,《廣韻》: "《說文》云: 主聽也(〈설문〉에 이르길, '듣는 것을 맡는다')."

齒(치: 치아) *the̲^{B}, 昌里切,《廣韻》: "又牙齒('치아')."《說文》: "齒, 口齗骨也('齒'는 '입의 잇몸에 난 뼈'이다')."

輔(보/부: 뺨) *ba̲^{B}, 扶雨切,《廣韻》: "頰骨('뺨')."《說文》: "輔, 頰也('輔'는 '뺨'이다)."

乳(유: 젖) *no̲^{B}, 而主切,《廣韻》: "柔也('부드럽다, 사랑하다'이다)."

吻(문: 입술) *mu̲n^{B} < **mu̲t, 武粉切,《廣韻》: "口吻('입술')."《說文》: "吻, 口邊也('吻'는 '입의 가장자리'이다)."

掌(장: 손바닥) *ta̲ŋ^{B}, 諸兩切,《廣韻》: "手掌('손바닥')."《說文》: "掌, 手中也('掌'은 '손바닥'이다)."

頸(경: 목의 뒷부분) *ki̲ŋ^{B}, 居郢切,《廣韻》: "項也('목'이다)."《說文》: "頸, 頭莖也('頸'은 '머리 줄기 부분'이다)."

腑(부: 오장육부) *po̲^{B}, 方矩切,《廣韻》: "藏腑. 本作府, 俗加月('오장육부', 본래는 '府'로 썼고, 俗에서 '月'부를 첨가했다)."

腎(신: 콩팥) ***gin**^{B} , 時忍切, 《廣韻》: "五藏之一也('오장 중 하나'이다)." 《說文》: "腎, 水藏也('腎'은 '水'에 해당하는 장기이다).'

臂(비: 팔) ***piks** , 卑義切, 《廣韻》: "肱也('팔'이다)." 《說文》: "臂, 手上也('臂'는 '손의 윗부분'이다)."

鼻(비: 코) ***bits** , 毗至切, 《廣韻》: "《說文》曰: 引氣自畀也(〈설문〉에 이르길, '기를 이끌어 스스로 돕는 것'이다)."

胃(위: 위장) ***ʁuts** , 于貴切, 《廣韻》: "腸胃. 《說文》: 穀府也('위장', 〈설문〉에 이르길, '곡식을 소화시키는 장기'이다)."

肺(폐: 허파) ***pots** , 方廢切, 《廣韻》: "金藏('金에 속한 장기')." 《說文》: "肺, 金藏也('肺'는 '금에 속한 장기'이다)."

面(면: 얼굴) ***mens** , 彌箭切, 《廣韻》: "《說文》顏前也(〈설문〉에 이르길, '얼굴 앞부분'이다)."

目(목: 눈) ***mek** , 莫六切, 《廣韻》: "《釋名》云: 目, 默也, 默而內識也(〈석명〉에 이르길, '目은 默(침묵)이다. 말없이도 안으로 아는 것이다')."

腹(복: 배, 복부) ***puk** , 方六切, 《廣韻》: "腹肚('배, 복부')." 《說文》: "腹, 厚也('腹'은 '두터운 것'이다)."

髮(발: 털, 머리카락) ***pot** , 方伐切, 《廣韻》: "頭毛也. 《說文》: 根也('머리털'이다. 〈설문〉에 '초목의 뿌리와 같다')."

足(족: 발) ***ʈok** , 即玉切, 《廣韻》: "《爾雅》云: 趾, 足也(〈이아〉에 이르길, '趾는 足(발)이다'라고 한다)."

脚(각: 발) ***kak** , 居勺切, 《廣韻》: "《釋名》云: 脚, 卻也, 以其坐時卻在後也(〈석명〉에 이르길, '脚은 卻이다. 발로 앉을 때 뒤로 물러나기 때문이다')."

准(절: 콧마루) ***tut** , 職悅切, 《廣韻》: "李斐云: 准, 鼻也(李斐가 이르길, '准은 코이다')."

厀(슬: 무릎) ***s-ʈit** , 息七切, 《廣韻》: "《說文》曰: 脛節也(〈설문〉에 이르길, '다리의 마디'이다)."

嗌(익: 목구멍) ***ʔik** , 伊昔切, 《廣韻》: "喉也('목구멍'이다)." 《說文》: "嗌, 咽也('嗌'은 '목구멍'이다)."

舌(설: 혀) ***ze̱t** , 食列切, 《廣韻》: "口中舌('입 안의 혀'이다)." 《說文》: "舌, 在口, 所以言也, 別味也('舌'은 입 안에 있으며, 말을 하는 데 쓴다. 또 맛을 구별한다)."

脊(척: 등뼈) ***ṯik** , 資昔切, 《廣韻》: "背脊('등척추')." 《說文》: "脊, 背呂也('脊'은 '척추'이다)."

臆(억: 가슴) ***ʔe̱k** , 于力切, 《廣韻》: "胸臆('가슴')." 《說文》: "臆, 胸骨也('臆'은 '가슴뼈'이다)."

상고한어의 신체부위 명사를 살펴보면 이러한 신체부위 명사들이 매우 일률적인 음운 특징을 갖고 있음을 알 수 있는데, 그것은 바로 이들이 모두 중고음의 三等에 속한다는 것이다. 상고한어에 非三等의 신체부위 명사가 있긴 하나 매우 적다. 중고한어의 三等과 非三等은 거의 일대일 비율이다. 상고한어의 그렇게 많은 신체부위 명사들이 모두가 다 三等에 집중될 수는 없을 것이다. 그러나 사실상 **상고한어의 신체부위 명사는 기본적으로 三等에 속한다.** 이것은 곧 三等과 非三等의 언어 가치가 결코 완전히 동일하지는 않다는 것을 의미한다. 신체부위 명사는 모두 基本詞로서, 그중 상당 부분의 신체부위 명사는 심지어 核心詞들이다. 중고한어 三等韻母의 주요모음은 i 이거나 i 개음을 갖는데, 이러한 i 개음 유무의 대립에서 개음 i는 일종의 표지이다. 이러한 이유로 우리는 아무 생각 없이 三等韻母를 유표지 운모라고 생각하기 쉽다. 그러나 실상은 반대이다. 우리는 신체부위 명사가 선택한 음운형식이란 사실로부터 三等韻母가 무표지 운모임을 알 수 있다. **중고한어 三等韻母의 가장 주요한 기원은 바로 상고한어의 주요모음이 긴장모음인 운모이다.** 게다가 南亞語처럼, 모음의 긴장/이완 대립이 있는 언어에서 긴장모음은 바로 무표지 모음이다. 상고한어의 신체부위 명사가 집중적으로 긴장모음인 것은 바로 그러한 모음 긴장/이완 대립 언어와 동일하다.

余(여: 나(일인칭대사)) ***za̱** , 以諸切, 《廣韻》: "我也('나'이다)." 《左傳·閔公二年》: "余焉能戰?(우리가 어찌 싸울 수 있겠는가?)"

汝(女, 여: 너(이인칭대사)) ***na̱** , 人渚切, 《廣韻》: "爾也('너'이다)." 《左傳·僖公四年》: "五侯九伯, 女實征之(5侯9伯을 그대가 정말로 토벌하여)."

此(차: 이것(지시대사)) ***ṯhi̱ᴮ** , 雌氏切, 《廣韻》: "止也('그치다'이다)." 《左傳·隱公四年》: "此

二人者, 實弑寡君(이 두 사람이 정말로 우리 임금을 시해한 자들이다)."

彼(피: 저것(지시대사)) ***pa̱r**^{B}, 甫委切,《廣韻》: "對此之稱('此'에 상대적인 지칭)."《左傳·昭公元年》: "一彼一此, 何常之有?(여기에 붙었다가 저기에 붙었다 하는데, 무슨 일정한 기준이 있겠는가?)"

誰(수: 누구(의문대사)) ***du̱r**, 視隹切,《廣韻》: "何也('무엇'이다)."《左傳·僖公四年》: "以此衆戰, 誰能禦之?(이 무리를 거느리고서 전쟁한다면 그 누가 막을 수 있겠는가?)"

不(불: 부정부사) ***pe̱**, 甫鳩切,《廣韻》: "弗也('아니다'이다)."《左傳·隱公元年》: "不及黃泉, 無相見也!(黃泉에 가기 전에는 서로 만나지 않을 것이다)"

全(전: 완전하다, 온전히 하다, 완전히) ***d̥o̱n**, 疾緣切,《廣韻》: "完也, 具也('완전하다, 온통'이다)."《孟子·離婁上》: "有求全之毁(완전함을 바라다가 받는 비방이 있다)."

一(일: 하나) ***ʔi̱t**, 于悉切,《廣韻》: "數之始也('수의 처음'이다)."《左傳·隱公元年》: "大都不過參國之一(大都의 성은 국도의 3분의 1을 넘지 못한다)."

二(이: 둘) ***ni̱s**, 而至切,《說文》: "地之數也('땅을 표시하는 숫자'이다)."《左傳·隱公元年》: "十有二月, 祭伯來(12월에 祭伯이 왔다)."

長(장: 길다, 오래다) ***dra̱ŋ**, 丈二切,《廣韻》: "永也('길다, 오래다'이다)."《左傳·宣公十五年》: "雖鞭之長, 不及馬腹(채찍이 아무리 길어도 말의 배에는 미치지 못한다)."

小(소: 작다) ***ɕɯ**^{B}, 私兆切,《廣韻》: "微也('작다'이다)."《左傳·桓公二年》: "本大而末小, 是以能固(근본이 크고 지엽이 작아야 견고할 수 있다)."[136]

女(녀: 여자) ***na̱**^{B}, 尼呂切,《說文》: "婦人也('아녀자'이다)."《左傳·莊公二十四年》: "男女之別, 國之大節也(남녀의 구별은 국가의 큰 절도이다)."

人(인: 사람) ***ni̱n**, 如鄰切,《廣韻》: "天地人爲三才(하늘과 땅, 사람을 삼재라 한다)."《左傳·隱公二年》: "莒人入向(莒人이 向으로 들어가다)."

皮(피: 피부, 가죽) ***ba̱r**, 符羈切,《廣韻》: "皮膚也('피부'이다)."《左傳·僖公十四年》: "皮之不存, 毛將安傅?(가죽이 남아 있지 않으니, 털이 장차 어디에 붙겠습니까?)"

---

136 [역주] '小'와 '死'의 경우, 여기서는 삼등 표시가 안되어 있는데, 저자에 의하면 이둘은 예외에 속한다고 한다(这两字中古入三等属于例外. 死, 中古保留了前高元音i而为三等; 小, 中古因宵, 萧混而为三等.)

膚(부: 살갗) ***pa** , 甫無切, 《廣韻》: "皮膚('피부')."《墨子·修身》: "暢之四支, 接之肌膚(손발에 이르기까지 두루 통하고, 피부에 이르기까지 가득 차다)."

肉(육: 고기) ***nuk** , 如六切, 《廣韻》: "骨肉('뼈와 살의 살이다')."《左傳·宣公十二年》: "鄭伯肉袒牽羊以逆(鄭伯이 옷을 벗어 몸을 드러내고 양을 끌고 와서 楚나라 임금을 영접한다)."

脂(지: 기름) ***kir** , 旨夷切, 《廣韻》: "脂膏也('기름'이다)."《左傳·襄公三十一年》: "巾車脂轄(巾車는 수레바퀴에 기름을 치다)."

尾(미: 꼬리) ***mɯr**^{B} , 無匪切, 《廣韻》: "首尾也('머리꼬리 중의 꼬리'이다)."《左傳·文公十七年》: "畏首畏尾, 身其餘幾(머리도 두려워하고 꼬리도 두려워한다면, 몸에 두려워하지 않는 부분이 얼마나 되겠는가?)."

羽(우: 깃털) ***ʁa**^{B} , 王矩切, 《廣韻》: "鳥長毛('새에게 난 털')."《左傳·隱公五年》: "骨, 角, 毛, 羽(뼈·뿔·털·깃 등)."

髮(발: 털, 머리카락) ***pot** , 方伐切, 《廣韻》: "頭毛也('머리털'이다)."《左傳·僖公二十二年》: "見被髮而祭於野者(머리를 풀어헤치고 들에서 제사 지내는 자를 보고는)."

首(수: 머리) ***su**^{B} , 書九切, 《廣韻》: "頭也('머리'이다)."《左傳·隱公三年》: "得保首領以沒(천수를 다하고 죽는다면)."

耳(이: 귀) ***ne**^{B} , 而止切, 《說文》: "主聽也('듣는 것을 주관한다')."《左傳·僖公二十四年》: "耳不聽五聲之和爲聾(귀로 五聲의 조화된 소리를 듣지 못하는 것을 '聾'이라 한다)."

目(목: 목) ***mek** , 莫六切, 《說文》: "人眼('사람의 눈')."《左傳·僖公二十四年》: "目不別五色之章爲昧(눈으로 五色의 문채를 구별하지 못하는 것을 '昧'라 한다)."

鼻(비: 코) ***bits** , 毗至切, 《說文》: "引氣自畀也('기를 이끌어 스스로 돕는 것'이다)."《孟子·離婁下》: "人皆掩鼻而過之(사람들이 모두 코를 막고 지나간다)."

齒(치: 치아) ***the**^{B} , 昌里切, 《廣韻》: "牙齒('치아')."《左傳·僖公五年》: "輔車相依, 脣亡齒寒(광대뼈와 잇몸은 서로 의지하고, 입술이 없어지면 이가 시리다)."

舌(설: 혀) ***zet** , 食列切, 《廣韻》: "口中舌('입속의 혀')."《左傳·昭公八年》: "匪舌是出, 唯躬是瘁(말을 잘 하지 않는 것은 자신만을 해칠 뿐이기 때문이다)."

足(족: 발) ***tok** , 即玉切, 《說文》: "人之足也('사람의 발'이다)."《左傳·莊公八年》: "見公之足於戶下(문 밑에 나온 襄公의 발을 보고)."

膝(슬: 무릎) ***s-ȶi̱t** , 息七切, 《說文》: "脛節也('다리의 마디'이다)." 《荀子·大略》: "坐視膝, 立視足(앉아서는 무릎을 보고, 서서는 발을 본다)."

手(수: 손) ***snu̱**^{B} , 書九切, 《廣韻》: "手足('손발의 손')." 《左傳·隱公元年》: "仲子生而有文在其手(중자가 태어나면서부터 손바닥에 어떤 글자가 있었다)."

腹(복: 배) ***pu̱k** , 方六切, 《廣韻》: "腹肚('배, 복부')." 《左傳·宣公二年》: "睅其目, 皤其腹(눈은 튀어나오고 배는 불룩하다)."

頸(경: 목의 뒷부분) ***ki̱ŋ**^{B} , 居郢切, 《廣韻》: "項也('목'이다)." 《左傳·定公十四年》: "使罪人三行, 屬劍於頸(句踐은 죄인을 세 줄로 늘여 세우고, 검을 목에 대고서 吳나라 군대 앞으로 갔다)."

乳(유: 젖) ***no̱**^{B} , 而主切, 《廣韻》: "柔也('부드럽다'이다)." 《左傳·宣公四年》: "楚人謂乳穀, 謂虎於菟(楚나라 사람들은 '젖'을 '穀'라 하고, '호랑이'를 '於菟'라 한다)."

心(심: 마음) ***snu̱m** , 息林切, 《廣韻》: "火藏('불에 속한 장기')." 《左傳·僖公二十四年》: "沐則心覆, 心覆則圖反(머리를 감으면 심장이 거꾸로 되고, 심장이 거꾸로 되면 생각도 거꾸로 된다)."

飮(음: 마시다) ***ʔu̱m**^{B} , 于錦切, 《說文》: "歠也('마시다'이다)." 《左傳·宣公十年》: "飮酒於夏氏(夏氏의 집에서 술을 마시다)."

噬(서: 씹다) ***de̱ts** , 時制切, 《廣韻》: "嚙噬('씹다')." 《左傳·哀公十二年》: "國狗之瘈, 無不噬也(한 나라의 명견이 미치면 물리지 않는 사람이 없다)."

視(시: 보다) ***gi̱r**^{B} , 承矢切, 《廣韻》: "瞻也('보다'이다)." 《左傳·莊公十年》: "下視其轍, 登軾而望之(수레에서 내려 수레바퀴 자국을 살펴보고, 수레 앞의 軾에 올라 바라보다)."

聞(문: 듣다) ***mu̱n** , 無分切, 《說文》: "知聲也('소리를 들어 알다'이다)." 《左傳·隱公元年》: "公聞其期(장공이 그 時期를 듣고는)."

知(지: 알다) ***tri̱** , 陟離切, 《廣韻》: "覺也('알다'이다)." 《左傳·隱公五年》: "非寡人之所敢知也(이는 과인이 감히 알 바가 아닙니다)."

寢(침: 자다) ***ȶhi̱m** , 七稔切, 《廣韻》: "臥也('눕다'이다)." 《左傳·成公二年》: "丑父寢於轏中, 蛇出於其下(丑父가 수레 안에서 자고 있는데, 수레 밑에서 뱀이 올라왔다)."

死(사: 죽다) ***sir**^{B} , 息姊切, 《說文》: "澌也('기가 다 소진되다'이다)." 《左傳·隱公三年》: "寡人

雖死, 亦無悔焉(비록 과인은 죽어도 후회가 없을 것이다)."

游(유: 물에 뜨다, 수영하다) ***ju̱*** , 以周切, 《廣韻》: "浮也('뜨다'이다)." 《左傳·昭公二十七年》: "豈其伐人而說甲執冰以游?(어찌 남을 치던 군대가 갑옷을 벗고서 箭筒을 들고 놀았겠습니까?)"

飛(비: 날다) ***pu̱r*** , 甫微切, 《廣韻》: "飛翔('날다')." 《左傳·哀公六年》: "赤鳥夾日以飛(붉은 새 모양을 한 구름이 해를 끼고 날아다녔다)."

寐(매: 잠자다) ***mi̱ts*** , 彌二切, 《廣韻》: "寢也('잠자다'이다)." 《左傳·襄公二十六年》: "夙興夜寐(아침 일찍 일어나고 밤늦게 자다)."

立(립: 서다) ***re̱p*** , 力入切, 《廣韻》: "行立('서다'이다)." 《左傳·莊公八年》: "豕人立而啼(돼지가 사람처럼 서서 울었다)."

畀(비: 주다) ***pi̱ts*** , 必至切, 《廣韻》: "與也('주다'이다)." 《左傳·僖公二十八年》: "分曹衛之田, 以畀宋人(曹나라와 衛나라의 땅을 나누어 宋人에게 주었다)."

言(언: 말하다) ***ŋa̱n*** , 語軒切, 《廣韻》: "言語也('말하다'이다)." 《左傳·隱公元年》: "不言出奔, 難之也(태숙이 도망간 것에 대해 말하지 않은 것은 곤란함이 있기 때문이다)."

魚(어: 물고기) ***ŋa̱*** , 語居切, 《說文》: "水蟲也('물에 사는 동물'이다)." 《左傳·隱公五年》: "公矢魚于棠(은공이 棠으로 가서 물고기 잡는 장비를 벌여 놓고 구경하였다)."

蝨(虱, 슬: 이) ***sri̱t*** , 所櫛切, 《廣韻》: "蟣虱('이')." 《莊子·徐無鬼》: "豕虱是也(돼지 몸에 붙은 이가 바로 이것이다)."

種(종: 종류) ***to̱ŋ***^{B} , 之隴切, 《廣韻》: "種類也('종류'이다)." 《莊子·逍遙遊》: "魏王貽我大瓠之種(魏王이 나에게 큰 박씨를 주었다)."

葉(엽: 잎사귀) ***ze̱p*** , 與涉切, 《廣韻》: "枝葉('잎')." 《左傳·閔公元年》: "而後枝葉從之(쓰러진 뒤에 가지와 잎이 이어서 쓰러진다)."

日(일: 해) ***ni̱t*** , 人質切, 《說文》: "實也('빛이 꽉차다'이다)." 《左傳·桓公三年》: "日有食之(일식이 있었다)."

月(월: 달) ***ŋo̱t*** , 魚厥切, 《說文》: "闕也('이지러지다'이다)." 《左傳·莊公二十五年》: "非日月之眚, 不鼓(일식이나 월식의 재앙이 아니면 북을 치지 않는다)."

雲(운: 구름) ***ɢɯ̱n*** , 王分切, 《說文》: "山川之氣也(산과 내가 올라간 기운이다)." 《左傳·昭公

十七年》: "昔者黃帝氏以雲紀(옛날에 黃帝氏는 구름으로 일을 기록하였다)."

雨(우: 비, 비오다) *ʁa̠ᴮ , 王矩切, 《說文》: "水從雲下也('물이 구름에서 내려오는 것'이다')." 《左傳·莊公七年》: "星隕如雨, 與雨偕也(流星이 비처럼 떨어졌는데, 비와 함께 떨어진 것이다)."

水(수: 물) *qhi̠rᴮ , 式軌切, 《說文》: "准也('평평하다'이다)." 《左傳·桓公元年》: "凡平原出水爲大水(平原에 물이 나오는 것을 큰물이라 한다)."

石(석: 돌) *da̠k , 常隻切, 《說文》: "山石也('산 위의 돌'이다)." 《左傳·僖公十六年》: "隕石於宋, 五(宋나라에 떨어진 돌이 다섯이다)."

焚(분: 태우다) *bu̠n , 符分切, 《廣韻》: "焚燒('태우다')." 《左傳·隱公四年》: "弗戢, 將自焚也((병력은) 억제하지 않으면 장차 자신을 태우게 된다)."

赤(적: 붉다, 붉은색) *k-xra̠k , 昌石切, 《廣韻》: "南方色('남방의 색')." 《左傳·襄公二十六年》: "宋芮司徒生女子, 赤毛(宋나라의 芮司徒가 딸을 낳았는데, 피부가 붉고 온몸에 털이 났다)."

夜(야: 밤) *ja̠ks , 羊謝切, 《廣韻》: "暮也('저녁, 밤'이다)." 《左傳·莊公七年》: "夜中, 星隕如雨(한밤중에 별이 비처럼 떨어졌다)."

熱(열: 열, 덥다) *ŋa̠t , 如列切, 《說文》: "溫也('덥다'이다)." 《左傳·昭公元年》: "陰淫寒疾, 陽淫熱疾(陰이 지나치면 찬 병이 되고, 陽이 지나치면 열병이 생긴다)."

盈(영: 차다) *ji̠ŋ , 以成切, 《廣韻》: "滿也('차다'이다)." 《左傳·莊公十年》: "彼竭我盈, 故克之(저들은 이미 다 되었고 우리는 용기가 가득 찼기에 승리한 것이다)."

新(신: 새롭다) *ɕi̠n , 息鄰切, 《廣韻》: "新故也('새것과 옛것의 새것'이다)." 《左傳·隱公三年》: "遠間親, 新間舊(관계가 먼 자가 친한 자를 배제하는 것, 새 신하가 옛 신하를 배제하는 것)."

良(량: 좋다, 뛰어나다) *ra̠ŋ , 呂張切, 《廣韻》: "善也('좋다'이다)." 《左傳·成公十年》: "彼良醫也, 懼傷我(저 의원은 좋은 의원이니, 우리를 다치게 할까 두렵다)."

圓(원: 둥글다) *ɢo̠n , 王權切, 《說文》: "全也('온전하고 무결함'이다)." 《禮記·經解》: "不可欺以方圓(둥글고 모난 것을 속일 수 없다)."

名(명: 이름, 이름짓다) *mi̠ŋ , 武並切, 《說文》: "自命也('스스로 자기 이름을 부르다')." 《左傳·隱公七年》: "不書名, 未同盟也(그 이름을 기록하지 않은 것은 동맹하지 않았기 때문이다).”

이상은 3등자들이고, 아래는 비3등자들이다.

吾(오: 나(일인칭대사)) ***ŋa**, 五乎切, 《廣韻》: “我也(‘나’이다).” 《隱公五年》: “吾將略地焉(나는 그 지방을 순시하려고 한다).”

何(하: 어찌, 무엇(의문대사)) ***gar**, 胡歌切, 《廣韻》: “辞也(‘허사’이다).” 《左傳·隱公元年》: “君何患焉?(君께서는 무엇을 걱정하십니까?)”

多(다: 많다) ***tar**, 得何切, 《廣韻》: “衆也(‘많다’이다).” 《左傳·僖公五年》: “病而乞盟, 所喪多矣(난이 발생한 뒤에 맹약을 구걸한다면 잃는 것이 많을 것이다).”

大(대: 크다) ***zats**, 徒蓋切, 《廣韻》: “小大也(‘크기 중 크다’이다).” 《左傳·隱公元年》: “大都不過參國之一(大都의 성은 국도의 3분의 1을 넘지 않는다).”

男(남: 남자) ***num**, 那含切, 《廣韻》: “男子也(‘남자’이다).” 《左傳·桓公十八年》: “女有家, 男有室, 無相瀆也(여자에게는 남편이 있고 남자에게는 아내가 있어, 서로 모독하지 않는다).”

血(혈: 피) ***χet**, 呼決切, 《釋名》: “濊也(‘물이 많다’이다)[137].” 《左傳·成公二年》: “流血及屨, 未絕鼓音((郤克이 화살에 상처를 입어) 피가 흘러 신발까지 내려왔으나, 끊임없이 북을 울렸다).”

骨(골: 뼈) ***kut**, 古忽切, 《說文》: “肉之核也(‘살의 핵심’이다).” 《左傳·襄公二十二年》: “所謂生死而肉骨也(이른바 ‘죽을 사람을 살리고 뼈에 살을 돋게 한다’이다).”

卵(란: 알) ***lon**^{B}, 盧管切, 《漢書》注: “鳥卵也(‘새의 알’이다).” 《左傳·哀公十六年》: “勝如卵, 余翼而長之(勝은 새의 알과 같아, 내가 그를 보호해 기른 것이다).”

角(각: 뿔) ***krok**, 古岳切, 《說文》: “獸角也(‘짐승의 뿔’이다).” 《左傳·隱公五年》: “皮革, 齒牙, 骨角(그 가죽, 뼈와 뿔, 털과 깃을).”

口(구: 입) ***kho**^{B}, 苦后切, 《說文》: “人所以言食也(사람이 말을 하고 음식을 먹는 것이다).”

---

137 [역주] 《釋名》에는 “出於肉, 流而濊濊也”라고 나오는데, “고기에서 나와, 흐르되 콸콸 흘러넘칠 정도이다.”라고 한다. 따라서 위의 ‘濊也’는 ‘피가 콸콸 넘치는 모양’을 말하고 있다.

《左傳·襄公九年》: "口血未乾而背之(입에 바른 피도 채 마르지 않았는데 배반하다니)."

爪(조: 손톱) ***ƫlu^{B}**, 側絞切, 《說文》: "覆手曰爪(손을 덮고 있는 것을 '손톱'이라 한다)." 《左傳·成公十二年》: "以爲己腹心股肱爪牙(그 武夫들을 취하여 자기의 腹心, 股肱, 爪牙로 삼았다)."

肝(간: 간, 간장) ***kan**, 古寒切, 《廣韻》: "木藏('木'에 속하는 장기)." 《莊子·盜跖》: "膾人肝而餔之(사람의 肝으로 회를 쳐서 그것을 먹었다)."

步(보: 걸음, 걷다) ***bas**, 薄故切, 《廣韻》: "行步('걸음걸이')." 《左傳·哀公十一年》: "徐步而死(천천히 걸어가다가 적에게 피살되었다)."

來(래: 오다) ***le**, 落哀切, 《廣韻》: "至也('오다'이다)." 《左傳·隱公元年》: "十有二月, 祭伯來(겨울 12월에 祭伯이 왔다)."

坐(좌: 앉다) ***ɖor^{B}**, 徂果切, 《說文》: "止也('앉아서 쉬다'이다)." 《左傳·宣公二年》: "坐而假寐(앉아서 눈을 감고 있었다)."

殺(살: 죽이다) ***ɕ/r/at**, 所八切, 《廣韻》: "殺命('목숨을 죽이다')." 《左傳·隱公四年》: "衛人殺州吁於濮(9월에 衛人이 州吁를 濮에서 죽였다)."

鳥(조: 새) ***tɯ^{B}**, 都了切, 《說文》: "長尾禽總名也('꼬리가 긴 날짐승의 총칭'이다)." 《左傳·隱公五年》: "鳥獸之肉(새와 짐승의 고기)."

犬(견: 개) ***qhen^{B}**, 苦泫切, 《廣韻》: "狗有懸蹄者曰犬(개 중에 매달린 굽이 있는 것을 犬이라한다)." 《左傳·僖公四年》: "與犬, 犬斃(개에게 주니 개가 죽고)."

木(목: 나무) ***mok**, 莫卜切, 《廣韻》: "樹木('나무')." 《左傳·僖公三十二年》: "爾墓之木拱矣(네 무덤 위의 나무가 이미 한 아름쯤 될 것이다)."

本(본: 근본, 뿌리) ***pun^{B}**, 布忖切, 《說文》: "木下曰本('나무의 밑부분'을 '本'이라 한다)." 《左傳·隱公六年》: "絕其本根, 勿使能殖(뿌리를 끊어내어 다시 번식할 수 없게 하다)."

星(성: 별, 별자리) ***ɕiŋ < s-ƫiŋ**, 桑經切, 《廣韻》: "星宿('별자리')." 《左傳·莊公七年》: "夜, 恒星不見(밤에는 恒星이 보이지 않는다)."

山(산: 산) ***s/l/an**, 所閑切, 《釋名》: "產也('낳다'이다)." 《左傳·隱公十一年》: "山有木, 工則度之(산에 있는 나무는 장인이 그것을 헤아린다)."

土(토: 흙, 땅) ***tha^{B}**, 他魯切, 《釋名》: "吐也('토하다'이다)." 《左傳·莊公三十二年》: "神賜之土田(神이 土田을 주다)."

沙(사: 모래) ***ɕ/l/ar** , 所加切, 《說文》: "水散石也('물속에서 깨어진 돌'이다)." 《左傳·僖公十四年》: "辛卯, 沙鹿崩(신묘에 沙鹿山이 무너졌다)."

煙(연: 연기) ***ʔin** , 烏前切, 《廣韻》: "火氣也('불의 기운'이다)." 《莊子·徐無鬼》: "布草, 操煙火(마른 풀을 깔고 불을 지폈다)."

火(화: 불) ***smorᴮ** , 呼果切, 《說文》: "燬也('불(타다)'이다)." 《左傳·隱公四年》: "夫兵, 猶火也(병력은 불과 같다)."

灰(회: 재) ***khur** , 呼恢切, 《說文》: "死火也('이미 꺼진 불'이다)." 《莊子·齊物論》: "心固可使如死灰乎?(마음은 진실로 불꺼진 재와 같아질 수 있는 것인가?)"

徑(경: 길) ***kiŋs** , 古定切, 《廣韻》: "步道('길')." 《左傳·僖公二十五年》: "昔趙衰以壺飧從徑(예전에 趙衰가 壺飧을 가지고 주군을 따라다니다)[138]."

青(청: 푸르다) ***ʨhiŋ** , 倉經切, 《廣韻》: "東方色也('동쪽의 색'이다)." 《左傳·僖公二十六年》: "野無青草(들에는 푸성귀가 하나도 없다)."

黃(황: 누렇다) ***ɢaŋ** , 胡光切, 《廣韻》: "中央色也('중앙의 색'이다)." 《左傳·隱公元年》: "不及黃泉, 無相見也!(黃泉에 가기 전에는 서로 만나지 않을 것이다)"

白(백: 희다) ***brak** , 傍陌切, 《廣韻》: "西方色('서쪽의 색')." 《左傳·昭公二十六年》: "有君子白晳(君子를 만났는데, 얼굴이 하얗고)."

黑(흑: 검다) ***smek** , 呼北切, 《廣韻》: "北方色('북쪽의 색')." 《左傳·昭公二十八年》: "昔有仍氏生女, 鬒黑(옛날에 有仍氏가 딸을 낳았는데, 머리숱이 많고 검었다)."

寒(한: 춥다) ***gan** , 胡安切, 《廣韻》: "寒暑也('더위추의의 추위'이다)." 《左傳·哀公八年》: "唇亡齒寒, 君所知也(입술이 없어지면 이가 시린 것은 임금님께서도 아시는 바이다)."

燥(조: 건조하다, 마르다) ***ʨhɯᴮ** , 蘇老切, 《廣韻》: "干燥('건조하다')." 《左傳·襄公十七年》: "以辟燥濕寒暑(건조함, 습함과 추위, 더위를 피하는데)."

스와데시리스트(Swadesh list) 100개 核心詞 가운데 'we(우리)'는 상응하는 상고한어 단어가 없고, 'I(나)'에 대해 상고한어 '余'와 '吾' 두 가지 형식은 제거가 가능하다. 그 나

138 [역주] '壺飧'이란 병에 물에 말은 밥을 넣은 것이다.

머지 98개 단어는 非三等이 34개, 三等이 64개로, 三等이 非三等에 비해 거의 배로 많다. 이는 佤語의 상황과 대체로 일치한다. 스와데시리스트 100개 核心詞들의 모음은 긴장모음이 66개, 이완모음이 34개이다(陳國慶, 2002:232-235). 스와데시리스트 100개 核心詞 모음 선택에 대한 분석을 통해, 우리의 견해가 보다 더 증명되고 있다. 즉, **상고한어의 긴장모음(三等)은 무표지의 음운형식이다.** 따라서 기초어휘 특히 핵심어휘들은 긴장모음을 선택하는 경향이 높다.

二

此(차: 이것) ***thi̠**^{B} , 雌氏切,《廣韻》: "止也('여기까지 그치다')."《詩經·日月》: "今此下民, 亦孔之哀(이제 아래 백성들이 한없이 애달프도다)."《左傳·僖公四年》: "以此衆戰, 誰能禦之? 以此攻城, 何城不克?(이 무리를 가지고 전쟁한다면 그 누가 막을 수 있으며, 이 무리를 가지고 성을 공격한다면 어떤 성인들 함락하지 못하겠는가?)" 周法高의 연구에 따르면, "甲骨文과 西周金文에서는 指示代詞 '此'가 아직 발견되지 않았고 그 뒤의 金文에서 보이기 시작했다. 《書經》에서도 매우 적고……《詩經》에서 자주 발견되었으며,《論語》에는 '此'가 없고 '斯'가 있는데 다른 책에서는 자주 발견된다."라고 하였다.

斯(사: 이것) ***ɕi̠** , 息移切,《廣韻》: "此也('이것'이다)."《論語·子罕》: "逝者如斯夫! 不舍晝夜(가는 것이 이와 같구나. 낮이든 밤이든 그치지 않는구나)."《論語·雍也》: "誰能出不由戶? 何莫由斯道也?(누군들 밖으로 나아갈 때 방문으로 나가지 않겠는가? 어찌하여 이 도를 통하지 않는 것인가?)"《論語·八佾》: "君子之至於斯也, 吾未嘗不得見也(君子가 이곳에 왔을 때, 내 일찍이 만나보지 못한 적이 없었다)." 周法高는, "열국시대에《論語》,《檀弓》에서는 '斯'를 상용하여 '此'를 대체하였다. 그리고《孟子》에서도 '斯'를 사용하였지만 다른 책에서는 매우 드물었다."라고 한다. 王力(1980:281)은 "'此'와 '斯'의 구별은 최초에 아마도 방언적 차이에서 기인한 것으로 보인다."라고 하였다.《孟子·梁惠王下》: "文王發政施仁, 必先斯四者(문왕은 좋은 정치를 하고, 仁政을 펴실 때, 반드시 이 네 종류의 사람들을 가장 먼저 배려하셨습니다)."

是(시: 이것) ***di̠**^{B} , 承紙切,《廣雅》: "此也('이것'이다)."《詩經·蓼蕭》: "燕笑語兮, 是以有譽處兮(잔치하며 담소하니, 이로써 즐거움이 가득하리라)."《論語·學而》: "夫子至於是邦也, 必聞其政(夫子께서 이 나라에 오실 때, 분명 이 나라 政事에 대해 들으셨을 것이다)."《論語·憲問》: "夫如是, 奚而不喪?(이와 같은데도 어찌하여 망하지 않습니까?)"《孟子·梁惠王上》: "其如是, 孰能禦之?(이와 같으면 누가 이것을 막을 수 있겠습니까?)"《孟子·梁惠王上》: "是心足以王矣(이런 마음이면 충분히 왕도정치를 행할 수 있습니다)."

之(지: 이것, 이) ***te̠** , 止而切.《詩經·漢廣》: "之子于歸, 言秣其馬(이 아가씨 시집가면, 그 말 먹이리라)." 箋: "之子, 是子也('之子'란 곧 '이 아가씨'이다)."《詩經·桃夭》: "之子于歸, 宜其家室(이 아가씨 시집가네, 집안이 화목하리라)." 王力(1980:279)은 "'之'字가 指示로 사용될 때 이는 관형어로 쓰이는 것이다. 이것은 '近指' 指示代詞로 현대중국어의 '這'와 같다."라고 한다.《莊子·逍遙遊》: "之二蟲又何知!(그러니 이 두 벌레가 이 이치를 또 어찌 알겠는가)"

時(시: 이것, 이) ***de̠** , 市之切,《爾雅》: "是也('이것'이다)." 指示代詞로서 '時'는 상고시기에 출현 범위가 매우 좁다. "주로《書》,《詩》에 보인다."(周法高, 1990:155).《詩經·生民》: "厥初生民, 時維姜嫄⋯⋯ 載生載育, 時維后稷(처음에 백성을 낳은 분은 이는 바로 강원이니⋯⋯ 아이를 낳고 또 기르시니, 이분이 바로 후직이다)."《詩經·公劉》: "于時處處, 于時廬旅, 于時言言, 于時語語(이에 그곳에 거처하게 하며, 이에 무리를 머물게 하며, 이에 서로 충고하게 하고, 이에 서로 대화하며 살았네)."

茲(자: 이것) ***ȶe̠** , 子之切,《廣韻》: "此也('이것'이다)." '茲'는 매우 오래된 指示代詞로, 甲骨文에서 이미 출현하고 있다. 예컨대,《甲編》2416, "告于茲大邑商(이 대읍 상나라에게 (해되지 않음을) 알린다)."가 있다. 周法高(1990:152)는 "金文과《書經》에 모두 이것이 있고《易經》에서도 보인다. 그리고《詩經》에서는 단지《大雅》와《周頌》에서만 보이며《國風》과《小雅》에서는 보이지 않는다."라고 한다.《詩經·綿》: "曰止曰時, 築室于茲(머물러 살만하다고 하니, 이곳에 집을 지으셨네)."《詩經·召旻》: "維昔之富, 不如時; 維今之疚, 不如茲(그 옛날 잘 살 적에는 이런 일이 없었고, 지금의 고난이라도 이런 일은 없었다)."

若(약: 이, 이러한) ***nak** , 而灼切, 《廣韻》: "辭也('허사'이다)." 《論語·憲問》: "君子哉若人, 尙德哉若人(君子로다. 이 사람이여! 德을 숭상하는구나. 이 사람이여!)." 《荀子·王霸》: "君人者亦可以察若言矣(군주인 자는 마땅히 이와 같은 말을 잘 살펴보아야 한다)." 注: "如此也('이와 같은 것'이다)." 《孟子·梁惠王上》: "以若所爲, 求若所欲, 猶緣木而求魚也(이와 같은 행위로 이와 같은 바람을 이루고자 한다면, 이는 나무에 올라가서 물고기를 구하는 것과 같다)." 《墨子·尙同下》: "上以若人爲暴, 將罰之(윗사람이 이러한 사람을 포악하다고 여겨, 장차 그를 벌하려고 한다)."

然(연: 그러하다) ***nan** , 如延切, 《廣韻》: "又如也, 是也('같다'이다, '이러하다'이다)." 《左傳·隱公十一年》: "凡諸侯有命告則書, 不然則否(諸侯國에 일이 발생했을 때, 통고하면 기록하고, 통고하지 않으면 기록하지 않는다)." 《左傳·桓公六年》: "吾不得志於漢東也, 我則使然(우리가 漢水동쪽에서 뜻을 얻지 못한 것은, 바로 우리가 그렇게 만든 것이다)." 《左傳·僖公十四年》: "是則然矣(이 모두 반드시 그러한 것이다)." 《論語·先進》: "然則, 師愈與?(그렇다면 師가 낫습니까)" 《墨子·兼愛中》: "雖然, 不可行之物(비록 그러하나 이것은 여전히 행할 수 없는 것이다)." 《孟子·梁惠王上》: "然而不王者, 未之有也(그러면서도 왕도정치를 이루지 못하는 경우는 없다)."

者(자: ~의 것) ***ta**^{B} , 章也切, 《廣韻》: "語助(어조사)." 《說文》: "者, 別事詞也('者'는 '사물을 구별하는 말'이다)." 《論語·爲政》: "今之孝者, 是謂能養(오늘날 효도라는 것은 단지 봉양을 잘하는 것만을 이른다)."

彼(피: 저것) ***par**^{B} , 甫委切, 《廣韻》: "對此之稱('此에 상대적인 지칭')." 《左傳·隱公九年》: "彼徒我車, 懼其侵軼我也(저들은 보병이고 우리는 車兵인데, 저들이 갑자기 우리를 침공할까 두렵다)." 《左傳·襄公二十七年》: "彼君之讎也, 天或者將棄彼矣, 彼實家亂, 子何病焉?(저 崔杼는 우리 임금의 원수이니, 아마도 하늘이 그를 버리려는 것 같습니다. 저들이 실로 가족 간에 내란을 일으킨 것이니, 당신께서 무엇을 걱정하십니까?)" 《詩經·揚之水》: "彼其之子, 不與我戍申(그 나라 사람들은 우리와 함께 신땅을 지키려 하지 않네)." 《詩經·羔裘》: "彼其之子, 邦

之司直(저와 같은 분은 나라의 司直이로다)."《莊子·齊物論》: "是亦彼也, 彼亦是也. 彼亦一是非, 此亦一是非(是 또한 彼가 될 수 있으며 彼 또한 是가 될 수 있으므로, 彼도 또한 하나의 是非이며, 此도 또한 하나의 是非이다)." "'彼'자는 본래 遠指代詞로《詩經》에서 형용사로 많이 쓰여 '那'로 해석된다. 어떤 경우엔 第三人稱代詞로 쓰이나 여전히 '彼此' 비교의 의미가 있었다. 이후 漢代에 와서야 점차 第三人稱代詞가 되었다."(周法高, 1990:177).

夫(부: 그) *$\underline{\text{pa}}$, 甫無切,《廣韻》: "丈夫('장부')." '夫'는 상고시기에 指示代詞로 자주 사용되었다.《左傳·襄公二十六年》: "夫獨無族姻呼?(저 晉나라에 어찌 公族과 인척이 없겠는가)"《論語·先進》: "非我也, 夫二三子也(내가 아니라, 저 몇몇 사람이 그리한 것이다)."

匪(비: 그, 저) *$\underline{\text{pɯ}}$r, 府尾切,《廣雅》: "彼也('그, 저'이다)."《左傳·僖公十五年》: "下民之孽, 匪降自天(백성들의 재앙은 하늘이 내리는 것이 아니다)[139]."《左傳·襄公八年》: "《詩》云: 如匪行邁謀, 是用不得於道(〈시경〉에 이르기, '길은 가지 않고 앉아서 갈 길만을 계획하고 있으니, 이러므로 갈 길을 알지 못한다')[140]." 杜注: "匪, 彼也(여기서 '匪'는 '저, 그'이다)."《詩經·定之方中》: "匪直也人, 秉心塞淵(저 사람은 마음이 깊으니)."《詩經·旄丘》: "匪車不東(수레는 동에서 오지 않고)."

汝(여: 너) *$\underline{\text{na}}^{B}$, 人渚切,《廣韻》: "爾也('너'이다)."《禮記·樂記》: "居! 吾語汝(앉게나, 내가 그대에게 말해주겠네)."《荀子·議兵》: "非汝所知也! 汝所謂便者, 不便之便也; 吾所謂仁義者, 大便之便也(이는 네가 알 수 있는 일이 아니다. 네가 말하는 편함은 편하지 않은 편함이고 내가 말하는 仁義는 크게 편한 편함이다)." 글자는 본래 '女'로 썼다.《左傳·莊公八年》: "吾以女爲夫人(나는 그대를 부인으로 삼겠다)."《左傳·僖公七年》: "唯我知女, 女專利而不厭. 予取予求, 不女疵瑕也, 後之人, 將求多於女, 女必不免. 我死, 女必速行, 無適小國, 將不女容焉(오직 나만이 너를 안다. 너는 오로지 이익만을 생각하고 만족할 줄을 몰라, 나에게서 취하고 나에게 요

---

139 [역주] '匪降自天'의 경우, 대부분이 '匪'를 '부정부사'의 의미로 해석하고 있다.

140 [역주] '如匪行邁謀'의 '匪' 역시 '부정부사' 해석이 많다.

구하였지만, 나는 너를 허물하지 않았다. 그러나 後人은 너에게 많은 재물을 요구할 것이니, 너는 반드시 화를 면하지 못할 것이다. 내가 죽거든 너는 속히 떠나되 작은 나라로 가지 말라. 작은 나라는 너를 용납하지 못할 것이다).”

若(약: 너) *na̠k, 而灼切, 《廣韻》: “汝也(‘너’이다).” “甲骨文, 《書》, 《詩》에서는 발견되지 않고, 金文에서 약간 보인다. 열국시대 《莊子》에서 비교적 자주 나온다.”(周法高, 1990:92). 《莊子·齊物論》: “我勝若, 若不我勝(내가 그대를 이기고, 그대가 나를 이기지 못하니).” 王力(1980:263)은 “《論語》의 ‘吾語女’가 《莊子·天運》, 《秋水》, 《庚桑楚》에 와서도 모두 ‘吾語女’이지만(《漁父》에서도 ‘吾語汝’), 《莊子·人間世》에서는 ‘吾將語若’과 ‘吾語若’으로 변했다. 이로 보건대, ‘若’이 바로 ‘汝’이다.”라고 하였다. 塞音운미-k가 약화하여 *na̠k(若)은 *na̠ʔ(汝)로 변화하였다.

爾(이: 너) *na̠r^B, 兒氏切, 《廣韻》: “汝也(‘너’이다).” 《左傳·隱公元年》: “爾有母遺, 緊我獨無!(그대는 가져다드릴 어머니가 있으나, 나만이 홀로 없구나!)” 《左傳·文公十四年》: “爾求之久矣, 我能事爾(그대가 임금 되기를 구한 지 오래이다. 나는 그대를 임금으로 섬길 수 있다).” 《左傳·僖公四年》: “爾貢包茅不入, 王祭不共, 無以縮酒, 寡人是徵(그런데 너희 楚나라는 包茅를 바치지 않아, 이로써 縮酒할 수가 없어서 王의 제사를 지내지 못하고 있으니, 과인은 이 죄를 묻는다).” 《左傳·僖公三十年》: “苟能納我, 吾使爾爲卿(만일 나를 받아들여 준다면, 내가 그대들을 卿으로 삼을 것이다).”

而(이: 너) *ne̠, 如之切, 《廣韻》: “語助(어조사).” 《左傳·宣公三年》: “余爲伯儵, 余而祖也, 以是爲而子(나는 伯儵이니, 나는 너의 조상이다. 이것으로 너의 아들을 만들어 줄 것이다).” 《左傳·宣公十五年》: “余, 而所嫁婦人之父也(나는 그대가 개가시킨 婦人의 아비이다).” 《詩經·桑柔》: “嗟爾朋友, 予豈不知而作?(아, 너희 벗들아, 내 어찌 모르고 지었겠는가?)” 箋: “而猶女也(‘而’는 ‘너’와 같다).” 글자는 ‘乃’로 쓴다. **乃(내: 너) *ne^B**, 奴亥切, 《廣韻》: “汝也(‘너’이다).” 《左傳·僖公十二年》: “舅氏, 余嘉乃勳, 應乃懿德, 謂督不忘, 往踐乃職, 無逆朕命(舅氏야, 나는 그대의 공을 아름답게 여기고 그대의 아름다운 덕에 보답하려는 것이다. 그

대의 공덕을 독실히 기억하고 잊지 않을 것이니, 돌아가서 그대의 직무을 수행하여 朕의 명을 거역하지 말라).”

其(기: 그) ***ge̱** , 渠之切, 《廣韻》: “辭也(‘허사’이다).” 《左傳·隱公元年》: “仲子生而有文在其手(중자가 태어나면서부터 손바닥에 어떤 문양이 있었다).”

厥(궐: 그) ***ko̱t** , 居月切, 《廣韻》: “其也(‘그’이다).” 《詩經·生民》: “厥初生民, 時維姜原(처음에 백성을 낳으셨으니 이가 바로 강원이다).”

余(여: 나) ***za̱** , 以諸切, 《廣韻》: “我也(‘나’이다).” 《左傳·閔公二年》: “鶴實有祿位, 余焉能戰?(학은 정말로 대부의 녹과 지위가 있지만, 우리가 어찌 싸울 수 있겠는가)” 《左傳·僖公二十八年》: “畀余, 余賜女孟諸之麋(그것을 나에게 주거라. 나는 너에게 孟諸의 麋를 주겠다).” 글자는 또 ‘予’로도 쓴다. 予**(여: 나)** ***za̱** , 以諸切, 《廣韻》: “我也(‘나’이다).” 《論語·雍也》: “予所否者, 天厭之! 天厭之!(내가 만약 그러한 것이 아니라면, 하늘이 나를 버리실 것이다. 하늘이 나를 버리실 것이다)” “‘余’는 甲骨文, 金文에서 이미 출현하였고, 《尙書》, 《詩經》, 《論語》, 《孟子》에서는 대부분 ‘予’자로 썼다. 《左傳》과 《國語》에서는 ‘余’자로 많이 썼다.”(周法高1990:63). 상고한어 第一人稱代詞인 ‘余’와 ‘吾’는 다르다. ‘余’는 敬稱이나 ‘吾’는 通稱이다. 周法高는 陳夢家의 말을 인용하여 “余, 朕은 모두 왕의 自稱이다.…… ‘我’는 集合의 명사로 주격, 목적격의 ‘我’는 곧 ‘我們’이다. 卜辭의 ‘受余又’와 ‘受我又’는 다른데, 전자는 ‘受王佑’이고 후자는 ‘受商佑’이다.”라고 하였다.

台(이: 나) ***ze̱** , 與之切, 《廣韻》: “我也(‘나’이다).” 《爾雅》: “台, 我也(‘台’는 ‘나’이다).” “아마도 ‘余’와 ‘之’의 合音일 것이다. 마치 ‘而’가 ‘汝’와 ‘之’의 合音인 것과 마찬가지이다. 金文과 《書經》의 ‘汝’와 ‘余’는 소유격(領格)으로는 드물게 쓰인다.”(周法高, 1990:66). 《尙書·湯誓》: “非台小子, 敢行稱亂!(나 小子가 감히 병란을 일으키려는 것이 아니다)” 《釋文》: “台, 以之反(여기서 ‘台’는 ‘以之反’이다).”

誰(수: 누구) ***dur** , 視隹切,《廣韻》: "何也('무엇'이다)."《詩經·河廣》: "誰謂河廣, 一葦杭之(누가 황하가 넓다고 하나, 한 척의 작은 배로도 건널 수 있네)."

孰(숙: 누구) ***duk** , 殊六切,《廣韻》: "誰也('누구'이다)."《莊子·山木》: "其孰能害之?(누가 해칠 수 있겠습니까?)"

焉(언: 어찌) ***ʔan** , 於乾切,《廣韻》: "何也('무엇, 어찌'이다)."《左傳·隱公元年》: "姜氏欲之, 焉辟害?(姜氏(어머니)가 이렇게 하기를 바라시니, 내가 어찌 해를 피할 수 있겠는가?)"《左傳·僖公九年》: "忌則多怨, 又焉能克?(남을 의심하면 원수가 많아지는데, 또 어찌 이길 수가 있겠는가?)"《詩經·伯兮》: "焉得諼草, 言樹之背(어찌하든 망우초를 얻어, 뒤뜰에나 심어볼까하네)."《論語·公冶長》: "不知其仁, 焉用佞?(그가 仁한지는 모르겠으나, 말재주를 어디에 쓰겠는가?)" 글자는 '安'으로 쓴다. **安(안: 어찌)** ***ʔan** , 烏寒切,《經傳釋詞》: "焉, 亦何也('焉(어찌)'이고 또 '何(무엇)'이다)."《左傳·僖公十四年》: "皮之不存, 毛將安附?(가죽이 남아 있지 않는데, 털이 장차 어디에 붙겠습니까?)"

吾(오: 나) ***ŋa** , 五乎切,《廣韻》: "我也('나'이다)."《說文》: "吾, 我自稱也('吾'는 '나를 스스로 칭함'이다)."《論語·先進》: "以吾一日長乎爾, 毋吾以也(내가 너희들보다 나이가 조금 많다는 이유로 나 때문에 말하기를 어려워하지 말라)."《左傳·桓公二年》: "吾聞國家之立也, 本大而末小, 是以能固(내가 듣건대, 국가가 존립은, 근본이 크고 지엽이 작아야 튼튼할 수 있다)."《左傳·桓公六年》: "我張吾三軍而被吾甲兵, 以武臨之, 彼則懼而協以謀我, 故難間也(우리가 우리의 三軍을 펼쳐 보여주고, 우리의 갑옷과 무기를 갖추어서, 무력으로 저들을 대하니, 저들은 두려워서 힘을 합해 우리에게 대항하기를 꾀한 것이다. 따라서 저들을 이간시키기가 어려웠던 것이다)."

我(아: 나) ***ŋar**^{B} , 五可切,《廣韻》: "己稱('자기의 지칭')."《詩經·何草不黃》: "哀我征夫, 獨爲匪民(슬프도다, 우리 장부는 홀로 백성이 아니란 말인가)."《論語·八佾》: "爾愛其羊, 我愛其禮(너는 그 양을 아끼느냐? 나는 그 禮를 아낀다)."《論語·公冶長》: "我不欲人之加諸我也, 吾亦欲

無加諸人(저는 남이 저를 업신여기지 않기를 바라며, 저 또한 남을 업신여기지 않으려 합니다)."《左傳·隱公元年》: "爾有母遺, 緊我獨無!(그대는 가져다드릴 어머니가 있으나, 나만이 홀로 없구나)"

卬(앙: 나) ***ŋaŋ**, 五剛切, 《廣韻》: "我也('나'이다)."《詩經·匏有苦葉》: "人涉卬否, 卬須我友(남들은 가도 나는 안 가는데, 오직 내가 님을 기다리기 때문이네)."《爾雅》: "卬, 吾, 台, 予, 朕, 身, 甫, 余, 言, 我也('卬, 吾, 台, 予, 朕, 身, 甫, 余, 言'은 '나'이다)." '卬'이 第一人稱代詞인 '我'의 記錄文字로 쓰이는 것은 단지 《詩經》에서만 보인다. 《詩經·白華》: "樵彼桑薪, 卬烘于煁(뽕나무 땔감을 베어다가 내 아궁이에 불을 지피네)." 傳: "卬, 我也(여기서 '卬'은 '나'이다)."

胡(호: 어찌) ***ga**, 戶吳切, 《廣韻》: "何也('어찌'이다)."《詩經·式微》: "式微式微, 胡不歸?(여위고 여위었는데, 어찌 돌아가지 않으리오)"《詩經·相鼠》: "人而無禮, 胡不遄死?(사람으로서 예가 없으면 어찌 죽어버리지 않는가)"《禮記·檀弓上》: "夫古之人, 胡爲而死其親乎?(옛사람이 어찌 그 부모를 죽은 사람처럼 취급하였겠는가?)"《左傳·桓公十五年》: "人盡夫也, 父一而已, 胡可比也?(출가하기 전에는 누구나 다 남편이 될 수 있지만, 아버지는 하나뿐이다. 그러니 어찌 남편이 아버지와 비교가 되겠는가?)"

何(하: 무엇) ***gar**, 胡歌切, 《廣韻》: "辭也('허사'이다)."《詩經·行露》: "誰謂雀無角, 何以穿我屋?(누가 참새가 부리가 없다고 하였는가, 어찌 나의 집을 뚫었겠는가?)"

奚(해: 어찌) ***gi**, 胡鷄切, 《廣韻》: "何也('어찌'이다)." 음운 변화에 따라 '支部'와 '歌部'는 일부 방언에서 합류하기 시작했다. 그래서 支部字 '奚' 역시 疑問代詞 '何'의 記錄文字가 되었다. 《論語·爲政》: "子奚不爲政?(공자께서는 어찌하여 정치를 하지 않으십니까?)"《論語·子路》: "衛君待子而爲政, 子將奚先?(衛나라 임금이 선생님을 기다려 정치를 하려 하는데, 선생님께서는 장차 무엇을 먼저 하시겠습니까?)"《莊子·逍遙遊》: "奚以之九萬里而南爲?(어찌하여 붕새는 9만 리까지 올라가 남쪽으로 가려고 하는가?)"

曷(갈: 어찌) ***gat** , 胡葛切,《廣韻》: "何也('어찌'이다)."《左傳·昭公元年》: "吾子其曷歸?(그대는 언제 돌아갈 것인가?)"

第一人稱代詞 ŋ-계와 疑問代詞 g-계는 이완모음을 선택하고 있고, 기타 대사들은 일률적으로 긴장모음을 선택하고 있다. 그런데 주목할 만한 것은, 第一人稱代詞 ŋ-계와 疑問代詞 g-계라 할지라도 반드시 이완모음 한 종류의 독음만 있는 것은 아니라는 점이다. 일인칭대사 '吾'는 갑골문에서 이미 출현하고 있으나 글자는 '魚'로 쓰고 있다. 西周 金文에서는 '𩵋攴'로 되어 있는데, '𩵋攴'는 '漁'의 이체자이다. 漁(어, *ŋa̲)는 '語居切'이고,《廣韻》에서는 "《說文》云: 捕魚也. 𩵋攴, 𩵋攴獵, 亦上同(〈설문〉에 이르길, '물고기를 잡는 것이다. 𩵋攴와 같은데 물고기를 잡는 것으로 위와 같다')이라 나온다." 현재 출토된 戰國시대 竹書와 帛書에서는 '吾'가 대부분 '魚'로 되어 있다. 예컨대 帛書《戰國策》에서는 '吾'가 모두 '魚'로 되어 있다. 예를 들어, "魚(吾)欲用所善(내가 좋아하는 사람을 등용코자 한다)."(《戰國縱橫家書》第四)가 있다. '魚'는 '語居切'로 상고시기 주요모음이 긴장모음인 a̲ 이다.

詎(거: 어찌) ***ga̲^{B}** , 其呂切,《廣韻》: "豈也('어찌'이다)."《說文》: "詎猶豈也('詎'는 '豈'와 같다)."《莊子·齊物論》: "庸詎知吾所謂知之非不知邪? 庸詎知吾所謂不知之非知邪?(내가 이른바 안다고 하는 것이 알지 못하는 것이 아님을 어찌 알겠는가? 또 내가 이른바 알지 못한다고 하는 것이 아는 것이 아님을 어찌 알겠는가?)"《莊子·大宗師》: "庸詎知吾所謂天之非人乎?(어찌 내가 자연이라고 말한 것이 人爲가 아님을 알 수 있겠는가?)"《列子·周穆王》: "詎有薪者邪?(어찌 나무꾼의 꿈이라 할 수 있겠는가?)" 글자는 또 '巨'로도 쓴다.《漢書·高帝紀上》: "沛公不先破關中兵, 公巨能入乎?(패공이 먼저 관중의 군대를 공격하지 않았다면, 공이 어찌 관중에 들어갈 수 있었겠습니까?)" 注: "巨讀曰詎, 詎猶豈也('巨'는 '詎'로 읽으며, '詎'는 '豈'와 같다)." '巨能'은 사실상 '胡能'이다.《詩經·日月》: "胡能有定? 寧不我顧(어찌 그 마음 정하신 것인가? 나를 돌아보지 않으시네)."《列子·力命》: "天其弗識, 人胡能覺?(하늘조차 알지 못하는데, 사람이 어찌 깨닫겠는가?)"

代詞는 폐쇄적인 품사이면서 한 언어의 기초 어휘이다. 스와데시리스트 100단어 표와 확장된 200단어 표에는 언어의 대부분 대사가 다 망라되어 있다. 그리고 人稱代詞, 指示代詞, 疑問代詞는 佤語에서 거의가 다 긴장모음이다. 상고한어 대사의 음운형식을 조사해보면, 이들 대사의 음운형식이 신체기관 명사와 같이 긴장모음을 주로 선택하고 있으며 모음을 긴장/이완으로 구분하는 佤語와 유사함을 알 수 있다. **이로써 긴장모음이 무표지 모음이라는 것을 충분히 증명할 수 있다.** 이러한 점은 또한 수사나 稱謂詞를 통해서도 증명되고 있다. 예를 들어, 10개의 수사 중 단지 三, 五, 八 이 세 수사만이 非三等이고 나머지 7개 수사는 모두 三等이다. 친족 稱謂 역시 이러한 상황을 보여주고 있는데, 이와 관련해서는 더이상 구체적인 논의를 하지 않겠다.

제2절 파생

一

상고한어의 모음은 緊松이 대립하는데 이 둘은 교체가 가능하다. 《廣韻》에 수록된 한자 중, 일부는 **三等과 非三等의 異讀이 존재**한다. 물론 그중 **일부는 方音이나 雅俗의 차이에 의한 것이고 상고에서 기원한 것이 아닌 것도 있다.** 그리고 일부 한자의 경우, 비록 차이가 있지만 기록한 것이 동일한 단어일 수 있다. 예컨대, '子'와 '崽'가 그러하다. 《方言》에 이르길, "崽者, 子也. 湘沅之會, 凡言是子者謂之崽, 若東齊言子矣('崽'는 '아들'이다. 湘水와 沅水가 모이는 곳에서 무릇 '아들'이란 말은 '崽'라고 한다. 東齊지역에서 '子'라고 하는 것과 같다)."이라고 한다. 또 '狸'와 '㺯'가 있다. 《方言》에 이르길, "貔, 陳楚江淮之間謂之㺯, 北燕朝鮮之間謂之貊, 關西謂之狸('貔'는 陳楚江淮 사이에선 '㺯'이라 하고, 北燕朝鮮 사이에선 '貊'라 하고, 關西에서는 '狸'라 한다)."이라 한다. 분명히, 우리는 이러한 이유로 이들의 차이를 상고까지 추적할 수는 없는 것이다. 이러한 方音이나 雅俗의 차이로 인한 발음 차이는 명사에만 국한되지 않고 동사 등도 가능한데, '斥'과 '拓'이 그러하다.

斥(척: 물리치다, 넓히다, 개척하다) *thak , 昌石切, 《廣韻》: "逐也, 遠也('물리치다, 멀리하다'이다)." 《左傳·昭公十六年》: "大國之求, 無禮以斥之(대국의 요구를 禮로써 거절하지 않는다면)." 《韓非子·問田》: "逢遇不可必也, 患禍不可斥也(세상과 군주와의 만남은 기필할 수 없고 환난과 재앙은 피할 수 없다)." 《史記·秦始皇本紀》: "西北斥逐匈奴(서북쪽으로는 흉노를 쫓아냈다)." 여기서 발전하여 '개척(開拓)'의 의미가 나왔다. 《小爾雅》: "斥, 開也('斥'은 '열다'이다)." 《史記·司馬相如列傳》: "除邊關, 關益斥(변경의 관소를 제거하고 변관을 더욱 넓혔다)." 索隱引張輯: "斥, 廣也(여기서 '斥'는 '넓히다'이다)." 《鹽鐵論·非鞅》: "斥地千里(땅 천리를 개척하다)." 《漢書·韋賢傳》: "斥地遠境(땅을 개척하여 국경을 넓히다)." 注: "斥, 開也; 遠, 廣也('斥'은 '개척하다'이고, '遠'은 '넓히다'이다)." **拓(탁/척: 넓히다)** *thak , 他各切, 《小爾雅》: "拓, 開也('拓'은 '개척하다'이다)." 《吳子·圖國》: "辟土四面, 拓地千里, 皆起之功也(사방으로 땅을 개척하여 천리나 넓혔으니, 이는 모두 오기의 공이다)." 《漢書·揚雄傳上》: "拓跡開統(기업을 개척하고 계통을 열다)."

方音 또는 雅俗의 차이로 인해, 하나의 단어가 음운형식이 하나 이상인 경우가 발생하고, 그것을 기록한 문자 역시 하나 이상인 경우가 발생한다(異體字 포함). 예컨대, 《廣韻》에서 "父, 扶雨切, 《說文》: 父, 矩也, 家長率教者('父'는 '扶雨切'이고, 〈설문〉에 이르길, '父는 矩(규칙)이다, 집안의 가장으로 거느리고 가르치는 사람이다')."라고 나온다. 또 《廣韻》에 "爸, 捕可切, 父也('爸'는 '捕可切'이고, '아버지'이다)."라고 나온다. '父'와 '爸'는 동일한 단어의 雅俗 차이에 불과하다. 즉, 전자는 雅言이고 후자는 俗語이다. 예컨대 《廣韻》과 같은 운서의 注音에 따르면, '父'는 三等이나 '爸'는 一等이다. 상고한어 다수 단어의 긴장모음(三等)과 이완모음(非三等)의 異讀은 단지 '음변(통시적인 음운변화)'에 속한다. 현재 남아 있는 中古의 韻書, 字書 중 많은 경우가 方音이나 雅俗의 차이에 의한 三等과 非三等 異讀이다. 상고한어 모음 緊松 교체의 의미를 고찰할 때, 먼저 이렇게 의미와 무관한 음변을 제거해야 한다. 즉, **의미 차이가 없는 음변을 의미 차이가 있는 變音으로 처리하면 안 된다**. 다만, 모음의 緊松교체는 또한 **상고한어의 중요한 조어 수단이었기에 이러한 緊松 모음 교체를 통해 새로운 단어가 생산되었다.**

葚(심: 오디) ***du̲m**^{B} , 食荏切, 《廣韻》: “《說文》曰: 桑實也(〈설문〉에 이르길, ‘뽕나무 열매이다’).” 《詩經·氓》: “于嗟鳩兮, 無食桑葚(아, 비둘기들이여, 뽕나무 오디를 따먹지 마라).” 《釋文》: “葚, 本又作椹, 音甚, 桑實也(여기서 ‘葚’은 본래 또 ‘椹’으로 쓰며 발음은 ‘甚’이다. 뽕나무 열매이다).” 《爾雅》: “桑辦有葚梔(뽕나무 반쪽에 오디가 달린 것이 梔이다).” 《釋文》: “葚, 音甚, 《說文》曰: 桑實也. 本或作椹, 非(‘葚’는 음이 ‘甚’이다. 〈설문〉에 이르길, ‘뽕나무 열매이다.’라고 했는데, 본래 혹체로 ‘椹’으로 쓰는데 아니다).” 《小爾雅》: “桑之實, 謂之椹(뽕나무 열매를 ‘椹’이라 한다).” 《東觀漢記·蔡順》: “君仲取桑椹, 赤黑異器(군중이 뽕나무 오디를 취해 빨간 것과 검은 것을 다른 그릇에 담았다).” 글자는 또 ‘黮’으로도 쓴다. 《詩經·泮水》: “翩彼飛鴞, 集于泮林, 食我桑黮, 懷我好音(기분 나쁜 소리를 내는 올빼미가 펄펄 날아가서 반궁의 나무숲에 모여 산다. 우리의 뽕나무 오디를 먹고, 좋은 소리로 날 회유하는구나).” 傳: “黮, 桑實也(여기서 ‘黮’은 뽕나무 열매이다).” 《釋文》: “黮, 《說文》《字林》皆作葚, 時審反(‘黮’은 〈설문〉〈자림〉에서는 모두 ‘葚’으로 쓰며 ‘時審反’이다).” **黮(담: 검다)** ***dum**^{B} , 徒感切, 《廣韻》: “黭黮, 云黑也(‘黭黮’은 ‘검다’는 말이다).” 《說文》: “黮, 桑葚之黑也(‘黮’은 뽕나무 열매 오디가 검은 것이다).” 朱竣聲云: “《聲類》: ‘黮, 深黑也.’ 《字林》: ‘黮, 黑黃也.’ 《廣雅·釋器》: ‘黮, 黑也.’ 《家語·辨榮》‘黮而黑’ 注: ‘黑貌.’(〈성류〉에 이르길, ‘黮은 매우 검은 것이다.’라 하고, 〈자림〉에 이르길, ‘黮은 흑황색이다’라고 한다. 〈광아·석기〉에서는 ‘黮은 검다’라고 한다. 〈가어·변영〉에선 ‘黮而黑’의 주에 ‘검은 모양’이라 하였다.)” 《莊子·齊物論》: “則人固受其黮闇(다른 사람들이 진실로 어둠 속에 빠지고 말 것이다).” 《釋文》: “黮闇, 貪闇反, 李云: 黮闇, 不明貌(여기서 ‘黮闇’은 ‘貪闇反’이다. 李씨가 말하길, ‘黮闇은 밝지 않은 모양’이라 한다.).” 《淮南子·主術訓》: “問瞽師曰: 白素何如? 曰: 縞然. 曰: 黑何若? 曰: 黮然.(고사에게 물었다 ‘흰 바탕이 어떠한가?’ 그러면 ‘명주와 같다’고 대답할 것이고, ‘검은 것은 무엇과 같은가?’라고 물으면, ‘어두운 것과 같다’고 대답할 것이다)” **黕(담: 더럽다, 때)** ***tum**^{B} , 都感切, 《廣韻》: “滓垢也, 黑也(‘때’이다. ‘검다’이다).” 《說文》: “黕, 滓垢也(‘黕’은 ‘때’이다).”

王力(1982:614)은 ‘葚’, ‘黮’을 同源詞로 보았다. ‘葚’은 뽕나무 열매이고, ‘黮’은 뽕나무 열매가 익은 후의 색깔이다. 그래서 이 둘의 어원관계는 매우 분명하다. 양자의 음운형식을 비교해 보면, 명사 ‘葚’은 긴장모음이며 여기서 파생된 형용사 ‘黮’은 이완모음이다. 품사로 볼 때, 긴장모음의 '甚'은 명사이고, 이완모음의 '黮'은 형용사(동사)이다. 상고한어에서 이러한 '甚'과 평행한 예는 부지기수이다. 아래에서 일부를 열거해 본다.

二[141]

氣(기: 숨) ***khɯ̱ts**, 去既切, 《廣韻》: "氣息也('호흡'이다)." 《莊子·逍遙遊》: "乘雲氣, 御飛龍, 而遊乎四海之外(구름 기운을 타고, 飛龍을 몰아 四海 밖에 노닌다)." 《莊子·人間世》: "獸死不擇音, 氣息茀然, 於是並生心厲(짐승이 죽을 때는 마구 짖어서 숨이 차오르는데, 이 때에 아울러 마음에 거친 것이 생긴다)." 글자는 본래 '气'로만 썼다. 《說文》: "气, 云气也('气'는 '구름의 기'이다)." 段玉裁注: "气氣古今字('气'와 '氣'는 古今字이다)." **愾(개: 한숨쉬다, 성내다)** ***khɯts**, 苦蓋切, 《廣韻》: "大息('한숨쉬다')." 《禮記·祭義》: "愾然必有聞乎其歎息之聲(개연히 분명 탄식하는 소리를 들을 수 있다)." 《左傳·文公四年》: "諸侯敵王所愾而獻其功, 王於是乎賜之(제후가 왕이 매우 분개하는 상대에 대적하여 공을 바치면, 왕이 이에 상을 하사한다)." 注: "愾, 恨怒也(여기서 '愾'는 '매우 분노하다'이다)." 《釋文》: "愾, 苦愛反(여기서 '愾'는 '苦愛反'이다)." **慨(개: 개탄하다)** ***khɯts**, 苦蓋切, 《廣韻》: "慷慨('강개하다')." 《說文》: "慨, 忼慨也('慨'는 '개탄하고 강개하다'이다)." 《呂氏春秋·審己》: "湣王慨焉太息(민왕은 개탄하여 한숨 쉬었다)." 《荀子·宥坐》: "孔子慨然歎曰(공자가 감개하여 탄식하며 말했다)." 《史記·高祖本紀》: "高祖乃起舞, 慷慨傷懷, 泣數行下(고조가 이에 일어나 춤을 추며, 개탄하고 슬퍼하며, 눈물을 몇 줄 흘렸다)." **嘅(개: 탄식하다, 성내다)** ***khɯts**, 苦蓋切, 《廣韻》: "嘅嘆('탄식하다')." 《詩經·中谷有蓷》: "有女仳離, 嘅其嘆矣(이별한 여인이 있어, 길게 한숨짓네)." 《釋文》: "嘅, 口愛反(여기서 '嘅'는 '口愛反'이다)." '愾', '慨', '嘅' 모두 동일 단어의 세 가지 문자형식이다.

雄(웅: 수컷) ***Ge̱ŋ**, 羽弓切, 《廣韻》: "雄雌也(자웅의 수컷이다)." 《說文》: "雄, 鳥父也('雄'은 '새의 아비'이다)." 《詩經·正月》: "具曰予聖, 誰知烏之雌雄(모두 내가 성인이라 하니, 누가 까

141 [역주] 여기서 긴장과 이완 모음 사이의 교체를 통해, '명사 → 동사(형용사)'의 품사 변화가 발생한다.

마귀의 암수를 알겠는가).”《莊子·德充符》: “而雌雄合乎前(남녀가 모두 그 앞에 모였다).”《荀子·議兵》: “代翕代張, 代存代亡, 相爲雌雄耳矣(약하고 강하기를 번갈아 하고, 또 보존되고 망하기를 번갈아 하여, 서로 자웅을 겨룰 뿐이다).”《莊子·應帝王》: “衆雌而無雄, 而又奚卵焉!(암탉이 많으나 수탉이 없으면, 또 어찌 알이 부화할 수 있겠는가?)”《左傳·昭公二十九年》: “河漢各二, 各有雌雄, 孔甲不能食(황하와 한수에 각각 용 두 마리씩인데, 각각 암수였다. 공갑은 이 용들을 잘 먹일 수 없었다).” **弘(홍: 크다, 넓다)** ***ɢeŋ** , 胡肱切,《廣韻》: “大也(‘크다’이다).”《左傳·昭公七年》: “其用物也弘矣, 其取精也多矣(그 물건을 사용함이 많고, 정미한 것을 취한 것이 많았다).”《論語·泰伯》: “士不可以不弘毅, 任重而道遠(선비는 마음이 크고 굳세지 않으면 안 된다. 이는 임무가 무겁고 길이 멀어서 그렇다).”

臣(신: 종, 하인) ***gin** , 植鄰切,《廣韻》: “伏也, 男子賤稱(‘하인’이다. 남자의 천한 사람을 지칭한다).”《說文》: “臣, 牽也, 事君也. 象屈服之形(‘臣’은 ‘끌려 다녀 통제 받는 사람’이다. ‘임금을 모시는 사람’이다. 굴복한 모양을 본떴다).”《論語·顔淵》: “君君, 臣臣, 父父, 子子(임금은 임금다워야 하고, 신하는 신하다워야 하며, 아비는 아비다워야 하고, 자식은 자식다워야 한다).”《論語·八佾》: “君使臣以禮, 臣事君以忠(임금이 신하를 예로써 부리고, 신하는 임금을 충으로써 모신다).”《左傳·隱公三年》: “君義, 臣行, 父慈, 子孝, 兄愛, 弟敬, 所謂六順也(임금은 의롭고 신하는 행하며, 아비는 자애롭고 자식은 효도하며, 형은 우애하고 아우는 공경하는 것이 이른바 六順이다).”《左傳·莊公十四年》: “臣無二心, 天之制也(신하가 두 마음을 품지 않는 것은 하늘이 정한 것이다).” **賢(현: 어질다, 착하다, 수고롭다)** ***gin** , 胡田切,《廣韻》: “善也. 臤, 古文(‘착하다’이다. ‘臤’은 고문이다).”《詩經·北山》: “大夫不均, 我從事獨賢(대부가 불공평하니, 나만 일에 종사하여 홀로 수고롭네).” 傳: “賢, 勞也(‘賢’은 ‘수로롭다’이다).”《論語·里仁》: “見賢思齊焉, 見不賢而內自省也(賢한 이를 보면 그와 같아지기를 생각하고, 賢하지 않은 이를 보면 안으로 스스로 살펴야 한다).”《莊子·德充符》: “死生存亡, 窮達貧富, 賢與不肖(죽음과 삶, 보존과 망함, 곤궁과 영달, 가난함과 부유함, 현명함과 어리석음).” **牽(견: 끌다)** ***khin** , 苦堅切,《廣韻》: “引也, 挽也, 連也(‘끌다, 당기다, 매이다’이다).”《說文》: “牽, 引前也(‘牽’은 ‘앞으로 끌다’이다).”《左傳·宣公十一年》: “牽牛以蹊人之田, 而奪之牛. 牽牛以蹊者, 信有罪矣, 而奪之牛, 罰已重矣(소를 끌고 남의 밭으로 지나다니면, 밭의 주인은 그 소를 빼앗는다. 소를 끌고 남의 밭으로 지나다니는 자는 정말로 죄가 있다. 그렇다고 그 소를 빼앗는다면, 벌이 너무 무겁다)."《左傳·宣公十二年》: "鄭伯肉袒牽羊以逆(鄭伯이 옷을 벗어 몸을 드러내고, 양을 끌고 와서 楚나라 임금을 맞이하였다)."《孟子·梁惠王上》: "有牽牛而過堂下者, 王見之(소를 끌고 당 아래로 지나가는 자가 있었는데, 왕께서 이를 보셨습니다)."

王(왕: 임금) ***ʁa̱ŋ** , 雨方切,《廣韻》: "大也, 君也('성하다, 임금'이다)."《左傳·隱公元年》: "先王之制, 大都不過參國之一(선왕의 제도에 大都의 성은 국도의 3분의 1을 넘지 않는다)."《左傳·隱公三年》: "王貳於虢, 鄭伯怨王(평왕이 정권을 둘로 나눠 그 반을 虢公에게 주려 하자, 鄭伯이 평왕을 원망하였다)."《孟子·梁惠王上》: "孟子見梁惠王, 王立於沼上, 顧鴻雁麋鹿(맹자가 양나라 혜왕을 만났는데, 왕이 못가에 서서, 크고 작은 기러기와 크고 작은 사슴들을 돌아보았다)."《論語·學而》: "先王之道斯爲美, 小大由之(先王의 도는 이것을 아름답게 여겼으니, 작은 일, 큰 일 모두 예에 입각했다)."《莊子·逍遙遊》: "客得之, 以說吳王(손님이 그것을 얻어, 이로써 吳王을 설득하였다)." **皇(황: 크다, 아름답다)** ***ʁaŋ** , 胡光切,《廣韻》: "君也, 美也, 天也('임금, 아름답다, 천제'이다)."《詩經·正月》: "有皇上帝, 伊誰云憎(위대한 상제 계시니, 누가 미워하리오)."《左傳·僖公五年》: "皇天無親, 惟德是輔(하늘은 특별히 친함이 없고, 오직 德 있는 이를 돕는다)."《左傳·僖公十五年》: "君履后土而戴皇天, 皇天后土, 實聞君之言(임금께서 땅을 밟고 하늘을 이셨는데, 하늘과 땅은 진실로 임금님의 말씀을 들었다)."

嗌(익: 목구멍) ***ʔi̱k** , 伊昔切,《廣韻》: "喉也('목구멍'이다)."《說文》: "嗌, 咽也('嗌'은 '목구멍'이다)." 段玉裁注: "嗌者, 扼也. 扼要之處也('嗌'이란 것은 '지키다'이다. 중요한 곳을 지키는 것이다)."《莊子·庚桑楚》: "兒子終日嗥而嗌不嗄, 和之至也(어린아이가 하루종일 울어도 목이 쉬지 않는다면, 이는 조화가 지극하기 때문이다)."《呂氏春秋·介立》: "今世之逐利者, 早朝晏退, 焦唇干嗌, 日夜思之, 猶未之能得(지금 세상에서 이익을 추구하는 자는 아침 일찍부터 조회에 나아가 늦게까지, 입술이 타고 목구멍이 마르도록, 밤낮으로 궁리해도, 여전히 얻어내지 못한다)." **搤(액: 쥐다, 잡다, 조르다)** ***ʔik** , 於革切,《廣韻》: "持也, 握也, 捉也('잡다, 쥐다'이다)." [錫部 影母 錫韻 ek엔 글자가 없고《廣韻》에서는 麥韻 ɛk으로 넣었다.]《說文》: "搤, 捉也. 扼, 上同(搤)('搤'은 '잡다'이다. '扼'은 위와 같다)."《史記·劉敬叔孫通列傳》: "夫與人

鬥, 不搤其亢, 拊其背, 未能全其勝也(다른 사람과 싸울 때, 상대방의 목을 조르고 등을 치지 않다면 완전한 승리를 얻을 수 없다)."《史記·刺客列傳》: "樊於期偏袒搤捥而進(번어기는 한쪽 어깨를 드러내고 한손으로 팔을 움켜쥔 채 앞으로 나아가)." **厄(액: 재앙, 막다)** ***ʔik** , 於革切, 《廣韻》: "災也. 《說文》隘也('재앙'이다. 〈설문〉에선 '隘(험하다)이다'라 한다)."《史記·季布欒布列傳》: "兩賢豈相厄哉!(두 훌륭한 인물이 어찌 서로 해치려 하는가!)"《荀子·宥坐》: "孔子南適楚, 厄於陳蔡之間, 七日不火食(孔子가 남쪽으로 楚나라에 갈 때, 陳과 蔡 사이에서 곤경에 빠져, 7일 동안이나 불에 익힌 음식을 먹지 못했다)." 글자는 또 '阨'으로도 쓴다. **阨(액: 좁다, 막히다)** ***ʔik** , 於革切, 《廣韻》: "限也, 礙也, 又危也, 迫也, 塞也('제한하다, 막다, 험하다, 곤란하다'이다)."《荀子·議兵》: "阨而用之, 得而後功之, 功賞相長也(곤궁하게 한 뒤에 그들을 쓰고, 승리한 뒤에 그 공로를 치하하여, 功과 賞이 서로 발전하게 하였다)."《管子·侈靡》: "阨其道而薄其所予(그 도를 곤궁하게 하고 그 주는 것을 박하게 하다)."《戰國策·楚策四》: "今僕之不肖, 阨於州部(지금 제가 어리석어 궁벽한 마을에서 곤란을 당하니)."

聲(성: 소리) ***si̱ŋ** , 書盈切, 《廣韻》: "聲音('소리')."《左傳·文公元年》: "是人也, 蜂目而豺聲, 忍人也, 不可立也(이 사람은 벌 눈에 승냥이 소리를 하니, 잔인한 사람이라 세울 수 없다)."《左傳·宣公四年》: "是子也, 熊虎之狀, 而豺狼之聲(이 아이는 모습은 웅호이고 소리는 승냥이 같다)."《左傳·僖公二十四年》: "耳不聽五聲之和爲聾(귀로 조화로운 五聲을 듣지 못하는 것을 '聾'이라 한다)." **聽(청: 듣다)** ***siŋ** , 他丁切, 《廣韻》: "聆也('듣다'이다)."《左傳·僖公二八年》: "晉侯患之, 聽輿人之誦(晉侯가 이를 걱정하여, 많은 사람들의 계획을 들었다)."《論語·公冶長》: "始吾於人也, 聽其言而信其行; 今吾於人也, 聽其言而觀其行(전에는 내가 사람들에 대해, 그의 말을 듣고 그의 행실을 믿었는데, 지금은 내가 사람들에 대해, 그의 말을 듣고 그의 행실을 살핀다)."《孟子·梁惠王上》: "聲音不足聽於耳與?(아름다운 음악이 귀로 듣기에 부족한 것입니까?)"

霧(무: 안개) ***mu̱ks** , 亡遇切, 《廣韻》: "《元命包》曰: '陰陽亂爲霧.'《爾雅》云: '地氣發天不應曰霧.'《釋名》云: '霧, 冒也, 氣蒙亂覆冒物也.'(〈원명포〉에 이르길, '음양이 혼란하여 안개가 된다'라 하고, 〈이아〉에 이르길, '땅의 기운이 발하나 하늘이 응하지 않음을 안개라 한다'고 한다.

또 〈석명〉에 이르길, '霧는 冒(덮다)이다. 즉, 기가 어지러이 사물을 덮고 있는 것이다')" 《禮記·月令》: "氛霧冥冥, 雷乃發聲(안개가 어둡게 끼며, 우레소리가 요란하게 된다)." 《莊子·秋水》: "噴則大者如珠, 小者如霧(재채기를 해서 침을 뿜을 때, 큰 것은 구슬 같고, 작은 것은 안개 같다)." 《莊子·大宗師》: "孰能登天遊霧, 撓挑無極, 相忘以生, 無所終窮?(누가 하늘에 올라 안개 속에 노닐되, 무한히 넓은 세계에서 자유로이 움직이고, 서로 잊고 살며, 다함이 없게 할 수 있는가?)" **冒(모: 덮다)** ***muks**, 莫報切, 《廣韻》: "覆也('덮다'이다)." 《詩經·日月》: "日居月諸, 下土是冒(해와 달이시여, 아래 세상을 덮으시니)." 《管子·君臣下》: "冒之以衣服, 旌之以章旗(의복을 구분하여 입히고, 휘장과 장식으로 붙여주다)."

堇(근: 진흙) ***gɯn**, 巨巾切, 《廣韻》: "黏土('점토')." 《說文》: "堇, 黏土也('堇'은 '점토'이다)." 글자는 나중에 '墐'으로 썼다. **墐(근: 진흙)** ***gɯn**, 巨巾切, 《廣韻》: "上同(堇)(위와 같다)." 《禮記·內則》: "編萑以苴之, 塗之以謹塗(환초로 싸고 찰흙으로 겉을 발라서)." 注: "謹當爲墐, 聲之誤也('謹'은 마땅히 '墐'이어야 한다. 소리의 오류이다)." **很(흔: 패려궂다, 사납다)** ***gɯn**[B], 胡墾切, 《廣韻》: "很戾也, 俗作狠('很'은 '사납다'이다. 俗으로는 '狠'으로 쓴다)." 《說文》: "很, 不聽從也('很'은 '따르지 않다'이다)." [《說文》: "掔, 牛很不從引也('掔'은 소가 끌리지 않는 것이다)."] 《韓非子·亡征》: "很剛而不和, 愎諫而好勝, 不顧社稷而輕爲自信者, 可亡也(사납고 모질어서 화합하지 못하고, 간언을 듣기 싫어하고 이기는 것만 좋아하며, 社稷은 돌아보지 않고 가벼이 자신만을 믿는 자는, 나라가 망할 수 있다)." 《莊子·漁父》: "見過不更, 聞諫愈甚, 謂之很(허물을 보고도 고치지 않고, 간하는 말을 듣고도 잘못이 더 심해지는 것을 고집스럽다고 말한다)." 《史記·項羽本紀》: "猛如虎, 很如羊, 貪如狼, 強不可使者, 皆斬之(호랑이처럼 사납고, 양처럼 고집 세고, 승냥이처럼 탐욕스럽고 힘만 세어 부리기 힘든 자는 모두 참한다)."

壽(수: 목숨, 수명) ***du̱**[B], 殖受切, 《廣韻》: "壽考('목숨')." 《說文》: "壽, 久也('壽'는 '오랜 것'이다)." 《左傳·昭公二十年》: "其所以蕃祉老壽者, 爲信君使也(祝史가 복이 많고 장수하는 까닭은 성실한 임금의 사자가 되었기 때문이다)." 《禮記·中庸》: "大德必得其位, 必得其祿, 必得其名, 必得其壽(큰 덕은 반드시 그 지위를 얻고, 반드시 그 봉록을 얻고, 반드시 그 이름을 얻고,

반드시 장수한다)."《詩經·七月》: "爲此春酒, 以介眉壽(이듬해 봄에 술을 빚어 노인들께 드리리라)." **壽(수: 수명) *du̲s** , 承呪切, 《廣韻》: "壽考('목숨')."《左傳·僖公三十二年》: "中壽, 爾墓之木拱矣(네가 中壽만 살고 죽었더라도, 네 무덤 위 나무가 이미 한 아름은 될 것이다)."《釋文》: "壽, 音授, 又如字(여기서 '壽'의 음은 '授'이고, 통상음이다)."《左傳·隱公十一年》: "若寡人得沒於地(만약 과인이 죽어 땅에 묻힌다면)." 注: "以壽終(즉, 천수를 누리고 죽는 것이다)."《釋文》: "壽, 如字, 又音授(여기서 '壽'는 통상음이고 또 음이 '授'이다)." **禱(도: 빌다) *tu^B** , 都浩切, 《廣韻》: "請也, 求福也('청하다, 복을 빌다'이다)." **禱(도: 제사지내다) *tus** , 都導切, 《廣韻》: "祭也, 請也('제사지내다, 청하다'이다)."《說文》: "禱, 告事求福也('禱'란 '일을 아뢰고 복을 비는 것'이다)." 楊樹達(1983:16)이 다음과 같이 말했다. "'禱'은 '示'를 따르고 '壽'가 성부이다. 대개 신에게 장수의 복을 비는 것을 말하는데, 許愼이 '告事求福'이라 해석한 것은 아마도 최초의 뜻은 아닐 것이다."《論語·述而》: "子疾病, 子路請禱(선생님께서 병이 위중하자, 子路가 기도하는 것을 청하였다)."《周禮·天官·冢宰》: "掌王后之內祭祀, 凡內禱祠之事(여축은 왕후의 내제사와 내도사의 일을 관장한다)." 注: "禱, 疾病求瘳也(여기서 '禱'는 질병의 치료를 비는 것이다)."《釋文》: "禱, 丁考反, 一音都報反(여기서 '禱'는 '丁考反'이고 한편으로 음이 또 '都報反'이다)."《左傳·隱公十一年》: "而禱於其主鍾巫(윤씨가 主祭하는 鍾巫神에게 기도하였다)."《墨子·天志下》: "以禱祠祈福於天(기도와 제사를 드리며, 하늘에 복을 빈다)." 글자는 본래 '壽'로만 썼다. 《晏子春秋·雜篇》: "將爲景公請壽, 晏子識其妄(경공을 위해 장수를 빌어주겠다고 하자, 안자가 그것이 잘못된 것임을 알았다)."

衝(충: 사거리) *tho̲ŋ , 尺容切, 《廣韻》: "當也, 向也, 突也('맞부딪치다, 향하다, 찌르다'이다)."《說文》字寫作"衝", "通道也. 《春秋傳》曰: 及衝, 以戈擊之(〈설문〉에는 글자가 '衝'으로 쓰여 있다. '통로'이다. 〈춘추전〉에 이르길, '사거리까지 가서 창으로 공격했다'라고 한다)."《左傳·昭公元年》: "及衝, 擊之以戈(사거리까지 가서 창으로 공격했다)." 注: "衝, 交道('衝'은 사거리이다)."《釋文》: "衝, 尺容反(여기서 '衝'은 '尺容反'이다)."《左傳·昭公十八年》: "子產及衝, 使從者止之(子產이 사거리에 이르러, 從者를 보내 제지시켰다)."《釋文》: "衝, 尺容反(여기서 '衝'은 '尺容反'이다)." **通(통: 통하다, 이르다) *thoŋ** , 他紅切, 《說文》: "達也('이르다'이다)."《左傳·成公十三年》: "東道之不通, 則是康公絕我好也(동쪽의 길이 막힌 것은 康公이 우리와 우호를

끊었기 때문이다).”《左傳·隱公元年》: “及宋人盟於宿, 始通也(宋人과 宿에서 결맹하였는데, 둘이 비로소 우호를 통한 것이다).”

豎(수: 더벅머리, 심부름하는 아이) ***do̲**[B] , 臣庾切,《廣韻》: “童僕之未冠者(아직 관례하지 않은 사내아이종).” 王念孫《廣雅疏證》: “古謂童僕之未冠者曰豎, 亦短小之意也(옛날에 ‘관례하지 않은 사내아이종’을 ‘豎’라 하는데, 또 ‘짧고 작다’의 의미가 있다).”《周禮·天官·冢宰》: “內豎倍寺人之數(내수(심부름하는 아이)는 시인의 배수로 한다).” 注: “豎, 未冠者之官名(여기서 ‘豎’는 ‘아직 관례하지 않은 자의 관명’이다).”《左傳·成公十年》: “公夢疾爲二豎子(공이 꿈을 꾸니, 병이 두 더벅머리 아이가 되었다).” **裋(수: 짧은 바지)** ***do̲**[B] , 臣庾切,《廣韻》: “敝布襦也(‘해진 저고리’이다).”《史記·秦始皇本紀》: “夫寒者利裋褐而饑者甘糟糠, 天下之嗷嗷, 新主之資也(추위에 떠는 자에게는 누더기도 이롭고, 굶주린 자는 술지게미와 쌀겨도 달다. 천하 백성들이 아이고 하며 우는 소리는 새 군주에게는 밑천이 된다).” 集引徐廣解曰: “裋, 一作短, 小襦也(‘裋’는 한편으로 ‘短’으로도 쓰며 ‘짧은 바지’의 의미이다).” **侏(주: 난장이)** ***to̲** , 章俱切,《廣韻》: “侏儒, 短人(‘侏儒’는 키가 작은 ‘난장이’이다).” 글자는 본래 ‘朱’로만 썼다.《左傳·襄公四年》: “我君小子, 朱儒是使, 朱儒朱儒, 使我敗於邾(우리 임금 너무 어려 난쟁이를 장수로 보내셨네. 난쟁이여 난쟁이여! 아군을 邾의 군대에 패하게 시켰네).” 注: “臧紇短小故曰朱儒(臧紇이 키가 작아서 ‘난장이’라고 하였다).”《漢書·東方朔傳》: “久之, 朔紿騶朱儒(한참이나 지난 후, 동방삭은 대궐의 말을 돌보는 난쟁이들을 속였다).” 注: “朱儒, 短人也(‘朱儒’란 ‘난장이’이다).” **銖(수: 무게단위)** ***do̲** , 市朱切,《廣韻》: “錙銖. 八銖爲錙, 二十四銖爲兩(‘錙’와 ‘銖’. 8銖를 ‘錙’라 하고, 24銖를 ‘兩’이라 한다).”《說文》: “銖, 權十分黍之重也(‘銖’란 ‘백 알갱이의 기장을 재는 무게’이다).”《漢書·律歷志上》: “銖者, 物繇忽微始, 至於成著, 可殊異也(저울눈(銖)이란 물건의 가장 작을 때부터 시작하여 점차 분명하게 커질 때까지를 표시하는데, 이로써 다름을 구별한다).” **短(단: 짧다)** ***ton**[B] , 都館切,《廣韻》: “不長也(‘길지 않음’이다).”《說文》: “有所長短, 以矢爲正, 从矢豆聲(길이 잴 것이 있으면, 화살을 기준으로 한다. ‘矢’를 따르고 ‘豆’가 성부이다).”《孟子·梁惠王上》: “度, 然後知長短(자로 재 본 뒤에 길이를 알 수 있다).”

鬼(귀: 귀신) ***kur̲**^{B} , 居偉切, 《廣韻》: "鬼之爲言歸也('鬼'란 말은 '歸(돌아감)'이다)." 《說文》: "人所歸爲鬼(사람이 하늘로 돌아가 귀신이 된다)." 《左傳·昭公七年》: "鬼有所歸, 乃不爲厲, 吾爲之歸也(귀신은 돌아갈 곳이 있어야 厲鬼가 되지 않는 것이다. 나는 그 귀신을 위해 돌아갈 곳을 해준 것이다)." 《論語·爲政》: "非其鬼而祭之, 諂也(제사할 귀신이 아닌데 제사한다면 이는 아첨하는 것이다)." 《禮記·祭法》: "其萬物死, 皆曰折; 人死, 曰鬼(만물이 죽는 것을 '折'이라 한다. 사람이 죽은 것을 '鬼'라 한다)." **傀(괴: 괴이하다)** ***kur** , 公回切, 《廣韻》: "偉也, 亦怪異('위대하다'이다. 또 '괴이하다'이다)." 《說文》: "傀, 偉也. 从人鬼聲. 《周禮》曰大傀異('傀'는 '크다'이다. '人'을 따르고 '鬼'가 성부이다. 〈주례〉에 이르길, '크고 기이한 재난'이라 한다)." 《周禮·春官·宗伯》: "凡日月食, 四鎭五岳崩, 大傀異災, 諸侯薨, 令去樂(일식이나 월식이 있거나 四鎭이나 五岳이 무너졌거나, 큰 괴이한 일이나 재앙이 있거나 제후가 죽거나 하면 음악을 멈추게 명한다)." 注: "傀猶怪也(여기서 '傀'는 '怪'와 같다)."

篅(천: 둥근 대그릇) ***do̲n** , 市緣切, 《說文》: "判竹圜以盛穀也(갈라진 대나무로 둘러쳐 둥글게 만들어 곡식을 담는 것이다)." 《淮南子·精神訓》: "與守其篅㡾, 有其井, 一實也(대그릇을 지켜 우물 하나를 두는 것이 한결같이 동등하다)." 注: "篅, 受穀器也('篅'는 곡식을 담는 그릇이다)." 글자는 또 '圖'으로도 쓴다. 《類篇·口部》引《說文》: "圖, 判竹圜以盛穀也('圖'는 갈라진 대나무로 둘러쳐 둥글게 만들어 곡식을 담는 것이다)." 《慧琳音義》十九引《集訓》云: "圖, 竹倉也('圖'은 '대나무 창고'이다)." 《釋名》: "圖, 以草爲之, 團團然也('圖'은 풀로 만들며, 둥글둥글하다)." 《倉頡篇》: "圖, 圓倉也('圖'은 '둥근 창고'이다)." **團(단: 둥글다)** ***don** , 度官切, 《說文》: "圜也('둥글다'이다)." 글자는 본래 '專'으로만 썼다. 《周禮·地官·司徒》: "其民專而長(그 백성은 둥글고 장대하다)." 《釋文》: "民專:徒丸反(여기서 '專'은 '徒丸反'이다)."

墻(장: 담장) ***d̥aŋ** , 在良切, 《廣韻》: "垣墻也. 《爾雅》云: '墻謂之墉.' 《說文》曰: '墻, 垣蔽也.'('담장'이다. 〈이아〉에 이르길, '墻을 일컬어 墉이라 한다'. 〈설문〉에 이르길, '墻은 담으로 막는 것이다')" 《左傳·昭公元年》: "人之有墻, 以蔽惡也(사람이 담장을 세우는 것은 더러운 것을 가리기 위함인데)." 《論語·子張》: "譬之宮墻, 賜之墻也及肩, 窺見室家之好. 夫子之墻數仞, 不得其門而入, 不見宗廟之美, 百官之富(宮室과 담에 비유하면, 나의 담은 어깨 높이여서 집안의 좋은

것을 엿볼 수 있지만, 夫子의 담은 몇 길 높이여서 그 대문을 들어가지 않으면 宗廟의 아름다움과 百官의 풍성함을 볼 수 없다)." 《韓非子·亡征》: "然木雖蠹, 無疾風不折; 墻雖隙, 無大雨不壞(나무가 비록 좀먹었더라도, 강풍이 불지 않으면 부러지지 않고, 담장이 틈새가 있더라도 큰비가 내리지 않으면 무너지지 않는다)." **藏(장: 숨다, 간직하다)** ***d̥aŋ** , 昨郎切, 《廣韻》: "隱也, 匿也('숨다, 숨기다'이다)." 《禮記·檀弓上》: "葬也者, 藏也; 藏也者, 欲人之弗得見也(장사지낸다는 것은 감춘다는 것이다. 감춘다는 것은 남들이 볼 수 없게 하는 것이다)." 《莊子·天地》: "藏金於山, 藏珠於淵(금은 산속에 감추어 두고, 구슬은 깊은 연못 속에 감추어 두다)." 《呂氏春秋·察今》: "見瓶水之冰, 而知天下之寒, 魚鱉之藏也(병 안의 물이 어는 것만 봐도 천하가 춥고 물고기, 자라가 숨는 것을 안다)."

十(십: 열) ***gi̱p** , 是執切, 《廣韻》: "數名(수이름)." 《論語·公冶長》: "回也聞一以知十, 賜也聞一以知二(안회는 하나를 들으면 열을 알고, 저는 하나를 들으면 둘을 압니다)." **什(십: 열)** ***gi̱p** , 是執切, 《廣韻》: "篇什, 又什物也('시가의 편장'이고[142], 또 '세간, 가구'이다)." 《管子·立政》: "十家爲什, 五家爲伍, 什伍皆有長焉(열 집이 什이 되고, 다섯 집이 伍가 되는데, 什과 伍에 모두 장을 둔다)." 《孟子·滕文公上》: "其實皆什一也(사실은 모두 10분의 1稅이다)." **計(계: 셈하다)** ***kips** , 古詣切, 《廣韻》: "籌計('계산하다')." 《說文》: "計, 會也, 算也('計'는 '총계', '계산'이다)." 《左傳·昭公三十二年》: "士彌牟營成周, 計丈數, 揣高卑, 度厚薄(士彌牟가 成周城의 축조 계산을 작성하는데, 성벽의 길이, 높이, 두께를 계산하였다)." 《莊子·庚桑楚》: "今吾日計之而不足, 歲計之而有餘(지금 하루씩 헤아려 보니 부족하고, 일 년을 헤아려 보면 넉넉하다)."

妃(비: 배우자) ***phɯ̱r** , 芳非切, 《廣韻》: "嘉偶曰妃. 《說文》匹也('좋은 짝'을 妃라 한다. 〈설문〉에선 '匹(짝)'이라 한다)." 《說文》: "妃, 匹也('妃'는 '匹(짝)'이다)." 《左傳·桓公二年》: "嘉耦曰妃, 怨耦曰仇(좋은 짝을 '妃'라 하고 원수 같은 짝을 '仇'라 한다)." 《左傳·文公二年》: "娶元妃以奉粢盛, 孝也(元妃을 취해 이로써 제사를 받드는 것이 효이다)[143]." 《禮記·曲禮下》: "天子之

142 [역주] 篇什: 詩經의 雅頌 10편을 '一什'라고 함.

143 [역주] '元妃'는 임금의 정실을 말한다.

妃曰后, 諸侯曰夫人, 大夫曰孺人, 士曰婦人, 庶人曰妻(天子의 비를 '后'라 하고, 諸侯의 아내를 '夫人'이라 하고, 大夫의 아내를 '孺人'이라 하며, 선비의 아내를 '婦人', 庶人의 아내를 '처'라 한다)."《儀禮·少牢饋食禮》: "以某妃配某氏(某妃를 某氏에게 배향하려 한다)." **配(배: 짝짓다)** *phɯrs , 滂佩切, 《廣韻》: "匹也, 合也('짝하다, 합하다'이다)."《禮記·樂記》: "故聖人作樂以應天, 制禮以配地(그러므로 성인은 하늘에 응하여 음악을 만들고, 땅에 부합하도록 예를 만들었다)."《孟子·公孫丑上》: "其爲氣也, 配義與道(이 호연지기는 義와 道에 짝이 된다)."《左傳·閔公二年》: "嬖子配適, 大都耦國, 亂之本也(첩의 자식이 嫡子와 비슷하고, 大都와 國都의 城이 필적함은 어지러움의 근본이다)."《左傳·隱公八年》: "先配而後祖(먼저 짝을 짓고 나서 祖廟에 고한다)." 또 명사로 전환(類轉)되기도 한다.《詩經·皇矣》: "天立厥配, 受命旣固(하늘이 배필을 세우시니, 천명을 받아 견고해졌다)." 글자는 또 '妃'로도 쓴다. **妃(비: 짝짓다)** *phɯr , 滂佩切, 《廣韻》: "妃偶也('妃는 '짝짓다'이다)."《別雅》: "妃, 配, 耦也.《詩·衛風·有狐》序云: 喪其妃耦焉.《釋文》音配.《史記·高后紀》高祖微時妃,《外戚世家》妃匹之愛, 諸妃字皆音配('妃, 配'는 '짝짓다'이다 〈詩·衛風·有狐〉 서에 이르길, '그 배우자를 잃음을~'이라고 나온다. 〈석문〉에는 음이 '配'라고 나온다. 〈사기·고후기〉에 '고조가 미천하던 시기의 배우자'라고 나오고, 〈외척세가〉엔 '부부간의 사랑'이라고 나오는데, 여기서의 모든 '妃'는 음이 '配'이다)."

屍(시: 주검) *si̠r , 式之切, 《廣韻》: "《禮記》曰: 在床曰屍, 在棺曰柩(〈예기〉에 이르길, '침상에 있으면 屍라 하고, 관에 있으면 柩라 한다')."《管子·小匡》: "君何不殺而受之其屍(군주께서는 어째서 그를 죽여 시체로 주지 않습니까?)" 글자는 '尸'로 썼고 발음은 같다.《左傳·成公二年》: "襄老死於邲, 不獲其尸(襄老가 邲의 전쟁에서 죽었는데, 그 시신을 찾아오지 못했다)."《左傳·成公三年》: "晉人歸楚公子穀臣, 與連尹襄老之尸於楚, 以求知罃(晉나라 사람이 楚나라 公子穀臣과 連尹襄老의 시신을 楚나라에 돌려주고, 知罃을 보내라고 요구했다)."《禮記·曲禮下》: "在床曰尸, 在棺曰柩(침상에 있으면 '尸'라 하고, 관에 있으면 '柩'라 한다)." 또 '死'로도 쓴다.《左傳·哀公十六年》: "生拘石乞而問白公之死焉. 對曰: 余知其死所而長者使余勿言(葉公이 石乞을 붙잡아 白公의 시체 있는 곳을 물었더니, 石乞이 '나는 그의 시신이 있을 곳을 알지만, 어른께서 나에게 말하지 말라고 하셨습니다.'라고 대답했다)."《呂氏春秋·離謂》: "鄭之富人有溺者, 人得其死者. 富人請贖之, 其人求金甚多, 以告鄧析(정나라의 부자가 물에 빠져 죽었는데, 어떤 이가 그 시신을 건졌다. 부자가 돈을 주고 시신을 청하자, 그 사람이 요구 금액이 너무 많아 등석에게 알렸다)."《漢書·陳湯傳》: "漢遣使三輩至康居求谷吉等死(한에서는 사신으로 세 무리를 康居에 보내 谷吉 등의 시신을 요구했다)." 注: "死, 尸也(여기서 '死'는 곧 '尸'이다)." '尸體'의 '尸'는《漢書》에서 대부분 '死'로 썼다.《漢書·酷吏傳》: "安所求子死? 桓東少年場. 生時諒不謹, 枯骨後何葬?(어디에서 아들의 시체를 찾았는가? 돌기둥 동편에 있는 놀이터에서. 살아서 진실로 삼가지 않으면 죽어서 어디에 묻히겠는가?)" 注: "死謂尸也('死'는 곧 '尸'이다)." **死(사: 죽다)** ***si^B < sir^B**, 息姊切,《廣韻》引《說文》: "澌也, 人所離也(사람의 정기가 다 소진하여 사람의 형체와 혼이 서로 분리되는 것이다)."《詩經·相鼠》: "人而無禮, 胡不遄死(사람으로서 예가 없다면 어찌 죽어버리지 않는가)."《左傳·隱公十一年》: "我死, 乃亟去之(내가 죽거든 서둘러 여기를 떠나라)."《論語·里仁》: "朝聞道, 夕死可矣(아침에 道에 대해 듣는다면 저녁에 죽어도 좋다)."

而(이: 구레나룻, 턱수염) ***ne̲**, 如之切,《說文》: "頰毛也('구레나룻')."《周禮·冬官·考工記》: "必深其爪, 出其目, 作其鱗之而(반드시 그 손톱은 깊이 감추고, 그 눈은 튀어나왔고, 그 비늘의 수염을 세운다)[144]." 글자는 나중에 '耏'로도 썼다. **耏(내: 털이 많은 짐승)** ***ne̲**, 如之切,《廣韻》: "獸多毛, 亦作髵(짐승에 털이 많은 것으로 또는 '髵'로도 쓴다)." **髵(이: 구레나룻)** ***ne̲**, 如之切,《廣韻》: "須也('수염'이다)." **耏(내: 구레나룻 깎다, 머리숱이 많다, 구레나룻을 깎는 형벌)** ***nes**, 奴代切,《說文》: "罪不至髡也(죄가 머리 깎는 형벌까지는 이르지 않다)."《前漢紀·孝武皇帝紀》: "詔徙郡國豪傑及耏罪已上赦令(군국의 호걸과 耏罪이상의 죄인들을 사면한다는 조서를 내리다)." 글자는 또 '耐'로도 쓴다. 耏, 耐,《集韻》: "罪不至髡也, 或从寸(죄가 머리 깎는 형벌까지는 이르지 않은 것을 말하고, 또는 '寸'을 따르기도 한다)."《史記·淮南衡山列傳》: "徙郡國豪桀任俠及有耐罪以上, 赦令除其罪(군국의 호걸과 협객, 耏罪이상의 죄인에게 조서를 내려 그 죄를 사면한다)."

兒(아: 아이) ***ŋi̲**, 汝移切,《廣韻》: "嬰兒('아이')."《莊子·天地》: "怊乎若嬰兒之失其母也, 儻乎

144 [역주] '作其鱗之而'에 대해 대개 '作其鱗之, 而'로 끊어 '그 비늘을 세우고~'라고 해석한다.

若行而失其道也(기운 없어 보이는 게, 마치 어린아이가 어미를 잃은 것 같고, 멍해 보이는 게, 마치 길을 가다가 길을 잃어버린 것 같다)."《禮記·雜記下》: "中路嬰兒失其母焉, 何常聲之有?(길 한가운데도 어린아이가 어미를 잃었다면, 어찌 정해진 소리가 있겠는가?)" **齯(예: 노인의 이가 다 빠진 후 다시 나다)** ***ŋi**, 五稽切, 《廣韻》: "老人齒落復生(노인의 이가 빠졌다가 다시 나다)."《說文》: "齯, 老人齒('齯'는 '노인의 치아'이다)."《釋名》: "齯, 大齒落盡, 更生細者, 如小兒齒也('齯'는 늙어 이가 다 빠진 후 다시 자란 것으로, 마치 어린아이 치아 같은 것이다)." 본래는 '兒'로 썼다. 《詩經·閟宮》: "既多受祉, 黃髮兒齒(복을 많이 받아서, 머리가 노랗고 치아가 아이 같아지도다)."《釋文》: "兒, 五兮反, 齒落更生細者也, 字書作齯(여기서 '兒'는 '五兮反'이고, 이가 다 빠졌다가 다시 자라난 것이다. 자서엔 '齯'로 되어 있다)." 글자는 또 '倪'로도 쓴다. 《列女傳·魯季敬姜》: "所與遊處者皆黃耄倪齒也(더불어 노닐고 거처한 이들은 모두 이가 다시 자란 노인들이었다)."

三

상고한어에도 '역조어법(逆構詞)'을 통해 파생된 단어가 있는데, '雄'이 바로 그러하다. 다만, 양자 간의 품사는 결코 변하지 않아, 긴장모음의 단어는 명사이고, 이완모음의 단어는 형용사(동사)인데, 모음 緊松의 교체를 통해 단어의 품사가 변화하였다. 상고한어에서 명사를 동사로 품사 변화시키는 형태 수단은 많다. 모음 緊松의 교체는 다만 그중의 하나일 뿐인데다가 잘 안 쓰는 형태 수단이기도 하다. 수집한 자료로 볼 때, 모음 緊松의 교체를 이용해 품사를 바꾼 예는 특별히 많지는 않다. 한 가지 확실한 것은 자주 보이는 규칙일수록 後起의 규칙일 가능성이 크다는 것이다. 예컨대, 聲調 교체 조어법이 바로 그러하다. 모음 緊松교체는 분명 중국어의 매우 오래된 조어법임에 틀림없다. 우리는 **명사 역시도 모음의 緊松교체로 다른 명사를 파생시킬 수 있음**을 발견하였다.

土(토: 흙, 땅) ***tha**[B], 它魯切, 《廣韻》: "《釋名》: 土, 吐也, 吐萬物也(〈석명〉에 이르길, '土는 吐(토하다)이다. 만물을 토해낸 것이다'라고 한다)."《說文》: "土, 地之吐生萬物者('土'는 땅이

만물을 토해낸 것이다)." 《論語·公冶長》: "朽木不可雕也, 糞土之牆不可朽也(썩은 나무는 조각할 수 없고, 거름흙으로 쌓은 담은 흙손질할 수 없다)." 《詩經·北山》: "溥天之下, 莫非王土. 率土之濱, 莫非王臣(넓은 하늘 아래 왕의 땅이 아닌 것이 없으며, 모든 땅의 사람들 왕의 신하가 아님이 없도다)." 土**(두: 뿌리)** ***daᴮ** , 徒古切, 《廣韻》: "土田, 地主也('밭, 토지신'이다)." [《集韻》: "土, 動五切, 桑根也. 《方言》東齊謂根曰土. 通作杜('土'는 '動五切'이고 뽕나무뿌리이다. 〈방언〉에 이르길, '東齊에선 뿌리를 土라 한다, 杜와 통한다'라고 한다)." 《詩經·鴟鴞》: "迨天之未陰雨, 徹彼桑土, 綢繆牖戶(장맛비가 내리기 전에 뽕나무 뿌리 벗겨서 창과 문에 엮어 놓으면)." 傳: "桑土, 桑根也(여기서 '桑土'란 '뽕나무뿌리'이다)." 《釋文》: "土, 音杜(여기서 '土'는 음이 '杜'이다)."] 社**(사: 토지신, 사직)** ***da̠ᴮ** , 常者切, 《廣韻》: "社稷('사직')." 《說文》: "社, 地主也('社'는 토지신이다)." 《左傳·昭公二十九年》: "后土爲社(后土가 社가 되었다)." 《詩經·甫田》: "以社以方(토지신과 사방신에게 제사지내니)." 傳: "社, 后土也('社'는 '토지신'이다)[145]." 본래는 '土'로 되어 있다. 《詩經·棉》: "乃立冢土(이에 토지신인 총토를 세우고)." 傳: "冢土, 大社也('冢土'란 토지신이다)." 《公羊傳·僖公十一年》: "諸侯祭土(제후가 토지신에게 제사지내다)." 何休注: "土, 謂社也('土'란 토지신이다)."

丹**(단: 적석, 주사, 붉다)** ***tan** , 都寒切, 《說文》: "巴越之赤石也(파군과 남월에서 생산되는 적석(주사)이다)." 《廣雅》: "丹, 赤也('丹'는 '붉다'이다)." 《詩經·終南》: "顏如渥丹, 其君也哉(붉고 윤기 나는 그대 얼굴, 진짜 군주로다)." 箋: "丹言赤而澤也('丹'이란 붉고 윤기 나는 것이다)." 《禮記·郊特牲》: "繡黼, 丹朱中衣, 大夫之僭禮也(도끼무늬를 수놓고, 중의 끝을 붉은 선을 두르는 것은 대부의 참례이다)." 疏: "丹, 赤色也(여기서 '丹'은 '붉은색'이다)." 旃**(전: 무늬 없는 붉은비단의 기)** ***ta̠n** , 諸延切, 《說文》: "旗曲柄也. 《周禮》曰: 通帛爲旃('깃발의 자루가 굽어 있는 것'이다. 〈주례〉에 이르길, '붉은색 단색 비단으로 旃을 만든다'라고 한다)." 朱駿聲: "繹帛不畫, 所謂周之大赤也. 其柄上曲, 故《漢書·田蚡傳》曰'曲旃', 《子虛賦》曰'橈旃'. 从丹, 亦意兼聲(비단을 늘어놓고 그림을 그리지 않은 것으로, 이른바 周의 붉은 비단 기이다. 그 자루의 윗부분은 굽어 있어서 〈한서·전분전〉에서는 '曲旃'이라고도 하고, 〈자허부〉에서는 '橈

145 [역주] '后土'는 '토지신'이다.

旃'이라고도 한다. '丹'을 따르고, 또 '丹'이 뜻과 소리를 겸한다)."《釋名》: "通帛曰旃, 通以赤色爲之, 無文采('붉은색 단색 비단'을 '旃'이라 한다. 즉, 붉은색을 전체로 하여 만든 것으로 무늬가 없다)."《周禮·春官·宗伯》: "日月爲常, 交龍爲旗, 通帛爲旃(일월로 常을 삼고, 교룡을 旗를 삼고, 붉은색 비단으로 旃을 삼는다)." 注: "通帛謂大赤, 從周正色, 無飾(여기서 '通帛'은 '붉은색기'로, 周의 정색을 따랐으며, 무늬가 없다)."

牒(첩: 서찰, 서판, 공문서) *zep , 徒協切,《廣韻》: "書版曰牒(서판을 '牒'이라 한다)."《說文》: "牒, 札也('牒'은 '편지, 공문서'이다)." 段玉裁注: "按厚者爲牘, 薄者爲牒. 牒之言枼也, 葉也(두꺼운 것을 '牘'라 하고, 얇은 것을 '牒'이라 한다. '牒'은 곧 '枼(나뭇잎)'으로 '葉(나뭇잎)'이다)."《韓非子·大體》: "豪傑不著名於圖書, 不錄功於盤盂, 記年之牒空虛(호걸들은 圖書에 이름을 적지 않았고, 대야나 그릇에 공적을 새겨 넣지 않았으며, 연대기를 적은 譜牒은 텅 비어 있었다)."《左傳·昭公二十五年》: "右師不敢對, 受牒而退(右師는 감히 대답할 수 없어서 문서를 받고는 물러났다)." **諜(첩: 간첩, 염탐하다, 계보)** *zep , 徒協切,《廣韻》: "反間, 又譜諜也('반간계', 또는 '보첩'이다)."《史記·三代世表》: "余讀諜記, 黃帝以來皆有年數(내가 읽어 본 첩기에는, 황제이래는 모두 연대가 기록되어 있었다)." 又《十二諸侯年表》: "太史公讀春秋歷譜諜, 至周厲王, 未嘗不廢書而歎也(태사공이 '춘추역보첩'을 보다가 주나라 여왕에 이르러서는 일찍이 책을 덮고 탄식하였다)." **蝶(접: 나비)** *zep , 徒協切,《廣韻》: "蛺蝶('나비')." 한 쌍의 나뭇잎 같이 매우 얇은 날개가 있어서 '蝶'이라 이름하였다.《莊子·齊物論》: "莊周夢爲胡蝶, 栩栩然胡蝶也(莊周가 꿈에 나비가 되었다. 펄럭펄럭 가볍게 날아다니는 나비였다)." **葉(엽: 잎사귀)** *zep , 與涉切,《廣韻》: "枝葉('나뭇잎')."《左傳·閔公元年》: "本必先顚, 而後枝葉從之(먼저 근본이 무너지고 나서 지엽이 그 뒤를 따른다)."《詩經·桃夭》: "桃之夭夭, 其葉蓁蓁(복숭아나무 무성하고, 그 잎이 무성하네)." **枼(엽: 나뭇잎, 얇다)** *zep , 與涉切,《廣韻》: "薄也('얇다'이다)."《說文》: "枼, 楄也. 枼, 薄也('枼'은 '각목'이다. '枼'은 '얇다'이다)." **鍱(엽/섭: 쇳조각)** *zep , 與涉切,《廣韻》: "銅鍱('쇳조각')."《說文》: "鍱, 鏶也('鍱'은 '금속박편'이다)." 段玉裁注: "此謂金銅鐵椎薄成葉者. 齊謂之鍱(이것은 금, 동, 철을 망치로 쳐서 얇게 잎처럼 만든 것을 말한다. 齊에선 '鍱'라 한다)."《墨子·備城門》: "門植關必環錮, 以錮金若鐵鍱之(문, 버팀목, 문빗장 등은 반드시 견고하게 둘러야 하는데, 구리쇠나 혹은 쇠로 만든 금속 조각을 붙

여 견고하게 해야 한다)." 篥(엽: 대쪽) *zep, 與涉切, 《廣韻》: "篇簿書篥. 《說文》籥也('얇은 글 쓰는 대쪽'이다. 〈설문〉에 '글씨 연습용 대쪽'이라 한다)." 段玉裁注: "每一笘謂之一篥. 今書一紙謂之一頁, 或作葉(매 대쪽 하나를 '一篥'이라 한다. 지금 책의 한 쪽 종이를 '一頁'이라 하는데 혹은 '葉'으로도 쓴다)." '鍱', '篥' 모두 '葉'의 後起區別字들이다.

電(전: 번개) *zins, 堂練切, 《廣韻》: "陰陽激曜(음기와 양기가 서로 충돌하여 내는 빛이다)." 《左傳·隱公九年》: "大雨震電(크게 비가 내리며 천둥 번개가 쳤다)." 《韓非子·揚權》: "主上用之, 若電若雷(군주는 권위를 사용함이 번개나 벼락같아야 한다)." 《管子·七法》: "動之如雷電, 發之如風雨(그 작전의 개시는 번개처럼 하고, 병력의 움직임은 비바람과 같다)." **神(신: 신)** *zin, 食鄰切, 《廣韻》: "靈也. 《易·繫辭》曰: 陰陽不測之謂神('영'이다. 〈역·계사〉에 이르길, '음양을 헤아리기 어려운 것을 神이라 한다'고 한다)." 《說文》: "神, 天神, 引出萬物者也('神'은 '천신'이며, 만물을 이끌어내는 존재이다)." 《左傳·桓公六年》: "所謂道, 忠於民而信於神也(이른바 '道'란 백성에게 충실하고 神에게 진실되게 하는 것을 말한다)."

昆(곤: 형, 맏이, 뒤, 같다) *kun, 古渾切, 《廣韻》: "兄也, 後也, 同也('형, 뒤, 같다'이다)." 《爾雅》: "昆, 後也('昆'은 '뒤'이다)." 《漢書·敘傳下》: "後昆承平, 亦有紹土(후세가 비록 세상이 태평해도 여전히 작위를 계승한 이가 있다)." 《尙書·仲虺之誥》: "以禮制心, 垂裕後昆(예로써 마음을 바로잡아야, 후세에 넉넉한 전범을 남길 수 있다)." [**翼(곤: 형)** *kun, 古渾切, 《廣韻》: "《說文》云: 周人謂兄曰翼(〈설문〉에 이르길, '周나라 사람들은 兄을 翼이라 했다'고 한다)." 글자는 본래 '昆'으로만 썼다. 《詩經·葛藟》: "終遠兄弟, 謂他人昆(끝내 형제를 멀리 떠나, 남을 형이라 부르네)." 傳: "昆, 兄也(여기서 '昆'은 '형'이다)." 《論語·先進》: "人不間於其父母昆弟之言(사람들이 그 부모 형제의 말에 이의를 제기하지 않는다)." 후에 '兄弟'를 범칭한다.] 《爾雅》: "鯤, 魚子('鯤'은 '물고기알'이다)." 注: "凡魚之子名鯤(모든 물고기알을 '鯤'이라 부른다)." 《國語·魯語上》: "澤不伐夭, 魚禁鯤鮞(못에서는 여린 초목을 못 베게 하고, 물고기는 알이나 치어를 못 잡게 한다)." 韋昭注: "鯤, 魚子也; 鮞, 未成魚也(여기서 '鯤'이란 '물고기알'이고, '鮞'는 '어린 물고기'이다)." 《莊子·逍遙遊》: "北冥有魚, 其名爲鯤(북쪽 검푸른 바다에 물고기가 있는데, 그 이름을 鯤이라고 한다)." **'昆'은 후대에 '많다'의 의미가 파생**

되었다.《大戴禮記·夏小正》: "昆者, 衆也('昆'이란 '많다'이다)."《荀子·富國》: "然後昆蟲萬物生其間(그 다음으로, 곤충 등 각종 생물이 그 사이에서 살고 있다)." **群(군: 많다, 무리)** ***gun**, 渠云切,《廣韻》: "群隊也('무리'이다)."《說文》: "群, 輩也('群'은 '무리'이다)." 段注: "羊爲群, 犬爲獨. 引申爲凡類聚之偁(양의 무리를 '群'이라 하고, 개의 무리를 '獨'이라 한다. 여기서 발전하여 '모든 종류의 모임'을 지칭한다)."《詩經·吉日》: "升彼大阜, 從其群醜(저 큰 언덕에 올라 여러 짐승을 쫓는다네)."《詩經·吉日》: "儦儦俟俟, 或群或友(달리다 천천히 걷고, 무리 짓기도 하고 짝을 이루기도 한다)."《左傳·隱公三年》: "群臣願奉馮也(모든 신하들은 馮을 받들기를 원합니다)."《莊子·山木》: "入獸不亂群, 入鳥不亂行(짐승들 속에 들어가도 무리를 어지럽히지 않고, 새들 사이에 들어가도 행렬을 혼란케 하지 않다)."《論語·微子》: "鳥獸不可與同群, 吾非斯人之徒與而誰與?(새나 짐승과는 함께 무리가 되어 살 수 없으니, 내가 이들 무리가 아니면 그 누구와 친하게 지내겠는가?)"《春秋繁露·滅國上》: "君者, 不失其群者也(군주는 그 무리를 잃지 않는 자이다)." 여기서 동사로 전환(類轉)되었다.《論語·衛靈公》: "矜而不爭, 群而不黨(君子는 엄숙하되 다투지 않고, 많은 사람과 어울리지만, 黨을 짓지는 않는다)."《荀子·勸學》: "草木疇生, 禽獸群焉(화초와 나무는 모두 떼지어 자라고, 새와 짐승은 모두 무리를 지어 산다)."《荀子·非十二子》: "群天下之英傑(천하의 영웅호걸을 모으다)." **君(군: 뭇사람이 귀의한바, 임금)** ***kun**, 擧云切,《廣韻》: "《白虎通》云: 君者, 群也. 群下之歸心也(〈백호통〉에 이르길, '君이란 群(많은 사람)이다'라 한다. 여러 아래 사람들의 마음이 돌아가는 바이다)."《釋名》: "夫之兄曰公; 公, 君也; 君, 尊稱也(지아비의 형을 '公'이라 부른다. '公'은 '君'이다. '君'은 존칭이다)."《詩經·鶉之奔奔》: "人之無良, 我以爲君(착하지 않은 이가 있는데, 내가 임금으로 여겨야 하나)."《論語·八佾》: "夷狄之有君, 不如諸夏之亡也(夷狄에 임금이 있는 것이 諸夏에 없는 것만도 못하다)."

豆(두: 콩) ***dos**, 田候切,《廣韻》: "穀豆('곡식의 콩')."《詩經·采菽》: "采菽采菽, 筐之筥之(콩을 따고 까서 네모난 광주리 둥근 광주리에 담도다)." 箋: "菽, 大豆也('菽'은 '콩'이다)."《詩經·生民》: "蓺之荏菽, 荏菽旆旆(콩을 심으니, 그 콩은 무성하게 자라네)." 傳: "荏菽, 戎菽也('荏菽'은 곧 '戎菽(대두)'이다)." 箋: "戎菽, 大豆也('戎菽'은 '대두'이다)."《廣雅》: "大豆, 菽也. 小豆, 荅也('大豆'는 '콩'이다. '小豆'는 '팥'이다)."《禮記·投壺》: "壺中實小豆焉(항아리 속을 팥으로 채

우다).”《戰國策·韓策一》: “五穀所生, 非麥而豆; 民之所食, 大抵豆飯奉羹(五穀이 나면 단지 보리 아니면 콩 정도이고, 백성이 먹는 것은 그저 콩밥 아니면 콩잎국 정도이다).” 여기서 발전하여 度量 단위가 되었다.《說苑·辨物》: “十六黍爲一豆, 六豆爲一銖(16黍가 1豆가 되고, 6豆가 1銖가 된다).” **珠(주: 구슬, 둥근 알) *to̱** , 章俱切,《廣韻》: “珠玉(‘구슬’).”《說文》: “珠, 蚌之陰精(‘珠’는 조개속의 水精이다).”《莊子·列御寇》: “其子沒于淵, 得千金之珠(그 아들이 깊은 물 속에 들어가더니, 천금의 진주를 얻었다).”《莊子·讓王》: “以隨侯之珠彈千仞之雀, 世必笑之(그가 隨侯의 구슬로 천 길 높은 곳의 참새를 쏘았다고 한다면, 세상 사람들이 반드시 그를 비웃을 것이다).”《左傳·哀公十一年》: “宋公求珠, 魋不與, 由是得罪(宋景公이 向魋에게 그 진주를 달라고 했으나, 向魋가 주지 않았고 이 때문에 景公에게 죄를 얻었다).”

島(도: 섬) *tuᴮ , 都晧切,《說文》: “海中往往有山可依止也(바다 한가운데 간혹 의탁할 수 있는 산이 있다).”《釋名》: “海中可居者曰島(바다 한가운데 살 수 있는 곳을 ‘島’라 한다).”《史記·田儋列傳》: “與其徒屬五百餘人入海, 居島中(그의 무리 500여 명과 같이 바다로 들어가 섬에서 살았다).”《呂氏春秋·本味》: “箕山之東, 青島之所, 有甘櫨焉(기산의 동쪽과 청도에는 감로가 난다).” **州(주: 작은 섬) *tu̱** , 職流切,《說文》: “水中可居者曰州.《詩》曰: 在河之州(물 한가운데 살 수 있는 곳을 ‘州’라 한다. 〈시〉에선 ‘강가운데 모래섬에 있네’라고 한다).” 나중에 글자를 ‘洲’로 썼다. **洲(주: 모래톱) *tu̱** , 職流切,《廣韻》: “洲渚也.《爾雅》云: 水中可居曰洲(‘洲’는 ‘작은 섬’이다. 〈이아〉에 이르길, ‘물 가운데 살 수 있는 곳이 洲이다’라고 한다).”《爾雅》: “水中可居者曰洲. 小洲曰陼, 小陼曰沚, 小沚曰坻(‘물 가운데 살 수 있는 곳’이 ‘洲’이다. 작은 洲를 ‘陼(삼각주)’라 하고, 작은 陼를 ‘沚(작은 섬)’이라 하고, 작은 沚를 ‘坻(모래톱)’라 한다).”《楚辭·九歌·湘君》: “君不行兮夷猶, 蹇誰留兮中洲?(그대는 가지 않고 차마 못 떠나는가? 절뚝이며 누가 중주에 머무는가?)”《詩經·關雎》: “關關雎鳩, 在河之洲(정답게 우는 물수리, 강 가운데 모래섬에 있네).”《墨子·尙賢下》: “昔者傅說居北海之洲(옛날에 傅說은 北海의 섬에 살았다).” 물속에 거주할 수 있는 곳을 ‘洲’라 하고 또 ‘舟’라고도 한다. 차이는 단지 전자는 움직이지 않고, 후자는 움직일 수 있다는 것일 뿐이다. **舟(주: 배) *tu̱** , 職流切,《廣韻》: “舟船(‘배’).”《詩經·二子乘舟》: “二子乘舟, 泛泛其景(두 아들이 배를 타고, 유유히 떠가는 풍경이여).”《左傳·文公三年》: “秦伯伐晉, 濟河焚舟(秦伯이 晉나라를 정벌할 때, 황하를 건넌

후 배를 불태웠다)."《荀子·勸學》: "假舟楫者, 非能水也, 而絕江河(배나 노의 도움을 빌리는 사람은 수영을 못하지만 강물은 건널 수 있다)."

荄(해: 풀뿌리) ***ke** , 古哀切, 《廣韻》: "草根('풀뿌리')." 《說文》: "荄, 草根也('荄'는 '풀뿌리'이다)." 《漢書·禮樂志》: "青陽開動, 根荄以遂(봄이 움직이기 시작하여 뿌리가 이에 자란다)." 《黃帝內徑·素問》: "治以草蘇草荄之枝(풀줄기와 풀뿌리의 가지로 치료한다)." **基(기: 기초, 기단)** ***ke̱** , 居之切, 《廣韻》: "址也, 始也('터, 시작'이다)." 《說文》: "基, 牆始也('基'는 '담장의 시작 부분'이다)." 《詩經·公劉》: "止基乃理, 爰衆爰有(터를 잡고 머물러 다스리니, 무리도 많아지고 재물도 풍성해졌도다)."

袞(곤: 천자의 옷) ***kun^B** , 古本切, 《廣韻》: "天子服也('천자의 옷'이다)." 《詩經·九罭》: "我覯之子, 袞衣繡裳(내가 그 사람 만나보니, 곤룡포에 수놓은 바지 입었도다)." 毛傳: "袞衣, 卷龍也('袞衣'는 '용이 수놓여 있는 곤룡포'이다)." 《釋文》: "袞, 古本反, 六冕之第二者也(여기서 '袞'은 '古本反'으로, 六冕[146]의 두 번째이다)." 《周禮·春官·宗伯》: "公之服, 自袞冕而下, 如王之服(公의 복장은 袞冕이하로는 왕의 복장과 같다)." 《詩經·烝民》: "袞職有闕, 維仲山甫補之(왕의 일에 결함이 있으면 오직 중산보만이 도울 수 있네)." 傳: "有袞冕者君之上服也('袞冕'은 임금의 上服이다)." **君(군: 뭇사람이 귀의한바, 임금)** ***ku̱n** , 擧云切, 《說文》: "尊也('존귀한 자'이다)." 《論語·八佾》: "夷狄之有君, 不如諸夏之亡也(夷狄에 임금이 있는 것이 諸夏에 없는 것만도 못하다)." 《左傳·隱公二年》: "紀裂繻來逆女, 卿爲君逆也(紀裂繻가 와서 魯나라 딸을 맞이하였으니, 卿이 임금을 위해 맞이한 것이다)."

狗(구: 강아지(개의 새끼)) ***ko^B** , 古厚切, 《廣韻》: "狗犬('개, 강아지')." 《爾雅》: "未成豪, 狗(아직 큰 개가 되지 않은 것을 '狗'라 한다)." 段玉裁《說文》注: "與馬二歲曰駒, 熊虎之子曰豿同義, 皆謂稚也(두 살짜리 말을 '駒'라 하고, 곰이나 범의 새끼를 '豿'라 하는 것과 같은 의미로, 모두 어린 새끼를 말한다)." 《孟子·梁惠王上》: "鷄豚狗彘之畜, 無失其時, 七十者可以食肉矣

146 [역주] 고대 제왕이 제사 지낼 때 입었던 여섯 가지 禮冠이다.

(닭과 돼지, 개와 큰 돼지를 기르면서, 새끼 칠 시기를 놓치지 않게 하면, 70세 노인이 고기를 먹을 수 있다).”《莊子·胠篋》: “鷄狗之音相聞, 民至老死而不相往來(닭 우는 소리와 개 짖는 소리가 서로 들릴 정도인데도, 백성들은 늙어 죽을 때까지 서로 왕래하지 않았다).”《禮記·曲禮上》: “尊客之前不叱狗(귀빈 앞에서는 개도 꾸짖지 않는다).” **豿(구: 곰, 호랑이의 새끼)** ***koᴮ**, 古厚切, 《廣韻》: “熊虎之子(곰, 호랑이의 새끼).” **駒(구: 망아지(말의 새끼))** ***ko̱**, 擧朱切, 《廣韻》: “馬駒(‘망아지’).”《莊子·知北遊》: “人生天地之間, 若白駒之過郤, 忽然而已(사람이 천지 사이에 사는 것은, 마치 빠른 말이 틈을 지나가는 것과 같아, 순식간에 지나갈 따름이다).”

銎(공: 도끼 구멍) ***kho̱ŋ**, 曲恭切, 《廣韻》: “斤斧受柄處也(‘도끼에서 자루를 끼워 넣는 곳’이다).” **銎(공: 도끼 구멍)** ***xo̱ŋ < **kho̱ŋ**, 許容切, 《廣韻》: “斤斧柄孔(‘도끼의 자루 구멍’).” ‘許容切’은 ‘曲恭切’의 변이이다. 《說文》: “銎, 斤斧穿也(‘銎’은 도끼의 자루구멍이다).”《墨子·備穴》: “以金劍爲難, 長五尺, 爲銎, 木柄(금속 재질의 도끼는 찍는 데 사용하는 것인데, 길이가 5자이다. 나무 손잡이에는 구멍을 뚫었다).”《詩經·七月》: “取彼斧斨, 以伐遠揚(저 도끼와 네모진 도끼를 취하여, 길게 뻗은 가지를 치고).” 傳: “斨, 方銎也(‘斨’은 네모난 구멍의 도끼 머리이다).”《釋文》: “銎, 曲容反, 《說文》云: 斧空也(여기서 ‘銎’은 ‘曲容反’이다. 〈설문〉에 ‘도끼 구멍’이라고 나온다).” **空(공: 구멍)** ***khoŋ**, 《說文》: “竅也(‘구멍’이다).” 段注: “今俗語所謂孔也(지금 속어에서 말하는 ‘孔’이다).”《周禮·冬官·考工記》: “視其鑽空, 欲其窓也(뚫려있는 구멍을 검사하는데 그 구멍이 작은가를 본다).”《釋文》: “空音孔(‘空’의 음은 ‘孔’이다).”《韓非子·喩老》: “空竅者, 神明之戶牖也(몸에 구멍이 난 곳은 神明이 드나드는 문과 창문이다).” **孔(공: 구멍)** ***khoŋᴮ**, 康董切, 《廣韻》: “孔穴也(‘구멍’이다).”

力(력: 힘, 힘줄) ***re̱k**, 林直切, 《廣韻》: “筋也(‘힘줄, 힘’이다).”《說文》: “力, 筋也(‘力’은 ‘힘, 힘줄’이다).” ‘力’은 ‘肋’의 象形字로서, 여기서 ‘힘(力量, 力氣)’이 파생되었다. 《詩經·簡兮》: “有力如虎, 執轡如組(힘은 호랑이 같고, 말고삐는 실 다루는 듯하다).”《詩經·羔裘》: “羔裘豹飾, 孔武有力(표범 소매에 염소 갖옷, 늠름하고 힘이 있도다).”《左傳·隱公十一年》: “度德而處之, 量力而行之(덕을 헤아려 처리하고, 힘을 헤아려 행하다).” **肋(륵: 갈비)** ***rek**, 盧則切,

《廣韻》: "脅肋('늑골')."《說文》: "肋, 脅骨也('肋'은 '늑골, 갈비'이다)."《素問·擧痛論》: "或脅肋與少腹相引而痛者(혹은 갈비뼈 아래 복부가 서로 당기며 아픈 것)."

域(역: 나라, 지경) ***Gek**, 雨逼切, 《廣韻》: "居也, 邦也('사는 곳, 나라'이다)."《說文》: "域, 邦也('域'은 '나라'이다)."《論語·季氏》: "夫顓臾, 昔者先王以爲東蒙主, 且在邦域之中矣(저 顓臾는 옛날에 선왕께서 東蒙山의 祭主로 삼으셨고, 또 우리나라 국경 안에 있다)."《管子·八觀》: "城域大而人民寡者, 其民不足以守其城(성곽의 구역은 넓지만 백성이 적으면, 그 백성으로는 그 성을 지키기 부족하다)."《道德經》: "域中有四大, 而王居其一焉(영역 안에 네 가지 큰 것이 있는데, 왕 또한 그 가운데 하나를 차지한다)." 또 동사로도 쓰인다.《詩經·玄鳥》: "古帝命武湯, 正域彼四方(옛날 상제께서 무공 있는 탕왕께 명하여 저 사방의 강역을 정하게 하셨다)." 傳: "域, 有也(여기서 '域'은 '차지하다'이다)."《孟子·公孫丑下》: "域民不以封疆之界, 固國不以山溪之險(백성을 한계짓되 국경의 경계로써 하지 않으며, 국가를 견고히 하되 산과 계곡의 험준함으로써 하지 않았다)." 注: "域民, 居民也(여기서 '域民'이란 '백성을 거주케 하는 것'이다)." **國(국: 나라)** ***qek**, 古或切, 《廣韻》: "邦國('나라')."《說文》: "國, 邦也('國'은 '나라'이다)."《左傳·隱公元年》: "都城過百雉, 國之害也(도성이 100雉를 넘으면 나라의 해가 된다)."

髮(발: 털, 머리카락) ***pot**, 方伐切, 《廣韻》: "頭毛也('머리카락'이다)."《說文》: "髮, 根也('髮'은 '초목의 뿌리 같은 것'이다)."《論語·憲問》: "吾其被髮左衽矣((管仲이 없었다면) 우리는 아마도 머리를 풀어헤치고 옷깃을 왼쪽으로 여미게 되었을 것이다)."《莊子·逍遙遊》: "窮髮之北, 有冥海者, 天池也(초목이 자라지 않는 곳의 북쪽에 검푸르고 어두운 바다가 있으니, 그것은 '하늘의 못'이다)."《釋文》: "李云: 髮, 猶毛也. 司馬云: 北極之下, 無毛之地也.《地理書》云: 山以草木爲髮(이씨가 말하길, '髮은 毛와 같다.' 사마씨가 말하길, '북극 아래로 초목이 없는 땅이다.' 〈지리서〉에 이르길, '산은 초목을 터럭으로 삼는다.')." **茇(발: 풀뿌리)** ***bot**, 蒲撥切, 《廣韻》: "草木根也('초목의 뿌리'이다)."《說文》: "茇, 草根也('茇'은 '풀뿌리'이다)."《方言》: "東齊曰杜, 或曰茇(東齊에선 '杜'라 하고, 혹은 '茇'이라 한다)."《淮南子·墜形訓》: "凡根茇草者生於庶草(대개 뿌리 채 뽑히는 풀은 서초에서 태어났다)."《詩經·甘棠》: "蔽芾甘棠, 勿翦勿伐, 召伯所茇(무성한 팥배나무, 자르지도 베지도 마라. 소백님 머물렀던 곳이다)." 傳:

"茷, 草舍也(여기서 '茷'는 '초가집'이다)."《周禮·夏官·司馬》: "中夏敎茷舍, 如振旅之陳(중하에는 밖에서 자는 것을 교육하는데, 군대를 정비하는 진법과 같다)." 注: "茷舍, 草止之也. 軍有草止之法('茷舍'란 '풀밭에 머무는 것'으로 군대가 풀밭에 묵는 법이 있다)." 글자는 또 '廢'로도 쓴다. **廢(폐: 폐하다)** ***bot** , 蒲撥切, 《廣韻》: "舍也('버리다'이다)." **胈(발: 정강이털)** ***bot** , 蒲撥切, 《廣韻》: "夏禹治水, 腓無胈, 脛無毛. 韋昭云: 胈, 股上小毛也(夏의 禹가 치수할 때, 장딴지와 정강이에 털이 없어질 정도였다. 韋昭가 말하길, '胈이란 정강이의 작은 털이다')."《莊子·在宥》: "堯, 舜於是乎股無胈, 脛無毛(堯와 舜이 이에 넓적다리와 정강이의 털이 없어질 정도로 열심히 일했다)."《韓非子·五蠹》: "股無胈, 脛不生毛, 雖臣虜之勞不苦於此矣(다리에 털이 없어지고 나지 않게 되었는데, 설사 노비의 노역이라 해도 이보다 괴롭지 않았을 것이다)."

兒(아: 아이) ***ŋi̠** , 汝移切, 《廣韻》: "嬰兒('아이')."《說文》: "兒, 孺子也('兒'는 '아이'이다)." 段玉裁注: "引申爲凡幼小之稱(여기서 발전하여 모든 어린이를 지칭한다)."《莊子·人間世》: "彼且爲嬰兒, 亦與之爲嬰兒(그가 어린아이처럼 행동하면, 그대 또한 그와 더불어 어린아이처럼 행동하고)."《莊子·外物》: "嬰兒生無石師而能言, 與能言者處也(갓난아이가 태어나자마자 큰 스승이 없는데도 말할 수 있는 것은, 말할 줄 아는 사람과 함께 거처하기 때문이다)." **倪(예: 어린이, 성가퀴)** ***ŋi** , 五稽切, 《說文》: "俾也('성가퀴'이다)." [《說文》: "陴, 城上女牆俾倪也('陴'은 성 위의 성가퀴이다)."] 《孟子·梁惠王下》: "王速出令, 反其旄倪(왕께서 급히 명령을 내려 연나라의 노인과 아이들을 돌려보내십시오)." 注: "倪, 弱小倪倪者也('倪'는 약한 아이들이다)."《莊子·齊物論》: "和之以天倪, 因之以曼衍, 所以窮年也(이것을 자연의 도(天倪)로 조화하며, 끝없는 변화에 따르는 것이 곧 하늘로부터 받은 수명을 다하는 바이다)." 여기서 발전하여 '말단, 끝(末端)'이 되었다.《莊子·秋水》: "又何以知毫末之足以定至細之倪?(또 어찌 털끝이 지극히 작은 것 중의 가장 끝에 해당한다고 결정하기에 족하겠는가?)"《莊子·大宗師》: "反復終始, 不知端倪(生과 死를 반복하여 그 끝을 알 수 없다)." 또 '성위의 작은 담(俾倪)'이 되었다.《墨子·備城門》: "俾倪廣三尺, 高二尺五寸(성가퀴는 폭이 세 자, 높이가 두 자 다섯 촌이다)." 글자는 '埤'로 쓴다. **埤(예: 성가퀴)** ***ŋi^{B}** , 研啟切, 《廣韻》: "埤堄, 女牆('성가퀴')." **霓(예: 무지개)** ***ŋi** , 五稽切, 《廣韻》: "雌虹('암무지개')."《孟子·梁惠王下》: "民望之, 若

大旱之望雲霓也(백성들이 탕왕께서 정벌해주시기를 바라되, 마치 큰 가뭄에 구름과 무지개를 바라는 듯하였다)." **麑(예: 사슴새끼)** *ŋi, 五稽切, 《集韻》: "鹿子('사슴새끼')." 《論語·鄕黨》: "緇衣羔裘, 素衣麑裘(검은 옷에는 염소 가죽을 입으셨고, 흰옷에는 고라니 가죽을 입으셨다)." 疏: "麑裘, 鹿子皮以爲裘也('麑裘'란 사슴새끼 가죽으로 만든 갖옷이다)." **鯢(예: 암코래, 잔고기)** *ŋi, 五稽切, 《廣韻》: "雌鯨('암코래')." 《左傳·宣公十二》: "取其鯨鯢而封之(그 우두머리(鯨鯢)를 죽여 무덤을 높이 쌓아 사람들에게 보여)." 疏: "雄曰鯨, 雌曰鯢(수컷은 '鯨', 암컷은 '鯢'라 한다)." 또는 작은 물고기를 가리킨다. 《莊子·外物》: "夫揭竿累, 趣灌瀆, 守鯢鮒, 其於得大魚難矣(가느다란 낚싯줄을 묶은 보통의 낚싯대를 들고 물대는 작은 도랑에 뛰어가 붕어 같은 잔고기를 지키고 있는 자는 그런 大魚를 낚기 어렵다)." 《釋文》: "鯢, 五兮反. 李云: 鯢, 鮒皆小魚也(여기서 '鯢'는 '五兮反'이다. 李씨가 말하길, '鯢와 鮒는 모두 작은 물고기이다')." **婗(예: 갓난아이)** *ŋi, 五稽切, 《廣韻》: "嫛婗('갓난아이')." 《說文》: "婗, 嫛婗也('婗'는 '갓난아이'이다)." '嫛婗'는 곧 '영아(嬰兒)'이다.

雲(운: 구름) *Gu̱n, 王分切, 《廣韻》: "《說文》云: 山川氣也, 从雨云, 象雲回轉形(〈설문〉에 이르길, '산천의 기운이다. 雨와 云을 따른다. 구름이 휘도는 모습을 본떴다')." 《詩經·白華》: "英英白雲, 露彼菅茅(뭉게뭉게 흰 구름, 이슬 되어 띠풀을 적시네)." 《詩經·出其東門》: "出其東門, 有女如雲(저 동문을 나서니 여인들이 구름처럼 많도다)." 《孟子·梁惠王上》: "天油然作雲, 沛然下雨(하늘이 뭉게뭉게 구름을 일으켜, 주룩주룩 비를 내리다)." **魂(혼: 혼)** *Gɯn, 戶昆切, 《廣韻》: "魂魄也. 《白虎通義》云: 魂者沄也, 猶沄沄行不休也('혼백'이다. 〈백호통의〉에 이르길, '혼은 소용돌이치며 한없이 넓은 것을 말하는데, 마치 소용돌이쳐 멀리 퍼져 가며 쉼이 없는 것 같다')." [**沄(운: 소용돌이치다)** *Gu̱n, 王分切, 《廣韻》: "《說文》云: 轉流也('소용돌이치다'이다)."] 《禮記·郊特牲》: "魂氣歸於天, 形魄歸於地(혼기는 하늘로 돌아가고, 형백은 땅으로 돌아간다)." 楊樹達(1983:78)이 다음과 같이 말했다. "대개 地氣가 올라가 구름이 되고, 人氣가 올라가 혼이 되는데, 그 의미는 하나이다." 《文子·自然》: "天氣爲魂, 地氣爲魄(천기는 魂이 되고, 지기는 魄이 된다)."

君(군: 뭇사람이 귀의한바, 임금) *ku̱n, 舉云切, 《廣韻》引《白虎通義》: "君者, 群也, 群下之歸

心也('君'이란 '群(많은 사람)'이다. 여러 아래 사람들의 마음이 돌아가는 바이다)."《左傳·昭公二十八年》: "教誨不倦曰長, 賞慶刑威曰君(가르치기를 게을리하지 않는 것을 '長'이라 하고, 상을 주어 축하하고 형벌을 주어 두렵게 하는 것을 '君'이라 한다)."《論語·八佾》: "夷狄之有君, 不如諸夏之亡也(夷狄에 임금이 있는 것이 諸夏에 없는 것만도 못하다)."《莊子·德充符》: "吾與孔丘, 非君臣也, 德友而已矣(나와 孔丘는 임금과 신하의 사이가 아니고, 덕으로 맺어진 벗일 따름이다)." '君'은 동사로 전환될 수 있다.《詩經·公劉》: "君之宗之(임금으로 삼고 종주로 삼았네)." 傳: "爲之君(즉, 임금으로 삼다)."《莊子·德充符》: "吾以南面而君天下(나는 남면하여(임금이 되어) 천하에 군림하였다)." **昆(곤: 형, 맏이, 뒤)** *kun, 古渾切,《廣韻》: "兄也. 翼, 上同('형'이다. '翼'은 위와 같다)."《詩經·葛藟》: "終遠兄弟, 謂他人昆. 謂他人昆, 亦莫我聞(끝내 형제를 멀리 떠나 남을 형이라 부르네, 남을 형이라 부르니 또한 못 들은 척하네)." 傳: "昆, 兄也('昆'은 '형'이다)."《論語·先進》: "人不間於其父母昆弟之言(사람들이 그 부모 형제의 말에 이의를 제기하지 않는다)."

榮(영: 영화, 꽃) *Gi̱ŋ, 永兵切,《廣韻》: "榮華('영화, 꽃')."《爾雅》: "木謂之華, 草謂之榮. 不榮而實者謂之秀, 榮而不實者謂之英(나무에 피는 것을 '華'라 하고, 풀에 피는 것을 '榮'이라 한다. 꽃이 피지 않고 열매가 맺는 것을 '秀'라 하고, 꽃이 피나 열매가 맺지 않는 것을 '英'이라 한다)."《楚辭·離騷》: "及榮華之未落兮, 相下女之可詒(꽃이 시들기 전에 이것을 줄 하녀를 찾으리라)."《史記·趙世家》: "美人熒熒兮, 顏若苕之榮(아름다운 여인 윤기가 흘러, 얼굴은 마치 능소화 같도다)." **瑩(영: 밝다, 옥돌, 귀막이 옥)** *Gi̱ŋ, 永兵切,《廣韻》: "玉色,《詩》云充耳秀瑩('옥빛'이다. 〈시경〉에 이르길, '우리님의 옥귀걸이 찬란하네')." 瑩,《說文》: "玉色也. 一曰石之次玉者('옥빛'이다. 한편으로는 '옥보다 한 등급 아래의 돌'이라 한다)."《詩經·淇奧》: "充耳琇瑩, 會弁如星(옥귀거리 찬란하고 관장식은 반짝이네)." 傳: "琇瑩, 美石也('琇瑩'은 아름다운 돌이다)."《釋文》: "瑩音榮, 徐又音營, 又音瑩磨之瑩(여기서 '瑩'은 음이 '榮'이고, 徐씨의 음은 또 '營'이다, 또 음이 '瑩磨'의 '瑩'이 있다)."《詩經·著》: "尙之以瓊瑩乎而(그 위에 화려한 옥돌로 꾸미셨네요)." 傳: "瓊瑩, 石似玉('瓊瑩'은 옥 비슷한 돌이다)." 箋: "石, 色似瓊, 似瑩也(돌의 색이 옥 같기도 하고 귀막이옥 같다)."《釋文》: "瑩音榮, 又音營(여기서 '瑩'은 음이 '榮'이고 또 음이 '營'이다)." **熒(형: 등불, 빛나다, 미혹하다)** *Giŋ, 戶扃切,《廣韻》:

"光也, 明也('빛나다, 밝다'이다)."《說文》: "熒, 屋下鐙燭之光也('熒'은 지붕 아래 등촉의 빛이다)." 段玉裁注: "熒者, 光不定之貌('熒'은 빛이 일정치 않은 모양이다)." 여기서 발전하여 '현혹하다(眩惑)'가 되었다.《莊子·齊物論》: "是黃帝之所聽熒也(이것은 黃帝도 듣고 어리둥절할 말이다)."《史記·張儀列傳》: "蘇秦熒惑諸侯, 以是爲非, 以非爲是(소진이 제후를 현혹시켰고, 옳은 것을 그르다 하고, 그른 것을 옳다 하였다)."《史記·吳王濞列傳》: "熒惑天子, 侵奪諸侯(조조가 천자를 현혹시키고 제후의 봉지를 침탈하며)." 또 '반딧불(螢火)'이 되기도 한다.《禮記·月令》: "腐草爲螢(썩은 풀이 변하여 반딧불이 된다)."《釋文》: "螢, 本又作熒, 戶扃反, 或作腐草化爲螢(여기서 '螢'은 본래 '熒'으로도 쓰며 '戶扃反'이다. 혹은 '腐草化爲螢'으로도 쓴다)." '螢'은 '戶扃切'이다.《廣韻》: "螢火, 禮記云季夏月腐草爲螢('반딧불'이다. 〈예기〉에 이르길, '여름에 썩은 풀이 반딧불이 되기도 한다'라고 한다)."

姨(이: 이모) *zi̱r , 以脂切,《廣韻》: "母之姊妹, 又《爾雅》云: 妻之姊妹同出爲姨('어머니의 자매'이다. 〈이아〉에 이르길, '처의 자매가 함께 출가하면 이모가 된다')." 姨,《說文》: "妻之女弟同出爲姨(처의 여자 동생이 함께 출가하면 이모가 된다)."《詩經·碩人》: "齊侯之子, 衛侯之妻, 東宮之妹, 邢侯之姨, 譚公維私(제나라 제후의 따님이요, 위나라 제후의 아내요, 제나라 태자의 누이이고, 형나라 제후의 처제요, 담공이 형부이다)."《左傳·莊公十年》: "息嬀將歸, 過蔡. 蔡侯曰: 吾姨也(息嬀가 친정갈 때, 蔡나라를 지나니, 蔡侯가 '나의 처제이다.'라고 했다)."《左傳·襄公二十三年》: "繼室以其侄, 穆姜之姨子也(宣叔은 아내의 조카딸를 繼室로 삼으니, 그녀는 穆姜의 姨從이었다)." **娣(제: 여동생)** *zir^{B} , 徒禮切,《廣韻》: "娣姒('여동생, 동서')."《說文》: "娣, 女弟也. 从女从弟, 弟亦聲('娣'는 '여동생'이다. '女'와 '弟'를 따르고 '弟'가 성부이다)."《爾雅》: "女子同出謂先生爲姒, 後生爲娣(여자 중 함께 출가한 사이에서 먼저 난 이를 '姒'라 하고 나중에 난 이를 '娣'라 한다)."《左傳·莊公二十八年》: "其(驪姬)娣生卓子(驪姬의 여동생이 卓子를 낳았다)."《左傳·隱公三年》: "其娣戴嬀, 生桓公(厲嬀의 동생 戴嬀가 桓公을 낳았다)." **弟(제: 남동생)** *zir^{B} , 徒禮切,《廣韻》: "兄弟.《爾雅》云: 男子先生爲兄後生爲弟('형제 중 남동생'. 〈이아〉에 이르길, '남자 가운데 먼저 난 이를 兄, 나중에 난 이를 弟라 한다')."《詩經·泉水》: "女子有行, 遠父母兄弟(여자가 한번 출가하면 부모형제와 멀어진다네)."《詩經·氓》: "兄弟不知, 咥其笑矣(형제들 잘 모르고 나를 보면 비웃기만 하네)." **荑(이/제: 띠싹, 싹트다)** *zir , 杜奚

切,《廣韻》: "荑秀('싹트다')."《詩經·碩人》: "手如柔荑, 膚如凝脂(손은 부드러운 띠싹 같고, 살결은 기름처럼 윤기 나네)." 傳: "如荑之新生(마치 새싹이 나오는 것 같다)."《詩經·靜女》: "自牧歸荑, 洵美且異(들에서 가지고 온 띠싹, 정말 아름답고 기이하다)." 傳: "荑, 茅之始生也('荑'는 띠가 막 생겨난 것이다)." **稊(제: 돌피, 싹)** ***zir** , 杜奚切,《廣韻》: "《易》曰枯楊生稊. 稊, 楊之秀也(〈역〉에 이르길, '마른 버드나무가 순이 생기다'라고 한다. '稊'는 버들의 새싹이다)."《易·大過》: "枯楊生稊, 老夫得其女妻(마른 버드나무가 순이 생기며, 늙은 지아비가 젊은 아내를 얻었다)."《釋文》: "稊, 徒稽反, 楊之秀也, 鄭作荑(여기서 '稊'는 '徒稽反'이다. 버드나무의 새싹이다. 鄭씨는 '荑'로 쓴다)."

상고한어에서 이렇게 모음의 緊松교체에 의해 명사에서 명사로 파생된 예는 다수가 존재한다. 어근의 모음은 긴장모음일 수도 있고, 이완모음일 수도 있는데, 이렇게 해서 파생된 단어의 모음은 그것과 반대가 된다. 그리고 일반적인 어휘파생과 마찬가지로, 파생어와 어근은 의미상 유사하면서도 차이가 존재한다. 어근 '兒'는 '영아'이고, 파생어 '倪', '堄', '霓', '麑', '鯢'는 모두 '兒'와 유사한 특징을 가지긴 하나 의미가 다르다. 즉, 품사는 동일하지만 단어의 의미가 이미 달라지는 것이다. 이렇게 모음의 緊松교체를 통해, 어근과 유사한 특징을 가진 새로운 단어를 파생해 낸다고 볼 수 있다.

方(방: 四方, 방향, 방위) ***paŋ** , 府良切,《廣韻》: "四方也('사방'이다)."《詩經·汾沮洳》: "彼汾一方, 言采其桑(저 분수 한쪽에서 뽕잎을 뜯는다네)."《詩經·蒹葭》: "所謂伊人, 在水一方(내가 말하는 그분 강물 저쪽에 살고 있는데)." '方形'은 사각형으로, 여기서 '方形'의 **'方(즉, 모, 각)'**이 나왔다.《莊子·馬蹄》: "我善治埴, 圓者中規, 方者中矩(나는 진흙을 잘 다룬다. 둥근 것은 그림쇠에 꼭 맞고, 모난 것은 곱자에 들어맞는다)."《墨子·法儀》: "百工爲方以矩, 爲圓以規(공인들은 곱자로 네모를 그리고, 그림쇠로 원을 그린다)."《周禮·冬官·考工記》: "圜者中規, 方者中矩(둥근 것은 그림쇠에 맞고, 모난 것은 곱자에 맞는다)."《荀子·王霸》: "猶規矩之於方圓也(마치 그림쇠와 곱자가 방형과 원형에 대한 것과 같다)." '작은 四方'에서 '큰 四方'으로 발전하고 여기서 또 '方位'의 **'方(즉, 방위, 방향)'**이 나왔다.《周禮·天官·冢宰》: "惟王建國, 辨方正位(오직 왕만이 나라를 세우고, 방위 배열을 바로 한다)."《詩經·日月》: "日居月諸,

出自東方(해와 달이시여, 동방에서 나오셨으니)."《詩經·簡兮》: "云誰之思, 西方美人(그 누구를 그리워하나, 서방의 미인이라네)." **旁(방: 옆)** *baŋ, 步光切,《玉篇》: "猶邊也, 側也('옆'과 같다, '측면'이다)."《說文》: "傍, 近也('傍'은 '곁'이다)." 명사 '傍'은 글자를 본래 '旁'으로만 썼다.《荀子·大略》: "欲近四旁, 莫如中央(사방 사람과 친하고자 하면 중앙에 처하는 것이 가장 좋다)."

傍(방: 곁) *baŋ, 步光切,《廣韻》: "亦作旁, 側也('旁'으로도 쓰며, '옆'이다)."《說文》: "傍, 近也('傍'은 '곁'이다)." 명사 '傍'은 글자를 본래 '旁'으로만 썼다.《莊子·山木》: "大木枝葉盛茂, 伐木者止其旁而不取也(가지와 잎사귀가 무성한 큰 나무는, 伐木하는 사람들이 그 옆에 머물며 그 나무를 베지 않았다)."《韓非子·十過》: "乃召師涓, 令坐師曠之旁, 援琴鼓之(이에 사연을 불러, 師曠의 곁에 앉게 했고, 琴을 갖다가 연주하게 하였다)."《管子·輕重丁》: "請以令沐途旁之樹枝, 使無尺寸之陰(청컨대 길가의 나뭇가지를 쳐서 조금의 그늘도 없게 하십시오)."《管子·度地》: "令甲士作堤大水之旁(갑사를 파견하여 강물 양쪽에 제방을 쌓게 하다)."《韓非子·外儲說右上》: "齊嘗大饑, 道旁餓死者不可勝數也(齊나라가 일찍이 큰 기근이 들어, 길가에 굶어 죽은 사람이 이루 셀 수 없을 정도였다)." **房(방: 방)** *ba̱ŋ, 符方切,《廣韻》: "房室('방')."《說文》: "房, 室在旁也('房'은 '정실 양옆에 있는 방'이다)."《左傳·宣公十七年》: "郤子登, 婦人笑於房(郤子가 계단을 오를 때, 부인이 방에서 웃었다)."《詩經·君子陽陽》: "君子陽陽, 左執簧, 右招我由房(님이 기뻐하시어, 왼손에 생황 들고, 오른손으로 나를 불러 방으로 인도하네)." **防(방: 제방)** *ba̱ŋ, 符方切,《廣韻》: "堤防也('제방'이다)."《左傳·襄公二十五年》: "規偃猪, 町原防(저수 용량을 계산하고, 제방 사이의 남는 땅을 경지로 구획하다)." 注: "防, 堤也('防'은 '제방'이다)."《周禮·地官·司徒》: "以防止水, 以溝蕩水(제방을 만들어 물을 저축하고 도랑을 만들어 물을 방류한다)." 注: "防, 瀦旁堤也('防'은 제방이다)."《禮記·月令》: "修利堤防, 道達溝瀆(제방을 수리하고 도랑과 개천을 잘 통하게 하다)."

품사가 변화가 없어서 '旁', '房', '防'은 모두 명사이다. 다만 의미가 달라졌다. '房'은 中堂의 양쪽에 있는 방이고, '防'은 물길의 양쪽에 있는 제방이다. 이렇게 파생어는 어근의 특징을 갖긴 하나 어근과는 의미가 다르다. 파생의 방향을 볼 때, 긴장모음으로부터 이완모음으로 이루어질 수도 있고, 또 이완모음에서 긴장모음으로 이루어질 수도 있다. 즉, 緊松의 모음이 교체를 한다. 예컨대, '土'와 '社'의 경우, 방향으로 보면, 전자에서 후자가 파생되었다. 즉, 이완모음에서 긴장모음이 나온 것이다. 또 '皃'와 '倪'의 경우엔, 방향이 전자에서 후자가 파생되었는데, 긴장모음에서 이완모음이 나왔다. 상고한어에는 순방향 조어법(順構詞)도 있고 또 역조어법(逆構詞)도 있다.

제3절 동사의 相

一

상고한어의 동사에는 현재형(現行體)와 완결형(旣行體)의 차이가 있다. 이러한 '상'의 전환은 자음 청탁 교체를 통해 이루어질 수도 있고, 접미사 *-s를 첨가하여 이루어질 수도 있다. 이 외에 또 모음의 緊松교체를 통해서도 이루어질 수 있다. **주요모음이 긴장모음이면 현재형이고, 이것을 이완모음으로 전환시키면 동사의 완결형이 된다.** 그러나 한자는 표음문자가 아니라서, 우리는 단지 단어를 만드는 조어 과정을 통해 상고한어에 이러한 동사 상 전환이 존재했음을 살짝 엿볼 수 있을 정도이다.

成(성: 이루다, 다스리다) ***di̱ŋ**, 是征切, 《廣韻》: "就也('이루다'이다)." 《詩經·樛木》: "樂只君子, 福履成之(즐거워라 우리 임이여, 복록으로 이루어 드리리라)." 《詩經·文王》: "維龜正之, 武王成之(거북점이 일러줘서 무왕께서 이루셨도다)." 《論語·子路》: "名不正, 則言不順; 言不順, 則事不成; 事不成, 則禮樂不興(名稱이 바르지 않으면 말이 순리에 맞지 않고, 말이 순리에 맞지 않으면 일이 이루어지지 않고, 일이 이루어지지 않으면 禮樂이 일어나지 않는다)." 《論語·顔淵》: "君子成人之美, 不成人之惡(君子는 남의 좋은 행위는 이루게 하고, 남의 악행은 이루게 하지 않는다)." 《論語·八佾》: "成事不說, 遂事不諫, 旣往不咎(이루어진 일이므로 다시 해설할 수 없고, 완수된 일이므로 다시 간할 수 없으며, 이미 지난 일이어서 다시 나무랄 수 없다).” 定**(정: 정하다, 정해지다)** ***diŋs** , 徒徑切, 《廣韻》: “安也(‘정해지다, 다스려지다’이다).” 《詩經·日月》: “胡能有定? 寧不我顧(어찌 그 마음 정하신 것인가? 나를 돌아보지 않으시네).” 《詩經·采薇》: “我戍未定, 靡使歸聘(나의 수역 끝나지 않아, 집에 안부 전할 수 없다네).” 《左傳·僖公九年》: “夷吾其定乎?(夷吾가 晉나라를 안정시킬 수 있겠는가?)” 《論語·季氏》: “少之時, 血氣未定, 戒之在色(소년 때에는 혈기가 안정되지 않아, 여색을 경계해야 한다).” 《管子·五輔》: “救災害, 振罷露, 則國家定(재해를 구제하고, 지친 이들을 구휼하면, 나라가 안정이 된다).” 그리고 진술 대상을 객체에게 전이시킬 수도 있다. 《詩經·六月》: “共武之服, 以定王國(군복무를 받들어, 이로써 왕국을 안정케 하리라).” 《左傳·隱公十一年》: “禮, 經國家, 定社稷, 序民人, 利後嗣者也(예는 국가를 경영하고, 사직을 안정시키고, 백성을 질서 있게 하고, 후사를 이롭게 하는 것이다).” 《國語·魯語上》: “以死勤事則祀之, 以勞定國則祀之(죽음으로 일에 힘썼으면 제사 지내고, 수고롭게 나라를 안정시켰으면 제사 지낸다).” 《呂氏春秋·孝行》: “此五者先王之所以定天下也(이 다섯가지는 선왕이 천하를 안정시키는 바이다).”

모음의 緊松교체를 통해 단어의 품사를 바꿀 때, 명사에서 동사나 형용사로 바꿀 수 있다. 상고한어의 동사도 모음 緊松의 교체를 통해 형용사가 될 수 있는데, 위에서 언급한 ‘成’과 ‘定’이 바로 그러하다. 《國語·晉語二》에 “君旣許驪姬殺太子而立奚齊, 謀旣成矣(임금께서 이미 驪姬에게 태자를 죽이고 奚齊를 세우겠다고 허락하여 계책이 이미 정해졌습니다).” 라 나오고 그 注에 “成, 定也(‘成’은 ‘정해지다’이다)”라고 한다. 《管子·小匡》에는 “民居定矣, 事已成矣(백성의 거처가 정해지고, 직업이 이미 이루어지다).”라고 나오며, 戴望校正에는 “宋本成作定(송본에선 ‘成’이 ‘正’으로 되어 있다).”라고 나온다. 이처럼 ‘成’과 ‘定’은 한 쌍의 同族詞이다. 그래서 양자 간의 선후, 인과 관계는 매우 분명하다. 이러한 ‘成’과 ‘定’의 관계는 바로 동사의 현재형과 완결형 간의 관계이다. 이는 우리가 앞에서 토론했던 ‘降’과 동일한데, 다만, 자음 청탁교체를 통한 것이냐, 아니면 모음의 緊松교체를 통한 것이냐의 차이만이 존재한다.

二

陰(음: 그늘, 어둡다, 흐리다) ***ʔu̲m**, 於金切, 《廣韻》: "陰陽也('음양'의 음이다)." 《說文》: "陰, 闇也. 水之南, 山之北也('陰'은 '闇(어둡다, 흐리다)'이다. 물의 남쪽이고 산의 북쪽이다)." 《詩經·終風》: "曀曀其陰, 虺虺其靁(온종일 흐리더니, 우르릉거리며 우레소리 들리네)." 《詩經·谷風》: "習習谷風, 以陰以雨(살랑살랑 봄바람 불어와, 날이 흐려지며 비가 내리네)." 《呂氏春秋·三月紀》: "行秋令, 則天多沈陰(추령을 행하면 하늘에는 음침한 기가 덮인다)." 글자는 또 '霒'로도 쓴다. **霒(음: 그늘, 어둡다, 흐리다)** ***ʔu̲m**, 於金切, 《廣韻》: "霒雲覆日(어두운 구름이 해를 덮는다)." 《說文》: "霒, 雲覆日也('霒'은 '구름이 해를 가리고 있는 것'이다)." 《黃帝內經·素問》: "沉霒淫雨(날이 음침하고 비가 퍼붓다)." 다만, 문헌에는 '霒'자가 드물게 보인다. 발전하여 '음지(背陽之地)'를 가리킨다. 《詩經·公劉》: "旣景乃岡, 相其陰陽(언덕의 그림자를 재서 음지와 양지를 헤아리시고)." 《孟子·萬章上》: "益避禹之子於箕山之陰(익이 우임금의 아들을 피해 기산의 북쪽으로 갔는데)." **蔭(음: 그늘, 덮다)** ***ʔu̲ms**, 於禁切, 《說文》: "草陰地也('나무 그늘'이다)." 段玉裁注: "引申爲凡覆庇之義也(발전하여 모든 '덮다, 가리다'의 의미가 되었다)." 《國語·晉語九》: "人之有學也, 猶木之有枝葉也, 木有枝葉, 猶庇蔭人(사람이 학문을 하는 것은 나무에 가지와 잎이 있는 것과 같다. 나무의 가지와 잎도 사람에게 그늘을 드리워 준다)." 《國語·楚語下》: "玉足以庇蔭嘉穀, 使無水旱之災(玉器는 좋은 곡식을 덮어서, 가뭄과 홍수의 재해를 없게 한다)." 본래 단지 '陰'으로만 썼다. 《詩經·桑柔》: "旣之陰女, 反予來赫(가서 그대를 보호하려 했는데, 도리어 나에게 와서 노여워하네)." 《釋文》: "陰鄭音蔭, 覆蔭也(여기서 '陰'은 鄭씨 음은 '蔭'이다, '감싸다'이다)." 또 '廕'으로도 썼다. **廕(음: 그늘, 덮다)** ***ʔu̲ms**, 於禁切, 《廣韻》: "庇廕('덮다, 가리다')." 《左傳·文公七年》: "若去之, 則本根無所庇廕矣(만약 그 가지와 잎을 제거한다면, 근본은 그를 보호할 그늘이 없어진다)." 《釋文》: "廕, 本又作蔭, 於鴆反(여기서 '廕'은 본래 또 '蔭'으로도 쓰고, '於鴆反'이다)." **暗(암: 어둡다)** ***ʔums**, 烏紺切, 《廣韻》: "日無光, 又默也, 不明也(해가 빛이 없으니, 어둡고 밝지 않다)." 《說文》: "暗, 日無光也('暗'은 '해가 빛이 없는 것'이다)." 《韓非子·解老》: "以爲暗乎, 其光昭昭; 以爲明乎, 其物冥冥(어둡다 싶으면 그 빛이 환히 비치고, 또 밝다 싶으면 그 모습이 어렴풋하다)." 《呂氏春秋·精諭》: "若暗夜而燭燎也(그것은 마치 어두운 밤에 촛불을 밝힌 것과 같다)." 글자는 대부분 '闇'으로 쓴다. **闇(암: 어둡다) *ʔums** , 烏紺切,《廣韻》: "冥也('어둡다'이다)."《呂氏春秋·期賢》: "明火不獨在乎火, 在於闇. 當今之時世闇甚矣, 人主有能明其德者, 天下之士, 其歸之也, 若蟬之走明火也(불을 밝히는 까닭은 그 뜻이 단지 불에만 있는 것이 아니라 어두운 곳을 비추는데 있다. 지금의 세상은 너무 어두우니, 임금이 그 덕을 밝힐 수 있는 자라면, 천하의 선비가 그에게 돌아갈 것인데, 이는 마치 매미가 밝은 불로 향하는 것과 같다)."

奄(엄: 가리다) *ʔo̱m^B , 衣儉切,《廣韻》: "藏也('가리다, 감추다'이다)."《說文》: "奄, 覆也('奄'은 '덮다'이다)."《春秋繁露·王道》: "強奄弱, 衆暴寡, 富使貧, 並兼無已(강자가 약자를 압박하고, 다수가 소수를 능멸하고, 부자가 빈자를 수탈하면, 겸병이 끊이지 않는다)." **弇(엄: 덮다) *ʔo̱m^B** , 衣儉切,《廣韻》: "蓋也('덮다'이다)."《說文》: "弇, 葢也('弇'은 '덮다'이다)."《墨子·耕柱》: "是猶弇其目, 而祝於叢社(이는 마치 그 눈을 가리고, 숲속의 사당에서 기도하는 것과 같다)."《管子·八觀》: "閉其門, 塞其塗, 弇其跡(문은 닫고 길을 봉쇄하여 범죄의 자취를 원천 차단하고)." 글자는 또 '揜'으로도 쓴다. **揜(엄: 덮다) *ʔo̱m^B** , 衣儉切,《說文》: "一日覆也(한편으로 '덮다'이다)."《荀子·成相》: "蒙揜耳目, 塞門戶(군주는 귀와 눈이 가려져서, 들을 수 있는 문이 막힌다)."《韓非子·外儲說左下》: "左右皆揜口而笑(좌우 모두 입을 가리고 웃었다)."《呂氏春秋·貴生》: "雷則揜耳, 電則揜目, 此其比也(천둥이 치면 귀를 가리고, 번개가 치면 눈을 가리는데, 이것이 바로 그 실례이다)." 글자는 또 '掩'으로도 썼다. **掩(엄: 가리다, 닫다) *ʔo̱m^B** , 衣儉切,《廣韻》: "閉取也.《說文》云: 斂也, 小上曰掩('가리다'이다. 〈설문〉에 '손으로 가리는 것이다. 살짝 손을 들어 그 위를 덮는 것이다'라 한다)."《孟子·離婁下》: "西子蒙不潔, 則人皆掩鼻而過之(西施도 더러운 것을 뒤집어쓰고 있으면, 사람들이 모두 코를 막고 지나간다)."《禮記·檀弓下》: "每斃一人, 掩其目(사람 한 명을 죽일 때마다 그 눈을 가리다)." **晻(암/엄: 어둡다) *ʔom^B** , 烏感切,《廣韻》: "晻, 藹, 暗也, 冥也('晻'은 '우거지다, 어둡다'이다)."《說文》: "晻, 不明也('晻'은 '어둡다'이다)."《呂氏春秋·務本》: "《詩》云: 有晻凄凄, 興雲祁祁, 雨我公田, 遂及我私(〈시경〉에, '하늘이 어둡고 흐려지며 구름이 뭉게뭉게 일어나는구나. 우리 공전에 비를 뿌린 후에 우리 사전에도 미치게 하소서'라고 나온다)." [《詩經·大田》: "有渰萋萋, 興雨祈祈(하늘이 구름이 일어 흐려지며, 구름이 뭉게뭉게 일어나는구나)."《釋文》: "渰, 本又作弇, 于檢反,《漢書》作黤本(여기서 '渰'은 본래 또 '弇'으로 쓰며, '于檢反'이다.《漢書》에는

'黤'으로 되어있다).”] 《漢書·元帝紀》: “陰陽未調, 三光晻昧(음양이 조화롭지 못해, 세 가지 빛이 어두우니).” 《漢書·五行志下之下》: “厥異日黑, 大風起, 天無雲, 日光晻(그 기이한 재앙은 태양이 검게 될 것이고, 큰바람이 일어나고, 하늘에 구름이 없고 햇빛이 어두워질 것이다).” **黯(암: 검다) *ʔomᴮ** , 烏感切, 《廣韻》: “黯黮('검다').” 《說文》: “黯, 果實黯黯黑也('黯'은 과실이 검은 모양이다).”

圍(위: 둘러싸다) *ʁɯ̱r , 雨非切, 《廣韻》: “守也, 圜也, 繞也('지키다, 에워싸다, 둘레'이다).” 《說文》: “圍, 守也('圍'는 '지키다'이다).” 《左傳·隱公四年》: “圍其東門, 五日而還(그 東門을 포위하였다가 5일 만에 돌아왔다).” 《左傳·莊公十八年》: “圍而殺之(초나라가 權을 포위하여 鬭緡을 죽였다).” 《莊子·則陽》: “大至於不可圍(크기로는 둘러쌀 수 없는 정도까지 이를 것이다).” 《韓非子·備內》: “故日月暈圍於外, 其賊在內(그러므로 햇무리 달무리가 해와 달의 바깥을 에워쌀지라도 그 적은 안에 있다).” **違(위: 어기다, 떠나다) *ʁɯ̱r** , 雨非切, 《廣韻》: “背也('어기다'이다).” 《說文》: “違, 離也('違'는 '떠나다'이다).” '違'는 '돌아서 피하다(繞開)'이다. 《左傳·成公十六年》: “有淖於前, 乃皆左右, 相違於淖(晉나라 군대 앞에 진창이 있어서, 모두 혹은 왼쪽으로 혹은 오른쪽으로 진창을 피해 갔다).” 注: “違, 辟也(여기서 '違'는 '피하다'이다).” 발전하여 '회피하다(回避)'가 되었다. 《左傳·襄公三十年》: “非相違也, 而相從也(群臣들이 서로 어그러지게 하려는 게 아니라 서로 따르게 하려는 것이다).” 《左傳·莊公四年》: “紀侯大去其國, 違齊難也(紀侯가 그 나라를 영원히 떠났는데, 이는 齊難을 피해 떠난 것이다).” 더 발전하여 '위배하다, 위반하다(違背, 違反)'가 되었다. 《詩經·谷風》: “德音莫違, 及爾同死(사랑의 약속 어기지 않으시면 그대와 죽도록 함께 하리라).” **回(회: 돌다, 바꾸다, 어그러지다) *ʁɯr** , 戶恢切, 《廣韻》: “違也, 轉也, 邪也('어그러지다, 돌다, 간사하다'이다).” 《說文》: “回, 轉也('回'는 '돌다'이다).” 《禮記·月令》: “月窮於紀, 星回於天(달도 12기에 도달하고 별도 한 바퀴 돌아 원위치로 온다).” 글자는 또 '迴'로도 쓴다. **廻(회: 돌다, 바르지 못하다) *ʁɯr** , 戶恢切, 《廣韻》: “還也('돌다'이다).” 《呂氏春秋·十二月紀》: “月窮於紀, 星回於天(달도 12기에 도달하고 별도 한 바퀴 돌아 원위치로 온다).” 《呂氏春秋·上德》: “古之王者, 德迴乎天地, 澹乎四海(옛 왕자는 덕이 하늘과 땅에 맴돌았고 사해에 넘쳐났다).” '回'는 '꾸불꾸불하다(迂曲)'로부터 '바르지않다(邪回)'가 파생되었다. 《詩經·鼓鍾》: “淑人君子, 其德不回(착하신 군자님은 그 덕이 그릇되지 않으시네).” 傳: “回, 邪也(여기서 ‘回’는 ‘그릇되다’이다).”《詩經·大明》: “厥德不回, 以受方國(그 덕이 어긋나지 않아 제후국을 얻으셨다).” 傳: “回, 違也(‘回’는 ‘어긋나다’이다).”

闡(천: 열다, 크게하다) *than^B , 昌善切,《廣韻》: “大也, 明也, 開也(‘크게 하다, 밝히다, 열다’이다).”《說文》: “闡, 開也(‘闡’은 ‘열다’이다).”《易·繫辭下》: “夫易彰往而察來, 而微顯闡幽(易은 지나간 것을 드러내고 올 것을 살피며, 은미함이 드러나고 어두움이 밝아지며).” 注: “微以之顯, 幽以之闡, 闡明也(은미함이 드러나고, 어두움이 밝아지는 것이다. ‘闡’은 ‘밝히다’이다).”《釋文》: “闡幽, 昌善反, 明也(여기서 ‘闡幽’의 ‘闡’은 ‘昌善反’으로, ‘밝히다’이다).”《呂氏春秋·決勝》: “隱則勝闡矣, 微則勝顯矣, 積則勝散矣, 轉則勝離矣(은밀히 하면 개방된 적을 이길 수 있고, 미약한 듯이 하면 드러난 적을 이길 수 있다. 모으면 흩어진 적을 이길 수 있고, 집중하면 분리된 적을 이길 수 있다).” 注: “闡, 布也(여기서 ‘闡’은 ‘널리 퍼진 것’이다).”《漢書·敘傳下》: “闡元極, 步三光(율력을 기록함으로써 상극의 처음까지 크게 밝혀, 日, 月, 星辰의 운행을 추산한다).” 注引張晏: “闡, 大也(‘闡’은 ‘크게 하다’이다).” **坦(탄: 평평하다, 편안하다) *than^B** , 他但切,《廣韻》: “平也, 安也, 明也, 寬也(‘평평하다, 편안하다, 너그럽다, 명백하다’이다).”《說文》: “坦, 安也(‘坦’은 ‘편안하다’이다).”《論語·述而》: “君子坦蕩蕩, 小人長戚戚(君子는 마음이 평탄하여 너그러우나, 小人은 늘 근심으로 두려워한다).”《莊子·秋水》: “明乎坦塗, 故生而不說, 死而不禍, 知終始之不可故也(평탄한 大道를 분명히 안다. 그러므로 태어나도 기뻐하지 않고, 죽어도 재앙으로 여기지 않는데, 마침과 시작에 일정함이 없음을 알고 있기 때문이다).”《易·履》: “履道坦坦, 幽人貞吉(이행하는 道가 평탄하니, 幽人은 貞하여 길할 것이다).”《釋文》: “坦, 吐但反,《說文》云: 安也;《廣雅》云: 平也, 明也;《蒼頡篇》云: 著也(여기서 ‘坦’은 ‘吐但反’이다. 〈설문〉에 ‘편안하다’라고 한다. 〈광아〉엔 ‘평평하다, 명백하다’라 한다. 〈창힐편〉에는 ‘뚜렷하다’라 한다).”

摺(접: 접다) *tep , 之涉切,《廣韻》: “摺疊也(‘접다, 꺾다’이다).” 여기서 발전하여 ‘부러뜨리다(拗折, 折斷)’가 나왔다.《廣雅》: “摺, 折也(‘摺’은 ‘꺾다’이다).”《史記·范雎蔡澤列傳》: “魏齊大怒, 使舍人笞擊雎, 折脅摺齒(魏齊는 매우 화를 내면서, 사인을 시켜 범저를 매질하게 했다.

범저는 갈비뼈가 부러지고 이가 빠졌다)."《史記·魯仲連鄒陽列傳》: "范睢摺脅折齒於魏, 卒爲應侯(범저는 위나라에서 갈비뼈가 부러지고 이가 깨졌으나, 마침내 진나라에서 應侯가 되었다)." **疊(첩: 겹치다)** ***dep** , 徒協切, 《廣韻》: "重也('겹치다'이다)."《漢書·翟方進傳》: "當其斬時, 觀者重疊, 天氣和清, 可謂當矣(그들이 참수될 때, 구경한 이들이 겹겹이었고, 천기가 온화하고 맑았으니 가히 마땅하다 하겠다)."《難經·藏府度數》: "左回疊積十六曲(왼쪽으로 열여섯의 굴곡이 겹겹이 있으며)."

慴(접/습: 두려워하다, 협박하다) ***te̱p** , 之涉切, 《廣韻》: "伏也, 懼也, 怯也('두려워하다, 겁내다'이다)."《莊子·達生》: "死生驚懼不入乎其胸中, 是故遻而不慴(죽거나 사는 데 놀라거나 두려워하는 감정이 마음속에 들어오지 않습니다. 그로 인해 그는 무엇을 만나더라도 두려워하지 않습니다)."《釋文》: "慴, 之涉反, 懼也(여기서 '慴'은 '之涉反'이고, '두려워하다'이다)."《史記·項羽本紀》: "一府中皆慴伏, 莫敢起(군부에 있는 자들이 모두 놀라 땅에 엎드려서는 감히 일어나지 못했다)." 글자는 항상 '懾'으로 쓴다. **懾(섭: 두려워하다)** ***te̱p** , 之涉切, 《廣韻》: "怖也, 心伏也, 失常也, 失氣也, 亦作慴('두려워하다, 기가 꺾이다'이다. 또 '慴'으로도 쓴다)."《說文》: "懾, 失氣也('懾'은 '기가 꺾이다'이다)."《禮記·曲禮上》: "貧賤而知好禮, 則志不懾(가난하고 천해도 예를 좋아할 줄 알면 마음에 겁냄이 없다)." 注: "懾猶怯(여기서 '懾'은 '怯'과 같다)."《釋文》: "懾, 之涉反(여기서 '懾'은 '之涉反'이다)."《管子·小匡》: "大國之君不驕, 小國諸侯不懾(큰 나라의 군주는 교만하지 않았고, 작은 나라의 제후는 두려워하지 않게 되었다)."《呂氏春秋·論威》: "威所以懾之也(위세는 두렵게 하기 위한 것이다)." **慴(접/습: 두려워하다)** ***dep** , 徒協切, "懾也, 《說文》懼也('두려워하다'이다. 〈설문〉에 '두려워하다'라 한다)."《說文》: "慴, 懼也, 讀若疊('慴'은 '두려워하다'이다. '疊'처럼 읽는다)." 글자는 또 '疊'으로도 쓴다. 《詩經·時邁》: "薄言震之, 莫不震疊(잠시 진동하니, 놀라 두려워하지 않는 이가 없다)." 傳: "疊, 懼也(여기서 '疊'은 '두려워하다'이다)."

并(병: 어우르다, 합하다) ***pi̱ŋ** , 府盈切, 《廣韻》: "合也('합하다'이다)."《禮記·曲禮上》: "鄉與客并, 然後受(손을 향하여 나란히 서고 나서 받는다)."《禮記·樂記》: "故事與時并, 名與功偕(그러므로 당시 예악은 시대와 서로 부합되며, 명성은 이룩한 공덕과 상응하다)." **併(병:**

아우르다, 겸하다) ***piŋs** , 畀政切, 《廣韻》: "兼也, 並也, 皆也('아우르다, 겸하다'이다)." 《韓非子·說疑》: "隨亡於荊; 吳併於越(隨나라는 楚나라에 망했고, 吳나라는 越나라에 병탄되었다)." 글자는 '并'으로만 썼다. 《左傳·成公二年》: "左并轡, 右援枹而鼓(왼손에 고삐를 다 쥐고, 오른손으로는 북채를 잡고 북을 쳤다)." 《釋文》: "并, 必政反(여기서 '并'은 '必政反'이다)." 《禮記·王制》: "輕任并, 重任分(가벼운 짐은 혼자서 지고 무거운 짐은 나눈다)." 《釋文》: "并, 必性反, 本又作并(여기서 '并'은 '必性反'이고, 본래는 또 '并'으로 쓴다)." **骿(변: 통갈비)** ***biŋ** , 部田切, 《廣韻》: "骿肋('통갈비')." 《國語·晉語四》: "自衛過曹, 曹共公亦不禮焉, 聞其骿脅, 欲觀其狀(衛나라를 떠나 曹나라를 지나가는데, 曹共公 또한 예우하지 않았다. 共公은 公子重耳가 통갈비뼈라는 소문을 듣고, 그 모습을 보고 싶었다)." 글자는 또 '駢'으로도 쓴다. 《左傳·僖公二十年》: "曹共公聞其駢脅, 欲觀其裸(曹共公은 重耳가 통갈비뼈라는 말을 듣고, 그의 알몸을 보고자 했다)." 《史記·管蔡世家》: "曹君無禮, 欲觀其駢脅(조나라 왕이 예의가 없자, 중이는 그의 갈비뼈를 보고자 했다)." 《列女傳》: "聞其駢脅, 近其舍, 伺其將浴, 設微薄而觀之(중이의 갈비뼈가 통뼈라는 말을 듣고는, 그의 숙소에 가까이 가서, 그가 목욕하려는 것을 엿보는데, 얇은 발을 쳐놓고 보았다)." **駢(병: 나란히 하다)** ***biŋ** , 部田切, 《廣韻》: "并駕二馬(두 말을 함께 매다)." 《莊子·駢拇》: "駢拇枝指, 出乎性哉, 而侈於德(군더더기 살이 있는 발가락과 육손이는 태어날 때부터의 본성에서 나왔지만, 보통 사람들이 타고나는 것보다 많다)." 《釋文》: "駢, 步田反, 《廣雅》云并也, 李云併也(여기서 '駢'은 '步田反'이다. 《廣雅》에서는 '并'이라 했고, 李씨는 '併'이라 했다)."

披(피: 나누다, 쪼개다, 열다) ***phar** , 敷羈切, 《廣韻》: "開也, 分也, 散也('열다, 나누다, 펴다'이다)." 《方言》: "廝, 披, 散也. 東齊聲散曰廝, 器破曰披('廝, 披'는 '나누다, 펴다'이다. 東齊에서는 소리가 흩어지는 것을 '廝'라 이르고, 기물이 깨지는 것을 '披'라 한다)." 《左傳·昭公五年》: "殺適立庶, 又披其邑(적자를 죽이고서 서자를 세웠고, 또 우리의 봉읍을 쪼갰다)." 注: "披, 析也('披'는 '쪼개다'이다)." 《左傳·成公十八年》: "今將崇諸侯之姦而披其地(지금 楚나라 사람은 간신 諸侯를 존중하여 그들에게 우리의 땅을 나누어주려고 한다)." 注: "披, 猶分也(여기서 '披'는 '分'과 같다)." 《釋文》: "披, 普皮反(여기서 '披'는 '普皮反'이다)." 《史記·范雎蔡澤列傳》: "木實繁者披其枝, 披其枝者傷其心(나무 열매가 번성하면 그 가지를 찢고, 그 가지를 찢

으면 그 마음을 상하게 한다)." **破(파: 깨뜨리다. 깨지다)** ***phars** , 普過切,《廣韻》: "破壞('깨뜨리다')."《說文》: "破, 石碎也('破'는 '돌이 깨지다'이다)." 段玉裁注: "引申爲碎之偁(여기서 발전하여 '깨뜨리다, 깨지다'의 지칭이 되었다)."《荀子·勸學》: "風至苕折, 卵破子死(바람이 불어 갈대가 꺾이면, 알이 깨져 새끼도 죽는다)."《韓非子·十過》: "知伯身死軍破, 國分爲三, 爲天下笑(지백은 본인은 죽고 그 군대는 깨졌으며, 나라는 셋으로 나뉘어 천하 사람들의 웃음거리가 되었다)."《呂氏春秋·愼小》: "將失一令, 而軍破身死(장군이 명령을 하나 실수하면, 군대는 깨지고 자신은 죽는다)." 목적어를 갖는 경우가 많다.《詩經·破斧》: "旣破我斧, 又缺我斨(내도끼 이미 깨뜨렸고, 내 도끼날도 이미 부러졌다)."《呂氏春秋·本味》: "伯牙破琴絕弦, 終身不復鼓琴(백아는 거문고를 부수고 줄을 끊었으며, 죽을 때까지 다시는 거문고를 타지 않았다)."《莊子·齊物論》: "疾雷破山, 風振海而不能驚(빠르고 격한 우레가 산을 깨뜨리고 바람이 바다를 뒤흔들더라도, 그를 놀라게 할 수 없다)."

趨(추: 달리다) ***tho̱** , 七逾切,《廣韻》: "走也('달리다'이다)."《說文》: "趨, 走也('趨'는 '달리다'이다)."《論語·季氏》: "鯉趨而過庭(내가 빠른 걸음으로 마당을 지나고 있었다)."《論語·微子》: "趨而辟之, 不得與之言(빠른 걸음으로 피해 가는 바람에, 그와 함께 얘기하지 못했다)."《孟子·公孫丑上》: "其子趨而往視之, 苗則槁矣(그 아들이 얼른 뛰어가 가서 봤더니, 싹이 다 말라 있었다)."《釋名》: "疾行曰趨. 趨, 赴也, 赴所至也('빨리 가는 것'을 '趨'라 한다. '趨'는 '赴(달리다)'이다. 목적지까지 달려가는 것이다)."《孟子·盡心下》: "望見馮婦, 趨而迎之(풍부가 오는 것을 바라보더니, 달려가 맞이하였다)."《莊子·山木》: "林回棄千金之璧, 負赤子而趨(林回라는 사람이 천금의 구슬을 버리고, 갓난아기를 업고 도망쳤다)." **趣(취: 달리다, 빠르다)** ***thoᴮ** , 倉苟切,《廣韻》: "趣馬('말을 관장하는 관직')."《說文》: "趣, 疾也('趣'는 '빠르다'이다)."《周禮·夏官·司馬》: "趣馬: 下士, 皁一人(趣馬에는 하사로 皁1인이 있다)." 注: "趣馬, 趣養馬者也(여기서 '趣馬'는 말을 돌보고 기르는 사람이다)."《釋文》: "趣, 七口反(여기서 '趣'는 '七口反'이다)."《詩經·十月之交》: "蹶維趣馬(蹶씨는 趣馬가 되어)."《釋文》: "趣, 七走反(여기서 '趣'는 '七走反'이다)."《詩經·雲漢》: "趣馬師氏, 膳夫左右(취마와 사씨, 그리고 선부와 좌우 근신 모두)."《釋文》: "趣, 七口反; 趣馬, 官名(여기서 '趣'는 '七口反'이다. '趣馬'는 관명이다)."

淤(어: 진흙, 앙금) ***ʔa̠*** , 央居切,《廣韻》: "淤泥('진흙')."《漢書·溝洫志》: "來春桃華水盛, 必羨溢, 有塡淤反壤之害(내년 봄이 오면 복숭아꽃이 필 때 물이 성해지는데, 반드시 물이 넘치게 된다. 그리하여 진흙이 들어차고 흙이 역류하는 해가 있을 것이다)."《漢書·溝洫志》: "旱則淤絕, 水則爲敗(가물면 물이 없어 진흙으로 막히고, 홍수가 되면 수리시설이 실패한다)."《漢書·溝洫志》: "時至而去, 則塡淤肥美, 民耕田之(때가 되어 물이 빠져나가면 쌓인 진흙으로 땅이 비옥해져서 백성들이 이를 경작한다)." **淤(어: 삼각주, 앙금, 막히다)** ***ʔa̠s*** , 依倨切,《廣韻》: "濁水中泥也('흐린 물속 진흙, 앙금'이다)."《說文》: "淤, 淀滓, 濁泥也('淤'는 '앙금, 진흙'이다)."《方言》: "水中可居爲洲, 三輔謂之淤(물 가운데 거주할 수 있는 곳을 '洲'라 하며, 장안 부근 三輔 지역에선 '淤'라 한다)."《漢書·溝洫志》: "春夏干燥, 少水時也, 故使河流遲, 貯淤而稍淺(봄여름철 건조하여 물이 적으므로, 강물을 더디게 흐르게 해, 진흙이 쌓여 물이 다소 얕아진다)." 동사 '淤'는 또 '閼'로도 쓴다.《漢書·溝洫志》: "渠成而用溉注塡閼之水(도랑이 완성되면 진흙이 쌓여 흐르지 않는 곳의 물을 이용하여 관개를 한다)." 注: "閼讀與淤同, 音於據反(여기서 '閼'은 '淤'와 같이 읽고, 음은 '於據反'이다)."《說文》: "閼, 遮壅也('閼'은 '막다'이다)." ['閼'은 '烏葛切'이다.《廣韻》: "止也, 塞也('그치다, 막히다'이다)." '遏'은 '烏葛切'이다.《廣韻》: "遮也, 絕也, 止也('막다, 끊다, 저지하다'이다)." '閼'의 발음 '烏葛切'은 '遏'의 訓讀이다.]《呂氏春秋·古樂》: "民氣鬱閼而滯著(백성의 기가 답답하여 체증을 일으키다)."《史記·天官書》: "土與水合, 穰而擁閼, 有覆軍, 其國不可擧事(토성이 수성과 만나면 풍년이 들지만 유통이 막히게 된다. 군대는 뒤집히고, 그 나라는 큰일을 할 수가 없다)." **洿(오: 웅덩이, 더럽다)** ***ʔa*** , 哀都切,《廣韻》: "《說文》曰: 濁水不流者. 汚, 上同(〈설문〉에 이르길, '탁한 물로 잘 흐르지 않는 것이다. 汚는 위와 같다')." 그 글자는《說文》에서 兩分한다.《說文》: "洿, 濁水不流也('洿'는 '물이 흐려 흐르지 않는 것'이다)."《說文》"汚, 薉也('汚'는 '더럽다'이다)."《釋名》: "汚, 洿也, 如洿泥也('汚'는 '洿'이다. '진흙'과 같다)."《孟子·滕文公下》: "暴君代作, 壞宮室以爲汚池, 民無所安息(폭군이 대대로 나와, 백성들의 집을 부수어 웅덩이와 못으로 만들기 때문에, 백성들이 편히 쉴 곳이 없다)."《孟子·盡心下》: "同乎流俗, 合乎汚世(流俗과 동화하고 더러운 세상에 영합하다)."《孟子·梁惠王上》: "數罟不入洿池, 魚鱉不可勝食也(그물눈이 작은 그물을 웅덩이와 연못에 넣지 못하게 하면, 물고기와 자라를 이루다 먹을 수 없을 정도가 된다)."《左傳·文公六年》: "治舊洿(옛 더러운 것들을 다스리고)." 注: "治理洿穢(더러운 것을 다스리다)."

《釋文》: "洿音烏, 本又作污, 同(여기서 '洿'의 음은 '烏'이다. 본래 또 '污'로도 쓰며 같다)."

仰(앙: 우러러보다) *ŋa̱ŋ^B , 魚兩切, 《廣韻》: "偃仰也. 《說文》舉也('누워 올려보다'이다. 〈설문〉에 '고개를 들다'이다)." 《左傳·襄公二十年》: "晏子仰天歎曰……(안자가 하늘을 우러러보며, 탄식하여 말했다)." 《孟子·梁惠王上》: "仰足以事父母, 俯足以畜妻子(위로는 부모를 충분히 섬길 만하고, 아래로는 처자식을 충분히 기를 만하다)." 《荀子·解蔽》: "俯見其影, 以爲伏鬼也; 仰視其髮, 以爲立魅也(자기 그림자를 내려보더니, 이를 엎드려 있는 귀신이라 여기고, 자기 머리털을 올려다보더니, 이를 서 있는 도깨비라 여겼다)." 글자는 본래 '卬'으로 썼다. **卬(앙: 우러러보다) *ŋa̱ŋ^B** , 魚兩切, 《廣韻》: "望也, 欲有所度('바라보다'이다. 하고자 하는 바에 한계가 있다)." 《詩經·北山》: "或棲遲偃卬(혹은 게으르게 누워있는데)." 《釋文》: "卬音仰, 本又作仰('卬'의 음은 '仰'이다, 본래는 또 '仰'으로 쓴다)." 《詩經·雲漢》: "瞻卬昊天, 云如何里(저 하늘을 우러러볼 뿐, 이 그심 어찌하나)." 《釋文》: "卬音仰, 本亦作仰(여기서 '卬'은 음이 '仰'이다, 본래는 또 '仰'으로도 쓴다)." 《莊子·天地》: "爲圃者卬而視之(밭일하던 노인이 얼굴을 들어 보다)." **昂(앙: 오르다, 높다) *ŋaŋ** , 五剛切, 《廣韻》: "舉也('들다'이다)." 《楚辭·卜居》: "寧昂昂若千里之駒乎?(차라리 천리마처럼 고개 들고 기운차게 달려야 합니까?)" 王逸注: "昂一作卬('昂'은 한편으로 '卬'으로 되어 있다)." 글자는 본래 '卬'이었다. **卬(앙: 높다) *ŋaŋ** , 五剛切, 《廣韻》: "高也('높다'이다)." 《荀子·賦》: "卬卬兮天下之咸蹇也(높은 하늘에서 (단비를 뿌려) 온 천하가 그 은택을 취한다네)[147]." 注: "卬卬, 高貌('卬卬'은 높은 모양이다)." 《漢書·食貨志下》: "萬物卬貴(만물의 물가가 높다)." 注: "卬, 物價起, 音五剛反(여기서 '卬'은 물가가 높은 것으로 그 음은 '五剛反'이다)."

佛(불: 어기다, 거스르다) *bu̱t , 符勿切, 《集韻》: "一曰戾也, 或作拂(한편으로 '어그러지다'이다. 혹은 '拂'로도 쓴다)." 《禮記·學記》: "其施之也悖, 其求之也佛(그 베푸는 것이 어그러지고, 그 구하는 것이 도리에 어긋난다)." 《釋文》: "佛, 本文作拂, 扶弗反(여기서 '佛'은 본 글에서 '拂'로 쓰고, '扶弗反'이다)." 《孟子·告子下》: "行拂亂其所爲(어떤 일을 행함에 그가 하는 일

---

147 [역주] 여기서 '蹇'은 '攓(가지다, 손에 쥐다)'으로 해석해야 한다.

이 어그러지게 하다)." 孫奭音義: "拂, 丁音佛(여기서 '拂'은 丁씨의 음이 '佛'이다)."《禮記·大學》: "是謂拂人之性(이를 일컬어 인간의 본성을 어기는 것이라 한다)." 注: "拂猶佹也(여기서 '拂'은 '佹(어긋나다)'와 같다)."《釋文》: "拂, 扶弗反(여기서 '拂'은 '扶弗反'이다)."《莊子·人間世》: "是皆修其身以下傴拊人之民, 以下拂其上者也(이들은 모두 자신을 수양해서, 아랫사람으로서 다른 사람의 백성을 어루만졌는데, 이는 아랫사람으로서 그 윗사람을 거역한 자들이다)."《釋文》: "拂, 符弗反, 崔云違也, 又芳弗反(여기서 '拂'은 '符弗反'이다. 崔씨는 '違(어긋나다)'라고 한다. 또 '芳弗反'이다)." **悖(패/발: 어그러지다) *but** , 蒲沒切,《廣韻》: "逆也('거스르다'이다)."《說文》"悖, 亂也('悖'는 '말이 어그러지다'이다)."《莊子·在宥》: "說義邪, 是悖於理也(義를 좋아한다면 이는 자연의 이치를 어기는 것이다)."《禮記·月令》: "毋悖於時(계절을 거스르지 마라)." 注: "悖猶逆也('悖'은 '逆(거스르다)'와 같다)."《禮記·大學》: "是故言悖而出者, 亦悖而入; 貨悖而入者, 亦悖而出(그러므로 말이 어그러져 나가면 어그러져 들어오고, 재화가 어그러져 들어오면 또 어그러져 나간다)." 注: "悖猶逆也('悖'은 '逆(거스르다)'와 같다)."《呂氏春秋·察今》: "此任物, 亦必悖矣(이는 사물을 사용하는데 있어서도 또한 반드시 어긋나게 될 것이다)." **誖(패/발: 어지럽다) *but** , 蒲沒切,《廣韻》: "言亂('말이 어긋나다')."《說文》: "誖, 亂也. 悖, 誖或从心('誖'는 '말이 어그러지다'이다. '悖'은 '誖'의 혹체로 '心'을 따른다)."《漢書·禮樂志》: "四達而不誖, 則王道備矣(네 가지가 다 갖추어져서 어긋남이 없으면 왕도가 다 갖추어지는 것이다)." 注: "誖, 乖也('誖'은 '어긋남'이다)."

綏(수: 편안하다, 편안케 하다) *snur , 息遺切,《廣韻》: "安也('편안하다'이다)."《詩經·樛木》: "樂只君子, 福履綏之(즐거우셔라, 우리 임, 복록이 편안케 하리니)."《詩經·民勞》: "惠此中國, 以綏四方(이 나라를 은혜롭게 하고, 사방을 편안케 하리라)."《左傳·僖公四年》: "君若以德綏諸侯, 誰敢不服?(임금님께서 만약 德으로 제후들을 어루만지신다면 누가 감히 복종하지 않겠습니까?)"《論語·子張》: "綏之斯來, 動之斯和(백성을 편안하게 해주면, 이에 먼 데서 몰려오고, 백성을 동원하면 이에 서로 협력한다)." **妥(타: 평온하다, 온당하다) *snur^B^** , 他果切,《廣韻》: "安也('편안하다'이다)."《詩經·楚茨》: "以妥以侑, 以介景福(편히 모시고 권하여, 큰복 내리기를 바라노라)." 傳: "妥, 安坐也('妥'은 '편히 앉다'이다)." [《說文》: "妥, 安也('妥'는 '편안하다'이다)."]《儀禮·士相見禮》: "妥而後傳言(임금이 편히 앉은 후에 말을 해야 한다)."

《漢書·武五子傳》: "薰鬻徙域, 北州以妥(薰鬻 민족이 옮겨간 이후, 北州 지역이 이에 편안하게 되었다)."

㥯(은: 기대다, 의지하다) ***ʔɯns**, 於靳切, 《廣韻》: "所依據也('의지하는 대상'이다)." 《說文》: "㥯, 所依據也. 讀與隱同('㥯'은 '의지하는 대상'이다. '隱'처럼 읽는다)." 글자는 '隱'과 통한다. **隱(은: 편안하다)** ***ʔɯnᴮ**, 於謹切, 《廣韻》: "安也('편안하다'이다)." **隱(은: 기대다)** ***ʔɯns**, 於靳切, 《廣韻》: "限隱之貌('기대는 모양')." 《莊子·齊物論》: "郭子綦隱几而坐(南郭子綦가 안석에 기대고 앉아서)." 《釋文》: "隱, 於靳反, 馮也(여기서 '隱'은 '於靳反'이다. '기대다'이다)." 《莊子·知北遊》: "神農隱几闔戶晝瞑(신농이 책상에 기대고 문을 닫고, 낮잠을 자고 있었다)." 《釋文》: "隱, 於靳反(여기서 '隱'은 '於靳反'이다)." 《莊子·秋水》: "公子牟隱机太息(公子 牟는 안석에 기댄 채 한숨을 쉬었다)[148]." 《釋文》: "隱, 於靳反(여기서 '隱'은 '於靳反'이다)." 《孟子·公孫丑下》: "隱几而臥((맹자께서) 안석에 기대어 누우셨다)." **穩(온: 평온하다)** ***ʔɯnᴮ**, 烏本切, 《廣韻》: "亦安穩(또한 '편안하다'이다)." 《潛夫論·相列》: "手足欲深細明直, 行步欲安穩覆載(손과 발은 가늘고 길고, 곧아야 하고, 걸음걸이는 편안하고 물건을 가진 듯이 해야 한다)."

延(연: 길다, 늘이다) ***za̱n**, 以然切, 《廣韻》: "長也('길다'이다)." 《說文》: "延, 長行也('延'은 '길고 멀리 나가다'이다)." 《呂氏春秋·知分》: "莫莫葛藟, 延于條枚. 凱弟君子, 求福不回(무성하고 무성한 칡덩굴이, 나뭇가지에 뻗어있다네, 군자께서 즐거워하시니, 복을 구함에 어긋남이 없도다)." 《莊子·胠篋》: "今遂至, 使民延頸舉踵(그런데 지금에 이르러, 마침내 백성들에게 목을 길게 빼고 발뒤꿈치를 들게 하였다)." 《韓非子·十過》: "三奏之, 延頸而鳴, 舒翼而舞(세 번째 연주를 했더니, 목을 길게 빼고는 울었고, 날개를 펼치고 춤을 춘다)." **誕(탄: 크다, 거짓되다)** ***zanᴮ**, 徒旱切, 《廣韻》: "大也('크다'이다)." 《荀子·不苟》: "誠信生神, 夸誕生惑(진실함과 미더움은 神明을 낳고, 우쭐함과 과장은 미혹을 낳는다)." 《莊子·在宥》: "愚知相欺, 善否相非, 誕信相譏(우매한 이와 지혜로운 이가 서로 속이고, 착한 이와 악한 이가 서로 비난하며, 거짓된 자와 미더운 이가 서로 조롱한다)."

148 [역주] 여기서 '机'는 '几'와 같은 '안석'이다.

僵(강: 쓰러지다, 넘어지다) ***kaŋ**, 居良切, 《廣韻》: "仆也('쓰러지다'이다)." 《說文》: "僵, 偃也('僵'은 '쓰러지다'이다)." 《呂氏春秋·貴卒》: "周武君使人刺伶悝於東周, 伶悝僵(주나라 무군은 사람을 시켜 동주에서 伶悝를 찔러 죽이게 했고, 伶悝가 쓰러졌다)." 高注: "僵, 斃也('僵'은 '넘어져 죽다'이다)." 《呂氏春秋·貴卒》: "公子小白僵. 管子以爲小白死, 告公子糾(공자소백이 죱자, 관중은 소백이 죽은 줄 알고는 공자 규에게 알렸다)." 高注: "僵, 猶偃也('僵'은 '눕다'이다)." 《靈樞經》: "癲疾始作, 先反僵, 因而脊痛(전질이 발작할 때는 먼저 몸이 경직되어 이로써 척추부분이 통증이 생긴다)." **殭(강: 굳어지다)** ***kaŋ**, 居良切, 《廣韻》: "死不朽也('죽어 썩지 않는 것'이다)." '殭'은 後起區別字이다. 《潛夫論·忠貴》: "殭尸破家, 覆宗滅族者, 皆無功於民氓者也(굳은 시체처럼 집안을 파괴하고, 종족을 멸망시키는 자는 모두 백성들에게 공이 없다)." **剛(강: 강하다)** ***kaŋ**, 古郎切, 《廣韻》: "強也('강하다'이다)." 《左傳·僖公二十七年》: "子玉剛而無禮(子玉은 고집이 세고 무례하다)." 《左傳·昭公六年》: "涖之以強, 斷之以剛(힘을 다해 일을 처리하고, 과감하게 판결하였다)." 《論語·公冶長》: "吾未見剛者(나는 아직 강한 사람을 보지 못하였다)." 《道德經》: "弱之勝強, 柔之勝剛(약한 것이 강한 것을 이기는 것과 부드러운 것이 강건한 것을 이기는 것)."

동사의 모음이 긴장모음이면 여기서 파생된 형용사의 모음은 이완모음이다. 이러한 예는 상고한어에서 다수가 보인다. 동사가 서술어가 될 때, 주체는 행위주이고, 형용사가 서술어가 될 때 주체는 경험주이다. 동사가 형용사로 변화하게 되면, 주체 역시 행위주에서 경험주로 바뀌게 된다. 바로 이러한 차원에서, 동사의 모음은 긴장모음으로부터 이완모음으로 전환하여 동사의 행위주성(施事性)을 약화시키게 된다. 우리는 또한 이러한 **모음교체가 동사와 동사 사이에서도 발생하고 있음**을 관찰했는데, '逆'과 '遻'이 바로 그러하다.

省(성: 살피다) ***ɕiŋ^{B}**, 息井切, 《廣韻》: "察也, 審也('살피다'이다)." 《論語·里仁》: "見賢思齊焉, 見不賢而內自省也(賢한 이를 보면 그와 같아지기를 생각하고, 賢하지 않은 이를 보면 안으로 스스로 살펴야 한다)." 《莊子·讓王》: "內省而不窮於道, 臨難而不失其德(안으로 살펴서 道에 막힘이 없으면, 곤란을 당해도 그 덕을 잃지 않는다)." 《韓非子·內儲說下》: "國害則省其利者,

臣害則察其反者(나라가 손해를 보면 그 이익이 되는 자를 살펴보고, 신하가 손해를 보면 그와 상반되는 자를 살펴본다)." **醒(성: 깨다, 깨닫다)** ***ɕiŋ**[B] , 蘇挺切, 《廣韻》: "醉歇也('술에서 깨다')." 《說文》: "醒, 酒解也('醒'은 '술에서 깨다'이다)." 《左傳·僖公二十三年》: "醒以戈逐子犯(중이가 술에서 깨더니, 창을 들고 子犯을 좇아갔다)." 《楚辭·漁父》: "擧世皆濁我獨淸, 衆人皆醉我獨醒(온 세상이 다 탁해도 나만은 깨끗하고, 사람들이 다 취했어도 나만은 깨어 있네)." 《國語·魯語下》: "醉而怒, 醒而喜, 庸何傷?(술 취하여 화난 듯이 여기고, 술에서 깨서는 기뻐하듯이 여기면 어찌 해롭겠는가?)"

逆(역: 맞이하다) ***ŋa̱k** , 宜戟切, 《廣韻》: "迎也('맞이하다'이다)." 《左傳·隱公二年》: "九月, 紀裂繻來逆女, 卿爲君逆也(9월에 紀裂繻가 와서 魯나라 딸을 맞이하였으니, 卿으로서 임금을 위해 맞이한 것이다)." 《左傳·桓公十八年》: "祭仲逆鄭子於陳而立之(祭仲이 陳에 있는 鄭子를 맞이하여, 임금으로 세웠다)." 《左傳·僖公二十四年》: "晉侯逆夫人嬴氏以歸(晉侯가 夫人嬴氏를 맞이해 돌아왔다)." **遻(악: 우연히 만나다)** ***ŋak** , 五各切, 《廣韻》: "心不欲見而見曰遻(맘으로는 만나기를 원하지 않았으나 만나게 되는 것을 '遻'이라 한다)." 《說文》: "遻, 相遇驚也('遻'는 서로 만나고 놀라는 것이다)." [《釋名》: "逆, 遻也('逆'은 '遻(만나다)'이다."] 《列子·黃帝》: "是故遻物而不慴(이로 인해 그는 어떤 것을 만나더라도 두려워하지 않게 됩니다)." '遻', 글자는 본래 '遌'로 썼다. 《莊子·達生》: "是故遌物而不慴(이로 인해 그는 어떤 것을 만나더라도 두려워하지 않게 됩니다)." 《釋文》: "遌, 音悟, 郭音愕. 《爾雅》云: 遌, 忤也(여기서 '遌'은 음이 '悟'인데, 郭씨의 음은 '愕'이다. 《爾雅》에 이르길, '遌은 忤(거스르다)이다')." 《爾雅》: "遇, 遌也('遇'는 遌(만나다)이다)." 《釋文》: "遌, 字又作迕, 同五故反('遌'는 글자를 또 '迕'로 쓰는데, '五故反'과 같다)." **迕(오: 만나다)** ***ŋas** , 五故切, 《廣韻》: "遇也. 遌, 上同(迕)('만나다'이다. '遌'은 위와 같다)." 《新書·匈奴》: "其貴人之見單于, 猶迕虎狼也(그 귀인이 선우를 봤을 때, 마치 사나운 짐승을 만나듯 했다)."

동사 '逆'과 '遻'은 外動詞이다. 그러나 양자의 의미는 매우 다르다. 전자는 능동적이고, 후자는 수동적이다. '遻'은 주체가 의외로 만나지 말아야 할 대상을 만나는 것을 가리키는데, 이를테면 '虎狼'같은 것이다. 따라서 여기서 '놀라다(驚愕)'의 의미가 나왔다. '愕(악:

놀라다) *ŋak'은 '五各切'이고, 《廣韻》에는 "驚也('놀라다'이다)."라 나온다. 《戰國策·燕策三》에는 "群臣驚愕, 卒起不意, 盡失其度(신하들이 경악하여 불의의 갑작스러운 일이 벌어지자, 모두가 제정신을 잃었다)."라 나온다. 동사 '遻'의 진정한 행위자는 주체가 아니며 '逆'과는 다르다. 확실히, **모음의 緊松교체는 동사의 행위주성(施事性)을 약화시킨다.**

三

동사와 형용사(靜態動詞)의 선후, 인과 관계는 매우 분명한데, '陰'과 '暗'이 그러하다. 형용사를 파생시키는 것 외에도, **동사는 또 모음의 緊松교체로 명사를 파생시킨다**. 俞敏(1999:302~308)에 의하면, "조기에 나온 단어는 개음이 없지만 새로 파생된 단어는 短 i 개음이 있다. 이는 일반적인 음운학 서적에 '三等介音'으로 되어 있다. 파생순서는 역으로 된 것도 있다."라고 한다. 이러한 파생어와 관련하여, 俞敏은 총 10예를 제시하였는데, 그 중 4예는 三等이 동사이고 非三等이 명사인 것이다.

終(종: 끝나다) *tu̲ŋ , 職戎切, 《廣韻》: "極也, 窮也, 竟也('다하다, 끝나다, 마침내'이다)." 《詩經·采綠》: "終朝采綠, 不盈一匊(아침 내내 왕추를 캤는데 한 줌도 채우지 못했네)." 《詩經·蕩》: "靡不有初, 鮮克有終(시작은 있었어도 끝이 좋지 못했으니)." 《左傳·僖公二十七年》: "使子文治兵於睽, 終朝而畢, 不戮一人(子文에게 睽에서 군사훈련을 하게 하자, 子文은 아침 내내 훈련을 마쳤으나, 한 사람도 처벌하지 않았다)." **冬(동: 겨울) *tuŋ** , 都宗切, 《廣韻》: "四時之末. 《尸子》曰: 冬爲信, 北方爲冬. 冬, 終也('사계절의 끝'이다. 〈시자〉에 이르길, '겨울을 믿음으로 삼는다. 북방이 겨울이다. 겨울은 마치는 것이다')." 《說文》: "冬, 四時盡也…… 古文終字('冬'은 '사시의 끝'이다.…… 고문의 終자이다)." 《說文義證》引《太平禦覽》引《說文》(〈설문의증〉에서 〈태평어람〉이 〈설문〉을 인용한 것을 재인용하여): "冬, 終也, 盡也('冬'은 '終(끝)'이다. '다하다'이다)" 《廣雅》: "冬, 終也('冬'은 '끝나다'이다)." 《詩經·葛生》: "夏之日, 冬之夜, 百歲之後, 歸於其居(여름낮과 겨울밤이여, 백년 이후라도 집에 돌아가리)." 《詩經·宛丘》: "無冬無夏, 值其鷺羽(겨울도 여름도 없이, 백로 깃을 들고 춤을 추네)."

離(리: 그물치다) ***rar**, 呂支切, 《方言》: "羅謂之離, 離謂之羅('羅(그물)'를 '離(그물)'라 하고, '離'를 '羅'라고 한다)."《詩經·新臺》: "魚網之設, 鴻則離之(고기 그물 쳐놨는데, 기러기가 거기에 걸렸네)."《易·小過》: "弗遇過之, 飛鳥離之(적합하게 하지 못하고 지나치니, 나는 새가 주살에 걸린다)."《詩經·兔爰》: "有兔爰爰, 雉離於羅(토끼는 느긋한데, 꿩은 그물에 걸려드네)." 글자는 또 '羅'로도 쓴다.《詩經·鴛鴦》: "鴛鴦于飛, 畢之羅之(원앙새 날아가는데, 작은 그물로도 잡고 큰 그물로도 잡는다)." 여기서 '만나다, 당하다(遭遇)'의미가 나왔다. 글자는 '罹'로 쓴다. **罹(리: 근심하다, 만나다)** ***rar**, 呂支切, 《廣韻》: "心憂('근심하다')."《韓非子·姦劫弑臣》: "其身困而家貧, 父子罹其害((충성을 바치는 자는) 그 몸이 고달프고 집은 가난해져, 아비와 아들이 해를 당한다)."《呂氏春秋·審己》: "余不聽豫之言, 以罹此難也(내가 예의 말을 듣지 않아, 이런 어려움을 만나게 되는구나)."《史記·孔子世家》: "吾與夫子再罹難, 寧鬥而死(내가 선생님과 함께 다시 난을 당하느니 차라리 싸우다 죽겠습니다)." **羅(라: 그물)** ***rar**, 魯何切, 《廣韻》: "古者芒氏初作羅, 《爾雅》: 鳥罟謂之羅(옛날에 芒氏가 처음 그물을 만들었다. 〈이아〉에 '새그물을 羅라고 이른다'고 나온다)."《詩經·兔爰》: "有兔爰爰, 雉離于羅(토끼는 느긋한데, 꿩은 그물에 걸려드네)."《韓非子·難三》: "以天下爲之羅, 則雀不失矣(천하로써 그물을 삼는다면 참새를 놓치지 않을 것이다)."《莊子·山木》: "然且不免於罔羅機辟之患, 是何罪之有哉?(그런데도 그물이나 덫에 걸리는 걱정을 면치 못하니, 이들이 무슨 죄가 있어서 그런 것인가?)"

封(봉: 봉하다) ***poŋ**, 府容切, 《說文》: "爵諸侯之土也('제후에게 토지를 내려주는 것'이다)."《周禮·地官·司徒》: "乃建王國焉, 制其畿, 方千里而封樹之(이에 왕국을 건설하고 畿내를 사방 천리로 정하고 봉하여 세운다)."《左傳·僖公二十四年》: "封建親戚, 以蕃屏周(친척을 봉하여 세우고, 이를 울타리로 하여, 周왕실을 보호하다)."《左傳·僖公二十八年》: "齊桓公爲會而封異姓(齊桓公은 會盟하여 異姓을 제후로 봉했다)." **邦(방: 나라)** ***ploŋ**, 博江切, 《廣韻》: "國也('나라'이다)."《詩經·羔裘》: "彼其之子, 邦之司直(저와 같은 분은 나라의 司直이로다)."《詩經·我行其野》: "爾不我畜, 復我邦家(그대가 나를 돌봐주지 않으니 나는 내 나라로 돌아갈 것이네)."《論語·公冶長》: "邦有道, 不廢; 邦無道, 免於刑戮(나라에 도가 있을 때는 버림을 받지 않을 것이고, 나라에 도가 없을 때는 형벌을 면할 것이다)."《論語·泰伯》: "危邦不入, 亂邦不居(위태

로운 나라에 들어가지 않으며 어지러운 나라에 살지 않는다).”

任(임: 당하다, 해내다, 견디다) ***nu̱m**, 如林切, 《廣韻》: “堪也, 保也, 當也(‘견디다, 보증하다, 견디다’이다).” 《說文》: “任, 保也(‘任’은 ‘보증하다’이다).” 《詩經·生民》: “恒之穈芑, 是任是負(붉은차조 흰차조 두루 심으니, 이에 어깨에 메고 등에 지고).” 《左傳·襄公二十五年》: “非其私昵, 誰敢任之?(그 임금이 사사로이 총애하는 사람이 아니면, 누가 감히 이 일을 감당하겠는가?)” 《左傳·襄公二十九年》: “吾子爲魯宗卿, 而任其大政, 不愼擧, 何以堪之?(그대는 魯나라의 宗卿으로 국정을 담당했는데, 인재 천거의 일을 신중히 하지 않으니, 어찌 그 직책을 감당할 수 있겠소?)” **男(남: 남자)** ***num**, 那含切, 《廣韻》: “男子也(‘남자’이다).” 《白虎通義·嫁娶》: “男, 任也. 任, 功業也(‘男’은 ‘任(맡다)’이다. ‘任’은 ‘功業’이다).” 《釋名》: “男, 任也, 典任事也(‘男’은 ‘任(맡다)’이다. ‘일을 맡는 것’이다).”

이상의 4예는 俞敏이 제시한 예이다. 양자 간 파생관계로 봤을 때, 三等(긴장모음)에서 非三等(이완모음)으로 진행되며, 非三等(이완모음)에서 三等(긴장모음)으로 진행되지는 않는다. 예컨대, ‘封’과 ‘邦’이 그러하다. 우리가 앞에서 이미 언급했듯이, 긴장모음은 상고한어에서 무표지 모음이었다. 그래서 일반적인 상황은 어근의 주요모음은 긴장모음이고, 파생어의 주요모음은 이완모음이다. 그러나 ‘역조어법’도 자주 출현하여, 상고한어에도 이완모음에서 긴장모음이 파생되는 사례가 존재한다. 상고한어에서 이렇게 모음의 緊松교체를 통해 동사(형용사), 명사의 품사를 바꾸는 예는 俞敏이 든 4예로만 그치는 것은 아니다.

四

上(상: 오르다) ***da̱ŋ**^{B}, 時掌切, 《廣韻》: “登也, 升也(‘오르다’이다).” 《莊子·逍遙遊》: “我騰躍而上, 不過數仞而下(내가 날아서 뛰어 올라가더라도, 몇 길 지나지 않아 내려온다).” 《莊子·達生》: “上而不下, 則使人善怒; 下而不上, 則使人善忘(氣가 올라가되 내려오지 않으면, 사람으

로 하여금 성을 잘 내게 하고, 기가 내려가되 올라오지 않으면, 사람으로 하여금 잘 잊어버리게 한다).” **尙(상: 높이다)** ***da̠ŋs*** , 時亮切, 《廣韻》: “亦高尙(또한 ‘높이다, 숭상하다’이다).” 《說文》: “尙, 曾也(‘尙’은 ‘증가하다’이다)” 段玉裁注: “曾, 重也. 尙, 上也. 皆積累加高之意(‘曾’은 ‘겹치다’이다. ‘尙’은 ‘오르다’이다. 모두 쌓여 더 높아진다는 뜻이다).” 《論語·里仁》: “好仁者, 無以尙之(仁을 좋아하는 자는 더 보탤 여지가 없다(훌륭하다)).” 《孟子·滕文公上》: “草尙之風必偃(풀 위에 바람이 불면 풀은 반드시 쓰러진다).” **敞(창: 높다)** ***tha̠ŋ^B*** , 昌兩切, 《廣韻》: “高也(‘높다’이다).” 《說文》: “敞, 平治高土, 可以遠望也(‘敞’은 높은 땅을 평평하게 함으로써 높이 올라 멀리 바라볼 수 있는 것이다).” 《史記·淮陰侯列傳》: “然乃行營高敞地, 令其旁可置萬家(결국 높고 넓은 땅에 무덤을 만들어 그 주위에 집이 일만호나 들어서게 했다).” **堂(당: 큰 집, 당)** ***daŋ*** , 徒郎切, 《說文》: “殿也(‘높고 큰 건물’이다).” 《論語·先進》: “由也升堂矣, 未入於室也(由는 堂에는 올랐으나 內室에는 들어오지 못하였다).” 皇疏: “窗戶之外曰堂(‘창문 밖’을 ‘堂’이라 한다).” 《禮記·曲禮上》: “將上堂, 聲必揚(당에 오르려고 하면 소리가 반드시 높아야 한다).” 《詩經·七月》: “躋彼公堂, 稱彼兕角觥, 萬壽無疆(저 공당에 올라, 무소뿔 잔을 들어 만수무강을 비노라).”

廾(공: 두 손으로 받들다) ***ko̠ŋ^B*** , 居竦切, 《廣韻》: “《說文》曰: 竦手也, 篆文作収, 弄具奐丞字並從此, 篆同而隸異也(〈설문〉에 ‘손을 받쳐들다이다. 篆文에는 収로 되어 있다’라고 한다. ‘弄’, ‘具’, ‘奐’, ‘丞’자 모두 이를 따라서, 篆文은 같으나 예서가 다르다).” ‘拱’과 통한다. **拱(공: 두손 맞잡다)** ***ko̠ŋ^B*** , 居竦切, 《廣韻》: “手抱也(‘손을 맞잡다’이다).” 《說文》: “拱, 斂手也(‘拱’은 ‘손을 맞잡다’이다).” 《論語·微子》: “子路拱而立(子路가 손을 포개어 잡고 서 있으니).” 《左傳·僖公三十二年》: “爾墓之木拱矣(네 무덤 위의 나무가 이미 한 아름은 되었을 것이다).” 注: “拱, 合手也(여기서 ‘拱’은 ‘손을 맞잡는 것’이다).” 본래는 ‘共’이다. 《論語·爲政》: “譬如北辰, 居其所而衆星共之(비유컨대, 북극성이 제자리에 있고 뭇별들이 이를 에워싸고 도는 것과 같다).” 《釋文》: “共, 求用反. 鄭作拱, 俱勇反, 拱手也(여기서 ‘共’은 ‘求用反’이다. 鄭씨는 ‘拱’으로 쓰고 ‘俱勇反’인데, 손을 맞잡는 것이다).” 《荀子·王霸》: “則天子共己而已(그렇게 되면 천자는 팔짱을 끼고 있기만 해도 된다).” 注: “共, 或讀爲拱(여기서 ‘共’은 혹 ‘拱’으로 읽는다).” **拲(공: 수갑)** ***ko̠ŋ^B*** , 居竦切, 《廣韻》: “兩手共械. 《周禮》云: 上罪梏拲而桎(‘두 손에 수갑을 차

다'이다. 〈주례〉에 '중죄인은 梏으로 목과 손을 채우고, 拲으로 손을 채우고 桎로 발을 채운다')." 《說文》: "拲: 兩手同械也. 从手从共, 共亦聲('拲'은 '두 손을 같이 채우는 것'이다. '手'와 '共'을 따르고, '共'이 또 성부이다)." **挙(공: 안다, 포옹하다) *koŋ^B**, 居竦切, 《廣韻》: "抱持. 《說文》擁也('안다'. 〈설문〉엔 '안다'라 한다)." **巩(공: 안다, 포옹하다) *koŋ^B**, 居竦切, 《廣韻》: "抱也. 《說文》作挙('안다'이다. 〈설문〉에는 '挙'으로 되어 있다)." **巩(鞏, 공: 묶다) *koŋ^B**, 居竦切, 《廣韻》: "以皮束物('가죽으로 물건을 묶다')." 《易·革》: "巩(鞏)用黃牛之革(공고히 하되 황소 가죽을 사용하도다)." 글자가 많으나 실제로는 하나의 단어이다. **共(공: 같다, 공유하다, 함께하다) *goŋs**, 渠用切, 《廣韻》: "同也('같다'이다)." 《論語·公冶長》: "願車馬, 衣裘, 與朋友共(車馬와 가벼운 갖옷을 벗들과 함께 사용하길 원한다)." 《莊子·庚桑楚》: "終日握而手不掜, 共其德也(종일 주먹을 쥐고 있어도 손이 저리지 않는데, 이는 그것이 그 덕에 합치되기 때문이다)." 《孟子·滕文公上》: "自天子達於庶人, 三代共之(天子에서부터 庶人에 이르기까지 三代가 공유한 것이다)." **公(공: 관무) *koŋ**, 古紅切, 《廣韻》: "共也, 官也('여럿이 함께 관련되다, 관무'이다)." 《韓非子·五蠹》: "自環者謂之私, 背私謂之公(스스로 둘러싸는 것을 '私'라 하고, 그러한 私를 등지는 것을 '公'이라 한다)." 《詩經·七月》: "言私其豵, 獻豜於公(햇돼지는 내가 갖고, 큰돼지는 공소에 바친다)." 《論語·季氏》: "祿之去公室, 五世矣(祿이 公室을 떠난지가 5世가 되었다)." 《荀子·解蔽》: "此心術之公患也(이는 마음을 부리는 방법에 있어 공통된 문제점이다)." 注: "公, 共也('公'은 '共'이다)." 《禮記·禮運》: "天下爲公(천하는 공변된 것이다)." 注: "公, 猶共也('公'은 '共(함께)'와 같다)."

震(진: 벼락치다) *tɯns, 章刃切, 《廣韻》: "雷震也, 又動也, 懼也, 威也('벼락치다'이다. 또 '움직이다, 두려워하다, 권위가 있다'이다)." 《說文》: "震, 霹靂振物者('震'은 '벽력'으로 만물을 진동케 하는 것이다)." 《左傳·昭公四年》: "秋無苦雨, 雷出不震(가을엔 고통스런 장맛비가 없으며, 천둥은 쳐도 벼락은 치지 않는다)." 《左傳·襄公十四年》: "敬之如神明, 畏之如雷霆(군주를 공경하기를 神明처럼 하고, 군주를 두려워하기를 우레와 같이하다)." 《莊子·說劍》: "此劍一用, 如雷霆之震也(이 칼을 한번 사용하면, 마치 천둥 번개의 진동과 같다)." [**振(진: 떨치다, 떨다) *tɯns**, 章刃切, 《廣韻》: "奮也, 擧也, 救也('떨치다, 들다, 건지다'이다)." 《說文》: "振, 擧救之也('振'은 '들어 구하는 것'이다)." 《禮記·月令》: "命有司發倉廩, 賜貧窮, 振乏絕(유사

에게 명하여 창고를 열어, 가난한 이에게 나눠주고, 궁핍한 이를 구휼한다).” 注: “振猶救也('振'은 '구하다'와 같다).” 나중에 글자는 또 '賑'으로도 쓴다. **賑(진: 구휼하다)** ***tɯ̱ns**, 章刃切, 《廣韻》: “贍也('구휼하다'이다).” 《管子·輕重丁》: “發其積藏, 出其財物, 以賑貧病(비축한 곡물을 나눠주고, 재산을 내놓아 가난하고 병든 자들을 구휼하였다).” 이는 또한 '振'의 파생이다. 《漢書·元帝紀》: “以三輔, 太常, 郡國公田及苑可省者振業貧民(三輔, 太常, 郡國의 공전과 줄일 수 있는 황실 園林을 가지고 가난한 백성들을 진휼하다).” 注: “振起之, 令有作業(즉, 그들을 돕고 일으켜서, 일을 하게 만드는 것이다).” 《禮記·月令》: “東風解凍, 蟄蟲始振(동풍에 얼음이 풀리고, 월동 벌레들이 깨어나기 시작한다).” 又《禮記·明堂位》: “振木鐸於朝, 天子之政也(조정에서 목탁을 치는 것은 천자의 정치이다).” **娠(신: 임신하다)** ***tɯ̱ns**, 章刃切, 《廣韻》: “姙娠('임신').” 《左傳·哀公元年》: “后緡方娠, 逃出自竇(后緡이 임신 중이었는데, 도랑을 통해 도망나갔다).” 글자는 본래 '震'으로 썼다. 《左傳·昭公元年》: “當武王邑姜方震大叔(武王의 后妃 邑姜이 太叔을 막 임신했을 때).” 注: “懷胎爲震('임신'을 '震'이라 한다).” 《釋文》: “震本又作娠, 之愼反, 懷妊也('震'은 본래 또 '娠'으로도 쓰고, '之愼反'이다. '회임하다'이다).”] **霆(정: 천둥소리)** ***diŋ**, 徒丁切, 《廣韻》: “雷霆('천둥소리').” 《詩經·雲漢》: “兢兢業業, 如霆如雷(두렵고 위태로움이 천둥과 우레 같도다).” 《詩經·常武》: “震驚徐方, 如雷如霆, 徐方震驚(서나라를 진동케 하니, 우레와 천둥 치듯이 서나라는 놀라고 떨었다).” 《禮記·樂記》: “鼓之以雷霆, 奮之以風雨(천둥과 번개로 울려 팽창하고, 비와 바람으로 윤택하게 한다).”

始(시: 시작하다) ***s̱e^{B}**, 詩止切, 《廣韻》: “初也('시작, 처음'이다).” 《說文》: “始, 女之初也('始'는 여자가 막 임신한 것이다).” 《周易·乾》: “大哉乾元, 萬物資始, 乃統天(위대하다, 乾의 元이여. 萬物이 의뢰하여 시작하니, 마침내 하늘을 통솔하도다).” 《左傳·文公十五年》: “雖不能始, 善終可也(비록 처음엔 잘하지 못했다 해도, 그 끝으로 보내는 일은 잘하는 것이 좋다).” 《左傳·宣公十二年》: “君以此始, 亦必以終(君王께서 이 수레로 전투를 시작하셨으니, 이 수레로 종결하소서).” 《禮記·檀弓下》: “君子念始之者也((애통함을 조절하고 변통함을 따르는 것은) 군자가 처음을 생각하는 자이기 때문이다.).” **胎(태: 태아, 사물의 기원)** ***se**, 土來切, 《廣韻》: “始也. 《說文》曰: 婦孕三月也('시작, 처음'이다. 〈설문〉에 '여자가 임신한지 3개월'이라 한다).” 《爾雅》: “胎, 始也('胎'는 '처음, 시작'이다).” 《莊子·知北遊》: “故九竅者胎生, 八竅者卵

生(무릇 구멍이 아홉 개인 것들(사람이나 짐승)은 胎에서 생겨나고, 여덟 개인 것들(새)은 알에서 생겨난다)."《韓非子·喻老》: "象箸玉杯必不羹菽藿, 則必旄象豹胎(玉杯와 상아 젓가락을 쓸 때는 반드시 콩잎국 같은 것을 먹지 않으며, 분명 旄牛나 코끼리, 표범의 胎를 먹으려 할 것이다)."

喘(천: 헐떡이다, 숨차다) ***tho̲n**^{B} , 昌兗切,《廣韻》: "喘息.《說文》曰: 疾息也('숨차다'. 〈설문〉에 '빠르게 숨쉬다'라 한다)."《莊子·大宗師》: "俄而子來有病, 喘喘然將死(얼마 안 되어, 子來가 병에 걸리더니, 헐떡거리면서 곧 죽으려 했다)."《荀子·臣道》: "喘而言(속삭이며 하는 말)."《史記·扁鵲倉公列傳》: "令人喘, 逆氣不能食(환자가 숨이 차게 해, 기가 거꾸로 올라와 음식을 먹을 수가 없다)." **遄(천: 빠르다, 빠르게(부사))** ***do̲n** , 市緣切,《廣韻》: "速也, 疾也('빠르다, 빠르게'이다)."《爾雅》: "遄, 速, 疾也('遄'은 '빠르다, 빠르게'이다)."《詩經·相鼠》: "人而無禮, 胡不遄死(사람으로서 예가 없으면, 어째서 빨리 죽지 않을까)." 傳: "遄, 速也('遄'은 '빠르게'이다)."《釋文》: "遄, 市專反(여기서 '遄'은 '市專反'이다)." **湍(단: 급류, 여울)** ***thon** , 他端切,《廣韻》: "急瀨也('급류'이다)."《說文》: "湍, 疾瀨也('湍'은 '급류, 여울'이다)."《孟子·告子上》: "性猶湍水也, 決諸東方則東流, 決諸西方則西流(사람의 性은 소용돌이 물과 같아서, 동쪽으로 터놓으면 동쪽으로 흐르고, 서쪽으로 터놓으면 서쪽으로 흐른다)."《淮南子·原道訓》: "期年而漁者爭處湍瀨(1년 동안을 살자, 어부들이 다투어 여울에 처하였다)."

如(여: 따르다, 같다) ***na̲** , 人諸切,《廣韻》: "若也('같다'이다)."《說文》: "如, 從隨也('如'는 '따르다'이다)." 段玉裁注: "凡有所往曰如, 皆從隨之引申也(무릇 가는 것을 '如'라 하는데, 모두 '따르다'의 파생발전이다)."《左傳·宣公十二年》: "有律以如己也(律을 두어서 三軍을 마치 자기 한 몸을 따르게 하듯이 한다)." 注: "如, 從也('如'는 '따르다'이다)."《吳越春秋》: "敢不如命?(감히 명을 따르지 않겠는가?)"《管子·輕重丁》: "不如令者不得從天子(명령을 따르지 않는 사람은 천자를 따를 수 없다)." **奴(노: 종)** ***na** , 乃都切,《廣韻》: "人之下也('아랫 사람'이다)."《論語·微子》: "微子去之, 箕子爲之奴, 比干諫而死(微子는 떠났고, 箕子는 그의 종이 되었고, 比干은 간하다가 죽었다)."《史記·殷本紀》: "箕子懼, 乃詳狂爲奴, 紂又囚之(기자가 두려워 미친 척하여 노비가 되었지만, 주왕은 다시 그를 가두었다)."

柔(유: 복종하다, 부드럽다, 순하다) *nu̲, 耳由切,《廣韻》: "順也.《說文》曰: 木曲直也('따르다'이다. 〈설문〉에 '나무가 굽혀졌다 펴졌다함'이라 한다')."《詩經·碩人》: "手如柔荑, 膚如凝脂(손은 부드러운 띠싹 같고, 살결은 기름처럼 윤택하네)."《詩經·烝民》: "人亦有言, 柔則茹之, 剛則吐之(사람들이 말하길, 부드러우면 삼키고 강하면 뱉는다 했는데)."《莊子·天運》: "其聲能短能長, 能柔能剛(그 소리를 짧게 할 수도 있고 길게 할 수도 있으며, 부드럽게 할 수도 있고 강하게 할 수도 있다)." **揉(유: 순하게 하다, 주무르다) *nu̲**, 耳由切,《廣韻》: "捻也, 又順也,《詩》曰揉此萬邦('휘다'이다. 또 '순하게 하다'이다. 〈시경〉엔 '온 세상을 순종하게 하여'라 한다)."《周禮·冬官·考工記》: "揉輻必齊, 平沈必均(바퀴살을 부드럽게 하기 위해 반드시 가지런히 하여 물에 담그는데, 물에 뜨는 것이 반드시 균일해야 한다)." 注: "揉謂以火槁之('揉'는 즉, 불로 말리는 것이다)."《管子·七法》: "猶朝揉輪而夕欲乘車(아침에 나무를 불에 구어 구부려 바퀴를 만들고 저녁에 그 수레를 타려는 것과 같다)." 글자는 나중에 '楺'로 繁化하였다. **楺(유: 휘다) *nu̲ᴮ**, 人九切,《廣韻》: "屈木. 煣, 上同('나무를 구부리다'. '煣'는 위와 같다)."《淮南子·泛論訓》: "楺輪建輿, 駕馬服牛, 民以致遠而不勞(나무를 휘어 바퀴를 만들고 수레를 만들어, 말이 끌게 하고 소가 끌게 해, 사람들은 멀리 가도 힘들지 않았다)."《漢書·食貨志上》: "神農之世, 斫木爲耜, 煣木爲耒, 耒耨之利以敎天下(신농 시기에 나무를 패서 보습을 만들고, 나무를 휘어 쟁기를 만들어, 경작의 이로움으로써 천하를 가르치니)." 注: "煣, 屈也('煣'는 '구부리다'이다)." 또 '輮'로 쓴다.《荀子·勸學》: "木直中繩, 輮以爲輪, 其曲中規, 雖有槁暴, 不復挺者, 輮使之然也(목재가 곧아서 먹줄의 직선에 들어맞더라도, 구부려서 둥근 수레바퀴를 만들면 그 휘어진 곡선이 그림쇠에 부합한다. 비록 또 열을 가하고 햇볕을 쬐더라도, 더이상 펴져서 곧게 되지 않으니, 이는 처음에 그 모양으로 만들었기 때문이다)." **蹂(유: 밟다) *nu̲**, 耳由切,《廣韻》: "踐蹂也('밟다'이다)."《詩經·生民》: "或舂或揄, 或簸或蹂(혹은 방아찧고 혹은 절구에서 퍼내고, 혹은 키로 까부르고 혹은 절구에 넣으며)."《史記·項羽本紀》: "王翳取其頭, 餘騎相蹂踐爭項王(왕예가 그 머리를 취하고 나머지 기병들이 서로 밟으며 항우의 몸뚱이를 다투었다)." **鞣(유: 부드럽다) *nu̲**, 耳由切,《說文》: "軟也('부드럽다'이다)." **猱(노: 원숭이) *nu**, 奴刀切,《廣韻》: "猴也('원숭이'이다)."《詩經·角弓》: "毋敎猱升木, 如塗塗附(원숭이에게 나무 타기를 가르치지 말지어다. 진흙에 진흙을 바르는 듯하다)." 傳: "猱, 猿屬('猱'는 '원숭이 종류'이다)."《釋文》: "猱, 乃刀反, 沈乃遭反(여기서 '猱'는 '乃

刀反'이고, 沈씨의 음은 '乃邅反'이다)."《管子·形勢》: "墜岸三仞, 人之所大難也, 而猿猱飲焉(3길 높이 낭떠러지에서 뛰어내리는 것은 사람은 크게 어려운 바이지만, 원숭이는 그러고 나서 물을 마신다)."

侍(시: 모시다, 따르다) ***de̲s**, 時吏切,《廣韻》: "近也, 從也, 承也('가까이하다, 따르다, 받들다'이다)."《說文》: "侍, 承也('侍'는 '받들다'이다)."《論語·公冶長》: "顔淵, 季路侍(顔淵과 季路가 모시고 있었다)." 皇侃疏: "卑在尊者之側曰侍(낮은 자가 존귀한 자 옆에 있는 것을 '侍'라 한다)."《孟子·公孫丑下》: "前日願見而不可得, 得侍, 同朝甚喜(지난날에 뵙기를 원했으나 그러지 못했는데, 모실 수 있게 되자 조정에 함께 있는 이들이 매우 기뻐하였다)."《孝經·開宗明義章》: "仲尼居, 曾子侍(仲尼가 한가로이 있을 때, 曾子가 모셨다)."《釋文》: "卑者在尊者之側曰侍(낮은 자가 존귀한 자 옆에 있는 것을 '侍'라 한다)." **儓(대: 하인)** ***de**, 徒哀切,《廣韻》: "輿儓('마부와 하인')."《集韻》: "儓,《方言》'南楚凡罵庸賤謂之田儓', 一曰陪儓臣也('儓'란 〈방언〉에 '南楚에서 무릇 비천하다고 욕하는 말로 田儓라 한다'고 나오는데, 한편으로 '陪儓臣'이라고도 한다." 글자는 본래 '臺'로 썼다.《左傳·昭公七年》: "僚臣僕, 僕臣臺(僚는 僕을, 僕은 臺를 臣下로 삼는다)."

擁(옹: 안다, 품다) ***ʔo̲ŋ^{B}**, 於隴切,《廣韻》: "手擁('끌어 안다'이다)."《說文》: "擁, 抱也('擁'은 '포옹하다'이다)."《莊子·知北遊》: "神農隱几擁杖而起, 曝然放杖而笑(신농이 책상에 기대어 있다가 지팡이를 쥐고 일어나더니, 휙 하고 지팡이를 내던지고 웃었다)." **壅(옹: 막다)** ***ʔo̲ŋ**, 於容切,《廣韻》: "塞('막다')." **壅(옹: 막다)** ***ʔo̲ŋ^{B}**, 於隴切,《廣韻》: "壅堨, 亦塞也, 障也('막는 보', 또는 '막다'이다)." **雍(옹: 땅이름)** ***ʔo̲ŋ^{C}**, 於用切,《廣韻》: "九州名. 雍, 擁也, 東崤, 西漢, 南商, 北居庸, 四山之所擁翳也(구주의 이름이다. '雍'은 '擁(안다)'이다. 東崤, 西漢, 南商, 北居庸, 네 산이 안아 끼고 있는 곳이다)."《釋名》: "雍州在四山之內. 雍, 翳也('雍州'는 네 산 안에 있다. '雍'은 '翳(가리다)'이다)." **灉(옹: 강이름)** ***ʔo̲ŋs**, 於用切,《廣韻》: "河水決出還入爲灉(황하에서 터져 나간 후 다시 돌아 들어가서 '灉'라 한다)."《爾雅》: "灉, 反入('灉'은 다시 돌아 들어가는 것이다)." 又《爾雅》: "水自河出爲灉(물이 황하에서 나와 '灉'이 된다)." **瓮(옹: 독)** ***ʔoŋs**,《廣韻》: "《說文》罌也, 烏貢切(〈설문〉에 '병이다'라고 한다, '烏貢切'이다)." 글자는

또 '甕'으로도 쓴다. 《廣韻》: "甕, 上同(瓮)('甕'은 위의 글자와 같다)." 《莊子·天地》: "鑿隧而入井, 抱瓮而出灌(땅굴을 뚫어 우물에 들어가, 항아리를 안고 나와 밭에 물을 대다)." 글자는 또 '罋'으로도 쓴다. **罋(옹: 독, 항아리)** ***ʔoŋs** , 《廣韻》: "瓶也. 《說文》曰: 汲瓶也. 罋, 上同('병'이다. 〈설문〉에 '물긷는 병이다'라고 나온다. '罋'은 위와 같다)." 《左傳·昭公七年》: "賂以瑤罋玉櫝斝耳(瑤罋, 玉櫝, 斝耳를 뇌물로 바쳤다)." 《釋文》: "罋, 烏送反, 徐於容反(여기서 '罋'은 '烏送反'이고, 徐씨의 음은 '於容反'이다)." 《周禮·天官·冢宰》: "醬用百有二十罋(장은 백이십 독을 사용한다)." 《韓非子·外儲說右上》: "或令孺子懷錢挈壺罋而往酤(어떤 이가 어린아이를 시켜, 가슴에 돈을 품고 술병을 갖고 술을 사러 가게 했다)."

名(명: 이름, 이름짓다) ***mi̱ŋ** , 武並切, 《廣韻》: "名字('이름')." 《說文》: "名, 自命也('名'은 '자신을 부르는 말'이다)." 《莊子·隱公元年》: "莊公寤生, 驚姜氏, 故名曰寤生(장공이 거꾸로 나와 강씨를 놀라게 하였다. 그래서 이름을 '寤生'이라 지었다)." '名'은 주로 명사로 사용된다. 《道德經》: "名可名, 非常名. 無名天地之始; 有名萬物之母(道는 문자로 표현하면 영원한 도가 아니다. 無名은 만물의 시작이요, 有名은 만물의 어미이다)." 《左傳·僖公二十二年》: "懷與安, 實敗名(아내를 사랑하고 편안함을 탐하는 것은 진실로 功名을 무너뜨리는 일이다)." 《莊子·逍遙遊》: "北冥有魚, 其名爲鯤(북쪽 검푸른 바다에 물고기가 살고 있으니 그 이름을 鯤이라 고 한다)." **銘(명: 새기다, 새긴 글자)** ***miŋ** , 莫經切, 《廣韻》: "銘記. 《釋名》云: 銘, 名也, 記名其功也('새기다'. 〈석명〉에 이르길, '銘은 名(이름짓다)이다. 그 공로에 이름을 기록하는 것이다'라 한다)." 《說文》: "銘, 記也('銘'은 '기록하다'이다)." 《禮記·祭統》: "夫鼎有銘. 銘者, 自名也(무릇 솥에는 기록된 글이 있는데, '銘'이란 것은 스스로를 기록하는 것이다)." 《周禮·春宮·宗伯》: "設熬, 置銘(볶은 음식을 준비하고 명정을 설치한다)." 注: "銘今書或作名. 鄭司農云: 銘書死者名於旌('銘'은 지금엔 혹 '名'으로 되어 있다. 鄭司農이 말하길, '銘은 죽은 이의 이름을 기에 써넣는 것이다'라 한다)." 《莊子·讓王》: "今使天下書銘於君之前(지금 천하 사람들로 하여금 임금 앞에서 서약서를 쓰게 하다)." 《莊子·則陽》: "得石槨焉, 洗而視之, 有銘焉(거기서 석곽이 나왔는데, 이를 잘 씻어서 살펴보니 거기에 명문이 있었다)."

萃(췌: 모으다) ***dẓuts** , 秦醉切, 《廣韻》: "集也, 聚也('모으다, 모이다'이다)." 《方言》: "萃, 集也

('萃'는 '모이다'이다)."《詩經·墓門》: "墓門有梅, 有鴞萃止(묘문에 있는 매화나무, 올빼미들이 모여드네)." 傳: "萃, 集也('萃'는 '모이다'이다)."《釋文》: "萃, 徂醉反(여기서 '萃'는 '徂醉反'이다)."《易·萃》象傳: "萃, 聚也; 順以說, 剛中而應, 故聚也('萃'는 '모이다'이다. 순하고 기뻐하며, 剛이 中에 있고 應한다. 그러므로 모이는 것이다)."《莊子·徐無鬼》: "禍之長也茲萃(화가 자라나, 점점 더 모이게 된다)." 注: "萃, 聚也('萃'는 '모이다'이다)." **綷(쵀: 오색비단) *ʦuts** , 子對切,《廣韻》: "《說文》曰: 會五彩繒也(〈설문〉에 이르길, '오색이 모여 섞인 비단이다')."

滋(자: 번성하다, 붇다, 자라다) *ʦe̱ , 子之切,《廣韻》: "蕃也('번성하다'이다)."《說文》: "滋, 益也('滋'는 '불어나다'이다)."《左傳·隱公元年》: "不如早爲之所, 無使滋蔓(일찌감치 그에 대한 조치를 취해서 더이상 크게 뻗어나가지 못하게 하는 게 낫습니다)."《左傳·桓公六年》: "謂民力之普存也, 謂其畜之碩大蕃滋也(이는 백성의 재산이 잘 보존되었음을 말하며, 가축이 크고 잘 번성함을 말하는 것이다)."《禮記·月令》: "孟夏行秋令, 則苦雨數來, 五穀不滋(초여름에 가을에 내리는 정령을 행하면, 궂은 비가 내려 오곡이 번성하지 못한다)." 식물이 1년에 한 번 번식하므로 여기서 '一年'을 가리키는 뜻이 나왔고, 글자는 '載'로 쓴다. **載(재: 1년) *ʦe^{B}** , 作亥切,《廣韻》: "年也, 出《方言》('1년'이다. 〈방언〉에 나온다)."《爾雅》: "載, 歲也, 夏曰歲, 商曰祀, 周曰年, 唐虞曰載('載'는 '한 해'이다. 夏에서는 '歲'라 하고, 商에서는 '祀'라 하고, 周에서는 '年'이라 하고, 唐虞에서는 '載'라 한다)."《釋名》: "歲, 越也, 越故限也. 唐虞曰載, 載生物也('歲'는 '越(넘기다)'이다. 즉, 기존 한계를 넘는 것이다. 唐虞에선 '載'라 했는데, '만물을 심고 기르는 것'이다)."《左傳·宣公三年》: "載祀六百, 商紂暴虐, 鼎遷於周(鼎이 商나라로 옮겨 간 후, 6백 년을 머물었고, 商의 紂가 포학하자, 鼎이 周나라로 옮겨 왔다)." 注: "載祀皆年(여기서 '載祀'는 곧 '年'이다)." 疏引孫炎: "載取物終更始, 祀取四時祭祀一訖, 年取年穀一熟('載'는 만물의 끝나고 다시 시작함을 취한 것이고, '祀'는 사계절의 제사가 한 번 다 끝남을 취한 것이고, '年'은 해마다 곡식이 한 번씩 익음을 취한 것이다)."《孟子·萬章上》: "二十有八載, 放勳乃徂落(순의 섭정 28년 만에, 요임금이 마침내 별세하였다)."

比(비: 견주다, 나란히하다) *pi̱r^{B} , 卑履切,《廣韻》: "校也, 並也('견주다, 나란히 하다'이다)."《詩經·谷風》: "旣生旣育, 比予于毒(이미 살게 되고 이미 길러지니, 나를 독에 비유하

는구나)." 《左傳·桓公十五年》: "人盡夫也, 父一而已, 胡可比也?(출가하기 전에는 누구나 다 남편이 될 수 있지만, 아버지는 하나뿐이다. 그러니 어찌 남편이 아버지와 비교가 되겠는가?)" **比(비: 나란히하다)** ***bi̱r**, 房脂切, 《廣韻》: "和也, 並也('누그러지다, 나란히 하다'이다)." '比'는 '頻脂切'이다. 《集韻》: "和也, 一曰相次也('온화해지다'이다. 한편으로 '순서대로 하다'이다)." 《新語·無爲》: "堯舜之民, 可比屋而封, 桀紂之民, 可比屋而誅(요순의 백성들은 집집마다 다 봉해도 되었고, 걸주의 백성들은 집집마다 다 죽여도 되었다)." 《史記·汲鄭列傳》: "家人失火, 屋比延燒, 不足憂也(백성의 실수로 불이 났고, 집들이 잇달아 있어 탔으니, 우려하실 바는 아닙니다)." **毗(비: 돕다)** ***bi̱r**, 頻脂切, 《集韻》: "輔也('돕다'이다)." 《詩經·節南山》: "天子是毗(천자를 도와서)." 箋: "毗, 輔也(여기서 '毗'는 '돕다'이다)." 《莊子·在宥》: "大喜邪, 毗於陽. 大怒邪, 毗於陰((사람들이) 지나치게 기뻐하면 陽氣에 도움이 되고[149], 지나치게 화를 내면 陰氣에 도움이 된다)." [**比(비: 가깝다)** ***pi̱rs**, 必至切, 《廣韻》: "近也, 併也('가깝다'이다)." 《禮記·祭義》: "比時具物, 不可以不備(때에 가까워져 물건을 갖추자면 준비하지 않을 수가 없다)." 《釋文》: "比, 必利反, 徐甫至反(여기서의 '比'는 '必利反'이고, 徐씨의 음은 '甫至反'이다)." **比(비: 가깝다, 빽빽하다, 친하다, ~에 이르러)** ***bi̱rs**, 毗至切, 《廣韻》: "近也, 又阿黨也('가깝다, 친하다'이다)." 《詩經·杕杜》: "嗟行之人, 胡不比焉(아, 길가는 나그네, 어찌 나와 함께 하지 않나)." 《釋文》: "比, 毗志反(여기서 '比'는 '毗志反'이다)." 《詩經·良耜》: "其崇如墉, 其比如櫛(그 높음이 담과 같고, 그 즐비함이 빗과 같다)." 《釋文》: "比, 毗志反(여기서 '比'는 '毗志反'이다).'] **坒(비: 섬돌)** ***bi̱rs**, 毗至切, 《廣韻》: "地相次坒也(땅이 서로 연결되어 순서 있게 배열된 것이다)." **陛(폐: 섬돌)** ***bir^B**, 傍禮切, 《廣韻》: "階陛也('섬돌'이다)." 《墨子·備城門》: "陛高二尺五, 廣長各三尺(계단 높이는 2자 5치로 하며, 폭의 길이는 각 3자로 한다)." 《呂氏春秋·貴信》: "曹翽按劍當兩陛之間(曹翽가 칼을 어루만지며 두 군주 사이로 들어가)."

俶(숙: 비롯하다) ***thu̱k**, 昌六切, 《廣韻》: "始也('비롯하다'이다)." 《說文》: "一曰始也(한편으로 '비롯하다'이다)." 《爾雅》: "俶, 始也('俶'은 '비롯하다'이다)." 《詩經·大田》: "俶載南畝, 播厥百穀(비로소 남쪽 밭을 갈면서 온갖 곡식을 다 뿌린다)." 《釋文》: "俶音尺叔反, 始也('俶'의

149 [역주] 여기서의 '毗'의 해석에 대해, '도움이 되다'란 설과 '손상되다'란 설이 팽팽히 맞서고 있다.

음은 '尺叔反'이다. '비로소'이다)."《詩經·旣醉》: "令終有俶, 公尸嘉告(마침이 아름다우면 시작이 있으니, 공의 시동이 기쁨을 고하네)." 傳: "俶, 始也('俶'은 '시작'이다)."《釋文》: "俶, 尺叔反(여기서 '俶'은 '尺叔反'이다)." **督(독: 바르다, 우두머리, 맏아들, 가운데) *tuk**, 冬毒切, 《廣韻》: "正也('바르다'이다)."《史記·越王句踐世家》: "家有長子曰家督(집안에 장남이 있으면 이를 '가독'이라 한다)."《莊子·養生主》: "緣督以爲經, 可以保身, 可以全生, 可以養親, 可以盡年(중용(督)을 따라, 그것을 삶의 기본으로 삼으면, 자기 몸을 지킬 수 있고, 자신의 생명을 온전히 할 수 있고, 어버이를 잘 봉양할 수 있으며, 자신의 천수를 다 누릴 수 있다)."《奇經考》: "督者, 都也, 督脈爲陽脈之都綱('督'이라 함은 '통솔'이다. '督脈'은 곧 양맥을 통솔하는 것이 된다)."《靈樞經·本輸》: "頸中央之脈, 督脈也(목 중앙의 맥이 곧 督脈이다)."《淮南子·兵略訓》: "將軍不與於五官之事, 而爲五官督(장군은 오관의 일에는 관여치 않지만, 오관을 감독한다)."《史記·晋世家》: "臣爲督將, 軍敗當誅, 請死(신은 감독하는 장수이나 군대가 패하였으니 죽어 마땅합니다. 죽음을 청합니다)."

屢(루: 여러, 자주, 빠르다) *ros, 良遇切, 《廣韻》: "數也('자주'이다)."《論語·公冶長》: "禦人以口給, 屢憎於人(민첩한 말재주로 남을 반박하다가, 자주 남들의 미움을 받는다)." 글자는 본래 '婁'로 썼다. 段玉裁《說文》注: "古有婁無屢也(옛날엔 '婁'만 있고 '屢'는 없었다)."《詩經·角弓》: "莫肯下遺, 式居婁驕(몸 굽혀 남의 말 따르지 않고, 언제나 교만하도다)."《釋文》: "婁, 王力住反(여기서 '婁'는 王씨의 음은 '力住反'이다)."《荀子·非相》引《詩》作: "莫肯下隧, 式居屢驕(몸 굽혀 남의 말 따르지 않고, 언제나 교만하도다)."《詩經·桓》: "綏萬邦, 婁豐年(만방을 편안케 다스리시어, 매년 풍년을 이루셨다)."《釋文》: "婁, 力住反, 數也(여기서 '婁'는 '力住反'으로 '여러'이다)."《漢書·元帝紀》: "婁敕公卿, 日望有效(황제께서 공경들에게 여러 차례 타이르시되, 그들의 일에 성취가 있기를 바라셨다)." 注: "婁, 古屢字(여기서 '婁'는 옛 '屢'자이다)."《漢書·公孫弘傳》: "時上方興功業, 婁, 擧賢良(당시에 황제께서 공업을 크게 일으키셔, 여러 차례 현량한 선비를 등용하셨다)." 注: "婁, 古屢字(여기서 '婁'는 옛 '屢'자이다)." **樓(루: 망루) *ro**, 落侯切, 《廣韻》: "亦作婁, 重屋也('婁'라고도 쓰며, 층을 이룬 집이다)."《說文》: "樓, 重屋也('樓'는 층을 이룬 집이다)."《左傳·宣公十五年》: "登諸樓車, 使呼宋而告之(楚나라 사람이 解揚을 누거에 태우고, 宋人을 불러 알리게 했다)."《孟子·告子下》: "不揣其本而齊其末, 方寸之

木可使高於岑樓(그 근본을 헤아리지 않고, 그 끝만을 가지런히 한다면, 한 치의 나무도 높은 누각보다 높게 할 수 있다)."《荀子·賦》: "志愛公利, 重樓疏堂(마음으로 공변된 이익을 아끼는데도, 높고 큰 집을 바란다고 하네)."

暘(양: 해가 뜨다) ***za̱ŋ**, 與章切,《說文》: "日出也('해가 뜨다'이다)."《尙書·洪範》: "曰雨, 曰暘, 曰燠, 曰寒, 曰風(비가 오는 것, 햇볕이 나는 것, 더운 것, 추운 것, 바람이 부는 것)." 傳: "雨以潤物, 暘以乾物(비가 와서 사물을 윤택하게 하고, 햇빛이 나서 사물을 마르게 한다)."《論衡·明雩》: "暘久自雨, 雨久自暘(해가 쬔 지 한참 후에 저절로 비가 내리고, 비가 온 지 한참 후에 저절로 해가 나온다)." **暘(양: 밝다, 볕)** ***za̱ŋ**, 與章切,《廣韻》: "日出暘谷(해가 暘谷에서 떠오른다)."《尙書·堯典》: "宅嵎夷, 曰暘谷(嵎夷에 거주하게 하시니, 暘谷이란 곳이다)."《淮南子·說林訓》: "日出暘谷, 入於虞淵(해는 양곡에서 나와 우연으로 들어간다)." '暘'은 글자가 '陽'과 통한다.《論衡·寒溫》: "暘者, 陽也(暘(밝음)은 곧 陽이다)."《禮記·祭義》: "夏后氏祭其闇, 殷人祭其陽, 周人祭日, 以朝及闇(하후씨는 그 어두운 곳에서 제사 지냈고, 은나라 사람은 그 밝은 데서 제사 지냈으며, 주나라 사람은 제사 지내는 날 아침, 저녁으로 지냈다)." 注: "闇, 昏時也. 陽讀爲'曰雨曰暘'之暘, 謂日中時也. 朝, 日出時也(여기서 '闇'은 '저녁때'이다. '陽'은 '曰雨曰暘'의 '暘'으로 읽는데, 해가 중천일 때이다. '朝'는 해가 뜰 무렵이다)."《詩經·湛露》: "湛湛露斯, 匪陽不晞(흠뻑 젖은 이슬, 햇빛 아니면 마르지 않으리)." 여기서 '따뜻하다, 덥다(熱)' 의미가 나왔다.《詩經·七月》: "春日載陽, 有鳴倉庚(봄날 햇살이 살아나니, 꾀꼬리가 날아 울어댄다)." 傳: "陽, 溫也('陽'은 '따뜻하다'이다)." 또 발전하여 '밝다(明)'가 나왔다.《詩經·七月》: "我朱孔陽, 爲公子裳(우리 붉은색이 매우 밝으니, 공자님 치마 만들 것이네)." 傳: "陽, 明也('陽'은 '밝다'이다)." 이것이 명사로 전환되어 '햇볕이 쬐는 곳'을 가리키게 되었다. **陽(양: 양)** ***za̱ŋ**, 與章切,《廣韻》: "陰陽('음양'의 양)."《詩經·公劉》: "旣景乃岡, 相其陰陽(언덕의 그림자를 재서, 음지와 양지를 헤아리고)."《詩經·殷其雷》: "殷其雷, 在南山之陽(우르르 쾅 천둥소리, 남산의 남쪽에서 울리고)."《詩經·渭陽》: "我送舅氏, 曰至渭陽(외숙부를 전송하려고 위수 북쪽에 이르렀도다)." 여기서 발전하여 '따뜻하게 하다, 불에 굽다(取暖, 烘烤)' 의미가 나왔고, 글자는 '煬'으로 쓴다. **煬(양: 불 쬐다)** ***za̱ŋ**, 與章切,《說文》: "炙燥也('불에 굽다'이다)."《莊子·盜跖》: "古者民不知衣服, 夏多積薪, 冬則煬之(옛날 사람들은 옷을 몰라서,

여름이면 땔나무를 쌓아두고, 겨울에는 이것으로 불을 때면서 지냈다)."《管子·禁藏》: "夏日之不爀, 非愛火也; 爲不適於身不便於體也(여름철에 불을 때지 않는 것은 불을 아껴서가 아니다. 우리의 몸에 맞지 않고 편하지 않기 때문이다)."《廣韻》: "爀, 釋金('爀'은 '쇠를 녹이다'이다)." '녹이다(熔化)'는 '爀'의 파생의미이다. 또 '따뜻하다(熱)'로부터 '따뜻한 물(湯)'이 파생되었다. **湯(탕: 끓인 물) *saŋ** , 吐郎切,《廣韻》: "熱水('끓인 물')." [《楚辭·天問》: "出於湯谷, 次於蒙汜(아침에 해가 탕곡에서 나와 몽수가에서 잠자는데)." '湯谷'은 곧 '暘谷'이다. 《淮南子·天文訓》: "日出於暘谷, 浴於咸池, 拂於扶桑, 是謂晨明(해는 양곡에서 떠올라 함지에서 목욕한다. 해가 부상 나무 위에 떠 오를 때 '晨明'이라 한다)."] '湯'은 '끓는 물(沸水)'을 가리킨다.《論語·季氏》: "見善如不及, 見不善如探湯(善을 보면 미치지 못할 것처럼 열심히 하고, 不善을 보면 끓는 물에 손이 닿을 듯이 바로 피하다)."《呂氏春秋·盡數》: "夫以湯止沸, 沸愈不止, 去其火則止矣(무릇 뜨거운 물을 부어 끓어오르는 물을 식히려 해봤자, 그것이 더 끓어오를 뿐 식지는 않으니, 그 불을 치우면 멈출 것이다)." '들끓는(沸騰) 물'로부터 '물이 흐르는 모양'의 의미가 나왔다. **湯(상: 물 흐르는 모양) *sa̱ŋ** , 式羊切,《廣韻》: "湯湯, 流貌('湯湯'은 물이 흐르는 모양이다)."《詩經·沔水》: "沔彼流水, 其流湯湯(넘실대는 저 물결이여, 출렁출렁 흘러가는구나)." 鄭箋: "湯湯, 波流盛貌('湯湯'는 물결이 성한 모양이다)."《詩經·氓》: "淇水湯湯, 漸車帷裳(기수의 물결 넘실거려, 수레의 휘장을 적시네)."《詩經·載驅》: "汶水湯湯, 行人彭彭(문수의 물결 흘러넘치고, 길 가는 사람들 많기도 하구나)." **盪(탕: 씻다, 흔들거리는 모양) *zaŋᴮ** , 徒朗切,《廣韻》: "滌盪, 搖動貌.《說文》曰: 滌器也('씻다', '흔들리는 모양', 〈설문〉에 이르길, '그릇을 씻다'라 한다)."《左傳·昭公二十六年》: "不穀震盪播越, 竄在荊蠻, 未有攸底(지금 나는 난리를 피해 荊蠻으로 도망하여, 몸을 의지할 곳이 없다)[150]."《釋文》: "盪, 本又作蕩. 徒黨反(여기서 '盪'은 본래 또 '蕩'으로도 쓴다. '徒黨反'이다)."《漢書·食貨志下》: "盪滌煩苛(모든 장황하고 가혹한 법령을 없애다)." 글자는 '蕩'과 통하고 발음도 동일하다. 《左傳·襄公二十五年》: "成公播蕩(陳成公이 난리를 피해 도망가다)."《左傳·莊公四年》: "余心蕩(내 마음이 동요하다)."《莊子·外物》: "白波若山, 海水震蕩(흰 파도는 산과 같고 바닷물은 몹

150 [역주] 震盪播越: '震盪'은 '매우 흔들리고 요동침', 즉 전란을 의미하고, '播越'은 전란을 피해 피난가는 것을 말한다.

시 요동쳤다).”

聚(취: 모이다) *ȡoᴮ , 慈庾切, 《廣韻》: “衆也, 共也, 斂也. 《說文》會也, 邑落云聚(‘무리, 함께, 거두다, 모이다’이다. 〈설문〉에 ‘모이는 것이며, 향읍 중의 촌락을 聚라 한다’고 한다).” 《左傳·襄公二十四年》: “夫諸侯之賄, 聚於公室, 則諸侯貳(제후의 재물이 晉나라 公室로 모이면, 제후가 晉나라를 배신할 것이다).” 《左傳·成公十六年》: “召軍吏也, 皆聚於中軍矣(伯州犂가 “軍吏를 불러 모으는 것입니다.”라고 대답하자, 왕이 “晉의 軍吏가 모두 中軍으로 모였다”라고 말했다).” 《韓非子·飾邪》: “主惑而不知所行, 民聚而不知所道(임금은 미혹되어 어찌할 바를 모르고, 백성이 모여도 어디로 가야 할지 모른다).” 또 피동작주를 가질 수 있다. 《左傳·宣公四年》: “及將死, 聚其族曰: 椒也知政, 乃速行矣(子文은 죽을 때가 되자 그 宗族을 모아 놓고 말했다. ‘越椒가 국정을 맡거든, 너희들은 속히 도망가라’).” 《莊子·逍遙遊》: “聚族而謀曰(친족들을 모아 상의하여 말했다).” 《禮記·坊記》: “因其酒肉, 聚其宗族, 以教民睦也(그 술과 고기를 가지고 종족을 모아 백성에게 화목의 도를 가르친다).” **族(족: 종족) *ȡok** , 昨木切, 《廣韻》: “宗族(‘종족’).” 《詩經·麟之趾》: “麟之角, 振振公族(기린의 어진 뿔이여, 인자하고 후덕한 공후의 일족이로다).” 《左傳·成公四年》: “非我族類, 其心必異. 楚雖大, 非吾族也, 其肯字我乎?(‘우리의 동족이 아니면 그 마음이 반드시 다르다’는 말이 있습니다. 楚나라가 비록 강대하지만 우리의 종족이 아니니, 기꺼이 우리를 사랑하겠습니까?)” 《左傳·莊公二十五年》: “盡殺遊氏之族(游氏의 종족을 모두 죽이다).” ‘族’은 또 동사로 전환될 수 있다. 《莊子·在宥》: “雲氣不待族而雨, 草木不待黃而落(구름은 다 모이기도 전에 비로 내리고, 초목은 잎이 누렇게 되기도 전에 떨어진다).” 《釋文》: “司馬云: 族, 聚也, 未聚而雨, 言澤少(司馬가 말했다. ‘族은 모이다이다. 구름이 모이기 전에 비가 오는 것이니, 그 적셔줌이 적은 것이다’).” **簇(족: 세죽, 가는 대) *ʦʰok** , 千木切, 《廣韻》: “小竹(‘가는 대’).” 《正字通》: “簇, 小竹叢生也(‘簇’은 가는 대가 떨기지는 것이다).” 《史記·律書》: “泰簇者, 言萬物簇生也, 故曰泰簇(‘泰簇’라는 것은 만물이 모여 자라나오는 것을 말한다. 이에 ‘泰簇’라 한다).” ‘簇’은 또 ‘蔟’으로도 쓴다. **蔟(족: 누에섶) *ʦʰok** , 千木切, 《廣韻》: “蠶蔟(‘누에섶’).” 《說文》: “蔟, 行蠶蓐(‘蔟’은 ‘누에섶’이다).” **蔟(주: 음률의 이름) *ʦʰoks** , 倉奏切, 《廣韻》: “太蔟(‘태주’).” 《禮記·月令》: “其音角, 律中大蔟(그 소리는 角음이며 律은 대주에 맞춘다).” 《淮南子·天文訓》: “大蔟者, 蔟而未出也(大蔟란 모여서 나가지 않는 것이다).”

避(피: 피하다, 물러나다, 벗어나다) ***bi̱ks***, 毗義切, 《廣韻》: “違也, 回也(‘피하다, 물러나다’이다).” 《說文》: “避, 回也(‘避’는 ‘회피하다’이다).” 《莊子·秋水》: “夫水行不避蛟龍者, 漁父之勇也; 陸行不避兕虎者, 獵夫之勇也(무릇 물 위를 가면서 蛟龍을 피하지 않는 것은 漁父의 용기이고, 육지를 가면서 외뿔소나 호랑이를 피하지 않는 것은 사냥꾼의 용기이다).” 《孟子·梁惠王下》: “豈有他哉? 避水火也(어찌 다른 이유가 있겠습니까? 물과 불을 피하기 위해서입니다).” 글자는 단지 ‘辟’로만 썼다. 《左傳·隱公元年》: “姜氏欲之, 焉辟害?(姜氏가 이것을 원하니, 내 어찌 해를 피할 수 있겠는가?)” 《左傳·僖公二十三年》: “晉楚治兵, 遇於中原, 其辟君三舍(晉나라와 楚나라가 군대를 거느리고서 중원에서 만난다면, 임금님을 위해 三舍를 물리겠습니다).” 《左傳·僖公三十二年》: “其北陵, 文王之所辟風雨也(그 북쪽 언덕은 文王이 바람과 비를 피하던 곳이다).” 《釋文》: “辟, 音避(여기서 ‘辟’의 음은 ‘避’이다).” **壁(벽: 담)** ***pik***, 北激切, 《廣韻》: “《說文》云: 垣也. 《釋名》云: 壁, 辟也, 辟禦風寒也(〈설문〉엔 ‘담이다’라 하고, 〈석명〉엔 ‘壁은 辟(피함)이다, 바람과 추위를 막는 것이다’라고 한다).” 《說文》: “壁, 垣也, 从土辟聲(‘壁’은 ‘담’이다. ‘土’를 따르고 ‘辟’이 성부이다).” 《儀禮·士冠禮》: “適東壁北面見於母(동쪽 벽으로 가서 북면하여 어머니를 뵙는다).” 《韓非子·難一》: “公披衽而避, 琴壞於壁(평공이 옷깃을 들썩이며 피하자, 琴이 벽에 부딪혀 부서지고 말았다).” ‘壁’은 ‘누벽, 보루(壁壘)’를 많이 지칭한다. 《戰國策·燕策三》: “使左右司馬各營壁地(경양은 左右 司馬를 시켜 각자 숙영의 보루를 구축하게 하였다).” 注: “壁, 軍壘也(‘壁’은 ‘군대 보루’이다).” ‘壁’은 본래 ‘辟’로만 썼다. 《左傳·昭公十三年》杜注: “欲築壘辟以視後人(보루를 쌓아 후인에게 보이고자 하다).” 《釋文》: “辟, 音壁, 本亦作壁(여기서 ‘辟’은 음이 ‘壁’이고 본래는 또 ‘壁’으로 쓴다).” 《左傳·成公二年》: “辟司徒之妻也(辟司徒의 아내였다).” 杜注: “辟司徒, 主壘辟者(‘辟司徒’란 보루를 담당한 자이다).” 《釋文》: “辟, 音壁, 必覓反; 徐甫亦反(‘辟’의 음은 ‘壁’으로 ‘必覓反’이다. 徐씨의 음은 ‘甫亦反’이다).” 《爾雅·釋天》: “營室, 東辟也(‘營室’과 ‘東辟’이다)[151].” 《釋文》: “辟, 本又作壁, 布覓反(여기서

151 [역주] ‘營室’은 28수 가운데 하나이고, ‘東辟’은 ‘營室’에 인접한 별자리이다. 마치 쪽 보루를 쌓아 놓은 듯하여 ‘東辟’이라 했다고 한다.

'辟'은 본래 또 '壁'로 쓰며, '布覓反'이다)."

夭(요: 구부리다, 꺾다, 일찍 죽다) *ʔɯ̲ᴮ , 於兆切, 《廣韻》: "屈也('굽히다'이다)." 《說文》: "夭, 屈也('夭'는 '굽히다'이다)." 《左傳·昭公四年》: "民不夭札(백성이 요절하지 않습니다)." 注: "短折爲夭, 疫死爲札('단명하는 것'이 '夭'이고 '역병으로 죽는 것'이 '札'이다)." 《國語·周語下》: "無夭昏札瘥之憂, 而無饑寒乏匱之患(일찍 죽거나 미치고 역병으로 죽거나 병으로 고생하는 근심이 없으며, 굶주리거나 춥고 재물이 다하고 양식이 떨어지는 걱정이 없게 된다)." 注: "短折曰夭, 疫死曰札('단명하는 것'이 '夭'이고 '역병으로 죽는 것'이 '札'이다)." 《莊子·人間世》: "未終其天年, 而中道已夭於斧斤, 此材之患也(그 천수를 다 마치지 못하고, 중도에 도끼나 자귀에 의해 일찍 죽게 되는데, 이것이 바로 '材(쓸모있음)'로써 초래되는 재앙이다)." 《管子·五行》: "不癘雛鷇, 不夭麑麇, 毋傅速(병아리와 짐승새끼를 죽이지 않으며, 어린 사슴을 죽이지 않으며, 잡을 때 너무 꽉 묶지 않는다)." 《管子·禁藏》: "毋拊卵, 毋伐木, 毋夭英(새알을 깨뜨리지 않고, 나무를 베지 않고, 꽃의 새싹을 꺾지 않는다)." 글자는 나중에 '殀'로 썼다. **殀(요: 일찍 죽다) *ʔɯ̲ᴮ** , 於兆切, 《廣韻》: "殁也('죽다'이다)." 《說苑·修文》: "不麛不卵, 不殀夭, 不覆巢(짐승의 새끼를 잡지 않고 알을 빼앗지 않으며, 금수의 어린 것을 죽이지 않으며 새집은 엎어버리지 않는다)." **夭(요: 새끼) *ʔɯᴮ** , 烏晧切, 《廣韻》: "《禮》曰不殀夭(〈예〉에 이르길, '금수의 어린 것을 죽이지 않으며')." 《禮記·王制》: "不麑, 不卵, 不殺胎, 不殀夭, 不覆巢(짐승의 새끼를 잡지 않고 알을 빼앗지 않으며, 새끼 밴 것을 죽이지 않으며, 금수의 어린 것을 죽이지 않으며, 새집은 엎어버리지 않는다)." 《釋文》: "夭, 烏老反(여기서 '夭'는 '烏老反'이다)." 《禮記·月令》: "毋覆巢, 毋殺孩蟲胎夭(새집은 엎어버리지 말고, 어린 벌레나 새끼를 배거나 막 태어난 새를 죽이지 말라)." 《釋文》: "夭, 烏老反(여기서 '夭'는 '烏老反'이다)." 《管子·四時》: "無殺麑夭(사슴과 고라니의 새끼를 잡지 못하게 하고)." 《呂氏春秋·正月紀》: "無覆巢, 無殺孩蟲胎夭飛鳥(새집은 엎어버리지 말고, 어린 벌레나 새끼를 배거나 막 태어난 새를 죽이지 말라)." 《呂氏春秋·十二月紀》: "行春令, 則胎夭多傷(봄의 정령을 행하면, 날씨가 고르지 못하여 배속의 아이나 갓난 아이가 죽는 일이 많다)." **麇(오: 순록 새끼) *ʔɯᴮ** , 烏晧切, 《廣韻》: "麋子(고라니 새끼)." 《爾雅》: "麋, 其子麇('麋'는 그 새끼가 '麇'이다)." 《管子·五行》: "不夭麑麇(어린 사슴을 죽이지 않는다)."

遂(수: 이르다, 따르다, 드디어) ***zu̲ts** , 徐醉切,《廣韻》: “達也, 從志也(‘이르다, 따르다’이다).”《國語·周語下》: “以遂八風(팔풍에 순응하다).” 注: “遂猶順也(‘遂’는 ‘順(따르다)’과 같다).”《莊子·在宥》: “吾又欲官陰陽, 以遂群生(나는 또 陰陽을 다스려 여러 생명을 이루고자 합니다).” 成玄英疏: “遂, 順也(여기서 ‘遂’는 ‘따르다’이다).”《荀子·王制》: “大事殆乎弛, 小事殆乎遂(큰일이 거의 없어지게 되고 작은 일도 거의 이를 따르게 된다).” 注: “遂, 因循也(‘遂’는 ‘이어 따르다’이다).” 여기서 발전하여 ‘따르다, 순응하다(順, 從志)’의 의미가 나왔다.《禮記·月令》: “百事乃遂(모든 일이 순조롭게 이루어진다).”《詩經·候人》: “彼其之子, 不遂其媾(저기 저 사람들, 그 은총에 따르지 않는구나).” **隊(대: 부대, 무리)** ***zuts** , 徒對切,《廣韻》: “群隊(‘무리’).”《左傳·文公十六年》: “會師於臨品, 分爲二隊(臨品에 군대를 집합시킨 뒤에, 이를 두 부대로 나누다).” 注: “隊, 部也(‘隊’는 ‘부대’이다).” 하나씩 순서에 따라 한 무리를 형성한 것이다.《左傳·襄公十年》: “右拔戟, 以成一隊(오른손엔 창을 뽑아 들고, 이로써 한 부대를 담당하다).” 注: “百人爲隊(100명이 한 부대이다).”《史記·項羽本紀》: “乃分其騎以爲四隊, 四向(그 기병을 넷으로 나누어 네 방향으로 향하게 했다).”《墨子·備水》: “二十船爲一隊(20대의 배를 한 부대로 하다).”

隱(은: 숨기다, 아끼다) ***ʔɯ̲n**^{B} , 於謹切,《廣韻》: “痛也, 私也(‘병환, 사사로이하다, 숨기다’이다).”《左傳·昭公十四年》: “古之遺直也, 治國制刑, 不隱於親(叔向은 옛사람의 정직한 유풍이 있다. 나라를 다스리고 형벌을 제정함에 있어, 친족을 숨기지 않았도다).”《孟子·梁惠王上》: “王若隱其無罪而就死地, 則牛羊何擇焉?(왕께서 만일 죄 없이 사지로 끌려가는 것을 측은하게 여기셨다면, 소와 양을 어찌 구별하셨습니까?)”《孟子·公孫丑上》: “惻隱之心, 仁之端也; 羞惡之心, 義之端也(측은한 마음은 仁의 실마리이다. 부끄러워하는 마음은 義의 실마리이다).” **恩(은: 은혜)** ***ʔɯn**^{B} , 烏痕切,《廣韻》: “恩澤也, 惠也, 愛也, 隱也(‘은택, 은혜, 사랑’이다).”《說文》: “恩, 惠也, 从心因(‘恩’은 ‘은혜로움’이다. ‘心’과 ‘因’을 따른다).”《詩經·鴟鴞》: “恩斯勤斯, 鬻子之閔斯(사랑하고 정성을 들여, 새끼 키우느라 근심하였네).”(恩, 勤, 閔이 압운이다)《禮記·喪服四制》: “恩者, 仁也(恩이란 곧 仁이다).”《荀子·大略》: “推恩而不理, 不成仁; 遂理而不敢, 不成義(은혜를 베풀더라도 이치에 맞지 않으면 仁을 이루지 못하고, 이치를 따르더라도 과감하지 않으면 義를 이루지 못한다).”《孟子·梁惠王上》: “百姓之不見保, 爲不用恩焉(백성들

이 왕의 보호를 받지 못하는 것은, 왕께서 은혜를 베풀지 않기 때문입니다)."

五

상술한 바와 같은 예는 많이 있으나 다만 聲調 교체처럼 그렇게 눈에 띄지 않기 때문에 자세히 찾아야만 한다. 동작행위는 완성이 되거나 어떤 상태를 이루기도 하고 결과를 이루기도 한다. **따라서 동사의 완결형(既行體)은 동사의 현재형(現行體)과 매우 다르며 항상 형용사, 명사와 同形이다.** 이러한 同族詞들은 상호 간 선후 순서나 인과 관계가 분명하다. 먼저 동사가 있고 나서 형용사나 명사가 있는데, 후자는 곧 전자의 파생형식인 것이다. 예컨대, '名'과 '銘'이 그러하다. 이러한 동사의 모음 緊松교체를 통해 파생된 형용사나 명사의 사례들로부터 모음 緊松교체가 함축한 어법 의미를 엿볼 수 있다. 즉, 긴장모음은 동사의 현재형이고, 이완모음은 동사의 완결형인데, 다만 동사의 완결형은 형용사나 명사로 표현될 수 있다.

명사는 사람이나 사물을 표시하나, 형용사는 사람이나 사물의 성질, 상태, 특징, 속성 등을 표시한다. 이들 양자는 관계가 매우 밀접하다. 상고한어에서 품사의 경계는 그렇게 분명하지가 않았다. 다수의 단어들이 이중 신분이어서, 형용사이면서 명사이기도 했는데, 색채 단어가 대표적이다. 그러나 상고한어는 많은 경우 품사의 변화가 음운형식의 변화를 동반하곤 하였다.

昭(소: 밝다, 빛나다) *t<u>ɯ</u>, 止遙切,《廣韻》: "明也, 光也, 著也('밝다, 빛나다, 나타내다'이다)."《說文》: "昭, 日明也('昭'는 해가 밝은 것이다)."《詩經·文王》: "文王在上, 於昭于天(문왕이 위에 계시니, 아! 하늘에서 밝게 나타나는구나)." 傳: "昭, 見也('昭'는 '나타나다'이다)." 箋: "其德著見於天(그 덕이 하늘에서 나타난다)."《詩經·抑》: "昊天孔昭, 我生靡樂(넓은 하늘은 아주 밝은데, 우리 삶은 즐거움이 없네)." 箋: "昭, 明也('昭'는 '밝다'이다)." **照(조: 비추다)** *t<u>ɯ</u>s, 之少切,《廣韻》: "明也. 炤, 上同('밝다'이다. '炤'가 위와 같다)."《詩經·日月》: "日居月諸, 照臨下土(해와 달이여, 아래 세상을 비추시니)."《詩經·正月》: "潛雖伏矣, 亦孔之炤(깊숙이 엎

드려 있어도 너무도 뚜렷하게 드러나네)."《釋文》: "炤, 音灼, 之若反(여기서 '炤'는 음이 '灼'이고, '之若反'이다)." **灼(작: 태우다, 밝다) *tɯk**, 之若切, 《廣韻》: "燒也, 炙也, 熱也('태우다, 뜸뜨다, 밝다'이다)."《廣雅》: "灼灼, 明也('灼灼'은 '밝게 빛나는 모양'이다)."《詩經·桃夭》: "桃之夭夭, 灼灼其華(복숭아나무 싱싱하고 그 꽃 활짝 피었네)." **的(적: 과녁, 밝다) *tɯk**, 都歷切, 《廣韻》: "指的, 又明也('과녁', 또 '밝다'이다)."《說文》: "的, 明也('的'은 '밝다'이다)." 段玉裁注: "的者, 白之明也('的'이란 흰색의 밝음이다)."《廣雅》: "的, 白也('的'은 '희다'이다)."《易·說卦》: "爲的顙(이마가 흰 말이 되며)." 虞翻注: "的, 白也('的'은 '희다'이다)."《詩經·車鄰》: "有馬白顚(이마가 흰 말이 끌었도다)." 傳: "白顚, 的顙也('白顚'은 '흰 이마'이다)." 글자는 '馰'으로 쓴다. '馰'은 '都歷切'이다. 《廣韻》: "馰顱, 馬白額, 又作的('馰顱'란 '이마에 흰 털이 난 말'이다. 또는 '的'으로 쓴다)."《詩經·賓之初筵》: "發彼有的, 以祈爾爵(그대 활을 쏘아 과녁을 맞추었으니, 그대를 위해 잔을 들도다)." 毛傳: "的, 質也('的'은 '과녁'이다)." 疏: "的者, 謂熊侯白質者也('的'이란 '곰가죽으로 만든 侯에 흰 質'을 말한다)."《韓非子·內儲說上》: "人之有狐疑之訟者, 令之射的(사람들 사이에서 시비를 가리기 어려운 소송이 생기면, 그들에게 과녁에 활을 쏘게 한다)."《荀子·勸學》: "是故質的張, 而弓矢至焉(이 때문에 과녁이 설치되면 화살이 날아온다)."

淸(청: 물맑다) *thiŋ, 七情切, 《廣韻》: "又靜也, 澄也, 潔也(또 '깨끗하다, 맑다'이다)."《釋名》: "淸, 靑也, 去濁遠穢, 色如靑也('淸'은 '靑'이다. 탁한 것과 더러운 것을 제거하는 것으로 색은 푸른색과 같다)."《詩經·伐檀》: "河水淸且漣猗(하수가 맑고 또 물결이 일도다)."《詩經·四月》: "相彼泉水, 載淸載濁(저 샘물을 바라보니, 맑기도 하고 흐리기도 하네)."《莊子·刻意》: "水之性, 不雜則淸, 莫動則平(물의 본성은 섞이지 않으면 맑고, 움직이게 하지 않으면 평평하다)." **靑(청: 푸르다, 푸른색) *thiŋ**, 倉經切, 《廣韻》: "東方色也(동쪽의 색이다)."《荀子·勸學》: "靑取之於藍, 而靑於藍(푸른 물감은 쪽에서 취했지만, 쪽보다 더 푸르다)."《莊子·逍遙遊》: "背負靑天而莫之夭閼者, 而後乃今將圖南(붕은 푸른 하늘을 등에 지고, 앞을 막는 것이 없어야, 비로소 이제 남쪽으로 날아가는 것을 도모하려고 한다)."《莊子·大宗師》: "瞽者無以與乎靑黃黼黻之觀(눈이 안 보이는 자는 청색과 황색, 그리고 흰색과 검은색의 무늬로 된 아름다운 구경거리를 같이할 수가 없다)."

良(량: 좋다, 뛰어나다) *ra̲ŋ , 呂張切, 《廣韻》: "賢也, 善也('좋다, 뛰어나다'이다)." 《詩經·綢繆》: "今夕何夕, 見此良人(오늘 저녁은 어떤 저녁일까, 이런 좋은 사람 보게 될 것이니)." 《詩經·鶉之奔奔》: "人之無良, 我以爲兄(착하지 않은 이를 내 형으로 삼아야 하나)." 《孟子·離婁下》: "齊人有一妻一妾而處室者, 其良人出, 則必饜酒肉而後反(제나라 사람 중에 아내, 그리고 첩 한 명과 함께 사는 자가 있었는데, 남편이 밖에 나가면, 반드시 술과 고기를 실컷 먹은 뒤에 돌아오곤 하였다)." **郞(랑: 벼슬이름) *ra̲ŋ** , 魯當切, 《廣韻》: "官名('관명')." 段玉裁《說文》注: "以郞爲男子之偁及官名者, 皆良之假借字也('郞'을 남자의 지칭이나 관명으로 삼는 것은 모두 '良'의 가차자이다)." 《史記·平准書》: "初, 式不願爲郞(당초에 복식은 郞官이 되기를 원하지 않았다)."

悠(유: 멀다, 아득하다) *zu̲ , 以周切, 《廣韻》: "遠也('멀다'이다)." 《詩經·漸漸之石》: "山川悠遠, 維其勞矣(산천은 멀고 아득한데, 몹시도 수고롭도다)." 《國語·吳語》: "今吾道路悠速, 無會而歸與會而先晉, 孰利?(지금 우리는 길이 우리나라와 머니, 회맹에 참가하지 않고 돌아갈 수 있고, 또 회맹에 참가하되 晉나라가 맹주가 될 수 있는데, 어느 것이 이로운가?)" 注: "悠, 長也('悠'는 '길다, 멀다'이다)." 《詩經·訪落》: "於乎悠哉, 朕未有艾(아, 아득히 멀어, 내가 미칠 수가 없도다)." **條(조: 곁가지, 길다, 멀다) *zu** , 徒聊切, 《廣韻》: "小枝也('곁가지'이다)." 《說文》: "條, 小枝也('條'는 '곁가지'이다)." '條'는 길고 가는 가지를 가리킨다. 《詩經·椒聊》: "椒聊且, 遠條且(산초나무여, 그 가지 길게 뻗으리라)." 傳: "條, 長也('條'는 '길다'이다)." 《詩經·中谷有蓷》: "有女仳離, 條其嘯矣(이별한 여인이 있어, 길게 한숨짓네)." 《詩經·汝墳》: "遵彼汝墳, 伐其條枚(저 여수가의 방죽을 따라, 작은 나뭇가지를 친다네)." 傳: "枝曰條, 干曰枚('가지'를 '條'라 하고, '줄기'를 '枚'라 한다)." 《莊子·德充符》: "胡不直使彼以死生爲一條, 以可不可爲一貫者(어찌 그로 하여금 죽고 사는 것을 같은 이치로 여기게 하고, 옳고 그른 것을 같은 이치로 여기게 하지 않겠는가?)."

巨(거: 크다) *ga̲^{B} , 其呂切, 《廣韻》: "大也('크다'이다)." 《韓非子·初見秦》: "長城巨防, 足以爲塞(長城과 거대한 제방은 요새가 되기에 충분합니다)." 《莊子·庚桑楚》: "夫尋常之溝, 巨魚無所還其體, 而鯢鰍爲之制(무릇 평범한 작은 도랑에는 큰 물고기가 운신할 곳도 없지만, 미꾸라

지 따위의 작은 물고기는 몸을 구부릴 수 있다[152])." 《莊子·人間世》: "其作始也簡, 其將畢也必巨(시작할 때는 간단하지만, 곧 마칠 때에 이르러 반드시 중대해진다)." 《孟子·梁惠王下》: "爲巨室, 則必使工師求大木(왕께서 큰 궁궐을 짓는다면, 반드시 목수로 하여금 큰 나무를 구하게 하실 것이다)." 또 '鉅'로도 쓴다. **鉅(거: 크다, 단단하다)** ***ga̱ᴮ**, 其呂切, 《廣韻》: "大也('크다'이다)." 《呂氏春秋·侈樂》: "故太鉅, 太小, 太淸, 太濁皆非適也(그러므로 너무 크거나 너무 작거나 너무 맑거나 너무 탁한 소리는 모두 적당하지 않다)." 《荀子·賦》: "此夫始生鉅, 其成功小者邪?(이것은 처음에 생길 때는 거대하지만, 일이 이루어진 뒤엔 매우 작은 그것 아닌가?)" **湖(호: 큰 호수)** ***ga**, 戶吳切, 《廣韻》: "江湖廣曰湖也(강, 호수가 넓은 것을 '湖'라 한다)." 《說文》: "湖, 大陂也('湖'는 '큰 못'이다)." 《墨子·非攻中》: "東而攻越, 濟三江五湖, 而葆之會稽(동쪽으로 월나라를 공격했는데, 강과 호수를 건너, 월나라 사람들이 회계산으로 가서 숨어 보전케 했다)." 《莊子·逍遙遊》: "何不慮以爲大樽而浮乎江湖?(어찌하여 그것으로 큰 술통배를 만들어 강이나 호수에서 떠다닐 생각을 하지 않는가?)" 또 '광막한 땅'을 가리키기도 하여, 글자는 '胡'로 쓴다. 《史記·孝文本紀》: "數月, 胡人去, 亦罷(몇달 후, 흉노 병사가 물러가자 역시 철수했다)." 《史記·平准書》: "驃騎仍再出擊胡, 獲首四萬(표기장군 霍去病은 연속 두 차례에 걸쳐 흉노족을 공격해, 4만 명의 목을 베었다)."

深(심: 깊다) ***su̱m**, 式針切, 《廣韻》: "遠也('멀다'이다)." 《詩經·匏有苦葉》: "匏有苦葉, 濟有深涉. 深則厲, 淺則揭(박에는 마른 잎사귀 있고, 나루터에는 깊은 곳 있는데, 물이 깊으면 옷을 많이 걷고 건너고, 얕으면 살짝 걷고 건넌다)." 《詩經·小旻》: "如臨深淵, 如履薄冰(깊은 못에 임한 듯하고, 얇은 얼음을 밟는 듯하다)." 《周禮·地官·司徒》: "以土圭之法測土深, 正日景, 以求地中(토규의 법으로 땅의 방위를 재고, 해그림자를 바르게 하여 땅의 중앙을 찾는다)." **潭(담: 깊다, 물가의 깊은 곳, 연못)** ***zum**, 徒含切, 《廣韻》: "又深水貌(또 '깊은 물의 모양'이다)." 《廣雅》: "潭, 淵也('潭'은 '연못'이다)." 《淮南子·原道訓》: "以曲隈深潭相予(굽이진 깊은 연못을 서로 주었다)." 《楚辭·漁父》: "屈原旣放, 遊於江潭(굴원이 쫓겨나 강호에서 노닐며)."

152 [역주] 여기서 '制'는 '몸을 구부리다' 의미의 '折'과 같다.

朽(후: 썩다, 쇠하다) *khu̲^{B} , 許久切, 《廣韻》: "腐也('썩다'이다)." 《論語·公冶長》: "朽木不可雕也, 糞土之牆不可杇也(썩은 나무에는 조각을 할 수 없고, 거름흙으로 쌓은 담은 흙손질할 수 없다)." 《荀子·勸學》: "鍥而舍之, 朽木不折; 鍥而不舍, 金石可鏤(무엇을 새기다가 그만두면, 썩은 나무도 제대로 새기지 못하고, 새기기를 멈추지 않는다면, 쇠나 바위에도 새길 수 있다)." 《左傳·僖公三十三年》: "寡君之以爲戮, 死且不朽((돌아가) 우리 임금께서 우리를 죽이신다면, 죽어서도 잊지 않을 것이다)." **考(고: 늙다, 죽은 아비) *khu̲^{B}** , 苦浩切, 《說文》: "老也('늙다'이다)." 《莊子·刻意》: "彭祖壽考者之所好也(彭祖와 같은 장수한 이들이 좋아하는 태도이다)." 《禮記·曲禮下》: "祭王父曰皇祖考, 王母曰皇祖妣. 父曰皇考, 母曰皇妣. …… 壽考曰卒, 短折曰不祿(왕부를 제사할 때는 '皇祖考'라 하고, 왕모를 제사할 때는 '皇祖妣'라 한다. 아버지는 '황고'라 하고, 어머니는 '황비'라 한다……장수하여 죽으면 '卒'이라 하고, 요절하면 '不祿'이라 한다)." 《孟子·萬章上》: "放勳乃徂落, 百姓如喪考妣(요임금이 마침내 별세하자, 백성들은 부모를 잃은 것처럼 슬퍼하였다)."

圜(환: 天體, 두르다, 둥글다) *ɢo̲n , 王權切[153], 《廣韻》: "天體. 圓, 上同('천체'이다. '圓'이 위와 같다)." 《說文》: "圜, 天體也('圜'은 '천체'이다)." '圜'은 '方圜'의 '圜'이고, '天體'는 파생 의미이다. 《韓非子·外儲說左上》: "爲人君者猶盂也, 民猶水也, 盂方水方, 盂圜水圜(임금은 盂와 같고 백성은 물과 같다. 盂가 네모이면 담긴 물도 네모가 되고, 盂가 둥글면 담긴 물도 둥글어진다)." 《呂氏春秋·圜道》: "天道圜, 地道方, 聖王法之(하늘의 도는 둥글고, 땅의 도는 네모난데, 성왕은 이를 본받았다)." 《墨子·大取》: "小圜之圜, 與大圜之圜同(작은 원의 둥그럼과 큰 원의 둥그럼은 같다)." 《說文》: "圓, 圜全也('圓'은 '온전히 둥근 것'이다)." 《荀子·君道》: "君者盤也, 民者水也, 盤圓而水圓, 盂方而水方(군주란 대야이고 백성은 물이니, 대야가 둥글면 물도 둥글고, 대야가 각이 지면 물도 각이 진다)." 《莊子·駢拇》: "圓者不以規, 方者不以矩(둥근 것은 그림쇠로 한 것이 아니며, 네모난 것은 곱자로 한 것이 아니다)." 《韓非子·功名》: "右手畫圓, 左手畫方, 不能兩成(오른손으로는 동그라미를 그리는데, 왼손으로는 네모를 그리고 있

---

153 [역주] 같은 '圜'이지만, *ɢlon로 재구되는 것은 반절이 '戶關切'이고, 위의 것은 '王權切'로 재구음은 '*ɢo̲n'이다.

으면, 둘 다 완성할 수 없다).” **丸(환: 알)** ***Gon**, 胡官切, 《廣韻》: “彈丸(‘탄환’).” 《說文》: “丸, 圜也(‘丸’은 ‘둥근 것’이다).” 《呂氏春秋·本味》: “丹山之南, 有鳳之丸, 沃民所食(단산의 남쪽에는 봉황의 알이 나는데, 沃이란 나라의 백성이 먹는다).” 注: “丸, 古卵字也(‘丸’은 곧 옛 卵자이다).” 여기서 발전하여 ‘彈丸’의 ‘丸’이 되었다. 《左傳·宣公二年》: “從臺上彈人, 而觀其辟丸也(대 위에서 대 아래의 사람에게 탄궁을 쏘고는, 그들이 탄환을 피하는 것을 구경하였다).” 《管子·輕重丁》: “請挾彈懷丸游水上((청년들과 소년들은) 탄환을 가지고 물에서 놀게 하다).” 《戰國策·楚策四》: “左挾彈, 右攝丸, 將加己乎十仞之上(公子 王孫이 왼쪽에는 彈을 들고, 오른쪽에는 丸을 들고, 장차 열 길 높이에서 자신을 쏘다).”

동사는 모음의 緊松교체를 통해 형용사나 명사를 파생시킬 수 있고, 형용사도 모음 緊松교체를 통해 명사를 파생시킬 수 있다. 또한 명사에서 형용사가 파생되는 역조어법도 있는데, ‘靑’과 ‘淸’이 그러하다. 형용사는 종종 명사가 가리키는 어떤 사물의 특징이나 속성일 수 있다. 또는 명사가 바로 형용사의 그러한 특징이나 속성을 가질 수 있는데, 이를 테면, ‘良’과 ‘郞’이 그러하다. 명사는 사용과정에서 매우 쉽게 형용사로 변할 수 있고, 형용사 역시 이와 같다. 《莊子·逍遙遊》에 “適莽蒼者三湌而反, 腹猶果然(가까운 근교 들판에 나가는 사람은 세 끼니의 밥만 먹고 돌아와도 배가 아직 부르다).”[154]라 나오고, 《釋文》에 “果, 衆家皆云飽貌(‘果’는 여러 학자들이 모두 ‘배부른 모양’이라 한다).”고 나온다. ‘과일(果實)’의 특징은 가운데가 밖으로 돌출된 것이고, 사람도 배가 부르면 배가 밖으로 돌출된다. 따라서 ‘果’는 품사가 바뀌어 명사인 ‘과실’에서 ‘배부르다’라는 형용사가 된다. 여기서 다시 피동작주를 가지면 ‘배불리 먹다(果腹)’의 ‘果’가 된다. 이때 ‘果’는 동사가 된다. 이러한 품사 변화는 대개 음운변화가 필요하지 않다. 이것이 바로 상고한어에서 모음의 緊松교체로 명사에서 형용사가 파생되거나 형용사에서 명사가 파생되는 사례가 적은 원인 중 하나이다.

154 [역주] ‘莽蒼’는 ‘近郊’이다.

제4절 행위주성施事性

一

동사 중에는 주체의 운동을 표시하는 방향동사(趨向動詞)가 있다. 방향동사는 대개 목적어를 취하지 않으며 설사 일부 방향동사가 목적어를 취하더라도 그 목적어는 결코 피동작주 목적어가 아닌 처소를 나타내는 처소목적어이다. 주체가 이러한 동사로 대표되는 동작행위를 할 수 있다면 이것은 행위주이다. "(徒人費)走出遇賊於門(徒人費가 도망해 나오다가 궁문에서 반란군을 만났다)(《左傳·莊公八年》)." 여기서 주체인 '徒人費'은 동작행위 '走'의 실행자이다. 그러나 방향동사는 종종 피동작주 동사로 쓰일 수 있다. "古公亶父, 來朝走馬(고공단보가 아침에 말을 달려왔다)."(《詩經·綿》) 이 문장에 대해, 馬瑞辰은 "走馬, 卽趣馬之假借也('走馬'란 곧 '趣馬'의 가차이다)."라고 말했다. '走'와 '趣'는 한 동사의 두 가지 형식으로, 두 개의 다른 문자로 되어 있다. 여기서 '走'는 행위주와 관련이 있어 행위주가 '能走'함을 나타낸다. 반면, '趣'는 피동작주와 관련이 되어 피동작주가 '能走'함을 나타낸다. 이러한 차이는 상고한어에서 일반적으로 *-s 접미사를 부가함으로써 실현한다. **우리는 상고한어의 방향동사가 하나의 분명한 음운특징을 갖고 있음을 발견했는데, 그것은 바로 주요모음이 긴장모음이라는 사실이다.**

之(지: 가다) *te̱ , 止而切, 《廣韻》: "適也('가다'이다)." 《論語·陽貨》: "子之武城聞弦歌之聲(공자께서 武城에 가셔서, 弦歌소리를 들으셨다)." 《莊子·逍遙遊》: "奚以之九萬里而南爲?(어찌하여 붕새는 9만 리까지 올라가 남쪽으로 가려고 하는가?)" 又《莊子·人間世》: "曰: 奚之? 曰: 將之衛('어디로 가는가?'라고 묻자, '장차 위나라로 간다'라고 답했다)." 《孟子·盡心上》: "孟子自范之齊, 望見齊王之子(맹자께서 范 땅으로부터 제나라에 가시고는, 제나라 왕의 아들을 바라보셨다)." 《墨子·非儒下》: "孔丘之齊見景公(공자가 제나라로 가서, 경공을 만났다)."

適(적: 가다) *ti̱k , 之石切, 《廣韻》: "往也('가다'이다)." 《說文》: "適, 之也('適'은 '가다'이

다).”《爾雅》: “適, 往也(‘適’은 ‘가다’이다).”《詩經·碩鼠》: “逝將去女, 適彼樂土(너를 떠나 멀리 가리라, 저 낙원으로 가리라).”《左傳·僖公七年》: “無適小國, 將不女容焉(작은 나라로 가지 말라. 작은 나라는 너를 용납하지 못할 것이다).”《莊子·逍遙遊》: “宋人資章甫而適諸越, 越人斷髮文身, 無所用之(宋나라 사람이 갓(章甫)을 장사 밑천으로 삼아 越나라로 갔는데, 월나라 사람들이 머리를 짧게 깎고 몸에 文身을 하고 있어서, 갓이 필요 없었다).”

底(지: 이르다) ***ti̠r**, 職雉切,《爾雅》: “至也(‘이르다’이다).”《詩經·祈父》: “胡轉予于恤? 靡所底止(어찌 나를 황량한 곳으로 보내서, 돌아갈 곳도 없게 하는가).” 傳: “底, 至也(‘底’는 ‘이르다’이다).”《釋文》: “底, 之履反(여기서 ‘底’는 ‘之履反’이다).”《小旻》: “伊于胡底(저들이 어디에 이를까).”《釋文》: “底, 之履反(여기서 ‘底’는 ‘之履反’이다).”《左傳·昭公二十六年》: “未有攸底(몸을 의탁할 곳(갈 곳)이 없으니).” 注: “底, 至也(‘底’는 ‘이르다’이다).”《釋文》: “底, 音旨(여기서 ‘底’는 음이 ‘旨’이다).”

征(정: 가다, 치다) ***ti̠ŋ**, 諸盈切,《廣韻》: “行也(‘가다’이다).”《說文》: “征, 正行也(‘征’은 ‘바르게 가다’이다).”《詩經·車攻》: “之子于征, 有聞無聲(그분 사냥 떠나시는데, 소문만 있고 소리는 없네).”《詩經·泮水》: “桓桓于征, 狄彼東南(늠름하게 출정 나가, 저 동남 오랑캐를 정벌하니).”《左傳·僖公四年》: “昭王南征而不復, 寡人是問?(昭王이 남방으로 순행 갔다가 돌아오지 못하셨으니, 과인은 이것도 묻는다)” 여기서 발전하여 ‘정벌하다(征伐)’가 되었다.《管子·重令》: “征伐不能服天下, 而求霸諸侯, 不可得也(정벌로 천하를 정복시키지 못하는데 천하 제후의 패자가 되려고 한다면 이룰 수가 없다).”《孟子·梁惠王上》: “今燕虐其民, 王往而征之(지금 연나라가 그 백성들에게 못살게 굴었고, 왕께서 가서 정벌하시니).”

逝(서: 가다) ***da̠ts**, 時制切,《廣韻》: “往也, 行也(‘가다’이다).”《說文》: “逝, 往也(‘逝’는 ‘가다’이다).”《詩經·小弁》: “無逝我梁, 無發我笱(내 어량에 가지 마시고, 내 통발 꺼내지 마세요).” 箋: 逝, 之也(‘逝’는 ‘가다’이다).”《詩經·公劉》: “篤公劉, 逝彼百泉, 瞻彼博原(마음 후덕하신 공류께서 저 백천으로 가시어 저 넓은 언덕 바라보시고).” 箋: “逝, 往(‘逝’는 ‘가다’이다).”《管子·內業》: “靜則得之, 躁則失之, 靈氣在心, 一來一逝(고요하면 그것을 얻고, 조급하면 그것

을 잃는다. 마음에 있는 신령한 기운이 한번 오고 한번 가니)."《呂氏春秋·疑似》: "明旦之市而醉, 其眞子恐其父之不能反也, 遂逝迎之(다음 날 아침 저자에 가서 술에 취했는데, 그 진짜 아들이 아버지가 돌아오지 못할까 두려워 끝내 마중을 나갔다)."

如(여: 가다) ***na̲** , 人諸切,《廣韻》: "往也('가다'이다)."《說文》: "如, 從隨也('如'는 '따라가다'이다)."《爾雅》: "如, 往也('如'는 '가다'이다)."《左傳·隱公四年》: "厚從州吁如陳(석후는 주우를 따라서 진나라로 갔다)."《左傳·隱六年》: "鄭伯如周, 始朝桓王也(鄭伯이 周나라에 갔으니, 비로소 周桓王을 뵈었다)."《呂氏春秋·尊師》: "如山林, 入川澤(산림에 가고 하천과 연못에 들어가고)."《莊子·庚桑楚》: "百姓猖狂不知所如往(백성들은 마음대로 행동하여, 어디로 가야 할지 알지 못한다)."

出(출: 나가다) ***thu̲t** , 尺律切,《集韻》: "自內而外也('안에서 밖으로 가다'이다)."《詩經·北門》: "出自北門, 憂心殷殷(북문으로 나가려니 걱정스러운 마음 한이 없도다)."《詩經·賓之初筵》: "旣醉而出, 並受其福(이미 취해 나가면, 함께 그 복을 받을 것이니)." 箋: "出, 猶去也('出'은 '去(떠나다)'와 같다)."《論語·雍也》: "誰能出不由戶?(누군들 밖으로 나아갈 때 방문으로 나가지 않겠는가?)"《呂氏春秋·知分》: "夏后啓辭而出(하후계는 작별을 하고 물러갔다)." 注: "出, 去也(여기서 '出'은 '떠나다'이다)."《莊子·養生主》: "秦失吊之, 三號而出(秦失이 조문 가서 세 번 곡하고는 나왔다)."《韓非子·十過》: "臣請試潛行而出, 見韓, 魏之君(臣이 몰래 조용히 나가서 韓, 魏의 임금을 만나보겠습니다)."

入(입: 들다) ***nu̲p** , 人執切,《廣韻》: "內也, 納也('들다'이다)."《說文》: "入, 內也('入'은 '들다'이다)."《詩經·七月》: "十月蟋蟀入我床下(시월에는 그 귀뚜라미 내 침상 아래로 들어오네)."《左傳·隱公元年》: "京叛大叔段, 段入於鄢(京城 사람들이 太叔段을 배반했고, 단이 도망해 鄢으로 들어갔다)."《莊子·德充符》: "勇士一人, 雄入於九軍(용사 한 사람이, 적의 대군 속으로 용감하게 쳐들어갔다)."《論語·八佾》: "子入大廟, 每事問(공자께서 大廟에 들어가 제사를 도우실 때는 모든 일을 물으셨다)."

至(지: 이르다) ***tits**, 脂利切, 《廣韻》: "到也('이르다'이다)." 《詩經·馳》: "驅馬悠悠, 言至于漕(내 말은 유유히 달려, 언제 조읍에 이르려나)." 《左傳·隱公元年》: "天子七月而葬, 同軌畢至(천자는 7개월 만에 장사 지내는데, 同軌가 모두 왔다)[155]." 《論語·學而》: "夫子至於是邦也, 必聞其政(夫子께서 이 나라에 오실 때, 분명 이 나라 政事에 대해 들으셨을 것이다)." 《莊子·齊物論》: "是今日適越而昔至也(이는 바로 오늘 월에 갔는데 어제 도착하는 것이다)." 《韓非子·十過》: "昔者衛靈公將之晉, 至濮水之上(예전에 衛나라 靈公이 晉나라에 가려고 할 때, 濮水 가에 이르렀다)."

往(왕: 가다) ***Gaŋ**[B], 于兩切, 《廣韻》: "之也, 去也('가다, 향하다'이다)." 《說文》: "往, 之也('往'은 '가다'이다)." 《詩經·終風》: "莫往莫來, 悠悠我思(가지도 않고 오지도 않으니, 내 생각만 아득해지도다)." 《詩經·采薇》: "昔我往矣, 楊柳依依(옛날 내가 출정갈 때는 버드나무 무성했는데)." 《左傳·隱公元年》: "豫(公子豫)請往, 公弗許(공자예가 군대를 거느리고 가기를 청했으나, 은공이 허락하지 않았다)." 《論語·陽貨》: "孔子時其亡也, 而往拜之, 遇諸塗(孔子께서 그가 없는 때를 틈타, 가서 인사를 하고 길에서 그를 만났다)."

去(거: 떠나다) ***khas**, 丘倨切, 《廣韻》: "離也('떠나다'이다)." 《說文》: "去, 人相違也('去'는 사람이 어디를 떠나는 것이다)." 《詩經·生民》: "鳥乃去矣, 后稷呱矣(새가 날아가니, 후직이 울어댄다)." 《詩經·碩鼠》: "逝將去女, 適彼樂園(너를 떠나 멀리 가리라, 저 낙원으로 가리라)." 《左傳·宣公十五年》: "楚師將去宋(초나라 군대가 장차 宋나라의 포위를 풀고 떠나려 했다)." 《莊子·德充符》: "丈夫與之處者, 思而不能去也(남자들 가운데 그와 함께 지내본 사람은, 그를 그리워하여 떠나지 못한다)." 又《莊子·在宥》: "故余將去女, 入無窮之門, 以遊無極之野(그로 인해 나도 이제 곧 당신을 떠나, 끝없는 문으로 들어가서, 끝없는 들판에서 노닐고자 한다)." 《韓非子·初見秦》: "引軍而去(군대를 이끌고 가다)."

赴(부: 달려가다, 나아가다, 이르다) ***phoks**, 芳遇切, 《廣韻》: "奔赴('달려가다')." 《說文》:

155 [역주] '오랑캐'에 상대적인 표현으로, 중원 내의 모든 나라를 지칭하여 '同軌'라 한다.

"赴, 趨也('赴'는 '달리다'이다)."《爾雅》: "赴, 至也('赴'는 '이르다'이다)."《左傳·僖公二十五年》: "掖以赴外, 殺之(두 사람이 겨드랑이에 그를 끼고 성 밖으로 나와 죽였다)."《荀子·議兵》: "若赴水火, 入焉焦沒耳(마치 물이나 불 속에 뛰어드는 것과 같으니, 들어가면 곧 타죽거나 빠져 죽을 것이다)."《韓非子·內儲說上》: "燔台而鼓之, 使民赴火者, 賞在火也, 臨江而鼓之, 使人赴水者, 賞在水也(누대에 불을 놓고 북을 쳐서, 사람들을 불속으로 달려가게 했는데 이는 상이 불속에 있기 때문이다. 강을 임해서 북을 쳐, 사람들을 물속으로 달려가게 했는데 이는 상이 물속에 있기 때문이다)."《莊子·刻意》: "枯槁赴淵者之所好也(깡마른 모습으로 연못에 몸을 던지는 자들이 좋아하는 태도이다)."《莊子·秋水》: "赴水則接腋持頤(물에 들어가면 두 겨드랑이를 물에 붙이고 턱을 지탱한다)."

徙(사: 옮기다) ***sri̲**^{B} , 斯氏切, 《廣韻》: "移也('옮기다'이다)."《說文》: "徙, 移也('徙'는 '옮기다'이다)."《周禮·地官·司徒》: "徙於國中及郊, 則從而授之. 若徙於他, 則爲之旌節而行之(나라 안의 郊로 이사하면 사람을 따라가 확인하여 인계한다. 다른 곳으로 이사하면 정절을 만들어 주어 행동하게 한다)."《左傳·文公十六年》: "楚人謀徙於阪高(楚나라는 阪高로 천도할 것을 계획하였다)."《孟子·離婁下》: "無罪而戮民, 則士可以徙(죄가 없는데도 백성을 죽이면 사가 옮겨갈 수 있다)."《莊子·逍遙遊》: "海運則將徙於南冥((이 새는) 바다가 움직이면 장차 남쪽 끝의 검푸른 바다로 옮겨 갈 것이다)."《韓非子·說林上》: "澤涸, 蛇將徙(연못에 물이 말라서, 뱀들이 다른 곳으로 옮겨가려 하다)."

卽(즉: 나아가다) ***ti̲t** , 子力切, 《廣韻》: "就也('나아가다'이다)."《說文》: "卽, 卽食也('卽'은 음식을 마주하여 곧 먹으려 하는 것이다)."《詩經·氓》: "來卽我謀(와서 나에게 수작을 하네)." 箋: "卽, 就也('卽'은 '나아가다'이다)."《詩經·東門之墠》: "豈不爾思, 子不我卽(어찌 그대 생각하지 않으리오. 그대는 나에게 오질 않네요)." 傳: "卽, 就也('卽'은 '나아가다'이다)."《詩經·生民》: "卽有邰家室(邰땅에 나아가 종족을 이루었네)."《左傳·僖公二十六年》: "宋以其善於晉侯也, 叛楚卽晉(宋나라는 자기들이 晉侯를 잘 해줬다고 생각해, 楚나라를 배반하고 晉나라에 붙었다)."《論語·子張》: "望之儼然, 卽之也溫, 聽其言也厲(멀리서 바라보면 위엄이 있고, 다가가서 보면 온화하고, 그 말을 들어보면 엄격하다)."

就(취: 나아가다) ***duks** , 疾僦切, 《廣韻》: "卽也('나아가다'이다)." 《說文》: "就, 就高也('높은 곳으로 가서 살다'이다)." 《詩經·我行其野》: "昏姻之故, 言就爾居(혼인하였기에, 그대 집에 와서 사네)." 《左傳·定公四年》: "子姑就館, 將圖而告(그대는 우선 객관으로 나아가 있으면, 곧 상의한 후에 알려주겠다)." 《論語·學而》: "敏於事而愼於言, 就有道而正焉(일에는 민첩하고 말에는 신중하며, 道가 있는 이에게 나아가 질정을 받는다)." 《孟子·梁惠王上》: "望之不似人君, 就之而不見所畏焉(멀리서 바라보아도 임금 같지 않고, 가까이 다가가도 두려워할 만한 것이 보이지 않는다)." 《莊子·人間世》: "治國去之, 亂國就之, 醫門多疾(다스려진 나라에서 떠나, 어지러운 나라로 나아가야 한다. 의원의 집에는 병든 자가 많다)."

상고한어 방향동사의 주요모음은 긴장모음을 선택하는 음운특징이 매우 선명하다. 물론 그렇다고 방향동사가 반드시 긴장모음이라는 것은 아니다. 대부분의 방향동사는 목적어를 취하지 않는 內動詞이며, 설사 목적어를 갖더라도 그 목적어는 피동작주목적어나 행위주목적어가 아닌 처소목적어이다. 그런데 상고한어에는 일부 특수한 것이 있다. **일부 방향동사가 서술어로 쓰일 때, 주체가 동작행위의 행위주를 객체에게 전이시킬 수 있다.** 그렇게 하여 방향동사가 목적어를 갖게 된다.

叔孫已死, 豎牛因不發喪也, **徙其府庫重寶**空之而奔齊.(《韓非子·內儲說上》)(叔孫이 죽은 뒤, 豎牛는 발상도 하지 않고, 창고의 귀중한 보물을 옮겨 텅 비우고, 齊나라로 달아났다.)

衛侯欲與楚, 國人不欲, 故**出其君**, 以說於晉.(《左傳·僖公二十八年》)(衛侯가 楚나라와 함께하려 하자 國人이 이를 원치 않았다. 이에 그 임금을 축출하여 晉나라를 기쁘게 하려 했다.)

王資臣萬金而遊, 聽之韓, 魏, **入其社稷之臣**於秦.(《戰國策·秦策四》)(대왕께서는 저에게 1만 금을 주어 한나라, 위나라에서 유세를 펼치게 하여, 그들이 듣게 하시면, 그곳의 社稷之臣이 모두 진나라에 들어오게 할 수 있습니다.)

위의 문장에서 행위주는 주체가 아닌 객체이다. 예컨대, '出其君'의 '其君'이 그러하다. 그런데 이렇게 객체가 행위주가 되는 것은 바로 주체가 전이시킨 결과이다. 이는 다만 방향동사의 특수 용법이다. 방향동사는 기점은 있으나 대부분 종점이 없다. 종점이 있다면, 그 종점도 역시 처소이다. 방향동사는 피동작주목적어(受力體)가 없는 동사이다. 즉, 방향동사는 피동작주가 없어도 충분(自足)하다. 따라서 방향동사가 서술어로 쓰일 때 목적어를 갖지 않는 것은 일반적인 상황이다.

二

형용사와 마찬가지로, 화자가 진술대상을 객체에게 전이시킬 때는 음운형식을 바꿀 필요가 없다. 그러나 음운형식을 바꿈으로써, 방향동사는 內動詞에서 外動詞가 될 수 있다. 예컨대, '出'의 경우, /r/ 접요사를 삽입하여 外動詞 '黜'로 변할 수 있다. 예컨대, "乃黜之而以公衍爲太子."(《左傳·昭公二十九年》)(이에 公爲를 폐출하고 公衍을 태자로 삼았다). 이 점에 대해서는 이미 앞에서 논의했기에 여기서는 생략한다. 이렇게 /r/ 접요사를 삽입하는 것 외에, **상고한어의 방향동사는 모음 緊松교체를 통해 피동작주목적어를 갖는 새로운 동사를 파생시킬 수 있다.**

入(입: 들다) *n<u>u</u>p, 人執切, 《廣韻》: "內也, 納也('들다'이다)." 《左傳·隱公二年》: "莒人入向(莒人이 向으로 들어가)." 《莊子·大宗師》: "登高不慄, 入水不濡, 入火不熱(높은 데 올라가도 두려워하지 않고, 물속에 들어가도 젖지 아니하며, 불속에 들어가도 뜨겁지 않다)." **納(납: 들이다)** *nup, 奴答切, 《廣韻》: "內也('들이다'이다)." 《左傳·襄公二十七年》: "子鮮曰: 逐我者出, 納我者死(우리를 쫓아낸 자는 도망가 버렸고, 우리를 받아들인 자는 죽었다)." 《釋文》: "納, 本作內, 音納(여기서 '納'은 본래 '內'로 쓰고 음은 '納'이다)." 《左傳·隱公四年》: "公子馮出奔鄭, 鄭人欲納之(公子馮이 鄭나라로 도망가니, 鄭人이 그를 들이려 했다)." 《左傳·僖公十年》: "臣出晉君, 君納重耳(臣이 晉나라 임금을 쫓아낼 테니, 君께서 重耳를 晉으로 들여보내십시오)."

'入'은 《左傳》에서 484회 출현한다. 그리고 목적어를 취할 경우, 그 목적어는 분명 처소 즉, 노정의 종점이다. '納'은 《左傳》에서 총 148회 출현하는데, 모두가 급물동사이다. 그 목적어는 분명 '들일 수 있는' 사람이나 사물이다. 모음 緊松교체를 통해, '入'은 불급물동사에서 급물동사로 변화하였다. 王力(1965)은 '納'이 '入'의 使動形式이라고 보았다. 예컨대, 다음과 같다.

"公爲之請, **納玉**於王與晉侯."(《左傳·僖公三十年》)(魯나라 僖公이 衛侯의 석방을 청하며, 왕과 진후에게 모두 옥을 바쳤다)
"公子遂如齊, **納幣**."(《左傳·文公二年》)(公子遂가 齊나라에 가서, 納幣하였다(폐백을 드렸다))
"秦伯**納女**五人, 懷嬴與焉."(《左傳·僖公二十三年》)(秦伯이 重耳에게 여자 다섯을 보내 주었는데 懷嬴도 그 안에 있었다)
"因魏莊子**納虎豹之皮**以請和諸戎."(《左傳·襄公四年》)(魏莊子를 통해 晉侯에게 호랑이와 표범 가죽을 바쳤고, 이로써 諸戎과 화친하기를 청했다).

이러한 '納'의 의미는 모두 '바치다(獻出)'이다. 또, "納女於天子, 曰備百姓."(《禮記·由禮下》)(천자에게 여자를 바칠 때에는 여러 媵妾에 대비한다고 말한다)라 하고, 鄭玄注에 이르길, "納女猶致女也('納女'는 '致女'와 같다)."라고 한다. 이것은 곧 '致'가 '獻出'의미를 나타내는 것과 완전히 같다. 분명히, 우리는 자동/사동의 개념으로 '入'과 '納女'의 '納'을 해석할 수는 없다. 마찬가지로, '入', '納'의 관계로 자동/사동의 관계를 해석할 수 없음을 알 수 있다. '入'과 '納'의 관계는 거의 '至', '致'의 관계와 같다. 동사 '入'의 목적어는 확실히 처소이나 동사 '納'의 목적어는 분명 사람이나 사물이다. 일단 '入'의 목적어가 사람이나 사물일 경우, 사실상 그 음운형식은 '納'이 된다. 동사 '納'이 갖는 직접목적어는 분명 '들일 수 있는 물건'인데, 그 직접목적어는 문장의 주어로 전환시켜 피동문이 될 수 있다. 그런데 동사 '入'의 간접목적어는 문장의 주어로 돌려 피동문을 구성할 수 없다. 이로 보건대, **방향동사로부터 모음 緊松교체를 통해 파생된 '納'은 '피동작주동사(受事動詞)'가 됨을 알 수 있다.**

集(집: 모이다, 모으다) ***dup** , 秦入切, 《廣韻》: "聚也, 會也('모이다, 모으다'이다)." 《詩經·葛草》: "黃鳥于飛, 集于灌木, 其鳴喈喈(노란 꾀꼬리 날아서 떨기나무에 모여드니, 그 소리 즐

거워라)."《詩經·鴻雁》: "鴻雁于飛, 集于中澤(큰 기러기 날아가 못 가운데 모여든다)."《國語·晉語二》: "人皆集于苑, 己獨集于枯(사람들은 울창한 숲에 모여드는데, 자기는 혼자서 마른 가지에 앉아있다)."《禮記·月令》: "四方來集, 遠鄉皆至(사방의 사람들이 이곳으로 몰려드는데, 멀리 시골에서도 모두 오고 있다)."《孟子·公孫丑上》: "是集義所生者, 非義襲而取之也(이 호연지기는 의를 축적하여 생겨나는 것이며, 우연히 의에 부합하여 취할 수 있는 것이 아니다)." 注: "集, 雜也('集'는 '모이다'이다)." **雜(잡: 섞다, 모으다)** ***dup** , 徂合切,《廣韻》: "集也('모이다'이다)."《說文》: "雜, 五采相合也('雜'은 '각종 채색이 서로 배합되는 것'이다)."《周禮·冬官·考工記》: "畫繢之事, 雜五色(그림 그리는 일은 다섯 가지의 색깔을 섞는 것이다)."《莊子·列御寇》: "醉之以酒而觀其側, 雜之以處而觀其色(술로 취하게 해서 그의 법도를 살펴보고, 남녀가 한곳에 모이게 하여 好色하는지 살펴본다)."《國語·鄭語》: "先王以土與金木水火雜, 以成百物(先王은 흙을 金, 木, 水, 火와 섞어서, 각종 사물을 이루어 냈다)."《韓非子·解老》: "疾嬰內則痛, 禍薄外則苦, 苦痛雜於腸胃之間(질병이 마음속을 어지럽히면 아프고, 재앙이 밖에서 닥쳐오면 괴로우며, 괴로움과 아픔이 안팎으로 마구 모여든다)."

동사 '集'과 '雜'의 관계는 '入', '納'의 관계와 평행하다. '集'은 불급물동사여서 대개 목적어를 갖지 않는다. 반면, '雜'은 급물동사이므로 피동작주목적어가 필요하다. 이 외에, '雜'은 명사 수식에 자주 사용되고, 심지어 부사가 되어 부사어로 쓰이기도 한다. 예컨대, 다음과 같다. "樊棘雜處, 民不得入焉."(《管子·乘馬》)(가시나무와 잡목이 뒤덮여 사람이 들어갈 수 없다), "以衰裳入朝, 與家僕雜居齊齒, 非禮也."(《禮記·禮運》)(최마복의 차림으로 조정에 들어가고, 가복과 잡거하여 자리를 나란히 하면 이는 예가 아니다). '集'은 단지 동사로만 사용되어서 대개 명사를 수식하지 않으며, 문장의 부사어로는 더더욱 사용되지 않는다. 명사를 수식하거나 부사어로 사용되는 것은 동사 완결형(既行體)의 주요기능이다. **피동작주동사(受事動詞)는 동사 완결형과 같은 형식이다.** 이것이 바로 피동작주동사와 행위주동사(施事動詞)의 중요한 차이 가운데 하나이다.

遵(준: 좇다, 순종하다) ***tun** , 將倫切,《廣韻》: "循也('따르다'이다)."《說文》: "遵, 循也('遵'은 '따르다'이다)."《詩經·遵大路》: "遵大路兮, 摻執子之手兮(큰길을 따라나서며, 그대의 손을

잡노라)." 《詩經·七月》: "女執懿筐, 遵彼微行(아가씨들이 대광주리 가지고, 저 좁은 길 따라 가네)." 《禮記·中庸》: "君子遵道而行, 半塗而廢, 吾弗能已矣(군자가 도를 따라 행하다가 중도에 그만두는데, 나는 그만둘 수가 없다)." 《孟子·離婁上》: "遵先王之法而過者, 未之有也(선왕의 법을 따르고서도 잘못이 있는 경우는 있지 않다)." 《管子·任法》: "故遵主令而行之, 雖有傷敗無罰(그러므로 군주의 명령을 따라 행하면, 비록 다치거나 실패해도 벌하지 않는다)." **尊(존: 높이다)** ***tun** , 祖昆切, 《廣韻》: "尊卑, 又重也, 高也, 貴也, 敬也('존비의 개념'으로, 또 '중하다, 높다, 귀하다, 존경하다'이다)." 《論語·堯曰》: "尊五美, 屏四惡, 斯可以從政矣(다섯 가지 아름다운 것을 존숭하고, 네 가지 나쁜 것을 물리치면, 정치에 종사할 수 있을 것이다)." 《左傳·昭公元年》: "聽其政, 尊其貴, 事其長, 養其親(임금의 政令을 따르고, 귀한 이를 존경하고, 연장자를 섬기고, 친족을 봉양하다)." 《孟子·萬章上》: "孝子之至, 莫大乎尊親(효자의 일 중에 지극한 것은 어버이를 존숭하는 것보다 더한 것이 없다)."

滋(자: 번성하다, 붇다, 자라다) ***te̠** , 子之切, 《廣韻》: "蒔也, 多也, 蕃也('심다, 많아지다, 번성하다'이다)." 《左傳·隱公元年》: "無使滋蔓(그 세력이 뻗어나지 못하게 하다)." 《左傳·昭公二十年》: "無乃求去憂而滋長乎?(걱정거리를 없애려다가 도리어 이를 키우게 되지 않겠는가?)" 《禮記·月令》: "五穀不滋, 四鄙入保(오곡이 불어나지 않아, 사방의 벽지 사람들이 성안으로 들어오게 된다)." 《莊子·則陽》: "深其耕而熟耰之, 其禾蘩以滋(밭을 깊이 갈고, 씨를 잘 덮어주었더니, 그 벼가 더 번성해져서 이삭이 많아졌다)." 《呂氏春秋·明理》: "草木庳小不滋, 五穀萎敗不成(초목은 왜소해져 자라지 못하고, 오곡은 시들어 여물지 못한다)." **孳(자: 증가하다, 붇다)** ***te̠** , 子之切, 《廣韻》: "孳息('증가하다')." 《潛夫論·勸將》: "德稍弊薄, 邪心孳生(사람의 덕에 대한 관념이 옅어지고 선악 분별 능력이 약화되면, 사악한 마음이 자라나게 된다)." **栽(재: 심다)** ***te** , 祖才切, 《廣韻》: "種也('심다'이다)." 《說文》: "草木之殖曰栽('초목을 심는 것'을 '栽'라 한다)." 《禮記·中庸》: "栽者培之, 傾者覆之(잘 심어진 것은 흙을 북돋아 주고, 기울어진 것은 엎어버린다)." 注: "栽讀如'文王初載'之載. 栽猶殖也. 今時人名草木之植曰栽(여기서 '栽'는 '文王初載'의 載로 읽는다. '栽'는 '殖(심다)'와 같다. 지금 사람들은 초목을 심는 것을 '栽'라 한다)."

顫(전: 떨리다) ***ta̲ns**, 之膳切, 《廣韻》: "四支寒動(사지가 추워 떨리다)." 《淮南子·說山訓》: "故寒顫, 懼者亦顫, 此同名而異實(그러므로 추워도 떨고 두려워도 떠는데, 이는 이름이 같으면서도 실체가 다른 것이다)." 《呂氏春秋·愼大》: "桀爲無道, 暴戾頑貪, 天下顫恐而患之(걸이 무도하여, 포학한데다 비뚤어지고 완고하고 탐욕스러우니, 천하가 두려워 떨고 그를 근심하였다)." **戰(전: 떨다, 두려워하다)** ***ta̲ns**, 之膳切, 《廣韻》: "懼也, 恐也('두려워하다, 무서워하다'이다)." 《詩經·小旻》: "戰戰兢兢, 如臨深淵, 如履薄冰(두려워하고 조심하기를, 마치 깊은 연못에 임한 듯하고, 얇은 얼음을 밟는 듯하다)." 날씨가 추워 떨 수 있고, 두려워서 떨 수도 있어서 '두려워하다(恐懼)'의미가 나왔다. 《論語·八佾》: "周人以栗, 曰使民戰栗(周나라 사람은 밤나무를 사용하였는데, 이는 백성으로 하여금 두려워 떨게 하기 위한 것이다)." 《韓非子·初見秦》: "戰戰栗栗, 日愼一日(경계하고 두려워하여 날마다 더욱 삼가야 된다)." **憚(탄: 꺼리다)** ***dans**, 徒案切, 《廣韻》: "難也, 又忌惡也('어려워하다', 또 '꺼리다'이다)." 《說文》: "憚, 忌難也('憚'은 '꺼리고 어려워하다'이다)." 段玉裁注: "凡畏難曰憚(무릇 '꺼리고 어려워하는 것'을 '憚'이라 한다)." 《詩經·綿蠻》: "豈敢憚行, 畏不能趨(어찌 가는 것을 꺼리리오, 따라가지 못할까 두려울 뿐이네)." 箋: "憚, 難也('憚'은 '어려워하다'이다)." 《詩經·雲漢》: "我心憚暑, 憂心如熏(내 마음 더위에 지쳐 있는데, 근심으로 타는 듯하도다)." 箋: "憚猶畏也('憚'은 '畏(두려워하다)'이다)." 《周禮·冬官·工記》: "雖有疾風, 亦弗之能憚矣(비록 빠른 바람이 있더라도 또한 거리낌이 없다)." 注: "故書憚或作但. 鄭司農云: 讀當爲'憚之以威'之憚, 謂風不能驚憚, 箭也(고서에 '憚'을 혹은 '但'으로도 쓴다. 鄭司農은 '마땅히 憚之以威(위엄으로 떨게 하다)의 憚처럼 읽어야 한다. 이는 바람도 놀라거나 거리끼지 않는 것을 말하는데 바로 화살이 그러함을 말하는 것이다'라고 한다)." 《釋文》: "憚, 音怛, 都達反, 李直旦反('憚'의 음은 '怛'이고, '都達反'이다. 李씨의 음은 '直旦反'이다)." 《論語·學而》: "無友不如己者, 過則勿憚改(나만 못한 자와 벗하지 말고, 잘못이 있으면 고치기를 꺼리지 말아야 한다)."

敷(부: 펴지다, 펴다) ***pha̲**, 芳無切, 《廣韻》: "散也('펴지다'이다)." 《詩經·小旻》: "旻天疾威, 敷于下土(높은 하늘이 포악하고 위엄 있으니, 이를 온 세상에 펼치네)." 《呂氏春秋·不苟》: "公孫枝出, 自敷於百里氏.…… 公孫枝徙, 自敷于街(公孫枝가 물러 나와 백리해에게 스스로 토로했고……公孫枝가 옮겨서 길가에서 실정을 토로했다)." 《內徑·素問》: "寒敷於上, 雷動於下

(차가운 기운이 드세서 위에 퍼지고, (少陰의 火氣가 五氣를 만나 내리는 것이) 마치 우레가 아래로 치는 것 같다)." **鋪(포: 펴다)** ***pha** , 普胡切, 《廣韻》: "鋪設也, 陳也, 布('펴다, 펼치다'이다)." 《禮記·樂記》: "鋪筵席, 陳尊俎, 列籩豆(연석을 펴고, 준과 조를 진열하고, 변두를 늘어놓고)." 《禮記·雜記上》: "商祝鋪席, 乃斂(商祝은 자리를 깔고 이에 염한다)." 《左傳·宣公十二年》: "鋪時繹思, 我徂維求定(文王의 德을 잘 펴고자 하니, 내 가서 紂를 정벌하여 백성을 안정시킬 것이다)." 注: "鋪, 布也(여기서 '鋪'는 '펼치다, 시행하다'이다)." **布(포: 펼치다)** ***pas** , 博故切, 《廣韻》: "又陳也(또 '펼치다'이다)." 《禮記·曲禮上》: "若非飮食之客, 則布席(만약 음식을 대접할 정도의 손님이 아니라면 자리를 펼 때 (그 간격을 한 길 정도 한다))." 《左傳·文公十八年》: "使布五教於四方(사방에 다섯 가지 가르침을 펴게 하다)." 《左傳·成公二年》: "吾子布大命於諸侯(그대가 제후에게 큰 명령을 발표하다)." 《韓非子·有度》: "兵四布於天下(병력이 천하에 사방으로 펼쳐져)."

夷(이: 평평하다, 없애다) ***zi̱r** , 以脂切, 《廣韻》: "滅也, 易也. 《說文》平也('없애다, 보통이다'이다. 〈설문〉에 '평평하다'이다)." 《道德經》: "大道甚夷, 而民好徑(큰길은 매우 평탄한데, 백성들은 샛길을 좋아한다)." 《莊子·胠篋》: "夫川竭而谷虛, 丘夷而淵實(무릇 냇물이 마르면 골짜기가 비게 되고, 언덕이 허물어지면 연못이 메워진다)." 진술 대상을 객체에게 전이시킬 수 있다. 《左傳·成公十六年》: "塞井夷竈(우물을 메우고 부뚜막을 허물어 평지로 만들다)." 《左傳·隱公六年》: "見惡如農夫之務去草焉, 芟夷蘊崇之, 絕其本根, 勿使能殖(위정자가 악을 보기를 마치 농부가 힘써 잡초를 제거하듯이 하는데, 잡초를 베어서 한곳에 모아 놓고, 남은 뿌리를 잘라서 다시 번식하지 못하게 한다)." 注: 芟, 刈也; 夷, 殺也('芟'는 '베다'이다. '夷'는 '죽이다'이다)." 《周禮·秋官·司寇》: "薙氏掌殺草. 夏日至而夷之, 秋繩[156]而芟之(薙氏는 잡초 제거 일을 관장한다. 하지에 이르러 깎아주고, 가을에 열매가 맺기 시작하면 풀을 베어버린다)." **薙(치: 깎다)** ***sirs** , 他計切, 《廣韻》: "除草('제초하다')." 《說文》: "薙, 除草也('薙'는 '제초하다'이다)." 《禮記·月令》: "燒薙行水, 利以殺草, 如以熱湯(풀을 베어서 말려 태우고 난 뒤, 빗물에 적시면, 이 풀을 썩히는데 이롭다. 그 풀은 마치 뜨거운 물을 붓는 것 같다)." 《釋文》:

156 [역주] '繩'은 '처음 열매를 맺는 것'을 말한다.

"薙, 他計反(여기서 '薙'는 '他計反'이다)."《周禮·秋官·司寇》: "薙氏, 下士二人, 徒二十人('薙氏'에는 下士 2인, 徒 20인이다)." 注: "書薙或作夷. 鄭司農云: 掌殺草. 故《春秋傳》曰: 如農夫之務去草, 芟夷蘊崇之. 薙讀如鬀小兒頭之鬀. 書或作夷, 此皆剪草也('薙'를 혹 '夷'로도 쓴다. 鄭司農은 '제초를 관장함'이라 말했다. 그러므로 〈춘추전〉에 '농부가 힘써 잡초를 제거하듯이 하는데, 잡초를 베어 내어 한곳에 모아 쌓다'라고 한다. '薙'는 '鬀小兒頭'의 '鬀'처럼 읽는다. 혹은 '夷'로 되어있다. 이는 모두 '풀을 베다'이다)."《釋文》: "薙, 或作雉, 同他計反, 徐庭計反(여기서 '薙'는 혹 '雉'로도 쓰고, '他計反'이다. 徐씨의 음은 '庭計反'이다)."

倚(의: 기대다) ***ʔa̱r**^{B} , 于綺切,《廣韻》: "依倚也('기대다'이다)."《說文》: "倚, 依也('倚'는 '기대다'이다)."《論語·衛靈公》: "則見其倚於衡也((수레에 있을 때에는) 그것이 멍에에 의지해 있음을 보아야 한다)."《禮記·檀弓下》: "及其喪也, 曾點倚其門而歌(그의 상을 당했을 때, 증점은 그 문에 기대어 노래 불렀다)."《莊子·德充符》: "倚樹而吟, 據槁梧而瞑(나무에 기대 신음소리나 내고 있고, 마른 오동나무로 만든 안석에 기대 졸기나 하고 있다)."《道德經》: "禍兮福之所倚, 福兮禍之所伏(재앙이여! 복이 거기에 기대어 있도다. 복이여! 재앙이 거기에 숨어있도다)." **阿(아: 아첨하다, 기대다, 의지하다)** ***ʔar** , 烏何切,《廣韻》: "曲也, 近也, 倚也('굽히다, 가깝다, 의지하다'이다)."《荀子·君道》: "內不可以阿子弟, 外不可以隱遠人(안으로는 가까운 자제라도 편들지 말고, 밖으로는 소원한 사람이라도 숨기지 않는다)."《韓非子·有度》: "法不阿貴, 繩不撓曲(법은 존귀한 사람에게 아첨하지 않고, 먹줄은 휘어진 나무를 굽혀서 재지 못한다)."《韓非子·三守》: "險言禍福得失之形, 以阿主之好惡(禍福과 得失의 형세에 대해 험한 말로 표현하여, 이로써 임금의 好惡에 아첨한다)."《呂氏春秋·貴公》: "甘露時雨, 不私一物; 萬民之主, 不阿一人(감로가 내리거나 때에 맞춰 오는 비는 어떤 사물 하나만 편애하지 않는다. 만백성의 주인은 한 사람만 편애하지 않는다)."

涉(섭: 건너다, 걷다) ***de̱p** , 時攝切,《廣韻》: "歷也, 徒行渡水也('겪다'이다. '걸어서 물을 건너다'이다)."《說文》: "涉, 徒行厲水也('涉'은 '걸어서 물을 건너는 것'이다)."《詩經·匏有苦葉》: "招招舟子, 人涉卬否(사공이 오라고 손짓하여, 남들은 건너지만 나는 안 하네)."《左傳·宣公十七年》: "所不此報, 無能涉河(만약 이 치욕을 갚지 못하면, 다시 황하를 건너오지 않을 것이

다).”《左傳·僖公四年》: “不虞君之涉吾地也(임금께서 우리의 땅에 건너오실 거라 생각지 못했다).”《呂氏春秋·節喪》: “蹈白刃, 涉血抽肝以求之(서슬 퍼런 칼을 밟고, 적의 피를 건너고, 적의 간을 꺼내서라도 그것을 구할 것이다).”《呂氏春秋·期賢》: “扶傷輿死, 履腸涉血(부상자를 부축하고, 죽은 이를 들것으로 나르며, 창자를 짓밟고, 피를 건너며).” ‘涉血(피바다를 건너다)’는 곧 ‘蹀血’이다. **蹀(접: 밟다)** ***dep** (‘蹀’은 後起形聲字임), 徒協切, 《廣韻》: “蹀蹀(‘밟고 건너다’).”《廣雅》: “蹀, 履也(‘蹀’은 ‘밟다’이다).”《呂氏春秋·順說》: “康王蹀足謦欬(강왕은 발을 구르며 헛기침을 했다).”《淮南子·俶眞訓》: “足蹀陽阿之舞(다리로는 양아의 춤을 추고).” ‘蹀血’은 또 ‘喋血’으로도 쓴다. 《史記·魏豹彭越列傳》: “喋血乘勝日有聞矣(이들은 피를 밟고 승세를 타, 날로 명성이 높아졌다).” 索隱: “喋音擛, 喋猶踐也(여기서 ‘喋’의 음은 ‘擛’이다. ‘喋’은 ‘踐’과 같다).”《史記·淮陰侯列傳》: “新喋血閼與(閼與를 피로 물들였다고 한다).” 韋昭: “喋音徒協反(여기서 ‘喋’의 음은 ‘徒協反’이다).”《漢書·文帝紀》: “新喋血京師(임금이 사는 도성을 피로 물들였다).” 注: “服虔曰: 喋音蹀屣履之蹀. 師古曰: 喋音大頰反, 本字當作蹀, 蹀謂履涉之耳(服虔이 말하길, ‘喋의 음은 蹀屣履의 蹀이다’. 師古가 말하길, ‘喋의 음은 大頰反이고, 본래 글자는 蹀으로 썼다. 蹀은 밟고 건너는 것을 의미한다’).”《漢書·王莽傳下》: “今屠此城, 喋血而進(지금이 성안을 다 도륙하고 피를 건너 전진합시다).”

烝(증: 김이 오르다, 올리다) ***t̠eŋ** , 煮仍切, 《廣韻》: “《說文》曰: 火氣上行也(〈설문〉에 이르길, ‘불의 기운이 위로 오르는 것이다’).”《墨子·節用中》: “逮夏, 下潤濕, 上熏烝(여름이 되면, 아래는 습기가 차고, 위로는 열기가 오른다).”《漢書·賈誼傳》: “雲烝雨降, 糾錯相紛(구름이 올라가자 비가 내리고 복잡하게 서로 얽혀 있는데).” 글자는 나중에 ‘蒸’으로 썼고 발음은 같다. 《淮南子·原道訓》: “風興雲蒸, 事無不應(바람이 일고 구름이 오르면, 일이 반응하지 않음이 없다).”《史記·屈原賈生列傳》: “雲蒸雨降兮, 錯繆相紛(구름이 올라가자 비가 내리고 복잡하게 서로 얽혀 있는데).”《國語·周語上》: “陽氣俱蒸, 土膏其動(양기가 모두 위로 오르고, 흙의 윤기가 움직이게 된다).” **登(등: 오르다)** ***teŋ** , 都滕切, 《廣韻》: “升也(‘오르다’이다).”《左傳·莊公十年》: “下視其轍, 登軾而望之(수레에서 내려 수레바퀴 자국을 살펴보고, 다시 수레 앞의 軾에 올라, 齊나라 군이 후퇴하는 모양을 바라봤다).”《左傳·僖公二十八年》: “晉侯登有莘之虛以觀師(晉侯가 有莘의 언덕에 올라, 군대를 사열하였다).”

移(이: 옮다, 뻗다, 옮기다) *za̱r , 弋支切,《廣韻》: "遷也, 徙也('옮다, 옮기다'이다)."《左傳·宣公十二年》: "晉師右移(晉軍은 오른쪽으로 이동하였다)."《國語·齊語》: "相地而衰征, 則民不移(땅을 잘 살펴서 세금을 차등 징수하면, 백성들이 이사 가려 하지 않는다)." 注: "移, 徙也('移'는 '옮기다'이다)."《孟子·梁惠王上》: "河內凶, 則移其民於河東, 移其粟於河內(하내가 흉년이 들면 그곳 백성을 하동으로 옮기고, 곡식을 하내로 옮겨 백성을 구휼해준다)." **拕(타: 끌다)** *sar , 托何切,《廣韻》: "曳也, 俗作拖('끌다'이다. 俗에선 '拖'로 쓴다)."《論語·鄕黨》: "加朝服, 拖紳(朝服으로 몸을 덮고, 큰 띠를 그 위에 걸쳐놓았다)."《淮南子·齊俗訓》: "縱體拖髮, 箕倨反言(제멋대로 한 몸과 풀어헤친 머리에, 다리를 뻗고 앉아 말을 비꼬며 하다)." **拕(타: 잡아끌다, 당기다, 빼앗다)** *zar[B] , 徒可切,《廣韻》: "引也('끌다'이다)."《禮記·少儀》: "僕者右帶劍, 負良綏, 拖諸幦(복자는 오른쪽 허리에 검을 차고, 양수를 등지고, 그 끝을 앞으로 당겨)."《釋文》: "拖, 徒可反, 引也, 又他佐反(여기서 '拖'는 '徒可反'이고, '끌다'이다. 또 '他佐反'이다)."《淮南子·人間訓》: "奪之車馬, 解其橐笥, 拖其衣被(수레와 말을 빼앗기고, 전대와 상자도 풀어주고, 그 옷도 벗어주었다)." 注: "拖, 奪也('拖'는 '빼앗다'이다)."《墨子·非攻上》: "拖其衣裘, 取戈劍者, 其不義又甚入人欄廐取人馬牛(그 옷을 빼앗아 가고, 그의 창이나 검을 훔치는 자들은, 그 불의가 남의 마굿간에 들어가 마소를 훔치는 것보다 심하다)."

論(론: 말하다, 조리가 있다) *ru̱n , 力迍切,《廣韻》: "言有理(말에 조리가 있는 것이다)."《集韻》: "論, 龍春切, 言有理也('論'은 '龍春切'이고 '말에 조리가 있는 것'이다)."《詩經·靈臺》: "於論鼓鍾(아! 질서정연하게 종을 치는구나)." 箋: "論之言倫也('論'이란 곧 '倫(순서)'이다)."《荀子·性惡》: "少言則徑而省, 論而法, 若佚之以繩(말을 적게 하지만 단순하고 직설적이며 간결하고, 조리가 있어 법도에 맞아, 마치 먹줄로 제어하는 것과 같다)." 王先謙集解: "論, 猶倫也('論'이란 곧 '倫(순서)'과 같다)."《荀子·解蔽》: "莫見而不論, 莫論而失位(보이면서 논하지 않는 일이 없으며, 논하면 합당하지 않은 적이 없다)." 王先謙集解: "論, 讀爲倫. 倫者, 理也('論'은 '倫'으로 읽는다. '倫'이란 곧 '理'이다)." **倫(륜: 이치)** *ru̱n , 力迍切,《廣韻》: "理也('이치'이다)."《孟子·公孫丑下》: "內則父子, 外則君臣, 人之大倫也(집안에서는 부자의 도리, 밖에서는 군신의 도리가 사람의 큰 윤리이다)." **論(론: 의론하다, 토론하다)** *run , 盧昆切,《廣韻》: "說也, 議也, 思也('말하다, 의론하다, 헤아리다'이다)."《說文》: "論, 議也('論'은 '의론하다'이

다).”《論語·憲問》: “裨諶草創之, 世叔討論之((辭命을 만들 일이 있으면) 裨諶에게 초야에서 짓게 하고, 世叔이 토론하고 논평하게 한다).”《左傳·襄公三十一年》: “鄭人遊於鄉校, 以論執政(鄭나라 사람들이 향교에서 놀면서, 執政에 대해 의론하였다).”《禮記·王制》: “凡官民材, 必先論之(백성 중 재능 있는 자를 벼슬 주되, 반드시 그의 인품을 논해야 한다).”

就(취: 나아가다, 이루다) ***d̥uks** , 疾僦切,《廣韻》: “成也, 迎也, 即也(‘이루다, 좇다, 나아가다’이다).”《禮記·孔子閑居》: “無體之禮, 日就月將(형체가 없는 예는 날마다 달마다 발전한다).” 注: “就, 成也(‘就’는 ‘이루다’이다).”《韓非子·外儲說右上》: “組已就而效之, 其組異善(組帶(명주실을 꼬아 짠 띠)가 이미 완성되어 비교해보았더니, 새로 만든 組帶가 특히 좋았다).”《呂氏春秋·分職》: “功已就, 不知規矩繩墨(공업이 이미 이루어지고 나면, 그림쇠, 곱자, 먹줄은 알아주지 않는다).” 注: “就, 成也(‘就’는 ‘이루다’이다).”《呂氏春秋·審時》: “稼就而不獲, 必遇天菑(농사일이 완성되었는데도 수확하지 않으면 반드시 하늘의 재앙을 만난다).”《戰國策·齊策四》: “三窟已就, 君姑高枕爲樂矣(이제 세 개의 굴이 완성되었으니, 군께서는 베개를 높이 베고, 즐길 수 있습니다).” **造(조: 만들다)** ***d̥u**^{B} , 昨早切,《廣韻》: “造作(‘만들다’).”《說文》: “造, 就也(‘造’는 ‘완성하다’이다).”《墨子·公輸》: “公輸盤爲楚造雲梯之械(공수반이 초나라를 위해 운제라는 기계를 만들었다).”《莊子·盜跖》: “使爲將軍造大城數百里(그들로 하여금 장군을 위하여 사방 수백 리의 큰 성곽을 만들게 하다).”《禮記·玉藻》: “大夫不得造車馬(대부는 수레를 만들지 못하게 한다).”《韓非子·詭使》: “造言作辭, 以非法措於上(이러저러한 말을 만들어서 불법적인 것을 그 위에 두다).” 王力(1982:311)은 ‘造’와 ‘就’를 同源詞로 보았다.

稅(세: 벗다, 풀다, 멈추다, 휴식하다) ***so̱ts** , 舒芮切,《廣韻》: “舍也(‘벗다, 풀다’이다).”《史記·李斯列傳》: “吾未知所稅駕也(나는 멍에를 벗을 줄 모른다).” 索隱: “稅駕猶解駕, 言休息也(여기서 ‘稅駕’란 곧 ‘解駕’와 같아, ‘휴식하다’를 말한다).”《墨子·三辯》: “此譬之猶馬駕而不稅, 弓張而不弛(이는 비유컨대, 말을 수레에 매놓고 풀어주지 않는 것, 그리고 활을 당기기만 해놓고 놓지 않는 것과 같다).”《呂氏春秋·愼大》: “乃稅馬於華山, 稅牛於桃林(이에 화산에 말 떼를 풀어놓고, 도림에 소떼를 풀어놓아).”《左傳·莊公九年》: “管仲請囚, 鮑叔受之, 及堂阜而稅之(관중은 포로가 되기를 청하자, 포숙이 그를 인수하여 데리고 가다가, 堂阜에 이르러 그를 풀어주었다).” 글자는 ‘說’로 쓴다.《詩經·定之方中》: “星言夙駕, 說于桑田(별보고 새벽에 수레 타고, 뽕밭에 머문다네).”《釋文》: “說, 毛始銳反, 舍也(여기서 ‘說’은 毛씨는 ‘始銳反’이고, ‘놓아주다, 벗다’이다).”《詩經·株林》: “駕我乘馬, 說于株野(나의 네 필의 말에 올라, 주림에 머물리라).”《釋文》: “說音稅, 舍也(여기서 ‘說’은 음이 ‘稅’이고, ‘벗다’이다).”《左傳·宣公十二年》: “鷄鳴而駕, 日中而說(右廣은 새벽닭이 울면 兵車에 말을 매고, 정오가 되면 兵車에서 말을 벗긴다).” 注: “說, 舍也(여기서 ‘說’은 ‘벗기다’이다).”《釋文》: “說, 舒銳反(여기서 ‘說’은 ‘舒銳反’이다).” **挩(탈: 벗다)** ***sot** , 他括切,《廣韻》: “除也, 遺也, 又解脫(‘제거하다, 버리다’이다. 또 ‘벗다’이다).” 본래는 ‘說’로 되어있다.《詩經·瞻卬》: “彼宜有罪, 女覆說之(저 죄있는 사람들, 너는 도리어 놓아주었다).”《釋文》: “說, 一音他活反(여기서 ‘說’은 다른 음이 ‘他活反’이다).”《左傳·僖公十五年》: “車說其輹, 火焚其旗(수레에 밑을 묶는 것이 벗겨지고 불이 깃발을 태우니).”《說文》: “說, 吐活反(‘說’은 ‘吐活反’이다).”《左傳·襄公二十五年》: “不說弁而死於崔氏(爵弁도 벗지 않고 崔杼의 집에서 죽었다).”《釋文》: “說, 他活反(여기서 ‘說’은 ‘他活反’이다).”《左傳·昭公二十七年》: “豈其伐人而說甲執冰以游?(어찌 남을 치던 군대가 갑옷을 벗고서 箭筒을 들고 놀았겠습니까?)”《釋文》: “說, 他活反(여기서 ‘說’은 ‘他活反’이다).”

深(심: 깊다) ***sum** , 式針切,《廣韻》: “遠也(‘깊다’이다).”《詩經·匏有苦葉》: “匏有苦葉, 濟有深涉. 深則厲, 淺則揭(박에는 마른 잎사귀 있고, 나루터에는 깊은 곳 있는데,물이 깊으면 옷을 많이 걷고 건너고, 얕으면 살짝 걷고 건넌다).”《左傳·襄公二十二年》: “深山大澤, 實生龍蛇(깊은 산과 큰 못에서 실로 龍蛇가 태어난다).”《詩經·小旻》: “如臨深淵, 如履薄冰(깊은 못에 임하듯 하고, 얇은 얼음을 밟듯 하다).”《論語·憲問》: “深則厲, 淺則揭(물이 깊으면 옷을 많이 걷고 건너고, 얕으면 살짝 걷고 건넌다).” **探(탐: 뒤져내가지다, 찾다)** ***sum** , 他含切,《廣韻》: “取也(‘취하다’이다).” 探,《說文》: “遠取之也(깊이 넣어 더듬어 취하다).” 段玉裁注: “探之言深也(‘探’은 곧 ‘深’이다).”《論語·季氏》: “見善如不及, 見不善如探湯(善을 보면 미치지 못할 것처럼 열심히 하고, 不善을 보면 끓는 물에 손이 닿을 듯이 바로 피하다).”《莊子·胠篋》: “將爲胠篋探囊發匱之盜而爲守備, 則必攝緘縢, 固扃鐍(작은 상자를 열고 주머니를 뒤지고 궤짝을 뜯는 도둑 때문에, 지키고 방비하기 위해서는, 반드시 끈이나 줄을 당겨 단단히 묶고 빗장과 자물쇠를 튼튼히 채운다).”《韓非子·揚權》: “探其懷, 奪之威(신하들의 속내를 탐지하여 그들의 권위를 빼앗다).”《史記·酈生陸賈列傳》: “此所謂探虎口者也(이는 이른바 호랑이굴을 뒤지는 격이다).”

孵(부: 부화하다, 알을 깨다) *phu̲ , 芳無切, 《廣韻》: “卵化(‘부화하다’).” 글자는 본래 ‘孚’로 썼고 발음이 같다. 孚, 《說文》: “卵孚也. 从爪从子. 一曰信也(‘알이 부화하다’이다. ‘爪’와 ‘子’를 따른다. 한편으로 ‘미쁘다’이다).” 徐鍇: “鳥之孚卵皆如其期, 不失信也(새가 부화하는 것은 모두 그 기간에 맞게 하는데, 이는 믿음을 잃지 않는 것이다).” **孚(부: 기르다) *phu̲s** , 芳遇切, 《集韻》: “育也, 《方言》鷄伏卵而未孚. 孵, 或从卵(‘기르다’이다. 〈방언〉에 ‘닭이 알을 품는데 아직 부화되지 않다’라 한다. ‘孵’는 혹체로 ‘卵’을 따른다).” **抱(포: 안다, 품다) *bu^B** , 薄浩切, 《廣韻》: “持也. 《說文》曰: 引取也(‘가지다’이다. 〈설문〉에는 ‘사물을 끌어 서로 모이게 하다’라 한다).” 《詩經·抑》: “借曰未知, 亦旣抱子(설령 아는 것이 없다 하나 이미 자식을 안고 있다).” 《禮記·曲禮上》: “君子抱孫不抱子(군자는 손자는 안아도 자식은 안지 않는다)” 《莊子·盜跖》: “鮑焦飾行非世, 抱木而死(鮑焦는 고결하게 행동하고 세상을 비난했는데, 나무를 끌어안은 채로 말라 죽었다).” **菢(포: 새가 알을 안다) *bus** , 薄報切, 《廣韻》: “鳥伏卵(‘새가 알을 품다’).” 글자는 본래 ‘抱’로 썼다. 《方言》: “北燕朝鮮洌水之間謂伏鷄曰抱(北燕, 朝鮮洌水 사이에서는 ‘伏鷄’를 ‘抱’라 한다).”

罷(파: 그만두다) *ba̲r , 符羈切, 《廣韻》: “倦也, 亦止也(‘피로하다’이다. 또 ‘그만두다’이다).” 《禮記·少儀》: “師役曰罷(사역에서 돌아오는 것을 ‘罷’라 한다).” 注: “罷之言罷勞也. 《春秋傳》曰: 師還曰疲(‘罷’란 말은 곧 ‘피로하다’이다. 〈춘추전〉에 이르길, ‘사역에서 돌아오는 것을 疲라 한다’).” 《釋文》: “罷音皮(‘罷’의 음은 ‘皮’이다).” 《莊子·刻意》: “其神純粹, 其魂不罷(그 정신이 순수하고 그 혼이 지치지 않는다).” 《釋文》: “罷, 音皮(여기서 ‘罷’의 음은 ‘皮’이다).” 《韓非子·說林上》: “魏攻中山而弗能取, 則魏必罷(魏나라가 中山을 공격하나 빼앗지 못하면, 위나라는 반드시 피폐해질 것이다).” 《管子·兵法》: “數戰則士罷, 數勝則君驕(자주 전투를 하면 병사가 피로해지고, 자주 승리하면 군주가 교만해진다).” 글자는 또 ‘疲’로도 쓴다. **疲(피: 피로하다, 지치다) *ba̲r** , 符羈切, 《廣韻》: “勞也, 乏也(‘피로하다, 지치다’이다).” 《韓非子·初見秦》: “士民疲病於內(士民은 국내에서 생활이 피폐해지다).” 《莊子·天道》: “其鬼不祟, 其魂不

疲(그 鬼는 핑계를 대지 아니하고, 그 魂은 게으르지 않다)." **罷(파: 방면하다, 피로하다)** ***b<u>a</u>r**[B] , 皮彼切, 《廣韻》: "遣有罪('방면하다')." 《說文》: "罷, 遣有罪也('罷'란 '죄있는 이를 방면하다'이다)." 段玉裁注: "引申之, 爲止也, 休也(여기서 발전하여, '그치다, 쉬다'가 되었다)." **罷(파: 파면하다, 내치다, 그만두게 하다)** ***b/r/ar**[B] , 薄蟹切, 《廣韻》: "止也, 休也('그만두게 하다, 내치다'이다)." 《孟子·告子下》: "我將見楚王說而罷之(내 장차 초왕을 만나 설득해서 전쟁을 그만두게 하려 한다)." 《韓非子·說林上》: "樂羊罷中山, 文侯賞其功而疑其心(악양이 中山國에서 돌아오자, 魏文侯가 그의 공에 상을 주면서도 그의 마음을 의심하였다)." 《禮記·月令》: "可以罷官之無事(관리의 일을 할 게 없는 자는 그만두게 한다)." 《莊子·盜跖》: "罷兵休卒, 收養昆弟(전쟁을 그만두고 병사들을 쉬게 하고, 장군의 형제들을 거두어 기른다)." 《呂氏春秋·權勳》: "於是罷師去之, 斬司馬子反以爲戮(이에 마침내 군사를 거두고 돌아갔다. 사마자반은 참수되어 죽었다)."

糜(미: 문드러지다) ***m<u>a</u>r** , 靡爲切, 《廣韻》: "糜粥('죽')." 《禮記·月令》: "行糜粥飲食(미죽을 마시고 먹게 한다)." 《釋名》: "糜, 煮米使糜爛也('糜'는 쌀을 끓여서 문드러지게 한 것이다)." 《孟子·盡心下》: "糜爛其民而戰之((양나라 혜왕은) 자신의 백성이 피와 살이 터져 문드러지도록 싸우게 하였다)." 번화하여 '縻'로 쓰기도 한다. 《廣韻》: "縻, 縻爛('縻'는 '문드러지다'이다)." 또 '靡'로도 쓴다. 《禮記·少儀》: "國家靡敝(국가의 재정이 궁핍하고 백성이 피폐해지다)." 《釋文》: "靡, 亡皮反(여기서 '靡'는 '亡皮反'이다)." 《莊子·胠箧》: "比干剖, 萇弘胣, 子胥靡(比干은 가슴을 찢겨 죽음을 당했으며, 萇弘은 창자가 끊겨 죽음을 당했으며, 伍子胥는 시신이 물속에서 썩어 문드러졌다)." 《釋文》: "靡, 密池反, 司馬如字, 云糜也, 崔云爛之於江中也(여기서 '靡'는 '密池反'이다. 司馬는 통상음이고 '糜'라고 한다. 崔씨는 '강속에서 썩다'라 한다)." 《荀子·富國》: "以靡敝之(세상의 풍기를 무너뜨린다)." 注: "靡讀爲糜. 糜, 散也(여기서 '靡'는 '糜'로 읽으며, '흩어지다'이다)." **靡(미: 흩어지다)** ***m<u>a</u>r**[B] , 文彼切, 《廣韻》: "《說文》曰: 披靡也(〈설문〉에 이르길, '흩어지고 쓰러지다'이다)." 《說文》: "靡, 披靡也('靡'는 '흩어지고 쓰러지다'이다)." 段玉裁注: "《易·中孚》九二曰: '吾與爾靡之.' 孟, 王皆曰: '散也.' 凡物分散則微細, 引申之, 謂精細可喜曰靡麗(《易·中孚》九二에 이르길, '내가 너에게 흩어주겠다'라 한다. 孟씨와 王씨 모두 '흩어지다'라 한다. 무릇 사물이 분산되면 미세해지는데, 여기서 발전하여 '정밀하

고 미세하며 좋아할 만한 것'을 '靡麗(화려하다)'라 한다)."《方言》: "私, 小也. 東齊言布帛之細者曰綾, 秦晉曰靡('私'는 작은 것이다. 東齊에선 布帛의 미세한 것을 일러 '綾'이라 한고, 秦晉에선 '靡'라 한다)." 注: "靡, 細好也(여기서 '靡'는 세밀하면서도 좋은 것이다)."《廣雅》: "靡, 細也('靡'는 '미세하다'이다)." 글자는 '糜'로 변화하기도 한다.《說文》: "糜, 碎也('糜'는 '분쇄하다'이다)." '糜'는 '靡爲切'이다.《廣韻》: "糜碎('糜'는 '분쇄하다'이다)." **磨(마: 갈다)** ***mar** , 莫婆切,《廣韻》: "磨礪('갈다')." 傳: "玉曰琢, 石曰靡('玉'은 '琢'이라 하고 '돌'은 '靡'라 한다)."《釋文》: "靡本又作摩('靡'는 본래 또 '摩'라 쓴다)."《詩經·淇奧》: "如切如磋, 如琢如磨(자른 듯, 다듬는 듯, 쪼은 듯, 간 듯하니)." 傳: "玉曰琢, 石曰靡('玉'은 '琢'이라 하고 '돌'은 '靡'라 한다)."《釋義》: "磨本又作摩('磨'는 본래 또 '摩'라 쓴다)."《詩經·抑》: "白圭之玷, 尙可磨也(흰 구슬의 흠집은 그래도 갈아버리면 되니)."《呂氏春秋·誠廉》: "丹可磨也, 而不可奪赤(단사를 문질러 없앨수는 있지만 붉음은 빼앗을 수 없다)." **摩(마: 연마하다)** ***mar** , 莫婆切,《廣韻》: "研摩('연마하다')."《孟子·盡心上》: "墨子兼愛, 摩頂放踵利天下, 爲之(묵자는 겸애를 주장하여, 자기의 정수리를 갈아 발꿈치까지 이르더라도, 천하를 이롭게 할 수 있다면 그렇게 하였다)." 글자는 본래 '靡'로만 썼다.《荀子·性惡》: "身日進於仁義而不自知也者, 靡使然也(자기가 날로 仁義의 길로 나아가는데도 스스로 인식하지 못하는 것은, 서로 순응하고 따라 그렇게 된 것이다)." 注: "靡, 磨切也('靡'는 '문지르고 자름'이다)."《莊子·馬蹄》: "喜則交頸相靡, 怒則分背相踶(기쁘면 목을 대고 서로 비벼 대고, 성나면 등을 지고 서로 걷어찬다)."《釋文》: "靡, 如字, 李云摩也(여기서 '靡'는 통상음이다. 李씨가 말하길 '摩'이다)."《說苑·正諫》: "繩非木之鋸也, 而漸靡使之然(두레박줄은 나무를 베는 톱이 아니지만, 차츰차츰 닳게 하여 그렇게 한 것이다)."

상고한어에 '入'/'納'과 평행인 동사가 많다. 파생경로는 긴장모음에서 이완모음으로이며, 이완모음에서 긴장모음으로 역조어법도 가능하다. 양자를 비교해 보면 쉽게 알 수 있는데, 모음이 이완모음인 동사는 하나의 피동작주(受力體)를 갖는 外動詞이나, 모음이 긴장모음인 동사는 이와 반대이다. "동사(動字)는 사물의 행위를 말하는 것이다. 무릇, 행위는 반드시 이로부터 저것에 이르는 모양의 흔적이 있는 것만 가리키는 것은 아니다. 무릇 사물이 없는 것에서 있게 되는 것, 있는 것에서 없게 되는 것, 모두 피차의 구분이 있어 의미를 붙일 수 있는 것이 있다면 이 또한 이른바 행위이다. …… 하나는 '움직이되 여전히 그 내부에 그치게 되는 것'으로 이를 '內動字'라고 한다. 다른 하나는 '움직이되 바깥으로 곧장 이어지는 것'으로 이를 '外動字'라고 한다. 그리고 무릇 그 행위가 베풀어지는 대상을 '止詞(즉, 목적어)'라 하고, 그것이 스스로 발출되는 것을 '起詞(즉, 주어)'라고 한다. 행위를 베푸는 자가 곧 '起詞'이다. 그러므로 動字의 행위는 행위를 하는 자와 받는 자 두 가지로 명확히 할 수 있으며, 이것은 모두 그 근거가 있다."(動字者, 所以言事物之行也. 夫行, 非必有自此達彼之形跡可指也. 凡事物之白無而有, 自有而無, 皆有彼此之分而可以意之者, 亦所謂行也. …… 一其動而仍止乎內也, 曰內動字. 一其動而直接乎外也, 曰外動詞. 而凡受其行之所施者, 曰止詞, 言其行之所自發者, 曰止詞. …… 夫施於者, 卽行之所施也, 起詞也; 施者, 起詞也. 然則動字之行, 可以施受二字明之者, 有由矣.)(馬建忠, 2000:166). 그러나 상고한어는 단순히 內動, 外動으로만 동사를 구분할 수는 없다. 상고한어는 '동작성'같은 동사 의미상의 구별에 매우 신경을 쓴다. '入'은 종점이 있으며 기점을 표시하지 않은 방향동사이나, '納'은 '受力體'가 있는 행위동사이다. '烝'은 기점은 있으나 종점이 없는 방향동사이다. 여기서 발전하여, '烝'도 '受力體'가 있는 행위동사가 될 수 있다. 예컨대, "易牙烝其子首而進之."(《韓非子·難一》)(易牙가 자식의 머리를 삶아서 바쳤다), 여기서 '烝'은 기점도 있고 종점도 있다. 게다가 受力體가 있는 행위동사이다. 모음의 緊松교체를 통해 원래 동사에게 약간의 역량을 주입해 명확한 受力體를 갖는 행위동사로 변화시켰다. 기능으로 보자면, 이때의 동사는 이미 '止詞(피동작주 목적어)'를 갖는 外動詞(及物動詞)이다.

三

동사 모음의 긴장과 이완이 차이가 있다면 그것의 어법 기능도 다르다. 즉, 주요모음이 긴장모음에서 이완모음으로 바뀌었다면 동사 역시 '入'과 '納'의 경우처럼, 受力體를 갖지 않는 內動詞에서 受力體를 갖는 外動詞로 변화한다. 수집된 자료로 볼 때, **모음 緊松교체는 內動詞와 外動詞 간의 전환을 실현시킨다.** 그러나 상고한어에서 단지 內動詞만이 모음의 교체를 통해 外動詞를 파생시키는 것이 아니다. **外動詞 역시 어떤 경우엔 모음 緊松교**

체를 통해 內動詞를 파생시킬 수 있다.

騎(기: 말타다) *gar, 渠羈切, 《廣韻》: "《說文》曰: 跨馬也(〈설문〉에 이르길, '말타다'이다)." 《莊子·齊物論》: "若然者, 乘雲氣, 騎日月, 而遊乎四海之外(그러한 사람은 구름을 타고 해와 달을 몰아서 四海의 밖에서 노닌다)." 《莊子·大宗師》: "乘東維, 騎箕尾, 而比於列星(東維星을 타고 箕星과 尾星을 몰아 列星과 나란히 하게 되었다)." 《韓非子·說難》: "夫龍之爲蟲也, 柔可狎而騎也(무릇 용이라는 동물은 길들이면 탈 수 있다)." **荷(하: 메다)** ***garB**, 胡可切, 《廣韻》: "負荷也('메다'이다)." 《論語·微子》: "子路從而後, 遇丈人, 以杖荷蓧(자로가 공자를 수행하다가 뒤처졌는데, 한 노인을 만났다. 그 노인은 지팡이로 대바구니를 걸어 메고 가고 있었다)." 《呂氏春秋·異用》: "孔子之弟子從遠方來者, 孔子荷杖而問之(공자의 제자가 먼 곳에서 찾아왔는데, 공자는 지팡이를 메고 그에게 물었다)." 글자는 본래 '何'로만 썼다. '何'는 '胡歌切'이다. 《廣韻》: "《說文》儋也(〈설문〉에 '메다'라 나온다)." 《說文》: "何, 儋(擔)也('何'는 '메다'이다)." 《詩經·候人》: "彼候人兮, 何戈與祋(저 길라잡이여, 긴창과 짧은 창을 메고 있네)." 《釋文》: "何, 何可反(여기서 '何'는 '何可反'이다)." 《詩經·無羊》: "何蓑何笠(도롱이 메고 삿갓 쓰고)." 《釋文》: "何, 河可反(여기서 '何'는 '河可反'이다)."

《詩經》이나 《左傳》 같은 조기의 문헌에는 '騎'는 없고 '荷(何)'가 있다. 戰國시대 이후 가서야, '騎'는 점차 늘어나기 시작했다. 출현 순서나 사용 상황으로 볼 때, 분명 '荷'로부터 '騎'가 파생되어야 하는데, 이는 역조어법에 속한다. 의미로 볼 때, '荷'는 "사람이 물건을 '荷'하는 것"이고, '騎'는 "사물이 사람을 '荷'하는 것" 즉, 사물로 하여금 '荷'하게 시키는 의미가 있다. 그러나 우리는 이와 평행한 더 많은 예를 발견하지는 못했다. 일종의 조어법으로서 보기 위해서는 보다 진일보한 연구가 필요한 상황이다.

재구한자 음순 색인

ㄱ

佳(가) 419
價(가) 377
加(가) 200
可(가) 441
嘉(가) 200, 441
家(가) 379
賈(가) 377
哿(가) 441
葭(가) 306
椵(가) 396
豭(가) 395
麚(가) 395
脚(각) 461
覺(각) 216
角(각) 310, 468
胳(각) 323
格(각) 323
觡(각) 309
干(간) 47
揀(간) 326
柬(간) 326
肝(간) 469
艮(간) 55
艱(간) 408
諫(간) 327
間(간) 51, 315
菅(간) 307
蕑(간) 307
曷(갈) 479
渴(갈) 174
碣(갈) 77
竭(갈) 173
楬(갈) 77
羯(갈) 376
坎(감) 48, 413
堪(감) 145
感(감) 212
戡(감) 145
甘(감) 53
監(감) 326
埳(감) 48, 414
撼(감) 213
酣(감) 53
甲(갑) 36
閘(갑) 198
剛(강) 522
姜(강) 312
畺(강) 130
江(강) 374
羌(강) 312
降(강) 110, 172, 328
僵(강) 129, 522
殭(강) 130, 522
強(강) 130
愾(개) 483
慨(개) 483
蓋(개) 75
嘅(개) 483
犗(개) 376
羹(갱) 313
去(거) 552
居(거) 379
巨(거) 394, 545
擧(거) 325
鉅(거) 546
莒(거) 311
舉(거) 324
詎(거) 479
建(건) 66
楗(건) 66
傑(걸) 77
桀(걸) 77
儉(검) 128
檢(검) 128, 355
劫(겁) 256
怯(겁) 256
憩(게) 173
揭(게) 201
愒(게) 173
格(격) 308, 323, 327
鬲(격) 311
挌(격) 327
牽(견) 484
犬(견) 469
決(결) 394
結(결) 109
兼(겸) 306
京(경) 81, 307
卿(경) 317
徑(경) 470
景(경) 82, 321
梗(경) 360
涇(경) 94
經(경) 94
耿(경) 409
莖(경) 94
頸(경) 36, 459, 460, 465
鯨(경) 82
剄(경) 36
熲(경) 408
冋(경) 50
巠(경) 94
鞕(경) 359
係(계) 74
屆(계) 327
戒(계) 258
系(계) 74
繫(계) 74, 128
計(계) 491
洎(계) 39, 40

齘(계) 354
孤(고) 375
槁(고) 246
考(고) 547
膏(고) 245, 246
高(고) 85
杲(고) 89
牯(고) 396
皋(고) 85, 354
羖(고) 396
觚(고) 375
翺(고) 354
曲(곡) 56
鵠(곡) 387
昆(곤) 497, 505
衮(곤) 500
鰥(곤) 497
骨(골) 468
公(공) 54, 528
共(공) 137, 373, 528
孔(공) 501
拱(공) 137, 527
攻(공) 177
空(공) 501
音(공) 429
巩(공) 528
廾(공) 527
拲(공) 527
拏(공) 528
鋻(공) 501
瓜(과) 375
過(과) 62
荂(과) 384
槨(곽) 242
郭(곽) 241
冠(관) 336
管(관) 245
貫(관) 375
關(관) 322, 375
盥(관) 206
窾(관) 245
綸(관) 309
毌(관) 375
括(괄) 168, 169
佸(괄) 377
髺(괄) 169
光(광) 52
廣(광) 376
狂(광) 259
誑(광) 259
掛(괘) 178
絓(괘) 178
傀(괴) 490
壞(괴) 105
怪(괴) 412
宏(굉) 413
肱(굉) 413
覺(교) 216
交(교) 90, 127, 176
僑(교) 133
喬(교) 133
教(교) 215
校(교) 105
郊(교) 91
佼(교) 91
撟(교) 133
蹻(교) 133
久(구) 130
仇(구) 69
俱(구) 143
具(구) 143
口(구) 468
句(구) 84
枸(구) 85
狗(구) 500
臼(구) 75
舊(구) 130
逑(구) 69
鉤(구) 84
駒(구) 501
鳩(구) 68
痀(구) 85
覯(구) 162
遘(구) 162
丩(구) 123
朐(구) 85
笱(구) 84
耇(구) 85
觓(구) 124
豿(구) 501
軥(구) 84, 85
齣(구) 460
國(국) 502
局(국) 57
鞠(국) 75, 76
匊(국) 75
跼(국) 57
毱(국) 76
君(군) 498, 500, 504
群(군) 498
軍(군) 128
掘(굴) 221
弓(궁) 242
穹(궁) 243
窮(궁) 243
躳(궁) 242
圈(권) 405
厥(궐) 476
闕(궐) 221
潰(궤) 214
詭(궤) 358
饋(궤) 47
憒(궤) 214
跪(궤) 44, 45
餽(궤) 47
蛫(궤) 45
鬼(귀) 47, 412, 490
圭(규) 419
糾(규) 123
巋(규) 358
樛(규) 124
摎(규) 343
勻(균) 122
均(균) 121, 303
極(극) 134
殛(극) 134
斤(근) 334
根(근) 55, 408

筋(근) 459
墐(근) 487
堇(근) 487
唫(금) 356
岌(급) 358
其(기) 476
基(기) 500
奇(기) 50, 51, 243
岐(기) 50
崎(기) 244
幾(기) 61, 140
朞(기) 38
期(기) 38
氣(기) 483
畸(기) 51
畿(기) 61
騎(기) 570
歧(기) 50
觭(기) 244
踦(기) 244

ㄴ

男(남) 468, 526
納(납) 555
乃(내) 475
內(내) 230
耐(내) 293
能(내) 293
耏(내) 493
女(녀) 463
念(념) 292
奴(노) 530
猱(노) 531
捼(뇌) 280
杻(뉴) 290
紐(뉴) 290
鈕(뉴) 290
匿(닉) 282

ㄷ

多(다) 468
丹(단) 495
但(단) 142
單(단) 142
團(단) 55, 440, 490
斷(단) 67, 101, 102
段(단) 67
湍(단) 530
短(단) 489
袒(단) 175
摶(단) 55, 440, 441
獺(달) 298
達(달) 439
湛(담) 139
潭(담) 546
黮(담) 82, 482
媅(담) 139
黕(담) 82, 482
堂(당) 527
撞(당) 401
當(당) 295
大(대) 87, 468
貸(대) 261
隊(대) 542
儓(대) 532
德(덕) 426
塗(도) 409
島(도) 499
徒(도) 43
悼(도) 162
掉(도) 393
棹(도) 393
禱(도) 488
跳(도) 174
逃(도) 174
途(도) 409
都(도) 296, 399
督(독) 536
豚(독) 404
惇(돈) 252
敦(돈) 252
頓(돈) 109
冬(동) 524
同(동) 138
杜(두) 43, 93
豆(두) 498
逗(두) 163
土(두) 495
鈍(둔) 253
登(등) 264, 268, 562

ㄹ

羅(라) 525
螺(라) 312
絡(락) 344
落(락) 308, 328
犖(락) 369
樂(락) 345
頟(락) 333
卵(란) 468
蘭(란) 307
闌(란) 314
覽(람) 326
朗(랑) 283, 348
狼(랑) 350
郎(랑) 545
來(래) 340, 469
勑(래) 232
亮(량) 348
兩(량) 369
良(량) 307, 350, 467, 545
諒(량) 349
涼(량) 282, 360
悢(량) 313
醇(량) 313
戾(려) 327
旅(려) 310
黎(려) 294
厲(려) 298, 338, 352
鬲(력) 311
力(력) 232, 501
蓮(련) 307
列(렬) 72, 364, 445
裂(렬) 364

蘼(렴) 306
令(령) 341
禮(례) 239
蘆(로) 305
角(록) 310
錄(록) 363
彔(록) 363
鵅(록) 309
論(론) 563
遼(료) 332
龍(룡) 231
屢(루) 274, 536
樓(루) 536
柳(류) 257, 342
謬(류) 353
勠(륙) 351
僇(륙) 354
倫(륜) 563
綸(륜) 309
隆(륭) 329
勒(륵) 308, 328
肋(륵) 501
稟(름) 365
凌(릉) 369
陵(릉) 367
夌(릉) 367
吏(리) 294
李(리) 233, 294
狸(리) 368
罹(리) 525
裏(리) 353
離(리) 254, 525
离(리) 297
螭(리) 297
劙(리) 289
林(림) 231
立(립) 466

ㅁ

摩(마) 273, 568
磨(마) 273, 568
媽(마) 228
邈(막) 332
萬(만) 298, 338
蠻(만) 337
亡(망) 380
芒(망) 407
莽(망) 227
茻(망) 227
埋(매) 352
寐(매) 466
邁(매) 352
霾(매) 353
貊(맥) 337
陌(맥) 372
麥(맥) 340
佰(맥) 372
帞(맥) 344
脈(맥) 331
衇(맥) 331
覛(맥) 331
貉(맥) 337
孟(맹) 349
氓(맹) 379
猛(맹) 350, 356
盟(맹) 349
萌(맹) 407
面(면) 461
名(명) 467, 533
命(명) 341
明(명) 283, 348
銘(명) 533
冒(모) 487
摸(모) 273
姥(모) 228
皃(모) 332
眊(모) 257
耄(모) 256
峔(모) 228
秏(모) 257
木(목) 469
目(목) 461, 464
睦(목) 351
沒(몰) 284
夢(몽) 228
昴(묘) 342
茆(묘) 343
懋(무) 279
撫(무) 273
繆(무) 343
霧(무) 486
嫵(무) 228
墨(묵) 226
吻(문) 460
聞(문) 465
尾(미) 464
湄(미) 338
眉(미) 331, 458
靡(미) 567
糜(미) 567
麋(미) 337
黽(민) 339
密(밀) 359
謐(밀) 359
宓(밀) 359

ㅂ

剝(박) 362, 363
薄(박) 437
迫(박) 437
駁(박) 370
半(반) 31, 245, 420
叛(반) 31
斑(반) 420
畔(반) 71
般(반) 436, 437
頒(반) 438
拔(발) 412
髮(발) 411, 461, 464, 502
胈(발) 503
茇(발) 411, 502
傍(방) 412, 508
尨(방) 339
房(방) 508
方(방) 412, 507

旁(방) 508
邦(방) 378, 525
防(방) 508
倍(배) 28
拜(배) 364
背(배) 27, 28
配(배) 492
扒(배) 365
偝(배) 27
白(백) 56, 470
百(백) 372
魄(백) 56
樊(번) 66
蕃(번) 65
藩(번) 65
棥(번) 65
凡(범) 143
氾(범) 142
汎(범) 32, 142
劈(벽) 200
壁(벽) 540
擘(벽) 199
闢(벽) 200
變(변) 362
骿(변) 123, 516
軿(변) 61
別(별) 101, 137, 138, 364
駢(병) 123
丙(병) 369
屛(병) 60, 61
昞(병) 348
炳(병) 348
秉(병) 363
軿(병) 61
駢(병) 516
並(병) 123, 141
併(병) 122, 141, 515
傡(병) 141
并(병) 122, 123, 141, 515
保(보) 218
步(보) 469
甫(보) 92
褓(보) 218
輔(보) 70
俌(보) 70
父(보) 92
堢(보) 218
緥(보) 218
酺(보) 460
伏(복) 29
匐(복) 29
復(복) 29
腹(복) 28, 461, 465
複(복) 29
复(복) 29
本(본) 469
奉(봉) 181
封(봉) 378, 525
峰(봉) 44
捧(봉) 181
縫(봉) 44
蜂(봉) 43
鋒(봉) 44
伏(부) 29
複(부) 30
覆(부) 213
傅(부) 70, 161
剖(부) 62
夫(부) 91, 474
孚(부) 566
孵(부) 566
扶(부) 30, 408
敷(부) 559
浮(부) 41
父(부) 92
腑(부) 460
膚(부) 30, 458, 464
負(부) 28
赴(부) 552
部(부) 62
泭(부) 41
北(북) 95
分(분) 66, 102, 125, 438
焚(분) 467
不(불) 463
佛(불) 519
匪(비) 474
卑(비) 80
妃(비) 491, 492
婢(비) 80
比(비) 117, 204, 534, 535
毗(비) 458, 535
秘(비) 359
脾(비) 458
臂(비) 461
裨(비) 111, 118
飛(비) 466
鼻(비) 461, 464
埤(비) 111
閟(비) 359
陴(비) 80
坒(비) 535
畀(비) 466
濱(빈) 31
貧(빈) 125
頻(빈) 32
憑(빙) 366
冰(빙) 369
凭(빙) 366

ㅅ

仕(사) 233
使(사) 234
史(사) 294
司(사) 238
嗣(사) 240
士(사) 232
奢(사) 281
師(사) 293
徙(사) 553
斯(사) 471
死(사) 465, 493
沙(사) 470
社(사) 495

蛇(사) 40
衰(사) 419
飤(사) 250
索(삭) 418
山(산) 469
殺(살) 469
三(삼) 395
森(삼) 231
參(삼) 395
上(상) 526
傷(상) 78
商(상) 295
尙(상) 527
常(상) 69, 117
爽(상) 283, 356
狀(상) 68
裳(상) 69
賞(상) 254
湯(상) 538
索(색) 418
生(생) 424
庶(서) 296
徐(서) 119
恕(서) 282
暑(서) 281
書(서) 277
署(서) 277
舒(서) 118
逝(서) 550
噬(서) 465
紓(서) 119
俆(서) 119
石(석) 467
碩(석) 134
釋(석) 104, 119
宣(선) 275
旋(선) 271
還(선) 271
舌(설) 462, 464
說(설) 120, 167, 202
雪(설) 71
纖(섬) 241
孅(섬) 241
韱(섬) 241
涉(섭) 561
懾(섭) 251, 252, 515
讋(섭) 251
姓(성) 425
性(성) 425
成(성) 509
星(성) 302, 421, 469
省(성) 522
聲(성) 486
醒(성) 523
說(세) 120
歲(세) 301
稅(세) 564
召(소) 222, 455
小(소) 389, 463
掃(소) 236
搔(소) 238
昭(소) 390, 543
燒(소) 240
騷(소) 287
慅(소) 287
俗(속) 284
屬(속) 76, 106, 278
續(속) 278
損(손) 255
頌(송) 235, 236, 458
聳(송) 286
灑(쇄) 254
衰(쇠) 420
修(수) 88
垂(수) 452
壽(수) 487, 488
愁(수) 407
手(수) 290, 459, 465
數(수) 274
樹(수) 391
殊(수) 73, 144
水(수) 467
秀(수) 444
竪(수) 392, 445, 489
綏(수) 520
羞(수) 237
蒐(수) 257
誰(수) 463, 477
輸(수) 165, 219, 220
遂(수) 542
邃(수) 83
酬(수) 391
銖(수) 489
隧(수) 83
需(수) 290
須(수) 290
首(수) 459, 464
殳(수) 73
讎(수) 391
奪(수) 71
裋(수) 489
詶(수) 391
雔(수) 391
醜(수) 237
熟(숙) 58, 477
肅(숙) 443
俶(숙) 535
巡(순) 275
循(순) 275
旬(순) 302
淳(순) 252
純(순) 253
脣(순) 291, 458
諄(순) 252
醇(순) 252
順(순) 169, 275
馴(순) 253
揗(순) 276
滑(순) 292
顺(순) 47
崇(숭) 285, 418
嵩(숭) 286
膝(슬) 291, 465
蝨(슬) 298, 466
厀(슬) 291, 461
濕(습) 81
習(습) 272
襲(습) 272

隰(습) 81
丞(승) 180
乘(승) 268, 269
升(승) 264, 268
承(승) 180, 267
寺(시) 294
侍(시) 295, 532
始(시) 529
尸(시) 118, 214
屍(시) 492
恃(시) 449
施(시) 166, 203
是(시) 472
時(시) 472
柴(시) 383
矢(시) 214
視(시) 465
釃(시) 254, 255
祡(시) 383
植(식) 426, 453
殖(식) 454
識(식) 234, 279
食(식) 250
伸(신) 72
娠(신) 529
新(신) 467
申(신) 72
神(신) 72, 497
腎(신) 461
臣(신) 484
失(실) 108, 167
心(심) 292, 459, 465
深(심) 546, 565
甚(심) 139
葚(심) 82, 482
什(십) 491
十(십) 491

ㅇ

兒(아) 230, 493, 503
我(아) 477
牙(아) 333
阿(아) 561
雅(아) 334
庌(아) 334
樂(악) 344
犨(악) 387
遌(악) 523
安(안) 477
岸(안) 346
眼(안) 333
暗(암) 511
闇(암) 512
晻(암) 512
黯(암) 513
狎(압) 36
仰(앙) 519
卬(앙) 478, 519
昂(앙) 519
皚(애) 359
厄(액) 486
搤(액) 485
阨(액) 486
額(액) 332
夜(야) 467
若(약) 473, 475
躍(약) 436
禴(약) 449
瀹(약) 448
壤(양) 231
暘(양) 537
煬(양) 537
瘍(양) 78
羊(양) 312
襄(양) 231
陽(양) 537
禓(양) 392
魚(어) 466
淤(어) 518
臆(억) 462
焉(언) 477
言(언) 466
弇(엄) 512
奄(엄) 512
掩(엄) 512
揜(엄) 512
予(여) 476
余(여) 462, 476
如(여) 281, 530, 551
汝(여) 462, 474
與(여) 325
輿(여) 325
域(역) 502
逆(역) 523
懌(역) 104, 120
姸(연) 358
延(연) 165, 521
然(연) 473
煙(연) 470
說(열) 120
悅(열) 120, 167
熱(열) 467
閱(열) 202
髥(염) 459
葉(엽) 466, 496
枼(엽) 496
箕(엽) 497
鍱(엽) 496
影(영) 321
榮(영) 505
盈(영) 467
瑩(영) 505
倪(예) 503
詣(예) 354
譽(예) 325
霓(예) 503
鯢(예) 504
麑(예) 504
堄(예) 503
婗(예) 504
齯(예) 494
午(오) 229
吾(오) 468, 477
迕(오) 523
洿(오) 518
奧(오) 541
穩(온) 521

甕(옹) 532
擁(옹) 532
瓮(옹) 532
雍(옹) 532
饔(옹) 533
灉(옹) 532
蝸(와) 313
彎(완) 322
完(완) 336
浣(완) 207
往(왕) 552
王(왕) 485
嵬(외) 358
隗(외) 358
夭(요) 541
要(요) 459
殀(요) 541
堯(요) 239
欲(욕) 283
容(용) 235
舂(용) 276
摏(용) 276
右(우) 460
羽(우) 464
雨(우) 467
勖(욱) 279
殞(운) 255
隕(운) 255
雲(운) 466, 504
沄(운) 504
雄(웅) 483
元(원) 335, 459
員(원) 129
圓(원) 467
圜(원) 270
月(월) 466
越(월) 301
僞(위) 345
危(위) 357
圍(위) 513
爲(위) 345
胃(위) 461
違(위) 513
乳(유) 460, 465
悠(유) 88, 545
攸(유) 88
柔(유) 531
游(유) 466
濡(유) 290
蹂(유) 531
逾(유) 219
酉(유) 93
揉(유) 531
鞣(유) 531
楺(유) 531
肉(육) 464
聿(율) 368
娀(융) 297
垠(은) 345
恩(은) 542
隱(은) 521, 542
齗(은) 334
圪(을) 358
吟(음) 355
蔭(음) 511
陰(음) 511
飮(음) 465
崟(음) 358
陰(음) 511
霒(음) 511
膺(응) 459
倚(의) 561
施(이) 166
二(이) 463
夷(이) 118, 214, 444, 560
姨(이) 506
已(이) 440
爾(이) 475
移(이) 166, 563
而(이) 458, 475, 493
耳(이) 460, 464
荑(이) 506
台(이) 476
胣(이) 203
髵(이) 493
嗌(익) 461, 485
人(인) 463
一(일) 463
佚(일) 108, 168
日(일) 466
逸(일) 108, 167
泆(일) 108, 168
任(임) 526
恁(임) 292
入(입) 551, 555

ㅈ

刺(자) 385
子(자) 46, 240
字(자) 46
滋(자) 534, 558
煮(자) 281
玆(자) 386, 472
疵(자) 383
者(자) 473
孳(자) 46, 558
呰(자) 383
茲(자) 83
赭(자) 396
鶿(자) 84
嵫(자) 84
朿(자) 385
玼(자) 383
鎡(자) 458
勺(작) 63
斫(작) 450
灼(작) 544
酌(작) 63
棧(잔) 387, 388
雜(잡) 209, 557
眨(잡) 417
仗(장) 401
場(장) 392
墻(장) 490
壯(장) 136, 402
將(장) 53, 402
張(장) 115, 424, 448

掌(장) 401, 424, 460
杖(장) 401
章(장) 69, 253, 448
腸(장) 459
葬(장) 260
藏(장) 44, 45, 260, 491
裝(장) 68
臟(장) 45
長(장) 116, 117, 463
障(장) 69
奘(장) 53, 135
妝(장) 68
戕(장) 42, 389
斨(장) 42
獎(장) 136
哉(재) 139
宰(재) 238
才(재) 140
栽(재) 558
滓(재) 386
載(재) 64, 65, 534
齋(재) 135
烖(재) 415
佇(저) 176
儲(저) 125
杵(저) 229
沮(저) 397, 442
著(저) 158, 176, 277
貯(저) 125, 176
宁(저) 176
瀦(저) 399
褚(저) 396
嫡(적) 34, 235
敵(적) 35
的(적) 544
績(적) 384
謫(적) 417
賊(적) 37
赤(적) 320, 467
適(적) 35, 235, 434, 549
糴(적) 261
擿(적) 434
佃(전) 423
傳(전) 203
全(전) 132, 463
前(전) 98
塡(전) 42
奠(전) 398
專(전) 55, 405
展(전) 175
戰(전) 223, 559
田(전) 423
轉(전) 55, 203, 405
電(전) 72, 497
顫(전) 223, 559
餞(전) 222
揃(전) 99
旃(전) 495
瑱(전) 42
畋(전) 423
痊(전) 132
翦(전) 99
折(절) 100, 161, 272
節(절) 291, 385
准(절) 461
卩(절) 291
絕(절) 110
漸(점) 162, 163
慴(접) 251, 515
摺(접) 514
蝶(접) 496
蹀(접) 562
井(정) 95
定(정) 510
征(정) 550
旌(정) 26
晶(정) 33, 302
淨(정) 124
睛(정) 459
穽(정) 96
精(정) 302
貞(정) 402
鄭(정) 398
霆(정) 529
鼎(정) 402
姓(정) 33
阱(정) 96
啼(제) 41
帝(제) 35
弟(제) 96, 506
梯(제) 96
祭(제) 397
第(제) 96
諸(제) 281, 296
蹄(제) 417
除(제) 409
齊(제) 135, 300, 386
儕(제) 385
娣(제) 506
稊(제) 507
踶(제) 417
吊(조) 162
曹(조) 63
朝(조) 27, 390
條(조) 545
照(조) 543
燥(조) 470
爪(조) 237, 469
祖(조) 415
稠(조) 131
造(조) 564
遭(조) 63
阻(조) 443
鳥(조) 469
慥(조) 286
糶(조) 261
趙(조) 174
族(족) 539
簇(족) 539
足(족) 461, 464
蔟(족) 539
尊(존) 558
卒(졸) 121
宗(종) 417
從(종) 34
種(종) 400, 466
終(종) 524
縱(종) 34

腫(종) 60
鍾(종) 400
鐘(종) 400
椶(종) 33
蹤(종) 34
瘇(종) 60
嵕(종) 33
踵(종) 460
猣(종) 33
豵(종) 33
鬃(종) 34
坐(좌) 469
住(주) 163
侏(주) 445, 489
周(주) 131
州(주) 237, 499
柱(주) 391
株(주) 446
注(주) 454
洲(주) 499
珠(주) 499
疇(주) 390
舟(주) 499
註(주) 454
誅(주) 72, 144, 445
走(주) 141
酒(주) 92
駐(주) 163
儔(주) 390
肘(주) 460
蔟(주) 539
鉒(주) 454
噣(주) 403
粥(죽) 57
遵(준) 557
中(중) 58
仲(중) 58
重(중) 400
穜(중) 400
方(즉) 507
卽(즉) 291, 553
櫛(즐) 384
增(증) 59
拯(증) 266, 269
烝(증) 179, 447, 562
識(지) 234
之(지) 472, 549
址(지) 406
志(지) 279
持(지) 449
指(지) 460
支(지) 49
止(지) 405
知(지) 465
肢(지) 458
脂(지) 464
至(지) 430, 552
趾(지) 406, 460
質(지) 428
底(지) 550
直(직) 425, 426
職(직) 278
振(진) 528
晉(진) 98
榛(진) 86
盡(진) 102, 138
賑(진) 529
進(진) 98
陳(진) 423
震(진) 528
蓁(진) 86
躓(질) 429
桎(질) 429
質(질) 428
礩(질) 429
緝(집) 209
輯(집) 442
集(집) 209, 441, 556
戢(집) 209, 442
徵(징) 447

ㅊ

此(차) 462, 471
著(착) 158, 159
諑(착) 403
餐(찬) 221
塹(참) 427
斬(참) 427
槧(참) 427
倉(창) 44
創(창) 389
彰(창) 69, 253
敞(창) 527
漲(창) 116
囱(창) 382
蠆(채) 298, 338
策(책) 385
幘(책) 384
磔(책) 450
簀(책) 384
妻(처) 299
刺(척) 385
斥(척) 134, 481
瘠(척) 49
脊(척) 49, 462
塉(척) 49
蹢(척) 417
喘(천) 143, 530
川(천) 47
賤(천) 388
闡(천) 514
篅(천) 490
遄(천) 143, 530
徹(철) 440
籤(첨) 240
櫼(첨) 240
鐵(첨) 240
妾(첩) 300
捷(첩) 300
牒(첩) 496
疊(첩) 272, 515
睫(첩) 416
諜(첩) 496
晴(청) 33
清(청) 124, 544
聽(청) 486
青(청) 124, 470, 544

涕(체) 41
體(체) 239, 289
禘(체) 35
髢(체) 78
鬄(체) 78
初(초) 415
憔(초) 121
招(초) 222, 455
梢(초) 389
焦(초) 121
超(초) 135
悄(초) 286
迢(초) 135
悼(초) 287
叢(총) 34
寵(총) 232
聰(총) 382
囱(총) 382
綷(쵀) 534
抽(추) 444
秋(추) 406
趨(추) 141, 517
追(추) 434
酋(추) 92
醜(추) 237, 459
錘(추) 452
雛(추) 388
帚(추) 236
捶(추) 79
箠(추) 79
縋(추) 452
陬(추) 40
棰(추) 79
硾(추) 453
[illegible](추) 388
鯫(추) 388
畜(축) 381
縮(축) 443
蓄(축) 381
逐(축) 435
出(출) 431, 551
黜(출) 431
衝(충) 276, 488
悴(췌) 121
萃(췌) 533
取(취) 212
就(취) 554, 564
聚(취) 41, 212, 388, 539
臭(취) 318
趣(취) 141, 517
驟(취) 141
側(측) 39
測(측) 39
層(층) 60
植(치) 454
値(치) 454
峙(치) 406
幟(치) 234, 235
治(치) 440
緇(치) 84, 386
致(치) 430
齒(치) 460, 464
畤(치) 406
絺(치) 380
菑(치) 139, 416
薙(치) 445, 560
疐(치) 429
則(칙) 37
寢(침) 465
鍼(침) 421
稱(칭) 180
偁(칭) 180, 267
爯(칭) 179, 267

ㅋ

夬(쾌) 394

ㅌ

墮(타) 164
妥(타) 280, 520
拕(타) 563
度(탁) 43
拓(탁) 481
啄(탁) 403
托(탁) 392
擢(탁) 436
濯(탁) 449
琢(탁) 403
噣(탁) 403
斀(탁) 404
袒(탄) 175
坦(탄) 514
憚(탄) 223, 559
誕(탄) 521
奪(탈) 205
脫(탈) 107, 205
挩(탈) 565
敓(탈) 205
探(탐) 565
耽(탐) 139
湯(탕) 538
盪(탕) 538
太(태) 87
態(태) 292
泰(태) 87
胎(태) 529
宅(택) 392
土(토) 43, 93, 469, 494
變(통) 429
通(통) 138, 488
退(퇴) 230
慝(특) 282
貣(특) 261

ㅍ

婆(파) 81
把(파) 407
派(파) 331
破(파) 517
罷(파) 566, 567
皤(파) 80, 81
𠂢(파) 331
判(판) 71, 245, 379
版(판) 378
八(팔) 371

悖(패) 520
敗(패) 111, 112, 147, 411
貝(패) 411
霸(패) 56
誖(패) 520
鄁(패) 95
祊(팽) 413
亨(팽) 365
廢(폐) 503
肺(폐) 461
閉(폐) 359
陛(폐) 535
包(포) 64, 219
匏(포) 64, 94
哺(포) 220
布(포) 560
抱(포) 218, 566
捕(포) 218
胞(포) 64, 93
逋(포) 217
鋪(포) 560
炮(포) 219
餔(포) 220
瓟(포) 94
葅(포) 566
慓(표) 127
漂(표) 126
票(표) 126
豹(표) 370
飄(표) 126, 127
僄(표) 127
嘌(표) 127
嫖(표) 126
熛(표) 126
猋(표) 126
飆(표) 126
稟(품) 365
風(풍) 32, 370
馮(풍) 366
彼(피) 463, 473
披(피) 73, 516
疲(피) 566
皮(피) 73, 463
被(피) 179
避(피) 540
筆(필) 367

ㅎ

何(하) 468, 478
夏(하) 334, 394
荷(하) 570
賀(하) 200
遐(하) 396
鰕(하) 396
學(학) 216
鶴(학) 387
騅(학) 386
寒(한) 470
旱(한) 129
閑(한) 314
限(한) 333, 346
嫺(한) 52
扞(한) 48, 347
豻(한) 339
割(할) 210, 376
咸(함) 145
緘(함) 422
陷(함) 48, 414
臽(함) 48, 413
合(합) 68, 106, 107, 439
闔(합) 198
盍(합) 75
佮(합) 68
降(항) 111, 172, 212
亢(항) 37, 244
巷(항) 373
抗(항) 38, 244
頏(항) 38
行(항) 422
吭(항) 37
偕(해) 151
奚(해) 478
害(해) 210
解(해) 103, 113, 114, 196
諧(해) 151
駭(해) 258
荄(해) 500
行(행) 422
亯(향) 366
鄉(향) 316
饗(향) 366
虛(허) 315
許(허) 229
歇(헐) 173, 210
驗(험) 355
嚇(혁) 319
赫(혁) 319
革(혁) 308, 328
賢(현) 484
血(혈) 468
絜(혈) 109
夾(협) 90, 122, 199, 415
挾(협) 199
狹(협) 90, 122
鋏(협) 415
頰(협) 414
懀(협) 256
梜(협) 414
筴(협) 414
亨(형) 365
刑(형) 36
炯(형) 408
熒(형) 505
逈(형) 50
彗(혜) 301, 302
毫(호) 86
湖(호) 546
縞(호) 89
胡(호) 478
豪(호) 85
顥(호) 89
犒(호) 246
魂(혼) 504
忽(홀) 285
弘(홍) 413, 484

洪(홍) 54
訌(홍) 177
火(화) 470
禍(화) 62
華(화) 32, 384
話(화) 377
廓(확) 242
穫(확) 450
圜(환) 270, 547
丸(환) 336, 548
環(환) 270
還(환) 270
寰(환) 270
豢(환) 405
鐶(환) 270
闤(환) 270
晃(황) 52
皇(황) 485
荒(황) 227
黃(황) 470
黄(황) 52
回(회) 513
廻(회) 513
會(회) 168
灰(회) 470
獲(획) 451
橫(횡) 376
效(효) 105, 215
淆(효) 91, 127, 177
肴(효) 91
殽(효) 91, 127, 177
朽(후) 547
逅(후) 162
鱟(후) 318
訓(훈) 169
薨(훙) 228
喧(훤) 274
喙(훼) 320
虫(훼) 299
虺(훼) 299
畜(휵) 381
蓄(휵) 382
胸(흉) 458
黑(흑) 226, 470
很(흔) 55, 487
洽(흡) 439
姬(희) 311, 312
希(희) 380
熹(희) 317
稀(희) 381
饎(희) 31

| 저자 소개 |

金理新 Jin Li Xin

중국 절강성 출신으로 南京大學에서 석사를 취득한 후 上海師範大學에서 潘悟雲교수 지도로 漢語言文字學 박사학위를 취득하였다. 현재 溫州大學(원 溫州師範學院) 교수로 재직 중이며, 〈藏語的rgja本義初探〉 등 수십 여 편의 논문을 발표하였다. 저자는 藏文에 능하고 이를 바탕으로 상고음 연구에 탁월한 성과를 이루어 냈으며, 그 성과는 나아가 漢藏언어학 연구 분야에까지 이르고 있다. 그리고 최근 상고한어 형태연구로 학계의 주목을 받고 있다. 그의 저서《上古漢語音系》,《上古漢語形態研究》는 절강성 科研成果 삼등상과 우수상을 수상하기도 하였다. 그리하여 학계에서는 漢藏어족 연구 분야에 있어서 주목할 만한 인물로 평가되고 있다.

| 역자 소개 |

박원기

현재 원광대학교 중국학과 교수로 재직 중이다. 학부과정에서 한문학을 전공하였고, 이후 석사, 박사 과정에서 중국 음운학과 고대한어어법을 전공하였다. 중국어의 문법화 연구와 구문문법, 구문화 연구 등을 연구해오고 있으며 최근에는 상고중국어 형태 분야까지 확장하여 연구하고 있다. 주요 논저로 〈상고중국어 무형파생 名源動詞 구문 주요 논항류의 분류 및 분석〉,《百喩經의 언어: 중고중국어의 세계》 등이 있으며, 역서로《구문화와 구문변화》,《상고한어의 비대격동사와 형태현상》 등 다수가 있다.

상고한어형태도론 上

초판 인쇄 2025년 12월 20일
초판 발행 2025년 12월 30일

저　　자 | 金理新
역　　자 | 박원기
펴 낸 이 | 하운근
펴 낸 곳 | 學古房

주　　소 | 경기도 고양시 덕양구 통일로 140 삼송테크노밸리 A동 B224
전　　화 | (02)353-9908 편집부(02)356-9903
팩　　스 | (02)6959-8234
홈페이지 | www.hakgobang.co.kr
전자우편 | www.hakgobang@naver.com
등록번호 | 제311-1994-000001호

ISBN 979-11-6995-706-9 94720
979-11-6995-705-2 (세트)

값 53,000원

파본은 교환해 드립니다.